甘肃地方志

甘 肃 省 志

·工商行政管理志·

（1986—2008）

甘肃省地方史志编纂委员会
甘肃省志工商行政管理志编纂委员会 编纂

甘肃文化出版社

图书在版编目（CIP）数据

甘肃省志. 工商行政管理志：1986-2008 / 白春鸣主编；甘肃省地方史志编纂委员会，甘肃省志工商行政管理志编纂委员会编纂. -- 兰州：甘肃文化出版社，2017.4

ISBN 978-7-5490-1324-1

Ⅰ.①甘… Ⅱ.①白… ②甘… ③甘… Ⅲ.①甘肃—地方志②工商行政管理—概况—甘肃—1986-2008 Ⅳ.①K294.2

中国版本图书馆 CIP 数据核字（2017）第078265号

甘肃省志·工商行政管理志（1986—2008）

甘肃省地方史志编纂委员会
甘肃省志工商行政管理志编纂委员会 | 编纂

责任编辑 | 李 园
封面设计 | 施柳安

出版发行 | 甘肃文化出版社
网　　址 | http://www.gswenhua.cn
投稿邮箱 | press@gswenhua.cn
地　　址 | 兰州市城关区曹家巷1号 | 730030（邮编）

营销中心 | 王 俊 贾 莉
电　　话 | 0931-8454870　　8430531（传真）

印　　刷 | 甘肃省委办公厅印刷厂
开　　本 | 787毫米×1092毫米　1/16
字　　数 | 1012千
印　　张 | 60.5　彩插 | 28
版　　次 | 2017年4月第1版
印　　次 | 2017年8月第1次
书　　号 | ISBN 978-7-5490-1324-1
定　　价 | 268.00元

甘肃省地方史志编纂委员会

主　　　任：夏红民

副　主　任：陈田贵　马　森　常正国　俞建宁　王忠民
　　　　　　李　虎

委　　　员：（按姓氏笔画为序）

丁军年　马青林　王世华　王　锐　王　琦

毛生武　车安宁　田宝忠　白文晖　白继忠

孙奇明　孙雪涛　李　平　李志勋　李振宇

李维平　李清凌　张应华　张余胜　张建昌

张勤和　张蕊兰　杨建新　邵　明　贡保甲

汪海洲　庞　波　周　强　赵　春　柳　鹏

袁占亭　钱　旭　栾克军　唐晓明　康　军

臧秋华　樊怀玉

甘肃省地方史志办公室

主　　　任：李　虎

副　主　任：车安宁　钱　旭　李振宇　孙奇明

《甘肃省志》

主　　　任：李　虎

副　主　任：车安宁　钱　旭　李振宇　孙奇明

《甘肃省志·工商行政管理志(1986-2008)》
编纂委员会
(2011—2014)

主　　任:郭承录

副 主 任:刘为民　苏文辉　邓晓龙　陈其寿　秦　玮

　　　　　宋金圣　李平安　黄共卫　程书印　王锡湖

委　　员:省局(以姓氏笔画为序)

　　　　　马占英　王学新　王庆邦　曲永波　李红钦

　　　　　李建军　李双林　李雪楠　任丽梅　任　歆

　　　　　朱重瑗　陈　林　张益民　张玉光　张衡山

　　　　　张　炜　余新立　杨宪明　栾明军　袁　征

　　　　　黄国明　霍　民

　　　　　市州(以姓氏笔画为序)

　　　　　牛　兆　王贤斌　王兴凯　王有生　白作明

　　　　　达　茂　孙永强　刘显明　李玉进　许万勤

　　　　　杨凯铭　沈　军　张永平　侯中甲　唐铁军

　　　　　彭　琪

主　　编:白春鸣

副 主 编:彭学文

编　　辑:赵长寿　胡春艳　陈广宏

《甘肃省志·工商行政管理志(1986-2008)》编纂委员会

(2008—2011)

主　　任:张绪胜

副　主　任:苏文辉　邓晓龙　黄共卫　陈其寿　秦　玮

　　　　　宋金圣　马　曦　程康年

委　　员:省局(以姓氏笔画为序)

　　　　马占英　王锡湖　王晓庆　王　枫　申四美

　　　　余新立　朱重瑗　李建军　李双林　李　雅

　　　　李兰梅　李红钦　曲永波　严　勇　张益民

　　　　张福才　张玉光　孟葆林　杜庆武　郭怀芳

　　　　黄国明　熊若愚　霍　民

　　　市州(以姓氏笔画为序)

　　　　牛　兆　王庆邦　王贤斌　王兴凯　王有生

　　　　达　茂　孙永强　刘显明　沈　军　张永平

　　　　陈　林　杨凯铭　侯中甲　唐铁军　程书印

　　　　彭　琪

主　　编:白春鸣

副　主　编:彭学文

编　　辑:赵长寿　胡春艳　陈广宏

《甘肃省志·工商行政管理志(1986-2008)》
编纂委员会
(2006—2008)

主　　　任：朱同心

副　主　任：王廷德　张汉文　张　辉　黄共卫　王兴祥

　　　　　　乔方玺　付湘林

委　　　员：省局(以姓氏笔画为序)

马占英　王锡湖　王生银　申四美　李建军

李兰梅　李海鹏　刘显明　刘兴斌　曲连第

陈栓才　陈其寿　张福才　张初林　张玉光

孟葆林　宋金圣　沈　军　延龄新　宝振国

郭怀芳　姬光林　储亚玲

市州(以姓氏笔画为序)

马　曦　王庆邦　王兴凯　达　茂　孙永强

刘养民　任　歆　曲永波　杜庆武　杨凯铭

岳田仓　赵新军　侯中甲　闫耀成　程书印

程康年

编 写 人 员：彭学文　胡春艳

总 序

甘肃省省长　甘肃省地方史志编纂委员会主任　刘伟平

经过数年努力，《甘肃省志续志》先后付梓。这是我省文化建设取得的又一重大成果，值得庆贺！

编史修志是中华民族的优良传统，两千年延绵不断，数万卷典籍熠熠生辉。泱泱华夏，蔚为史国。20世纪后期，承平既久，海内晏清，全国上下兴起编纂社会主义新方志的热潮。1985年5月，省人民政府制定全省修志规划，启动《甘肃省志》的编纂。经过省上80多个部门、单位数千名党政领导、专家学者和社会人士20多年艰苦努力，到目前基本完成全志编纂。《甘肃省志》上起先秦，下讫20世纪后期，凡72卷、5000多万言、3000多幅图片，是甘肃有史以来卷帙最为浩繁，内容最为丰富的创修通志。该志以辩证唯物主义和历史唯物主义为指导，采用新观点、新材料、新方法和新体例，统合古今，突出当代，全面记述甘肃自然社会因革演变和发展进程，举凡舆地沿革、山川形胜、物产矿藏、税赋徭役、书院学校、职官人物、金石艺文、民族风俗、气候灾异等情无不穷搜毕罗，堪称"甘肃之全史"。《甘肃省志》的刊行，不仅在资治教化、服务现实、促进经济社会发展中发挥了重要作用，而且为传承历史、垂鉴后世留下了宝贵文化遗产。

《甘肃省志续志》主要记述甘肃改革开放 30 多年的辉煌历史。30 多年来，在中国共产党的正确领导下，中共甘肃省委、省人民政府带领全省各族人民，高举邓小平理论和"三个代表"重要思想伟大旗帜，全面贯彻落实科学发展观，把中央的路线、方针、政策同甘肃的改革实践紧密结合起来，始终扭住科学发展这个执政兴国的第一要务，紧紧抓住国家实施西部大开发战略的历史机遇，坚持以科学发展为主题，以加快转变经济发展方式为主线，不断强化农业基础地位，深入实施科技兴省、工业强省战略，着力加快经济结构战略性调整，加快资源节约型、环境友好型社会建设，大力促进社会公平正义，促进经济平稳较快发展和社会和谐稳定，经济社会发生了历史性巨变。全省生产总值由 1978 年的 64.73 亿元增加到 2010 年的 4119.46 亿元，年均增长 9.6%；大口径财政收入由 20.53 亿元增加到 745.25 亿元，增长 35 倍；粮食总产量由 510.55 万吨增加到 958.3 万吨，增长 87.8%，人均由

273 公斤增加到 368 公斤；工业增加值由 34.66 亿元增加到 1602.87 亿元，年均增长 8.6%；农民人均纯收入和城镇居民人均可支配收入分别达到 3424.7 元和 13188.55 元，增长 33 倍和 31 倍；教育、科技、文化、卫生等社会事业全面推进。经过 30 多年的持续发展，全省社会主义经济建设、政治建设、文化建设、社会建设和生态环境建设迈出了新步伐，呈现出政治安定、社会和谐、经济繁荣、人民幸福、欣欣向荣、国泰民安的祥和景象。

记录伟大时代，续写壮丽史章，是历史赋予我们的光荣使命。2004 年，根据国务院的统一部署，省人民政府适时启动全省第二轮修志。《甘肃省志续志》是我省历史上第一部断代体省志，上限一般与《甘肃省志》各卷下限衔接，有些卷目稍有前移。下限断于本世纪初叶。编纂工作仍由省上各有关部门、单位、相关学术机构和社会人士承担。出于前后两志体例统一的考虑，同时遵循续志编纂的通例，《甘肃省志续志》继续采用横排门类、纵述沿革，卷类相从、以卷为志的大编目体式，在主要卷目与前志基本对应的同时，于不同层面增设了反映新的社会门类和新兴产业的卷目或篇章。全志仍由《概述》、《大事记》、各专志、《人物志》和《附录》等 70 卷组成，总篇幅达 5000 万文字，4000 多幅图片。《甘肃省志续志》的编纂借鉴第一轮修志的成功经验，吸收方志理论研究的最新成果，顺应时代发展变化，既继承传统，又积极创新，力求全面、系统、客观、准确地记述历史，多角度、全景式反映现状，是一部具有重要学术价值、文化价值和社会价值的资料性文献。与其他史籍明置褒贬以寓惩戒的方式不同，志书向以辑录资料为第一要旨，即所谓"述而不作"，寓观点于资料之中。《甘肃省志续志》尊崇治志所重的"实录"精神，记述改革开放的当代史实，档案资料系统完备，采访资料时近迹真，加之编纂人员钩沉提要，取精用弘，注重以资料反映消长，彰明因果，体现规律，力求达到资料性与思想性、科学性的统一，使该志的质量有了新的提高。志书编纂过程中，数千名参编人员不辱使命，黾勉以之，殚精竭虑，忘我工作，为按期完成任务、保证志书质量付出了艰辛的努力。他们的业绩将和这部志书一道载入史册。

"欲知大道，必先为史。"孔子辑五经为世所重，汉兴收篇籍先典攸高。方志内容宏富、包罗万象，是一地一方的信息总汇和百科全书，就辅翼治道而言，其借鉴意义和参考价值为其他史籍所不及。历代前贤常常览方志而察形势，经国济世。革命先辈每每借方志而知地情，成就大业。胡锦涛指出："只有铭记历史，特别是铭记我们党领导人民创造的中国革命史，才能深刻了解过去、全面把握现在、正确创造未来。"因此，肩负领导责任的各级决策者，要善于从历史经验中汲取营养，尤其要重视读史用志，通过方志这一地情信息宝库深入了解当地历史，把握当地特点，从而作出切实合理、富有前瞻性的科学决策，推动各项事业科学发展。

2006年5月，国务院颁布了《地方志工作条例》，以政府法规确立了地方志工作在经济社会发展全局中的地位和作用，地方志工作进入依法推进、科学发展的新阶段。2009年1月，省人民政府制定了《甘肃省地方志工作规定》，对全省地方志工作做出了进一步规范。各级党委、政府要充分认识地方志工作服务改革发展的功能和作用，认真抓好《条例》和《规定》的贯彻落实，加强领导，明确责任，进一步加大对地方志工作的支持力度，为地方志工作创造良好条件。

经过多年的努力，我省的地方志编纂工作实现了由单纯编纂志书向以编纂志书为主，编辑年鉴、编写地情资料和史志信息化建设齐头并进、多元发展的转变。《甘肃省志续志》的刊行，将对全省地方志事业的进一步发展产生积极影响。希望各级地方志工作部门和广大修志工作者进一步增强责任感、使命感，继续发扬默默无闻、无私奉献的精神，以对党、对人民、对历史高度负责的态度，再接再厉，再创佳绩，不断推出更多更好的优秀志书，为促进全省经济社会发展作出新的贡献。

回顾过去，我们充满自豪；展望未来，我们充满信心。让我们紧密地团结在以胡锦涛同志为总书记的党中央周围，在中共甘肃省委的坚强领导下，团结和带领全省各族人民，解放思想，锐意进取，抢抓机遇，真抓实干，为实现全省经济社会跨越式发展而努力奋斗！

是为序。

2011 年 7 月

序 言

甘肃省工商行政管理局党组书记、局长 郭承录

根据《甘肃省人民政府办公厅批转省地方史志办公室关于甘肃省第二轮修志工作规划和甘肃省志第二轮编纂方案的通知》的统一部署和要求，《甘肃省志·工商行政管理志（1986—2008)》从2006年1月开始编纂，经过8年多的艰辛努力，终于付梓问世了。这是全省工商行政管理系统文化建设的一件大事，可喜可贺！

这部志为续志，时间跨度从1986年到2008年，共23年。这一时期，正是我国改革开放不断深入、经济建设和社会事业不断取得辉煌成就的时期，也是我省工商行政管理事业大发展的时期。这23年，随着社会主义市场经济体制的建立完善，工商行政管理部门所担负的市场监督管理和行政执法的职能不断强化，工商行政管理的地位和作用进一步凸显。从本志的记述中可以清楚地看

到，工商行政管理事业是随着改革开放的深入而不断前进的，是随着社会主义市场经济的发展而不断发展的。这个时期，工商行政管理体制发生了重大变革，全省实行了省以下工商行政部门垂直管理，并经历了大的机构改革，推进了工商行政管理职能的全面落实；全省工商系统坚持改革创新，与时俱进，在工作中不断拓宽监督管理的广度，增加监督管理的深度，加大监督管理的力度，实现了由监管有形的集贸市场向监管社会主义大市场的职能转变；不断更新管理理念，树立管理就是服务的思想，坚持监管与服务相结合，为地方经济发展服务，为各类市场主体服务，努力打造"服务型工商"；不断强化监管手段，创新监管机制，注重对市场的全方位监管，维护了市场经济秩序；不断加强对消费者权益的保护，建立健全了覆盖全省的消费者保护网络，有效地保护了人民群众的消费安全；信息化建设迈上了新的台阶，走出了"甘肃模式"的发展新路子；加强队伍建设，工商干部的整体素质不断提高。总之，这部志书既是23年来全省工商系统1万多名干部职工辛勤工作的真实记录，也是对全省工商系统23年来工作经验的总结，既对当前的工作有指导作用，又对未来的工作有借鉴意义。

当今，我们正处在一个大变革、大发展的时期。在全面践行科学发展观，构建社会主义和谐社会，推进我省经济建设又好又快发展的新形势下，我们要发扬工商行政管理系统的光荣传统，承前启后，继往开来，奋发努力，牢固树立"构建大工商、当好保护神"的理念。努力实现从行业思维向全局思维、从以监督管理为主向服务监管并重、从被动服务向主动服务的"三个转变"，构建和完善好"大服务""大监管""大维权""大管理"、非公经济发展和非公党建、队伍建设"六大体系"。促进工商行政管理工作科学发展，再铸工商行政管理事业新辉煌！

2017 年 6 月

序言

1987 年 3 月，省工商局领导班子向中共甘肃省委副书记侯宗宾（左二）汇报工作。

1988 年 10 月，副省长张吾乐（前排左三）陪同外宾参观兰州铁路局市场。

1992 年 3 月，中共甘肃省委书记顾金池（左三）、省长贾志杰（左四）视察商场。

1994 年 11 月 9 日，全省个体私营经济工作座谈会在兰州召开，中共甘肃省委书记阎海旺(右)在大会上讲话，副省长崔正华(中)、省工商局局长惠树人(左)参加了会议。

1998 年 6 月 19 日，全省第四次个体劳动者代表暨表彰大会在兰州召开，中共甘肃省委书记孙英接见与会代表并合影。

1998 年 6 月 19 日，全省第四次个体劳动者代表暨表彰大会在兰州召开，甘肃省人大常委会主任卢克俭(左)与省工商局局长孙田民交谈。

1999 年 3 月，甘肃省省长宋照肃(右)同省工商局局长孙田民(中)交谈。

2004 年 5 月 13 日，中共甘肃省委副书记、省长陆浩（左二），副省长孙小系（右一）到省工商局检查指导工作。

2004 年 10 月 11 日，副省长徐守盛到省工商局参加 12315 投（申）诉举报中心网络开通仪式，勉励工商部门做好对全省消费者权益保护工作。

2007 年 8 月 28 日，由省、兰州市、城关区工商部门相关人员陪同省长徐守盛、副省长孙小系视察兰州市场。

2008 年 9 月 27 日，中共甘肃省委常委、副省长刘永富视察兰州华联超市。

领导检查指导工作

1987 年 8 月 7 日，国家工商局副局长田树千（前排右二）视察兰州铁路新村市场。

1995 年 8 月，国家工商局副局长甘国屏（右一）视察兰州永昌路服装小商品市场。

1999 年 10 月，国家工商局副局长李建中（右二）在陇西县视察工作。

2000 年 7 月，国家工商局副局长韩新民（左二）视察兰州东部市场。

2000年9月，国家工商局党组书记、局长王众孚（左二）在甘肃视察，听取兰州市工商局城关分局张掖路工商所工作人员汇报工作。

2005年7月6日，国家工商总局副局长刘凡（前排左二）视察兰州市工商行政管理工作。

2006年7月11日，国家工商总局副局长李东生（中）到省工商局12315指挥中心检查指导工作。

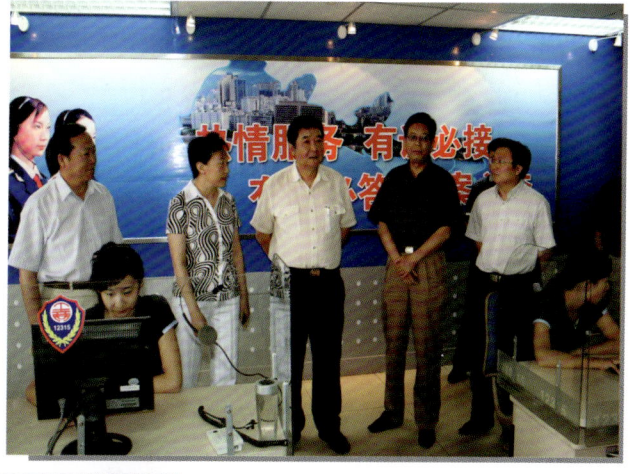

2006年8月12日，国家工商总局副局长王东峰（右三）到省工商局12315指挥中心检查指导工作。

国家工商（总）局领导视察工作

5

2007 年 7 月 5 日,国家工商总局局长周伯华(左三)视察兰州市工商局城关分局并接见工作人员。

2007 年 11 月 9 日,国家工商总局纪检组长石见元(左三)视察张掖市甘州区市场。

2008 年 6 月 5 日,国家工商总局局长周伯华（右三）,副局长刘玉亭(左一)亲切会见省工商局党组书记、局长张绪胜(右一)和省工商局原局长朱同心(右二)。

2008 年 10 月 3 日,国家工商总局副局长钟攸平(左三)视察省个体私营企业产品展销甘南展区。

　　1987年8月7日,省工商局局长段开盛(左)陪同国家工商局副局长田树千(中)视察兰州市定西南路农副产品市场。

　　1994年5月13日,省工商局局长惠树人(右)在庆阳地区检查市场建设情况。

　　2001年10月,省工商局局长孙田民(左一)在定西县工商局进行调研。

　　2007年2月12日,省工商局局长朱同心(左二)检查春节市场供应情况。

　　2008年11月19日,省工商局局长张绪胜(左二)在白银市检查食品安全自律制度的执行情况。

1999 年 6 月 2 日,酒泉地区工商局完成了划转交接工作。

1999 年 7 月 28 日,平凉地区工商局完成了划转交接工作。

2000 年 5 月 26 日,白银市工商局完成了划转交接工作。

2005 年，兰州市工商局城关分局工作人员在新建成登记大厅为群众办理企业登记注册工作。

2006 年 5 月，省工商局举办全省工商系统贯彻《公司法》和推行分层分类登记改革工作培训班。

2007 年 5 月，省工商局企业注册部门为企业办理登记注册及企业年检。

2007 年 7 月 11 日，省工商局举办全省工商系统个体私营经济监管培训班。

2008 年 4 月，兰州市工商局企业登记部门工作人员上门为企业办理年检。

2008 年 5 月，省工商局为方便企业查询，设立了企业电子档案自动查询窗口。

企业登记

9

2006 年 12 月 29 日，省工商局召开全省工商系统实行企业网上年检工作会议。

2007 年 6 月 2 日，前来甘肃省投资的澳大利亚前总理霍克一行与省工商局领导、外资处同志合影。

2007 年，为方便企业登记业务，部分市工商局添置了登记车辆为群众办理登记注册工作。

2007 年，兰州市工商局城关分局新办证大厅启用，工作人员为企业办理登记注册。

2008 年，兰州市工商局城关分局为港澳居民办理个体工商户登记注册，核发营业执照。

2008 年 4 月，全省工商系统开展便民服务活动，工商干部为残疾经营户上门办理登记注册工作。

20世纪90年代的兰州会宁路市场

20世纪90年代初的兰州光辉布料市场

1991年建成的兰州雁滩家具市场

20世纪90年代的张家川龙山镇皮毛市场

20世纪90年代的兰州铁路局市场

20世纪90年代的秦安小商品市场

20世纪90年代的宁县早胜牲畜市场

市场建设

20 世纪 80 年代的兰州东部市场

20 世纪 90 年代的兰州东部市场

2000 年后的兰州东部市场

1993 年建成的兰州张苏滩蔬菜瓜果批发市场

2005 年 8 月，酒泉市基层工商干部对地方少数民族产品市场进行巡查。

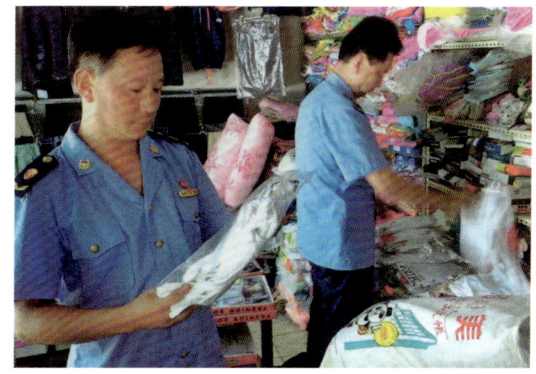

2008 年 5 月，陇南碧口工商干部检查赈灾物资。

2006 年，基层工商干部对市场食品进行检测。

2008 年 3 月，工商干部进行市场巡查工作。

2005 年春节前，工商执法人员对蔬菜市场衡器进行检查。

市场监管

13

2007 年 2 月 13 日，省工商局同有关厅局召开食品安全情况通报会。

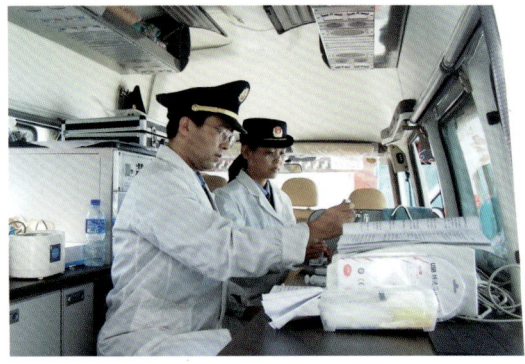

2007 年 3 月，工商人员在食品检测车上对食品进行检测。

2007 年 9 月 26 日，省工商局召开食品安全专项整治工作会议。

2007 年 11 月 5 日，工商干部用食品安全检测箱对蔬菜进行快速检测。

2007 年 11 月 7 日，国家工商总局纪检组长石见元一行到省工商局听取全省工商系统对流通环节产品质量和食品安全整治情况汇报。

2008 年 11 月 20 日，省工商局召开全省食品安全监管工作现场会。

2004 年 4 月，省工商局副局长张辉（右一）发布工商部门清查毒奶粉的工作。

2006 年 3 月 8 日，省工商局召开全省工商系统开展整顿和规范盐业市场秩序专项行动工作会议。

2006 年 5 月 17 日，省工商局市场监督管理局开展电信市场专项整治。

2006 年 12 月 5 日，省工商局召开全省打击传销专项行动动员大会。

2008 年 9 月 3 日，基层工商干部巡查农机市场。

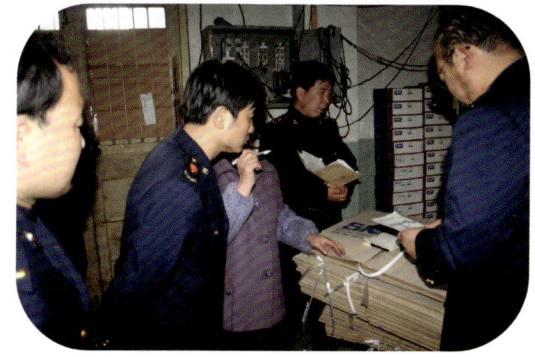

2007 年 11 月 8 日，省工商局市场监督管理局和兰州市工商局对假冒进口 SKF 轴承进行查处。

经济检查

15

2005 年 3 月 13 日，临夏州工商局开展打击假冒伪劣商品、维护消费者权益宣传活动。

2005 年"3·15"前夕，工商部门销毁假冒商品。

2007 年 3 月，兰州市工商局对假冒伪劣商品进行销毁。

2008 年 1 月 10 日，工商管理部门对没收市场不合格计量衡器当众销毁。

2008 年 3 月 13 日，兰州市工商局对假冒伪劣商品进行销毁。

2008 年 9 月 13 日，工商部门对"问题奶粉"进行查处。

经济检查

2004 年 10 月 17 日，省工商局联合新闻单位举办商标知识大赛。

2005 年 12 月 23 日，省工商局召开全省工商系统打击侵权仿冒、维护知识产权现场会。

2006 年 7 月 11 日，全国十一省（区）农产品商标和地理标志工作座谈会在省工商局召开。

2007 年 8 月 7 日，省工商局组织有关单位和个人召开商标立法调研座谈会。

2007 年 8 月 8 日，省工商局在商标节期间举办全省招商会。

2008 年 6 月 25 日，省工商局召开著名商标认定专家评审工作会议。

商标监管

17

2005 年 5 月 24 日，在省工商局召开全省整治虚假广告专项行动联席会议，副省长孙小系出席会议。

2006 年 3 月 13 日，在省工商局召开广告监测系统开通仪式暨整治虚假广告专项行动会议。

2006 年 3 月 13 日，省工商局广告监测中心正式开通。

2006 年 8 月 4 日，在省工商局召开全省广告监管视频会议。

2006 年 12 月 26 日，省工商局举办全省广告管理新规培训班。

2008 年 4 月 3 日，省工商局召开整治虚假广告联席会议。

2005 年 6 月,甘南州工商局干部为群众、僧人宣传识别假冒商品知识。

2006 年 3 月 15 日,省、兰州市工商局和省消费者协会在兰州东方红广场举行纪念"3·15"国际消费者权益日宣传咨询活动。

2008 年 3 月 15 日,工商系统干部为消费者咨询服务。

2006 年 3 月 14 日,省、兰州市工商局和消费者协会在兰州东方红广场举行"3·15 国际消费者权益日"宣传咨询活动。

2008 年 3 月 13 日,省工商局举办 2008 年消费主题论坛。

消费者权益保护

19

2002 年 3 月 14 日, 省工商局、省消费者协会、省电视台联合在兰州举办"3·15"晚会。

2006 年 3 月 15 日, 工商干部向群众讲解识别假冒伪劣商品知识。

2007 年 3 月 15 日, 省工商局局长朱同心(左三)、副局长张辉(右一)在省工商局 12315 指挥中心看望工作人员。

2008 年"3·15"活动期间, 工商干部向消费者讲解识别假酒方法。

1998 年 3 月, 省、兰州市工商局和消费者协会在兰州东方红广场举行全省首次大型"3·15 国际消费者权益日"咨询服务活动。

2004 年 10 月 11 日,省委副书记韩忠信(左五)、省政协副主席李宇鸿(左三)、副省长徐守盛(右二)、省工商局局长朱同心(左一)为省工商局 12315 指挥中心开通剪彩。

2004 年 10 月 11 日,省工商局 12315 申诉举报指挥中心正式运行。

2006 年 5 月 17 日,省工商局召开全省工商系统 12315 行政执法体系建设工作会议。

2008 年 3 月 6 日,省委常委、副省长刘永富(右四)视察省工商局 12315 指挥中心。

2007 年 10 月,全省工商系统为商业网点悬挂 12315 消费者申诉举报电话宣传标牌。

2008 年 7 月 16 日,省工商局召开全省工商系统 12315 行政执法体系建设工作会议。

12315 工作

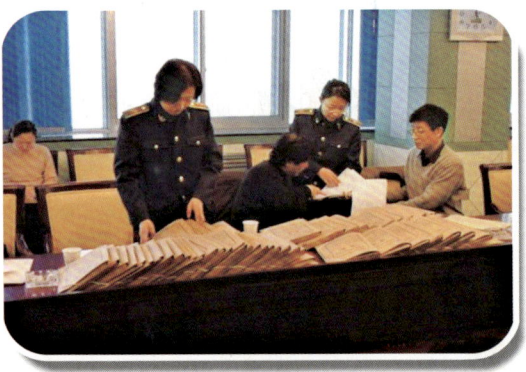

2001 年 10 月，省工商局法规处同志讨论制定法规工作。

2005 年 1 月 27 日，省工商局对商标广告稽查大队历年来执法案卷进行检查。

2005 年 11 月 11 日，省工商局在兰州黄河啤酒厂开展送法律进企业活动启动仪式。

2006 年 4 月 19 日，省个协、私协法律维权中心揭牌暨法律服务签约仪式在省工商局举行。

2007 年 3 月，全省工商系统开展红盾护农送法送科技送文化下乡活动。

2008 年 7 月 28 日，省政府为全省各市、州工商局颁发行政执法主体资格证。

2008 年 8 月 14 日，国家工商总局法规司司长王学政在省工商局为机关干部讲解法规知识。

2006 年 10 月 1 日，天水市工商行政执法队伍统一换装仪式。

2007 年 2 月，省工商局 12315 指挥中心工作人员集体合影。

2007 年 9 月 26 日，省工商局机关全体干部前往省博物馆参观甘肃省改革开放 30 周年成就展。

2008 年 10 月 9 日，省工商局机关全体干部和离退休干部参加省工商局领导述职报告会。

2006 年 10 月 1 日，省工商局在兰州东方红广场举行全省工商行政管理执法队伍换装暨食品检测车配发仪式。

队伍建设

23

2006 年 6 月 16 日,全省工商系统第五期科级干部培训班赴白银考察,到会宁红军会师楼进行重温长征路教育活动。

2006 年 6 月 24 日,省工商局召开全省工商系统干部教育培训工作会议。

2007 年 7 月 31 日,省工商局局长朱同心检阅军训学员。

2004 年 8 月,省工商局对军转干部进行工商行政管理专业短期培训,参训人员与省工商局领导合影。

2004 年 11 月 17 日，省工商局召开全省工商系统纪检监察干部培训班。

2005 年 9 月 25 日，省工商局召开全省工商系统第二期纪检监察干部培训班。

2006 年 7 月 18 日，省工商局在天祝召开全省工商系统贯彻落实《教育、制度、监督并重的惩治和预防腐败体系实施纲要》工作座谈会。

2007 年 9 月 12 日，省工商局召开全省工商基层执法人员向监管服务对象代表述职述廉试点工作座谈会。

2001 年 5 月 15 日，省工商局召开全省工商系统纪检监察工作会议。

纪检监察

2003 年 7 月，陇南市工商局武都分局城关工商所召开各界人士座谈会，听取对工商部门的意见。

2005 年 10 月 15 日，省工商局领导班子和局机关各处、室负责人参加省广播电台组织的《政风行风热线》节目，接听政风行风热线电话。

2006 年 4 月 19 日，省工商局机关全体干部参加省委巡视组巡视省工商局工作反馈意见大会。

2006 年 7 月 19 日，张掖市工商局甘州分局干部参加《政风行风热线》广播直播节目。

2007 年 1 月 28 日，兰州市工商局领导班子及有关人员参加省广播电台组织的《政风行风热线》节目，回答听众提问。

2007 年 5 月 26 日，省工商局领导班子在甘肃交通广播电台参加《政风行风热线》现场直播节目，解答听众电话。

1999 年 3 月，省工商局召开全省工商系统廉政建设工作会议。

2005 年 7 月 22 日，省工商局全体干部参观全省反腐倡廉大型展览。

2007 年 3 月 12 日，省工商局召开全省工商系统党风廉政会议。

2007 年 11 月 6 日，国家工商总局纪检组长石见元在兰州市工商局城关分局皋兰路工商所调研党风廉政建设。

2008 年 12 月 15 日，省、兰州市工商干部在兰州东方红广场举行廉政承诺大会。誓词：忠于职守、公正执法；维权监管、诚实守信；遵章守纪、廉洁勤政；行政执法、不枉私情；热情服务、维护形象；令行禁止、接受监督。

2006 年 7 月 28 日，省精神文明办公室一行在省工商局听取省工商局关于全省工商系统创建省级文明单位工作汇报。

2006 年 12 月 28 日，省工商局被评为全省文明单位，图为省工商局纪检组长黄共卫(右)代表省工商局接受奖牌。

2006 年 12 月 28 日，省工商局领导与全省工商系统十二个获省级文明单位称号单位的领导合影。

2007 年 10 月 24 日，省工商局在临夏州召开全省工商系统精神文明建设工作座谈会。

2008 年 7 月 17 日，省文明办领导检查省工商局工作并同省工商局领导合影。

精神文明建设

2007 年 6 月 3 日，省工商局干部参加省直机关举办的拔河比赛。

2007 年 6 月 29 日，省工商局机关举办趣味运动会。

2007 年 10 月，工商系统干部唱响文明之歌。

2008 年 2 月 4 日，省工商局机关举办迎春文艺演出。

2008 年 1 月 15 日，省工商局机关举办迎春扑克双升级大赛。

文体活动

29

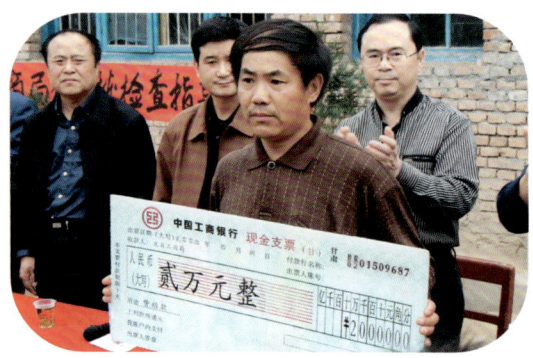

2006 年 10 月 10 日，省工商局为陇南文县桥头乡扶贫点捐助 2 万元。

2007 年 8 月 24 日，省工商局机关召开妇女委员会成立大会。

2007 年 9 月 30 日，工商系统女干部进行列队表演。

2006 年 10 月 10 日，省工商局向文县桥头乡小学捐赠并合影。

2008 年 2 月 27 日，省工商局为贫困大学生捐款。

2008 年 3 月 1 日，省工商局机关参加省妇联"手拉手、迎奥运"活动。

2004 年 9 月 21 日，兰州市工商局城关分局党委开展共产党员示范岗活动。

2005 年 7 月 1 日，甘南州工商系统组织党员重温入党誓词。

2007 年 4 月 22 日，省工商局机关党务干部前往革命圣地延安学习参观并进行宣誓。

2007 年 4 月 17 日，省工商局机关举办党务干部培训班

2007 年 7 月 29 日，中央国家机关工委领导莅临省工商局机关检查指导工作并合影留念。

党建工作

20世纪80年代，陇西县基层工商干部下乡执法检查。

2004年8月，基层工商分局执法队伍整齐列队。

1995年，基层工商干部进行执法检查。

2007年3月，基层工商所在牧区设立了流动投诉站开展消费维权。

清水县工商局办公大楼

秦安县工商局郭嘉工商所办公楼

舟曲县工商局立节工商所办公楼

岷县工商局蒲麻工商所办公楼

泾川县工商局高平工商所办公楼

甘州区工商分局大满工商所办公楼

基层建设

2004 年，全省工商系统利用信息化平台对各类企业登记信息实行电子录入工作。

2006 年 6 月 20 日,全国工商系统信息化标准培训班在省工商局举办。

为加快信息化建设，省工商局于 2006 年 3 月 13 日开通启用广告监测中心。

以信息化加强消保工作,省工商局 12315 指挥中心于 2004 年 10 月 11 日正式开通运行。

2007 年 4 月 2 日,省工商局召开全省工商系统金信一期项目可研报告评审会。

2008 年 5 月 24 日,全省工商系统举行信息化知识竞赛。

信息化建设

1998 年 6 月 19 日，省第四次个体劳动者代表大会暨表彰大会在省政府礼堂召开，省委、省政府领导出席。

2005 年 4 月 26 日，省消费者协会召开第四届理事会第二次常务理事会。

2005 年 4 月 27 日，省商标协会召开理事扩大会议暨 4·26 知识产权保护座谈会。

2006 年 1 月 13 日，甘肃省私营企业协会直属协会召开成立大会。

1986 年 12 月 23 日，省委、省顾委、省政府、省人大、省政协领导和参加全省工商局长会议代表及全省文明市场、个体劳动者协会、"三好"个体劳动者代表合影。

2004 年 6 月,兰州市工商局市场管理一分局推行"一站三员"进企业活动。

2007 年 4 月 16 日,酒泉市工商局基层流动维权站深入牧民帐篷开展维权工作。

2008 年 1 月 17 日,省工商局召开"一会两站"总结表彰会议。

协会工作

2005 年 9 月 5 日,省工商局在秦安召开"一会两站"(消费者协会基层分会、12315 维权联络站、红盾护农服务站)现场会。

2008年5月12日,汶川发生强烈地震,陇南文县张家坝地震时的场景

2008年5月12日,四川汶川发生强烈地震,陇南市工商局办公楼遭受不同程度的损毁。

2008年5月15日,省工商局机关组织全体干部职工为地震灾区捐款。

2008年5月22日,省工商局机关共产党员为支援地震灾区交特殊党费。

2008年6月11日,国家工商总局副局长钟攸平和省工商局局长张绪胜、副局长陈其寿慰问陇南灾区工商干部。

抗震救灾工作

2007 年 7 月 6 日,第十四届兰洽会开幕,国家工商总局局长周伯华(前左一)、省委书记陆浩(前右一)参加了开幕式。

2005 年 7 月 7 日,参加兰洽会的企业代表和工商系统领导合影留念。

2007 年 7 月 4 日,在省工商局举办的兰洽会非公企业项目签约会场。

2007 年 7 月 6 日,第十四届兰洽会非公企业项目签约在省工商局举行,全省工商系统参会代表和省上领导及国家工商总局领导合影。

兰洽会掠影

2005 年 4 月 13 日，国家工商总局在兰州市东方红广场举行 2005 年红盾护农甘肃省授旗仪式。

2007 年 4 月，基层工商干部走进田间地头检查农用资料。

2007 年 9 月，基层工商干部为农民提供市场信息帮助外销农产品。

2008 年 5 月，全省工商系统服务"三农"助推地方经济发展经验交流大会在嘉峪关市召开。

2008 年 8 月 8 日，省工商局召开红盾护农先进表彰视频大会。

1986年,省工商局领导班子与离休干部合影,从左依次为石作峰、段开盛、田园、路玉明、马序泉。

1991年,省工商局领导班子与离退休干部合影,从左依次为刘崇渊、陈景兴、杨振民、李成林、路玉明、马序泉、惠树人、石作峰、孙望尘。

2007年2月,省工商局局长朱同心(左三)、副局长王廷德(左二)、张辉(左一)、纪检组长黄共卫(右一)慰问退休干部刘耀英(右二)及家属。

2008年10月,省工商局局长张绪胜(右二)、副局长陈其寿(右一)慰问离休干部杨振民(右三)及家属。

2008年9月25日,省工商局干部和离退休干部参加纪念改革开放30年和工商行政管理机关恢复建制30年暨"双先"表彰电视电话会议。

离退休干部

39

20 世纪 80 年代使用的电脑

1986 年工商部门使用的打字机

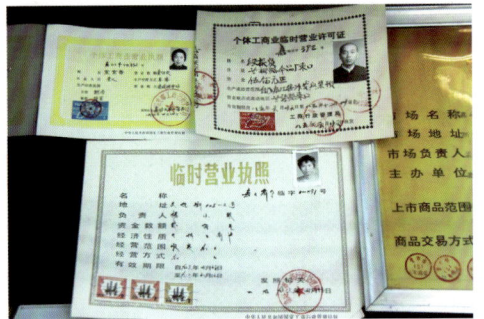

1990 年工商部门办理的个体工商户临时执照

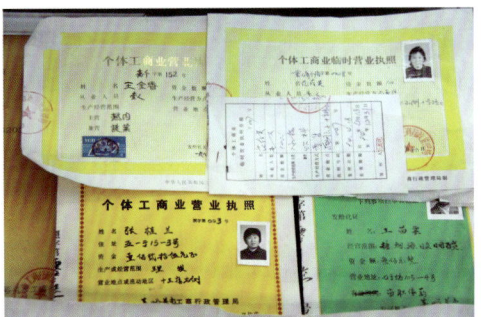

1986 年,工商部门办理的个体工商户营业执照

20 世纪 80 年代工商部门使用的算盘

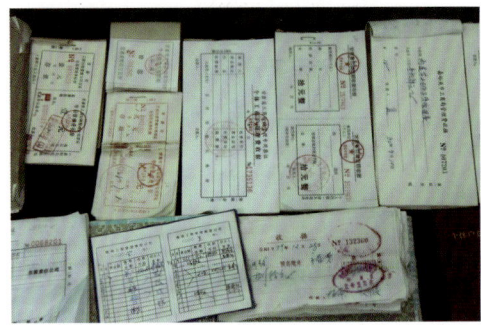

2008 年 9 月 1 日以前,工商部门征收的个体工商管理费、市场管理费收据及缴纳登记薄和协会会费票据

1988 年至 2006 年 9 月 30 日,工商执法人员的着装及帽徽、肩章、胸牌

凡 例

一、本志坚持辩证唯物主义和历史唯物主义的立场、观点和方法，真实地记叙甘肃省工商行政管理事业的历史发展轨迹，力求思想性、资料性和科学性的统一。

二、本志是第二轮《甘肃省志》的组成部分，为 1991 年 10 月出版的《甘肃省志·工商行政管理志》之续志，记述内容的上限自 1986 年，下限至 2008 年。

三、本志在篇章结构、布局、风格上与第一轮《甘肃省志·工商行政管理志》大体相近。在结构上按章、节、目三个层次编写，在内容上着重体现工商行政管理的改革创新，反映工商行政管理事业的新发展、新面貌。

四、本志以志为主，辅以表格、图片。表格中有缺失的，皆因资料缺失无法弥补，以仅存资料为限。

五、文件、法律、法规及机关单位等的名称，首次出现时用全称并括注简称，之后一般用简称。如《中华人民共和国公司法》简称《公司法》。"省人民政府"简称"省政府"，"工商行政管理局""工商行政管理部门""工商行政管理系统""工商行政管理所"等一般简称"工商局""工商部门""工商系统""工商所"。多家同级、同序列机关并列时，只在第一个单位前书以行政级别，后面单位的行政级别一律省去，如省经贸委、工商局、质监局。但不同级或同级不同序列的多家机关并列时则标以不同的级别或不同的序列，如国家工商局、省工商局、省委宣传部等。

六、数字书写方式，按照国家技术监督局 1995 年 12 月 13 日批准发布的中华人民共和国国家标准《出版物上数字用法的规定》（GB/T 15835-1995）执行。统计基数一般为小数点后保留两位数。

七、本志资料主要来自全省各级工商部门提供的档案和各有关单位提供的资料。

目　录

目 录

目　录

目 录

概 述

工商行政管理机关,是政府主管市场监督管理和行政执法的职能部门,其主要职责是依法确认市场主体资格,规范市场交易行为,查处市场违法活动,维护合法的市场竞争和正常的市场秩序。工商行政管理是政府市场监督管理和行政执法的重要职能之一。1986年至2008年的23年间,随着改革开放的深入和市场经济的发展,工商行政管理部门的职能不断强化,监管的领域不断拓宽。全省工商行政管理系统坚持转换职能,改革创新市场监管方式,完善市场监管体制,提升市场监管层次,工商行政管理工作有了长足的发展,取得了显著成绩,为维护市场经济秩序发挥了重要作用,为甘肃省的经济发展做出了突出贡献,工商行政管理的地位、作用也日益提高。

一

1986年至2000年,是工商行政管理职能转变的重要时期,在向市场经济的转换中,工商行政管理工作培育发展市场,支持个体私营经济发展,治理经济环境、整顿市场秩序,是这个时期的亮点,为促进甘肃经济的振兴发挥了积极作用。

建设、培育市场 1990年之前,工商行政管理部门主要侧重于集贸市场的建设及监管城乡集贸市场。全省工商行政管理部门在各地党委、政府的领导下,在市场建设特别是集贸市场建设中,争主动,唱主角,牵头组织,协调服务,发挥了不可替代的作用。各级工商行政管理部门在市场建设中,重点培育发展农副产品批发市场和工业品批发市场。

1986年前后,省政府下发了多个关于市场建设的文件。1986年1月5日,省政府批转了省工商局关于1986年城乡集市建设问题的报告。具体措施是:(1)在城市(集镇)建设规划中,要统筹安排,规划市场用地。(2)利用或改造旧街道作固定市场。(3)对县以下(包括县城)现有农贸市场要进行全面规划,场地窄小的应逐步进行调整。新建市场地点要适中,具有建设固定服务设施的条件。(4)县以上城市要解决个体工商业户经营用地。楼房院墙可以破墙建店,临街底层房屋可腾出作营业用房,也可允许土地使用者按城市统一规划自建营业房出租。(5)由当地政府出面征地。依照征用土地审批权限,市场用地统一由当地政府分期分批征用,征用费由当地统筹解决。明确的市场建设方针,解决了一些政策性问题,有力地推动了市场建设。为了选择合适的市场用地,工商人员身背干粮,挎着缸子,拿着打狗棍四处奔波,被人形容为"远看像个要饭的,近看像个打狗的,一问才知工商的"。在工商部门的不断努力下,全省工商行政管理系统参与的集贸市场建设的规模不断扩大,环境设施有了很大提高。

1988年4月全省工商行政管理系统在陇南召开全省城乡集贸市场建设经验交流会,15个地、市、县建设市场的经验交流,促进了新一轮市场建设的高潮。一批"马路市场""街巷市场""摊点市场"得到改造。以张苏滩农产品批发市场、东部批发市场等为代表的大型批发市场开始在全省各地出现。以兰州为代表的"铁路新村市场""永昌路百货批发市场"等市场逐渐消失和正式关闭,促进了市场经济的发展。遵循"管而不死,活而不乱"的原则,工商行政管理部门制定了一系列集贸市场管理的规章制度和措施,加强对集贸市场的培育和管理。

1992年各地还出现了早晚市场、旧货市场、人才市场、星期日市场等,一个多元化、多层次、多功能,跨行业、跨地域、跨所有制的市场建设格局已经形成。邓小平南方谈话后,市场建设呈现出以下几个特点:市场建设由部门行为转变为政府行为,市场建设正式列入城镇建设规划。同时由个别部门投资兴建向多方集资、多家兴建的路子发展,结束了由工商部门单打独斗的局面,有钱的出钱、有地的出地、有力的出力,各方配合建市场。投资规模不断增大,1992年投资在200万元以上的大型市场就有28个。市场档次不断提高,出现了一批吃、住、行服务功能全、信息灵通、交通便利,商品低、中、高档兼有的市场。至此,集贸市场发生了根本性的变化:由农民、手工业者之间互通有无、调剂余缺的初级市场向商业性市场发展,由综合市场向专业化市场发展,由地产地销为主的区域性市场向跨省市、远辐射的大市场发展,由以零售为主向批零结合的方向发展。上市经营的商品种类越来越多,市场规模越来越大,已成为城乡之间、地区之间商品流通的重要渠道。一批综合性、专业批发市场也逐步发展起来,多层次、多渠道的市场体系已初具规模,对促进生产、发展经济、把企业推向市场发挥着越来越重要的作用。

开展创建"文明市场"等活动,使全省集贸市场管理走上了规范化的轨道,促进了集贸市场的发展繁荣。同时,大力推进生产资料市场和生产要素市场的发展,逐步形成了门类齐全的市场网络。

2000年,全省既有遍布城乡的集贸市场,又有区域性的批发市场和中心批发市场,还有各类专业市场,同时建成了一些有特色的市场。随着改革开放的深入和经济的发展,特别是中共十四大确定建立社会主义市场经济体制后,全省各类市场蓬勃发展,社会主义大市场体系逐步形成,客观上要求工商行政管理部门必须跳出监管集贸市场的"小圈子",实现监管社会主义大市场的转变。全省工商行政管理系统适应新的形势,转变观念,积极探索对生产资料市场、生产要素市场及其他市场的监管。全省工商行政管理部门通过不懈的努力,逐步开始对生活资料市场、生产资料市场、生产要素市场乃至文化市场及其他市场的全方位的监管。加强对社会主义大市场的监管,全省工商行政管理系统改变传统的监管方式和管理方法,综合运用法律、经济、行政手段,维护市场经济秩序。

清理整顿公司 1986年,基本还处在改革开放初期,甘肃经济有了长足发展,由于经济体制处于新旧交替阶段,法制不健全,只注重开放、搞活,发展经济,放松了监督管理,出现了一批买空卖空的"皮包公司",还有一些党政机关经商办企业。工商行政管理部门按照省委、省政府的指示,配合省清理整顿公司领导小组,对各类公司进行了清理整顿。1990年11月,全国清理整顿公司领导小组同意甘肃省所属公司的撤、并、留方案。到 1991 年,全省共清理整顿公司 5990 户,保留符合条件的公司 4282 户,撤、并各类公司 1708 户。到 2000 年,各级工商行政管理部门加强企业登记管理,把好市场主体准入关。全省各级工商行政管理部门认真履行企业登记注册的职责,严格按照企业登记注册的法律法规和有关前置审批规定,为市场输送合格的经营主体。同时,加强企业登记注册后的监督管理。各级工商行政管理部门通过每年例行的企业年度检验和日常的检查,把不合格的企业清除出市场。

扶持个体私营经济发展 1986 年开始,全省各级工商行政管理部门根据国家发展个体私营经济的方针政策,解放思想,强化服务,大力扶持和引导个体私营经济的发展。从过去的改造、取消、恢复,和"必要的""有益补充"乃至确定为国民经济的"重要组成部分",成为推动甘肃经济发展的重要力量。全省出台了一系列促进个体私营经济发展的政策规定,采取各种措施,取消阻碍个体私营经济发展的限制,放宽市场准入条件,放开经营方式、经营范围;帮助个体私营经济解决贷款难等问题,推动个体私营经济不断上规模、上水平、上档次、增效益。同时,大力宣传表彰个体私营经济先进典型,奖励为个体私营经济发展做出贡献的企业和个人。在各级党委、政府的领导和工商行政管理部门及个体劳动者协会的共同努力下,全省个体私营经济保持了持续、快速、健康发展的势头。到 2000 年,全省各种组织形式的非公有制经济已发展到 17097 户,投资者人数 42075 人,注册资本 116 亿元。全省个体工商户经过依法审核并换发新式营业执照,有经营户 27.27 万户,从业人员达 50.2 万人。

加强市场监管,查处经济违法违章行为 1986 年开始,全省工商行政管理系统在依法行政的过程中,不断强化监督管理,加大行政执法力度,保护合法经营,打击各种经济违法违章行为,维护经济秩序。全省工商行政管理部门对市场的监管不断加强,在抓好日常监管的同时,把执法的重点放在严厉打击严重破坏工农业生产、严重损害人民群众利益、严重扰乱社会经济秩序的违法行为上。一是持续不断地开展了打击制售假冒伪劣商品违法行为的工作,特别是抓好每年元旦、春节等重要节假日期间消费品市场的"打假"和农资市场的"打假",使市场得到了净化。二是打击走私贩私活动,取缔私货交易市场,使走私

甘肃省志 工商行政管理志

贩私活动得到遏制。三是查处不正当竞争行为。全省工商系统根据《中华人民共和国反不正当竞争法》，对问题比较突出的仿冒知名商品、公用企业限制竞争、商业贿赂等不正当竞争行为进行了严厉查处。四是打击传销活动，针对各个阶段以不同形式出现的传销活动，持续进行打击，维护了人民群众的利益。

全省工商行政管理系统还针对不同时期市场出现的新情况、新问题，不间断地开展市场综合整治与专项整治。全省开展了食品市场、粮食市场、农资市场、棉花市场及"黑心棉"、酒类市场、盐业市场、木材市场、汽车市场、旅游市场、租赁柜台市场、文化市场以及取缔"土炼油"、非法煤矿等专项整治，均取得了阶段性成果，使市场秩序得到好转。

在市场监管中，各级工商行政管理部门加大执法力度，依法查处各种经济违法违章行为，查处了大量的经济违法案件，特别是查办了一些严重危害市场经济秩序的大案要案，有的案件在全省乃至全国都有一定影响。

强化商标、广告、经济合同管理　1986年，各级工商行政管理部门注重保护注册商标专用权，打击假冒商标，制止商标侵权行为，保护了注册商标所有人的权益。在广告管理中，依法整治广告秩序，查处虚假违法广告；逐步推行了广告代理制和广告发布前的审查制度；多次开展了广告专项整治，采取有力措施，实现了对广告市场全方位、全过程的动态监管，使全省广告市场逐步走向规范。在经济合同管理中，坚持搞好对经济合同的监督检查、经济合同的鉴证和确认无效的经济合同，查处利用经济合同进行的违法行为，保护了当事人的合法权益；认真做好经济合同调解仲裁工作，化解合同纠纷。全省还普遍开展了动产抵押登记工作，强化抵押合同登记，取得了一定成效。从1987年开始，全省开展了"重合同守信用"活动，有力地推进了企业的诚信建设。

加强法制工作　1986年以来，全省工商行政管理系统高度重视法制建设，不断完善工商行政管理法制，为依法行政提供了有力的保障，使市场监管和行政执法走上了法制化、规范化的轨道。一是积极参与地方立法。省工商局参与了省人大常委会和省政府制定的多部涉及工商行政管理的地方法规和政府规章的起草、修改工作；有的市（州）、县工商局也积极参与了地方立法工作。工商行政管理系统自身也制定了一系列规范市场行为和执法行为的规范性文件。

同时，根据各个时期经济生活的变化，按照省人大常委会和省政府的统一部署，对有关法律、法规、规章和规范性文件进行修订和清理。二是搞好执法监督。执法监督的内容从最初只针对行政处罚案件，逐步扩展到行政强制行为、行政收费行为和行政许可行为等工商行政管理的各项具体行政行为；监督的形式从最初的案件审核、行政复议扩展到对规范性文件出台前的审核。各级工商行政管理部门通过开展经常性的综合执法检查和不定期的专项执法检查，搞好案件审核和行政复议、应诉，促进了依法行政。三是加强法律法规学习与宣传。全省工商行政管理系统通过普法教育、举办培训班等多种形式，组织干部职工认真学习国家、甘肃省和国家工商总局颁发的一系列关于工商行政管理的法律、法规和规章，提高干部职工的执法水平，增强依法行政的意识。同时，重视向全社会特别是生产经营者宣传工商行政管理法律、法规，为工商行政管理部门行政执法创造了良好的执法环境。

保护消费者权益　保护消费者权益是工商行政管理部门的重要职责。市场上短斤少两、以次充好、假冒伪劣、虚假宣传等损害消费者合法权益的现象大量滋生，消费者权益保护工作就是在这种历史条件下开展起来的，全省各级消费者协会也应运而生，从此义无反顾挑起保护人民群众合法权益的重担，走上了消费维权的艰难之路。1997年开展的主题宣传活动和"3·15国际消费者权益日"宣传、咨询服务活动，大大提高了广大消费者科学消费和理性消费的意识，使消费者权益保护工作不断深入。仅在1998年到2005年的几年中，全省消协共在"3·15国际消费者权益日"大型活动期间，举办文艺宣传演出186场次，在城乡开展了宣传法律法规知识竞赛274场次，向公众发放宣传资料1400万份，接受咨询、宣传1700万人次。"3·15国际消费者权益日"已深入人心，真正成为了广大消费者的节日。消费者协会还对长期处于垄断地位的公共服务行业，如：供水、供电、供热、铁路、公交、燃气、通信、银行等进行质询、问责，受到公众的普遍关注。

队伍建设　1986年以来，为了适应监管社会主义大市场的需要，全省对工商行政管理体制进行了重大改革，工商行政管理队伍自身建设不断加强，推进了工商行政管理事业的发展。1994年，根据国务院《关于调整大中城市工商行政管理体制的通知》精神,兰州、白银、天水等市的区工商局改为市工商局的分局,作为市工商局的派出机构,由市工商局统一领导、统一管理。全省工商行政管理系统把加强队伍建设作为搞好工作的前提和保证认真抓好。各级工商行政管理部门采取多种措施,加强思想教育、廉政建设、作风纪律建设等,提高队伍的政治思想素质;通过学历教育、岗位培训、岗位练兵竞赛等,提高队伍的业务水平。全省工商行政管理队伍的整体素质大大提高,自身形象明显改观。全省工商行政管理系统坚持把基层工商所建设作为重中之重,下大力气抓好。一是认真贯彻《工商行政管理所条例》和国家工商总局《工商行政管理系统基层建设纲要》,加强工商所规范化建设。各级从机构名称、管理体制、人员配置、上岗资格、职责权限、工作程序、工作制度等方面逐条抓好落实,使工商所规范化建设不断迈上新台阶。二是搞好基础设施建设。各级工商局在政府的支持下,投入财力、物力,为工商所解决办公用房,购置车辆、微机、通讯设备,使基层工商所的工作、生活条件有了很大改善,有力地保障了各项工作的开展。

二

2001 年到 2008 年,是工商行政管理体制发生重大改革的重要时期,按照省政府批转的《甘肃省工商行政管理体制改革实施方案》的精神,按照省委组织部、人事厅、财政厅、省编委办、省国资局联合下发的关于《体制改革中机构、编制、人员、经费等划转交接办法》,从 1999 年 4 月开始,工商系统进入划转交接阶段。按照"自下而上,逐级整体交接"的办法,由省工商局派工作组参与了逐级划转和交接工作。2001 年 10 月,全省 14 个地(州、市)工商局全部划转完毕,实现了全省工商系统垂直管理。垂直管理后,工商行政管理随之发生了重大变化,市场监管执法的统一性、权威性、有效性大大增强。

加强市场管理、整顿市场秩序　2001 年,工商行政管理部门由过去主要监管集贸市场逐步转变到监管社会主义统一大市场上来。2001 年后,过去管理集贸市场的方法,已不适应市场经济的发展,迫使工商部门不断改变管理模式。按照国家局关于加强市场监管工作会议精神,全省工商行政管理系统落实、实行了市场巡查制,加大了市场监管力度,并在全省全面推行市场巡查制,把巡查制作为加强市场日常监管的一项重要制度，重点加大农村市场和城乡结合部的巡查力度。变被动式管理、静态性管理,向主动性管理和动态性管理转变,提高了监管效能。

2001 年以后,集中的食品安全专项整治,健康安全消费环境进一步形成。加大知识产权保护力度,商标假冒侵权行为得到有效遏制,虚假违法广告行为得到有效打击。治理商业贿赂取得成效,以严厉打击非法传销为重点的专项治理,长期保持高压态势,市场不正当竞争行为得到有效治理。2003 年,实施了流通领域商品准入制度。2004 年,进一步建立和完善流通领域商品质量抽检制度和商品入市索证索票制度。2005 年,针对阜阳奶粉事件和禽流感疫情,建立了市场监管应急预案。大力推进监管关口前移,与各部门联合执法,形成依法行政的整体合力。与此同时,全省工商行政管理系统适应监管大市场繁重任务的需要,改进管理手段,大力加强信息化建设,建成了连接国家工商总局和全省各级工商部门的计算机网络，运用现代化手段实施对社会主义大市场的监管,大大提高了工商行政管理效能。

2008 年 9 月,"两费"(市场管理费、个体工商户管理费)停征后,工商部门面临的一个重大课题就是如何转变职能。省工商局提出,实现职能转变,关键是要把监管执法作为工商行政管理最主要的手段，提到更加突出的位置来认识、来部署、来落实。进一步加大监管执法力度,大力推进依法行政,着力营造公平竞争的发展环境和规范有序的市场环境。

2008 年,在国务院批准的工商总局新"三定"方案中,增加了网络商品交易及有关服务行为监管职责,强化了反垄断和反不正当竞争执法职责,加强了流通环节食品安全监管职责。监管领域由低端向高端延伸,监管方式由粗放向精细转变,监管方法由突击性、专项性整治向日常规范监管转变,监管手段由传统向现代转变。

服务管理对象 2001 年以后，全省各级工商行政管理部门把为管理对象服务贯穿于工作的全过程,不断改进工作作风,改善服务态度,改进管理手段,提高服务质量。把服务作为主导思想,坚持监管与服务相结合,发挥职能作用,运用多种方式和手段,为经济发展服务、为管理对象和消费者服务,努力打造

"服务型工商"。全省工商行政管理系统不断改革和完善企业登记制度，建立了直接登记为主、审批设立为辅的登记管理制度，在全省全面实行了个体工商户登记的"一审一核"制，加强了等级监管，加快了个体工商户分层登记改革和分类监管。同时为企业提供优质服务，方便了企业登记注册。为大力发展个体私营经济，促进农村经济发展，全省登记"窗口"、设立"绿色通道"，免费为农民申办个体私营经济提供政策和法律咨询，并提供优先受理、优先审核、优先发照的服务。并推行"商标富农"引导农民注册农产品商标和地理标志特色品牌。全省普遍实行了首问责任制、"一站式"服务、一次性办结的工作承诺。改革企业年检方式，实行了网上年检。这些措施的实施，大大方便了管理对象。同时，为生产经营者提供各种咨询服务，提供有关信息，帮助他们解决生产经营中的困难，受到了企业和群众的好评。

2001年，全省普遍建立了企业"经济户口"，对企业的监管更加到位。2003年，全省加强企业信用建设，将企业信用建设作为加强企业监督管理的重要手段，全面推进属地化管理。2005年，抓了企业信用分类监管，全省不断开展了清理"三无"企业工作，取得了较好成效。

支持企业改革发展　全省各级工商行政管理部门还制定了一系列政策措施，支持企业深化改革，转换经营机制；大力支持国有企业改制、改组、改造，帮助企业解决改革中的难点、重点问题，为国有企业建立现代企业制度搞好服务。各级工商行政管理部门还发挥职能作用，加大对注册商标特别是知名商标保护的力度，保护企业商标专用权。同时，向企业宣传商标知识，引导企业正确地注册商标、使用商标、运用商标战略开拓市场。根据省委、省政府"实施名牌战略，培育陇货精品"的部署，工商行政管理部门认真做好中国驰名商标和甘肃省著名商标的认定、评选工作，提高了甘肃产品的知名度，增强了甘肃产品的市场竞争力，促进了企业的发展，创造了巨大的经济效益。全省多次开展了优秀广告作品评选活动，促进企业提高广告制作水平，运用广告扩大企业知名度，树立企业形象，也推动了全省广告业的发展。

服务"三农"　各级工商行政管理部门把为农业、农村、农民服务作为自己工作的重要内容，常抓不懈。全省不断加强农资市场的监管，打击坑农、害农的不法行为。从 2004 年开始,全省持续开展了"红盾护农"活动。这项活动从宣传入手,全省统一筹划、统一部署、统一标准、统一行动,形成市场执法合力。同时,通过建立各种制度,实现了对农资市场主体准入行为、交易行为和退出行为的全过程监管。

消费者维权保护 2001 年以后,随着各级工商行政管理部门设立消费者权益保护机构和 12315 消费者申诉举报中心,消费者权益行政保护的力度进一步加大。2005 年,加强维权体系建设,全省各地成立了"一会两站"(消费者协会基层分会、红盾护农服务站、12315 维权联络站),形成了遍布全省的消费者权益保护网络。通过资源的有效整合,全省 12315 由最初的申诉举报平台,逐步发展成为集申诉举报、应急处置、消费预警、食品安全监控、广告监测、企业信用监管等一体的 12315 综合执法网络,为工商行政管理机关践行监管与发展、监管与服务、监管与维权、监管与执法"四个统一"提供了技术手段。各级工商行政管理部门和消费者协会,按照《中华人民共和国消费者权益保护法》的规定,采取各种措施,查处各种损害消费者权益的行为,调解消费纠纷,保护了消费者的合法权益。

信息化推广应用 进一步加快工商业务软件模块的开发、推广、应用,完善各种基础信息数据库,拓展了信息化的应用范围,全面推行了企业年检网上预审,建立了食品安全监控系统,达到了企业基础信息交换与共享,基本实现了工商行政管理的数字化和网络化,进一步提高了监管执法的现代化水平。

做好再就业工作 下岗职工和其他失业人员再就业工作,是工商行政管理部门责无旁贷的责任。全省工商行政管理部门发挥职能作用,通过多种途径和周到的服务,大力做好下岗职工再就业工作。各地采取放宽市场准入条件、开办下岗职工市场等措施,鼓励下岗职工从事个体私营经济;有的地方还为下岗职工提供咨询服务,组织再就业技能培训,帮助他们尽快实现再就业。工商行政管理部门在再就业工作中做出的成绩,得到了各级党委、政府的肯定。

队伍素质适应形势发展 2001 年以后,根据国务院批转《国家工商行政管理局工商行政管理体制改革方案》的通知精神,全省工商行政管理系统实行了垂直管理,工商队伍不断扩大,工商部门采取强化措施,促进了干部素质能力的提高。主要开展系列学习教育活动,把干部的思想作风建设作为提高素质的经常性工作来抓。抓各级领导班子建设,抓工商文化建设,多层次、多形式、多渠道的业务培训、学历教育,重视干部的培养、选拔、使用,干事、创业环境优化。同时加强党风廉政建设,加强反腐倡廉教育,转变行业作风,树立良好精神风貌。把精神文明建设作为提升工商形象的突破口,使干部职工的思想统一到为建设社会主义和谐社会做贡献上来。

概
述

第一章　企业登记管理

1986 年至 2008 年,是全省工商系统加强企业登记管理、进行登记改革、支持和服务经济发展、建立健全企业监管体系,以及推进企业信用建设的重要时期。

本章所称企业,是指除私营企业以外的内资企业和外商投资企业。

第一节　企业登记

1986 年以后,工商行政管理职能逐步明确,企业登记管理工作逐步得到加强,并向着正规化、法制化发展。

一、开展内资企业的全面登记管理

1986 年底,全省登记注册的独立核算工商企业 2.87 万户,非独立核算的(分支机构)2.81 万个,从业人员 214.53 万人。与 1985 年相比,户数增长 14.35%,分支机构增长 9.8%,从业人员增长 11.76%。从行业划分来看,工业 8753 户,分支机构 2055 个,从业人员 117.41 万人,比 1985 年分别增长 15.72%、8.10%、14.37%;建筑业 3001 户,分支机构 667 个,从业人员 52.76 万人,比 1985 年户数增长 7.14%,从业人员增长 10.87%,分支机构下降 8.88%;交通运输业 722 户,分支机构 386 个,从业人员 7.32 万人,比 1985 年分别增长 29.16%、41.39%、19.17%;商业 11078 户,分支机构 20956 个,从业人员

24.09 万人,比 1985 年户数增长 3.83%,分支机构增长 6.18%,从业人员下降 7.84%;餐饮业 965 户,分支机构 1049 个,从业人员 2.27 万人,比 1985 年户数下降 2.92%,分支机构和从业人员分别增长 8.03% 和 26.58%;服务业 1527 户,分支机构 1067 个,从业人员 3.07 万人,比 1985 年户数和从业人员分别增长 4.95% 和 9.67%,分支机构下降 2.73%。从经济性质划分,全民所有制企业 7568 户,比 1985 年增长 9.47%,分支机构 8283 个,比 1985 年增长 30.73%,从业人员 120.55 万人,比 1985 年增长 8.32%;集体所有制企业 2.05 万户,比 1985 年增长 15.61%,分支机构 1.98 万个,比 1985 年增长 2.80%,从业人员 90.07 万人,比 1985 年增长 16.17%,其中乡镇企业 1.07 万户(含分支机构),从业人员 44.03 万人,分别比 1985 年增长 7.69%、12.12%;各种性质的联合企业 617 户,分支机构 75 个,从业人员 3.91 万人,分别比 1985 年增长 39.59%、47.09%、24.64%。

从全省工商企业登记注册情况看,(1)全民所有制企业资金比重大,固定资产和流动资金占全部工商企业的 84.44%,在国民经济中仍占主导地位。(2)集体所有制企业的户数、分支机构和从业人员分别占全部工商企业的 71.50%、70.04% 和 41.98%。乡镇企业户数(包括分支机构)占集体所有制企业的 26.66%,从业人员占集体所有制企业的 48.89%。集体所有制企业发展很快,集体所有制企业中的乡镇企业发展更快。(3)经过清理整顿公司和严禁党政干部经商办企业,商业从业人员比 1985 年下降 7.84%;国家压缩基建投资,建筑工程减少,加之有些建筑企业技术力量差、资金少,自动歇业,建筑业分支机构比 1985 年下降 8.88%;服务行业户数和人数发展较慢,分支机构也比 1985 年有所下降。

1986 年,省工商局加强了对金融企业的登记管理。各专业银行、保险公司和劳动保险金融企业,按照《中华人民共和国银行管理暂行条例》《保险企业管理暂行条例》的规定,经中国人民银行批准发给《经营金融业务许可证》,方可登记注册,对未经前置审批的,一律不予登记,并在其名称核定、经营方式核定上作了统一规范。

从 1987 年,省政府加快促进公司企业的发展,加大横向与纵向的经济联合,组织人员经过实地考察评比,批准成立了一批公司企业,省工商局对其进行了登记注册。

经省政府批准成立的部分公司名录

表1-1

成立时间	企业名称	备注
1987年12月23日	金海经济开发实业公司	工业、建材企业
1988年5月7日	西北石油实业公司	经营高中档润滑油为主
1988年5月11日	深圳(甘肃)工贸总公司及兰州公司	在深圳和兰州同时注册
1988年7月15日	南京陇苏经济技术贸易公司	商业贸易与开发服务
1988年8月9日	北京兴陇贸易公司	经济技术协作和商品流通
1988年9月27日	甘津经济开发公司	工贸结合,外引内联
1988年10月28日	深圳陇凯贸易公司	引进外资和高新技术项目
1991年9月12日	兰州黄河进口汽车修理有限公司	
1993年10月4日	深圳陇腾工贸总公司	发挥甘肃资源优势,外引内联
1993年11月5日	中国兰星高尔夫工程总公司	省畜牧厅批准成立

1988年1月,省地质矿产局、工商局联合下发了《关于依法发放采矿许可证和采矿业登记注册有关要求的通知》。对全省采矿企业的前置审批和登记注册作了明确规定,经全省各级政府批准开办的国营矿山企业,由省地质矿产局办理采矿登记手续,并颁发采矿许可证,省地质矿产局为印制采矿许可证的唯一合法机关。全省的国营采矿企业、乡镇集体矿山企业和个体采矿者,凭据采矿许可证和有关资料,向所在县(市、区)工商部门申请办理登记注册手续,经审查核准,发给营业执照后方可经营。并明确规定,凡无采矿许可证的立即补办,还必须经工商部门办理核证验照手续,否则处以罚款直至吊销原营业执照。

1988年6月3日,国务院颁布了《中华人民共和国企业法人登记管理条例》(简称《企业法人登记管理条例》),并于同年7月1日起施行。该条例是国家管理经济的重要法规,是新中国成立以来一部比较完善、系统的企业登记法

规。同年,国家工商局制定下发了《中华人民共和国企业法人登记管理条例施行细则》(简称《企业法人登记管理条例施行细则》)。7月8日,省工商局向全省工商系统发出通知,部署学习贯彻《企业法人登记管理条例》。从此,全省工商部门对企业的登记,区分为企业法人登记与营业登记,对具备企业法人条件的核发企业法人营业执照,确立其法人资格,对不具备法人条件的企业和其他经营机构,则核发营业执照,确立其经营权。

1988年8月,省工商局安排部署了对企业登记注册的验资工作,分期分批对企业的注册资金进行重新审验。并重申了有关规定:凡新开办企业的注册资金,必须经工商部门指定的验资机构审验;注册资金的数额必须与实有资金数相一致,并查明资金来源是否属于自有资金;取得验资证明后方可办理开业登记。

1989年6月,省工商局按照《企业法人登记管理条例》及《企业法人登记管理条例施行细则》,对企业法人分级登记管理做出了暂行规定,对省工商局、地(州、市)工商局、县(市、区)工商局按层级确定了各自负责登记管理企业的范围。

1989年1月,国务院批转了国家工商局《关于公司年检和重新登记注册若干问题意见的通知》,国家工商局下发了《关于做好企业法人登记注册和换发证照工作的通知》。按照国家工商局的统一部署,全省各级工商部门于当年6月下旬全面开展了这两项工作,对新核准的企业一律核发新式证照,同时停止核发旧式证照,原核发的旧式证照于1990年1月1日停止使用。全省经过两年的努力,完成了各类公司、企业重新登记注册和换发证照工作。在重新登记和换发证照工作中,重点对公司进行了清理整顿,对徒有其名的公司予以吊销执照。

1991年8月,省工商局加强企业名称管理,保护企业名称专用权,避免在冠用行政区划上出现混乱现象,保护企业的合法权益,维护社会经济秩序,按照国家工商局颁布的《企业名称登记管理规定》,就企业名称冠以"甘肃省""甘肃"作出规定。明确下列企业名称可申请冠以"甘肃省""甘肃":(1)经省政府或省政府授权部门批准,省政府各部门直属的全省性公司和企业;(2)经省政府或省政府授权部门批准,省政府直属的总公司,省供销联社设立直属的公司和企业;(3)国务院业务主管部门或省政府批准,国务院业务主管部门与省政府双重领导的机构设立的直属企业;(4)省政府或省政府授权部门批准设立的企业集团、大型联合(联营)企业;(5)有进出口经营权的企业;(6)经国务院或国务院授权机关批准,中央在甘企业、事业单位设立的直属企业;(7)中外合资经营企业、中外合作经营企业、外资企业。以上企业如不冠"甘肃省""甘肃",可以直接冠企业所在地的地(州、市)、县(市、区)行政区划名称。使用"甘肃省"和"甘肃"名称应有所区别,直接冠"甘肃省"的必须是全省性企业或省级企业。除特殊情况经省政府批准外,县(市、区)及以下所属企业不得直接冠甘肃省""甘肃"。凡商店、门市部、商场、经营部、服务部、站、队、库、基层社、宾馆、饭店、旅社等小型企业、基层企业不得直接冠"甘肃省""甘肃"。直接冠"甘肃省""甘肃"的企业法人名称必须要有字号。

1994年6月24日,国务院颁布了《公司法》的配套法规《中华人民共和国公司登记管理条例》(简称《公司登记管理条例》),于同年7月1日施行,全省公司登记工作逐步展开。1994年7月1日以后,不符合《公司法》和《公司登记管理条例》规定的,不得登记注册为公司。公司只有"有限责任公司"和"股份有限公司"两种组织形式,不允许审批和登记"总公司""集团公司""集团总公司"。对于新组建和改建的符合集团条件的联合体,其核心企业可登记为"(集团)有限责任公司"或"(集团)股份有限公司"。

1994年8月22日,省工商局发出通知,委托地区工商局和甘肃矿区工商局登记管辖公司。国家工商局明确提出地区工商局没有公司登记权,也未提及自治州工商局、矿区工商局的公司登记问题。本着从省内实际出发的原则,不影响公司登记工作,经省工商局研究并请示国家工商局同意,甘南州、临夏州工商局可独立行使公司的登记管辖权,各地区工商局及矿区工商局由省工商局委托登记管辖公司。省工商局的通知重点明确了所委托登记管辖的范围:(1)地区行署、矿区办事处授权投资的公司;(2)地区行署、矿区办事处授权投资的机构或部门与其他出资人共同投资设立的有限责任公司;(3)地区行署、矿区办事处授权投资的机构或部门单独或共同投资设立的有限责任公司;(4)自然人投资设立的部分(地区)或全部(矿区)有限责任公司;(5)省工商局核转及委托登记的其他公司。上述委托登记的范围,包括分公司、子公司及其变更登记。通知还明确了委托登记管理办法:(1)按照《公司法》的规定和《公司登记管理条例》的登记程序,由地区、矿区工商局直接受理审查,局长或者主管局长核准。涉及省工商局及国家工商局核准名称的,按原规定程序办理。(2)对公司的日常监督管理、年度检验及违法违章公司的处罚(含注销、吊销执照)均由地区工商局、矿区工商局负责按有关规定办理。(3)委托核发的企业法人营业执照及营业执照必须加盖"甘肃省工商行政管理局"印章。被委托局可根据工作需要到省工商局领取上述执照,年底由省工商局核查。

1994年9月15日,省政府批复《关于审批股份有限公司有关问题》,全省股份有限公司的审批工作,省政府委托省体制改革委员会(简称省体改委)具体承办。新组建的有限责任公司,直接到工商部门登记注册,试点企业的公司制改建由体制改革部门审批后,方可到工商部门登记注册。

1995年7月26日,省政府批转了省工商局《关于贯彻〈公司法〉依法做好公司登记注册有关问题的请示》。其中,对搞好公司登记提出6点意见,有力纠正了公司登记中的问题。省工商局严格执行《公司法》和《公司登记管理条例》关于公司名称的规定。省工商局还改革登记注册办法,提高登记注册效率。在认真学习和参考外省经验的基础上,设计、制作了公司登记的一整套规范化表格材料,方便企业。

1995年下半年,全省工商部门对原有有限责任公司、股份有限公司按《公司法》进行了规范。全省应规范的有限责任公司351户,当年规范147户;股份有限公司应规范19户,当年规范11户;注销登记56户;变更登记后转为非公司企业的6户。到1997年底,全部完成了公司的规范工作。

1996年,全省各级工商行政管理部门大力支持国有企业改革,参与现代企业制度试点工作。各地有序推进企业登记管理制度的改革,改进登记管理办法提高工作效率,促进企业发展。

1997年,各级工商行政管理部门贯彻中央关于调整所有制结构、深化国有企业改革的方针,配合有关部门支持国有企业深化改革,有序推进企业管理制度改革,按照党的十五大关于对国有企业施行战略改组的举措,支持企业转换经营机制,支持国有大中型企业改革,支持小型企业放开搞活。

1999年9月,省工商局向全省工商系统印发了《甘肃省股份合作制企业登记管理办法(试行)》。《办法》是省工商局以《甘肃省城镇股份合作制企业暂行办法》为蓝本,结合甘肃省实际而制定的。

2002年11月,省工商局向全省工商系统印发了关于省、地(州、市)工商局与其所辖区分局、县工商局事权划分的规定。其中关于企业名称的登记管理,做出了4项规定:(1)企业名称冠以"甘肃"字样的,应当由全体投资人(合伙人、合作者)直接向省工商局申请企业名称预先核准。(2)企业名称冠以省辖市名称字样的,应当由全体投资人(合伙人、合作者)直接向市工商局申请企业名称预先核准。(3)企业名称预先核准与企业登记注册不在同一机关的,由登记机关自企业登记注册之日起30日内,向企业名称核准机关报送企业登记情况(营业执照复印件)备案。(4)撤地设市、撤市(县)设区规范企业登记工作中,凡因企业名称发生争议的,按《企业名称登记管理规定》及其《实施办法》处理。

第一章　企业登记管理

2004年8月,省工商局按照国家工商总局《企业登记申请材料及格式规范》要求,开始用新的格式规范进行企业登记。1.企业名称预先核准提交的材料。2.企业设立登记提交的材料。3.企业变更登记提交的材料。4.企业注销登记提交的材料。5.企业备案提交的材料。6.企业集团登记提交的材料。7.其他登记事项提交的材料。8.申请证照提交的材料。有关文书格式有:有限责任公司股东会决议、股份有限公司股东会决议、公司董事会决议、有限责任公司章程、股份有限公司章程、非公司企业法人章程、集团章程、有关表格及通知书样式。

2006年,全国人大常委会对《公司法》进行了重大修改,《公司登记管理条例》也进行了相应修订。省工商局及时召开了全省各市、州工商局分管局长、企业登记科(处)长培训会议;各市、州工商局及各县(市、区)工商局(分局)也按照省工商局的要求,对所有企业登记管理人员进行了全面培训。全省企业登记管理人员熟悉了修改后的《公司法》和《公司登记管理条例》,按新的规定进行公司登记。

2007年，全省工商部门在企业登记工作中，进一步推行统一条件、统一标准、统一程序、统一登记的要求，严格按法律法规规章规定的条件和国家工商总局制定的《内资企业登记表格和内资企业登记申请提交材料规范》及《企业登记程序规定》进行登记。在统一标准方面，按国家工商总局材料规范格式和材料目录及相关法律法规规定的条件，省工商局企业注册处将内资企业登记所需提交的设立、变更(包括国有企业改制、迁入、迁出)、注销登记申请材料目录提交给省工商局信息处，信息处制作完善到程序软件中，投入试运行。这样，在企业登记工作中，利用信息化手段辅助审查，杜绝和减少了工作随意性。在统一程序方面，按《中华人民共和国行政许可法》(简称《行政许可法》)、《企业登记程序规定》等法律法规规章的规定，在现有登记流程中，完善了接收材料程序、补正告知程序，统一文书内容和格式后存入各登记岗位受理、审查、审核工作人员 WORD 文档中，制作并送达申请人；拟出登记流程图，送交信息处，完善修改登记流程，由受理→审查→决定变更为审查→受理→决定。统一要求方面，按照法律法规规章规定履行登记审查职能，实行登记许可；认真审查企业提交的申请登记材料是否齐全，是否符合法定形式；完善《收到材料凭据》《补正通知书》《受理通知书》《准予登记通知书》《登记驳回通知书》等法律文书内容，完善送达申请人方式，并补充完善相应的电子登记流程平台程序需求。经过半年的实践，此项工作取得较好的效果，企业申请材料的规范程度比以往有显著提高。

2008年，全省工商部门进一步把制度化、规范化、程序化、法制化落实到企业登记管理工作中。企业登记注册受理人员按法定程序受理、登记，对企业的申请做到一次性告知，限时办结，按照法定程序进行企业登记注册。9月份，省工商局举办了一期全省内资企业登记管理工作培训班，参训的部分市、州工商局人员介绍了工作情况及经验，展览评析了近100份企业登记档案，分组专题讨论交流了企业登记管理中的若干问题。通过培训学习和交流，促进了全省企业登记管理工作。

1987年—1989年全省内资企业登记

表 1-2 单位:户、人、万元

年 份	1987年			1988年			1989年		
	企业数	从业人员	注册资金	企业数	从业人员	注册资金	企业数	从业人员	注册资金
工商企业登记基本情况	62742	2305481	3014425	73829	2573481	3338780	73812	2726246	4304317
全民所有制工商企业登记基本情况	17129	1225693	2299813	19255	1302396	2434178	19941	1415582	3253879
集体所有制工商企业登记基本情况	44871	1040904	694008	53799	1225922	830363	53211	1260758	943573
合营及其他类型企业登记基本情况	742	38884	20604	775	45163	74239	660	49906	106865
乡镇企业登记基本情况	11478	443764	128913	13242	518523	154369	12722	510461	156039
公司(中心)登记基本情况	10494	745056	1081891	13237	915109	1313595	13833	999980	1418939

1996年工商企业登记

表 1-3

地 区	企 业 数							企业注册资本(万元)	公司数(户)	公司注册资本(万元)	有限责任公司数(户)
	小计	国有	集体	联营	股份	股合	其他				
全省总计	115646	34203	74391	943	5442	654	13	8169737	4903	647916	4897
省 局	3462	1047	1371	30	1012	-	3	2353811	1075	272778	1069
兰 州 市	32213	6747	22290	221	2779	176	-	2426924	2657	242612	2657
嘉峪关市	1481	504	926	18	31	2	-	197973	10	1624	10
金 昌 市	3477	910	2410	24	128	5	-	275321	107	7126	107
白 银 市	8089	1887	5931	56	160	55	-	634017	74	5927	74
天 水 市	10381	3000	6896	55	195	235	-	348621	125	11889	125
酒泉地区	8893	3355	5204	82	252	-	-	353989	148	21259	148

地 区	企 业 数							企业注册资本（万元）	公司数（户）	公司注册资本（万元）	有限责任公司数（户）
	小计	国有	集体	联营	股份	股合	其他				
张掖地区	6948	2473	4222	113	86	54	–	208587	54	8590	54
武威地区	6734	2152	4199	97	285	1	–	196975	262	19586	262
定西地区	6321	2136	3992	23	118	52	–	182070	94	17421	94
陇南地区	6552	2237	4117	102	77	15	3	183325	80	11949	80
平凉地区	7496	2777	4573	36	86	18	6	249054	70	11752	70
庆阳地区	7523	2787	4572	24	118	22	–	305160	88	7331	88
临夏州	3721	1004	2547	46	106	17	1	179473	46	6257	46
甘南州	2203	1078	1099	15	9	2	–	60030	13	1815	13
矿　区	152	109	42	1	–	–	–	14407	–	–	–

表1-4

1992年—1998年全省内资企业

年度	合计			国有企业			集体企业			乡镇企业		
	企业数（户）	从业人员（人）	注册资本（金）（万元）	企业数（户）	从业人员（人）	注册资本（金）（万元）	企业数（户）	从业人员（人）	注册资本（金）（万元）	企业数（户）	从业人员（人）	注册资本（金）（万元）
1992年	81642	2955836	5118253	26221	1570356	3949978	54785	1342356	1094241	12551	418652	198807
1993年	102014	3518286	6455038	30511	1798224	4648544	70401	1649545	1574946	16269	625505	273641
1994年	111585	3818591	7234363	32843	1912472	5106435	76742	1797306	1773800	-	-	-
1995年	115488	-	7738417	34266	-	4454500	76632	-	2822375	-	-	-
1996年	115646	-	8169737	34203	-	5157480	74391	-	2108553	-	-	-
1997年	112650	-	8583466	33531	-	5242691	69670	-	2046499	-	-	-
1998年	108426	-	9520887	32283	-	5664818	63549	-	1992902	-	-	-

续表

年度	联营企业			股份制企业			股份合作制企业			其他企业		
	企业数（户）	从业人员（人）	注册资本（金）（万元）	企业数（户）	从业人员（人）	注册资本（金）（万元）	企业数（户）	从业人员（人）	注册资本（金）（万元）	企业数（户）	从业人员（人）	注册资本（金）（万元）
1992年	636	43124	74034	-	-	-	-	-	-	-	-	-
1993年	1102	70517	231548	-	-	-	-	-	-	-	-	-
1994年	1021	63772	199347	912	43385	151420	-	-	-	67	1656	3361
1995年	955	-	111852	2987	-	315731	630	-	33209	18	-	750
1996年	943	-	190300	5442	-	677162	654	-	34453	13	-	1789
1997年	868	-	186228	7691	-	1041802	865	-	61677	25	-	4569
1998年	765	-	182077	10342	-	1572803	1446	-	102382	41	-	5905

1992 年—1999 年全省公司

表 1-5

年 度	公司合计			有限责任公司		股份有限公司	
	期末实有（户）	从业人员（人）	注册资本（万元）	期末实有（户）	注册资本（万元）	期末实有（户）	注册资本（万元）
1992 年	6825	971688	2798314	–	–	–	–
1993 年	13389	1346175	3872757	–	–	–	–
1994 年	17250	1443955	4158837	–	–	–	–
1995 年	2962	–	381850	–	–	–	–
1996 年	4903	–	647916	4897	614495	6	33421
1997 年	6829	–	1053050	6814	994916	15	58134
1998 年	8936	–	1777305	8898	1544008	38	233297
1999 年	7067	–	2527348	7025	2109314	42	418034

1998 年与 1999 年全省工商企业登记

表 1-6

	项　目	单位	1999 年	1998 年	99 年比 98 年(+/-)%
	年末企业数合计	户	94339	108426	-12.99
	其中:法人企业	户	39183	44447	-11.84
按企业类型分	国有企业	户	28237	32283	-12.53
	集体所有制企业	户	52638	63549	-17.17
	联营企业	户	628	765	-17.91
	公司	户	10882	10342	+5.22
	其中:法人公司	户	7067	5985	+18.08
	股份合作制企业	户	1865	1446	+28.98
	其他企业	户	89	41	117.07
	年末企业注册资本	万元	9658587	9520887	+1.45
按企业类型分	国有企业	万元	5210136	5664818	-8.03
	集体所有制企业	万元	1661456	1992902	-16.63
	联营企业	万元	148290	182077	-18.56
	公司	万元	2527348	1572803	+60.69
	其中:有限责任公司	万元	2109314	1544008	+36.61
	股份合作制企业	万元	105296	102382	+2.85
	其他企业	万元	6061	5905	+2.64

2000年全省各地工商企业登记

表 1-7

地区	企业数							企业注册资本（万元）	法人公司数（户）	公司注册资本（万元）	有限责任公司数（户）
	小计	国有	集体	联营	股份	股合	其他				
全省总计	81402	25345	41989	544	1789	11655	80	10078134	7184	3095851	7124
省　　局	3358	814	772	28	17	1715	12	3825471	1510	1510265	1450
兰 州 市	18377	4506	9717	104	342	3659	49	2412928	2431	628351	2431
嘉峪关市	985	380	457	5	44	99	－	264154	42	191932	42
金 昌 市	1783	603	883	2	40	254	1	377884	127	47928	127
白 银 市	5310	1466	3043	42	412	347	－	572880	202	105127	202
天 水 市	8227	2784	4678	43	214	508	－	415306	338	95908	338
酒泉地区	6212	2089	2736	37	65	1285	－	311913	514	102257	514
张掖地区	5373	1605	2715	51	234	768	－	326448	304	99287	304
武威地区	6011	1771	3184	59	95	901	1	260725	544	83678	544
定西地区	4577	1595	2414	9	103	454	2	219493	260	77240	260
陇南地区	4690	1650	2572	96	49	311	12	230500	203	34404	203
平凉地区	5825	2249	3104	22	52	395	3	276228	239	49087	239
庆阳地区	5567	1986	2937	24	45	575	－	168606	244	34566	244
临 夏 州	3299	972	2045	18	71	193	－	155760	105	18779	105
甘 南 州	1656	771	689	4	6	186	－	67257	117	16674	117
矿　　区	152	104	43	－	－	5	－	192581	－	4	368

第一章　企业登记管理

2005 年全省内资企业登记（行业分组）

表 1-8　　　　　　　　　　　　　　　　　　　　　　　　单位：户、万元

行业代码	行业分类	合计	企业法人			营业单位			注册资本（金）
			小计	本期登记	本期注销	小计	本期登记	本期注销	
	合计	49688	23166	1179	2660	26522	2535	5338	17040439
A	农、林、牧、渔业	1063	674	47	73	389	12	42	414506
01	农业	399	262	21	26	137	5	9	292900
02	林业	154	101	9	9	53	1	4	28682
03	畜牧业	229	167	6	16	62	3	7	61327
04	渔业	26	22	1	2	4	–	–	1423
05	农、林、牧、渔服务业	255	122	10	20	133	3	22	30174
B	采矿业	811	607	23	70	204	13	40	1232662
06	煤炭开采和洗选业	254	235	4	13	19	1	3	533721
07	石油和天然气开采业	15	8	1	1	7	2	3	151461
08	黑色金属矿采选业	25	18	2	1	7	3	1	12123
09	有色金属矿采选业	205	143	9	21	62	1	17	502364
10	非金属矿采选业	271	179	5	21	92	5	15	28332
11	其他采矿业	41	24	2	13	17	1	1	4661
C	制造业	6983	5048	207	592	1935	97	448	5078422
13	农副食品加工业	431	291	25	65	140	7	47	125204
14	食品制造业	400	283	10	57	117	5	49	150120
15	饮料制造业	225	165	11	28	60	1	22	163173
16	烟草制造业	24	23	–	1	1	–	–	6386
17	纺织业	195	152	6	23	43	2	19	87713

续表

行业代码	行业分类	合计	企业法人			营业单位			注册资本（金）
			小计	本期登记	本期注销	小计	本期登记	本期注销	
18	纺织服装、鞋、帽制造业	177	134	1	24	43	–	22	14228
19	皮革、毛皮、羽毛（绒）及其制品业	111	76	–	20	35	–	30	16693
20	木材加工及木、竹藤、棕、草制品业	95	68	4	7	27	–	7	11101
21	家具制造业	123	76	2	5	47	3	12	12264
22	造纸及纸制品业	136	118	7	16	18	4	8	25230
23	印刷业和记录媒介的复制	374	268	11	26	106	10	18	38484
24	文教体育用品制造业	80	63	2	5	17	2	1	4788
25	石油加工、炼焦及核燃料加工业	60	42	2	4	18	–	3	442419
26	化学原料及化学制品制造业	438	354	11	35	84	8	15	575349
27	医药制造业	135	114	8	7	21	–	–	118197
28	化学纤维制造业	29	21	6	4	8	1	–	5157
29	橡胶制品业	65	44	–	3	21	–	2	6653
30	塑料制品业	224	168	3	25	56	2	14	50932
31	非金属矿物制品业	992	718	22	63	274	21	27	404368
32	黑色金属冶炼及压延加工业	133	119	4	12	14	2	1	835922
33	有色金属冶炼及压延加工业	143	123	14	20	20	3	12	811151
34	金属制品业	489	339	11	33	150	4	33	88006
35	通用设备制造业	397	317	7	19	80	4	11	178837
36	专用设备制造业	187	134	11	14	53	2	9	368828

第一章 企业登记管理

27

行业代码	行业分类	合计	企业法人			营业单位			注册资本（金）
			小计	本期登记	本期注销	小计	本期登记	本期注销	
37	交通运输设备制造业	376	216	4	20	160	1	20	37739
39	电气机械及器材制造业	250	202	10	3	48	3	4	128255
40	通信设备、计算机及其他电子设备制造业	73	59	2	5	14	2	1	95647
41	仪器仪表及文化、办公用机械制造业	90	81	2	2	9	1	1	149975
42	工艺品及其他制造业	396	245	7	39	151	5	57	119524
43	废弃资源和废旧材料回收加工业	135	35	4	7	100	4	3	6079
D	电力、燃气及水的生产和供应业	863	409	34	36	454	100	28	1260717
44	电力、热力的生产和供应业	658	294	24	29	364	74	19	1156707
45	燃气生产和供应业	91	32	5	3	59	21	5	40632
46	水的生产和供应业	114	83	5	4	31	5	4	63378
E	建筑业	2306	1353	90	131	953	64	153	1500198
47	房屋和土木工程建筑业	1629	857	44	94	772	40	102	1215052
48	建筑安装业	324	233	13	16	91	7	26	185474
49	建筑装饰业	277	218	13	10	59	5	13	77461
50	其他建筑业	76	45	20	11	31	12	12	22211
F	交通运输、仓储和邮政业	2264	634	37	70	1630	131	137	2337460
51	铁路运输业	44	22	2	1	22	3	3	710022
52	道路运输业	676	351	28	53	325	40	39	840197
53	城市公共交通业	68	34	1	4	34	–	4	8365

续表

行业代码	行业分类	合计	企业法人			营业单位			注册资本（金）
			小计	本期登记	本期注销	小计	本期登记	本期注销	
54	水上运输业	–	–	–	–	–	–	–	123256
55	航空运输业	20	5	1	–	15	9	1	150
56	管道运输业	3	1	–	1	2	–	–	196
57	装卸搬运和其他运输服务业	115	64	4	6	51	9	5	14688
58	仓储业	179	104	–	3	75	–	2	49915
59	邮政业	1159	53	1	2	1106	70	83	590671
G	信息传输、计算机服务和软件业	1310	582	16	27	728	121	151	427881
60	电信和其他信息传输服务业	949	297	6	17	652	109	136	311508
61	计算机服务业	225	166	8	6	59	11	11	42576
62	软件业	136	119	2	4	17	1	4	73797
H	批发和零售业	20259	8054	319	1153	12205	1140	2945	2096076
63	批发业	9426	5654	163	478	3772	308	461	1690793
65	零售业	10833	2400	156	675	8433	832	2484	405283
I	住宿和餐饮业	2280	820	40	117	1460	57	283	228618
66	住宿业	1099	470	25	51	629	37	129	160620
67	餐饮业	1181	350	15	66	831	20	154	67998
J	金融业	5077	1088	31	65	3989	500	623	538359
68	银行业	4287	990	23	59	3297	340	594	427000
69	证券业	43	1	–	–	42	2	–	50

第一章 企业登记管理

行业代码	行业分类	合计	企业法人			营业单位			注册资本（金）
			小计	本期登记	本期注销	小计	本期登记	本期注销	
70	保险业	552	13	1	5	539	137	18	7923
71	其他金融活动	195	84	7	1	111	21	11	103386
K	房地产业	945	838	60	33	107	32	17	591298
72	房地产业	945	838	60	33	107	32	17	591298
L	租赁和商务服务业	1273	604	117	45	669	119	62	141666
73	租赁业	302	64	17	6	238	34	17	26965
74	商务服务业	971	540	100	39	431	85	45	114701
M	科学研究、技术服务和地质勘查业	1424	1109	76	57	315	34	36	526119
75	研究与试验发展	228	181	9	9	47	7	4	57785
76	专业技术服务业	448	365	42	23	92	12	13	108171
77	科技交流和推广服务业	650	497	20	18	153	9	17	333624
78	地质勘查业	98	75	5	7	23	6	2	26539
N	水利、环境和公共设施管理业	219	171	16	14	48	3	6	272681
79	水利管理业	29	22	5	1	7	-	1	8675
80	环境管理业	23	21	3	5	2	2	4	4211
81	公共设施管理业	167	128	8	8	39	1	1	259795
O	居民服务和其他服务业	1745	667	39	109	969	84	252	177608
82	居民服务业	790	289	17	48	501	41	106	28259
83	其他服务业	955	487	22	61	468	43	146	149349
P	教育	69	41	10	5	28	4	10	9413

续表

行业代码	行业分类	合计	企业法人			营业单位			注册资本（金）
			小计	本期登记	本期注销	小计	本期登记	本期注销	
84	教育	69	41	10	5	28	4	10	9413
Q	卫生、社会保障和社会福利业	72	38	4	8	34	7	18	7406
85	卫生	51	26	2	6	25	4	11	2083
86	社会保障业	3	2	2	–	1	2	2	5020
87	社会福利业	18	10	–	2	8	1	5	303
R	文化、体育和娱乐业	613	241	11	35	372	14	81	33015
88	新闻出版业	13	8	1	–	5	–	–	632
89	广播、电视、电影和音像业	189	76	3	8	113	4	14	11897
90	文化艺术业	172	65	5	9	107	2	4	7300
91	体育	18	9	–	1	9	2	1	2959
92	娱乐业	221	83	2	17	138	6	62	10227
	其他	112	79	2	20	33	3	6	166334
补充资料	1.取得企业法人资格的事业单位65户。								
	2.取得经营资格的事业单位77户。								
	3.企业登记代理机构63户。								

2005 年全省内资企业登记(一)
(企业类型分组)

表 1-9 单位:户、万元

行业代码	行业分类	期末实有					
		合 计			国有企业		
		户数	其中企业法人	注册资本(金)	户数	其中企业法人	注册资本(金)
甲	乙	1	2	3	4	5	6
	合计	49688	23166	17040439	13745	5293	5324354
A	农、林、牧、渔业	1063	674	414506	336	189	62907
B	采矿业	811	607	1232662	120	81	38116
C	制造业	6983	5048	5078422	1174	773	1598252
D	电力、燃气及水的生产和供应业	863	409	1260717	502	182	499631
E	建筑业	2306	1353	1500198	328	220	365982
F	交通运输、仓储和邮政业	2264	634	2337460	1354	198	1003666
G	信息传输、计算机服务和软件业	1310	582	427881	260	96	87483
H	批发和零售业	20259	8054	2096076	5168	2233	611442
I	住宿和餐饮业	2280	820	228618	667	276	87550
J	金融业	5077	1088	538359	1910	72	148314
K	房地产业	945	838	591298	138	119	96423
L	租赁和商务服务业	1273	604	141666	377	134	18365
M	科学研究、技术服务和地质勘查业	1424	1109	526119	450	297	95523
N	水利、环境和公共设施管理业	219	171	272861	93	67	73073
O	居民服务和其他服务业	1745	776	177608	448	183	51891
P	教育	69	41	9413	26	18	7491
Q	卫生、社会保险和社会福利业	72	38	7406	23	15	6457
R	文化、体育和娱乐业	613	241	33015	348	129	12351
	其他	112	79	166334	23	11	116392

补充资料:实有企业集团 51 户,国有企业改制为公司 241 户,集体企业改制为公司 91 户。

续表

期末实有											
集体企业			股份合作企业			公　司			其他企业		
户数	其中企业法人	注册资本（金）	户数	其中企业法人	注册资本（金）	户数	其中企业法人	注册资本（金）	户数	其中企业法人	注册资本（金）
7	8	9	10	11	12	13	14	15	16	17	18
17094	8362	1143024	1239	617	101994	17363	8754	10451806	247	140	19261
322	174	12427	19	17	793	382	290	338225	4	4	154
475	350	79712	28	26	5307	169	139	763403	19	11	3079
3425	2427	285061	265	213	28837	2049	1578	3160746	70	57	5526
88	50	40779	3	3	122	269	174	720185	1	-	-
841	421	16299	170	10	9576	965	700	962294	2	2	47
280	155	16322	24	14	6096	599	260	1311212	7	7	164
89	53	14675	5	4	1116	950	429	324607	6	-	-
6635	2382	292112	373	170	17610	7988	3233	1168486	95	36	6416
881	322	48025	34	12	1245	693	206	89573	5	4	2225
2052	892	60522	163	58	14662	943	66	314861	9	-	-
103	81	29414	3	2	1100	698	633	463940	3	3	421
347	154	9642	36	11	618	505	299	112661	8	6	380
580	466	21386	37	36	12493	354	307	396618	3	3	99
32	24	4786	1	-	-	93	80	194822	-	-	-
687	300	37020	63	31	1887	535	257	86372	12	5	438
28	15	328	2	2	18	13	6	1576	-	-	-
31	15	382	9	6	452	9	2	115	-	-	-
180	64	6238	3	1	32	80	46	14382	2	1	12
18	17	21894	1	1	30	69	49	27718	1	1	300

2005 年全省内资企业登记(二)
(企业类型分组)

表 1-10   单位:户、万元

行业代码	行业分类	本期登记							
		合计		国有企业		集体企业		股份合作企业	
		户数	注册资本(金)	户数	注册资本(金)	户数	注册资本(金)	户数	注册资本(金)
甲	乙	19	20	21	22	23	24	25	26
	合计	3714	1930569	615	262573	624	19042	114	1819
A	农、林、牧、渔业	59	12898	9	230	14	198	2	40
B	采矿业	36	21284	2	6835	5	161	–	–
C	制造业	304	811215	54	235669	75	6152	2	431
D	电力、燃气及水的生产和供应业	134	46562	75	1267	7	576	–	–
E	建筑业	154	61390	15	1470	32	2739	6	30
F	交通运输、仓储和邮政业	168	675625	80	39	11	128	–	–
G	信息传输、计算机服务和软件业	137	6899	14	161	2	41	–	–
H	批发和零售业	1459	87979	153	1641	228	1315	83	702
I	住宿和餐饮业	97	12816	24	1734	22	197	–	–
J	金融业	531	9487	54	20	100	2455	5	140
K	房地产业	92	23528	9	108	9	1222	–	–
L	租赁和商务服务业	236	76665	45	1507	38	516	2	–
M	科学研究、技术服务和地质勘查业	110	29657	22	3279	38	2988	–	–
N	水利、环境和公共设施管理业	19	24315	6	546	1	15	–	–
O	居民服务和其他服务业	123	19470	35	105	27	130	12	226
P	教育	14	3661	5	2665	5	28	–	–
Q	卫生、社会保险和社会福利业	11	5270	4	5020	3	–	2	250
R	文化、体育和娱乐业	25	1388	6	67	6	81	–	–
	其他	5	460	3	210	1	100	–	–

续表

公司		其他企业		本 期 注 销					
				合计	国有企业	集体企业	股份合作企业	公司	其他企业
户数	注册资本（金）	户数	注册资本（金）						
27	28	29	30	31	32	33	34	35	36
2315	1646019	46	1116	7998	2579	3534	201	1651	33
34	12430	-	-	115	28	48	2	37	-
29	14288	-	-	110	31	43	7	28	1
171	568847	2	116	1040	239	528	57	208	8
52	44719	-	-	64	28	12	1	23	-
101	57151	-	-	284	52	166	6	58	2
77	675458	-	-	207	92	31	5	77	2
115	6697	6	-	178	34	23	-	121	-
966	84321	29	-	4098	1162	2020	85	821	10
50	9885	1	1000	400	143	170	-	84	3
364	6872	8	-	688	494	143	27	24	-
74	22198	-	-	50	14	7	1	28	-
151	74642	-	-	107	27	46	-	34	-
50	23390	-	-	93	30	40	3	20	-
12	23754	-	-	20	11	7	-	2	-
49	19009	-	-	361	126	165	6	58	6
4	968	-	-	15	11	3	-	1	-
2	-	-	-	26	10	12	1	2	1
13	1240	-	-	116	41	61	-	14	-
1	150	-	-	26	6	9	-	11	-

第一章 企业登记管理

2005 年公司法人登记
（企业类型分组）

表 1-11 单位：户、万元

行业代码	行业分类	合 计				有限责任公司	
		期末实有	本期登记	本期注销	注册资本	期末实有	本期登记
甲	乙	1	2	3	4	5	6
	合计	8754	753	602	10451806	8673	752
A	农、林、牧、渔业	290	25	31	338225	286	25
B	采矿业	139	17	19	763403	136	17
C	制造业	1578	110	126	3160746	1541	109
D	电力、燃气及水的生产和供应业	174	28	14	720185	170	28
E	建筑业	700	73	39	962294	698	73
F	交通运输、仓储和邮政业	260	34	19	1311212	259	34
G	信息传输、计算机服务和软件业	429	16	19	324607	429	16
H	批发和零售业	3233	205	237	1168496	3218	205
I	住宿和餐饮业	206	24	27	89573	204	24
J	金融业	66	14	1	314861	64	14
K	房地产业	633	46	17	463940	633	46
L	租赁和商务服务业	299	98	7	112661	299	98
M	科学研究、技术服务和地质勘查业	307	24	8	396618	296	24
N	水利、环境和公共设施管理业	80	10	2	194822	80	10
O	居民服务和其他服务业	257	17	13	86372	257	17
P	教育	6	3	–	1576	6	3
Q	卫生、社会保险和社会福利业	2	–	–	115	2	–
R	文化、体育和娱乐业	46	8	12	14382	46	8
	其他	49	1	11	27718	49	1

补充资料：1.期末发起设立的股份有限公司 18 户，注册资金 487818 万元。

续表

有限责任公司				股份有限公司					
本期注销	注册资本	国有独资公司		期末实有	本期登记	本期注销	注册资本	其中:上市公司	
		期末实有	注册资本					期末实有	注册资本
7	8	9	10	11	12	13	14	15	16
602	9559903	45	1020311	81	1	-	891903	17	519211
31	303280	5	110342	4	-	-	34945	-	-
19	724416	1	52000	3	-	-	38987	-	-
126	2609573	11	553929	37	1	-	551173	13	358644
14	703876	-	-	4	-	-	16309	-	-
39	955637	2	5168	2	-	-	6657	-	-
19	1309999	1	18000	1	-	-	1213	-	-
19	324607	-	-	-	-	-	-	-	-
237	1102958	13	218387	15	-	-	65538	2	38636
27	83859	1	2900	2	-	-	5714	-	-
1	269176	-	-	2	-	-	45685	1	28175
17	463940	1	2500	-	-	-	-	-	-
7	112661	4	5359	-	-	-	-	-	-
8	270936	1	1100	11	-	-	125682	1	93756
2	194822	2	44323	-	-	-	-	-	-
13	86372	2	5103	-	-	-	-	-	-
-	1576	-	-	-	-	-	-	-	-
-	115	-	-	-	-	-	-	-	-
12	14382	-	-	-	-	-	-	-	-
11	27718	1	1200	-	-	-	-	-	-

2.期末募集设立的股份有限公司 63 户,注册资金 404085 万元。

第一章　企业登记管理

部分年份全省内资企业登记

表 1–12

甘肃省志

工商行政管理志

年 份	企 业 登 记 情 况
1987 年	全省新登记各类工商企业 5.9 万户,累计达到 6.27 万户,其中乡镇企业由上年的 1.07 万户增加到 1.15 万户。
1988 年	全省登记注册的内资企业达 7.3 万多户,从业人员共有 257 万多人,注册资金 333 亿元,分别比上年增长 17.67%、11.62%、10.76%,呈稳定发展趋势。
1989 年	全省累计登记各类工商企业 7.38 万户,其中全民所有制企业 1.99 万户,集体所有制企业 5.32 万户,合营及其他经济类型的企业 660 户;具有法人资格的企业 3.72 万户,非法人营业单位 3.66 万户;从业人员 272.62 万人,注册资金 430.43 亿元;在企业总数中,各类公司(中心)5071 户。
1990 年	全省累计登记各类工商企业 6.57 万户,从业人员 247.94 万人,注册资金 365.49 亿元。其中全民企业 2.05 万户、集体企业 4.47 万户。
1992 年	全省累计登记各类工商企业 8.16 万户,比上年同期增长 17.3%;从业人员 295.58 万人,比上年增长 16.5%;注册资金 501.82 亿元,比上年增长 20.8%。
1993 年	全省累计登记内资企业 10.20 万户,国有 30511 户,集体 70401 户,法人企业 36306 户,注册资金 645.50 亿元,从业人员 351.83 万人。
1994 年	全省共登记有限责任公司 657 家,全省内资企业累计达到 11.16 万户,注册资本(金)723.44 亿元,从业人员 381.86 万人,分别比上年增长 9.38%、12.07%、8.54%。
1995 年	全省内资企业发展到 11.55 万户,注册资本(金)773.8 亿元,分别比上年增长 3.5%和 7%。
1996 年	全省共有内资企业 11.56 万户(其中企业法人 457 万户,分支机构 6.99 万户),注册资本(金)816.97 亿元。在各类企业中,有限责任公司由上年的 3288 户发展到 4897 户,增长 32.8%;自然人入股者达到 2152 人,实缴资本 9.53 亿元。公司的发展,尤其是自然人股东人数的增加,对实现社会资源的合理配置和社会闲散资金的集中,加快现代企业制度的建立,促进经济健康、有序地发展起了推动作用。
1997 年	全省累计登记内资企业 11.26 万户,注册资本(金)858 亿元,企业数量比上年略有减少,注册资本(金)比上年增长 5.1%。

续表

年 份	企 业 登 记 情 况
1999 年	全省共有内资企业 10.6 万户，注册资本(金)937.4 亿元。其中，有限责任公司 7189 户，股份有限公司 33 户，国有企业 3.1 万户，集体企业 6.2 万户。
2002 年	全省新登记内资企业 2759 户，其中股份有限公司 18 户、有限责任公司 1638 户、国有 717 户、集体 520 户、联营 8 户、股份合作企业 14 户。全省累计登记内资企业 67890 户。
2003 年	全省新登记内资企业 5363 户，累计达到 5.77 万户；在企业总数中，国有企业 1.62 万户、集体企业 2.43 万户、股份合作制企业 1369 户、联营企业 286 户、企业集团 69 户。
2005 年	全省新登记内资企业 3714 户，累计达到 4.97 万户，其中公司 1.74 万户、法人企业 2.32 万户；累计注册资本(金)1704 亿元。
2006 年	全省累计登记内资企业 4.55 万户，注册资本(金)1709.65 亿元。其中：国有企业 1.16 万户(当年新设立 392 户)，集体企业 1.52 万户(当年新设立 529 户)，公司 1.75 万户(当年新设立 1999 户)，股份合作制企业 1087 户(当年新设立 78 户)。
2007 年	全省累计登记内资企业 4.13 万户，其中国有企业 9910 户，集体企业 1.33 万户，股份合作企业 1241 户，公司 1.67 万户，其他企业 190 户。本年度新登记企业 2594 户，其中国有企业法人 366 户、集体企业 587 户、股份合作制企业 232 户、公司 1389 户、其他企业 20 户。有限公司 651 户，国有独资有限公司 71 户，股份有限公司 6 户。注吊销企业 6490 户(国有企业 1845 户、集体企业 2333 户、股份合作 116 户、公司 2177 户、其他企业 19 户)。
2008 年	全省新登记注册内资企业 2099 户，注册资本(金)57.37 亿元，注销登记 2385 户。截止 10 月底，全省累计登记内资企业 4.03 万户，注册资本（金）1850.23 亿元。其中，公司 1.71 万户、国有企业 9122 户、集体企业 1.23 万户、其他企业 1758 户。

2008 年全省内资企业登记
（行业分组）

表 1–13 　　　　　　　　　　　　　　　　　　　　　　　　　　　单位：户、万元

行业代码	行业分类	期末实有户数	其中：企业法人					
			户　数			注册资本（金）		
			期末实有	本期登记	本期注销	期末实有	本期登记	本期注销
甲	乙	1	2	3	4	5	6	7
	合　计	39014	17809	1291	2454	20013944	1637555	1103752
A	农、林、牧、渔业	872	568	40	49	521886	15123	6230
01	农业	356	240	18	17	327300	6075	1318
02	林业	160	94	9	8	29733	1354	1254
03	畜牧业	124	100	7	12	126461	6024	2728
04	渔业	16	14	–	–	1553	–	–
05	农、林、牧、渔服务业	216	120	6	12	36839	1668	930
B	采矿业	707	530	19	32	2159667	42250	7075
06	煤炭开采和洗选业	225	195	–	11	647670	40	2247
07	石油和天然气开采业	17	9	4	1	206657	2700	2250
08	黑色金属矿采选业	12	7	–	–	67234	–	–
09	有色金属矿采选业	168	125	7	9	1183365	29908	567
10	非金属矿采选业	223	145	2	9	41464	478	1521
11	其他采矿业	62	49	6	2	13277	9124	490
C	制造业	4724	3556	150	609	4535206	284409	169429
13	农副食品加工业	354	248	13	22	190845	7862	4823
14	食品制造业	233	166	8	31	103124	4514	35319
15	饮料制造业	140	91	2	12	139102	6750	4793
16	烟草制造业	20	17	–	3	1327	–	3995
17	纺织业	81	67	3	42	58790	1051	2459

续表

行业代码	行业分类	期末实有户数	其中:企业法人					
			户 数			注册资本(金)		
			期末实有	本期登记	本期注销	期末实有	本期登记	本期注销
甲	乙	1	2	3	4	5	6	7
18	纺织服装、鞋、帽制造业	87	74	–	15	22393	–	358
19	皮革、毛皮、羽毛(绒)及其制品业	46	35	2	17	15837	901	1026
20	木材加工及木、竹藤、棕、草制品业	57	41	4	7	9273	3749	909
21	家具制造业	72	47	1	8	11246	56	185
22	造纸及纸制品业	66	51	1	16	16043	1441	3106
23	印刷业和记录媒介的复制	310	231	5	29	48916	717	1125
24	文教体育用品制造业	49	36	1	17	3599	–	674
25	石油加工、炼焦及核燃料加工业	25	18	–	6	346123	–	2393
26	化学原料及化学制品制造业	266	223	13	39	441100	23269	20367
27	医药制造业	109	84	3	17	108819	13951	12075
28	化学纤维制造业	11	9	1	4	5712	5000	376
29	橡胶制品业	33	28	–	4	4357	–	1143
30	塑料制品业	136	107	3	23	43008	5085	630
31	非金属矿物制品业	654	490	23	84	390532	34958	14622
32	黑色金属冶炼及压延加工业	91	77	2	10	818946	3046	4204
33	有色金属冶炼及压延加工业	132	105	4	11	712467	1046	797
34	金属制品业	350	256	9	40	105554	1471	10053
35	通用设备制造业	295	250	7	47	192274	37610	6431
36	专用设备制造业	163	133	6	11	162166	16533	11549
37	交通运输设备制造业	205	127	3	20	48947	6474	3063

第一章 企业登记管理

续表

行业代码	行业分类	期末实有户数	其中:企业法人					
			户数			注册资本(金)		
			期末实有	本期登记	本期注销	期末实有	本期登记	本期注销
甲	乙	1	2	3	4	5	6	7
39	电气机械及器材制造业	221	175	6	43	212225	85081	20464
40	通信设备、计算机及其他电子设备制造业	54	40	12	3	68544	488	1788
41	仪器仪表及文化、办公用机械制造业	76	64	–	4	141464	–	361
42	工艺品及其他制造业	304	221	17	21	106028	23336	241
43	废弃资源和废旧材料回收加工业	84	45	1	3	6445	20	100
D	电力、燃气及水的生产和供应业	957	454	44	24	1748936	118781	29537
44	电力、热力的生产和供应业	766	337	22	17	1467533	74357	28901
45	燃气生产和供应业	82	34	7	2	27628	4078	635
46	水的生产和供应业	109	83	15	5	253775	40346	1
E	建筑业	2069	1110	53	131	1587689	135926	92235
47	房屋和土木工程建筑业	1296	601	28	82	1187231	66525	86074
48	建筑安装业	358	217	8	32	200002	5712	1878
49	建筑装饰业	185	162	1	9	59555	200	2550
50	其他建筑业	230	130	16	8	140901	63489	1733
F	交通运输、仓储和邮政业	2012	550	37	63	1323528	112338	477910
51	铁路运输业	51	20	3	17	892579	60038	2588
52	道路运输业	598	323	19	17	204240	43139	15762
53	城市公共交通业	55	26	3	5	11621	1508	1135
54	水上运输业	–	–	–	–	–	–	–

行业代码	行业分类	期末实有户数	其中:企业法人					
			户 数			注册资本(金)		
			期末实有	本期登记	本期注销	期末实有	本期登记	本期注销
甲	乙	1	2	3	4	5	6	7
55	航空运输业	28	10	1	–	125965	1105	–
56	管道运输业	2	1	1	–	200	200	–
57	装卸搬运和其他运输服务业	134	62	1	3	23094	1491	1975
58	仓储业	119	68	8	12	47021	3672	2732
59	邮政业	1025	40	1	9	18808	1185	453718
G	信息传输、计算机服务和软件业	1224	503	17	36	443889	17390	11369
60	电信和其他信息传输服务业	940	283	9	17	338776	16002	7625
61	计算机服务业	193	137	6	9	44623	1097	1843
62	软件业	91	83	2	10	60490	291	1901
H	批发和零售业	14146	5744	420	744	3560415	208418	143740
63	批发业	6760	4124	177	492	3152043	133017	90296
65	零售业	7386	1620	243	252	408372	75401	53444
I	住宿和餐饮业	1583	637	52	77	23850	15277	21059
66	住宿业	1009	412	28	37	182541	4872	9472
67	餐饮业	574	225	24	40	56309	10405	11587
J	金融业	4925	564	66	231	584403	79744	78231
68	银行业	3882	488	43	178	393962	67762	68926
69	证券业	50	2	1	–	23627	–	–
70	保险业	654	15	7	2	30481	5	100
71	其他金融活动	339	59	15	51	136333	11977	9205

第一章 企业登记管理

行业代码	行业分类	期末实有户数	其中:企业法人					
			户 数			注册资本(金)		
			期末实有	本期登记	本期注销	期末实有	本期登记	本期注销
甲	乙	1	2	3	4	5	6	7
K	房地产业	1048	919	84	36	775392	114981	25396
72	房地产业	1048	919	84	36	775392	114981	25396
L	租赁和商务服务业	1464	763	157	84	1029874	406980	12123
73	租赁业	369	117	33	7	45318	6288	5847
74	商务服务业	1095	646	124	77	984556	400692	6276
M	科学研究、技术服务和地质勘查业	1091	833	44	215	462730	33260	15548
75	研究与试验发展	144	116	6	48	82645	23190	506
76	专业技术服务业	471	370	28	27	135380	4936	9039
77	科技交流和推广服务业	412	295	6	120	214871	3384	4433
78	地质勘查业	64	52	4	20	29834	1750	1570
N	水利、环境和公共设施管理业	211	167	13	10	571888	20478	2256
79	水利管理业	39	28	3	2	25690	4155	308
80	环境管理业	39	32	6	1	28829	5813	125
81	公共设施管理业	133	107	4	7	517369	10510	1823
O	居民服务和其他服务业	1325	559	68	77	223791	17923	5904
82	居民服务业	515	212	20	24	51268	12643	1699
83	其他服务业	810	347	48	53	172523	5280	4205
P	教育	73	47	6	4	8862	801	948
84	教育	73	47	6	4	8862	801	948
Q	卫生、社会保障和社会福利业	68	29	4	2	4417	1928	250

续表

行业代码	行业分类	期末实有户数	其中:企业法人					
			户 数			注册资本(金)		
			期末实有	本期登记	本期注销	期末实有	本期登记	本期注销
甲	乙	1	2	3	4	5	6	7
85	卫生	59	25	4	2	4267	1928	250
86	社会保障业	4	2	－	－	60	－	－
87	社会福利业	5	2	－	－	90	－	－
R	文化、体育和娱乐业	406	195	17	29	66044	11548	4362
88	新闻出版业	22	10	1	－	22662	8800	－
89	广播、电视、电影和音像业	134	71	6	1	14405	710	－
90	文化艺术业	72	44	3	6	7318	720	2347
91	体育	24	8	1	1	2766	－	20
92	娱乐业	154	62	6	21	18893	1318	1995
	其他	109	81	－	1	166477	－	150

第一章 企业登记管理

2008 年全省内资企业登记（一）
（按企业类型分组）

表 1-14　　　　　　　　　　　　　　　　　　　　　　　单位：户、万元

行业代码	行业分类	期末实有								
		合　计			国有企业			集体企业		
		户数	其中企业法人	注册资本(金)	户数	其中企业法人	注册资本(金)	户数	其中企业法人	注册资本
甲	乙	1	2	3	4	5	6	7	8	9
	合计	39014	17809	20013944	8657	3326	4522770	11606	5523	1069667
A	农、林、牧、渔业	872	568	621886	270	147	66031	218	114	10269
B	采矿业	707	530	2159667	74	48	227229	392	288	193187
C	制造业	4724	3556	4535206	628	421	880851	2136	1597	233378
D	电力、燃气及水的生产和供应业	957	454	1748936	513	166	711562	62	40	10820
E	建筑业	2069	1110	1587689	230	126	324816	638	315	173944
F	交通运输、仓储和邮政业	2012	550	1323528	1229	149	970383	193	107	10953
G	信息传输、计算机服务和软件业	1224	503	443889	191	96	95296	39	25	7966
H	批发和零售业	14146	5744	3560415	2568	1143	573953	4564	1643	209217
I	住宿和餐饮业	1583	637	238850	466	200	86797	505	202	24189
J	金融业	4925	564	584403	982	49	132442	1361	348	62145
K	房地产业	1048	919	775392	114	93	40151	109	81	34301
L	租赁和商务服务业	1464	763	1029874	359	115	25954	331	181	21158
744	广告业	130	107	10702	12	6	239	21	18	583
M	科学研究、技术服务和地质勘查业	1091	833	462730	338	247	104030	377	271	11337
N	水利、环境和公共设施管理业	211	167	571888	88	60	88453	27	19	4126
O	居民服务和其他服务业	1325	559	223791	329	132	50221	464	201	36078
P	教育	73	47	8862	22	15	7268	35	23	663
Q	卫生、社会保险和社会福利业	68	29	4417	22	11	288	34	11	1024
R	文化、体育和娱乐业	406	195	66044	210	97	20686	102	40	3012
	其他	109	81	166477	24	11	116359	19	17	21900

补充资料：1.本期吊销：1063 户，吊销后本期注销 233 户。2.实有企业集团 39 户，

续表

期末实有										本期登记			
股份合作企业			公　司				其他企业			合　计		国有企业	
户数	其中企业法人	注册资本	户数	其中企业法人	注册资本	实收资金	户数	其中企业法人	注册资本	户数	注册资本(金)	户数	注册资本
10	11	12	13	14	15	16	17	18	19	20	21	22	23
1608	463	184144	17065	8463	14230036	141111357	78	34	7327	3924	1637555	497	94243
9	8	388	370	295	445102	444759	5	4	96	55	15123	12	2039
18	17	3674	211	168	1733022	1702022	12	9	2555	30	42250	–	–
152	123	15303	1792	1402	3400640	3372967	16	13	1034	237	284409	15	11244
1	1	40	379	247	1026514	998172	2	–	–	84	118781	17	18045
264	11	45771	937	658	1043158	1034962	–	–	–	106	135926	24	21994
18	9	5681	569	284	336461	335810	3	1	50	131	112338	45	3337
6	5	1119	985	377	339508	339508	3	–	–	94	17390	10	176
310	140	26946	6681	2816	2747552	2743373	23	2	2747	1023	208418	170	22606
24	16	868	585	217	126851	126791	3	2	145	187	15277	39	4738
698	62	72264	1876	105	317552	317252	8	–	–	1200	–	33	631
3	3	1067	820	740	699473	686710	2	2	400	131	114981	9	2481
18	9	239	756	458	982523	977523	–	–	–	327	406980	62	1492
1	1	3	96	82	9877	9877	–	–	–	12	266	–	–
31	28	4240	345	287	343123	343123	–	–	–	76	33260	22	1743
2	1	80	94	87	479229	479147	–	–	–	16	20478	1	335
46	23	2150	486	203	135342	135262	–	–	–	165	17923	30	3212
2	2	18	14	7	913	913	–	–	–	9	801	–	–
3	3	234	9	4	2871	2871	–	–	–	17	1928	2	–
2	1	32	92	57	42314	42314	–	–	–	35	11548	6	170
1	1	30	64	51	27888	27888	1	1	300	1	–	–	–

国有企业改制为公司148户,国有企业改制为其他企业5户,集体企业改制为公司26户。

2008 年全省内资企业登记(二)
(企业类型分组)

表 1-15 单位:户、万元

行业代码	行业分类	本期登记								
		集体企业		股份合作企业		公司			其他企业	
		户数	注册资本	户数	注册资本	户数	注册资本	实收资本	户数	注册资本
甲	乙	24	25	26	27	28	29	30	31	32
	合计	797	96382	253	56465	2366	1400065	1347324	11	400
A	农、林、牧、渔业	8	295	–	–	35	12789	9389	–	–
B	采矿业	2	455	1	–	27	41795	41795	–	–
C	制造业	75	22575	13	300	133	250290	240290	1	–
D	电力、燃气及水的生产和供应业	9	892	–	–	57	99844	79302	1	–
E	建筑业	23	14529	16	33410	43	65993	63973	–	–
F	交通运输、仓储和邮政业	17	2707	–	–	69	106294	106054	–	–
G	信息传输、计算机服务和软件业	1	1457	–	–	83	15757	15757	–	–
H	批发和零售业	272	16530	6	398	571	168484	166295	4	400
I	住宿和餐饮业	75	1195	–	–	73	9344	9344	–	–
J	金融业	102	14615	215	22346	845	42152	42152	5	–
K	房地产业	20	2397	–	–	102	110103	100903	–	–
L	租赁和商务服务业	95	5233	–	–	170	400255	395185	–	–
744	广告业	6	136	–	–	6	130	60	–	–
M	科学研究、技术服务和地质勘查业	15	206	1	11	38	31300	31300	–	–
N	水利、环境和公共设施管理业	2	867	–	–	13	19276	19276	–	–
O	居民服务和其他服务业	59	1428	1	–	75	13283	13203	–	–
P	教育	6	461	–	–	3	340	340	–	–
Q	卫生、社会保险和社会福利业	12	520	–	–	3	1408	1408	–	–
R	文化、体育和娱乐业	4	20	–	–	25	11358	11358	–	–
	其他	–	–	–	–	–	–	–	–	–

					本 期 注 销						
合计	注册资本（金）	国有企业		集体企业		股份合作企业		公司		其他企业	
户数		户数	注册资本(金)	户数	注册资本	户数	注册资本	户数	注册资本	户数	注册资本
33	34	35	36	37	38	39	40	41	42	43	44
5618	1103752	1426	119952	1853	199237	82	4316	2131	773362	126	6885
63	6230	18	1245	23	877	－	－	22	4108	－	－
45	7075	13	1410	12	925	－	－	19	4734	1	6
854	169429	183	30533	422	70608	24	726	199	62537	26	5025
49	29537	12	1926	6	3415	－	－	30	24196	1	－
218	92235	60	5793	88	11577	－	－	67	74613	3	252
168	477910	74	16272	37	2950	1	－	54	458664	2	24
174	11369	69	1924	13	256	－	－	85	9189	7	－
1955	143740	539	28807	397	49067	33	2137	921	62491	66	1248
207	21059	68	2998	95	16990	－	－	43	1066	1	5
1068	78231	159	19396	379	22452	4	200	514	36153	12	30
62	25396	8	1055	9	1077	－	－	45	23334	－	－
194	12123	50	3330	71	1613	9	429	58	6466	6	285
10	130	－	－	5	－	－	－	4	130	1	－
286	15548	106	2177	156	11001	1	335	22	2025	1	10
20	2256	3	376	4	632	－	－	13	1248	－	－
191	5904	34	1461	118	3404	7	239	31	800	1	－
6	948	2	30	3	－	－	－	1	918	－	－
4	250	1	－	1	－	2	250	－	－	－	－
53	4362	27	1219	19	2473	1	－	6	670	－	－
1	150	－	－	－	－	－	－	1	150	－	－

2008 年全省公司登记（一）

表 1-16　　　　　　　　　　　　　　　　　　　　　　　　　　单位：户、万元

行业代码	行业分类	期末实有					
		合　计				户数	其中企业法人
		户数	其中企业法人	注册资本	实收资本		
甲	乙	1	2	3	4	5	6
	合计	17065	8163	14230036	14111357	15836	8365
A	农、林、牧、渔业	370	295	445102	444759	363	290
B	采矿业	211	168	1733022	1702022	207	165
C	制造业	1792	1402	3400640	3372957	1742	1360
D	电力、燃气及水的生产和供应业	379	247	1026514	998172	366	242
E	建筑业	937	658	1043158	1034962	932	655
F	交通运输、仓储和邮政业	569	284	336461	335810	567	283
G	信息传输、计算机服务和软件业	985	377	339508	339508	887	377
H	批发和零售业	6681	2816	2747552	2743373	6421	2800
I	住宿和餐饮业	585	217	126851	126791	578	215
J	金融业	1876	105	317552	317252	1107	95
K	房地产业	820	740	699473	686710	820	740
L	租赁和商务服务业	756	458	982523	977523	756	458
M	科学研究、技术服务和地质勘查业	345	287	343123	343123	334	276
N	水利、环境和公共设施管理业	91	87	479229	479147	94	87
O	居民服务和其他服务业	486	203	135342	135262	484	203
P	教育	14	7	913	913	14	7
Q	卫生、社会保险和社会福利业	9	4	2871	2871	8	4
R	文化、体育和娱乐业	92	57	42314	42314	92	57
	其他	64	51	27888	27888	64	51

					期 末 实 有			
					有 限 责 任 公 司			
注册资本	实收资本	其中:一人公司			其中:国有独资公司			
		户数	其中:企业法人	注册资本	户数	其中企业法人	注册资本	实收资本
7	8	9	10	11	12	13	14	15
13318496	13201291	490	488	496791	97	90	1196639	1178525
401342	400999	19	19	4220	7	7	111842	111342
1694035	1663035	5	5	15200	6	6	140800	140800
2863027	2836818	74	74	164601	19	18	605038	604030
1009045	980703	30	29	68379	5	4	2508	2006
1032501	1024305	24	24	27718	1	1	5068	5068
335248	334597	22	22	20658	3	3	385	385
339508	339508	3	3	1324	2	–	–	–
2683314	2679135	115	115	98405	26	26	181366	177362
121137	121077	12	12	1175	–	–	–	–
251345	251045	–	–	–	8	5	2165	1865
699473	686710	86	85	53893	2	2	4650	4650
982523	977523	49	49	30955	12	12	117320	105520
217441	217441	29	29	7525	1	1	50	50
479229	479147	7	7	850	3	3	14967	14967
135342	135262	7	7	920	1	1	9280	9280
913	913	2	2	96	–	–	–	–
2871	2871	1	1	373	–	–	–	–
42314	42314	5	5	500	–	–	–	–
27888	27888	–	–	–	1	1	1200	1200

2008 年全省公司登记(二)

表 1-17　　　　　　　　　　　　　　　　　　　　　　　　　　　　　单位:户、万元

行业代码	行业分类	期末实有						
		股份有限公司						户数
		户数	其中企业法人	注册资本	实收资本	其中:上市公司		
						户数	注册资本	
甲	乙	16	17	18	19	20	21	22
	合计	1229	98	911540	910066	17	519211	2266
A	农、林、牧、渔业	7	5	43760	43760	-	-	35
B	采矿业	4	3	38987	38987	-	-	27
C	制造业	50	42	537613	536139	13	358644	133
D	电力、燃气及水的生产和供应业	13	5	17469	17469	-	-	57
E	建筑业	5	3	10657	10657	-	-	43
F	交通运输、仓储和邮政业	2	1	1213	1213	-	-	69
G	信息传输、计算机服务和软件业	98	-	-	-			83
H	批发和零售业	260	16	64238	64238	2	38636	571
I	住宿和餐饮业	7	2	5714	5714	-	-	73
J	金融业	769	10	66207	66207	1	28175	845
K	房地产业	-	-	-	-	-	-	102
L	租赁和商务服务业	-	-	-	-	-	-	170
M	科学研究、技术服务和地质勘查业	11	11	125682	125682	1	93756	38
N	水利、环境和公共设施管理业	-	-	-	-	-	-	13
O	居民服务和其他服务业	2	-	-	-	-	-	75
P	教育	-	-	-	-	-	-	3
Q	卫生、社会保险和社会福利业	1	-	-	-	-	-	3
R	文化、体育和娱乐业	-	-	-	-	-	-	25
	其他	-	-	-	-	-	-	1

本 期 登 记									
合　计		有限责任公司						股份有限公司	
注册资本	实收资本	户数	注册资本	其中:一人公司		其中国有独资公司		户数	注册资本
				户数	注册资本	户数	注册资本		
23	24	25	26	27	28	29	30	31	32
1400065	1347324	1845	1384423	135	274606	11	15927	521	15642
12789	9389	35	12789	8	1100	1	3000	-	-
41795	41795	27	41795	1	2000	-	-	-	-
250290	240290	127	250290	15	74010	1	200	6	-
99844	79302	57	99844	4	11600	2	1160	-	-
65993	63973	43	65993	4	3168	-	-	-	-
106294	106054	69	106294	8	3742	-	-	-	-
15757	15757	77	15757	3	13418	-	-	6	-
168484	166295	560	168484	26	10675	2	73	11	-
9344	9344	73	9344	5	240	1	1164	-	-
42152	42152	348	26510	1	500	3	1050	497	15642
110103	100903	102	110103	30	38323	-	-	-	-
400255	395185	170	400255	12	102790	-	-	-	-
31300	13100	38	31300	10	3390	-	-	-	-
19276	19276	13	19276	1	100	-	-	-	-
13283	13203	74	13283	3	70	1	9280	1	-
340	340	3	340	1	80	-	-	-	-
1408	1408	3	1408	-	-	-	-	-	-
11358	11358	25	11358	3	9400	-	-	-	-
-	-	1	-	-	-	-	-	-	-

二、开展港、澳、台及外商投资企业的登记管理

(一)港、澳、台及外商投资企业的管理

1986年至2008年的23年间,随着港、澳、台及外商投资企业的不断发展,全省工商部门对港、澳、台、外商投资企业的登记管理经历了从起步到不断完善、不断规范的过程。1988年3月,省工商局外资企业登记管理处正式成立。当年11月,国家工商局授权省工商局直接登记注册外商投资企业。之后,省工商局着重开展了两个方面的工作, 一方面广泛宣传外商投资企业登记管理工作,注意在日常工作中加强与有关部门的联系和协作,主动向他们介绍外商投资企业登记工作的性质、职能,宣传国家有关外商投资企业的政策、法规,经常互通信息、互通情况,以增进相互之间的了解。当时省内绝大多数外商投资项目,从开始洽谈到项目会审,有关方面都主动邀请工商部门参加,工商部门也积极参与,认真负责地做好咨询,与有关方面联合会审,严格审批,简化了手续,缩短了审批时间,提高了项目的成功率。另一方面维护外商投资企业的合法权益,帮助企业解决生产经营中的困难。当时由于一些部门和企业主管单位对国家利用外资的政策法规不了解,出现过一些行政干预的现象。对此,省工商局及时向省政府反映并协调有关部门排除干扰,保障企业的合法权益。通过不懈的宣传和其他有关部门协同工作, 以及省政府一系列利用外资措施的制定与实施,杜绝当时各种行政干预的现象。

1989年,全省核准登记注册的8户外商投资企业,有7户如期投资,其中6户全部出齐资金,投入了生产或经营。

1990年12月,省政府发布了《甘肃省鼓励台湾同胞、港澳同胞和华侨投资的规定》,其中规定:"由省计委、经贸委、工商行政管理局组成联合办公室,简化手续,联合审批",进一步明确了工商部门的地位和作用。

1991年,外商投资企业登记管理工作逐步制度化、规范化,省工商局参考外省一些工商局的经验,根据《企业法人登记管理条例》及国家有关法律、法规和国家工商局有关文件,结合全省实际,制定了一些登记工作程序和岗位责任制。如:《甘肃省工商行政管理局外商投资企业、外国企业常驻代表机构、外国

承包商登记管理规范(试行)》《甘肃省工商行政管理局外商投资企业登记管理工作制度及工作人员行为规范》等。

　　1992年以后,全省港、澳、台、外商投资企业发展较快,并逐步由兰州向全省其他地区发展。1992年8月,省工商局决定,委托兰州市、天水市、白银市、金昌市、嘉峪关市和酒泉地区工商局,代省工商局受理经当地政府或其授权机关批准的外商投资企业的登记注册申请,初审后报省工商局核准。为使这些工商局能够尽快熟悉、掌握有关业务,顺利地开展工作,省工商局明确了委托的相关事项、受理、申报程序。(1)企业名称登记。申请企业所提交的文件、证件齐备后,须在3日内提出初审意见,以传真发往省工商局,省工商局收到传真件后,3日内做出核准或者不予核准的决定,并以传真回复。(2)企业法人登记注册。受理机关受理后,须在5日内提出初审意见报省工商局,省工商局收到齐备的有关文件、证件后,3日内做出核准登记或者不予核准登记的决定。(3)兰州市政府或其授权机关批准的外商投资企业,暂由省工商局定期派员前往兰州市工商局和兰州高新技术产业开发区受理或由企业直接向省工商局申请。企业名称登记费和注册费由申请企业直接向省工商局交纳。企业法人登记公告由省工商局组织发布。申请登记的有关表格,由省工商局向国家工商局领取,受理机关向省工商局领取;未经许可,各地不得自行复制。受理机关选配素质好、能力强、具有大专以上文化程度和一定英语水平的人员(兰州市4名、其他地市各1名)担负委托工作。

　　1992年到1993年期间,港、澳、台、外商投资兴办房地产开发企业成为一个热点。自1992年4月全省登记注册第一家外商投资房地产企业至1993年7月,全省共登记注册房地产业港、澳、台、外商投资企业50户。投资总额1.4亿美元,注册资本1.09亿美元。1993年外商投资企业户数由1992年底的222户增加到723户。

　　1994年,由于国家税收体制及其他政策的调整,港、澳、台、外商投资企业的发展速度减慢,年底,新登记注册港、澳、台、外商投资企业205户,港、澳、台、外商投资企业累计达到925户。

　　1995年3月22日,国家工商局对兰州市工商局呈报的《兰州市外商投资

管理办法（讨论稿）》予以复函,同意兰州市的港、澳、台、外商投资企业由兰州市外商投资管理办公室统一受理,由计划、经济、外经贸、工商、税务、城建、规划土地、司法等部门组成联合审批机构,实行集中受理、分头办理、定时反馈、统一监督、一个窗口对外、一条龙服务的联合审批制度。并提出了注意遵守的原则:严格按照国家对外商投资企业的法律法规办事,严格遵守国家工商局授权登记外商投资企业的各项规定。

1999年,结合年检,重点清理"三无"企业,依照法律、法规吊销140户外商投资企业《中华人民共和国法人营业执照》,把日常监督管理重点转移到新发展企业的监管上,坚持定期检查回访制度,全年新登记注册港、澳、台、外商投资企业59户,投资总额1.36亿美元,注册资本1.04亿美元。新登记港、澳、台地区及外国企业常驻代表机构12户,全省港、澳、台、外商投资企业累计759户(不包括已吊、注销的638户)。

2000年,西部大开发战略实施,引进外资有所增加,全年新登记港、澳、台、外商投资企业67户,使全省登记注册港、澳、台、外商投资企业总数达826户。

2004年,省工商局根据国家工商总局《外商投资企业授权登记管理办法》的规定,向国家工商总局呈报了《甘肃省工商局关于外商投资企业登记管理授权资格确认的申请报告》。同年1月,国家工商总局下发《关于对河北省工商局等43个被授权局外商投资企业核准登记权予以确认的通知》,省工商局和兰州市工商局获得国家工商总局外商投资企业登记的授权确认。此后,被授权工商局不断总结和完善各项登记管理制度,认真履行国家工商总局赋予的登记管理职责,严格执行外商投资企业管理法律法规和产业政策,坚持依法登记。登记注册工作中,在严格审查书式材料和实地勘验相结合的同时,重点审核投资主体是否合法,前置审批是否齐全有效;并从维护社会经济秩序和国家经济安全的高度出发,认真贯彻执行《指导外商投资方向规定》和《外商投资产业指导目录》,进一步强化外资产业政策意识,严格履行《指导外商投资方向规定》的市场准入程序,加大了对产业政策的执行力度。在严格执行国家法律法规规定及国务院、国家工商总局要求执行的各项行政许可的同时,对各类违规审批、越权审批、行政许可不齐,以及其他违反国家法律规定的,严格把关,不予登记注册。

2006 年,根据《行政许可法》和《外商投资企业授权登记管理办法》,省工商局完成了对全省 13 个市、州工商局外商投资企业及其分支机构的设立和相关变更登记事项初审的委托工作。同时,省工商局对市、州工商局进行了外商投资企业登记初审培训,保证了初审工作的顺利开展。

2007 年,省工商局为使外资检测分析系统更加完善,进一步提高数据质量,按照国家工商总局的要求,在完成日常业务工作的同时,对 2003 户外商投资企业的名称预先核准、设立登记、变更登记、注销登记、企业年检、责令改正、罚款、吊销等资料信息逐户进行补录,共录入信息 21.34 万条。

2008 年,国家工商总局对现行的外商投资企业统计报表进行了补充、修正完善,编制了新的报表制度。省工商局按照报表的规范补正数据,按时完成了新报表统计工作。8 月下旬,省工商局会同兰州市工商局对兰州、武威、金昌、定西、平凉、庆阳、临夏、白银 8 个市、州 262 户外商投资企业展开调研回访,了解和掌握全省外商投资企业的发展状况,为确定工作重点提供了依据。

(二)港、澳、台、外商投资企业的发展

1988 年,国家工商局授权省工商局登记注册合资企业 14 户,8 户设在兰州市,6 户设在省内其他地区。其中:中美合资 1 户,中日合资 1 户,中瑞(瑞典)合资 1 户,中新(新加坡)合资 1 户,外资企业 1 户。合资经营的项目有:照相冲印业 1 户,食品制造业 1 户,电器制作业 2 户,尼龙塑料制品业 3 户,服装业 2 户,卫生用品业 1 户,工程设计业 1 户,教育用品业 1 户,裘皮制作业 1 户,木器加工业 1 户。外商独资企业是日本熊谷组承包的永登盘道岭隧道工程,承包工程总额为人民币 6200 万元。

合资企业的投资折合人民币共 5144 万元,其中中方应投资 2845 万元,占总投资的 55.31%,外方应投资 2299 万元,占总投资的 44.69%;实际投入资金折合人民币 2483 万元,占应投资的 48.27%,其中中方投入资金 1879 万元,占应投资的 36.53%,外方投入资金 604 万元,占应投资的 11.74%。合资企业已开业投产的有 7 户,在建的 2 户,拟变更外方合资的 2 户,拟迁移到深圳市的 1 户,破产终止合同的 1 户,因港方无诚意而办不下去的 1 户。

1990年底,全省经工商部门核准登记注册的港、澳、台、外商投资企业共有32户,合同投资总额6710万美元,注册资本4436万美元。其中:香港22户,台湾3户,澳门、日本各2户,美国、新加坡、瑞典各1户;投资行业涉及农林牧渔、建筑装修、运输服务、餐饮、宾馆、电子、机械、纺织、轻工、化工等10个方面;生产型企业27户,占84.38%。

1991年底,近10年期间内,全省实有港、澳、台、外商投资企业36户,投资总额7114万美元,注册资本4495万美元,分别比上年增长20.27%和20.69%。当年,新登记外商投资企业12户,投资总额1606万美元,注册资本1019万美元。户数列全国倒数第四位。

1992年,邓小平南方谈话对外商投资起了巨大的推动作用,使全省外商投资企业10年徘徊不前、发展缓慢的局面得到了改变,外商投资企业大幅度增长。当年,省政府出台了新的《甘肃省鼓励外商投资优惠办法》《甘肃省外商投资企业审批暂行办法》《甘肃省外商投资企业管理办法》,为全省外商投资发展起到了促进作用。这年,全省新登记注册港、澳、台、外商投资企业186户,投资总额2.97亿美元,注册资本2.21亿美元。至此,全省港、澳、台、外商投资企业总数达到222户,投资总额3.68亿美元,注册资本2.66亿美元,其中港、澳、台及外方认缴1.31亿美元。投资企业的户数、投资总额、注册资本分别比1991年增长了5.2倍、4.2倍和4.9倍。投资国家(地区)由1991年的7个增加到15个。投资行业也有所突破,出现了房地产业、交通运输业、咨询服务业等过去国家限制投资的行业。新登记注册港、澳、台、外国企业常驻代表机构8户(累计达到9户),外国承包商1户,港、澳、台、外商投资企业分支机构68户。1992年,全省港、澳、台、外商投资企业的发展有3个显著特点:一是发展速度快,增长幅度大。二是行业逐渐拓宽,投资方向已由服务型向工业生产型转变,新登记企业中工业生产型占67.2%,产业结构正趋向合理。三是开始出现一些投资额上亿元的大型项目,如甘肃陇明型材有限公司投资总额及注册资本超过1亿元人民币。

自1992年全省港、澳、台、外商投资企业的发展出现一个较大的飞跃之后,1993年发展势头有增无减,新登记注册港、澳、台、外商投资企业500户,投资总额5.69亿美元。至此,全省港、澳、台、外商投资企业总数达到723户,投资总额9.59亿美元,户数、投资总额、注册资本、外方认缴额与1992年相比分别增长了3.2倍、2.2倍、2.6倍和2.7倍。投资国家(地区)已由1992年的15个增加到25个,合作领域日趋广泛,经济发达国家(地区)投资逐渐增多,来自美国、日本及我国台湾的投资者明显增多。这一年,全省外商投资企业的发展有5个显著特点:一是增长速度快。二是投资主体多元化。三是投资领域多元化,仍以生产性企业为主,占总户数的66%,产业结构日趋合理。四是投资规模逐渐扩大,投资总额在500万美元以上的已增加到40户。五是外商独资企业增长显著,增加到199户,在外商投资企业中的比重由上年的18%上升到27.5%。随着港、澳、台、外商投资方向由沿海逐步向内地转移以及甘肃省投资环境、资源、能源优势逐步为外界所认识,不仅来甘肃省投资举办企业的外商与日俱增,而且以加强信息交流、提供业务咨询为目的的外国(地区)企业常驻代表机构增长很快,已由1992年末的10家增加到87家。

1995年,全省新登记注册港、澳、台、外商投资企业153户,投资总额5.35亿美元,注册资本2.57亿美元。至此,全省港、澳、台、外商投资企业总数达到1037户,投资总额16.36亿美元,注册资本11.14亿美元,其中外方认缴6亿美元,分别比上年增长12.1%、43%、26%和25%。投资国家(地区)增加到34个,合作领域日趋广泛,经济发达国家(地区)投资逐渐增多,来自我国香港、台湾地区及美国的投资增长明显,占总户数的80%。这年港、澳、台、外商投资企业的发展有5个显著特点:一是稳步增长,投产开业率比1993年、1994年明显提高。二是投资结构逐步优化。第三产业发展较快,户数已上升到总户数的28%;工业项目仍占主导,约占总户数的70%;利用本地资源从事食品、农畜产品深加工的企业比1994年上升27.2%,已占总户数的11.3%;基础设施也开始有大的投资,靖远第二发电有限公司两台30万千瓦机组投入运行后,缓解了全省电力紧张局面。三是投资规模逐步扩大。国外一些大企业、大财团已开始将眼光转向甘肃省。投资总额在500万美元以上的企业增加到49户,其中最大的投资项目(电力)投资总额达3亿多美元。四是以旧城改造为重点的房地产业利用外资成效显著。兰州市在旧城改造、道路拓宽工程中积极利用外资,

第一章　企业登记管理

动工面积近30万平方米,投资额10多亿元人民币。五是港、澳、台、外商独资企业经营发展较快,已达到334户,在港、澳、台、外商投资企业中的比重由1994年的29.6%上升到32.2%。

1996年,全省累计登记注册港、澳、台、外商投资企业1086户,比上年增长4.5%;投资总额18.03亿元,比上年增长9.3%;注册资本12.16亿元,比上年增长8.3%,其中外方认缴6.57亿元,比上年增长8.6%。本年度全省新登记注册港、澳、台、外商投资企业114户,新注册港、澳、台、外国企业常驻代表机构12户,累计常驻代表机构达130户;新注册港、澳、台、外商投资企业分支机构77户,累计港、澳、台、外商投资企业分支机构达483户;来甘肃投资的国家和地区达34个。当年港、澳、台、外商投资发展速度明显趋缓,注册企业数下降,但投资结构趋于合理,投资规模逐步扩大,在新注册的114户企业中,注册资本在100万~300万美元的占21户,300万~500万美元的占5户,500万~1000万美元的占2户,1000万美元以上的占3户,使甘肃累计注册资本在500万元以上的企业达到22户,1000万以上的企业达到16户;投资领域逐步扩大,已涉及农、林、牧、副以及生产、制造、加工等行业;发展已逐渐趋于正常,港、澳、台、外商投资企业政策调整后一些钻政策空子,搞虚假"三资"企业的现象明显减少,实实在在投资的增多了。

2000年,国家实施西部大开发战略,为甘肃省扩大吸引外资发展经济提供了契机,使全省港、澳、台、外商投资企业较往年有所增长。全年新登记注册港、澳、台、外商投资企业67户,投资总额2.19亿美元,注册资本1.43亿美元。全省港、澳、台、外商投资企业总户数累计达到826户,投资总额25.65亿美元,注册资本18.17亿美元。企业户数、投资总额、注册资本及外方认缴额分别比1999年末增长了8.4%、40.5%、52.9%、52.2%。尽管总户数增幅不大,但投资主体继续呈多元化趋势,产业结构进一步优化。港、澳、台、外国企业常驻代表机构也由1999年的1户增加到173户。

2002年,全省港、澳、台、外商投资企业总户数累计为694户(本年度吊销165户,注销4户),投资总额21.66亿美元,注册资本14.20亿美元。当年新登记注册港、澳、台、外商投资企业43户,投资总额0.9亿美元,注册资本0.72亿

美元,其中外方认缴 0.6 亿美元。

2003 年底,全省港、澳、台、外商投资企业累计 607 户,投资总额 21.64 亿美元,注册资本 14.52 亿美元。在甘肃投资的国家(地区)有 23 个,合作领域日益扩大,经济发达国家(地区)逐年增加,但仍以港、澳、台以及日本、美国、加拿大、韩国投资为主。港、澳、台、外商投资企业发展速度明显加快,2003 年户数比 2002 年增长 23.3%。投资领域逐步扩大,已涉及农、林、牧、采掘、制造、电力、建筑、房地产、交通运输、地质勘查、餐饮、社会服务、科学技术服务、体育等行业。产业结构逐步优化,工业项目仍占主导,制造业占总户数的 54.7%,主要以利用资源和廉价劳动力从事深加工为主,技术含量和附加值高的产品较少;农业仅占总户数的 2%,第三产业占 32.6%。投资规模呈扩大趋势。投资总额比 2002 年增长 257.8%,注册资本增长 241.8%,外方认缴额增长 210.6%,投资总额 500 万~1000 万美元的有 7 户,1000 万~3000 万美元的有 8 户。

2004 年底,全省共登记港、澳、台、外商投资企业 650 户,投资总额 30.96 亿美元,注册资本 19.7 亿美元。当年新登记港、澳、台、外商投资企业 58 户,投资总额 9.88 亿美元,注册资本 5.54 亿美元。港、澳、台、外商投资企业分支机构 409 户,港、澳、台、外国常驻代表机构 3 户。

2005 年底,全省港、澳、台、外资企业 658 户,投资总额 31.70 亿美元,注册资本 19.89 亿美元。当年共登记外商投资企业 32 户,投资总额 2.33 亿美元,注册资本 1.33 亿美元;分支机构 170 户,企业办事机构 17 户,常驻代表机构 9 户,变更各类企业 107 户。

2006 年底,全省共有港、澳、台、外商投资企业 431 户,投资总额 27.89 亿美元,注册资本 15.61 亿美元,各类分支机构 1289 户,常驻代表机构 2052 户。当年共登记港、澳、台、外商投资企业 31 户,投资总额 3.5 亿美元,注册资本 1.36 亿美元;分支机构 207 户,常驻代表机构 3 户,变更各类企业 276 户。

2007 年底,全省共登记港、澳、台、外商投资企业 398 户,投资总额 30.64 亿美元,注册资本 16.53 亿美元。按企业类型分,与港、澳、台及外商合资企业 210 户,合作企业 27 户,港、澳、台及外商独资企业 161 户。港、澳、台、外商投资企业分支机构 1605 户。当年新登记法人企业 30 户,投资总额 4.95 亿美元,

注册资本 2.55 亿美元。按企业类型分,合资企业 14 户,合作企业 1 户,独资企业 15 户。分支机构 331 户。

截至 2008 年底,全省累计登记注册港、澳、台、外商投资企业 2142 户,投资总额 38.27 亿美元,注册资本 18.47 亿美元。按企业类型分,合资经营企业 217 户,合作经营企业 21 户,独资经营企业 170 户。当年新登记的法人企业 31 户(其中内资转为外资企业 4 户),投资总额 6.98 亿美元,注册资本 2.94 亿美元。分支机构 160 户。按企业类型分,合资企业 13 户,合作企业 4 户,独资企业 14 户。

1993年全省港、澳、台、外商投资企业登记

表 1-18

地 区	年末实有数（户）	投资总额（万美元）	注册资本（万美元）	常驻代表机构数（户）
全省总数	723	95894	75224	87
兰州市	614	79068	62391	86
嘉峪关市	3	411	330	–
金昌市	10	2230	1513	–
白银市	12	2442	1992	–
天水市	13	1436	1222	–
酒泉地区	12	1966	1316	–
张掖地区	7	1570	1252	1
武威地区	12	1061	928	–
定西地区	7	911	781	–
陇南地区	3	199	183	–
平凉地区	8	558	505	–
庆阳地区	9	2585	1595	–
临夏州	9	892	725	–
甘南州	4	515	491	–
矿 区	–	–	–	–

1996年全省港、澳、台、外商投资企业登记

表 1-19

地 区	年末实有数(户)				投资总额 (万美元)	注册资本 (万美元)	其中:外方 (万美元)
	小计	合资	合作	独资			
全省总数	1086	686	46	354	180331	121582	65735
兰州市	901	537	34	330	156054	103340	57144
嘉峪关市	4	4	–	–	797	546	229
金昌市	15	13	1	1	2563	1637	769
白银市	17	14	3	–	3382	2423	927
天水市	23	18	2	3	1797	1480	632
酒泉地区	20	17	–	3	2362	1600	814
张掖地区	13	13	–	–	2677	2328	1096
武威地区	25	14	2	9	3192	2591	1508
定西地区	14	10	2	2	1864	1411	618
陇南地区	12	11	–	1	771	683	343
平凉地区	12	9	2	1	727	617	277
庆阳地区	13	12	–	1	2812	1797	839
临夏州	13	10	–	3	987	812	421
甘南州	4	4	–	–	346	317	118

1998 年与 1999 年全省港、澳、台、外商投资企业登记

表 1-20

项　　目	单位	1999 年	1998 年	99 年比 98 年(+/−)%
年末企业数合计	户	759	840	−9.64
其中:中外合资	户	460	513	−10.33
中外合作	户	48	44	+9.09
外商独资	户	251	283	−11.31
新登记企业数	户	59	59	+0.00
其中:中外合资	户	28	30	−6.67
中外合作	户	11	9	+22.22
外商独资	户	20	20	+0.00
新登记企业投资总额	万美元	13580	21211	−35.98
新登记企业注册资本	万美元	10407	13079	−20.43
其中:外方应认缴出资额	万美元	7736	9146	−15.42
累计投资总额	万美元	182533	182245	+0.16
累计注册资本	万美元	119222	119608	−0.32
其中:外方	万美元	64779	66013	−1.82

2000 年全省港、澳、台、外商投资企业各地分布

表 1-21

地　区	年末实有数 （户）	投资总额 （万美元）	注册资本 （万美元）	常驻代表 机构数（户）
全省总数	826	256455	181717	98582
兰州市	714	229730	164826	93996
嘉峪关市	2	419	305	64
金昌市	7	801	520	204
白银市	14	3665	2021	616
天水市	14	4106	2332	463
酒泉地区	17	6192	3295	904
张掖地区	10	4662	3406	1021
武威地区	17	2717	2046	650
定西地区	6	750	573	73
陇南地区	8	1812	1138	295
平凉地区	3	81	75	27
庆阳地区	7	831	649	100
临夏州	6	566	442	117
甘南州	1	123	89	51

甘肃省志　工商行政管理志

表 1-22

1987 年—1999 年全省港、澳、台、外商投资企业

单位：户，万美元

年　度	年末企业数				投资总额（万美元）	注册资本		从业人员	
	小计	中外合资企业	中外合作企业	外商独资企业		小计	其中:外方	小计	其中:外方
1987 年	14	-	-	-	5195	4330	1922	1095	20
1988 年	16	-	-	-	14054	8388	2474	1733	36
1989 年	20	-	-	-	19111	11631	-	4301	-
1990 年	26	-	-	-	22396	14132	-	-	-
1991 年	36	-	-	-	7114	4495	-	-	-
1992 年	222	169	13	40	36786	26629	13095	14536	433
1993 年	723	494	30	199	95894	75224	39677	43010	1514
1994 年	925	613	38	274	114733	88765	48113	-	-
1995 年	1037	659	44	334	163630	111446	60054	-	-
1996 年	1086	686	46	354	180331	121582	65735	-	-
1997 年	1152	729	51	372	198491	137091	76695	-	-
1998 年	840	513	44	283	182245	119608	66013	-	-
1999 年	759	460	48	251	182533	119222	64779	-	-

表1-23

2005年—2008年全省港、澳、台、外商投资企业登记

年度	企业数(户) 期末实有											投资总额(万美元)	注册资本	
	合计	其中:分支机构	小计	中外合资企业	中外合作企业	外商独资企业	投资总额1000-3000万美元	投资总额3000万美元以上	中方控股	外方控股	中外方股份持平		小计	其中:外方
2005年	-	-	658	377	37	244	50	15	190	444	24	316957	198853	137173
2006年	-	-	398	210	27	161	49	22	125	260	13	306393	165335	106365
2007年	-	-	431	232	28	171	47	19	170	246	15	278916	156057	104896
2008年	2142	1734	408	217	21	170	47	15	142	110	19	382693	184734	116198

年度	本期登记 企业数(户) 小计	中外合资企业	中外合作企业	外商独资企业	投资总额1000万元-3000万美元	投资总额3000万美元以上	中方控股	外方控股	中外方股份持平	投资总额(万美元)	注册资本(万元) 小计	其中：外方	本期注销(户)	其中：分支机构(户)	累计注销企业(户)	其中：分支机构(户)
2005年	32	14	3	15	5	1	9	20	3	233326	13252	9861	7	—	1026	—
2006年	30	14	1	15	4	3	10	20	—	49529	25496	15528	70	—	1354	—
2007年	31	16	5	10	3	4	7	21	3	35040	13568	9524	258	—	1284	—
2008年	31	13	4	4	9	3	6	10	—	69793	29393	19675	54	45	511	133

三、企业登记管理改革

随着改革开放和经济发展的需要,20多年来,全省工商部门对企业登记管理进行了一系列的改革创新。

1987年6月,省工商局印发了《关于核发〈企业法定代表人证书〉的暂行规定》,以此为开端,在企业登记管理工作中开始试行企业法定代表人登记制度。此规定明确了发证范围、基本条件、审核程序、处罚及其他事项。核发《企业法定代表人证书》的基本条件,必须是具有完全民事行为能力的公民,一般是企业的固定在职人员或按规定正式承包、承租和招聘的人员;同一人不得担任两个或两个以上企业的法定代表人(联合企业除外);党政机关在职干部不得兼任和担任企业法定代表人。

1992年6月17日—19日,省工商局召开全省企业登记管理工作会议。会议研究确定了今后一个时期企业登记管理工作重点:从有利于甘肃经济发展的立足点出发,用足用好政策,在管理思想、管理方式、管理手段上不断创新;支持企业集团和股份制企业的发展,支持农村发展社会化服务体系,对从事产前、产中、产后服务的经营性企业,及时予以登记注册;制定放手发展的措施,走出企业登记注册的新路。

1993年8月,省工商局为适应社会主义市场经济体制的建立和企业经营自主权的逐步落实,促进改革开放和经济发展,结合全省实际,进一步改进企业登记管理工作,提出了企业登记管理改革的具体措施。逐步弱化企业主管部门的审批,设立全民所有制企业法人涉及国家直接投资或立项审批的,仍由主管部门审批,除此之外,由组建单位的上一级法人批准;非法人企业,不再要求主管部门审批,可由法人企业(或事业单位)直接申请;集体所有制企业的设立,由筹建单位直接申请;社会集资兴办的,由出资人直接申请;联营企业的设立,不再要求出资人的主管部门批准,一般也不再要求其上一级法人批准。行业归口部门的审批,除外贸、金融、交通、航空、旅游、娱乐、医药、烟草、建筑、房地产、出版印刷等行业应按国家有关规定报请行业归口部门审批外,其他行业办理开业登记,经主管部门审批后,可直接申请登记。除法律、法规规定实行专项审批或许可证的以外,其他部门规定的审批及许可证,一般不作为登记注册的法定前置条件。政府授权部门的审批,股份有限公司除兰州市由兰州市体制改革委员会审批外,一律报省体改委审批,其他地区、部门不得审批。下放到地(州、市)体制改革委员会和经济开发区审批有限责任公司的权限,不得再下放到县一级。在国家规范股份有限公司的法律、法规公布前,按国家体制改革委员会发布的《股份有限公司规范意见》和《有限责任公司规范意见》执行。以往把"有限责任公司"批为"股份有限公司"的要改过来,今后审批"有限责任公司"不得使用"股份有限公司"的名称。期货经纪公司的登记主管机关为国家工商局。期货经纪公司应经省工商局初审后,报国家工商局核准登记注册。期货经纪公司分支机构的设立,亦按上述程序办理。积极支持国有小型流通企业实行国有民营的改革。对于国有民营和社有自营企业的登记,结合当地实际情况,除坚持必需的材料和证件(主管部门的批件、法定代表人任命文件、承包租赁协议等)外,其他登记文件可以放宽,手续要更简便些。这些企业实行承包、租赁,不改变其经济性质,在"全民所有"后面注明"集体承包"或"个人承包"。对这些企业视具体情况减免登记注册费。

2001年5月,省工商局向全省工商系统发文,提出了在全省推行"经济户口"制度的意见。各级登记机关核准设立登记、变更登记、注销登记的企业法人及分支机构,应在核准后15个工作日内向企业所在地工商所备案。备案内容包括企业登记事项中的名称、住所、法定代表人(负责人)、注册资本(金)、企业类型(经济性质)、经营范围、主管部门或股东(发起人)、经营期限以及企业印章、财务专用章、合同专用章、开户银行及账号等。登记机关在将上述企业登记资料抄送工商所的同时,对新设企业还应通知其15日内到工商所报到。工商所收到登记机关抄送的企业登记资料后,对新设企业应及时建立企业档案和台账,做到一户一档,对变更登记的资料,要及时归档。建立上下联动的监管制度。工商所对辖区内的企业,负起监督管理的责任,加强日常检查。监督管理的主要内容是:企业是否按规定悬挂营业执照,有无出租、出卖、转让、擅自复印营业执照以及一照多点经营;是否超范围经营;是否按期参加了年检;有无制售假冒伪劣商品行为;有无其他经济违法违章行为。工商所对企业的违法违章

第一章　企业登记管理

行为要在权限内及时进行处罚,并将处罚情况在处罚后15个工作日内报送企业登记机关;对工商所处罚权限外的,工商所及时向登记机关报告。对企业的违法违章行为,工商所未及时发现并查处的,追究工商所的责任。企业登记机关对违法违章企业进行处罚后,将处罚情况在15个工作日内抄送企业所在地工商所备案。各级登记机关和工商所建立上下信息反馈制度,及时交流情况,形成上下联动的规范化的监管制度。

2002年2月,省工商局向全省工商系统印发了《全省企业属地监督管理办法》。规范了省、地(州、市)、县(市、区)企业登记机关与工商所监督管理企业的行政行为。工商所对企业的监督管理实行属地管辖原则,对住所(地址)在辖区内的各级企业登记机关登记注册的各类企业均有权进行监督管理,包括公司制企业、非公司制企业(国有企业、集体企业、股份合作制企业、联营企业、个人独资企业、合伙企业)、外商投资企业及非法人经营单位。明确了工商所对企业监督管理的主要内容:(1)是否未经核准登记擅自从事生产经营活动。(2)是否按规定悬挂或放置营业执照,有无伪造、涂改、出租、出借、转让、出卖营业执照行为。(3)是否在住所处标明企业名称,印章、信笺、产品或包装使用的企业名称是否与营业执照上的企业名称相同。(4)是否擅自改变住所或经营场所。(5)是否在规定期限内开展经营活动。(6)是否超出核准登记的经营范围从事经营活动。(7)是否抽逃注册资本(金)。(8)是否按时参加企业年检。(9)是否生产销售假冒伪劣产品,有无误导消费行为。(10)上级工商部门交办的其他监管工作。

2002年,全省工商系统全面推行了"经济户口"管理,对登记注册的6.79万户内资企业,全部建立了每户企业"一档、一卡、一账"的"经济户口",做到了台账、档案与"户口簿"三相符。

2007年,省工商局推行首问责任制、限时办结制。对企业登记管理工作的具体要求是:企业咨询时,工作人员能按照首问责任制的要求耐心解答,不推诿。严格按照省政府限时办结的有关规定,对材料齐全、符合法定形式的按时完成登记工作。企业设立登记自受理之日起在10个工作日内完成登记许可,在法定期限内发照;企业变更登记自受理之日起在7个工作日内做出是否准

甘肃省志 工商行政管理志

予决定,需换发营业执照的,在法定期限内发照;企业注销登记在 7 个工作日内完成。

2008 年,为了进一步规范企业登记管理,国家工商总局提出了"四个统一"(监管与发展、服务、维权、执法的统一)和推行"一审一核制"(企业开业申请人将申请开业的文件交给工商部门的登记注册机构后,经审查员受理、审查,报核准员依法核准或驳回,登记注册程序即告结束,登记行为即发生法律效力)。与原登记注册的内部审批制度相比较,"一审一核制"不仅简化了审批环节,提高了办事效率,而且统一了登记标准和尺度,具有科学、高效的特点。为了搞好这项工作,省工商局组成联合工作小组,先后赴浙江、福建、江苏 3 省,对推行"一审一核制"的情况进行学习和调研。之后,省工商局借鉴 3 省的经验和做法,制定了具体办法,并进行"一审一核"试点工作,总体进展比较顺利。

第二节　对企业的监督

加强对各类企业的监督管理,是工商部门的重要职能之一。随着改革开放的深入和经济的发展,工商部门这种监管功能不断强化,取得了明显效果。工商部门对企业监督管理的方式,除经常性的查证验照、定期回访复查外,主要有不定期的清理整顿和每年例行的企业年度检验(简称年检)等。

一、专项清理整治

(一)清理整顿公司

1986 年,省工商局继续开展清理整顿公司的工作。4 月,省工商局上报省政府《关于清理整顿公司(中心)工作中几个问题处理意见》,省政府批转了这个报告。按照省政府的部署,省工商局配合相关部门开展了清理整顿公司的工作。截至 1986 年 8 月,全省共清理各类公司(中心)4309 户。按经济性质分:全民所有制 1739 户,集体所有制 2126 户,合营联营 96 户,个体(合作经营)351 户。按企业类别分:生产型公司(含建筑安装公司)683 户,商业型公司3115 户,服务型公司(含咨询、租赁、设计等类型)511 户。经过清理整顿,符合开办公司条件予以保留的公司 2717 户,占公司总数的 63.05%;改变名称,降格为其他企业的 850 户,占公司总数的 19.73%;无力经营,主管单位要求歇业的 273 户,占公司总数的 6.34%;确系"四无"公司(无资金、无规模、无厂房、无人员)和有严重违法行为予以取缔、吊销营业执照的 460 户,占公司总数的 10.77%。

1989 年,省工商局配合省清理整顿公司办公室在清理整顿公司工作中,酌情对一些公司做出了撤销或歇业、停业的决定。1990 年 11 月,全国清理整顿公司领导小组发文同意甘肃省所属公司的撤、并、留方案,即在全省 5954 个公司中,保留 4486 个,撤并 1486 个。并同意甘肃省政府各委、办、厅、局及直属事业单位直接管理的公司撤、并、留方案,即对这些单位直接管理的 50 个公司,保留 42 个,撤销 8 个。

同年,根据中共中央、国务院《关于清理整顿公司的决定》和省政府《甘肃省房地产开发公司管理暂行规定》,省工商局配合省建设委员会对全省城市房地产开发公司普遍进行了资质审查工作。审查结果,全省共有 75 家房地产开发公司资质合格,其中有 4 家获二级资质证、15 家获三级资质证、26 家获四级资质证、30 家获五级资质证。

1991 年,全省各级工商部门按照治理整顿的要求,进行了清理整顿公司的收尾工作,办理撤、并和保留公司的注销和登记手续,查处公司生产经营中的违法案件,监督公司建立和健全规章制度。到年底,全省共清理整顿公司 5990 户,保留了符合条件的公司 4282 户,占公司总数的 71.57%,撤、并各类公司 1708 户,占原有公司总数的 28.51%。

(二)清理企业名称

20 世纪 90 年代以来,天水市数百家企业冠用"长城"字号,造成企业名称的混乱,引发了许多纠纷。《中国市场经济报》对此进行了报道。1998 年 7 月,省工商局责成天水市工商局清理纠正"长城"企业名称问题。经过摸底,天水全市冠"长城"字号的企业共有 306 户,其中,法人企业 154 户,非法人分支机构 152 户。按隶属关系分,甘肃长城电器工业公司系统内企业 241 户,系统外企业 65 户;按行业分,生产制造企业 114 户,商业 158 户,服务业 34 户;按经济性质分,国有企业 65 户,私营企业 233 户,股份合作制企业 4 户,有限公司 4 户;按登记注册机关分,天水市工商局登记注册 213 户,秦城分局登记注册 84 户,北道分局登记注册 9 户。在摸清底数和掌握第一手资料的基础上,天水市工商局多次召开专题会议,反复同企业主管部门和部分企业座谈、协调,宣传有关政策法规,取得了企业的理解和支持,共同研究确定了清理的基本原则和整改意见。根据这些原则和意见,天水市工商局结合当年的企业年检和企业换照,认真进行了纠正工作。经过清理纠正,全市 306 户冠"长城"字号企业中,保留"长城"字号的 138 户,占 45%,撤销"长城"字号变更名称的 113 户,占 37%,注销 55 户,占 18%。

(三)查处、取缔传销企业

1998 年,省工商局按照《国务院关于禁止传销经营活动的通知》精神和国家工商局的统一部署,开展了对传销企业的清理整顿。整顿中,对原有传销企业的清理整顿坚持两条方针:一是严肃查处违法、取缔非法传销企业,二是认真做好原有传销企业的善后处理及转变经营方式的工作。经调查摸底,原先经我省登记注册的传销企业共 8 户(均为非法人的分支机构),其中内资 4 户、外资 4 户。当年省工商局对这 8 户企业做了处理:1.湖北省龙发国泰健康产业有限公司甘肃分公司,省工商局企业处注册,于 1998 年 8 月 6 日注销。2.郑州康福德健康产业有限公司甘肃分公司,吊销执照。3.广州白云山产品直销有限公司甘肃分公司,吊销执照。4.天津市健龙保健品有限公司兰州分公司,吊销执照。5.河南雅郦化妆保健品有限公司甘肃分公司(外资)变更为"隶属企业业务的售后服务"经销方式。6.理达国际实业有限公司甘肃分公司(外资),吊销执照。7.天津丰基保健品有限公司甘肃分公司(外资),吊销执照。8.广州雅芳有限公司兰州分公司变更为"批发、零售"经销方式。

(四)清理有危害的气功组织所办经济实体

2000 年 4 月,省工商局根据《中共中央、国务院关于处理对社会有危害的气功组织有关问题的意见》及省委、省政府和国家工商局的部署,组织各地工商部门利用半年多时间,对各类气功组织所办的经济实体进行了全面的清理。全省共有各类气功组织所办的经济实体 21 户(法人企业 5 户,非法人企业 16

户),其中兰州泰威克科工贸有限责任公司(中功组织所办实体)及其分支机构共 11 户,其他功法类气功组织所办企业 1 户,县以下气功组织所办企业 5 户,非功法类气功组织所办企业 4 户。经过清理,2 户非功法类气功组织所办企业通过 1999 年度企业年检继续经营,其他 19 户企业中有 4 户办理了注销手续,15 户未参加企业年检,依法予以吊销。

（五）清理整顿烟花爆竹生产经营企业

2000 年上半年,省工商局根据国务院办公厅《关于加强烟花爆竹生产经营安全监督管理和清理整顿的紧急通知》,及时向全省工商系统做了安排部署,并在全省企业登记管理工作会议上提出了具体要求。全省各地对烟花爆竹生产经营企业及与之有关的原材料采购、生产、储存、运输、销售等环节进行了全面的检查清理和整顿。同时,对其他易燃易爆物品生产经营企业也进行了全面检查。通过认真清理,全省共有烟花爆竹生产企业 16 户,其中证照齐全并经整顿合格的 11 户,对证照不全或不合格的 5 户企业吊销了营业执照。烟花爆竹经营企业共 335 户,其中证照齐全并合格的 144 户;对无照经营的 21 户予以取缔;对无经营许可证的 3 户吊销了营业执照;对 167 户具备经营条件,但许可证已过期的企业,限期补办许可证,逾期不办的,吊销营业执照或变更经营范围。另外,有的地方对季节性经营烟花爆竹的企业,要求办理临时审批,工商部门核发临时营业执照。全省在对烟花爆竹生产经营企业进行清理整顿的同时,结合安全生产大检查,对雷管、炸药、锅炉和压力容器等易燃易爆品生产经营企业进行了检查,共检查 263 户。

2001 年 5—10 月,省工商局按照国家工商总局《关于认真做好安全生产集中专项整治工作的通知》精神,对全省工商系统进行了安排部署,针对安全生产方面的突出问题,对民用爆破器材、烟花爆竹、液化气站、餐饮娱乐、宾馆饭店等重点行业进行了实地调查,对不符合安全规定或证照不全的,责令其整顿、办理变更登记或注销登记,并通过建立健全企业的"经济户口",加强了对生产经营企业的安全指导和安全整治。

2001 年安全生产专项整顿工作

表 1–24

整顿项目	清理企业数	不符合安全数	责令整顿	办理变更	注销或吊销	取缔无照	罚没金额（元）
民用爆破器材	55	8	6	8	3	2	1050
烟花爆竹	589	193	80	35	88	15	3170
化学危险品	1284	169	45	63	49	10	18300
交通运输	955	104	212	158	100	23	–
宾馆　饭店	1651	409	245	43	75	6	6800
商场　市场	1025	229	173	17	61	2	16550
合　计	5559	1112	761	324	376	58	45870

（六）清理整顿"三无"（无资金、无场地、无人员）企业

1995 年以来，全省工商部门按照统一部署，多次对"三无"企业进行了清理整顿。当年，全省共查处"三无"企业 1000 多户，吊销了 552 户内资企业和 31 户外商投资企业的营业执照，对 900 多户内资企业和 33 户外商投资企业进行了其他处罚。2001 年 9 月—12 月，省工商局按照国家工商总局《关于清理整顿"三无"企业无照经营专项行动方案》，在全省范围内对这两类企业进行了集中治理整顿，使全省"三无"企业和无照经营大幅度减少，市场经济秩序有了好转。在治理整顿中，全省各级工商部门共出动执法人员 3.11 万人次、车辆 3669 台次；检查各类经营主体 8.68 万户，查出"三无"企业 522 户、无照经营户 1.19 万户；取缔无照经营 2016 户，督促补办前置审批手续的 4408 户，发放限期整改通知书 534 份，注销、吊销营业执照的 478 户，通过整治重新办理和限期办理营业执照的 3185 户，立案查处案件 220 起，罚款 52.4 万元。

（七）清理整顿小煤矿

2001 年，国务院办公厅《关于关闭国有煤矿小井和乡镇煤矿停产整顿的紧急通知》下发后，全省各级工商部门会同计划、经贸、劳动、煤炭等部门对煤炭生产企业进行了逐户排查。经过深入细致的工作，对列入关闭名单的企业按照国务院办公厅的通知精神及时吊销了营业执照。

2002 年 6 月—8 月，省工商局会同省煤炭安监局、省国土资源厅等部门，

根据国务院办公厅《关于进一步做好关闭整顿小煤矿和煤矿安全生产工作的通知》规定和省政府办公厅《关于进一步加强关闭整顿小煤矿和煤矿安全生产工作的通知》精神,对全省上收的乡镇小煤窑进行验收,核发证照。通过验收,200户煤矿中有96户没有营业执照,被依法吊销的有44户,被注销的有2户;白银市平川区43户小煤矿因连续几年不到工商局进行年检被依法吊销38户。

2005年12月,省工商局下发了《关于进一步加强煤炭生产经营活动监督管理的通知》。其中心内容是:全省各地工商部门要加强对本辖区内煤炭行业的监管,加大执法力度,配合协助有关部门搞好安全生产。明确提出了3项措施:一是各级工商部门要继续严格市场准入。依法执行煤炭生产经营者的登记注册规定,只有具备采矿许可证、安全生产许可证、煤炭生产许可证、矿长资格证、煤矿主要负责人安全资格证(简称"五证")的,方可登记注册,核发营业执照。二是严肃查处违法煤炭生产经营者。各级工商部门对本辖区内煤炭生产经营者按属地监督管理原则,建立主体生产经营监督台账。同时,认真协助有关部门做好"五证"监管工作。在监督检查中发现煤炭生产经营者经营期限即将届满时,属地监督管理机关按照《行政许可法》第五十条第一款规定,在经营期限届满前60日书面告知当事人办理换发营业执照的申请,涉及"五证"有效期的,可以同时告知当事人依法办理"五证"延续申请;对经营期限届满的当事人,书面告知停止经营活动;对依法向原登记机关申请办理经营许可延续的当事人,责令其终止经营活动。三是对煤矿安全监察机构依法下达停产整顿监察指令的煤矿,各地工商部门在接到煤矿安全监察部门停产整顿的指令抄送件后,即时责令当事人终止煤炭生产经营活动,制发《责令终止生产经营活动通知书》一式三份,同时上报省工商局;并受省工商局委托对合伙企业、个人独资企业以外的煤矿生产经营者实施暂扣营业执照的处罚。对经整顿仍然达不到安全生产标准、不能取得安全生产许可证的矿井,或者无视政府安全监管,拒不进行整顿或者停而不整的矿井,以及非法生产的煤矿和被各级人民政府依法关闭的煤矿,在有关部门吊销其资质、资格许可"五证"的同时,责令当事人依法办理变更登记或者注销登记,对逾期不办理的,依法吊销营业执照。

2008年,根据省政府关于整顿煤矿的有关通知精神,全省工商部门配合有关部门,搞好全省第一批确定的15处煤矿的关闭工作,依法吊销或注销被关闭煤矿的营业执照。针对煤矿监管情况复杂、难度较大、个别地方工作不到位的实际,省工商局及时下发了《关于对煤矿生产活动进行专项治理行动的通知》,并两次组织各市、州工商局对煤矿生产经营活动进行督导检查;对个别市、州工商局上报的数据不准的问题进行了纠正。按照属地管理要求,各有关市、州工商局对前置许可证已过期、营业执照已过期或未参加企业年检的煤矿发出了《责令终止生产经营活动通知书》。

（八）其他专项整治

2006年,全省各级工商部门结合年检工作,开展了多项专项整治,对食品生产经营、药品生产经营、化学危险品生产经营、农药生产经营、交通运输业以及煤炭生产企业、涉油企业等特种行业和重点行业的市场主体资格进行了审查,对其许可证和审批文件的合法性、有效性进行了重点审查。特别是对涉油企业,按照国家工商总局《关于开展涉油企业专项检查的通知》的要求,2006年5~11月,用半年时间,对全省以庆阳市西峰区、庆城县、华池县、环县、合水县、宁县为重点地区的1059户涉油企业进行了专项检查和清理整顿。这次整顿,全省工商系统4385人次参与执法行动,316人次会同有关部门联合执法检查,共查办涉油厂点违法经营案件39件,取缔无照经营户66户,吊销营业执照9户,查处超范围经营户21户。

2008年3月,国务院8部委和国家工商总局发出《关于进一步开展兴奋剂专项治理工作的通知》,要求在全国范围开展兴奋剂专项治理工作。全省各级工商部门与食品药品监管部门配合,对800多户兴奋剂生产经营企业进行了重点检查,对证照不全或证照过期的企业不予通过年检,并且要求限期提交合法有效、齐全的许可证或审批文件,逾期不能提交的,要求企业进行变更或注销登记。各地工商部门与企业签订了《化工类生产经营企业承诺书》,要求企业严格按照国家有关规定生产经营兴奋剂。通过这次专项治理,规范了兴奋剂的生产经营,也为北京第29届奥林匹克运动会顺利举办做出了贡献。

第一章 企业登记管理

2005 年全省查处内资企业违反企业登记管理法规

表 1-25

项　目	合计（户次）	按企业类型分（户次）	
		国有企业	集体企业
甲	1	2	3
合　计	2262	519	1206
违反企业法人登记管理条例　小计	1869	508	1188
未经核准擅自开业从事经营活动	18	7	8
申请登记时隐瞒真实情况,弄虚作假的	4	1	2
擅自改变主要登记事项,不按规定变更登记的	111	46	46
超出核准登记的经营范围从事经营活动的	38	13	23
侵犯企业法人名称专用权的	—		
伪造涂改出租出借转让出卖营业执照的	5	1	1
抽逃转移资金隐匿财产逃避债务的	—		
不按规定办理注销登记的	275	44	225
不按规定办理年检的	1200	337	724
拒绝监督检查或在监督检查中弄虚作假的	1	1	—
其他	217	58	159
小　计	393	11	18
违反公司登记管理条例　办理公司登记时虚报注册资本、提交虚假证明文件或采取其他欺诈手段取得公司登记的	1	—	—
公司发起人、股东在公司成立后,抽逃出资的	1	—	—
公司成立后无正当理由超出 6 个月不营业或者开业后自行停业连续 6 个月以上的	3	—	—
公司未按规定办理有关变更登记的	22		3
公司在分立、合并、减少注册资本或者清算时,不按规定通告或公告债权人的	—	—	—
清算组织不按规定报送清算报告或清算报告有重大问题的	—	—	—
公司破产、解散清算后,不申请办理注销登记的	—	—	—
股份有限公司设立、变更、注销登记后,不按规定发布公告的	—	—	—
公司不按规定接受年度检验的	297	11	15
伪造、涂改、出租、出借、转让或未按规定设置营业执照的	—	—	—
公司超出核准登记的经营范围从事经营活动的	10	—	—
未依法登记为公司而冒用公司名义的	4	—	—
其他	55	—	—

补充资料:守信:18327 户,基本守信:3783 户,失信:1398 户,严重失信:488 户,其中上黑名单 1232 户。

续表

按企业类型分(户次)			按处罚程度分(户次)				吊销营业执照(户)	罚没金额(万元)
股份合作企业	公司	其他企业	给予行政处罚但未罚没款	1万元以下	1万元-10万元	10万元以上		
4	5	6	7	8	9	10	11	12
47	475	15	156	851	81	–	1356	89.85
43	119	11	129	664	72	–	1201	67.49
–	3	–	1	11	2	–	–	4.26
–	1	–	1	2	–	–	2	1.20
11	8	–	4	71	1	–	–	9.94
–	2	–	3	28	4	–	–	2.24
–	–	–	–	–	–	–	–	0.16
–	2	1	–	2	–	–	–	0.25
–	–	–	–	–	–	–	–	0.64
2	4	–	8	10	–	–	265	0.48
30	99	10	111	526	64	–	736	44.39
–	–	–	1	–	–	–	13	1.26
–	–	–	–	14	1	–	185	2.31
4	356	4	27	187	9	–	155	22.36
–	1	–	–	–	1	–	–	5.00
–	1	–	–	1	–	–	–	0.10
–	3	–	–	1	–	–	1	0.02
–	19	–	1	12	–	–	–	1.29
–	–	–	–	–	–	–	–	–
–	–	–	–	–	–	–	–	–
–	–	–	–	–	–	–	–	–
–	–	–	–	–	–	–	–	–
4	264	3	22	136	7	–	129	10.03
–	–	–	–	–	–	–	–	–
–	10	–	2	3	–	–	–	0.08
–	3	1	–	4	–	–	–	1.60
–	55	–	2	30	1	–	25	4.24

第一章 企业登记管理

2008 年全省查处内资企业违反企业登记管理法规

表 1-26　　　　　　　　　　　　　　　　　　　　　　单位:户、户次、万元

项　目			合计(户次)
合　计			1355
违反企业法人登记管理条例	小计		856
		未经核准擅自开业从事经营活动	2
		申请登记时隐瞒真实情况,弄虚作假的	–
		擅自改变主要登记事项,不按规定变更登记的	28
		超出核准登记的经营范围从事经营活动的	9
		侵犯企业法人名称专用权的	–
		伪造涂改出租出借转让出卖营业执照的	–
		抽逃转移资金隐匿财产逃避债务的	–
		不按规定办理注销登记的	–
		不按规定办理年检的	798
		拒绝监督检查或在监督检查中弄虚作假的	–
		其他	19
违反公司登记管理条例	小　计		499
		提交虚假材料或者采取其他欺诈手段隐瞒重要事实,取得公司登记的	–
		公司发起人、股东虚假出资,未交付或者未按期出资的	–
		公司发起人、股东在公司成立后,抽逃出资的	–
		公司成立后无正当理由超出 6 个月不营业或者开业后自行停业连续 6 个月以上的	–
		公司未按规定办理有关变更登记或者备案登记的	2
		未取得许可批准,擅自从事相关经营活动的	4
		公司在分立、合并、减少注册资本或者清算时,不按规定通告或公告债权人的	1
		公司在进行清算时,隐匿财产,对资产负债表或者财产清单作虚假记载的	–
		公司在清算期间开展与清算无关的经营活动的	–
		清算组织不按规定报送清算报告或清算报告有重大问题的	–
		清算组成员利用职权徇私舞弊、谋取非法收入或者侵占公司财产的	–
		公司不按规定接受年度检验的	–
		年度检验中隐瞒真实情况、弄虚作假的	446
		伪造、涂改、出租、出借、转让营业执照的	–
		未将营业执照置于住所或营业场所醒目位置的	1
		承担资产评估、验资或者验证的机构提供虚假材料或因过失提供有重大遗漏的报告的	10
		未依法登记为公司或分公司而冒用其名义的	–
		利用公司名义从事危害国家安全、社会公共利益的严重违法行为的	–
		分公司违反公司登记管理条例的	–
		提交虚假材料或者采取其他欺诈手段隐瞒重要事实,取得公司登记的	35

补充资料:守信(A):21090 户,警示(B):948 户,失信(C):1398 户,严重失信:558 户,严重失信(D)2045 户,其中上黑名单 1571 户。

续表

按企业类型分(户次)					按处罚程度分(户次)				吊销营业执照(户)	罚没金额(万元)	没收非法所得(万元)
国有企业	集体企业	股份合作企业	公司	其他企业	给予行政处罚但未罚没款	1万元以下	1万元-10万元	10万元以上			
334	467	20	532	2	809	164	7	–	1084	38.58	0.63
333	463	20	38	2	474	89	2	–	680	25.89	0.65
–	2	–	–	–	–	2	–	–	–	0.15	–
–	–	–	–	–	–	–	–	–	–	–	–
17	7	3	1	–	–	14	–	–	–	1.40	–
–	6	–	3	–	–	9	–	–	–	0.38	–
–	–	–	–	–	–	–	–	–	–	–	–
–	–	–	–	–	–	–	–	–	–	–	–
–	–	–	–	–	–	–	–	–	–	–	–
311	434	17	34	2	474	52	2	–	680	20.77	–
5	14	–	–	–	–	12	–	–	–	3.19	0.65
1	4	–	494	–	335	75	5	–	404	12.69	–
–	–	–	–	–	–	–	–	–	–	–	–
–	–	–	–	–	–	–	–	–	–	–	–
–	–	–	2	–	2	–	–	–	–	–	–
–	–	–	4	–	–	4	–	–	–	0.60	–
–	–	–	1	–	–	–	1	–	–	1.00	–
–	–	–	–	–	–	–	–	–	–	–	–
–	–	–	–	–	–	–	–	–	–	–	–
–	–	–	–	–	–	–	–	–	–	–	–
1	4	–	441	–	327	47	4	–	386	7.86	–
–	–	–	–	–	–	–	–	–	–	–	–
–	–	–	1	–	–	1	–	–	–	1.00	–
–	–	–	10	–	–	10	–	–	–	1.13	–
–	–	–	–	–	–	–	–	–	–	–	–
–	–	–	–	–	–	–	–	–	–	–	–
–	–	–	35	–	6	13	–	–	18	1.10	–

二、企业年检

实行企业年检制度，是工商部门对企业进行全面检查并使之制度化的监督管理形式，是监管与服务相统一的体现。每年按期对各类企业实施年检，发现问题及时解决，对依法经营的企业予以审验通过，继续经营。年检工作已作为一项固定制度延续下来，产生了显著的管理效益和社会效益。

企业年检始于1982年。这年12月，国家工商局下发了《关于建立工商企业登记事项年检报告书的通知》，规定企业必须于每年2月底前到工商部门进行年检。从1982年至2008年，除因清理整顿公司对企业的年检中断数年外，全省工商部门坚持对内资企业和外商投资企业进行年检，平均年检率分别达到了92.5%和93%。

（一）内资企业年检

1992年，按照国家工商局企业登记司《关于抓紧做好一九九一年度企业法人年检和登记公告工作的通知》，省工商局下发了《甘肃省企业法人年度检验制度实施规程（试行）》。《规程》共14条，对年检的对象、时间、办法、程序、收费等作了明确规定。

1992年1月15日至5月30日，省工商局对全省企业法人及主管单位未在工商部门登记注册而领取营业执照的企业进行了年检。全省各地（州、市）工商局根据各自不同的实际情况，采取切实可行的办法和措施，安排年检工作。

由于治理整顿过程中，暂时中断了企业年检，企业不知1991年度是否进行年检，少数新办企业不知如何办理年检手续，还有的企业认为工商部门进行年检是搞形式收费。针对这些情况，工商部门走出去、请进来，利用广播、电视、报纸等新闻媒介和板报、墙报、橱窗等各种不同形式，宣传《企业法人登记管理条例》及其《实施细则》《企业名称登记管理规定》等有关法律、法规和政策；召开企业负责人、企业登记管理联络员座谈会，讲解年检的意义和办法，使企业了解和掌握了有关法规和年检方面的知识，明确了自己的权利和义务，消除了对年检工作的模糊认识和消极情绪，为年检工作奠定了良好的基础。工商部门发放《年检报告书》时，对企业提出的有关问题及时进行解答，对年检资料问题较多的企业,会同其主管部门召开座谈会,采取现场办公的形式逐户加以解决。

在审查企业年检资料时,重点审查企业名称、法定代表人、住所(地址)、经营范围、注册资金等主要事项。对改变这些主要事项的,要求企业按有关法规、政策进行变更登记;逾期不办理者,按情节轻重予以教育和警告。在审查年检资料的同时,各级工商部门深入企业生产经营现场,对企业主要登记事项及其管理、组织机构、经营等方面进行摸底调查,要求两个符合:企业实际经营项目与法律、法规的要求相符合;企业实际经营情况与核准登记事项相符合。有的工商部门还采取下厂、下乡深入企业现场办公的办法,审查企业年检材料与对企业实际经营情况的调查同步进行,大大缩短了年检时间,提高了工作效率。工商部门根据企业自查后所提交的年检资料,在初步审查的基础上,有重点、有目的地对部分企业进行抽查,重点抽查大中型企业、商业企业、新办企业、有违纪违法现象的企业、经营不善严重亏损的企业、外地在本地经营的企业、应办注销登记的企业等,主要检查企业登记注册事项、年检报告资料与实际情况是否相符。通过自查与抽查,保证了年检的真实性。

各级工商部门适时放宽经营范围,及时办理变更登记手续,对企业因生产经营需要而申请变更经营范围、经营方式的,除国家专营商品外,凡具备经营条件的,都及时予以变更。支持企业转换经营机制、增强活力,除了对实行"四放开"(经营、价格、分配、用工)、"五自主"(生产经营、产品定价、内部分配、劳动用工、技术改造),立项准确、产供销正常、经济效益好的企业给予大力支持外,还对那些经营不善、亏损、产品滞销严重的企业,采取扶持措施,给企业创造一个良好的外部环境,帮助企业调整产品结构、组织机构,为企业服务。

1994年度年检工作从1995年1月开始至4月30日结束。根据年检分析,全省企业存在以下问题:(1)资金普遍困难,企业注册资金到位率偏低。从统计的情况看,注册资金实际到位569.34亿元,到位率仅为78.7%。(2)经营不善,相当一部分企业亏损严重。据不完全统计,全省约有40%的企业亏损,其中甘南州的亏损企业比例最高,约70%的企业亏损。(3)注册资金增减超过20%的企业占应年检企业的13%。(4)企业财务制度不健全,管理水平低。

1995年度年检工作从1996年1月开始至4月30日结束。当年年检各级

工商部门注意了由过去注重抓年检率转变为既抓年检率，又抓年检质量。通过规范年检报告书、完善财务报表、实地抽查等手段，加强了对企业注册资本（金）到位和经营场所落实情况的监督管理。企业主动申报年检的意识进一步增强。截至 4 月底，全省自觉参加年检的企业占应检企业的 93.5%，有限责任公司等股份制企业年检率远远高出其他类型的企业，说明回访制度和日常的监督管理工作取得成效。办理变更和注销登记的企业大幅度增加。全省结合年检办理变更登记的企业 1.62 万户，较上年增幅较大，以年检为重点的监督管理的力度明显增强。

1999 年度年检工作从 2000 年 1 月开始至 4 月 30 日结束。

工商部门加强对投资主体的审查，把重新审查出资人身份和出资行为作为当年企业年检的重点。重点对 1998 年 12 月 31 日前设立的公司类企业的法人股东资格进行重新审查，要求公司类企业除提交年检报告书、资产负债表、损益表外，凡企业法人为出资人的，必须提交企业 1998 年度已通过年检的企业法人营业执照加盖原登记机关印章的复印件。在年检审查中，发现公司的企业法人股东资格已注销、变更或被吊销的企业有 1233 户，办理股权转让变更登记手续的有 804 户。年检中继续查处"三无"企业和虚假出资、抽逃资金、弄虚作假及不按规定办理变更登记的行为。发现部分企业报送的年检报表不规范、账目较为混乱，在资本（金）的填报方面，存在虚报不实的问题；部分企业注册资本（金）已发生变动，但为逃避验资，随意涂改实收资本。全省共办理注册资本（金）变更登记手续 80 户，清理"三无"企业 331 户。同时强化了对重点行业和企业的专项检查。进一步做好军队、武警部队、政法机关与所办企业的脱钩工作。凡不能提交军队企业证书、武警企业证书的企业，一律不予通过年检，限期办理注销登记。结合专项检查，严格审核关系国计民生及人民群众生命财产安全的重点行业。对烟花爆竹、易爆易燃物品、医药生产经营、建筑施工及化学危险品生产经营企业，认真执行前置审批的规定，对审批手续不全或不规范的企业一律不予通过年检或暂缓年检，限期补交有关文件或限期变更经营范围；对印刷企业、成品油经营企业、寻呼台及小水泥、小炼油、小玻璃、小火电、小煤矿等"五小"企业，未取得许可证或许可证过期的，暂缓年检，限期补交，逾期未补交的或变更经营范围或责令其注销;对政府确定关闭的"五小"企业,一律限期注销,逾期不注销的,依法按有关规定予以吊销。对已经登记注册的名称中含有"金融""借贷"等字样的咨询企业及其他非金融性企业,在年检时责令其办理名称变更登记。对以金融咨询等名义非法从事金融业务的非金融性企业予以查处。结合会计师事务所、审计事务所、资产评估机构的脱钩改制工作,继续加强对"三所"及企业登记代理等中介机构的监管力度。重点查处中介机构出具虚假验资报告、审计报告、资产评估报告等违法行为。进一步做好对粮油、煤炭企业的监督管理工作,严格按照省上有关规定,对没有经营许可证的企业,要求其进行变更或注销登记。此次年检中,全省经营粮油的企业有3126户,通过年检的企业2984户,不符合条件办理变更登记的有60户,办理注销登记的有5户;全省经营煤炭的企业有2600户,通过年检的2450户,不符合条件办理变更登记的有100户,办理注销登记的有80户。

2001年1月1日至4月30日,全省各级工商部门开展了2000年度企业年检。年检中,严格审核企业前置审批手续,提高年检质量。对全省涉及前置审批的企业进行了一次全面彻底的清理核实。对需办理前置审批手续而未办理的或前置审批手续已超过有效期限、审批手续不全的企业,限期补办有关手续,提交有效批准证书、许可证或资格认定文件,逾期未办的不予通过年检,并责令其办理相应的变更经营范围或注销登记手续。

按照国家工商局安排,各地工商部门建立健全企业台账,强化"经济户口"的管理。将企业注册与日常监督管理情况合二为一,详细记载市场主体的开业、变更、注销、专项治理、日常监督事项,推进了企业"经济户口"制度的建立,为实施全省企业登记管理计算机网络化工程奠定了基础。

企业普查工作是国家工商局首次提出的。省工商局部署,有序开展企业普查,有的地、市工商局编制了《企业年度普查登记表》,县、区工商局又根据实际情况编制了《企业年检实地检查登记表》或《场地勘验登记表》,年检采取书面审查和实地检查相结合的方式进行。在实地检查中,要求工商所做到"五查一看",即:查住所、经营场所是否改变,查法定代表人是否更换,查印章、牌匾是否与登记注册名称相符,查前置审批手续是否继续有效,查是否有超越经营范围的行为;看注册资本(金)是否到位,是否有抽逃资本(金)的行为。以上措施,比较准确地掌握了企业的真实情况,提高了年检质量,为建立健全"经济户口"制度奠定了良好基础。全省通过年检继续取缔无照经营,清理"三无"企业。共取缔"三无"企业 217 户。配合有关部门做好取缔、关闭"五小"企业工作,对2000 年底前应关闭而未关闭的 34 户"五小"企业未通过年检。

通过这次年检发现的问题主要是部分企业财务制度不健全,尤其是一些小企业,大部分没有经过专门培训的财务人员,报送的财务报表不规范、财务混乱,在资金的填报方面存在虚报不实的问题。还有前置审批机关与登记管理机关缺乏有效协调与配合。一些企业的许可证、合格证超过时效或被审批机关注销或吊销了,企业往往不会自觉告知登记机关,而审批机关又不主动与企业登记机关联系,通报有关情况。一些企业尤其是挂靠企业,在办理注销登记时,主管部门不愿签字盖章,致使一些企业既不参加年检,也不办理注销登记手续;部分国有、集体企业已改制,但分支机构还未理顺,还有相当一部分集体企业产权归属不清,实际出资人与登记的出资人不一致。

2003 年 1 月 1 日至 4 月 30 日,全省各级工商部门开展了 2002 年度企业年检。年检工作主要围绕"一个中心、四个重点"开展。"一个中心"以完善"经济户口"管理为中心;"四个重点"重点审查经营范围中需办理并提交前置审批或许可证的项目的企业,重点审查虚报注册资本、虚假出资及抽逃出资的企业,重点审查各类中介机构,重点清理"三无"企业。

发挥工商所属地监管职能作用,进一步完善企业"经济户口"动态管理。各地利用企业经济户口簿的连接作用,成功完成了 3 方面的核查。一是核查登记机关是否按规定为企业核发了经济户口簿,二是核查企业是否在规定时间内到辖区工商所申报企业"经济户口"或备案,三是核查辖区工商所是否按规定对企业进行落户、回访和巡查。对应核发而没有核发、应报户而没有报户、应对企业进行检查而没有检查、应对检查情况进行记载而没有记载的,结合年检进行补报、补查、补登。

同时,改变年检方式方法,促进从"管理型"工商到"服务型"工商的转变。省工商局要求各级登记机关要在年检中"两手抓、两手都要硬",一手抓企业年检日常工作，一手抓形象工程建设，彻底摒弃"管理就是收费、执法就是罚款"的错误观念，转变作风，优化服务，塑造"服务型"工商形象。一是坚持严格执行首问、首办责任制。基层单位普遍建立了一个窗口对外的综合办事大厅，集中办理年检业务，实行"一站式"办公、"一条龙"服务。二是实行年检透明化。制定了《企业年检须知》，对企业年检的时间、对象、内容、方法、工作纪律、收费标准等作了详尽的说明，有的地、州、市工商局公开了本局及各分局年检部门的咨询电话。三是结合监管对象的实际情况，采取了一些好的做法。如兰州市工商局市场管理二分局监管该市各金融企业，考虑到市属县路途较远，他们抽出 3 名工作人员走出去，上门服务，现场办公，为企业节省了人力、财力、时间。

2004 年，省工商局开始试行网上年检。省工商局领导对试行网上年检工作非常重视，督促有关部门克服资金、技术等多方面的困难，加班加点进行准备。省工商局政务信息网于 2 月初顺利开通，并向社会各界进行了广泛宣传，开始试行网上年检。4 月底省工商局对近百户企业进行了网上年检。

2005 年 2 月，国家工商总局下发了《关于对部分大型企业所属非法人机构年检改革有关工作的通知》。此通知主要是针对在企业年检工作中，由于一些大型企业非法人分支机构众多，特别是企业法人编制企业财务报表复杂，有的还要经过审计或者有关主管部门批准，企业法人办理年检时间相对较长，在一定程度上影响了非法人分支机构的年检。为方便这类企业的非法人分支机构在规定的时间内及时办理年检手续，提高年检工作效率，保障企业的正常经营活动，国家工商总局决定，对部分大型企业非法人分支机构年检进行改革试点。主要针对中国工商银行、中国银行、中国联合通信有限公司、中国石油天然气股份有限公司、中外运空运发展股份有限公司、中国人民财产保险股份有限公司 6 家大型企业所属非法人分支机构。改革的主要措施是在同一登记机关管辖范围内有多个非法人分支机构的，年检时可由企业法人授权具有管理职能的非法人分支机构或者由省级非法人分支机构委托其中的一个非法人机构，集中办理多个非法人分支机构的年检手续，非同一登记机关管辖范围内的其他非法人分支机构不得承担集中办理年检事宜。同一登记机关管辖范围内承担集中办理年检事宜的非法人分支机构，应当提交企业法人书面授权其具

有管理职能的文件或者省级非法人分支机构书面委托其办理集中年检事宜的文件。省工商局于同年3月18日转发了国家工商总局的通知,部署各地工商部门认真执行。

2006年,全省工商部门在年检中学习外省的做法,利用全省系统E6网络信息平台,采取了企业年检申请网上预审通过,再审查企业申报书式年检材料的方式。为了搞好年检网上预审,省工商局制定了《甘肃省工商行政管理系统企业年检网上预审制度》,统一培训全省系统企业年检网上预审工作人员102人次,并通过媒体、网络向社会、企业进行宣传;在E6信息网络政务信息网站上公布了《2006年度企业年检须知》,引导企业申请年检网上预审,并按时申报书式年检材料。同时,在办公场所为企业提供网上年检申报咨询服务,配备必要的服务设施、设备。3月到6月为年检实施阶段。从企业申报情况看,全省应审39225户,实际网上预审33459户,网上预审率达85.3%。在年检网上预审中,全省统一组织了督导检查,推动网上年检工作,对检查发现的问题进行了指导。由于2006年是全省推行企业年检网上预审的第一年,省工商局规定,年检期限延长一个月,对仍不能按期参加年检的企业,经企业申请,再延期一个月。至7月底,全省企业年检工作全面完成,全省应参加年检的内资企业42868户,参加年检41866户,参检率达97.8%。

2008年,由于全省企业信用分类监管数据质量和联网应用工作取得进展,各地工商部门在年检中充分利用信用分类监管系统数据,提高了数据质量,增强了企业信用分类监管工作的准确性。同时各基层工商所充分发挥职能作用,对企业进行实地检查、摸底;大部分县工商局对企业的前置审批手续、注册商标、合同、违法违规处理情况,日常的监督管理情况等均记录在案,逐步将市场主体监管方式由静态监管向动态监管转变。各地根据本地经济状况,结合年检因地制宜地开展了企业信用分类监管工作。全省工商部门利用计算机和已建立的内资企业管理系统软件,记录了企业登记信息、检查信息、年检信息和处罚信息,实现了市局与分局及工商所的上下联动、互联互通、资源共享,开展了企业信用分类监管。

部分年度内资企业年检

表 1-27

年 份	基 本 情 况
1986 年	全省参加年检企业 8483 户,查出违法经营企业 157 户,处以停业整顿 37 户、警告 50 户、冻结其存款 20 户、吊销营业执照 50 户。处罚的企业 323 户,罚没金额 98.98 万元。
1991 年	全省应检企业 27149 户,其中企业法人 19868 户,占应年检企业总数的 73.18%;实际年检企业 25527 户,占应年检企业总数的 94%;企业法人 18300 户,非法人企业 7227 户,分别占实际年检企业总数的 71.7%、28.3%;通过年检,办理变更登记的企业 4621 户,占应年检企业总数的 18%;办理注销登记的企业 255 户,占应年检企业总数的 1%;重点抽查企业 3065 户,占应年检企业总数的 12%;尚未年检企业 1367 户,占应年检企业总数的 5%。
1992 年	全省应检企业 21901 户,其中企业法人 20795 户,非法人企业 1106 户,实际年检企业 20404 户,占年检企业总数的 93.16%,其中企业法人 19917 户,非法人企业 487 户。通过年检,办理变更登记的企业 3546 户,占应年检企业总数的 16.2%。
1994 年	全省应检企业 111585 户,其中企业法人 42280 户,非法人企业 69305 户,实际参加年检的企业 104667 户,占应检企业总数的 93.8%。参检的 104667 户企业,从资金情况看,注册资金总额为 723.44 亿元,实际到位 569.34 亿元,到位率为 78.7%。实收资本低于注册资本 50%以上的企业有 1.14 万户,占应年检企业的 10.2%。从企业的经营情况看,全省应检企业资产总额为 1074.25 亿元,营业额(产值)734.32 亿元,税后利润 19.43 亿元,亏损额为 5.3 亿元。从企业投资情况看,企业的投资总额为 8.18 亿元,投资收益为 1.81 亿元,占投资总额的 22%。在年检中,共查出擅自改变注册事项而未及时办理变更手续的企业 1077 户,连续一年无经营活动的企业 8446 户,注册后满 6 个月未开展经营活动的企业 7119 户。
1995 年	全省应检企业 115488 户,其中:企业法人 45254 户,非企业法人 70234 户,实际年检的企业为 107981 户,年检率为 93.5%。从资金情况看,参检企业的注册资本(金)额为 761.98 亿元,实际到位 662.39 亿元,到位率为 86.9%,较上年提高了 8.2 个百分点。其中:国有企业注册资本(金)总额为 502.83 亿元,资本(金)到位率为 89%;集体企业注册资本(金)197.15 亿元,资本(金)到位率为 81%;股份有限公司注册资本总额为 2.29 亿元,资本到位率为 98.99%;有限公司注册资本总额为 27.09 亿元,资本到位率为 92.8%。从企业的经营情况看,全省参检企业资产总额为 2273 亿元,负债总额为 1222.44 亿元,税后利润为 31.37 亿元,亏损额为 16.04 亿元。
2000 年	全省应检企业 81402 户,实际参加年检 74970 户,年检率 92.1%,实地检查企业 7537 户,占应检企业 9.26%。吊销处罚了 553 户"三无"企业,对 1153 户未及时参加年检企业进行了处罚,对 4607 户经催办年检仍不参加年检的企业吊销执照,对 2977 户就提交前置审批手续未能及时提交的企业进行了变更登记。

第一章 企业登记管理

年　份	基　本　情　况
2002 年	全省应检企业 59444 户,参检企业 53946 户,参检率 91%。其中应年检企业法人 25032 户,参检企业法人 22341 户,参检率达 89.25%,有 22309 户企业法人年检合格,占实检企业法人的 99%。应检非法人企业 34912 户,实际参检 31623 户,参检率 91%。全省实检企业的注册资本(金)总额为 752.12 亿元,实收资本(金)总额为 696.94 亿元,注册资本(金)到位率为 92.66%。参检的企业资产总额为 2939.01 亿元,负债总额为 1204.91 亿元;全省参检企业中盈利企业有 14867 户,占参检企业的 27.55%;亏损企业有 16360 户,占参检企业的 30%。盈利额为 60.69 亿元,占参检企业注册资本(金)总额的 8.85%。通过年检,全省共查处弄虚作假企业 30 户,虚假出资、抽逃出资企业 524 户;登记注册后 6 个月或连续一年内未经营企业 194 户;注册资本(金)不到位企业 349 户;B 级企业 514 户;待处理企业 793 户,罚款 439 户;罚没款总额 16.2 万元;年检中办理企业注销登记的 1254 户;对 3245 户未参加年检的企业吊销了营业执照。
2003 年	全省应检企业 59944 户,实检企业 53964 户,参检率 90%。年检中查处弄虚作假企业 43 户、超范围经营 524 户、资金不到位企业 349 户、罚没金额 16.21 万元。
2004 年	全省应检企业 53926 户,实检 49515 户,年检率 91.8%。对未按期参加年检的 4411 户,予以相应的行政处罚。
2006 年	全省应检企业 42868 户,参检企业 41866 户,参检率达 97.66%。
2007 年	全省应检企业 38143 户,参检企业 27334 户,参检率达 71.66%。其中:国有企业参检率为 76.08%;集体企业参检率为 67.54%;国有独资有限公司参检率为 77.24%;有限公司参检率 73.44%;股份合作制企业参检率 82.34%;其他企业参检率 73.83%。有 27834 户企业年检合格,占实检企业的 72.97%。
2008 年	全省应检企业 38073 户,实检 36371 户,年检率达到 95.53%。其中,省工商局登记注册并年检的企业 2469 户,参加网上预审的企业有 2444 户,预审通过 2409 户,参检率 98.59%。

（二）港、澳、台及外商投资企业年检

1999 年 1 月 1 日至 4 月 30 日,全省有关工商部门对港、澳、台、外商投资企业及其分支机构和外国企业常驻代表机构进行了 1998 年度企业年检。省工商局贯彻《企业年度检验办法》和国家 7 部委《关于对外商投资企业实行联合年检实施方案的通知》精神,主动与外经贸部门联系,协商制定了具体实施方案;同时刊发年检公告,并向各地(州、市)工商局下发通知,加印联合年检报告书和参检企业名录,及时发往各地(州、市)工商局,为搞好联合年检工作创造了条件。年检中,严把审核关,对企业上报的年检材料,审核工作做到 4 个准确,提交文件种类准确、年检报告书内容准确、审核结论准确、汇总数字准确。

这次年检发现的主要问题：部分企业投资方不按合同和章程规定的期限和数额缴付注册资本；部分企业存在出资不规范或虚假出资，在财务报表中弄虚作假；擅自变更登记事项；一些合资企业所需资金很大，建设中不断追加投入，注册资本未及时变更，造成年检时实际认缴资本远大于合同规定的应缴资本。当年，兰州国茂珠宝有限公司等140户外商投资企业在法定期限内未参加年检，被省工商局依法吊销了营业执照。

2004年1月1日至4月30日，全省有关工商部门对港、澳、台、外商投资企业及其分支机构和外国企业常驻代表机构进行了2003年度企业年检。各级工商部门将年检工作与服务企业、方便企业、营造改善投资环境相结合，既严格执法又热情为企业解决实际困难。中国联通有限公司甘肃分公司在全省14个市、州都有分公司，且每个分公司又有分布各县、区的营业厅。为方便企业，提高年检工作效率，工商部门采取上门办理年检的办法，派出工作人员前往中国联通甘肃分公司现场办公。他们用半个工作日，现场办结了联通甘肃分公司及其下属分公司和营业厅共计160余户企业的年检及部分变更登记工作。年检中，对成品油批发、零售、仓储，娱乐场所经营，桑拿、按摩、美容美发，药品生产经营，医疗器械生产、销售，民用爆破器材生产，化学危险品生产经营，食品生产经营，印刷等行业，都进行了严格细致的审查。对未办前置审批手续或前置审批手续已超过有效期限的企业，督促其限期补办有关手续，提交有效批准证书、许可证或资格认定文件。逾期未办的，不予通过年检，责令其变更经营范围或办理注销登记。对新设外商投资企业加大了催缴力度，对不能按期缴纳注册资本的，暂缓通过或不予通过年检；对首期交付出资超过法定期限，投资一方或双方（多方）未缴付出资，且营业执照有效期已过期的企业，不予通过年检；对首期注册资本已交付，其余各期出资已超过法定出资期限或合同、章程约定出资期限，且营业执照有效期已过期的企业，不予通过年检。如确有具体原因的，须修改合同、章程中的出资条款，经审核机关批复同意后，方可办理延期变更，再办理年检。严格规范会计师事务所的验资审计行为。要求会计师事务所的验资报告必须有附件，审计报告必须内容完整、程序完备，报表附件详细、准确，对外商投资企业的实收资本、经营状况、关联交易等必须明确揭示。

第一章 企业登记管理

认真审查企业的审计报告、资产负债表和损益表,加大了对虚假出资、抽逃出资违法违规行为的打击力度。

当年年检发现的主要问题:前置审批部门与登记管理机关缺乏有效协调与配合。各审批机关的重新审批许可时间不一致,许可的有效期限不一致,登记机关很难在年检时要求企业适时提交重新确认的许可。年检期间,一些部门停止审批、审查部分项目,导致企业无法补办有关审批手续。根据法规规定,登记机关将前置审批文件的审查与后置许可的监管合二为一,加重了登记机关的责任和工作量。还反映在企业注册资本不到位或不能完全到位。国家对外商投资企业注册资本的缴纳,实行的是先核准登记颁发营业执照,然后由中外投资者根据合同、章程及国家有关的出资规定一次投入或分期投入。但仍有部分外商投资企业在领取营业执照后由于各种原因不能按规定缴纳注册资本。

2006年3月15日至5月31日,全省有关工商部门对港、澳、台、外商投资企业及其分支机构和外国企业常驻代表机构进行了2005年度年检。当年,全省工商系统大胆创新港、澳、台、外商投资企业年检方式,利用港、澳、台、外商投资企业年检网上服务平台,通过国家工商总局全国外商投资企业网上年检系统,使企业足不出户就能利用网络平台,进行年检材料的网上申报。通过该系统,实现了对企业申报材料的网上初审,对不符合要求的直接通过网络予以退回,并指导其重新填报,基本上保证了年检书式资料的一次性通过。与往年的书式年检方式相比,减少了申报企业因材料不符合要求而来回往返的情况,既方便了企业,也大大提高了年检效率。省工商局是国家工商总局确定的港、澳、台、外商投资企业网上年检试点单位,采取了多种行之有效的措施。一是会同省商务厅等其他联合年检工作部门召开了年检工作座谈会,起草了《甘肃省工商局2005年度外商投资企业年检须知》,结合甘肃实际,与信息技术部门协商,完善了网络支撑。二是加大培训力度,提高业务水平。当年既是实行网上年检的第一年,也是新修订的《公司法》《公司登记管理条例》和《企业年度检验办法》实施的关键之年。全省工商部门外商投资企业登记管理人员通过认真学习有关业务知识和网上年检工作的规范要求,熟练掌握了外商投资企业网上年检的程序、内容及操作步骤和要领,熟悉了网上年检的各个流程,把握网上审查的重点,提高了人员的业务水平。同时利用多种渠道加强年检的宣传,针对网上申报存在的问题,通过报纸、网站和登记大厅显示屏发布公告,告知企业年检时间、地点、所需材料及网上年检流程。提供咨询服务,方便企业年检。年检工作人员认真解答企业在年检过程中遇到的问题,接听大量的咨询电话,做到有问必答;对网上年检反映的各种问题,及时找出原因和对策。积极采取便民措施。为方便尚未配备计算机以及还不会上网的企业进行网上年检申报, 各级工商部门在办公场所配备了专用电脑供企业使用,并派专人辅导企业人员上网申报年检,方便了参检企业。各级工商部门对网上初审合格后企业提交的书面材料进行认真审查核对,重点审查企业登记事项是否符合法律法规的要求,前置许可是否在有效期限内,许可范围与营业执照经营范围是否一致,对不一致的进行规范。结合审查企业年度审计报告,检查企业注册资本是否到位;同时,对年度审计报告过于简单,不能准确反映企业生产经营情况的,退回企业或让会计师事务所重新审计。通过年检暴露的问题是,部分企业未参加网上年检,兰州市工商局参加网上年检的企业较少,大部分采取了书式年检办法。主要原因是,由于采用一站式网上年检,网速较慢不易登录,且数据填报非常缓慢耗时;部分企业没有参加网上年检的条件;前置审批部门与登记管理机关缺乏有效协调与沟通。

2007 年 3 月 15 日至 6 月 31 日,全省有关工商部门对港、澳、台、外商投资企业及其分支机构和外国企业常驻代表机构进行了 2006 年度年检。为确保年检工作顺利开展,工商部门组织全省港、澳、台、外商投资企业登记管理干部认真学习有关法律法规, 进一步熟悉政策规定, 增强了依法办事的能力和自觉性。还参加了省政府各有关部门企业年检协调会,统一了港、澳、台、外商投资企业年检工作的方法、步骤和流程。各市、州工商局将《年检通知》和《年检须知》发到每一户企业手中,运用各种方式搞好年检宣传,方便企业年检。同时开展企业网上年检的业务学习和培训,使年检人员熟练掌握港、澳、台、外商投资企业网上年检的程序、内容及操作步骤和网上预审的重点。还对网上年检系统进行了测试,确保了网上预审的顺利实施。各级工商部门在严格审查

年检材料的同时,注意指导企业填报材料并进行行政提醒,如出资提醒、前置许可证件过期提醒、经营期限到期提醒等。对一些在网上年检预审程序不太熟悉、操作不够熟练的企业,进行具体指导帮助;对企业在年检中提出的疑难问题进行耐心细致的解答;对提交的书式材料不够完备的企业,指出存在的问题,并帮助解决问题。同时开展预约年检,上门服务。对下属企业数量多且相对集中的中国联通、中国移动、甘肃兰港石化有限责任公司等企业,提前约定年检时间,上门现场办公,集中年检。6月底前,对年检情况进行了统计、分析,对尚未实施网上申报及已通过预审但未申报书式年检材料的企业,逐户进行了询问和催检,提高了年检的时效性和年检率。

2008年3月1日至7月31日,全省有关工商部门对全省港、澳、台、外商投资企业及其分支机构和外国企业常驻代表机构进行了2007年度网上年检。当年推行了"三个核对"工作制度和实行"四项预审"工作制度。"三个核对"工作制度,即一核企业网络申报的年检数据与工商业务系统登记数据是否一致,二核企业网络申报的年检数据与书式登记档案数据是否一致,三核企业网络申报的年检数据与日常监管信息台账是否一致。"四项预审"工作制度,即一审企业出资认缴情况。通过会计师事务所出具的审计报告,看是否有虚假出资和抽逃资金行为,对注册资本未按期到位的,责令企业限期缴清注册资本。二审前置审批手续和行政许可项目手续是否齐全有效,对企业提交的许可证当场进行原件与复印件核对。把生产、加工制造类企业是否进行环保评估、是否通过环保评估验收作为审查重点,督促25户生产型企业提交了环保评估审批手续。三审企业下设分支机构注销情况,督促16户分支机构办理了注销手续。四审工商联络员信息资料,确保年检工作顺利进行。

部分年度港、澳、台、外商投资企业年检

表 1-28

年 份	基 本 情 况
1998 年	截至 1998 年底,全省实际在册的港、澳、台、外商投资企业 840 户,认缴资本 11.96 亿美元,其中外方认缴出资 6.6 亿美元。年检截止日期(1999 年 4 月 30 日)前参检企业 601 户,其中通过年检 594 户,参检率达到了 71.55%,年检合格率 98.84%;参检的 601 户企业历年累计应缴注册资本 9.83 亿美元,实际认缴 10.85 亿美元,累计出资率为 110.34%;外方认缴出资 4.75 亿美元,实际认缴 5.14 亿美元,出资率达 108.22%;其中注册资本已全部缴齐的 482 户,占 81.14%。1998 年当年注册外资企业 59 户,注册资本 1.3 亿美元,其中外方认缴 9146 万美元;参检企业当年应缴注册资本 3849 万美元,实缴 3140 万美元,出资率达 81.6%;参检企业中已投产开业的有 465 户,其中盈利 74 户,亏损 326 户,暂时歇业 65 户;企业本年度实现销售折合 11.86 亿美元,纳税额 5674 万美元,利润额 3179 万美元,亏损额 1.14 亿美元。
1999 年	截至 1999 年底,全省累计登记注册港、澳、台、外商投资企业 759 户,通过年检的共有 512 户,比上年减少了 89 户,年检率为 67.45%;参检企业 1999 年度外国(地区)投资者当年实际出资额为 1715 万美元,出资率为 52.6%,比上年度降低 34 个百分点;参检企业截至 1999 年底,外国(地区)投资者累计出资额 5.05 亿美元,出资率 88.1%;参检企业中已投产开业的有 401 户,比上年度减少 64 户,其中盈利户数 94 户,比上年度增加 20 户;本年度参检企业纳税额 4590 万美元,比上年度减少 19.1%,税后利润额 2906 万美元,比上年度减少了 8.6%;参检企业销售收入 10.42 亿美元,比上年减少 2962 万美元。其中:服务营业额 3163 万美元,比上年增加 692 万美元。
2003 年	截至 2003 年底,全省共登记注册港、澳、台、外商投资企业 607 户,通过年检的共有 398 户,比上年度增加了 3 户,年检率为 65.56%;参检企业 2003 年度外国(地区)投资者当年实际出资额为 1605 万美元,出资率为 55.7%,比上年度上升 25 个百分点;参检企业截至 2003 年底,外国(地区)投资者累计出资额 4.96 亿美元,出资率 87.5%;参检企业中已投资开业的有 341 户,比上年底增加 6 户,其中盈利户数 107 户,比上年度增加 56 户;本年度参检企业纳税额 8684 万美元,比上年度增加了 9.6%,税后利润额 4722 万美元,比上年度增加了 31.9%;参检企业销售收入 12.20 亿美元,比上年度增加 5435 万美元。其中:服务营业额 1.84 亿美元,比上年增加了 2049 万美元。
2004 年	截至 2004 年底,全省共登记注册港、澳、台、外商投资企业 650 户,通过年检的有 306 户,年检率为 47.1%;参加企业 2004 年度外国(地区)投资者当年实际出资额为 3969 万美元,出资率为 48.1%;参检企业截至 2004 年底,外国(地区)投资者累计出资额 7.44 亿美元,出资率 86.6%;参检企业中已投资开业的有 283 户,其中盈利户数 116 户;本年度参检企业纳税额 1.12 亿美元,比上年度增加了 28.8%,税后利润额 7391 万美元,比上年度增加了 56.5%;参检企业销售收入 14.08 亿美元,比上年增加 1.09 亿美元。其中:服务营业额 2.14 亿美元,比上年增加了 3017 万美元。

年 份	基 本 情 况
2005 年	截至 2005 年底,全省共登记注册港、澳、台、外商投资企业 422 户(不含分支机构),应检企业 422 户,实际参检 285 户,年检率 67.54%。其中采取网上年检的 185 户,书式年检的为 100 户;2005 年度外商投资企业应出资额 1.94 亿美元,实际出资额为 1.07 亿美元,出资率为 55.4%。其中,中方应出资额 4326 万美元,实际出资为 4326 万美元,出资率为 100%;外方应出资额 1.50 亿美元,出资额 6399 万美元,出资率为 42.55%;参检企业中已投产开业户数为 247 户,其中盈利 107 户,亏损 140 户。销售收入 15.29 亿美元,纳税总额 4.68 亿美元,净利润 1.3 亿美元。
2006 年	截至 2006 年底,全省共登记注册港、澳、台、外商投资企业 1424 户,应参加年检投资企业 1424 户,实际参加年检 1339 户,未参加年检 85 户,参检率为 94.03%,参检率与上年度相比增加 26.6%。其中,法人企业参检 337 户,分支机构参检 1002 户。在 353 户应检外商投资企业中,参加年检 337 户,年检合格 289 户。年检合格率为 85.76%,比上年度相比增加 18.22%。本年度全省年检合格企业 1309 户,年检合格率为 97.76%;网上年检 1339 户,网上年检率为 100%,同比增长 45.95%;未参加年检企业共 85 户,未申报 85 户,占应参加年检企业的 5.67%。
2007 年	截至 2007 年底,全省共登记注册港、澳、台、外商投资企业 2032 户,应检外商投资企业 2032 户,实际参检 1638 户,未参加年检 394 户,参检率为 80.61%,参检率与上年相比下降 13.42%。其中,法人企业参检 307 户,分支机构参检 1331 户。在 2032 户应检外商投资企业中,参加年检 1638 户,年检通过合格 1618 户,年检合格率为 98.78%,比上年度相比上升 16.88%。全省外商投资企业网上年检 1618 户,网检率为 98.78%;未参加年检企业共 394 户,占应参加年检企业的 19.39%。
2008 年	截至 2008 年底,全省共登记注册港、澳、台、外商投资企业 2090 户,应检企业 2090 户,实际参加年检 1748 户,未参加年检 342 户,参检率为 83.64%,参检率与上年相比上升了 3.03%。其中,法人企业参检 304 户,分支机构参检 1443 户。在 2090 户应检外商投资企业中,参加年检 1748 户,年检通过合格 1720 户,年检合格率为 98.40%,比上年度相比下降了 0.38%;全省外商投资企业共参检 1748 户,采用网上年检方式参加年检 1748 户,网检率为 100%;未参加年检企业共 342 户,占应参加年检企业的 16.36%。

三、企业信用建设

全省各级工商部门一直重视企业的信用建设,将企业信用建设作为加强企业监督管理的重要手段,制定了一系列政策措施,推动了企业的信用建设。

2003 年 10 月,国家工商总局下发了《关于对企业实行信用分类监管的意见》。12 月 16 日,省工商局向全省工商系统下发了《关于加强企业信用建设工作的意见》,明确了开展企业信用建设的重点工作。

2003年12月,省工商局向全省工商系统印发了《甘肃省企业信用信息记录办法》《甘肃省企业信用信息披露办法》。前一个《办法》阐述了企业信用信息记录备案的方式方法和规章制度。所称企业信用信息记录,主要是指各级工商部门运用"经济户口"管理系统,将工商部门履行工作职能中生成的涵盖市场准入、经营行为、市场退出3个方面的信息及其他部门许可证、资质管理、信用管理的信息进行收集、整理所形成的记录。企业信用信息记录的原则是:谁登记,谁录入;谁检查,谁录入;谁处罚,谁录入。工作的基本要求是及时、准确、完整。《办法》第四条规定了企业信用信息记录的范围:(1)企业登记情况,主要包括企业开业登记、变更登记、注销登记信息;(2)企业年检情况,包括企业历年的年检结果信息;(3)企业动产、不动产抵押物登记情况;(4)企业获"守合同、重信用"企业等命名、表彰情况;(5)企业商标注册情况;(6)企业广告发布情况;(7)企业合同履约情况;(8)消费者的申(投)诉记录处理结果;(9)企业公平交易情况;(10)企业退出市场及债务清理等情况;(11)相关部门许可证、资质管理情况;(12)法院诉讼案件信息;(13)企业被工商部门及其他行政机关处罚的情况;(14)其他与企业信用相关的情况。《办法》第六条、第七条规定,企业不良信息记载以下内容:企业名称、住所(地址)、法定代表人、案由、处罚依据、处罚结果、处罚机关、处罚日期等。企业良好信用信息记载以下内容:企业名称、住所(地址)、法定代表人、获得荣誉名称、荣誉授予机关(单位)、荣誉授予日期等。

《甘肃省企业信用信息披露办法》规定,企业信用信息披露应符合法律、法规、规章的规定,对法律、法规、规章明确不得对外披露的信息,信息记录机构和管理机构应当采取保密措施,不得对外披露。企业信用信息披露的原则是:真实、客观、便捷。企业信用信息对外披露分为开放查询、公示两类。披露的方式主要以甘肃工商信息网为平台向社会披露,未联网的工商部门可通过互联网、公告栏、新闻媒体等途径向社会披露。社会各类组织、个人可以通过甘肃工商信息网等途径或直接向企业登记主管机关查询企业信用信息。

对于企业信息的记录与披露,分为A、B、C共3类:(1)A类信用记录包括企业登记注册、年检、商标注册、合同履约守信等荣誉称号的评定。(2)B类信用记录除包括 A 类信用记录外,还包括企业抵押物登记、合同争议、消费者申诉与投诉、企业警示信息和企业因严重失信违法行为受到工商部门处罚等信息。(3)C 类信用记录除包含 B 类信用记录外,主要是其他行政部门提供的企业失信信息(欠税、逃废债务、被行政处罚等)、司法判决(调解)信息等内容。

2004 年 11 月,省工商局向全省系统发出《关于进一步加强对企业实行信用分类监管工作的通知》。当时此项工作已开展一年多时间,各地对企业进行信用分类监管做了大量工作,取得了初步成效。尤其是兰州市、武威市、酒泉市、白银市工商局 4 个企业信用分类监管试点单位,根据各自的实际情况,做了卓有成效的工作。兰州市工商局克服"多管闲事"或"信用建设工商一家难有作为"等消极思想,增强了在全社会营造讲求商业道德、诚实守信、创造公平竞争氛围的共识。同时他们加强组织领导,认真安排部署,先后下发《兰州市企业信用征集和公开办法》等文件,认真组织试点,积极探索管理办法,取得了较好的效果。武威市工商局从构建企业信用体系入手,加强领导、健全机构、制定措施、稳步推进,制定下发了《武威市企业信用建设实施意见》《企业实行信用分类监管意见》等文件,由简到繁、分步实施,也取得了一定的成效。酒泉市工商局以企业"经济户口"管理为基础,建立企业信用记录制度,成立了专门的领导小组,在强化企业信用信息畅通反馈机制,充分发挥工商所在信用监管中的作用等方面进行了探索。白银市工商局从扩大属地监管内容、夯实信用鉴定基础入手,组织实施了企业信用分类监管工作。

2005 年 11 月,省工商局制定了《企业信用分类监管联网应用管理暂行办法》,并印发全省工商系统执行。《办法》共 6 章 28 条,对数据应用作了 5 项规定:(1)全省各级工商部门在对市场主体准入、退出及市场经营行为监管中,应当充分使用全国企业信用共享数据,保证市场监督管理和行政执法统一有效。(2)全省各级工商部门应当充分利用管辖范围内的企业信用数据(企业信用等级除外),加强统计分析、部门之间交换及向社会公开,为政府、社会和企业服务。(3)企业信用数据中属于依法应当限制的有关信息,全省各级工商部门应当在业务工作中依法予以限制。(4)全省各级工商部门应当将所查处的非辖区范围内企业的违法情况,及时通过网络告知企业所在地工商部门,企业所在地工商部门应当及时予以记录并相应调整企业信用等级。(5)全省各级工商部门应当利用网络开展案件协查,相关工商部门应当积极配合。

2005年,全省企业信用分类监管工作取得了明显进展。全省工商系统打造信用建设平台,初步完成了"金信工程"的框架建设。省工商局与国家工商总局实现了一级专线联网,与14个市(州)、91个县(市、区)工商局(分局)及656个工商所实现了四级联网,为全省企业信用体系建设提供了必要的技术保障。完成了工商行政管理业务软件的推广应用和基础数据库的建设工作。这项工作各地工商局领导非常重视,从人力、物力、财力等方面都给予了大力支持。尤其是从事企业、外资、个体登记管理和信息工作的人员,在时间紧、任务重、人员少、要求高的情况下,采取多种措施,克服困难,有的工商局甚至通宵达旦加班录入,保质保量地完成了软件推广和基础数据库的建设工作。全省企业入库率达100%(其中现有企业10.33万户,注、吊销企业9.39万户),整合了信息资源,完善了企业基础信息,为加强全省企业信用体系建设,促进企业登记注册和监督管理工作提供了强大的数据支持,初步实现了对企业的分类监管。为了检查全省企业信用分类监管软件推广应用的情况,充分发挥应用软件在企业监管中的最大效能,切实促进各类企业信用建设,这年9月,省工商局抽调31人组成7个工作组,对全省的企业基础数据库建设进行了检查,从而保证了数据的真实性和完整性。各级工商部门围绕企业信用分类监管,建立完善了一系列的制度,使企业信用分类监管工作进一步明确了目标,使监管措施更加有力。完成了企业信用分类软件的开发工作。初步对企业进行了分类监管,并建立了全省企业黑名单数据库。

2005年12月,省工商局向全省工商系统印发了《企业信用分类监管实施办法》。《办法》共4章19条,附有《企业失信违法行为列表》。企业信用的分类《办法》规定:根据工商部门记录的企业在市场准入、经营行为、竞争行为、市场退出等过程中的信用状况,将企业分为A、B、C、D共4类。A类企业为无违法行为记录的企业,B类企业为有警示记录和一般违法行为记录的企业,C类企业为有失信违法行为记录的企业,D类企业为有严重失信违法行为记录的企业。无违法行为记录且获得一定荣誉、受到表彰的企业划为A类以A+表示。企业

信用分类及其调整,由计算机软件根据该《办法》规定的企业信用分类标准自动生成,并在工商系统的各类应用软件中加以标识、提示。企业信用分类的划分,是工商部门内部实施的一项重要监管手段。对于企业的信用分类,除了本《办法》规定可以对外公开的外,不得向社会发布和对外查询。

全省工商部门充分利用和发挥信息化优势,努力推动企业信用体系建设。省工商局在较短的时间内完成了企业信用分类监管软件的开发工作,开发的企业信用分类监管软件,坚持以工商部门法定职能为主线,以企业登记注册和监督管理的信用记录为基础数据,以国家工商总局提出的分类标准为基准,以有关部门的信用信息为参照,具备了企业分类监管功能(警示功能、风险预警功能)、个人登记管理功能、工商所对企业经营户的认领登记管理功能、对监管实施情况的检查督察功能及统计汇总功能。同时,这些软件还考虑到了对监管功能和内容的扩展,做到了技术上的最优化,有利于整合执法力量。这些软件在兰州、白银两市试用后,于2006年4月在全省进行了推广。同时,省工商局举办了两期培训班,并指导各市、州工商局做好培训工作,进一步提升了登记管理人员对系统的操作水平。当年,省工商局开展了E6软件修改工作,对全省工商系统软件的名称预先核准子系统、内资企业登记子系统、外商投资企业登记子系统、私营企业登记子系统、个体工商户登记子系统的软件需求进行了修改,全省工商系统软件应用和企业基础信息数据库建设任务基本完成。

2006年11月,省工商局派出6个督导检查组对全省14个市、州工商局,32个县(市、区)工商局(分局)和58个工商所进行了全面的督导检查。从督导检查的情况看,全省工商部门对企业信用分类监管软件推广应用比较重视,普遍举办了培训班;网络管理员和企业登记管理人员业务比较熟悉,企业信用分类监管软件推广应用运行良好;"经济户口"认领、按企业信用进行分类、按类别分别监管等信息数据库已基本形成,企业信用分类监管软件推广应用工作初见成效。截至11月底,全省已认领"经济户口"44.75万(含个体工商户),"经济户口"的认领率达97%以上;采集录入企业优良记录2622条,不良记录4462条,警示记录22639条,自然人警示记录21740条,风险预警记录5305条,督察记录3025条;有A类企业76751户,B类企业3605户,C类企业1440

户,D 类企业 67835 户,设置重点企业 4765 户。各级工商部门在监管过程中,针对企业的不同信用等级进行区别监管,并对企业法定代表人设置警示管理,对高危、食品等行业设置重点企业管理。绝大多数工商所能及时将督察信息反馈于软件,较好地利用软件提供的信息对企业进行分类监管和科学监管。

2007 年 9 月,根据国家工商总局在全国工商系统企业信用分类监管及联网应用培训班上的安排部署和国家工商总局 5 年"金信工作"的要求,省工商局及时召开了全省加强企业信用分类监管和企业登记管理工作视频会议,并根据国家工商总局的验收标准制定下发了甘肃省工商系统《加强数据质量建设,提升联网应用水平工作方案》,安排部署了全省系统有关具体工作;成立了领导机构,落实了具体工作任务;采取量化到人的方式,全面开展数据补录纠错工作,为加强企业信用分类监管和企业基础信息全国联网夯实了基础。

2008 年,全省工商系统继续规范企业信用新信息的采集录入,确保录入率和准确率,落实"两档制"、周一网上统一认领日等规范化制度,进一步深化、加强企业信用分类监管制度建设,扩大、增强企业信用分类监管信息平台的应用功能,巩固、提高基础数据质量,落实企业信用分类分级监管目标,提高巡查效果,提升监管效益。同时,把企业信用分类监管与专项整治有机结合,加强了对重点、热点行业的监管。为进一步规范警示管理工作程序,省工商局对企业警示的设置程序、设置原则、警示解除、审批程序、归档管理等提出了具体要求,规范企业警示管理的设置内容及程序,加强了企业信用分类监管工作。

第三节　支持企业改组

全省工商部门在企业登记管理中,紧紧围绕党和政府的中心工作,充分发挥职能作用,搞好服务和扶持、引导工作,促进了各类企业的不断发展。

一、支持国有企业改革

国有企业改革是我国经济体制改革的中心环节。改革开放以来,全省各级工商部门按照省委、省政府关于企业改革的整体部署,充分发挥企业登记的职能作用,积极支持国有企业改革、改组、改造,为企业建立现代企业制度搞好服务,做了大量工作。

（一）主动地参与企业改革

1990 年以后,全省国有企业改革逐步展开。1990 年初全国工商局长会议上,国家工商局刘敏学局长提出了"三度""三有"的工作思路,要求在巩固成绩的基础上,按照实际形势的要求和国务院赋予的职责,拓宽监督管理的广度,增加监督管理的深度,强化监督管理的力度;工商管理要放而有度、管而有法、活而有序。当即受到全国工商界的一致认同,对于开拓和发展 90 年代中国的工商管理事业发挥了重要的指导作用。

1992 年初,邓小平南方谈话和 1992 年中共十四大确立了社会主义经济的总体改革目标以后,全省的工商企业又有了长足的发展。

1993 年 2 月 29 日全国人民代表大会第五次会议通过颁布的《中华人民共和国公司法》,是中国完全走向市场的标志和里程碑。不断修改完善的《公司法》,使公司从此摆脱了政府的干预和束缚,股东有权决定公司的去留,企业登记管理工作也随之进入了一个崭新的历史时期。适应新的形势,全省工商部门把国有企业改制的登记作为企业登记管理工作的重点,进行安排和部署。为加强企业改革的登记工作,省工商局和部分地、市工商局都成立了企业改制办公室,抽调业务能力强的同志充任办公室人员,为企业改制搞好服务。

省工商局参与了省委、省政府制定的有关国有企业改革的重要文件的起草和讨论,制定或同有关部门共同制定了一些支持企业改革的文件。1999 年,中共十五届四中全会做出了《中共中央关于工业企业改革和发展若干重大问题的决定》。贯彻落实《决定》精神,省工商局经过认真的调查研究,提出了《关于改进企业登记管理工作,支持国有企业改革和发展的意见》。省政府办公厅向全省批转了这个《意见》。《意见》共有 16 条,主要内容是:大力支持国有大中型企业进行规范的公司制度改革。支持国有企业组建企业集团,适当放宽企业集团设立登记的条件。支持国有中小型企业实行股份合作制改革。允许国有企业进行分块改制。支持资不抵债的国有企业进行改制。妥善办理被兼并或收购企业的登记。允许国有企业在改制中以债权转股权。允许国有企业以股权投资。减少不必要的前置审批,放宽对企业市场准入的限制。兰州市工商局也制定了《关于支持国有中小型企业改革的意见》和《关于国有企业改制登记注册的意见》。这些政策措施,为当时国有企业改革创造了较好的政策环境,促进了国有企业的改革。

在国有企业改革中,全省各级工商部门对本地的重点改制企业,一般都提前介入,参与改制方案的制定、论证,并且做到改前引导、改中扶持、改后回访,全程参与企业改制。省工商局参与了省列32户现代企业制度试点的改制论证会、座谈会,积极提出意见和建议;对有的改制难度大的企业,多次提供改革法规咨询服务。兰州市工商局从1997年至2000年,举办了12期企业改制培训班,培训企业厂长、经理和管理人员2000多人,有力地推动了国有企业改革。

（二）帮助企业搞好改制工作

国有企业改制是一项复杂的工作,改制中的许多难点,也是改制的重点,而这些问题也成为登记工作中的难点和障碍。全省各级工商部门在实践中积极探索,努力解决好这些问题,保证企业改制的顺利进行。

一是帮助企业明晰产权关系,明确投资主体。在实践中,一些企业往往产权关系不清,难以明确投资主体,因而无法登记。各级工商部门帮助企业理清产权关系,确保国有资产出资人到位。如兰州第三毛纺织厂是省上确定的现代企业制度试点单位,改制为国有独资的有限责任公司。该厂在投资主体未明确的情况下要求登记,省工商局未予办理。后经省工商局与省政府及有关部门多次沟通协调,省政府授权省经贸委暂时作为该企业的投资主体后,办理了登记注册手续。

二是帮助企业健全法人治理结构。公司法人治理结构是公司制的核心。但一些企业改制为公司时,往往不符合《公司法》的要求,设立的股东会、董事会、监事会不规范,有的董事会、监事会成员不是选举而是由原上级主管部门委任,有的股东会和董事会的职权不分,等等。针对这些问题,各级工商部门对改制为公司的企业登记时,严格审查登记材料,特别是公司章程,帮助企业建立规范的公司法人治理结构。在对已改制企业进行回访时,也要看其法人治理结构是否健全和完善,促使企业按照公司制度规范运行。

三是帮助企业做好下岗职工再就业工作,促进企业改革的顺利进行。解决好企业改革中下岗人员的再就业,是企业改革能否顺利进行的重要环节。全省各级工商部门发挥职能作用,帮助企业解决这一难题,减轻企业改制的压力。2000年,省工商局制定了《关于扶持下岗职工再就业的意见》,提出了20多条措施,引导、支持企业化大为小,实行联合、兼并、增设分支机构以及利用厂房、设施兴办第三产业,广开就业门路,安置下岗分流人员。白银针织厂和白银织布厂破产后,大量职工下岗。白银市工商局积极支持这两个厂的下岗职工利用原有的厂房、设备,兴办了甘肃爽佳棉针织有限公司、甘肃盛佳针织有限公司、白银花园工贸有限公司等7户企业,使大部分下岗职工实现了再就业。

(三)帮助企业选择改制的形式

企业的情况千差万别,改制的形式也应该是多样化的。全省各级工商部门按照当地政府关于企业改革的整体部署,积极为政府当好参谋,从当地的实际情况出发,引导和帮助企业根据自己的情况,选择适合本企业的改制形式。

国有大中型企业特别是省属重点企业,是甘肃省国民经济的支柱。各级工商部门根据省委、省政府的要求,帮助这些企业按照"产权明晰、权责明确、政企分开、管理科学"的原则,支持国有大中型企业进行公司制改革,进行规范的公司制改革,建立现代企业制度。

1990年以后至2000年,国有大中型企业改制中设立的国有独资公司太多,不符合现代企业制度要求产权多元化的原则。对此,各级工商部门要求除属于特定行业或生产某些特殊产品的企业可以改建为国有独资公司外,其他企业应改建为多元投资主体的公司。到2000年,全省已有165户国有大中型企业完成了公司制改革,其中有限责任公司161户,股份有限公司4户。

为了支持企业集团的发展,省工商局从全省的实际情况出发,支持国有企业组建企业集团,适当降低了企业集团设立登记的条件,规定母公司注册资本在3000万元以上、拥有3家子公司、母子公司注册资本总和达到6000万元,即可申请设立集团。对暂不具备公司制改革条件,以国有企业为核心申请组建企业集团的,工商部门也予以允许,但要求企业创造条件尽快进行公司制改革。如兰州佛慈制药厂是家具有80多年历史的中药制药企业,该厂生产的浓缩丸在国内外特别是东南亚地区有较大的市场和良好的信誉。1999年,省政府确定以该厂为核心组建大型企业集团,但该厂暂不具备建立母子公司体制的条件。兰州市工商局支持该厂组建企业集团,很快为其办理了登记注册手续。到2000年,全省已组建企业集团45户,这些集团都具有较强的市场竞争能力,取得了较好的经济效益。如酒泉钢铁集团有限责任公司、甘肃兰新通讯设备(集团)有限责任公司、甘肃长通电缆(集团)有限责任公司等16户大型骨干企业连续多年无亏损,在全省起到了骨干带头作用。

对一些整体改制暂不具备条件的企业,允许将其具有相对优势的部分或优良资产分离出来进行部分改制。如企业可将内设的车间、销售部门及分支机构所占的资产分割出来,由原企业作为股东,并吸收内部职工或其他股东,组建公司。对这些分块改制的企业,工商部门积极帮助其搞好资产评估,办理产权转移手续,及时核准登记注册。如张掖糖厂由于受各方面影响,效益一直不好,但其下属的收割机厂生产的收割机在国内有一定的市场。张掖地区工商局积极支持收割机厂改制为有限公司,使企业摆脱了困境。

第一章 企业登记管理

中小型企业是本省企业的主体,占全省企业总数的99%。对这些企业,各级工商部门坚持放开搞活的原则,支持中小型国有企业进行多种形式的改革。支持企业以联合、兼并、租赁、承包、出售和股份合作制等形式进行改组。1998年至2000年,定西、武威等地区在政府和有关部门的推动下,对中小企业进行了大面积的股份合作制改造,工商部门积极参与,做了大量工作,使股份合作制改造取得了较好的成效。

在国有企业改革中,工商部门鼓励、支持优势企业突破行业、地区和所有制界限,支持企业兼并和资产重组。兼并劣势企业,带动劣势企业走出困境。同时,支持企业进行资产重组。对实施兼并和资产重组的企业,工商部门及时办理变更和注销登记手续。1999年,全省特大型国有企业中国石油兰州炼油化工总厂进行内部资产重组,将其所属的安装公司、设备维护公司等4户企业合并组建为中石油第二建设公司,省工商局积极帮助企业办理名称核准、变更登记等有关手续,使之在很短的时间内完成了重组工作,挂牌营业。白银市工商局先后帮助完成了湖北东方化学工业公司兼并甘肃银光化学工业公司、甘肃昆仑工业公司兼并国营二七九厂和白银百货大楼兼并白银工业品公司的工作,取得了明显的效果。

2000 年全省国有企业改制

表 1-29

区　分	类　别	户数	占国有企业总数比例%
国有企业现有情况	国有企业(法人)	9176	–
	大中型企业	316	3.4
国有企业改制情况	已改制企业总数	1926	21
	已改制大中型企业	170	1.85
	股份有限公司	18	0.2
	有限责任公司	1294	14
	股份合作制企业	359	3.9
	私营企业	29	0.3
	其他企业	122	1.3
	组建企业集团	30	0.3

二、促进各类企业发展

全省各级工商部门在支持国有企业改革的同时,采取各种措施,搞好对各类企业的服务,帮助企业转换经营机制,搞活生产流通,促进了各类企业的发展。

1987 年 2 月 28 日,省政府在金川公司召开了全省骨干企业经验交流会议,交流推动横向经济联合向纵深发展的经验。省工商局负责人参加了这次会议。截至 1986 年底,全省登记注册的联合企业有 69 户,从业人数为 3.91 万人,注册资金为 3.09 亿元。各级工商部门在促成联合、巩固和发展联合中做了大量工作,起到了积极作用。兰州市西固区工商局除积极为联合企业办理登记注册手续外，还利用本身联系面广、信息灵的条件，主动牵线搭桥，先后促进省科学院生物所和西固陈坪乡联合建成雅美果品饮料厂；帮助兰州维尼纶厂和西固区新城乡联合建成青春铁合金厂；吸引兰炼仪表厂在陈坪乡农具厂扩散产品生产；帮助金沟乡从化工部自动化所引进8名工程师，成立了特种仪表研究所，这个所相继推出了4种研究分析仪器，当年创利32万元。

在支持联合经济的同时，全省工商系统还大力支持乡镇企业发展，以此作为振兴农村经济的突破口。截至1986年底，全省登记注册的乡镇企业达到1.07万户，比上年增长7.6%，占集体企业总户数的26.6%。从业人数44.03万人，比上年增长12%，占集体企业总人数49%；注册资金10亿多元，比上年增长36%，占集体企业注册资金总数的25%。1987年10月，省工商局向省政府上报了《关于支持乡镇企业发展的几点意见》，省政府于同年12月向全省批转了这个意见。主要是进一步放宽乡镇企业的开办条件，简化审查发照手续；宣传工商行政管理法规，做好发展乡镇企业的服务工作；积极发展城乡市场，为乡镇企业辟径开道。其中关于放宽企业开办条件方面，规定凡是社会需要的生产经营项目都要积极支持发展，除少数涉及社会治安、人身安全、环境保护的项目，如特种行业和烟花爆竹、建筑施工、药品、食品等，需要有关部门审查取得合格许可证外，其他行业均由主办单位直接向工商部门申请登记，不再报经集体经济主管机关审批。对于企业原材料有无固定来源、产品销路有无可靠保证、是否重复建厂等，可以提供信息或建议，由企业和审批机关负责，不再强调作为登记的条件。对农村中的"联户企业"具备集体企业条件的，可按集体企业登记；对外地来甘肃省开办乡镇企业的，不论是独资经营还是联合兴办，只要具备登记条件，及时给予登记注册，核发营业执照。在经营范围上规定，乡镇企业在明确主营项目的前提下，兼营项目可适当放宽，根据需要允许部分企业综合经营。凡具备相应的经营条件，申请开展批发业务的，在规定的品种内可以搞批发业务。"联户企业"具备集体企业条件登记的，允许分散加工，挂户经营，允许联购分销，代购供销。

1988年8月，省工商局安排部署对一部分企业的债权债务进行了一次清理，其目的是为了维护社会经济秩序，保护生产经营者的合法权益，提高企业

资金的利用率。通过清理,对重点企业在1987年12月31日之前的债权债务情况,包括拖欠的贷款、工程款、借款、投资款、预付款、违约金、劳务费等有了一个基本的了解。然后通过省工商局债务清理服务公司及相关部门,采取措施进行督促和追交。1989年1月,省工商局债务清理服务公司经过半年努力,承办了43起经济案件,为企业追回借款503万元,支持了企业的生产经营。

1991年7月,省工商局制定了支持和服务企业的几条措施:(1)支持产业、产品结构的调整。企业上新产品,要及时办理变更登记,需划出车间单独生产或设立分支机构单独经营的,要及时核准登记。企业跨行业上新产品,如确需反映产品行业的厂家名称,经省工商局批准,可冠第二厂名。(2)帮助企业扩大生产门路。允许生产企业利用自有设备、设施,对外承揽加工、租赁、对外营运或有偿服务;允许生产企业在外地设立销售机构;允许企业为安排富余人员开办新的企业和商业、修理、服务等第三产业,及时核发营业执照。直供企业积压物资,经主管部门和同级工商部门批准,可以向外系统销售。(3)允许企业之间进行原材料调剂串换,允许企业用物资、产品或商品抵债,并可销售抵债物资、产品或商品。凡符合甘工商发〔1991〕080号文件精神,申请"一次性经营"的,要及时给予办理"一次性经营"手续。商业企业如需扩大经营范围,又具备经营条件的(除有专项规定的品种外),可适当增加兼营项目。(4)支持企业开展横向联合。支持科研机构与生产企业联合,组成新的联合体,支持科研机构为企业有偿服务,开发研制新产品。支持企业兼并和组建企业集团。(5)突破行业界限,打破地区封锁,疏通流通渠道,促进市场的活跃繁荣。企业在完成国家下达计划任务的前提下,对国家允许的产品可直接进入市场。积极主动地为企业提供商品信息,帮助企业推销积压商品。大力支持生产企业在集贸市场内设点销售。大力支持举办各种订货会、展销会、物资交流会,以加速商品流转。(6)支持有关部门开办生产资料市场,为企业提供有效的服务。

2004年,全省工商部门企业登记机构率先实行了政务公开、首问负责制、一站式服务、限时办结承诺制,对工作职能、程序、法律法规依据、承办单位、承办人员、限时办结、收费标准等,以制度上墙、电子触摸屏、办事指南、上网检索等形式告知社会。省工商局还提出了重大投资上门办理、重大项目联合办理、紧急事项特殊办理的服务措施,努力为企业提供优质、高效、快捷的服务。省工商局每年都要对企业登记管理工作进行检查,及时发现纠正倾向性的问题。各市、州工商局定期进行业务考核,对经培训达不到基本要求的企业登记管理人员调整工作岗位。这些措施有力地促进了企业登记机构工作作风和业务水平的提高。在服务企业的同时,全省各级企业登记机构正确处理支持促进发展和依法行政、规范登记行为的关系,既努力创造宽松发展环境,又认真履行企业登记管理各项职能。对法律法规明确前置审批许可的,以高度的责任感和负责精神,坚持原则,依法办事,不乱开口子,从严把关;对工作中遇到的新问题,以实事求是的态度,加强研究,尽可能地妥善解决。

2008 年,一场金融危机席卷全球,中国的经济发展受到了严重的冲击。党中央、国务院为了应对国际国内急剧变化的经济形势,出台了扩大内需,促进经济增长的 10 项政策措施,省委、省政府也紧密结合全省实际,做出了相应的工作部署。省工商局按照中央和省上的决策部署,立足自身职能,经过认真研究,于当年 12 月提出了《关于服务扩大内需,促进经济平稳较快增长的实施意见》。这个《意见》经省政府同意,批转全省贯彻执行。《意见》提出了 60 条具体措施,有关企业登记管理的内容:

(1)放宽市场准入条件,积极营造投资环境。积极推行平等准入,坚决打破阻碍或限制各类企业发展的不合理条条框框。对法律法规未作规定,一些部门和地方自行设定的企业登记前置许可项目,各级工商部门一律不作为企业设立登记的前置条件。放宽企业名称登记条件。外地知名字号企业到甘肃投资,允许新办企业名称前冠以控股企业行政区划和字号。外商投资企业名称中使用外国投资者字号的,可按照惯例将外国投资者字号翻译成中文使用。企业注册资本达到 5000 万元的企业,允许名称中使用国民经济行业类别用于表达企业所从事的行业。放宽企业集团登记条件,支持企业强强联合。对达不到国家工商总局企业集团登记注册母公司注册资本(金)5000 万元、子公司注册资本(金)之和 5000 万元规定,但确有一定实力规模和发展潜力的企业,允许申请设立企业集团。扩大非货币财产出资方式。除允许出资人以实物、知识产权、土地使用权等可以用货币估价并可依法转让的非货币财产出资外,允许投资者

第一章　企业登记管理

111

以其持有的其他公司的股权,向有限责任公司或股份有限公司出资。积极支持企业产权流动,优化资源配置。公司对外投资额度由企业自主决定,不受注册资本限制。积极支持企业开展科技创新。支持企业对有突出贡献的人员实行股权奖励,允许以科技创新成果作价入股创建企业或入股收益,企业登记机关依法办理股权转让登记。积极支持服务业发展。对一般性服务业降低注册资本下限,除法律法规另有规定的外,一律降低至3万元。支持发展连锁经营、特许经营、电子商务、物流配送、专卖店、专业店等现代流通形式。

(2)主动介入,特事特办,全力确保项目落实。积极参与政府组织的招商引资、项目洽谈等经济活动,充分发挥职能作用,积极主动做好促进大项目、大企业落户甘肃的工作。对大项目、大企业落户甘肃实行特事特办。对中央和省上确定的重大投资项目,尤其是从事民生工程、生态环境建设以及资源深加工延长产业链,发展循环经济推进节能减排,国有老企业技术更新升级改造,利用特色优势带动一方经济发展等大项目、好项目,指定专人,提前介入,实行事前、事中、事后全程服务。主动做好相关法律法规宣传和咨询,以及企业登记注册法律文书起草、相关部门协调等工作,直至完成登记注册,促进项目早开工、早投产、早收益。对省上确定的大项目、大企业申请登记暂时无法提交相关前置审批文件,尚不具备生产经营条件的,可核发一般经营范围的营业执照,以方便企业前期投资建设。

(3)加大政策扶持力度,积极支持"三农"发展。积极引导和鼓励农民兴办各类企业。对具有一定基础和发展潜力的"专业村""专业镇",帮助其组建以品牌为纽带,以产品为依托的农民专业合作社、合作制和公司制企业,促进企业扩大生产规模,提升产品层次。支持农民专业合作社发展。允许农民、土地承包人以农民身份申请设立农民专业合作社。农民专业合作社登记注册不需验资,不限出资数额,不收取费用。允许开展市场营销、技术培训、农产品加工储藏和农资采购等经营活动。帮助农村企业拓展市场,提高涉农产品的知名度。积极引导重点经营户和涉农企业生产高品质、标准化、品牌化、无公害的农副产品,维护品牌内在品质。积极帮助有注册商标的农副产品进入大型超市,提升附加值。依法办理农村土地信用合作社的登记注册,允许农民以转包、出租、互换、转让、股权等形式有序流转土地承包经营权,发展多种形式的适度规模经营。大力促进农业产业化经营和现代化农业市场体系建设。支持发展一批产业关联度大、市场竞争力强、辐射带动面广的农业产业化龙头企业。积极推动农副产品生产加工、销售一体化经营。发展适应现代化农业要求的连锁经营等现代流通方式。对农业生产资料和农村日用消费品连锁经营,实行法人企业统一办理工商登记注册。利用工商部门获取市场信息及时丰富的优势,主动为农民和涉农企业提供产品供求、市场价格以及农业生产资料、农业实用技术等方面的信息服务。

(4)充分利用各种条件,积极支持全民创业。凡具有完全民事行为能力的自然人,都可凭本人身份证依法直接申请登记个人独资企业或投资企业成为股东。引导有技术特长的科技人员、专家学者,大中专毕业生,机关、企事业单位退休人员,机关分流人员以及改制后的国有、集体企业员工等参与全民创业。允许以资金、技术和管理等生产要素入股参与经营和收益分配。扶持承包科技型、中介类企业,促进资源优势转化为经济优势。积极支持生产经营性事业单位转型改制和政府机关、事业单位后勤服务社会化改革。支持主要从事生产经营活动的事业单位转制为企业。

(5)转变监管执法理念,全面实施和谐监管。积极改进执法监管方式,加强行政指导,引导企业自律。积极开展以提示、警示为主要内容的行政指导和行政监管。各类市场主体在生产经营活动中,除涉及人民生命安全、社会公共秩序等项目的经营外,对首次发生的轻微违规经营行为,给予行政提示、行政告诫,并及时纠正,不予行政处罚,不列入信用记录。对企业生产经营中暂时遇到困难、资金短缺等情况难以为继的,经申请可按暂时歇业进行监管,不作吊销、注销处理。对新设立企业首次年检逾期的,通知限期办理年检;对限期内办理年检的,不予行政处罚,不列入信用记录。企业在章程规定的营业期限届满后,未能及时办理经营期限变更登记,经提示主动补办经营期限变更登记的,不予行政处罚。简化年检手续。对年检材料提交齐全、内容填写完整、符合要求的,实行当场办理。

第二章　个体私营经济管理

1978年后,全省个体私营经济得到恢复和发展,经历了恢复(1980—1988年)、徘徊(1989—1991年)、稳定发展(1992—1997年)、快速增长(1998—2008年)4个阶段。

恢复阶段。全省范围内以农村集镇和县级城市为先,以农村商品生产专业户为始,个体工商户逐渐发展起来。到1988年,全省共有个体工商户21.55万户,从业人员达到32万余人,其中城镇待业青年、社会闲散人员和退职退休职工8万多人,农村剩余劳力24万多人。从事商业、饮食业、服务业、修理业、交通运输业和建筑维修等行业的共19.5万户28.9万人。个体工商户和个人合伙从事商品生产的有2万多户4万多人,从事的行业有建材、食品、服装、鞋帽、刺绣、卫生材料、游乐器具等。这年,全省私营企业发展到1000余户,其中从事商品生产的生产性企业占总户数的67%。全省个体工商户、个人合伙和私营企业注册资金共4.1亿多元。

徘徊阶段。这个阶段,国家在经济政策上进行宏观调控,紧缩银根,整顿经济秩序,纠正发展过热等,全省个体私营经济相继出现了下降的趋势。先是1989年个体工商户锐减21.1%,继而是1991年私营企业减少2%。之后虽有微升,但到1991年底,均没有达到1988年个体工商户和1990年私营企业的发展水平,整个发展呈一种凹形态势。

稳定发展阶段。邓小平同志南方谈话后,省委制定了《关于加快发展个体私营经济的决定》,为非公有制经济的发展创造了一个良好的政策和经济环境,全省非公有制经济结束了徘徊的局面,出现了稳定增长的势头。到 1996 年底,全省共有个体工商户 39.12 万户,私营企业 7121 户。当时国民经济的绝大部分行业都有非公有制经济成分,非公有制经济向较大规模、较高层次发展,成为经济和社会生活中最活跃的因素之一,呈现出一种新的发展势头。

快速增长阶段。1997 年 9 月,中共十五大确定了以公有制为主体,多种所有制经济共同发展的社会主义基本经济制度,为进一步解放思想、发展非公有制经济提供了新的机遇,全省个体私营经济不断发展壮大。2002 年至 2008 年,中共十六大确立了"三个代表"重要思想的科学地位,并明确提出了"三个解放出来"(自觉把思想认识从那些不合适的观念、做法和体制的束缚中解放出来,从对马克思主义的错误的和教条式的理解中解放出来,从主观主义和形而上学的桎梏中解放出来)的论断,奠定了与时俱进的思想理论基础,可以说是第三次思想大解放。以胡锦涛同志为总书记的中共中央提出科学发展观,是又一次新的思想大解放。到 2008 年底,全省共有个体工商户 41.6 万户,从业人员 75.39 万人,注册资金 89.6 亿元。共有私营企业 5.98 万户,从业人员 60.5 万人,注册资金 842.39 亿元,共有农民专业合作社 1038 户,出资总额 60.1 亿元,成员总数 1.24 万人,其中当年新登记 859 户,出资总额 5.02 亿元,成员总数 8713 人。

1986 年全省各地(州、市)、矿区个体工商户

表 2-1

地 区	户数(户)	地 区	户数(户)
兰州市	26469	嘉峪关市	1595
金昌市	2564	天水市	21177
白银市	6305	酒泉地区	7872
张掖地区	10204	武威地区	10046
平凉地区	12822	庆阳地区	13122
定西地区	16331	陇南地区	15280
甘南州	5062	临夏州	14582
甘肃矿区	98	合 计	163529

第一节　个体私营经济

在 1986 年至 2008 年的 23 年中,全省个体私营经济基本户数逐年增加,投资额和效益逐年增长,规模逐步扩大,产业结构逐步调整而趋于合理。

1986 年,全省个体工商户 16.35 万户,从业人员 25.6 万人。新登记的个体工商户 1.47 万户,从业人员 22.23 万人,70%左右集中在商业行业。1986 年,全省登记的私营企业共有 1034 户,从业人员 1.87 万人,自有资金 1770.84 万元。其中手工业 659 户,从业人员 1.03 万人,自有资金 1059.57 万元;建筑业 310 户,从业人员 7231 人,自有资金 423.2 万元;交通运输业 3 户,从业人员 118 人,自有资金 82.28 万元;商业 41 户,从业人员 572 人,自有资金 140.52 万元;饮食业 5 户,从业人员 53 人,自有资金 23.01 万元;修理业 5 户,从业人员 73 人,自有资金 3.85 万元;其他行业 11 户,从业人员 325 人,自有资金 34.42 万元。当时全省私营企业的特点是:(1)发展规模较小,主要是雇工人数较少,投入的自有资金不多。全省私营企业平均每户雇工只有 18 人,资金只有 1.7 万元。(2)商品性生产行业占绝大多数,其中主要是开采业。在全省 1034 户私营企业中,从事工业、手工业、采矿业和建筑业的共有 969 户,占总数的 93.7%,其中开采业居首位。(3)绝大多数分布在乡村,分布在乡村的私营企业约占总数的 70%以上。(4)私营企业的负责人,农村生产队干部占多数。这些负责人既抓生产队生产,又搞自己企业的管理。(5)企业的经营形式主要有两种类型:一种是独资经营,约占总数的 70%左右,这类企业多数是靠小本经营起家,逐步积累资金,不断扩大生产发展成为私营企业。另一种是合股经营,约占总数的 30%左右,这类企业一般是由几户共同出资建立起来的。(6)在劳动分红方面,企业根据自身的特点,在参照现行国营、集体企业分配办法的基础上,采取了一些更为灵活的劳动计酬方式,多数采用的是"固定工资加奖金"和"计件工资制"两种形式。当时,私营企业职工的工资略高于同类国营、集体企业中职工的工资。

1988 年底,全省有个体工商户 21.55 多万户,从业人员 32 万余人,自有资金达 3.4 亿多元,年营业额 22 亿多元。其中商品零售额达 18.4 亿多元,占全省

社会商品零售总额的 17.98%。与中共十一届三中全会前相比，户数增加了 21.24 万户，增长 67 倍；从业人员增加 31.65 万人，增长 80 倍；自有资金增加 3.3 亿多元，增长 41 倍；年营业额增加 21 亿多元，增长 46 倍；年商品零售额增加 17 亿元，增长 20 倍。

1988 年，全省个体工商户的发展呈现出两个较突出的特点：一是全面稳步增长。该年与上年度相比，个体工商户户数增长 13.96%，从业人员增长 14.39%，注册资金增长 21.79%，工业、建筑业、交通运输业的产值增长 171.5%，商业等行业的营业额增长 150.53%，商品零售额增长 152.62%。商业户均营业额由上年的 6087 元上升到 1.52 万元，增长 249.75%；饮食业户均营业额由上年的 4480 元上升到 9307 元，增长 207.75%；服务业户均营业额由上年的 2780 元上升到 6134 元，增长 210.42%。二是工业、建筑业、客运业和文化娱乐类个体户发展较快。工业户比上年增长 18.42%，注册资金增长 40%，产值为上年的 2.76 倍，户均产值是上年的 2.34 倍。文化娱乐业户数增长 75%，营业额增长 1.56 倍。

1989 年，全省各级工商部门对个体私营经济进行清理和整顿，重新换发了营业执照。全省个体工商户的户数有所下降，当年 6 月底，全省共有个体工商户 16.1 万户，从业人员 24.6 万多人，分别比上年减少 5.3 万多户和 7.4 万多人；注册资金为 4.41 亿元，比上年增加 9488 万元，增长了 27.5%；产值达 11.47 亿元，商品零售额达 6.33 亿元，分别比上年同期增长了 34%和 8.9%。各地都新发展了一批个体工商户。据 14 个地（州、市）统计，共发展 1.85 万多户，从业人员 3.1 万多人。

1991 年底，全省共有个体工商户 19.47 万户，从业人员 31.37 万人，注册资金 5.44 亿元，年产值 4.12 亿元，销售总额（含营业收入）21.28 亿元，商品零售额 15.63 亿元。私营企业 1438 户，投资者 3721 人，雇工 2.98 万人，注册资金 1.59 亿元，年产值 1.43 亿元，销售总额 7578 万元，商品零售额 5461 万元。其中：独资企业 845 户，投资者 845 人，雇工 1.54 万人，资金 7976 万元；合伙企业 566 户，投资者 2735 人，雇工 1.4 万人，资金 6972 万元；有限责任公司 27 户，投资者 142 人，雇工 381 人，资金 934 万元。当年个体私营经济发展的主要特点:(1)户、人数稳步增长。1991年新发展个体工商户3.85万户,新增从业人员6.59万人,分别比上年增长10.99%、12.01%。(2)资金、产值、销售总额、商品零售额明显上升。1991年新增资金7028万元,增加产值1953万元,增加销售总额4.56亿元,增加商品零售额1.45亿元,各增长14.58%、4.97%、27.23%、10.25%。(3)行业结构有了新的变化。1991年底,个体工商业有2.3万户、4.33万人,资金达6221万元,年产值达2.28亿元,商品零售额达5143万元,各增长20.53%、19.54%、19.64%、15.47%、20.53%,所占比重分别上升了0.84%、0.83%、0.46%、5.04%、5.19%;交通运输业户、人、资金、产值所占比重分别下降0.24%、0.14%、5.19%、0.47%;修理业户、人、资金、营业收入所占比重分别下降0.31%、0.48%、0.35%、0.59%。(4)农村户、人、产值、商品零售额增长较快,而城镇增长较慢;城镇个体工商户资金、营业额分别增长14.77%、31.16%,农村分别增长12.84%、22.33%。(5)城镇户均资金、产值、销售额、商品零售额均高于农村。城镇户均资金、产值、销售额、商品零售额分别为0.37万元、1.96万元、2.51万元、1.49万元,而农村仅为0.24万元、1.2万元、0.82万元、0.59万元。(6)长途贩运业有新的增长。商业中的长途贩运户有9316户,从业1.36万人,资金2336万元,营业收入8184万元,各增长26.23%、33.14%、38.13%、16.65%,其中农村户、人、资金分别增长32.68%、18.29%、69.64%。

1992年,在中共十三届四中全会和邓小平南方谈话后,全省个体私营经济蓬勃发展,出现了前所未有的好形势。到1992年底,全省新增个体工商户3.37万户,比上年增长17.3%;新增私营企业292户,比上年增长20.3%。个体工商户总数达到22.84万户、36.97万人;私营企业总数达到1730户、3.46万人,个体私营经济户数、人数都大大超过了1988年的历史最高水平。个体私营经济注册资金9.6亿多元,实现年产值7.3亿多元,实现年营业额35亿多元,其中商品零售额23.9亿多元,年纳税金1.6亿多元,分别较1991年净增2.6亿多元、1.7亿多元、13亿多元、7.7亿多元、0.2亿多元,增长了37.1%、30.4%、59.1%、47.5%、14.3%;商品零售额已占社会商品零售总额的17.8%,税收已占全省工商税收的4.8%,分别较1991年提高了3.2个百分点和0.2个百分点。

个体私营经济的发展凸显了其对于国有经济的补充作用。一是把闲散的

劳动力、资金、技术、设备和原材料有机组合,有力地促进了社会生产力的发展。二是安置了2万多名城镇待业青年和7万多名闲散人员就业,有力地促进了社会安定团结。三是为农村剩余劳力转移创造了条件,有力地促进了农村产业结构的调整和商品生产的发展。四是沟通了城乡物资交流,促进了工农业生产的发展。五是增加了服务网点,方便了群众生活。全省个体私营商业、饮食业、修理业、服务业服务网点已达18.35万个, 占全省社会服务网点总数的85%以上。六是唤醒了国营、集体企业的竞争意识,出现了国营、集体、个体私营一起上, 在竞争中求生存求发展的生动局面。七是增加了地方财政收入。1983年至1988年,全省个体户、私营企业共缴纳税金2亿多元。个体劳动者和私营企业者还为社会公益事业做出了贡献。

1992年,全省个体私营经济发展中还出现了引人注目的变化。一是经营者素质明显提高。初中以上文化程度的有20.11万人,约占总数的一半,中专以上文化程度有7014人,其中大学文化程度的557人;有共产党员6307人,共青团员1.33万人、历届各级人大代表、政协委员315人;历年有5969人被国家及省、地(市、州)政府授予各类荣誉称号。二是从事的领域更为广阔。从事第三产业为主的占82.7%,并逐步向科技、信息、房地产等领域发展。三是边远落后地区发展步子快。陇南等地增长明显高于其他各地。四是投入产出大幅度增长。个体工商户资金投入和私营企业户均资金分别比上年增长11.9%和28.2%。五是科技型、外向型企业有了起步。出现了一些科技个体户和私营企业,有的还获得国家级、省级科技奖,产品打入日本、西亚等国家和地区市场。六是出国考察学习、从事边贸和在外国经商办企业的人多了。

1993年底,全省有个体工商户28.26万户,48万多人,较上年分别增长了23.8%和30.1%;私营企业2453户,投资者6477人,雇工4.6万人,较上年分别增长了41.8%、41.5%和32.8%。个体私营经济从业人员达53.3万人,占全省总人口的2.3%,占全省社会劳动力的4%;安排城镇待业青年3万多人、企业富余人员13.9万人、农村剩余劳动力35.5万人。个体私营商业、修理等服务网点, 已占社会服务网点的80%以上, 平均每千人拥有个体私营服务网点10.8个、服务人员18人。个体私营经济注册资金14.4亿元,为全省公有制经济注册资金的 2.2%。个体经营者户均资金由 1991 年 0.28 万元上升到 0.35 万元，私营企业户均资金由 12.1 万元上升到 18.4 万元。这年，个体工商户、私营企业创产值 13.4 亿元，约占全省工业总产值的 3%；年营业额 62.3 亿元，其中商品零售额占社会商品零售总额的 28%，比上年提高了 10 个百分点；上缴税金 2 亿多元，较上年提高了 25%，占全省工商税收的 5.2%，占地方税收的 7.1%。

1993 年 3 月 8 日，甘肃省农民创办的首家私营企业集团——兰州宏威实业有限公司在兰州成立。该集团公司下设兰州宏伟食品水产贸易有限公司、兰州宏伟物资贸易有限公司、兰州宏伟进出口有限公司，开展综合经营开发。

1993 年全省各地（州、市）、甘肃矿区个体工商户

表 2-2

地　区	户数（户）	从业人员（人）	注册资金（万元）	工业、建筑业、交通运输业总产值（万元）	商业、饮食业、服务业、修理业及其他行业营业额（万元）	其中：商品零售额（万元）
全省总计	282663	480682	98297	92642	600136	419665
兰 州 市	47997	94188	26472	21207	324601	197082
嘉峪关市	2986	3979	1063	2066	4283	3481
金 昌 市	4582	6818	2180	2093	6702	6353
白 银 市	15024	22552	5383	4971	20197	16841
天 水 市	35128	76323	10333	9308	44121	35738
酒泉地区	15635	23255	7332	12553	22860	19604
张掖地区	15234	23765	5456	5698	21295	17815
武威地区	18498	33913	8179	3876	20531	12343
定西地区	22645	33793	4818	4378	23234	19064
陇南地区	30102	43275	8174	5327	19180	15566
平凉地区	22048	33436	5694	5839	24047	19912
庆阳地区	27421	44426	5595	7268	29555	25212
临 夏 州	18665	30649	5499	4946	31182	22916
甘 南 州	6356	9767	1921	2859	7337	6861
矿　区	342	543	198	262	1011	877

1993 年全省各地（州、市）私营企业

表 2-3

地　区	户数 （户）	投资者人数 （人）	雇工人数 （人）	注册资金 （万元）	总产值 （万元）	销售总额 或收入 （万元）
全省总计	2453	6477	46022	45201	41256	22936
省　　局	37	107	1148	2059	290	713
兰 州 市	1036	2243	17543	17577	9371	13447
嘉峪关市	36	223	1247	1302	1661	359
金 昌 市	89	202	1566	1053	621	632
白 银 市	149	325	2976	4580	18491	821
天 水 市	255	636	4477	4378	3218	2225
酒泉地区	81	210	1746	1797	368	359
张掖地区	103	370	1702	1600	977	114
武威地区	126	351	2373	1791	795	619
定西地区	154	549	3551	2377	1495	1378
陇南地区	109	572	1571	1978	1316	1165
平凉地区	89	194	1793	1220	863	509
庆阳地区	90	191	2077	1339	721	154
临 夏 州	84	251	2056	1461	1017	385
甘 南 州	15	53	196	184	52	56

　　1996 年底，全省共有个体工商户 39.12 万户，从业人员 70.57 万人，注册资金 22.72 亿元，总产值达 11.31 亿元，实现营业收入 110.72 亿元，社会消费品零售额 67.96 亿元；私营企业 7121 户，从业人员 12.36 万人，注册资本（金）27.61 亿元，总产值 9 亿多元，营业收入 14.18 亿元，社会消费品零售额 67.96 多亿元。

当年个体工商户发展的具体情况是:(1)个体工商户持续稳步发展。与上年同期相比,个体工商户数、人数分别增长了9%和10.8%。(2)第一、第二产业增长较快,第三产业增长速度减慢,但仍占主导地位。当时全省从事第一产业的个体工商户186户,较上年增长了26.5%;从事第二产业的有4.56万户,较上年增长了15.7%;从事第三产业的有34.53万户,较上年增长了8.1%,从事第三产业的个体工商户数、人、资金占总数的比重分别为88.3%、84.6%和89.8%。第三产业仍是个体工商户的主要活动领域,个体从业者在与人民生活密切相关的流通、服务领域发挥着积极作用。(3)经营规模不断扩大,经济效益逐年提高。全省个体工商户的注册资金、产值和营业额分别增长了20.8%、32.5%和34.3%;户均资金由上年的0.52万元上升到0.58万元,户均产值由2.16万元上升到2.47万元,户均营业额达3.2万元,较上年增长了24%。(4)从行业结构看,各行业全面、协调发展,行业结构日趋合理。八大行业中,贸易、餐饮业和社会服务业所占比重较大,共有32.54万户,占总户数的83.2%。其中从事批零贸易、餐饮的个体工商户达27.15万户,占总户数的69.4%;农林牧渔所占比重较低,只有0.07%。从城乡结构看,城镇发展快于农村,城镇户数、人数的增幅均比农村高出4个百分点。(5)从全省的发展情况看,除金昌市呈负增长外(增长速度为-0.2%),其他13个地(州、市)都稳步发展,其中酒泉地区发展速度最快,较上年增长26.9%;从绝对数来看,兰州市户数最多,达6.63万户,其次为天水市、庆阳地区。

这年私营企业发展的具体情况是:(1)仍然保持了较快的发展势头,户数、人数、资金分别增长30.5%、28.9%和73%,全年净增1663户、27683人。(2)有限责任公司快速增长。由于有限责任公司具有"产权清晰、权责明确"的特点,因此尽管开办公司的要求高于开办独资、合伙企业,但业主的投资信心仍然很高。全省私营企业中,有限责任公司达2894户,比上年增长77.4%,占私营企业总数的40.6%,比上年增加10.7个百分点,比同期独资企业、合伙企业的增幅高66.6和67.5个百分点。(3)私营企业经营规模不断扩大。私营企业户均资金38.8万元,较上年的29.3万元增长32.4%;注册资本(金)在100万以上的私营企业265户,比上年增加112户,增长73.2%,其中注册资金超过1000万

元以上的有 8 户, 雇工在 500 人以上的有 13 户。

当年, 全省个体私营经济呈现出 3 个明显特点: 一是混合所有制出现, 向共有制经济的方向发展。非公有制经济之间、非公有制经济与公有制经济之间都已突破所有制界限, 开始互相控股、互相兼并、互相联合, 形成一种新的混合所有制。据对天水、白银两市调查, 约有 2% 的私营企业以承包、租赁、参股、兼并、买断等多种形式参与了国有企业的改革, 企业的资本向多元化、共有制发展。二是有限责任公司比重增大, 企业经营的规范化程度提高。有限责任公司作为现代企业的一种组织形式, 正在被越来越多的私营企业所接受。三是企业行为社会化趋势明显, 成为社会生活中的健康因素。截至年底, 全省已有 8300 多名非公有制经济人士参与了义利兼容的扶贫济困的光彩事业, 兴办以非公有制经济人士为主体的光彩事业项目 60 多个, 到位资金 1.96 亿元, 安排劳动就业 1.73 万人, 培训各类人才 1.46 万人。全省统战部门组织的送温暖活动, 非公有制经济人士所捐款物就达 1215 万元。非公有制经济人士被评为各级劳模的 109 人, 新长征突击手 43 人, 三八红旗手 47 人, 先进个体劳动者 5367 人。非公有制经济的发展, 促进了生产力的发展, 促进了公有制企业机制的转变, 使公有制的实现形式出现了多样化。非公有制经济参与了以政府为主体的扶贫开发事业和再就业工程, 解决了一定的社会就业问题和部分群众的温饱问题, 为社会的稳定做出了贡献。非公有制经济的发展增加了财政收入, 增强了全省的经济实力。1996 年全省非公有制工业企业创造工业产值 22.36 亿元, 占全省工业总产值的 26.78%; 非公有制商业企业实现社会消费品零售额 135.3 亿元, 占全省社会消费品零售额的 52.14%; 非公有制经济纳税 6.04 亿元, 占全省工商税收的 12.08%; 安排从业人员 84.22 万人, 占全省社会劳动力的 5.54%。

1996 年全省城乡个体工商业

表 2-4

地 区	户数 （户）	从业人员 （人）	注册资金 （万元）	总产值 （万元）	销售总额或 营业收入 （万元）	社会消费品 零售额 （万元）
全省总计	391181	705687	227174	113099	1107175	679649
兰 州 市	66322	133645	78200	20547	585530	289431
嘉峪关市	3532	5406	3098	660	11264	8055
金 昌 市	5636	8537	3686	1639	8871	8085
白 银 市	19211	31984	13789	6704	35362	26737
天 水 市	49360	121084	22852	14716	92630	68059
酒泉地区	20853	31001	13844	8313	53318	40088
张掖地区	20718	33384	10193	6222	33635	24940
武威地区	30420	61719	18203	10579	31143	28691
定西地区	35002	53395	12713	7534	56705	37244
陇南地区	39519	59735	12281	6827	34667	25778
平凉地区	29337	48452	12585	14244	45775	36092
庆阳地区	40975	67814	11692	6076	62634	52180
临 夏 州	21909	37176	10103	7636	44657	25546
甘 南 州	7870	11555	3493	1280	8721	6849
矿 区	517		442	122	2263	1874

第二章　个体私营经济管理

1996 年全省私营企业

表 2-5

地 区	户数（户）	投资者人数（人）	雇工人数（人）	注册资金（万元）	总产值（万元）	销售总额或收入（万元）	社会消费品零售额（万元）
全省总计	7121	18260	105286	276138	90099	141788	106007
省 局	401	1092	6898	42909	—	—	—
兰 州 市	2396	5697	36601	99057	29505	64214	53074
嘉峪关市	87	304	1767	3848	5357	1990	2020
金 昌 市	171	376	2397	3896	1875	1768	1431
白 银 市	486	1670	6441	23502	6929	18018	8173
天 水 市	604	1687	8796	21581	11947	10893	9011
酒泉地区	286	660	2893	11416	1066	5680	3367
张掖地区	297	904	3642	6715	2125	2257	1395
武威地区	1032	2020	11790	20270	7562	10329	10148
定西地区	264	783	5613	6186	3031	3149	1275
陇南地区	205	785	2542	6509	1400	4549	1827
平凉地区	300	808	4590	7197	8397	11558	8817
庆阳地区	257	501	4951	6588	1933	1201	1013
临 夏 州	314	877	6096	15967	8813	6002	4367
甘 南 州	21	96	325	497	159	179	80

1997 年底，全省个体工商户发展到 43.14 万户，从业人员 78.38 万人，注册资金 26.6 亿元，分别比上年增长 10.3%、11.1% 和 17.2%。私营企业发展到 8380 户，从业人员 12.97 万人，注册资本（金）36.67 亿元，分别比上年增长 17%、4.2% 和 32%。这年全省实现国内生产总值 781.34 亿元，其中 21% 即 164.54 亿元是由非公有制经济实现的，这个比重比 1996 年提高 2.1 个百分

点。

1998年底，全省个体工商户发展到49.7万户，从业人员90万人，注册资金33.7亿元。私营企业发展到12142户，从业人员17.7万人，注册资本（金）58.2亿元。与上年度相比，个体工商户增长15.3%，私营企业增长4.8%。该年全省个体私营经济户数的发展速度居全国第6位，在西北仅次于陕西，高于西北其他省区；私营企业户数的发展速度居全国第2位，仅次于江苏。

1999年底，全省共有个体工商户52.3万户，同比增长5.2%；从业人员96.6万人，同比增长0.95%；注册资金39.5亿元，同比增长16.9%。个体工商户在总量增长的同时，经营规模与经济实力也以更快的速度发展，总产值已达21.5亿元，同比增长32.3%；实现营业收入215亿元，同比增长15.5%；社会消费品零售额123.8亿元，同比增长10.6%。当年个体经济突出特点是：城镇个体工商户呈现出快速增长的势头，占总户数的比重逐年增大。这年底，全省城镇个体工商户数21.8万户、从业人员40.7万人，同比分别增长了41.2%和40.6%，城镇个体工商户数所占比重由上一年的31%上升到41.7%。

1999年底，全省共有私营企业1.51万户，同比增长24.4%；从业人员20.8万人，同比增长17.7%；注册资本（金）91.4亿元，同比增长57.1%；总产值达20.1亿元，同比增长29.8%；实现营业收入40.5亿元，同比增长23.1%；社会消费品零售额27.7亿元，同比增长21.9%。当年全省私营企业一是私营企业经营规模扩大，经济实力不断增强。私营企业户均资金已达60.5万元，比上年增长26%。注册资本（金）在100万~500万元的私营企业1152户，同比增长43%；注册资本（金）在500万元以上的私营企业227户，比上年底净增131户，增长136%；雇工100~500人的私营企业108户，比上年底净增66户，增长157%。二是有限责任公司发展突出，私营企业的规范化经营程度逐渐提高。由于具有产权清晰、权责明确的特点，有限责任公司已经成为投资者最热衷的组织形式。全省已有私营有限责任公司1.05万户，同比增长35.4%，占私营企业总户数的69.5%，比上年提高了5.5个百分点。同期，独资企业增长4.5%，所占比重为21.3%，比上年同期上升4个百分点；合伙企业增长了6.1%，所占比重为9.2%。

1998 与 1999 年全省城乡个体工商业

表 2-6

项　目		单位	1999 年	1998 年	1999 年比 1998 年(+/−)%
户　数	小计	户	523485	497458	+5.23
	城镇	户	218370	154643	+41.21
	农村	户	305115	342815	−11.00
从业人员	小计	人	965793	903011	+6.95
	城镇	人	407330	289797	+40.56
	农村	人	558463	613214	−8.93
注册资金	小计	万元	394610	337431	+16.95
	城镇	万元	193459	144703	+33.69
	农村	万元	201151	192728	+4.37
总产值	小计	万元	215447	162907	+32.25
	城镇	万元	100452	57336	+75.20
	农村	万元	114995	105571	+8.93
销售总额或营业收入	小计	万元	2150167	1860827	+15.55
	城镇	万元	1307860	1075622	+21.59
	农村	万元	842307	785205	+7.27
社会消费品零售额	小计	万元	1237521	1119371	+10.56
	城镇	万元	783798	687465	+14.01
	农村	万元	453723	431906	+5.05

1998与1999年全省私营企业

表 2-7

项　目		单位	1999 年	1998 年	1999 年比1998 年 (+/−)%
私营企业户数		户	15110	12142	+24.44
其中:城镇		户	11864	9445	+25.61
按企业类型分	独资企业	户	3215	3076	+4.52
	合伙企业	户	1390	1310	+6.11
	有限责任公司	户	10505	7756	+35.44
投资者人数		人	38133	31961	+19.31
其中:城镇		人	11120	25305	−56.06
雇工人数		人	170140	144926	+17.40
其中:城镇		人	118155	99694	+18.52
注册资本(金)		万元	914215	581879	+57.11
其中:城镇		万元	775251	481150	+61.12
总产值		万元	200581	154489	+29.84
销售总额或营业收入		万元	405212	329208	+23.09
社会消费品零售额		万元	277186	227418	+21.88

2000 年 10 月—11 月，省工商局对全省民间投资情况进行了专题调查研究。2001 年 2 月,省工商局向省政府上报了《关于甘肃省民间投资情况调查报告》,认为改革开放之初的 1978 年,甘肃固定资产投资 9.30 亿元,1999 年已增加至 384.08 亿元,21 年间年均增长 19.39%。同期民间投资额由 0.04 亿元增至128.32 亿元,年均增长 46.82%,民间投资增幅高于全社会固定资产投资 27.43个百分点。尤其是 1990 年—1999 年间,民间投资强劲上升,年均增幅高达32.66%,比同期增幅 23.06% 的全社会固定资产投资年均增长率高出 9.60 个百分点。全省民间投资占全社会固定资产投资总额的比重也由 1978 年的 0.43%

上升至 1999 年 33.39%，而同期国有投资比重由 99.57%下降至 66.61%。特别是 20 世纪 90 年代后期，民间投资所占比重上升尤其显著，1990 年民间投资所占比重为 16.99%，最高年份的 1999 年比重高达 33.39%。

调查概述了全省个体私营经济发展情况，私营企业总量保持着持续增长的势头。截至 2000 年 9 月底，全省私营企业已发展到 1.64 万户，从业人员 20.97 万人，分别比上年底净增 1275 户和 1431 人，增长率分别为 8.4%和 0.7%。从行业发展情况看，除制造业、建筑业、交通运输业分别下降了 1.95%、13.5%和 34.8%外，其余行业均保持增长。其中：农林牧渔业增长 29.5%，社会服务业增长 17.4%，其他行业增长 32.98%。从产业结构看，私营企业主要以从事第三产业为主，但第一产业增长迅速，第二产业呈下降趋势。第三产业 1.24 万户，占总户数的 75.3%，比上年底增长 11.70%；第一产业 457 户，比上年底增长 29.1%；第二产业 3586 户，比上年底下降 3.10%。私营企业经营规模进一步扩大，到 2000 年 9 月底，全省私营企业注册资本（金）已达 108.9 亿元，比上年底增长 19.10%，户均资金 66.5 万元，比上年底增长 9.90%。私营企业注册资本（金）在 100 万~500 万元的有 1317 户，比上年底增长 14.3%；注册资本（金）在 500 万元以上的有 247 户，比上年底增长 8.80%。2000 年 9 月底，全省个体工商户有 23.9 万户，从业人员 44.5 万人，注册资金 2.2 亿。从产业结构看，个体工商户中第三产业仍居主导地位，共 21.7 万户，占总数的 90.70%；第一产业 335 户，第二产业 2.21 万户，分别占总数的 0.10%和 9.20%。从城乡分布情况看，农村工商户占总量过半，农村和城镇个体工商户分别为 12.2 万户和 11.7 万户，分别占总数的 51%和 49%。

1997 年至 2002 年，全省个体私营经济的发展有 3 个突出变化：一是个体私营经济的地位逐渐上升，从国民经济"必要的、有益的补充"成为"国民经济的重要组成部分"，成为推动甘肃经济发展的重要力量。二是个体劳动者队伍不断壮大，由过去少数闲散人员组成发展到涉及全社会各阶层人士参加的劳动大军，思想文化素质和专业知识水平有很大提高，科技含量不断增加，发展基础不断增强。三是个体工商户和私营企业生产经营水平不断提高，其经营内容、经营方式和营销手段都有很大改观，相当一批个体私营经济进入到高科技

2000 年全省各地城乡个体工商业

表 2-8

地 区	户数（户）	从业人员（人）	注册资金（万元）	总产值（万元）	销售总额或营业收入（万元）	社会消费品零售额（万元）
全省总计	272720	502243	263120	182884	1817545	1042630
兰 州 市	45515	98345	72634	21768	932038	392891
嘉峪关市	5252	10244	4537	2155	21529	15716
金 昌 市	9790	18033	11647	2866	35628	31978
白 银 市	14246	22888	11378	5825	54229	42767
天 水 市	29649	86493	22187	20404	144580	76665
酒泉地区	22213	33658	27500	17188	100425	79856
张掖地区	18565	30809	18757	8677	65620	45363
武威地区	15773	24751	19286	40789	77536	70777
定西地区	20696	29530	11730	13499	85148	58629
陇南地区	23652	39523	10878	7107	27033	23808
平凉地区	21349	33927	14121	21121	72265	55810
庆阳地区	24146	39624	24366	14548	151702	113778
临 夏 州	15465	24770	8954	6043	34222	21304
甘 南 州	6097	8744	4349	816	13355	11172
矿 区	612	904	796	78	2235	2116

2000 年全省私营企业

表 2-9

地 区	户数 （户）	投资者 人数 （人）	雇工 人数 （人）	注册 资金 （万元）	总产值 （万元）	销售总额 或收入 （万元）	社会消费品 零售额 （万元）
全省总计	17097	42075	181728	1164270	240551	430205	305364
省　　局	2424	5405	13608	367282	－	－	－
兰 州 市	7216	15685	64806	398989	54484	219790	143965
嘉峪关市	287	923	3202	14136	5767	16113	11806
金 昌 市	468	873	5881	16778	4525	4900	5647
白 银 市	774	1928	9179	53698	20990	25280	13751
天 水 市	1457	3859	21123	75537	35239	34198	28586
酒泉地区	746	2222	7035	40403	7353	16210	11020
张掖地区	541	1815	6538	33218	16385	13666	11463
武威地区	889	2043	10081	34811	35703	39997	37004
定西地区	471	1412	9862	24677	12026	10436	9182
陇南地区	430	1875	6089	29434	10156	18847	9214
平凉地区	358	1089	6596	17368	13137	12396	11157
庆阳地区	403	1027	6606	18086	5759	5292	4406
临 夏 州	590	1822	10381	38173	18274	12777	7846
甘 南 州	43	97	741	1680	753	303	317

领域,出现了小作坊和大工厂并举、小摊贩和大公司共存、传统经营与现代经营方式争荣的局面,形成了"八仙过海、各显其能"的繁荣景象。

2003 年,因为"非典"带来的原因,部分市场关闭,个体经营户经营困难停业歇业达到 10 万多户,占全省总户数的 32%。分布地区如下:

2003 年全省歇业个体户、市场关闭数情况

表 2-10

地 区	关闭市场数	停歇业数(户)	地 区	关闭市场数	停歇业数(户)
兰州市	9	13841	张掖市	2	10085
嘉峪关市	2	886	庆阳市	16	4671
武威市	12	6519	金昌市	–	1860
临夏市	2	2376	陇南市	42	21302
甘南州	7	377	定西市	32	7017
平凉市	92	5470	天水市	79	19236
酒泉市	28	3690	矿 区	–	25
白银市	10	3560	合 计	333	100915

2004 年底,全省累计有个体工商户 34.46 万户,从业人员 65.56 万人,比上年增长 5.5% 和 8.3%;资金总额为 48 亿元,同比增长 9.6%,户均 1.4 万元。全省私营企业累计 3.18 万户,投资者 8.36 万人,雇工 34.23 万人,注册资本(金)348.2 亿元,比上年增长 35.5%,户均资金 111.33 万元。

部分年份全省个体私营经济发展情况

表 2-11

年 份	数 量
1987 年	全省共有个体工商户 18.96 万户、从业人员 28.09 万人，分别比上年增长 13.34%和 9.97%;注册资金 2.7 亿元,比上年增长 18.1%;营业额达到 10.6 亿元,比上年增长 31.3%。全省共有雇工 8 人以上的私营企业 1200 户、从业人员 2.5 万余人,自有资金 2000 万元。
1988 年	全省共有个体工商户 21.55 万户,从业人员 32.05 万人,自有资金达 3.4 亿多元,年产值 3.4 亿多元,年营业额达 22 亿多元。其中社会商品零售额达 18.4 亿多元,占全省社会商品零售总额的 17.98%。同刚恢复时相比:户数增长 67 倍,从业人员增长 80 倍,自有资金增长 41 倍,年营业额增长 46 倍,年商品零售额增长 20 倍。全省共有私营企业 1100 户、从业人员 2.43 万人,自有资金达 6525 万元,年产值为 6111.3 万元,年营业额为 4190.6 万元。其中独资企业 562 户,占 51.1%;合伙企业 439 户,占 40%;有限责任公司 39 户,占 3.55%。
1989 年	全省个体工商户、私营企业共有 17.19 万户,比上年的 21.55 万户下降了 20.24%(因换发新执照,清理减除了一部分歇业户);从业人员 30.89 万人,比上年的 32.05 万人下降了 3.63%;营业额（生产值）2.14 亿元,比上年的 2.61 亿元下降了 18.2%;商品零售额 11.71 亿元,比上年下降了 36.4%。
1990 年	全省共有个体工商户 17.54 万户,从业人员 27.93 万人,自有资金 4.73 亿元,年产值 3.93 亿元,年营业额 16.73 亿元,商品零售额 14.18 亿元;个人合伙 322 户,从业 2338 人,自有资金 627 万元,年营业额 883 万元,商品零售额 519 万元;私营企业 1472 户,雇工 3.6 万人,注册资金 1.55 亿元,年产值 1.4 亿元,年销售额 7419 万元,商品零售额 5820 万元。
1992 年	全省共有个体工商户 22.84 万户,从业人员 36.96 万人,注册资金 7.14 亿元,工、交、建三行业全年总产值 5.72 亿元,销售总额(或营业收入)33.89 亿元,商品零售额 23.09 亿元;私营企业 1730 户,雇工 3.47 万人,投资者 4578 人,注册资金 2.51 亿元,工、交、建三行业全年总产值 1.56 亿元,其他各行业的销售总额为 1.29 亿元,商品零售额 8567 万元。其中,独资企业 909 户,雇工 1.63 万人,投资者 909 人,注册资金 9631 万元;有限责任公司 138 户,雇工 2692 人,投资者 587 人,注册资金 6651 万元;合伙企业 683 户,雇工 1.56 万人,投资者 3082 人,注册资金 8797 万元。
1993 年	全省共有个体工商户 28.26 万户,其中城镇 7.49 万户,农村 20.77 万户。从业人员 48.07 万人,自有资金 9.8 亿元。工业、建筑业、交通运输业总产值 9.26 亿元。商业、修理业、饮食业、服务业及其他行业营业额 60.01 亿元。商品零售额 41.97 亿元。全省私营企业 2453 户,投资者 6477 人,雇工 4.6 万人,注册资金 4.5 亿元,总产值 4.13 亿元,营业收入 2.3 亿元。

年　份	数　　量
1994 年	全省共有个体工商户 32.21 万户,从业人员 56.24 万人,自有资金 14.01 亿元,农林牧渔、工业和建筑三行业创产值 7.13 亿元,其他各行业营业收入达 68.94 亿元,商品零售额 47.8 亿元。私营企业 3637 户,投资者 8939 人,雇工 6.03 万人,注册资金 8.25 亿元,产值达 3.97 亿元,实现营业收入 4.63 亿元,商品零售额 3.71 亿元。其中,独资企业 1838 户,投资者 1838 人,雇工 2.83 万人,注册资金 3.15 亿元;合伙企业 1114 户,投资者 4779 人,雇工 1.99 万人,注册资金 1.74 亿元;有限责任公司 685 户,投资者 2322 人,雇工 1.21 万人,注册资金 3.37 亿元。
1995 年	全省共有个体工商户 35.89 万户,63.66 万人,注册资金 18.81 亿元,总产值达 8.54 亿元,实现营业收入 82.45 亿元,社会消费品零售额 52.69 亿元;私营企业 5458 户,从业人员 9.59 万人,注册资本 15.97 亿元,总产值 6.28 亿元,营业收入 10.25 亿元,社会消费品零售额 7.77 亿元。私营企业 5100 户、73.2 万人,注册资本(金)34.8 亿元,总产值 14.8 亿元,营业收入 92.7 亿元,社会消费品零售额 60.5 亿元。个体私营经济从业人员已占全省社会劳动力的 5.1%,占总人口的 3.1%,同比提高了 0.4 个百分点;社会消费品零售额占全省社会消费品零售额的 28.8%;税收已达 2.55 亿元,占全省工商税收的 4.2%。
1996 年	全省共有个体工商户 39.12 万户,同比增长 8.99%;从业人员 70.57 万人,同比增长 10.85%;注册资金 22.72 亿元,同比增长 20.80%;总产值 11.31 亿元,同比增长 32.47%;实现营业收入 110.72 亿元,同比增长 34.29%;社会消费品零售额 67.97 亿元,同比增长 28.99%。全省私营企业 7121 户,同比增长 30.47%;从业人员 18.26 万人,同比增长 33.16%;注册资金 27.61 亿元,总产值 9 亿元,营业收入 14.18 亿元,社会消费品零售额 67.96 亿元。
1998 年	全省共有个体工商户 49.75 万户,同比增长 15.3%;从业人员 90.3 万人,同比增长 15.2%;注册资金 33.74 亿元,共创产值 16.29 亿元,同比增长 36.6%;实现营业收入 186.08 亿元,同比增长 27.3%;社会消费品零售额 111.94 亿元,同比增长 65.1%。全省私营企业 1.21 万户,同比增长 44.9%;从业人员 17.69 万人,同比增长 36.3%;注册资金 58.19 亿元,同比增长 58.7%;创产值 15.45 亿元,同比增长 48%;实现营业收入 32.92 亿元,同比增长 33.3%;社会消费品零售额 22.74 亿元,同比增长 28.2%。
1999 年	全省共有个体工商户 52.3 万户,从业人员 96.6 万人。注册资金 39.5 亿元,产值 21.5 亿元,营业收入 215 亿元,社会消费品零售额 123.8 亿元。私营企业 1.5 万户,从业人员 20.8 万人,注册资金 91.4 亿元,产值 20.1 亿元,营业收入 40.5 亿元,社会消费品零售额 27.7 亿元。

第二章　个体私营经济管理

年 份	数 量
2000 年	全省共有个体工商户 27.3 万户,从业人员 50.2 万人,注册资金 26.3 亿元。产值 18.3 亿元,销售总额 181.8 亿元,社会消费品零售额 104.3 亿元。私营企业 1.97 万户、投资者 4.96 万人、雇工 21.73 万人、注册资本 158.9 亿元,分别比上年同期增长 15.2%、17.8%、19.6%和 36.5%。
2001 年	全省共有个体工商户 29.8 万户,从业人员 54.7 万人,注册资金 32.3 亿元,分别比上年同期增长 9.16%、9%和 22.8%,产值 20.2 亿元,销售总额或营业收入 185.2 亿元,社会消费品零售额 113.3 亿元,分别比上年同期增长 10.38%、1.9%和 8.6%。
2004 年	全省共有个体工商户 34.46 万户,从业人员 65.56 万人,比上年增长 5.5%、8.3%;投资总额为 48 亿元,同比增长 9.6%,户均资金 1.4 万元。该年新登记个体工商户 5.94 万户、从业 11.02 万人,同比增长 12.1%和 14.8%。全省私营企业 3.18 万户、投资者 8.36 万人、雇工 34.22 万人,分别比上年增长 20.4%、24.2%和 21.3%。其中注册资金 348.2 亿元,比上年增长 35.5%,户均资金 111.33 万元。
2005 年	全省共有个体工商户 32.3 万户,从业人员 59.5 万人,注册资金 47.8 亿元,该年新登记个体工商户 4.41 万户,从业 74.8 万人,全省累计注册私营企业 3.78 万户,投资者 9.77 万人,雇工 37.2 万人,分别比上年增长 18.87%、16.87%和 8.71%。
2006 年	全省新登记个体工商户 7.5 万户,新登记私营企业 8756 户,分别比上年同期增长 26%和 24%。截止年底,全省共有个体工商户 33.02 万户,从业人员 57.5 万人,注册资金 59.26 亿元;全省共有私营企业 4.21 万户,投资者和雇工人数 53.51 万人,注册资本 617.57 亿元,其中私营集团公司 42 户。
2007 年	全省新登记个体工商户 7.64 万户,从业人员 12.7 万人,注册资金 14.1 亿元。新登记私营企业 8503 户,投资者和雇工人数 7.5 万人,注册资金 113 亿元。全省共有个体工商户 36.46 万户,从业人员 63.4 万人,注册资金 68.8 亿元。私营企业 4.71 万户,投资者和雇工人数 58.5 万人,注册资本 677.4 亿元。个体工商户比上年增长 10.4%,私营企业比上年增长 11.9%。
2008 年	全省共有私营企业 5.98 万户,从业人员 60.5 万人,注册资本(金)842.39 亿元,分别比上年同期增长 26.96%、3.42%、24.36%。全省共有个体工商户 41.6 万户,从业人员 75.39 万人,注册资金 89.6 亿元。分别比上年同期增长 14.1%、18.9%、30.23%。全省农民专业合作社达 1038 户,出资额 60.1 亿元,成员总数 1.24 万人。其中当年新登记农民专业合作社 859 户,出资总额 5.02 亿元,成员总数 8713 人。

1986 年—2008 年全省个体工商业

表 2-12

年　度	户数（户）	从业人员（人）	注册资金（万元）	总产值（万元）	销售总额或营业收入（万元）	社会消费品零售额（万元）
1986 年	163529	255448	23164	–	75106	–
1987 年	189658	280901	27000	12685	90595	–
1988 年	215533	320497	34521	34444	226967	184131
1989 年	171914	308852	78405	61326	213840	117114
1990 年	175340	279293	47325	39263	167263	141783
1991 年	194714	313674	54353	41216	212813	156316
1992 年	228406	369628	71362	57213	338933	230865
1993 年	282663	480682	98297	92642	600136	419665
1994 年	322059	562383	140113	71323	689389	478037
1995 年	358925	636621	188059	85377	824483	526887
1996 年	391181	705687	227174	113099	1107175	679649
1997 年	431413	783840	265724	118317	1449618	712718
1998 年	497458	903011	337431	162907	1860827	1119371
1999 年	523485	965793	394610	215447	2150167	1237521
2000 年	273000	502000	263000	183000	1818000	1043000
2001 年	298000	547000	323000	202000	1852000	1133000
2002 年	307694	562207	393655	–	–	–
2003 年	332327	616920	455367	192000	1859800	1274000
2004 年	344635	655600	480000	–	–	–
2005 年	310064	559858	473997	–	–	–
2006 年	330171	574963	592648.72	–	–	–
2007 年	364645	633938	688395.44	–	–	–
2008 年	416282	753980	896044.04	–	–	–

1986 年—2008 年全省私营企业

表 2-13

年　度	户数 （户）	投资者 人数 （人）	从业 人员 （人）	注册资 本(金) （万元）	总产值 （万元）	销售总额或 营业收入 （万元）	社会消费品 零售额 （万元）
1986 年	1034	–	18716	1770.84	–	–	
1987 年	1200	–	25000	2000	–	–	
1988 年	1100	–	24256	34521	6111.3	4190.6	–
1989 年	1451	–	33278	78405	14671	5710	5554
1990 年	1472	–	36004	15446	13951	7419	5820
1991 年	1438	3721	29793	15882	14315	7578	5461
1992 年	1730	4578	34648	25079	15609	12872	8567
1993 年	2453	6477	46022	45201	41256	22936	12272
1994 年	3637	60260	8939	82502	39680	46343	37052
1995 年	5458	13713	82150	159662	62808	102470	77707
1996 年	7121	18260	105286	276138	90099	141788	106007
1997 年	8380	20779	108957	366691	104367	247025	177380
1998 年	12142	31961	144926	581879	154489	329208	227418
1999 年	15110	38133	170140	914215	200581	405212	277168
2000 年	17097	–	224000	1164000	240000	430000	305000
2001 年	19695	49581	217333	1589000	402000	631000	456000
2002 年	21926	56680	251437	2004393	–	–	–
2003 年	26462	68276	294498	2718259	542000	970000	654000
2004 年	31820	83624	342237	3482000	–	–	–
2005 年	38169	99511	381916	4781253	–	–	–
2006 年	42062	119051	416073	6175671.72	–	–	–
2007 年	47074	127810	457305	6774096.51	–	–	–
2008 年	60184	124784	483100	8544940.20	–	–	–

表 2-14

2006年—2008年全省私营企业

单位:户,人,万元

年度	期末实有											
	合计				其中:城镇				其中:本期开业			
	户数	投资者人数	雇工人数	注册资本（金）	户数	投资者人数	雇工人数	注册资本（金）	户数	投资者人数	雇工人数	注册资本（金）
2006年	42062	119051	416073	6175671.72	34320	87825	293739	4732769.64	8756	19067	63141	1088941.63
2007年	47074	127810	457305	6774096.51	38895	104912	326901	5462774.21	8503	16715	57812	1129927.28
2008年	60184	124784	483100	8544940.20	47426	100344	341513	6605691.46	11372	18627	64783	1472899.98

续表

年度	独资企业				合伙企业				有限责任公司				股份有限公司			
	户数	投资者人数	雇工人数	注册资金	户数	投资者人数	雇工人数	注册资金	户数	投资者人数	雇工人数	注册资金	户数	投资者人数	雇工人数	注册资金
2006年	5972	5972	67941	—	985	3921	16769	—	35104	109152	331355	5919540.72	1	6	8	2200
2007年	6097	6097	67826	—	1040	3904	15692	—	39932	117696	373583	6465819.95	5	113	204	20200
2008年	6751	6467	61970	—	923	3068	12341	—	52499	115106	408209	—	11	143	580	37770

第二节　政策支持

1986年到2008年,全省工商系统积极发挥职能作用,充分运用政策,采取各项有效措施,支持和推进全省个体私营经济的发展。

20世纪80年代末到90年代初,省工商局鼓励、支持全省个体私营经济的发展,结合本省实际,放宽政策,维护个体私营经济的合法权益。省工商局做出了以下政策规定:(1)私营企业可以独资、合伙经营,可以按规定条件组织公司、货栈,可以根据国家规定直接利用国外投资。对挂靠在国有、集体企业的私营企业,支持其脱钩,独立经营。(2)私营企业可以经营国家法律允许的工业、手工业、建筑业、交通运输业、商业、饮食业、服务业、修理业和其他行业。(3)可以一业为主兼营他业;临近行业可以跨行业经营;支持闲散科技人员跻身科技服务业;可以前店后厂,自产自销;可以发料及来料加工、代购代销、代储代运;可以批发、零售,也可以批零兼营。(4)可以经营除重要生产资料之外的其他生产资料、家用电器及紧俏耐用消费品的零售业务。(5)鼓励私营企业开展社会服务,联合组织产品展销等,扩大社会影响,但不得超出核准登记的经营范围从事经营活动;不得从事非法活动。(6)促进商品生产行业的私营企业发展生产,工商部门可减收或免收管理费3年。对残疾人开办的服务业可予以免收管理费。在外贸部门的支持下私营企业可以直接创汇。(7)私营企业的合法权益受国家法律保护。除国家法律、法规和省政府规定之外,任何部门和单位不得向私营企业乱摊派、乱收费,不允许以任何借口向私营企业敲诈勒索。对于那些严重的侵权行为,各级工商部门应主动出面制止。(8)私营企业可以起字号,以核准的字号名称刻制图章。

1987年,省工商局结合自身对个体运输业的监管职能,研究起草了《甘肃省个体运输业管理试行办法》。3月19日,省政府下发通知颁布了这个《办法》。《办法》共5章21条,其中第四条明确了个体运输业的登记范围:凡使用各种类型的机动或非机动运输工具,从事公(水)路客、货运输和装卸、搬运的个体运输户,都属于登记范围。

1988年5月,省工商局向全省工商系统发出通知,明确提出了划分私营企业的标准和核准登记办法。划分私营企业的标准是：(1)资产归私人所有,常年雇工8人以上的经济实体；(2)有与生产经营和服务规模相适应的资金；(3)有固定的经营场所和必要的设施；(4)符合国家法律、法规和政策规定的经营范围；(5)经营者必须不是国家法律、法规明文禁止的人员。核准登记私营企业的条件和办法是：私营企业开业前,需向当地工商部门提出申请,填写私营企业申请登记表,并提交下列证件,经核准登记,发给营业执照,方可开业：(1)私营企业者的户籍或身份证,(2)资金证明,(3)场地证明,(4)企业章程,(5)与雇工签订的合同或协议书,(6)不同行业按有关规定需要提交的有关证明,(7)有相应的专职管理人员和技术人员。私营企业登记的主要事项有：企业名称、地址、私营企业者姓名、生产经营范围、生产经营方式、注册资金、职工人数。

1988年6月29日,国务院颁布了《中华人民共和国私营企业暂行条例》。7月5日—12日,国家工商局在成都召开了全国个体私营经济工作会议。成都会议后,省工商局于同年7月27日—31日在兰州召开了全省地(州、市)工商局局长和个体经济科科长参加的工作会议,对扶持发展甘肃省的私营企业提出了具体工作意见。针对当时存在的贷款难、经营场地紧张、原材料和货源供应无保障、乱收费、乱摊派、乱发许可证、强行改变经济性质以及随意驱赶、刁难、打击、侵犯私营企业合法权益等问题,向省政府提出了3条建议：一是以省政府名义发布一个《鼓励发展城乡个体私营经济若干规定》的布告,在城乡广为张贴。二是在省政府主管省长领导下,由省政府办公厅负责,建立发展、监督管理个体私营经济政策协调制度,定期或不定期地组织有关部门检查、分析、研究全省执行发展个体私营经济的方针、政策、法律、法规情况。三是由省政府办公厅牵头,省物价委员会负责,对存在的乱收费、乱发许可证进行一次全面的清理；制定收费管理制度,除国家法律、法规和省政府规定以外的收费,一律停止执行。省政府采纳了此3条建议,并转发了省工商局向省政府上报的《关于发展个体私营企业的报告》。之后,省政府向全省发布了《关于鼓励发展城乡个体私营经济的10条规定》。

在此基础上,省工商局向全省工商系统发出了加强对私营企业登记管理的通知。通知要求,对当时存在的各类名为集体企业实为私营的企业,按照政策规定严格区分开来,消除所有制混淆带来的弊端。对公私不分的企业予以重新登记。对新申请开办私营企业的,只要符合条件,工商部门必须及时审核、登记,发给营业执照,不得拖延。符合法人条件的私营企业,按照国家工商局确定的审核程序进行审核,颁发企业法人营业执照。对私营企业中的涉外、跨省、跨地区企业、集团公司,资金100万元以上、雇工400人以上的企业,以及由省上直接管理的企业,由省工商局核准发照管理。

1992年,中共十四大再一次肯定了个体私营经济在我国社会主义建设中的地位和作用,进一步明确了发展个体私营经济的方针和政策。省委、省政府也专门做出了《关于加快发展个体私营经济的决定》。学习贯彻中共十四大精神和省委、省政府的《决定》,加快发展个体私营经济,省工商局、省个体劳动者协会、省工商联于1992年11月9日,召开了兰州地区千人参加的学习中共十四大精神加快发展个体私营经济动员大会,省上有关领导出席大会并做了讲话。

1992年11月,省工商局研究制定了《甘肃省城乡个体私营经济管理基本规范》。包括登记管理、证照管理、档案管理、统计管理、思想教育、自身建设、指导支持个体劳动者协会工作等8个方面的内容,共29条。其中监督管理的内容是:(1)监督经营者亮证经营,明码标价。(2)监督经营者照章纳税、交费。(3)监督私营企业按规定建立健全各项制度。(4)定期检查经营者的生产、经营活动,及时查处各种违法违章行为。(5)根据实际需要,建立必要的图表、簿册。对本辖区内个体私营经济发展、分布、生产经营、停、歇业情况和涌现出的好人好事及违章违法行为查处等做出标示或记录。(6)依法维护个体私营经营者的合法权益,及时有效地制止侵权行为。积极向政府建议,与有关部门协调,帮助解决生产经营中遇到的实际困难。

与此同时,省工商局向省计划委员会(简称"省计委")提出了支持发展第三产业的意见,其中的第一条是放手发展个体私营经济,具体内容是:(1)认真贯彻省委、省政府《关于加快发展个体私营经济的决定》精神,大胆放手发展个体私营经济。进一步放宽经营范围和经营方式,扩大个体私营经济的从业面,积极鼓励个体私营经济从事第三产业,向科技型、生产型、外向型发展。对老、少、边、穷地区给予特殊优惠,想方设法改善个体工商户和私营企业的经营条件和环境,维护他们的合法权益和正当收入,坚决制止对个体工商户、私营企业的乱收费、乱摊派、乱罚款。(2)各级工商部门要同各级公安、土地、交通、城建、市政、环卫、水电、卫生、街道等部门协调一致地共同做好工作,为个体私营经济的发展提供方便,通过各种途径解决其发展中的困难和问题,并给予同国营、集体企业一样的待遇。商请银行和城乡信用社向效益好、有偿还能力的私营企业和个体工商户发放一定额度的固定资产、流动资金和简易设备维修贷款,用以支持个体私营经济发展。同时,要引导扩大个体工商户和私营企业的经营范围,对那些国营、集体企业干不了、干不好的行业要鼓励和支持个体工商户和私营企业干。除军工等特殊行业和国家明令禁止、限制的重要品种外,其他生产、生活资料都允许个体工商户和私营企业生产、经营、长途贩运、批零兼营。鼓励个体工商户、私营企业发展与当地工业相配套的产品加工、传统工艺品和日用小商品的生产、经营以及修理、饮食、服务业,鼓励个体工商户、私营企业从事交通运输、文化、娱乐、教育、科研、技术培训、信息、咨询等第三产业,兴办外商投资企业。(3)各级工商部门对从事个体经济、开办私营企业的申请,凡符合规定的应在受理后尽快核准登记,发给营业执照。国务院和省政府已有规定,需经公安、卫生、烟草、医药等有关部门审查批准的行业和经营项目,应在受理后对符合政策规定的尽快审核批准或核发许可证。

1994 年,省经济贸易委员会(简称"省经贸委")与省工商局联合制定了《关于进一步加快发展个体私营经济的若干政策规定》。同年 10 月 11 日,省政府向全省各地各部门批转了这个《规定》。其中第三项是进一步放宽扶持个体私营经济的具体政策措施,主要内容是:(1)放宽经营主体。除在职人员、在校学生和现役军人外,均可从事个体经营、开办私营企业。企事业单位在转换经营机制过程中分离出来的富余人员,因停工停产而生活困难需要从事个体经营的职工,党政机关在机构改革中分流出来的人员,都允许从事个体、私营经营。鼓励、支持大中专毕业生到个体工商户或私营企业工作,其档案分别由省、地(州、市)、县人事局人才交流中心管理,并保留国家干部身份。亏损企业的职工(不包括厂级领导)经厂方批准同意,采取留职停薪的办法,到个体工商户或私营企业工作,保留原档案身份,其工龄连续计算。外地人员来甘肃省从事个体经营、独资或合伙开办私营企业,在政策上与本省人员一视同仁,并在户口等问题上妥善解决,凡年上缴税金10万元以上的私营业主需要落户的准予在城市落户;在私营企业工作的省外专业技术人员(大学本科以上学历或具有中级以上专业技术职称,带有资金、技术或项目的)愿意在兰州等城市落户的,欢迎他们落户。(2)放宽经营范围。除国家明令禁止的外,凡是允许国有、集体、外商投资企业生产经营的竞争性行业项目,只要开办工商户、私营企业具备同等条件,都允许生产经营。允许有条件的私营企业经有关部门批准进行房产开发经营试点,私营企业可参加土地主管部门举办的土地使用权投标和参与房产开发。允许私营企业和个体工商户从事委托代理邮电通信业务的末端经营服务。(3)放开经营方式。凡是允许国有、集体企业采用的经营方式,个体工商户和私营企业都可以采用。鼓励个体工商户和私营企业向国有、集体企业投资入股、参股或与国有、集体企业实行多种形式的联合经营;鼓励个体工商户和私营企业承包、租赁、兼并、购买国有和集体企业;鼓励私营企业办股份制企业和组建企业集团;鼓励个体工商户和私营企业从事"三来一补"(来料加工、来样加工、来件装配与补偿贸易)业务、边境贸易和到境外开办各类企业。(4)放宽登记注册条件。在个体工商户和私营企业登记注册时,只需提交法律法规或国务院明文规定需要提交的许可证或专项审批文件,需专业主管部门核发许可证及专项审批的,有关部门接到申请后,必须在10天内提出审核意见。对贫困地区新涉足个体经营的贫困户,实行"先放开、后规范"的原则。除专项审批外,当地城镇居民、农民和离退休人员凭本人身份证,可直接向当地工商部门申办个体工商户、私营企业营业执照。外地来甘肃省人员凭身份证、暂住证和计划生育证即可申办营业执照。(5)认真处理好实施新税制中出现的新问题。各地要从实际出发,按照"发展小的,稳住中的,抓住大的"原则,对个体大户、私营企业只要财务会计制度符合认定一般纳税人的要求,即可认定。税务所代开小规模纳税增值税发票要及时、手续从简,并无偿提供咨询服务。税务部门核定个体户和私营企业征税额度时,要与工商、个体劳动者协会等部门和社团共同商定,搞好税收的征管工作,在国家税法许可的范围内提高对个体工商户征税的起点。

1994年11月9—11日，省政府在兰州召开了全省个体私营经济工作座谈会。参加会议的有各地(州、市)政府的主管领导、经贸委(经济处)主任、工商局长、省级各有关部门的负责同志以及部分县(市、区)政府的领导和私营企业的代表，共100余人。省委书记阎海旺、省人大常委会主任卢克俭、省长张吾乐等主要领导出席了会议。省委副书记杨振杰、副省长崔正华就加快甘肃个体私营经济发展讲了话。会议主要学习了省政府《关于进一步加快发展个体私营经济的若干政策规定》，总结交流了经验，研究贯彻实施办法，并参观了一些典型私营企业。这次会议后，省政府出台了一个符合实际、可操作性强的《关于进一步加快发展个体私营经济的若干政策规定》。

1997年9月，省经贸委、计委、财政厅、工商局、劳动厅等15个省直部门联合下发了贯彻落实省政府《关于进一步加快发展个体私营经济的若干政策规定》的实施意见。实施意见共分3个部分：一是进一步更新观念，解放思想；二是健全机构，搞好服务；三是认真落实有关政策，其中包括项目审批政策、融资政策、税制政策、残疾人从事个体经营政策等。实施意见提出，要支持和鼓励个体私营经济和国有大中型企业联合，生产大中型企业需要的设备、零部件等，为大中型企业当好配角。鼓励支持个体私营经济吸纳和引进省外、国外投资，谁引进谁使用。设立个体私营经济互助资金，凡带资金入会的企业优先使用互助金。对个体私营经济生产经营所需要的资料、水、电、运输等，各级经济管理部门要在年度计划的安排上一视同仁，积极给予扶持，使生产正常运行。

1998年至2001年，省委、省政府陆续制定下发了《关于大力发展非公有制经济的决定》《关于大力发展非公有制经济的补充决定》《关于加快个体私营企业技术升级、实现跨越式发展的指导意见》。2001年1月7日，省人大常委会颁布了《甘肃省发展私营个体经济条例》。根据上述文件精神，省工商局于2001年8月制定了《关于贯彻落实非公有制经济政策具体实施意见》。提出了发展非公有制经济"五不限"：不限发展速度、不限发展比例、不限发展规模、不限组织形式、不限经营方式。"四放宽"：放宽经营主体、放宽经营范围、放宽经营方式、放宽注册条件。"三服务"：上门服务、咨询服务、代办服务。"两简化"：

简化登记程序、简化登记条件。

2001年,省工商局贯彻落实《甘肃省发展私营个体经济条例》,促进全省个体私营经济的发展,研究制定了《关于促进全省个体私营经济发展的实施意见》。3月12日,省政府办公厅转发了这个《意见》。一是放宽注册资本(金)登记条件,二是改革前置审批办法,三是放宽生产经营范围。同时明确规定,凡自然人申请设立有限责任公司的,注册资本可分期到位,在2年内补足。企业自成立起1年内实缴注册资本应达到法定注册资本的50%以上。首期出资额分别达到以下标准的给予登记注册:以生产经营为主的公司达到法定最低出资额20%即10万元以上,以商业批发为主的公司达到法定最低出资额20%即10万元以上,以商业零售为主的公司达到法定出资额20%即6万元以上,科技开发、咨询、服务性公司达到法定最低出资额10%即1万元以上。鼓励私营企业组建企业集团。凡母公司注册资本在1000万元以上,并拥有3家以上控股子公司,可申请设立企业集团。申请设立合伙企业、个人独资企业及个体工商户,不限制注册资金的数额,按出资人申报的资金数额直接登记注册。《意见》明确提出了改革前置审批办法:凡是法律、法规和规章规定的前置审批项目继续执行。凡是省政府规定的前置审批需改为后置审批或取消审批的项目,待省政府清理后再公示执行。凡是省以下各级政府及省政府各部门规范性文件规定的前置审批项目,均不作为登记的前置条件。《意见》提出了放宽生产经营的范围:凡国家法律、法规和规章没有明确禁止的行业和生产经营的商品,都允许私营企业、个体工商户进入和经营生产;对一些特殊行业,在不与法律法规相抵触的情况下,允许私营企业、个体工商户参股经营;对国家限制生产和经营的一些行业,经有关部门批准,私营企业、个体工商户可特许生产经营;鼓励私营企业以独资、合伙、参股等形式参与公路、机场、通信、电力、开发、城市改造等基础设施项目建设。

2005年6月,省工商局印发了《关于促进个体私营等非公有制经济发展的实施办法(试行)》。《办法》共20条,其中前6条是:(1)放宽登记前置审批限制。除法律、行政法规规定的前置审批项目外,其他一律不作为个体私营等非公有制企业设立登记的前置许可条件。(2)放宽投资人限制。除法律、行政法规规定禁止和限制的人员外，其他人员都可以投资兴办个体私营等非公有制企业。(3)放宽名称核准限制。私营企业申请名称预先核准，不受注册资本(金)限制。改制为公司的企业可以使用原名称加"有限公司"或"股份有限公司"。(4)放宽注册资本(金)最低额限制。凡自然人申请设立合伙企业、个人独资企业及个体工商户的一律不受注册资金数额的限制。自然人申请设立有限公司，允许注册资本分期注入，首期注入资本只要达到注册资本的20%(但不得低于3万元)，即可登记注册，其余注册资本须在2年内全部到位。(5)放宽股东出资方式限制。凡以高新技术成果或专有技术出资的，只要货币出资额不低于公司注册资本的30%，技术成果经省级以上科技行政主管部门认定，作价金额可以由出资各方约定。(6)放宽经营范围核准限制。除法律、行政法规规定须经其他部门进行前置审批的经营项目外，允许投资者自主选择经营范围的项目用语。凡投资者未自主选择经营范围项目用语的，可按国民经济行业大类或中类核定其经营范围。允许集团公司在母公司的经营范围中表述其子公司的许可经营项目。

私营企业贷款难、融资难，一直是困扰非公有制企业发展的一个问题。省工商局制定了《甘肃省小额贷款公司试点登记管理暂行办法》。从小额贷款公司的设立、变更、注销等方面做出了具体规定。省工商局负责全省小额贷款公司的登记管理指导工作；设区的市工商局负责本辖区内小额贷款公司的登记管理指导工作；县(市、区)工商局(分局)负责本辖区内小额贷款有限公司的登记，小额贷款股份有限公司的登记根据《公司登记管理条例》的规定，由设区的市工商局负责登记。小额贷款公司设立为有限责任公司的，注册资本不得低于1000万元；设立为股份有限公司的，注册资本不得低于2000万元；注册资本上限原则上不超过1亿元。这个《办法》的制定和施行，规范了小额贷款公司的登记监管行为，促进了小额贷款公司的健康发展，从而较好地解决了中小企业贷款难的问题。

2008年3月14日，甘南藏族自治州个别县发生了打砸抢烧的严重犯罪事件，给当地的个体私营经济造成了很大的破坏。省工商局紧急制定了几条措施：对新登记注册和补办相关手续的个体工商户和私营企业免收工商登记费

和工本费;对受损工商户免收工商管理费、市场管理费以及年检、验照费和变更登记费;对受损严重的企业年检、个体工商户验照截止时间适当延长。这些措施有效地减少了个体工商户和私营企业的损失,使受损工商户、私营企业较快地恢复生产经营。

2008年"5·12"大地震后,为了支持甘肃地震灾区恢复生产、重建家园,省工商局紧急制定了"积极鼓励灾后自救、放宽出资期限、认真做好变更登记、延长年检期限、指导个体劳动者协会和私营企业协会发挥作用"5条措施,促进了地震灾区经济社会的稳定和灾后重建。

第三节 监督管理与服务

个体私营经济发展的不同历史时期,工商部门的监管与服务各有侧重。在全省个体私营经济起步时期,各级工商部门侧重于服务;在个体私营经济不断发展的时期,各级工商部门则侧重于监管。

1986年至1990年期间,全省个体私营经济刚刚起步,各个方面的条件均不够成熟,包括市场的开辟、人员的素质、内部管理等方面都存在很多问题和困难。因此,在这个时期全省各级工商部门对个体私营经济的管理侧重于服务引导。

1988年6月17日至7月18日,省工商局分片在天水、临夏、嘉峪关举办了全省个体私营经济管理和个体劳动者协会工作培训班,全省各地(州、市)、甘肃矿区和83个县(市、区)工商局个体私营经济科、股长(专干)和县个体劳动者协会的秘书长共计194人参加了学习。这次培训班,贯彻中共十三大精神,认真学习社会主义初级阶段的理论和有关方针、政策和法规,紧密结合全省各地工作实际,比较系统地探讨了个体私营经济的发展、登记管理和个体劳动者协会工作等有关问题,有17个单位做了典型发言。培训班还组织参观学习了天水市北道区马跑泉工商所的基础管理工作、临夏市的经济发展工作、嘉峪关市的日常工作经验。这次培训班共编写了6篇讲话:《社会主义初级阶段的个体私营经济》《城乡个体工商户的登记管理》《经济户口和统计工作》《个体劳动者协会》《坚持改革开放,提高管理干部素质》,共 10 万余字。这次培训班加深了对社会主义初级阶段鼓励发展个体私营经济方针、政策的理解;认清了国情、省情,清醒地看到了发展工作中存在的差距和问题;研究了扶持发展的具体措施。同时搞清了个体经济私营经济的含义、性质、区别,掌握了划分标准。并且明确了个体私营经济登记管理工作的基本内容和要求,统一了审核、发照、登记建档(卡)、统计等基础管理和日常监督管理工作中有关问题的认识和做法,专门部署了换发新营业执照工作。也提高了对个体劳动者协会工作重要性的认识,懂得了如何开展工作,增强了责任感。更重要的是加强了省与地(市、州)县(市、区)之间,地、县(市、区)相互之间在工作上的联系,在不少问题上取得了一致的认识,广泛交流了工作经验。

　　随着全省个体私营经济的发展,为使个体从业人员适应生产、维护、加工、装配等需要,提高从业人员的技能水平,省工商局、科技协会、商业厅、社会劳动保险局、省个体劳动者协会于 1988 年 9 月 9 日联合成立了省个体工商户技术培训和考评工作领导小组,统一领导全省个体工商户技术培训和考评工作。技术培训和考评领导小组的主要任务是:(1)制定培训、考评计划和实施办法;(2)确定培训内容和教材;(3)确定考评标准,统一颁发技术等级证书;(4)组织经验交流。各地、县领导小组根据全省统一部署和要求,制定本地区培训考评计划和实施办法,具体组织培训、考评工作,根据分级颁发技术等级证书的办法,颁发证书。

　　1988 年 10 月 1 日至 1989 年 7 月 31 日,省工商局组织全省工商系统对全省城乡个体工商户、个人合伙和私营企业换发了新的营业执照。换照前,全省城乡共有个体工商户 21.59 万户,从业人员 33.33 万人;个人合伙 1050 户,从业人员 1.29 万人;私营企业 440 户,从业人员 1.18 万人。换照后,个体工商户有 14.46 万户,从业人员 22.61 万人,分别是原有总数的 67% 和 68%;个人合伙有 709 户,从业人员 7976 人,分别是原有总数的 68% 和 61.83%;私营企业有 821 户,从业人员 2.14 万人,分别增长 87% 和 81%。

　　1990 年 10 月,省工商局集中 10 天时间,在兰州举办了一期全省个体私营经济管理干部培训班,共有 70 余人参加。通过培训,促进了《甘肃省城乡个体私营经济管理基本规范》的贯彻落实。

全省个体私营经济的发展，个体工商户的数量增加，私营企业的规模扩大,市场交易活跃。但由于各种原因,一部分个体工商户和私营业主致富心切,社会上存在着无序竞争的现象。对此,全省各级工商部门加强了对个体私营经济的监管,包括严格执行市场法规、查处无照经营、规范交易秩序、加强私营企业年检等。

个体工商户验照工作,是对个体工商户进行监管的重要环节。工商部门不断改进个体工商户验照办法,使监管工作不断加强。1990年9月至1991年2月,全省各级工商部门开展了对个体工商户(含个人合伙)的执照审验工作。全省应验照17.54万户,实际验照15.12万户,占应验照总户数的86%;外出经营在经营所在地验照的1.49万户,占总户数的8.5%;违章待验504户,占总户数的0.29%;补办变更手续的404户,占总户数的0.23%;吊销营业执照和歇业的6832户, 占总户数的3.9%; 违章违法吊销营业执照的31户, 占总户数的0.17%。

1992年10月至1993年6月,全省工商系统根据《城乡个体工商户管理暂行条例》及其《实施细则》有关规定,对城乡个体工商户营业执照使用期限满4年者,集中进行了换照;对营业执照使用期限未满4年者,统一进行了验照。全省城乡个体工商户应换照的有12.26万户,应验照的有10.57万户。换照的有10.44万户,占应换照的85%;验照贴花的有9.95万户,占应验照的94%。换、验照中,歇业注销2.15万户,违章被吊销293户。

1994年10月到1995年3月底,省工商局根据《城乡个体工商户管理暂行条例》及《实施细则》的有关规定,结合全省的实际,对全省个体工商户进行了全面验照。全省应参加验照的有30.79万户,实际验照为28.06万户,占应验照的91%;歇业注销1.03万户,违法、违章被吊销营业执照386户,处罚598户;长期外出经营,未参加验照的有1.74万户。在证照审验过程中,各地工商部门坚持验照与整改相结合。全省查出营业执照过期、未续办手续1116户,无照经营1445户,还有人照不符、变更地址不办手续,以及工商部门内部档案不全、证照管理混乱等问题。针对这些问题,各地分别进行专项研究,该处罚的从严进行处罚,该批评教育的进行批评教育,限期改正和补办有关手续。在工商部门内部进一步完善了各项制度,健全了档案、台账等有关资料。各地在验照期间,始终注重验照和发展工作相结合,全省在验照期间新发展个体工商户6254户。

从1995年开始,全省工商系统逐步推行了对个体工商户、私营企业的行政事业性收费监督卡制度,并进行了广泛宣传和监督检查。1996年10月,省工商局转发了镇原县工商局实施收费监督卡的做法经验。县(市、区)工商局、工商所层层签订了落实监督卡的责任书。广泛宣传,通过标语、横幅、宣传栏、广播等形式,使全县98%以上的个体工商户、私营业主了解了有关规定。同时抓好试点,以点带面。县(市、区)工商局先在城关工商所进行试点,边宣传、边发放卡片、边监督落实。用10天时间将680份收费监督卡发放到各个个体私营户的手中。工商行政管理人员依法收取个体私营经济管理费,并严格登记,接受群众监督。

1996年1月,省工商局转发了白银市工商局《全面落实个体私营经济规范管理,不断提高监督管理水平》的做法和经验。他们规范管理经常化、制度化,同时加强干部职工的岗位培训,培养规范化管理工作的专家。还经过严格考核,保证了规范化管理的严肃性。做到了规范化管理考核与目标责任制考核相结合。这年12月,省工商局还转发了兰州市工商局《兰州定西南路市场强化个体饮食业监督管理的做法和经验》。

1997年,国家工商局、公安部、国家税务总局下发了《关于对无照经营进行综合治理的通知》。全省召开了工商、公安、税务3部门参加的协调工作会议,并成立了"甘肃省清理无照经营综合治理工作领导小组"。通过广泛宣传动员和具体组织实施,综合治理工作于1998年3月底基本完成。全省共清理清查个体工商户、私营企业26.95万户,在清查中发现无照经营的有1264户,使用过期营业执照的有1116户。在清理清查中,共出动工商巡查人员4697人次。在清理无照经营期间,全省新发展个体工商户625户。

1997年3月,省工商局转发了庆阳地区工商局《认真实施个体私营经济规范化管理的几点做法》。推广不断统一思想,提高认识,牢固树立一手抓发

展、一手抓规范,以管理促发展的思路。抓制度建设,夯实基础。建立个体私营经济的"五簿":开业登记簿、停歇业登记簿、注销登记簿、回访和咨询登记簿、违章登记簿。同时大力提倡抓典型,表彰先进。

2002年9月,全省工商系统根据国家工商总局《关于进一步开展取缔无照经营的通知》精神,严厉打击无照经营,严肃查处了一批转让、转借、出卖、出租、涂改、擅自复印营业执照以及扩大经营范围、抽逃注册资金的违法违规经营行为,取缔了一批无照经营者。在3个多月的专项整治中,全省共出动检查人员1.76万人次,出动检查车辆1615台次,检查了从事经营活动的私营企业、个体工商户18.33万户,依法取缔无照经营5891户,罚没款78.8万元,使无照经营活动蔓延势头得到了遏制。

2004年12月,国家工商总局发出《关于工商部门不再办理民办社科研究机构登记和对已经登记的民办社科研究机构进行清理的通知》。根据《通知》精神,全省开展了对民办社科研究机构的清理工作。此次清理分3个阶段,即调查摸底阶段、实施清理阶段、总结阶段。到2005年4月底,全省共清理出民办社科研究机构3户,均为个人独资企业。3户企业中,经过这次规范清理工作,办理变更登记的有2户,办理注销登记的有1户。按照国家工商总局《通知》要求,全省各级工商部门不再办理民办社科研究机构登记。

2005年3月,省工商局按照国家工商总局关于《个体工商户分层分类登记管理办法》,研究制定了落实该《办法》的具体实施意见。此意见首先阐释了分层分类登记管理的含义:个体工商户的分层登记是指依据有关法律法规的规定,负责个体工商户登记注册的县(市)工商局以及大中城市工商分局可以依法委托符合条件的工商所,对个体工商户进行设立、变更、注销登记和验照。委托符合条件的工商所,对从事经营活动,但依照有关规定免予工商登记的个体经营者进行备案。受委托的工商所以县(市、区)工商局(分局)名义行使受委托职权。个体工商户的分类管理是指工商部门立足工商行政管理职能,利用信息化手段,依法对所掌握的个体工商户的市场准入、经营行为、市场退出等信息进行内部信用评价,按不同评价划分不同的监管类别,将个体工商户相应地分为A、B、C、D四级管理,实行分类的信用监管方式。其次是明确规定了分层

甘肃省志 工商行政管理志

登记工作程序。第三是明确规定了分类管理工作程序。以工商信息网和个体工商户经济户口数据作为载体,其分类形式:个体工商户实行 A、B、C、D 四级信用监管方式。A 级为守信个体工商户,用绿牌表示;B 级为警示个体工商户,用蓝牌表示;C 级为一般失信个体工商户,用黄牌表示;D 级为严重失信工商户,用黑牌表示。其分类标准:依据《办法》规定的市场准入、经营行为、市场退出指标以及参照指标体系对个体工商户进行信用监管分类。A 级:近两年内无任何违反工商行政管理法规的不良行为记录;B 级:近两年内有轻微违反工商行政管理法规的不良行为记录;C 级:近两年内有严重违反工商行政管理法规的不良行为记录;D 级:有严重违法行为,被责令停业或被依法吊销营业执照。A级,予以重点扶持。符合验照免审条件的,免予审查;除专项检查和举报外,一般免予日常巡查;在服务方面开辟"绿色通道",提供便利;在种类评选活动中优先推荐。B 级,实行预警提示。在办理变更登记和验照时进行重点审查,除专项检查和举报外,定时巡查;对违反法规记录进行回查;在种类评选活动中不予推荐。C 级,实行重点监管。在办理变更登记和验照时进行重点审查,除专项检查和举报外,随时巡查,增加检查次数;对违法案件进行回查;禁止参加各类评选活动。D 级,实行严重失信淘汰机制。属于责令停止营业的,要收缴营业执照及其副本或临时营业执照,并随时检查其是否停止生产经营活动;属于吊销营业执照的,要采取措施使其不得开展生产经营活动。个体工商户实行动态的分类管理模式。本着"谁登记,谁录入;谁检查,谁录入;谁处罚,谁录入"的原则,及时、准确、完整地记录个体工商户的信用信息。

2000 年以来,由于小煤矿的无序发展,矿难事故频发。2006 年,省政府要求各职能部门加强对煤矿的监管。省工商局按照省政府的指示,要求煤矿所在地工商局认真抓好此项工作,"一把手"负总责,主管局长亲自抓,并纳入各级工商局的目标责任考核,从严监管。各级工商部门对个体私营煤矿严格依法登记发照,尽职尽责加强监管,及时注销、吊销违法违规煤矿的营业执照,取得了明显成效。副省长杨志明在个体私营煤矿登记监管汇报材料上批示:"煤矿依法经营是加强安全生产的重要措施,省工商局对省政府议定事项,抓紧落实,行动快,责任心强,政策明确,承诺有力。"

2006年10月,《中华人民共和国农民专业合作社法》(简称《农民专业合作社法》)颁布,并于2007年7月1日施行;《农民专业合作社登记管理条例》也于2007年6月5日颁布,7月1日施行。为保证这些法律法规的贯彻实施,省工商局举办了全省各市、州及矿区、东风场区工商局主管个体私营经济监管工作的局长、科长和县(市、区)工商局(分局)登记科(股)长参加的培训班,组织大家认真学习这些法律法规,为实施这些法律法规打下了良好的基础。到2007年底,全省按照《农民专业合作社法》及《农民专业合作社登记管理条例》登记各类农民专业合作社184户,出资总额达9036.93万元。

2007年5月,国家对《中华人民共和国合伙企业法》(简称《合伙企业法》)和《合伙企业登记管理条例》进行了修订,国家工商总局也下发了《关于做好合伙企业登记管理工作的通知》。省工商局贯彻落实新修订的《合伙企业法》和《合伙企业登记管理条例》,按照国家工商总局的规定,省工商局制定下发了《关于合伙企业登记管辖规定》。规定:凡设立特殊的普通合伙企业和有限合伙企业,均由县级工商局、按行政区域设立的区工商分局以本局名义登记管辖。省工商局及市、州(不含嘉峪关、金昌)工商局不登记特殊的普通合伙企业和有限合伙企业。

这一年,按照国家工商总局的要求,全省工商系统对乡村小砖窑、小煤矿、小矿山、小作坊(简称四小)进行了全面的专项清理整顿,共检查已登记注册的"四小"4435户,查出无证照"四小"300户,责令改正134户,取缔无证照"四小"166户,专项整顿成效显著。

2008年国家工商总局下发了《关于印发〈个体工商户信用分类监管指导意见〉的通知》。按照国家工商总局的通知,省工商局经过调查论证,广泛征求意见,于当年5月制定下发了《个体工商户信用分类监管实施意见》。这个《意见》提出了个体工商户信用分类监管的指标体系及监管措施。个体工商户信用分类监管的指标体系由信用度、行业风险度和监管区域三部分组成。根据个体工商户的市场准入、经营行为、市场退出等指标,具体划分为守信、警示、失信和严重失信四类,分别用A、B、C、D四级信用度表示。对A级个体工商户,实行激励机制;对B级个体工商户,实行预警机制;对C级个体工商户,实行惩戒机制;对 D 级个体工商户,实行惩戒淘汰机制。根据个体工商户从事行业风险度的高低,划分为甲、乙、丙三级。甲级风险行业为经营范围须经许可审批的涉及人体健康、公共安全、安全生产、环境保护、自然资源开发的行业;乙级风险行业为经营范围涉及前置许可,且除甲级行业以外的其他行业;丙级风险行业为经营范围未涉及前置许可的行业。对从事甲级行业的个体工商户,列为重点监管对象,加大监管力度;对从事乙级行业的个体工商户,加强日常监管,积极配合有关部门开展专项治理工作;对从事丙级行业的个体工商户,结合信用度和监管区域,搞好日常监管。另外,依据经营地点的不同,将监管区域划分为重点监管区域和一般监管区域。重点监管区域主要是学校周边、商业繁华地区、超市、旅游景区、农村集贸市场等,其他区域为一般监管区域。对重点监管区域的个体工商户,加大巡查力度;对一般监管区域的个体工商户,结合其信用度和从事行业的风险度,开展日常监管。该《意见》的实施,标志着全省个体工商户监管工作进入了一个崭新阶段。

全省工商部门坚持对私营企业进行年检,使之制度化,确保私营企业的健康、持续发展。

全省 1991 年—2008 年私营企业年检

表 2-15

年　度	年　检　结　果
1991 年	全省应参加年检的私营企业有 1438 户,有雇工 2.98 万人,其中:独资企业 845 户,雇工 1.54 万人,分别占总数的 59% 和 52%;合伙企业 566 户,雇工 1.4 万人,分别占总数的 39% 和 47%;有限责任公司 27 户,雇工 381 人,分别占总数的 2% 和 1.28%。经过年检,符合条件的有 1140 户,2.57 万人,分别占原有总数的 79.28% 和 86.31%。其中:独资企业 713 户,1.39 万人,分别占总数的 84.38% 和 89.29%;合伙企业 401 户,1.15 万人,分别占总数的 70.84% 和 82.22%;有限责任公司 26 户,365 人,分别占总数的 96.29% 和 95.8%。通过年检,全省私营企业减少了 220 户,2895 人,分别占原有总数的 15.3% 和 9.7%。其中:变更为个体户或集体的 51 户,416 人;由于各种原因歇业注销的 168 户,2470 人;因严重违章被吊销营业执照的 1 户,9 人;由于长期外出未年检的 78 户,1181 人。

年 度	年 检 结 果
1993年	全省应参加年检的私营企业有2453户,实际参加年检的企业2287户,占应年检企业总数的93.23%。通过年检,办理变更登记的企业90户,占应年检企业总数的3.67%;注销企业145户,占应年检企业总数的5.91%;年检期间新开业的204户,年检后实有私营企业2464户。从受检企业的规模看,雇工百人或资产百万元以上的企业有46户,雇工人数最多的有500人,注册资金最大的企业1200万元。从企业经营情况看,全省盈利的私营企业1028户,占应年检企业总数的41.91%;亏损企业280户,占应年检企业总数的11.42%;不亏不盈的企业618户,占应年检企业总数的25.20%。
1994年	全省应参加年检的私营企业有3637户,实际参加年检的企业3258户,占应年检企业总数的89.58%。通过年检,办理变更登记的企业107户,占应年检企业总数的2.94%;注销企业177户,占应年检企业总数的4.87%;年检期间新开业的150户,年检后实有私营企业3610户。从受检企业的规模看,雇工人数最多的有500人,注册资金最大的企业1260万元。从企业经营情况看,全省盈利的私营企业1656户,占应年检企业总数的45.53%;亏损企业581户,占应年检企业总数的15.97%;不亏不盈的企业926户,占应年检企业总数的15.97%。
1995年	全省应参加年检的私营企业法人、非法人企业共有5458户,其中:有限责任公司1631户,独资企业2530户,合伙企业1297户,实际参检的企业为5130户,年检率为94%。未参加年检的企业为328户,占应检企业总数的6%,其中:已歇业未办理注销手续的142户,查无下落及其他原因未参加年检的为23户,年检期间注销163户。
1996年	全省应参加年检的私营企业法人、非法人企业共有7611户,其中:有限责任公司3384户,独资企业2802户,合伙企业1425户,分支机构490户。实际参检企业为7230户,年检率为95%。有限责任公司注册资本(金)19.4亿元,实收资本为18.62亿元,资本(金)到位率为96%。未参加年检的企业381户,占应检企业总数的5%,其中:年检期间注销的191户,查无下落及其他原因未参加年检的为112户,非法人已歇业未办理注销手续的78户。
1998年	全省应参加年检的私营企业1.21万户,其中企业法人7756户,非法人企业4386户。实际参加年检的企业1.03万户,占应检企业总数的85%。未年检企业1804户,占应检企业的15%,其中无正当理由未参加年检的818户,已歇业未办理注销手续的172户,查无下落的企业814户。对未参加年检的1804户企业,注销1509户,吊销营业执照190户。在应检的1.21万户企业中,从资金情况看,注册资金总额为45.51亿元,实际到位45亿元,到位率为99%。从企业的经营情况看,全省应检企业资产总额为7.66亿元,实现产值15.45亿元,销售总额为32.92亿元,税后利润1.25亿元,负债总额27.63亿元。从企业投资情况看,企业的投资总额为37.31亿元,年纳税额1.53亿元。

续表

年 度	年 检 结 果
1999 年	全省应参加年检私营企业 1.29 万户,其中法人企业 8486 户,非法人企业 4418 户。实际参检企业为 1.17 万户,年检率为 91%,未参检企业为 1096 户,占应检企业的 9%。实检自然人设立的 7833 户有限公司注册资本(金)总额为 50.44 亿元,实收资本 48.16 亿元,注册资本(金)实际到位率为 95%。参检企业的资金总额为 79.57 亿元,负债总额为 31.32 亿元。各类私营企业盈利额为 1.73 亿元,亏损额为 1.75 亿元。
2000 年	全省应参加年检私营企业 1.70 万户,其中独资企业 2967 户、合伙企业 1146 户、有限责任公司 1.29 万户。实际年检企业 1.54 万户、占应参加年检数的 90%,其中独资企业 2686 户、合伙企业 1027 户、有限责任公司 1.16 万户。未参加年检的企业 1642 户,占应检企业的 10%,其中吊销登记 363 户,查无下落的 112 户,在年检过程中依法吊销 66 户。
2001 年	全省应参加年检的私营企业 1.95 万户,其中个人独资企业 3292 户、合伙企业 1106 户、有限责任公司 1.51 万户。实际年检企业 1.73 万户、应检率为 88.96%,其中个人独资企业 3046 户、合伙企业 1014 户、有限责任公司 1.33 万户, 分别占应检数的 92.5%、91.68% 和 87.98%。未参加年检的企业 2113 户,占应检企业的 10.8%,其中注销登记 405 户,在年检过程中依法吊销 392 户。已通过年检的私营企业,全年实现工业产值 19.9 亿元,销售总额 38.8 亿元,利润总额 3.04 亿元,同比分别增长 20.4%、25.6% 和 14.5%。生产经营较好并有一定盈利的企业 9155 户,占应检企业户数的 52.92%;亏损企业 6871 户,占实检企业户数的 39.71%。
2002 年	全省应参加年检的私营企业 2.19 万户,其中有限公司 1.70 万户、个人独资企业 3790 户、合伙企业 1124 户。如期参加年检企业 2.02 万户,其中有限公司 1.57 万户、个人独资企业 3525 户、合伙企业 1045 户,年检率分别为 92%、93%、93%。在年检中发现问题进行处罚的 279 户,罚没款总额 21 万元。
2003 年	全省应参加年检的私营企业 2.65 万户,其中有限公司 2.08 万户、个人独资企业 4529 户、合伙企业 1089 户。如期参加年检企业 2.46 万户,其中有限公司 1.94 万户、个人独资企业 4167 户、合伙企业 1002 户,年检率分别为 93%、92%、92%。在年检中发现问题进行处罚的 136 户,罚没款总额 8.8 万元。
2004 年	全省应参加年检的私营企业 3.25 万户,其中有限公司 2.64 万户、个人独资企业 5114 户、合伙企业 1027 户。参加年检企业 3.02 万户,其中有限公司 2.45 万户、个人独资企业 4756 户、合伙企业 945 户,年检率分别为 93%、92.99%、92.02%。在年检中发现问题进行处罚的 192 户,罚没款总额 15 万元。
2005 年	全省应参加年检的私营企业 3.82 万户,其中有限公司 3.17 万户、个人独资企业 5499 户、合伙企业 997 户。参加年检企业 3.65 万户,其中有限公司 3.01 万户、个人独资企业 5429 户、合伙企业 932 户,年检率分别为 94.95%、98.7%、93%。在年检中发现问题进行处罚的 198 户,罚没款总额 13.4 万元。

年 度	年 检 结 果
2006 年	全省应参加年检的私营企业 4.21 万户,其中有限公司 3.51 万户、个人独资企业 5972 户、合伙企业 985 户。参加年检企业 3.76 万户,其中有限公司 3.12 万户、个人独资企业 5572 户、合伙企业 897 户,年检率分别为 88.8%、93.3%、91%。在年检中发现问题进行处罚的 246 户,罚没款总额 15.5 万元。
2007 年	全省应参加年检的私营企业 4.71 万户,其中有限公司 3.99 万户、个人独资企业 6097 户、合伙企业 1040 户。参加年检企业 4.21 万户,其中有限公司 3.56 万户、个人独资企业 5547 户、合伙企业 943 户,年检率分别为 89.22%、91%、91%。在年检中发现问题进行处罚的 212 户,罚没款总额 14.2 万元。
2008 年	全省应参加年检的私营企业 6.02 万户,其中有限公司 5.25 万户、个人独资企业 6751 户、合伙企业 923 户。参加年检企业 5.5 万户,其中有限公司 4.79 万户、个人独资企业 6251 户、合伙企业 840 户,年检率分别为 91.2%、92.59%、91%。在年检中发现问题进行处罚的 235 户,罚没款总额 11.9 万元。

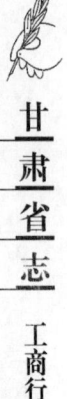

甘肃省志 工商行政管理志

第四节　发挥社会功能

全省工商系统在履行个体私营经济管理职责的过程中,充分发挥职能作用,协同和配合当地政府及其他职能部门,做好扶持下岗人员再就业、协助安置残疾人就业、支持"三农"(农村、农民、农业)、开展流动人口计划生育等工作,均取得了显著成效。

一、扶持下岗职工再就业

从 1996 年 7 月开始,在省工商局的安排部署下,各地工商部门启动了扶持下岗职工"再就业工程"。各地工商部门积极想办法,订措施,为下岗职工排忧解难,热心服务。到 1998 年底,全省各级工商部门通过各种渠道和方式,安置下岗职工 5 万多人,其中从事个体私营经济的有近 4 万人。

1997 年 4 月,省工商局转发了天水市工商局北道分局《支持企业改革,积极安置下岗职工再就业》的做法和经验。该分局在北道区委、区政府的重视支持下,在商埠商业一条街尝试开辟"下岗职工再就业小区",先后安置了天水风动工具厂、甘肃绒线厂、甘肃棉纺厂、天水拖拉机厂、天水啤酒厂、锻压机床厂等省、市属企业及区属企业的下岗职工360多人,解决了下岗职工的基本生活需要,化解了部分社会矛盾,为支持企业改革、稳定社会做出了积极的贡献。

1997年6月,省工商局按照国务院和省委、省政府关于做好国有企业下岗特困职工再就业工作的指示精神,提出了扶持下岗特困职工再就业的意见:一是加强宣传,引导下岗职工更新择业观念。二是运用职能,在政策措施上予以扶持。通过简化手续、放宽经营范围、减免有关费用、新建集贸市场的摊位、放宽流动摊点设置、允许变更扩大经营范围等措施,增强吸纳下岗职工的能力。三是挖掘潜力,营造下岗职工再就业的经营环境,比如协助有关部门开设专门安置下岗职工的"解困市场"、实行"一场两市"(早市、夜市)等。四是抓好服务,为促进下岗职工再就业铺路搭桥。

全省各级工商部门、个体劳动者协会、私营企业协会积极做好下岗职工再就业的各项服务工作,鼓励和引导个体大户、私营企业吸纳下岗职工;深入企业做好调查,了解企业职工的年龄、技能和个体户、私营企业所需人员情况,组织多种形式的洽谈会,使供需直接见面,双向选择。同时,做好下岗职工从事个体私营经济先进典型经验的宣传,提供政策咨询、市场信息等服务。积极配合有关部门,在个体工商户、私营企业中推行养老保险制度,建立流动人员档案等,解决下岗特困职工的后顾之忧。到这年8月底,全省国有企业职工总数87万人,其中下岗职工人数达8.6万多人。全省工商系统通过各种渠道和方式,扶助安置下岗职工达5.2万多人,其中申办个体工商户、私营企业的有3.8万多人,协调个体工商户、私营企业吸收安置下岗职工人数4796人,组织下岗职工进入各类市场从事经营的有4624人,帮助国有企业改制、兴办第三产业安置下岗职工3919人。

1998年至2002年的5年间,全省工商部门按照《中共中央、国务院关于切实做好国有企业下岗职工基本生活保障和再就业工作的通知》精神和省委、省政府的要求,充分发挥职能作用,把认真落实下岗职工再就业优惠政策作为促进经济发展、社会稳定的大事来抓。各地工商部门坚持引导、鼓励下岗职工从事个体私营经济自谋职业，不断完善服务，提高办事效率，取得了较好成效。在此期间，全省工商系统引导国有、集体企业下岗职工从事个体私营经济的共有6.5万人，个体工商户、私营企业吸纳下岗职工2.2万人。

2002年至2004年，全省各级工商部门充分发挥职能作用，努力提高服务水平，促进下岗人员再就业工作取得实效。一是支持困难企业利用闲置的厂区、厂房兴办各类市场。如兰州市工商局积极鼓励国有企业投资兴办市场，其中兰州柴油机厂兴建的"兰海商贸城"运转几年后，经济效益颇好，解决了近1000名下岗职工的再就业问题。二是积极支持社区、街道发展第三产业，特别是着力发展社区服务业，鼓励市场开办者为下岗人员优先安排摊位。天水市工商局协调市场主管部门在主要的市场上专门为下岗人员安排了30%的摊位；兰州市工商局在建兰路市场建立了"下岗职工经营区"，安排了1400多个摊位。三是降低市场准入"门槛"。对下岗人员从事个体私营经济的，除国家法律法规规定必须办理行政审批手续外，经营范围一律放开，任何部门和个人不得设置障碍。对下岗人员申办个体工商户和私营企业的，开辟"绿色通道"，提供"一站式"服务，实行"三优五免六给"政策：即优先受理、优先审查、优先发照；除国家限制的行业外，免个体工商户注册登记费、个体工商户管理费、集贸市场管理费、经济合同鉴证费、经济合同示范文本工本费；政策上给扶持、政策上给优惠、服务上给方便、发展上给支持、经营上给指导、生活上给帮助。到2004年8月，全省引导下岗失业人员申办私营企业和个体工商户的有3.26万人，引导私营企业和个体工商户吸纳安置下岗失业人员4.31万人。2003年10月，中央再就业督察组对兰州、定西两市进行实地检查，对工商部门的工作给予了充分的肯定。

2005年，全省各级工商部门充分发挥职能作用，采取制定目标责任、开辟"绿色通道"、降低准入"门槛"、开展宣传引导、落实优惠政策等措施，促进了安置下岗人员工作的开展。该年全省下岗人员从事个体经营8353人，申办私营企业318户，个体工商户和私营企业吸纳下岗人员5196人。全省工商部门对持《再就业优惠证》的下岗人员从事个体经营实行减免各种费1451.84万元，执行地方再就业政策减免收费30.65万元。

2008 年，按照省政府《关于进一步做好促进就业工作的通知》精神，省工商局制定下发了《关于进一步做好促进就业工作的实施意见》。经过全省各级工商部门的努力，调动了高校毕业生、下岗失业人员、城镇退役战士以及残疾人从事个体私营经济的积极性。到当年 9 月底，全省新安置下岗失业人员5607 人，有效缓解了社会就业压力。

二、支持"三农"工作

2004 年，中共中央、国务院印发《关于促进农民增加收入若干政策的意见》。按照国家工商总局的要求，全省工商系统采取各项有效措施，扶持发展农村个体工商户 9715 户，从业人员 2.33 万人，对 6000 余户流动性小商贩、在农贸市场销售自产农副产品的农民经营户，减免工商登记和管理类费用累计达367 万元。该年新登记农村私营企业 374 户、农村企业集团 3 户，引导安置农村富余劳动力 1.2 万人。

2005 年，全省各级工商部门按照国家工商总局《关于贯彻落实中共中央 1 号文件，大力支持"三农"工作的通知》，积极引导农民依托当地特色农产品成立专业合作组织，将农民分散的经营集中，面向高层的产供销一体化的合作经营，促进了农民增收。定西市工商局安定分局和会宁县工商局鼓励农民依托当地马铃薯、杂粮等农产品优势，组织有规模的长途贩运和产品深加工，促进了马铃薯和小杂粮种、购、运、销一条龙的专业合作组织的形成和发展。临夏州工商局鼓励当地回族群众进行牛羊养殖和畜产品的深加工，促进了毛皮加工、销售专业村的出现，为当地农民脱贫致富找到了出路。各地积极引导涉农企业拓宽经营领域，扩大生产规模，该年新增涉农私营企业 2000 余户，安置农村富余劳动力 5 万余人。到该年底，全省农民申办个体工商户 5.7 万户，从业人员 18 万人，注册资金 6.2 亿元；私营企业 2580 户，从业人员 5.5 万人，注册资金 33.3 亿元，其中企业集团 7 户，注册资金 1.3 亿元。私营企业和个体工商户总产值10.4 亿元，实现销售收入 23.4 亿元。登记农民专业合作经济组织 673 户，注册资金 1.2 亿元。对流动性小商贩、在农贸市场销售自产农副产品的农民经营免于登记 6416 户。

2006年1月，《中共中央国务院关于推进社会主义新农村建设的若干意见》（中发〔2006〕1号）出台。省工商局贯彻落实党中央、国务院1号文件的精神，为社会主义新农村建设做贡献，全省工商部门积极为申办个体户和私营企业的农民提供政策和法律咨询服务；同时，设立了"绿色通道"，对申办营业执照的农民优先受理、优先审核、优先发照；并积极扶持个体私营经济增强安置农村剩余劳动力的能力，促进农民增加收入。省工商局还在多次调研和借鉴外省、市经验的基础上，会同省农牧厅研究制定了《关于农民专业合作经济组织登记指导意见》。这个《意见》提出将农民分散经营集中为面向市场的产供销一体化的合作经营，增强了抵御市场风险的能力，有利于农民增收。另外，全省各地对在乡村经营、无固定经营场所且不请帮工、学徒的商业零售、修理服务行业的流动商贩，实行免于登记的备案制；对进入集贸市场，销售自产农副产品的农民，也免于工商登记。

省工商局按照中共十七届三中全会精神，支持"三农"工作，贴近农村，服务农民，经过调查研究，于2008年制定了《加快发展农民专业合作社的实施意见》，提出了立足快速发展、优化登记服务、放宽主体设立、放宽出资方式、注重商标富农、做好合同帮农、强化红盾护农、完善信息平台、规范运行机制、优势产业兴社、加强组织领导等15条促进农民专业合作社发展的具体措施，把党中央和省委、省政府关于支持服务"三农"的精神落到了实处。

三、流动人口计划生育监管

1991年3月5日，省政府发布了《甘肃省流动人口计划生育管理办法》，其中第五条规定，工商部门要协同计划生育、公安、劳动、民政、卫生等部门，对流动人员的计划生育工作实行综合治理。

1992年6月，省工商局、省个体劳动者协会向全省系统联合下发了《关于进一步做好个体、私营流动人口计划生育工作的通知》。《通知》说，近几年各级工商部门和各级个体劳动者协会、私营企业协会协同相关部门抓好全省2万多个体、私营流动人口的计划生育工作，为其建立了计划生育档案，使其节育率达到90%。为了克服部分工商人员中存在的"计划生育是分外事"、"人口流动性太难管理"的模糊认识,《通知》提出了3项措施:一是提高认识,加强领导,把此项工作列入议事日程,作为工商行政管理、个体劳动者协会、私营企业协会的一项重要任务来抓。凡有条件的地方,要成立计划生育领导小组,配备专人管;暂时不具备条件的地方,也要指派人员来抓,逐步形成工商行政管理、个体劳动者协会、私营企业协会及骨干分子相结合的工作网络。建立健全必要的学习、检查、考核制度,使这项工作落到实处。二是广泛宣传,做好深入细致的思想工作。通过开会动员、座谈、家访、电视、广播、新闻图片、展览、知识竞赛、文艺晚会等多种生动活泼的有效形式,大张旗鼓地宣传计划生育的政策和规定,使个体私营者真正认识到计划生育工作的重要性,从而破除传统偏见,增强自觉性。通过宣传,造成强大的声势和社会舆论压力。尤其要注意做好"危险户""重点人"的思想政治工作。三是严格把关,全面落实计划生育措施。各级工商部门在登记、发照、安排摊位时,要严格检查流动人口的计划生育措施的落实情况,并结合验照、换照、年检工作进行监督检查。对经动员仍不落实节育措施的,要根据不同情节和影响大小分别做出批评、罚款、停业整顿、吊销营业执照等处罚。各级个体劳动者协会、私营企业协会组织主动配合计划生育部门,积极做好个体私营流动人员各项节育措施的落实工作。在评选"三好个体户""先进私营企业"及推荐人大代表、政协委员或表彰、授予荣誉称号时,都实行一票否决制。

　　2003年,省政府和省工商局签订了《人口与计划生育工作目标管理责任书》。当年10月省工商局向省政府写出专题报告,经考核评估后,被省政府评为流动育龄人口计划生育管理先进集体。2004年,全省工商部门按照《甘肃省2004年度人口与计划生育目标管理责任书》的要求,充分发挥工商行政管理职能作用,积极履行本部门在流动育龄人口计划生育管理工作中的职责,健全管理机制,规范运作程序,特别是在加强日常监管、信息交流、完善措施、协作配合等方面做了扎实细致的工作。全省共有流动人口经营户12.3万户,流动育龄人口21.8万人。各地工商部门为流动育龄人口建立了"一档二册一卡"(《流动人口登记档案》《流动人口婚育证明登记册》《流动人口婚育状况登记册》《流动人口育龄妇女登记卡》),还制定了流动人口月报制度,及时将工商部门掌握的流动人口育龄情况向上级机关和本地的计划生育部门上报，为领导决策提供了依据。各地通过印发宣传资料、办板报、聘请计划生育部门专家举办讲座等形式，使工作人员充分地了解计划生育管理工作的大政方针。基层工商所和个体劳动者协会定期或不定期地举办计划生育讲座和培训班，在广大个体经营者当中广泛宣传党和国家的计划生育政策，宣讲生殖保健知识，提高流动育龄人口搞好计划生育的政治觉悟和法制观念。另外，各级工商部门要求流动人口申办个体工商户，必须提供"婚育证明"，否则，不予办理登记注册；并将流动人口的计划生育工作同日常监管、年检验照结合起来。属地工商所的监管人员在日常巡查中，注意掌握流动人口的生育情况，工商部门每季度以书面形式将审批流动育龄人口营业执照情况反馈给当地计划生育部门，每年将查验流动人口"婚育证明"情况通报其现居住地的乡镇人民政府或街道办事处，杜绝计划生育死角的出现。至2005年，全省各级工商部门查验新登记个体工商户和私营企业从业人员的"婚育证明"2.4万份，向当地政府反馈2.3万份，反馈率达到95.8%。同时通过年检、验照，对所有的外来投资者和个体经营者的"婚育证明"进行了复验。

四、承办兰州投资贸易洽谈会中小企业和私营企业项目洽谈

2004年8月，省工商局、省私营企业协会第一次直接参与和承办了第十二届兰州投资贸易洽谈会(简称"兰洽会")私营企业项目洽谈会。这次洽谈会在省委、省政府的领导下，得到了国家工商总局、中国个体劳动者协会以及兄弟省、市、自治区工商局和省内各市、州政府的大力支持。国家工商总局和中国个体劳动者协会为此专门下发了通知，要求全国各地工商局和私营企业协会做好当地参会、参展企业的组织工作。省工商局对举办好这次洽谈会高度重视，统筹安排，专门成立了领导小组并设立接待组、项目洽谈组、会展组、联络组等，为参会、参展代表提供方便。省工商局和省私营企业协会的领导还分别率团赴浙江、江苏、河北、广东、福建等地邀请和进行招商活动。全国各地共派出了工商局领导带队的代表团12个，参会、参展代表共170余人。省内14个市、州派出了140多人的政府代表和企业代表参加了私营企业项目洽谈会。洽

谈成功的 6 个项目代表在现场进行了签约仪式。本次私营企业项目洽谈会签约项目 129 项,签约金额 4.66 亿元。在兰洽会主展馆,参加产品展示的省内外私营企业共签订正式合同 10 份, 合同金额 1040 万元, 实现零售额 511.7 万元。

2005 年 7 月 6 日—9 日,第十三届兰洽会在兰州举办。省工商局继参与第十二届兰洽会之后,第二次组织中小企业和私营企业参会参展。根据省政府的部署和要求,省工商局承办了该届兰洽会"非公企业项目签约"、甘肃经济发展论坛、私营企业商品展销 3 项活动。共有 10 个省、市工商部门组团参会,引进投资项目 151 个,签订合同金额 26.4 亿元;现场集中签约 13.6 亿元;共组织了 246 户企业参展,成交额 76 万元,签订正式合同金额 2632 万元,签订意向合同金额 2416 万元。

2007 年 7 月 8 日,第十四届兰洽会在兰州开幕。7 月 4 日,在省工商局举行的第十四届兰洽会非公企业项目签约仪式上, 共签约 92 项, 金额 2.36 亿元。投资项目来自全国 28 个省、市、自治区,现场签约企业代表 60 人,省工商局领导及全省 14 个市、州地方领导、工商局领导 68 人,还有全省各市、州招商局人员参加了项目洽谈会, 国家工商总局局长周伯华一行和甘肃省副省长孙小系出席签约仪式。签约仪式规模大、标准高,得到了国家工商总局、省委、省政府领导的赞扬,也使省内外私营企业代表深受鼓舞。

五、加强和改进全省非公有制企业党的建设工作

做好非公有制企业中党的建设工作,是工商部门的重要职责。全省各级工商部门充分发挥职能作用,运用自身的有利条件,做了大量卓有成效的工作,并不断创新非公有制企业党建工作机制,取得了显著成绩。

2006 年,兰州市工商局组织力量,对全市非公有制企业党的建设情况进行了调查研究,并写出了《非公有制经济组织党建工作调查与思考》,被有关部门评为优秀调研文章。2008 年 7 月,省工商局向全省下发了非公有制企业党建工作调查提纲,并组成了工作组,在全省范围内开展了非公有制企业、农民专业合作社党的建设的调研工作。工作组先后到兰州、嘉峪关、酒泉、张掖、金

昌、武威、定西等地,深入企业,通过召开座谈会、发放调查问卷等形式,对非公有制企业和农民专业合作社的党建工作进行深入调研。同时,工作组还深入甘肃未来四方拍卖集团公司、甘肃金桥水处理给水集团有限公司等大型企业,面对面指导党建工作,受到了企业的好评。

省工商局贯彻落实《中共甘肃省委关于加强和改进非公有制企业党的建设工作的意见》,省非公有制企业工作委员会办公室(筹)受省委组织部组织处和省工商局党组的委托,组成调研组,于2008年10月20日至11月21日,对嘉峪关、酒泉、武威、金昌、平凉、庆阳、兰州7市的14个县(区)的46户非公有制企业进行了调研。从调查情况看,经过几年的努力,全省各级党委认真落实中央和省委"保证抓党建"的要求,不断完善非公有制企业党的组织建设,扩大党的覆盖面,发挥党组织的表率作用,使非公有制企业党的建设工作形成良好的发展态势。同时,非公有制企业党的建设工作还存在一些问题。针对这些问题,调研组提出了建议,进一步理顺党组织关系:为非公有制企业党组织党建经费提供制度性保证,各地每年组织培训一批合格的党建指导员(联络员),制定有关政策消除党建指导员顾虑,抓好非公有制企业党建工作"等级申报、年间年报"制度的落实,在中小非公有制企业党组织中配备由上级选派的专职副书记(一个党建指导员可同时担任两三家企业的副书记),尽快明确各地非公有制企业党工委(党委)的机构编制和经费。

第五节　表彰先进

多年来,各级工商部门坚持以表彰先进、激励后进的工作方法扶持与引导个体私营经济的健康持续发展。

1991年4月22日,省工商局、省个体劳动者协会举行出席全国个体劳动者第二次代表大会暨全国先进个体劳动者表彰大会代表欢迎大会,省长贾志杰会见了代表,并与代表们合影留念,省顾问委员会副主任吴坚、省人大常委会副主任李文辉、省政协副主任马祖灵等领导出席了大会,副省长李萍到会讲话并接见部分个体劳动者代表。

出席全国个体劳动者第二次代表大会甘肃代表

平凉市运输个体户	摆俊恩
酒泉市商业个体户	张金录
临夏市商业个体户	马培贤
庆阳县商业个体户	侯维元
武威市行医个体户	孙兆元
兰州市商业个体户	靳发吉
康县商业个体户	侯玉文
山丹县商业个体户	肖德华
定西县行医个体户	胡金芳
天水市家电修理个体户	荆永安
景泰县饮食个体户	曹翠玉
夏河县商业个体户	鲁从孝
兰州市商业个体户	蒋杰卿

1993年10月28日,国家工商局、中国个体劳动者协会做出了表彰"全国个体劳动者职业道德教育先进单位"的决定,甘肃省被授予"全国个体劳动者职业道德教育先进单位"称号的有:兰州市七里河区个体劳动者协会、灵台县个体劳动者协会、兰州市城关区个体劳动者协会、秦安县个体劳动者协会和西和县个体劳动者协会5个单位。

1994年4月,共青团中央、国家工商局、中国个体劳动者协会联合发文,授予兰州市城关区郭海军、积石山县马学礼、民勤县毕玉芳3人为"全国先进青年个体劳动者"称号,郭海军同时被授予"全国新长征突击手"称号。在此期间,共青团甘肃省委、省工商局、省个体劳动者协会联合发文,授予兰州市七里河区蒋次芳,嘉峪关市罗振良、刘津肃,天水市秦城区柳明,秦安县姚志虎,金昌市李玉、刘绍良,酒泉市赵泉生,玉门市赵烈平,敦煌市纪永元,山丹县张建祥,肃南县杨雪芳,张掖市薛牛,古浪县周吉云,康乐县瓦乐平,静宁县路石,临洮县张临生,陇西县杨宏伟18人为"全省先进青年个体劳动者"称号。

1994年12月30日,省工商局做出了《关于表彰省局试点登记先进私营

企业的决定》,对 5 户私营企业给予表彰鼓励。它们是:甘肃陇鑫实业有限公司、甘肃金城资源技术利用工程公司、甘肃兴达石油化工机械厂、甘肃何鄂雕塑院、甘肃金乐建筑材料装潢有限公司。

1995 年,甘肃省 7 个个体劳动者协会,6 名个体劳动者协会干部获得全国个体劳动者协会先进单位先进工作者称号。先进单位:临夏市个体劳动者协会、武威市个体劳动者协会、定西县个体劳动者协会、兰州市城关区个体劳动者协会、高台县个体劳动者协会、庆阳县个体劳动者协会、敦煌市沙州第二基层协会。先进个人:兰州市七里河区个体劳动者协会周逢麟、省工商局个体劳动者协会延龄新、秦安县个体劳动者协会徐正常、武威市个体劳动者协会张国荣、康县个体劳动者协会巩克俊、白银市个体劳动者协会刘自清。

1996 年 4 月 22 日,省经贸委、省工商局联合做出了《表彰全省发展个体私营经济先进单位和先进个人的决定》。决定认为,甘肃省个体私营经济保持了较快增长势头,已成为全省国民经济的主要组成部分和新的经济增长点。为了进一步推动全省个体私营经济持续健康发展,经省政府同意,决定对兰州市城关区等 10 个发展个体私营经济先进县(市、区)、兰州东部批发市场等 10 个发展个体私营经济先进集贸市场、兰州市城关区雁滩乡等 20 个发展个体私营经济先进乡(镇)、甘肃陇鑫实业有限责任公司等 50 家最大私营企业、平凉市李世虎等 100 户较大个体工商户予以表彰。

10 个发展个体私营经济先进县(市、区)

兰州市城关区	武威市
秦安县	酒泉市
平凉市	庆阳县
徽 县	临洮县
靖远县	临夏市

10 个发展个体私营经济先进集贸市场

兰州市东部批发市场	兰州市张苏滩蔬菜批发市场
张掖市甘州市场	武威市西凉综合批发市场
白银市白银区公园路市场	张家川县龙山镇皮毛市场

成县城关集贸市场　　　　　　　金昌市北京路市场

西峰市商业城市场　　　　　　　陇西县文峰综合市场

20个发展个体私营经济先进乡(镇)

兰州市城关区雁滩乡　　　　　　兰州市西固区西固乡

兰州市七里河区阿干镇　　　　　临泽县沙河乡

张掖市梁家墩乡　　　　　　　　西峰市寨子乡

景泰县一条山镇　　　　　　　　敦煌市七里镇

武都县城关镇　　　　　　　　　玉门市玉门镇

岷县城关镇　　　　　　　　　　甘谷县城关镇

临潭县城关镇　　　　　　　　　华亭县安口镇

泾川县城关镇　　　　　　　　　民勤县城关镇

礼县盐官镇　　　　　　　　　　天水市秦城区平南乡

广河县三甲集镇　　　　　　　　积石山县大河家乡

50家最大私营企业

甘肃陇鑫实业有限责任公司　　　甘肃恺撒龙有限责任公司

甘肃陇南隆华药材有限责任公司　甘肃金城资源利用工程有限责任公司

甘肃何鄂雕塑院　　　　　　　　兰州宏伟食品水产贸易有限责任公司

兰州雅尔佳商贸实业有限责任公司　兰州青年实业有限责任公司

兰州金凌时装有限责任公司　　　兰州西固金蓉大酒楼

兰州安宁宏达实业总公司　　　　兰州红古振兴硅碳加工厂

兰州鹏达实业有限责任公司　　　兰州通宝实业有限责任公司

兰州农联股份铸造有限责任公司　白银华峰工贸实业有限责任公司

白银鑫秀实业有限责任公司　　　静宁农畜股份有限责任公司

嘉峪关江嘉装潢有限责任公司　　泾川星兴贸易有限责任公司

平凉兴盛皮毛商行　　　　　　　张掖中法装饰工程有限责任公司

徽县建新有限责任公司　　　　　天水光明家电有限责任公司

天水秦城福音医疗电器厂　　　　敦煌莫高聚仙酒家

张掖艺海装饰有限责任公司　　　武威农副产品购销站

天水嘉诚实业有限责任公司　　天水长城电器设备成套有限责任公司

天水秦城三星有限责任公司　　天祝华藏石膏发运站

天水北道惠丰日化有限责任公司　　西峰世贵电器有限责任公司

和政纪元建筑工程队　　张掖五雄实业有限责任公司

徽县华建有限责任公司　　敦煌大亨车行

临泽平川石膏粉厂　　高台制钉厂

青岛日用化工厂西峰分厂　　天祝煤碳运销有限责任公司

陇西三龙药材贸易货栈　　嘉峪关宏飞砂石厂

陇西东巷建材厂　　岷县农副产品经销公司

金塔双城乡砖厂　　临夏县社会福利绒毛厂

正宁山河镇王阁砖瓦厂　　文县碧口联合车队

100 户较大个体工商户

兰州市城关区	魏小毽	兰州市城关区	尉玉召
兰州市城关区	刘广发	兰州市城关区	于稳道
兰州市城关区	姚加新	兰州市城关区	邸延梅
兰州市城关区	金建玲	兰州市城关区	顾月芳
兰州市安宁区	朱廷文	兰州市西固区	崔兰芳
兰州市西固区	王淑贤	兰州市西固区	朱明学
永登县	杜逸铭	嘉峪关市	高慧聪
酒泉市	杨　忠	酒泉市	徐正礼
酒泉市	王月琴	敦煌市	丁生成
敦煌市	陈建新	敦煌市	周建国
安西县	卫德祥	玉门市	周生宏
张掖市	黄　宏	高台县	杨德荣
高台县	史国平	临泽县	刘好保
临泽县	岩学成	民乐县	王治国
山丹县	付开奇	山丹县	张建祥
武威市	陆泰昌	武威市	李志信

武威市	王秀珍	临洮县	张桂兰
民勤县	朱作善	平凉市	马存福
民勤县	张有铺	平凉市	李世虎
民勤县	白文本	平凉市	马建东
白银市白银区	韩世蓬	静宁县	谢平子
白银市白银区	李 明	静宁县	王贵生
会宁县	武世德	庄浪县	万乔娃
景泰县	王宝祖	庄浪县	王永林
靖远县	武慎善	泾川县	牛新平
天水市秦城区	张玉林	泾川县	王俊发
天水市秦城区	赵 毓	华亭县	刘 刚
天水市北道区	赵玉环	西峰市	田玉琴
天水市北道区	刘 力	西峰市	杨世荣
天水市秦城区	边登文	西峰市	后建全
张家川县	马建国	西峰市	张继荣
秦安县	张世英	西峰市	张 立
秦安县	吴贵喜	西峰市	赵 伟
秦安县	侯天才	庆阳县	芦国斌
甘谷县	杨孟孟	庆阳县	杨先桂
定西县	张广宏	庆阳县	杨岳福
定西县	王建业	庆阳县	张乃梅
陇西县	黄振斌	武都县	刘志生
陇西县	董志远	武都县	王成财
通渭县	安明全	徽县	赵建岗
渭源县	韩德林	徽县	高 健
岷县	赵龙福	康县	侯玉文
岷县	周治国	康县	舒 秦
临洮县	康爱国	宕昌县	黄旭忠

文县	高代元	积石山县	马学礼
临夏县	魏占魁	广河县	沙文华
临夏市	李文学	广河县	马成林
永靖县	芦仲和	临潭县	马世清
和政县	李振升	迭部县	宋德华
和政县	马仁渊	迭部县	宋喜梅

1997年,省工商局按照国家工商局、中国个体劳动者协会统一部署,在全省个体工商户和私营企业中广泛开展了"户户讲道德,店店无假货"活动,促进了个体工商户和私营业主的精神文明建设,为个体私营经济的发展创造了良好的氛围。同年12月,兰州市安宁区个体劳动者协会、白银市白银区个体劳动者协会、民勤县个体劳动者协会、平凉市红梅鞋店个体户张红梅、武威市孙氏诊所医师孙兆元、兰州蜜妮尔时装有限责任公司受到国家工商局和中国个体劳动者协会的表彰。西峰市个体劳动者协会、灵台县个体劳动者协会、兰州市光辉布料批发市场个体户亢佩莲、镇原县平泉镇商业个体户刘世秀、景泰县喜泉乡木器加工个体户魏科邦、卓尼县印刷个体户余存玉、兰州永发工贸有限责任公司受到省工商局、省个体劳动者协会的表彰。

1997年,省委宣传部、省工商局、省个体劳动者协会联合组织了"光彩事业"报告团,报告团由全省逐级推荐筛选的孙兆元等11名个体私营经济的代表组成。"光彩事业"报告团所作报告的基本内容是:在生产经营中模范遵守党和国家的各项法律、法规和政策;文明经营,礼貌待客,讲究信誉,童叟无欺;恪守职业道德,不缺斤少两,不以次充好,不掺杂做假,不制售假冒伪劣产品;刻苦钻研业务技术,服务质量高,服务态度好,致富不忘国家,不忘群众,热心公益事业,为国为民乐于奉献,勤劳致富,扶贫济困,帮助并带领其他群众走共同致富道路。该年6月17日,省委宣传部、省工商局、省个体劳动者协会发出了《关于开展向孙兆元等11位同志学习活动的通知》,鼓励这些先进典型为"光彩事业"增添更大的光彩。

1998年6月1日,省工商局、省个体劳动者协会联合发文,表彰全省先进个体劳动者、先进私营企业和先进个体劳动者协会、私营企业协会。240名先进个体劳动者、60个先进个体劳动者协会、5个私营企业协会、100户私营企业受到表彰。

1998年全省先进个体劳动者、先进个体劳动者协会、先进私营企业协会、先进私营企业

（一）先进个体劳动者

兰州市：

顾月芬	王茂波	马兴通	罗元珠	阎玉兰	马玉芳
刘广发	赵喜禄	亢佩莲	张小英	姚加新	严　琼
翟兰珍	成建新	刘德林	王保荣	祁菊红	郝仲泽
周　红	汪玉兰	林玉山	安国玺	牛秀莲	王坤东
朱延文	唐炳全	董　诚	王发胜	张正财	梁福俊
朱明学	乔丽霞	蒋淑萍	刘慧珠	冶玉兰	李玉芳
刘会彬	彭　博	杨国泉	魏周仪	张菊花	郭守义
张明号	赵　明	刘万华	马玉秀		

天水市：

兰　玲	赵　毓	陈嘉山	李西珍	康森林	陈德林
边登文	李清来	刘　力	孙小明	高　敏	董德旺
赵玉环	胡进世	李世芳	牛孝祥	戴遂冲	吴继全
王林虎	韦斗先	张贵子	赵刚刚	刘双喜	赵海生
王录明	杨孟孟	骆长录	裴海贵	艾奋成	李小奇
任福来	符召应	郭宏林	谭晓妹	李宝林	何生明
李芳忠	马金虎	吴晓阳	陈东红		

白银市：

邱士寿	王　伟	魏科邦	马振龙	敦晓红	王建顺
武云斌	武兆军	王　春	韩世莲		

金昌市：

王永祯	王喜文	顾斌文

嘉峪关市：

李　萍　　蒋英魁　　郑尚周

酒泉地区：

马向荣　　王金贵　　鲍建章　　宋学俊　　单印亭　　张春雪
曹定基　　卫德祥　　阎秀花　　张富海　　董元武　　陈菊兰

张掖地区：

李　武　　黄　红　　刘金荣　　樊金花　　段德昌　　杨永保
史国平　　陈守君　　罗生俊　　马峰林　　王治国　　杨桂花

武威地区：

李有元　　李　润　　周增红　　苏　桐　　王寿昌　　龚对昌
张卫东　　孙兆元　　龚宝林　　乔自明　　王宗社　　魏兆其
刘金祥　　陆德民　　石永典　　邓国珏　　潘永香　　张聚忠
李世和　　王俊业　　周吉云

定西地区：

张广宏　　肖聪勇　　曾宪珍　　梁启鸿　　张　仁　　张六九
郑耀铭　　王殿泽　　杨伯喜　　韩德林　　李进忠　　孔　云
张国汉　　董三奎　　边喜英　　张仲文　　谢建新　　何宗烈

平凉地区：

李世虎　　马志明　　鄢文俊　　刘万祥　　魏显玺　　乔笃元
李学杰　　刘兴汉　　陈汝杰　　郎麦果　　苏银时　　王明生
王　峰　　王东升

庆阳地区：

张继荣　　邵天才　　胡玉峰　　赵德会　　赵金凤　　卢国彬
杨先桂　　胶学勋　　陈克俭　　白志骞　　王宁生　　刘　勇
张玉喜　　孙永吉　　王鹏飞　　樊生玺　　李正祥　　左自强
刘　祥　　孙凤琴　　牛玉堂　　许正忠　　杨　洁

陇南地区：

彭仲贤　　虎桂芳　　王成长　　侯树敏　　崔玉英　　张承义
高代元　　杨大富　　谢佛元　　刘宪基　　杜　润　　李淑萍

张爱平　　　李向荣　　　杜根才　　　罗自立　　　梁代岗　　　马发荣
马　骁　　　石玉峰　　　赵天泽
甘南州：
旦木正　　　马志清　　　马治民　　　哇　考
临夏州：
马孝德　　　陶永芳　　　马建忠　　　马义良　　　李振升　　　马永杰
王世民　　　杨建忠　　　马则乃白　　张文豹　　　卢　涛
甘肃矿区：
李敏凤
省个协小西湖批发市场分会：
马孟辉
（二）先进个体劳动者协会
兰州市：
兰州市城关区个体劳动者协会　　　　兰州市七里河区个体劳动者协会
兰州市安宁区个体劳动者协会
兰州市专业市场个体劳动者第一协会东部市场协会
兰州市城关区火车站个体劳动者协会
兰州市西固区福利路个体劳动者协会
兰州市红古区红古个体劳动者协会　　榆中县甘草店个体劳动者协会
永登县城关个体劳动者协会
天水市：
天水市秦城区个体劳动者协会　　　　秦安县个体劳动者协会
张家川县个体劳动者协会　　　　　　天水市北道区道南个体劳动者协会
甘谷县磐安个体劳动者协会　　　　　武山县洛门第二个体劳动者协会
白银市：
景泰县个体劳动者协会
白银市白银区公园路个体劳动者协会　宁县翟家所个体劳动者协会
靖远县大芦个体劳动者协会

金昌市：

金昌市北京路个体劳动者协会

嘉峪关市：

嘉峪关市人民商场个体劳动者协会

酒泉地区：

酒泉市个体劳动者协会 玉门市个体劳动者协会

金塔县东坝个体劳动者协会 敦煌市沙洲第二个体劳动者协会

张掖地区：

张掖市个体劳动者协会 山丹县个体劳动者协会

肃南县红湾寺个体劳动者协会

武威地区：

武威市个体劳动者协会 天祝县个体劳动者协会

武威市黄羊个体劳动者协会 古浪县大靖个体劳动者协会

民勤县泉山个体劳动者协会

定西地区：

定西县个体劳动者协会 通渭县个体劳动者协会

临洮县城关个体劳动者协会 渭源县会川个体劳动者协会

平凉地区：

平凉市个体劳动者协会 灵台县个体劳动者协会

泾川县窑店个体劳动者协会 华亭县安口个体劳动者协会

庄浪县阳川个体劳动者协会 崇信县锦屏个体劳动者协会

静宁县古城个体劳动者协会

庆阳地区：

西峰市个体劳动者协会 庆阳县个体劳动者协会

西峰市东街个体劳动者协会 镇原县孟坝个体劳动者协会

宁县城关个体劳动者协会 合水县段家集个体劳动者协会

正宁县山河个体劳动者协会

陇南地区：

徽县个体劳动者协会　　　　　　西和县个体劳动者协会

西和县长道个体劳动者协会　　　文县碧口个体劳动者协会

成县小川个体劳动者协会　　　　康县大南裕个体劳动者协会

临夏州：

临夏市个体劳动者协会　　　　　永靖县个体劳动者协会

甘南州：

迭部县个体劳动者协会

(三)先进私营企业协会

兰州市私营企业协会　　　　　　白银市私营企业协会

张掖地区私营企业协会　　　　　武威市私营企业协会

(四)先进私营企业

省工商局：

甘肃奇正实业(集团)有限公司　　甘肃陇鑫实业有限公司

甘肃金城资源利用工程有限公司　甘肃天辰工贸有限公司

甘肃源泉商贸有限公司　　　　　甘肃恺撒龙有限公司

甘肃金山实业有限公司　　　　　甘肃保丰化肥有限公司

甘肃乾坤商贸有限公司　　　　　甘肃宏远房地产开发有限公司

甘肃何鄂雕塑院　　　　　　　　甘肃天龙美食城

兰州市：

兰州蜜妮尔时装有限公司　　　　兰州雅尔佳商贸实业有限公司

兰州鹏达实业有限公司　　　　　兰州黄河印刷物资有限公司

兰州顺风出租车行　　　　　　　兰州瑞普科技实业有限公司

兰州鲲鹏建筑装饰工程有限公司　兰州榆中金崖机械厂

兰州通达建材化工有限公司　　　兰州永发工贸有限公司

兰州红古振兴硅碳加工厂　　　　兰州市安宁塑料厂

兰州金喜工贸实业有限公司　　　兰州量刃具供应站

兰州悦达贸易有限公司　　　　　兰州青年实业有限公司

甘肃兴农小汽车出租行　　　　　兰州永恒商贸有限公司

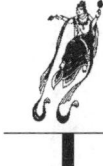

兰州国盛水暖器材有限公司

天水市：

甘肃三元实业有限公司　　　　　　天水市蒲公英股份制衣公司

天水市北道惠丰日用化工有限公司　天水长城实业有限公司

天水雄风摩托车配件厂　　　　　　天水市秦城宏达汽车配件厂

天水北道永固尼龙制品厂　　　　　天水北道川鲁大酒店

秦安县华纱织布厂　　　　　　　　甘谷县丰裕养殖有限公司

天水宁远矿业有限公司

白银市：

白银市华峰工贸实业有限公司　　　白银鑫秀实业有限公司

白银铜城化工有限公司　　　　　　景泰德津针织制衣有限公司

靖远县煤炭工业运销有限公司　　　靖远县金达化工厂

会宁县桃峰建筑服务有限公司　　　景泰县宏泰工贸有限公司

嘉峪关市：

嘉峪关市正元餐饮经营部　　　　　嘉峪关市宏飞砂石厂

金昌市：

金昌市明建混凝土制品有限公司　　金昌市金三角商贸有限公司

永昌县运销公司

酒泉地区：

敦煌汽车贸易有限公司　　　　　　玉门市万宝皮鞋厂

酒泉市金达莱有限公司　　　　　　安西县光华装饰有限公司

敦煌市亨通贸易有限公司

张掖地区：

甘肃张掖地区三杜商贸有限公司　　临泽县石膏粉厂

高台县制钉厂　　　　　　　　　　山丹县第三建筑工程有限公司

民乐县迎宾商贸有限公司

武威地区：

甘肃武威玛钢厂　　　　　　　　　武威市白花涂料厂

武威市亚美美容保健有限公司　　　　甘肃天祝皮鞋厂

古浪县家电维修销售中心　　　　　　古浪县丰华面粉厂

武威市卫生用品厂　　　　　　　　　武威市黄羊酱醋厂

民勤县蔡旗铸管厂　　　　　　　　　民勤县农副土产开发公司

天祝煤炭运销有限公司

定西地区：

定西县陇海乳品有限公司

临洮县腾胜土特产购销有限公司陇西县未巷建材厂

岷县城郊农副产品经销公司

庆阳地区：

庆阳华信电子科技有限公司　　　　西峰市光明实业有限公司

宁县广达制衣有限公司　　　　　　宁县山河王阁砖瓦厂

平凉地区：

平凉市红梅鞋店　　　　　　　　　平凉市永强门窗有限公司

平凉市海鸥摄影冲印有限公司　　　华亭县通达经贸公司

静宁县农畜有限公司

陇南地区：

甘肃陇南隆华药材有限公司　　　　徽县华丰实业有限公司

陇南地区宏利来客运有限公司　　　礼县洮坪农副产品贸易有限公司

临夏州：

积石山县乩藏建材厂　　　　　　　康乐县新集加油站

临夏市水泉宾馆　　　　　　　　　临夏县玖安养殖有限公司

河州仁琦制衣有限公司　　　　　　永靖县永生渔牧有限公司

甘南州：

卓尼柳林印刷厂

　　2001 年 4 月 26 日,共青团中央、公安部、司法部、劳动和社会保障部、建设部、国家计划生育委员会、国家工商总局、中央社会治安综合治理委员会办公室为激励广大进城务工青年在城乡"两个文明"建设中发挥重要作用,动员

更多的单位和个人为进城务工青年提供帮助和服务，联合开展了第三届全国杰出(优秀)进城务工青年、全国进城务工青年良师益友及全国"千校百万"进城务工青年培训工作先进集体评选活动。本省朱志诚被授予"全国进城务工青年良师益友"称号。

2001年12月27日，省委、省政府发出《关于表彰发展非公有制经济先进集体、先进个人的决定》。《决定》中说，为了总结经验，表彰先进，进一步推动全省非公有制经济发展，省委、省政府决定，对在发展非公有制经济工作中做出贡献的兰州市城关区、永登县非公有制经济开发办公室、甘肃天星稀土功能材料有限公司等70个先进单位和魏国贞、张峰、李忠文等106名先进个人予以表彰。

2004年9月29日，省工商局、省个协、省私协联合发出《关于甘肃省"安利杯"个体工商户私营企业法律知识竞赛情况的通报》。此次法律知识竞赛是根据国家工商总局、司法部、中国个体劳动者协会"四五"普法规划要求，落实中国个协《关于进一步加强个体工商户私营企业从业人员宣传教育工作的通知》的精神而开展。全省工商系统共有27支代表队报名参赛，最终庆阳市个体工商户代表队获得个体工商户法律知识竞赛一等奖，武威市个体工商户代表队、天水市个体工商户代表队获得个体工商户法律知识竞赛二等奖，陇南市个体工商户代表队、临夏州个工商户代表队、张掖市个体工商户代表队获得个体工商户法律知识竞赛三等奖。兰州市私营企业代表队获得私营企业法律知识竞赛一等奖，省直私营企业代表队、张掖市私营企业代表队获得私营企业法律知识竞赛二等奖，陇南市私营企业代表队、庆阳市私营企业代表队、白银市私营企业代表队获得私营企业法律知识竞赛三等奖。甘南州、酒泉市、金昌市、平凉市、定西市、嘉峪关市、甘肃矿区获得优秀组织奖。

2004年，全省各级个体劳动者协会、私营企业协会围绕职业道德建设和信用建设，教育和引导广大青年个体劳动者和私营企业经营者积极参加创建活动，推进了文明行业和文明城市建设，涌现出了一批先进青年集体。11月25日，省工商局、省个体劳动者协会、省私营企业协会联合做出《表彰全省"先进私营企业"、"文明个体工商户"及"先进协会工作者"的决定》。《决定》认为，全省自 2001 年以来个体私营经济发展较快,涌现出一大批规模大、信誉好,对地方经济发展、农民增收表现突出,具有行业导向作用的先进企业和恪守职业道德、诚信经营、照章纳税、奉献社会、文明经营的个体工商户,为此,对甘肃四方拍卖有限公司等 100 户先进私营企业、廖泽等 100 名文明个体工商户予以表彰。对全省工商系统 50 名先进协会工作者予以表彰。

甘肃省"先进私营企业"名单(共 100 户)

省直(5 户):

甘肃四方拍卖有限公司　　　　　　甘肃奇正实业集团有限公司

甘肃国信房地产开发公司　　　　　　甘肃陇鑫实业有限公司

甘肃弘业建筑工程有限公司

兰州市(18 户):

兰州中宝厨房设备有限公司　　　　兰州海润公用设施有限公司

兰州悦达通讯有限公司　　　　　　兰州华侨装饰工程有限公司

兰州奥尔华超市有限公司　　　　　兰州科达眼镜光学有限公司

甘肃谷王食品有限公司　　　　　　甘肃银鹿汽车配件有限公司

兰州义顺工贸有限公司　　　　　　一加一火锅村一分店

兰州开元化工有限公司　　　　　　兰州天悦餐饮娱乐有限公司

兰州明峰顺达商贸有限公司　　　　兰州京兰防水工程有限公司

兰州双龙蔬菜保鲜责任有限公司　　兰州榆中双凤高压电器有限公司

兰州思普赢科科技工程有限公司　　兰州亚太房地产开发有限公司

白银市(6 户):

白银新世纪商贸有限公司　　　　　甘肃祁连雪淀粉工贸有限公司

靖远通用农业机械有限公司

白银市平川中区房地产开发有限公司

白银市白银区武川水泥厂　　　　　景泰县东晓酒业有限公司

金昌市(2 户):

金昌凌云纳米材料有限公司　　　　金昌亚飞汽车连锁有限公司

张掖市(8 户):

第二章　个体私营经济管理

甘肃金张掖种业集团有限公司　　　　甘肃诚信建安集团有限公司

肃南县民族贸易公司　　　　　　　　高台县西部摩托车有限公司

民乐县裕泰商贸有限公司　　　　　　山丹县第三建筑工程有限公司

临泽县汇丰商贸有限公司　　　　　　张掖市海峰机电汽车贸易有限公司

嘉峪关市(2户)：

嘉峪关市超达矿产物资有限公司　　　嘉峪关市西部天地商贸有限公司

酒泉市(8户)：

酒泉市星火面粉有限公司　　　　　　酒泉华联综合超市有限公司

酒泉市双喜面粉有限公司　　　　　　甘肃西域阳光食品有限公司

玉门新纪元石化有限公司　　　　　　敦煌市阳关博物馆有限公司

敦煌市立新糖酒副食品有限公司　　　安西县阳关种苗有限公司

武威市(8户)：

武威市军颖商贸集团有限公司　　　　武威市丽达商贸有限公司

武威市伊宁斋饮食服务有限公司　　　武威市义乌商贸有限公司

甘肃天祝藏酒酒业有限公司　　　　　古浪宾馆

民勤县博大电脑服务有限公司　　　　武威市杏花楼餐饮有限公司

定西市(6户)：

陇西县清吉洋芋开发有限公司　　　　岷县赛欧服饰城

定西陇海乳品有限公司　　　　　　　通渭温泉铝塑门窗公司

甘肃省临洮县奇乐超市　　　　　　　甘肃渭源兴华药材有限公司

平凉市(7户)：

平凉澳厦建筑有限公司　　　　　　　平凉兴盛房地产开发公司

泾川县南北综合购销有限公司　　　　灵台县前进铁附件有限公司

华亭县宏源牧业有限公司　　　　　　甘肃庄浪天池酒业有限公司

静宁县恒达有限公司

庆阳市(8户)：

庆阳华兴土特产有限公司　　　　　　庆阳市金塬实业有限公司

庆阳县恒达建筑安装工程有限公司　　甘肃新一代食品有限公司

| 正宁县金盾建筑装饰工程公司 | 合水县振海塑化有限公司 |
| 宁县南亚商城 | 环县回生果品有限公司 |

天水市（8户）：

天水北道永固尼龙制品厂	天水嘉通建筑工程有限公司
天水亨得利眼镜经销有限公司	张家川县瑞源面粉有限公司
甘谷县光明印刷厂	武山县山丹建筑工程有限公司
秦安县嘉威建筑安装工程有限公司	清水县永生养殖厂

陇南市（8户）：

武都县阶州酒厂	甘肃宝徽集团公司
礼县金星纸业有限公司	成县凯宁工贸公司
甘肃独一味生物制药有限公司	宕昌九台春酒业有限公司
陇南金泰房地产开发公司	文县明辉硅业有限公司

甘南州（2户）：

| 甘肃华羚乳品集团公司 | 甘肃香巴拉实业公司 |

临夏州（4户）：

| 东乡县东深塑胶电子有限公司 | 甘肃广兴源房地产开发有限公司 |
| 临夏县明丰建筑工程有限公司 | 永靖县盐锅峡化工有限公司 |

甘肃省"文明个体工商户"名单（共100名）

兰州市（18户）：

廖 泽	黄元强	项有来	魏 萍	裴永文	曾常勇
马宝生	梁福君	王发胜	董放明	宋西祖	马定朝
魏周义	付唐宝	姚祖义	徐雅倩	马万胜	顾月芬

白银市（6户）：

| 郑发香 | 赵 智 | 雷恩德 | 吴 伟 | 梁明军 | 梁学荣 |

武威市（6户）：

| 王守昌 | 张世鹏 | 赵显祖 | 唐培珍 | 聂保龙 | 陆泰昌 |

张掖市（8户）：

| 谈 光 | 任 斌 | 刘学军 | 陈 斌 | 侯宝秦 | 赵君玲 |

杜　莉　　杜国宏

金昌市(4户)：

赵开德　　崔东海　　肖秀玲　　蔡会兰

嘉峪关市(3户)：

高彦萍　　周学启　　王广里

酒泉市(7户)：

范雪萍　　栗晓琴　　江祥来　　刘建勋　　何富春　　茹春燕
娜仁其其格

定西市(7户)：

何少祥　　薛泽民　　马逢武　　马天一　　张存良　　王建忠
潘兴源

平凉市(7户)：

戴鹏翔　　李红霞　　刘静安　　陈汝杰　　王阳生　　邵居寿
谢琳林

庆阳市(7户)：

田树峰　　方万林　　刘巨洲　　王发社　　杨　华　　杜生昌
白庆军

陇南市(8户)：

唐兆平　　周明生　　彭继效　　白新生　　高　健　　王成才
安　民　　康天香

天水市(9户)：

王小林　　刘　力　　康建基　　苏建明　　陈　秦　　李晓奇
荆永安　　李正米　　陶敏学

甘南州(4户)：

李培和　　强晓瑜　　杨老让　　韩宏彬

临夏州(4户)：

同增平　　虎占山　　马培玲　　魏宗文

矿区(2户)：

尤家运　　许　鑫

甘肃省"先进协会工作者"名单（共 50 名）

省个、私协会（2 名）：

王建强　　孔卓玛

兰州市（9 名）：

王　建　　李天成　　王　强　　李绪广　　王锡川　　赵建荣

孔庆泳　　裴怀忠　　王惠芳

白银市（4 名）：

田艳萍　　张存强　　王娇娇　　李生祥

嘉峪关市（2 名）：

王　青　　李凤英

酒泉市（2 名）：

史　静　　殷　毅

张掖市（2 名）：

贾栋儒　　马述伟

武威市（4 名）：

张国荣　　王晓凤　　孙兆元　　段玉琴

金昌市（4 名）：

张永山　　谢丽娟　　王毓俭　　张德明

平凉市（3 名）：

李宏义　　朱灵科　　曹　钊

庆阳市（4 名）：

张天锁　　吕清会　　宋建锋　　祁　虹

天水市（3 名）：

张守玉　　王　辉　　张金仓

定西市（2 名）：

李文华　　杨新明

甘南州（2 名）：

汤克真　　宋增英

陇南市(4名)：

杨清辉　　鄢润涛　　张宇燕　　秦文东

临夏州(2名)：

段锦春　　马学信

矿区(1名)：

王玉霞

2005年6月8日,共青团甘肃省委、省工商局、省个体劳动者协会、省消费者协会联合发出《关于命名个协、私协系统2004年度全省青年文明称号的决定》,共命名临夏市倍特电脑有限责任公司等11个青年集体为全省"青年文明号"。它们是:临夏市倍特电脑有限责任公司、兰州悦达通讯有限公司、兰州色普彩色印刷包装有限责任公司、兰州天悦餐饮娱乐有限公司、武威宏达连锁商店、泾川恒泰公交有限责任公司、平凉萍秀鞋店、嘉峪关西部天地商贸有限责任公司、酒泉市新夏房地产开发公司、陇南兆庆门窗有限公司、合作市水泥制品厂。

2008年12月8日,省个体劳动者协会、省私营企业协会转发中国个体劳动者协会《关于表彰全国个协私协系统抗震救灾优秀组织单位和无私奉献会员的通知》,对甘肃省兰州市城关区、七里河区个体劳动者协会,酒泉市、陇南市、平凉市、白银市西区个体私营协会6个组织单位,以及甘肃路大路食品集团静宁农畜有限公司等12个会员单位进行了表彰。

第三章　市场管理

GANSU SHENG ZHI GONGSHANG XINGZHENG GUANLI ZHI

市场流通活动是市场监督管理的前提和活动平台，市场监督管理是保证市场流通活动健康有序发展的保障和重要手段之一。1978年以来，随着改革开放的不断推进，甘肃省城乡商品交易市场和专业市场获得了迅猛的发展，并形成了自身的特色。全省各级工商部门，不仅在建设市场中做了大量富有创造性的工作，同时也在市场发展的大潮中开创了工商行政管理工作的新局面。

第一节　集贸市场建设与管理

市场发展和建设，对方便城乡人民群众生活，促进生产发展、脱贫致富具有重要意义。城乡集贸市场大发展，使集贸市场成为商品流通的重要渠道。更重要的是现代的集贸市场与过去的集市相比，其规模、内容、形式发生了根本性质的变化。以前集市上主要是农民之间的农副产品交易，现在的集贸市场已经发展成为城乡之间、地区之间，甚至国家之间商品交流的重要渠道。集贸市场的发展，不仅有力促进了生产，而且指导生产，同时活跃了城乡经济，也增加了国家收入和国际交往，成为经济活动的中心。

一、城乡集贸市场（专业批发市场）

1986年1月5日，省政府批转了省工商局《关于1986年城乡集市建设问题的报告》。省工商局按照"立足当前、考虑长远、统筹规划、分期实施"的方针，提出要先解决有没有市场,再解决办好市场的问题。提出了市场建设的具体措施,在城市(集镇)建设规划中,统筹安排,规划市场用地。利用或改造旧街道作为固定市场。对县以下(包括县城)农贸市场进行全面规划,场地窄小的逐步进行调整。新建市场地点适中,具有建设固定服务设施的条件。县以上城市解决个体工商户经营用地。楼房院墙破墙建店,临街底层房屋腾出作营业用房,允许土地使用者按城市统一规划自建营业房出租。由当地政府出面征地,依照征用土地审批权限,市场用地统一由当地政府分期分批征用,征用费由当地统筹解决,建成的市场设施由工商部门统一管理。

1986年底,全省集市贸易已发展到1192处,市场建设总面积达83.25万平方米,其中:室内市场9.44万平方米,顶棚市场17.99万平方米,售货台18872个,与1978年相比,市场数增加了近2倍。集市成交额达到10.74亿元,比上年增长42%,比1978年的1亿余元,增长近10倍。1985年至1986年,市场建设投资2100万元,占1980年以来总投资的70%。两年征收市场零散税约7000多万元,收取市场管理费2000多万元,税、费收入相当于市场建设投资的4倍多,不仅促进了生产发展,经济效益也很突出。从市场结构看,大型的综合市场向专业市场发展,全省建成工业品、废旧品、农副产品等专业性市场113个。

1986年度城乡集贸市场

表3-1

项　　目	单位	城乡合计	城市	农村
一、集市总数	个	1192	280	912
1.综合集贸市场	个	1033	228	815
其中:农副产品批发市场数	个	9	6	3
2.工业品、废旧品、其他专业市场数	个	149	52	97
其中:工业品批发市场数	个	1	－	1
二、集贸市场成交总额	万元	107392	51505	55887
1.综合集贸市场成交额	万元	85952	37274	48683
其中:农副产品批发市场成交额	万元	2264	1906	358

续表

项 目	单位	城乡合计	城市	农村
2.工业品、废旧品、其他专业市场成交额	万元	21435	14231	7204
其中:工业品批发市场成交额	万元	15		15
三、社会商品零售额	万元	629681	429403	200278
四、集贸市场成交总额相当于社会商品零售额%(市价)	－	17.1	－	－
五、综合集贸市场农副产品成交额占农民出售农副产品总值的百分比(市价)	－	38.3	－	－

1986年全省较大市场名录

表3-2

地 区	市 场 名 称
兰州市	城关区铁路新村市场、城关区定西南路市场、城关区永昌路百货市场、七里河区建兰路市场、七里河区小西湖市场、七里河区西站东路农副产品批发市场、红古区窑街市场、西固区福利路市场、安宁区十里店市场、榆中县城关镇市场、皋兰县城关市场、永登县城关市场
嘉峪关市	富强路市场
金昌市	金昌市北京路市场、永昌县河西堡市场
白银市	白银市文化路市场、白银市平川区市场、景泰县一条山镇市场、靖远县城关市场、会宁县城关市场
酒泉地区	酒泉市南关市场、酒泉市上坝市场、安西县城关农副产品市场、敦煌县新市场、敦煌县秦州湖市场、玉门市玉门镇市场、玉门市北平区市场、金塔县城关市场
张掖地区	高台县城关市场、张掖市粮油市场、张掖市西关农副产品市场、张掖市南关农副产品批发市场、山丹县城关镇市场、临泽县城关镇市场、民乐县城关市场
武威地区	武威市黄羊镇市场、武威市东关市场、武威市雷坛河市场、天祝县打柴沟市场、古浪县城关市场、民勤县城关市场
临夏州	临夏市南关三道桥市场、广河县三甲集市场、东乡县锁南镇市场、和政县城关市场、永靖县刘家峡市场、临夏县韩集市场、积石山县吹麻滩市场、康乐县城关市场、广河县城关市场
甘南州	夏河县合作镇市场、夏河县拉卜楞寺院边市场、临潭县城关市场、迭部县城关市场、舟曲县城关市场
定西地区	定西县永定路市场、临洮县新添街市场、渭源县会川市场、岷县城关药材市场、通渭县城关市场、陇西县文峰镇市场、漳县城关市场、陇西县城关市场

地 区	市 场 名 称
陇南地区	徽县城关市场、武都县安化市场、成县城关市场、武都县南桥市场、礼县盐官市场、礼县城关市场、文县碧口市场、康县咀台市场、西和县汉原镇市场、两当县城关市场、宕昌县沙湾市场
天水市	秦城区人民路市场、秦城区关子镇市场、北道区市场、北道区社棠镇市场、张家川县龙山镇皮毛市场、秦安县城关小商品市场、清水县城关市场、武山县洛门镇市场、甘谷县成衣市场
平凉地区	平凉市虹光路市场、平凉市四十里铺市场、泾川县城关市场、静宁县城关市场、华亭县安口镇市场、庄浪县水落城市场、崇信县锦屏市场、灵台县中台市场
庆阳地区	西峰市肖金镇市场、宁县和盛市场、宁县早胜市场、正宁县山河市场、华池县柔远镇市场、环县环城市场、庆阳县庆城市场、镇原县城关市场、合水县城关市场

1987年底,全省共有城乡集贸市场1292个,成交总额为14.03亿元,比上年增长30.63%。其中城市市场成交额6.91亿元,增长34.09%;农村市场成交额7.12亿元,增长27.43%。集贸市场零售额占社会商品零售总额的16.3%。城乡集贸市场15大类商品中,绝大部分商品的成交额和成交量与上年相比都有所增长。

1987年度全省城乡集贸市场建设

表3-3

项　目	单位	城乡合计		城　市		农　村	
		累计数	当年数	累计数	当年数	累计数	当年数
一、投资额	万元	5872	2902	2508	1116	3364	1786
1.市场管理费	万元	1979	566	1224	340	755	226
2.财政拨款	万元	347	115	134	25	213	90
3.社会集资	万元	2430	1495	659	331	1771	1164
4.其他	万元	1116	726	491	420	625	306
二、市场建设数	个	480	76	152	14	328	62
其中:顶棚市场	个	137	19	68	7	96	12
室内市场	个	61	36	20	6	41	30

续表

项　目	单位	城乡合计		城　市		农　村	
		累计数	当年数	累计数	当年数	累计数	当年数
三、建设总面积	平方米	1243248	410748	495846	137748	747402	273000
其中:项棚市场	平方米	220990	41075	124218	29108	96772	11967
室内市场	平方米	229126	135633	66032	33521	136094	102112
四、售货台	米	22781	3909	14221	2564	8560	1345

补充资料:全省市场管理费收入 1515 万元

1987 年度城乡集贸市场

表 3-4

项　目	单位	城乡合计	城市	农村
一、集贸市场总数	个	1292	259	1033
1.综合集贸市场	个	1155	207	948
其中:农副产品批发市场数	个	10	6	4
2.工业小商品市场数	个	25	14	11
其中:批发市场数	个	2	2	-
3.废旧品和其他市场数	个	112	38	74
二、集贸市场成交总额	万元	140282	69065	71217
1.综合集贸市场成交额	万元	103998	46198	57800
其中:农副产品批发市场成交额	万元	3981	2134	1847
2.工业小商品市场成交额	万元	17001	13248	3753
其中:批发市场成交额	万元	1359	1359	-
3.废旧品和其他市场成交额	万元	19283	9619	9664
三、集贸市场零售额占社会商品零售总额%(市价)	-	16.3	-	-

补充资料:(1)旧货市场 11 个,成交额 143 万元。

(2)旧机动车辆市场 6 个,成交额 1204 万元。

其中:旧汽车市场 4 个,成交数量 1194 辆,成交额 950 万元。

1988年4月21—27日，全省工商系统在陇南召开了全省城乡集贸市场建设经验交流会。会议采取先看后议的办法，现场巡回参观了两当县城关、礼县盐官、徽县伏镇、成县城关、武都安化及城关、宕昌城关7个新建市场。大会交流了15个地、市、县建设市场的经验，并总结回顾了1985年至1987年全省集贸市场的发展情况。1986年，全省市场建设投资1100万元，1987年投资2900万元，两年合计相当于1980年至1986年投资的总和。全省城乡集贸市场由1979年的630个发展到1987年的1292个，市场建设总面积124万多平方米，并初步改变了城乡集市设施简陋的落后局面，出现了一批室内市场和永久性、半永久性建筑。1987年，全省集贸市场成交额达14亿元，相当于社会商品零售额的17.4%，农民在市场上出售农副产品收入相当于总产值的38.3%。集贸市场上的蔬菜、副食品成交量增大，其中蔬菜成交11亿多斤，占社会总供应量的83.7%，猪肉成交5700万斤，占社会供应总量的39.2%，鸡蛋成交2900万斤，占社会供应总量的85.1%。一些地方的集贸市场带动了当地商品生产的发展，农业生产涌现了一大批经营农产品的专业户，有的地方还出现了专业村和专业乡。集贸市场的发展，补充了国营主渠道的不足，带动了当地商品生产的蓬勃发展。1980年至1987年，8年共投入市场建设资金5800多万元，国家从市场上征收的零散税累计近2亿元，收取市场管理费累计达5630万元，两项收入相当于市场建设全部投资的近5倍，相当于财政拨款的70多倍。

1988年，全省1425个集贸市场（包括交易点203个）全年成交总额为18.64亿元，比上年增长32.9%。其中：城市市场成交额为9.72亿元，比上年增长40.7%；农村市场成交额8.93亿元，比上年增长25.3%。集贸市场零售额占社会商品零售总额的17.03%。集贸市场成交总额中，农副产品占75.18%，工业小商品占11.35%，废旧品及其他占13.47%。

1986 年—1988 年全省城乡集贸市场

表 3-5

项 目	1986 年			1987 年			1988 年		
	合计	城市	农村	合计	城市	农村	合计	城市	农村
集贸市场(个)	1192	280	912	1292	259	1033	1425	393	1032
成交金额(万元)	107392	51505	55887	140282	69065	71217	136435	97170	89265
历年比成交额±%	41.7	72.1	21.9	30.6	3401	27.4	32.9	40.7	25.3
历年比价格总水平±%	—	12.7	14.1	—	35.2	23.8	—	31.1	33.2
成交总额相当社会商品零售额的%	17.1	—	—	17.7	—	—	18.7	—	—
粮食成交量(万斤)	105264	24327	80937	98916	20190	78726	91136	23113	68023
食用油成交量(万斤)	6845	1417	5428	8411	1288	7123	10214	1348	8866
肉禽蛋成交量(万斤)	58875	26149	32726	64767	26094	38673	67825	32346	35479
其中　猪肉	28481	13920	14561	28414	12228	16186	27185	14090	13095
其中　牛肉	3478	1575	1903	6709	2716	3993	8924	4866	4058
其中　羊肉	3651	1277	2374	6407	1845	4562	6552	2704	3848
其中　鲜蛋	14313	6007	8306	14936	5901	9035	14264	5465	8799
其中　禽	5815	2026	3789	6374	2049	4325	7702	3306	4396
蔬菜成交量(万斤)	551797	334093	217704	552459	310511	241948	706242	454127	252115
干鲜果成交量(万斤)	73370	63725	9645	139138	68071	71067	196310	133904	62406
市场建设投资额(万元)	1110	438	672	2903	1116	1786	4491	2395	2126
市场建设面积(平方米)	252119	80795	171324	410748	137748	273000	467644	180023	287621

1988 年度城乡集贸市场

表 3-6

项 目	单位	城乡合计	城市	农村
一、集贸市场总数	个	1222	262	960
1.综合集贸市场	个	933	199	734
其中:农副产品批发市场数	个	15	9	6
2.工业小商品市场数	个	47	17	30

项　目	单位	城乡合计	城市	农村
其中:批发市场数	个	1	1	－
3.废旧品和其他市场数	个	242	46	196
二、集贸市场成交总额	万元	186435	97170	89265
1.综合集贸市场成交额	万元	140170	76503	63667
其中:农副产品批发市场成交额	万元	14218	9957	4261
2.工业小商品市场成交额	万元	21155	11682	9473
其中:批发市场成交额	万元	498	498	－
3.废旧品和其他市场成交额	万元	25110	8985	16125
三、集贸市场零售额占社会商品零售总额%(市价)	－	17.03	－	－

补充资料:(1)旧货市场 8 个,成交额 558 万元。

　　　　　(2)旧机动车辆市场 6 个,成交额 1939 万元。

　　　　　其中:旧汽车市场 3 个,成交数量 1966 辆,成交额 1851 万元。

　　1989 年底,全省共有各类市场 1450 个,成交额达 21.3 亿元,占社会商品零售额的 17.9%,集贸市场成交额比上年增长近 3 亿元。经过考核,共有 259 个市场达标。

1989 年度城乡集贸市场

表 3-7

项　目	单位	城乡合计	城市	农村
一、集贸市场总数	个	1450	398	1052
1.综合集贸市场	个	1173	339	834
其中:农副产品批发市场数	个	20	9	11
2.工业小商品市场数	个	41	11	30
其中:批发市场数	个	3	1	2
3.废旧品和其他市场数	个	236	48	188
二、集贸市场成交总额	万元	213873	123695	90178

甘肃省志 工商行政管理志

续表

项　　　目	单位	城乡合计	城市	农村
1.综合集贸市场成交额	万元	170482	104057	66425
其中:农副产品批发市场成交额	万元	15391	12213	3178
2.工业小商品市场成交额	万元	19255	11592	7663
其中:批发市场成交额	万元	3525	2125	1400
3.废旧品和其他市场成交额	万元	24136	8046	16090
三、集贸市场零售额占社会商品零售总额%(市价)	－	17.9	－	－

补充资料:(1)旧货市场7个,成交额134万元。

　　　　　(2)旧机动车辆市场8个,成交额3195万元。

　　　　　其中:旧汽车市场6个,成交数量2060辆,成交额2949万元。

说明:综合贸易市场中包括交易点224个。其中城市129个,农村95个。

　　1990年,全省共投资2481万元,完善了一批市场设施。全省集贸市场达到1451个，市场成交额增加到22.78亿元，占同期社会商品零售总额的21.4%;市场税收有较大幅度增长,当年征收市场零散税9777万元。市场硬件建设有了明显改善,市场总面积达176万平方米,有棚顶市场189个,室内市场112个,全省大部分县城以下城镇拥有1至2处有固定设施的集贸市场。

1990年度城乡集贸市场

表3-8

项　　　目	单位	城乡合计	城市	农村
一、集贸市场总数	个	1451	391	1060
1.综合集贸市场	个	1179	339	840
其中:农副产品批发市场数	个	16	5	11
2.工业小商品市场数	个	47	12	35
其中:批发市场数	个	3	2	1
3.废旧品和其他市场数	个	225	40	185
二、集贸市场成交总额	万元	227826	136168	91658

项　　　目	单位	城乡合计	城市	农村
1.综合集贸市场成交额	万元	177931	109717	68214
其中:农副产品批发市场成交额	万元	13581	9114	4467
2.工业小商品市场成交额	万元	29208	21257	7951
其中:批发市场成交额	万元	13674	11994	1680
3.废旧品和其他市场成交额	万元	20687	5194	15493
三、集贸市场零售额占社会商品零售总额%(市价)	－	17.31	－	－

补充资料:(1)旧货市场6个,成交额305万元。

(2)旧机动车辆市场13个,成交额2481万元。

其中:旧汽车市场7个,成交数量1636辆,成交额1986万元。

1991年,国家工商局在全国各地选择了40个有一定代表性的市场作为联系点,兰州市城关区蔬菜批发市场被选中。

当年,全省市场建设投资累计达1.75亿元,市场建设总面积188万平方米,平均每个市场面积1284平方米。全省共建成室内市场115个,棚顶市场195个,设施面积达82.6万平方米,万人以上的大集市有141个,年成交额1000万元以上的市场有45个,超过亿元的市场有4个。全省工业小商品市场及其他专业市场发展到269个,年成交额9.84亿元;农副产品批发市场发展到20个,年成交额2.96亿元。

1992年,邓小平同志南方谈话后,省政府于7月就市场建设专门召开了地(州、市)和省直有关部门领导参加的座谈会。8月22日,省工商局召开了学习贯彻邓小平同志南方谈话和省委有关决定座谈会。座谈会上,与会代表普遍认为,自邓小平同志南方谈话后,全省市场建设掀起了新的高潮。各级党委、政府和工商部门对市场经济和市场建设的认识有了质的飞跃,开始从建设社会主义大市场、大流通的目标出发,越来越重视市场建设,并把市场建设列入各级政府工作的重要议事日程,工商部门全力以赴抓市场建设,社会各方关心支持市场建设已成为普遍的现象。全省市场建设在经历了20世纪80年代中期的较大发展之后,又迎来市场建设的热潮。这年,全省新建、扩建和改建市场247

个,投入使用的有 184 个,全年落实市场建设资金 2.09 亿元,投资额超过前 10 年的投资总和。到年底,市场建设总面积达 237 万平方米,比上年增加了 21.2%。全省各类集贸市场发展到 1564 个,年成交额 44.4 亿元,比上年同期增长了 42.7%,收取市场零散税近 1 亿元。各类商品交易点达 203 处,总面积 24.5 万平方米,年成交额 20.96 亿元;各类商业网点达 3.31 万个,从业人员 14.9 万人,分别比 1980 年增长 6.2 倍和 2 倍;营业面积达到 105 万平方米,平均每年增加 4 万~5 万平方米;年社会商品零售总额达到 46 亿元,比 1980 年增长 4.55 倍。

1992 年,市场建设中出现的问题也引起了各方面的重视,并取得了共识。统一规划问题。即兴办市场,要坚持政府牵头,统一规划的原则。谁建谁管谁受益的问题。即谁建谁管谁受益,管只能是设施的管理,受益只是收取租赁费的受益,决不能代替工商部门履行市场管理的职责和按工商法规收取管理费。市场建设中一些地方收取土地征用费、道路占用费等问题。各地按照省政府市场建设座谈会纪要精神,认真落实。提出要关心和支持"露水市场"(一般泛指早市,出了太阳就撤了)。这种"露水市场",增加了社会闲散人员的就业门路,扩大了一些企业的经营网点,方便了群众生活。

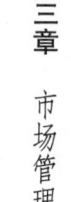

截至 1992 年底,全省已有 7 个市场成交额超过亿元,税费收入也有增长,成为当地经济的一个重要成分。

1992 年全省 7 个成交额过亿元集贸市场

表 3-9

市　　场	成交额(亿元)
兰州市丝绸布料批发市场	5.4
兰州市东部综合批发市场	3.9
兰州市城关区蔬菜瓜果批发市场	2.8
兰州市城关区铁路新村市场	1.98
兰州市七里河区建兰路综合贸易市场	1.02
秦安县兴国小商品批发市场	1
张家川回族自治县龙山皮毛市场	1

1993 年各地集贸市场

表 3-10

地　　区	集　市　数				成交额（万元）		
	合计	城市	农村	交易点	合计	城市	农村
全省总计	1682	528	1154	164	702733	471540	231193
兰州市	257	203	54	101	307466	303834	3632
嘉峪关市	9	9	—	—	10059	10059	—
金昌市	18	18	—	—	6458	6458	—
白银市	98	30	68	—	21139	13985	7154
天水市	125	48	77	—	73223	21570	51563
酒泉地区	53	35	18	—	33363	27232	6131
张掖地区	140	55	85	56	32427	23426	9001
武威地区	73	48	25	—	39662	33829	5833
定西地区	234	—	234	—	41727	—	41727
陇南地区	159		—		34814	—	34814
平凉地区	161	45	116	—	34473	11201	23272
庆阳地区	211	20	191	7	30728	8606	22122
临夏州	109	15	94	—	34473	11201	23272
甘南州	33	—	33	—	5825	—	5825
矿区	2	2	—	—	724	724	—

　　1994 年，全省城乡集贸市场发展到 1756 个，其中专业市场 448 个，农副产品和工业品批发市场 71 个，年成交额 108.96 亿元，比上年增加 28.69 亿元，占社会商品零售总额的 62.26%。在工商部门和有关部门及社会各界的共同努力下，岷县西关、陇西文峰、渭源会川、武都安化、宕昌望川、文县中寨中药材市场和广河三甲集、张家川龙山皮毛畜产品市场等专业批发市场不断发展，这些市场联结产地，辐射全国，为推动生产、发展流通、促进脱贫致富发挥了很好的作用。全省 13 个大型集贸市场成交额达 42.6 亿元，比上年增加 13.8 亿元，占全省集贸市场成交总额的 26.31%。当年全省新增市场 74 个，完成建设投资 3.4 亿元，年成交额上亿元的集贸市场增加到 16 个。

1994 年全省 16 个成交额过亿元集贸市场

表 3-11

市　　　场	成交额（亿元）
兰州市东部服装批发市场	10.57
兰州市城关区光辉布料批发市场	7.17
兰州市城关区蔬菜瓜果批发市场	5.75
兰州市城关区铁路新村市场	3.96
兰州市七里河区中部小商品批发市场	2.4
兰州市七里河区建兰路综合贸易市场	2.03
秦安县兴国小商品批发市场	1.92
兰州市城关区雁滩建材批发市场	1.84
兰州市城关区家具批发市场	1.81
武威市西凉综合市场	1.71
兰州市城关区东贸大肉批发市场	1.70
白银市公园路市场	1.68
张掖市甘州市场	1.60
兰州市城关区定西南路	1.39
张家川回族自治县龙山皮毛市场	1.15
张掖市南关蔬菜批发市场	1

　　截至 1996 年底，全省登记在册的集贸市场共有 1832 个，成交金额 200.1
亿元。其中农村市场为 1241 个，占总数的 67.7%；农村市场成交总额达 51.17
亿元。全省消费品综合市场为 1189 个，其中农村市场为 927 个，占总数的
77.9%；农村消费品市场成交总额达 48.59 亿元。全省农副产品市场为 367 个，
其中农村市场 194 个，占总数的 52.8%；农村农副产品市场成交总额达 9.04 亿
元。与此同时，各类批发市场也在不断地发展完善，全省共有各类消费品批发
市场 92 个，成交总额为 3.18 亿元。全省市场已初步形成了以各类零售市场为
基础，以各类批发市场为骨干，以药材市场、皮毛市场、蔬菜批发市场为特色的
市场网络，为促进甘肃经济的发展起到了不可替代的积极作用。当年兰州市亿
元市场已达 23 个。

1996年商品交易市场

表 3-12

地 区	市场数(个)					成交额(万元)				
	合计	城市	农村	消费品市场	生资市场	合计	城市	农村	消费品市场	生资市场
全省总计	1832	591	1241	1710	122	2283278	1771598	511680	2000987	282300
省　局	6	6	–	4	2	3613	3613	–	1024	2589
兰 州 市	298	239	59	277	21	1251665	1238430	13235	1015591	236074
嘉峪关市	14	14	–	12	2	27948	27948		27322	626
金 昌 市	18	11	7	18		21540	17276	4264	21540	
白 银 市	100	31	69	98	2	69488	51048	18440	68029	1459
天 水 市	154	62	92	138	16	215394	135179	80215	205984	9410
酒 泉 市	65	46	19	63	2	91719	81994	9725	89843	1876
张 掖 市	135	57	78	130	5	76192	58915	17277	75031	1161
武威地区	76	48	28	73	3	81523	66045	15478	79421	2102
定西地区	232	–	232	192	40	114995	–	114995	107074	7921
陇南地区	176	–	176	169	7	84502	–	84502	74622	9880
平凉地区	175	27	148	171	4	91552	40845	50707	90102	1450
庆阳地区	219	11	208	217	2	69099	21583	47516	67771	1328
临 夏 州	136	36	100	120	16	70897	26355	44542	64473	6424
甘 南 州	25	–	25	25	–	10784		10748	10784	–
矿　区	3	3	–	3	–	2367	2367	–	2367	–

1996 年兰州市 23 个成交额过亿元市场

兰州市东部综合批发市场	兰州市光辉布料批发市场
兰州城关蔬菜瓜果批发市场	西北电子商贸城
兰州家具市场	兰州雁滩建材市场
建兰路综合市场	兰州铁路新村市场
兰州张苏滩粮油批发市场	兰州东贸大厦

兰州定西南路市场	湖滨糖酒批发市场
中部糖酒批发市场	兰州汽车自选市场
兰州陶瓷玻璃批发市场	黄河市场
兰州大西北汽车商城	小西湖干鲜调味品批发市场
兰州火车站综合批发市场	兰州农民巷市场
兰州生产资料交易中心	兰州物资城
兰州建筑装饰材料批发市场	

1997 年兰州市 27 个成交额过亿元市场

兰州东部综合批发市场	兰州光辉布料批发市场
西北电子商贸城	兰州城关蔬菜瓜果批发市场
兰州家具市场	兰州金属市场
兰州高新技术开发区电脑市场	兰州雁滩建材市场
西北汽车商城	建兰路综合市场
兰州张苏滩粮油批发市场	中部糖酒批发市场
兰州铁路新村市场	兰州生产资料交易中心
兰州钢材市场	兰州东贸大厦
兰州陶瓷批发市场	黄河市场
湖滨糖酒批发市场	兰州定西南路市场
兰州物资城	兰州农民巷市场
兰州火车站综合批发市场	兰州西部市场
兰州汽车自选市场	清真牛羊肉批发市场
兰州和政路市场	

1998 年与 1999 年全省市场比较表

表 3-13

项　　目	单位	1999 年	1998 年	99 年比 98 年 (+/-)%
一、商品交易市场总数	个	1800	1819	-19 个
1.消费品市场数	个	1690	1692	-2 个

续表

项 目	单位	1999年	1998年	99年比98年 (+/-)%
其中:批发市场数	个	233	116	+117个
2.生产资料市场数	个	110	127	-17个
二、商品交易市场成交总额	万元	3463482	3185651	8.72
1.消费品市场成交额	万元	2997628	2823472	6.17
其中:批发市场成交额	万元	1476167	1299429	13.60
2.生产资料市场成交额	万元	465854	362179	28.63
三、生产要素市场数	个	34	25	+9个
四、市场要素市场成交额	万元	92916	30499	204.65

2001年全省年成交额超亿元消费品市场

表3-14

市 场 名 称	市场类型	主要上市商品	摊位数	年交易额(亿元)	管理费(万元)
兰州市东部综合批发市场	消费品市场	服装、百货、鞋帽	3000	30.40	581
兰州市西北电子商贸城	消费品市场	各类电器	497	14.2	71
张苏滩蔬菜瓜果批发市场	消费品市场	蔬菜、瓜果	1160	9.56	200
兰州市兰新电器综合市场	消费品市场	电器、百货、副食	390	8.64	37
兰州市建兰路综合市场	消费品市场	电器、百货、蔬菜	2241	7.7	280
兰州高新开发区电脑市场	消费品市场	电脑及其配件	470	6.67	-
兰州市雁滩家具市场	消费品市场	家具、装饰材料	605	6.5	68
兰州湖滨糖酒批发市场	消费品市场	糖、酒、调味品	190	509	77
兰州中部糖酒批发市场	消费品市场	糖、酒、调味品	220	5.3	61
兰州黄河市场	消费品市场	中药材、建材	426	4.87	110
铁路新村综合市场	消费品市场	服装、水产、蔬菜	856	4.6	14
兰州市义乌商贸城	消费品市场	服装、百货、副食	586	3.4	80
张苏滩粮油批发市场	消费品市场	粮油及制品	127	2.8	17
东部定点屠宰批发市场	消费品市场	猪肉	11	2.38	24
兰州市定西南路综合市场	消费品市场	服装、日用品、干鲜	736	2.3	10
兰州市西北商城	消费品市场	鞋类	221	2.21	16

续表

市 场 名 称	市场类型	主要上市商品	摊位数	年交易额（亿元）	管理费（万元）
兰州市西站综合市场	消费品市场	蔬菜、瓜果、小吃	734	2.1	102
兰州市西固西部市场	消费品市场	蔬菜、瓜果	752	1.75	80
甘肃肉食水产品批发市场	消费品市场	肉食、水产	102	1.7	4
兰州安宁桃海市场	消费品市场	蔬菜、水果、粮油	800	1.57	27
兰州市西固山丹街市场	消费品市场	蔬菜、瓜果、肉食	104	1.53	35
兰州市农民巷综合市场	消费品市场	饮食、小吃、水果	3025	1.4	29
兰州西固中心市场	消费品市场	服装、箱包	420	1.13	120
兰州清真牛羊肉批发市场	消费品市场	肉类	25	1.1	2
武威西凉综合批发市场	消费品批发市场	小食品、饮料副食、糖酒、服装鞋帽、纺织品百货等	1201	3.6	130
武威西城区蔬菜批发市场	农副产品批发市场	蔬菜、瓜果	固定:51 临时:1251	2.4	95
陇西城关综合市场	消费品市场	服装百货、针织日杂、蔬菜肉禽蛋干鲜果、饮食等	2000	1	25
陇西文峰综合市场	消费品市场	服装百货、针织日杂、蔬菜肉禽蛋干鲜果、饮食等	1950	1.1	42
临夏东校场农副产品批发市场	农副产品市场	蔬菜、瓜果	600	1.2	51
广河县三甲集综合市场	消费品综合市场	茶叶、日杂、皮毛	300	1	－
广河县滨河市场	消费品综合市场	服装	398	1	－
庆阳陇东市场	工业消费品市场	建材、五金、家电、百货、副食等	492	1.6	53.1
张掖甘州工业品批发市场	综合市场	服装、饮食等	1310	2.6	70
张掖南关蔬菜果品粮油批发市场	专业市场	蔬菜、瓜果	1010	2.4	80
张掖税亭街农贸市场	综合市场	蔬菜、瓜果	270	1.8	30
酒泉肃州市场	消费品市场	农副产品、工业品	900	1.25	75
彩虹桥日用品批发市场	消费品市场	工业品	380	1.28	51

市 场 名 称	市场类型	主要上市商品	摊位数	年交易额（亿元）	管理费（万元）
玉门市北坪综合集贸市场	消费品市场	农副产品、工业品	650	1.23	50
白银市公园路市场	消费品综合市场	蔬菜、瓜果	950	2.42	200
金昌市北京路市场	综合市场	粮油、肉禽蛋、水产品、干鲜果、蔬菜、工业品等	–	1.2921	–
金昌市东区建材市场	建材市场	建材	–	1.0515	–
金昌市金三角市场	综合市场	粮油、肉禽蛋、水产品、干鲜果、蔬菜、工业品等	–	1.4505	–
秦安小商品市场	消费品市场	百货、针织、布匹、五金	986	3.2	–
甘谷冀城大商场	消费品市场	针织、成衣、布匹	1087	1.64	42
天水市北道渭滨市场	消费品市场	蔬菜、副食	410	1.599	40.5
秦城箭场里副食品市场	消费品市场	蔬菜、百货、成衣	550	1.55	95
秦城绿色市场	消费品市场	蔬菜、副食	400	1.30	85
张家川龙山皮毛市场	消费品市场	皮、毛、绒	600	1.36	15
武山洛门蔬菜果品批发市场	消费品市场	蔬菜、瓜果	3100	1.25	–

二、生产资料、生产要素市场及文化市场

1986年2月，兰州市建立旧机动车辆交易市场。兰州市当年上半年，成交各种旧机动车辆888辆，成交金额1247万元。

1987年，旧机动车辆交易市场纳入兰州市工商局市场管理站直接管理。当年底，兰州市共有新旧汽车、摩托车交易市场（点）30处，成交机动车辆3938辆，成交金额1.12亿元，成交车辆和成交金额分别比1986年增长98.16%和98.26%。

1989年，全省旧机动车辆市场（点）发展到37处，全年成交各种机动车辆4503辆，成交金额1.17亿元。

1990年8月31日，省工商局召开全省生产资料市场监督管理工作会议。会议明确了工商部门对生产资料市场监督管理的职能范围：依法审查交易双方的资格，取缔无证经营、场外交易；依法审查交易物资的来源去向，查处非法

倒卖;依法监督交易行为,查处交易活动中的违章违法行为;加强合同管理;开展工商行政管理政策、法规的宣传、咨询等。主要管理手段是验证盖章,通过验证盖章,保护合法经营,打击违法活动。对机动车、钢材、木材、有色金属、矿产品市场进行监督管理;配合各主管部门,对煤炭、房地产等生产资料和生产要素市场进行监督管理。

截至 1991 年底,全省共有生产资料市场 47 处,年成交总额 7.5 亿多元。1992 年,全省有生产资料市场达到 51 个,成交额近 11 亿元。

1988 年以前,甘肃省已存在劳务市场,劳务人员基本上是进城打工的农村剩余劳动力。当时工商部门还未直接参与管理,只以登记发照、鉴证合同、调解合同纠纷、查处经济违法案件等行政手段进行间接管理。

一些科技、信息等生产要素市场逐渐发展,文化等特种市场也开始起步。各类市场呈现出从无到有、从低层次向较高层次发展的趋势。全省各级工商部门支持生产要素行业主管部门和企业,组织建设技术、信息、劳动力、房地产、产权等各种生产要素市场,参与市场的论证、运行规则的设计和管理规章的制定,促进了全省生产要素市场的发展。

1993 年 9 月 18 日,由省新闻出版局和省图书馆委托省出版总社发行公司和省图书馆开发经营公司联合开办的"甘肃书刊批发市场"开业。该市场是经省工商局核准登记的省内唯一的书刊批发市场。在市场建设过程中,省工商局、省新闻出版局的领导和有关部门同志经常到市场检查监督,发现问题及时协助解决。经过半年的努力,"甘肃书刊批发市场"走上轨道,发展到 52 家批发书店,月批发书刊达 40 万册,半年交易达 1800 万元,成为辐射全省各地和青海、宁夏、新疆等省区的书刊批发中心。

1998 年 3 月 11 日,甘肃省广告市场在兰州成立。该市场由甘肃东方集团有限公司等单位投资兴办,经省工商局登记注册。市场设有 24 个业务洽谈室和 300 个宣传板位、展厅,集广告洽谈、广告审查、广告签证、广告监播、广告投诉为一体。

1990 年—2003 年全省各类市场

表 3-15

年度	集贸市场		生产资料市场		生产要素市场	
	市场数（个）	成交额（万元）	市场数（个）	成交额（万元）	市场数（个）	成交额（万元）
1990 年	1451	227826	–	–	–	–
1991 年	1464	311168	–	–	–	–
1992 年	1564	444016	–	–	–	–
1993 年	1682	702733	–	–	–	–
1994 年	1756	1089633	–	–	–	–
1995 年	1771	1494511	113	300420	15	3715
1996 年	1710	2000978	122	282300	19	18170
1997 年	1692	2322787	131	323952	29	12662
1998 年	1692	2823472	127	362179	25	30499
1999 年	1690	2997628	110	465854	34	92916
2000 年	1625	3176516	114	584156	31	51002
2001 年	1573	3383685	108	521382	26	3054
2002 年	1557	2952461	122	584747	32	63418
2003 年	1574	2760006	120	642344	32	119494

2008 年全省市场分类情况

表 3-16

项目	合计	其中：已登记市场	城市	其中：已登记市场	农村	其中：已登记市场	食品交易市场信用等级分类			
							A 级市场	B 级市场	C 级市场	D 级市场
甲	1	2	3	4	5	6	7	8	9	10
合计	1427	636	620	348	807	288	–	–	–	–
一、消费品市场	1272	563	523	282	749	281	196	78	31	–
（一）消费品综合市场	738	300	241	116	497	184	133	26	19	–
（二）农副产品市场	320	146	112	61	208	85	49	25	10	–

项目	合计	其中：已登记市场	城市	其中：已登记市场	农村	其中：已登记市场	食品交易市场信用等级分类			
							A级市场	B级市场	C级市场	D级市场
1.农副产品综合市场	206	90	65	30	141	60	30	14	10	－
2.农副产品专业市场	114	56	47	31	67	25	19	11	－	－
（三）工业消费品市场	164	93	135	82	29	11	14	22	2	－
1.工业消费品综合市场	86	39	67	34	19	5	8	8	1	－
2.工业消费品专业市场	78	54	68	48	10	6	6	14	1	－
（四）其他消费品市场	50	24	35	23	15	1	2	3	－	－
二、生产资料市场	137	59	79	52	58	7	4	1	－	－
（一）生产资料综合市场	22	14	16	13	6	1	1	－	－	－
（二）工业生产资料市场	97	43	55	37	42	6	3	1	－	－
1.机动车交易市场	21	16	18	13	3	3	3	1	－	－
2.钢材交易市场	6	4	6	4	－	－	－	－	－	－
3.煤炭交易市场	10	4	5	3	5	1	－	－	－	－
4.木材交易市场	48	9	14	7	34	2	－	－	－	－
5.其他工业生产资料市场	12	10	12	10	－	－	－	－	－	－
（三）农业生产资料市场	13	2	5	2	8	－	－	－	－	－
1.农业生产资料综合市场	9	1	2	1	7	－	－	－	－	－
2.农业生产资料专业市场	4	1	3	1	1	－	－	－	－	－
（四）其他生产资料市场	5	－	3	－	2	－	－	－	－	－
三、生产要素市场	18	14	18	14	－	－	－	－	－	－
（一）房地产市场	4	1	4	1	－	－	－	－	－	－
（二）金融市场	－	－	－	－	－	－	－	－	－	－
（三）劳动力市场	2	1	2	1	－	－	－	－	－	－
（四）技术市场	1	1	1	1	－	－	－	－	－	－
（五）信息市场	10	10	10	10	－	－	－	－	－	－
（六）产权市场	1	1	1	1	－	－	－	－	－	－
（七）其他要素市场	－	－	－	－	－	－	－	－	－	－

第三章 市场管理

207

第二节 市场办管脱钩

1995年4月6日,国务院总理李鹏、副总理李岚清在国家工商局局长王众孚《关于市场办管分离工作报告》上分别做了重要批示。李鹏总理批示:"同意岚清同志意见。执法部门自己不应搞经济实体。"李岚清副总理批示:"工商行政管理部门在历史上主要是管集市贸易和个体经济的,后来发展市场经济过程中,他们也搞了许多批发市场,其历史作用应当肯定。但在社会主义市场经济条件下,它的基本职能是管理市场、规范市场行为,是国家的执法部门。不能自己又管市场,又办市场(自己管自己)。因此,要求他们尽快脱钩。"

市场办管脱钩工作,国务院办公厅向全国下发了《国务院办公厅转发国家工商行政管理局〈关于工商行政管理机关与所办市场尽快脱钩的意见〉的通知》。明确了市场办管脱钩的范围是工商部门兴办的、由财政拨款和自筹资金建设的、有固定建筑和一定规模的各类市场,工商部门与其他单位联办而其工商行政管理职能和市场中介服务职能尚未分离的各类市场。

按照国务院办公厅《通知》要求以及国家工商局的安排部署,1995年7月27日,省工商局召开全省工商行政管理工作座谈会,着重研究全省市场办管脱钩工作。8月,省工商局成立市场办管脱钩领导小组,各地(州、市)工商局也成立了相应的组织,具体办管脱钩工作由工商系统的市场管理部门承办,其他有关部门配合。

全省工商系统按照国家工商局的部署,分阶段开展了全省市场的办管脱钩工作。1995年5月—6月,为摸底试点阶段,对工商部门自办和联办市场情况摸清底数,制定脱钩方案,各地(州、市)各选择一个县或大型市场进行试点。7月—10月为全面实施阶段。11月—12月为完善总结阶段。省工商局要求各地妥善处理好分离中的难点问题。

1995年6月,省工商局组织全省各地(州、市)工商局市场管理科长对山东、广东、广州、青岛等省、市市场办管脱钩的经验和做法进行了实地考察和学习。同时,省工商局派出工作组,分期分批到全省各地60多个县(市、区)工商局调查了解情况,召开专题座谈会50多次,指导和督促基层的市场办管脱钩工作。为了稳妥推进市场办管脱钩,省工商局还在兰州市、白银市、酒泉地区进行了试点。

1995年底,全省共有各类市场1899个,其中工商部门自建370个,工商部门与其他部门联建109个。工商部门在市场建设中共投入建设资金4.47亿元,其中需偿还2.55亿元。1996年3月22日,省政府办公厅转发了省工商局《关于工商行政管理机关与所办市场尽快脱钩的实施意见》。截至1996年3月底,全省除个别市场外,绝大多数市场已完成了职责和财务的分离工作。

1996年6月底,全省工商部门所办的有固定设施和一定规模的302处市场完成了办管脱钩工作,其他以工商部门为主办单位进行登记的市场,也全部交给新设立的地、县市场服务管理机构(市场建设中心、市场建设服务处)管理,并变更了市场登记证。经检查验收,基本符合"四分离"(机构分离、人员分离、财务分离、职责分离)要求。市场办管脱钩后,市场发展建设服务任务交由相关机构负责。全省14个地(州、市)和矿区工商局成立了"市场建设服务处",各县(市、区)工商局成立了"市场建设服务中心",省工商局成立了"市场管理办公室"。这些机构均归口同级工商局管理,事业性质,企业化管理,财务接受同级工商局监督。1996年7月11日,兰州市市场建设发展服务中心及其下属的8个分支机构举行了挂牌仪式。

全省市场办管脱钩大体执行以下原则:(1)机构分离。把市场的建设服务工作从市场的监督管理工作中分离出来,成立专门的市场建设服务机构,由工商局领导和管理,为事业单位,实行企业化管理,享有用人招聘和服务经营自主权。市场建设服务机构的行政级别,由各地(州、市)、县(市、区)工商局根据本局实际报政府批准确定,名称可定为"市场建设服务中心"或"市场建设服务站(所)"。(2)职责分离。把市场监督管理的职能与市场建设服务的职能进行分离,各负其责,各司其职。市场建设服务机构的主要职责是:①在工商局的领导下,参与本地(州、市)、县(市、区)的市场规划、论证和建设,筹集建设资金,负责市场信息的收集、发布和中介服务,招商引资,出租现售营业摊位,收取设施租赁费、摊位费、仓储运输及提供劳务性服务费。②建立健全内部管理和资产管理制度,承担对市场的日常管理及交易安全工作。③建立防火、防盗、卫生、治安等制度,确保市场安全稳定,环境干净整洁,交易井然有序。(3)财务分离。工商部门和市场建设服务机构要分户立账,市场管理费和市场设施服务费要分别入账。对分离市场的国有资产,要按照建设市场时政府的批准文件,把市场投资额、资金来源、债权债务、市场的土地使用证明、占地面积、建设面积、产权证明及财产归属等资料收集整理齐全、完整,按照"造价+增值+折旧"的公式核定后造表明细。资产评估报告政府批准后,将市场资产由工商局委托市场建设服务机构管理经营。为防止国有资产流失,确保国有资产的保值增值和市场经营的经济效益,市场资产要以有偿使用的原则与市场建设服务机构签订合同或责任书,根据规定的服务项目和额度收取服务性费用,并按一定比例上交工商局,接受工商局的监督和审计。分离后的市场仍属于社会公益事业,市场产权属工商局所有。(4)人员分离。要结合机构改革,本着内部调整的原则进行,市场建设服务机构的人员从工商局现有干部职工中选派 3 至 5 人为宜,并签订聘任合同。其他工作人员可从社会上招聘。(5)今后政府委托工商部门建市场,一开始就要政事彻底分离,交由市场建设服务机构承担。

1997 年 11 月,按照国家工商局《关于对市场办管脱钩工作进行复查的通知》,省工商局组成 3 个工作组,对全省工商系统的市场办管脱钩工作进行了复查。复查结果表明,全省共有各类市场 1899 个,其中:生产资料市场 113 个,生产要素市场 15 个,消费品市场 1771 个。在这些市场中,需脱钩的市场 302 处,其中工商部门自建 267 个,工商部门与其他部门联建市场 35 个。工商部门自建和联建市场投入建设资金 4.47 亿元,其中:市场管理费投入 1.68 亿元,贷款 1.1 亿元,集资 1.2 亿元,财政拨款 4900 万元(半数需偿还),总共投资需偿还 2.55 亿元。市场服务机构情况:全省 14 个地(州、市)及矿区工商局都成立了"市场建设服务所",84 个县(市、区)成立了"市场建设服务中心"或"市场建设服务所",市场服务机构编制总人数 704 人,到位 562 人,工商局内部分流 342 人,占到位人数的 57.65%,其余人员为外单位调入。至此,对全省需脱钩的 302 处市场已全部实现脱钩,并通过了国家工商局的验收。

由于市场建设服务机构仍属工商部门的独立事业单位或代管单位,业务仍由各级工商局市场监督管理处(科)协调指导,本质上并没有达到国务院要求的完全脱钩，一些办市场和管市场的职能矛盾凸显出来。2001年11月3日，国务院办公厅转发了工商总局关于工商行政管理机关限期与所办市场彻底脱钩有关问题的意见,并在通知中强调对这一重大原则问题,绝不能有半点含糊。全面开展与所办市场彻底脱钩工作,坚决纠正明脱暗不脱、藕断丝连等错误做法,坚决克服"情难却""利难舍"的本位主义思想。国家工商总局的部署明确了脱钩的范围和方式、脱钩的时间和步骤以及加强组织领导等要求,强调在同年12月底前必须完成彻底脱钩任务。经过全省工商系统及相关部门的共同努力,2001年12月20日按期完成了办管彻底脱钩的任务。全省共向市场所在地的政府或指定的部门移交市场444个(自办市场369个、联办75个);移交市场资产总额(有的为市场建设投资额)3.97亿元;移交市场建设服务机构62个;移交市场建设服务人员774名;移交市场建设和运行中的债务1.29亿元,占所欠债务1.55亿元的83%,余下2580.89万元仍由工商部门承担。

2002年4月,省工商局根据国家工商总局《关于做好市场办管彻底脱钩复查工作的通知》,按照省政府确定的6条脱钩标准,派出检查组进行了抽查,用一个月的时间完成了复查任务。复查结论:应移交市场、应移交资产、应移交市场建设服务机构、应移交人员均占100%。

第三节 市场监管方式

多年来,工商部门适应市场经济的发展,根据市场管理中遇到的新情况、新问题,不断改革市场监管方式,使市场管理日趋规范,监管效能不断提高。

一、市场登记

1993年9月,省工商局制定下发了《甘肃省开办市场登记管理实施办法》,规定开办市场实行登记管理。登记工作由省、地(州、市)、县(市、区)工商部门按分级管理的原则组织实施。

1994年3月18日,省政府办公厅转发了省工商局《关于甘肃省市场登记管理实施意见》。提出市场登记的范围是：凡省内提供交易场地，有多种经营主体参加交易，具有一定规模（生活资料市场的经营摊位在 50 个以上）的各类固定市场，以及有固定场所的季节性市场，都应进行登记。登记的期限是：1993年底前开业的市场，一律在 1994 年 6 月底前补办登记完毕。新开办的市场，一律实行先登记后开业；正在筹建的各类市场，尽量做到在规划前期进行登记。对于名为市场，实为独家经营的商业企业，不按市场进行登记。同时明确了市场登记的管理机关是省、地（州、市）、县（市、区）工商局。当年，市场登记工作取得较大进展，全省登记市场 1100 个，约占应登记数的 64%，市场登记工作于 8月底完成。

2004 年，省工商局根据全省集贸市场的发展实际和国家工商总局关于市场登记改革为企业登记的有关精神，决定全省停止集贸市场核发《市场登记证》工作，将原先的市场登记改为企业登记。3 月 16 日，省工商局向全省工商系统下发了《关于市场登记改革为企业登记的意见》，认为全省集贸市场实行登记核发《市场登记证》，这和当时集贸市场以社会效益为主及以工商部门为主办单位有极大关系，市场登记也为市场发展规范起了积极作用。随着社会主义市场经济体制的逐步建立，以追求利润为目的开办集贸市场，用市场机制经营管理市场已成为现实。因此，对全省集贸市场实行企业登记核发营业执照，是市场经济发展的需要。同时还明确了将市场登记改为企业登记的相关规定：一是实行企业登记的市场是指有固定场所、设施和管理服务机构，有若干个经营者入场实行集中、公开交易的专业性、综合性的批发、零售市场的经营管理者。二是市场经营管理者经营组织形式，符合公司登记的，可按公司登记，符合企业法人登记的，可按企业法人登记，符合营业登记的，按营业登记。三是实行企业登记后，市场装潢性标识，可根据《企业名称管理规定》第二十条规定，省略经营管理者组织形式，如"有限公司""经营服务部""经营管理中心"等，直接表示为"××市场"。四是市场实行工商企业登记以后，停止核发新的《市场登记证》。

二、市场巡查制

1998 年 4 月，国家工商局下发了《关于在市场监管工作中推行市场巡查制的通知》。从 1999 年上半年开始,全省各级工商部门在市场监管工作中全面推行了市场巡查制。省工商局组织各地(州、市)工商局主管局长赴山东省济南市、青岛市实地考察,学习了市场巡查制的经验和做法。全省各地在推行市场巡查制的过程中,注意结合自己的实际,按照分步到位、稳妥实施、多种模式、务实求进的原则稳步推进。各地在具体操作中选择几个不同类型的工商所先行试点,以点带面,全面推开。到该年底,全省工商系统初步形成了"以工商所为基础,上下联动,三级巡查"的市场巡查网络。全省各工商所划组分段全面开展了对辖区内各类市场、经营主体定期不定期的巡查,实施日常监督管理。地(州、市)、县(市、区)巡查队作为机动力量,受工商局市场巡查指挥协调中心派遣,对地县辖区内重点突出问题和工商所巡查中难以解决的问题,进行重点巡查和整治;受工商局委托督查工商所巡查工作情况,处理市场巡查突发事件,初步具备了对发现的重大线索和重大案情快速进行处置的能力。在推行市场巡查制过程中,全省工商系统以强化工商行政管理综合职能为目标,下大力解决岗位多、职能割裂、市场监管工作难以落实的问题。工商所打破内部"上下对口"的专管员机制,把力量按责任区域整编为若干巡查组;在职权调整上,强化了工商所的属地管辖职权,即赋予工商所对辖区内各种性质、各种隶属关系经营主体的监督权和纠正规范权,以及对辖区内各类企业和经营者经济违法违章行为的当场处罚权。通过近一年的实践,全省工商系统在人员没有增加的情况下,市场监管工作得到全面加强,执法力度明显增强。同年 6 月—11 月,全省通过实行巡查制,查处无证照经营达 1.1 万多户,查处的一般和简易程序案件比上年同期增加了近 20 倍,当场处罚增加了 30 多倍,罚没金额 200 多万元,为消费者挽回经济损失 300 多万元。同时管理方式方法发生了明显变化。全省工商部门变以往"不告不理"的被动式监管方式为主动出击的监管方式,变以往各自为政、单打一的管理为全方位、全时空的综合监管,提高了监管效能,队伍素质也有了明显提高。以小组为单位实施集体巡查和交叉巡查,增强了相互之间的约束和办案的透明度。同时,通过制定执法公示制、服务承诺制和不作为追究制,杜绝了办人情照、收人情费、办人情案等,充分体现了工商行政管理的地位和权威。通过巡查,综合运用工商行政管理的法律、法规,逐步实

现监管职能到位,提高了监管层次。

2004年,经过多年的实践,以及随着"12315"申诉举报网络建设的完善,为市场巡查提供了大量的信息资源,有利于市场巡查确定重点,有的放矢。市场巡查人员在主动取得举报信息后,分析梳理申、投诉的内容,研究制定巡查监管的措施。企业信用信息记录和披露办法实施后,同样有利于促进市场巡查监管。因此,全省市场巡查监管借助各方面的信息资源,发挥了整体合力的作用,提高了监管水平。由于坚持了监管手段的改革创新,日常的市场巡查监管逐步由集贸市场、楼群巷道的经营行为延伸到巡查商城、商厦、写字楼、星级宾馆、酒店等。市场管理也由单一的驻场式管理,改进为与巡查、预警相结合,逐步建起适应长效监管、打防结合、关口前移的新的监管方式。但是,随着监管重心下移,实施属地管理,大中型企业特别是经营电、气、水的垄断行业,以及新兴的要素市场,如金融、证券、保险、人才、劳动力、期货、产权市场的巡查监管工作没有深入进去。

三、实施流通领域商品准入制度

从2003年开始,全省工商系统实施商品准入制度。流通领域商品准入制度包括索证索票制度、进销货台账登记制度、问题商品退市(召回)制度。为了进一步规范市场交易行为,省工商局按照国家工商总局关于实施商品准入制度的基本框架,结合本省市场实际,在这方面作了大胆摸索。全省各地工商部门引导经营者广泛建立了商品进入市场的台账制度、商品准入备案制度和大宗商品验收检验制度等,有的地方还采取"场地挂钩""场厂挂钩"等措施,有效地促进了商品市场秩序的好转。这项制度的实施,在2004年元旦、春节市场和抗"禽流感"的禽类产品市场监管中,发挥了积极的作用,显示了从源头上规范市场交易行为的突出效果。全省各地工商局在落实商品准入制度工作中,经过不断探索和改进,摸索出了一套成功的经验和做法:一是尽心尽力帮助和引导市场经营者建立健全商品监管制度,整合各方面的力量,监管者、经营者、市场主办方三方面通力合作,共同维护好市场秩序。二是加强与相关政府部门的沟通与协作,在商品质量与流通的监管中,加强联合执法、联手互动,增强监管的统一性和有效性。三是通过强有力的宣传工作,动员社会各方面的力量,使商品准入制度向纵深推进。2004年9月,省工商局在兰州市工商局举办了200多人参加的商品准入制度观摩现场会,推广了瑞德尔食品超市、张苏滩粮油批发市场和两个工商所落实市场准入制度的经验。

2007年,全省工商部门在农村市场大力推行"农村食品经营者七项制度",即《农村个体户信用分类监管制度》《农村食品安全监管责任制和责任追究制度》《流通领域食品准入制度》《食品经营主体准入制度》《不合格食品退市制度》《食品市场巡查制度》《食品安全信息公示制度》;实行"两证两书三账两档一卡"制度,即《食品生产许可证》《食品卫生许可证》《经营户不制售假冒伪劣商品责任书》和《农村食品市场整顿年工作目标责任书》、食品进货台账、销货台账、不合格食品下架退市登记台账,索证索票档案和购销合同档案,合格食品经营信誉卡,从末梢堵截假冒商品销售。实行食品生产经营者信用分类监管制度。对农村食品经营企业实行动态监管,并根据信用分类情况作以相应监管。有力地维护了农村食品市场的稳定,确保了农村广大消费者的生命健康安全。同时推广农村食品流动配货车登记备案制度,从源头严把食品质量。对农村食品配(送)货车实行登记制度,在全省实行了所有对辖区食品送货车配送货时先到工商所接受检查,落实索票索证和食品质量安全制度,从源头堵住劣质食品流入农村。

四、市场应急保障

2005年10月,省工商局向全省工商系统印发了《市场监管应急预案》。《预案》共分6个部分:总则、组织体系及职责任务、响应分组及对策、应急保障、后勤处置、附则。《预案》对恶性案件的查处,制定了具体规定:1.对发生在全省范围内有重大影响的工商行政管理恶性案件,专项应急办公室应在24小时内派出工作组,实地调查,事发地所在的市级工商局分管局长要亲自带队实地调查,限期查清案件事实,摸清案件发生根源,依法查处,消除影响,并迅速将查处情况报告省工商局。对恶性案件中涉及的有毒有害食品、化妆品、建筑装饰装修材料,可能出现危害人身安全的,以及由于农资质量问题可能造成农业大面积减产或绝收的,及时做出预警,防止损失扩大。同时,迅速部署精干执法力量,开展市场专项清理,追根溯源,严防死守,防止危害事故发生。2.对群体性事件的处置。对出现涉及工商职能的停市罢市、群体上访等情况,应急办公室接报后,视情况紧急程度,24小时内通知相关地方政府,争取地方党委、政府的支持配合,48小时内提出处理意见和处理措施,迅速下发当地工商部门贯彻执行。事发地市级和县级工商局要上下联动,两级机关一把手及分管局长要亲自赶赴现场,进行指挥和处理,务求及时稳定群众情绪、控制事态发展。同时,认真调查事发原因,积极与群众进行沟通,解决群众的实际困难,防止事态扩大。充分发挥市场监管主力军作用,进一步提高工商部门的快速反应能力和市场监管效能,积极维护正常的市场经济秩序,妥善处理突发性的市场事件,有效保障人民群众的消费安全的有力措施。

根据国家工商总局和甘肃省防艾办的工作安排,工商部门充分利用中英艾滋病策略支持项目,开展了甘肃省部分企业负责人艾滋病防治知识培训,培训企业208家。与娱乐场所、宾馆签订摆放安全套承诺书、发放安全套活动也从城关区扩大到整个兰州市,使防治艾滋病宣传工作在深度和广度得到提高。与兰州市娱乐场所、宾馆签订摆放安全套承诺书、发放安全套活动,增强了企业预防艾滋病的意识,使娱乐场所经营者明确了预防艾滋病应尽的义务,落实了国家开展推广使用安全套预防艾滋病工作措施,形成了防艾工作合力,对预防艾滋病工作起到了一定的推动作用。

2008年对突发事件能力的提升取得突破,抗击"5·12"汶川特大地震灾害、应对"3·14"部分藏区打砸抢烧事件、处置三鹿牌婴幼儿奶粉事件,是2008年全省工商系统在履行职能中经历的三件大事难事,情况复杂、任务艰巨。经过全省系统艰苦努力,政策扶持,减免收费等,促进了受损经营户快速恢复经营,地震灾区经济社会的稳定和灾区重建,增强了工商行政管理机关的应急反应能力。

第四节 市场监管与整治

随着市场经济的不断发展,整顿和规范市场经济秩序的工作日益繁重。全省各级工商部门针对不同时期市场出现的新情况、新问题,发挥自身职能,加强日常监管并不间断地开展市场的整顿与治理。

一、市场日常监管

1986 年至 1989 年,全省的集贸市场迅猛发展,市场的数量不断增多,市场交易的范围也不断扩大。然而,由于集贸市场建设还很不完善,市场不规范,各种各样的弊端也显露出来,如"马路市场"、占道经营、经营秩序较混乱、卫生条件较差等。为此,全省工商系统采取了一系列切实可行的措施,重点从改善硬环境和软环境两个方面来进行综合治理,维护各类集贸市场的正规秩序。为了从价格上规范和治理集贸市场的秩序,控制物价,搞活流通,1989 年 10 月,省工商局向全省工商系统印发了《关于管好搞活集贸市场、有效控制集市价格的意见》。重点提出了加强市场管理的管理政策,允许随行就市,自由议价;允许季节差、品种差、质量差率出现;允许自由贩运灵活作价,鼓励合理竞争,繁荣集贸市场。同时提出 5 个管理环节,5 项监督检查措施和控制物价,搞活集市贸易的 5 条治本措施。5 个环节:(1)普及公平秤服务,制止短斤少两。 (2)实行明码标价、一品一签,制止漫天要价。(3)经常检查度量衡器,制止使用不合格计量器具欺骗消费者。(4)加强商品质量的检查,制止掺杂使假、以次充好、出售腐烂变质商品,打击制售假冒伪劣商品行为。(5)违章处罚,制止投机违法、欺行霸市活动。5 项监督检查措施:(1)落实市场物价管理责任制,加强对市场物价的监督检查,把突击性检查和日常监督结合进来,并将检查结果公布于众。(2)密切配合物价、质量、卫生、公安各方进行检查。(3)建立多层次的群众监督网络,县、区设投诉电话、投诉站,工商所设检举箱,市场设咨询处。对检举的问题有记录、有处理、有结果、有答复。对不服从市场价格管理者,一次罚款、二次黄牌警告、三次停业整顿,屡教不改者吊销营业执照。(4)建立市场物

价奖励制度,缺一罚十的罚款不上缴,留作市场奖励金,用于奖励举报人员和执行缺一罚十的市场管理人员。(5)把控制物价作为开展"文明市场""优秀工商管理人员""市场规范化管理""信得过摊点"评比活动的一项重要的评比条件。5条治本措施:(1)各级工商部门把物价问题不能单纯认为是经济问题,应提高到安定团结、稳定大局的政治问题上对待。(2)切实加强对个体户教育,使他们守法经营,为稳定价格做出贡献。(3)积极建立农副产品批发市场,开展个体劳动者协会分会的联购分销活动,大量引进商品,丰富货源,平抑物价。(4)充分发挥国营商业的主渠道作用,鼓励引导国营商业进入集贸市场,稳定价格。(5)清理整顿公司,砍掉一些过多过滥的批发环节,减少层层加价。通过各种方式,从价格上管住市场。

从1993年6月开始,省工商局利用《甘肃工商报》,根据各地集贸市场的价格信息,每周定期向全省发布当日各主要集贸市场农副产品商品价格信息,指导商品价格,使农副产品价格始终在市场调节的范围内根据供需关系有序波动,成为商品流动的晴雨表。各地商贩根据工商部门提供的农副产品信息,组织货源调剂供需,同时明码标价、随行就市,使农副产品合理有序流动,稳定了市场价格。全省价格发布信息止于1999年12月31日《甘肃工商报》停刊。但各地集贸市场依然定期在市场内公布本地农副产品商品价格指导供需,稳定商品价格。

1993 年全省部分集贸市场商品价格

表 3-17 （12 月 14 日） 单位：元/公斤

品种	张掖甘州市场	金昌北京路市场	定西县北街市场	兰州铁路新村市场	武威西凉综合批发市场	嘉峪关富强路市场	白银公园路市场	临夏东校场综合批发市场	陇南成县城关市场	兰州蔬菜瓜果批发市场
猪肉	6.00	7.00	5.60	5.50	6.00	5.60	6.00	–	5.00	–
羊肉	7.60	7.20	10.00	10.00	8.00	7.20	7.60	–	12.00	–
牛肉	7.20	8.00	7.00	8.00	8.00	7.40	9.00	–	8.00	–
鲜蛋	5.60	5.40	5.60	5.40	6.40	6.00	5.60	5.80	6.80	–
鸡	7.00	7.60	7.00	8.50	8.40	7.60	7.40	8.00	7.00	–
带鱼	11.00	11.00	12.00	9.00	11.00	11.00	10.00	–	–	–
鲤鱼	8.60	11.00	10.00	9.00	12.00	12.00	12.00	–	–	–
鲢鱼	4.40	5.00	–	5.00	7.00		5.40	–	–	–
食用油	5.40	–	5.40	5.80	5.40	5.40	6.40	4.80	5.00	–
大米	1.65	1.60	1.60	1.60	1.50	–	1.50	1.50	1.40	–
小麦	0.78	–	0.80	–	0.72	–		0.80	0.86	–
玉米	0.70	–	–	1.00	0.60	–	0.80	0.70	0.56	–
菜花	0.60	2.40	1.60	0.90	1.40	3.00	2.00	0.90	0.40	1.00
芹菜	1.00	1.40	1.20	1.40	0.90	1.60	1.40	0.80	0.60	0.80
笋子	1.40	1.60	2.00	0.90	1.20	2.00	1.60	1.20	–	0.70
青椒	5.00	5.00	5.00	5.00	4.00	5.00	3.60	–	–	2.80
油菜	0.80	1.00	0.60	–	0.90	1.60	1.00	–	–	0.30
蒜薹	–	4.80	5.00	4.80	4.00	5.00	4.00	–	–	3.40
水萝卜	0.80	0.60	0.40	0.30	0.40	1.00	1.00	–	–	0.30
洋芋	0.80	0.60	0.40	0.60	0.50	1.00	0.60	0.25	0.30	0.40
鲜生姜	6.00	4.60	5.00	4.00	4.00	5.40	3.00	6.00	3.00	1.30
香蕉	4.00	5.00	5.00	4.10	3.60	4.60	3.60	3.00	4.00	2.40
柑橘	2.00	2.50	–	2.00	1.60	2.60	2.00	–	–	1.60
苹果	3.60	3.20	1.60	2.50	1.60	3.40	2.40	1.80	1.00	1.40

1994 年全省部分集贸市场商品价格

表 3-18 （12 月 13 日） 单位：元/公斤

品种	张掖甘州市场	定西县永定桥市场	天水人民路市场	酒泉肃州市场	平凉四十里铺综合市场	临夏东校场综合批发市场	白银公园路市场	金昌北京路市场	西峰北一路综合市场	兰州铁路新村市场
猪肉	10.00	11.00	11.00	12.00	12.00	–	14.00	13.00	11.00	12.00
羊肉	12.00	18.00	14.00	14.00	–	–	12.00	14.00	15.00	15.00
牛肉	13.00	18.00	13.00	12.00			14.00	13.00	14.00	14.00
鲜蛋	6.40	6.60	7.00	6.40	7.00	7.00	6.00	6.40	9.60	6.40
鸡	8.60	10.00	9.00	11.00	8.00	11.00	10.00	10.00	10.00	–
带鱼	14.00	13.60	13.00	14.00			12.00	14.00		
鲤鱼	10.00	10.00		11.60			10.00	14.00		
鲢鱼	8.00	7.00	–	7.00			5.00	5.60	8.00	
食用油	11.00	10.80	10.60	11.20	10.80	11.00	11.00	11.60	11.60	–
大米	3.00	3.00	2.80	3.40		1.80	2.80	2.60	2.40	
小麦	1.20	1.60	1.20	–	1.35	1.20	–	–	1.10	
玉米	0.98	1.20	1.00	–	1.06		–	–	0.98	
菜花	2.00	2.20	1.20	2.60	2.00	1.60	2.00	1.60	1.30	2.00
芹菜	3.20	1.60	0.80	1.00	0.80	0.60	1.60	1.60	0.80	1.60
笋子	2.40	3.00	–	–	0.80	1.60	1.60	2.00	–	1.80
青椒	5.60	6.00	4.80	7.00	3.00	5.00	4.00	6.00	2.80	4.00
油菜	0.80	1.60	0.80	0.80	–	1.20	1.00	1.60	0.60	1.60
蒜薹	6.00	6.00	4.00	6.40	7.00	5.00	5.20	6.00	–	5.00
萝卜	0.80	1.00	0.60	–	0.70	0.34	–	1.20	0.70	0.80
洋芋	1.10	0.60	0.70	1.20	0.60	0.34	1.00	1.00	0.80	1.00
鲜生姜	6.00	4.00	4.00	4.40	–	2.40	3.00	2.00	5.00	2.00
香蕉	5.00	4.00	3.20	3.20	–	3.00	4.00	4.00	4.00	–
柑橘	3.00	3.00	2.00	2.60	–	1.50	3.00	2.40	–	–
苹果	5.00	3.00	4.00	4.00	2.40	2.00	3.00	3.60	3.60	–

注：白银公园路市场、金昌北京路市场、西峰北一路综合市场、兰州铁路新村市场商品为 12 月 20 日价格。

1995 年全省部分集贸市场商品价格

表 3-19　　　　　　　　　　　　　（12 月 13 日）　　　　　　　　单位:元/公斤

品种	兰州定西南路市场	白银公园路市场	西峰北一路综合市场	临夏东校场市场	定西县北街市场	武威西凉市场	金昌北京路市场	张掖甘州市场	酒泉肃州市场	陇南成县城关市场
猪肉	14.00	12.40	14.00	–	13.00	13.00	14.50	11.00	14.00	9.60
羊肉	17.00	18.00	16.00	–	14.00	16.00	13.00	13.00	16.00	24.00
牛肉	18.00	18.00	18.00	–	–	16.00	–	16.00	17.00	16.00
鲜蛋	7.20	8.00	6.40	7.80	8.00	7.20	7.60	7.60	7.00	9.00
鸡	13.00	11.00	11.00	11.00	12.00	13.00	10.60	13.00	12.00	10.00
带鱼	13.00	–	12.00	–	–	13.00	13.00	12.00	13.00	–
鲤鱼	12.00	15.00	11.00	–	16.00	11.00	12.00	12.00	11.00	16.00
鲢鱼	–	9.00	6.00	–	–	7.00	–	7.00	7.00	–
食用油	10.00	8.60	9.20	–	–	9.40	10.40	9.00	9.20	8.40
大米	3.40	3.60	3.60	3.10	–	3.50	3.60	3.40	3.40	4.20
小麦	–	–	–	1.82	–	1.80	–	–	–	1.82
玉米	–	–	–	1.62	–	1.50	–	–	–	1.44
菜花	3.40	3.00	3.60	3.20	4.00	3.00	2.00	2.60	3.00	3.00
芹菜	1.00	1.00	3.00	0.40	2.00	1.00	1.60	0.60	1.60	1.50
笋子	2.00	2.50	1.40	2.00	4.00	2.20	2.20	2.00	1.20	–
青椒	10.00	6.00	10.00	7.00	10.00	10.00	9.00	8.00	10.00	8.00
油菜	0.80	0.60	1.00	–	2.40	2.00	1.20	1.20	1.20	
蒜薹	7.00	6.00	7.60	6.00	7.00	6.00	8.00	7.00	7.20	
萝卜	0.45	0.60	0.80	–	0.60	0.40	1.00	0.80	0.50	–
洋芋	1.00	1.00	1.20	0.60	0.80	1.20	1.20	1.00	1.60	0.90
鲜生姜	5.00	6.00	6.00	4.00	6.00	6.00	5.60	7.00	6.00	6.00
香蕉	5.00	5.00	5.00	4.00	5.00	5.00	5.00	5.60	6.00	3.80
柑橘	4.00	2.00	2.40	1.40	2.40	3.00	3.60	3.60	2.00	2.00
苹果	3.60	3.00	2.60	2.00	2.80	4.00	2.80	4.00	5.00	2.00

第三章

市场管理

1996 年全省部分集贸市场商品价格

表 3-20　　　　　　　　　　　（12 月 4 日）　　　　　　　单位：元/公斤

品种	兰州定西南路市场	白银公园路市场	天水渭滨市场	西峰北一路市场	临夏东校场市场	金昌北京路市场	张掖甘州市场	酒泉肃州市场	嘉峪关富强路市场	陇南成县城关市场
猪肉	12.00	14.00	13.00	11.60	–	13.00	11.80	13.00	13.00	10.00
羊肉	12.00	12.00	15.00	16.00	–	12.00	11.00	12.00	12.00	22.00
牛肉	14.00	16.00	15.00	17.00	–	15.00	14.00	16.00	13.00	13.00
鲜蛋	7.40	6.80	8.50	8.00	–	8.00	8.00	7.00	12.00	10.00
鸡	16.00	11.00	10.00	11.00	–	11.00	11.60	12.00	13.00	10.00
带鱼	11.00	12.00	13.00	12.00	–	13.00	12.00	12.00	12.00	–
鲤鱼	8.00	10.00	13.00	12.00	–	12.00	12.00	10.00	–	14.00
鲢鱼	–	6.00	7.50	7.00	–	6.00	7.00	6.00	–	8.00
食用油	8.10	8.00	7.60	8.00	–	8.00	8.70	8.00	7.60	8.40
大米	3.40	3.40	3.60	–	2.50	3.20	3.80	4.00	3.80	3.40
小麦	–	–	–	–	1.50	2.20	–	–	–	1.60
玉米	–	–	–	–	1.00	2.00	–	–	–	1.10
菜花	1.40	1.60	2.00	3.00	1.60	2.40	0.70	2.00	2.60	3.00
芹菜	1.20	2.00	0.90	1.00	1.20	1.60	0.70	1.60	1.80	2.00
笋子	1.40	1.40	2.00	2.00	1.40	2.00	1.60	2.20	2.00	–
青椒	5.00	4.00	3.60	2.00	3.60	6.00	2.40	1.40	6.00	2.40
油菜	1.20	1.40	0.60	1.20	2.00	2.00	1.20	2.40	2.40	–
蒜薹	5.00	5.00	5.00	6.00	5.00	6.00	5.20	7.00	7.00	–
萝卜	0.65	–	0.80	0.80	0.30	1.00	0.50	0.60	0.80	–
洋芋	0.80	0.80	1.00	0.42	1.20	0.80	1.20	1.60	0.60	
鲜生姜	12.00	20.00	12.00	10.00	14.00	14.00	26.00	18.00	20.00	10.00
香蕉	6.00	7.00	4.00	8.00	6.00	7.00	8.00	8.00	8.00	4.00
柑橘	–	3.00	2.60	2.40	1.60	–	3.00	3.50	4.00	1.60
苹果	3.00	2.60	2.60	2.00	1.50	–	3.00	3.50	–	1.00

1997 年全省部分集贸市场商品价格

表 3-21 （12月10日） 单位:元/公斤

品种	兰州定西南路市场	白银公园路市场	天水渭滨市场	西峰北一路市场	临夏东校场市场	武威西凉市场	金昌北京路市场	张掖甘州市场	酒泉肃州市场	嘉峪关富强路市场
肉	12.00	15.00	13.00	12.00	–	13.00	14.00	12.00	14.00	14.00
羊肉	12.00	8.00	13.00	14.00	–	11.00	10.00	9.00	9.00	10.00
牛肉		12.00	9.00	17.00	–	13.00	11.00	11.00	12.00	14.00
鲜蛋	5.60	5.00	6.00	6.50	–	5.20	5.80	5.40	5.60	6.00
鸡	11.00	8.00	10.00	11.00	–	11.00	10.00	10.00	11.00	11.00
带鱼	10.00	12.00	13.00	13.00	–	13.00	12.00	12.00	13.00	13.00
鲤鱼	10.00	11.00	12.00	12.00	–	11.00	10.00	13.00	11.00	13.00
鲢鱼	10.00	7.00	8.00	7.00	–	8.00	5.00	8.00	5.20	–
食用油	8.00	8.40	8.00	8.00	–	6.00	7.80	8.50	8.00	7.20
大米	2.60	3.00	3.50	2.60	2.00	–	2.40	2.40	3.20	2.80
小麦	–	–	–	–	1.50	–	1.60	–	–	–
玉米	–	–	–	–	1.00	3.00	1.60	–	–	–
菜花	2.60	2.00	2.00	1.60	2.00	1.20	3.00	1.00	–	–
芹菜	1.80	1.80	1.00	1.20	1.00	2.40	1.60	1.60	2.10	2.00
笋子	2.40	1.40	2.00	1.80	2.00	–	3.00	1.60	3.00	2.00
青椒	5.20	8.00	3.50	3.00	5.00	2.00	6.00	5.80	8.00	7.00
油菜	1.60	1.20	0.80	1.60	2.00	–	2.00	1.00	1.83	2.00
蒜薹	5.20	6.00	6.00	6.00	5.00	5.60	6.00	6.00	7.05	7.00
萝卜	1.00	1.00	0.80	0.80	0.30	–	1.00	0.60	1.00	1.00
洋芋	–	1.00	1.00	0.80	0.70	1.00	1.00	0.80	1.00	2.00
鲜生姜	10.00	12.00	8.00	7.00	11.00	10.00	12.00	12.00	8.00	12.00
香蕉	6.00	7.00	4.00	5.00	8.00	–	4.00	3.80	9.00	7.00
柑橘	2.60	4.00	3.00	2.80	1.50	2.00	3.00	2.40	3.00	3.00
苹果	2.50	3.00	3.00	2.60	1.60	2.00	3.60	2.50	3.00	4.00

1998 年全省部分集贸市场商品价格

表 3-22　　　　　　　　　　　　（12 月 3 日）　　　　　　　　　单位:元/公斤

品种	临夏东校场市场	武威西凉市场	张掖甘州市场	酒泉肃州市场	嘉峪关富强路市场	陇南成县城关市场	白银公园路市场	天水渭滨市场	兰州定西南路市场	兰州张苏滩批发市场
猪肉	–	12.00	11.00	13.00	11.00	10.00	–	11.00	12.00	–
羊肉	–	10.00	9.00	11.00	9.00	18.00	12.00	15.00	12.00	–
牛肉	–	12.00	11.00	11.00	12.00	14.00	16.00	13.00	13.00	–
鲜蛋	–	6.00	6.00	5.80	6.20	8.00	5.80	6.00	6.00	–
鸡	–	13.00	11.60	10.00	10.00	11.00	10.00	10.00	12.00	–
带鱼	–	12.00	12.00	11.00	12.00	11.00	9.00	13.00	11.00	–
鲤鱼	–	10.00	10.00	11.00	10.00	13.00	10.00	14.00	11.00	–
鲢鱼	–	8.00	5.00	5.80	–	8.00	6.00	8.00	8.00	–
食用油	–	8.40	9.00	9.00	9.50	8.80	8.00	8.40	8.00	–
大米	2.60	2.40	2.60	2.80	3.00	2.80	2.60	3.40	3.60	–
小麦	1.30	–	–	–	–	1.00	–	–	–	–
玉米	1.10	–	–	–	–	0.90	–	–	–	–
菜花	1.60	2.00	1.20	1.80	2.00	1.60	1.40	1.20	2.00	1.00
芹菜	0.80	1.00	1.20	1.20	1.60	1.20	1.40	1.00	1.40	0.90
笋子	1.60	2.00	1.60	1.40	1.40	1.60	1.60	1.60	1.60	–
青椒	3.60	3.00	2.60	2.20	2.60	4.00	2.60	2.00	3.20	1.30
油菜	0.60	1.00	1.00	1.00	1.60	0.40	1.00	0.60	0.80	1.00
蒜薹	4.60	4.00	5.00	5.40	5.20	–	4.00	3.50	5.00	2.00
萝卜	0.10	0.60	0.40	0.80	0.80	–	0.60	0.40	1.00	0.20
洋芋	0.70	1.00	0.80	1.20	1.40	0.80	1.00	1.00	1.00	0.60
鲜生姜	5.00	6.00	6.00	10.00	5.00	5.00	5.00	4.00	4.60	3.00
香蕉	5.00	3.00	4.00	5.00	4.00	5.00	4.00	3.20	6.00	3.20
柑橘	1.80	2.00	2.00	3.00	2.60	1.60	4.00	3.00	2.80	1.30
苹果	0.80	2.00	2.00	2.60	2.00	0.70	2.00	1.60	3.00	1.60

注:白银公园路市场、天水渭滨市场、兰州定西南路市场、兰州张苏滩批发市场商品为 12 月 7 日价格。

1999 年全省部分集贸市场商品价格

表 3-23 　　　　　　　　　　（12 月 6 日）　　　　　　　　　单位:元/公斤

品种	兰州张苏滩批发市场	兰州定西南路市场	兰州建兰路市场	白银公园路市场	天水渭滨市场	西峰北一路市场	陇南成县城关市场
猪肉	–	12.00	11.00	12.50	10.00	10.00	8.00
羊肉	–	13.00	11.00	12.00	13.00	12.00	18.00
牛肉	–	13.00	11.00	12.50	14.00	16.00	12.00
鲜蛋	–	4.20	4.60	4.80	5.00	5.60	7.00
鸡	–	11.00	9.00	9.50	11.00		11.00
带鱼	–	9.00	9.60	8.50	9.00	10.00	10.00
鲤鱼	–	8.00	8.00	6.50	9.00	8.00	10.00
鲢鱼	–	8.00	5.00	4.50	7.00	6.00	8.00
食用油	–	8.60	7.60	8.40	8.20	7.40	7.60
大米	–	2.60	2.40	2.60	2.40	2.40	2.60
小麦	–	–	–	–	–	–	0.90
玉米	–	–	–	–	–	–	0.80
菜花	1.00	1.40	2.40	2.20	1.60	2.60	1.60
芹菜	1.00	1.20	1.40	2.20	1.00	1.20	2.00
笋子	1.20	1.40	1.60	1.80	1.00	2.00	2.00
青椒	2.80	3.60	2.60	4.50	3.40	3.00	3.00
油菜	1.20	1.20	1.00	1.10	0.80	1.40	0.40
西红柿	1.00	1.60	2.00	–	2.40	2.60	–
蒜薹	3.60	3.60	4.00	4.50	3.60	4.00	5.00
萝卜	0.50	1.00	1.00	2.40	1.60	0.60	–
洋芋	0.60	1.00	0.80	0.90	0.80	1.00	0.60
鲜生姜	–	4.00	4.00	3.50	4.00	3.00	4.00
香蕉	3.00	5.00	5.00	3.10	3.80	4.00	5.00
柑橘	–	2.40	2.40	2.50	2.50	2.40	1.60
苹果	1.60	1.00	2.60	3.00	1.80	2.40	3.20

注:陇南成县城关市场商品为 12 月 27 日价格。

二、市场综合治理

1990 年 8 月 20 日—31 日,省质量管理局、工商局联合组织省产品质量监督检验所和省农副产品、五金家具、服装鞋帽、电子产品、眼镜产品、皮鞋塑料等质量监督检验站,分东西两片,对平凉、庆阳、天水、张掖、酒泉、武威 6 个地、市流通领域中部分商品质量进行了较全面的检查。这次检查主要针对群众反映强烈、投诉率高的日用生活必需品和省质量管理局已通报的部分伪劣商品,其中包括电视机、成人服装、胶粘皮鞋、家具、食品(标签和外观质量)、眼镜、调味品 7 类商品。从对 67 个单位的 7 类 453 种规格的商品检查情况看,受检的 203 种商品检验合格率为 44.8%。其中电视机的安全性能全部合格;成人服装、家具类商品的质量较好;胶粘皮鞋质量一般;调味品、眼镜类商品的质量很差;食品标签执行不好,仍然存在销售过期失效食品的现象。通过这次综合整治,使全省集贸市场的秩序有了较大程度的好转。

1991 年 5 月—6 月,由省"质量、品种、效益年"领导小组办公室牵头,省质量管理局、工商局、公安厅、省卫生防疫站及省产品质量监督检验所,省电子产品、皮鞋塑料、食品等质量监督检验站组成联合检查组,对白银、天水、定西、兰州 4 地、市流通领域部分商品质量进行了检查。这次检查的重点是群众反映大、投诉率高、直接影响人民身体健康的家用小电器、饮料、食品和胶粘皮鞋 4 大类商品。从对 62 个单位 516 个批次商品检查情况看,合格 293 批次,合格率为 56.8%。其中胶粘皮鞋合格率为 56.9%,食品合格率为 51.1%,饮料合格率为 54.7%,小家电产品合格率为 62.5%。总体合格率较之上年全省东西片区流通领域大检查时高出 12 个百分点,食品合格率较上年高出 24 个百分点,胶粘皮鞋合格率高出 1.4 个百分点。

1994 年 3 月 29 日,省政府召开稳定市场保证供应动员大会,省工商局于 4 月 1 日发出了《关于稳定市场、保证供应的紧急通知》。《通知》要求副食品实行明码标价,维护市场公平、公正、公开交易。

1994 年 9 月 26 日,省第八届人大常委会第十一次会议通过并颁布《甘肃省城乡集市贸易管理办法》。《办法》共 6 章、44 条,主要包括了城乡集市贸易管理的基本原则、市场建设、贸易活动、市场管理和相应的法律责任等内容。11月19日,全省工商系统开展了《办法》宣传咨询活动,省工商局召开了新闻发布会,省工商局领导在会上讲了话,并回答了记者提问。

针对市场上存在的短斤少两、使用杆秤损害消费者权益的问题,省工商局按照国家技术监督局、国家工商局1994年9月联合下发的《关于在公众贸易中限制使用杆秤的通知》精神,对市场上大量使用的杆秤进行了集中整顿。1995年,全省5个地级市开展了限制使用杆秤的宣传教育活动,每个市选择5个以上商店和一个集贸市场,进行限制使用杆秤的试点。省工商局根据试点经验,制定出限制使用杆秤实施方案,从1996年起在全省推广。兰州市技术监督局、工商局及时下发了通知,规定城关、七里河、西固、安宁4区的各商店、城乡集贸市场的固定摊位,于1996年10月1日起禁止使用杆秤,流动摊贩于1997年1月1日起禁止使用杆秤。到1997年年底,全省5个地级市城区的商店、集贸市场的固定摊点淘汰了杆秤。

1997年上半年,全省工商系统对问题较突出节日市场、夏季饮料市场、烟草市场、家用电器市场、汽车配件市场、建筑市场等进行了综合整治。全省各地共出动检查人员3万多人次,检查门店摊位12万个,整顿市场1276个,立案查处案件1063起,捣毁制假窝点64个,查获60个大类、1000多个品种、总价值5054万元的假冒伪劣商品。该年1月—5月,全省共查处各类经济违法违章案件1101起,其中制售假冒商品案件597起,占53.4%,维护了经济秩序及消费者利益。

1998年至2001年,全省各级工商部门贯彻国务院《关于整顿和规范市场经济秩序的决定》,对问题较突出的市场集中力量进行了多次综合治理。3年间,全省工商系统共出动执法人员15万人次、车辆1.98万台次,检查市场1.5万个次、门店摊位30余万户次,端掉制假售假窝点740个,查获假冒伪劣商品总标值4776万元,查处违法违章案件1.9万件,涉及违法总金额5050余万元,罚没款1435万元;移交司法机关追究刑事责任案件11件。兰州市工商局城关分局在综合治理工作中,发现兰州兰平医疗器械有限公司从1998年6月至2001年4月,共向兰州市和兰外的医疗机构及经营单位销售各种品牌、规

格的假冒一次性注射器 194 万支、输液器 278 万支、吊瓶 24.3 万副、注射针头 2.2 万支。这些假冒医疗器具案值大,涉及面广,从该公司进货的省内外单位达 138 家。省工商局接到情况报告后,立即制定追缴措施,紧急通知全省各地 (州、市)工商局,全力以赴开展清查。庆阳、天水、平凉 3 个地、市共出动工商执 法人员 6212 人次、车辆 1334 台次,拉网式检查药品经销单位 2316 个。通过努 力,维护了全省医疗器械和药品市场正规秩序。

1998 年全省农资市场整治情况表

表 3-24

内 容		单位	数量
农资经营单位		家	2311
出动检查		人次	4611
检查农资经营单位	共检查	家	3427
	取缔非法单位	家	717
查处农资违法经营案件	案值	万元	256
	计量不合格	-	4
	价格违法	件	9
	其他	件	94
查获假冒伪劣农资	化肥	吨	338
	农药	吨	4
	种子	吨	9

1998 年全省成品油市场整治情况表

表 3-25

内 容		单位	数量
成品油经营单位	合计	家	1386
	批发企业	家	57
	零售网点	个	1329
出动检查		人次	1743
检查成品油经营单位	合计	-	1098
	批发	家	52
	零售网点	个	1046

续表

内 容	单位	数量
取缔非法经营单位	个	262
查获劣质汽、柴油	吨	143
制止乱涨价企业	家	7
纠正计量不准企业	家	18

1998 年全省汽车市场整治情况表

表 3-26

内 容		单位	数量
汽车市场	合计	个	17
	其中旧车市场	个	7
汽车经营单位	合计	个	212
	其中轿车私营企业	家	36
出动检查人数		人次	571
清理擅自设立的分支机构		家	1
查处超范围经营企业		家	11
查处非法交易车辆		辆	-

1998 年全省集中交易生产资料市场整治情况表

表 3-27

内 容	单位	数量
出动检查人数	人次	1043
检查市场	个	30
生资市场数	个	49
整治前登记数	个	45
补办登记数	个	4
查获假冒伪劣市场资料	种	5
查获假冒伪劣市场资料	吨	67
健全完善规章制度	家	56
取缔无照经营	家	61

内　容	单位	数量
清理超范围经营企业	家	291
查处违法经营案件	件	44

1999年9月8日,省委宣传部、省商务厅、工商局、质监局联合下发《关于1999年深入开展"百城万店无假货"活动的通知》。对1997年至1999年以来全省开展这一活动的总体情况做了概括总结:自1998年全省32家示范店、6条示范街、7个示范交易市场确定后,全省"百城万店无假货"活动已经由点到线、由线到面、由浅入深地不断扩大,愈来愈受到人们的关注与支持。在此基础上,省商务厅、工商局又联合发出了《关于确立兰州布料批发市场为全国首批争创"百城万店无假货"示范市场、努力做好创建工作的通知》,并制定了《争创"百城万店无假货"活动示范市场标准》,作为附件连同《通知》一并下发。《标准》共7条:(1)市场在杜绝假冒伪劣商品、开展文明经商方面组织健全,制度完备,措施有力,手段先进,成效突出。(2)市场内各经营者能依法经商,亮照经营,并有较强的自律机制。严格把好商品质量关,不以次充好,不掺杂使假,不经销"三无"商品和假冒伪劣商品。对经销假冒伪劣商品并经查证属实者,能够按《产品质量法》《消费者权益保护法》的有关规定予以处理。(3)严格执行国家物价法规和政策,坚持明码标价,质价相符,不搞任何形式的虚假宣传和假让利,杜绝价格欺诈和牟取暴利。(4)市场经营者一律使用经质量监督部门规定并检测的标准计量、衡量,做到秤平尺足,公平交易。(5)严格按照国家的环保要求,保持市场环境干净整洁,市容市貌美观大方。交易人员着装得体,举止端正,用语文明,待客热情,树立良好的商业职业道德。(6)自觉接受社会监督,公布市场举报监督电话,认真处理投诉,做到投诉不出市场,处理结果双方满意,保证投诉完结率达100%。(7)在打击假冒伪劣商品、开展文明经商中,举行一些富有特点和创意的活动。

2000 年全省各地市场查处情况

表 3-28

地区	查处违法违章情况(件、万元)				市场数(个)			成交额(万元)		
	商品市场		要素市场		要素市场	商品市场		要素市场	商品市场	
	件数	罚没款	件数	罚没款		小计	消费品		小计	消费品
全省总计	25746	205.53	74	6.50	31	1739	1625	51002	3760672	3176516
省局	–	–	–	–	–	2	1	–	18763	18369
兰州市	6370	105.14	71	6.50	14	243	205	–	2240758	1823850
嘉峪关市	1003	4.18	–	–	–	15	13	–	41176	39010
金昌市	216	1.50	–	–	–	18	18	–	66657	66657
白银市	406	2.19	–	–	–	67	63	–	111796	79285
天水市	2067	4.99	–	–	4	169	156	23366	317879	259555
酒泉地区	1154	7.34	–	–	–	80	75	–	130488	129362
张掖地区	1026	27.29	–	–	2	75	71	19180	105629	104404
武威地区	1015	4.37	–	–	4	94	86	–	139806	131472
定西地区	4420	20.76	–	–	2	248	229	12	180791	162247
陇南地区	2413	4.37	2	–	3	177	170	8444	80328	68425
平凉地区	1885	5.32	1	–	–	179	176	–	104995	102985
庆阳地区	2329	9.41	–	–	2	219	216	–	85462	84197
临夏州	1051	6.30	–	–	–	130	123	–	119109	89662
甘南州	391	2.37	–	–	–	20	20	–	14648	14648
矿区	–	–	–	–	–	3	3	–	2387	2387

　　2002 年 9 月,省工商局向全省工商系统印发了《关于加强集贸市场日常监管工作的意见》。提出构筑市场动态监管体系,具体内容:(1)完善市场准入和市场法人登记制度。所有市场必须经工商部门登记后方可开业;进入市场的经营者必须领取营业执照后方可营业。经营者必须主体合法、亮证经营、明码标价。落实市场主办者的第一责任人责任,按照"谁开办谁负责"的原则,必须机构健全,制度完善,按照有关规定建立健全市场防火、防盗、卫生、治安、环保和物业管理等制度。(2)在各集贸市场要建立完备的经济户口和诚实守信档案,

完善市场经营行为记录和公示制度,建立违法市场主体"黑名单"制度,加大对市场主体违法行为的查处力度。(3)建立市场经营户责任书制度。在集贸市场内,工商所与经营者签订守法经营责任书,将经营者应履行的义务、享有的权利、承担的责任以及违反有关法律法规应受到的处罚逐项列明,一式两份,双方签字存入档案,违反责任书内条款的,依据有关法律法规进行处罚。(4)建立服务承诺公示制度。经营户对自己销售的商品质量、服务质量及违规责任等有关内容以承诺书的形式张贴在门店(摊位)醒目位置,并附工商所和"12315"监督申诉举报电话。(5)建立经营户商品进货索证和销售信用卡凭证制度。经营户进货时必须同供货单位办理进货手续,如进货发票、产品合格证、检验报告等。销售商品应当向消费者开具销货信用卡和销售发票,信用卡上应注明经营户姓名、摊位、销售商品的品种、数量、价格和销售日期及电话号码,并有经营者的签名。(6)建立进销台账制度。在全省肉类市场推行进货及销售肉食品情况每日记账的台账制度。粮油市场(门店)索要"一证一照",即:检验合格证、营业执照备案制度。其他消费品市场要求经营者对购入的商品要进行登记,建立台账,做到票(证)和(台)账、物相符。(7)建立市场商品质量监测和市场食品污染物监测制度。不定期对入市商品质量进行监督检查,并将检查结果在市场内予以公告。对集贸市场蔬菜、水果中农药残留、畜禽肉类中兽药、抗生素、有害添加剂残留及调味品、大米等掺入有毒有害物质的检测情况定期检查发布,引导消费。(8)落实市场巡查制度。严格按市场巡查的各项规定,按照市场巡查内容实行定期不定期的巡查,对市场内经营主体资格、经营行为、商品质量以及其他违规行为开展巡查,做好登记,及时处理。城镇坚持每天巡查,农村实行逢集巡查,巡查时要做到巡查人员到位、时间到位、职责到位。巡查中发现的案件,及时组织人力查办,追根溯源,一查到底,做到有案必查,查有结果。(9)完善"12315"消费者投诉联络制度,建立消费者维权体系。在集贸市场内设立投诉联络站,接待投诉,受理举报,调解一般纠纷,调解无效时,按照有关法律、法规该立案的立案处理,及时查处欺诈消费者等违法违章行为。(10)推行市场开办者先行赔偿制度。消费者权益受到侵害,可向市场开办者投诉,市场开办者实行补偿或退赔,再由工商所对业户依法进行处理。(11)建立市场预警制。

完善违法违章案件登记簿，典型的案件予以公开曝光，对严重违法者予以重处。

2003年，全省工商系统在市场治理中共出动执法人员38.5万人次、车辆2.1万台次；检查各类大中型集贸市场、商场53万个次，店铺和摊位92万个次；清理无照经营1.08万户，其中"三无"企业1100户，限期补办营业执照7000余户。

2004年，全省各级工商部门在市场监管中，贯彻国务院副总理吴仪提出的"两个统一"（努力实现对法律负责与对市场主体负责、对消费者负责的统一，市场监管与服务的统一），坚持把严格执法与优质服务紧密结合起来。一方面，坚持强化监管，严格执法，认真履行好工商部门的监管职能；另一方面，注意引导监管执法人员正确认识和处理监管与服务的关系，寓服务于监管之中。在市场监管服务中，坚持发展为第一要务，坚持执政为民和执法为民，把不间断的市场整治、营造良好市场环境、保障人民群众消费安全，作为贯彻"两个统一"的实际行动。当年，全省工商系统大力开展查处侵害消费者权益案件1.41万件，案值2992万元，罚没款605.9万余元；查处和取缔无证经营案件2.3万件，案值1.34亿元，罚没款871.3万元。

三、市场专项整治

1986年至2008年的23年间，全省工商部门开展了数十次市场专项整治。这些专项整治，一是根据中共中央、国务院、国家工商局和相关部门及省委、省政府的部署而开展的，二是针对不同时期市场存在的问题而进行的。通过对各类市场的专项整治，使市场秩序有不同程度的好转。

（一）药品市场整治

1986年至1993年，全省各级工商部门积极配合卫生管理部门，按照《中华人民共和国药品管理法》（简称《药品管理法》）的规定，认真开展了多次药品市场专项整治。截至1992年底，累计查出假劣药品4.11万种（次），其中中药材33.4万斤，中西药品290.2万瓶（盒），总标值773.82万元。按照《药品管理法》，对其中1406件违法案件进行了依法处理，并将在全省制售假乙肝疫苗和治疗骨质增生假药的违法分子8人移送司法机关。1993年7月2日,在《药品管理法》颁布8周年之际,省工商局和省卫生厅联合在兰州东方红广场开展了假冒伪劣药品的展览曝光和宣传咨询活动,观看群众达3万余人,并当场将在兰州市部分单位查出的32种标值1.4万元的假劣药品进行销毁。

（二）粮食市场整治

1998年6月,国务院部署深化粮食流通体制改革。全省各级工商部门按照"管住收购、规范批发、搞活零售、打击非法"的总体监管要求,把管住管好粮食市场作为工商部门市场监管的重中之重,积极行动,精心安排,取得了较大的成效。一是全省基本管住了粮食收购市场,非法收购、贩运行为得到了遏制。在粮食市场监管中,全省工商系统有一半的人员(约6000人)投入到粮食市场监管第一线,共组织了219支粮食市场巡查队,常年坚持在农村、集镇对粮食市场进行全方位监管。1998年至1999年,全省工商部门共检查粮食经营户5502户,检查粮食加工企业436户,清理整顿粮食批发企业1689户,取缔无照和非法从事粮食经营企业922户,重新核定粮食经营企业877户;共立案查处违法收购粮食案件1123件,没收非法收购的粮食3180吨,罚款上交国库290万元。通过工商部门和有关部门的共同努力,省内粮食收购秩序混乱的状况有了根本好转,保证了国有粮食收储企业收购工作的顺利进行。全省800多家粮食加工企业基本建立了台账,加工使用的原粮也基本上从国有收储企业购进,工商部门的监管网络逐步完善,监管工作顺利进行,发案率降低,粮食加工企业违法收购粮食的活动逐渐减少。

1998年7月—8月,省工商局组织对河西5地市和白银市及武威、古浪、张掖、临泽、高台、酒泉、安西、敦煌、永昌、靖远、景泰等主产粮县(市)就贯彻国务院《粮食收购条例》的情况进行了检查。河西地区和白银市是甘肃省粮食的主产区,定购粮占全省的55%,商品粮占全省的70%,担负着全省粮食供应的主要任务。《粮食收购条例》颁布以后,河西地区和白银市的各级工商部门在当地政府的领导下,和有关部门密切配合,认真学习和领会《条例》精神,把贯彻《条例》、深化粮食流通体制改革作为当地经济发展、体制改革和社会稳定的一件大事来落实。各地工商部门对已登记注册的粮食经营企业进行了全面的

甘肃省志 工商行政管理志

清理,凡不符合粮食收储企业标准和粮食批发企业标准的国有企业,对原核准的经营范围进行了变更,对非国有企业和个人的粮食收购资格一律取消,只允许进行成品粮和除小麦、玉米以外品种的经营活动。各地工商部门严格执法,严禁除国有粮食收储企业之外的其他任何单位、企业和个人到农村直接收购粮食,并重点抓典型案件。接受检查的地、市共查处违法收购粮食案件8起,没收非法收购粮食50吨,使非法收购粮食的现象有所减少。

2002年,全省工商系统开展了粮食市场的专项整治。天水市工商局检查各类粮食经营企业358户次,检查各类原粮1.38万吨、成品粮8000多吨,查处非法收购粮食案件11起,没收非法收购的粮食45吨,罚没款1.4万元,对520户粮食经营户重新认定了资格,督促13户粮食加工企业建立了账卡。张掖地区工商局对粮食经营企业逐户调查、摸底,换发和新办粮食收购资格证140户,查处非法收购粮食案件15起,罚款4.75万元,依法扣留并强制交付国有粮食收储企业收购粮食134吨,同时查获劣质面粉10吨。兰州市工商局发现成品粮油市场面粉添加剂超标情况后,立即组织人力进行查处,检查批发市场3个、销售市场65个、粮(店)站185个、大饼面条加工门店及餐馆3571个,查扣添加剂超标面粉35吨、挂面818公斤。

(三)棉花市场及"黑心棉"整治

2001年7月—8月,各级工商部门用两个月时间对"黑心棉"制售者发起查剿,一连端掉几十处"黑心棉"制售窝点。张掖地区工商部门统一行动,一举捣毁11个制售"黑心棉"的窝点,查获垃圾棉1万多公斤、加工的成品"棉絮"335床,案值2.4万元。定西县工商局查获西关市场雅寝被服有限公司批发部"再 生床垫"20个、"再生毯"100条、包装布1.5万米,并查获印有"向欧盟市场推荐产品""荣获中国轻工总会《消费者时报》质量万里行名优产品"等字样的18个品种的塑料包装袋273个,冒充10多个品牌的踏花被、毛毯44条,总案值4万多元。

2004年底到2005年初,全省工商系统开展了棉花市场专项整治。全省棉花产区分布在3市的8个县(市、区),当时全省有棉花企业185家,其中收购加工企业117家、收购企业62家、具有加工资格的企业6家。整治中,各地工

商部门主要采取了3项措施：一是把好一个关口，即棉花收购加工准入关。2004年，民勤县工商局对10家取得棉花收购、加工资格的企业和上年新开办的11家企业进行了复查验收，进行了再登记注册和年检工作。二是抓好两个规范，即棉花收购企业经营行为规范和交易行为规范。对企业设立临时收购点的，必须一律挂牌收购，亮照经营，并将收购等级的验收标准、收购价、收购人员姓名向棉农公布清楚，否则取消临时设立的收购点，并按有关法规予以处罚。通过定期和巡查式检查，杜绝利用计量器具作弊和采取超标准扣杂质、高定包等方法坑农。三是完善了3项管理制度，即棉花企业收购情况汇报制度，工商所棉花市场巡查制度，棉花质量管理和市场交易服务定期督察制度。在2004年棉花收购期间，产棉区工商部门取缔无照收购、贩运棉花者8户，查办无照经营25起，立案处罚2户，查处非法从事棉花收购加工14起，罚款18.61万元。棉花产区工商等部门还利用广播、电视等媒体广泛宣传国家的棉花收购政策、《棉花收购服务承诺》，使棉花经营者接受社会各界监督，当年棉花市场秩序好于往年。

（四）酒类市场整治

2001年11月—12月，由省对外贸易经济合作厅牵头，省工商局、质量技术监督局、省酒类商品管理局组成联合检查组，对全省14个地（州、市）近40个县的酒类商品市场进行了集中整治。各地工商与相关部门密切配合，使酒类商品市场的整顿和规范工作取得了明显成效。兰州市加大执法力度，把抓大案、端窝点、堵假源作为整顿酒类市场的重中之重，共出动检查人员5000多人次，先后查处假酒及其他案件3000多起，查抄制假窝点48个，取缔无证照生产小酒厂2个，查处各种假冒伪劣酒类商品18吨，标值450余万元，查获假酒包装物品5万余套，对制售假冒伪劣的违法犯罪活动起到了极大的震慑作用。武威市为整顿和规范酒类商品市场秩序，分两次进行了声势浩大的销毁假冒伪劣酒类商品活动，社会反响强烈。

2004年9月至2005年3月，各级工商部门在酒类市场整治中，按照标本兼治、着力治本的方针，突出抓好"四严"。即严格执行《甘肃省酒类商品管理条例》，依法打击制售假冒伪劣酒品的违法犯罪行为；严格酒类商品生产、酒类批发许可证管理制度,坚决取缔无证(照)生产、无证(照)批发的违法行为;严把酒类市场准入关,规范酒类市场流通秩序,建立健全酒类商品市场准入制度;严格酒类商品索证索票制度,做到票随货走、货票相符,对经营货源不清、去向不明的散装酒、配制酒的行为坚决依法查处。据统计,全省共出动执法人员 2.3 万人次,共检查酒类生产企业 232 户次,检查酒类经营企业 2080 户,依法取缔无证(照)生产经营企业 147 户;查获不合格酒类商品 152 吨、配制酒 40 多吨、假酒 150 多吨,标值 565 万元;查获假酒包装物料 9 万件,捣毁制假窝点 23 处;查处酒类违法案件 796 起,移送司法机关案件 3 起,对整改合格的企业新发证(照)246 户。在此基础上,各地工商部门从生产源头抓起,规范酒类生产秩序。当年全省有酒类生产企业 196 家,其中白酒生产企业 148 家。各地对酒类生产企业开展了"四查",即查是否有酒类生产许可证,查酒类产品质量是否合格,查酒类包装标识是否齐全一致,查是否坚持票随货走制度。金昌、天水、平凉等市通过清查,对无证(照)批发、酒质不合格并上市销售的企业,由各职能部门下发整改通知书,责令其停止生产和销售。陇南、临夏、甘南等市、州对查出包装标识有问题的,责令其更新包装和补注。定西、张掖市对查出货源不清、无票无证、手续不全的酒类商品,一律封存,依法处理。全省在清查中,共对 57 户酒类生产企业进行了不同程度的整治,使酒类生产秩序明显好转。

(五)木材市场整治

1988 年 4 月,省政府下发了省工商局起草的《甘肃省木材市场管理暂行办法》,《办法》共计 14 条。其中第 4 条规定:在林区和林缘县一律不开放木材市场,其他地区需要开设木材市场的,应本着方便群众、有利管理的原则,经县(市、区)人民政府批准,在木材集散地开设固定木材市场;农贸市场上零星上市木材,也要在划定的地域内进行交易;坚决取缔木材黑市交易。第 5 条规定:在木材市场出售木材及木制成品、半成品的单位,必须持有县以上(含县)林业主管部门发给的销售证;当地农民和城镇居民在自留地和房前屋后自产的木材及旧木料,凭村(居)民委员会发给的销售证上市交易;外省合法流入的木材及木制成品、半成品,必须持木材运输证明才能进入木材市场销售。第 6 条规定:林区和林缘县内的集体和村民自产木材,由县林业部门经销或由县林业部

门委托的收购单位经销，其他单位和个人一律不准进入林区直接向木材生产者收购木材及其制品。第7条规定：不允许个人贩运、经营木材；国营林业企事业单位生产的木材，按省上有关规定进行调拨和经销；严禁国营林业企事业单位生产的木材进入集贸市场销售。

1988年10月至1989年4月，全省各级工商部门为贯彻落实省委、省政府关于停止国有天然林采伐，关闭林区、林缘区木材市场的决定精神，经过半年努力工作，彻底关闭了13个林区县和20个林缘县的12个木材市场、62个交易点，场（点）内4.89万立方木材全部被清理。全省共检查木材经营、加工单位1919户，对其中329户不符合条件的分别进行了取缔或核销木材经营，基本达到了无非法木材经营、加工单位，无非法木材交易活动，木材市场上无非法木材上市交易的目标。

1990年8月至1991年5月，全省工商系统认真贯彻落实全省木材市场整顿会议精神，加强了木材流通秩序管理，建立健全了木材市场管理制度。一是对负责登记工作的工商人员进行思想教育和业务培训，不断提高政治素质和业务素质，并对个别政治素质差、业务能力不强的工作人员进行了调换。二是严格审查木材经营资格，凡经主管部门批准，符合经营条件的，经工商部门审核后，给予办理登记，否则一概不予办理登记。三是木材市场管理人员定岗到位，严格审查上市木材的来源去向，切实健全验证、验材制度，坚持按章办事，查处违法交易行为。在此基础上，整顿木材流通秩序，打击黑市交易，取缔无证照经营。临夏州工商局对全州经营和加工木材的单位的整顿多达6次，凡符合条件的重新登记，不符合条件的立即取缔。临洮县工商局查处了13起倒卖木材的不法行为，查获木材104立方米，檩木2859根，取缔无证经营90多户。漳县捣毁了7个倒卖木材的黑窝点。

1998年，省工商局组织力量对临夏林缘县木材市场进行了清理整顿。该年11月，省工商局会同省林业厅并邀请《甘肃日报》记者，组成木材市场清场督察组赴临夏州4个林缘县，对木材市场清场进行现场督察。督察组每到一县，首先召开县工商局和县林业部门领导及木材经营者代表参加的现场联席会，讲清政策，听取意见，现场查看，限期清场，果断处理清场中的有关问题。经过 2 个多月的集中整顿,全省共关闭清理林区和林缘区县木材市场 9 个、交易点 42 个,清理出场木材 9292 立方米。临夏州各林缘县工商局在当地政府的领导下,会同林业部门组成木材市场清场领导小组,各县由工商局长包市场,工商所干部包经营户,明确任务,明确责任,定死清场期限,现场指挥,日夜清运。截至该年 11 月底,4 个林缘县木材市场的木材全部清理出场,清理木材市场 3 个、交易点 20 个,清理木材经营户 268 户、木材 3.86 万立方米。

(六)盐业市场整治

1998 年 5 月—8 月,全省工商系统根据国家工商局的有关通知精神,集中力量开展了对碘制品和盐业市场的专项整治。整治工作历时 110 天,全省共出动检查整顿人员 9698 人次、车辆 415 台次,印发宣传材料 10.24 万份;检查各类市场、门店 3.05 万家,其中碘制品经销门店 156 家,检查学校、幼儿园 102 家;收缴假碘食用盐 40.38 吨、土盐 102.7 吨、碘片 500 余袋。通过整治,全省碘制品、饮品及食品市场秩序明显好转,且未发生任何中毒及不良现象。

2005 年 5 月—10 月,全省工商系统配合有关部门对全省盐业市场进行了整治和规范。在这次整治行动之前,全省年食用碘盐销量约 12 万吨,省内有国家定点食盐生产企业两家,年产食用碘盐 5 万吨左右,其余食盐由国家按计划从外省调入。全省碘盐覆盖率为 87.5%,但其分布不均匀,城市好于农村,西部地区好于中东部地区,经济条件较好的地区好于贫困地区;一些贫困边远地区由于受私盐冲击,碘盐覆盖率甚至只有 20%,有些贫困地区和重度缺碘地区群众由于碘缺乏引发的疾病还相当严重。据 2003 年底统计,按照国家消除碘缺乏病评估标准,全省有 61 个县达到实现消除碘缺乏病阶段目标,占总体的 70.1%;有 8 个县达到基本实现消除碘缺乏病目标,占总体的 9.2%;其余 18 个县尚未达标,占总体的 20.7%。针对这种情况,全省工商系统和有关部门集中力量开展了专项整治。整治期间,全省系统共发放宣传材料 200 余万份,检查集贸市场 1500 余处,检查工业用盐企业 100 余户、食盐批发商 1368 户、食盐零售商 4.84 万户、食盐生产企业 2 户、餐饮店 8100 家、食品加工厂 610 户,查缴违法盐产品 556 吨,取缔无照经营户 310 户,填埋小土滩盐池 467 处,面积 490 亩,立案 410 件,办结案件 297 起,罚款 35.9 万元。通过整治,很大程度上

增强了公众自觉抵制私盐的意识,净化了盐业市场秩序,碘盐"三率"(合格碘盐食用率、碘盐覆盖率、计划完成率)指数明显提升。根据各地反馈的情况,大部分地区碘盐的销售形势较上年同期增长明显,全省碘盐终端销售同比增长了11.9%。

(七)汽车市场整治

2001年4月—9月,全省工商系统按照国家工商总局的部署,在省、地(州、市)政府的组织协调下,与公安、交通等部门密切配合,采取坚决有力措施,在全省范围内开展了打击非法收购报废汽车拆解拼装汽车行为,取缔了一批报废汽车拆解市场,较好地完成了报废汽车整顿规范工作。此项整治历时5个月,检查取缔非法收购拆解报废汽车窝点85处,查封非法收购拆解报废车693辆,查扣收缴报废车废钢铁100吨、各种零配件1.75万件(套),检查涉嫌销售旧配件修理部(门店)884个,总标值110万元,依法取缔自发形成的收购拆解市场16个。

2004年1月—7月,全省工商系统检查旧机动车交易市场19个、旧机动车交易机构6户、旧机动车中介机构5户,检查汽车市场12个、汽车交易点6个,检查市场内各类经营主体37户、汽车经营企业643户、农用车经营企业9户,检查汽车配件经销门店1280个、汽修兼汽配经销点16个,检查汽车维修企业1009户、汽车维修点21个,检查报废汽车回收拆解企业13户,检查废旧金属收购企业77户;发责令改正通知15份,勒令停业限期整改企业9户,限期补办行业准入资格证16户;查处手续不全旧机动车交易市场1处、超范围经营旧车市场1处,对4户未经登记注册企业悬挂的牌匾当场拆除,查处非法收购旧机动车案2起、2个经营点,查处无照经营56户、超范围经营26户,立案查处无证照汽修案3起,取缔11户;对非法回收拆解汽车行为立案4起、查处1起,当场处罚9起,取缔擅自回收拆解报废汽车点6处,查获非法拆解报废汽车64辆、报废汽车五大总成103.89吨、假冒汽车配件1262件,没收汽车大梁2个、发动机2台、后桥1个、其他零件12种228件。

2006年至2007年,全省工商系统加强了对汽车市场的监管。一是完善汽车品牌经营管理制度。各地认真贯彻落实《汽车品牌销售管理实施办法》,通过现场调查,对未备案企业督促其尽快完善品牌汽车销售备案,限期进行经营范围变更登记;督促企业完善售后服务承诺,增强服务意识,守法经营,向消费者负责;严禁强买强卖、虚假宣传、欺诈销售。全省系统根据国家工商总局通知精神,对118个品牌汽车销售备案企业进行了实地考察,规范了店铺名称、标识及各种证照的悬挂。同时,实施品牌汽车经销索证备案制度,要求品牌汽车经销商使用统一的店铺名称、标识、商标等授权凭证;结合企业经济户口建立品牌汽车销售企业监管附档,实行一户一档。二是与公安、汽车行业组织联手,规范品牌汽车销售及新车临时移动证领取方法。三是做好申报品牌汽车销售的审核工作。审核中,边审核边规范汽车销售企业不悬挂营业执照、住所不符、标识不符等问题。共审核172个品牌汽车销售企业。四是加强对二手车市场的监管。全省统一实行了《二手车买卖合同示范文本》,保证了交易双方的合法权益。同时,严厉查处二手车交易中的虚假宣传,认真处理消费者的投诉举报,有效地规范了二手车市场交易秩序。

（八）文化市场整治

1989年7月至1990年2月,全省工商部门对文化市场进行了清理整顿。全省共清查国营、集体书店和个体书摊点3879户,录像放映点1230个、音像带销售点2227个(其中国营402户、集体770户、个体1055户),营业性舞厅246个、电子游艺机222台、台球经营点2470个,印刷厂325户(其中国营86户、集体186户、个体53户),旅社、茶馆、音乐茶座786个。在清理整顿期间共取缔无证(照)经营书报刊的集体、个体摊点371个,音像带销售网点421个,电子游艺机90台,音乐茶座16户;收缴不健康的假冒录音带1.49万多盒,走私淫秽录像带150盘,非法出版物18万多册,淫秽书刊1.8万多册,宣传凶杀暴力、封建迷信品7890多册,淫秽扑克1611付;被吊销营业执照的有140户,停业整顿限期建立管理制度改进经营作风的有218户,责令限期补办手续的有210户。

1998年12月,公安部、信息产业部、文化部、国家工商局联合发出《关于规范网吧经营行为,加强安全管理的通知》,《通知》明确规定了网吧经营应具备的条件。

2000年开始,全省工商系统会同公安、文化等有关部门,对网吧进行了多次整顿治理。省工商局、兰州市工商局联合行动,对兰州市网吧营业场所进行了多次突击检查,共查网吧167个,查封了210多台电脑,罚款15万元。全省系统共检查网吧912个,取缔无照经营的37个,吊销营业执照20个,查封电脑210台,罚款81.34万元。

　　2004年4月—12月,全省工商系统对网吧经营场所集中开展了一次全面的清理检查。全省工商系统共出动执法人员2.1万人次,共印发宣传材料2万多份,悬挂横幅300多条,开辟宣传栏150多期,利用广播电视及新闻媒体开展宣传活动。对全省登记注册的1347户网吧进行检查,查处证照不全、超范围经营、出租转让营业执照等违法经营户316户,罚没款15万元,取缔黑网吧187户,查封非法经营场所39处,查扣电脑382台。清理中小学校周边200米范围内设立的网吧,搬迁变更11户,未按期搬迁被工商部门注销6户。

2004年网吧等互联网上网服务营业场所专项整治统计表

表3-29

整 治 项 目	统 计 数 据
检查已登记的网吧户数	1347
其中:查处违法经营户数	316
罚没金额(万元)	–
吊销营业执照户数	39
向有关部门通报违法经营户数	36
查处取缔无证经营网吧户数	187
其中:没收违法所得(万元)	10
罚没金额(万元)	15
查封违法经营场所(所)	39
没收专门用于无证经营的电脑(台)	382
向司法机关移交件数	–
出动执法人员	21000

2005 年 5 月 24 日,省文化厅、工商局、公安厅、通信管理局、教育厅、财政厅、省政府法制办公室、文明办、团省委关于贯彻文化部等 9 部门通知精神,联合发出了《进一步深化网吧管理工作的意见》,明确了网吧管理工作目标、工作重点、指导思想、工作措施和要求。

2006 年初,全省工商系统组织实施了整治网吧"红盾零点行动"。此次行动全省系统共出动执法人员 3771 人、执法车辆 548 台,共检查网吧 1333 个,取缔黑网吧 20 个,查封黑网吧 42 个,查扣电脑 1382 台,罚款 3.96 万元。当年 9~10 月,根据国家工商总局《关于进一步做好网吧管理工作的通知》精神,全省工商系统又在全省范围内开展了对网吧的专项整治行动。全省系统共检查网吧 1275 个,发现违规网吧 178 个,查封黑网吧 33 个,移交文化部门处理 49 个,移交公安部门处理 5 个,查扣器材 153 件,行政处罚 89 个,罚款 14.7 万元。

2007 年初,省综合治理委员会办公室、省文化厅、工商局等 4 部门发出了《关于进一步加强春节期间网吧管理工作的通知》,全省工商系统在春节期间统一行动,开展了以规范经营、取缔黑网吧为重点的专项整治。这年暑假期间,国家工商总局下发了《关于开展查处取缔黑网吧专项行动的通知》。根据这个通知精神,全省工商系统开展了以打击黑网吧、查处超范围经营为重点,为期 90 天的"暑期清网"专项整治。这两次行动,全省工商系统共出动执法人员 1.58 万人次、执法车辆 2084 台次,共检查网吧 2288 个次,取缔黑网吧 43 个,因接纳未成年人上网被责令停业整顿 36 个,移交公安部门处理 6 个,查扣器材 94 件、电脑 71 台,罚款 3.05 万元。

(九)旅游市场整治

2004 年"十一"黄金周长假期间,全省工商系统针对本省以往"黄金周"旅游市场存在的问题,对各大集贸市场、商场、旅游景点等进行了全面检查。一是加大了对食品的监督检查力度。强化对重点食品质量的监督管理,严厉打击制售假冒伪劣食品和经销无质量合格证明、不符合食品质量标准、过期变质食品等违法经营行为。严查无照经营,把好食品市场准入关。二是以查处黑社、黑店、黑车、黑导为重点,配合旅游、消防、卫生、质检等部门对各旅游景点、饭店、宾馆、招待所、理发店、保健店等服务场所进行全面检查。在此期间,全省系统共检查超市、商场 750 个，门店 1.85 万户，摊点 3270 个，查处过期变质食品、假冒伪劣商品 3 大类 58 个品种，标值 13 万元，查处无照经营 640 户、超范围经营 180 户，查处欺行霸市 79 户，收缴不合格杆秤 780 杆。检查旅游景点 350 处，对卫生差的 60 处责令整改；检查宾馆、旅店 550 家，对存在不亮照经营、住宿登记手续不全、防火措施不到位等问题的 50 家单位进行了现场处理。在对旅游景点市场进行检查的同时，帮助设立旅游景点安全标志 40 个，取缔景点景区乱摆乱放、占道经营影响交通的商贩 1219 户，并查处旅游市场不正当竞争案件 3 起，罚款 5 万元。

（十）柜台租赁整治

2003 年 3 月—6 月，全省工商系统对 262 处商场、8971 户柜台租赁经营者进行了整顿与规范。其整改措施是：(1)对出租方要求在经营范围中增加租赁场地柜台经营项目；出租企业建立报表制度，每年向工商部门上报租赁柜台的数量和具体人员名单，并将其纳入企业年检。工商所每月向县(市、区)工商局上报租赁柜台的数量和出、承租方的基本情况。(2)承租方要进行工商登记，办理营业执照；办理工商登记时，要提供场地租赁合同；承租者要遵纪守法，严禁销售假冒伪劣商品，按时缴纳税费。整顿中，完善租赁合同 3689 份，补办营业执照 1514 户。(3)结合市场巡查、合同监管，搞好对租赁柜台企业的监督管理，在经营场所设置了"投诉箱""12315"投诉点，依靠社会力量，发挥监督作用。(4)按照《租赁柜台经营活动管理办法》的规定，要求承租者悬挂租赁柜台标志，明确责任，接受有关部门的监督管理。

2006 年，加强对租赁柜台经营活动的监管，全省工商部门从宣传入手，召集商厦、超市等单位负责人座谈，向他们宣传有关法律法规，讲明利害关系，取得他们对加强柜台租赁监管的理解和支持。在此基础上，清查商厦、超市供货商的主体资格，审查商厦、超市与入场的商户签订的合同，把名为联营实为租赁的商户从商厦、超市的"保护伞"下剥离出来；对商厦、超市向入场商户收取的费用，分析它们之间的关系，并核实柜台销售人员是否为商户雇佣人员，来确定其是否为租赁行为；检查入场商户的名称、字号、销售的商品、使用的商业名片等，确定商户的真实身份；查处商厦、超市内的各类违法违章行为，通过查办案件来确认经营主体。通过整治,进一步规范了柜台租赁秩序。

(十一)"土炼油"整治

1998年,甘肃省少数地区"土炼油"猖獗,简陋的炼油设施随处可见,在无任何安全技术保障的情况下,一些人土法炼制成品油,爆炸伤人事故屡有发生。庆阳、平凉、酒泉地区工商局,在公安、经贸委等部门的配合下,集中人力,按照"从重从快、彻底摧毁、消除隐患、不留死角"的工作方针,采取熄火、抽油、拔罐、毁炉、填坑、恢复地貌等多种强硬措施,对"土炼油"进行了清理取缔,共捣毁"土炼油"窝点47处,查缴土炼成品油82吨、原油35吨、渣油230吨,收缴"土炼油"设备31套,案值180余万元,整治"土炼油"工作取得了突破性进展。

2001年—2002年,工商部门在"土炼油"较盛行地区,组织力量开展了取缔"土炼油"的专项行动。庆阳地区工商局把清剿土炼油作为一项重要工作来抓,先后多次进行清理。宁县、环县、西峰、镇原、庆阳、合水六县市工商局端掉土炼油点27处、收油点42处,没收土炼油炉37套、原油34.6吨、不合格成品油28吨。平凉市工商局成功捣毁一非法炼油窝点,查扣油罐4个、柴油4吨以及其他物资,案值30多万元。酒泉地区工商局督促玉门市工商局对玉门炼油厂附近的"土炼油"进行了大规模围剿清理。白银市工商局依法取缔6个"土炼油"点。同时开展对全省加油站的专项整治,检查加油站1285个。以查处无照经营、消除安全不到位及成品油、土炼油为重点,全面整治规范,有效防止了不安全因素。

2008年全省查处商品交易市场违法违章情况

表3-30

项　　目	案件数(件)	案值(万元)	罚没金额(万元)
合计	18545	3119.04	790.56
其中:适用简易程序处罚案件	10320	698.20	127.51
1.超范围经营	1552	279.34	60.66
2.不按规定明码标价	152	7.49	2.29

项　目	案件数(件)	案值(万元)	罚没金额(万元)
3.短斤缺两	895	43.85	10.90
4.强买强卖	24	4.36	0.34
5.骗买骗卖	61	5.60	0.36
6.掺杂使假、假冒伪劣	2790	443.82	170.44
7.以次充好	247	85.47	11.25
8.出售违禁商品	189	10.26	3.68
9.其他	12635	2238.85	530.64

2008 年全省成品油市场监督管理情况

表 3–31

项目	案件数(件)	案值(万元)	罚没金额(万元)	查扣油品(吨)
合计	173	74.19	17.01	21.99
1.制售假冒伪劣成品油	5	0.19	0.18	0.08
2.经销国家明令淘汰及质量不合格成品油	—	—	—	—
3.经销走私成品油及来源不明的油品	—	—	—	—
4.超范围经营	37	17.68	3.67	1.88
5.无照经营	99	29.21	9.13	16.95
6.其他	32	27.11	4.03	3.08
补充资料：	1.检测(抽查)成品油情况	监测(抽查)成品油次数 144 次。		
		(1)监测(抽查)汽油次数 43 次。		
		其中:质量合格 43 次。		
		(2)监测(抽查)乙醇汽油次数 16 次。		
		其中:质量合格 16 次。		
		(3)监测(抽查)柴油次数 36 次。		
		其中:质量合格 36 次。		

续表

项目	案件数(件)	案值(万元)	罚没金额(万元)	查扣油品(吨)
	2.检查加油站 2087 个次。			
	3.变更或注销登记加油站 21 个。			
	4.吊销加油站营业执照。			
	5.清理取缔非法加油站 28 个。			

2008 年全省棉花市场监督管情况

表 3-32

项目		数量
具有棉花加工资格的企业		130
依法变更登记、吊销	合计(户)	8
	吊销执照	-
	变更登记	8
查处违法违章情况	合计(件)	15
	制假售假	7
	非法收购	6
	非法加工	2
	其他	-
	案值	61.77
	罚没金额(万元)	3.40
	没收棉花(公斤)	174
	查获轧花机(台)	-
	查获土打包机	-

2008 年全省粮食市场监督管理情况

表 3–33

项目			单位	数量
可入市收购粮食企业	合计		户	1041
	国有粮食收购企业		户	609
	经批准具备入市收购资格的企业		户	432
具有陈化粮购买资格的企业			户	37
依法变更登记、吊销执照情况	合计		户	81
	变更登记		户	26
	吊销执照		户	55
查处粮食违法案件情况	非法收购粮食	案件	件	18
		案值	万元	10.60
		罚没金额	万元	1.44
		按案值划分 5 万元以下	件	18
		5 万 ~10 万元	件	–
		10 万 ~30 万元	件	–
		30 万 ~100 万元	件	–
		100 万元以上	件	–
		没收查扣粮食	公斤	–
	倒卖陈化粮	案件	件	1
		案值	万元	177
		罚没金额	万元	10
		按案值划分 5 万元以下	件	–
		5 万 ~10 万元	件	–
		10 万 ~30 万元	件	–
		30 万 ~100 万元	件	–
		100 万元以上	件	1
		没收查扣陈化粮	公斤	–

2008年全省汽车市场监督管理情况

表3-34

项目	案件数	案值（万元）	罚没金额（万元）	查扣汽车(辆)
合计	25	6.65	13.44	－
一、依据《产品质量法》查处的汽车经营案件	1	－	5.09	－
二、依据《消费者权益保护法》查处的汽车经营案件	－	－	－	－
三、依据《反不正当竞争法》查处的汽车经营案件	－	－	－	－
四、依据《无照经营查处取缔办法》查处的汽车经营案件	4	6.04	6.04	－
五、查处经营国家禁止上市交易的二手车经营案件	4	－	－	－
其中：1.已报废或者达到国家强制报废标准的	－	－	－	－
2.抵押期间或海关监管的	－	－	－	－
3.执法部门依法查封、扣押期间的	－	－	－	－
4.盗窃、抢劫、诈骗等违法获得的	－	－	－	－
5.发动机号、车辆识别代号或车架号与登记号不相符，或有凿改迹象的	－	－	－	－
6.走私、非法拼（组）装	－	－	－	－
六、其他	16	0.61	2.31	－
补充资料：	1.检查汽车交易市场112个次。 2.检查品牌汽车经销商320个次。 3.检查超范围经营经销商18个次。 4.变更品牌汽车经销商营业执照5个。 5.吊销品牌汽车经销商营业执照个（无）。			

2008 年全省商品展销会情况

表 3-35

项目	登记情况		管理情况	
	核准登记数 （个）	异地核转数 （个）	查处违法违章 案件(件)	罚没金额 （万元）
合计	389	42	10	2.63
1.企业法人主办	216	23	7	2.21
2.事业法人主办	4	–	–	–
3.社团法人主办	–	–	–	–
4.机关法人主办	2	–	–	–
5.其他	167	19	3	0.42

2008 年全省市场经营管理单位情况

表 3-36

项目	数量（个）
合计	1236
1.企业法人	681
非公司企业法人	217
公司法人	464
2.其他	555
合伙企业	87
个人独资企业	134
社团法人	133

表3-37

2008年全省农资市场监督管理情况

项目	案件总数(件)	案值(万元)	罚没金额(万元)	其中:立案查处案件(按案值划分)						移送司法机关		没收查扣物资(公斤/台/件)	农资经营者(户)	经营者信用情况(户)				检查企业(个/次)	整顿市场(个/次)	取缔无照经营(户)	受理投诉(件)	挽回经济损失(万元)	捣毁制假售假窝点(个)
				小计	5万元以下	5万~10万	10万~30万	30万~100万	100万元以上	案件(件)	人数(人)			A级	B级	C级	D级						
合计	1219	729	129.25	830	824	3	3	—	—	1	2	—	7072	6149	776	127	20	31361	5589	364	181	80.43	5
种子	243	46.95	11.13	110	110	—	—	—	—	—	—	13403	900	786	88	25	1	4733	796	90	41	11.82	1
化肥	445	445.62	86.37	330	328	2	—	—	—	—	—	542585	2589	2276	276	34	3	9995	2020	131	44	43.42	3
农药	224	74.51	13.19	178	177	—	1	—	—	—	—	3537	1096	916	141	26	13	5696	887	54	25	5.46	—
其中:毒鼠强	—	—	—	—	—	—	—	—	—	—	—	—	8	8	—	—	—	65	—	—	—	—	—
农机及配件	29	23.11	4.09	21	20	1	—	—	—	—	—	117	1167	1056	90	19	2	3087	547	6	41	10.72	—
农用地膜	80	19.25	2.50	51	51	—	—	—	—	—	—	12052	692	594	81	17	—	2609	650	42	14	8.02	—
其他	198	119.56	11.97	140	138	—	2	—	1	2	—	—	628	521	100	6	1	5241	689	41	16	0.99	1

补充资料:

1.出动执法人员:40770人次,发放宣传材料53万份;

2.检查、整顿中发现问题的经营主体605户,其中经营资质问题270户,进货检验问题181户,商品质量问题119户,包装标识问题23户,商标广告问题12户。

四、特殊市场监管

（一）危险化学品安全管理

2002年9月至2003年1月，全省工商系统根据国务院办公厅《关于加强危险化学品安全管理防范投毒事件的紧急通知》和省政府的部署，集中时间和人员，开展了对剧毒物品检查清理的专项整治工作。全省工商系统在此行动中共出动执法人员6389人次、执法车辆684台，检查集贸市场和交易点761处，检查经营化学品商店、门点、地摊2.42万户，清理取缔无照经营的流动小商小贩447户，查扣"毒鼠强""灭鼠灵""闻到死""一步亡""三步倒""快杀净""气死猫""灭绝王"等剧毒鼠药和剧毒农药28.65万包（瓶），捣毁非法生产、销售剧毒鼠药、农药的黑窝点16个，查获还未分包的颗粒散状鼠药93.4公斤、包装袋6100个，当场处罚7起，立案21起。

2003年7月—9月，全省工商系统根据国务院有关通知精神，继续加大整治力度，开展了打击和清缴"毒鼠强"的工作，对全省生产经营各种鼠药等有毒有害化学药品的市场进行了大规模清查，强制性要求相关企业建立生产、进货、销售台账，从严重审经营主体资格，认真落实防范措施。全省工商系统共出动执法人员1.84万人次、车辆1524台次，检查市场2182个次，检查店、摊4.6万个，清缴各种鼠药3413公斤，捣毁加工窝点21个，收缴各种生产加工原料117.4公斤、包装袋1.93万个，消除了重大安全隐患。

2004年，全省工商系统在查处"毒鼠强"专项整治工作中，重点抓了两个方面的工作：一是广泛宣传，提高认识。各地工商部门结合专项整治工作，按照"横向到边，纵向到村"的原则，深入到农药批发市场、重点乡镇，利用各种形式广泛宣传《农药管理条例》《关于清查收缴"毒鼠强"等禁用剧毒杀鼠剂的通告》《灭鼠技术》《鼠药中毒与急救》等相关法律法规、科学用药知识和安全防护措施等，开展了声势浩大的宣传活动，还培训农民1万余人，取得了显著的效果，群众的防范意识有了很大提高，形成了自觉抵制"毒鼠强"的良好社会氛围。二是强化措施，全面排查，彻底清缴。省、市、县三级"毒鼠强"专项整治工作领导小组，确定了排查整治的重点区域、重点市场、重点环节和重点线索，以普查、重点抽查、专项检查等多种形式开展工作,始终保持高压态势。整治期间,全省系统共检查整顿经营单位 1928 个,依法取缔违法经营摊点 123 个,查处收缴违禁鼠药 115.02 公斤,使销售"毒鼠强"等国家禁用剧毒杀鼠剂的现象基本绝迹。

(二)防"非典"(非典型性肺炎)期间的市场整治

2003 年,全国发生了"非典"疫情。全省工商系统按照国家工商总局和省委、省政府的整体部署,把防"非典"作为整顿和规范市场经济秩序、稳定人心、稳定大局的一项首要的政治任务和重大战役来对待。一是集中力量反复检查各类市场、各种食品的卫生状况,严防病从口入,保证群众饮食安全。二是加强医疗用品市场监管。各级工商部门除了配合卫生、药检部门检查各类药品市场外,还对辖区市场内从事个体行医的诊所、药房进行拉网式反复检查,严厉查处趁防"非典"之机,哄抬物价,谎报病情,出售假冒伪劣药品、消毒液、专用口罩、消毒用具等违法行为。三是强制性建立、落实、完善饮食行业卫生消毒防尘防菌措施,严密监控市场流动人口的疫情。因为抗击"非典"的需要和"非典"带来的经营困难,一批市场、行业和经营户关闭、停业、歇业、请假。5 月 20 日,全省由政府指令关闭的和自行关闭的集贸市场 333 处,占集贸市场总数的 21%。据统计,仅 4 月—5 月,全省工商系统就查处各种违法违章案件 3841 件,案值 350 万元。其中查处销售假冒伪劣药品 236 件、消毒用品 1180 件、卫生清洁用品 50 件,查处超范围和无证照经营 1094 件、虚假广告 205 件,查处囤积居奇、欺行霸市、哄抬物价案件 395 件,移送司法机关 3 件。兰州市工商系统捣毁消毒液、口罩制假窝点 7 处,查获"三无"消毒液 1.02 万公斤、劣质口罩 4.7 万个、非法广告印刷品 2543 张。平凉市工商局查获两个制假窝点,查获假冒伪劣消毒液 1.44 万公斤。嘉峪关市工商局查处一起消毒液制假案件,查获制假原料 743 个计量单位,案值 43 万多元。定西地区工商局会同地区卫生处联合查获不合格消毒液 1 万公斤,案值 13 万多元。

2003 年 7 月,省人事厅、工商局做出了《关于表彰全省工商系统防治"非典型性肺炎"先进集体和先进个人的决定》,受到表彰的有兰州市工商局等 14 个先进单位和段宝增等 14 名先进个人。先进单位:兰州市工商局、武威市工商局凉州分局、合作市工商局、酒泉市工商局肃州分局、礼县工商局、山丹县工商局

城关工商所、庄浪县工商局西关工商所、通渭县工商局、秦安县工商局、靖远县工商局城关工商所、金昌市工商局滨河路工商所、合水县工商局、永靖县工商局、嘉峪关市工商局。先进个人：段宝增、刘应学、程书印、田福、高云琪、容慧明、王军、荆有奎、李新民、武克新、张烈统、狄文升、冯学文、吴克瑜。

（三）高致病性禽流感期间的市场监管

2004年1月—3月，省工商局根据国务院、省政府关于加强高致病性禽流感防治工作的指示和国家工商总局的紧急通知精神，组织全省工商系统积极开展对禽类市场的监管。各级工商部门加大了巡查力度，严厉查处违法经营行为。一是严格禽类产品入市制度，禁止疫区的活禽及其制品流出疫区；落实禽类交易市场及禽类养殖、加工、销售门店的索票（证）制度；对禽类养殖户的经营情况进行调查摸底；加强对超市、商厦及市场禽类及其制品批发商的监管，督促其严格履行进货索票（证）制度及进、销货台账备案制度。二是准确掌握商品的来源及流向，要求零售经营者对所进禽类及其制品必须出示有效的检疫检验手续，对不能出具相关手续的，就地查封并要求进行送检，对检疫检验不合格的，依法处理；对禽类屠宰场所及商厦、超市、集贸市场、冷库等禽类及其制品的加工、销售、储藏场所进行全面清查，严厉打击私屠滥宰及非法加工、销售行为，坚决取缔不符合国家标准的屠宰、加工场所。在3个多月时间内，全省工商系统出动执法人员3.45万人次、执法车辆6153台次；查获未经检疫的活禽67只，暂封存无检疫证明的禽类产品5.85万公斤，取缔活禽类屠宰点23个，取缔非法活禽交易点27个，紧急临时关闭活禽交易点770处。通过全省工商系统的努力，在禽流感突发季节，全省未出现通过市场传播疫情的情况。

（四）打击经营场所赌博违法犯罪活动

2005年1月—6月，全省工商系统发挥职能作用，积极配合相关部门开展了打击赌博违法犯罪活动的专项行动。到该年5月底，全省工商系统共出动执法人员1.9万人次、车辆2080台次，悬挂"禁赌"宣传横幅、标语4210条，检查网吧1180家、棋牌室8055家、宾馆饭店4255家、歌厅和酒吧1908家以及各种娱乐服务场所1.26万户，查处无照经营的棋牌室252户，罚没款8200元，吊销营业执照13户，查处黑网吧7户、麻将摊10户，责令撤除麻将桌78张，取缔无照经营歌舞厅 12 家,配合政法委等部门查处利用"桃红四"手段进行赌博案件 2 件,并移送司法部门处理,专项整治取得了阶段性成果。

（五）拍卖市场监管

多年来,全省工商部门努力做好拍卖市场监管工作,使拍卖市场逐步走向规范化。2006 年至 2007 年,全省进一步严格标准,加强监管,认真做好拍卖企业备案工作,并搞好拍卖现场的监督。在省工商局备案的拍卖公司有 8 家,办理备案手续 135 次,成交 50 笔,成交金额达 3.44 亿元;全省工商部门共办理拍卖企业登记 85 户,拍卖备案 299 户次,现场监督 144 次。

五、农村市场整治

根据中共中央、国务院关于支持和解决"三农"问题的精神,全省各级工商部门充分发挥职能作用,在抓好市场全面整治的同时,着重抓了农村市场的整治。

（一）农资市场整治

1996 年 3 月—4 月,全省工商系统开展了农资市场的专项整治,及时查处农资流通中的不法行为。这次整治全省出动检查人员 4500 人次,检查农资生产企业 20 家,检查经营单位及网点 2700 个,查处无照及超范围经营农资单位和个人 960 家,查扣有问题化肥 806.31 吨、劣质农药 5600 公斤,查扣无证种子 190 余吨,罚款 21 万元。

1999 年—2000 年,全省工商系统共检查农资经营门店 5110 户,查获假冒伪劣农资 4 个大类 30 个品种。其中查获不合格化肥 930 吨、劣质农药 6.5 吨,受理农资投诉 290 起,立案查处 105 起,案值 270 万元,罚款 10.5 万元,取缔无经营农资资格经营户 430 户。

2001 年 4 月,全省工商系统集中 10 天时间,对全省农资市场进行了拉网式检查,共出动执法人员 6939 人次、车辆 1117 台次,检查农资经营门店 4764 户,查获假冒伪劣农资 3 个大类 21 个品种,总案值 49.14 万元。其中查获不合格化肥 887.63 吨、劣质农药 5.41 吨,受理农资投诉 204 起,立案查处 65 起,案值 222.35 万元,罚没 8.54 万元,取缔无经营农资资格经营户 323 户,移交司法

机关处理 4 起。

2002 年，全省工商系统对农资市场的集中整治取得了明显成效。武威市工商部门检查农资经营单位 840 户，取缔无照经营户 76 户，查获假劣化肥 285 吨、假劣种子 14 吨、假劣农药 18 吨，查获封存非法收购的籽棉 410 吨，查办案件 36 件，为农民挽回经济损失 180 万元。酒泉地区工商部门查扣无证经营化肥 230.5 吨、劣质种子 52.75 吨。金昌市工商部门查处违法经营化肥 220 吨、种子 2.1 吨。临夏州工商部门查获不合格化肥 226.2 吨、劣质农药 33.8 吨。庆阳地区工商部门查获劣质农药 1.76 万瓶、化肥 128 吨、不合格农机具及配件 5041 件。

2003 年，全省工商系统开展了农资市场的打假行动。共查获假种子 5 万多公斤、假化肥 1250 吨、假农药 8000 公斤、假地膜 5 万余公斤、假农具 1884 件(套)，查处坑农害农案件 230 起，总案值 119 万元，为农民挽回经济损失 40 余万元。

(二)"红盾护农"活动

从 2004 年至 2008 年，全省工商系统开展了"红盾护农"活动。

2004 年底至 2005 年 2 月，全省工商系统开展了"红盾护农送法下乡"活动。全省系统向农村发送《红盾护农送法下乡简明读本》31 万册及各级工商局、工商所编印的法律宣传材料 300 余万份。在送法活动中，各地还推行农资购销示范合同，经营者普遍响应，为春耕农资经销打下了良好基础。各级工商部门对农村各类市场主体、经营门店、各类商品进行了普遍检查，共检查农资经营单位 2869 户，查获过期农药、化肥 3.2 吨，标值 1.53 万元，查出无照从事农资经营户 107 户，其中行政处罚 78 户，立案 12 起，即时处罚 17 起，罚款 1.79 万元。检查集贸市场及交易点经营者 2.7 万户，查出有违法违规行为的 523 户，依法取缔 99 户，查获违法违规物品 4.46 吨、2120 件，标值 22.65 万元，行政处罚 348 户，罚款 13.98 万元。定西市工商部门查获假冒白酒 1.3 万瓶、过期食品 4053 公斤，销毁劣质方便面 87 箱。全省农村农资市场和消费品市场得到了净化。

2006 年，全省"红盾护农"活动以打假、护农、增收为目的，以铲除坑农、损农、害农为重点展开。这次"红盾护农"的主要做法:一是建立情况沟通机制。全省统一筹划、统一部署、统一标准,市场执法力量形成合力。二是认真实施农资质量检测,严把流通环节农资质量关。各地组织实施了对玉米种子、化肥和部分农机商品的定向检测,有针对性地检测玉米种子 17 个样品、化肥 90 个批次,抽检铡草机 13 个批次、小四轮拖拉机 10 组,并对检测结果在媒体上公布。三是加强农资价格监督,严厉打击哄抬农资价格行为。全省对化肥生产企业的45 个品种进行了检查,现场检查化肥生产企业出厂价格 25 个、主要农资经销商销售价格 107 个,有力地遏制了农资价格的上涨。四是加强农资市场监管,严厉打击制售假劣农资的行为。全省共查处不合格化肥案件 513 件、不合格种子案件 262 件、不合格农药案件 253 件、其他农资案件 550 件,总案值达844.06 万元,为农民挽回经济损失 75.79 万元。五是发挥 12315 网络功能,延伸农民维权触角。全省共解决农民投诉案件 970 件,为农民挽回经济损失 1.6万元。

2007 年,全省工商系统在"红盾护农"取得成绩的基础上,创新手段,注重实效,进一步扎实开展了"红盾护农"工作。这一年的"红盾护农"以建立农资市场长效监管机制为重点,以规范农资市场为目的,全省工商系统集中力量开展了活动。一是采取多种形式,开展"红盾护农"送法下乡活动。各地工商部门深入乡镇、自然村,开展内容丰富、形式多样的法律宣传教育活动,以农民群众喜闻乐见的形式,宣传法律常识,努力提高他们的维权意识和辨假识假的能力。二是加强农资市场专项整治,严厉查处违法经营行为。全省共检查各类经营主体 1.29 万户次,查处各类农资案件 931 件,案值 650.35 万元,罚没金额 111.98万元,取缔非法农资经营户 632 户。三是加强对农资经营主体的监管,规范农资经营行为。各地对农资经营主体进行了检查摸底,当时全省共有各类农资经营主体 5609 户。根据国家有关法律、法规对经营化肥、种子、农药的有关规定,开展了对农资经营主体的检查,对不具备农资经营条件的,坚决不发营业执照,对无照经营的,及时予以取缔。全省还推行了农资经营企业信用分类监管,并把农资经营企业作为 C 类企业,与食品和涉及安全生产的行业一样,列为企业信用分类监管的重点。同时,各地还开展了农资商品检测工作,建立健全了农资质量检测制度和执法抽查制度，形成了定期定点例行检测和动态检测相结合的检测机制。对群众反映较多、问题突出的区域、市场、企业及产品实施重点检测，并把检测结果及时进行公示和预警，有效防止了不合格农资商品流入市场。四是加强农资商品监管，切实保护农民利益。全省建立健全了农资经营长效监管机制，强化了农资企业内部管理制度建设。各地建立了农资商品索证索票、进销货台账制度以及不合格农资商品退市制度，督促农资经营者建立健全"两账两票、一卡一书"（进销货台账、进销货发票、农资商品质量信誉卡、农资商品质量责任书）制度，实现了对农资市场主体准入行为、交易行为和退出行为的全过程监管。全省还推行了种子留样备查制度。针对当年一季度全省种子市场质量问题比较突出、农民投诉较多的情况，各地工商部门把种子作为2007年"红盾护农"工作的重中之重。在春耕生产来临之际，各地工商所对制种、批发企业销售的种子进行了留样备查，在企业认真填写《种子抽样记录表》和《农作物种子留样备查情况表》的同时，要求企业提供样品标签、包装袋和进货发票，并抽取种子样品一式三份，分别加盖企业和监管单位公章，将留样备查的种子在各工商所种子留样展示柜中向社会公示。

2008年，省工商局经过评选，向国家工商总局推荐了17个"红盾护农"先进单位，并对受到国家工商总局表彰的单位在全省进行了通报表彰；同时，对省工商局评选出的110个"红盾护农"先进单位和80名"红盾护农"先进个人进行了通报表彰，颁发了奖牌和证书。这一举措极大地调动了全省工商系统支持"三农"的积极性。

六、"文明集贸市场"的评比竞赛活动

从1984年开始，全省工商系统就开展了创建"文明集贸市场"评比竞赛活动，全省城乡集贸市场管理工作有了很大进步。"文明集贸市场"有5条标准：市场建设好、市场卫生好、公平交易好、市场服务好、市场秩序好。通过开展"文明集贸市场"评比活动，使全省集贸市场的交易环境得到了明显的改善，同时也为各级工商部门积累了加强市场监督管理、促进市场经济发展的经验。1986年，省工商局表彰"文明集贸市场"93个。

1986 年度全省文明市场（93 个）

表 3-38

地 区	市 场 名 称
兰州市	兰州市城关区铁路新村市场、兰州市城关区永昌路服装小商品市场、兰州市七里河区建兰路集贸市场、兰州市安宁区十里店集贸市场、兰州市西固区古浪路集贸市场、兰州市红古区团结街集贸市场、榆中县城关集贸市场、皋兰县新兴集贸市场、永登县城关团结街集贸市场
天水市	天水市秦城区自由路日用工业品市场、天水市秦城区七里墩综合集贸市场、天水市北道区道南二马路集贸市场、清水县永清镇金河路综合集贸市场、甘谷县城关服装市场、张家川回族自治县龙山皮毛市场、武山县洛门镇蔬菜批发市场
白银市	白银市白银区文化路集贸市场、白银市平川区种田集贸市场、白银市平川区宝积综合集贸市场、会宁县太平店牲畜交易市场、景泰县一条山集贸市场、靖远县城关成衣布料小百货市场
金昌市	金昌市北京路集贸市场、永昌县河西堡集贸市场
嘉峪关市	嘉峪关市人民商场、嘉峪关市富强路集贸市场
庆阳地区	西峰市综合集贸市场、西峰市什社集贸市场、正宁县山河集贸市场、华池县五蛟集贸市场、合水县西华池集贸市场、宁县盘克集贸市场、宁县和盛集贸市场、庆阳县驿马综合集贸市场、镇原县城关集贸市场、镇原县孟坝集贸市场、环县环城集贸市场
平凉地区	平凉市索罗集贸市场、平凉市寨河集贸市场、泾川县丰台集贸市场、泾川县城关集贸市场、灵台县邵寨集贸市场、灵台县朝那集贸市场、崇信县锦屏集贸市场、华亭县东华集贸市场、庄浪县水洛集贸市场、静宁县城关集贸市场、静宁县高界集贸市场
陇南地区	成县城关综合集贸市场、两当县城关集贸市场、徽县江洛集贸市场、徽县城关百货市场、西和县城关集贸市场、礼县城关集贸市场、礼县盐官集贸市场、康县城关集贸市场、武都县安化集贸市场、武都县新市街小商品市场、文县城关综合集贸市场、宕昌县城关集贸市场
定西地区	定西县内官牲畜市场、定西县永定路集贸市场、通渭县马营集贸市场、陇西县马河集贸市场、漳县新寺集贸市场、渭源县会川广场集贸市场、临洮县潘家园蔬菜市场、岷县蒲麻集贸市场、岷县城关药材市场
武威地区	武威市北关集贸市场、武威市黄羊集贸新市场、古浪县城关集贸市场、民勤县城关集贸市场、天祝县哈溪集贸市场

地 区	市 场 名 称
张掖地区	张掖市牲畜市场、张掖市城关粮油市场、山丹县城关综合集贸市场、民乐县城关工业品市场、临泽县城关综合集贸市场、高台县城关集贸市场
酒泉地区	酒泉市尚邮街集贸市场、玉门市玉门镇集贸市场、金塔县城关综合集贸市场、安西县城关集贸市场、敦煌县秦州户集贸市场
临夏州	临夏市平等路百货市场、积石山县乩藏集贸市场、康乐县苏集集贸市场、广河县三甲集集贸市场、和政县马家堡集贸市场、东乡县唐汪集贸市场
甘南州	舟曲县广坝集贸市场、夏河县拉卜楞寺院边综合集贸市场

1987年,为了在组织上保证评比活动深入持久地开展下去,各级工商部门普遍成立了评比竞赛领导小组,加强对评比活动的领导:天水市文明市场评比竞赛领导小组一年统一组织三次巡回检查评比活动;兰州市工商局坚持统一对创建"文明市场"情况进行半年初评和年终总评,根据"文明市场"标准划分20个考核评比项目,用百分制计分法进行逐项考核,逐个检查,统一评分;有的地区还把创建文明市场作为考核干部政绩的一项重要内容。各级工商局还注意了对已表彰的"文明市场"进行复核和抽查,发现问题及时纠正。庆阳地区西峰市工商局1986年初在抽查中发现1985年度被评为文明市场的肖金市场有乱使用市场管理费、乱收费的问题,便取消了"文明市场"的称号,及时处理了有关人员。从当年起,全省"文明集贸市场"改为两年评比表彰一次。

1988年,随着经济体制改革的不断深入和商品经济的迅猛发展,省工商局认为,仅有一个创建"文明集贸市场"的活动还不能很好地适应当时市场管理工作的新形势。为了进一步搞活经济,繁荣市场,强化监管,需要有一个更加严格、更加准确、更加翔实、更加具体、更加科学的市场管理标准。为此,省工商局于当年5月制定了《甘肃省城乡集贸市场管理基本规范》和《文明集贸市场评比竞赛办法》《市场管理人员工作规范》等规章,成为全省城乡集贸市场规范化管理的基本依据。为全省集贸市场进行制度化、规范化管理提出了统一标准。《规范》共分12章:场容地貌、宣传教育、对经营者的管理、对上市商品的管理、对市场卫生的管理、对市场物价的管理、对市场计量的管理、对市场秩序的管理、市场统计、市场服务、市场数量、自身管理。其中对经营者的管理有5条:(1)进入市场经营的单位和个人,必须悬挂证照。固定的经营者,还应佩戴有个人照片的服务证,不准无照或一照多摊经营。大中城市市场,对出售自产商品的农民和贩运者,必要时可发给临时经营证明进行经营。个体工商户在异地经营的,必须到经营地工商部门登记,经批准后在指定地点营业。(2)经营者必须坚持社会主义商业经营方向,文明经商、礼貌待人。定期评比文明经商、遵章守法的先进单位和个人,端正经营作风。(3)市场个体劳动者要按行业编组,发挥个体劳动者协会"自我管理、自我教育、自我服务"的作用。(4)集贸市场要建立市场经营者档案,即开业、歇业、停业、弃业登记簿,违章违法登记簿和个体户情况登记卡,准确掌握经营者的情况。(5)对集市的固定工商业户实行商品报验制度。经营者每月向市场管理员报送商品购销存报表。市场管理员要经常检查核实报验情况,纠正弄虚作假、偷税漏费等不法行为。

1988年8月,省工商局重新下发了《甘肃省"文明集贸市场"评比竞赛活动方案》,并修订完善了检查考核评分标准,以便使《甘肃省城乡集贸市场管理基本规范》和"文明集贸市场"评比竞赛活动更加紧密地结合起来,使市场管理取得扎实的成效。修改后的"文明集贸市场"的标准是:(1)场容场貌好。集贸市场要有固定的交易场地,地面平整、硬化;县城以上大、中型市场要有一定防雨、防晒设施;市场内布局合理、商品划行归市、摊位整齐;环境清洁,场区无杂物堆积、污水流淌;治安保卫、防火、防盗安全措施落实。(2)交易秩序好。经营者讲究职业道德,遵章守法,证照齐全;文明经商、讲求信誉,尺足秤准、公平交易;食品卫生。(3)监督管理好。政策、法规及职业道德的宣传教育经常化;及时查处违章违法行为;严格执行市场收费标准;市场统计、财务等各项规章制度健全。(4)服务工作好。及时掌握市场动态,迅速传递商品信息,疏通渠道,引缺泄余;开展多种服务项目,为生产者、经营者、消费者排忧解难,提供方便;市场繁荣,交易活跃。(5)自身管理好。市场管理人员岗位责任制落实,熟悉有关政策、法规,做到廉洁奉公、依法管理、礼貌待人;不滥用职权、不收礼、不吃请,接受群众监督;无违法和严重违纪的人和事发生。

1989年1月,省工商局决定授予97个集贸市场为1987~1988年度全省文明集贸市场。

1987年—1988年度全省文明市场

表 3–39

地 区	市 场 名 称
兰州市	兰州市城关区铁路新村市场、兰州市城关区定西南路市场、兰州市城关区永昌路服装小商品市场、兰州市七里河区建兰路市场、兰州市七里河区小西湖商业一条街、兰州市西固区五〇四市场、兰州市西固区古浪路农贸市场、兰州市安宁区十里店市场、榆中县兴隆市场、永登县城关团结街市场
天水市	天水市秦城区自由路百货市场、天水市秦城区箭场里蔬菜副食品市场、天水市北道区商贸市场、秦安县兴国镇小商品市场、甘谷县新城区综合交易商贸服装市场、武山县洛门蔬菜批发市场、清水县城关金河北路综合集贸市场、张家川回族自治县张川镇小百货市场
白银市	白银市白银区公园路市场、白银市平川区宝积综合市场、靖远县城关综合市场、景泰县一条山综合市场、会宁县城关牲畜市场、会宁县党家岘集贸市场
金昌市	金昌市北京路市场
嘉峪关市	嘉峪关市富强路市场、嘉峪关市人民商场
酒泉地区	安西县城关集贸市场、安西县三道沟镇综合农贸市场、酒泉市解放桥农贸市场、酒泉市上坝农贸市场、金塔县城关综合农贸市场、玉门市玉门镇农贸市场、敦煌市沙州镇农贸市场
张掖地区	张掖市南关蔬菜批发市场、张掖市西关农贸市场、山丹县城关综合农贸市场、高台县城关区南农贸综合市场、临泽县城关综合市场、民乐县工业品市场
武威地区	民勤县城关市场、民勤县西渠市场、武威市北关市场、武威市东关市场、古浪县黄羊川市场、天祝县哈溪市场
定西地区	临洮县潘家园蔬菜市场、临洮县城关综合市场、定西县城关永定集贸市场、陇西县通安综合集贸市场、渭源县会川广场农贸市场、岷县蒲麻集贸市场、漳县三岔市场、通渭县马营综合市场
平凉地区	泾川县城关综合市场、泾川县窑店市场、庄浪县水洛市场、平凉市虹光路市场、平凉市寨河市场、平凉市顺水巷皮毛市场、灵台县邵寨市场、灵台县朝那市场、华亭县东华市场、静宁县城关市场
庆阳地区	镇原县城关集贸市场、镇原县屯字羊畜市场、宁县盘克集贸市场、华池县柔远农贸市场、西峰市南商场、西峰市什社农贸市场、环县甜水农贸市场、庆阳县凤城商场、正宁县榆林子农贸市场、合水县西华池集贸市场

甘肃省志 工商行政管理志

续表

地 区	市 场 名 称
陇南地区	徽县城关市场、两当县城关综合市场、文县城关综合市场、礼县盐官市场、礼县城关综合市场、西和县城关综合农贸市场、宕昌县城关通达农贸市场、成县城关农贸市场、武都县城关小商品专业市场、武都县安化市场、康县阳坝市场、康县城关市场
临夏州	积石山县吹麻滩市场、临夏县漫路综合农贸市场、临夏市河滩关综合农贸市场、永靖县小川市场、广河县三甲集市场、东乡县唐汪农贸市场、康乐县苏集市场、和政县马家堡市场
甘南州	夏河县拉卜楞寺市场、舟曲县广坝市场、玛曲县城关综合市场

1989 年—1990 年度全省文明市场

表 3-40

地 区	市 场 名 称
兰州市	兰州市七里河区建兰路市场、兰州市城关铁路新村市场、兰州市城关区定西南路市场、兰州市城关区永昌路服装小商品市场、兰州市城关区大沙沟木材市场、兰州市西固区古浪路市场、兰州市西固区山丹街市场、榆中县兴隆市场、兰州市西固区西固城中心市场、永登县城关市场、兰州市东部服装批发市场、兰州市安宁区十里店综合市场
天水市	天水市秦城区自由路百货市场、秦安县兴国小商品市场、天水市北道区渭滨市场、天水市秦城区七里墩农贸市场、天水市秦城区人民路农副产品市场、天水市秦城区糟滨农贸市场、天水市北道区桥南商场百货街市场、张家川县龙山百货市场、清水县金河北路综合集贸市场
白银市	白银市公园路市场、白银市平川区宝积服装布料市场、白银市五一街市场、会宁县城关牲畜市场、景泰县一条山综合市场、靖远县城关综合市场
金昌市	金昌市北京路市场、金昌市盘旋路农贸市场、永昌县城关集贸市场、永昌县河西堡农贸市场
嘉峪关市	嘉峪关市人民商场、嘉峪关市振兴市场、嘉峪关市富强路市场
酒泉地区	安西县城关综合市场、敦煌市沙州镇农贸市场、酒泉市临水市场、安西县柳园综合市场、安西县三道沟综合市场、玉门市北坪综合集贸市场、酒泉市解放桥市场
张掖地区	张掖市甘州市场、临泽县城关综合市场、高台县南农贸市场、张掖市南关蔬菜批发市场、张掖市西关农贸市场、山丹县工业品市场、高台县工业品市场
武威地区	民勤县城关市场、武威市北关市场、武威市东关农贸市场、武威市夜市、武威市南关市场、古浪县黄羊川市场

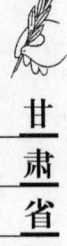

地　区	市　场　名　称
定西地区	定西县永定集贸市场、临洮县城关蔬菜市场、通渭县马营综合集贸市场、陇西县文峰百货市场、岷县西部药材市场、渭源县会川三角路农贸市场、定西县香泉牲畜市场
平凉地区	泾川县城关综合集贸市场、华亭县东华市场、崇信县锦屏集贸市场、静宁县西关集贸市场、静宁县高界集贸市场、灵台县邵寨集贸市场
庆阳地区	镇原县屯字家畜市场、庆阳县凤城商场、西峰市商业城市场、合水县西华池集贸市场、正宁县宫河集贸市场、正宁县榆林子集贸商场、镇原县孟坝农贸市场、宁县城关第一农贸市场、西峰市肖金农贸市场
陇南地区	徽县综合农贸市场、武都县城关新市街市场、康县城关集贸市场、成县城关市场、文县碧口市场、两当县城关市场、礼县盐官农贸市场
临夏州	积石山县吹麻滩市场、康乐县苏集市场、积石山县乩藏市场、临夏县土桥市场
甘南州	夏河县拉卜楞寺院边市场、合作西二路蔬菜瓜果市场、玛曲县城关综合市场、临潭县新桥综合市场
甘肃矿区	矿区核城市场

　　1990年12月,省工商局做出了对受到国家工商局表彰的"全国文明集贸市场"进行奖励的决定。根据国家工商局有关文件精神,经省工商局研究并报省政府同意,决定给评为"全国文明集贸市场"的兰州市七里河区建兰路市场等12个市场各奖励3000元,以此鼓励这些文明市场在综合治理方面取得更大的成绩。

1990 年国家工商局命名的全国文明市场（甘肃）

表 3-41

命名时间	文 明 市 场	备注
1990.10.8	兰州市七里河区建兰路市场 兰州市城关区铁路新村市场 天水市秦城区自由路百货市场 嘉峪关市人民商场 金昌市北京路市场 白银市白银区公园路市场 徽县城关市场 张掖市甘州市场 安西县城关综合市场 民勤县城关市场 定西县永定市场 镇原县屯子家畜市场	1989 至 1990 年度

　　1992 年 1 月，省工商局向全省工商系统印发了本局制定的两个专业市场基本规范:《甘肃省城乡蔬菜批发市场管理基本规范》《甘肃省牲畜交易市场管理基本规范》。前者分场容场貌、宣传教育、对交易者的管理、市场卫生、价格管理、计量管理、交易秩序管理、市场统计、市场服务、市场收费、市场管理人员的自身管理共 11 个部分,29 条。后者共 27 条。通过实施这两个规范,强化了这两类市场的细化管理,并带动了一大批集贸市场向文明市场和规范化市场迈进。同年 12 月 30 日,省工商局授予全省 100 个文明集贸市场。

1991 年—1992 年省工商局授予的全省文明市场

表 3-42

地　区	市　场　名　称
兰州市	兰州市七里河区建兰路综合贸易市场、兰州市城关区铁路新村市场、兰州市城关蔬菜瓜果批发市场、兰州市西固区古浪路市场、兰州市城关区定西南路市场、兰州市城关区大沙沟木材市场、兰州市西固区中心市场、榆中县兴隆市场、兰州市安宁区十里店市场、永登县城关市场、兰州市西固区山丹街市场、兰州市东部综合批发市场
天水市	天水市秦城区自由路市场、秦安县兴国小商品批发市场、天水市北道区渭滨集贸市场、天水市秦城区耤滨集贸市场、天水市秦城区箭场里市场、天水市北道区桥南商场百货街市场、张家川县龙山百货市场、清水县城关金河北路综合市场、武山县城关百货市场
白银市	白银市白银区公园路市场、景泰县一条山集贸市场、白银市平川区宝积百货市场、会宁县城关牲畜市场、靖远县城关综合市场、白银市白银区五一街市场
金昌市	金昌市北京路市场、金昌市盘旋路市场、永昌县河西堡一市场、永昌县城关一市场
嘉峪关市	嘉峪关市人民商场、嘉峪关市富强路市场、嘉峪关市振兴市场
酒泉地区	敦煌市沙洲市场、安西县城关综合市场、玉门市北坪综合市场、敦煌市沙洲镇综合农贸市场、酒泉市解放桥综合批发市场、酒泉市临水乡综合市场、金塔县城关综合市场、肃北县党城湾综合市场
张掖地区	张掖市甘州市场、张掖市南关蔬菜批发市场、张掖市西关农贸市场、高台县城关工业品市场、临泽县城关综合市场、高台县城关南集贸市场、山丹县工业品市场、肃南县红湾综合市场
武威地区	武威市北关市场、民勤县城关市场、武威市西凉综合批发市场、民勤县西关市场、古浪县黄羊川市场、武威市东关农贸市场
定西地区	临洮县潘家园蔬菜市场、定西县永定集贸市场、陇西县文峰百货市场、临洮县康家崖农副产品批发市场、通渭县城关综合市场、渭源县会川三角路市场、漳县城关农贸市场、岷县西郊药材市场、定西县香泉牲畜市场
平凉地区	泾川县城关综合农贸市场、平凉市四十里铺综合市场、华亭县东华综合市场、崇信县锦屏集贸市场、泾川县玉都集贸市场、灵台县邵寨集贸市场、静宁县西关集贸市场
庆阳地区	庆阳县凤城商场、西峰市商业城市场、镇原县屯字家畜市场、正宁县山河综合集贸市场、合水县西华池集贸市场、宁县和盛集贸市场、华池县柔远集贸市场、环县曲子集贸市场、西峰市北一路综合市场

续表

地 区	市 场 名 称
陇南地区	成县城关市场、徽县城关市场、文县碧口市场、武都县新市街市场、康县城关市场、礼县盐官市场、成县小川市场
临夏州	积石山县吹麻滩市场、永靖县刘家峡工业品市场、积石山县乩藏市场、康乐县新治街市场、临夏市小西关市场、临夏县尹集综合集贸市场、和政县城关工业品市场
甘南州	夏河县拉卜楞寺院边市场、临潭县新桥市场、玛曲县城关市场、合作西二路蔬菜市场
甘肃矿区	核城市场

1995 年 1 月，省工商局对各地推荐的文明集贸市场，组织专人进行了考核。经综合审评，决定授予兰州市七里河区建兰路综合市场等 100 个集贸市场 1993~1994 年度全省文明集贸市场。同年 12 月，兰州市生产资料交易中心等 17 个集贸市场被国家工商局授予 1993 年—1995 年度"全国文明市场"荣誉称号。

1993 年—1994 年度全省文明市场

表 3-43

地 区	市 场 名 称
兰州市	兰州市七里河区建兰路综合市场、兰州城关蔬菜瓜果批发市场、兰州铁路新村市场、兰州东部综合批发市场、兰州光辉布料批发市场、兰州中部批发市场、兰州东贸大厦大肉批发市场、兰州定西南路综合集贸市场、兰州市西固区中心市场、兰州市西固区古浪路综合集贸市场、榆中县兴隆市场、永登县城关综合集贸市场、兰州市安宁区十里店综合集贸市场
天水市	秦安县兴国小商品市场、天水市北道区渭滨市场、天水市秦城区箭场里副食品集贸市场、张家川回族自治县张川百货市场、天水市秦城区糖滨集贸市场、清水县金河北路综合商场、武山县洛门工业品市场、天水市北道区桥南综合商场
白银市	白银市公园路市场、靖远县城关综合市场、会宁县城关牲畜市场、白银市平川区宝积服装百货市场、景泰县一条山综合市场、白银市五一街市场
金昌市	金昌市北京路市场、金昌市盘旋路市场、永昌县城关第一市场
嘉峪关市	嘉峪关市人民商场、嘉峪关市振兴市场、嘉峪关市富强路市场

地　区	市　场　名　称
酒泉地区	敦煌市沙洲市场、玉门市北坪综合集贸市场、安西县城关综合集贸市场、酒泉市专南街食品专业市场、金塔县城关综合农贸市场、敦煌市农贸市场、酒泉市临水农贸市场、肃北县党城湾集贸市场
张掖地区	张掖市甘州市场、张掖市南关蔬菜批发市场、高台县工业品市场、临泽县城关综合市场、张掖市西关农贸市场、山丹县工业品市场、高台县城关南农贸市场、肃南县红湾寺综合市场
武威地区	武威市北关市场、武威市西凉综合批发市场、民勤县城关市场、天祝县哈溪综合集贸市场、武威市夜市、民勤县西关市场、古浪县黄羊川市场、武威市东关农贸市场
定西地区	定西县永定集贸市场、临洮县潘家园蔬菜市场、陇西县城关综合市场、陇西县文峰综合市场、临洮县城关农贸市场、漳县城关农贸市场、通渭县城关综合市场、渭源县城关综合市场、渭源县会川三角路农贸市场、岷县西郊药材市场
平凉地区	泾川县泾州市场、平凉市中山商场、华亭县东华商品交易中心、泾川县玉都综合集贸市场、灵台县朝那集贸市场、平凉市东郊蔬菜瓜果批发市场、静宁县西关综合集贸市场、庄浪县水洛环城路工业品批零市场
庆阳地区	西峰市商业城、庆阳县凤城商场、镇原县屯字牲畜市场、环县红垦商场、合水县西华池集贸市场、正宁县山河集贸市场、西峰市陇东商场、华池县华池商场、宁县和盛集贸市场
陇南地区	成县城关农贸市场、徽县城关农贸市场、康县城关市场、文县碧口农贸市场、成县小川农贸市场、礼县盐官综合农贸市场、成县黄渚市场
临夏州	积石山县吹麻滩市场、永靖县刘家峡工业品市场、积石山县居集市场、临夏县尹集市场、康乐县苏集市场
甘南州	临潭县城关新桥综合市场、玛曲县城关综合市场、夏河县拉卜楞寺院边综合集贸市场
甘肃矿区	核城市场

甘肃省志　工商行政管理志

1995年国家工商局命名的全国文明市场

表3-44

命名时间	文 明 市 场	备注
1995.12.14	兰州市生产资料交易中心 兰州市七里河区建兰路综合贸易市场 白银市白银区公园路市场 嘉峪关市人民商城 兰州市张苏滩蔬菜瓜果批发市场 秦安县小商品市场 金昌市北京路市场 敦煌市沙洲市场 兰州市城关区铁路新村市场 成县城关集贸市场 张掖市甘州市场 武威市北关市场 泾川县泾川商场 定西县永定集贸市场 玉门市北坪综合集贸市场 西峰市西峰商业城 兰州市东部综合批发市场	1993至1995年度

1997年1月17日,省工商局对全省110个文明集贸市场予以表彰。

1995年—1996年度全省文明市场

表3-45

地 区	市 场 名 称
兰州市	兰州市七里河区建兰路综合市场、兰州市城关区定西南路市场、兰州市生产资料交易中心、兰州东贸大厦大肉批发市场、兰州市西固区山丹街综合市场、兰州市安宁区十里店综合市场、兰州市红古区海石南区综合市场、榆中县兴隆市场、永登县城关综合市场、兰州市雁滩家具市场、兰州市七里河区建工中路综合市场、兰州市城关区铁路新村综合市场、兰州市光辉布料批发市场、兰州市东部综合批发市场
天水市	秦安县小商品市场、天水市秦城区箭场里副食品市场、天水市北道区渭滨市场、天水市秦城区七里墩农贸市场、天水市秦城区藉滨农贸市场、天水市北道区桥南瓜果批发市场、甘谷县冀城大商场、张家川县龙山皮毛市场、清水县金河北路综合商场、武山县洛门工业品市场

续表

地区	市 场 名 称
白银市	白银市公园路市场、会宁县城关牲畜市场、靖远县城关综合市场、景泰县一条山综合市场、白银市平川区宝积百货市场、白银市五一街市场、白银市园林路市场、会宁县太平店集贸市场
金昌市	金昌市北京路市场、永昌县第二集贸市场
嘉峪关市	嘉峪关市人民商场、嘉峪关市富强路市场、嘉峪关市振兴市场
酒泉地区	敦煌市沙洲市场、玉门市北坪综合集贸市场、酒泉市专南街食品专业市场、酒泉市解放桥蔬菜批发市场、敦煌市农贸市场、金塔县城关综合农贸市场、安西县城关综合集贸市场、肃北县党城湾集贸市场
张掖地区	张掖市甘州市场、张掖市南关蔬菜批发市场、山丹县工业品市场、临泽县城关综合市场、高台县城关南农贸市场、张掖市西关农贸市场、肃南县红湾综合市场
武威地区	武威市西凉综合批发市场、武威市北关市场、武威市东关农贸市场、武威市西城区蔬菜瓜果批发市场、民勤县广场市场、天祝县华藏综合集贸市场、天祝县哈溪综合集贸市场、古浪县城关综合市场
定西地区	定西县永定集贸市场、临洮县潘家园蔬菜市场、陇西县城关综合市场、陇西县文峰综合市场、通渭县城关综合市场、临洮县城关农贸市场、渭源县会川农贸市场、岷县西部药材市场、漳县城关综合农贸市场、定西县香泉牲畜市场
平凉地区	泾川县泾州商场、平凉市中山商场、灵台县中心综合集贸市场、崇信县城关综合集贸市场、华亭县东华商品交易中心、庄浪县水洛环城路工业品市场、静宁县西关集贸市场、平凉市东郊蔬菜瓜果批发市场、泾川县玉都综合集贸市场
庆阳地区	西峰市商业城、西峰市陇东商场、庆阳县凤城商场、宁县城关综合市场、正宁县山河集贸市场、镇原县屯字家畜市场、华池县华池商场、环县甜水畜产品批发市场、合水县西华池商场、庆阳县董家滩综合市场、环县红星商场
陇南地区	徽县综合贸易市场、成县城关农贸市场、礼县盐官农贸市场、文县碧口农贸市场、礼县城关农贸市场、成县黄渚农贸市场、宕昌县城关农贸市场、康县南街综合市场
临夏州	临夏市友谊商场、临夏市东校场农副产品批发市场、积石山县吹麻滩市场、永靖县小川工业品专业市场、康乐县新治街市场、临夏县韩集综合市场
甘南州	玛曲县城关综合市场、临潭县新桥综合市场、夏河县拉卜楞寺院边市场、合作羚城大市场
甘肃矿区	核城市场

甘
肃
省
志 工商行政管理志

1999 年 3 月 9 日,省工商局在各地推荐的基础上,分期分批进行考核,综合审评,决定授予 114 个市场为 1997 年至 1998 年度全省文明市场。

1997 年—1998 年度全省文明市场

表 3-46

地　区	市　场　名　称
兰州市	兰州市生产资料交易市场、兰州建兰路市场、兰州定西南路市场、兰州光辉布料批发市场、兰州东贸大肉批发市场、兰州雁滩家具市场、兰州湖滨糖酒批发市场、兰州陶瓷市场、兰州万里市场、兰州红古区海石湾南区集贸市场、永登县城关市场、榆中县兴隆市场
天水市	秦安县兴国小商品市场、天水市北道区渭滨市场、天水市秦城区箭场里副食品市场、甘谷县冀城大商场、天水市秦城区七里墩农贸市场、天水市北道区桥南瓜果批发市场、张家川县龙山皮毛市场、天水市秦城区平南集贸市场、武山县洛门蔬菜市场、清水县金河综合商场
白银市	白银市公园路市场、景泰县一条山综合市场、白银市园林路市场、白银市五一街市场、会宁县城关牲畜市场、会宁县太平店集贸市场、靖远县城关综合市场
金昌市	金昌市北京路市场、永昌县城关二市场、金昌市东方红市场
嘉峪关市	嘉峪关市人民商场、嘉峪关市富强路市场、嘉峪关市振兴市场、嘉峪关市建设路市场
酒泉地区	玉门市北坪综合集贸市场、敦煌市沙洲市场、酒泉市解放桥蔬菜批发市场、酒泉市专南街食品专业市场、敦煌市农贸市场、金塔县城关综合农贸市场、安西县城关综合市场、肃北县党城湾集贸市场、玉门市新市区综合集贸市场、敦煌市七里镇新区集贸市场
张掖地区	张掖市甘州市场、张掖市南关蔬菜批发市场、临泽县工业消费品综合市场、临泽县东关农副产品综合市场、民乐县城关综合市场、高台县城关南农贸市场、肃南县红湾综合市场
武威地区	武威市西凉综合批发市场、武威市西城区蔬菜瓜果批发市场、民勤县广场综合市场、武威市东关农贸市场、天祝县华藏综合市场、古浪县城关商贸城、武威天马再就业综合批发市场、武威市武南商贸市场、武威市凉州综合市场
定西地区	临洮县潘家园蔬菜市场、定西县永定集贸市场、临洮县城关农贸市场、临洮县康家崖蔬菜批发市场、陇西县城关综合市场、陇西县文峰综合市场、渭源县会川三角路农贸市场、岷县西部药材市场、通渭县城关综合市场、漳县城关综合农贸市场

地 区	市 场 名 称
临夏州	积石山县吹麻滩市场、永靖县刘家峡工业品市场、康乐县新治街市场、临夏市东校场农副产品批发市场、临夏市大桥畜产品市场、广河县三甲集集贸市场、和政县城关综合集贸市场
甘南州	合作羚城大市场、夏河县拉卜楞民族商场、临潭县新桥综合市场、玛曲县城关综合市场
平凉地区	泾川县泾州商场、平凉市中山商场、平凉市东郊蔬菜瓜果批发市场、平凉市星兴商厦、灵台县中心综合集贸市场、泾川县玉都综合集贸市场、庄浪县水洛环城路工业品市场、静宁县西关综合集贸市场、华亭县东华商品交易中心、崇信县锦屏综合集贸市场
庆阳地区	西峰市商业城、西峰市陇东商场、环县红星商场、合水县中街商场、庆阳县凤城商场、庆阳县董家滩综合市场、宁县城关综合市场、华池县华池商场、镇原县屯字农贸市场、正宁县山河集贸市场、合水县南街商场
陇南地区	徽县综合贸易市场、成县农贸市场、武都县滨河市场、礼县城关农贸市场、成县黄渚农贸市场、文县碧口农贸市场、礼县盐官农贸市场
甘肃矿区	矿区核城市场
东风场区	东风市场

2000 年 12 月 29 日,省工商局做出《关于表彰 1999 年至 2000 年度全省文明市场的决定》,共表彰了兰州定西南路综合市场等 128 个文明市场。

1999 年—2000 年度全省文明市场

表 3-47

地 区	市 场 名 称
兰州市	兰州定西南路综合市场、兰州光辉布料批发市场、兰州雁滩家具市场、兰州张苏滩蔬菜瓜果批发市场、兰州张苏滩粮油副食品批发市场、兰州雁滩建材市场、兰州农民巷综合市场、兰州建兰路综合市场、兰州生产资料交易中心、兰州西固山丹街市场、兰州西固中心市场、兰州黄河市场、兰州红古区海石湾南区集贸市场、榆中县兴隆市场、永登县秦王川中心市场、兰州东部综合批发市场、兰州西北电子商贸城、兰州物资城、兰州大西北汽车商城、兰州西湖商贸城温州城、兰海商贸城
天水市	秦安县小商品市场、天水市秦城区箭场里副食品市场、甘谷县冀城大商场、天水市北道区渭滨市场、张川县龙山皮毛市场、武山县洛门工业品市场、天水市秦城区人民路农贸市场、天水市秦城区七里墩农贸市场、天水市北道区桥南蔬菜瓜果批发市场、天水市秦城区花鸟鱼虫市场

 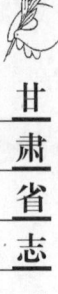

续表

地　区	市　场　名　称
白银市	白银市公园路市场、景泰县一条山市场、白银市白银区园林路市场、白银市白银区五一街市场、会宁县城关牲畜市场、会宁县太平店集贸市场、靖远县城关综合市场、白银市平川区王家山综合市场、景泰县农副产品市场
金昌市	金昌市建材批发市场、永昌县城关二市场
嘉峪关市	嘉峪关市建设路市场、嘉峪关市迎宾路农副产品综合批发市场、嘉峪关市振兴市场、嘉峪关镜铁市场、嘉峪关市人民商城、嘉峪关市富强路市场
酒泉地区	玉门市北坪综合集贸市场、玉门市新市区综合集贸市场、酒泉市解放桥蔬菜批发市场、酒泉市专南街食品专业市场、敦煌市农贸市场、金塔县城关综合农贸市场、安西县瓜州市场、肃北县党城湾贸易市场、敦煌市七里镇新区集贸市场、酒泉市肃州市场、阿克塞县鑫达市场
张掖地区	张掖市甘州市场、张掖市南关蔬菜批发市场、高台县南农贸市场、临泽县城关工业消费品综合市场、临泽县东关农副产品市场、民乐县城关综合市场、山丹县工业品市场、肃南县红湾综合市场、张掖市火车站综合市场
武威地区	武威市东关农贸市场、武威市凉州市场、天祝县华藏寺集贸市场、民勤县广场市场、武威市西凉综合批发市场、武威市西城区蔬菜瓜果批发市场、古浪县城关农贸市场
定西地区	定西县永定集贸市场、漳县城关综合集贸市场、岷县西郊药材市场、通渭县城关综合集贸市场、渭源县会川三角路农贸市场、陇西县城关综合市场、陇西县首阳中药材市场、临洮县潘家园蔬菜批发市场、临洮县康家崖蔬菜批发市场
平凉地区	平凉市中山商场、泾川县泾川商场、平凉市商城综合批发市场、平凉市星兴商厦、泾川县玉都综合集贸市场、灵台县中台综合集贸市场、崇信县锦屏综合集贸市场、华亭县东华商品交易中心、庄浪县水洛环城路工业品市场、静宁县西关综合集贸市场、平凉市四中巷综合市场
庆阳地区	西峰市九龙商场、西峰市陇东商场、西峰市商业城、镇原县屯子家畜市场、镇原县孟坝农贸综合市场、宁县城关农贸综合市场、正宁县山河集贸市场、合水县南街商场、华池县商场、环县环洲商场、庆阳县钻二综合农贸市场、庆阳县董家滩农贸市场
陇南地区	文县碧口农贸市场、礼县城关集贸市场、礼县盐官骡马专业市场、徽县综合贸易市场、成县城关农贸市场、成县黄渚农贸市场、康县大南峪农贸市场、武都县滨河市场
临夏州	临夏市东校场农副产品批发市场、临夏市河滩关大桥畜产品市场、永靖县小川工业品市场、积山石县吹麻滩综合市场、和政县城关综合市场、东乡县镇南综合市场、康乐县新治街综合市场
甘南州	甘南州合作羚城大市场、临潭县城关新桥综合市场、玛曲县城关综合市场、夏河县拉卜楞寺院边综合市场
东风场区	东风市场
甘肃矿区	矿区核城市场

第五节 市场经纪人管理

经纪人是指在经济活动中,以收取佣金为目的,为促成他人交易而从事居间、行纪或者代理等经纪业务的自然人、法人和其他经济组织。多年来,全省工商系统一方面抓好对市场经纪人的培育工作,一方面加强对经纪人的管理。1994年1月29日,省八届人大常委会第七次会议通过了《甘肃省经纪人管理暂行条例》。第六、七、八条明确了工商部门的职责范围。这年6月,省工商局根据《甘肃省经纪人管理暂行条例》制定了《甘肃省经纪人管理暂行条例实施办法》,对经纪人从事中介服务的主要范围、经纪人资格证书考核发放办法、经纪人服务机构应履行的义务、经纪合同的主要条款等作了详细规定。按规定,凡从事经纪活动的经纪人必须取得资格证后方能领取营业执照。10月27日,省工商局举行颁发经纪人资格证书大会,对兰州地区56名经纪人颁发了资格证书,省人大常委会副主任胡慧娥出席会议。当年,全省已有1200名经纪人。10月28日,省工商局发出《关于贯彻执行〈甘肃省经纪人管理暂行条例〉有关规定的通告》。《通告》要求:凡已领取营业执照,有从事中介服务项目(不包括从事期货、金融、证券和婚姻介绍中介服务项目)的企业事业单位和个人,在1994年11月20日前到原登记注册的工商局申请资格认定并领取由省工商局统一制定的《甘肃省经纪人资格证》。

1996年,全省工商系统共培训1000名合格的经纪人,截止年底,全省累计为4000名经纪人颁发了资格证。到2001年,全省各级工商局共对近1万名待业人员、下岗职工进行了经纪人资格培训,对考试合格者颁发了全国统一的经纪人资格证,使他们为经济发展牵线搭桥,同时也减轻社会就业压力。

1997年4月—10月,全省工商系统根据国家工商局《关于对经纪人进行清理检查的通知》精神,对全省的经纪人和中介组织进行了全面的清理和检查。全省工商部门共清理检查中介机构678户,其中验资机构和资产评估机构68户、信息咨询服务机构410户、企业登记代表机构4户、劳动职业介绍机构84户、房地产中介机构81户、技术中介机构9户、运输中介机构3户、其他各类中介机构 17 户。全省 14 个地(州、市)工商局根据省工商局的要求,都成立了由市管科、企业科组成的清理检查小组,从组织上保证了清理检查工作的顺利进行。兰州市工商局通过电视、报纸等新闻媒介刊播公告,搞好宣传,得到了大多数中介机构的理解和配合, 有 210 户中介组织在规定的期限内进行了自查自纠并写出了自查报告。武威地区和武威市工商局将编印的《经纪人管理办法》《甘肃省经纪人管理暂行条例》及有关法规,发送到中介组织及个体经纪人手中。各地工商部门对验资、资产评估、信息咨询、职业介绍、房地产、企业登记代理等 8 种中介组织进行了全面普查, 将所有登记注册的市场中介组织进行了分类造表统计。全省系统在普查的同时,对存在问题较多的 237 户验资、资产评估、职业介绍、房地产、企业登记代理等中介组织进行了重点检查,着重对中介机构的证照是否齐全、使用的票据是否合法、收费是否合理等方面,进行了认真细致的检查;对验资、资产评估机构的验资、评估档案,重点审查是否有出具虚假验资报告或虚假评估报告的情况和超范围经营等问题,并依据《甘肃省经纪人管理暂行条例》及国家工商局的有关规定,对违规的中介机构进行了严肃处理。全省共取缔无照、无证的经纪人 207 户;对全省 18 家非法从事期货交易的公司进行了突击检查,冻结银行存款 379.5 万元,查扣现金 33.4 万元、美元 630 元、港币 450 元,查扣查封微型计算机、卫星接收器、主机、显示器、打印机、传真机等各类设备 777 台(件)。

2004 年 8 月,国家工商局颁布了《经纪人管理办法》。其中第 19 条规定,工商部门应当依据法律法规及本办法的规定, 对经纪人提供的信息及服务进行监督检查。省工商局在贯彻执行《办法》、继续做好对各类经纪人的监管的同时,大力支持基层组织、中介机构培育和发展经纪人的工作,以规范市场活动,增加城乡居民特别是下岗职工的就业机会。庆阳市通过经纪人资格认定,使全市 800 多农民经纪人在农产品交易中,为调整农产品结构、推销农产品做出较大贡献。当年,省工商局还开展了经纪人培训工作,组织人员编写了《甘肃省经纪人培训教材》,作为全省各地经纪人培训教材。

2005 年 5 月,省工商局向全省工商系统发出《关于进一步贯彻实施〈经纪人管理办法〉的意见的通知》。对全省经纪人的发展和监管进行了规范。一是要求各级工商部门充分发挥经纪人自律组织的作用,形成工商部门监管、经纪人自律组织和社会监督相结合的经纪人管理机制。二是经纪人的监管问题。经纪人的监管要纳入经济户口管理和日常管理,在经纪行业中推行使用各类居间、行纪和委托合同示范文本,经纪人应当在经营场所明示经纪人的营业执照、资质证书、经纪项目、服务内容、佣金标准、经纪承诺等。三是工商部门查处违法经纪人行为的法律法规适用问题。四是经纪人信用监管的问题。各级工商局要做好对经纪人信用信息的记录和归纳工作,并对经纪人的信用信息进行公示。五是开展经纪人清理检查工作。

截止 2005 年 6 月底,全省共登记注册各类中介机构 4124 户,注册资本 202 亿元,其中公司 2717 户,国有企业 121 户,集体企业 174 户,合伙企业 70 户,独资企业 72 户,外资企业 3 户,个体工商户 690 户,其他 73 户。按行业分:咨询 1796 户,占 43.5%;广告代理 538 户,占 13.04%;运输代理 332 户,占 8.0%;其他中介 244 户,占 5.9%;房地产中介 182 户,占 4.4%;其他行业 828 户,占 20.07%。

2005 年全省市场中介机构基本情况统计表

表 3–48 单位:户、万元

序号	行业	市场主体类型									注册资本(金)	分支机构
		小计	公司	合伙	独资	国有	集体	外资	个体	其他		
1	会计审计事务所	110	68	33	1	6	1	0	1	0	3513.95	7
2	资产评估	76	50	7	1	8	9	0	0	1	3930.3	1
3	企业信用评估	1	0	0	0	0	0	0	0	1	0	0
4	认证	6	4	0	0	1	1	0	0	0	459.5	1
5	工程监理	122	107	0	0	9	5	0	0	1	14033	3
6	质量检验	19	10	0	0	4	5	0	0	0	8279	1
7	拍卖	41	33	0	0	6	2	0	0	0	8279	1
8	担保	55	55	0	0	0	0	0	0	0	241164.91	2
9	信托	10	3	0	0	3	1	0	3	0	99345	2
10	保险中介	15	14	0	0	0	0	0	1	0	2667	6

续表

序号	行业	市场主体类型									注册资本（金）	分支机构
		小计	公司	合伙	独资	国有	集体	外资	个体	其他		
11	期货经纪	1	0	0	0	1	0	0	0	0	50	3
12	证券交易代理	4	1	0	0	2	0	0	0	1	815	4
13	产权交易	7	7	0	0	0	0	0	0	0	380	0
14	商品交易	121	3	0	0	2	0	0	116	0	197.3	0
15	文化经纪	7	1	0	0	0	0	0	6	0	11	0
16	体育经纪	0	0	0	0	0	0	0	0	0	0	0
17	房地产中介	182	158	3	1	7	2	0	11	0	16895.2	20
18	劳务人才中介	48	11	0	0	5	9	0	23	0	520.2	1
19	出入境中介	0	0	0	0	0	0	0	0	0	0	0
20	出国留学中介	1	1	0	0	0	0	0	0	0	50	0
21	境外就业中介	0	0	0	0	0	0	0	0	0	0	0
22	外派劳务中介	1	1	0	0	0	0	0	0	0	50	0
23	婚姻中介	15	2	0	1	2	3	0	7	0	149	0
24	招投标代理	38	35	0	0	2	1	0	0	0	3921	0
25	运输代理	332	34	1	3	7	0	0	287	0	7487.7	7
26	进出口代理	1	0	0	0	1	0	0	0	0	43.8	0
27	企业登记代理	62	55	0	6	1	0	0	0	0	2587	0
28	广告代理	538	503	0	2	9	4	0	17	3	30300.11	4
29	知识产权代理	3	1	0	0	0	0	0	0	2	100	0
30	税务代理	47	38	4	0	2	1	0	0	2	1745	5
31	报关代理	0	0	0	0	0	0	0	0	0	0	0
32	市场调查	17	16	0	0	0	1	0	0	0	746	0
33	咨询	1796	1439	19	51	41	125	3	57	61	1573614.41	135
34	其他中介	244	67	3	6	2	4	0	161	1	4955.9	0
35	总计	3920	2717	70	72	121	174	3	690	73	2019176.08	204

1990年、2000年、2005年市场中介机构发展情况统计表

表3-49

序号	行　业	1990年底登记数	2000年底登记数	2005年6月登记数
1	会计审计事务所	5	65	117
2	资产评估	0	32	77
3	企业信用评估	0	0	1
4	认证	0	3	7
5	工程监理	1	35	125
6	质量检验	1	4	21
7	拍卖	4	3	42
8	担保	2	11	57
9	信托	1	9	12
10	保险中介	0	4	21
11	期货经纪	0	0	4
12	证券交易代理	0	2	8
13	产权交易	0	0	7
14	商品交易	0	22	121
15	文化经纪	0	2	7
16	体育经纪	0	0	0
17	房地产中介	3	106	202
18	劳务人才中介	7	11	49
19	出入境中介	0	0	0
20	出国留学中介	0	0	1
21	境外就业中介	0	0	0
22	外派劳务中介	0	1	1
23	婚姻中介	2	5	15
24	招投标代理	0	3	38

续表

序号	行　业	1990 年底登记数	2000 年底登记数	2005 年 6 月登记数
25	运输代理	0	212	339
26	进出口代理	1	0	1
27	企业登记代理	0	15	62
28	广告代理	18	111	542
29	知识产权代理	0	0	3
30	税务代理	0	17	52
31	报关代理	0	0	0
32	市场调查	0	3	17
33	咨询	48	536	1931
34	其他中介	25	52	244
35	总计	118	1264	4124

　　2006 年,根据国家工商总局《关于大力培育和规范发展农村经纪人,促进社会主义新农村建设的意见》,省工商局在全省农村组织实施了经纪人培育发展工作。一是认真开展调查研究,摸清农村经纪人底数和产业结构情况,做到开展工作有的放矢。二是加大宣传力度,抓好示范带动作用。三是放宽准入条件。四是实施品牌战略。五是进行专业培训,努力提高经纪人自身素质。全省备案农村经纪人达 2000 多人,季节性临时性经纪人达 5000 多人,经纪业务量达 13.6 亿元。全省举办经纪人培训班 40 期,受训人员达 4000 人,为全省的农产品流通起到了积极作用。

　　2007 年初,国家工商总局下发了《关于加快培育和规范发展农村经纪人,扎实推进社会主义新农村建设的意见》。根据国家工商总局的意见,全省工商系统在农村全面开展了培育、发展、规范经纪人的工作。一是利用 3 个月时间,摸清了农村经纪人底数和产业结构情况。二是搞好培训工作。多数乡镇举办了 1~2 期经纪人培训班,工商干部亲自上课。全省举办经纪人培训班 92 个,共培训 3478 人。三是放宽准入条件,降低准入门槛,激发自然经纪人主动争取合法身份，全年农村经纪人的增长幅度在 10% 以上。到年底，全省备案农村经纪人有 3262 人，季节性临时经纪人有 5000 多人，经纪业务量达 7.87 亿元，为全省的农产品流通起到了积极作用。各地工商部门还加强农村经纪人规范管理，有效杜绝了经纪过程中的坑、蒙、骗等违法违规行为，保护了广大农民的利益。

2008 年，全省工商系统加大支持"三农"及新农村建设力度，充分发挥职能作用，培育和支持农村经纪人、农产品运销大户、农民专业合作组织和相关农业龙头企业，筑建农产品流通主体，尤其是大力加快培育农村经纪人、农产品运销专业户和各种流通中介组织，取得了较好效果。

表3-50

2008年全省经纪人监督管理情况

项目		合计	消费品市场	其中:		生产资料市场	生产要素市场	其中:					其他市场
				农产品	工业品			房地产	技术	劳动力	产权	运输	
合计	案件数	35	22	1	–	3	8	1	–	2	–	5	2
	罚没金额	1.60	0.13	0.02	–	0.15	1.12	0.30	–	0.01	–	0.81	0.20
1.经纪合同中未附经纪执业人员签名	案件数	–	–	–	–	–	–	–	–	–	–	–	–
	罚没金额	–	–	–	–	–	–	–	–	–	–	–	–
2.未在经营场所明示经纪执业人员情况	案件数	–	–	–	–	–	–	–	–	–	–	–	–
	罚没金额	–	–	–	–	–	–	–	–	–	–	–	–
3.对委托人隐瞒重要事项	案件数	1	–	–	–	–	1	1	–	–	–	–	–
	罚没金额	0.30	–	–	–	–	0.30	0.30	–	–	–	–	–
4.利用虚假信息诱人签订合同骗取中介费	案件数	–	–	–	–	–	–	–	–	–	–	–	–
	罚没金额	–	–	–	–	–	–	–	–	–	–	–	–
5.采取欺诈胁迫、贿赂、恶意串通等手段损害当事人利益	案件数	–	–	–	–	–	–	–	–	–	–	–	–
	罚没金额	–	–	–	–	–	–	–	–	–	–	–	–
6.对经纪的商品或服务做引人误解的虚假宣传	案件数	–	–	–	–	–	–	–	–	–	–	–	–
	罚没金额	–	–	–	–	–	–	–	–	–	–	–	–
7.无照从事经纪活动	案件数	34	22	1	–	3	7	–	–	2	–	5	2
	罚没金额	1.30	0.13	0.02	–	0.15	0.82	–	–	0.01	–	0.81	0.20

补充资料：在经营场所未明示的经纪执业人员数7人。

表3-51

2008年全省经纪人情况

项目	合计	消费品市场	其中:农产品	工业品	生产资料市场	生产要素市场	房地产	其中:技术	劳动力	产权	运输	其他市场	文化	体育	旅游
一、经纪人总数(户)	5101	3139	1754	162	177	1457	601	25	181	30	422	328	34	-	12
其中:个体经纪人	3906	2654	1358	138	109	940	237	19	98	30	380	203	31	-	1
合伙经纪人	33	31	13	1	1	1	-	-	-	-	1	-	-	-	-
经纪公司	486	20	15	2	36	417	353	2	28	-	17	13	1	-	11
兼营经纪人	293	184	132	16	31	27	7	-	4	-	11	51	2	-	-
其他组织	383	250	236	5	-	72	4	4	51	-	13	61	-	-	-
二、经纪执业人员(人)	5298	3234	1934	160	217	1521	691	27	130	-	475	326	27	-	27
其中:已备案的经纪执业人员	4174	2438	1197	160	206	1238	508	20	150	30	360	292	30	-	2
三、经纪业务量(万元)	309567	142312	49542	21916	104955	28385	16724	273	1090	139	5752	33916	197	-	27

补充资料:1.农业经纪人2416户,经纪业务量112378万元。
2.地市级以上经纪人协会7个。

第四章　经济合同管理

合同作为一项法律制度,作为商品交换的法律形式,起着规范商品生产经营者、明确当事人的权利义务、维护市场交易秩序和建立企业诚信机制的作用。经济合同管理,是工商部门的重要职能之一。

第一节　经济合同的法规制度

1978 年以后,国家逐步减少计划调拨物资和产品的范围,市场调节的范围和作用不断扩大与增强。与此相适应,企业之间的交往中合同的作用日渐突出,要求法律法规对合同当事人的权利义务等做出明确规定。在此情况下,1979 年 8 月,国家经济委员会、国家工商局、中国人民银行下发了《关于经济合同若干问题的联合通知》,对合同内容做出了具体规定:合同应包含产品的名称、品种、规格、质量、产品的数量和计量单位,工业品的技术标准、包装要求和包装物的供应与回收,交货方法和地点,运输方式,交(提)货日期,产品的价格,结算方式,结算银行,单位账号,经济责任等内容。1982 年 7 月 1 日,《中华人民共和国经济合同法》(简称《经济合同法》)正式施行,在该法中,明确规定了工商部门监管合同的职能,为工商部门履行合同监管职能提供了法律依据。

1986 年 3 月,省工商局根据省政府《关于实施经济合同法规,全面实行合同制的通知》精神,组织人员对全省粮食等农产品定购合同做了重点调查。在总结经验教训的基础上,省工商局研究制定出《关于积极推行农副产品合同定购的意见》，并呈报省政府作了审查。明确提出了定购合同的签订办法：一是以农户为单位，收购部门与农户直接签订合同，坚持户清户结的原则。计划指标下达到乡，由收购部门与农户协调合同定购数，逐级平衡，最后签订合同。二是计划指标下达到村，由收购部门与村签订一个总合同，由村落实各农户的品种、数量，造具花名册，由农户代表签字盖章后，附于总合同中。总合同与各户平衡后，由收购部门给农户发一份合同书。村负责人在总合同签字加盖公章，使村一级合作经济组织既是合同一方当事人，又具有管理的职能，便于发挥它在组织签约和管理中的作用。三是国营、集体经营的农场和联户、交售大户，由收购部门分别与之直接签订合同，如属几家农户联合承包，则由其中一户作为总代表签订合同。不管采取哪种方法，都必须贯彻"平等互利，协调一致，等价有偿"的原则。同时还明确规定了合同定购的品种、数量、合同定购的作价、定购产品的质量标准、合同签订的期限、定购合同的奖罚办法等。

1987年5月，省工商局印发了《甘肃省经济合同鉴证的若干具体规定》。它是根据《经济合同法》和国家工商局《关于经济合同鉴证的暂行规定》，结合全省经济合同鉴证的实际而制定的。它规定，经济合同的鉴证机关是各级工商局，工商所应负责鉴证双方在本辖区内、经济合同金额在1万元以下或一方在辖区内、经济合同金额在5000元以下者。同时规定鉴证必须由双方当事人申请，并提供法定代表人身份证明、委托证明、营业执照、经济合同文本等。

1988年1月，省工商局制定了《关于查处利用经济合同进行违法行为的暂行办法》，列举了利用合同进行违法行为的12种表现，其中5种表现是：(1)假冒其他组织或个人名义签订经济合同。即盗用某一合法组织名义或以编造的假主体名称签订经济合同，诈骗他人或国家、集体财产的行为。(2)伪造经济合同。即行为人为了规避法律达到违法目的，双方当事人合谋制造内容虚假的合同，借以掩盖非法活动的行为。(3)利用经济合同形式，变相买卖国家限制流转或禁止流转的标的物，从中牟取非法利益的行为。(4)利用经济合同倒卖国家限制流通的物资调拨单、提货单、批文和指标，从中牟取非法利益的行为。(5)买卖经济合同。即当事人将经济合同作为标的物进行交易，从中牟取非法利益的行为。

1988 年 10 月，省政府印发了省工商局起草、省七届人大常委会第十六次会议通过的《甘肃省经济合同管理暂行规定》。该《规定》共 8 章 37 条，分为总则、经济合同管理机关和职责、经济合同的订立和履行、经济合同的监督检查、无效经济合同的确认和处理、对利用经济合同进行违法行为的处理、经济合同纠纷的调解仲裁、附则等。其中第四条明确规定：工商部门是经济合同的主管机关，统一管理不同部门之间的购销、建设工程承包、加工承揽、货物运输、供用电、仓储保管、财产租赁、借款、财产保险、科技协作和联合经营等经济合同。各业务主管部门，负责管理本系统内的经济合同。省工商局是全省经济合同的统一管理机关，负责组织经济合同法律、法规的实施，建立经济合同管理制度，监督检查经济合同，依法办理重大、疑难和上诉的经济合同案件。地（州、市）工商局（处），应积极办理管辖权限内的各类合同案件，指导业务主管部门和企事业单位的经济合同管理工作，监督检查经济合同的订立和履行。县（市、区）工商局应建立、健全合同管理制度，积极开展合同检查工作和咨询服务，确认无效经济合同，查处利用经济合同进行的违法行为。各级工商局都应设立经济合同仲裁委员会，配备专职仲裁员，及时、准确地处理各类合同纠纷。第五条规定：经济合同管理机关的任务是各级工商局负责贯彻经济合同法律、法规，制定管理经济合同的规章制度，指导业务主管部门和企事业单位的经济合同管理工作，监督检查经济合同的订立和履行，调解仲裁经济合同纠纷，确认无效经济合同，查处利用经济合同进行的违法活动。各级业务主管部门负责制定本系统经济合同管理办法，督促检查所属企事业单位经济合同的订立和履行，调解双方当事人均属本系统的经济合同纠纷。

1990 年 5 月，省工商局制定了《基层经济合同仲裁委员会派出仲裁庭办案试行办法》。该《办法》根据《中华人民共和国经济合同仲裁条例》（简称《仲裁条例》）、《经济合同仲裁委员会办案规则》和《经济合同仲裁委员会组织规则》的有关规定制定，有总则、组织和任务、管辖、程序、附则 5 章，共 29 条。

1991 年 4 月，省工商局下发了《甘肃省工商局经济合同示范文本印制和发放管理实施办法的通知》，规定了全省经济合同文本由省工商局指定印刷企业印制，并负责监制。经济合同示范文本的分发工作，由各级工商部门和业务

主管部门负责。同年 6 月,省政府发布了《甘肃省考核评定重合同守信用企业办法》,共 5 章 20 条。其中第八条规定了考核标准:(1)企业领导和有关业务人员能认真学习经济合同法律、法规和规章,有较强的经济合同法律意识;(2)企业有专(兼)管机构或人员管理经济合同,有切实可行的经济合同管理制度;(3)企业对外经济往来,除即时结清者外,应当依法签订书面经济合同;(4)企业对外签订的经济合同,除不可抗力和对方违约,以及经双方当事人协商依法变更、解除者外,经济合同履约率要达到 100%;(5)企业在生产经营活动中没有违反国家法律、法规、政策和计划的行为;(6)企业在当地同行业中经济效益较好。第九条明确了经济合同管理的具体内容,包括:经济合同的签订、履行、变更、解除的管理,经济合同台账、合同档案、用户档案的管理,企业法定代表人、合同管理机构和人员以及计划、供销、财务、技术、质量、储运等部门在合同签订和履行中的职责。

1991 年 6 月,省工商局下发《关于对建筑安装工程承包合同实行统一鉴证管理的通知》。(1)凡在本省从事各种房屋建筑与装修、市政土木工程、设备安装等经营活动的建筑企业与建设单位之间签订的建筑安装工程承包合同,必须向建筑物所在地县(市、区)以上工商局申请鉴证。(2)申请鉴证时,合同当事人必须向工商局提供施工合同的正本和副本,主管部门批准建设的文件,建筑企业的资质证书,开户银行的资金信用证明,建设单位投资来源证明,征地文书,企业法人营业执照或副本,以及招标、投标、中标或议标的文书。所有在本省承包施工的外省、区建筑企业,还必须持有本省各级建筑管理站颁发的承包工程许可证,以及工程所在地建设银行的开户存款证明等,工商局方可办理鉴证。合同鉴证后,当事人应向建设委员会、建设银行各送合同副本一份备案。(3)当事人签订的合同文本,要求统一使用国家工商局和国家建设部联合发布的建设工程施工合同示范文本。(4)各级工商局要根据《经济合同法》《建筑安装工程承包合同条例》和国家工商局《关于经济合同鉴证的暂行规定》,对合同的合法性、真实性进行严格审查;对内容合法、手续完备、条款齐全、违约责任分明、文字表达准确的合同及时给予鉴证;对手续不完备、条款不齐全的合同,等手续完备、条款齐全后予以鉴证;对一时弄不清的问题可进行必要的调查,符合条件后再进行鉴证；对没有列入计划或违反规定擅自新开工项目所签合同,应确认为无效经济合同;对鉴证中发现的无效合同和利用经济合同进行的违法行为,应根据实情依法进行确认和查处。(5)合同鉴证以后,工商局要坚持回访制度,督促检查合同的履行情况,对合同履行过程中出现的问题或纠纷,要及时协助当事人进行排解。

1992年4月,省工商局发布了《甘肃省经济合同派出仲裁庭办案规则》。第二条规定:设置派出仲裁庭,由县(市、区)工商局经济合同仲裁委员会(简称"基层仲裁机关")根据当地工作需要和可能,提出意见,报地(州、市)工商局批准,并报省工商局备案。派出仲裁庭的名称为"××县(市、区)工商行政管理局经济合同仲裁委员会××仲裁庭"。第三条规定:派出仲裁庭是基层仲裁机关的派出机构,接受基层仲裁机关的领导,在授权范围内依法开展经济合同仲裁工作。第四条规定:派出仲裁庭按经济区域设置,设在当地工商所,也可以由相邻近的几个工商所联合组建派出仲裁庭。第五条规定:基层仲裁机关对派出仲裁庭要加强领导和监督,培训仲裁人员,提高业务素质,保证办案质量。

1992年5月,省工商局制定下发了《甘肃省经济合同管理、仲裁工作程序和制度》《甘肃省经济合同管理、仲裁工作考评办法》。明确规定各级工商部门依照国家法律、法规和政策规定对经济合同实施监管并重点审查下列内容:(1)签订经济合同的当事人主体是否合格,是否具有权利能力和行为能力;(2)经济合同当事人的意思表示是否真实;(3)经济合同的内容是否符合国家法律、政策和计划的要求;(4)经济合同的主要条款是否完备,文字表达是否准确,合同的签订是否符合法定程序;(5)印章是否齐全,合同当事人的名称与印章、开户银行的户名是否一致;(6)是否使用国家工商局推广的示范合同文本。

1993年,省工商局为了促进全民所有制大中型企业经营机制的转换,推动建立社会主义市场经济体制的进程,加强企业内部管理,依法保护企业的利益,研究制定了《甘肃省大中型企业经济合同管理暂行规定》,于该年3月印发全省工商系统、省级有关厅局(总公司)以及中央在甘企业。《规定》共14条。其中第十条规定:企业要严格按照国家法律、法规和政策签订经济合同,对利用经济合同进行骗买骗卖等违法活动的,要按有关法规严厉打击,以维护社会经济秩序。第十一条规定:企业发生经济合同纠纷后,应按《中华人民共和国民事诉讼法》第二十四条、二十五条规定和《经济合同法》有关规定到合同管理机关申请调解、仲裁,或向人民法院起诉,追究违约方责任。第十二条规定:各级工商部门要树立为企业服务的思想,定期监督检查本辖区企业的合同管理工作,对好的经验要及时宣传推广,对出现的问题要及时帮助解决,依法保护合同当事人的合法权益,提高合同履约率。

1996年1月,省工商局、中国人民银行甘肃省分行联合发出了《关于对企业动产抵押物实行登记管理的通知》。《通知》根据《中华人民共和国担保法》(简称《担保法》)和《企业动产抵押登记管理办法》的有关规定,对企业在贷款时用动产作为抵押的有关问题提出了统一要求,其目的是为了加强对企业动产抵押行为的监督管理,保障债权的实现。《通知》明确要求,企业凡以下列动产抵押的,应当在抵押合同签字盖章后到工商部门办理抵押物登记,抵押合同自登记之日起生效:(1)企业的设备,(2)企业的原辅材料,(3)企业的产品或者商品,(4)企业其他可以依法抵押的动产。1997年11月,省工商局向全省工商系统下发了《抵押物登记工作程序》的通知。《抵押物登记工作程序》共29条,规定了企业动产抵押物范围、不动产抵押物范围、不得设定的抵押物、抵押合同内容以及工商部门对抵押合同的规范管理等。

1996年10月,省工商局下发了《关于对房地产买卖合同、房屋租赁合同实行鉴证的通知》。规定了鉴证的范围:(1)土地使用权出让、转让、出租合同,(2)商品房买卖合同,(3)非国家定价出租的各种所有权房屋租赁合同(居住用户租赁合同暂除外)。并明确规定了鉴证管辖原则,按照企业登记注册管辖规定执行,分别由省、地(州、市)、县(市、区)工商局办理。

1996年,为了配合《中华人民共和国合同法》(简称《合同法》)的制定,省工商局向省人大常委会提出了关于加强合同行政监管和查处违法合同的提案。两件提案被省人大常委会提交全国人大常委会后,一件被列为全国人大常委会提案,一件由全国人大常委会责成国家工商局负责落实。这两件提案对《合同法》的制定起到了重要作用,受到了国家工商局表扬。

1997年11月25日,经省八届人大常委会第三十次会议通过并发布《甘肃省经济合同管理条例》。该《条例》共 25 条。其中第三条明确规定:县级以上各级人民政府工商部门是监督管理经济合同的行政主管部门，负责本行政区域内经济合同管理工作,主要履行的职责是:(1)贯彻宣传经济合同管理的法律、法规,督促企业加强自身经济合同的管理。进行合同知识培训,组织开展"重合同、守信用"活动。(2)指导法人和其他经济组织建立经济合同管理制度,指导经济合同签约和监督经济合同履行。(3)办理经济合同鉴证和抵押物登记。(4)为合同当事人提供咨询服务。(5)调解经济合同纠纷,查处经济合同违法行为。县级以上各级人民政府的其他有关部门应依据法律、法规的规定,在各自的职责范围内监督管理经济合同,督促法人和其他经济组织建立合同管理制度,调解有关经济合同纠纷。

《合同法》于 1999 年 3 月 15 日经九届全国人大二次会议通过,10 月 1 日正式施行。4 月,省工商局下发了《关于做好〈中华人民共和国合同法〉宣传培训工作的通知》。要求各地以地(州、市)为单位,对现有的合同管理人员进行一次系统的《合同法》学习和培训,培训考核合格以后,统一颁发由省工商局制发的《甘肃省企业合同专管人员培训合格证》。同年 5 月,省工商局举办了全省合同监管人员《合同法》培训班。这期培训集中学习《合同法》中界定的工商行政管理的地位和作用,学习该法涉及的一些具体问题。该法第 127 条规定了各级工商部门对合同的行政监管职能。省工商局会同省政府依法治省工作领导小组、省司法厅于 1999 年联合发文,对全省学习贯彻《合同法》做了安排部署,并提供给各类宣传媒体、培训班宣传资料 80 余万份,对 9000 多名厂长、经理和合同专管人员进行培训,对 3000 余名行政机关管理人员进行培训;向全省发放《合同法》知识竞赛试题 1 万份,收回 7986 份。通过各种形式的宣传,促进了《合同法》的普及。

2000 年 10 月,省工商局印发了《甘肃省合同格式条款管理办法》,第 14 条明确规定,下列合同中含有合同格式条款的,合同提供方应当在订立合同前将合同文本报省工商局登记备案:(1)房屋买卖、转让、租赁合同,(2)物业管理合同,(3)旅游合同,(4)供用电、水、气合同,(5)邮政、电信合同,(6)工商部门认为需要备案的含有格式条款的合同。

2000年12月,省建设厅、工商局联合发出关于实行《商品房买卖合同示范文本》的通知,规定示范文本由省建设厅、省工商局监制,省城科工贸公司承印,对违反规定的要进行查处。

第二节 经济合同监管

全省各级工商部门发挥经济合同管理的职能作用,通过经济合同法规宣传、对经济合同监督检查、经济合同的鉴证、确认无效经济合同、查处利用合同进行的违法行为,保护了当事人的合法权益,维护了社会经济秩序。

1986年4月,省工商局《工商管理动态》第5期刊登了天水市北道区工商局《加强经济合同管理,为宏观调控服务》的经验和做法。该局1985年处理合同纠纷15起,争议金额80多万元,其中90%以上是通过调解方式解决。

1987年上半年,全省工商系统对上半年经济合同的订立、履行、变更及管理情况,进行了一次全面检查。各地在进行检查时,采取了以企业自查为主,对重点单位抽查的方法,自始至终坚持宣传《经济合同法》,以法律规定为尺度,检查、衡量企业经济合同状况。全省检查了2693户独立核算的工商企业及事业单位,共检查各类到期经济合同54万多份,金额117亿多元;实际履行的合同44万多份,金额88亿多元,履约率按份数计算为80%,按金额计算为75%。检查中,发现企业之间现有经济合同纠纷案件7518起,争议金额45亿多元;无效经济合同1452份,金额4490万元;利用经济合同进行的违法行为79件,标的金额为631万多元。通过这次检查,使企业的经理、厂长及有关业务人员受到了一次实际的经济法制教育,工商部门采取各种形式学习、宣传经济合同法规,提高了他们自觉运用法律手段进行经济活动、维护企业合法权益的自觉性。随着商品经济的迅速发展和经济体制的改革,广大企业越来越认识到经济合同的重要作用,企业管理人员学习经济合同法规的要求日益迫切。两年中,各级业务主管部门和工商部门共举办各种形式的《经济合同法》讲座、学习班、培训班970多期,参加培训人员达2.1万多人次,印发、购买学习材料6.9万多份。兰州市城关区工商局与兰州电视台合拍宣传《经济合同法》的电视连续剧1部4集,在省、市电视台播放之后,受到了社会好评。由于《经济合同法》的全面实施和人们社会经济效益观念的不断增强,从事生产经营活动的单位和个人,普遍开始重视经济合同的管理工作。尤其是那些曾因合同管理混乱受到经济损失的单位,积极地采取有效措施,建立或完善经济合同管理制度。据对白银市、金昌市、张掖地区工商企业考核,有60%以上的独立核算单位,经济合同有专人管理。有的建立或指定了合同管理机构,很多企业建立了合同协调、订立、管理、履行和文书归档制度。企业开始运用法律手段维护合法权益。据统计,参加这次合同大检查的单位,合同当事人之间正在协商解决的合同纠纷有2006起,争议金额达1152万元之多;正在或已经仲裁机关调解仲裁的合同纠纷有127起,争议金额1012万元;正在或已经人民法院审理的合同纠纷47起,争议金额432万元。这次检查结果表明,自从《经济合同法》实施以来,企业之间以"君子协定"从事经济往来的大为减少,严格依照法律规定订立和履行经济合同的逐渐增多。据武威市检查考核,企业之间不能即时清结的经济往来,有80%以上的金额签订了经济合同。在合同协调过程中,重视了当事人的资格、履约能力、委托手续等方面的审查。有的企业对大宗的或重大项目的合同,组织专家、学者搞好论证,进行可行性研究。有的企业明确规定,对方合法身份不明的必须经工商部门鉴证后合同才能生效。据统计,两年来全省共鉴证经济合同3.75万份,金额9.15亿元,维护了合同的合法性和真实性,避免了不必要的经济损失。

1987年7月1日,《经济合同法》实施5周年。全省举办学习班、讲座125期,7640人参加了学习;举办宣传报告会347场,参加人员达7.18万人次;印发学习材料2万多册,为企事业单位输送法律知识。有些企业法定代表人主动要求工商部门讲授经济合同法规,帮助完善合同管理制度,增强了企业法律意识,提高了经济效益。全省各地还大力推行经济合同制,为经济体制改革服务。据不完全统计,全省每年签订购销和建设工程承包合同220多万份,合同金额94亿多元,如果加上其他各类经济合同,约在1000万份左右。甘肃绒线厂1986年签订85份购销合同,履约率达到100%,企业产值、利润都比上年有较大增长。被天水市秦城区人民政府授予"重合同、守信用"单位的天水电缆厂,在西安一次订货会上,有一笔840万元的订货,某大厂压价20%与之竞争,但用户说:"天水电缆厂不论在质量、供货时间上都能执行合同,信誉好,我们还要天水厂的产品。"

1988年1月,省工商局向全省发布了《经济合同鉴证的公告》,当年鉴证各类经济合同1.19万份,金额16.6亿元。合同的鉴证是工商部门恢复以来的传统工作,通过合同鉴证,可以帮助企业对合同条款中的缺项、漏项予以补充,对不公平的条款予以纠正。从1990年开始,省工商局在做好其他合同工作的同时,将问题比较多、涉及国计民生的建筑安装施工合同纳入工商部门监管的重点内容;同时,应省建设厅、监察厅要求,积极参与建筑安装合同的招标、投标的行政管理工作,并将建筑安装施工合同作为重点鉴证合同。

1990年,全省共签订各类经济合同19.6万份,合同金额66.88亿元。与上年相比,合同份数增加8万多份,增长71.5%;金额增加5亿多元,增长9%;到期合同履约率97.6%,增长4%。全省共受理经济合同案件394件(含前期结转57件),结案329件,结案率63.5%。12月14日,省属企业新一轮承包合同签字仪式在兰州举行,省长贾志杰、副省长张吾乐出席了签字仪式,省工商局领导对33家企业承包经营合同书鉴证签字,合同总金额达6.1亿元。

1990年,国务院办公厅转发了国家工商局《关于在全国逐步推行经济合同示范文本制度的请示》。《请示》要求各级工商局把此项工作作为合同监管工作的重要内容。从1990年开始,省工商局主要开展了以下工作,通过举办各类培训班,宣传讲解示范合同文本的使用。对国家工商局等有关部、委、办联合下发的各类示范合同文本做好印制、推行和发放工作。全省各级工商部门积极推行经济合同示范文本制度,采取多渠道、多形式向企事业单位和私营企业、个体工商户进行宣传教育,分期分批举办了经济合同管理干部专业培训班,做出示范,逐级推广。从该年10月1日起,对全国统一的购销合同、建设工程承包合同、财产租赁合同、加工承揽合同和仓储保管合同5种文本格式实行了统一规范,加强管理。截至2008年,全省共办理合同示范文本学习班120期,参加人员达5000人次,共发放7类32种示范合同文本200余万份。

1991年上半年,全省各级工商部门共鉴证经济合同5452份,比上年同期增长 22%；鉴证经济合同金额 38.87 亿元，比上年同期增长 450%；检查企业 4382 户，检查经济合同 17.34 万份，比去年同期增加 19%；监督经济合同当事人履行合同 9255 份，挽回或避免经济损失 1194.3 万元。

1992 年，全省各级工商部门强化服务，主动到企业了解经济合同的签订、履行情况，检查合同 15.6 万份，金额 7.4 亿元。至年底，全省共受理经济合同纠纷案件 227 起，争议金额 3682.7 万元，结案 241 起，为企业追回经济损失 3596 万元。当年，在抓好经济合同管理为企业服务上出现了"三多"：一是鉴证多，鉴证经济合同 2.56 万份，比上年增加 99.7%；二是发放合同示范文本多，总数达 204 万份；三是咨询服务多，达 5700 人次。

1993 年 3 月 10 日，在全省粮食购销政策发布暨订货会上，省工商局对全省 14 个地（州、市）签订的 32 份粮食订购合同现场进行了鉴证。合同双方共订购粮食 5.66 亿公斤，合同总金额 3.89 亿元。会后，省工商局和省粮食局联合下发了《关于加强全省粮食购销合同管理的通知》，要求各地加强合同法规方面的宣传，增强粮食部门和广大农民的合同意识。同年，全省工商系统共鉴证合同 1.23 万份，金额 55.76 亿元。各级工商部门还积极推行法人委托代理证书制度，规范了企业签约行为，提高了履约率。

1995 年，全省各级工商部门在合同鉴证工作中，扩大合同鉴证范围，规范签约行为。全省共鉴证合同 1.09 万份，鉴证金额 48.08 亿元；发放各类合同示范文本 300 多万份，使用率达到 90% 以上。各级工商部门对 3350 户企业的 4.96 万份合同进行了监督检查，督促当事人充实了条款不完备的合同，对执行中存在的问题和纠纷进行了协调处理，帮助企业挽回、避免经济损失 4438 万元。

1996 年至 2001 年，全省工商系统把查处违法合同作为工作重点，每年进行一至两次重点整治，共查处违法合同案件 560 起，涉案金额 3.24 亿元，维护了合同当事人的合法权益和正常的合同秩序。省工商局立案查处的省建材公司被骗 186 万余元购销合同案被国家工商局列为 1996 年全国查处违法合同十大典型案例，兰州农工贸发展商行合同欺诈案还被编入国家工商局出版的 1996 年《中国工商行政管理年鉴》。

1996 年，省工商局组织专家和有关人员，编写了《查处违法合同讲义》，下发全省各级工商局。该讲义被国家工商局作为查处违法合同工具书,并在全国工商系统进行推广。同年,全省各级工商部门对本辖区内重点企业的合同进行了全面检查。在检查中,帮助企业查找合同管理工作中的薄弱环节;通过行政协调帮助企业解决债务纠纷;发现违法合同案件,依法进行查处。全省共检查企业 9222 户,检查合同 15 万多份,合同金额 310.9 亿元;监督当事人履行合同 6.88 万份,金额 83.8 亿元;共查处合同违法案件 85 起,涉及金额 8753 万多元。全年共鉴证各类合同 1.2 万多份,合同金额 61.6 亿多元,为企业挽回经济损失 1565 万元。

1997 年,全省各级工商部门对 8840 户企业的 27 万份合同进行了检查,合同金额达 398.7 亿元;鉴证合同 1.56 万份,合同金额 86.9 亿元,对减少无效合同和违法合同,提高合同履约率起到了积极作用。全年共查处违法合同 81 件,涉及金额 1.6 亿元,罚没款 35 万元,为企业挽回经济损失 5.38 亿元,有力地打击了合同欺诈行为。这年,全省工商系统积极拓宽合同鉴证领域,截至年底,全省统一鉴证的合同由原来的建筑安装合同、借款担保合同两种又增加了棉花购销、农作物种子购销、商品房买卖、房屋租赁合同。抵押物登记工作有了长足进步,全年共办理抵押物登记 3439 份,抵押物金额 93.97 亿元,分别比上年增长 93.6%和 169.7%。

1998 年,全省工商部门强化对经济合同的规范管理,注重对企业合同的监督检查,全年共监督近 7000 户企业履行合同 7 万余份,合同金额 40 亿元,协助合同当事人避免或挽回经济损失 4288 万元;查处违法合同 121 件,涉及金额 2344 万元;鉴证合同金额 110.5 亿元。全省工商部门还积极参与建筑工程投标、招标的监督管理。

1999 年 11 月,省工商局、省依法治省工作领导小组办公室、省司法厅联合发文,做出《关于对组织学习宣传〈合同法〉活动中的先进单位进行表彰的决定》,表彰了武威地区工商局等 18 个单位。

1998 与 1999 年全省经济合同工作基本情况表

表 4-1

项目	单位	1999 年	1998 年	1999 年比 1998 年(+/−)%
鉴证经济合同数	件	19230	19363	−0.69
鉴证经济合同金额数	万元	919659	1105194	−16.79
通过鉴证经济合同避免损失金额	万元	21	67	−68.66
检查合同数	件	214484	144035	+48.91
检查合同金额	万元	2309688	2327475	−0.76
查处违法合同数	件	91	121	−24.79
查处违法合同金额	万元	6351	2344	+170.95
罚没款	万元	30	20	+50
为当事人避免或挽回损失	万元	3585	4288	−16.39
动产抵押登记份数	份	2117	2603	−18.67
动产抵押物价值	万元	484824	561901	−13.72
房地产抵押份数	份	4291	3179	+34.98
房地产抵押物价值	万元	714972	548125	+30.44

第四章 经济合同管理

　　2000 年 1 月,省政府办公厅转发了省工商局《关于做好〈中华人民共和国合同法〉贯彻实施工作意见》。各级工商部门加强合同的行政指导和监督,对农药、化肥、种子、粮食等重要生产资料合同,对技术开发与转让、建筑工程、承包租赁、融资工作、产权转让、加工承揽、委托拍卖、居间、借款、抵押、房屋租赁、商品房购销、广告发布等重要合同,以及国家指令性计划合同等,按照合同当事人的申请实行鉴证管理,认真搞好资信和履约能力调查,严格审查合同的真实性、合法性,避免无效合同或违法行为的发生。积极开展合同执法检查活动,强化企业防范合同风险意识,堵塞合同漏洞,规范企业合同管理。认真做好动产抵押登记工作。各级工商部门加强与公、检、法等部门的配合,依法严厉打击合同违法活动。对合同欺诈问题突出、群众举报和投诉多的行业和企业,集中力量,重点打击。严厉查处利用虚假广告、中介合同、高额利润为诱饵而引发的合同欺诈案件。重点惩处建筑工程、加工承揽、信贷、买卖等合同的欺诈行为,严厉打击屡次利用合同进行欺诈的"三无"(无场地、无资金、无人员)企业、单位和个人以及利用合同侵害国有资产的行为。对典型的合同案件,通过新闻媒体公开曝光。

同年,全省工商部门把严厉打击合同欺诈行为,查处违法合同作为合同监管工作的"重头戏"。根据该年6月国家工商局召开的全国合同监管会议精神,省工商局从7月份开始,用5个月时间在全省范围内集中人员、集中时间,对利用加工承揽、种植、养殖、商品购销等合同进行的违法行为予以重点打击。当时,社会上一些不法分子利用下岗职工急于求职的心理和农民急于致富的心理,虚构业务项目,通过广告招引客户后,再诱骗他们订立加工承揽、种植、养殖和中介合同,骗取下岗职工和农民钱财,给他们在经济上精神上造成了损害,扰乱了社会经济秩序。从各级工商部门查获的违法合同案件看,其中利用加工承揽、种植、养殖和中介合同的违法案件占案件总数40%以上,案值达1000万元,被骗人数近1000人。这些违法分子作案的主要手法是:一是通过新闻媒体进行虚假广告宣传;二是营业执照等有关手续齐全,以此来蒙骗人;三是合同约定中的加工费和收购价明显高于市场同类价格;四是加工产品的质量标准难以实现;五是收取客户一定数量的合同保证金;六是履行少量合同后,等受骗的人数一多,即携款逃匿。2000年上半年,榆中县发生的养殖种鹌鹑案,就是不法分子利用签订养殖合同形式,骗取了近500户农民的150万元后逃匿,引起被骗农民到县政府集体上访,在当地造成恶劣影响。针对这一问题,省工商局于9月30日提出并向省政府上报了《关于严厉打击利用加工承揽、种植、养殖和中介合同骗取钱物行为的实施意见》。之后,省工商局及时在全省安排了对违法合同的专项治理工作。根据《中华人民共和国广告法》和国家工商局发布的《合同鉴证办法》《关于加强加工承揽广告管理的通告》规定,对在各类新闻媒体上发布的加工承揽、种植、养殖和中介广告,各地工商部门对广告主和新闻单位签订的广告合同实行了统一鉴证,加大了查处的力度。全省共查办各类违法合同案件120起,涉案金额1.25亿元,比上年分别增长31.8%和97.9%。各级工商部门在查处违法合同案件过程中,注意严格按照国家工商局规定的程序办理。经复查,全省工商系统所办案件基本程序合法,定性准确。此外,各级工商部门对房屋租赁合同、工程承包合同和抵押担保合同等基本实行了统一鉴证。该年全省共办理合同鉴证 3.5 万份、金额 107.3 亿元,分别比上年度增长 80.6%、16.7%。

同年,各地工商部门根据《工商行政管理条例》和国家工商局监管工作重心下移的要求,在合同监管职能下移到基层工商所方面做了有益的探索。武威市、西峰市、定西县、天水市北道区、兰州市城关区等地工商部门,从实际出发,适时把合同监管的一些职能下放到工商所,使工商部门监管合同职能得到了全面落实。

2000 年全省各地经济合同统计表

表 4-2

单位:份、件、万元

地区	鉴证合同		检查合同		查处违法合同		动产抵押登记		房地产抵押登记	
	份数	金额	份数	金额	件数	金额	份数	价值	份数	价值
全省总计	34731	1073176	195766	4763551	120	12569.09	1849	473811	5318	666912
省局	124	41430	–	–	2	1136	37	34524	48	94068
兰州市	7396	417443	10888	292552	48	8675	323	111499	358	296144
嘉峪关市	1840	26399	53498	2227010	–	–	52	12519	66	16242
金昌市	630	22637	1861	104534	–	–	40	11154	534	9426
白银市	236	102763	58093	1582252	3	784	85	46023	29	32951
天水市	2268	90971	3190	83025	7	10.62	165	34453	1104	36507
酒泉地区	335	40573	14687	137146	1	68	151	53034	25	2926
张掖地区	440	34142	11471	46465	29	1341	82	14761	76	16485
武威地区	1867	101743	7974	49570	7	253	129	52010	403	49710
定西地区	1420	47080	1258	42945	4	72	122	31113	210	20194
陇南地区	261	27694	3109	25216	–	–	80	18229	107	9144
平凉地区	1214	40231	17324	74733	3	4	245	21144	255	20025
庆阳地区	12765	36062	9318	41408	11	132.47	279	21446	174	19701
临夏州	2069	33243	1479	26660	5	93	38	7071	1885	38050
甘南州	1849	8342	1199	2792	–	–	21	4831	44	5339
矿区	17	2423	417	27243	–	–	–	–	–	–

第四章 经济合同管理

2003年，全省各级工商部门加大了合同监管的力度。一是加强对拍卖市场的监管，对非法变相拍卖坚决取缔，并完善了拍卖市场的监管措施。二是进一步规范了抵押物登记工作，基本实现了对登记工作的计算机管理。三是在对商厦等室内招租经营方式进行整治的基础上，认真落实了《租赁柜台管理办法》，进一步规范了租赁合同。四是在全省范围继续宣传和严格执行合同示范文本制度，帮助企业提高签约质量。五是加强了对格式合同的监管，继续加大了对买卖合同、装饰装修合同、房屋租赁合同、居间合同、加工承揽合同中欺诈行为的查处力度。全年共查处违法合同25起，涉案金额3500万元。

2004年，省工商局向全省工商系统部署开展了打击合同欺诈的专项执法行动。各地工商部门充分利用传播媒体、电子网络和宣传公示栏等形式，大力宣传合同法规和合同知识，同时集中开展了专项执法行动。共检查各类合同9.4万份、金额16.61亿元，查处不合格合同164份、金额751万元，到期未履行合同135份、金额1103.2万元，查办合同案件62起，罚没款458万元，为当事人挽回经济损失20.03万元。

2005年，全省工商部门继续开展了打击合同欺诈的专项执法行动。在专项执法行动中，检查市场经营主体7231户，检查各类合同9万份；查处违法合同案件28件，案值720万元，罚款69.25万元；行政调解合同争议109起，为当事人挽回经济损失21万余元。

2006年，全省工商部门以规范合同行为、打击合同欺诈、维护消费者权益为重点，加强合同监管工作。各地继续开展了对企业合同管理人员的法规培训，当年培训400多人，并为考试合格者颁发了培训合格证。进一步加大了在农村宣传合同法律知识的力度，倡导农民在交易活动中签订书面合同，指导全省开展合同帮农活动，通过"订单农业"促进农产品流通。各级工商部门还积极推广各类合同示范文本，并制定推广了全省二手车买卖合同示范文本，共推广各类合同示范文本40多种10万份，规范了二手车市场的经营秩序。同时，各地还认真做好合同行政调解工作，做到了双方当事人满意。在打击合同欺诈专项执法行动中，严厉打击设置合同陷阱、骗取合同保证金等违法行为。特别是结合开展"红盾护农"活动，打击涉农合同欺诈行为，保护了农民的利益。企业抵押物登记，是加强合同监管的重要内容，是工商部门的一项重要职责。多年来，全省工商部门按照《担保法》的规定，认真做好企业动产抵押物的登记工作，保证了债权人的权益。据统计，1996 年至 2001 年，全省工商系统共办理抵押物登记 2.95 万件，抵押金额 5.43 亿元。

2005 年 10 月，国家工商总局下发了《动产抵押登记办法》。省工商局组织全省工商系统进行了《动产抵押登记办法》的培训，并制定下发了《关于贯彻执行〈动产抵押登记办法〉有关问题的指导意见》。依据《中华人民共和国物权法》的规定，阐释了动产抵押登记的法律含义，对指导全省动产抵押登记工作起到了很好的指导作用，也得到国家工商总局的充分肯定。全年共办理企业动产抵押物登记 1280 件，抵押物价值达 8289.85 亿元；办理企业不动产抵押物登记 74 起，抵押物价值 30.88 亿元，主债权金额 18.85 亿元。

部分年份全省企业抵押物登记表

表 4-3 单位：份、件、万元

年份	动产抵押		房地产抵押		
	合同份数	金额	合同份数	金额	主债权金额
1997 年	1770	426000	1669	514000	–
1998 年	2603	795263	145	18515	–
1999 年	2117	684824	4291	714972	388969
2000 年	1849	473811	5318	666912	–
2001 年	1446	514872	3098	645886	–
2002 年	1627	670540	3116	666411	–
2003 年	1204	–	30	–	–
2005 年	1190	–	870	–	–
2006 年	1241	–	482	–	–
2007 年	1280	82898540	374	308853	188470
2008 年	1150	992000	–	–	–

2007年,全省工商部门以规范合同行为、打击合同欺诈、维护消费者权益为重点,指导全省开展合同帮农活动,保护农民切身利益,为推进全省新农村建设服务。

2008年,省工商局印发了《关于加强建材市场合同监管支持灾后重建工作的通知》。《通知》包括:建材买卖合同(示范文本)、钢材买卖合同(示范文本)、水泥买卖合同(示范文本)、木材买卖合同(示范文本)、甘肃省商品交易市场商位租赁经营合同(示范文本)、甘肃省农作物买卖合同(示范文本)。有效地规范了建材市场的经营,为灾后重建建材市场稳定提供了依据,确保了市场稳定。同时,全省工商部门加大对违法合同的查处力度,全年查处违法合同87件,违法金额187.67万元,罚款金额9.61万元。为全省调解合同争议36件,查处合同违法案件48件。检查合同7.59万份,涉及金额79.2亿元,其中不规范合同108份,涉及金额1601万元。

部分年份全省合同监督管理

表4-4 单位:份、件、万元

年份	鉴证		检查	
	份数	金额	份数	金额
1999年	19230	919659	214484	2309688
2000年	34731	1073176	195766	4763551
2001年	66140	1440056	84577	2084477
2002年	20287	1138840	223181	1719960
2003年	3749	236767	207190	8102277
2005年	-	-	150330	1029162
2006年	-	-	105247	2164306
2008年	-	-	130464	1691239

第三节 经济合同仲裁

1986年,全省地(州、市)有仲裁委员会13个,专职仲裁员26名;县、市、区有仲裁委员会80个,专职仲裁员109名。全省仲裁合同纠纷案件393起,争议金额 1585 万元。

1987 年 2 月,省工商局下发《关于健全合同仲裁机关、充实人员的意见》。要求:(1)各级工商局尚未建立仲裁委员会的地方,应在年内报告当地政府批准建立起来,开展工作。(2)各级仲裁委员会要尽快充实人员,地、县两级仲裁委员会至少配备 3 名仲裁员;省辖市、市辖区和地辖市要作为重点加强,配备 5 至 10 名仲裁员;3 人以上的工商所根据工作任务,配备专职或兼职的合同管理干部。(3)充实仲裁队伍干部来源,应报告当地政府从行政编制中解决。

1988 年 6 月,省工商局召集平凉、庆阳地区工商处及所属县、市工商局,召开合同仲裁案例分析会。这次会议主要分析近期仲裁案件质量,探讨、研究办案过程中存在的问题和进一步提高仲裁质量的措施。同年 11 月,省工商局分别在兰州、天水、平凉、陇南、临夏、武威、酒泉设 7 个考场,对全省经济合同仲裁员进行统一考试。考试实行闭卷,省工商局统一命题,统一印制试卷,统一阅卷,并由省工商局派出的监考小组前往组织。此次考试,对提高全省经济合同仲裁员的业务素质起了很大促进作用。

1990 年 5 月,省工商局印发了《基层经济合同仲裁委员会派出仲裁庭办案试行办法》。第 13 条规定派出仲裁庭的主要任务是:直接办理授权范围内的经济合同纠纷案件和基层仲裁机关交办的案件;办理上级仲裁机关交办和外地仲裁机关委托的仲裁协助事项;监督当事人执行已生效的仲裁文书;宣传经济合同仲裁法规,开展咨询服务。当年,全省共设立了 32 个派出仲裁庭,并积极开展办案。各级工商局基本健全了仲裁委员会工作机构,进一步加强了经济合同仲裁工作。

1991 年,全省各级工商部门努力搞好合同仲裁工作,全年仲裁经济合同案件 324 件,解决争议金额 4100 万元。为了进一步提高派出仲裁庭工作水平,省工商局总结推广了天水市北道区马跑泉派出仲裁庭的工作经验,促进了全省经济合同的仲裁工作。

截至 1992 年上半年,全省各地(州、市)和县(市、区)合同仲裁委员会已全部建立,设派出仲裁庭 62 个,共配备仲裁员 610 名,基本上达到了法定开庭办案要求。

1992 年，全省工商系统狠抓了仲裁员业务素质的提高，共举办培训班 100 多期，培训 2000 多人次，保证了仲裁工作顺利进行。各级仲裁机构在仲裁工作中，严格执行《仲裁条例》和《仲裁委员会办案规则》，办案质量不断提高。1986 年以来，共为企业追偿拖欠款、挽回经济损失 1.06 亿元，过错方支付违约金、赔偿金 594 万元。同时，各级工商部门定期开展案件评查会，通过对案件全面系统分析，对照法律找差距，针对问题定措施，促进了仲裁工作的协调发展。

1993 年，全省合同仲裁逐步向规范化发展，办案质量明显提高，全年共受理合同纠纷案件 228 起，前期结转 31 起，结案 229 起，解决争议金额 2151 万元。

1994 年 8 月 31 日，《中华人民共和国仲裁法》(简称《仲裁法》)由八届全国人大常委会第九次会议通过，1995 年 9 月 1 日实施。1995 年，根据《仲裁法》的规定，经济合同纠纷仲裁业务职能从工商部门划到法院。全省经济合同仲裁工作在继续受理案件的同时，对 12 年来的工作进行了认真总结，保证了各级仲裁机构的平稳过渡。经济合同仲裁工作从工商部门划出后，全省工商部门立足为企业服务，充分发挥了解企业、熟悉合同的优势，主动对企业之间的合同纠纷进行调解，并不收取任何费用，对化解合同纠纷维护当事人合同权益起到了很好作用。据统计，从 1996 年至 2001 年，全省各级工商部门行政调解合同纠纷 4110 件，帮助企业挽回经济损失 8.91 亿元。

第四节 "重合同、守信用"活动

全省"重合同、守信用"活动是从 1986 年天水市、兰州市学习辽宁省抚顺市经验开展起来的。1987 年，省工商局、经济委员会联合发出了《关于在全省工商企业中开展"重合同、守信用"活动的通知》。明确了开展这一活动的目的、意义，并制定了考核标准，规定了命名程序。各地接到《通知》后，很快行动起来，许多地(州、市)人大常委会、政府的领导亲自过问，安排部署。各级工商部门做了大量的组织指导工作，使"重合同、守信用"活动一开始，就在全省范围内形成一定的声势，当年就有 387 户企业被命名为"重合同、守信用"企业。

1988年，全省申报参加"重合同、守信用"的企业有6937户，占全省7.38万户企业总数的9.4%；被命名为"重合同、守信用"企业有397户，占申报总数的5.7%。许多业务主管部门积极配合工商部门，抓本系统的"重合同、守信用"活动。兰州市物资局在系统内的企业中开展"重合同、守信用"活动，积极协同工商部门进行评定和考核，把企业是否"重合同、守信用"列入企业经营责任书的经济指标，使该局所属企业绝大多数成为"重合同、守信用"企业，有的连续获得"重合同、守信用"称号。

1989年8月，省工商局在白银市召开了全省"重合同、守信用"活动经验交流会，有52户企业代表全省"重合同、守信用"企业参加了会议并交流了经验。通过交流，大家取得了共识：开展"重合同、守信用"活动增强了企业管理人员的法律意识，提高了依法签约和履约的自觉性，强化了企业内部经济合同的管理，提高了企业的经济效益和竞争能力，对维护正常的社会经济秩序发挥了积极作用。会议结束时，与会企业代表向全省企业发出倡议：(1)提高对开展"重合同、守信用"活动的认识，自觉地把"重合同、守信用"作为企业的道德规范。(2)诚实信用，依法经营。坚持"信誉第一，用户至上"的经营风尚。(3)从严从实深入开展"重合同、守信用"活动。这次会议对全省"重合同、守信用"活动产生了很大影响，许多企业都纷纷申请参加"重合同、守信用"活动，很快在全省掀起了"重合同、守信用"活动热潮。1986年，全省"重合同、守信用"企业还很少，经过5年的努力，到1990年有1026户企业被各级人民政府或工商部门命名为"重合同、守信用"企业。

自1987年在全省范围内广泛开展"重合同、守信用"活动到1989年，共有6937家企业申报参加这一活动，其中共有899家企业被命名为"重合同、守信用"企业。为了加强对这一活动的领导，使其产生更大的效应，省工商局于1989年研究制定出《甘肃省"重合同、守信用"企业考核命名管理办法》，考核的主要标准是：(1)企业领导和有关业务人员要认真学习经济合同法规，要重视 经济合同管理人员的培训工作，增强企业经济合同法律意识，达到应知应会标准，提高各级人员的素质。(2)企业有专(兼)管机构或人员管理经济合同，有切实可行的经济合同管理制度，包括经济合同的签订、履行、变更、解除的管

理,经济合同台账、合同档案、用户档案的管理;企业法定代表人、合同管理机构在合同签订和履行中职责明确。(3)企业对外经济往来,除即时清结者外,应当依法签订书面经济合同,所签合同要符合法律规范,做到内容具体、条款清楚、经济责任明确、手续完备。(4)企业对外签订的经济合同,除不可抗力和对方违约,以及经双方当事人协调依法变更、解除者外,经济合同履约率要达到100%。

1990年,全省工商系统继续在企业中广泛开展"重合同、守信用"活动,全省有63个县开展了这项工作,比上年增加11个县,有2138户企业申报参加该项活动,已命名"重合同、守信用"企业1026户,与上年相比增长了74%,占全省企业总数的5%。全省11户大型企业有6户被命名为"重合同、守信用"企业。

1991年8月,省工商局向全省工商系统下发了《关于宣传、贯彻、实施〈甘肃省考核评定重合同、守信用企业办法〉的通知》。要求全省各级工商部门继续在工商企业中开展"重合同、守信用"活动,切实发挥工商部门的职能作用。到年底,全省参加"重合同、守信用"活动的企业有2138户,比上年增长12.3%。其中1026户被各级政府命名为"重合同、守信用"企业,比上年增长73.3%。

1992年,全省工商系统对"重合同、守信用"活动进行了一些改进:一是改变命名方式,采取送匾上门的方法。二是分级命名,升级命名严格把关,防止企业有单纯的攀比思想。三是认定范围上有了扩大,允许非法人企业、外商投资企业参加。12月29日,经省政府授权,省工商局发文命名甘肃省五金交电化工公司等182户企业为连续5年获"重合同、守信用"荣誉称号的企业。

1992年3月,省工商局制定了《甘肃省考核评定重合同守信用企业办法实施细则》,进一步完善了"重合同、守信用"活动的具体措施。《细则》第10条规定:各级工商局在监督检查中发现问题,建议人民政府撤销命名。人民政府同意后,由工商局制作撤销命名通知书并负责收回证书和牌匾。撤销命名通知书应包含下列内容:(1)被撤销命名企业名称,(2)撤销命名的原因,(3)政府同意撤销命名的文号或会议时间,(4)改正建议,(5)可以重新申报的时间。被撤销命名的企业一般可给予一至二年内不得重新申请命名的处分,时间从撤销通

甘肃省志 工商行政管理志

知书下达之日起计算。

1994年6月8日,省工商局开展第二批连续五年"重合同、守信用"评选活动,参评企业由各地(州、市)工商局认定,经地(州、市)政府批准上报后,请示省政府,此批命名继续以省工商局的名义进行命名。经省工商局研究决定,全省第二批命名甘肃省第七建筑工程公司等127户企业为连续5年获"重合同、守信用"荣誉称号。

1995年,全省参加"重合同、守信用"的企业达到法人企业的40%,被命名的企业近4000户,省工商局命名了第三批"重合同、守信用"企业甘肃省电子器材总公司等256户。

1997年12月1日,经各地区行署、州、市政府审查推荐,省工商局决定授予兰州市房地产开发公司等178户企业为1996年度省级"重合同、守信用"企业。

1997年5月7日,榆中县百货公司因经营管理不善,亏损严重,不能清偿到期债务,经榆中县人民法院裁定,宣告榆中县百货公司破产,工商部门注销该企业法人营业执照。省工商局决定撤销省局命名原榆中县百货公司"重合同、守信用"企业荣誉称号,另"重合同、守信用"企业的匾牌及荣誉证书一并由榆中县工商局收回。

1997年8月省工商局制订下发了《甘肃省考核评定重合同守信用企业办法实施细则》(征求意见稿),《细则》对企业必须具备的条件、提出申请程序、全面考核内容、政府和主管部门审查程序以及对企业撤销命名等作了详细规定。

1997年11月,省八届人大常委会第三十次会议通过的《甘肃省经济合同管理条例》第三条明确规定:县以上工商局组织开展"重合同、守信用"活动。全省工商系统按照《条例》规定,深入组织开展"重合同、守信用"活动。

1998年1月,省工商局正式下发了《甘肃省考核评定重合同守信用企业办法实施细则》。

1998年12月,省工商局做出了《关于命名甘肃省劳动保护技术开发公司等157户企业为省级"重合同、守信用"企业的决定》,授予甘肃省劳动保护技术开发公司等157户企业为1997年度省级"重合同、守信用"企业,并颁发匾

牌和荣誉证书。

1999年12月，省工商局做出了《关于命名甘肃省第四建筑工程公司等132户企业为省级"重合同、守信用"企业的决定》，授予甘肃省第四建筑工程公司等132户企业为1998年度省级"重合同、守信用"企业，并颁发匾牌和荣誉证书。

2000年12月，省工商局做出了《关于命名兰州市第一建筑工程公司等158户企业为省级"重合同、守信用"企业的决定》，授予兰州市第一建筑工程公司等158户企业为1999年度省级"重合同、守信用"企业，并颁发匾牌和荣誉证书。

到2000年，全省评选命名的"重合同、守信用"企业达5000多户。

2001年12月，国家工商总局做出《关于公布首批"重合同、守信用"企业名单的决定》，从历年来各地政府或工商部门命名的"重合同、守信用"企业中，选出520户予以公布，其中甘肃有11户企业为全国"重合同、守信用"企业，分别为：中国石油天然气股份有限公司兰州石化分公司、甘肃第六建筑工程股份有限公司、甘肃第一建筑工程有限责任公司、酒泉钢铁（集团）公司动力厂、玉门石油管理局、甘肃武威酒业（集团）有限责任公司、金川有色金属公司、华亭矿务局、通渭县华厦建业有限公司、甘肃有年金龙建筑工程有限公司、甘肃电力物资公司。

2003年，省工商局进一步贯彻落实中共十六大关于加强社会诚信体系建设的精神，根据国家工商总局关于深入开展"重合同、守信用"活动，提倡讲诚信重承诺的社会风气，促进企业诚实、守信，提高经营道德水平，创造良好的信用环境的要求，经企业申请，全省各地工商部门和有关部门考核推荐，省工商局同意评定173户企业为2002年度全省"重合同、守信用"企业。兰州佛慈制药股份有限公司等34家驻兰州的企业被评为2002年度"重合同、守信用"企业。

2004年，国家工商总局开展2003年度全国"守合同重信用"企业评选活动。2004年2月，省工商局向国家工商总局推荐了全省2003年度全国公示"守合同重信用"企业21户，分别为：甘肃地质建筑安装工程有限公司、甘肃送变电工程公司、甘肃煤炭第一工程公司、中国石油长庆油田分公司第一助剂厂、甘肃省定西市广厦建筑安装工程有限责任公司、甘肃武威再就业建设工程（集团）有限公司、甘肃诚信建安（集团）有限责任公司、八冶建设安装工程有限公司、酒泉富康家具总公司、甘肃省文县市政建设工程公司、甘肃永靖古典建筑工程总公司、中国石油天然气股份有限公司西北销售公司、甘肃省水利水电工程局、甘肃中大建设工程有限公司、中铁一局集团市政环保工程总公司、二十一冶建设有限公司、甘肃长通电缆（集团）有限责任公司、甘肃庆阳市胜利筑路工程建筑有限公司、武威金程建筑工程有限公司、甘肃银隆建筑工程有限公司、甘肃省成县城昌建筑工程有限公司。

2004 年，经企业申请，全省各地工商部门和有关部门考核推荐，省工商局同意评选中国石油天然气股份有限公司甘肃销售分公司等 239 户企业为 2003 年度省级"守合同、重信用"企业。

2005 年，国家工商总局对"重合同、守信用"活动进行统一规范，将"重合同、守信用"改称为"守合同重信用"。

2005 年 3 月 3 日，各地工商行政管理机关经征求有关部门意见并认真考核推荐，省工商局决定中国石油天然气股份有限公司甘肃销售分公司等 356 户企业为 2004 年度甘肃省"守合同重信用"企业。

2006 年 1 月 24 日，国家工商总局下发了《关于深入开展"守合同重信用"活动的若干意见》。《意见》提出：要严格把握开展"守合同重信用"活动的原则和标准，要加强对"守合同重信用"企业的监督指导，要进一步完善"守合同重信用"活动的组织实施工作。2006 年 3 月，省工商局制定了《关于进一步规范"守合同重信用"企业认定工作的意见》。这年，省工商局对中铁二十一局集团有限公司等 363 户省级"守合同重信用"企业进行了认定并在媒体上予以公示。

2007 年，省工商局命名铁道第一勘察设计院等 348 户企业为 2006 年度省级"守合同、重信用"企业。

2007 年至 2008 年，按照企业申请，市（州）、县（市、区）工商局（分局）和协会（包括企业所在的行业协会）推荐，省工商局把关的原则，全省共向国家工商

总局推荐公示"守合同、重信用"企业29户,分别为:中铁二十一局集团有限公司、中石化集团第五建设公司、中国石油天然气股份有限公司甘肃酒泉销售分公司、高台中化番茄制品有限公司、甘肃武威通达建筑路桥工程有限公司、镍都实业公司、庆阳市中元建筑安装有限公司、长庆石油勘探局井下技术作业处、华亭煤业集团新柏煤矿有限责任公司、临洮三易建筑安装有限责任公司、中国石油天然气股份有限公司甘肃定西销售分公司、白银华惠麦芽集团有限公司、靖远煤业有限责任公司、甘肃万达实业总公司、陇南市华业建筑有限责任公司、中核华原钛白股份有限公司、甘肃诚信送变电工程有限责任公司、甘肃废金属专业市场有限公司、甘肃省电信器材公司、庆阳长庆水电工程有限责任公司、甘肃华鹭铝业有限公司、岷县第二建筑安装有限责任公司、金川集团工程建设有限公司、静宁县陇原红果品经销有限责任公司、武威市金塔建筑装饰工程公司、酒泉市特尔鲜农产品有限责任公司、甘肃省电力公司金昌供电公司、甘肃红川酒业有限责任公司、敦煌酒业有限责任公司。

2008年7月,经企业自愿申请,各市、州工商局、私营企业协会考核、推荐,并经公示,省工商局决定,中铁二十一局集团有限公司等465家企业为2007年度"守合同重信用"企业。

第五章 商标管理

商标管理,是国家对经济进行行政管理的重要手段之一,也是工商部门的重要职责。进入新时期以来,全省工商部门不断加强商标管理和服务,促进了全省商标健康发展。

第一节 商标的发展

全省商标的发展,是随着我国社会主义市场经济的不断推进而逐步发展的。从 1980 年到 2008 年的 20 多年间,全省企业的商标意识不断增强,注册商标数量有了大幅度提高。全省经济建设有了较快发展,商标的重要作用也被越来越多的企业所认识。申请商标注册的企业不断增加,申请注册商标的数量持续稳定发展,注册商标的商品范围逐年扩大。从新中国成立到 1979 年,全省注册商标只有 303 件。1983 年《中华人民共和国商标法》(简称《商标法》)颁布后,促进了注册商标的发展,数量有了较大增长。1987 年底,全省已核准注册商标 1478 件;核准率由 1979 年的 61.5%上升到 81%;使用注册商标的商品由 63 类扩大到 73 类;与生产和人民生活密切相关的一些商品增长尤为迅速,各类罐头的注册商标由 8 件增加到 89 件,水泥的注册商标由 26 件增加到 78 件,服装的注册商标由 44 件增加到 140 件。特别是乡镇企业发展很快,申请注册商标的企业日益增多。个体工业、手工业的注册商标从无到有,到 1988 年已有 11 户注册了商标。获得了商标专用权的企业,努力提高产品质量,维护商标信誉,为国家创造更高的经济效益。如兰州佛慈制药厂,充分发挥"岷山"牌注册商标作用,以质量赢得了中成药在国内外市场的信誉,自1982年以来经济效益明显提高,产值增长1.5倍,销售额增长2.2倍,创汇增长1.5倍,利润增长80%。全省1032个优质产品中,有95%注册了商标。

1986年,全省工商部门对1297件注册商标进行了全面检验,验证率达到89.9%。在验证工作中,各地出现了一批能正确使用和管理注册商标,争优质、创名牌,在群众中获得信誉。据统计,全省优质产品总数中,有注册商标的800件,占95.4%。一些企业在商标管理和使用等方面建立了比较完善的制度,有的厂矿企业还配备了专(兼)职干部。但由于一些企业领导法制观念不强,不能依法办事,加之行政管理工作没有跟上,因而在注册商标的使用和管理上仍然存在不少问题。据12个地(州、市)41个县(市、区)对843件注册商标的验证统计,发现有各种违反《商标法》规定的注册商标458件,占验证总数的54.3%。其中,属于自行改变注册商标文字、图形及其组合的123件,占26.8%;自行改变注册人名义、地址的124件,占26.8%;自行扩大使用范围的有35件,占7.6%;未加注册商标标记的97件,占21.2%;连续3年停止使用而未办注销手续的有79件,占17.2%。到1988年底,全省注册商标已达到了1703件,注册商标的商品范围达到76类。全省有93户酒类生产企业注册商标达到101件,比1980年增长了4倍。

1990年,全省已经核准的有效注册商标2065件,比1978年前的注册量增加6倍多。全省2065件有效注册商标约占全国有效注册商标总数的0.8%,与江苏省20340件、四川省13386件相比是相当落后。全省1.15万家工业生产企业,使用注册商标的企业仅1800家,大部分企业没有使用注册商标。

1991年初,省工商局召开了部分国有大中型企业厂长、经理商标法规座谈会,听取了企业决策人的意见和建议,有针对性地帮助企业建立健全了有关商标工作管理制度,促进了企业运用商标管理发展生产,搞活流通,增强市场的竞争力和生存力。截至年底,全省有效注册商标累计达到2223件。

1992年1月,省工商局向全省工商系统下发了《关于印发全省商标工作重点企业名单的通知》。要求各地工商部门加强对重点企业商标工作的具体指导,建立和完善商标工作制度,指导企业运用商标战略发展生产,保护好知识产权和商标专用权,鼓励企业争创一批省内国内乃至国际的驰名商标。截至1992年6月底,全省有效注册商标达到2341件。

1993年7月15日,国家工商局发布了国务院批准第二次修订的《中华人民共和国商标法实施细则》(简称《商标法实施细则》),促进了商标业的规范管理和长足发展。截至年底,省工商局向国家工商局申请注册商标419件,经国家工商局核准注册商标249件,续展商标171件,全省注册商标达到2696件。

1993年全省商标工作情况

表5-1

项　目	件　数
申请商标	419
注册商标	249
累积注册商标	2696
变更注册商标	79
商标续展	171
商标服务	17
商标转让、补证	25

1996年,全省新申请注册商标396件,有效注册商标累计达到3663件。

1997年,全省有效注册商标2787件,当年新申请商标注册361件,代理商标、续展、变更、转让、许可、查询使用等商标事务1368件。

2001年底,经国家工商总局核准注册商标544件,全省有效注册商标总数达到6076件,是1979年的20.3倍。

在这一阶段,全省工商系统广泛开展了商标法规的宣传工作。省工商局先后向全省工商企业和有关单位下发了《商标法》《商标法实施细则》《商标法宣传提纲》及《商标法讲义》等宣传材料2万多册(份),并以答记者问的形式,通过报刊、广播,就有关商标的意义、商标申报程序、商标专用权等方面的问题进行了解答。各地根据当地实际情况,采取集中宣传和日常宣传相结合的方法,印发宣传材料,举办学习班,利用广播、黑板报、宣传车等多种形式,开展了宣传活动,使商标法规逐步得到了普及,提高了各类企业运用商标发展生产,维护自身权益的自觉性。

2001年12月11日,中国正式加入世界贸易组织,全省商标发展出现前所未有的好形势。虽然全省注册商标数量增加较快,但与经济发达地区相比差距仍然较大(2001年底全国注册商标145万件)。为提高全社会的商标意识,加强对企业商标注册工作的指导,省工商局采取了3项措施:一是加大《商标法》宣传力度。各地工商部门以宣传新修改的《商标法》为契机,重点抓好工商系统商标管理人员的普法教育和业务学习。通过学习教育,使各类商标管理人员熟悉商标法律法规,提高了商标注册意识和商标使用管理意识。二是加大了全省著名商标的宣传力度,动员企业争创驰名商标,增强全省企业的名牌意识。三是加强了对证明商标注册和管理工作的指导。1999年以来,证明商标的注册工作得到了各级政府及部分行业组织的高度重视。经各级工商部门及相关单位历时两年多的努力,2001年12月,"兰州百合"获准证明商标注册,这是甘肃省第一件证明商标。之后"靖远羊羔肉"也获准注册。2002年下半年,省工商局抽调专人深入各地有关部门或行业组织,抓好甘肃省"敦煌棉花""岷县当归"等地方特产的证明商标注册工作。

到2002年底,全省有效注册商标累计达6869件,是1979年改革开放前30年的22倍。在2002年至2003年期间,全省工商系统在实施商标战略、保护知识产权方面重点开展了工作。首先,以《商标法》实施20周年为契机,进一步深入开展商标法规的普及与宣传工作。省工商局召开了全省商标工作座谈会,省委、省人大、省政协的领导和省直各有关部门的主要负责同志,及全省27家著名企业的代表共110人参加了座谈会。座谈会就如何打造甘肃名牌、实施商标战略、促进甘肃经济发展进行了深入讨论。各地工商部门结合实际,以散发各种宣传材料、接受企业和社会人士咨询投诉、举办《商标法》知识竞赛等多种形式,开展了形式多样的宣传纪念活动。庆阳、张掖、酒泉、兰州、白银等市工商局组织有领导、专家、企业负责人参加的专题座谈,讨论商标战略,交流商标管理经验,使商标工作收到了明显效果。其次,针对全省少数企业商标意识淡薄、商标使用管理混乱等问题,省工商局组织力量对全省的商标监管及使用情况进行了调研,掌握了大量的第一手资料。庆阳市工商局通过调查研究,向当地党委、政府提交了一份《重视商标战略,促进经济发展》的调查报告,当地党委、政府将此报告提出的商标战略列为全市经济工作的一项重要内容。兰州市工商局结合实际制定了《实施商标战略,促进地方经济的若干意见》,对全市的经济建设具有实用性和可操作性。

2004 年至 2005 年,全省工商系统加强对商标专用权的保护和法规制度建设, 促进了商标的发展。至 2005 年底, 全省累计有效注册商标 7692 件,与 1980 年相比增长近 24 倍。全省有驰名商标 3 件、著名商标 89 件。此外,全省的证明商标也逐年增多。

2006 年,全省工商系统积极引导企业围绕当地特色资源和拳头产品注册商标。省工商局继续开展了证明商标、集体商标的申报工作。被国家工商总局商标局认定的证明商标有两件,分别是"苦水玫瑰""平凉金果"。当年全省累计有效注册商标 9015 件、驰名商标 3 件、证明商标 5 件。

2007 年,为了加快推进"商标兴省战略",省工商局代省政府起草了《关于加快实施商标战略推进甘肃经济发展的意见》和《甘肃省获得驰名商标著名商标所有人奖励办法》。当年,全省累计有效注册商标 10160 件、驰名商标 3 件、证明商标 6 件。

截至 2008 年,全省累计有效注册商标 11736 件,驰名商标增加到 7 件,证明商标增加到 14 件。

1999 年—2007 年全省商标注册申请及核准情况

表 5–2

年　度	申请件数	申请趋势	核准件数	注册趋势	累计核准数
1999 年	–	–	–	–	5293
2000 年	778	–	221	–	5514
2001 年	999	221↑	789	685↑	6303

年 度	申请件数	申请趋势	核准件数	注册趋势	累计核准数
2002 年	1020	21↑	823	34↑	7126
2003 年	2349	1329↑	819	4↓	7945
2004 年	2720	371↑	785	34↓	8730
2005 年	2643	77↓	1242	457↑	9972
2006 年	3267	624↑	1323	81↑	11295
2007 年	2058	1209↓	1570	247↑	12865

说明："↑"表示上升"↓"表示下降。

部分年份全省商标申请注册情况

表 5-3

年 份	申请件数	注册件数
1992 年	412	221
1993 年	468	217
1994 年	486	222
1995 年	573	278
1996 年	488	452
1997 年	481	361
1998 年	611	–
2000 年	778	562
2001 年	999	789
2002 年	1020	823
2003 年	2349	819
2005 年	2643	1242
2006 年	3267	1323
2008 年	1691	1576

表 5-4

2008 年全省商标注册基本情况

地区		商标总量	占全省商标比例(%)	有效商标数(件)	有效商标占本辖区总商标比例(%)	有效商标占本市州总商标比例(%)	无效商标(件)				初审商标数(件)	待审商标数(件)
							未续展注销(件)	所占比例(%)	未通过审查(件)	所占比例(%)		
兰州市	城关区	7464	33.93	3647	48.86	65.10	836	56.18	497	66.53	308	2176
	七里河区	1702	7.74	857	50.35	15.30	244	16.4	101	13.52	69	431
	安宁区	686	3.12	322	46.94	5.75	124	8.33	39	5.22	27	174
	西固区	761	3.46	392	51.51	7.00	140	9.41	48	6.43	18	163
	红古区	81	0.37	30	37.04	0.54	25	1.68	3	0.40	3	20
	榆中县	341	1.55	169	49.56	3.02	48	3.23	38	5.09	5	81
	皋兰县	115	0.52	53	46.09	0.95	32	2.15	5	0.67	4	21
	永登县	234	1.06	132	56.41	2.36	39	2.62	16	2.14	4	43
合计	8个县区	11384	51.75	5602	49.21	100.00	1488	100.00	747	100.00	438	3109
白银市	白银区	435	1.98	203	46.67	39.26	65	48.51	27	50.00	15	125
	平川区	78	0.35	39	50.00	7.54	14	10.45	6	11.11	2	17
	会宁县	71	0.32	28	39.44	5.42	3	2.24	6	11.11	5	29
	景泰县	256	1.16	158	61.72	30.56	20	14.93	6	11.11	8	64
	靖远县	192	0.87	89	46.35	17.21	32	23.88	9	16.67	18	44
合计	5个县区	1032	4.69	517	50.10	100.00	134	100.00	54	100.00	48	279

续表

地区	商标总量	占全省商标比例(%)	有效商标数(件)	有效商标占本辖区总商标比例(%)	有效商标占本市州总商标比例(%)	无效商标(件)				初审商标数(件)	待审商标数(件)
						未续展注销(件)	所占比例(%)	未通过审查(件)	所占比例(%)		
安定区	237	1.08	121	51.05	32.79	40	32.52	15	32.61	16	45
临洮县	279	1.27	83	29.75	22.49	15	12.20	7	15.22	4	170
陇西县	163	0.74	72	44.17	19.51	34	27.64	14	30.43	3	40
岷县	63	0.29	28	44.44	7.59	13	10.57	1	2.17	3	18
通渭县	64	0.29	38	59.38	10.30	11	8.94	4	8.70	2	9
渭源县	28	0.13	16	57.14	4.34	0	0.00	4	8.70	3	5
漳县	28	0.13	11	39.29	2.98	10	8.13	1	2.17	1	5
合计 7个县区	862	3.92	369	42.81	100.00	123	100.00	46	100.00	32	292
崆峒区	344	1.56	142	41.28	50.35	44	46.81	19	44.19	18	121
灵台县	76	0.35	23	30.26	8.16	4	4.26	2	4.65	3	44
静宁县	99	0.45	54	54.55	19.15	5	5.32	9	20.93	2	29
泾川县	68	0.31	28	41.18	9.93	12	12.77	7	16.28	2	19
华亭县	57	0.26	25	43.86	8.87	12	12.77	1	2.33	3	16
崇信县	10	0.05	3	30.00	1.06	4	4.26	1	2.33	0	2
庄浪县	35	0.16	7	20.00	2.48	13	13.83	4	9.30	0	11
合计 7个县区	689	3.13	282	40.93	100.00	94	100.00	43	100.00	28	242

定西市

续表

地区		商标总量（件）	占全省商标比例(%)	有效商标数（件）	有效商标占本辖区总商标比例(%)	有效商标占本市州总商标比例(%)	无效商标（件）				初审商标数（件）	待审商标数（件）
							未续展注销（件）	所占比例(%)	未通过审查（件）	所占比例(%)		
庆阳市	西峰区	317	1.44	140	44.16	43.89	90	55.56	17	43.59	5	65
	镇原县	77	0.35	31	40.26	9.72	21	12.96	5	12.82	4	16
	庆城县	44	0.20	33	75.00	10.34	0	0.00	4	10.26	1	6
	宁县	87	0.40	37	42.53	11.60	19	11.73	9	23.08	4	18
	环县	58	0.26	27	46.55	8.46	6	3.70	2	5.13	3	20
	华池县	20	0.09	14	70.00	4.39	1	0.62	2	5.13	3	0
	正宁县	29	0.13	18	62.07	5.64	6	3.70	0	0.00	1	4
	合水县	47	0.21	19	40.43	5.96	19	11.73	0	0.00	1	8
合计	8个县区	679	3.09	319	46.98	100.00	162	100.00	39	100.00	22	137
天水市	麦积区	449	2.04	186	41.43	25.00	104	40.15	26	30.23	8	125
	秦州区	594	2.70	298	50.17	40.05	89	34.36	28	32.56	27	152
	甘谷县	132	0.60	57	43.18	7.66	23	8.88	9	10.47	10	33
	秦安县	226	1.03	161	71.24	21.64	13	5.02	12	13.95	1	39
	清水县	46	0.21	11	23.91	1.48	10	3.86	9	10.47	0	16
	武山县	60	0.27	26	43.33	3.49	16	6.18	1	1.16	2	15
	张家川县	13	0.06	5	38.46	0.67	4	1.54	1	1.16	1	2
合计	7个县区	1520	6.91	744	48.95	100.00	259	100.00	86	100.00	49	382

续表

地区	商标总量	占全省商标比例(%)	有效商标数(件)	有效商标占本辖区总商标比例(%)	有效商标占本市州总商标比例(%)	无效商标(件)				初审商标数(件)	待审商标数(件)
						未续展注销(件)	所占比例(%)	未通过审查(件)	所占比例(%)		
武都区	191	0.87	107	56.02	32.52	15	17.44	23	54.76	8	38
成县	68	0.31	39	57.35	11.85	5	5.81	7	16.67	1	16
宕昌县	36	0.16	13	36.11	3.95	4	4.65	1	2.38	3	15
徽县	92	0.42	40	43.48	12.16	18	20.93	2	4.76	1	31
康县	76	0.35	43	56.58	13.07	14	16.28	6	14.29	2	11
礼县	39	0.18	11	28.21	3.34	14	16.28	0	0.00	4	10
两当县	17	0.08	9	52.94	2.74	4	4.65	1	2.38	1	2
文县	81	0.37	43	53.09	13.07	8	9.30	2	4.76	8	20
西和县	45	0.20	24	53.33	7.29	4	4.65	0	0.00	1	16
陇南市 合计 9个县区	645	2.93	329	51.01	100.00	86	100.00	42	100.00	29	159
凉州区	806	3.66	449	55.71	81.19	99	76.74	42	65.63	50	166
古浪县	46	0.21	21	45.65	3.80	7	5.43	2	3.13	2	14
民勤县	98	0.45	47	47.96	8.50	13	10.08	18	28.13	3	17
天祝县	59	0.27	36	61.02	6.51	10	7.75	2	3.13	2	9
武威市 合计 4个县区	1009	4.59	553	54.81	100.00	129	100.00	64	100.00	57	206

续表

地区		商标总量(件)	占全省商标比例(%)	有效商标数(件)	有效商标占本辖区总商标比例(%)	有效商标占本市州总商标比例(%)	无效商标(件)				初审商标数(件)	待审商标数(件)
							未续展注销(件)	所占比例(%)	未通过审查(件)	所占比例(%)		
张掖市	甘州区	600	2.73	271	45.17	50.47	63	52.50	109	49.10	21	136
	高台县	90	0.41	48	53.33	8.94	14	11.67	4	1.80	1	23
	临泽县	89	0.40	42	47.19	7.82	11	9.17	17	7.66	5	14
	民乐县	273	1.24	117	42.86	21.79	8	6.67	91	40.99	5	52
	山丹县	93	0.42	46	49.46	8.57	20	16.67	1	0.45	5	21
	肃南县	34	0.15	13	38.24	2.42	4	3.33	0	0.00	1	16
合计	6个县区	1179	5.36	537	45.55	100.00	120	100.00	222	100.00	38	262
金昌市	金川区	265	1.20	174	65.66	75.32	25	64.10	10	66.67	2	54
	永昌县	100	0.45	57	57.00	24.68	14	35.90	5	33.33	3	21
合计	2个县区	365	1.66	231	63.29	100.00	39	100.00	15	100.00	5	75
酒泉市	肃州区	462	2.10	213	46.10	51.82	57	43.51	37	62.71	15	140
	玉门市	144	0.65	90	62.50	21.90	27	20.61	12	20.34	2	13
	敦煌市	228	1.04	55	24.12	13.38	23	17.56	3	5.08	16	131
	金塔县	74	0.34	32	43.24	7.79	17	12.98	6	10.17	5	14
	瓜州县	24	0.11	12	50.00	2.92	6	4.58	0	0.00	0	6
	肃北县	4	0.02	1	25.00	0.24	1	0.76	0	0.00	1	1
	阿克塞县	11	0.05	8	72.73	1.95	0	0.00	1	1.69	0	2
合计	7个县区	947	4.30	411	43.40	100.00	131	100.00	59	100.00	39	307

地区	商标总量	占全省商标比例(%)	有效商标数(件)	有效商标占本辖区总商标比例(%)	有效商标占本市州总商标比例(%)	无效商标(件)				初审商标数(件)	待审商标数(件)
						未续展注销(件)	所占比例(%)	未通过审查(件)	所占比例(%)		
嘉峪关市	368	1.67	184	50.00	100.00	24	100.00	33	100.00	26	101
合计 1个市	368	1.67	184	50.00	100.	24	100.	33	100.	26	101
临夏市	323	1.47	150	46.44	55.56	41	60.29	30	66.67	4	98
临夏县	18	0.08	9	50.00	3.33	0	0.00	0	0.00	0	9
康乐县	75	0.34	19	25.33	7.04	3	4.41	6	13.33	5	42
和政县	40	0.18	13	32.50	4.81	4	5.88	3	6.67	1	19
广河县	63	0.29	20	31.75	7.41	6	8.82	1	2.22	5	31
积石山县	19	0.09	9	47.37	3.33	2	2.94	0	0.00	2	6
永靖县	91	0.41	30	32.97	11.11	10	14.71	4	8.89	1	46
东乡县	35	0.16	20	57.14	7.41	2	2.94	1	2.22	1	11
合计 7个县区	664	3.02	270	40.66	100.00.	68	100.00	45	100.00	19	262
合作市	98	0.45	47	47.96	17.87	9	27.27	17	36.17	3	22
迭部县	112	0.51	101	90.18	38.40	6	18.18	3	6.38	0	2
临潭县	59	0.27	32	54.24	12.17	1	3.03	2	4.26	10	14
碌曲县	91	0.41	0	0.00	0.00	1	3.03	0	0.00	0	90
玛曲县	43	0.20	13	30.23	4.94	0	0.00	2	4.26	1	27
夏河县	108	0.49	49	45.37	18.63	12	36.36	22	46.81	0	25
卓尼县	35	0.16	17	48.57	6.46	4	12.12	0	0.00	1	13
舟曲县	13	0.06	4	30.77	1.52	0	0.00	1	2.13	0	8
合计 8个县区	559	2.54	263	47.05	100.00	33	100.00	47	100.00	15	201

甘肃省志 工商行政管理志

续表

地区		商标总量	占全省商标比例(%)	有效商标数(件)	有效商标占本辖区总商标比例(%)	有效商标占本市州总商标比例(%)	无效商标(件)				初审商标数(件)	待审商标数(件)
							未续展注销(件)	所占比例(%)	未通过审查(件)	所占比例(%)		
矿区	矿区	95	0.43	35	36.84	100.00	1	100.00	0	0.00	26	3
合计	1个	95	0.43	35	36.84	100.00	1	100.00	0	0.00	26	3
场区	东风场区	3	0.01	3	100.00	100.00	0	0.00	0	0.00	0	0
合计	1个	3	0.01	3	100.00	100.00	0	0.00	0	0.00	0	0
全省合计		22000	100.00	10649	48.40	—	2891	—	1542	—	871	6047

第二节　商标监督管理与服务

　　加强对商标的监督管理,保护商标专用权,打击商标侵权和假冒商标,是工商部门的一项重要职能。全省各级工商部门发挥职能作用,加强行政执法,严厉打击商标使用中的各种违法行为,不断加大保护注册商标专用权的力度,并注重监管与服务相结合,引导企业正确地注册商标,使用商标,为全省商标的发展起到了保驾护航的作用。

　　1986年,全省的注册商标虽然有所发展,但由于市场经济体制还未形成,一些商标侵权、假冒商标的违法活动仍然时起时伏,有些地区还相当猖獗。为了打击利用商标进行的违法活动,保护商标所有人和消费者的合法权益,保护经营者利益,各级工商部门重点开展了商标违法案件的查处工作。据统计,1979年至1986年,全省共查处商标违法案件1179件,其中1983年至1986年的3年间就查处各类商标违法案件845件。

　　1987年2月—5月,全省工商部门对全省注册的1297件商标进行了验证。大多数地(州、市)和县(市、区)工商部门,认真检查了企业使用、管理、印刷商标情况,进一步摸清了注册商标情况,纠正了违法违章行为,提高了企业依法经营的自觉性。这次验证共发现各种违反《商标法》规定的注册商标458件,占验证总数的54.3%。在这次商标验证检查中,凸显了两个特点:一是进一步普及了《商标法》,提高了企业依法办事的自觉性。商标验证工作开展后,各级工商部门把普及《商标法》作为首要的任务,采取面向社会宣传、开展咨询服务、举办各种展览,以及利用报刊、广播等多种形式,大力开展了宣传活动,使《商标法》进一步深入人心。兰州长风机器厂当年由于重视维护商标信誉,不断改进和提高产品质量,使"长风"牌双缸洗衣机在省内外树立了良好信誉,成为市场上的紧俏商品。二是结合普法验证,认真查处假冒侵权案件,保护了注册商标专用权。兰州市城关区工商局在普法验证中,查处了5起严重违法案件,收缴和销毁了各种商标标识39万张、印版模具7件,对违法企业处以经济罚款1.1万元。该局在兰州饮料厂验证商标中,发现该厂注册的"五泉"牌商标被兰州一毛厂冷饮部假冒后,立即与七里河区工商局配合,现场查扣了兰州一毛厂仿冒"五泉"牌雪糕包装商标标识31.8万张,使用和转卖的兰州冷食厂冰棍包装纸17.4万张。同时,他们又继续深追到榆中县查清了个体经营户自强印刷厂非法承印假冒商标的问题,并按规定作了严肃处理。全省各地在商标验证中,对商标违法行为都分别情况做了严肃处理,有力地打击了商标违法活动,保护了注册商标专用权。

1988年底,省工商局和兰州市工商局及市消费者协会,用半个月时间,在省博物馆联合举办了一次规模较大的"打击假冒行为,保护名优商品"展览。共展出酒类、卷烟、日用百货、食品饮料、药品、家用电器、农业生产资料、金融、文物、计量衡器10大部分14767件假冒伪劣样品,并以图片、文字、实物等形式展示了77起假冒伪劣典型案例。参观的观众达5万余人次。这次展览,作为加强商标监管与服务相结合的好形式,引起了广泛的社会反响,增强了企业和全社会保护名优产品的意识。

1989年,天水市、陇南地区和徽县的工商部门联合查获了一起假冒甘肃省名优产品"陇南春"酒商标重大案件。案犯李某某、魏某某、赵某等人为了牟取暴利,在河南省栾川县陶湾彩印厂印制假"陇南春"酒商标3.1万套,从陕西省宝鸡市一家纸箱厂印制"陇南春"酒包装箱990个,从徽县一家工厂购置玻璃瓶2.7万多个,然后将河南省某厂生产的"陇徽大曲"装入瓶内,贴上仿造的假"陇南春"商标标识,以高价出售给外省10多个县、市、区的国营、集体、个体经营户2万斤(瓶),从中非法获利20多万元。当事人因触犯刑律,构成假冒商标罪,分别被判处有期徒刑。

1991年初,省工商局召开了部分国有大中型企业厂长、经理商标法规座谈会,听取了企业决策人的意见和建议,经各地(州、市)工商部门的举荐,省工商局确立了长风机器厂等25家企业为全省商标工作重点帮扶单位,成为各级工商部门加强商标监管与服务的有效途径。

1991年7月,国家工商局下发《关于试点建立商标事务所,推行商标代理制的通知》。商标代理制,即原由工商部门核转的商标事项,转为由商标事务所代理。从1992年9月1日开始,全省企业、事业单位、个体工商户申请商标注册等有关事宜，均由商标代理组织代理，这标志着甘肃省商标管理体制的健全。

1992年初，全省工商部门开展了打击假冒伪劣商品和商标侵权的专项行动，相继查处了"百士特"商标被侵权案、"贤友"牦绒商标被侵权案、"甘光"和"万乐"商标被侵权案等，为企业挽回了部分损失，维护了企业的商标专用权。这年，省工商局根据国家工商局《关于大力加强企业商标工作的通知》精神，经全省各地（州、市）工商局推荐，确定了25家企业为全省商标工作重点企业。

1994年6月28日，为了促进商标监管与服务工作的深入开展，省工商局对全省商标办案工作的先进集体、先进个人进行了表彰。当年5月初，在广东省中山市召开的全国首次商标办案工作经验交流会上，国家工商局商标局对各省在商标办案中成绩显著的集体和个人进行了奖励和表彰。甘肃省兰州市城关区工商局商标广告科和七里河区工商局李阳、武威地区工商局陶长生分别受到了国家工商局商标局的奖励和表彰。

1995年，根据全国工商局长会议和上海会议关于开展第四次市场专项治理工作的精神，省工商局在省政府的领导下，组织全省工商系统开展了以打击假冒注册商标为中心的专项治理工作。经过3个月的努力，全省共查处假冒注册商标和商标侵权案件94起，罚款46.68万元，收缴商标标识137.16万套。以兰州市为重点，发挥了"龙头"效应，推动了全省商标监管。各主要新闻媒体积极配合，以各种文章、字幕、画面、播音等形式对专项治理活动做了大量宣传报道。

1995年4月，省工商局向全省工商系统发出了《关于表彰全省商标管理工作先进集体、先进个人的通知》，白银市工商局商标广告科和张掖地区企业科副科长赵淑华分别受到了国家工商局商标局的表彰。省工商局表彰兰州市工商局商标广告处等7个单位为先进集体，8名干部为先进个人。

1995年8月，国家工商局在兰州市召开了西北五省区工商部门和企业领导参加的商标理论研讨会，对如何发挥工商部门在商标监管与服务工作中的作用进行了认真探讨，在会上交流论文20多篇，收到了良好的效果。

1997 年 10 月—11 月,省工商局、省商标协会举办了甘肃省"黄河杯"商标知识电视大赛,有 27 个代表队参加复赛(工商系统 6 队、企业 21 队)。陇南春队获得一等奖,金驼队、白银工商队获二等奖,黄河啤酒队、黄河油漆队、条山酒厂队获三等奖。

1999 年,全省工商系统按照国家工商局的通知要求,对商标印制单位进行了普遍验证,对非商标印制单位进行了清理和查处,加大了对商标专用权的保护力度。这一年,共查处各类商标违法案件 61 起,收缴商标标识 43.4 万套,罚款 18.7 万元。由于商标监管有力,服务到位,全省的商标发展较快,注册商标达到 4967 件、著名商标有 53 件。

2000 年初,省工商局根据国家工商局《关于开展保护中国贵州茅台酒厂(集团)有限责任公司合法权益专项整治行动的通知》精神,结合春节市场整治工作,向全省工商系统部署了对侵犯"剑南春""绵竹"注册商标专用权等违法行为进行严厉打击的专项整治行动。此次整治历时 40 天,先后出动执法人员 1362 人次、车辆 270 台次,检查各类批发市场 35 个,检查各类市场主体 783 户。检查中收缴查扣、就地封存、责令销毁"剑尚春""剑商春""剑南粮液""绵竹大曲"等 25 种侵权酒类商品共计 862 瓶,价值 1.7 万余元,处罚违法当事人 29 人,共立案 11 起,其中一般案件 7 起,即时处罚案件 4 起,罚款 8461 元。

2000 年 3 月,省工商局向国家工商局上报了景泰羊毛衫厂等 19 户甘肃省首批重点保护企业及其商标名录,其目的是为了帮助这些企业实施商标战略,发展名优产品。

2000 年 6 月,省工商局组织召开了"黄河杯"商标战略专题研讨会,参加会议的代表按照研讨会命题范围,就如何保护商标专用权,怎样争创著名、驰名商标和正确运用商标战略与策略开拓国内外市场、促进企业发展进行了研讨。

2000 年 12 月 15 日,省工商局、省商标协会表彰了兰州市工商局等 5 个单位为甘肃省商标工作先进集体,金昌化工(集团)有限责任公司等 10 户企业为商标工作先进会员企业。

2001 年,全省工商系统在商标监管中,重点查处了仿冒知名商标特有的名

称、包装、装潢和企业名称行为,加大对名优品牌的保护力度。全省工商系统共查处商标侵权案件184件,收缴假冒商标标识86万余件。

2002年至2003年,全省工商部门在商标监管中加大了执法力度,全省共查处各类商标侵权案件480件,罚款79.7万元,收缴侵权假冒商标标识177万件(套),销毁侵权物品650余吨。各地还突出执法重点,加强了对驰名商标、著名商标的保护。各级工商部门坚持监管与服务并举的原则,把保护驰名商标与著名商标作为商标监管工作的重中之重,常抓不懈,为知名企业运用商标战略开拓市场创造了良好的外部环境。全省工商系统采取统一部署、区域合作的方法,严厉查处了侵犯内蒙古小肥羊餐饮连锁有限公司注册的小肥羊卡通图形商标案。在省工商局的统一部署指导下,经各发案地工商部门的通力合作,使案件查处取得了圆满的成功。各级工商部门在执法办案中加强内部协调,形成合力,分头实施。省工商局公平交易、市场监管等部门通力配合,集中查处了侵犯内蒙古蒙古王酒业有限公司和浙江萧山五粮液销售有限公司的“蒙古王”“作坊”注册商标案。各地在商标监管中还努力加强外部协调,下大力保护驰名商标专用权。

2003年,全省工商系统为提高全社会商标意识,强化企业品牌、名牌意识,保护商标专用权,开展了形式多样的《商标法》实施20周年纪念活动。第一,省工商局经过充分准备,于2月28日在兰州召开了全省纪念《商标法》实施20周年座谈会。第二,全省组织了大规模的宣传活动。省工商局对省城兰州的活动做了专门部署,明确了兰州市工商局及所属分局的责任和任务,印制了20多万份有关《商标法》《商标法实施条例》《企业,你会用商标吗?》《商标法在市场经济中的作用》等10余种宣传材料,录制了《商标法》知识录音带。全省各级工商部门结合“3·15消费者权益保护日”活动,充分发挥工商所的一线作用,在省内大型商品交易批发市场和人流、物流密集区域,广泛开展了《商标法》宣传活动,使《商标法》的宣传在更大的范围内做到家喻户晓。

2004年,全国开展了整顿规范市场秩序活动,这次整顿的重点工作之一是加大知识产权保护力度。这一年,全省工商系统开展了3次商标专项整治行动。一是7月中旬至9月中旬,开展了查处食品药品商标案件和涉外商标案件集中行动,并积极履行中国对已加入的国际知识产权公约或协定的承诺,严厉查处影响较大的涉外商标案件,依法维护国外商标注册人的商标权益,进一步树立我国商标专用权行政保护工作的良好国际形象,优化投资环境。二是9月中旬至11月中旬,开展了查处侵犯驰名商标和证明商标、集体商标专用权案件集中行动。各地区之间通力合作,对侵犯驰名商标和证明商标、集体商标权益的案件,发现一起,查处一起,切实加大对驰名商标和证明商标、集体商标专用权的保护力度。三是11月中旬至12月中旬,开展了查处非法印制及购买使用假包装、假标识、假商标违法案件集中行动。各地对印刷企业开展了一次"拉网式"专项检查,监督印刷企业严格遵守商标印制管理规定,严肃查处非法印制商标的行为。

这年,全省工商部门在查处违法商标过程中,第一,重点查处未经商标注册人的许可,在同一种商品或者类似商品上使用与其注册商标相同或者近似商标的行为。甘南州工商局执法人员查获了甘南州临潭县洮州商城的湖南长沙籍商人孙某使用"蜘蛛王""红蜻蜓""啄木鸟""花花公子""鳄鱼"等知名商标标识的皮鞋16双,没收尚未使用的"蜘蛛王""红蜻蜓""啄木鸟"等商标标识356个。第二,查处销售侵犯注册商标专用权的商品的行为。兰州市工商局执法人员在兰州市东部市场三区363号查获浙江省乐清市清江镇靖江个体户王某从江苏常熟购进的"乔顿·皮尔卡丹"西裤35条,其商品名称、包装、装潢上均使用与驰名商标"皮尔卡丹"近似的文字、图形商标,侵犯了他人的注册商标专用权。第三,查处在同一种或者类似商品上,将与他人注册商标相同或者近似的标志作为商品名称或者商标相同包装使用,误导公众的行为。陇南市徽县工商局接到群众举报:在汉西工业区原豆浆晶厂外一出租屋内有人收购名优白酒瓶和包装盒。工商执法人员当场查获假冒"五粮液""茅台""五粮春""世纪金徽""康庆坊"成品酒39件和假冒"中华"香烟19条,以及半成品和包装盒等。第四,查处冒充注册商标行为。陇南市徽县工商局执法人员根据徽县交警队电话举报,在交警的配合下,查获四川雅安川藏汽车贸易公司冒充陇南春酒厂注册商标"金徽"牌"世纪金徽"酒,共计1000件,总货值28.8万元。第五,查处非法印制及购买使用带有假冒他人注册商标的包装、标识的违法案件。平凉市庄浪县工商局查获当事人万某加工生产仿冒西安蔡伦造纸厂"双伦"牌卫生纸 4687 袋,西安天台造纸厂"天台"牌卫生纸 3090 袋,给予没收,处以 5000 元罚款。武威市工商局检查印制企业、门店 52 户,发现有问题的 22 户,及时纠正的 12 户,责令限期整改 8 户,立案查处非法承印注册商标的 2 户,查获非法印刷的注册商标包装箱(盒)14.6 万个,罚没款 2.2 万余元。兰州市工商局对商标印制单位和小型印刷厂,地址在城乡接合部的印刷厂及大型综合批发市场周边的印刷厂进行检查,检查其商标印制行为,营业执照中是否有印制商标范围,是否建立了商标印制承接登记、商标标识出入库登记、废次商标标识销毁登记制度,是否有印制假冒商标标识的行为,通过检查,从源头上堵住了假冒商标流入市场。开展保护注册商标专项整治的半年间,全省工商系统共出动执法人员 1.63 万人次,检查经营户 5.8 万户,检查商品交易市场 1413 个,查处商标侵权案件 72 起,没收侵权商标标识 1.5 万件,没收并销毁侵权商品 5374 件,罚款 23 万元。

这年,省工商局还按照国家工商总局关于加大知识产权保护、深入开展保护商标专用权执法行动的总体部署,广泛开展了商标法律法规宣传,努力提高全社会商标意识,坚持服务经济发展,积极推进名牌兴省战略:一是以"4·26"世界知识产权日为契机,大力开展商标法律法规宣传,提高了企业和全社会的商标意识。全省工商系统于 4 月 19 日至 26 日举行了"保护知识产权周"活动。省工商局和兰州市工商局在兰州东方红广场举办大型知识产权宣传活动,大力开展商标法律法规宣传。各市、州工商局根据省工商局的统一安排,积极行动,采取多种形式开展宣传工作。据统计,在活动期间共召开各种座谈会、通报会 50 余次,出动宣传车辆 120 台次、人员 1700 人次,印发宣传材料 40 余万份,接受企业和群众的商标法律咨询 1 万余次。二是立足地方经济发展,指导企业做好商标注册和使用工作。为有效防止商标权的自然灭失,各级工商部门按照属地管辖的原则,加强对企业商标注册和使用管理的调查研究,下大力摸清辖区内商标注册和使用管理情况的底数,建立健全商标注册和使用管理档案,切实掌握本地企业商标注册和使用情况,动员企业及时注册商标,指导企业做好商标的续展、变更、转让、许可等工作。兰州市工商局在深入调查研究的基础上,针对商标注册量少和商标自然灭失严重的状况,采取上街头、下社区、查档案、访企业等多种形式,加大商标法律法规的宣传力度,对企业实行面对面的指导,向有商品无商标、有服务无商标的企业送达《商标注册建议书》,提醒企业及时注册商标,同时对即将到期的14件商标下达了《注册商标续展建议书》,有效地防止了商标专用权的灭失。全省各商标代理组织共受理商标注册2600件、核准注册商标1500件。三是抓好地理标志商标注册,努力打造地方品牌。加强地理标志商标保护,维护地理标志商标注册人合法权益,是促进农业增收的新举措。2004年,通过对全省特色产品拟注册证明商标情况摸底,有"苦水玫瑰"等22种特色产品拟注册证明商标。按照成熟一个、申请一个的原则,当年"苦水玫瑰""东乡手抓"相继提出了证明商标注册申请并为国家工商总局商标局正式受理。临夏州政府、州工商局重视证明商标注册工作,把证明商标注册作为提高地方特色产品品位、提高区域知名度、促进地方经济发展的大事来抓。州工商局为做好"东乡手抓"证明商标的注册,积极协调有关部门成立了证明商标管理组织,到东乡县实地考察,组织指导整理申请材料,全面协调证明商标注册申请过程中出现的新情况、新问题,多次向省工商局通报工作进展情况,全程督导"东乡手抓"证明商标注册工作。四是服务企业,依法维护企业商标的合法权益。"条山"商标是甘肃省第二、第三届著名商标。当发现有人侵犯该商标权益时,省工商局依照《中华人民共和国民法通则》《商标法》、最高人民法院《关于审理商标民事案件适用法律若干问题的解释》等法律法规,积极调解,大力支持"条山"商标权利人的诉讼,最终责令侵权企业变更了企业名称,维护了"条山"商标权利人的合法权益。

　　2004年7月,省工商局按照国家工商总局的部署,制定了《关于开展保护注册商标专用权行动的实施意见》。这年12月,省工商局按照时任国务院副总理吴仪在全国保护知识产权专项行动电视电话会议上的讲话精神,结合全省实际,及时制定了《甘肃省保护注册商标专用权专项行动实施方案》。《方案》强化了目标责任,实施"一把手"工程,由"一把手"负全责,分管局长具体抓,各业务部门协调分工,严格执行目标责任制,将专项行动开展的成效列入年终考评内容,进行量化考核,形成了执法合力。除此之外,省工商局还制定了落实省委、省政府关于实施商标发展战略、加强商标日常监管、打击侵犯涉外和涉农商标案件的措施；还制定了商标印刷企业的"五项制度"，即企业的业务核查、登记存档、废次商标标识的处理、商标标识出入库、商标印刷责任人奖罚制度。通过以上措施，使全省的商标管理工作逐步纳入了制度化、法制化的轨道。

2005年以来，全省各级地方党委和政府越来越重视地方特色经济的发展，但如何把这些反映当地特色经济的土特产品有效开发和保护起来，是地方党委、政府比较棘手的事情。工商部门作为政府的职能部门，积极为地方政府出谋划策，当好参谋，在证明商标注册和保护问题上，作了一些富有成效的工作。兰州市工商局七里河分局、靖远县工商局在帮助地方注册"兰州百合""靖远羊羔肉"证明商标过程中，做了大量的工作，受到了当地政府的好评。七里河工商分局还为维护"兰州百合"证明商标专用权开展了多次专项整治，促进了市场秩序的规范，受到群众拥护。

2005年，省工商局与省农牧厅联合下发了《关于加强农产品地理标志保护与商标注册专用权保护工作的通知》，先后处理了5起较大的商标争议案件，维护了涉农企业的合法权益，加大了原产地证明商标的注册力度。省工商局通过反复调查论证和与国家工商总局的密切沟通，在几年的时间内，使甘肃省"兰州百合"（2001年）、"靖远羊羔肉"（2002年）、"岷县当归"（2004年）等证明商标注册成功。之后，全省又有一些农产品注册或申报注册，为农业走产业化之路创造了条件。

甘肃农产品地理标志证明商标

表5-5

商标名称	商标注册人	所在地	申请日期	核准日期	有限期限
靖远羊羔肉	靖远县羊羔肉开发协会	白银	1998-11-17	2002-12-28	2012-12-27
岷县当归 MG	岷县中药材生产技术指导站	定西	2002-10-30	2004-3-28	2014-3-27
定西马铃薯	定西市安定区马铃薯经销协会	定西	2005-6-15	2008-1-21	2018-1-20
陇西白条党参	陇西县中药材产业发展局	定西	2005-9-12	2008-4-7	2018-4-6
陇西黄芪	陇西县中药材产业发展局	定西	2005-9-12	2008-4-7	2018-4-6

商标名称	商标注册人	所在地	申请日期	核准日期	有限期限
兰州百合	兰州市七里河区百合质量监督管理站	兰州	1998-11-10	2001-12-21	2011-12-20
苦水玫瑰	永登县玫瑰产业管理办公室	兰州	2004-4-1	2006-7-14	2016-7-13
东乡手抓羊肉	东乡族自治县东乡手抓羊肉品牌管理协会	临夏	2004-7-23	2007-7-28	2017-7-27
康县黑木耳	康县食用菌开发中心	陇南	2006-9-19	2008-3-28	2018-3-27
平凉金果	平凉市果业开发办公室	平凉	2004-8-30	2006-6-21	2016-6-20
平凉红牛	平凉市牛产业开发办公室	平凉	2005-9-6	2008-1-14	2018-1-13
华亭核桃	华亭县核桃产业协会	平凉	2006-8-31	2008-8-7	2018-8-6
临泽小枣	临泽县沙河镇红枣协会	张掖	2004-6-7	2008-1-14	2018-1-13

这年,全省工商系统继续开展了保护注册商标专用权执法行动。各地工商部门结合实际,采取有力措施,重点加大了对驰名商标、涉外商标、食品商标和药品商标等大要案件的查处力度。全省系统共出动执法人员 7.26 万人次,检查经营户 26.93 万户,检查商品交易市场 6752 个,捣毁制假售假窝点 40 个,查处商标侵权案件 208 起。其中:侵犯食品商标专用权案件 56 起,侵犯药品商标专用权案件 4 起,侵犯驰名商标专用权案件 97 起(含涉外商标案件 7 起),侵犯农产品商标、地理标志商标专用权案件 10 件,侵犯涉农商标专用权案件 3 起,其他商标案件 152 件(含涉外商标案件 1 件);没收侵权商标标识 8.16 万件,没收专门用于制造侵权标识的工具 1467 件,没收、销毁侵权商品 1.78 万件,没收、销毁专门用于制造侵权商品的工具 1205 件。查处伪造、擅自制造及销售他人注册商标标识案件 16 起,罚没金额 75.57 万元。全省工商系统还加大了对驰名商标专用权的保护力度。全年共查处驰名商标侵权案件 7 起,其中涉及省外的有"统一""田七""方太""地澳""海尔"商标 5 起,涉及甘肃省的有"金驼""奇正"商标 2 起。

这年 4 月,全省工商系统以"4·26"世界知识产权保护日为契机,在全省开展了以"保护知识产权、促进创新发展"为主题的知识产权周宣传活动。省工商局和兰州市工商局通过召开《商标法》座谈会、甘肃知识产权保护现状新闻通报会、在甘肃电视台举办"知识产权在甘肃"专题节目、在兰州市东方红广场举办大型知识产权宣传活动等形式,大力开展了商标法律法规的宣传。各市、州工商部门通过展板展示、发放宣传资料、现场讲解和解答问题等多种形式,向广大群众介绍商标监管部门的职能、典型案例剖析以及宣传有关商标的法律、法规、政策等基本知识。这一年,省工商局还制定了《送法进企业实施方案》,先后派人深入到兰州黄河啤酒厂、兰州兰石集团、兰州黄河制漆厂、甘肃铭业集团公司等13家大中型企业调查摸底了解情况,就企业在如何保护注册商标专用权、运用法律解决经济纠纷、有效防止商业欺诈以及解决在生产经营中遇到的法律法规难题,有针对性地编写了相关法律法规手册,为企业提供了法律援助和咨询。该年11月11日,省工商局在兰州黄河集团举办了送法律进企业活动启动仪式,为企业送去《企业常用工商行政管理法律法规知识问答》,省工商局有关领导和该企业高中层管理人员200多人参加了启动仪式,在社会上引起了积极的反响。

2006年,全省各级工商部门坚持执法与宣传同步、查处与教育并举,加大了保护注册商标专用权的力度。各地采取举办培训班、召开研讨会、开展知识竞赛、开辟宣传专栏、印发宣传资料等行之有效的形式,大力宣传商标法规和商标保护知识。在"4·26"世界知识产权保护日到来之际,省工商局按照省整顿和规范市场经济秩序领导小组办公室的统一部署及《关于开展2006年"保护知识产权宣传周"活动通知》要求,紧紧围绕"保护知识产权,促进创新发展"这一主题,采取多种形式开展了宣传活动。省工商局制作了保护知识产权展板,参加了"中国·甘肃保护知识产权成果展",并在兰州、白银等地进行了巡回展示。同时,省工商局还在白银有色金属总公司开展了"送法进企业"活动,举行了保护知识产权宣传大会,并将编印的《企业常用商标法律法规知识》读本发送到企业代表手中。在此次活动中,工商人员发放宣传材料2万余份,接待群众咨询3万余人次。各市、州工商局也以"4·26"世界知识产权保护日为契机,广泛宣传商标法律法规,并选择了一批商标侵权的典型案例予以曝光。通过这些活动,有力地提高了广大群众对注册商标保护的认识,营造了良好的商标执法和保护环境。

2006年7月,为了推动农产品商标和地理标志证明商标工作,国家工商总局在兰州市召开了全国11省、自治区农产品商标和地理标志证明商标工作座谈会。国家工商总局副局长李东生和商标局副局长范汉云到会做了重要讲话，与会的各省、自治区工商局进行了经验交流。这次会议对甘肃省农产品商标和地理标志工作的开展产生了积极的推动作用。会后，全省各级工商部门加大了农产品商标和地理标志的宣传力度，采取发放注册指南等宣传材料、召开经验交流会及举办讲座等形式，广泛宣传和普及农产品商标和地理标志注册及保护的有关知识，使广大的农民自觉运用商标和地理标志来发展农村经济。各地具体做了以下几项工作：一是开展"商标进乡村"活动。工商人员深入农村，指导农产品专业户搞好农产品商标和地理标志的注册。二是对农产品商标使用中发生的矛盾和纠纷，及时依法进行调查处理，维护商标所有人的权益。三是在省工商局的统一指导下，各地普遍加强了对具有发展潜力、市场开发可观的名、优、新、特、稀农产品商标注册的扶持，引导生产经营者积极进行商标注册，加快形成特色产业板块。同时，各地还开展了证明商标、集体商标的注册申报工作，年底，"苦水玫瑰""平凉金果"等6件地理标志证明商标被国家工商总局认定为证明商标，另有15件证明商标和集体商标被商标局受理。四是深入开展了打击农产品商标侵权行为，切实维护商标所有人的合法权益。

第五章　商标管理

　　2006年10月23日，省工商局收到省委统战部向中央统战部报送并抄送省工商局的《关于"拉卜楞"注册商标问题的情况报告》。《报告》反映，有人将"拉卜楞"改为"拉布楞"，向国家工商总局商标局申请注册商标，已引起了拉卜楞寺和部分信教群众的强烈不满，省人大常委会副主任嘉木样·洛桑久美·图丹却吉尼玛等宗教人士也严重关切此事。经省工商局查实，有4户企业和个人申请"拉卜楞"商标，其中1户企业的申请已经国家工商总局商标局核准注册，另3户已向商标局提出注册申请，尚未初审公告。根据《商标法》的相关规定，省工商局建议国家工商总局商标局，对凡申请使用"拉布楞"、"拉卜楞"文字、图形等构成要素注册商标的和已受理的"拉卜楞"商标注册申请，予以驳回；并建议商标评审委员会裁定撤销已核准的"拉卜楞"注册商标。

　　在保护注册商标专用权工作中，省工商局从2006年开始，相继制定了一系列工作制度,如商标专用权保护情况月报制度、重大事项和重大案件及时上报制度、疑难案件会商和请示制度、涉外案件和驰名商标案件上报制度等。省工商局要求各市、州工商局及时上报阶段工作总结及案例,由专人收集、专人撰写、专人上报,便于省工商局及时准确地了解各地商标保护工作的进展情况。对涉及面广、影响面大的案件由省工商局指定督导,随时进行检查;对法律法规把握不准等疑难问题,要求各地工商部门及时向上级工商局请示;对涉外商标案件、驰名商标案件和重大商标侵权案件,要立即向省工商局报告。这一系列工作制度的制定和落实,有效地保证了商标保护工作的扎实开展和推进,形成了商标保护工作的长效机制。

2006 年查处的商标侵权典型案例

1.当事人甘肃世纪春天百货有限责任公司,自 2005 年 6 月 26 日在其商厦设立专柜,从事资生堂化妆品的销售,所使用的"资生堂"中、英文商标标识,未经商标持有人的授权,所经销的资生堂化妆品系日本、美国进口。2005 年 10 月 29 日,兰州市工商局依法对该商厦经销的资生堂化妆品进行了检查,并经资生堂(中国)投资有限公司抽样鉴定,该产品系假冒"资生堂"注册商标的化妆品,被兰州市工商局没收"资生堂"化妆品 13 箱(包),并处以罚款 40,000 元。

2.当事人兰州国芳百盛购物广场有限责任公司自 2005 年 3 月 28 日在商厦销售假冒"资生堂"化妆品,于 2006 年 3 月 30 日被兰州市工商局没收侵权化妆品 10 盒,并处罚款 40,000 元。

3.当事人兰州西单商场百货有限公司在商厦销售假冒"资生堂"化妆品,被兰州市工商局没收侵权化妆品 3 箱,并处罚款 30,000 元。

4.当事人兰州民百亚欧商厦在其商厦销售假冒"资生堂"化妆品,被兰州市工商局没收侵权化妆品 9 箱,并处罚款 30,000 元。

5.当事人兰州西太华工贸集团股份有限公司在其商厦销售假冒"资生堂"化妆品,被兰州市工商局没收侵权化妆品 6 箱,并处罚款 30,000 元。

6. 当事人兰州精英化妆品有限公司,于 2005 年 3 月 28 日、6 月 25 日以来，向兰州国芳百盛购物广场有限责任公司和甘肃世纪春天百货有限责任公司销售假冒"资生堂"化妆品,被兰州市工商局处罚款 40,000 元。

7.当事人甘肃鸿泰实业有限公司自 2000 年、2004 年 8 月分别向兰州民百亚欧商厦和兰州西单商场百货有限公司供应假冒"资生堂"化妆品销售。被兰州市工商局处罚款 40,000 元。

8.2005 年 9 月初,当事人毛某某未经工商行政管理部门核准登记领取营业执照,擅自从河北省高碑店市白沟镇以每只 50 元共 50,000 元购入无商标标识手提电脑包 1000 只,以每个 0.2 元共 69.6 元购进"方正电脑"商标 160 个、"LENOVO"商标 100 个、"TCL"商标 15 个、"IBM"商标 30 个、"SONY"商标 20 个、"DELL"商标 23 个,于 2005 年 9 月 10 日运抵兰州市城关区南昌路 266 号二单元 101 室。当事人在承租的库房内进行加工,以便向市场销售。至 2005 年 10 月 13 日,当事人加工好"方正电脑"包 80 只、"LENOVO"电脑包 60 只,并准备以每只 60 元的价格销售,于 2005 年 10 月 13 日查获。兰州市工商局没收当事人购入的"方正电脑"商标 160 个、"LENOVO"商标 100 个、"TCL"商标 15 个、"IBM"商标 30 个、"SONY"商标 20 个、"DELL"商标 23 个,并处罚款 20,000 元。

2007 年上半年,根据国家工商总局的要求,省工商局和有关工商局对甘肃省的"兰州百合""苦水玫瑰""靖远羊羔肉""岷县当归""平凉金果""东乡手抓"等注册地理标志商标的使用和管理情况进行了调查。通过调查证明,地理标志商标在带动当地农产品发展、推进农业产业化经营、促进农村经济发展、增加农民收入等方面发挥了积极的作用。这次调查也为以后正确引导地理标志商标和农产品商标注册,规范和加强监管,提供了依据。

2007 年,全省各级工商部门开展了以查处虚假标示产地、虚假广告宣传以及侵犯注册商标专用权等违法行为为重点的保护台湾农产品商标行动。各地对涉台商标的注册和使用等情况进行了认真摸底排查,制定了工作措施;对全省各大水果批发市场加强了监督检查,引导消费者提高对台湾地产水果和台湾品种水果的鉴别能力;及时依法受理和处理消费者的投诉和举报,对发现的涉台农产品商标侵权行为采取果断措施,严肃查处,有力地维护了台湾农民的

正当权益。

2007年7月20日,国家工商总局下发了《保护奥林匹克标志专有权行动方案》,迎接2008年在北京举行的第29届奥林匹克运动会。省工商局及时转发了这个《方案》,并制定了全省的行动方案。全省从8月份开始,采取集中整治和日常监管相结合、行政处分和教育引导相结合的方法,对商场、超市、商品集散地带有奥林匹克标志的纪念币、纪念章、毛绒玩具、体育用品、服装、鞋帽、文具等商品进行了全面检查,加强了对奥林匹克标志使用行为的全方位监管。

2008年,国家工商总局又下发了《关于进一步加强保护奥林匹克标志专有权专项整治的通知》。省工商局结合全省实际,制定了《甘肃省保护奥林匹克标志专用权应急预案》,成立了应急处置小组。全省各级工商部门利用媒体向社会宣传保护奥林匹克标志专用权的重要意义,并公布了投诉电话,为整治工作营造了良好氛围。在奥运会火炬在甘肃省传递及奥运会召开期间,全省奥林匹克专用标志情况良好。截至10月底,全省整治行动共出动执法人员4100多人次,检查经营企业和个体工商户3万多户,检查批发市场、集贸市场等1431个,整治重点区域756处,查处侵犯奥林匹克标志专用权案件85件,案值3万多元。

2007年7月,西部商标保护年会在贵阳召开。省工商局以《积极实施商标战略,促进甘肃经济又好又快发展》为题,在大会上做了发言。这次会议还就加强西部商标行政保护,建立了联络员制度、信息共享制度和跨省(直辖市、自治区)商标保护协查制度,为推动商标案件跨省查处奠定了基础。

2007年11月,省工商局组织全省25户商标企业参加了中国商标界最高规格的商标盛会——"2007中国商标节",并获得"2007年中国商标界最佳组织奖"。通过参加商标节,展示了甘肃驰名、著名商标风采,促进了甘肃商标的国际、国内交流,对宣传甘肃、展示甘肃商标及产品起到了积极的推动作用。

2008年,省工商局制定了商标富民措施。这些措施主要是:(1)加强商标富农宣传和培训。对广大农民和涉农企业进行商标知识培训;开展"商标上山下乡"活动,广泛宣传商标法律法规,帮助农民和涉农企业增强商标意识,主动注册商标,精心培育商标,自觉保护商标。(2)广泛推行"公司+农户+商标"经营模式。充分发挥农产品龙头企业的作用,将分散的农户以农产品商标为纽带、以龙头企业为通道连接市场,利用商标提高农副产品市场竞争力,扩大农产品知名度,提高农业产业化程度,从而促进农民增收和农村经济发展。(3)积极推行"一乡一标"。开展农副产品商标注册情况调查摸底,加强涉农商标管理,建立涉农注册商标数据库,建立商标注册提示制度,对已注册的农产品商标和地理标志跟踪服务,及时解决农产品商标和地理标志使用中出现的问题。(4)组建商标富农工作机构,建立商标富农工作考核制度。各级工商局建立商标富农工作部门,主动向当地政府汇报商标富农工作情况,与相关部门搞好协调配合,为涉农企业创牌拓宽渠道。同时,把商标富农工作开展情况纳入领导班子年度考核内容。(5)加大侵犯涉农商标专用权案件查处力度,进一步保护涉农商标和地理标志商标专用权。

　　这年,全省工商部门还开展了"商标进乡村""送法下乡"等一系列活动,对农户和农村企业进行面对面的帮助指导,为实施农产品商标战略打下了坚实的基础。工商人员深入天水市北道区苹果基地、武威市凉州区天梯山人参果种植基地及农户、农产品经营企业,逐一进行调查摸底,按照"成熟一个,申请一个"的原则,积极帮助农民搞好农产品商标注册。尤其是"岷县当归""陇西白条党参""陇西黄芪""平凉金果""定西马铃薯"证明商标的注册,带动了当地经济的大发展,开辟了当地农民增收的新途径。岷县药材种植面积从1995年的5万亩发展到25万亩,占总播种面积的40%,年产量近5万吨,中药材收入占到农民人均纯收入的60%以上。"平凉金果"品牌效应在调动广大果农的积极性、促进产业优势向经济优势转化以及果产业发展壮大方面发挥了至关重要的作用,平凉市泾川、静宁两县获得了国家绿色苹果质量认证,并分别被授予"中国苹果之乡"和"中国红富士之乡"称号。定西市马铃薯种植面积达到24.4万公顷,总产量达到500万吨,马铃薯产业总产值达到16.8亿元,产品已发展到精淀粉、变性淀粉、全粉、薯条、膨化食品等10多个品种,农民人均从马铃薯产业获得收入530元,占全市农民人均纯收入的30%左右。

部分年份全省商标一般违法案件

表 5-6

年 度	案件数(件)	已结案件数(件)		未结案件数(件)		处理情况			
						收缴和消除商标标识(件)	罚款		
							案件数(件)		金 额(元)
		国内	涉外	国内	涉外		罚金10万元以下	罚金10万元以上	
1997 年	18	15	–	3	–	382010	12	–	18900
1998 年	48	44	–	4	–	634122	39	–	131817
1999 年	77	40	–	37	–	137155	24	–	64605
2000 年	83	41	–	42	–	84156	71	–	24804
2001 年	92	73	–	19	–	1111031	50	–	157433.35
2002 年	76	43	–	33	–	319216	37	–	141250
2003 年	41	41	–	–	–	42654	40	–	66004
2005 年	25	13	–	–	–	–	3	–	60000
2006 年	43	22	8	–	–	–	6	–	40000
2008 年	119	–	–	–	–	–	–	–	110000

表 5-7 部分年份全省查处商标侵权假冒案件

年度	案件数(件)	已结案(件)		未结案(件)		处理情况						责令赔偿经济损失		移送司法机关追究刑事责任	
						收缴和消除商标标识(件)	收缴用于商标侵权工具(件)	销毁侵权物品(吨)	罚款			赔偿案件数(件)	赔偿金额(元)	案件数(件)	人数(人)
									案件数(件)		金额(元)				
		国内	涉外	国内	涉外				罚金10万元以下	罚金10万元以上					
1998年	22	21	-	1	-	51301	5	-	19	-	122299	1	45000	-	-
1999年	57	51	-	5	1	1197276	4	2	39	-	107282	1	364	2	2
2000年	121	112	-	9	-	209467	-	19.7	85	-	94584	-	-	-	-
2001年	90	89	-	1	-	151283	-	8.41	82	-	225685	-	-	-	-
2002年	144	136	-	8	-	165567	-	2.41	128	-	173903.5	-	-	-	-
2003年	168	168	-	-	-	188563	-	-	168	-	228778	-	-	-	-
2005年	274	191	10	-	-	45106	13	15	47	2	760000	-	-	2	1
2006年	443	-	31	-	-	287797	21	13	36	-	1110000	-	-	1	-
2008年	513	-	25	-	-	-	-	-	-	-	960000	-	-	-	-

第三节　著名商标与驰名商标

为适应甘肃经济发展的需要,增强企业和社会人士的品牌意识,1990 年,省委、省政府做出了"实施名牌战略,培育陇货精品"的部署。1992 年,省工商局经过大量调查研究,报请省政府批准同意,确定长风机器厂等 25 家企业为全省商标工作重点单位。对这些重点单位,各地工商部门成立了商标管理机构,配备了商标管理人员,制定了商标管理制度,落实了商标维权措施,解决了一些企业商标纠纷。如当时甘肃省甘光公司与日本一家公司联营生产照相机,日方却单方面向国家工商局商标局提出了"潘太克斯——甘光"商标的注册申请。对此,省工商局积极介入,引导甘光公司及时向国家工商局商标局提出了异议,后经国家工商局商标局裁定,驳回了日方的申请,保护了甘光公司"甘光"注册商标专用权。在当时的几年时间内,全省工商系统共指导、协调并依法解决各类商标纠纷案件 20 余起。在这样的时代背景下,为切实保护名优产品以及适应全国商标发展的形势,根据国家工商局的部署,甘肃省著名商标认定工作开始开展。

1992 年 9 月,经省政府批准,省工商局制定公布了《甘肃省首届著名商标评选办法》,正式拉开了著名商标评选活动的序幕。截至 10 月 31 日,全省 14 个地(州、市)申请参加评选的商标共有 87 件,占全省注册商标总数的 3.6%,其中生产资料类 33 件,占总数的 38.4%。此次报名参选商标较多的是兰州市、天水市、金昌市、武威地区,临夏州,甘南州没有企业申请参选。到 1993 年 1 月,按照著名商标评定的条件,经各类企业自行申报和各地工商部门的推荐,以及自下而上地反复酝酿评选,最后经省评选委员会决定,共评选出甘肃省首届著名商标 25 件。

1992 年全省首届著名商标评选活动参选商标

表 5–8

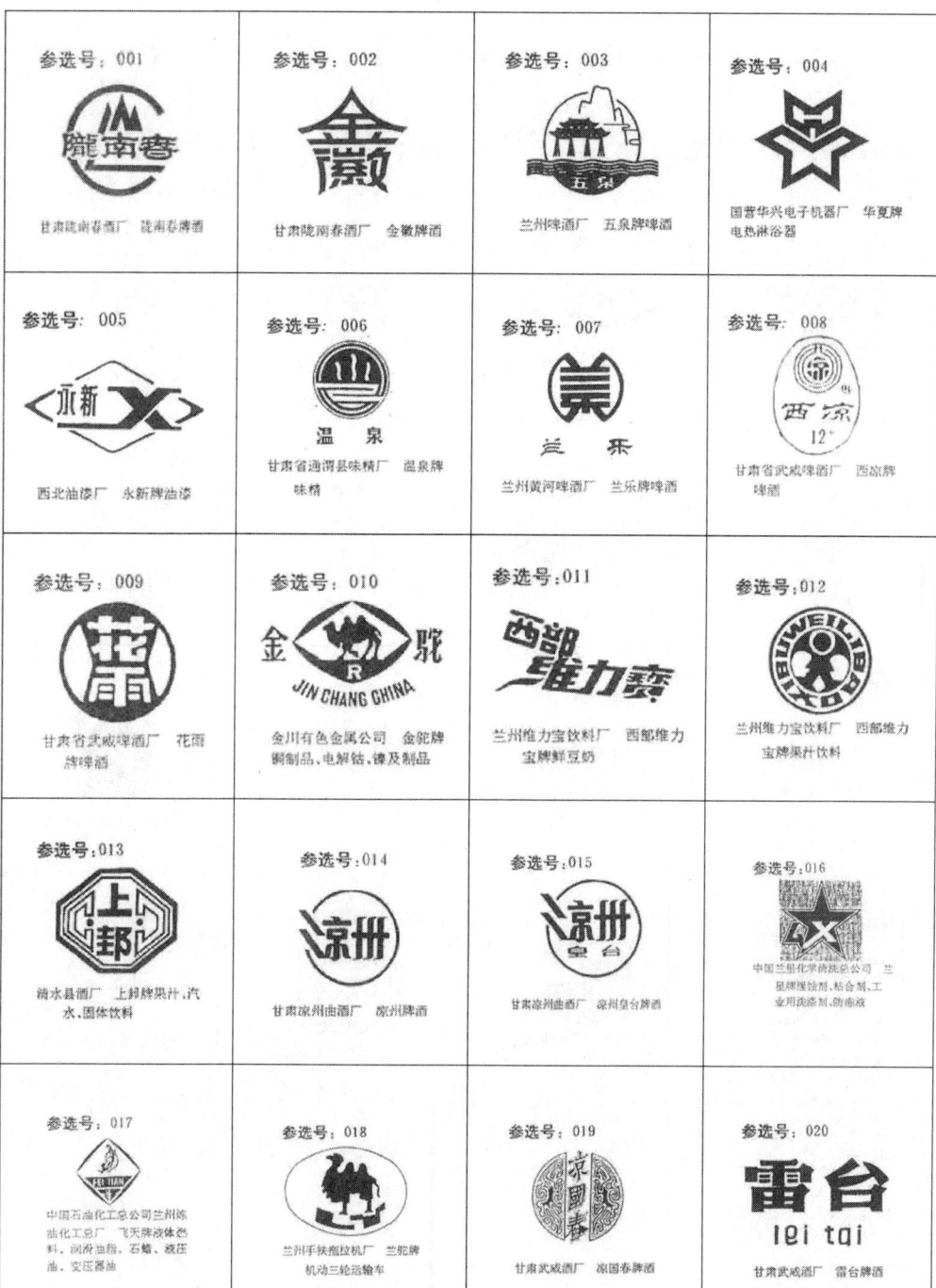

参选号：001 甘肃陇南春酒厂 陇南春薄酒	参选号：002 甘肃陇南春酒厂 金徽牌酒	参选号：003 兰州啤酒厂 五泉牌啤酒	参选号：004 国营华兴电子机器厂 华夏牌电热淋浴器
参选号：005 西北油漆厂 永新牌油漆	参选号：006 甘肃省通渭县味精厂 温泉牌味精	参选号：007 兰州黄河啤酒厂 兰乐牌啤酒	参选号：008 甘肃省武威啤酒厂 西凉牌啤酒
参选号：009 甘肃省武威啤酒厂 花雨牌啤酒	参选号：010 金川有色金属公司 金驼牌铜制品、电解钴、镍及制品	参选号：011 兰州维力宝饮料厂 西部维力宝牌鲜豆奶	参选号：012 兰州维力宝饮料厂 西部维力宝牌果汁饮料
参选号：013 清水县酒厂 上邽牌果汁、汽水、固体饮料	参选号：014 甘肃凉州曲酒厂 凉州牌酒	参选号：015 甘肃凉州曲酒厂 凉州皇台牌酒	参选号：016 中国兰星化学洗涤公司 兰星牌洗涤剂、结合剂、工业用洗涤剂、防垢液
参选号：017 中国石油化工总公司兰州炼油化工总厂 飞天牌液体燃料、润滑油脂、石蜡、液压油、变压器油	参选号：018 兰州手扶拖拉机厂 兰驼牌机动三轮运输车	参选号：019 甘肃武威酒厂 凉国春牌酒	参选号：020 甘肃武威酒厂 雷台牌酒 lei tai

甘肃省志

工商行政管理志

参选号：021 甘肃武威酒厂 松鹿牌酒	参选号：022 甘肃农垦八一水泥厂 泾路牌水泥	参选号：023 加源兰州林歌农副土特产加工有限公司 林永记牌黑瓜籽	参选号：024 兰州卷烟厂 莫高牌香烟
参选号：025 兰州卷烟厂 魅力牌粉烟	参选号：026 兰州电机厂 兰电牌发电机、电机、电站	参选号：027 甘肃电视机厂 春风牌电视机	参选号：028 兰州第二橡胶制品厂 飞天牌力车胎
参选号：029 甘肃省建筑木材加工厂 彩青牌彩色玻璃马赛克	参选号：030 兰州日用化工厂 晨光牌肥皂、香皂、液体皂、工业用皂	参选号：031 兰州日用化工厂 燕牌洗衣粉、毛织品洗涤剂、液体洗涤剂	参选号：032 金昌化工总厂 奔马牌硫酸钠
参选号：033 金昌化工总厂 奔马牌碳酸氢铵	参选号：034 国营长风机器厂 长风牌洗衣机	参选号：035 甘肃省国营河西堡电焊条厂 锦城牌电焊条	参选号：036 兰州玻璃厂 玫瑰花牌玻璃器皿
参选号：037 白银磷肥厂 雁湖牌普通过磷酸钙、磷酸氢二铵、磷酸二氢钾	参选号：038 白银磷肥厂 铜城牌氟硅酸钠、氟化锌	参选号：039 甘肃陇西酒精厂 陇花牌酒	参选号：040 甘肃省张掖收割机厂 敖煌牌收割机
参选号：041 甘肃省国营嘉峪关水泥厂 雄关牌水泥	参选号：042 甘肃省国营条山农场酿酒厂 条山牌酒	参选号：043 甘肃省厂区商业局 飞天牌雪糕	参选号：044 兰州灯泡厂 光宇牌普通灯泡、低压灯泡、特种灯、日光灯泡

续表

参选号：045
甘肃省白银针织厂 银鹤牌针织内衣

参选号：046
国营景泰羊毛衫厂 泰玉牌毛衫

参选号：047
甘肃省河西制药厂 河西牌新成药

参选号：048
甘肃省酒泉啤酒厂 西部牌啤酒

参选号：049
甘肃省酒泉糖厂 丝雨牌白砂糖

参选号：050
酒泉钢铁公司 镜铁山牌甲苯、二甲苯、纯苯

参选号：051
酒泉钢铁公司 雄关牌生铁

参选号：052
兰州第一毛纺织厂 敦煌牌花呢

参选号：053
兰州市西固食品厂 德享牌萝卜素饮料

参选号：054
永登水泥厂 祁连山牌水泥及水泥制品

参选号：055
兰州黄河造漆厂 黄河牌油漆

参选号：056
天水卷烟厂 凤壶牌卷烟
FENGHU

参选号：057
天水卷烟厂 奔马牌卷烟

参选号：058
兰州佛慈制药厂 宝炉牌中成药

参选号：059
兰州佛慈制药厂 岷山牌中成药

参选号：060
甘肃省靖远毛纺织厂 青松牌毛毯

参选号：061
甘肃饲料厂 科丰牌饲料、饲料添加剂

参选号：062
天水风动工具厂 濑源牌工矿用机器、设备

参选号：063
甘肃省轮胎厂 大地牌轮胎

参选号：064
甘肃省红川酒厂 红川牌酒

参选号：065
天水海林轴承厂 海林牌轴承

参选号：066
天水长城开关厂 长城牌电气设备

参选号：067
甘肃丝路春酒厂 丝路春牌酒

参选号：068
金川有色金属公司特种电焊条厂 驼峰牌结构钢电焊条、不锈钢电焊条、铸盖焊条、二氧化碳气体保护焊丝

343

续表

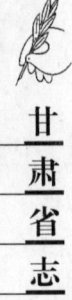
参选号：069 甘肃省武威葡萄酒厂 月牙泉牌葡萄酒	参选号：070 甘肃省武威葡萄酒厂 莫高牌葡萄酒	参选号：071 兰州安宁衬衫厂 东方乐牌衬衫	参选号：072 兰州酪酒厂 金城牌酒
参选号：073 兰州市城关区种子公司 金花宝牌西瓜种	参选号：074 甘肃大明实业总公司 504牌雪糕、汽水、冰淇淋	参选号：075 航空航天工业部兰州飞控仪器总厂 兰飞牌塑料编织机械	参选号：076 兰州水烟厂 甘字牌青烟丝
参选号：077 甘肃省甘谷油墨厂 敦煌牌油墨	参选号：078 兰州合成洗涤剂厂 金丝猴牌洗衣粉	参选号：079 兰州热水瓶厂 敦煌牌热水瓶	参选号：080 天水喷漆工艺厂 飞天牌漆器
参选号：081 兰州电机厂西峰分厂 北石窟牌(BSHK)电动机、发电机、机组	参选号：082 甘肃省供销合作联社天水土特产品公司 三红牌苹果	参选号：083 国营平凉市棉醽春酒厂 醽醽牌酒	参选号：084 甘肃省平凉市造纸总厂 雪竹牌卫生纸
参选号：085 兰州石油化工机器厂 LS牌石油开采、炼油设备	参选号：086 天水二一三机床电器厂 石林牌机床电器	参选号：087 酒泉市酒厂 酒泉牌酒	

1993 年首届甘肃省著名商标名录

表 5-9

序号	地区	申请人	商标名称	商标标识	注册号	注册类别	认定批次	使用商品
1	金昌	金川有色金属公司	金驼	金驼 JIN CHANG GHMA	183543	6	1993	铜制品、电解钴、镍及制品
2	兰州	西北油漆厂	永新	永新 X	241212	2	1993	油漆
3	兰州	兰州手扶拖拉机厂	兰驼		355887	12	1993	机动三轮运输车
4	兰州	中国兰星化学清洗	兰星		356071	1	1993	缓蚀剂、粘合剂、工业用洗涤剂、防冻液
5	兰州	永登水泥厂	祁连山	祁连山	224634	19	1993	水泥及水泥制品
6	兰州	兰州石油化工机器厂	LS		213862	7	1993	石油开采、炼油设备
7	兰州	中国石油化工总公司兰州炼油化工总厂	飞天	FEI TIAN	142664	4	1993	液体燃料、润滑油脂、石蜡、液压油、变压器油
8	兰州	兰州电机厂	兰电		204280	7	1993	发电机、电机、电站
9	兰州	甘肃省轮胎厂	大地	大地	246545	12	1993	轮胎

第五章

商标管理

345

序号	地区	申请人	商标名称	商标标识	注册号	注册类别	认定批次	使用商品
10	天水	甘肃省甘谷油墨厂	敦煌		86951	2	1993	油墨
11	兰州	国营长风机器厂	长风		169527	7	1993	洗衣机
12	兰州	兰州啤酒厂	五泉		186844	32	1993	啤酒
13	兰州	甘肃电视机厂	春风		381640	9	1993	电视机
14	兰州	国营华兴电子机器厂	华夏		544331	11	1993	电热淋浴器
15	兰州	兰州黄河啤酒厂	兰乐		271725	32	1993	啤酒
16	武威	甘肃凉州曲酒厂	凉州皇台		566247	33	1993	白酒
17	兰州	兰州卷烟厂	莫高		591333	34	1993	香烟

续表

序号	地区	申请人	商标名称	商标标识	注册号	注册类别	认定批次	使用商品
18	陇南	甘肃陇南春酒厂	陇南春	陇南春	337617	33	1993	白酒
19	兰州	兰州热水瓶厂	敦煌	敦煌	117886	21	1993	热水瓶
20	天水	天水卷烟厂	奔马	奔马	601243	34	1993	香烟
21	白银	国营景泰羊毛衫厂	泰玉	泰玉 taiyu	1064476	25	1993	羊毛衫
22	武威	甘肃武威酒厂	雷台	雷台 lei tai	543019	33	1993	白酒
23	兰州	兰州日用化工厂	晨光	CHENGUANG 晨光	337692	3	1993	肥皂、香皂、液体皂、工业用皂
24	兰州	兰州佛慈制药厂	岷山	岷山	117877	5	1993	中成药
25	张掖	甘肃丝路春酒厂	丝路春	丝路春酒	182167	33	1993	白酒

1997年3月，省工商局向全省工商系统下发了《关于加强保护我省首批著名商标的通知》。《通知》说，注册商标是重要的知识产权，是企业的宝贵财富。为提高全省名、优、特、新产品的知名度，全省在1993年初评选出了兰州黄河啤酒厂"兰乐"牌啤酒等25个首批著名商标。这些拥有著名商标的企业积极实施名牌战略，大大增强了市场竞争能力，创造了巨大的社会效益和经济效益。全省各级工商部门在依法保护著名商标专用权方面做了大量的工作，取得了一定成绩。但侵犯全省著名商标专用权的行为时有发生。继1995年查获数起"凉州皇台"商标被假冒、侵权案件之后，相继出现了兰州佛慈制药厂"岷山"商标、兰州黄河啤酒有限公司"黄河"商标被侵权事件。为了切实保护全省著名商标专用权，维护著名商标注册企业的合法权益，省工商局重点做出了4项规定：(1)任何单位或个人将与全省著名商标相同或者近似的商标使用在相同或者类似的商品上，可能使著名商标注册人的权益受到损害的，著名商标注册人可以请求工商部门依法处理。(2)未经著名商标注册人允许，任何单位或个人不得将著名商标作为专卖店、专营店、专修店的企业名称或营业招牌使用，也不得用作类似商品的企业名称或字号。各级工商部门遇到上述申请登记注册的，一律不予核准；已经登记注册的，著名商标注册人可以请求工商部门予以变更。(3)擅自使用著名商标商品特有的名称、包装、装潢或者使用与著名商标及商品近似的名称、包装、装潢，如使用与"岷山"著名商标相同或近似的包装、装潢，实际上内装销售同类中成药药品的，就视为可能造成与著名商标和商品相混淆，从而误导消费者的行为。各级工商部门要按照《商标法》等有关法律、法规切实保护著名商标的专用权。(4)保护全省著名商标专用权，要遵循行政执法保护和司法保护双重原则。对侵权行为构成犯罪的，应移交司法机关追究刑事责任。

1997年3月，省政府充实和完善了甘肃省著名商标认定委员会，并在省工商局成立了著名商标评定办公室，负责对全省著名商标的评定工作，同时向国家工商局商标局推荐和申报甘肃省的驰名商标。该年4月10日，由省工商局起草、省政府审定，发布了《甘肃省著名商标认定和管理暂行办法》。《办法》共23条，其中第7条规定了认定著名商标的条件：(1)注册商标所指定的商品有较多的市场占有率;(2)具有较高的公众或相关知晓程度,商标信誉较好;(3)注册商标在省内外同行业中具有较高的知名度;(4)广告费用和广告覆盖地域在同行业中具有较大优势;(5)该商标已在国外(地区)注册;(6)有较完善的商标管理机构和管理制度,自我保护意识较强。

金川有色金属公司的产品"金驼"商标是 1983 年获得注册,1993 年 1 月被评为甘肃省首届著名商标,1995 年 1 月在英国伦敦金属交易市场正式注册。1997 年 4 月,该公司的"金驼"牌电解镍注册商标,经省工商局、省商标协会推荐,被国家工商局认定为中国驰名商标。这是甘肃省第一件驰名商标。

随着甘肃省著名商标认定委员会及其评定办公室的充实健全以及相关法规制度的建立完善,全省著名商标的评定工作继续深入开展。1997 年 8 月—12 月,全省第二届著名商标评定展开,共有 165 家工商企业的 171 件注册商标申报,其中被认定著名商标 51 件。1998 年 1 月,省工商局下发了《关于公布甘肃省第二届著名商标认定结果的通知》,共有 51 件商标被评为甘肃省第二届著名商标。

1998 年甘肃省第二届著名商标名录

表 5-10

序号	地区	申请人	商标名称	商标标识	注册号	注册类别	认定批次	核定商品
1	金昌	金川有色金属公司	金驼		183543	6	1998	电解镍
2	白银	白银有色金属公司	红鹭		788439	6	1998	铜、铅、锌、铝
3	兰州	西北铁合金厂	西铁		223631	6	1998	硅铁

序号	地区	申请人	商标名称	商标标识	注册号	注册类别	认定批次	核定商品
4	兰州	兰州手扶拖拉机厂	兰驼		355887	12	1998	机动三轮运输车
5	兰州	兰州电机厂	LD		204280	7	1998	发动机、电机、成套发电机组
6	兰州	兰州电力除尘设备公司	LD		309106	11	1998	电除尘器
7	天水	天水二一三机床电器厂	213		812705	9	1998	熔断器、保护继电器、交直流接触器
8	白银	甘肃长通电缆厂	敦煌		153488	9	1998	电缆、电线
9	兰州	永登水泥厂	祁连山		224634	19	1998	水泥
10	兰州	榆中县甘草水泥厂	龙峡		233620	19	1998	水泥
11	定西	定西地区高崖水泥厂	金城		151375	19	1998	水泥
12	白银	景泰县水泥厂	寿鹿山		252886	19	1998	水泥

序号	地区	申请人	商标名称	商标标识	注册号	注册类别	认定批次	核定商品
13	临夏	甘肃刘家峡化工总厂	黄河	黄河 HUANGHE	1008206	1	1998	化肥
14	金昌	甘肃金昌化工总厂	奔马	奔马 BENMA	297906	1	1998	氯化铵、化肥
15	兰州	西北油漆厂	永新	永新 X	241212	2	1998	油漆
16	兰州	兰州黄河造漆厂	黄河	黄河牌 HUANG HE PAI	117898	2	1998	油漆
17	兰州	中国石化兰州炼油化工总厂	飞天	FEI TIAN	142664	4	1998	汽油、煤油、柴油、润滑油脂
18	酒泉	玉门石油管理局炼油化工总厂	祁连	祁连 QILIAN	1800475	4	1998	汽油、柴油
19	天水	甘谷油墨厂	敦煌	敦煌 DH	86951	2	1998	油墨
20	兰州	兰州维尼纶厂	兴维	兴维牌 XING WEI PAI	525783	2	1998	聚乙烯醇

第五章 商标管理

351

序号	地区	申请人	商标名称	商标标识	注册号	注册类别	认定批次	核定商品
21	武威	甘肃皇台酒厂	凉州皇台		566247	33	1998	白酒
22	陇南	甘肃陇南春酒厂	陇南春		337617	33	1998	白酒
23	张掖	甘肃丝路春酒厂	丝路春		182167	33	1998	白酒
24	白银	甘肃省条山酒厂	条山		187844	33	1998	白酒
25	酒泉	酒泉市酒厂	汉武御		915652	33	1998	白酒
26	武威	甘肃武威酒厂	凉都		1679475	33	1998	白酒
27	庆阳	甘肃彭阳春酒厂	彭阳春		382072	33	1998	白酒

续表

序号	地区	申请人	商标名称	商标标识	注册号	注册类别	认定批次	核定商品
28	平凉	平凉市柳湖春酒厂	崆峒		1113751	33	1998	白酒
29	兰州	兰州黄河企业集团公司	黄河		794840	32	1998	啤酒
30	武威	甘肃省武威啤酒厂	西凉		260271	32	1998	啤酒
31	临夏	甘肃五山池黄酒厂	五山池		510463	33	1998	黄酒
32	武威	甘肃凉州葡萄酒厂	莫高		322295	33	1998	葡萄酒
33	兰州	兰州百士特食品公司	百士特		882676	30	1998	冰淇淋、雪糕、太空水
34	甘南	甘南藏族自治州乳品厂	燎原		5424631	5	1998	奶粉
35	兰州	国营长风机器厂	长风		169527	7	1998	洗衣机

第五章　商标管理

353

序号	地区	申请人	商标名称	商标标识	注册号	注册类别	认定批次	核定商品
36	白银	国营景泰羊毛衫厂	泰玉	泰玉 taiyu	1064476	25	1998	羊毛衫
37	兰州	兰州第一毛纺织厂	梦幻	menghuan	553796	25	1998	毛针织衣服
38	兰州	兰州第三毛纺织厂	派神	派神 PAISHEN	974448	24	1998	毛料、毛织品
39	兰州	兰州安宁衬衫厂	东方乐	东方乐	515029	25	1998	衬衫
40	兰州	兰州新地服装公司	曼斯(man'S)	man's Spedas		25	1998	西服
41	兰州	兰州热水瓶厂	敦煌	敦煌	117886	21	1998	热水瓶
42	白银	甘肃省靖远毛纺织厂	岩松	岩松	292811	24	1998	毛毯
43	武威	甘肃凉州熏醋厂	云晓	雲曉 YUNXIAO	224342	30	1998	醋
44	兰州	兰州佛慈制药厂	岷山	岷山	117877	5	1998	中西药

序号	地区	申请人	商标名称	商标标识	注册号	注册类别	认定批次	核定商品
45	天水	甘肃天水制药厂	天之水		1038701	5	1998	中西药制剂
46	兰州	兰州佛慈制药厂	宝炉		325858	5	1998	中成药
47	兰州	兰州卷烟厂	海洋	海洋	125344	34	1998	香烟
48	天水	天水卷烟厂	奔马		601243	34	1998	香烟
49	酒泉	甘肃省酒泉糖厂	丝雨	SIYU	542198	30	1998	白砂糖
50	兰州	加源(兰州)林歌农副土特产加工有限公司	林永记	林永记	574116	29	1998	瓜子
51	兰州	《读者》杂志社	读者	读者	704750	16	1998	杂志

第五章 商标管理

1997年12月5日,省政府发布了《关于授予全省28种品牌工业产品为首批陇货精品称号的决定》。全省大力实施名牌战略、优中创优活动,全省经营企业争创出了一批在国内外市场有影响的、具有甘肃特色的"陇货精品",对促进全省经济增长,提高人民生活质量,增强全省产品在国内外市场的竞争能力,起到了积极的作用。为此,授予28种产品为首批"陇货精品"的称号。

首批陇货精品录

表5-11

序号	注册商标	主导产品	生产企业
生活消费类			
1	派神牌	服装面料	兰州三毛纺织(集团)有限责任公司
2	黄河牌	啤酒	兰州黄河企业集团公司
3	五洲(飞天)牌	地毯	甘肃无纺织地毯厂
4	莫高牌	干红、干白葡萄酒	甘肃凉州葡萄酒厂
5	长风牌	洗衣机	甘肃长风宝安实业股份有限公司
6	奇正牌	藏药系列产品	甘肃奇正实业有限公司
7	宝炉(岷山)牌	浓缩丸系列中成药	兰州佛慈制药有限公司
8	凉州皇台牌	白酒	甘肃凉州皇台(集团)公司
9	滨河牌	白酒	甘肃滨河集团
10	兰生牌	白蛋白、狂犬疫苗	兰州生物制品研究所
生产资料类			
1	雄关牌	高速线材	酒泉钢铁集团公司
2	飞天牌	燃料油、润滑油等	兰州炼油化工总厂

序号	注册商标	主导产品	生产企业
3	金兰牌	树脂、橡胶、化肥等	兰州化学工业公司
4	金驼牌	电解镍、电解钴	金川有色金属公司
5	红鹭牌	电解铜、铅锭、锌锭	白银有色金属公司
6	三乐牌	重熔用铝锭	兰州连城铝厂
7	熊猫牌	稀土系列产品	甘肃稀土公司
8	兰石牌	6000米电驱动沙漠钻机	兰州石油化工机器总厂
9	祁连山牌	525# 中热硅酸盐大坝水泥	永登水泥厂
10	兰光牌	高功率、超高功率石墨电极	兰州碳素有限公司
11	LD牌	交直流电机及控制装置	兰州电机集团有限公司
12	敦煌牌	油墨、颜料	甘肃甘谷油墨厂
13	永新牌	涂料	西北永新集团公司
14	兴维牌	维尼纶纤维	兰州维尼纶(集团)有限责任公司
15	兰驼牌	四轮拖拉机	甘肃兰驼集团有限责任公司
16	奔马牌	纯碱、混配肥	甘肃金昌化工集团公司
17	西铁牌	75# 硅铁	西北铁合金厂
18	黄河牌	尿素	甘肃省刘家峡化工总厂

　　2001年11月,省工商局向国家工商总局上报了再次推荐"黄河"商标参加中国驰名商标认定的报告。"黄河"注册商标是甘肃省著名商标,也是全国重点

保护商标之一,系兰州黄河企业股份有限公司的控股股东,兰州黄河企业集团公司于 1995 年正式注册的文字商标。兰州黄河企业集团公司的前身是创建于 1985 年的原兰州黄河啤酒厂,历经 10 多年的创业,在激烈的市场竞争中脱颖而出,已发展成为西部地区的著名企业,"黄河"啤酒连续几年产销量排在全国同行业前列。当时,"黄河"啤酒已在全国 30 个省、直辖市、自治区设有直销网点 200 多个,全国各大城市均设有市场销售管理机构,并出口至香港地区及新加坡、马来西亚、哈萨克斯坦等周边国家,不仅为国家创汇,而且为啤酒行业如何进军国际市场积累了宝贵的经验。随着"黄河"品牌知名度的日益提高和销售市场的不断拓展,省内外一些不法分子也开始采取各种手段对"黄河"商标进行假冒侵害,侵权案件时有发生,仅 2001 年前后的两年间就有 20 余起,严重地损害了企业形象和消费者的利益。更为严重的是,蒙古、哈萨克斯坦两国已受理国内企业抢注"黄河"商标的申请,给该公司带来了极大的威胁,严重影响了"黄河"品牌在国际市场上的形象。2002 年 1 月,"黄河"商标被国家工商总局认定为全国驰名商标。同年,"黄河""岷山"2 件商标被国家工商总局商标局录入《全国重点商标保护名录》。

　　2001 年 4 月—12 月,省第三届著名商标认定委员会办公室开展了甘肃省第三届著名商标的认定工作。经企业自愿报名、各级工商部门推荐、社会抽样调查、实地考察企业、征求行业主管部门意见以及认定委员会办公室核审,拟定"奇正"等 89 件商标为甘肃省第三届著名商标。该年 12 月 29 日,省著名商标认定委员会办公室向省认定委员会呈送专题报告。2002 年初,省第三届著名商标认定委员会对 89 件认定的著名商标向社会正式公布。

2002 年甘肃省第三届著名商标名录

表 5-12

序号	注册人名称	注册商标	图形	使用商品(服务)	类别	注册人地址
1	金川集团有限公司	金驼		电解镍、电解钴制品、铜制品	6 类	金昌市
2	白银有色金属公司	Ibis 红鹭		铜、铅、锌、铝	6 类	白银市白银区友好路 96 号
3	白银有色金属公司	白银		电解铜	6 类	白银市白银区友好路 96 号
4	甘肃稀土公司	熊猫		稀土产品	1 类	白银市白银区
5	甘肃省铝业公司	甘铝		铝合金锭	6 类	兰州市安宁区交家庄 1 号
6	兰州连城铝厂	三乐		铝锭	6 类	兰州市永登县河桥乡
7	西北铁合金有限责任公司	西铁		硅铁	6 类	兰州市永登县连城

第五章　商标管理

359

序号	注册人名称	注册商标	图形	使用商品(服务)	类别	注册人地址
8	甘肃祁连山集团	祁连山	祁连山	水泥及水泥制品	19类	永登县兰新铁路中堡车站
9	金昌水泥(集团)有限责任公司	丝路	丝路牌	水泥	19类	金昌市河西堡
10	张掖地区山丹水泥化工(集团)有限责任公司	铁骑	TIEQI 铁骑	水泥	19类	山丹县交通街
11	兰州市甘草环保建材股份有限公司	龙峡	龙峡牌	水泥	19类	榆中县甘草店乡
12	甘肃寿鹿山水泥有限责任公司	寿鹿山	寿鹿山	水泥	19类	景泰县土豪台
13	甘肃省平凉地区峡中水泥厂	崆峒	崆峒	水泥	19类	平凉市峡门乡峡中

续表

序号	注册人名称	注册商标	图形	使用商品(服务)	类别	注册人地址
14	兰州大通河水泥股份有限公司	大通河		水泥	19类	兰州市红古区窑街沙窝
15	兰州沙井驿建筑材料工业公司	腾姣		岩棉制品	19类	兰州市安宁区沙井驿元台子
16	景泰县模具石膏粉厂	景云		石膏粉	19类	景泰火车站南侧
17	甘肃靖远煤业有限责任公司	晶虹		煤	4类	白银市平川区宝积镇
18	中核华原钛白股份有限公司	泰奥华		钛白粉	2类	甘肃矿区
19	西北油漆厂	永新		油漆	2类	兰州市东岗东路317号

序号	注册人名称	注册商标	图形	使用商品(服务)	类别	注册人地址
20	金昌奔马农用化工股份有限公司	奔马		化肥	1类	金昌市永昌县河西堡
21	玉门石油管理局炼油化工总厂	祁连		燃料油类	1类	甘肃玉门四台区
22	兰州黄河造漆厂	黄河		油漆	2类	兰州市城关区大沙坪
23	兰州市维尼纶(集团)有限责任公司	兴维		聚乙烯醇	1类	兰州市西固区河口南
24	甘肃酒泉地区祁源化工有限公司	航蕊		铬盐、铬酸酐、三氧化二	1类	嘉峪关市西郊
25	甘肃刘化(集团)有限公司	黄河		化学肥料	1类	永靖县化工路38号
26	国营和平化工厂	金城		炸药	13类	兰州西固区河口咸水川
27	甘肃长通电缆科技股份有限公司	敦煌		电线、电缆	9类	兰州市白银区长通路1号
28	天水海林轴承厂	海林		轴承	7类	天水市李子园

续表

序号	注册人名称	注册商标	图形	使用商品(服务)	类别	注册人地址
29	天水风动工具厂	燎原		采矿用机器	7 类	天水市
30	兰州电力除尘设备公司	LD		电除尘器	7 类	兰州市七里河区光华街 31 号
31	兰州电机有限责任公司	LD（兰电）		发电机、电机、电站	7 类	兰州市七里河区民乐路 66 号
32	国营四七一厂	红星		锅炉	11 类	兰州市西固区新和路 1 号
33	兰州商通工业锅炉制造有限公司	商通（图形）		锅炉	11 类	兰州市七里河区龚家湾 377 号
34	航空工业兰州飞控仪器总厂	兰飞（图形）		塑料工业用机器	7 类	兰州市安宁区费家营 120 号
35	兰州手扶拖拉机厂	LT		拖拉机	12 类	兰州市七里河区民乐路 8 号
36	天水市电器厂	伏羲		医疗器械	10 类	天水市秦城区莲亭路 59 号

<table>
<tr><td>序号</td><td>注册人名称</td><td>注册商标</td><td>图形</td><td>使用商品
(服务)</td><td>类别</td><td>注册人地址</td></tr>
<tr><td>37</td><td>张掖市种子公司</td><td>金象</td><td></td><td>植物种籽</td><td>31 类</td><td>张掖市民主街西来寺巷 15 号</td></tr>
<tr><td>38</td><td>兰州大庆木器厂</td><td>黄河</td><td></td><td>家具</td><td>20 类</td><td>兰州市七里河区</td></tr>
<tr><td>39</td><td>兰州西艺企业有限责任公司</td><td>西艺</td><td></td><td>金属门、金属标志牌</td><td>6 类</td><td>兰州市东岗西路 546 号</td></tr>
<tr><td>40</td><td>酒泉富康家具总公司</td><td>FK
(富康)</td><td></td><td>家具</td><td>20 类</td><td>酒泉市解放路 37 号</td></tr>
<tr><td>4l</td><td>兰州裕盛实业有限公司</td><td>裕盛</td><td></td><td>厨房设备</td><td>11 类</td><td>兰州市城关区大沙坪 160 号</td></tr>
<tr><td>42</td><td>兰州三叶公司</td><td>美叶</td><td></td><td>蜡烛</td><td>4 类</td><td>兰州市西固区玉门街 37 号</td></tr>
<tr><td>43</td><td>兰州红梅面粉有限公司</td><td>红梅</td><td></td><td>食用面粉</td><td>30 类</td><td>兰州市七里河区建西东路 125 号</td></tr>
<tr><td>44</td><td>国营长风机器厂</td><td>长风</td><td></td><td>洗衣机</td><td>7 类</td><td>兰州市安宁区费家营</td></tr>
</table>

续表

序号	注册人名称	注册商标	图形	使用商品(服务)	类别	注册人地址
45	甘肃奇正实业有限公司	奇正		中药袋、医用保健袋、急救袋、药枕、医用敷料、医用填料	5类	兰州科技街106号
46	兰州佛慈制药股份有限公司	宝炉		中成药	5类	兰州市盐场路502号
47	兰州佛慈制药股份有限公司	岷山		人用药、医药、化学制剂、医药制剂、新药成药、中药成药	5类	兰州市盐场路502号
48	甘肃定西扶正制药有限公司	FUZHENG（扶正）		中药成药、人用药	5类	定西县交通路305号
49	兰州太宝制药厂	唐龙		人用、医用药物	5类	兰州市七里河区建西西路
50	甘肃医药集团西峰制药厂	乐天		人用药、中药、药酒、化学医药制剂、补药	5类	西峰市老城巷9号
51	甘肃省甘南制药厂	甘南		中成药、藏成药	5类	甘南州夏河县合作镇人民街13号

365

序号	注册人名称	注册商标	图形	使用商品(服务)	类别	注册人地址
52	甘肃神龙药业股份有限公司	丝路		中西成药、口服葡萄糖、蜂乳口服液	5类	兰州市盐场路小沟坪1号
53	甘肃省临夏药业有限责任公司	鬼见愁		医用药物、医用草药	5类	临夏民主西路31号
54	兰州中良西服有限公司	ZhongLiang（中良）		西服	25类	兰州市七里河西津西路656号
55	兰州三毛纺织(集团)有限责任公司	派神		毛料、毛纺品、各种呢绒	24类	兰州市西固区玉门街82号
56	国营景泰羊毛衫厂	泰玉		羊毛衫	25类	景泰县条山镇
57	甘肃省靖远毛纺织厂	岩松		毛毯	24类	靖远县西关
58	兰州安宁衬衫厂	东方乐		衬衫	25类	兰州市安宁区安宁堡东门外18号
59	兰州卷烟厂	兰州		香烟	34类	兰州市酒泉路

序号	注册人名称	注册商标	图形	使用商品(服务)	类别	注册人地址
60	兰州卷烟厂	海洋	海洋	香烟	34 类	兰州市酒泉路
61	天水卷烟厂	奔马		香烟	34 类	天水市北道区花牛路 36 号
62	甘肃滨河食品工业集团有限责任公司	滨河	滨河	含酒精饮料	33 类	张掖市东郊
63	甘肃皇台酒业股份有限公司	凉州皇台	凉州皇台	酒	33 类	武威市新建路 55 号
64	甘肃武威酒业(集团)有限责任公司	凉都	凉都 liang du	酒	33 类	武威市北关东路
65	甘肃兰池酒业食品有限公司	塞乡	塞乡	白酒	33 类	山丹县甘新北路 9 号
66	甘肃省条山酒厂	条山	条山	酒	33 类	景泰县一条山镇

第五章　商标管理

367

序号	注册人名称	注册商标	图形	使用商品(服务)	类别	注册人地址
67	平凉市柳湖春酒业有限责任公司	崆峒		白酒	33 类	平凉市东郊徐家园 2 号
68	甘肃丝路春酒业(集团)有限公司	丝路春		酒	33 类	张掖市长寿路
69	兰州黄河企业股份有限公司	黄河		啤酒	32 类	兰州市七里河区郑家庄 108 号
70	甘肃农垦啤酒股份有限公司	西凉		啤酒	32 类	武威市南关西路 26 号
71	甘肃农垦啤酒股份有限公司	五泉		啤酒	32 类	武威市南关西路 26 号
72	甘肃五山池黄酒厂	五山池		黄酒	33 类	临夏县双城
73	甘肃莫高实业发展股份有限公司	莫高		葡萄酒	33 类	兰州市城关区高新技术产业区

序号	注册人名称	注册商标	图形	使用商品(服务)	类别	注册人地址
74	甘肃凉州益民有限责任公司	云晓		醋	30类	武威市西关北路31号
75	兰州小二黑食品有限公司	小二黑		酱油、醋、酱菜、调味品、豆制品、谷类	30类	兰州市安宁区费家营
76	平凉市副食品厂	玄鹤洞		酱油、醋	30类	平凉市柳湖乡三道渠
77	兰州好为尔生物科技股份有限公司	好为尔		牛奶、牛奶制品、酸乳酪、人食用蛋白质	27类	兰州市盐场路99号
78	平凉景兴清真食品有限责任公司	景兴		牛骨髓油茶、糕点	30类	平凉市崆峒东路398号
79	兰州边家饺子厂	岁岁边家		馅食品	30类	兰州市城关区大沙坪392号
80	兰州正林农垦食品有限公司	正林		加工过的黑瓜子、牛肉干、杏仁干、百合干、土豆条	29类	兰州市盐场路111号
81	兰州嘻嘻哈哈食品有限公司	嘻嘻哈哈		冰激凌、冰棍、雪糕、果汁饮料、食用水	30	兰州市七里河区五里铺98号

第五章 商标管理

序号	注册人名称	注册商标	图形	使用商品（服务）	类别	注册人地址
82	核工业甘肃昆仑张掖生化有限公司	昆仑雪		食用淀粉	30类	张掖市十八号信箱二分箱
83	甘肃银河食品集团有限责任公司	银河		粉丝	30类	民乐县县城西大城60号
84	镇原县新一代食品有限公司	新一代		水果蜜饯、蜜饯、果肉	29类	镇原县城西镇
85	甘肃省静宁农畜有限责任公司	路大路		加工过的肉、冻肉、非活家禽	29类	静宁县城东关
86	《读者》杂志社	读者		杂志	16类	兰州市第一新村81号
87	兰州马大胡子餐饮服务有限公司	马大胡子		餐厅	42类	兰州市七里河区滨河西路
88	兰州马子禄牛肉面有限责任公司	马子禄		餐馆	42类	兰州市武都路91号
89	甘肃众友医药连锁有限公司	众友		保健、医药咨询	42类	甘肃省兰州市城关区临夏路4号

2002 年 4 月,省工商局在 89 件著名商标中,认真筛选出佛慈集团、三毛集团、读者杂志社等 11 家企业的 12 件市场潜力大、产品质量高、商标信誉好的商标作为驰名商标推荐对象。省工商局召集这些企业的领导参加驰名商标申报工作动员会,进一步宣讲争创驰名商标的意义,详细讲解驰名商标认定程序、申报材料的主要内容、格式、要求以及申报工作中可能遇到的问题。通过著名商标认定和争创驰名商标活动的开展,企业名牌意识有了明显增强,对商标的价值有了较明确的认识。黄河企业集团公司创建于 1985 年,建厂初期资产总额只有 617 万元,1999 年该集团资产评估 18.5 亿元, 其无形资产就占去了15.8 亿元,占资产评估总额的 80%还多。兰州贤友商贸有限公司的"贤友"商标于 1997 年 3 月获准注册,1999 年 8 月无形资产评估为 3300 余万元, 并于2000 年 9 月以"贤友"商标权有偿使用的形式投资甘肃东方信用担保公司,在东方公司获取了 1200 万元的股份。

2005 年 12 月 9 日,由中华商标协会和广东省深圳市人民政府主办、博鳌亚洲论坛协办的首届中国商标节在深圳市隆重举行。此次商标节的主题是"走进商标,创造财富"。甘肃组织了参展团,集中展示了甘肃省商标行政保护的成果及全省 33 家企业的知名商标,其中有获得中国驰名商标的金川集团有限公司、兰州黄河啤酒股份有限公司、甘肃奇正实业有限公司,使用地理标志的"兰州百合""岷县当归""平凉金果"和在省内外有一定影响的读者杂志社、酒钢集团、靖远煤业等甘肃省知名企业,提升了甘肃的品牌形象,扩大了甘肃的影响,甘肃展区成为这次商标节的一个亮点,并获得了"2005 中国商标节组织奖"。

到 2005 年底,全省有"金驼""黄河""奇正"3 件驰名商标。

2006 年,按照国家工商总局关于对驰名商标、著名商标企业情况进行调查的通知要求,省工商局对全省 3 件驰名商标企业和 89 件著名商标企业进行了问卷调查。从调查的情况看,一些品牌企业已成为全省企业中的佼佼者,如读者出版集团在经营中运用"读者"商标,在全国乃至全球打造品牌文化,提升品牌形象,扩大社会影响,促进其经营发展和品牌增值,取得了良好的经济效益和社会效益。

2002 年至 2007 年,全省连续 6 年未进行著名商标的认定工作。

2008 年 8 月 29 日,省工商局根据《甘肃省著名商标认定和保护条例》和《甘肃省著名商标认定和保护条例实施办法》的规定,开展了著名商标认定工作。为了确保这次认定工作的公平与公正,提高著名商标认定的质量,省工商局从申请认定著名商标的企业中选出有代表性的 60 家企业进行了实地考察。在此基础上,省工商局对全省企业上报的 380 份申请材料进行了认真的核对和严格的审查。经过两次专家和省工商局局务会研究,共认定酒泉钢铁集团的"JISCO"等 158 件商标为甘肃省著名商标,有效期为五年,并在《甘肃法制报》、省工商局政务信息网、商标维权网等媒体发布了著名商标认定公告。

2008 年第一批甘肃省著名商标名录

表 5-13

	商　标	商标注册人	核定使用商品或服务项目
1 类 (9 件)	*JISCO*	酒泉钢铁(集团)有限责任公司	氩、氧、硫黄、工业用白云石、重晶石、甲苯、甲基苯、工业用苯酚、水净化化学品
		金川集团有限公司	工业用贵金属盐、硫酸铀、精硒、草酸、元明粉、铜盐、钴盐、镍盐、氧化钴、氯化物、氧、氮、氩、液氯、液体二氧化碳、二氧化碳、硫黄、硫酸、硝酸、盐酸、工业用碱,纯碱、烧碱苛性碱、草酸盐、镍氧化物、铜氧化物、钴氧化物、化学试剂、实验室分析用化学试剂、磷肥、混合肥料、镍、钴氢氧化物
		金昌奔马农用化工股份有限责任公司	化肥
		甘肃稀土新材料股份有限公司	稀土产品
		敦煌市金地钒业有限公司	第一类(工业用)五氧化二钒、工业化学品、催化剂、工业用化学品、染料助剂、搪瓷着色化学品、钢材精加工制剂

续表

	商　标	商标注册人	核定使用商品或服务项目
1类 （9件）	祁松 QISONG	民乐富源化工 有限责任公司	铬酸盐、铬酸酐、硫酸盐、三氧化三 铬、铬盐
	金宝 JINBAOPAI	静宁县鸿达肥料有限 责任公司	农业用肥
	金九月	定西市金宇磷肥厂	混合肥料、磷肥、氮肥、农业肥料、 植物生长调节剂（商品截止）
	义顺 Y·S	康乐县义顺农工商 公司	农业用肥
2类 （5件）	TIOXHUA 泰奥华	中核华原钛白股份 有限公司	钛白粉（颜料）
	永新 X	西北油漆厂	油漆
	飞天 FEI TIAN	甘肃新恒达化工 有限公司	颜料
	西庆	庆阳市大千涂料有限 责任公司	漆、油漆、清漆、稀料、磁漆、防火 漆、防腐漆、乳胶漆（商品截止）
	敦煌 DH	甘肃盈科化工有限 责任公司	印刷油墨

	商　标	商标注册人	核定使用商品或服务项目
3类 （1件）	岷當 MIN DANG	甘肃岷县岷当生物工程产业有限责任公司	嫩肤水、美容水、去头皮水、洗面奶、洗发精、香皂、皮肤白净乳、美容用面膜、除臭肥皂、化妆品
4类 （3件）	砚北	华亭煤业集团有限责任公司	煤（截止）
	晶虹 JIC	靖远煤业集团有限责任公司	煤炭
		兰州振兴化工厂	润滑油、润滑脂、工业凡士林、导热油、齿轮油（商品截止）
5类 （13件）	佛慈	兰州佛慈制药股份有限公司	药品、膏药、消毒剂、中药药材、药酒、医用营养品、婴儿食品
	FUZHENG	甘肃扶正药业科技股份有限公司	中药成药、人用药
	宝炉	兰州佛慈制药股份有限公司	中成药
	DUYIWEI 独一味	甘肃独一味生物制药股份有限公司	人用药、中药成药、原料药、片剂、胶囊、散、酊剂、药酒、冲剂、医药用糖浆
	商龙 唐龙	兰州太宝制药有限公司	人用医用药物

续表

商　标	商标注册人	核定使用商品或服务项目
	甘肃河西制药有限责任公司	新成药
	甘肃医药集团临夏州医药公司	医用药物、医用药草
	甘肃省临夏龙康制药厂	当归口服液
	甘肃新兰药业有限公司	中西成药、口服葡萄糖、蜂乳口服液
	兰州佛慈制药股份有限公司	人用药、医药化学制剂、医药制剂、新药成药、蜂乳精、中药成药。
	甘肃省西峰制药有限责任公司	人用药
	甘肃效灵生物开发有限责任公司	医用药草、药草
	甘南佛阁藏药有限公司	医用制剂,各种丸、散

5类
（13件）

商标	商标注册人	核定使用商品或服务项目
	酒泉钢铁（集团）有限责任公司	合金钢、铸铁、生铁或半锻造铁、大钢坯（冶金）、白铁皮、钢条、钢板、铁板、金属板条、钢管、金属管、金属井盖、钢丝、钉子、弹簧（金属制品）、存储和运输用金属容器、金属标志牌、金属焊条
酒钢	酒泉钢铁（集团）有限责任公司	合金钢、铸铁、生铁或半锻造铁、大钢坯（冶金）、白铁皮、钢条、钢板、铁板、金属板条、钢管、金属管、金属井盖、钢丝、钉子、弹簧（金属制品）、存储和运输用金属容器、金属标志牌；金属焊条
	金川集团有限公司	铜制品、电解钴、镍及制品
JNMC	金川集团有限公司	铜、镍、钴（未加工的）、电解铜、电解钴、电解镍（商品截止）
天鹿 TIAN LU	甘肃成州锌业有限责任公司	普通金属合金、锌粉、锌、铅锭、普通金属锭、未加工或半加工普通金属、粉末冶金、锌白铜、氧化锌、硫酸铜、硫酸锌、硫酸、氧化铅
	兰州铝型材厂	金属板条、普通金属合金
西铁	腾达西北铁合金有限责任公司	硅铁
精益	甘肃宏达铝型材有限公司	普通金属合金、金属牌和金属板、金属食品柜、未加工或半加工普通金属、金属家具部件、金属包装容器
天工牌	天水中铁天工制造有限责任公司	铁路道叉、铁路转辙器、铁路道岔、铁路金属材料、铁路金属护轨、鱼尾形接轨夹（铁路）、铁路金属枕木、铁道防爬器、金属轨道、金属铁路枕木

6类（13件）

续表

	商　标	商标注册人	核定使用商品或服务项目
6类 (13件)		甘肃红峰机械有限责任公司	蒸汽疏水阀
		庆城县居立门业有限责任公司	防盗门(金属)、防火门(金属)、金属建筑物、公路防撞金属栏、金属广告栏、金属门、保险柜、金属箱、金属工具箱(空)
		定西高强度螺钉有限公司	标准紧固件(不包括通讯和车辆专用紧固件)螺钉
		酒泉华泰石化管件制造有限责任公司	金属管道弯头、金属管道接头、金属管道配件、管道的金属复式接头、金属容器、金属垫圈、金属环、金属支架、金属片和金属板、存储和运输用金属容器等。
7类 (8件)		兰州兰石国民油井石油工程有限公司	钻探装置(浮动或非浮动)、石油开采、石油精炼工业用机器设备、石油钻机、石油专用泥浆泵、石油化工设备。
		兰州电机有限责任公司	大、中型电机、发电机、移动电站
		甘肃海林中科科技股份有限公司	轴承
		天水风动机械有限责任公司	采掘机、采矿钻机、钻机、矿井作业机械

第五章　商标管理

377

续表

	商　标	商标注册人	核定使用商品或服务项目
7类（8件）		天水锻压机床有限公司	空气锤、折弯机、剪板机
		兰州高压阀门有限公司	阀（机器零件）、闸阀、截止阀、节流阀、球阀、止回阀、真空阀（商品截止）
		兰州真空设备有限责任公司	真空应用设备
		甘肃酒泉奥凯种子机械有限公司	农业机械、玉米脱壳机、种子清选设备、饲料粉碎机、气动传送装置、废物处理装置、筛具、粉碎机（机器）、包装机（商品截止）
9类（5件）		天水华天微电子股份有限公司	无线电基础元器件
		天水长城开关厂有限公司	电气设备
		甘肃长通电缆科技股份有限公司	电线、电缆
		天水二一三电器有限公司	信号灯、变压器、电开关、断路器、电路接插件、继电器（电的）、插头、插头和其他连接物（电器连接）、起动器、互感器、配电盘（电）、配电控制台（电）、控制板（电）、高低压开关板、铁道岔遥控电动设备、升降机操作高备、升降机操作装置、工业操作遥控电力装置、工业操作遥控电器设备、整流用电力装置、自动旋转栅门、电站自动装置
		兰州海默科技股份有限公司	计算机软件、气量表、密度计、测量仪器、计量仪表、原子射线仪器、工业用放射设备、油量表

	商 标	商标注册人	核定使用商品或服务项目
10类 (1件)	伏羲	天水市飞鸿医疗电器 有限公司	医疗器械、医疗仪器、电疗仪器
11类 (3件)	陇星	兰州陇星散热器有限 公司	暖气片、热水器
		兰州商通工业锅炉制 造有限公司	锅炉
	ABFT 曝气生物流化池	兰州捷晖生物环境工 程有限公司	污水净化装置、污水净化设备、水 净化设备和机器、污水处理设备 （商品截止）
14类 (1件)	金驼	金川集团有限公司	贵重金属锭、未加工或半加工贵重 金属、未加工金或金箔、贵重金属 合金、铂、铑、锇、钯、钌、铱、金、银
16类 (2件)	阳关 YANGGUAN	酒泉银星纸业有限 责任公司	木浆纸、胶版纸、包装纸、卫生纸、 纸、制版纸、新闻纸、复印纸、制图 纸、有光纸
	黄河	甘肃金黄河笔业有限 公司	铅笔、书写工具、炭笔、涂改液（办 公用品）、文具、文具盒（文具）、橡 皮擦（商品截止）
17类 (1件)	大禹	甘肃大禹节水股份 有限公司	非金属管道接头、农用地膜、过滤 材料（未加工泡沫或塑料膜）
18类 (1件)	JINSHAN	甘肃省白银风机厂	通风机、引风机

商　标	商标注册人	核定使用商品或服务项目
鸳鸯牌	天水祁连山水泥有限公司	水泥
丝路牌	金昌水泥(集团)有限责任公司	水泥
寿鹿山	甘肃寿鹿山水泥有限责任公司	水泥
铁骑	张掖市山丹水泥(集团)有限责任公司	水泥
龍峡牌	兰州甘草环保建材股份有限公司	水泥
HUOYANSHAN 火焰山	白银市白银区王岘水泥厂	水泥
裕华宝牌	兰州裕华实业有限责任公司	半成品木材(截止)
九	景泰县金龙化工建材有限公司	石膏、熟石膏、雪花石膏、石膏板
YM 玉門关	甘肃省玉门市第二水泥厂	水泥、石膏、熟石膏
景雲 JINGYUN	景泰景云石膏有限公司	石膏粉

19类
(10件)

续表

	商 标	商标注册人	核定使用商品或服务项目
20类 (2件)		酒泉富康家具总公司	家具、沙发、金属家具
	黄河	兰州大庆家具有限 责任公司	家具
21类 (2件)	麦积山	天水汉唐麦积山艺术 陶瓷有限公司	家庭用陶瓷制品、陶器、瓷器、仿瓷器、仿陶器、陶瓷、赤陶或玻璃小雕像、日用瓷器(包括盆、碗、盘、壶、餐具、缸、坛、罐)、唐三彩、饮用器皿、日用陶器(包括盆、碗、盘、缸、坛、罐、砂锅、壶、炻器餐具)(商品截止)
	酒泉	酒泉市晶玉工艺美术 有限责任公司	夜光杯
22类 (2件)	HONGYU 鸿 煜	兰州鸿煜塑料制品有 限责任公司	纺织袋
		敦煌市棉制品有限 责任公司	棉絮
24类 (1件)	FU GUANG 富廣	兰广毛纺织厂	毛毯、毛呢、毛料、毡
25类 (1件)	泰玉taiyu	国营景泰羊毛衫厂	牛绒衫、羊绒衫、驼绒衫、牛羊毛衫、羊绒围巾、牛绒套裙、服装
29类 (15件)	华羚 HUALING	甘肃省甘南州华羚 干酪素厂	酸乳酪、乳酪、粗制凝乳酶、食用酪蛋白、乳清、牛奶制品

商　标	商标注册人	核定使用商品或服务项目
正林	兰州正林农垦食品有限公司	葡萄干、土豆片、百合干、加工过的花生、精制坚果仁、杏仁干、熟制豆、加工过的开心果、加工过的松子、加工过瓜子（商品截止）
庄园之露 ZHUANGYUAN ZHILU	兰州庄园乳业有限责任公司	牛奶、牛奶制品、酸奶、可可牛奶（以牛奶为主）、牛奶饮料（以牛奶为主）
三福	景泰县三福粮油有限责任公司	食用油、食用油脂
丽华堂	甘肃金利食品土特产有限责任公司	肉、糖玫瑰、黄花菜、精制坚果仁、干食用菌、百合干、果肉、干枣、加工过的瓜子、食用花粉
丹马 DanMa	山丹马场丹马油脂有限责任公司	食用油、食用油脂、奶油（奶制品）、食用酪蛋白、牛奶、肉、死家禽、肉罐头（商品截止）
阁格尔1	甘肃天祝天润旅游开发有限公司	肉
路大路 LDL	静宁县农畜有限责任公司	加工过的肉、冻肉、非活家禽
新一代	甘肃新一代食品有限公司	水果蜜饯、蜜饯、果肉

29类
（15件）

续表

商　标	商标注册人	核定使用商品或服务项目
西域	甘肃西域食品有限责任公司	果汁饮料
燎原 LIAOYUAN	甘南藏族自治州燎原乳业有限责任公司	奶粉、麦乳精
大鹏	镇原县大鹏食品有限责任公司	水果蜜饯、果肉、果皮
祥宇	陇南市祥宇油橄榄开发有限责任公司	食用橄榄油、食用油橄榄罐头、食用油橄榄果酱
SK 四口	甘肃四口食品有限责任公司	猪肉食品、肉、肉汤、香肠、死家禽、卤鸡、板鸭、腌制蔬菜、蛋、豆腐制品
陇上江南	邱进元	冬菇、木耳、干食用菌、精制坚果仁、加工过的花生、加工过的瓜子、加工过的松子、加工过的开心果、糖炒板栗、发菜(商品截止)
甘青	武威红太阳面粉有限责任公司	面粉
昆仑雪	甘肃昆仑生化有限责任公司	食用淀粉产品、含淀粉食物、糖果、黄色糖浆、非医用营养液、非医用营养粉、非医用营养胶囊
清吉	陇西县清吉洋芋开发有限责任公司	食用淀粉产品、茶饮料、糖、食用糖果、蜂蜜、糕点、盒饭、食用面粉、调味品、食用淀粉
康瑞 KANGRUI	武威市金穗面业食品有限责任公司	面粉
有年	张掖市有年金龙(集团)有限责任公司	马铃薯粉、粉丝(条)、蔬菜片、锅巴

29 类
(15 件)

30 类
(18 件)

商 标	商标注册人	核定使用商品或服务项目
桑大叔	甘肃桑大叔面业食品有限责任公司	谷类制品、面粉、蛋糕面粉、玉米（磨过的）、玉米粉、碾碎的大麦、豆类粗粉
祁连星火	酒泉市星火面粉有限责任公司	方便面、糕点、挂面、面包、食用面粉（商品截止）
景兴	平凉市景兴清真食品有限责任公司	牛骨髓油茶粉、挂面、面包、蛋糕、粉丝、醋、酱油、调味酱油、调味醋
JYP 阴平	甘肃省文县玉兰茶业有限责任公司	茶、调味品（商品截止）服务项目、茶叶种植、加工、销售、茶事服务、农副产品（不含粮食）收购销售、茶具销售、茶文化咨询服务
金雨兰	兰州玉兰味精食品有限公司	酱油、醋、醋精、调味品、味精、芥末粉、调味酱、涮羊肉调料、非医用侵液、除香精油外的饮料调味品
小二黑	兰州小二黑食品有限公司	酱油、醋、酱菜、调味品、豆制品、酱油曲种、谷类制品、食用麦芽膏、果汁饮料（冰）、醪糟、巧克力饮料、茶
QIERKANG 祁尔康	甘肃祁连山生物科技开发有限责任公司	非医用营养胶囊、非医用营养片、非医用营养粉、非医用营养膏、非医用营养液
黄羊河	甘肃黄羊河农工商（集团）有限责任公司	蜂蜜、方便米饭、食用面粉、玉米粉、粗玉米粉、玉米（烘过的）、玉米花
玄鹤洞	武正伟 622701650529083	醋、酱油

30类（18件）

商标	商标注册人	核定使用商品或服务项目
刻巧儿 LIUQIAOER	庆阳市北地红调味食品有限公司	八宝饭、醪糟、豆豉、涮羊肉调料、调味酱、佐料、除香精油外的调味品、酱菜（调味品）、肉豆蔻、香糟
天生园	兰州天生园食品工业有限公司	糕点、饼干、面包
凯源	甘肃凯源生物科技开发中心	非医用营养胶囊、非医用营养片、非医用营养粉
雪晶 XUE JING	甘肃雪晶生化有限责任公司	柠檬酸、玉米淀粉、玉米蛋白粉、玉米浆
平凉金果	平凉市果业开发办公室	苹果及产业研究开发、技术指导、推广、培训、服务等工作
敦煌飞天	甘肃省敦煌种业股份有限公司	植物种籽
条山	甘肃条山农工商（集团）有限责任公司	大麦、啤酒花（蛇麻）、鲜水果、鲜葡萄、杏仁、（水果）、新鲜蔬菜、饲料、非医用饮料添加剂、酿酒麦芽等
黄河	兰州黄河企业股份有限公司	麦芽

30类（18件）行对应前四行，31类（9件）对应后四行。

第五章 商标管理

385

商标		商标注册人	核定使用商品或服务项目
31类 (9件)		白银华惠麦芽集团 有限公司	麦芽
		玉门聚馨麦芽有限 公司	酿酒麦芽
		张掖市种子公司	植物种籽
		武威金苹果有限责任 公司	植物种子
		甘肃黄羊河农工商(集 团)有限责任公司	大麦、啤酒花(蛇麻)、小麦、鲜葡 萄、麦芽、坚果(水果)
32类 (3件)		兰州黄河企业股份 有限公司	啤酒
		甘肃和政八八啤特果 有限责任公司	果汁饮料
		甘肃西域食品有限 责任公司	果汁饮料
33类 (17件)		甘肃滨河食品工业 (集团)有限责任公司	含酒精饮料(不包括啤酒)、葡萄 酒、果酒、黄酒、青稞酒、食用酒精
		甘肃金徽酒业集团 有限责任公司	烧酒、酒(饮料)、含酒精液体、酒精 饮料(啤酒除外)、开胃酒、蒸馏酒 精饮料、苦味酒、果酒(含酒精)、米 酒(商品截止)

续表

商　标	商标注册人	核定使用商品或服务项目
	甘肃丝路春食品工业有限公司	酒
	甘肃省条山酒厂	酒
	甘肃麦积酒业有限责任公司	酒(饮料)(商品截止)
	甘肃古河州酒业有限责任公司	酒(饮料)、酒精饮料(啤酒除外)、黄酒、葡萄酒、含水果的酒精饮料
	甘肃红川酒业有限责任公司	酒(饮料)、伏特加(酒)、果酒(含酒精)、苹果酒、葡萄酒、清酒、米酒、烧酒、酒精饮料(啤酒)
	平凉市新世纪柳湖春酒业有限责任公司	白酒
	甘肃金徽酒业集团有限责任公司	烧酒、酒(饮料)、含酒精液体、酒精饮料(啤酒除外)、开胃酒、蒸馏酒精饮料、苦味酒、果酒(含酒精)、米酒(商品截止)
	甘肃天祝藏酒酒业有限公司	酒
	甘肃天河酒业有限公司	果酒(含酒精),酒(饮料),酒精饮料(啤酒除外),黄酒

33类
(17件)

商 标	商标注册人	核定使用商品或服务项目
 33类 (17件) 汉武御	甘肃酒泉汉武酒业有限责任公司	含酒精饮料
织人	甘肃彭阳春酒业有限责任公司	果酒(含酒精)、烧酒、葡萄酒、白兰地、酒(饮料)、含水果酒精液体、米酒、黄酒、含酒精液体、食用酒精
凉都 liang du	甘肃武酒酒业(集团)有限公司	酒
彭阳春	甘肃彭阳春酒业有限责任公司	酒
祁连传奇	甘肃祁连葡萄酒业有限责任公司	开胃酒、葡萄酒、酒(利口酒)、酒(饮料)、白兰地、威士忌酒、含酒精液体、含水果的酒精饮料、酒精饮料(啤酒除外)、果酒(含酒精)
五山池 W	甘肃五山池黄酒有限责任公司	酒
34类 (1件)	兰州卷烟厂	香烟
35类 (2件) 巍雅斯®	兰州巍雅斯名表眼镜有限公司	商业行情代理、商业信息代理、公共关系、商业专业咨询、贸易业务的咨询、组织商业或广告交易会、组织商业广告性的贸易交易会、组织商业或广告展览、进出口代理、推销(替他人)(商品截止)
众友	甘肃众友医药连锁有限公司	推销(替他人)(商品截止)

续表

	商标	商标注册人	核定使用商品或服务项目
36类（1件）	天庆 TIAN QING	兰州天庆房地产开发有限公司	不动产出租、不动产代理、住房代理、不动产中介、不动产评估、不动产管理、公寓管理、公寓出租、住所（公寓）、办公室（不动产）出租（商品截止）
39类（1件）	东部	兰州东部综合批发市场	运输、货运、停车场、停车场服务、贮藏、仓库出租、贮藏信息、商品贮藏、货物贮运、商品包装
42类（6件）	马子禄	兰州马子禄牛肉面有限责任公司	餐馆、快餐馆
		兰州忠华商贸有限责任公司	餐馆、自助餐馆、快餐馆、备办宴席、旅馆、招待所、旅馆预订、预订临时住所、临时住宿出租
	壹加壹	兰州一加一餐饮娱乐有限责任公司	住所（饭店、供膳寄宿处）、快餐馆、包装设计、美容院、时装情报、时装设计
	德祥楼	兰州德祥汽车运输有限责任公司	备办宴席、餐饮、茶馆、酒吧、快餐馆
		兰州马大胡子餐饮服务有限公司	餐厅
	CAESARROME	廖宗泰 620102620117501	餐馆、临时餐馆、自助餐馆、快餐馆、备办宴席、鸡尾酒会服务、咖啡馆、住所（饭店）、旅馆、招待所、提供展览会设施、美容院、理发店、高级理发店、公共保健浴室、按摩、蒸汽浴室。
43类（1件）	千聖	邹军	自助餐厅、餐厅、快餐馆、自助餐馆、备办宴席、提供食宿旅馆、流动饮食供应、饭店、假日野营服务（住宿）（商品截止）

2008年12月1日，省工商局依照《甘肃省著名商标认定和保护条例》及《甘肃省著名商标认定和保护条例实施办法》的规定，认定甘肃稀土集团有限责任公司的""商标等80件商标为甘肃省著名商标，有效期为五年。

2008年第二批甘肃省著名商标名录

表5-14

注册类别	商标	注册号	商标注册人	核定使用商品或服务项目
1类（4件）		3973296	甘肃稀土集团有限责任公司	烧碱、碱、盐酸、过氧化氢、氯化物、氯气（液态）、氯酸盐、工业用发挥碱、化学试剂（非医用或非兽用）
		3559075	甘肃锦世化工有限责任公司	铬酸盐、铬盐、铬酸酐、铬矾、烧碱、硫化物、皮革鞣剂、磷肥（肥料）
	陇海	944032	定西市陇海乳品有限责任公司	干酪素
	富润	1969845	甘肃华源肥业有限责任公司	农业用肥（商品截止）
2类（1件）	Golden Road	1692138	兰州金路交通设施有限责任公司	漆
4类（1件）	天马	643244	天水铁路油脂化工厂	ND5机东抱轴瓦油
5类（6件）	奇正	932719	甘肃奇正实业集团有限公司	中药袋、医用保健袋、急救袋、药枕、医用敷料、医用填料
	祁连山 QI LIAN SHAN	117810	甘肃祁连山药业有限公司	新药成药
	大得利	832221	兰州大得利生物化学制药（厂）有限公司	生化制品、血液制品

续表

注册类别	商标	注册号	商标注册人	核定使用商品或服务项目
5类 (6件)	和盛堂	1300243	兰州和盛堂制药有限公司	化学药制剂、片剂、冲剂、胶囊剂、中药丸剂、中药冲剂、中药胶囊剂
	天水	1038701	甘肃天水岐黄药业有限公司	中成药、西药片剂、中药片剂、输液及针剂、口服液、胶剂、冲剂、散剂、胶囊剂
		117821	酒泉大禹制药有限责任公司	新成药
6类 (3件)	LLL	214274	兰州连城铝业有限责任公司	铝锭
	晶云	1539421	甘肃宏达铝塑业有限公司	普通金属合金、金属片和金属板、金属食品柜、未加工或半加工普通金属、金属家具部件、金属管、金属包装容器
	LR 兰容牌	538505	兰州兴业金属容器有限责任公司	闭口钢桶
7类 (6件)	F	808420	甘肃长风电子科技有限责任公司	洗衣机
	长凤	169527	国营长风机器厂	洗衣机
	Y 高原	155835	定西金荣活塞环有限责任公司	活塞环
	兰毅	1231453	兰州轻工业机械有限责任公司	制皂机械
	TS	220927	天水华荣铸造机械有限公司	铸造机械(离心铸造机、低压铸造机)、混沙机、落沙机
	RILIAN	1215438	酒泉荣泰橡胶制品有限公司	平行胶带(运输带、传送带、不包括陆地车辆引擎传动带)、三角带、机器传动带

注册类别	商 标	注册号	商标注册人	核定使用商品或服务项目
9类 （4件）	众邦	1534168	兰州众邦电线电缆集团有限公司	电缆、电线、电话线、电线连接物、接线盒、插座及其他接触器、配合箱、母线槽
	豫通	1705966	天水铁路电缆工厂	电线、电缆
	G	629107	甘肃容和矿用设备有限公司	磁力起动器
	YGG	278070	敦煌市阳关光学实业有限公司	眼镜
11类 （2件）	红星	1334461	中核动力设备有限公司	锅炉
	力达 红达	3164348	兰州锅炉厂	锅炉（非机器部件）、加热用锅炉、燃气锅炉、蒸汽锅炉（非机器部件）、工业锅炉
16类 （3件）	读者	704750	读者杂志社	杂志
	明霞	1925318	平凉市峡门造纸厂	白纸板、瓦楞原纸（纸板）、卫生纸、箱纸板、印刷纸（胶版纸、新闻纸、书刊用纸、证券纸、凹板纸、凸板纸）、有光纸、纸餐巾、纸垫、纸张（文具）、纸制或纤维制婴儿尿布（一次性）（商品截止）
	洮珠	1234402	甘肃省洮砚开发公司	砚
17类 （2件）	古农	1325040	合水县振海塑业有限责任公司	农用地膜、塑料管
	金泉 YINQUAN	1202241	酒泉荣泰橡胶制品有限公司	非金属软管

续表

注册 类别	商　标	注册号	商标注册人	核定使用商品或服务项目
18 类 （1 件）	雅虎	1770995	甘肃省平凉市 福利制革厂	（动物）皮、（牛、羊等）的生皮、 半加工或未加工皮革、牛皮、 （商品截止）
19 类 （3 件）	祁连山 QILIANSHAN	3047946	甘肃祁连山水泥集 团股份有限公司	水泥、水泥管、混凝土建筑构 件
	安多红·	4294003	夏河安多投资 有限责任公司	混凝土、石灰石、石灰、水泥、 混凝土建筑构建、水泥板、水 泥管、耐火材料（熟料）、水泥 电杆、建筑用砂石
	鸿雁	1724881	兰州京兰防水工 程有限责任公司	防水卷材
23 类 （1 件）	CHUN FENG	124528	甘肃春风纺织（集 团）有限责任公司	涤晴混纺织绒线
25 类 （1 件）	Huelai	569060	甘肃春风纺织（集 团）有限责任公司	羊毛衫
27 类 （1 件）	羚羊	1460956	临夏市兴强地毯 有限责任公司	地毯
29 类 （13 件）	禾　麟	3273427	瓜州县禾麟粮油 工业有限责任 公司	食用油脂、食用葵花籽油、食 用菜籽油、芝麻油、食用油、玉 米油、涂面包片用脂肪混合物
	西部人	1623196	甘肃敬业农业科 技有限公司	加工过的瓜子、浸酒的水果、 油炸土豆片、食用油、水果罐 头、葡萄干、冷冻水果、干枣、 脱水菜、番茄酱
	绿莹	3606607	陇西绿莹科技发 展有限责任公司	食用油、食用菜籽油、食用骨 油、食用猪油、食用油脂、食用 葵花籽油、芝麻油、冬菇、木 耳、干食用菌（商品截止）
	結緣	759713	永靖县刘家峡果 制品有限公司	果脯、果皮、果肉、蜜饯果类、 水果蜜饯、水果仁

第五章　商标管理

393

注册类别	商标	注册号	商标注册人	核定使用商品或服务项目
29类 （13件）	维思特 WEISITE	3855815	庆阳市维思特食品有限公司	水果蜜饯、冷冻水果、果肉、果皮、果酱、话梅、杏仁粉、土豆片、五香豆、熟制品
	旭康	1097037	泾川县旭康食品有限责任公司	牛肉、加工过的肉、猪蹄、牛鞭、驴鞭
	古象牌	280303	甘肃省合水县古象奶业有限责任公司	奶粉
	凤凰	1423841	兰州凤凰食品有限责任公司	水果蜜饯、果酱、葡萄干、水果片、油炸土豆片、百合干、果皮、话梅、山楂片、桂圆
	陇原情	1706730	甘肃陇原情肉制品有限公司	肉、香肠、火腿、腌腊肉、肝、肉冻、牛肚
	绿峰春柳 LUFENGCHUNLIU	3225074	甘肃玉门绿峰酒花有限责任公司	啤酒花(烘干的花);食用花粉(商品载止)
	兴人康 XINGKANG	3873908	康县信康经贸有限责任公司	冬菇、木耳、发菜、干食用菌、精制坚果仁、加工过的瓜子、加工过的花生、加工过的松子、糖炒栗子(截止)
	圆根香	3896739	陇南市圆根香商贸有限公司	泡菜、酸菜、汤、腌制蔬菜、蔬菜汤料、咸菜、酱菜、脱水菜、榨菜、蛋
	博林 BOLIN	4283943	豆改林 622621520508061 （陇南世博林油橄榄有限公司）	食用油脂、可可油、食用菜油、食用油、芝麻油、食用橄榄油、食用猪油、使用葵花籽油、椰子油、类可可脂(截止)

注册类别	商 标	注册号	商标注册人	核定使用商品或服务项目
30类 (8件)		1542428	武威市永昌镇张义面粉厂	食用面粉、面粉、糕点用粉、粗面粉。
		576110	甘肃银河食品集团有限责任公司	粉丝
		1558041	武威市金三角面粉有限公司	食用面粉
		3317193	张德年(武威市凉州食品工业有限公司)	食用面粉;蛋糕粉;粗面粉;玉米粉;粗玉米粉
		3690731	山丹县碧原蜂业有限责任公司	食品用糖蜜;蜂蜜;食用蜂胶;非医用蜂王浆;食用王浆(非医用);花粉健身膏;非医用营养膏;非医用营养粉;非医用营养胶囊;非医用营养液
	家家百福香	1956866	酒泉市百福香酿造厂	醋、醋精;调味酱油、酱油、啤酒醋
		1634942	环县鑫泰杂粮工贸有限责任公司	谷类制品、食用面粉、豆类粗粉、玉米粉、粗燕麦粉、去壳燕麦、面粉、人食用的去壳谷物
		3624888	陈维太231023194801141812(武都太泉蜂业总场)	蜂蜜、食用蜂胶(蜂胶)、食品用糖蜜、黄色糖浆、花粉健身膏、非医用营养液、非医用营养胶囊(商品截止)
31类 (4件)		244818	天水市果业产业化办公室	苹果
		3840006	酒泉市广源制麦有限责任公司	酿酒麦芽
		1731023	甘肃景泰金卉麦芽有限责任公司	酿酒麦芽

注册类别	商　标	注册号	商标注册人	核定使用商品或服务项目
31类 （4件）		1535189	白银市平川区种籽公司	谷种、菌种、植物种子
33类 （8件）		566247	甘肃皇台酒业股份有限公司	酒
		1966177	甘肃莫高实业发展股份有限公司	白酒、含酒精果子饮料、黄酒、酒（饮料）、酒精饮料（啤酒除外）、料酒、米酒、葡萄酒、烧酒、香槟酒
		545236	甘肃皇台酒业股份有限公司	酒
		354000	敦煌市葡萄酒业有限责任公司	酒、汽酒
		3740643	甘肃昭武酒业食品有限责任公司	果酒（含酒精）、苹果酒、酒（饮料）、含酒精的液体、含酒精浓汁、含酒精液体、含水果的酒精饮料、米酒、酒精饮料（啤酒除外）、葡萄酒、梨酒（商品截止）
		717488	甘肃兰池酒业食品有限责任公司	白酒
		1968229	甘肃山丹三龙酒业有限责任公司	含酒精果子饮料、含水果酒精饮料、酒（饮料）、苹果酒、蒸馏酒精饮料
		211941	甘肃张掖绿色食品实业开发总公司老寺庙酒厂	果酒（含酒精）、开胃酒、蒸馏酒饮料、葡萄酒、酒（饮料）、含酒精的液体、酒精饮料（啤酒除外）、料酒、黄酒、清酒
34类 （1件）		1531157	庆阳市大千火柴有限责任公司	火柴

续表

注册类别	商 标	注册号	商标注册人	核定使用商品或服务项目
35类 （1件）		1951966	兰州天奇物资集团有限公司	推销（替他人）
39类 （2件）		3534530	甘肃西部物流有限责任公司	运输、运输经纪、运输信息、商品包装、驳船运输、汽车运输、铁路运输、空中运输、货物贮存、仓库出租
		1949981	甘肃平凉崆峒旅游有限责任公司	船艇出租、观光旅游、旅行陪伴、旅行社、旅行预订、旅游预订、汽车出租、商品包装、停车场、游船运送
42类 （3件）		1980237	兰州名流餐饮有限责任公司	咖啡馆、餐厅、自助餐馆、快餐馆、酒吧、流动饮食供应、茶馆
		1141765	兰州雅尔佳商贸实业有限公司	餐馆
		1463916	兰州悦宾楼餐饮娱乐有限公司	餐厅、餐馆、备办宴席、流动饮食供应
43类 （1件）		3490135	兰州陈云餐饮有限责任公司	自助餐厅、餐厅、餐馆、自助餐馆、快餐馆

针对全省驰名商标较少的实际，2007年至2008年，省工商局对全省知名商标进行了调查摸底，对符合驰名商标认定条件的商标向国家工商总局提出驰名商标认定请求，甘肃海林中科科技股份有限公司的"海林"牌商标被国家工商总局商标局认定为中国驰名商标。2008年4月16日，省政府新闻办公室、省整顿办和天水市人民政府在兰州联合举行"2008甘肃省保护知识产权暨海林牌商标获驰名商标认定新闻发布会"。同时，有4件商标被司法认定为中国驰名商标，分别是：甘肃奇正实业集团有限公司的"奇正"商标、兰州众邦电线电缆集团有限公司的"众邦"商标、甘肃滨河食品工业集团有限责任公司的"滨河"商标、甘肃金徽酒业集团有限责任公司的"金徽"商标，使全省的驰名商标总数达到7件。

表 5-15　1997—2008 年全省被认定的中国驰名商标

序号	企业名称	所在地	商标标识	商标注册号	商标类别	核定使用范围	认定时间及方式
1	金川集团有限公司	金昌		183543	6	电解镍	1997 年国家工商局商标局中认定的驰名商标
2	兰州黄河企业股份有限公司	兰州	黄河	767304	32	啤酒	2002 年国家工商局商标局中认定的驰名商标
3	甘肃奇正实业集团有限公司	兰州	奇正	932720	5	中药袋、医用保健、急救袋、药枕、医用敷料、医用填料	2004 年 12 月兰州市中级人民法院
4	甘肃海林中科科技股份有限公司	天水	海林牌 HAILIN	151777	7	轴承	2008 年商标局在商标管理案件中认定的 136 件驰名商标
5	兰州众邦电线电缆集团有限公司	兰州	众邦	2E+06	9	电缆、电线、电话线、电线连接物、接线盒、插头插座及其他接触器、配合箱、母线槽	2008 年 1 月兰州市中级人民法院
6	甘肃滨河食品工业(集团)有限责任公司	张掖	滨河	314446	33	酒	2008 年 12 月省高级人民法院
7	甘肃金徽酒业集团有限责任公司	陇南	金徽	146751	33	酒	2008 年 12 月陇南市中级人民法院

第四节 建章立制与培训交流

一、建章立制

自 1980 年全省工商部门恢复建制到 2008 年，商标监管工作的法制建设逐步完善。在此期间，全省制定出台了一系列加强商标管理，完善驰名、著名商标的政策、法规、制度。

1987 年 4 月，省工商局向全省工商系统下发了《关于印发〈甘肃省注册商标档案管理制度（试行）〉的通知》。《管理制度》总则部分规定：(1)商标档案，真实记述和反映商标在商品经济活动中的发展、变化和使用的历史，具有重要的利用价值和参考作用。(2)商标档案是工商部门业务档案和国家全部档案的组成部分，是商标注册和商标管理的重要依据。因此，必须科学管理，做到收集完整、整理科学、使用方便、保管安全。(3)全省商标档案，实行省、县（市、区）两级管理。省工商局建立一档、两卡、一底簿（注册商标档案，分类卡、企业卡，底簿）；各县（市、区）工商局（分局）根据商标注册量多少，可建一档、一卡、一底簿，或一档、一底簿，并指定专人管理，接受上级和同级档案部门的业务指导。

1997 年 4 月，省工商局代省政府起草了《甘肃省著名商标认定和管理暂行办法》。《办法》规定：省工商局牵头组织省商标协会、省消费者协会，组成甘肃省著名商标认定委员会，负责著名商标的认定；认定委员会下设办公室，处理日常工作。省工商局负责甘肃省著名商标的管理工作，甘肃省著名商标在甘肃省境内受法律保护。凡获得甘肃省著名商标的，其注册商标所指定的商品为知名商品。《办法》第 7 条明确了认定著名商标的条件。

1997 年 6 月 9 日，省政府下发了《关于培育和发展"陇货精品"的决定》。省政府决定，从 1997 年起，着力培育和发展一批"陇货精品"，以促进经济结构的战略性调整，培育新的经济增长点，壮大支柱产业，增强甘肃产品参与市场竞争的能力。《决定》明确提出了"陇货精品"的条件："陇货精品"是指有鲜明的甘肃特色，市场发展前景广阔，规模效益、结构效益和技术创新效益显著的产

品。(1)必须是经技术监督部门认定公布的名牌产品,(2)必须是正式注册、品牌知名度高、无商标争议的产品,(3)必须是附加值高的深加工产品,(4)必须是技术含量高、生产规模大、经济效益好、能够成长为新的经济增长点或能够带动相关产业发展的龙头产品,(5)必须是市场占有率高、发展潜力大、地方特色明显、市场竞争力强的产品。《决定》明确提出,培育和发展"陇货精品"要把技术改造、技术引进、技术开发和采用新技术、新工艺、新材料以及国际标准等项工作紧密结合起来,增强支柱产业的技术创新能力、市场竞争能力和结构优化能力;充分发挥市场机制的作用,抓好一批对跨世纪发展具有重大带动作用的名牌产品,使之成长为新的经济增长点;按照国家产业政策,同优化结构、重组资产、组建大型骨干企业集团结合起来,促进产品结构、产业结构和企业组织结构的调整,形成一批经济规模较大的生产名牌产品的企业集团和企业群体。

2004年3月,省科技厅、工商局、版权局联合制定了《关于在我省举办的大型会展和招商引资活动中开展知识产权监督管理工作的意见》,省政府批转了这个《意见》。《意见》重点提出了要严厉查处在大型会展和招商引资期间的侵权、假冒、盗用知识产权行为。在会展期间,由知识产权监督管理办公室的执法人员在各自的职权范围内对下列假冒、盗用知识产权的行为,假冒及盗用知识产权的产品、展品及相关的图片、资料等宣传刊物依法进行查扣并处理:(1)对未取得专利权,在合同和产品上,将非专利产品冒充专利产品的和将非专利技术称专利技术的;(2)专利权被宣告无效后,继续在合同、产品、展品上标注专利标记的;(3)未经许可,在产品、展品及其包装上标注他人的专利号的;(4)未经商标注册人的许可,在同一种商品或者类似商品上使用与其注册商标相同或者近似商标的;(5)销售侵犯注册商标专用权商品的;(6)冒充注册商标的;(7)未经商标注册人同意,更换其注册商标并将该更换商标的商品投入市场的;(8)给他人的注册商标专用权造成其他损害的;(9)出版他人享有专用出版权的图书,销售盗版图书、音像制品、软件及其他侵权盗版制品的;(10)制作出售假冒他人署名的作品的;(11)未经许可使用他人享有版权或邻接权作品的;

（12）其他侵权、假冒、盗用知识产权行为的。对违反上述规定的单位和个人，拒不改正的，取消参展、销售和演出资格。本省企业事业单位由此造成损失的，由其上级主管部门追究单位直接责任人或负责人的责任。《意见》规定，凡涉及专利、商标、版权等知识产权的上述行为，由相应主管部门的执法人员做出处理决定，其他部门要给予配合。

2005年，省工商局根据《商标法》和《中华人民共和国商标法实施方案》等法律法规，结合本省实际，制定了《甘肃省著名商标认定和保护办法》，报请省政府颁布实施。这一年，兰州市工商局指导商标印制企业建立健全了5项管理制度，即印制商标业务核查制度、商标登记存档制度、废次商标标识处理制度、商标标识出入库制度、商标印制单位责任人奖惩制度。通过对这些制度的严格落实，使全市300多户商标印制企业从源头上遏制了商标侵权假冒行为。2005年省工商局开始了《甘肃省著名商标的法律认定和保护办法》的起草工作，并于当年11月完成了《办法》初稿。2006年，省工商局在认真调研、论证，广泛征求社会各方面意见和建议的基础上，对《办法》进行了多次修改，形成了《甘肃省著名商标的法律认定和保护办法（送审稿）》，上报省政府审核。2007年6月，经省政府常务会议审议通过，形成了《甘肃省著名商标认定和保护条例（草案）》，上报省人大常委会审议。9月27日，省人大常委会审议通过了《甘肃省著名商标认定和保护条例》，并于当年11月1日起施行。《条例》的制定和施行，对于保护甘肃省著名商标所有人的合法权益，引导企业实施名牌战略，提高甘肃产品的市场占有率和竞争力，促进全省经济又好又快发展，具有重要的意义。

2007年12月省工商局制定了《甘肃省著名商标认定和保护条例实施办法》，并于2008年1月1日起实施。《办法》规定："省工商行政管理局建立由不少于25人组成的专家库，参与著名商标认定工作。"根据这一规定，2008年5月，由33人组成的专家库正式成立，参与著名商标的认定工作。为体现著名商标认定的公平、公正、公开，加强对工作人员及专家库组成人员的监督，省工商局制定了《甘肃省著名商标认定工作规则》和《甘肃省著名商标认定廉政工作

守则》,在著名商标认定工作中全面接受企业和社会的监督。

《甘肃省著名商标认定和保护条例》颁布后,营造了申请认定著名商标的浓厚氛围,全省工商系统广泛开展了宣传《条例》的活动。除在《甘肃日报》《甘肃法制报》及其他媒体进行宣传外,省工商局还编印了《甘肃省著名商标认定申请书》,下发到市、州、县(市、区)工商局和工商所及有关企业,引导企业开展争创著名商标活动。

二、培训与交流

1988年11月1日,国家工商局实行了商标注册商品的国际分类,10月20日,省工商局集中3天时间在天水市举办了全省工商系统商品国际分类培训班。当年,省工商局在全省范围内举办了3期工商系统商标管理人员及部分企事业单位主管商标工作的业务人员参加的培训班,251人参加了培训。

1993年,全省商标事业得到了较快的发展,较好地适应了甘肃经济发展的需要。各级工商部门加强了对商标工作的组织领导,尤其加强了对商标人员的培训,培训对象既包括各级工商部门负责商标管理的工作人员,也包括各类企业从事商标工作的人员。这年,培训商标工作人员达到了363人,均取得了资格培训的合格证书。

1997年,省工商局与省商标协会在兰州市、张掖市、平凉市、定西地区漳县举办了全省第一至第四期商标法律法规培训班。

1999年6月,省工商局与省商标协会在天水市举办了全省第六期商标法律法规培训班。

2003年至2004年,省工商局与省商标协会深入到市、州、县举办普及《商标法》培训班,先后在临夏州、平凉市、庆阳市、泾川县、景泰县、宁县举办了6期培训班,来自工商系统和企业的420人参加了培训。

2004年,省工商局、省商标协会举办了以"保护商标专用权,促进甘肃经济发展"为主题的"红鹭·白银"杯商标电视大奖赛,以此作为经验和知识交流的极好机会。参加大奖赛的有来自全省各地的30支企业代表队和10支工商系统代表队。大赛决出一等奖 1 名、二等奖 2 名、三等奖 3 名。省委、省人大、省政府、省政协的有关领导作为大赛的嘉宾为获奖者颁发了证书和奖金。

2008 年,省工商局开展了著名商标认定的培训工作。在省商标协会的配合下,省工商局举办了两期著名商标认定工作培训班,全省 250 多家企业的商标负责人、个体工商户及各市、州工商局商标管理负责人参加了培训。通过培训,使企业对著名商标的认定有了全面的了解,增强了商标法律意识,也减少了参与商标认定的盲目性。

第六章　广告管理

随着商品经济的发展和社会主义市场经济体制的建立，全省广告业迅速发展，广告监督管理的任务越来越重，工商部门对广告的监管也不断加强。

第一节　广告业的发展

作为市场经济产物的甘肃广告业，伴随着中国改革开放和经济社会的发展而发展。1978年之前，全省只有3家广告经营单位，从业人员44人，年广告营业额44万元。到1990年，全省有广告经营单位190户，从业人员1500多人，年广告营业额1351万元。到1996年，全省新增广告经营单位113户，广告经营单位达到670户，从业人员6526人，年广告营业额首次突破亿元大关，达1.02亿元。到2005年底，全省广告经营单位达到1520户，广告从业人员1.32万人，年广告营业额达8亿多元。尤其是进入21世纪之后，全省广告业发展很快，广告设计、制作和发布水平也大大提高，不仅有广播、电视、报刊、路牌等大众媒体，而且有了DM广告、座铺广告、交通广告、三维动画、彩色喷绘及飞艇、热气球等先进广告发布媒体和手段；其他如文艺广告、邮寄广告、馈赠广告和商业展览会、博览会也大规模登上广告舞台，各种广告媒体也迅速发展。2008年，全省共有广告经营单位328户，从业人员2434人，年广告营业额4.08亿元。

1998 年与 1999 年全省广告经营单位户数对比表

表 6-1

项 目	单位	1999 年	1998 年	99 年比 98 年(+/−)%
经营单位数	户	996	868	+14.75
其中:国有企业	户	87	80	+8.75
国有事业	户	187	196	−4.59
集体企业	户	148	157	−5.73
集体事业	户	27	27	0
个体、私营企业	户	310	140	+121.43
外商投资企业	户	−	−	−
联营企业	户	1	129	−99.22
其他	户	143	139	+2.88
其中:广告公司	户	492	500	−1.60
从业人员	人	7793	7596	+2.59
其中:广告公司	人	4499	4378	+2.76
营业额	万元	20931	16740	+25.04
其中:广告公司	万元	4888	4567	+7.03
广告公司注册资金	万元	24112	23165	+4.09
查处广告违法违章案件	件	406	329	+23.40
罚没金额	万元	32	22	+45.45

1986 年—2008 年全省部分年份广告业基本情况统计表

表 6-2

年　份	单位数(户)	从业人员(人)	营业额(万元)
1986 年	72	765	552
1987 年	86	700	889
1988 年	203	1093	1003
1989 年	193	–	1115
1990 年	190	1500	1351
1991 年	201	2151	1451
1992 年	258	2456	2696
1993 年	392	4235	4689
1994 年	474	4790	6602
1995 年	557	5157	9768
1996 年	670	6526	10212
1997 年	749	7211	15341
1998 年	868	7596	16740
1999 年	996	7793	20931
2000 年	1055	9178	25262
2001 年	1188	10246	27819
2002 年	1258	10825	31577
2003 年	1417	12247	40546
2005 年	239	2153	30359
2006 年	251	1988	36498
2008 年	328	2434	40815

备注:2005 年以后统计的数字仅为广告经营许可证换发后全省媒体广告经营单位。

一、对广告业的培育与指导

1986年至2008年,全省广告业的发展,经历了各具特色的历史阶段。

1986年至1987年,全省工商系统抓了广告业的培育工作,着重发展多样性的广告媒体。各级工商部门组织广告管理人员深入全省多家生产名优产品的企业,宣传发展广告媒体的作用;在广告形式上,组织人员到发达地区学习,大力发展广播、电视、报刊广告以及印刷品广告、街头广告、幻灯广告、电子广告、路牌、霓虹灯、灯箱,同时出现高科技制作的太空球、电力磁翻转屏幕、立体画面、热气球悬挂等。1987年,全省共有86家广告经营单位(其中:专营广告公司7家、报纸广告20家、期刊广告24家、电视广告7家、广播广告9家、印刷制作广告8家、幻灯广告2家、其他广告9家)。广告经营单位的分布,开始由集中在省辖市向地、县发展。全省工商系统还注重改进广告经营手段,各级工商部门引导广告经营单位加强自身建设,不断改进经营管理,努力提高设计、制作水平,收到了较好的社会效益和经济效益。甘肃人民广播电台为交流商品信息,开办了《消费者指南》节目和名优产品联合推广节目;省广告美术公司为扩大全省优质产品的知名度,以广告模特队形式进行广告宣传,在当时反响很大,广告模特队肩挑宣传全省24家企业的重担,下羊城、赴京城,走过23个大中城市, 行程2.7万多公里,120多万东西南北的消费者目睹了这只黄土高原上走来的模特队,知晓了甘肃的名优产品;兰州广告公司顺应改革形势,实行承包经营责任制,促进了广告业的发展。从当时生产企业本身看,运用广告推销产品的意识也不断增强。兰州长风机器厂以各种形式,舍得广告投入,大力宣传自己的产品,产生了良好的经济效益。该厂1987年支出广告宣传费100万元,使销售额扩大到8000万元,实现的利润等于广告费的10多倍。兰州黄河啤酒厂是家乡镇企业,1986年建厂后,努力提高商标信誉,投资5万多元做了广告宣传,当年积压的200多吨啤酒,不但一销而空,而且畅销省外,供不应求,该厂的啤酒被评为省优产品。厂领导深刻地认识到,广告是产品通向市场的桥梁。全省工商系统还广泛开展了普及广告法规的宣传教育工作,1987年国务院《广告管理暂行条例》发布,全省工商系统层层召开会议,研究部署,把普及广告法规作为一项重要工作来抓。这一时期，各地工商部门把宣传广告法规和督促企业贯彻执行广告法规结合起来，指导企业正确运用广告来发展生产和扩大收益。在1987年前后的几年间，省工商局先后制定了《关于加强广告宣传管理的通知》《广告经营单位审批程序》《关于实行企业广告业务员证制度》等，既加强自身对广告工作的指导，又支持企业的广告宣传工作，促进了全省商品经济的发展。

　　1988年至2008年，全省的广告业向高层次发展，各级工商部门对于广告的管理机制日益完善，使广告市场准入趋于规范。在20世纪90年代初的几年中，全省各级工商部门从鼓励和扶持广告业进入市场开始，伴随着市场经济的发展，注意把关注点放到了广告市场的发展趋势上，不断创新管理机制，使广告管理逐步适应广告业发展的需要。在改革开放早期，要求和帮助广告经营单位建立完善广告经营合同制、广告经营登记制和广告存档制等，虽然促进了广告业的兴起，但也出现了管理薄弱和虚假广告等问题。省工商局按照国家工商局的部署和安排，建立健全了以广告内容审查为主的审查制度，结合实施广告业务员证制度和广告业专用发票制度，在全省范围内开展了对广告管理人员、企业广告经营人员的法规培训。在此基础上，将广告审查的重点转向建立广告经营单位和发布单位广告审查员制度。这项制度的建立，对于提高广告审查质量，防止和减少违法广告的发生，发挥了重要作用。

二、广告业先进评选

　　1990年之后，广告业界的行业自律逐步加强。随着市场经济的发展，自身建设和行业自律意识，广告业发展成了不可或缺的重要内容。全省各级工商部门按照中央文明办和国家工商局的要求，组织全省广告行业广泛开展了"重广告信誉，创优质服务"活动，广告行业把此项活动作为行业自律的重要内容，在广告制作与广告发布上自觉恪守诚实守信的原则，摒弃各种虚假广告行为。1989年至1990年期间，全省数十家媒体联合发出了"发扬文明风尚，加强行业自律，杜绝虚假广告"的社会倡议，使全省广告市场存在的夸大、失实和虚假现象得到了净化。1989年，甘肃广告行业开展了"重广告信誉、创优质服务"的

评比竞赛活动,以此对广告经营者和工作者普遍地进行法规和职业道德教育,提高知法、守法的自觉性,促进建立健全各项制度,杜绝虚假广告,提高广告经营水平和增加经济效益,建立良好的广告工作秩序。省广告协会在各单位自报自评的基础上,于1990年1月9日召开省广告协会第二届第九次常务理事会,对呈报单位逐个进行了认真评选,决定甘肃日报社广告处等10个单位为甘肃省广告业首次"重广告信誉、创优质服务"先进单位。1990年1月9日,省工商局、省广告协会做出了《关于表彰全省广告行业首次"重广告信誉、创优质服务"先进单位的决定》。同时选出了甘肃日报社广告处等3个先进单位参加全国评比,这3个单位受到了中国广告协会的表彰。

1992年7月,省工商局、省广告协会做出了《关于表彰全省第二届广告行业"重广告信誉、创优质服务"先进单位的决定》,共表彰了兰州广告公司等10个先进单位。

1995年11月,省工商局、省广告协会表彰甘肃日报社发行广告处等10个单位为甘肃省第三届广告行业"重广告信誉,创优质服务"先进单位。

1997年12月,省工商局、省广告协会做出了《关于表彰1997年度全省广告行业精神文明先进单位和先进工作者的决定》,甘肃日报社发行广告处等28个单位和周诚等20名广告工作者受到表彰。

2000年1月,省工商局、省广告协会做出了《关于表彰1999年度全省广告行业精神文明先进单位的决定》,甘肃日报社发行广告处等31个广告行业精神文明先进单位受到表彰。

经济的快速发展,使广告经营单位的广告设计与制作水平日益提高。1986年10月29日甘肃省广告协会召开了全省首届优秀广告作品评选会,经过充分酝酿、协调,认真进行了评选,共选出广告作品28件,从中筛选出优秀广告作品10件。

1987年底,省工商局、省广告协会组织开展了甘肃省第二届优秀广告作品评选活动,并及时制定了评选的实施办法。1988年1月8日,经过全省广告评选委员会的审议,从119件广告作品中,评选出优秀作品38件,其中一等奖5件,二等奖9件,三等奖24件。

1989 年 1 月, 省工商局、省广告协会组织开展了甘肃省第三届优秀广告作品评选活动, 共评选出 37 件优秀广告作品, 其中一等奖 5 件, 二等奖 13 件, 三等奖 19 件。

　　1989 年, 全省广告行业继续深入开展优秀广告作品评选活动, 不断开拓创新, 发展了新型媒体, 提高了广告设计制作水平。为展示全省这一年广告业发展新貌, 表彰优秀广告作品, 省广告协会于 1990 年 1 月 9 日召开了全省第四届优秀广告作品评选会议。本次评选由专家教授和有关领导组成评选委员会, 采取无记名投票分类评选的方法, 共评选出 20 件优秀广告作品, 其中一等奖 4 件, 二等奖 7 件, 三等奖 9 件。

　　1991 年 1 月, 省工商局、省广告协会做出了《关于颁发甘肃省第五届优秀广告作品奖的决定》, 共评出 37 件优秀广告作品, 其中一等奖 6 件, 二等奖 12 件, 三等奖 19 件。

　　1992 年 7 月, 省工商局、省广告协会做出了《关于颁发甘肃省第六届优秀广告作品奖的决定》。根据中国广告协会关于评选优秀广告作品的要求, 本届评选活动经过认真的筛选和审定, 共有 42 件作品获奖, 其中一等奖 5 件, 二等奖 13 件, 三等奖 24 件。

甘肃省首届 10 件优秀广告获奖作品目录

表 6-3

电视广告	长风彩色电视机
	天水啤酒厂
	青年晚报
广播广告	当归美容霜
报刊广告	敬东电视配件厂
	少年文史报
路牌广告	兰州轴承厂
商标设计	豆奶
	白蒜
	七届运动会自行车图案

甘肃省第二届优秀广告获奖作品名录

表 6-4

报送单位	获奖作品名称	评奖等级
甘肃广播电台	"酒泉牌"夜光杯	一等
甘肃广播电台	天水电池	一等
省商标设计研究所	美高皮鞋	一等
甘肃日报社	民航飞机	一等
甘肃广播电台	长风系列产品	一等
甘肃广告报社	长风电器	二等
省商标设计研究所	兰州食品厂糕点、糖果	二等
省商标设计研究所	兰州轴承厂"轴承"	二等
省商标设计研究所	磁石电话单机	二等
甘肃广播电台	兰州啤酒	二等
甘肃省电视台	铝制品清洗剂	二等
甘肃省广告美术公司	轻工科研所"夹克油"	二等
甘肃电视台	团省委"新一代"	二等
兰州电视台	兰州制桶厂"换气扇"	二等
甘肃广告报社	驼铃客车	三等
兰州广告公司	美高皮鞋	三等
甘肃广播电台	长风双缸洗衣机	三等
甘肃广告报社	兰州石油化工机器厂产品	三等
兰州广告公司	兰州制桶厂"煤气灶"	三等
兰州广告公司	兰州量具刃具厂"量具刃具"	三等
甘肃省广告美术公司	兰州制桶厂"换气扇"	三等
甘肃省广告美术公司	"春风牌"电视机	三等
省商标设计研究所	白银公司"选矿药剂"	三等
兰州经济研究编辑部	兰州市七里河区"百合"	三等
兰州广告公司	兰州第三毛纺厂"商标广告"	三等
甘肃电视台	黄河啤酒	三等

续表

报送单位	获奖作品名称	评奖等级
兰州电视台	兰州春晖卫生巾厂"卫生巾"	三等
甘肃日报社	陇南春牌、福寿春酒	三等
兰州晚报社	兰州佛慈制药厂"蜂乳"	三等
省商标设计研究所	兰州黄河制漆厂黄河牌产品	三等
省商标设计研究所	兰州制药厂"丝路牌"产品	三等
省电话号簿管理处	甘肃无纺织地毯厂"飞天牌地毯"	三等
省商标设计研究所	永登水泥	三等
兰州广告公司	兰州饮料厂"冷饮"	三等
省商标设计研究所	长风电器	三等
甘肃广播电台	森林保温饭盒	三等
甘肃电视台	长风牌洗衣机	三等
兰州电视台	兰州日用化工厂"液体皂"	三等

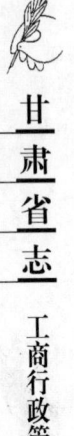

甘肃省 志

工商行政管理志

甘肃省第三届优秀广告获奖作品名录

表 6-5

报送单位	获奖作品名称	评奖等级
甘肃日报社	称心如意、长风电器	一等
《标准化报道》编辑部	天水啤酒	一等
甘肃省广告美术公司	长风彩色电视机	一等
甘肃广播电台	兰州日化厂洗涤剂	一等
甘肃电视台	兰州啤酒厂	一等
甘肃日报社	"陇南春"系列名酒	二等
兰州晚报社	"长风"牌18时彩色电视机	二等
《标准化报道》编辑部	长风电器	二等
甘肃省电话号簿管理处	甘肃省邮政机械厂	二等
甘肃省广告美术公司	长风喷淋双桶洗衣机	二等
甘肃省商标设计研究所	"工字"牌搪瓷盆	二等

续表

报送单位	获奖作品名称	评奖等级
甘肃省商标设计研究所	清水县针织厂"飞兔、晨武"牌毛纺织品	二等
甘肃省商标设计研究所	"岷山"牌当归美容霜	二等
甘肃省商标设计研究所	华亭前进机械厂"金山"牌门锁	二等
甘肃广播电台	陇南春酒	二等
甘肃广播电台	长风电器	二等
甘肃电视台	长风电器	二等
兰州电视台	"春风"牌电视机	二等
兰州晚报社	兰州"五泉"啤酒	三等
兰州晚报社	"金徽"系列酒	三等
甘肃日报社	张掖技术服务站	三等
《兰州经济研究》编辑部	兰州友谊饭店西楼	三等
《标准化报道》编辑部	兰州啤酒	三等
西北民航宣传广告公司	西安夏威夷酒店	三等
甘肃省商标设计研究所	平凉毛纺厂"崆峒"牌毛毯	三等
甘肃省商标设计研究所	"敦煌"牌热水瓶	三等
甘肃省商标设计研究所	庆阳卷烟厂"山丹花"卷烟	三等
甘肃省商标设计研究所	"长风"牌长风电器	三等
甘肃省商标设计研究所	安口陶瓷厂"飞天"陶瓷品	三等
甘肃省商标设计研究所	平凉机床附件厂"三台"机床卡盘	三等
甘肃省商标设计研究所	"平凉"牌安宫牛黄丸	三等
甘肃广播电台	天水电池	三等
甘肃广播电台	黄河啤酒	三等
甘肃广播电台	西北油漆厂产品	三等
甘肃电视台	省广告公司"铜字"牌匾	三等
甘肃电视台	兰光冲印	三等
兰州电视台	兰光照像馆	三等

第六章　广告管理

415

甘肃省第四届优秀广告获奖作品名录

表 6-6

报送单位	获奖作品名称	评奖等级
兰州晚报社广告科	长风电器双桶喷淋洗衣机	一等
《党的建设》杂志社	张掖市酒厂"丝路春"酒	一等
甘肃电视台广告经理部	兰州黄河啤酒厂"兰乐"牌啤酒	一等
中国西北航空宣传广告公司	西北民航宣传画	一等
甘肃日报社广告处	甘肃电视机厂"春风"电视	二等
《现代妇女》杂志社	长风电器五型洗衣机	二等
甘肃电视台广告经理部	万里机电厂"万里"牌吸尘器	二等
甘肃广播电台经济信息部	甘肃无纺织地毯厂"飞天"牌地毯	二等
兰州广告公司	兰州客车厂"兰州客车"	二等
甘肃省广告美术公司	甘肃春风电视机	二等
甘肃省商标设计研究所	兰州轴承厂轴承	二等
甘肃日报社广告处	兰州蓝星化学清洗集团公司成立志庆	三等
甘肃广播电视报社	交通银行兰州支行隆重开业	三等
《标准化报道》编辑部	天水火柴厂"飞天"牌粗梗普通火柴	三等
《投资》编辑部	建设银行甘肃省分行办公大楼	三等
甘肃电视台广告经理部	兰州助剂塑料化工分厂"兰泉"牌塑料桶	三等
兰州电视台经济部	兰州炼化企业公司豆奶厂"维力宝豆奶"	三等
兰州广告公司	长风电器称心如意	三等
甘肃省商标设计研究所	兰州石膏装饰板厂"石膏装饰板"	三等
甘肃省对外贸易广告公司	中国银行长城卡"一卡在手"	三等

甘肃省第五届优秀广告获奖作品名录

表 6-7

报送单位	获奖作品名称	评奖等级
甘肃广播电台经济信息部	定西地毯厂	一等
兰州晚报社广告科	称心如意,长风电器	一等
甘肃日报社广告处	马年齐奋进	一等
《现代妇女》杂志社	长风电器	一等
甘肃电视台广告经理部	三丽香皂	一等
甘肃电视台广告经理部	利勃欣电子钢琴	一等
甘肃日报社广告处	神州燃气具系列产品	二等
甘肃日报社广告处	丝路春酒	二等
白银报社	白银五金公司第二经营部	二等
甘肃省电话号簿管理处	甘肃凉州曲酒厂	二等
甘肃省商标设计研究所	甘肃华侨尽快汽车维修公司	二等
甘肃省商标设计研究所	洗涤剂	二等
甘肃省商标设计研究所	香皂	二等
甘肃省商标设计研究所	洗衣粉	二等
兰州广告公司	科明电脑	二等
兰州广告公司	马自达轿车	二等
甘肃广播电台经济信息部	春风电视机	二等
天水电视台广告信息部	豆腐乳	二等
甘肃省商标设计研究所	多维红萝卜素饮料	三等
甘肃省商标设计研究所	产品样本	三等
兰州广告公司	称心如意,长风电器	三等
兰州广告公司	光字牌灯泡	三等
甘肃省广告美术公司	人口普查	三等
万里广告装潢公司	科学、生产、经营一体化公司	三等
《现代妇女》杂志社	春风电视	三等

第六章 广告管理

续表

报送单位	获奖作品名称	评奖等级
《现代妇女》杂志社	甘肃省土畜产品进出口公司	三等
《现代妇女》杂志社	兰州中药厂	三等
甘肃省电话号簿管理处	酒泉富康沙发厂	三等
甘肃日报社广告处	张家口拖挂车	三等
兰州晚报社广告科	恭贺新春	三等
兰州晚报社广告科	甘肃凉州曲酒厂	三等
兰州晚报社广告科	华夏牌系列产品	三等
天水报社广告科	天水牌酒厂奉供诸君	三等
甘肃广播电台经济信息部	金川公司特种电焊条厂	三等
甘肃电视台广告经理部	雁牌载重汽车	三等
甘肃电视台广告经理部	华夏石英钟	三等
甘肃电视台广告经理部	瑞雪牌棉絮	三等

甘肃省第六届优秀广告作品评选获奖作品名单

表6-8

报送单位	获奖作品名称	评奖等级
甘肃日报社广告处	乐兰莎	一等
甘肃人民广播电台经济信息部	春风电视	一等
甘肃电视台广告经理部	康妮SOD康肤霜	一等
国营兰州广告公司	千里之行始于足下（路牌之二）	一等
西北航空宣传广告公司	西北民航班机时刻表	一等
甘肃日报社广告处	"凉州皇台酒"甘肃凉州曲酒厂	二等
甘肃日报社广告处	"赵"太原市清徐县赵家堡暖气片工业公司	二等
甘肃日报社广告处	远东阿里斯顿	二等
甘肃日报社广告处	"精品中的精品"长虹机器厂	二等
甘肃日报社广告处	太空时代饮品	二等
兰州晚报社广告科	长风电器(金秋节日美、长风送温情)	二等

甘肃省志 工商行政管理志

续表

报 送 单 位	获奖作品名称	评奖等级
甘肃人民广播电台经济信息部	兰州电机厂	二等
甘肃电视台广告经理部	兰曙电器有限公司	二等
甘肃电视台广告经理部	清郎酒	二等
国营兰州广告公司	兰州岩棉制品厂（路牌广告）	二等
甘肃省商标设计研究所	燕牌 Lg-25 丝毛洗涤剂	二等
西北航空宣传广告公司	欢迎乘坐中国西北航空公司班机	二等
西北航空宣传广告公司	民航酒家	二等
甘肃日报社广告处	敬告广州标致汽车用户	三等
甘肃日报社广告处	康佳新奉献	三等
甘肃日报社广告处	皇台酒	三等
甘肃日报社广告处	"林永记"瓜籽	三等
甘肃日报社广告处	"长城电视"天津市长城电子公司	三等
甘肃日报社广告处	潮州酒店	三等
甘肃日报社广告处	买一赠一	三等
甘肃日报社广告处	长风电器	三等
甘肃日报社广告处	工商银行兰州高新技术	三等
甘肃日报社广告处	太阳神	三等
甘肃日报社广告处	"崆峒特曲"平凉市柳湖春酒厂	三等
甘肃日报社广告处	泸州老窖祝广大消费者新春快乐	三等
甘肃人民广播电台经济信息部	联想公司电脑	三等
甘肃人民广播电台经济信息部	甘光、潘太克斯相机	三等
甘肃电视台广告经理部	兰州布鞋厂（之二）	三等
甘肃电视台广告经理部	华夏淋浴器	三等
甘肃电视台广告经理部	兰州地毯二厂（金路地毯）	三等
甘肃电视台广告经理部	甘肃定西制药厂（贞芪扶正冲剂之一）	三等

续表

报送单位	获奖作品名称	评奖等级
国营兰州广告公司	长城牌轮胎	三等
国营兰州广告公司	当归美容霜	三等
中国人民保险公司甘肃分公司宣教处	双面彩色图片(四张套)	三等
西北航空宣传广告公司	文宝斋旅游购物中心	三等
西北航空宣传广告公司	首届"中国丝绸之路节"将于金秋在兰州举行	三等
《党的建设》杂志社	长庆石油勘探局开展党建活动	三等

三、培训与交流

1988 年 11 月,省工商局在全省范围内举办了 3 期广告培训班,全省工商系统广告管理人员及部分企事业单位广告工作的业务人员 251 人参加了培训。

1993 年,培训对象既包括各级工商部门负责广告管理的工作人员,同时也包括各类企事业从事广告的人员。培训广告监管干部和从业人员 363 人,均取得了资格培训的合格证书。

2001 年至 2003 年期间,省工商局、省广告协会共举办广告专业技术岗位资质培训 15 期,2700 人取得了技术资质证;举办了 6 期广告审查员培训班,1452 人考试合格。

2004 年,省工商局与省广告协会、兰州大学新闻与传播学系、兰州成功广告营销策划有限公司共同合作进行了 3 个课题的专项研究,并在争取政策支持、推动广告业发展方面起了积极作用。3 月,省广告协会在兰州举办了 3 期广告从业人员参加的专业技术岗位资格和广告审查员资格培训,通过"广告规范""广告原理""整合营销传播""广告策划书"三课一书的考试,取得了相应的资格证书,基本上解决了以往资格培训中的遗留问题。

1998 年至 2001 年,全省工商系统对广告监管人员、从业人员的培训与交流更加广泛。据统计,这期间共培训广告监管人员、广告审查员 6024 人;省广告审查中心在 4 年内累计开办培训广告审查员学习班 24 期,培训广告审查员 2000 多人。

第二节 广告监督管理

随着全省广告业的发展,加强广告监管、维护广告市场的正规秩序,成为各级工商部门的重要职责。各级工商部门经过探索和完善,对广告的监管水平不断提高,已形成了政府监管、部门配合、行业自律、社会监督的广告管理模式,使广告管理工作走上了法制化、规范化的轨道。在 20 世纪 90 年代前期,广告监管的重点是严格广告市场的准入。各级工商部门广泛开展了广告经营企业的资质审查,加强了对广告市场的行为规范。进入 21 世纪之后,广告监管的重点是打击虚假违法广告,搞好广告监测,为全省经济建设的健康发展服务。

1986 年,全省工商系统开展了对广告发布的清理整顿。全省 52 个广告经营、兼营单位,1985 年共发布路牌广告 328 期,代理报刊广告 44 期。其中精神文明、计划生育、植树造林宣传牌 142 块,霓虹灯、灯箱广告 100 余件,报纸广告 2.36 万条,电视广告 357 期,广播广告 665 条,杂志广告 35 条。总的看,以上广告内容基本上是健康的、真实的,各广告经营、兼营单位大都能自觉遵守《广告管理暂行条例》,特别是各县广告兼营单位发布的广告,大都经当地工商局审核后发布。但还程度不同地存在着一些问题,如广告用语、画面千篇一律,不新颖,比较陈旧;空话套话多,各种广告设计制作水平不高,技术和表现手法较落后;在广告经营中,存在"向钱看"的倾向,个别单位为了赚钱,超越经营范围,非法倒卖汽车,私自编印广告画册、广告挂历,非法承印广告印刷品等。在整顿中,通过重新审查验收,全省 13 家专业广告经营单位中,条件具备,换发证照的 2 户;条件不完备,允许限期完善的 2 户;不具备公司条件,整顿变更为广告服务部的 2 户;完全不具备条件,通过整顿注销证照的 2 户;条件不具备,暂收回证照,待条件具备后再予换发证照的 1 户;无能力经营广告,超越经营范围经营的 1 户。同时,对 6 户承印广告印刷品的印刷厂,进行了整顿和审查登记。

1987年2月,省工商局向全省工商系统发出了《关于广告经营单位审批程序的通知》。省工商局决定,简化广告审批手续,1987年起将核发广告业营业执照、广告经营许可证的审批权下放。(1)根据《广告管理条例》(草案)的有关规定,新申请利用报刊、电视、广播、路牌、橱窗、霓虹灯、灯箱、挂历、画册以及印刷品进行广告宣传的专营、兼营、代理广告业务的单位,均需持主管部门批准的文件,到所在县(市、区)工商部门办理登记注册领照手续。各县(市、区)工商局按有关规定进行审查,经确认符合开业或兼营条件的单位,可发给营业执照或广告经营许可证。(2)广告经营、兼营单位在申请经营广告业务时,必须按规定填报广告经营登记表,并随表附送现行"广告价目表",经所在县(市、区)工商局审查同意签署意见,发给营业执照或广告经营许可证。(3)申请经营广告的兼营单位,除了应按照有关规定具备兼营广告的基本条件以外,还必须是能够独立承担法律责任、具有法人资格的经济实体或事业单位,如报社、杂志社、出版社、广播电台、电视台等。

1987年10月26日,国务院颁布了《广告管理条例》,于同年12月1日起施行。国家工商局也制定了《广告管理条例施行细则》。《广告管理条例》共22条。其中第2条至第5条明确规定:凡通过报刊、广播、电视、电影、路牌、橱窗、印刷品、霓虹灯等媒介或者形式,在中华人民共和国境内刊播、设置、张贴广告,均属本条例管理范围。广告内容必须真实、健康、清晰、明白,不得以任何形式欺骗用户和消费者。在广告经营活动中,禁止垄断和不正当竞争行为。《广告管理条例》还规定了工商行政管理机关对于广告的管理职能。经营广告业务的单位和个体工商户(广告经营者),应当按照该条例和有关法规的规定,向工商行政管理机关申请,分别情况办理审批登记手续。同时还规定:广告有下列内容之一的,不得刊播、设置、张贴。(1)违反我国法律、法规的;(2)损害我国民族尊严的;(3)有中国国旗、国徽、国歌标志、国歌音响的,有反动、淫秽、迷信、荒诞内容的;(4)弄虚作假的;(5)贬低同类产品的。第9条规定:新闻单位刊登广告,应当有明确的标志。新闻单位不得以新闻报道形式刊播广告,收取费用,新闻记者不得借采访名义招揽广告。

省工商局于1988年7月制定了《甘肃省实施〈广告管理条例〉试行办法》,

规定:任何单位或个人设计、制作、发布、代理广告,必须向工商部门申请登记,经审查批准后,方可承办广告业务。否则,均属非法经营活动。各级工商部门在办理审批登记时,必须依照《广告管理条例》规定的条件进行审查,对不具备条件的,不得批准经营广告业务。

1986年至1990年初的几年间,省工商局针对广告经营、广告宣传中出现的新情况、新问题,会同审计、税务等部门陆续制定了一些地方性的广告管理制度,如《广告经营单位审批程序》《实行广告业务员证制度有关问题的规定》以及加强广告宣传的规定。一些地(州、市)、县(市、区)工商部门依据《广告管理条例》的规定,结合本地区的实际,也制定了一些具体的管理措施。

1987年9月,省工商局在全省试行《广告业务员证制度》,规定:(1)广告业务员证只发给经工商部门批准的各广告经营、兼营、制作单位中从事外出联系、组织广告的业务人员。(2)凭广告业务员证可在省内外工商企业和广告同行业之间,组织与本单位经营范围有关的广告业务。凡持有广告业务员证的广告业务人员在联系、组织广告业务时,必须出具广告业务员证。(3)广告业务员证由省工商局统一印制,统一编号,并加盖钢印后有效。

1989年3月—7月,全省工商系统根据国家工商局《关于整顿广告经营秩序,加强广告宣传管理的通知》精神,对全省广告宣传和广告经营活动进行了一次全面的清理整顿。全省工商系统共清理整顿广告经营单位203户。其中全民所有制的161户、集体所有制的41户、私营企业1户。按媒体划分,广告公司(经营部)11户、电视台15户、广播电台3户、有线广播20户、报纸32户、期刊59户、影剧院4户、铁路1户、印刷厂15户、其他43户。按分布地区,在省会兰州市的116户,占全省广告经营单位总数的57.2%;在其他地(州、市)的87户,占42.8%。1988年底,全省广告经营户203家,经营额为1003万元,从业人员1093人。通过清理整顿,经审查符合验收标准,予以换发证照的有172户,占广告经营单位总数的89.7%;不符合验收标准或在经营活动中有违法行为被查处的有15户,占7.2%;不具备经营条件、申请歇业注销证照的有16户,占7.8%。在清理整顿过程中,共查处各类违法广告20件,其中13户的非法经营额分别在20万元以上。查处利用虚假广告进行欺骗宣传,造成恶劣

影响的重大案件 3 件,对违法企业罚款 2.53 万元。

1993 年 12 月,省工商局、兰州市工商局向兰州地区各广告经营单位下发了《关于在兰州地区进行广告代理制度和广告发布前审查试点工作的通知》。经国家工商局批准,兰州地区被列为全国广告代理制和广告发布前审查的试点地区之一。凡在兰州地区依法经工商部门核准登记注册的广告公司和兼营广告业务的企业,均列入第一批试点;在兰州地区的各新闻单位,列入第二批试点,待条件成熟后实行。12 月 15 日开始,广告客户自主地选择有代理广告业务权的经营单位,委托其代理自己的广告业务,任何单位和部门无权干涉企业的自主权,工商部门也不指定企业必须委托某一家广告公司进行广告代理。代理的广告在发布前必须报省广告审查中心审查,按规定可以不经过代理的分类广告由广告客户直接报审查中心审查。未经审查而发布广告,将依据有关规定,对发布广告的广告公司和广告客户进行处罚。通知还明确了实行广告发布前审查的范围:户外广告及利用报纸、期刊、广播、电视发布的食品(含饮料、酒类)、化妆品、药品(含农药、兽药)、医疗器械、医疗服务、烟草制品、家用电器、金融等广告。各级工商部门对广告加强监督管理,对违法广告和虚假广告及时查处。

1993 年 9 月省工商局成立了广告审查中心,加强广告发布前的审查,到 2005 年,累计审查广告 5 万余条,开展广告审查法律咨询服务 2500 多次。

1995 年,省工商局根据国家工商局的部署,在全省范围内开展了打击虚假违法广告专项行动。经过 3 个月的努力,全省共查处虚假违法广告案件 138 起,罚款 26.24 万元。兰州市工商局重点检查了有代理权、发布权的广告公司及重点媒介单位,打击发布虚假广告的源头和社会影响恶劣的大要案,共查处虚假违法广告 17 起,罚没款 12.18 万元。兰州市工商局还组织各分局对兰州的各报社、兰州广播电台、兰州电视台等媒介进行重点抽查,共检查 9 至 10 月份广告 320 条,发现有各类问题的广告 59 条,占检查总数的 21.2%,对违法行为进行了查处。全省其他地(州、市)也组织人力开展了打击虚假广告专项行动,使广告的综合治理工作向深度和广度推进。

1995 年,《中华人民共和国广告法》(简称《广告法》)颁布实施。为贯彻《广告法》,更好地规范广告市场,省工商局代省政府起草了《甘肃省广告监督管理条例》,该《条例》共32条。1996年7月31日,省八届人大常委会第22次会议通过并颁布实施。

1996年至1999年几年间,全省工商系统不断加大广告监管力度,使广告市场中的虚假违法广告,包括药品广告、购物广告、房地产广告等有所减少,广告市场的混乱局面得到了较好的扭转。

1997年,省工商局对全省广告经营单位经营资格进行了全面核查,对139户暂缓通过,对有违法行为的34户取消了经营资格。在省内6个地、市建立了广告审查站,加强了广告发布前的审查工作,共审查广告1670条。全年共查处广告违法案件294起,罚没款30万元,没收违法印刷品广告50多万份,条幅广告200多条。

1998年2月,为了加强广告发布前审查工作,维护社会经济秩序,保护消费者合法权益,促进全省广告业发展,省工商局印发了《广告审查机构管理办法》。规定了广告审查的基本任务是:对利用电视、报纸、广播、期刊、印刷品、户外等媒介发布的食品、酒类、烟草制品、保健品、化妆品、家用电器、有奖销售、医疗服务、金融、文化补习、房地产、招生、招工、招聘、致富信息等广告及各类专题片广告,实行发布前审查。法律规定有关行政主管部门审查的药品、医疗器械、农药、兽药广告和外省在本省行政区域内发布的广告,由广告主管部门主持广告审查,决定文件向省广告审查中心备案后方可发布。明确了广告审查工作职责:(1)依照法律、法规规定,对必须进行行政性审查的广告进行审查,并做出审查决定,向送审者发送《广告核准发布通知书》。(2)根据国家法律、法规和审查站的工作情况,省广告审查中心可及时调整各广告审查站的审查范围。(3)建立健全广告审查档案,审查站每季度应向省广告审查中心报送《广告审查统计表》《广告核准发布通知书》。(4)审查站每半年以书面形式向省广告审查中心汇报审查站工作情况,并结合工作实际提出改进审查工作的意见和建议。(5)搞好对广告发布的监测,逐步建立健全全省联网监控体系。(6)配合工商部门,对广告案件进行前期调查并提出处理意见。

1998年4月,省工商局制定了《甘肃省商标广告管理工作考评办法》。共

第六章 广告管理

分 4 个部分,即"考评的内容和基本要求""考评的组织""考评的方法""考评的结果"。

1998 年,依据国家工商局关于广告监测机构设置的要求,省工商局在广告审查中心投资建立省广告监测机构, 主要职能是对兰州辖区内的 10 个省、市电视频道、11 家重点报纸、6 个广播频道发布的广告开展监测工作, 平均每年广告监测量达 60 多万条。为广告管理机关提供违法广告监测信息,使违法广告及时得到查处,这种做法在全国工商系统开了先例。这年 9 月,武威市工商局商标广告科、兰州市工商局城关分局商标广告科被国家工商局表彰为全国广告监管先进单位。同年,省工商局表彰了市、县级广告监管先进单位 36 个。进入 2000 年后, 全省工商系统把广告监测作为广告市场监管的重要组成部分,不断加强广告监测工作。

2000 年,全省工商系统广泛开展了《广告法》实施 5 周年的纪念和宣传活动。省工商局召开了《广告法》座谈会,邀请了省党、政领导及省直各部、委、厅、局领导和广告协会各理事、会员单位的负责同志参加了座谈会,对改进广告监管方法与执法工作及推进全省广告业的发展进行了研究。

2000 年 7 月初至 10 月中旬, 全省工商系统开展了集中整治虚假违法医疗、药品、保健食品广告行动。这次整顿行动共出动人员 2690 人次、车辆 493 台次,全省共检查广告 5.09 万条,其中医疗服务广告 2081 条、药品广告 6933 条、保健食品广告 1519 条;查处违法广告 778 条,立案查处违法广告 50 件,罚没款 17.98 万元, 限期整改 253 条,收缴非法印刷品 30.31 万份,责令停止发布 363 条,行政告诫违章广告企业 312 户。通过整治,有力地打击了虚假违法广告,规范了广告发布行为。

2000 年全省广告基本情况及查处违法违章情况

表 6-9

地 区	广告经营单位(户)	广告从业人员(人)	营业额(万元)	查处广告违法违章案件(件)	罚没款(万元)
全省总计	1055	9178	25262	593	139.84
省工商局	310	3275	12600	5l	82.50
兰州市	33l	3063	8639	148	14.76
嘉峪关市	38	155	35l	13	0.67
金昌市	24	201	204	6	0.51
白银市	40	294	165	32	0.45
天水市	47	445	952	22	0.89
酒泉地区	56	309	599	55	37.50
张掖地区	39	234	287	11	1.00
武威地区	46	334	405	47	–
定西地区	29	158	176	–	–
陇南地区	20	107	226	9	0.05
平凉地区	28	208	253	117	0.60
庆阳地区	24	23l	301	28	0.30
临夏州	17	112	70	43	0.45
甘南州	4	4l	37	1	0.04
矿区	2	11	7	10	0.12

2000 年集中整治虚假违法广告情况

表 6-10

行业	抽查广告(条)	收缴印刷品(份)	责令停止发布(条)	限期整改(条)	行政告诫(户)	立案查处(件)	罚没款(万元)	出 动	
								人员(人)	车辆(台)
医疗服务	2081	10614	122	82	112	20	15.91		
药品	6933	166809	172	68	142	19	1.61	2690	493
保健食品	1591	125669	69	103	58	11	0.47		

2003 年 1 月—7 月,根据国家工商总局、卫生部、国家中医药管理局《关于规范医疗广告活动加强广告监管的通知》精神,全省工商系统会同卫生部门、中医药管理部门开展了医疗广告专项整治和查处利用"非典型性肺炎"发布虚假违法广告的执法行动。经过半年的整治,取得了阶段性成果。全省工商系统共出动执法人员 1.31 万人次、车辆 885 台次,检查医疗广告经营单位 5881 户次,没收非法医疗宣传材料 19.58 万份,依法立案查处违法医疗广告案件 188起,罚款 65.4 万元,立案数和罚款额分别是上年同期的 9.4 倍和 15.9 倍。这次专项整治,省工商局会同省卫生厅、省中医药管理局,分析了全省当时医疗广告市场存在的主要问题,研究确定了整治重点,并成立了省整顿医疗广告市场专项整治领导小组,制定下发了《甘肃省开展医疗广告市场专项整治实施方案》,明确了全省专项整治的指导思想、目的意义、整治重点、目标及要求。全省各级工商部门也根据自身实际,成立了相应的领导机构,制定了行动方案。各地工商部门与卫生、药监等部门密切配合,采取多种形式广泛宣传整治虚假违法医疗广告的必要性和重要性,帮助消费者识别其欺骗性、危害性。全省共张贴宣传标语、横幅 2769 条(幅),印发宣传材料 12.6 万份。各地还以"3·15 消费者权益日"活动为契机,通过开辟电视专栏、录制广告法律法规磁带、出动宣传车、设立咨询站等多种方式,集中宣传与分散宣传、流动宣传与定点宣传相结合,取得了较好的效果。省工商局及各地(州、市)工商局还分别召开有关媒介及大中型广告企业参加的通报会,认真学习国家工商总局、省工商局相关文件精神及医疗广告管理方面法律法规,帮助他们提高对规范医疗广告市场重要

性和必要性的认识,增强自律意识,严格遵守国家有关广告发布、制作的各项法律、法规及规定。通过全省各地广泛宣传,全省违法医疗广告得到了遏制。经过对省内 10 家主要报纸、10 个电视频道医疗广告发布情况的监测统计,5 月份较之 1 月份,医疗广告违法率分别下降了 43.46% 和 46.74%。各地结合当地实际,对辖区内广告经营单位和广告主进行了清理,根据掌握的情况进行排序,确定重点监管对象;建立违法医疗广告公示制度,对违反规定、违法发布医疗广告的广告经营单位和广告主采取行政告诫、责令停止发布、通报等形式向社会进行公布。各地还充实了一线执法人员,严格办案程序,排除一切干扰,做到了严、准、狠地打击医疗违法广告活动,维护了防治"非典型肺炎"期间广告市场的正常秩序。这次专项整顿,全省共查处虚假违法医疗广告案件 38 起,罚款 31.5 万余元。

2004 年,省工商局按照国家工商总局《关于规范和加强广告监测工作的指导意见》的要求,在加大对违法广告查处力度的基础上,努力提高广告监测工作的主动性、预见性,逐步建立了违法广告发布预警机制,加大了全省广告监测工作的力度,最大限度地做到广告监测信息资源共享,强化广告市场的监管。这年,通过对兰州 10 份重点报纸的全年监测和对其他市、州报纸每月的抽查,共计监测广告 70.54 万条,发现涉嫌违法广告 6.59 万条,违法率为9.34%。2005 年,省广告监测中心共监测广告达 400 多万条。

2005 年,国家工商总局安排部署开展"打虚假、树诚信"广告专项整治行动,并把这一行动作为当年广告监管的重要工作。对此,省工商局一是加强执法培训,提高执法水平。省工商局根据"打虚假、树诚信"广告专项整治的具体要求,举办了"打虚假、树诚信"广告专项整治业务培训班。培训对象主要是各市、州及部分县级工商部门的广告管理专职干部,参训人数达到 120 名;培训内容主要是《广告法》《广告管理条例》《行政许可法》等。授课人员认真撰写讲义,通过以案说法、经验交流,提高了参训人员的法理水平和依法行政能力,为此次专项行动打下了良好的基础。二是加大宣传和执法力度,形成"打虚假、树诚信"广告专项整治的良好氛围。省工商局根据广告活动中出现的新动向和广告违法的新特点,组织召开了兰州地区重点媒体参加的通气会,将整

治行动实施方案下发各个媒体,督促媒体认真做好自查自纠,严格按照有关规定,规范广告发布行为,从源头上杜绝违法广告。在此基础上,各级工商部门加强了日常监管,明确监管重点,抓好违法案件查处。对"华纳迪托斯"、"哈佛代高乐"、"崂克清"等18种产品夸大宣传、严重违反广告管理法律法规的广告下达了限期整改通知书,责令停止发布;对《兰州晨报》发布的"肤力健胶囊"、天水广播电台发布的"圣帝亚哥软胶囊"保健食品违法广告,以及甘肃电视台卫视频道发布的"济南同济肿瘤医院"、"广州军颐医院"、"北京乾坤肿瘤医院"等多件违法医疗广告进行了查处。在"打虚假、树诚信"整治中,第一季度全省工商系统共立案查处违法广告58起,罚款11.31万元;对44家新闻媒介单位进行了重点监测,在总共发布的17.39万件广告中,涉嫌违法的广告1.55万件,广告违法率8.9%。

2005年6月—9月,全省工商系统集中力量开展了以严厉打击欺骗和误导消费者的保健食品、药品、医疗虚假违法广告为重点的专项整治。各部门协调,各司其职,充分发挥了联席会议制度作用。省工商局、省委宣传部等11部门于6月3日以省政府的名义召开了联席会议第一次会议,各联席会议单位认真履行职责,发挥了积极的作用,有效地遏制了虚假违法广告蔓延的势头。9月8日,由省工商局牵头召开联席会议第二次会议。会议通报了7月份广告监测情况,分析了当时全省广告活动中存在的问题;研究了下一步广告监管的具体措施;各单位的领导结合本部门职能对整治虚假违法广告专项行动工作急需解决的问题提出了意见和建议;并向各市、州工商局、省广电总台、甘肃日报报业集团、省属各新闻媒体印发了会议纪要。联席会议的召开,对广告专项整治工作起到了积极的推动作用。9月2日,召开媒体广告通报会,通报了广告活动情况,指出了存在的问题,明确了监管重点。同时,对广告违法率居高不下、整改措施不力、效果不明显的甘肃电视台影视频道、甘肃电视台公共频道、甘肃电视台卫视频道、《兰州晨报》《西部商报》《兰州晚报》等媒体提出了严厉批评。通报会引起了媒体的高度重视,结合自身情况组织自查自纠,制定了整改措施。省工商局对兰州地区省、市电视台的10个电视频道、11份报纸发布的广告进行了重点监测,发现了一批经通告后仍然继续发布的严重违法药品、医疗服务和食品广告。对严重违法的"百花杜仲降压片"等27件广告,除以通告的形式通报各媒体及相关部门外,同时还在人民网甘肃视窗、《中国工商报》《甘肃法制报》《兰州晨报》《西部商报》《兰州晚报》等媒体进行了公开曝光。结合全国开展"诚信兴商宣传月"活动,省工商局于9月1日—2日在兰州市东方红广场举办以"倡导诚信兴商,共建和谐社会"为主题的大型宣传活动,印制工商行政管理法律法规3万余册,现场开展法律法规宣传、咨询服务活动;在《甘肃法制报》开辟《甘肃红盾》专栏,自9月2日起用6个版面进行法律法规宣传,介绍虚假违法广告的特点、原因及对策。省工商局订购《甘肃法制报》6万份,通过各级工商部门向广大经营者和消费者赠阅。9月1日—30日,省工商局、省消费者协会联合在甘肃电视台卫视频道每日两次播出《倡导诚信兴商,共建和谐社会》的公益广告。各市、州工商局积极配合此次行动,开展形式多样的宣传活动,共发放宣传资料40万份,设立宣传、服务、投诉、咨询台120个,出动宣传人员3000余人次、宣传车辆200余台,接受咨询服务100万人次,受理投诉100多件。9月28日,省广告协会、《甘肃日报》、甘肃广播电影电视总台、《兰州晨报》、《西部商报》、《兰州日报》、《兰州晚报》、兰州电视台在上述各媒体同时刊登、播出了《拒绝制作发布虚假违法广告倡议书》,接受广告监管机关和社会各界的监督。各级工商部门加大了行政执法力度,从严查处重点虚假违法广告。省工商局加大了对案件的指导与协调,部署全省系统查处重点违法广告案件50余起。

　　2005年底,全省工商系统组织开展了固定形式印刷品广告清理检查工作。在1个多月时间内,共出动执法人员2115人次、执法车辆328台次,检查广告经营单位694户,收缴非法印刷品广告1417万余份。通过清理检查,全省经核准登记从事固定形式印刷品广告的广告经营单位共13户。这次检查的重点是发布固定形式印刷品广告的经营单位,重点检查固定形式印刷品广告是否按核准的名称、规格、样式发布,是否含有非广告信息内容及违反国家规定使用外国语言文字或者含有国家规定禁止内容,是否利用固定形式印刷品广告发布违法广告等违法行为。全省共查处固定形式印刷品广告案件9起,罚没款6320元。其中:查处不按核准的名称发布固定形式印刷品广告案件3起;查处未经核准登记擅自发布固定形式印刷品广告案件 3 起；查处利用固定形式印刷品广告发布违法广告案件 2 起；查处在固定形式印刷品广告中发布含有非广告信息内容的案件 1 起。

2006 年初，国务院副总理吴仪对消除虚假违法医药、保健食品广告做了重要批示。2 月 16 日，国家工商总局下发了《关于开展医疗广告专项整治工作的通知》和《关于开展虚假违法医药、保健食品广告专项整治的通知》，对医疗、药品、保健食品虚假广告专项整治作了部署和要求。全省工商部门迅即行动，扎实开展了专项整治工作。3 月 13 日，省工商局以省政府名义召开了整治虚假违法广告专项行动联席会议，省政府有关部门、省整顿和规范市场经济秩序领导小组办公室、省广播电视总台、省报业集团的领导和有关人员参加了会议。开展虚假违法广告专项整治以来，全省共查处违法广告案件 1372 件，罚款 122.16 万元，行政告诫 1104 条，收缴印刷品 21 万份，共监测各类媒体广告 46.11 万条，发现涉嫌违法广告 4.76 万条，违法率为 9.69%。

3 月 13 日，正式开通了省工商局广告监测系统，这是全国省级工商部门以省会城市为中心建立的第一个远程广告监测系统，其监测范围涉及全省 14 个市、州的 46 个电视频道、89 份报刊和兰州辖区的 8 套广播节目。全省工商部门把广告监测工作作为广告监管的主要组成部分认真抓好。省工商局在省广告监测中心工作经验的基础上，投资更新软硬件设备，以分散采集监测的工作模式，使监测工作覆盖到全省 14 个市、州。省广告监测中心监测各类新闻媒体 51 个，日广告监测量达 1 万条左右。对各媒体发布的违法广告信息，省广告监测中心及时向省工商局报送监测报告，并对各项广告专项整治和媒体首发虚假违法广告能够做出及时反应，为行政执法机关采取措施提供准确证据，对提高监管效率、规范全省广告市场发挥了积极作用。

根据省工商局广告监测中心的监测信息，省工商局确定甘肃省广播电影电视总台《卫视频道》《经济频道》《影视频道》《公共频道》《都市频道》，兰州电视台《生活频道》《公共频道》《新闻频道》以及《兰州晨报》《兰州晚报》《西部商报》为广告监测的重点媒体。各地也结合当地实际，确定了广告监测的重点媒体。

2006年12月,为了贯彻落实国家11部门联合制定的《违法广告公告制度》,进一步加大对严重虚假违法广告的曝光力度,充分发挥社会舆论的监督作用,建立广告监管长效机制,省工商局、省委宣传部、公安厅、监察厅、纠风办、通信管理局、卫生厅、广播电影电视局、新闻出版局、食品药品监督管理局、中医管理局按照《虚假违法广告专项整治工作方案》的要求,依据有关法律法规制定了《甘肃省虚假违法广告公告制度》。规定了违法广告公告的内容,包括:典型虚假违法广告案例曝光、案例点评、违法广告警示、严重违法广告监测公告等。

2007年,省工商局进行了广告监测系统的应用和完善,努力提高监测信息质量。广告监测系统的应用,增强了广告动态监管的时效性、重点打击的准确性。对媒体首发虚假违法广告,广告监测中心能够即时做出反应,方便了行政执法机关及时采取措施,对打击虚假违法广告提供了准确的证据,从而提高了监管效率。6月12日,由省工商局牵头,联合省委宣传部、省整顿和规范市场经济秩序领导小组办公室召开了省直新闻媒体整治虚假违法广告座谈会。各新闻媒体就如何加强行业自律、规范广告市场做了发言。会议决定,对省直新闻媒体涉嫌严重违法广告限期整改,对继续发布虚假广告、拒不整改、性质恶劣、群众举报和上级交办的案件,各级监管部门要从严从重查处,有效震慑违法行为。

在打击虚假违法广告的同时,全省工商部门采取有力措施,实现了对广告市场全方位、全过程的动态监管。加强对广告主的监管,从源头上杜绝虚假广告。各地把发布虚假违法广告的广告主作为打击重点,对屡次发布违法广告的广告主责令其停止发布广告,并根据其具体违法情节,采取警示、降低信用等级直至吊销营业执照等措施进行处罚。同时,积极协调药品监管、卫生部门对发布虚假违法广告的药品生产经营企业、医疗服务机构加强行业资质监管。强化对广告公司的监管,规范广告经营行为。各级工商部门督促广告公司建立和落实广告管理制度,依法经营,规范操作,自觉拒绝设计、制作和代理虚假违法广告。对帮助广告主弄虚作假的,给予严厉处罚;对不具备广告经营资质条件、扰乱广告经营秩序的,清除出广告市场。加强对广告媒介单位的监管,构筑虚

第六章　广告管理

假违法广告防范体系。

2007年，新的《医疗广告管理办法》颁布施行。省工商局联合省卫生厅对各市、州工商局广告科（处）长，省、兰州市各大媒体及各医疗机构、部分广告公司负责人进行了新的《医疗广告管理办法》培训班。同时，省工商局还派人赴庆阳、平凉等市对广告监管干部、广告经营单位人员进行培训。据不完全统计，全省共培训1000余人，发放材料2万余份，报纸刊登报道文章5篇。

2007年1月31日省工商局下发通知，决定2~3月在全省范围内开展户外医疗广告专项清理工作。通过清理，消除违反《医疗广告管理办法》发布医疗广告的行为；对违法发布医疗广告的有关单位依法严厉查处；工商所对户外广告监管职能到位；户外医疗广告秩序得到规范。根据户外医疗广告专项清理工作的安排，省工商局派出了3个检查组，分赴各地对专项清理情况进行督察。各地工商部门通过广播、黑板报、横幅等形式，广泛向社会宣传开展户外医疗广告清理工作的目的、意义、内容以及违法医疗广告的危害。在清理工作中，兰州市工商局城关分局结合实际，对辖区内所有医疗机构逐一发放了户外广告发布情况摸底登记表，做到了对户外医疗广告内容清楚、审查明了。据统计，此次专项清理共出动执法人员4500人次、车辆487台次；检查广告经营单位243户，各类医院、诊所、药店1560户，主要街道182条，户外广告牌3757条（块），下达责令改正通知书143份；依法取缔无证经营黑诊所2户，收缴印刷品医疗广告5360余份；查处户外广告案件82起，罚没款3.92万元。

全省工商部门进一步拓宽广告监管领域，加强了对网络不良广告的监管。针对网上发布性药品和性病治疗广告的违法行为，省工商局以明传电报形式作出部署，具体做了以下工作：一是召开了有省通信管理、卫生、食品药品监管部门参加的联席会议，明确了各部门的职责。二是省工商局派出了3个调查组，分赴有关部门调查省内网站设置情况及网上性药品、性病医疗广告发布情况。通过调查，摸清了省内经批准设立的网站有7000余家，其中经营性网站79家，互联网医疗服务网站15家。省工商局及时提出了加强网络不良广告监管的意见，并对经营性网站及医疗服务网站的监管作了明确分工。三是进行网络广告监管培训。省工局举办了各市、州工商局广告科（处）长及广告监测人员、省工商局广告监管人员参加的网络广告监测培训班。四是查处网络违法广告。省工商局于12月同省公安厅、通信管理局一齐行动，查处了"西北成人用品网"发布涉性广告案。

2008年，全省工商部门继续把关系人民群众身心健康和违法问题易发多发的药品、医疗、保健食品、化妆品、美容服务等广告作为整治重点，加强监管，并制定了整治目标。年底前，电视媒体兰州地区广告违法率不得超过3%，其他市、州不得超过5%；报纸媒体兰州地区不得超过2%，其他市、州不得超过5%；广播媒体兰州地区不得超过2.5%。同时，把年度广告违法率作为年终对各地广告监管工作考评的硬指标。工商部门充分利用广告监测中心的职能和优势，加强了对媒体广告监测的力度。截至9月底，共监测各类广告90.85万条，其中涉嫌违法广告2.25万条，涉嫌违法率2.47%，与上年同期广告违法率5.14%相比下降了2.67个百分点。其中监测报纸广告51.45万条，涉嫌违法广告1937条，涉嫌违法率为0.37%；监测电视广告21.06万条，涉嫌违法广告1.86万条，涉嫌违法率为3.61%；监测广播广告3.27万条，涉嫌违法广告1909条，涉嫌违法率5.83%。通过监测，为加强各市、州媒体广告监管，有针对性地提出治理措施提供了依据。同时，省工商局将监测情况和重点违法广告在全省范围内进行通报，要求各市、州工商部门加大查处力度，严厉打击广告违法行为。

第三节　公益广告

公益广告，是指不以营利为目的而为社会公众切身利益和社会风尚服务的广告，它具有社会的效益性、主题的现实性和表现的号召性三大特点。

1996年，全省工商系统开展了以"中华好风尚"为主题的公益广告月活动。1997年，全省工商系统又开展了以"自强创辉煌"为主题的公益广告月活动。这两次活动时间短，效果不明显，但以此拉开了全省公益广告的序幕。

1997年9月，中共第十五次代表大会之后，全省工商系统按照中共中央精神文明建设办公室、国家工商局的部署和要求，把开展公益广告活动作为推动精神文明建设的一项重要工作来抓,以公益广告为发轫,把广告宣传与精神文明建设紧密结合起来,以此来促进经济效益与社会效益的全面提升。

1998年3月,省工商局向全省工商系统印发了《甘肃省1999年公益广告活动实施方案》。对公益广告的创意提出了更高要求,即:贯彻执行中共十五大提出的经济发展战略、共创美好未来的精神风貌;提倡民族自主、自立、自强、自豪;科技兴陇,开拓进取,展现省内各领域建设取得的巨大成就;实施名牌战略,培育陇货精品;加强民族团结,振兴甘肃经济;展现行业开展精神文明活动取得的丰硕成果;尊师重教,关心爱护老人、妇女、儿童;讲社会公德、职业道德,净化社会环境;勤俭创业,反对铺张浪费;保护自然资源,维护生态平衡;加强民主与法制建设,维护社会安定;见义勇为,弘扬正气;追求健康、文明的生活方式;拥政爱民、拥军爱民,加强军政军民团结。

从20世纪90年代初开始,省工商局每两年举办一次公益广告评选活动。开展这一活动一般经历四个阶段,即宣传动员阶段、调查摸底阶段、集中征集阶段、评选上报阶段。各地从实际出发,积极行动,对本地工作统一安排部署,把开展公益广告活动当作广告监管的重要任务来抓。

1997年,省工商局在全省组织开展了以"自强创辉煌"为主题的公益广告月活动,全省共有420户广告经营者和广告主参加了这项活动,发布公益广告506条,促进了精神文明建设。

1998年,全省举办了公益广告评选活动,评选出《只留清气满乾坤》(影视)等12件获奖作品和天水电视台等6个先进单位。4月16日,省工商局、省精神文明建设指导委员会办公室联合发出了《关于表彰98'公益广告活动优秀作品、先进单位的通报》。此次评选活动后,省工商局向中央文明办、国家工商局作了推荐。经全国评比,天水电视台参评的《只留清气满乾坤》获铜奖,有21个单位、25名个人受到中央文明办、国家工商局的通报表彰。

2000年至2001年,全省工商系统开展了"树立新风尚,迈向新世纪"主题公益广告活动,并组织了评选活动。评选活动共收到各地上报的作品533件,其中影视公益广告作品169件,平面公益广告作品874件,广播公益广告作品90件。通过评选,共有59件优秀公益广告作品(影视21件、平面22件、广播

16件)荣获全国奖,其中金奖3件、银奖5件、铜奖10件、优秀奖41件。另有106家单位、95名个人分别被评为公益广告活动先进单位和先进个人。

2002年,全省共制作公益广告作品560条(件),其中平面类290件、影视类202条(件)、广播类68条(件)。各地经过筛选,报送省工商局100条(件)参加评选。通过评选,评出8件优秀公益广告作品。庆阳地区经济欠发达,广告业相对滞后,为使广告工作更好地为振兴老区经济服务,庆阳地区工商局与庆阳地区精神文明建设指导委员会办公室联合举办了庆阳地区首届移动通信杯广告作品大奖赛,当地广告经营单位、广告创作者和社会各界人士积极参与,取得了良好的社会效益。临夏州属于少数民族集中的地区,在征集公益广告活动中,州、县工商局工作做到前头,早动手,早安排,进行广泛宣传动员,使公益广告作品的数量及质量都有所提高。

2004年,省工商局根据中央文明办、国家工商总局《关于开展2003—2004年度优秀公益广告作品评选工作的通知》精神,对全省公益广告工作进行了安排部署,要求全省各级工商部门要高度重视、加强领导、精心组织,充分认识公益广告宣传的重要意义,把公益广告宣传作为促进社会主义物质文明和精神文明建设的一项重要工作来抓,积极动员和指导广告主、广告经营者、广告发布者参加。广告经营单位积极行动,认真组织,围绕党和国家及当地的中心工作,创作、制作了一批观点正确、思想性强、创意独特、主题突出、说服力强的公益广告。这两年,全省创作的公益广告作品共计740余条(件),其中:平面类440件、影视类263条(件)、广播类37条(件)。各地经过筛选,将较好的公益广告作品上报省工商局160条(件)。省工商局经过认真审查,评选出策划起点高、设计面广、表现完美、制作严谨、综合效果好、内涵深刻的11条(件)优秀公益广告作品,报送国家工商总局。

全省 2003 年—2004 年度优秀公益广告获奖作品名录

表 6-11

类别	等次	题 目	制作发布单位
平面类	一等奖	救救孩子	酒泉市红柳树广告有限公司
	二等奖	生存与未来	陇南市万通广告公司
		谋杀	兰州晚报
	三等奖	珍惜水资源,从生活中做起	甘肃日报
		吸烟有害健康	平凉霓虹广告装饰装修有限责任公司
		同命相连	庆阳市协力广告有限公司
	优秀奖	关爱生命,拥有健康	白银科诺尔广告装饰设计有限公司
		控制人口增长,关注人口发展	酒泉市铭那广告策划有限公司
		如此"美丽"	张掖市皇瀚广告文化艺术传播有限责任公司
		食品与健康	陇南市万通广告公司
		城市皮肤	陇南市万通广告公司
		离婚的危害	平凉霓虹广告装饰装修有限责任公司
		反腐倡廉	兰州晚报
影视类	一等奖	希望工程(捐款篇)	嘉峪关市电视台
	二等奖	关注未来	临夏州广播电视台
		牢记"安全第一"	甘肃矿区电视台
	三等奖	举手之劳,看得到就做得到	金昌市电视台
		心中有祖国	定西市广播电视台
		社会文明公德篇	庆阳市电视台
	优秀奖	金张掖旅游公益广告	张掖市电视台
		天庆慈爱小学公益广告	兰州市电视台
		环境保护,从点滴小事做起	天水电视台
		消防公益广告	甘肃电视台
		反腐倡廉(书信篇)	酒泉市电视台
		临夏州民族旅游观光片宣传片	临夏广播电视台

续表

类别	等次	题　目	制作发布单位
广播类	一等奖	保护生态,珍爱绿色	甘肃人民广播电台
	二等奖	保护生态,刻不容缓	甘肃人民广播电台
		保护环境,人人有责	甘肃人民广播电台
	三等奖	"我爱我家"	嘉峪关人民广播电台
		关爱未成年人健康成长	酒泉人民广播电台
		堵路不堵心	甘肃人民广播电台

　　2006年10月,按照国家工商总局、中央文明办《关于开展第七届(2005—2006年度)全国优秀公益广告作品评选工作的通知》,省工商局及时与省文明办联合转发了《通知》,并结合全省实际进行了安排部署,要求省级媒体和兰州市影视、广播广告选评作品各3件,平面广告评选作品5件;其他市、州影视、广播广告选评作品各1件,平面广告评选作品3件,并将公益广告作品与开展评选工作情况报省工商局。经省工商局、省文明办、省广告协会、兰州大学新闻与传播学院、省工商学校的专家、教授组成的评审委员会进行评选,从全省各地报送的112件(条)公益广告作品(影视作品37条、广播作品14条、平面作品61件)中,评出影视、广播公益广告一等奖1件,二等奖2件,三等奖3件,优秀奖6件;平面公益广告一等奖1件,二等奖3件,三等奖4件,优秀奖3件。同年12月,省工商局、省文明办决定对全省2005—2006年度的29件公益广告优秀作品及7个先进单位、18个先进个人予以表彰。

　　2007年12月,国家工商总局、中央文明办对第七届(2005—2006年度)全国优秀公益广告评选获奖情况进行了通报,兰州市工商局、平凉日报社广告部、武威电视台被评为先进单位,苏虎宁、张志鹏、杨伊宁被评为先进个人。

第六章　广告管理

第七章　经济检查

经济检查,是工商部门的一项重要职能。其主要职责是依法监督市场竞争行为和市场交易行为,查处各类市场主体及其他经济组织干扰和破坏经济正常运行的违法违章案件,维护合法的市场竞争和正常的经济秩序,保护依法经营者和消费者的合法权益,促进市场的健康发展和经济繁荣。

第一节　打击投机倒把行为

80年代初期,随着全国的工作重心转向经济建设,经济体制改革逐步展开,城乡经济趋向活跃,经济领域的各种违法犯罪活动也随之抬头,出现了一些新情况、新问题、新特点,干扰了经济建设的顺利开展。主要表现在:倒卖国家计划分配的重要原材料和紧俏耐用消费品的行为增多,投机倒把案件增多,市场法制不健全,企事业单位参与作案的增多。这个时期,全省各级工商部门主要开展了打击投机倒把行为的执法行动。1985年3月,国务院发出《关于坚决制止就地转手倒卖活动的通知》,要求各地对当时市场上出现的就地倒卖主要生产资料和紧俏耐用消费品的违法活动进行查处,并规定:"倒卖的非法收入,由工商行政管理部门没收;情节严重的除经济处罚外,要追究领导责任,给予纪律处分;触犯刑律构成经济犯罪的由司法机关依法惩处。"当年4月,国家工商局、商业部、国家物资局联合发出《关于禁止就地转手倒卖主要生产资料和紧俏耐用消费品的品种范围的通知》,《通知》中规定了不准倒卖的24种商品目录,其中包括石油、汽车、钢材、羊毛、家用电器等。随后,省政府下发了关于深入贯彻《国务院关于坚决制止就地转手倒卖活动的通知》,并就贯彻国务院文件精神做出了8项部署。

1986年初,省工商局按照《中华人民共和国刑法》第三章"破坏社会主义秩序罪"中有关规定和最高人民法院、最高人民检察院《关于当前办理经济和具体应用法律》的若干的解答(试行),结合甘肃省实际,对投机倒把和诈骗案件做出了暂行规定。其中对国家机关、企业、事业单位进行投机倒把活动的处理规定是:第一,国家机关、企业、事业单位进行投机倒把活动,非法所得归单位的,属于单位投机倒把案件。单位进行投机倒把活动,其非法所得应当全部追缴。第二,单位进行投机倒把活动,具有下列情节之一的,应当追究其主管人员和直接责任人员的刑事责任。(1)主管人员和直接责任人员个人违法所得在3000元以上的;(2)主管人员和直接责任人员违法所得不满3000元,具有下列情节之一者按投机倒把罪论处:为从事非法倒卖活动的个人或者单位提供证明信、合同书、发票、支票、银行账户、现金或者其他方便条件,或者以转手承包的形式为从事非法倒卖活动的个人或者单位提供营业执照、银行账户,从中非法获利数额在1万元以上的;在倒卖活动中以次顶好、以少顶多、以假充真、掺杂使假或者哄抬物价,非法获利数额在2万元以上的;倒卖国家计划供应的生产资料、紧缺物资,非法获利数额在3万元以上,或者造成企业减产、停产、影响完成国家计划的。

1986年7月,省工商局在通渭县召开了有关地、县工商部门关于查处倒买倒卖石油成品油座谈会。会议检查总结了贯彻省政府1985年12月14日《关于严禁盗卖和倒买倒卖石油成品油的通知》的情况。会议认为,西兰、华双公路沿线的各级工商部门,组织力量深入乡村和公路沿线进行摸底,查处倒买倒卖石油成品油的违法活动,使西兰、华双公路沿线倒买倒卖石油成品油的违法活动有所收敛。会议指出,极少数人把用农副产品换取石油成品油转手倒卖的行为,看作是农民解决困难或致富门路的观点是错误的。石油成品油是国家统购统配物资,非法盗卖和倒买倒卖,或用农副产品换取,这是破坏社会主义经济秩序的行为,直接影响到两个文明建设和当前经济体制改革,必须坚决查禁和取缔。工商部门查处社会上盗卖和倒买倒卖,或用成品油换取农副产品的违法活动,是义不容辞的责任。会议决定:定西、通渭、静宁、会宁、秦安等县工商局要采取联合行动,打破各自管辖范围,会同有关部门,严肃查处西兰、华双公路沿线盗卖和倒买倒卖石油成品油,或用成品油换取农副产品等违法活动,取缔公路沿线设摆的用活鸡、鲜蛋等农副产品换取或倒买倒卖石油成品油的摊点,动员贩运农副产品的农民进入集贸市场进行交易。

1987年,省工商局组织全省工商系统认真贯彻国务院《投机倒把行政处罚暂行条例》和国家工商局《实施细则》,对投机倒把走私贩私、损公肥己的违法违章活动进行了严厉打击,以查处投机倒把违法活动为突破口,有力地维护了市场秩序。在3个月时间内,全省工商系统共查处投机倒把、违法违章案件714起,其中投机倒把大案84起,违法违章大案66起,获利万元以上的案件22起。

1988年2月,省工商局向全省工商系统印发了《〈关于查处投机违法案件立案标准的暂行规定〉的通知》。省工商局按照国家工商局《工商行政管理机关检查处理投机倒把违法违章程序的规定(试行)》中提出的"立案标准,由各省、自治区、直辖市工商行政管理局具体规定"的要求,对甘肃省工商系统立案标准、权限做出了5条规定:(1)经初步审查,掌握了一定的投机违法事实,需调查落实给予处罚的。(2)根据检举、揭发或受害人提供的投机违法事实和证据,需调查落实给予处罚的。(3)掌握了投机违法活动线索,且有重大嫌疑需要调查落实的。(4)上级领导机关、有关部门和外地工商部门交办、移送的案件,需要调查落实给予处罚的。(5)正在进行投机违法活动的,应立即查处,但事后应补办立案手续。

1988年4月,省工商局向全省工商系统印发了《关于公开审查处理投机倒把案件试行办法》,共6章16条。第八条规定:公开审查处理案件,要在5日前通知被询问单位、被询问人、证人、律师或申辩人、特邀列席人员、旁听群众等。第九条规定:公开审查处理案件,按下列程序进行:(1)由首席经济检查员宣布公开审查处理案件开始。(2)宣布公开审查处理案件纪律。(3)介绍工作人员。(4)扼要讲述有关政策、法规、被询问人的正当权利。(5)宣读被询问单位或当

事人(被询问人)的基本情况和主要违法事实的调查报告。(6)被询问人陈述主要违法事实的全过程。(7)经济检查员对被询问人主要违法事实、情节进行对证或询问。对律师、申辩人或被询问人提出的问题,进行答辩。(8)由被询问人聘请的律师或申辩人进行申辩。(9)公开审理案件组对当事者的违法事实、造成的危害,根据有关政策和工商行政管理法规,认真进行审议,然后由首席经济检查员宣布处理决定,提示被询问人是否对处理决定提出申请复议,并让其签名盖章。(10)由首席经济检查员宣布公开审理案件结束。第十条规定:对妨碍工商部门公开审查处理案件的行为,应予批评教育,必要时可请政法机关给予协助。

1988年9月,国家工商局、商业部、物资部再次联合发出《关于禁止就地转手倒卖重要生产资料和紧俏耐用消费品的品种范围的通知》。对1985年规定的品种范围作了调整,规定石油(包括原油和商品油)、汽车(包括各种改装车)、钢材、拖拉机(包括大、中型及小型)、摩托车、铜、铜材、铜线、铜排扁线及电刷线、铝、铝材裸铝线、钢芯铝绞线、铅、锌、锡、镍、生铁、木材、水泥、纯碱、新闻纸、彩色电视机等22种生产资料与消费品,为禁止就地转手倒卖的重要生产资料和紧俏耐用消费品。按照上述文件精神,从这年到1992年,全省工商系统把打击倒买倒卖投机倒把活动作为经济检查的一项主要内容,同时围绕履行好经济检查职能,不断完善经济检查法规制度。

1989年1月—10月,全省工商系统查处万元以上经济违法案件229起,其中5万元到10万元的大案23起,10万元以上的大案19起,罚没金额733.9万元。

1990年1月—7月,全省工商系统共查处非法获利万元以上的大案70起,其中属于倒卖重要生产资料和紧俏耐用消费品的案件就达50起,占总数的71.43%;属于制造假冒伪劣商品的案件13起,占总数的18.57%;其他案件7起,占总数的10%。

1991年至1992年,全省工商系统查处获利万元以上的投机倒把大案241起,罚没款200多万元。

1992 年各地处理投机倒把违法违章案件情况

表 7-1

地　区	案件总数 (件)	罚没金额数 (万元)	为受害者追回金 额(万元)	移送政法机关处 理案件(件)
全省合计	320	81.2	–	1
兰州市	128	30.0	–	1
嘉峪关市	1	–	–	–
金昌市	47	13.7	–	–
白银市	29	6.7	–	–
天水市	12	2.2	–	–
酒泉地区	17	6.0	–	–
张掖地区	18	0.5	–	–
武威地区	10	2.8	–	–
定西地区	13	1.6	–	–
陇南地区	6	1.2	–	–
平凉地区	19	3.7	–	–
庆阳地区	3	0.1	–	–
临夏州	2	0.3	–	–
甘南州	3	0.5	–	–
省　局	12	11.9	–	–

第二节　反不正当竞争

　　1992 年 10 月召开的中共十四大,把社会主义市场经济确定为中国经济体制改革的总体目标,并提出了"依法治国"的重大方略,工商部门的经济检查工作也在法制化的轨道上进一步推向前进。在这个时期,经济检查的职能已扩展到对市场经济的整个交易领域的监管执法,因此,各级工商部门的经济检查处(分局、科)也相继更名为公平交易处(分局、科)。

1993年9月,八届全国人大常委会三次会议通过了《中华人民共和国反不正当竞争法》(简称《反不正当竞争法》)。同年10月31日,八届全国人大常委会四次会议又通过了《中华人民共和国消费者权益保护法》(简称《消费者权益保护法》)。这两部法律的颁布,对于鼓励和保护公平交易、制止不正当竞争行为、保护消费者的合法权益、维护社会经济秩序,具有重大意义,为工商部门查处市场竞争和市场交易中的违法行为提供了强有力的法律武器。此后,国家工商局陆续制定发布了相关规章和具体规定。1993年12月发布了《关于禁止有奖销售活动中不正当竞争行为的若干规定》《关于禁止公用企业限制竞争行为的若干规定》,1995年7月发布了《关于禁止仿冒知名商品特有的名称、包装、装潢的不正当竞争行为的若干规定》,1995年9月和11月发布了《关于进一步贯彻实施〈反不正当竞争法〉的若干意见》和《关于禁止侵犯商业秘密行为的若干规定》,1996年3月和11月发布了《欺诈消费者行为处罚办法》和《关于禁止商业贿赂行为的若干规定》,1998年1月发布了《关于禁止串通招标投标行为的暂行规定》。

1999年至2008年,全国人大、国务院以及国家工商总局等部委(局),相继出台了有关法律法规和规定。这个时期,省人大常委会、省政府也相继制定发布了有关地方性法规规章。省工商局随着不同时期的工作重点,也相继出台了一些制度和规范性文件。主要有1993年制定的《关于贯彻〈产品质量法〉实施意见》,1994年转发的国家工商局《关于制止多层次传销活动中违法行为的通知》,1997年制定的《查处非法期货交易行为方案》,1998年下发的《关于全面禁止传销和变相传销活动的通知》,1999年制定的《关于联合打假执法行动实施方案》,2000年转发的国家工商局《关于开展反行政性壁垒专项整顿和继续做好公用企业限制竞争行为整顿工作有关问题的通知》,2005年制定的《严厉打击利用网络从事不正当宣传行为的实施意见》,2008年制定的《甘肃省工商局关于在治理商业贿赂专项工作中推进市场诚信体系建设的实施意见》等。上述法律、法规、规章和规范性文件的贯彻实施,为工商部门竞争执法和经济检查工作的规范化和法制化奠定了基础，同时为履行竞争执法和经济检查职责提供了有力的保证。

一、打击制售假冒伪劣商品违法行为

1978年之后，甘肃经济形势发生了巨大变化，工农业生产持续发展，商品经济日益繁荣，产品质量不断提高，名优产品逐年增多。但在商品经济发展过程中，也出现了一些问题，其中突出的表现之一是，少数企业和个人见利忘义，利用群众求购名牌产品的心理，公然违反国家的有关法律、法规和规定，不择手段地制售假冒伪劣商品，从中牟取暴利，损害广大消费者的利益。这些违法活动在省内一些地区相继出现，有的还相当猖獗。制售假冒伪劣商品的不法活动，不仅直接损害了广大消费者的切身利益，破坏了名优产品的信誉，而且严重地扰乱了市场秩序，妨碍了改革开放的进行，不利于安定团结政治局面的巩固和发展。打击制售假冒伪劣商品的违法行为，成为经济检查工作的主要任务之一。

1988年11月5日，省工商局、省消费者协会、兰州市工商局、兰州市消费者协会联合举办了"甘肃省打击假冒行为保护名优商品展览"。这次展览，分酒类、卷烟、日用百货、食品饮料、药品、家用电器、农业生产资料、金融文物、衡器9大部分，展出了77个典型案例，162种、14767件假冒伪劣样品。展览历时15天，接待观众5万余人，震慑了制售假冒伪劣商品的行为，社会反响良好。

1989年9月，国务院下发了《关于严厉打击在商品中掺杂使假的通知》，要求各级人民政府和国务院各有关部门要立即组织工商行政管理、技术监督、商检、公安、外贸、物资、商业和生产主管部门，分赴生产、收购、储运、国内经销、工业用户和外贸出口等单位和场所，对商品掺杂使假问题进行一次全面检查。发现有掺杂使假商品的单位和个人，要责令其立即停业，接受审查。《通知》对掺杂使假行为予以打击的尺度作了具体规定。当年，全省工商部门在打击假冒伪劣工作中，共查处假酒7.13万瓶、假调料5859公斤、假洗衣粉3024袋、假肥皂1.03万条、假电冰箱27台、假电风扇110台、劣质化肥88.8吨、假农药

4.5 吨。

1991 年至 1992 年，全省工商系统集中时间和经检执法人员，在全省范围内开展了打击制售假冒伪劣商品违法行为的行动，共开展了 3 场战役。各地（州、市）工商局高度重视，对打击假冒伪劣行动进行了周密部署。武威地区工商局由一名副局长负责，分成 3 个片在武威市进行检查，声势大，规模大，效果好。兰州市工商局分管副局长和经检处召集近郊 4 区工商局主管局长、经检科（股）长和检查站、市管站负责人开会进行动员，研究部署行动方案。临夏州工商局行动迅速，不到半月就查出了一批假冒伪劣商品，并冒雪召开了万人大会，对假冒伪劣产品当众曝光。1991 年 9 月—11 月，全省共挖出制假黑窝点 21 个，查获的假冒伪劣商品主要有：各种香烟 1.21 万条，各类酒 9.54 万瓶，各类食品 31.15 万包（袋），罐头 1.35 万瓶，调味品 1510 万袋，劣质假冒和黄色录像带 6094 盘，劣质皮鞋 1576 双，洗衣粉 7052 公斤，化妆品 2645 瓶（袋），药材 2506.5 公斤，农药 1590 瓶（袋），各种化肥 58 吨。

1992 年 5 月 20 日，省打击假冒伪劣产品领导小组办公室、省计委、工商局、质量管理局、省电视台召开新闻发布会，通报了从 3 月 15 日省政府部署"打假"专项斗争以来的情况：历时两个月的"打假"，查获的 50 个大类、150 多种假冒伪劣商品中，大宗商品有香烟 2.5 万多条、酒 21 万瓶、食品 12 万公斤、罐头 5.5 万瓶、饮料 8 万瓶、调味品 8.2 万公斤、中药 4652 公斤、化肥 168 吨、农药 1590 瓶（袋）、籽瓜种子 3245 公斤；共捣毁制售假冒伪劣商品的窝点 280 个，查获假冒伪劣商品总案值 1790 余万元；查处制售假冒伪劣商品违法违章案件 5014 起，罚没款 1730 万元，为企业追回经济损失 100 多万元。从 3 月到年底，共查处各类经济违法违章案件 513 起，其中非法获利万元以上的大案 101 起，案件总数比上年的 630 起下降了 18.57%，罚没款 232 万元，比上年的 378 万元下降了 38.62%，这说明市场上的违法行为有所减少，为企业的发展创造了较好的外部环境。

1993 年至 1999 年，省工商局围绕贯彻执行《中华人民共和国产品质量法》（简称《产品质量法》），组织全省工商系统在竞争执法和经济检查工作中重点抓了 4 个方面工作：一是加强了对生产、销售食品、饮料企业的监督检查。全省绝大多数工商局、工商所与生产企业签订了不生产、销售假冒伪劣产(商)品责任书,切实把假冒伪劣杜绝在上市流通之前。6年多来,全省共检查食品工业企业1.2万多户次、商业企业及小摊点5万多户次,共查获假冒伪劣及过期变质食品79万余公斤、各种饮料192万余瓶(袋)。二是加强对家用电器市场的监督检查。《产品质量法》实施6年间,全省工商系统单独或会同有关部门,对家用电器如电视机、VCD影碟机、电冰箱、洗衣机、淋浴器、照相机、收录机、录放像机等家用电器市场加强了日常和专项监督检查,保护了消费者的合法权益和预防家用电器事故的发生。几年来共查出假冒及不合格家用电器1750台(件),减少了因家用电器不合格而发生的事故和纠纷,维护了家用电器市场的正常秩序。三是加强对建材市场的监督检查,防止假劣钢材、水泥、油毡、低压电器、电线、油漆、胶合板等流入市场,基本上保证了建筑工程质量。据不完全统计,6年中全省工商系统共查获劣质钢材4100多吨,不合格水泥3700余吨,劣质油毛毡5000多卷,不合格电线30余万米,低压电器电表3700多只(件),油漆2000余公斤,胶合板5100多张。四是把打假护农作为专项打假的重要工作常抓不懈。6年多来,全省共查处不合格、假冒化肥3.1万多吨,不合格种子500余吨,农药400余吨,不合格农机具1200多台(件),农机配件8万余套(件),不合格柴油1300多吨,地膜370多吨,基本上保证了农业生产的顺利进行。6年来,全省工商部门适用《产品质量法》处理的案件331件,罚没款500余万元,为农民及企业挽回经济损失1000余万元。

1998年1月31日,山西省朔州市发生数百名群众因饮用假酒而中毒、死亡的严重事件。中共中央总书记江泽民做了重要指示。2月9日,省工商局以特急内部传真电报方式下发了《关于认真贯彻江总书记的重要指示,立即掀起一场打假围歼战,净化市场,确保人民生命安全的紧急通知》。各级工商部门认真学习贯彻江泽民同志的重要指示,以朔州假酒致死众多人命案为教训,切实加大打假力度,克服对打假工作的松劲厌战情绪,进一步加强对打假工作的组织领导,加大执法力度,做到假冒不绝、打假不止。各级工商部门在2月9—20日,集中人力、严密组织,立即掀起一场打假围歼战役。各级工商局一把手挂帅,副局长分工包片、亲自带队、现场指挥。此次检查整治期间,集中所有执法人员,组成若干检查整治小组,对所辖地域,特别是城郊接合部进行了一次地毯式或拉网式的检查。对市场上销售的各类酒(特别是散装酒),对发现标注为山西省汾阳市杏花村中杏酒厂生产的散装、瓶装白酒进行现场查封鉴定。各级工商部门在检查中,对那些制假、售假,特别是对那些图财害命的制假窝点坚决捣毁;对查获的生产、销售用甲醇和工业用酒精勾兑的酒,立即封存,进行鉴定,视其情节,依法给予严肃处理,构成犯罪的移送司法机关依法追究其刑事责任。凡企业不具备生产条件,特别是没有质量检测机构和证照不全的,一律责令停业整顿;逾期仍达不到要求的,依法吊销其营业执照。对检查中发现或群众举报的线索,组织力量,排除地方干扰,一抓到底,依法重处。各级个体劳动者(私营企业)协会、消费者协会充分发挥职能作用。2月9日,兰州市各级工商部门集中执法力量,全面出击,对兰州市酒类专业批发市场、大型综合市场、商场、酒店、城郊接合部进行了为期半个月的检查,重点检查了小西湖食品批发市场、湖滨市场、东湖食品批发市场、火车站批发市场、拱星墩副食品批发市场等,两天就查封"红粮液""红双喜"等品牌的白酒1.23万箱。2月16日,兰州市工商局公平交易分局从一商店仓库查获假五粮液98箱,同时还端掉一个假五粮液制假窝点,查获假五粮液40余箱,并销毁2000余套假冒标识、防伪标记、包装箱、包装盒。张掖地区地、县工商部门负责人带领120多名执法人员兵分4路深入西部批发市场、张掖商场、副食商场、南环路批发市场检查各种散装白酒。全省工商部门整治酒类市场,开展围歼战,有力震慑了不法分子。

1999 年—2000 年全省工商系统联合打假执法行动情况

表 7-3

阶 段	项目及数字
第一阶段	全省先后出动执法人员 1100 多人次、车辆 110 多台次;检查清理大型市场 18 个、专业批发市场 11 个、大型商场 32 个、营业门店 1284 户、零售摊点 402 个、生产加工作坊 13 个;共查获假冒伪劣饮料 4.5 万瓶(袋)、劣质食品 4.28 万公斤、罐头 1.97 万瓶、肉食品 2 万公斤、假冒名牌酒 6.86 万瓶、啤酒 5 万瓶、假烟 644 条、假冒调味品 4.87 万公斤、假冒家用电器 587 台(件)以及劣质化肥 130 吨、农药 4008 公斤、电池 4183 节;查获大包旧服装 1.26 万件、假冒劣质汽车配件 924 件、化妆品 1.77 万瓶(袋)、水泥 80 吨、假冒油漆 933 公斤等,假冒商品总标值 250.65 万元;端掉制假窝点 86 个,没收制假工具 1344 件(台)、制假原料 1.06 万公斤。
第二阶段	全省共出动执法人员 8909 人次、车辆 1215 台次;检查门店 3.9 万个,查获假冒饮料 1.35 万瓶(袋)、劣质食品 8456 公斤、罐头 2497 瓶、肉食品 540 公斤、名酒 2.2 万瓶、烟 123 条、调味品 1.9 万公斤,查获假冒电器 1850 件(套)、化妆品 1.56 万瓶(袋)、边销茶 4951 公斤、药品 1080 瓶(盒)、汽车配件 2276 件、电线 1900 米、面粉 948 袋、冒牌自行车 110 辆、假冒南孚电池 1713 节、商标标识 19 万张(套)、大包服装 4.15 万件(套)、"三无"电子琴 63 架;合计假冒伪劣商品总标值 260.5 万元,立案 305 件,即时处罚 215 件,端窝点 49 个,移交公安机关 2 件、4 人。其中查获近 7 万件假冒名酒包装及商标标识;收缴非法印刷品广告 13 种 5150 份,清理非法户外广告 45 块。白银市靖远县工商局查扣成品鞭炮 568.24 万响、半成品鞭炮 130.30 万响、花炮 4 箱、炸药配料 135 公斤、引线 6.4 万米,总标值 5 万多元。
第三阶段	全省共出动执法人员 9136 人次、车辆 1464 台次;检查市场 417 个、大型商场 63 个、营业铺面 2.62 万处、零售摊点 2.49 万个、加工小作坊 703 处;查获假冒伪劣饮料 7.2 万瓶(袋)、小食品 1.42 万公斤、罐头 6095 瓶、酒 6095 瓶、煤油 450 公斤、家用电器 3248 件(台)、农药 1406 公斤、化妆品 3.17 万盒(瓶)、边销茶 4800 块、摩托车自行车零配件 230 件(套);没收非法销售发菜 107 盒、劣质奶粉 200 袋;查获假冒自行车 56 辆、摩托车 10 辆、抽油烟机 4 台、假冒"山西陈醋"包装袋 7000 个、包装箱 1035 个、包装纸 1.1 万份、水果糖标签 1.39 万张、"三无"电子琴 63 部;没收私盐 13 吨、劣质大米 270 公斤;查扣制假设备 761 件(台、套)、制假原料 1.47 万公斤;合计总案值为 279.1 万元;案件数 1267 件,立案 339 件,即时处罚 784 件,万元以上案件为 27 件,移交公安机关 1 件,端掉窝点 59 个。

1998年与1999年全省查处经济违法案件情况及消费者合法权益保护情况表

表7-2

	项　目	单位	1999年	1998年	99年比98年(+/-)%
查处经济违法案件情况	案件总数	件	21511	16752	+28.41
	其中:立案查处	件	3761	2020	+86.19
	违反反不正当竞争法	件	217	111	+95.50
	违反投机倒把行政处罚法规	件	1119	966	+15.84
	罚没金额	万元	996	843	+18.15
	案件总值	万元	5718	8412	-32.03
消费者合法权益保护情况	查处侵害消费者权益案件	件	4878	-	-
	其中:立案查处	件	894	-	-
	罚没金额	万元	138	-	-
	案件总值	万元	915	-	-
	二、查处制售假冒伪劣商品案件	件	4941	4243	+16.45
	其中:立案查处	件	1115	53l	+109.98
	罚没金额	万元	199	192	+3.65
	案件总值	万元	1068	1613	-33.79
	三、受理消费者申诉	件	6300	-	-
	挽回经济损失金额	万元	324	-	-

2000 年 10 月至 2002 年 4 月，全省工商系统开展了联合打假执法行动。在 1 年半时间内，全省共出动执法人员 20 多万人次、车辆 2.5 万台次，检查各类市场 1.3 万个次，端掉制假窝点 1046 个，取缔无照经营小作坊 1.16 万个，取缔无照经营户 5100 户，移交司法机关追究刑事责任的 15 起 24 人，查处案件 2.49 万起，其中万元以上大案 708 起，查获各种假冒伪劣商品总标值约 1.05 亿元，罚没款 1100 万元。

2001 年—2004 年全省制假售假典型案例选

案例 1：平凉地区华宇汽车有限公司非法拼装汽车案

该公司未经审批，在没有合法手续、不具备汽车生产基本条件的情况下，利用他人的汽车标牌和产品合格证，异地生产组装成品"吉瑞牌""星王牌""向阳牌"三种轻小型客车 42 辆，又未经法定机械车辆安全技术检测站进行整车检验，直接销售给用户，违法经营额 178.74 万元。该公司被平凉市工商局查处。

案例 2：兰州兰平医疗器械有限公司制售假冒医疗器械案

2001 年 4 月 24 日，兰州市工商局城关分局执法人员在段家滩 814 号检查时发现，有人正在将常州医疗器材总厂生产的已过期的"乐伦"牌一次性婴儿输液器，更换包装后装入印有"江苏省常州市武进医用材料厂制造"、"兰凌"牌商标等字样的纸箱内进行封口，并附有"产品合格证"。现场还发现大量过期已换外包装的一次性医用注射器、婴儿输液器、成人输液器及印有"兰凌"牌商标标识的小儿输液器外包装袋、"产品合格证"和各种医疗用品，价值 10 万元。调查查明，制售假冒医疗器具的是兰州兰平医疗器械有限公司，主要经营一次性输液器。从 1998 年 6 月至 2001 年 4 月，该公司共向兰州市及兰外的 139 家医疗机构和经营单位销售各种品牌、规格的一次性医疗器械 518.3 万支（套）。省工商局接到情况报告后，立即制定追缴措施，紧急通知全省各地（州、市）工商局全力以赴开展清查。兰州市工商局城关分局对该公司除没收以上假冒伪劣用品外，还处罚款 8 万元，吊销其营业执照。

案例 3:"三无"皮鞋案

2001 年 6 月 19 日,省工商局接到陕西省工商局案件协查函,要求协助查扣一辆从陕西逃逸的满载"三无"皮鞋的东风加长车。省工商局立即向酒泉地区工商局批转陕西省工商局案件协查函,要求酒泉地区工商局组织力量截查。酒泉地区工商局立即组织人员前往距城区 10 公里外的国道 312 线茅奄河滩收费站守候堵截。经过 19 个小时的守候,当晚 21 时,在公安交警配合下将从陕西逃逸的车截获,车内装有"欧版"女鞋 1377 箱(6.89 万双),价值 30多万元。

案例 4:盗版光盘案

2002 年 1 月 10 日,根据举报的线索,省工商局市场监督管理局、兰州市工商局公平交易分局、兰州市公安局近 50 人紧急出动,对电子商贸城附近某单位院内的配电房一楼 2、4、6、7 号房间进行突击检查,共查出各种盗版 VCD 光盘 8 万余张。执法人员当场转移封存 2.5 万张,现场封存 6 万余张,查获现金7000元。此次查获的非法盗版音像制品数量之多、案值之大,为多年来省内所罕见。

案例 5:仿冒名牌案

2004 年 5 月,省工商局收到一封香港一知名人士的举报信,反映甘肃省服装市场存在仿冒美国品牌 PLAYBOY(花花公子)的现象,严重损害了经营者的合法权益。省工商局领导高度重视,认真研究,及时向全省工商系统下发了《关于查处侵犯美国品牌 PLAYBOY(花花公子)合法权益的通知》。全省工商系统集中 15 天时间,在全省范围内迅速开展了专项执法检查。在这次专项检查中,全省各级工商部门共出动执法人员 3588 人次、车辆 881 台次,对重点专卖店、服装店以及经销商提供的窝点等逐一进行了检查,共检查服装专卖店等经营门店 8582 户,查获各类侵犯注册商标专用权和傍名牌的"花花公子"服装等共计 4722 件套,对 26 家经营户立案查处。兰州市工商局公平交易分局根据举报人提供的线索,连夜行动,在兰州东部批发市场一举端掉仿冒"花花公子"的窝点 4 个;酒泉、平凉、天水、定西、庆阳等市工商局按照省工商局的统一部署,行动快、措施得力、效果明显;张掖、白银、临夏、甘南、陇南、金昌等市、州工商局及时向省工商局汇报查处情况,请示有关真假"花花公子"鉴别问题,查处工作认真扎实。通过这次专项检查,维护了美国品牌PLAYBOY(花花公子)的合法权益,净化了全省服装市场。

2004年下半年,省工商局按照《产品质量法》和国家工商总局《商品质量监督抽查暂行办法》的规定,组织全省工商系统对全省流通领域1000个市场和商场的食品、汽车、御寒品、保健品、家用电器产品等10类商品、500个品种进行了抽查。全省抽查商品所需的费用就达120多万元,有效地打击了制售假冒伪劣商品的违法行为,维护了正规的市场秩序。

2005年,省工商局、兰州市工商局根据海信集团有限公司、南京华东电子集团有限公司、太极集团有限公司、广东多家宝饮料食品有限公司、仁和(集团)发展有限公司、北京顺鑫农业股份有限公司牛栏山酒厂、顶益(开曼岛)控股有限公司、红牛维他命饮料有限公司、西安杨森制药有限公司9家企业的投诉,开展了"反假冒、反侵权"专项治理。在治理中,工商部门积极与企业在兰州市设立的专营店、专卖店联系,以涉嫌"海信"集团等9家企业投诉的商品为重点,加强了对重点区域、重点市场、重点商品、户外广告的检查工作。由于投诉产品涉及电器、酒类、饮料、药品、食品等,涉及面较广,兰州市工商局各分局组织力量,在辖区内开展了"卷地毯"式清查,主要针对商品的包装、装潢及商标侵权行为进行了认真细致的检查,发现问题,及时处理。在此次专项执法行动中,兰州市工商局共出动执法人员976人次、执法车辆252台次,检查家电经营户1567家,各类饮料、食品经营户1918家,各类五金交电经营户613家,各类医疗服务机构、药店937家。检查中,查扣涉嫌侵犯"海信"集团注册商标专用权的"海信博士"晶体DVD机3台、电视机9台,涉嫌侵权的"渝电工"牌灯管16根,擅自使用"北京红星二锅头"酒专用瓶、北京顺鑫农业股份有限公司牛栏山酒厂专用瓶的"京庆牌""顺星牌"北京二锅头酒219瓶,与三九药业生产的"999"牌皮炎平相近似的"666"牌"ppp"牌"ggg"牌产品271盒,假冒"皮康王"药膏63盒,与哈药集团三精制药有限公司生产的"三精"牌葡萄糖酸钙口服液相近似的葡萄糖酸钙口服液114盒,与杭州民生药业公司生产的"民生"牌"21金维他"相近似的"21金维康"12盒,假冒武汉健民集团随州药业有限公司的"健胃消食片"74盒。

2007年,全省工商系统开展了打击"傍名牌",保护知识产权执法行动。武威市工商局查获假冒南孚电池5366节、假冒商标标识3.62万张,查扣假冒他人注册商标的"九牧王"服装106套、"梦特娇"服装129套。在开展打击"傍名牌"执法行动中,全省工商系统共出动执法人员1.02万人次、执法车辆1074台次,检查商品经销店铺1.96万户次,查结商标侵权等不正当竞争案件319起,案值近2000万元,罚没款160余万元。

2008年,全省工商系统加大了打击制售假冒伪劣商品违法行为的力度。白银市工商局经检分局对白银市新九星农化科技有限公司涉嫌生产、销售不合格化肥案进行了查处,查获不合格"绿晓"牌过磷酸钙共计68.7吨,依法没收违法所得,并处罚款5.8万元。张掖市工商局根据举报,对当事人刘某所经销的标注"立邦涂料(中国)有限公司"厂名、地址、商标的新时丽漆、易涂白等5个品种的假冒乳胶漆案件进行了查处,依法没收假冒乳胶漆88桶,并处以1.5万元的罚款。

部分年份全省查处制售假冒伪劣商品案件基本情况

表7-4
单位:件、万元

年份	案件总数	案值	没收金额	罚款金额
2002 年	6836	2214	52	261
2003 年	9468	3494	65	508
2005 年	6889	5921	69	405
2006 年	5356	1246	34	302
2008 年	4217	974	48	295

二、查处限制竞争行为

1995年9月—10月,全省工商系统按照《反不正当竞争法》及国家工商局《关于禁止公用企业限制竞争的若干规定》,结合本地实际,在全省范围内对公用企业的限制竞争行为进行了一次专项检查,检查的重点是供电、邮政、电信、铁路、煤气等公用企业。一是认真做好对公用企业、社会、新闻媒介的法规宣传工作,发动群众和全社会对限制竞争行为进行投诉、举报,为专项检查工作的开展奠定基础。二是检查公用企业自查工作进展情况。企业在规定的时间内认真填写《企业自查表》,有限制竞争行为的,要主动填报清楚并说明情况,提出整改措施。三是加强对企业的监督检查。对企业自查的情况进行核实,对检举、举报的有关情况和问题较多的企业组织进行检查,对构成违法的按管辖权立案查处。通过此次专项检查,公用企业限制竞争行为得到了初步纠正。

2000年7月—9月,省工商局认真贯彻国家工商局《关于开展反行政性壁垒专项整治和继续做好公用企业限制竞争行为整治工作有关问题的通知》,先后出动执法人员6252人次、车辆968台次,在全省深入开展了这一领域的专项整治。省工商局召开了全省工商系统公平交易执法工作会议,对反行政性壁垒和继续做好公用企业限制竞争行为整治工作做了重点安排。省工商局成立了专项整治工作领导小组,各地(州、市)工商局也成立了专项整治工作领导小组。各地采取由点到面、由浅入深、先易后难的方式进行整治。主要问题:(1)有些地方的酒类专卖局对省外酒以提供质量鉴定书、发放上市保证卡等方式收取资讯服务费,实际上设置了门槛,限制了竞争,形成了地方保护。(2)一些地方的烟草公司限制外地哈德门、芙蓉、伟哥、雪竹等品牌香烟进入本地市场,群众反映较大。(3)一些地方的电信部门非法收取电话代理维修费问题时有发生。(4)有些地方的保险公司与当地的学校一起,借学校独特的环境强行让学生买保险。(5)个别地方的卫生防疫部门,利用核发卫生许可证和健康证之便,向经营者销售消毒液、卫生筷、餐巾纸。(6)个别地方的自来水公司指定用户购买本公司水表,群众十分不满。针对这些问题,各级工商部门把反对地区封锁和查处限制竞争行为作为经检执法的一项重点工作,作为贯彻中共十五届四中全会提出的"清除分割、封锁市场的行政性壁垒,营造公平竞争的市场"精神的重要举措抓紧抓好。在3个多月时间内,全省工商部门克服各种困难,排除各种阻力,共查办了29起公用企业限制竞争案件。天水市工商局在对电信、保险、电力等部门深入摸底、掌握情况的基础上,对群众反映强烈的电信部门非法收取电话代理维修费问题进行了立案查处,责令其向用户退还代维费2.18万元,并罚款5万元。兰州市工商局共立案查处公用企业限制竞争案5起,其

中 4 起是:甘肃移动通信公司兰州分公司、兰州黄河通信公司、兰州市电信局及联通公司分别擅自向用户非法预收取话费案;兰州市电信局与移动通信公司争夺电信市场，人为中断甘肃移动通信公司兰州分公司手机拨打兰州市部分固定电话案。定西地区工商部门组织执法人员对 2 户电信企业进行了检查，发现甘肃移动通信公司定西分公司在办理"陇原通"移动电话业务时未征得用户同意，向 288 户用户每户收取 200 元的预存话费，共计 5.76 万元。在工商部门的努力下，该分公司采取了积极的整改措施，并向 136 户用户退还预存话费 2.72 万元。白银市工商部门及时召开了烟草、酒类、供水、供电、防疫、电力、移动通信等行业领导参加的座谈会，通报了部分公用企业存在的限制竞争的有关情况，并限期纠正。

2002 年，全省工商系统加大了对垄断行业限制竞争行为整治工作的力度，查处不正当竞争案件有较大突破。这一年，全省工商系统共立案调查不正当竞争案件 238 件，结案 208 件，案值 1743.95 万元，罚没金额 277.52 万元，案值、罚没款分别比上年同期增长 170%和 260%。平凉市工商局在查处不正当竞争案件中，力度大，执法严，抓得实，所属泾川县工商局对新华书店强行搭售中小学生辅导教材案进行了查处;庄浪县工商局对邮政局强制用户接受其服务案进行了查处;崆峒区工商局对移动、联通公司强制用户预交话费案进行了查处。在查办垄断行业和公用企业不正当竞争案件中，白银市工商局对保险公司的查处、临洮县工商局对新华书店的查处、玉门市工商局对水厂的查处、兰州市工商局公平交易分局对电信部门的查处等都做到了立案准确、证据确凿、查处及时、使用法律得当、办理程序合法，有效地推动了这项工作的全面开展。在专项整治的基础上，省工商局还进一步加强了对垄断行业的调查研究工作。根据全省垄断行业和某些企业出现的一些限制竞争行为，结合在查处工作中遇到的问题，省工商局列出了 30 个调研课题，组织各地工商局结合实际选择了调研题目。到这一年底，收到论文 18 篇，对查处不正当竞争案件起到了一定的指导作用。

2007 年，全省工商系统继续开展反垄断专项执法工作。一是积极运用行政建议或行政告诫的方式制止行政性垄断、地区封锁、地方保护行为，严厉查处垄断性行业强制交易、强制服务、侵害消费者和其他经营者合法权益的行为。二是进一步加大对全省工商系统反垄断执法工作的指导力度。省工商局选派执法人员参加国家工商总局统一组织的到东部地区学习反垄断执法经验和交流活动,加强地区间的交流与合作。当年共查处不正当竞争案件129件,案值624万元,罚没款150万元。

三、查处商业贿赂

1997年5月29日,省整治药品回扣违法行为联席会议在兰州召开,会议听取了整治药品回扣违法行为的情况汇报。全省各级联席办共受理群众来信来函68封,接受咨询5728人次,全省共查出药品回扣金额183万元。

1998年,由省政府组织,工商部门带头实施,医药卫生、审计、物价、税务、检察等部门参与的整治药品回扣专项工作在全省展开,共立案46起,结案28起,查出回扣金额218万元,15人受到党纪、政纪处分或被追究刑事责任。

2003年,全省工商部门继续深入开展了纠正医药购销中不正之风的工作。这一年,省工商局配合省纠正行业不正之风办公室抽查了兰州市25家药品经营门店,查出13家有违规经营行为,一一进行了核实处理。

2005年下半年,省工商局按照国家工商总局《关于进一步做好纠正医药购销及医疗服务中不正之风专项治理工作有关问题的通知》精神,结合实际,召开专题会议,研究部署了全省工商系统的专项整治工作。各地加强对医药市场秩序的监管力度,坚持"标本兼治、纠建并举"的原则,清理整顿药品生产经营企业和个体工商户,严厉查处药品购销活动中给予、收受回扣及其他商业贿赂行为,维护了广大人民群众的切身利益。

2006年,按照国家工商总局和省委、省政府的统一部署,全省工商部门将治理商业贿赂作为反不正当竞争工作的重点,分行业、分层次、分阶段开展了治理。为了保证这项治理工作的顺利开展,省工商局成立了以主要领导为组长的治理商业贿赂领导小组,下设办公室,负责日常事务工作。这年,省治理商业贿赂领导小组召开了3次专项工作会议,确定工商部门以医药购销和教材教辅采购为治理工作的重点和突破口。为了稳步推进商业贿赂治理工作,省工商

局5次派人赴各市、州检查、调研各地工作开展情况。在调查研究的基础上,省工商局写出了《关于全省工商系统治理商业贿赂工作的调查报告》,得到了省纪委的肯定。截至这年底,全省工商系统共摸排商业贿赂线索291起,立案查处商业贿赂案件121件,结案91件,案值1688万元,罚没款256万余元;涉及医药购销和医疗服务的违法行为28起,案值846万元。同时还查处了农作物和制种产业商业贿赂案件。

2007年,全省工商系统继续开展了治理商业贿赂工作。省工商局召开了全省工商系统治理商业贿赂视频会议,总结了2006年治理商业贿赂专项工作,对2007年开展治理商业贿赂工作做出了具体安排。这一年,全省工商系统查处商业贿赂案件39件,案值176.8万元,罚没款56万元。查处的大要案有:玉门油田医院商业贿赂案、成县人民医院医疗器械采购商业贿赂案、兰州新华图书大厦商业贿赂案、定西师范高等专科学校商业贿赂案。当年国家工商总局、省治理商业贿赂领导小组到省工商局检查工作,对全省工商系统治理商业贿赂工作给予了充分肯定。省治理商业贿赂领导小组办公室在简报上连续6次刊登了全省工商系统治理商业贿赂的做法和经验。

2008年,在前两年开展治理商业贿赂工作的基础上,全省工商系统继续深入开展了此项工作。一是广泛发动,排查案件线索。各地结合实际,在治理的重点领域,认真调查摸底,选准主攻方向,并充分发挥12315网络投诉作用,加强信息交流,通报各类商业贿赂案件发展的动态,从中发现和寻找线索。二是抓住热点,突破重点领域。在巩固治理医药、教辅教材购销等商业贿赂成果的基础上,按照全国治理商业贿赂工作会议提出的"抓重点、抓反复、抓深入"的要求,各地工商部门采取措施,组织执法力量,突出了对工程建设、土地出让、产权交易、政府采购、出版发行等重点领域和行业商业贿赂行为的治理。三是加大力度,严查大案要案。各级工商部门把查处性质严重、影响恶劣的大案要案作为治理商业贿赂的重要手段,加大工作力度,强化工作措施,加强协作配合,主动出击,相继查处了一批严重破坏市场秩序和损害人民群众切身利益的案件。如武威市工商局经检分局对武威市某医院药品购销贿赂案进行了查处,对当事人做出了没收违法所得、并处以罚款6万元的行政处罚。四是制定措施,建立长效机制。当年,省工商局制定下发了《甘肃省工商局关于在治理商业贿赂专项工作中推进市场诚信体系建设的实施意见》。《意见》从统一思想、提高认识,发挥优势、全面推进,明确任务、分工负责,加强领导、狠抓落实等几个方面对工商系统治理商业贿赂、推进市场诚信体系建设提出了要求,为建立治理商业贿赂的长效机制做出了努力。

第三节 打击传销活动

1990 年以后,美国安利公司开始在中国发展其业务,各种形式的传销和变相传销相继出现。起初的传销,其运行方式是"金字塔销售方式",是西方国家的商品销售方式之一,属于正常的销售活动。而在我国改革开放期间出现的一些传销和变相传销活动,已经改变了原来意义上的传销,其主要目的并不是推销商品,而是非法敛财,对传销人员实施人身和精神的双重控制,演化成一种犯罪行为。

1997 年,全省工商系统按照国家工商局、省工商局的部署安排,集中人力和时间,打击非法传销活动。当时工商部门查处非法传销的重点是:(1)未经登记注册,没有领取国家工商局核准的《准许意见书》,擅自进行传销活动的非法公司(企业)。这些非法传销缺乏工商、税务等部门的有效监督,既偷税漏税,少数人易成为暴发户,又易成为社会不稳定的因素,这是工商部门打击查处工作的重中之重。(2)利用虚假宣传,引诱甚至强迫不明真相的人以交纳会员费、购买商品、会员卡、优惠卡或提供服务等方式进行传销、牟取钱财的行为。(3)利用传销进行价格欺诈、牟取暴利,推销假冒伪劣、走私产品及国家限制流通的产品的行为。(4)未向工商部门备案,擅自开展培训活动,进行封建迷信、反动、淫秽、帮会、帮教活动及煽动性宣传等违法行为。(5)吸收机关干部、现役军人、全日制在校生及国家禁止经商的人员参加传销的行为。(6)跨地区、超范围进行传销,只具有单层次传销资格而从事多层次传销的行为。当年 11 月,全省批准登记注册具有单层次传销资格的企业 7 户,这些企业均经省工商局审核,国家工商局审批同意。据不完全统计,当年全省共查处非法传销案件 88 起,其中

立案 52 起,查出违法经营金额 500 万元,罚没款 20 万元。

2001 年初,市场上的传销与变相传销活动在甘肃省特别是在兰州市死灰复燃。兰州市工商局城关、七里河、西固、安宁分局先后查处了外省来甘人员打着"美商全球得利集团兰州分公司"的招牌,传销"目脑灵""海豹油"等商品环球优惠卡等违法活动,定西、张掖等地工商局也查处了多起传销案件。全省工商系统驱散和动员返乡传销人员 2500 多人,端掉传销窝点 30 多个,查缴大量传销物品和有关资料,遏制住了其蔓延的势头。到年底,全省工商系统共查处传销与变相传销案件 16 起,比上年增加 6 件,增长 60%;端掉传销窝点 38 个,驱散传销及变相传销人员 3800 余人次,是历年中驱散人数最多的年份,其案值达到 94.84 万元,比上年增加 28.77 万元,增长 43.5%;其中查办万元以上的传销大案 4 件,移送公安机关案件 2 件,涉案传销人员 700 余人,狠狠打击了传销活动抬头的嚣张气焰,有效地维护了社会的稳定。兰州市西固区的非法传销活动被举报到国家工商总局后,省工商局按照国家工商总局领导批示精神,立即进行了安排部署,在有关部门的配合下迅速进行了查处。打击传销和变相传销工作,全省各级工商部门都有明确的工作思路,充分发挥基层工商所对传销活动底子清、情况明的优势,对辖区的传销活动进行"拉网式"的排查和清理,掌握传销违法活动的特点及新动向,采取针对性措施,发现一起,取缔一起,不给传销违法活动以任何可乘之机。按照国家工商总局"重点打,面上查,两手都要硬"的要求,各级工商部门突出抓好重点案件的查处。公安部在开展"秋风战役"行动中列出 3 个重点公司,要求各级工商局在排查摸底过程中,一旦发现传销窝点和传销头目,立即上报省工商局和移送公安机关查处。根据公安部提供的资料,省工商局将兰州市定为打击传销活动的重点区域,集中力量,统一部署,重点出击,采取"端窝点、抓头目、封账号、吊执照"等一系列措施,遏制住了传销活动在全省再度发展蔓延的势头。在打击传销和变相传销行动中,全省各级工商部门主动与新闻单位联系,多方位、多角度地在报纸、电视台等新闻媒体上揭露传销违法活动的危害,不断提高广大人民群众的辨别能力和自我保护意识,自觉抵制、揭批传销和变相传销违法活动。国家工商总局《关于迅速开展广泛宣传、深入揭批、严厉打击传销及变相传销行为专项行动的通知》下发后,省工商局及时进行了转发,并结合甘肃的实际提出了具体贯彻意见和要求。据统计,全省共印制和发放各种宣传资料 10 万多份,出动宣传车辆 450 多台次,各县、市、区的中心地段悬挂"严厉打击传销和变相传销行为,维护社会经济秩序"等内容的横幅 100 余条,省内外报刊登载打击传销内容的报道 120 余篇。当年国庆节期间,省工商局发出通知,要求组织广大工商人员收看中央电视台《焦点访谈》播放的打击传销专题节目,并进行讨论,进一步提高了广大执法人员对打击非法传销的认识。从全省转型企业的经营情况看,形成规模、在社会上比较有影响的企业主要是当时的"安利"公司和"雅芳"公司,反映问题较多的是"安利"公司。为了做好转型企业的工作,各地工商部门一方面加强日常监督管理,规范经营行为,限制产品推销培训人数,另一方面不定期召开座谈会,宣传国家有关规定和政策,明确提出具体要求,坚决制止以传销方式推销产品。

2002 年,省工商局认真贯彻落实《国务院办公厅关于严厉打击传销专项整治工作的通知》和国家工商局《关于贯彻〈国务院办公厅关于严厉打击传销专项整治工作的通知〉的通知》精神,在全省范围内部署开展了打击传销和变相传销活动,取得了一定的成效。在此期间,省工商局结合甘肃实际,就打击传销和变相传销工作进行了认真研究安排, 及时召开了全省工商系统打击传销和变相传销专题会议,传达学习了国务院有关文件精神和国家领导人重要批示,分析了全省传销和变相传销活动的新特点、新动向和存在的问题,把打击非法传销工作作为整顿和规范市场经济秩序的一个重要内容来抓, 从讲政治的高度和维护社会稳定的大局出发,以对党、对人民高度负责的态度,进一步加大了打击传销和变相传销的力度。省工商局在年初召开的全省工商局长会议上明确提出了打击传销和变相传销的工作思路和要求。一年中,全省各级工商部门积极行动,制定措施,迅速出击,果断处理,发现一起,查处一起,不让传销和变相传销在甘肃形成气候。到年底,全省工商系统共查处传销和变相传销案件 6 起,驱散传销人员 86 人,案值 34 万元,罚没金额 19.4 万元;查处"中山完美日化"等违规培训 6 起,驱散参训人员 600 多人次,没收电脑 5 台。当年 4 月 10 日,根据国家工商总局的紧急通知精神,省工商局、兰州市工商局公平交易分局重点查封了申齐实业(上海)有限公司兰州分公司。

2003 年,省工商局按照国家工商总局《关于迅速开展严厉打击传销和变相传销专项行动的紧急通知》精神,在全省范围内部署开展了打击传销和变相传销专项执法行动。各地工商部门采取拉网式面上监督检查和秘密暗访调查相结合的方式进行排查摸底,掌握情况,进一步加强对以前涉嫌搞传销和变相传销的企业、个体门店及培训场所的检查,坚决把传销和变相传销活动消灭在萌芽状态。到这一年的 6 月底,全省共出动执法人员 2.38 万人次、车辆 2412 台次,检查相关的企业、门店及连锁经营、加盟连锁等各类店铺共 1.63 万户(个),查处"安利"公司、"天狮"集团违规培训两起,驱散参训人员 200 余人,罚没金额 6700 元。这次专项行动有效地震慑了传销和变相传销违法行为,维护了正常的经营秩序。到年底,全省工商系统查处非法传销和变相传销点 8 处,罚没款 12.4 万元,遣散传销人员 600 人。

2003 年底至 2004 年初,传销和变相传销活动又有所抬头,并有逐步蔓延的趋势,打击传销和变相传销工作面临的形势更加严峻。省工商局高度重视,多次下发通知,在全省范围内组织开展打击传销和变相传销专项行动。各地工商局接到通知后,立即对辖区进行严密的监管,密切注意传销和变相传销的新动向,有重点、有步骤地开展此项工作。这期间,全省工商系统共出动执法人员 4.1 万人次、车辆 6991 台次,查处涉嫌传销和变相传销案件 16 起,取缔传销和变相传销窝点、场所 85 个,驱散涉嫌传销、违规培训人员 6800 余人次,移送司法机关案件 9 起 16 人。通过查处传销和变相传销活动,查获了大量违法经营的物资,主要有:钢材 335.59 吨,汽车 55 辆,摩托车 38 辆,成品油 145.69 吨,煤炭 750 吨,香烟 7606 条,化肥 1766.6 吨,种子 9.29 万公斤,农药 13 吨,棉花 586 公斤,粮食 155 吨,饮料 25.1 万瓶,服装 4365 件,化妆品 4.99 万瓶,VCD、LD、CD 盘 1.25 万张,计算机 72 台,彩卷 1770 个,书刊 7920 册,商标标识 1.85 亿套。全省工商系统还积极配合国家工商总局查处有关案件。经过认真缜密的调查摸底和案件分析,全省没有发现国家工商总局所列的"武汉新田""深圳文斌""王牌 88""美国远程教育""美国互联网基金""美国世界网络基金公司"等传销组织在甘肃的违法活动。

2004 年全省查处传销情况

表 7-5

日　期	案件查处情况
2 月中旬	平凉市工商局查处王兴辉以销售"完美"产品,通过交入门费和订购商品等方式,取得加入、介绍或发展他人加入的资格,并以此获得回报,组织人员从事变相传销一案。
2 月 27 日	有 60 名涉嫌传销人员在兰州市宋家滩 2732 号组织"听课",雁滩工商所接到举报后迅速查处,将该窝点的部分财产予以扣留。
5 月 8 日	兰州市工商局城关分局根据省工商局的批复,取缔了发生在雁宁路花鱼市场的传销组织。执法人员当即驱散了现场违规培训人员,并对团伙主要人员付某等 9 人立案调查。
5 月 10 日	兰州市工商局城关分局在皋兰路 78 号的"雅典娜西餐厅"发现一个传销窝点,现场有 50 余人在听课。执法人员当即进行了驱散,并对团伙主要人员范某立案调查。
5 月 10 日	有 30 名传销人员聚集在兰州市土门墩粮库家属区上课,被土门墩派出所治安员发现后举报到市工商局七里河分局。据查,这些人年龄在 20 岁左右,当时正处于"洗脑"阶段,经教育后遣散。
6 月 5 日	古浪县工商局在古浪县邮政宾馆五楼 503 客房,查获杨玉山等人以给"安利"公司推荐人才和直销商品名义非法集会发展人员一案。
6 月 8 日	兰州市工商局城关分局在安乐村 6 号发现山西来兰人员崔某涉嫌传销。经与警方联合调查,发现共有 4 人有嫌疑。因无法确定非法传销人员结构,执法人员将其遣散。
6 月 11 日	兰州市工商局七里河分局和晏家坪派出所在晏家坪新村一民房端掉一个传销上课点,除上课"老师"外,现场有 40 多名 18 岁左右的年轻人。该窝点要求学员交 2800 元购买化妆品,已发展到非法控制"学员"行踪、自由的程度。由于其中一"学员"报警,多数人才被解救出来。
6 月 19 日	兰州市工商局城关分局接到举报,在草场街穆柯寨 51 号院内查获一传销窝点。
6 月 22 日	兰州市晏家坪二村 111 号有 25 名来自山西、陕西、内蒙古、河南等地的年轻人正在接受"洗脑",七里河工商分局和晏家坪派出所接报后马上捣毁了这个传销窝点。
6 月 24 日	兰州市工商局七里河分局和晏家坪派出所在晏家坪三村 159 号查获一传销窝点,参加人员约 20 人,"老师"要求每个学员发展 6 个下线,交 2800 元的报名费后可获相应提成。

日 期	案 件 查 处 情 况
7月7日	兰州市晏家坪派出所在清理暂住人口时,发现有40多名外地来兰人员非法聚集。兰州市工商局七里河分局接报后马上协同调查,发现这些人大多来自内蒙古和四川,无身份证和暂住证。
8月18日	兰州市工商局城关分局火车站工商所根据举报,在城关区火车站东路264号查获一起以交1370元购买"林枫"牌服饰后,再发展两个下线,然后提取40%利润的传销案。查处时已发展下线人员4名,执法人员当场没收了当事人用于宣传的资料等物品,并依法取缔,遏制了一起非法传销案。
8月19日	平凉市工商局崆峒分局接到举报,在当地公安部门的配合下迅速出击,在崆峒区北大路295号院内查处一非法传销窝点。当场查获传销人员35人,传销培训笔记本等。
8月26日	兰州市工商局城关分局接举报,对位于城关区开元酒店901室涉嫌非法传销和变相传销的现场检查一案,驱散违规培训人员20人。
8月30日	15人在兰州市汽配市场1单元6楼组织传销韩国化妆品,雁滩工商所接举报后进行检查,对参与传销人员进行了教育和驱散。

2005年,全省工商系统按照国家工商总局的工作部署,继续深入打击传销与变相传销的违法活动。通过2004年的集中打击,从整体上看,传销与变相传销已成强弩之末,但在一些城乡接合地区仍然有传销活动的踪迹。省工商局组织全省工商系统根据传销活动的新特点予以打击。这一年,全省工商系统共查处涉嫌传销和变相传销案件10件,案值62万余元,涉案传销人数104人,取缔传销窝点、场所22个。

2005年8月10日,国务院颁布了《禁止传销条例》和《直销管理条例》。这两个条例的颁布施行,为打击传销活动提供了强大的法律武器。为了贯彻执行这两个条例,2006年至2007年,省工商局多次举办全省学习两个条例和打击传销、规范直销培训班,使工商执法人员掌握了两个条例的基本内容和有关规定,在工作实践中认真贯彻执行,提高了查处传销案件和监管直销的业务水平和工作能力。各级工商部门还在全社会开展了两个条例的宣传教育,让广大群众知法、懂法、守法,提高自我保护意识,防止上当受骗。

2007 年,在《禁止传销条例》和《直销管理条例》颁布两周年之际,全省工商系统开展了历时两个月的打击传销、规范直销宣传教育活动。在这一活动中,省工商局向社会公布了 2006 年打击传销十大案例。这一年,全省工商系统在《中国工商报》《甘肃法制报》《甘肃经济报》等报纸上发表打击传销和变相传销方面的文章 180 多篇、受害人现身说法方面的文章 60 多篇,电视台跟踪报道典型案例 5 起。这年,全国又出现了传销抬头并蔓延的势头,国家工商总局和公安部决定,从 7 月 16 日至 8 月 15 日,用一个月时间在全国范围内开展打击传销集中行动。根据国家工商总局和公安部的要求,省工商局和省公安厅联合下发了《关于在全省开展打击传销集中行动的通知》,从行动重点、行动时间、行动要求三个方面对打击传销集中行动作了具体部署。7 月 16 日,召开了全省打击传销集中行动电视电话会议,省工商局和省公安厅领导做了重要讲话,对全省打击传销集中行动进一步进行了明确。在集中行动中,重点打击以"拉人头""团队计酬"、收取入门费等方式以及通过互联网、假借直销名义进行的传销活动;严厉惩处以介绍工作、从事经营活动等名义,欺骗他人离开居住地非法聚集,并限制人身自由的行为;坚决查处打着职业介绍、招聘兼职及营销培训等幌子,诱骗学生参加传销的行为。集中行动期间,全省工商系统共出动执法人员 1350 人次、车辆 270 台次,端掉传销窝点 46 个,教育遣送参与传销人员 1125 人,移交公安机关处理 22 人,其中涉嫌犯罪的 12 名传销头目被公安机关刑事拘留。通过集中行动,有力地打击了传销活动,震慑了传销人员,广大群众的防范意识明显增强,产生了良好的社会效应。

2008 年 7 月,省工商局发出关于开展直销市场检查的通知,并派出检查组会同各市工商局,对直销企业在甘分支机构进行全面检查,对其所属直销店、87 个专卖店、授权经销商进行了重点抽查。通过对在甘肃直销企业分支机构的全面检查,摸清了直销市场状况,强化了企业的责任意识和规范化管理,营造了全省健康有序的直销市场环境。8 月 27—28 日,国家工商总局在陕西省西安市召开部分省、市工商部门打击传销工作座谈会,省工商局参加会议并做了典型发言。这次会议推进了打击传销、规范直销工作的深入开展。这年 7—9 月,省工商局组织开展了打击传销联合执法行动,全省工商系统共出动执法

人员1683人次、执法车辆213台次,与公安部门密切配合,先后联合开展了4次专项执法行动,共查处传销案件8起,捣毁传销窝点39个,教育遣散传销人员1618人次,刑事拘留2人,治安拘留25人。白银市工商局、嘉峪关市工商局、平凉市工商局先后查处了4个传销团伙。联合行动期间,共检查宾馆饭店5678家,检查城乡接合部出租屋1.28万户次。省工商局先后三次派出督察组,对11个市联合执法行动各项工作落实情况进行了检查,对两起案件进行了现场督办,并对个别地方出现的与有关部门配合不协调等问题进行了沟通,推动了联合执法行动的顺利进行。

第四节　打击走私贩私活动

经济流通领域的走私贩私违法活动,在20世纪80年代初期尤为猖獗。1982年3月,五届全国人大常委会二十二次会议通过的《关于严惩严重破坏经济犯罪的决定》,将走私贩私行为作为打击严惩的重点之一。1983年底至1990年,省打击走私贩私领导小组根据甘肃内陆地区的特点,相继发出了《关于打击走私工作的意见》《关于继续严厉打击走私违法犯罪活动的通知》等文件。省工商局积极配合省公安厅、海关、烟草专卖局等部门不间断地打击走私贩私违法活动,取得了较好的成果。

1991年9~10月,全省工商系统按照国务院生产办公室《关于加强录像机市场管理的规定的通知》和《国务院关于大力加强反走私斗争的通知》,积极行动起来,打击走私、倒卖录像机的活动。全省共查获走私录像机150台。对录像机非定点经营单位进行了清理整顿,检查督促进口录像机定点经营单位尽快办理有关变更登记手续。对非定点经营单位的库存和未销售完的录像机进行了清理登记,交定点经营单位收购。对在清理整顿中查出的无准运证或假准运证的录像机按规定没收交定点单位收购,收购款上交当地财政。

1993年上半年,全省工商系统按照国家工商局的部署,重点开展了打击走私贩私的集中执法行动。省工商局抓住甘肃地区走私贩私活动的特点,制定了打击走私贩私的具体行动方案,突出了抓重点地区、重点嫌疑人员和重点环节,并广泛宣传打击走私贩私的法规。按照省工商局的安排和要求,各地(州、市)工商局相继组成了强有力的班子,由主管领导挂帅,制定本地区的方案,并开展了对重点地区、重要环节的调查摸底,组织执法人员进行了普遍检查与重点检查。到这一年的 9 月,执法行动初战告捷,查获走私贩私的各种日本、韩国轿车 16 辆。之后,省工商局又发出了打击走私贩私活动的紧急通知,对打击的重点地区、重点环节等做出了明确的指示和要求。这次打击走私贩私活动的重点地区是:兰州、白银、天水、金昌、嘉峪关、武威、张掖、酒泉、临夏等地。打击的对象是:走私贩私的机关、团体、企事业单位,以及其他走私贩私的团伙和个人。这次行动采取的主要手段是:检查运输环节(公路运输、铁路运输、空运);检查取缔私货集散点、窝藏点、销售点、摆卖点(包括电器市场、汽车摩托车市场、烟草交易点等);查缉重点物资、物品,包括汽车(摩托车)及其主要零部件、香烟、家电等国家规定限制进口的机电产品和工业用原材料,以及毒品、文物、黄金、外币、淫秽物品等;切断私货流通渠道;整顿、清理汽车(摩托车)、家电市场、香烟交易点;取缔销售走私物资、物品的黑市;及时查处发现的大要案件,从重、从快严厉打击走私贩私单位和团伙。从 1993 年底至 1994 年初,全省工商系统共查处倒卖走私物品案件 48 起,查获走私车辆 100 余辆,并查获摩托车、录放像机、黄金、白银、卷烟等一大批走私物品,总价值折合人民币 812 万元。

1996 年 7 月—8 月,全省工商系统集中两个月的时间,开展了严厉查处走私贩私专项治理工作,治理的重点地区是兰州、天水、白银、酒泉等地。各地对经销进口汽车、摩托车、零配件、家用电器、摄影器材、香烟的企业、门店以及不法商贩光顾的场所进行了重点检查和整治。全省共检查经销进口商品企业、门店 1409 家,查获走私、假冒伪劣商品共 11 个大类、108 个品种;查扣冒牌汽车零配件 680 种、7129 余件(套)和不合格汽车蜡、机油 15 个种类、326 桶;查出有问题的功放机 47 台、影碟机 63 台、收录机 164 台、彩电 73 台、微型彩电 6台、音响 23 台(对)、录放像机 27 台、单放机 3 台、摄像机 28 台、照相机 258架、夏普及卡西欧电子计算器 87 个、电池 23 盒、全进口电动工具 27 套、影碟280 余盘、化妆品 702 盒;查获走私烟 604 条。同时还查处了一批无正式进货

发票、无进口检验标志、无合法进口货物证明的商品和家用电器。此次专项整治全省共立案查处案件61件，没收标值1484.90万元的走私、假冒伪劣商品，罚没金额66.69万元。

2000年2月，国务院批转了国家烟草专卖局、公安部、海关总署、国家工商局《关于严厉打击卷烟走私，整顿卷烟市场的通告》，并同意由国家烟草专卖局、公安部、海关总署、国家工商局发布实施。不构成犯罪的，由海关、公安、工商行政管理和烟草专卖行政主管部门依法给予处罚；构成犯罪的，移送司法机关追究刑事责任。这一年，全省工商系统查处走私贩私香烟案件60余起。

2001年，全省工商系统共查处走私贩私案件31件。其中省工商局查处的李钢涉嫌走私轿车大案，移交海关处理。

2003年，全省工商系统把打击私货交易行为作为整顿市场经济秩序的重要内容。省工商局、兰州市工商局联合兰州海关建立了共同查处走私贩私案件协作关系，根据各自的职能签订了案件协查、移交协议书。

从2004年至2005年，全省走私贩私违法行为有所减少。一是甘肃地处西北边远地区，走私贩私的成本和风险较大，一些顶风作案的犯罪分子有所收敛；二是各级工商部门加大了打击和监管力度，把走私贩私消灭在了萌芽状态；三是工商部门引导广大消费者增强了防范和抵制意识，提高了对私货的警惕性，使走私贩私活动的市场大为缩小。这两年，全省工商系统查处走私贩私案件分别为19起、41起。

2006年至2007年，全省工商部门在打击走私和私货交易工作中，把成品油、成套机械设备、电子产品、香烟、酒类、化妆品、水果、冻品以及废旧物品作为重点商品，把集中交易的电子产品市场、仓库、货场等作为重点部位，严厉查处贩私和经销无合法来源证明的进口商品的行为，坚决取缔各类私货市场和集散地。两年中，全省工商部门共查处走私和贩卖无合法来源证明的进口商品案件137起，案值82.7万元，没收非法所得60.06万元，罚款20.28万元。

2007年11月26日，省政府召开全省打击走私和综合治理成员单位联席会议，省工商局参加了会议，并在会上做了发言，受到了省政府领导的好评。

第五节　专项整治

一、打击非法证券和非法期货交易

　　1997 年至 1999 年,甘肃省一些地区尤其是兰州市,从事非法证券和非法期货交易的违法行为比较猖獗,中央电视台曾对此进行了曝光。当时一些不具有证券、期货经营资格的公司打着"投资咨询""财经服务""信息咨询"等招牌,非法开设证券、期货交易场所,以"高额融资、高额回报、以小博大、只赚不赔"为诱饵,诱骗群众入场交易,并通过假融资、对赌等非法手段,大量侵吞入场交易者的资金。1997 年 6 月至 1999 年 11 月的 2 年多时间内,省工商局和兰州市工商局针对省内尤其是兰州市非法期货和证券代理交易比较严重的情况,会同省证券监督管理委员会(简称省证监会)等有关部门,在省政府的统一领导下多次采取行动, 对非法机构和非法交易进行了严厉查处。1997 年 6 月 6 日,由省证监会牵头,省工商局、中国人民银行甘肃省分行和省公安厅配合,对全省 18 家涉嫌香港恒生指数交易的机构进行突击检查, 当天冻结银行存款 379 万元,现场查扣现金 33 万元,查封各类设备 777 台(件),有力地打击了非法证券交易行为,刹住了香港恒生指数非法交易猖獗的势头。

　　1998 年,一些不法机构和人员在改头换面之后,开始从事国内期货和股票代理交易。根据国家有关规定,省证监会、省工商局、中国人民银行甘肃省分行、省公安厅在《甘肃日报》《兰州晨报》《兰州晚报》上联合发布了《关于禁止非法期货交易活动的通告》。同时,省证监会和省工商局公平交易局领导在甘肃电视台《经济与法》节目中接受专访,讲法律、讲政策,告诫投资者不要参与非法交易。《通告》发布后,一些非法机构慑于执法部门的威力关门停业,但仍有一些机构在变换地址及名称后继续从事违法活动。这年 9 月,省证监会和省工商局将全省合法的证券、期货经纪机构在报纸上进行了公告,意在通过媒体对广大投资者进行风险宣传教育,使其提高自我保护意识。

　　从 1998 年至 1999 年 5 月,省证监会和省工商局多次联合行动,共查处非

法证券、期货机构 13 家,其中被查封的机构有 7 家,被检查后自动停业的有 2 家,对另外几家进行了严肃查处。

1999 年 10 月,省政府决定,由工商部门牵头,证监、公安部门配合,对兰州市从事证券期货经营的单位进行全面检查。工商部门先后出动执法人员 300 多人次、车辆 40 多台次,在证监、公安部门的配合下,分成 7 组,对全市 17 家涉嫌非法证券交易的公司开展全面检查,并将 14 家涉嫌非法证券交易的公司全部移交公安机关,抓获涉案人员 114 名,其中批捕 21 人,使全省非法证券、期货交易违法活动得到了有效的遏制。

通过几年坚持不懈的查处和宣传,有力地打击了非法证券、期货交易活动,保护了人民群众的利益,提高了广大群众的辨别能力和警惕性。

二、"扫黄打非"

"扫黄打非",是指依法对反动、淫秽、荒诞的社会丑恶行为和非法出版物进行查处和打击。工商部门的职责是运用自己的职能,积极配合有关部门抓好此项工作。

1985 年 4 月,国务院发布《关于严禁淫秽物品的规定》,对淫秽物品的范围作了界定,明确规定:凡各种淫秽物品,不论是否以营利为目的,都必须严格禁止进口、制作(包括复制)、贩卖和传播;同时认为查禁淫秽物品工作,应当在当地政府的统一领导下,由公安、文化、教育、广播电视和工商等部门按照各自的分工,负责组织实施。1987 年 7 月,国务院又发出了《关于严厉打击非法出版活动的通知》,这为从源头上查禁淫秽物品提供了保证。1985 年至 1989 年,全省"扫黄打非"办公室按照省委、省政府对"扫黄打非"的总体部署进行了具体安排,公安、工商、广播电视、新闻出版等部门相继召开了多次联席会议,制定了全省"扫黄打非"的具体措施。此后针对全省的实际情况,有重点地开展了各项查禁和执法行动。

1990 年 10 月至 1991 年 4 月,全省各级工商部门认真贯彻党中央、国务院和省委、省政府"扫黄除六害"的指示精神,深入开展了"扫黄打非"工作。省工商局成立了"扫黄打非"工作领导小组,全省各地(市、州)和县工商局的分管局长参加了当地的"扫黄"领导小组,近200名干部抽调到各级"扫黄"办公室工作,全省1451个集贸市场和基层工商所均有专人负责"扫黄"工作。各地工商部门充分发挥自身优势,深入到街道、企业、集贸市场,广泛宣传"扫黄"工作的重大意义,向个体工商户和经营单位散发"扫黄"宣传材料40万份。各地工商部门还积极配合相关部门,对文化、出版、音像等市场进行清理整顿。1990年,共检查书店(摊)3800多个、音像映销点1400多个、印刷厂300多家、舞厅200多家,检查旅社、茶馆、娱乐摊点780多家。各地工商部门还把经常性的监督管理和突击性检查结合起来。元旦、春节期间,各地工商部门对集贸市场及经营摊点普遍进行了1~2次"扫黄"突击检查,取得了很好的效果,使文化、书刊、音像市场的混乱状况有了好转。同时,加强了对印刷、出版、经营单位的登记管理,依法审核发照,对证照不全、经营范围不清、有违法违章经营行为的单位和个人进行查处。各地工商部门还把"扫黄"工作与推进集贸市场规范化管理结合起来,制定了文化、书刊、音像制品商品报价制度,不允许涉黄物品上市销售,严禁在集贸市场上从事测字算命、赌博、封建迷信等违法活动,并发动广大个体工商户进行自查自纠,互相监督。全省1451个集贸市场上全部建立了"黄毒"举报箱和监督台,遇有问题随时查处,堵源截流,从根本上禁除"黄毒"。

1996年12月至1997年2月底,全省工商系统按照全国第八次"扫黄打非"工作电视电话会议精神,开展了"扫黄打非"集中行动。各级工商部门密切配合相关部门,对全省的音像制品市场、书报刊市场、文化娱乐市场进行了全面检查治理,严厉打击了文化市场经营活动中的不法行为,取得了明显成效。在3个月时间内,全省工商部门共出动检查人员3100人次,检查各类经营网点2710处,对部分经营点反复进行了检查,并配合有关主管部门搞了多次联合执法检查。全省工商部门在检查中共收缴非法音像制品1万多张(盘)、非法出版物780册(本);查处违法违章经营户467户,其中责令限期改正的168户,取缔无证经营的195户,取缔有严重违法行为的74户;清理不良文化宣传牌52块,更改不良文化店名19户。经过集中治理,无证照经营活动大为减少,特别是公开非法批发音像制品的活动得到了遏制。

1997年至1998年,全省工商系统开展了第十次"扫黄打非"执法行动。在此期间,全省工商系统共出动执法检查人员 5056 人、车辆 1058 台次,检查各类经营网点 2790 处,收缴非法音像制品 5637 张(盘)、录音带 1.5 万盘、原版散装磁带 4500 盘、空白带 200 盘、母带 20 盘、封面装潢标识 10 万套;端掉复制录音磁带窝点 1 个,并收缴复制机 1 台(每次可复制 23 盘)、非法出版物 195 户,取缔有严重违法行为经营户 74 户,拆除卡拉 OK 场所违法设置的封闭包厢 78 间。

2002 年,全省工商系统"扫黄打非"工作紧紧围绕为中共十六大召开营造良好的社会文化环境这一目标,充分发挥执法队伍人多、线长、面宽这一优势,突出重点,加大执法力度,有效地净化了全省的文化市场。一是清理整顿市场,狠狠打击"游商"。全省各级工商部门积极配合有关部门对市场上的非法出版物进行了反复清扫和全面收缴,对兜售非法出版物的"游商"始终保持一种高压打击态势。针对"游商"活动的特点,发挥基层工商所对辖区底子清、情况明等优势,采取"白天查、夜间堵"等方法频繁出击,取得了明显的效果。二是加强对经营主体和经营行为的监管。按照省"扫黄打非"办公室的统一部署,全省工商系统把打击煽动民族分裂和宣传"东突"恐怖主义的非法出版物以及"法轮功"等邪教组织宣传品作为重点,利用工商企业、个体工商户登记监督管理法定的年检,全面清理了带有民族分裂和"国际战略""战略研究"等字眼的企业名称,对明显带有意识形态性质字样的企业名称一律停止核准。三是清理整顿网吧,查缴淫秽"口袋本"图书。到年底,全省工商系统在"扫黄打非"行动中,共出动执法人员 1.45 万人次、车辆 2108 台次,检查音像制品、出版物和网络服务经营户 5217 户,检查印刷复制经营门店 2654 户、娱乐场所 1904 户;查处兜售非法出版物的"游商"192 人;依法取缔无证照经营的网吧 233 户,查处违规网吧 291 户,查扣、没收电脑主机及附件 125 台(件);查缴盗版及淫秽书刊和以青少年学生为读者对象的"卡通画册""口袋本"共 6800 册;查缴盗版走私及淫秽色情音像制品 17.29 万盘(张)、非法印刷品广告 6.5 万份,依法取缔无证照经营门店、场所 689 处。

2003 年底至 2004 年初,省工商局根据国家工商总局的通知精神,及时下发了《关于查缴〈安利箴言 800 句〉等非法出版物的紧急通知》。全省各级工商部门按照国家工商总局的要求和省工商局的部署,立即行动,迅速出击,对国家工商总局提供的书刊经销点和重点经营户、印刷复制门店进行了认真细致的检查,取得阶段性成果。在1个月时间内,全省工商系统共出动执法人员1682人次、车辆420台次,检查书刊经营门店及销售点、印刷复制经营户共2210户,查缴《金玉良言》等非法出版物485本(册)。在这次专项查缴行动中,平凉、酒泉、张掖、天水、兰州、甘南、定西等地工商部门动手早、行动快,及时向省工商局汇报,沟通情况,收到了明显的效果。

2004年,省工商局按照省"扫黄打非"办公室《关于开展对政治性非法出版物专项治理的紧急通知》和立即查缴《晚年周恩来》及翻印本的紧急通知,以及关于严防"六·四"前后敌对势力炮制的出版物在甘肃省传播的紧急通知,迅速向全省工商系统作了周密部署,在全省范围内开展了对政治性非法出版物的清查和整治。此次专项整治,全省各级工商部门采取卷地毯和拉网式检查的方法,对辖区内的书报、音像制品批发销售、出租门点、摊点及流动摊点,印刷、翻印、复制、出版企业,电视、广播等新闻单位进行了全面的清查。全省工商系统共出动执法人员3.91万人次、车辆4206台次,悬挂"扫黄打非"内容的横幅、标语8860多条,检查音像制品、出版物和网络经营户9616户次,印刷、复制门店4316户次,文化娱乐场所6106户,查缴政治性非法出版物2700册、非法宣传品1.3万份。在第二阶段专项行动中,查处证照不全、超范围经营、出租转让营业执照等违法经营户316户次,依法取缔无证照经营的网吧187家,查缴淫秽色情光盘3.71万盘(套),以青少年学生为读者对象的有害卡通画册及淫秽"口袋本"图书1.9万本(册)。在打击盗版教材教辅读物的专项治理中,检查学校1066所,查处盗版教材及教辅读物40个大类、288万册,依法取缔、关闭证照不全的印刷、复制企业、个体工商户及门店721户,罚没金额126万元。在当年全省表彰的"扫黄打非"先进集体和先进个人中,工商系统有6个集体和9名个人受到表彰和奖励,分别占表彰总数的25%。

2008年,全省工商系统在"扫黄打非"工作中,共检查音像制品、出版物、网络经营户2434户,印刷、复制门店2314户,文化娱乐场所2000多户;查缴政治性非法出版物1万多册、非法宣传品5423份;查处证照不全、超范围经营、

出租转让营业执照等违法经营户62户,依法取缔无照经营的网吧46家;查处非法出版物案件31起,查缴非法音像制品1.44万盘(套)、有害卡通画册及淫秽"口袋本"图书232本(册)。检查学校1208所,查缴盗版教材及教辅读物40大类、5210册,依法取缔、关闭证照不全的印刷、复制企业、个体工商户及门店101户。

三、开展禁毒工作

2005年,省禁毒委员会为全面贯彻中共中央、国务院《关于转发〈国家禁毒委员会2004—2008年禁毒工作规划〉的通知》和《甘肃省禁毒工作三年规划》精神,落实中央政治局常委会和省委常委会关于禁毒工作的重要指示,按照"谁主管,谁负责"的原则,督促各禁毒委员会成员单位严格履行禁毒工作职责,就禁毒工作的某一方面承担起责任。该委员会的领导与省工商局领导签订了禁毒工作责任书。责任书明确规定了工商部门的7项责任:(1)组织全省各级工商部门加强对工商企业、市场的监督管理,配合公安机关查处流通领域及娱乐场所中发生的毒品违法犯罪行为;对查实参与贩毒、非法贩卖易制毒化学品、麻醉药品、精神药品的经营单位,依法吊销营业执照。(2)配合禁毒部门加强对个体工商户和私营企业的禁毒宣传教育工作。指导个体劳动者协会充分发挥自身职能作用,加强对个体劳动者的禁毒防范教育。(3)严格审查歌舞娱乐场所的经营资格,积极配合公安机关整顿、规范歌舞娱乐场所的经营活动,监督娱乐服务场所及精麻药品和易制毒化学品生产者合法经营加工,在行政执法中一旦发现涉毒企业、场所和人员,要及时向公安机关报告,并依法予以处理。(4)发挥管理职能,在企业注册和企业年检中,严格审查易制毒化学品生产、经营、使用企业以及歌舞娱乐场所的主体资格。(5)积极配合公安、文化等部门,开展整治歌舞娱乐场所吸贩毒品专项行动,对歌舞娱乐场所发生吸、贩毒品问题严肃处理。如管理不严,导致歌舞娱乐场所新型毒品泛滥的,追究有关领导和责任人的责任。(6)按要求参加禁毒委员会会议及各项活动,据实上报禁毒工作的相关数据资料,搞好本系统禁毒工作情况调研。(7)每年11月底前,向省禁毒委员会书面报告履行禁毒工作职责和执行责任书情况及下年度工作安排,省禁毒委员会进行年度考核评定。依据考评结果,按照《甘肃省禁毒工作责任制》和《甘肃省禁毒工作领导责任追究办法(试行)》,决定奖惩和责任追究。

按照禁毒工作责任书的要求,全省工商部门充分发挥职能作用,配合有关部门大力开展了禁毒工作。2005年6月3日至6月26日的国际禁毒日期间,全省工商系统集中开展了禁毒宣传教育活动,掀起了禁毒预防战役新高潮。在这次专项行动中,全省各级工商部门精心组织,积极行动,扎实深入地做好禁毒宣传工作,并与公安、文化、政法部门密切配合,及时沟通,坚持"全民参与、协同作战、齐抓共管"的工作格局。到这一年的6月27日,全省工商系统共出动执法人员1.13万人次、执法车辆2227台次,悬挂横幅3212条,办宣传栏215块,出板报346幅,设立禁毒宣传点196处,举办宣传教育会312场,参加禁毒宣传教育的群众达30万人,禁毒宣传教育活动收到了良好的效果。

2006年,全省工商系统配合公安、卫生、文化等部门在开展禁毒和防止艾滋病工作中,重点检查了娱乐服务场所,全面落实禁毒工作责任书内容。全省共检查企业、个体工商户6210户、社区543个,检查网吧、棋牌室、各种娱乐服务场所1.3万户,查处无照经营的棋牌室212户,依法吊销营业执照16户,取缔麻将摊34户,责令撤除麻将桌81张,取缔无照经营歌舞厅11家。省禁毒委员会在检查工商部门禁毒工作时,给予了充分肯定。

2008年10月20日至12月10日,按照省禁毒委员会的统一部署,全省工商部门以毒品管制、戒毒措施、全社会的禁毒职责以及违法责任等需要广大社会公众普遍知晓的内容为重点,深入宣传《中华人民共和国禁毒法》。一是充分发挥"一会两站"(消费者协会基层分会、红盾护农服务站、12315维权联络站)作用,通过工作站将相关宣传资料发放给居民和村民,宣传工作到社区、到乡村、到家庭、到个人。二是充分发挥个体劳动者协会、私营企业协会作用,在个体工商户、私营企业中进行宣传教育,使个体业主和私营企业主受到了教育。三是充分发挥"12315"行政执法网络体系的作用,广泛收集各方信息,按规定做好有关制毒、贩毒、吸毒、藏毒举报线索的处置。

第六节　执法规范化建设

一、依法按程序协同办案

1986年至1990年的几年时间,随着市场经济的不断发展和市场交易状况日趋复杂,工商部门经检机构的执法办案工作面临着许多新情况、新问题,给执法办案工作增加了难度。因此,在这个阶段,全省各级工商局都不断加强执法办案的规范化建设。1983年,省工商局制定了《执法办案程序的试行办法》,此后不断完善和修订。到1986年,《办案程序》已较为完善,符合甘肃工商行政管理的实际。《办案程序》对办案基本原则、办案基本要求、案件立案、案件调查取证、物品检查与扣留、案件处理、案件复查、案件立卷建档、扣留与罚没财物处理、办案奖励、办案纪律等作了具体规定,对执法办案实际运作起到了重要的指导作用。

1986年10月10日,陕西、河南、河北、山西、甘肃、青海、宁夏、新疆8省、自治区联合签订了《八省区工商行政管理机关关于对跨省区经济案件查处的协定》。《协定》明确提出,根据当时投机违法活动涉及范围广和查处中遇到的问题,各地工商部门在办理跨省区的案件中,必须加强地区间的联系,要顾全大局,相互支持,密切协作,有力地打击投机违法活动,维护社会经济秩序。《协定》共有5条:第一,跨省区的大要案件,原则上由查获地的工商部门立案查处;对查获地不便查处或主要违法事实不在当地的案件,应移交给主要涉案地的工商部门查处;查获地已查扣的财物,要等案件结案后,按照处理决定进行处理。对情况复杂,涉及两省区以上的案件,经过协商,可以联合查处,也可以分别查处。发生争议时,由各方的上一级工商部门协调解决。第二,凡联合查处的案件,结案时,立案地的工商部门必须与有关联合查处的工商部门共同研究定案处理。处理决定由立案地的工商部门下达,经协商也可分别下达处理决定。第三,各地工商部门发现外省区的案件线索或违法事实不在当地的案件,应及时通报给有关地的工商部门,有关案件材料亦应及时移转,受理的工商部门应将查处结果函告通报当地工商部门。第四,各地工商部门需要到涉案地冻结、查扣及处理违法财物时,由县以上工商部门出具附有违法事实的证明,涉案地工商部门应依据其证明出具有关手续协助办理。第五,各地工商部门接到外地工商部门的函调、协查信后,应迅速查证核实,一般应在 20 日内将查证情况函告外地工商部门;对外地工商部门派出的办案人员,要积极协助,提供方便。办案人员工作结束后,应将调查情况向当地工商部门汇报。该协定从 1987 年 1 月 1 日起执行。

1987 年 1 月,省工商局向省政府上报了《关于贯彻国务院〈投机倒把行政处罚暂行条例〉的意见》,共提出 7 条意见。其中第三条是:严格遵循办案程序,努力提高办案质量。各级工商部门查处投机违法案件,在定案处理时要做到事实清楚,证据确凿,定性准确,处理恰当,手续完备。定案处理的案件,由县、市、区以上工商局做出书面处理决定,较快地送交被处罚人;倒卖票证案件和非法所得 1 万元以下案件,由县、市、区工商局处理,报地(州、市)工商处(局)备案;非法所得 1 万元至 5 万元的案件,由地(州、市)工商处(局)审批,报省工商局备案;非法所得 5 万元以上案件,经地(州、市)工商处(局)审核加注意见后,报省工商局审批;非法所得 10 万元以上或情节特别严重的案件,立案和结案的材料报国家工商局备案。涉及外商、侨商、港澳商人的案件,报省工商局批准后立案。需移送公安、检察机关的案件,按省高级人民法院、省人民检察院、省公安厅、省工商局 1986 年 9 月制定的《关于处理投机倒把和诈骗案件的暂行规定》执行。第四条是:加强办案工作的领导,明确内部分工。各级工商部门要健全请示报告制度,按规定上报审批和备案的案件要及时上报,不得隐瞒不报。按照分工,工商部门查处的经济案件,被处理单位不服上诉的,接受申诉的工商部门应进行调查复议,按规定时限,提出复议意见或做出复议决定。兰州市工商局检查站和县、区工商局查处经济案件,要合理分工,避免重复检查。一般的监督检查工作,由县、区工商局负责。上级党政领导机关交办和涉及面广的案件,经市工商局局长批准后,由检查站进行调查,必要时可以联合办案。未经批准,任何个人不准到企业乱查滥罚,干扰企业的正常经营活动。各级工商部门未经批准不得自己在交通要道设立检查站,确需设立检查站的要会同

公安、交通监理部门,并报经省人民政府批准。第七条是:充实力量,抓好经济检查队伍的自身建设。各地(州、市)工商处(局)和有关县、市、区工商局未设立经济检查机构的应尽快设立,暂不设经济检查机构的县,应固定专人办案,保持办案人员相对稳定。对经济检查人员要加强思想政治工作,进行遵纪守法的教育,严格遵守《甘肃省工商行政管理人员十条纪律》,做到秉公执法,文明办案。对敢于坚持原则、秉公执法、成绩显著的单位和个人,要给予表彰和奖励;对滥用职权、乱扣滥罚、徇私舞弊、贪污受贿、执法犯法的要严肃处理,直到依法追究刑事责任。

1988年8月,省工商局制定了《查处重大经济案件有功人员奖励办法》,共11条,是按照财政部财预字〔1988〕228号文中"对第一线查缉重大案件的破案有功人员,可经省以上执法机关批准发给重大案件查缉破案奖"的规定而制定的。工商部门对查处重大投机违法案件有功人员,按照精神鼓励与物质奖励相结合,以精神鼓励为主的原则,经省工商局批准,发给适当的资金或奖品。受奖人员为工商部门直接参加第一线指挥和查办重大案件的有功人员。其中第四条规定:凡符合下列条件之一者,可给予奖励。(1)查处的案件,非法获利金额单位在1万元、个人在5000元以上的;或非法获利金额不足此数,但案情性质严重,对社会造成很大危害的。(2)查处的案件属倒卖文物、有价证券、假冒商品或其他违禁品,情节严重,数额较大的。(3)在查处投机违法案件中,为受骗单位追回经济损失在5万元以上的。(4)查处的案件移送司法机关,当事人被追究刑事责任的。(5)省工商局认为应该给予奖励的。第八条规定:资金数额或奖品价格,根据案件非法获利金额、办案的难易程度,有功单位可奖500元至2000元,有功个人可奖100元至500元,为受骗单位追回经济损失的,按追回总金额的1%为单位提取奖金。有特殊贡献的经省工商局批准,可不受此限。

1989年4月,省工商局向全省工商系统印发了《地、县工商行政管理机关经济监督检查机构的职责范围(试行)的通知》。明确规定了地(州、市)工商处(局)经济检查科的职责是:(1)贯彻国家和省政府有关查处投机违法违章案件的法律、法规和方针、政策,分析投机违法活动的特点、动向,制定经济检查工作计划和实施措施。(2)指导经济检查法规、政策的贯彻执行,检查本辖区案件的办理,协调跨地、市、县、区案件的查处,帮助解决办案中的疑难问题。(3)制定有关经济检查工作的制度和具体实施办法。(4)按审批权限审议经济检查站(队)查办的案件,复议申诉案件。(5)通过调查研究和办案质量检查,总结交流工作经验,提高办案质量,促进经济检查工作制度化、规范化建设。(6)召集专业性会议,开展案例分析,排查大案要案。(7)组织业务培训,提高干部素质。

1987年至1990年,省工商局结合甘肃省的实际情况,先后制定了《关于查处投机违法违章案件立案标准的暂行规定》《关于公开审查处理投机倒把案件试行办法》《关于查处重大经济案件有功人员的奖励办法》《关于地、县工商行政管理机关经济监督检查机构的职责范围》《关于对投机倒把单位、个人托运物资扣留问题的联合通知》《关于对投机倒把单位、个人邮寄物品暂停邮寄或领取问题的联合通知》《全面贯彻〈投机倒把行政处罚暂行条例〉正确行使经济检查职能有关问题的通知》等规范性文件,并在国家工商局经济检查统计报表的基础上,又增加了4种补充统计表。

1991年1月,省工商局印发了《查处经济违法违章案件立案标准、案件管辖及审批权限的暂行规定》。《暂行规定》共10条,其中第一条对立案标准作了规定,明确凡有下列情形之一的,均应立案查处:(1)非法经营额在1000元以上或非法所得在500元以上的;(2)非法经营额虽不足1000元或所得不足500元,但多次进行经济违法违章活动,经行政处罚仍不悔改的;(3)利用有价证券、发票、批件、许可证、执照、提货凭证牟利在200元以上的;(4)倒卖粮票在200公斤以上的;(5)倒卖金银、文物、外汇的;(6)制造、销售假商品、冒牌商品、劣质商品的;(7)印制、销售、传播非法出版物(包括音像制品)的;(8)国家工作人员(含企事业单位工作人员)利用职务之便,从事经济违法违章活动的;(8)对工作中发现的其他违反工商行政管理法规的线索,应迅速进行核查,凡有经济违法违章行为的,应予立案。

1992年8月,省工商局印发了《关于在经济检查工作中实行分级办案的暂行规定》。其中省工商局的办案范围是:(1)省直各部门下属的公司、企业及其

分支机构;(2)省人民政府授权部门审查同意设立的企业集团;(3)省级银行、保险、邮电、电力部门的直属公司、企业,民航、铁路系统所属在甘的公司、企业及其分支机构;(4)兰州军区、甘肃省军区下属在甘的公司、企业及其分支机构;(5)中外合资经营企业、中外合作经营企业、外资企业及其分支机构;(6)国家工商局核转的企业(公司)及其分支机构,以及国务院有关部门在甘的直属公司、企业。《暂行规定》明确了各地(州、市)工商局负责办理经济违法、违章案件的范围,可结合本地实际情况,自行研究制定。

进入21世纪以后,随着工商行政管理体制实行省以下垂直管理,全省经检执法的规范化建设和依法行政的能力也上了一个新的台阶。从省工商局到基层工商所,逐级建立了执法责任制,签订执法责任书,其目的是为了进一步明确执法职责,界定执法权限,完善执法程序和办案制度,规范执法行为,提高执法水平。通过建立执法责任制,全省工商系统的经检执法人员的执法办案水平逐年提高,为履行职责打牢了坚实的基础。

二、开展培训,交流经验

1986年至2008年,省工商局及各、地(州、市)工商局每年都要开展一些办案的交流活动,一些单位的案件评查交流已形成制度。

1986年,省工商局分片召开了全省经济检查工作座谈会。平凉、定西片的经检会议于该年8月底召开,各地、县工商局经济检查科(股长)参加了座谈会。座谈会学习了有关经济检查工作的政策、法规、办案制度,各县工商局汇报了工作情况,分析了案例,交流了办案经验。会期虽短,但内容丰富,方法灵活,收效较大。地、县工商局局长亲自抓经济检查工作,对大案要案,集中力量,一抓到底。平凉、定西两地区共查处各类经济违法案件72起,其中千元以上的案件38起,罚没金额32.8万元。在处理案件时,严格区分违章、违法和犯罪的界限,坚持区别对待的方针。平凉地区工商部门注意掌握4条原则和划清4个界限。4条原则是:是否有利于生产力的发展,是否有利于社会主义经济繁荣,是否有利于国家财力的增加,是否有利于广大人民生活的改善。四个界限是:划清政策规定不完善与有法不依、明知故犯的界限,划清在改革中缺乏经验造成的失误与借改革之机钻改革空子的界限，划清违反行政法规与触犯刑律的界限，划清不正之风与经济违法的界限。各地遵循上述原则和界限，处理案件基本上做到了定性准确，处理恰当。严格办案程序，提高办案质量。在办案中认真执行省工商局《关于检查处理投机违法案件工作程序的暂行规定》，坚持立案、结案制度。平凉市工商局为了保证案件质量，严把事实关、定性处理关，对案件依据事实，按照政策规定和法律条文，集体讨论，做出决定。对重大案件和疑难案件，向上级请示汇报，沟通意见，不草率处理。定西地区工商部门在调查核实案件、取证材料时坚持"六要素"，即何人、何时、何地、何因、何事、何果，保证了办案质量。

1987年至1990年，省工商局在逐步完善体制、加强队伍建设中，指导各地工商部门注重培养合格的经检干部。全省各级工商部门3年举办各种形式的专业培训班、学习班46次，参加培训和学习的人员达1200余人次。省工商局还组织了两次县以上工商局长、地区经检科长的专业学习班。各级工商局还选调了一批年纪轻、文化程度高的干部充实到经检部门，以老带新，培训锻炼，提高了实际工作能力。

1989年5月，省工商局召开了全省工商行政管理工作经验交流会议，重点交流了经检办案的经验。全省工商系统14个地（州、市）工商局分别介绍了经验。兰州市工商局的经验交流题目是《狠抓大案要案，促进改革开放的稳步发展》。该局从1988年10月到1989年5月，共查处各类经济违法案件149起，10万元以上的特大案件12起，万元以上的大案41起，属于倒卖重要生产资料和紧俏耐用消费品的案件76起，结案率达98%。

1989年8月19日—24日，全国十省、自治区经济检查工作协作会在甘肃酒泉召开。省工商局组织筹备了这次会议，河北、河南、山西、陕西、青海、黑龙江、新疆、宁夏、内蒙古九省、自治区工商局经济检查处的同志参加了会议。会议内容是：（1）交流在治理整顿中，统一部署力量，与清理整顿公司协作配合，查处大案要案的经验和做法；（2）交流严厉打击制造、推销冒牌商品、假商品、劣质商品的主要做法和措施；（3）交流加强规章制度建设，促进经检工作法制化、规范化和制度化的经验；（4）交流加强机构建设，培训提高干部业务素质的经验;(5)交流坚持四项基本原则,加强廉政建设,促进经检干部严格执法、严守纪律、依法办案,实现干部队伍革命化的经验;(6)交流查处经济违法案件以条条领导为主的做法和体会;(7)在经济检查体制改革方面的设想和意见。

《产品质量法》颁布施行后,从1993年到1999年的6年期间,省工商局举办学习该法的培训班50余期,有600余名执法人员参加了培训,使该法在经检实践中得到了较好的贯彻执行。

1998年9月,省工商局举办"鉴别盗版出版物"培训班,来自全省各地、(州、市)、县(市、区)的100多名监管文化市场的工商干部参加了学习。省工商局聘请省广播电视厅、新闻出版局等部门的有关负责同志,给学员讲解和传授音像制品、书刊版权知识,以及鉴别盗版、淫秽光盘、书刊的基本方法,提高了经检执法队伍的素质和业务能力。

2006年6月下旬,省工商局举办全省工商系统查处商业贿赂执法培训班,参训人员100余人,取得了良好的效果。

2000年至2008年,省工商局和各地(州、市)工商局坚持举办不同形式的执法培训班、案件评析会以及跨地区办案交流等活动。9年间此类活动共举办了30多次,有效地提高了执法办案人员的业务素质,使执法办案的结案率、准确率达到了98%以上,办案的效率也有明显的提高。

三、加强办案检查,提高办案质量

随着经检队伍素质的不断提高,各地查处的各种经济违法违章案件数量也逐年增多。为了严格把好案件质量关,省工商局每年组织一次全省性的案件质量评查,从抓案件的事实、证据、定性、处理入手,逐步提高全体办案人员的质量意识。除省工商局集中组织评查外,各地还结合当地实际搞好评查。有的由领导带队,组织经检干部到各县、市巡回检查,有的在省工商局评查基础上重新分解打分评比,有的采取全面查与抽查相结合的方法进行评查,都收到了良好的效果。

1988年4月—6月,省工商局切实贯彻国务院颁布的《投机倒把行政处罚暂行条例》,依法办案,提高办案质量,总结交流经验,推动全省经济检查工作全面开展，对全省工商系统1987年和1988年第一季度查处的投机违法违章案件质量进行了全面检查。省工商局印发了《关于检查办案质量有关问题的通知》，明确了检查内容、方法、时间、目的和要求。各地按照省工商局的部署，具体检查了查处案件的数量、质量、案卷装订管理及经济检查机构建设、开展综合治理等情况，重点检查了办案质量和办案程序的落实情况。在各地自查的基础上，省工商局又组织东、西两片在张掖、定西两地进行了抽查。全省集中抽查采取听、查、议、评(听取各地自查情况的汇报；互相审查案件；对照办案程序，对各地的办案质量进行集中会诊和评议；评出办案质量和经济检查工作成绩较好的单位)的方法，共抽查了48个较大案卷的质量。在集中抽查期间，还对典型案例进行了分析。这次办案质量检查，时间紧，任务重，由于各级领导重视，指导思想明确，工作进展比较顺利。自查和抽查着眼于发现问题和解决问题，做到了边检查、边总结、边纠正、边落实，达到了互相学习、交流经验、取长补短、互相促进、共同提高、推动工作的目的。从检查结果来看，全省两年来办案工作的质量是比较好的。1987年以来，全省共立案1423起，结案1394起，结案率达97.8%。如天水市共办案194起，全部结案，无一申诉。各地在办案中，多数能严格执行办案程序，基本上达到了事实清楚、证据确凿、定性准确、处理恰当、手续完备的要求。各地的案卷装订较好，做到了一案一卷、装订有序、案卷整洁、有专人保管。如甘南州工商局直接办案12件，有的案卷多达384页，有照片、复制件等，证据齐全。检查中抽查的5个案件，质量很好，达到了办案程序的要求。通过自查，各地(州、市)工商局评选出14个县(市、区)工商局(分局)为经济检查工作开展得较好的单位。平凉地区工商局还评选出在查处案件中做出显著成绩的5名先进个人，进行了表彰奖励。

1990年9月，全省工商部门开展了经检办案质量评查工作。评查以地(州、市)为单位，对规定时间内结案处理的案件，采取打分的方法，自下而上地进行了评查。各地在评查中，对案件的定性、处理、程序、规范，一直到错别字、标点符号，逐案、逐项进行了认真审查。兰州市工商局统一案卷文书，在上年评比的基础上，将县、区经检干部集中起来，巡回到所属单位，重点对万元以上的大案进行了评查。平凉地区工商局由主管局长带队，逐县、市进行评查，对发现的问

题现场解决。天水、白银两市工商局在评查过程中,结合学习《行政诉讼法》,从严要求,认真开展检查、评比活动。酒泉、张掖、武威三地区工商局,从提高对评查工作的认识入手,统一思想,制定打分原则,对发现的质量问题采取措施,及时纠正。定西地区工商局严格把关,边查边纠,把问题解决在基层。甘南州工商局评查工作开展得较晚,但工作大有起色,消除了办案空白县。临夏、庆阳、嘉峪关、金昌、陇南等地(州、市)工商局针对薄弱环节,从加强队伍建设入手,积极组织评查,敦促经检人员提高办案质量。在这次评查中,评查出4个方面的问题:一是个别案件事实不清,主要证据不全,违法违章事实依据不足,假冒案件缺少鉴定数据,仅凭笔录或外观认定,缺乏具有法律效力的凭证。二是个别案件定性不准,把超越经营范围定为投机倒把,或者只要是违法行为就都定为投机倒把;有的案件定性和处理使用的不是同一个法规。三是个别案件没有立案、结案、审批手续和调查结案报告;有的虽有报告却没有局长审批签字;有的在处理决定中没有写明申请复议期;个别地、市仍在违反规定,越权审批案件。四是有的复制件、询问笔录不符合"五何"(何人、何时、何地、何事、何情节)要素,起不到立证作用;在证据材料上仍有使用圆珠笔和铅笔书写的;有的文书处理不当,有错别字;个别处理决定不写标题或标题与案件性质不一致。这些问题引起了全省工商部门的足够重视,制定了措施予以改进。

2005年,全省公平交易(经检)部门贯彻国家工商总局和省工商局整顿和规范市场秩序的有关要求和部署,加大执法力度、更新执法理念、拓宽执法领域,查办了一系列涉及不正当竞争、商业贿赂、传销等各种扰乱市场秩序的违法违章案件,涌现出一批查办典型案件的先进集体,为维护全省市场经济秩序、创造公平竞争的市场环境、保护生产经营者和消费者的合法权益发挥了重要作用,取得了显著成绩。省工商局对兰州市工商局公平交易分局等23个先进集体予以表彰。

甘肃省志 工商行政管理志

2005 年查办典型案件先进单位名单

表 7-6

单位名称	案件名称
兰州市工商局公平交易分局	甘肃广播电视台违法发布广告案
陇南市工商局武都分局经检大队	陇南查处特大制售假酒案
定西市工商局安定分局	定西人民医院商业贿赂案
张掖市工商局经检分局	张掖大弓农化有限公司商标侵权案
武威市工商局经检分局	李×非法传销案 武威查获非法加工地条钢案
白银市工商局经检分局	三丰农资公司销售不合格尿素案 韩前明无照经营废铁案
兰州市工商局红古分局经检队	民海商贸有限公司销售仿冒"陇派"酒案
兰州市工商局公平交易分局	西京学院虚假宣传案
陇南市工商局经检分局	陇南市人民医院商业贿赂案 林枫服饰陇南专卖店变相传销案
天水市工商局麦积分局	夏进乳业虚假标识案
天水市工商局经检分局	吉隆农资公司门市部销售假油菜种案
酒泉市工商局经检分局	马××销售仿冒青岛啤酒案 酒泉市登丰种业商标侵权案
张掖市工商局甘州分局	兴元公司侵害消费者权益案
兰州市工商局城关分局经检大队	甘肃沃尔达生物技术公司虚假宣传案
平凉市工商局庄浪县工商局经检分局	李××变相传销案
静宁县工商局经检分局	方××违法印刷出版物案
临夏市工商局经检分局	乐胜源饮料厂伪造产地案
金昌市工商局经检分局	金昌日报社违法广告案
庆阳市工商局西峰分局	张××利用林枫服饰传销案
甘南州工商局经检分局	宏远汽配公司经销进口汽车配件案
嘉峪关市工商局经检分局	马亚梅牛肉面馆侵犯知识产权案
甘肃省工商局公平交易局	甘肃正德拍卖公司违法拍卖案
甘肃省工商局市场管理局	甘肃华实农业科技公司冒充农药商标案

部分年份全省工商系统查处经济违法违章案件情况

表 7-7

年 份	有 关 数 据 及 分 析
1993 年	全省工商系统共查处各类经济违法违章案件 2437 起。其中立案查处 378 起,即时处罚 2059 起,较上年下降 25.9% 和 51.4%。在立案处的案件中,万元以上的大案 68 起,较上年的 52 起上升 23.5%。其中属制售假冒伪劣商品的大案 34 起,属倒卖走私物品大案 20 起。共计上缴罚没款 235.2 万元,较上年上升 32.8%。从作案主体看,国有企业占 20.1%,较上年上升 25%;集体企业占 13.8%,较上年下降 28.8%;个体私营企业占 33.9%,较上年上升 9.4%。从发案率看,当年发案 306 起,占 81%,跨年度案件 27 起,占 19%;大案中,当年发案的占 57.4%,跨年度的占 42.6%。
1995 年	全省工商系统共查处各类经济违法违章案件 4236 起,案件总值达 3396 万元。其中立案查结 519 起、即时处罚 3695 起、万元以上大案 81 起,收缴罚没款 533.7 万元,为受害者追回损失金额 280 万元。从总体看,案件数量及案值、罚没款都上升 15%~20% 左右。
1996 年	全省工商系统查处各类经济违法违章案件 5273 起,案件总值达 4545 万元。其中立案 1076 起、即时处罚 4197 起、万元以上大案 136 起,收缴罚没款 485.51 万元,为受害者追回损失 41.89 万元。从全省案件查处情况看,立案案件比上年 519 起增长 107.32%;作案主体仍然是集体、个体、自然人上升幅度大,案值比上年增长 33.82%。
1999 年	全省工商系统共查处经济违法案件 21511 件,其中立案 3761 件,大案 154 件。案值达到 5717.87 万元。
2000 年	全省共查处经济违法案件 3.01 万件,同上年相比增加 8604 件,上升 39.99%。其中立案 5070 件,比上年增加 1309 件,上升 34.8%;大案 174 件,比上年增加 20 件,上升 12.99%;案值 1 亿元,较上年上升 75.55%;没收金额 240.27 万元,罚款金额 623.88 万元,两项略有下降。
2001 年	全省工商系统共查处经济违法案件 4.46 万件,比上年同期增加 1.44 万件,增长 48%。其中:立案查处 9806 件,比上年同期增加 4736 件,增长 93%;案件总值 9781.04 万元,比上年同期减少 256.68 万元,下降 2.55%;罚没款金额 1180.90 万元,比上年同期增加 316.75 万元,增长 37%。其主要特点:一是各类案件均呈上升趋势。统计数字显示,整个案件均有不同程度的增加。特别是违反《反不正当竞争法》《产品质量法》等法规的案件增加较多。二是万元以下和万元以上的大案增幅较大。全省共查处万元以下案件 4.42 万件,比上年同期增加 1.43 万件,增长 48%;查处万元以上大案 364 件,比上年同期增加 190 件,增长 109%。三是在违法主体中,个体工商户仍占较大比例。2001 年查处的 9806 件案件中,个体工商户违法违规就占 4916 件,占案件总数的 50%。其他依次是:集体企业 525 件、公司 220 件、国有企业 209 件、私营企业 143 件、股份合作企业 116 件、联合企业 12 件。四是违法行为中,制售假冒伪劣商品案件及其他案件为最多。这一年共查处假冒伪劣商品案件 8738 件,占案件总数的 20%,其他案件 3.51 万件,占案件总数的 79%。其他依次是:虚假宣传 207 件、侵犯知识产权 75 件、制黄贩黄 25 件等。这说明当时制售假冒伪劣商品及其他违法活动仍很猖獗,作案手段愈加高明,同时也说明打击制售假冒伪劣商品及其他违法活动仍然是工作的重中之重。五是查处经营的物资也比上年增长。2001 年共查处假冒伪劣、倒买倒卖化肥 1143.4 吨、种子 12.4 万公斤、农药 3.4 万公斤、粮食 369.15 吨、中药材 10.13 万公斤,收缴光盘 4.14 万张、录像(录音)带 2829 盘、书刊 1.34 万册等。六是该年共查处反不正当竞争案件 275 件,比上年同期增加 106 件,增长 63%;案值 508.81 万元,比上年减少 1513 万元,下降 74.83%。这说明全省各地在该年以来加大了对不正当竞争案件的打击力度,市场秩序有所好转,案件数量有所减少。

甘肃省志 工商行政管理志

续表

年 份	有 关 数 据 及 分 析
2002 年	全省工商系统共查处经济违法案件 5.53 万件,比上年度增长 24.01%。其中立案查处 1.35 万件, 比上年度增长 37.70%;查处不正当竞争案件 146 件, 比上年度 275 件下降 46.73%;查处投机倒把案件 16 件,比上年度 1303 件下降 98.75%。全年罚没金额 2001 万元,比上年度增长 69.39%;案件总值 1.18 亿元,比上年度增长 20.45%。
2003 年	全省工商系统共查处各类经济违法案件 6.7 万件, 其中立案查处 2 万件,罚没金额 2680.14 万元。
2004 年	全省工商系统共查处各类经济违法案件 4.7 万件,比上年同期下降 29.92%。其中立案查处 1.58 万件, 比上年同期下降 21.32%。罚没金额 2055.57 万元, 比上年同期下降 23.30%。停业整顿 888 户,吊销营业执照 285 户,捣毁窝点 242 个,移送司法机关 2 件,涉案人员 2 人。传销涉案人员 951 人, 取缔窝点场所 85 个, 出动执法人员 4.1 万人次, 出动车辆 6991 台次,驱散、遣送 810 人次。查处违法经营的物资:钢材 335.59 吨,汽车 55 辆,摩托车 38 辆,成品油 145.69 吨,煤炭 750 吨,香烟 7606 条,化肥 1766.6 吨,种子 9.29 万公斤,农药 1.3 万公斤,棉花 586.26 吨,粮食 143.91 吨,中药材 2.24 万公斤,酒 8.46 万瓶,食品 15.5 万公斤,饮料 25.1 万瓶,服装 4365 件,化妆品 4.99 万瓶,VCD、LD、CD 盘 1.25 万张,计算机 72 台,彩卷 1770 卷,书刊 7920 册,商标标识 1.85 亿套。
2005 年	全省工商系统共查处各类经济违法案件 4.12 万件, 罚没款 1924.94 万元, 同比下降 12.14%、6.35%,案值 3 亿元,同比增长 25.26%。其中立案查处案件 1.5 件,同比下降 4.38%。案件下降的主要原因:一是经过全省工商部门和全社会的多年共同努力,社会经营秩序明显好转,各类经营主体的法律意识不断增强,案件发生率不断下降。二是新统计制度口径发生变化,取缔无照经营案件独立统计,不再在公平交易案件中进行统计。取缔无照经营案件在以往公平交易案件中占有一定的比例。三是案值增长的原因是大案有所增加, 今年案值 10 万~30 万元的案件 340 件, 同期增长近 5 倍;30 万~100 万元的案件 28 起,同期增长 21.73%;100 万元案件 32 件,同期增长 2 倍。该年案件的主要特点是:(1)个体工商户和自然人违法案件比例上升。从一般案件的违法主体看,个体工商户 7436 件,自然人 5049 件,公司 750 件,私营企业 662 件,集体企业 374 件,国有企业 182 件。个体工商户和自然人案件占案件总数的 30.29%,同比上升 1.39%。个体工商户和自然人违法案件主要集中在销售假冒伪劣商品和进行虚假宣传上,占案件总数的 25.73%。这两类案件居高不下的主要原因:一是个体工商户数量众多、经营地点分散,日常监管难度较大,使个体工商户存在逃避监管的侥幸心理;二是个体工商户素质相对较低,法律意识较淡薄,受利益驱动知法犯法;三是个体工商户经营领域大多在流通领域,是违法案件的高发领域。(2)案件分布呈现新变化。从违反法律法规类型看,违反企业登记管理法规、违反消费者权益保护法、违反反不正当竞争法和违反产品质量法的案件分别为 1591 件、1002 件、145 件和 2485 件,同比分别下降 13.7%、12.8%、12.65% 和 21.92%;违反广告法和违反投机倒把行政处罚法规的案件为 895 件和 570 件,同比分别增长 6.8% 和下降 50.04%。从违法行为类型看,制售、传播非法出版物行为下降,为 130 件,下降 10.30%;虚假宣传案件大幅增加,为 2121 件,同比增长近 6 倍。

年 份	有 关 数 据 及 分 析
2006 年	全省工商系统共查处各类经济违法案件 3.66 万件，同比下降 12.67%；案值 2.4 亿元，同比下降 24.83%。其中立案查处案件 1.36 万件，同比下降 11.22%。案件下降的主要原因为：经过全省工商部门和全社会的共同努力，社会经济秩序明显好转，各类经营主体的法律意识不断增强，案件发生率有所下降。从一般程序案件的违法主体看，个体工商户 7127 件，自然人 4936 件，公司 599 件，集体企业 194 件，国有企业 115 件；从违反法律法规类型看，违反企业登记管理法规、违反产品质量法规、违反投机倒把行政处罚法规案件为 2995 件、2049 件、375 件，同比分别下降 69.94%、21.27%、51.59%。违反广告法规、违反消费者权益保护法规、违法不正当竞争法规案件为 1164 件、1149 件和 189 件，同比分别增长 30.05%、14.67%、30.34%。
2007 年	全省工商系统共查处各类经济违法违章案件 2.86 万件，同比减少 8001 件，下降 21.88%；案值 9784.45 万元，同比减少 1.42 亿元，下降 59.26%；罚没款 1756.11 万元，同比减少 297.82 万元，下降 14.50%。其中立案查处案件 1.18 万件，同比减少 1795 件，下降 13.21%。从违法主体看，个体工商户 5896 件，自然人 4499 件，公司 513 件，私营企业 209 件，集体企业 152 件。查处违反反不正当竞争法 114 件，案值 549.11 万元，罚没款 128.74 万元，同比下降 23.81%。其中：商业贿赂案件 43 件，占不正当竞争案件总数的 29.86%；案值 201.67 万元，占不正当竞争案件总数的 36.73%；罚没款 61.91 万元，占不正当竞争案件总数的 48.09%；仿冒知名商品特有的名称、包装、装潢案件 39 件，占不正当竞争案件总数的 27.08%；假冒他人注册商标案件 22 件，不正当竞争案件总数的 15.27%。违反投机倒把行政法规 228 件，同比下降 39.36%；违反消费者权益保护法 897 件，同比下降 21.93%；违反商标法 412 件，同比下降 12.15%；违反产品质量法 1889 件，同比下降 7.81%；违反企业登记管理条例 774 件，同比下降 22.21%；违反合同法 86 件，同比下降 31.74%；违反其他法规案件 2.28 万件，同比下降 24.18%；违反广告法案件 1354 件，同比增长 16.32%；查处走私、贩私 7 件，同比下降 90.90%；制售传播非法出版物 92 件，同比下降 27.55%；假冒伪劣商品 3766 件，同比下降 15.08%；虚假宣传案件 448 件，同比下降 63.21%；查处各种传销案件 54 起，案值 192.80 万元，罚没款 188.94 万元，捣毁取缔传销窝点、场所 222 个，清查遣送传销人员 8240 多人次，移送司法机关处理案件 7 起，刑事拘留 29 人。
2008 年	全省工商系统共查处各类经济违法违章案件 1.47 万件，案值 9480.93 万元，上交国库罚没款 1330.15 万元，依法吊销营业执照 308 户，停业整顿 198 户，端掉制假窝点 198 个。其中：查处不正当竞争案件 126 件，案值 154.44 万元，罚没款 55.5 万元；查处商业贿赂案件 13 件，案值 28.72 万元，罚没款 15.39 万元；查处制售、传播非法出版物案件 20 件，案值 23.3 万元，罚没款 18.6 万元；销毁盗版音像制品(含电子出版物)1.25 万张(盘)、各类非法出版物 5293 本。

1995 年全省工商系统查处经济违法违章案件情况

表 7-8

单　位	案件总数	立案查结	即时处罚	大　案
兰 州 市	143	143	–	37
白 银 市	657	48	609	1
天 水 市	43	43	–	3
金 昌 市	19	19	–	3
嘉峪关市	8	8	–	2
张 掖 地 区	278	51	227	4
武 威 地 区	66	66	–	3
酒 泉 地 区	23	23	–	5
定 西 地 区	372	17	355	–
平 凉 地 区	886	39	849	1
庆 阳 地 区	409	30	379	7
陇 南 地 区	901	6	895	–
临 夏 州	388	10	378	–
甘 南 州	7	7	–	4
矿 区	–	–	–	–
东 风 场 区	–	–	–	–
省工商局	58	33	25	8
合 计	4260	543	3717	78

第七章

经济检查

1996 年全省工商系统处理经济违法违章案件情况

表 7-9

地区	案件总数 （件）	大要案数 （件）	罚没金额数 （万元）	案件总值 （万元）	追回金额 （万元）
全省总计	1076	136	448	4544	41.89
省局	27	1	5	198	30.00
兰州市	404	54	212	2426	4.70
嘉峪关市	15	13	11	48	－
金昌市	29	3	22	88	－
白银市	53	7	22	323	－
天水市	76	4	23	130	－
酒泉地区	60	29	42	266	－
张掖地区	96	10	28	228	3.50
武威地区	87	5	30	368	3.58
定西地区	32	1	20	267	－
陇南地区	64	－	3	33	－
平凉地区	49	1	8	73	－
庆阳地区	57	2	9	69	0.11
临夏州	19	6	12	20	－
甘南州	8	－	1	7	－

2000 年全省工商系统查处经济违法违章案件情况

表 7-10 单位:件、万元

单 位	案件总数	其中		违反法规类型			违法行为类型			案值	没收金额	罚款金额
		立案	大案	投机倒把	违法	企业登记	假冒伪劣	倒买倒卖	虚假宣传			
兰州市	8372	2206	87	143	41	64	201	1	20	4321.04	156.29	360.65
嘉峪关市	122	24	3	12	–	–	12	–	–	13.6	0.03	3.98
金昌市	383	30	2	13	–	1	5	10	1	2896	2	5.56
白银市	1029	170	1	25	3	3	32	2	–	105.28	2.24	14.12
天水市	3891	211	4	20	17	10	89	9	13	522	2	23
酒泉地区	1366	256	14	17	3	9	57	9	2	450.93	5.15	46.24
张掖地区	1221	255	8	47	13	39	61	–	–	235.12	23.14	31.38
武威地区	1703	124	4	9	4	3	60	20	–	204.63	14.56	19.04
定西地区	4741	790	3	104	8	26	257	29	7	349.21	10.07	43.01
陇南地区	944	112	3	22	–	10	23	33	1	86.89	0.76	7.48
平凉地区	2223	277	1	51	17	3	70	50	1	117.66	3.11	11.19
庆阳地区	3013	237	9	19	5	18	62	3	1	334.84	8.79	25.87
临夏州	1021	309	1	15	8	–	14	9	–	51.36	1.77	12.73
甘南州	68	58	23	12	5	11	13	6	6	191.86	0.16	6.83
省工商局	18	11	11	1	–	1	2	–	–	157.3	10.2	12.8
合 计	30115	5070	174	510	124	207	958	181	52	10037.72	240.27	623.88

第七章 经济检查

甘肃省志

工商行政管理志

1986 年—2008 年全省工商系统部分经济违法违章案件目录及处理情况

表 7-11

年 份	案 件 名 称
1986 年	(1)四川省广元市晋贤传销公司复议案 (2)省财政厅、商业厅、轻工厅、石化厅与东乡县乡镇企业联合建筑公司第八工程队小达沟坪绿化上水工程施工合同纠纷案 (3)甘工商同字〔1986〕145 号对一起利用经济合同违法行为的复议决定
1987 年	(1)省商业厅友谊服务公司等单位用 ABS 串接商品案 (2)马××非法经营麝香案 (3)关于对甘肃穆斯林经济开发公司倒卖生产资料一案的批复 (4)关于甘肃省教学仪器营业部违章经销声宝 800 型收录机案的批复 (5)关于青海省木材公司经销部销售木材问题的批复 (6)关于兰州机车厂劳动服务公司调剂销售钢材一案的批复 (7)关于酒泉拖拉机配件厂劳动服务公司等单位就地加价倒卖焊管问题处理决定的批复 (8)关于甘肃省旅游服务公司违反规定购销进口"艾美"牌彩电的处理决定 (9)关于甘肃省旅游服务公司销售海南岛进口汽车加收管理费的处理决定 (10)甘肃机械进出口分公司出口"象"牌三角带侵权案
1988 年	(1)关于柏富宝等非法倒卖电视机一案的复查决定 (2)关于对省电力工业局建筑安装工程队转包土方工程的处理决定 (3)关于兰州旅行分社与兰州荟萃商店违章购销彩电的处理决定 (4)关于华新实业股份有限公司违章内运进口小轿车成套配件一案处理决定的批复 (5)关于深圳市云鹏企业发展公司违章内运声宝 800 型收录机处理决定的批复 (6)关于对甘肃省城市建筑工程总公司私自制作《营业执照》证明的处理决定 (7)查处省节能产品销售中心倒卖行为案 (8)查处长城公司董事长王继烈案 (9)关于兰州炼矿机械厂钢板网分厂加价倒卖重要生产资料一案处理决定的批复 (10)关于陕西省泾阳县云阳供销社高价套购农用地膜问题的复议决定 (11)关于酒泉地区进出口贸易公司违章销售羊绒处理意见的批复 (12)关于甘肃省金城企业总公司倒卖计划内钢材的处理决定 (13)关于甘肃省雅泰装饰材料工程公司倒卖主要生产资料处理意见的批复 (14)协查跨省、市"中国中山实业公司"原总经理彭维恩从事未经批准的涉外经济活动案 (15)协助国家工商局查处"中国国际华侨信托投资西兰(集团)公司"违法经济活动案

续表

年 份	案 件 名 称
1989年	(1)关于甘肃省华侨企业公司在经销铝锭、钢材中索取额外收入的处理决定 (2)关于甘肃电力会计事务所串换销售铝锭、彩电的处理决定 (3)关于中国甘肃国际经济技术合作公司就地转手倒卖铜锭问题的批复 (4)关于甘肃省电力工业局物资公司劳动服务公司违反规定销售铝锭的处理决定 (5)关于兰州有色金属开发公司销售电解铜问题的批复 (6)关于兰州华誉自动上水设备厂倒卖铝导线的处理决定 (7)关于中国五金矿产进出口公司甘肃分公司销售铜锭问题的批复 (8)关于甘肃省飞天贸易公司加收生铁票外款案的处理决定 (9)关于金昌市机关劳动服务公司经销硫酸镍、废钢铁问题的批复 (10)关于兰州北山绿化试验场工贸经营部、兰州标准件供销公司、兰州机械配件材料公司倒卖铝锭问题的批复 (11)关于兰州中药厂擅自收购麝香问题的批复 (12)关于甘肃省人民对外友好协会、甘肃省人民政府外事办公室违反规定销售捐赠翻新汽车的处理决定 (13)关于金昌市银光公司违章经营电解镍、铜锭问题的批复 (14)关于玉门石油管理局龙达公司经营电解镍一案的批复 (15)关于兰州轴承厂物资综合经营部倒卖假茅台酒一案的批复 (16)关于对甘肃省储备物资管理局六三八处劳动服务公司、五三四处青年服务队倒卖国家"六二专案"钢材案的批复 (17)关于金昌市乡镇企业劳动服务公司违法经营电解镍、汽车一案的批复 (18)关于兰州药材采购供应站及第三经营销售霉变报废药材案的复议决定 (19)关于兰新电器厂倒卖铝锭案的批复 (20)关于兰州第四毛纺织厂和兰州第四毛纺织厂劳动服务公司倒卖羊毛案的批复 (21)关于甘肃省生产资料服务公司七里河经营部违章经营电解镍案的处理决定 (22)关于甘肃省生产资料服务公司经营部违章经销电解镍的处理决定 (23)关于兰州市五交化贸易总公司违法经营电解镍的处理决定 (24)关于甘肃生产资料服务公司金昌分公司违章经营电解镍案的处理决定 (25)关于甘肃物资回收利用公司兰州市定西路商店违法经营电解镍案的处理决定 (26)关于白银市劳动局倒卖主要生产资料一案的批复 (27)关于兰州市物资回收公司城关分公司违法经营铝锭的处理决定

年　份	案　件　名　称
1989年	(28)关于兰州军区后勤部建筑工程总队机械工程队违法销售铝锭的处理决定 (29)关于兰州市城关区草场街化工厂在销售铝锭中,以少报多牟取非法利益的处理决定 (30)关于对张××等人牟取非法利益的处理决定 (31)关于兰州机械配件材料公司、西北非金属矿工业公司甘肃物资供应公司、甘肃省土特产贸易中心果品干调经营部就地转手倒卖镀锌板的处理决定 (32)关于兰州市西固区机电修理安装综合门市部牟取非法利益的处理决定 (33)关于甘肃省物资回收利用公司第一分公司倒卖紫杂铜的处理决定 (34)关于省物资回收利用公司和平路购销商店违法经营杂铝、铜的处理决定 (35)关于兰州环保工程公司物资经营部倒卖铝锭的处理决定 (36)关于甘肃省物资回收利用公司团结新村废旧商店违法经营废镍、铜案的处理决定 (37)关于对兰州电器综合厂倒卖铝锭等的处理决定 (38)关于兰州市二轻产品贸易中心倒卖电解铜、铝锭的处理决定 (39)关于兰州物资贸易中心经销公司第二经营部倒卖铝锭的处理决定 (40)关于中国人民解放军七二二七工厂综合服务部牟取非法利益的处理决定 (41)关于甘肃省金属回收公司范坪回收加工站牟取非法利益的处理决定 (42)关于省进出口贸易公司、甘肃机械设备进出口公司经销部、兰州机械配件材料公司倒卖铝锭的处理决定 (43)关于杨××等人牟取非法利益的处理决定 (44)关于陕西省咸阳市秦都区轻工业供销公司职工陈社强、秦安县农牧局农业技术服务部推销劣质农药的批复 (45)关于对兰州药材采购供应站及第三经销部销售霉变报废药材一案中当事人王××处理意见的批复 (46)关于鞍山钢窗总厂轧钢分厂违法购买进口轿车案的批复 (47)关于兰州市生产资料服务公司违章经营电解镍案的处理决定 (48)关于对甘肃地质建安公司贸易货栈违法经营问题的处理决定 (49)关于甘肃省农业生产资料公司串换不合格农药问题的处理决定 (50)关于江门市通电公司等单位以假"准运证"运销进口录像机一案的批复 (51)关于甘肃省对外贸易包装运输分公司张掖支公司违法购买三辆走私进口小轿车一案的批复 (52)兰州装饰物资供销公司、省飞天贸易公司糖业经营部、兰州连城铝厂购销汽车、铝锭案的批复 (53)刘家峡化肥厂生产尿素短秤一案的批复

续表

年 份	案 件 名 称
1989 年	(54)金昌市开发公司贸易经销部违法经营电解镍、氯化铵、纯碱、钢锭、铜线、废铜盘案的处理决定 (55)甘肃省物资回收利用公司和平路购销商店违法经营杂铝、铜的复议决定 (56)甘肃省物资回收利用公司团结新村废旧商店违法经营废镍、铜的复议决定 (57)甘肃省物资回收利用公司第一分公司倒卖紫杂铜的复议决定 (58)关于对靖远县物资局和雒成彬非法经营废钢铁一案的批复 (59)关于对金昌市废旧物资回收公司和甄彦明倒卖钢材一案的批复 (60)关于对靖远县物资贸易中心和宋成侠非法经营废钢铁串换正品钢材一案的批复 (61)关于金昌市委机关劳动服务公司违章经营电解镍案的处理决定 (62)关于甘肃省国防科工办劳动服务公司经营部代购铝锭问题的处理决定 (63)关于昆明市群星贸易商行运销彩色电视机案的批复 (64)关于甘肃省土畜进出口公司非法经营化肥一案的批复 (65)查处兰州吉祥合作经销部违法经营案 (66)查处宇文××非法组建"中国国际华侨信托投资西兰集团公司筹备处"进行非法经营活动案
1990 年	(1) 关于兰州市西固区劳动服务公司电脑技术服务部经销假冒 IBM 商标计算机一案的处理决定 (2)铁道部第一勘测设汁院开普计算机开发公司经销假冒 IBM 商标计算机案 (3)兰州长城现代科技服务中心销售假冒 IBM 商标计算机案 (4)甘肃省科学器材公司超级市场经销假冒 IBM 商标计算机案 (5)甘肃省软件公司销售假冒 IBM 商标计算机一案 (6)兰州华光电子科技开发研究所经营部销售假冒 IBM 商标计算机案 (7)甘肃电子计算机技术服务公司销售假冒 IBM 商标计算机案 (8)中科院兰州地质研究所信通电子技术发展公司销售假冒 IBM 商标计算机案 (9)兰州电脑公司经销假冒 IBM 商标计算机案 (10)关于移送何××参与推销假冒 IBM 商标计算机非法牟利问题的函(移送甘肃省监察厅) (11)兰州市教学仪器设备公司销售假冒 IBM 商标计算机案 (12)兰州地质研究所技术服务公司销售假冒 IBM 商标计算机案 (13)省广告报社非法经营广告挂历案 (14)兰州雪山技术营造有限公司销售假冒 IBM 商标计算机案 (15)函请北京市工商局查处北京市海淀区科海计算机系统维修公司经销假冒 IBM 商标计算机案

年　份	案　件　名　称
	(16)北京科海公司兰州分公司销售假冒 IBM 商标计算机案
	(17)张××牟取非法利益案
	(18)路××牟取非法利益案
	(19)甘肃省轻科所劳动服务公司超越经营范围销售镍板边角料案
	(20)白银市经济技术协作公司超越经营范围倒卖镍料案
	(21)兰州地方工业品经营部超越经营范围,倒卖镍料、铝锭案
	(22)兰州市西固区五金交电综合商店牟取非法利益案
	(23)邱××等人倒卖废镍铬带案
	(24)对铁道部第一勘测设计院机械厂综合商店的处理决定
	(25)对甘肃省生产资料服务公司甘工商发〔1989〕119、120、122 号处理决定申诉的复议决定
	(26)甘肃省化轻公司中山路供应站倒卖铝锭案
	(27)甘肃省水产供销公司经营农膜、镀锌管问题案
	(28)对浙江省萧山市物资局城镇供应站非法倒卖铝锭一案的批复(兰州市工商局查处)
	(29)对和政县粮油代购代销公司非法倒卖国库小麦案的批复(临夏州工商局查处)
1990 年	(30)对永登县河桥水泥厂倒卖铝锭一案的批复(兰州市工商局查处)
	(31)武威市汽车修理厂倒卖铝锭指标一案的批复(兰州市工商局查处)
	(32)对临夏州汽车运输公司承运蚕豆案的函(临夏州工商局查处)
	(33)白银市经济技术协作公司超越经营范围倒卖镍料案
	(34)对渭源县第二建筑工程公司一队转包工程案的复议决定
	(35)对兰港进口汽车维修服务公司销售进口空调器散件案的批复(兰州市工商局查处)
	(36)对兰州铸造厂综合服务公司经销部倒卖钢材、铝锭、电解铜等生产资料两案的批复(兰州市工商局查处)
	(37)对甘肃省农垦供销公司销售铝锭、电解铜的处理决定
	(38)对天水市机床厂加价出售原料问题的批复(天水市工商局查处)
	(39) 对陈×以兰州化学工业公司宏达汽车配件商店名义非法经营案的批复(兰州市工商局查处)
	(40)甘肃省有色合资联营公司、甘肃省机电设备公司以电解镍换购轿车案
	(41)对李××利用合同牟取非法利益的复议决定
	(42)对甘肃建设银行销售金首饰问题的处理决定
	(43)对兰州市物资回收公司城关分公司倒卖生产资料和违章销售废旧有色金属案的批复

甘肃省志

工商行政管理志

续表

年　份	案　件　名　称
1990 年	(44)对兰州电线总厂销售铝锭案的决定 (45)对西铝实业公司铝材装潢厂经营铝锭案的批复(定西地区工商处查处) (46)对武汉市新洲县张店包装厂非法买卖钢坯的批复(嘉峪关市工商局查处) (47)对周×牟取非法利益的处理决定 (48)武威汽车修理厂用计划内铝锭按市场价串换薄板收取票外款案 (49)对浙江省萧山市物资局城镇供应站倒卖生产资料案的复议决定 (50)对张掖市五交化公司县府街经营部为金资永等人提供营业执照、银行账户从事非法活动案定性批复(张掖地区工商处查处)
1991 年	(1)兰州钢铁集团公司建筑安装公司转包工程案 (2)甘肃省地毯进出口公司销售钢材案 (3)甘肃进出口贸易公司内销电解镍问题案 (4)免收白银市经济技术协作公司没收款案 (5)华新实业股份有限公司违章内运进口小轿车成套配件案(兰州市工商局查处) (6)对兰州市工商局关于罚款无法收缴的请示的批复 (7)甘肃电力会计事务所从珠海购进无"准运证"计算机案 (8)保险公司金昌市支公司收国库券抵交人身保险费案 (9)对兰州工业贸易公司减轻处罚的请示的批复 (10)中国新产品材料协调会西北物资调剂处非法经营活动案
1992 年	主要查处了两件大要案件: (1)金昌市供销贸易公司购买省农垦农机公司冒牌五粮液酒案 (2)浙江省嘉兴市城区商业公司等单位违法经销进口录像机案
1993 年 至 1994 年	(1)对临洮县植物保护服务公司等单位销售冒牌劣质农药的处罚意见 (2)查扣北京天外天产业开发总公司日产轿车和韩国车案件
1995 年	查处周林频谱经销点案
1996 年	(1)定西县生资公司违法倒卖销售尿素损害农民利益案 (2)定西县农业生产资料公司违法经营案 (3)白银市白银区第二建筑工程公司第三十五队赵斌购买走私小轿车案 (4)甘肃省蓝鹰矿业集团总公司购买走私小轿车案 (5)靖远中兴公司违法经营案 (6)岷县邮电支局搭售杂志、明信片等违法行为案
1997 年	(1)赵××购买走私小轿车案 (2)兰州市城关区城关信用社、雁滩信用社抵押货款的 14 辆手续不合法进口轿车案 (3)甘肃省肿瘤医院药品回扣案

年 份	案 件 名 称
1998 年至 1999 年	大要案件: (1)沈阳惠丰咨询服务有限公司兰州分公司变相传销和投机倒把行为案 (2)天水昂泰产品专卖店秦城经销部变相传销案 (3)武山县电信局限制竞争滥收费用案
2000 年	(1)甘肃省移动通信公司定西分公司强行向用户收取话费案 (2)郇××无店铺推销华良消费联盟优惠卡、海豹油问题案 (3)周××组织商标传销违法行为案 (4)武威地区电信局及民勤、天祝、古浪县电信局强行向用户收取话费代维修费违法行为案 (5)关于正广天店铺推销华良海豹油违法行为案
2001 年至 2002 年	(1)周××变相传销案 (2)兰州兰平医疗器械有限公司违法销售过期、假冒伪劣医疗器械案 (3)塞北雪挂面加入甲醛次硫酸钠案 (4)陇西县渭河乡农民投诉辣椒假种子案 (5)李×涉嫌走私轿车案(移交海关处理) (6)刘××等人非法传销海豹油案 (7)兰州铁路局张掖站强制客户收取高额服务费案 (8)CCE(仓单交易代理)非法交易活动案 (9)武威马××擅自从事成品油经营违法行为案 (10)临洮县新华书店强制搭售交易行为案 (11)合水县保险公司(寿险)强制中学生参加平安保险案 (12)张掖市信用联社强制农户缴纳入股金行为案 (13)岷县电力公司强行收取农网改选费、强行搭售电用商品案
2003 年	(1)中石化西北西安分公司运销成品油案 (2)武威陈××涉嫌经销无合法来源进口商品案 (3)白银郏××涉嫌从事变相传销案 (4)秦安县移动通信公司强制交易案
2004 年	(1)付×等九人涉嫌非法传销活动定性案 (2)查缴《安利箴言 800 句》等非法出版物案 (3)王××涉嫌非法变相传销活动案 (4)兰州公交集团限制竞争案 (5)皋兰县惊现"传销村"案 (6)兰州市城关分局查处范沛宏等涉嫌从事非法传销案 (7)武威古浪县查处杨××非法组织传销案

续表

年　份	案　件　名　称
2004 年	配合国家工商总局查处： （1）"新唐人电视台"专用卫星电视解码器案 （2）侵犯美国品牌"花花公子"合法权益案 （3）查处侵犯法国皮尔·卡丹公司合法权益案
2005 年	（1）陇南林枫服饰陇南专卖店变相传销非法经营活动案 （2）张掖市商贸大世界涉嫌经营赌博电子游戏机案 （3）张掖市兴元房地产开发有限责任公司利用办理房地产证明文件向购房者强制销售太阳能热水器案 （4）定西市周××等人变相传销及非法经营活动案 （5）查处"海信"等 9 家企业投诉案 （6）仿冒滨河集团"陇派"酒违法行为案 （7）武威李×涉嫌变相传销案 （8）平凉李××、蒙×涉嫌传销案 （9）兰州市谢××变相传销案
2006 年	（1）甘肃省陇南市人民医院药品采购中商业贿赂案 （2）定西市人民医院商业贿赂案 （3）查处川沱公司侵害"沱牌"驰名商标专用权案 （4）查处公办学校收受商业贿赂案
2007 年	（1）查缴《死亡笔记》等恐怖类非法出版物案 （2）查处假冒"荣事达"洗衣机案 （3）查处假报刊、假记者站、假记者、假新闻案 （4）查缴盗版光盘、非法刊物专项行动 （5）玉门油田医院商业贿赂案 （6）武威市某医院收受商业贿赂案 （7）成县人民医院医疗器械采购商业贿赂案 （8）兰州新华图书大厦商业贿赂案 （9）定西某师范高等专科学校商业贿赂案 （10）白银区铜辉啤酒饮料经营部商业贿赂案 （11）张掖市煜衡商贸有限公司商业贿赂案 （12）平凉市京港餐饮有限公司商业贿赂案 （13）庆阳市鸿安物业管理公司商业贿赂案

年 份	案 件 名 称
2008 年	(1)清理规范各类职业资格行动 (2)查堵《全国维权人物风云录》行动 (3)整治网络淫秽色情等有害信息专项行动 (4)查堵《维权诗集》一书行动 (5)查处张掖市设点从事石油成品油经营活动 (6)迎奥运净化出版物市场专项行动 (7)打击制售假冒侵权贵州茅台酒集中行动 (8)打击制售假冒侵权泸州老窖系列酒集中行动 (9)嘉峪关市吴xx等5人传销案 (10)白银市工商局打掉两个传销团伙案 (11)平凉市工商、公安联合端掉两个传销窝点案

部分年份全省工商系统查处经济违法违章案件基本情况

表 7-12 单位:件、万元

年 份	案件总数	案 值	没收金额	罚款金额
2000 年	30115	10038	–	864
2001 年	44563	9781	–	1181
2002 年	55262	11781	338	1662
2003 年	66926	46063	340	2265
2005 年	41206	30005	249	1676
2006 年	36570	24018	300	1754
2008 年	21764	6447	239	1221

第八章 消费者权益保护

1986年以来,在经济与消费领域,出现了两个方面的情况:一方面,随着市场商品的不断丰富,消费者的需求逐步由量的满足向质的需求转变,消费者对生产经营者提供的商品质量、服务质量、安全性能、价格公平,等等,都提出了新的要求和标准;另一方面,也有一小部分生产经营者在唯利思想的驱使下,缺斤短两、以次充好、假冒伪劣、虚假宣传等损害消费者权益的现象大量滋生,不但造成消费者人身、财产的损害,而且破坏市场的公平竞争,扰乱了市场秩序,既损害企业声誉,更损害党和政府的形象。这两种情况,即是我国改革开放不久就把消费者权益保护纳入法律轨道的历史背景。甘肃省消费者权益保护工作也是在这种历史条件下开展起来的。这项工作虽然起步较晚,但起点高,发展快,在较短时期内逐步形成了协会保护、行政保护等体系,收到了良好的社会效果。

自1993年《消费者权益保护法》颁布实施以来,工商部门保护消费者权益的工作主要是抓好基础建设,建立执法维权的网络系统;加强教育培训,提高执法维权人员素质;参与地方法规制定,不断完善消费维权制度规范。

1996年1月,《甘肃省实施〈中华人民共和国消费者权益保护法〉办法》颁布实施。1997年7月31日,省八届人大常委会第二十八次会议通过了关于修改《甘肃省实施〈中华人民共和国消费者权益保护法〉办法》的决定,修订后的实施办法共38条。

1997年至2003年,全省工商系统共受理消费者申诉4.13万件,为消费者挽回直接经济损失 1400 万元，依据该办法查处侵害消费者权益案 5.3 万件，案值 1.37 亿元，罚没款 2300 万元。该实施办法为保护消费者的合法权益和依法查处、调解侵权案件提供了法律依据，但也反映出了一些新问题：一是对消费者合法权益的行政保护力度不够，政府各职能部门之间缺乏有效的协调机制，未形成合力；二是解决消费争议的行政、司法、仲裁机制不够完善、顺畅；三是对经营者的义务、责任规定过于原则，不易操作，特别是随着经济体制改革的深入和社会经济生活的发展变化，消费领域出现了一些新情况、新问题，出现了一些新的消费侵权行为，现有法律、法规无法对应；四是国家法律、法规对有的侵权违法行为赔偿、处罚问题只作了原则规定，实施办法对此也未予具体明确，消费者的合法权益无法得到切实有效的保护。因此，对实施办法作重新修订是十分必要的。2003 年 7 月，省工商局向省政府上报了关于《甘肃省实施〈中华人民共和国消费者权益保护法〉办法(修订草案)》建议的说明。这次修订草案依据国家法律、行政法规的规定，结合甘肃省实际，进一步具体明确了经营者的责任，通过行政、司法手段和社会力量加大对消费者合法权益的保护力度，完善消费纠纷的投(申)诉和处理机制，切实保护消费者的合法权益。在修订草案的起草过程中，除着力总结本省的实践经验外，还特别注意学习借鉴兄弟省市好的经验和做法，慎重处理立法的前瞻性和阶段性、原则性和可操作性等辩证关系。

第一节　消费者协会的维权

一、消费者协会的建立与发展

20 世纪80 年代初的几年中，由于市场经济体制尚未建立，市场法规很不完善，市场秩序和生产领域中还存在诸多弊端。在某些企业和市场交易中，弄虚作假、偷工减料、以次充好、伪造仿冒、以假充真、短尺少秤、强迫搭配、任意提价等损害消费者利益的行为时有发生，有的甚至生产、出售一些危害消费者健康、安全的商品。这种情况迫切需要建立消费者权益保护组织。1985 年 4 月，省工商局与商品检验局、标准管理局向省政府上报了关于成立甘肃省消费者协会的报告。1986年,在北京召开的中国消费者协会第三次理事会上,中国消费者协会要求没有建立消费者协会组织的省、市、自治区尽快成立消费者协会。

1986年3月,省工商局向省政府上报了成立甘肃省消费者协会的报告,并在报告中提出了初步打算:上半年先成立甘肃省消费者协会筹备组,由省工商局、标准管理局、商品检验局3个单位的负责人担任正、副组长,商业、外贸、计量等部门及工会、共青团、妇联和新闻单位派代表参加,下设办公室,使其先开展工作,创造条件,争取及早成立甘肃省消费者协会。

1987年2月,省工商局再次向省政府上报了《关于成立"甘肃省消费者协会"的报告》。报告认为,消费者协会,可以作为消费者自己的组织,代表消费者的利益,维护消费者的权利,反映消费者的要求,配合政府有关部门和社会有关方面,共同做好这项工作。所以建立消费者协会,不仅符合广大消费者的愿望和要求,而且也有利于工商企业改进生产经营管理。

1987年11月20日,经省政府批准,省消费者协会正式成立。省消费者协会的成立,标志着全省2000多万消费者从此有了一个维护自己正当权益的"家",也标志着作为一个社团组织的消费者协会担当起了为党和政府分忧,为消费者解难的重任。这年12月,省消费者协会召开成立大会,中国消费者协会发来贺信,对甘肃省消费者协会的成立表示热烈祝贺。省人大常委会副主任许飞青、副省长阎海旺分别在大会上讲话。成立大会上通过了《甘肃省消费者协会章程》,选举产生了甘肃省消费者协会首届理事会,共有理事90名,其中常务理事27人,选举了省消费者协会会长、秘书长。1988年3月,省消费者协会聘请省人大常委会主任许飞青为名誉会长。

到1987年底,全省有3个地、市成立了消费者协会。到1988年6月,全省有8个地(州、市)和22个县(市、区)相继建立了消费者协会。各级消费者协会一成立,就把"以法维权"作为工作的根本立足点。从省消费者协会成立至1989年的一年半时间内,全省各级消费者协会共受理消费者各类投诉1943件,处理1845件,使消费者免受经济损失178.5万元;接待群众来信来访和解

答消费者咨询 2.21 万人次。各级消费者协会还在每年"3·15 国际消费者权益保护日"开展宣传咨询服务活动,采取各种形式,走上街头、闹市、广场等群众聚集点,开展宣传、咨询和现场受理消费者投诉等服务活动。

1991 年,全省新建立县级消费者协会 17 个,已由 1989 年的 39 个发展到 56 个,还建立了县以下分会 44 个,在大中型生产经营企业中建立消费者监督联络站 16 个。1992 年,消费者协会在全省城乡和大型市场建立了消费者监督联络站 110 个,形成了自上而下的消费者监督网络。各地消费者协会将消费者对商品质量和服务质量的意见 156 条归纳整理后,反馈给企业,帮助企业提高产品和服务质量。该年全省消费者协会共组织商品质量评议 43 次、评店活动 65 次。

1993 年 5 月,省消费者协会召开了第二届理事会。此时,全省已有 11 个地(州、市)和 52 个县(市、区)建立了消费者协会。各地在抓紧发展建立县以上消费者协会的同时,注重抓消费者组织基层网络的延伸工作,依托工商所建立分会,依托大中型企业建立协会的监督联络站,共建立了 35 个基层分会和 110 个消费者监督联络站。这一年,全省保护消费者权益社会监督体系已初具规模,为进一步开展保护消费者权益工作奠定了良好的基础。

1997 年 4 月,省工商局、省消费者协会联合做出了《关于表彰保护消费者权益先进集体和先进工作者的决定》。《决定》回顾了几年来消费者权益保护工作取得的成绩,对兰州市消费者协会等 13 个先进集体、张福德等 21 名先进个人进行了表彰。这年底,省消费者协会被国家工商局和中国消费者协会授予"全国保护消费者合法权益成绩显著省级单位"的荣誉称号。金昌市、嘉峪关市、兰州市城关区消费者协会被评为全国保护消费者合法权益先进集体,陈福、程康年、殷学谦、刘均被评为全国保护消费者合法权益先进个人,原省人大常委会副主任李福盛被评为"全国保护消费者合法权益活动家"的荣誉称号。到 1997 年,省消费者协会成立已 10 年。10 年来,全省消费者协会努力为消费者办实事,共受理消费者投诉 10 万多件,解决率达 98.4%;接待来访、咨询的消费者达 55 万人次,为消费者挽回经济损失 2700 多万元。

1998 年 6 月,省消费者协会召开了第三届理事会。省委原书记李子奇担任了省消费者协会的名誉会长。他在三届第一次理事会上发表的书面讲话中说:"省消费者协会建立的 10 多年来,积极参与了行政监督部门对市场商品和服务的监督检查,开展了打假治劣,开展了保护消费者权益法律、法规的普及宣传,开展了咨询服务,开展了消费调查和消费教育,还受理调解了 10 万多件消费者对商品和服务的投诉,为消费者挽回近 3000 万元的经济损失,取得了很大的成绩。消费者协会的确是一个无偿为人民服务的组织,是深受广大人民群众和社会各界欢迎的组织,是党和政府密切联系群众的一个很好的组织。"这一年,全省各地(州、市)、县(市、区)均建立了消费者协会,有 300 多个乡镇、街道和工商所设立了消费者协会基层分会,在 1000 多个企业中设立了消费者监督联络站和投诉站。至此,全省的消费者协会组织已臻于完善,形成规模,保护消费者权益的力度也不断加大。

1998 年 7 月 24 日,省消费者协会咨询服务中心开通了 16096315 咨询信息网络电话,这一网络主要功能是受理消费者投诉,为消费者提供消费信息和咨询服务。该网络的中继线可容纳 64 路电话同时使用,消费者只要向工作人员讲述权益受侵害的基本情况,省消费者协会就会调查处理并向当事人通知处理意见和结果。除了记录外,这个系统还可以同时将 64 路电话的通话录音保留,作为调查处理的原始依据。

1999 年,省消费者协会进一步加强了对全省基层消费者协会的指导,加强了学习培训,形成了制度,切实提高工作人员业务素质和能力水平。制定了统一的各项对外工作规范和内部管理规范等规章制度,通过制度规范消费者协会的各项工作。加强了全省上下各级消费者协会的沟通与配合,省消费者协会对基层消费者协会加强业务指导,全省逐步推进基层投诉站、联络站、社区维权站的规范化建设。到 2001 年,全省各级消费者协会形成了步调一致、工作高效的统一整体,全省的消费维权工作水平也有了大幅度提升。

2000 年以后,全国经济社会的发展进入了一个全新的阶段,全省的消费维权工作也得到了快速发展,迈上了新的台阶。调解消费纠纷的工作成效显著,消费者协会组织更加充实完善,各项维权活动也愈加活跃。1997 年至2003 年,全省消费者协会共受理消费者投诉 9.08 万件,调解成功 8.9 万件,

为消费者挽回直接经济损失 3085 万元。

2004 年至 2008 年,是社会主义市场经济的大发展时期,也是消费维权工作快速发展的一个重要阶段。2005 年 1 月,省消费者协会召开第四届理事会。省消费者协会向大会做了题为《加强消协建设,依法履行职能,努力开创消保维权工作新局面》的工作报告,对三届理事会 5 年来的工作作了全面的回顾和总结,并提出了 6 点指导意见。会议选举产生的第四届理事会共有理事 89 名,其中常务理事 30 名;聘请省人大常委会副主任杨作林、副省长孙小系、省政协副主席崔正华为省消费者协会第四届理事会名誉会长。省消费者协会还成立了由 10 名法律工作者组成的"法律专家委员会",组建了"甘肃消费仲裁庭",开办了"甘肃 3·15 维权网"。据不完全统计,20 年来,全省各级消费者协会共接待消费者来访 142 万多人,受理消费者投诉 23.08 万件,解决 22.67 万件,解决率为 98.2%,为消费者挽回经济损失 7994.4 万多元,共收到各类表扬信 1000 多件。这些较充分地展示了全省消费维权事业的快速发展。

2006 年,省消费者协会在未主动申报的情况下,在由社会公众参与投票的"魅力兰州经济年度总评榜"活动中,被授予"社会公众利益奖",并连续 5 年被中国消费者协会评为"落实消协首项职能最佳单位""成绩显著单位",全省各级消费者协会的工作得到了消费者的认可。同年,在中国消费者协会组织的两年一次的"工作创新奖"评比中,省消费者协会荣获一等奖,位列 9 个获奖单位之首。

二、推行"一会两站"

2005 年,省工商局、省消费者协会把消费者权益保护工作重心放在农村,重点是推行"一会两站",即消费者协会基层分会、红盾护农服务站、12315 维权联络站。该年的 6 月—8 月,省工商局和省消费者协会联手对全省 14 个市、州的"一会两站"建设情况进行了检查、调研。9 月 5 日—6 日,在天水市秦安县召开了"一会两站"建设现场经验交流会。总结推广了天水市政府在全市广大村镇建立"一会两站"、把部门行为变为政府行为的新鲜经验,方便了农民群众的生产、生活,有效解决了农村和农民群众普法难、投诉难、维权难的"三难"问题。提出了延伸 12315 网络进社区、进村镇、进商家、进市场,建立和完善农村消费维权体系的思路。经过全省各级工商局和消费者协会的共同努力,农村基层维权网络建设成效显著,到该年年底,基本建成了深入全省各县、乡(镇)、村(社)的三级消费维权网络。全省共建立消费者协会分会 595 个,"两站"和联络点共 7799 个。"一会两站"在全省的建立,使农村消费者维权投诉难等问题得到了有效解决,切实加强了对农村消费者这一弱势群体的保护,促进了"三农"健康发展。天水市麦积区消费者协会多次与辖区驻军沟通协调,将 12315 维权网络扩展到广大官兵身边。这年的 7 月,解放军某部举行了"一会两站"的揭牌仪式,为全省消保维权工作进军营开创了成功的先例。这一年,省消费者协会还分别在医院、电力、通信、保险、装饰、电子(IT 行业)、报社、机场等设立了 10 个标准化维权联络站,加上建立的汽车、农机联络站,总共有 12 个联络站运转。汽车、农机、装饰装修等联络站充分发挥了行业联络站的作用,及时认真地调解处理投诉,得到了消费者和经营者的好评。2005年, 全省依托 12315 申诉举报网络, 共接受消费者咨询 74074 件, 建议 251件,受理消费者申(投)诉 7217 件,举报 3962 件。其中,申(投)诉办结 7021件,办结率为 97.28%,为消费者挽回经济损失 221 万余元;举报办结 3806件,办结率为 96.06%,没收价值 129 万余元的违法生产销售的产品、生产工具等物资及 22 万余元违法所得,罚款 100 余万元。由于 12315 健全畅通的网络、适时可靠的信息、反应快速的工作机制,提高了消费维权工作应对市场突发事件的能力,较好地遏制了违法经营者对消费者权益的侵害和扰乱市场经济秩序的行为。

第八章 消费者权益保护

2005 年 10 月,全省"一会两站"在全省范围内广泛建立,形成了完整的消保维权网络。这一年的 10 月,省工商局向省政府上报了关于在全省农村地区全面建立"一会两站"的报告。申请在全省农村地区规范设立消费者协会基层分会、红盾护农站、12315 维权联络站。"一会两站"由工商部门、消费者协会联合设立,工作人员由热心消费者权益保护工作,自愿、无偿为消费者权益保护事业服务的社会各界人士担任。"一会两站"在设立上坚持以下原则:一是实事求是、科学设置的原则。"两站"一般在千人以上行政村设立 1 处,千人以下行政村设立"两站"服务点或联络点。二是多方参与、社会共建的原则。工商部门、消费者协会牵头,有关职能部门配合,社会广泛参与的格局。三是注重实效、服务基层的原则。"一会两站"建设坚持一切为农村消费者服务的原则,真正发挥其维护消费者合法权益的作用,切实解决农村消费者普法难、投诉难、维权难的问题。"一会两站"的职责:(1)宣传消费者权益保护的法律法规,增强消费者依法维权的能力和经营者守法经营的自律意识。(2)向消费者宣传和介绍商品和服务等消费知识,引导和指导消费者科学合理消费。(3)依法对商品和服务进行社会监督,并向辖区内工商所、消费者协会分会反映真实情况。(4)依法受理、调解消费者的投诉和申诉,并定期上报辖区工商所,记入登记台账。(5)对受理的情节较为严重、侵害行为具有典型性的投诉,要及时上报县级消费者协会调查处理。(6)对掌握和接到的有关制售假冒伪劣商品、欺诈消费者等违法违章案件线索,及时向辖区工商所报告,并协助调查处理。(7)培养和发展义务维权工作者,壮大3·15志愿者队伍,提升12315和消费者协会维权服务品牌。"一会两站"的组织制度:(1)设立"一会两站"工作由各级工商部门和消费者协会在当地政府的领导、支持下,牵头组织实施。(2)各级工商部门、消费者协会定期召开联席会议,制定计划,研究、解决问题,并定期对聘用的联络员进行培训、考核评定。(3)"两站"在辖区工商所和消费者协会分会的指导下开展工作。(4)各辖区工商所、消费者协会分会定期将"两站"建设情况报县级工商部门和消费者协会,通过县级工商部门和消费者协会逐级上报,由省工商局和省消费者协会统一备案存档。省工商局关于设立"一会两站"的报告,得到了省政府的大力支持,很快予以批准,并转发了省工商局的报告。在省工商局的统一组织领导下,2005年底,各市、州工商局完成了70%的"一会两站"建设任务,到2006年,全面完成了建设目标。

截至2007年底,全省共建立消协基层分会676个,12315维权联络站、红盾护农服务站15768个,"一会两站"在农村的覆盖率达到了98%。通过"一会两站"的建立,使全省原有的省、市(州)、县(区)、工商所四级联网向基层"一会两站"五级延伸,提高了消费维权网络的广泛性和深入性。12315和"一会两站"从解决群众最关心、最直接、最现实的利益问题入手,在基层和广大农村开

甘肃省志 工商行政管理志

展市场监督、消费维权工作。三年来,经"一会两站"调解各种消费纠纷 7000 余件,挽回经济损失 1100 余万元,接受咨询 1250 万人次,向 12315 提供经济违法案源线索 1270 余件,遏制了假冒伪劣商品向广大农村蔓延的势头,净化了农村市场环境,让农民得到更多的实惠。

三、消费教育与消费引导

省消费者协会成立初期,消费教育的主要内容是宣传消费者协会的作用、投诉知识、商品知识和消费者如何维护自己的合法权益。随着消费者协会知名度及其社会地位的提高,各级消费者协会不断扩大教育内容,把介绍国家有关经济方针和政策、消费方面的方针和政策、消费与生产、消费与积累、个人消费与国家建设等融入到消费教育中,先后在各地电台、电视台、报刊上开辟了消费宣传新闻专题栏目 52 个,部分地、县消费者协会还在一些工商企业、中小学、机关单位中组织开展了尝试性的消费教育。

1993 年 10 月 31 日,全国人大常委会通过并颁布了《中华人民共和国消费者权益保护法》(简称《消费者权益保护法》),该法于 1994 年 1 月 1 日起施行。1996 年,《甘肃省实施〈消费者权益保护法〉办法》颁布实施,各级消费者协会不失时机地在全省开展了以"依法护权"为主题,以《消费者权益保护法》《甘肃省实施〈消费者权益保护法〉实施办法》《新三包规定》为主要内容的宣传月活动。

1997 年,全省各级消费者协会在全省范围内开展了以"讲诚信、反欺诈"为主题的宣传月活动。这年 12 月,中共十五大提出了"拓宽消费领域,引导合理消费,提高生活质量"的要求。省消费者协会建立了"商品监测中心"和"消费咨询服务中心",一方面积极稳妥地开展商品的比较实验活动,另一方面对商品和服务开展了消费调查评价活动,并将调查评价的结论向消费者进行公布,向生产企业反馈,既宣传了优质产品和服务,也科学合理地引导了消费,促进了市场竞争。

1998 年 6 月,新产生的省消费者协会第三届理事会提出了"全面履行'七项职能',实现'三个转变'、解决'一个根本'"的工作要求。在跨世纪的几年里,

全省保护消费者合法权益的事业以全新的姿态向前推进。2005年1月,省消费者协会第四届理事会召开。当时,全省消费维权的基础性工作已经实现规范化,七项职能的全面履行获得了消费者的广泛认可,得到了社会各界的普遍认同和配合。各级消费者协会通过多途径、多手段的宣传教育,大大增强了全社会的消费维权意识。消费者协会发布的与维权工作相关的法律法规信息、消费动态信息、侵权新情况信息,对社会公众产生了极大的影响力,"绿色消费""科学消费""明明白白消费""诚信·维权""消费和谐"等观念深入人心。通过深入广泛的消费宣传教育和社会引导,《消费者权益保护法》规定的七项职能得到了全面履行,消费维权工作卓有成效。

省消费者协会每年都要结合中国消费者协会提出的年主题,组织全省各级消费者协会开展学习研讨活动,先后以"讲诚信、反欺诈""为了农村消费者""安全健康消费""明明白白消费""绿色消费""科学消费""营造放心消费环境""诚信维权、健康维权""消费与环境""消费和谐"等年主题为题目,学习研究消费年主题的含义,进而推广到社会各阶层,让全社会认识和理解消费年主题的意义。

2006年和2007年,省消费者协会举办了有专家、学者和政府有关部门及企业负责人、消费者代表参加的"消费与环境""消费和谐"年主题论坛,有9人向论坛提交了专题论文并在论坛上发言。各位专家、代表就生态环境日渐恶化、食品药品假冒问题增多、过度消费对环境产生的影响以及如何转变消费方式、树立可持续性消费观念、加大执法力度、加快立法步伐和全社会共同参与保护环境、企业应承担的社会责任和义务等问题,从理论上进行了探讨。专家、代表的观点和提出的建议,对营造安全放心的消费环境及构建和谐社会起到了很好的指导作用。

省消费者协会编辑印发了各种消费教育教材,如《消费法律手册》《法律法规汇编》《保健品消费知识读本》《木地板消费指南》《食品安全知识读本》《甘肃省消费教育教材系列书刊》等,并把这些教材发放到各级消费者协会和"一会两站"及有关企业。同时,还积极拓展消费教育和消费指导层面,深入学校、部队、社区设台讲课。另外,还注重与媒体合作,开辟专栏专刊进行宣传指导。

2004年,省消费者协会开辟了自己的宣传阵地,开通了"甘肃3·15消费维权网",创办了内部刊物《消费指南》,通过网络平台和书面文字,更全面、更快捷、全方位地进行消费教育,更直观、更形象地传播消费知识和信息。2005年到2008年的几年间,省消费者协会连续和《甘肃法制报》《甘肃广播电视报》、甘肃广播电台阳光调频、甘肃电视台联办了《一会两站专栏》《天天3·15》《秘书长维权热线》《理财》等栏目,长期宣传有关法律法规及维权知识。

四、拓展消费维权领域

1993年—1999年的几年间,有关啤酒瓶爆炸伤人的事故不断发生。为维护消费者的合法权益和啤酒生产企业的正当利益,沟通消费者与企业之间的联系,正确、公正、合理处理因啤酒瓶爆炸引起的纠纷,省消协在1999年8月10日,特地就啤酒瓶爆炸伤害消费者问题邀请啤酒生产企业、省市新闻媒体及有关部门代表召开座谈会,要求啤酒生产企业进一步做好啤酒瓶的生产、运输、储存、销售等工作,并大力宣传使用过程中的保护预防措施和有关知识,把啤酒瓶爆炸伤人事故减少到最低限度。

1997年1月21日,兰州市一只船南街煤气泄漏,造成消费者1死3伤。省消费者协会接到投诉后,历时8个月,经多次调解达成赔偿协议,经兰州市中级人民法院11月11日最后调解,为受害者补偿23.88万元。这是省消费者协会成立以来受理的赔偿数额最大的一起投诉案。

2000 年全省各地消费者权益保护工作情况

表 8-1

地区	查处侵害消费者权益案件				处理消费申诉	
	立案总数（件）	立案数（件）	罚没金额（万元）	案　值（万元）	受理申诉（件）	挽回损失额（万元）
全省总计	4612	843	208.05	1455.05	5365	159.44
省局	18	2	8.00	127.00	15	6.00
兰州市	2125	448	141.79	1003.58	4285	123.45
嘉峪关市	12	12	0.96	13.60	–	–
金昌市	27	1	0.10	4.00	125	1.16
白银市	5	5	0.24	7.57	1	1.42
天水市	299	44	4.05	38.10	12	1.00
酒泉地区	107	16	1041	5063	107	–
张掖地区	690	98	22.57	50.32	133	3.96
武威地区	3	3	1.96	2.55	2	2.53
定西地区	127	46	2.85	17.73	114	8.82
陇南地区	131	21	7.43	13.96	99	0.38
平凉地区	858	95	12.31	22.86	279	6.00
庆阳地区	164	14	2.58	22.69	151	2.00
临夏州	18	10	0.23	2.09	14	2.09
甘南州	28	28	1.57	123.37	28	0.63

　　2001 年,有 54 位车主联名向省消费者协会投诉,反映购买的"牡丹"中巴车存在严重的质量问题。这种群体投诉在甘肃尚属首次。省消费者协会立即召集双方进行了多次协商,并达成协议,为车主挽回经济损失 73.2 万元。

　　2004 年,省消费者协会针对消费市场上的"霸王条款"问题,重点开展了对餐饮娱乐行业"禁止自带酒水""最低消费"的点评活动,并通过媒体号召广大消费者积极参与,大胆揭露侵害消费者权益的霸王行为,同时针对具体事例,依法解析并予以抨击。该年 6 月,兰州的郝女士向省消费者协会投诉,称其在兰州某医院做人流手术时,由于医护人员责任心不强、措施不当,使一个简单的清宫手术先后做了5次，手术中还被误诊为丙型肝炎，造成患者与医务人员及家属不敢接触，身体和精神上受到了严重伤害。省消费者协会立即召集双方进行多次调解，但医院坚持认为患者个体有差异，才造成现在的后果，故对患者的意见要求和消费者协会的调解坚决不接受，致使问题难以解决。这引起了省消费者协会领导的高度重视，指示投诉部工作人员本着为消费者负责的宗旨，一定要将此事妥善调解。后又经多次调解，最终使双方达成协议，由该医院向消费者一次性赔偿6000元。

省消费者协会在关注城市热点问题的同时，还注重"三农"（农村、农业、农民）领域的维权。该年9月，景泰县一农民购买了一台农用拖拉机，在进行耕地作业中突然翻下地埂，导致车毁人亡。时隔4个月之后，当事人家属发现事故是产品质量引发的，遂向经销商和厂家提出索赔要求，但遭到拒绝。后来，当事人家属投诉到省消费者协会，省消费者协会领导高度重视，立即会同相关部门组成调查组进行实地调查取证。经省消费者协会、省农机站多次奔波调解，最终使受害人家属获得抚慰金1万元。省消费者协会向受害人家属捐助了抚慰金3000元。

省消费者协会在2004年之后的几年时间内，先后在农机、汽车、医疗、电力、电信、保险、金融、装饰、电子、民航、美容美发12个行业以及社区设立了维权联络站，并一同开展了与各个行业相关的消费调查和热点问题座谈等形式多样的活动。

2005年，省消费者协会重点搜集了通信、旅游、保险、摄影、房产中介等行业存在的部分有争议的格式合同条款，对这些合同中显失公平的问题进行集中点评。此举引起很大反响，各大通信公司立即开展了自查自纠，并向社会公布了整改措施和承诺；保险行业协会主动与省消费者协会联系，成立了工作联络站，并向全省的保险机构提出了整改意见和要求；甘肃人像摄影协会多次与省消费者协会沟通，并在摄影行业内制定了公平统一的示范文本；省旅游局、旅游协会和房产中介机构也与省消费者协会积极联系，提出了相应措施，配合有关部门的调查，并进行了整改。同年，省消费者协会还先后参加了电力、通信、邮政、大专院校等行业召开的消费维权座谈会，并代表消费者对相关行业、企业的维权工作提出意见和建议。此外,省消费者协会还与40多家行业协会建立了经常性的联系和协作关系,拓展了维权领域,促进了消费维权工作的全面提升。

2005年8月,省消费者协会针对广大消费者对医疗服务行业所关注的热点问题,组织消费者保护维权人员首次对兰州市的城区医院进行了服务满意度调查,主要调查服务态度、服务效率、环境便利性和环境舒适性、医疗费用透明性和合理性等方面存在的问题。在历时近4个月的调查后,省消费者协会联合省政府新闻办公室向社会正式公布了此次调查结果,并要求存在问题的医疗机构进行整改。全国各大媒体对此事也十分关注,相继有新华社、《法制日报》、人民网、《中国工商报》《甘肃日报》《甘肃法制报》《兰州晨报》《西部商报》、甘肃电视台等媒体进行了报道。《经济日报》甘肃记者站站长写了一篇题为《兰州消费者提出:对事关人民生活的收费项目宜增加透明度》的文章,还以"内参"形式专门向省委书记、省长以及卫生部门报送。在当年召开的中国消费者协会常务理事会上,省消费者协会介绍了本次调查的情况,受到了中国消费者协会及兄弟省市消费者协会的肯定。

2006年,省消费者协会根据中国消费者协会的部署安排,作为牵头单位,联合陕西、宁夏、青海、新疆、吉林、黑龙江等省、自治区消费者协会,针对消费者反映强烈的看病难等问题,进行了广泛的体察和调查活动,对医疗行业提高服务质量起到了积极的作用。从这一年2月开始,省消费者协会又对兰州地区的供水、供电、公交、燃气、通信、保险、银行等8大公共服务行业开展了消费者满意度调查活动。调查结束后,省消费者协会综合消费者提出的意见,分别以召集各行业负责人对话、发质疑函等方式反复与行业单位进行交流和沟通。兰州市燃气集团、电力公司、电信公司、公交集团等单位领导对消费者的意见及消费者协会的建议高度重视,多次递交书面的整改措施。之后,省消费者协会与省政府新闻办公室共同召开新闻发布会,对消费者满意度居前的燃气、供电、通信、公交4个行业进行了表彰;对公众反映问题较多的银行、供水行业进行了曝光,并提出了建议。此次调查对提高兰州市公共服务行业的服务质量和消费透明度是一次有力的促进。

同年,省消费者协会全面深化监督工作层次,多次向政府有关部门、垄断企业反映消费者的呼声,并发出建议函,建议有关部门整改侵害消费者权益的部门规定。4月,省消费者协会向省政府法制办公室和相关部门报送了《关于兰州市私家车挂靠管理抑制汽车消费的报告》,就兰州市实行私家车挂靠管理办法产生的问题,建议公安车辆管理部门纠正。2个月后,这一问题得到解决。这年5月,省消费者协会向兰州市政府发出了《关于兰州居民水表实行"一户一表、计量出户"改造的建议函》,就兰州市城市供水管理中出现的问题向市政府和自来水公司提出建议,建议条款被列入兰州市"十一五"城市规划方案并逐步实施。该年6月,省消费者协会向中国石油甘肃销售公司发出《关于燃油供应服务中对已售商品履约服务的建议函》,对该公司下属加油站单方面变更已售加油证上剩余油料供应服务措施和价格的违法行为予以反驳, 同时抄报省政府办公厅商贸处、省经贸委、省工商局和中国消费者协会,并代表消费者与中国石油甘肃销售公司的负责人进行对话,对出现的问题提出了解决方案,方案很快得到了认同。该年7月,省消费者协会邀请法律专家、学者多次对国内客运部门收取高额退票费的问题进行评析。专家们一致认为,客运部门现行的退票费收取标准过高,违背了公平交易原则,且侵犯了消费者的知情权。站台票售出不退的规定也不合理。对此, 省消费者协会分别向铁道部兰州铁路局、国家民航总局、甘肃省公路运输管理局发出了建议函,建议他们改进目前执行的有关退票方面的规定。这是国内地方消费者协会首次向公路、铁路、航空主管部门就退票问题发出的建议函。建议函发出之后,中央电视台、中央人民广播电台、《人民日报》、新华社、《北京青年报》《法制日报》《南方周末》等40多家媒体给予了高度关注, 中央电视台和辽宁电视台等媒体专程来兰采访报道,并对省消费者协会秘书长作了专题采访。此举在全国内地乃至香港、澳门等地区引起了强烈反响,被媒体称之为"摸了老虎的屁股"。该年11月,省消费者协会又向民航总局、铁道部和甘肃省公路运输管理局发送了3份质疑函,对三个部门不予回复建议函的做法发出质疑。在省消费者协会正当合理的质疑下,三个部门很快复函或来人表明态度,表示今后要研究采纳省消费者协会的建议并纠正不合理的规定。半年之后,省消费者协会又向这三个部门发出了督

办函,锲而不舍地为消费者争取正当权利。

2007年8月—9月,省消费者协会首次对兰州市房地产开发企业的诚信度、楼盘质量满意度、物业服务满意度开展了一次调查活动。调查选取了兰州市城关区、七里河区、西固区、安宁区的60家房地产公司,500个楼盘和实行物业管理的60个小区,以调查问卷的形式,从消费者对房地产开发商诚信情况的评价和对住宅楼盘工程质量、配套设施、居住环境等情况的评价,以及对物业服务等方面的评价展开了深入的调查。调查情况汇总分析之后,省消费者协会分别和企业负责人对话、沟通,对存在的问题进行分析。在此基础上,10月23日召开了200余人参加的新闻发布会,对消费者评价好的企业进行了颁奖表彰,差的进行了通报批评。另外,对维修基金问题、业主委员会成立滞后等问题向省建设厅发出建议函。此次调查引起了省内和国内媒体各个网站的高度关注,反响强烈。该年的7~11月,省消费者协会组织广大消费者开展了对公共服务行业自律情况进行评议的活动,通过命题评议、问卷调查、网络评议、博客空间、座谈会、来信来函等方式,对保险、供暖、有线电视、房屋中介、汽车维修、互联网销售6个服务行业进行了为期5个月的评议工作,重点对数字电视、供暖和保险行业的一些问题进行了点评。此次活动在社会上引起了强烈反响,消费者纷纷打电话表示赞成并提出建议。评议过程中,省消费者协会召集媒体记者、企业负责人进行座谈,通报评议结果,并形成了《甘肃省消费者协会关于对六大公共服务行业进行评议活动的总结报告》,上报中国消费者协会后,获得了充分肯定。

随着市场经济体制改革的不断深入,人民生活水平的不断提高,公众的消费需求向更高层次和更广的领域延伸,各种消费纠纷也以更多的形式表现出来。全省各级消费者协会面对新形势、新问题,牢固树立创新意识,不断创新维权观念和工作方法,全面提升消费维权能力和工作水平。在消费过程中,经营者与消费者一旦发生纠纷,首先遇到的就是赔偿问题,很多被侵权的消费者往往是赢了"官司"却拿不到赔偿金。为解决这一问题,省消费者协会探索建立权益保障基金机制,在确定消费者被侵权且需赔偿时由省消费者协会用保障基金先行赔付消费者。2005年,省消费者协会与兰州华夏医院签署了首个甘肃

甘肃省志 工商行政管理志

省消费者"医疗权益保障基金"协议书。兰州华夏医院将 10 万元保障基金正式递交给省消费者协会，并承诺今后凡是该院出现的医疗纠纷案件在调查确认后由省消费者协会先行赔偿给消费者。此后，嘉宝莉涂料有限公司兰州经销处主动与省消费者协会联系，提请对其经销的产品进行特别监督，并交付了 10 万元产品质量先行赔付基金。同时，该公司还印制了 10 万张防伪、投诉双功能标签，标签上印有省消费者协会和该公司的投诉电话，若出现问题，消费者可在第一时间内向省消费者协会投诉并获得赔付款。

五、开展"诚信经商"活动

从 1999 年开始，全省各级消费者协会动员和组织广大经营者开展了以"讲诚信、树形象、建设诚信甘肃"为内容的争创诚信单位活动。各级消费者协会利用法律赋予的独立地位，在全省范围内广泛地开展了诚信单位的推荐、评审和认定工作，先后认定诚信单位 3786 家。这些诚信单位涵盖了省内国有企业和个体私营经济的众多领域和行业，涉及经济生活的方方面面。它们不但强化了自身的经营管理，而且加大了自我监督和自我约束的力度，在规范市场经济秩序和营造良好的消费环境方面起到了模范带头作用。消费者协会组织则通过对诚信单位遵纪守法、诚实守信的充分肯定，在社会上树立了一大批依法诚信经营、自觉维护消费者合法权益的典型。这些典型产生了明显的示范推动效应，带动了所在行业及关联行业的诚信建设。

争创诚信单位活动的深入开展，增强了经营者的诚信意识，提高了他们诚信经商的自觉性，也促使一些行业单位自发地成立了诚信建设工作机构。2004 年以来，相继有汽车行业、装修行业、房地产行业成立了诚信联盟或诚信担保联盟。省消费者协会适时地组织这些单位在"诚信兴商宣传月"发布"诚信宣言"，把他们诚信经商、主动接受社会监督的承诺告知全社会，形成了经营者和消费者之间沟通理解的氛围，使得诚信体系的建设在消费领域有了更融洽的空间。甘肃联通公司、甘肃电力公司以及兰州天庆房地产开发公司、甘肃正茂房地产开发公司、甘肃天鸿金运置业公司、兰州市政开发集团等房地产企业的负责人还自主联合，向全社会发出诚信誓词，郑重承诺要做到"诚实可信无

诈,业主利益至上"。他们主动承担社会责任的勇气和决心,为营造安全放心的消费环境,构建和谐社会,促进甘肃经济社会的快速发展做出了表率。同时,省消费者协会还经常召开诚信单位经验交流会,及时总结和交流诚信建设的体会和经验,促进了相互交流共同提高。

省消费者协会于 2006 年 9 月举办了一次"甘肃省诚信兴商高峰研讨会"。研讨会以"扬荣弃耻,诚信兴商"为主题,参会的省内专家、学者分别从不同层面、不同角度就区域诚信建设、诚信缺失原因、诚信法律制度的建设等方面发表了意见,到会的知名企业家也结合企业自身发展的实际,畅谈了诚信兴商给企业带来的巨大效益。

2007 年 9 月,省消费者协会按照中宣部等 17 个部门关于每年 9 月份开展"诚信兴商宣传月"活动的安排,组织召开了"诚信兴商"论坛会,围绕"业无诚信不兴"的会旨展开讨论。来自全省 50 余家大中型企业的负责人参加了此次论坛,部分企业负责人就"诚信兴商"主题发表了各自的看法和建议。

2008 年,省消费者协会积极开展了诚信单位及消费者满意品牌的评荐工作,把打造"诚信甘肃""诚信企业",提高企业诚信意识,树立行业典范,营造和谐消费环境作为消费维权的一项重要职责。一是在该年的第三季度开展了全省"消费者满意企业"和"消费者满意品牌"评选活动,经过媒体公示、调查问卷、网上投票、信函等多种形式,最终评选出 68 家企业为消费者满意企业。二是经各市、州消费者协会上报考核,分批次评荐了 181 家"诚信单位"。三是和兰州市供热管理站、公交公司联合,评选出了 2007 年度兰州市 6 家消费者满意供热单位和 5 条消费者满意公交线路。该年 9 月,省消费者协会组织兰州食品、药品、电器等企业的负责人,召开了"企业责任承诺大会"。全省 150 家企业的代表以及 30 余名主要新闻媒体的记者参加了会议,兰州正大公司等 10 家企业代表率先向全社会做出了"主动承担社会责任、保证产品质量、维护消费者合法权益"的郑重承诺。在加强责任承诺的基础上,省消费者协会先后与省美容美发协会、省人像摄影协会、省建筑装饰装修行业协会联合,起草制定了《美容美发行业监督管理暂行办法和消费纠纷解决办法》《人像摄影消费纠纷争议解决办法》和《甘肃省建筑装饰装修行业诚信企业评荐办法》。这 3 个办法的制定与出台,对规范行业发展、倡导诚信经营、解决消费纠纷起到了良好的作用。此外,省消费者协会与省美容美发协会、室内装饰协会、太阳能协会、人像摄影协会、服装协会、酒类协会、保险协会、房地产协会、珠宝商会等20多个协会(商会)一起,共商规范行业行为、保护消费者权益之策,联手扩大消费维权领域。省消费者协会还与省电视台合作,联合对餐饮业进行检查,评选出百余家"消费者喜爱的餐饮企业"。根据消费者投诉,省消费者协会联合省太阳能行业协会,对兰州地区太阳能热水器市场进行了调查,针对存在的问题,协同省工商局市场监管局对全省太阳能热水器市场进行了监督检查。在此基础上,开展了推荐"诚实守信的示范单位"和"消费者满意的太阳能热水器"企业和品牌活动。此次活动的开展,有力地打击了太阳能热水器市场的违法行为,净化了太阳能热水器市场环境,保护了消费者的合法权益。另外,省消费者协会与省室内装饰装修行业协会联合,对兰州市的装饰装修市场进行了调查与检查,对存在的问题要求限期整改;与省产品质量监督检验中心和省工商联金银珠宝商会联合,对兰州市流通领域的金银珠宝进行了普查,共抽查了24家商场销售的金银珠宝饰品400批次,并于11月28日召开了通报会,对存在的问题向商家提出了限期整改意见。

六、开展 3·15 消费者权益日活动

1983 年,国际消费者联盟组织确定每年的 3 月 15 日为"国际消费者权益日"。世界各地的消费者组织都要举行多种多样的"国际消费者权益日"活动,并确定消费者的"四项权利",即:有权获得安全保障,有权获得正确资料,有权自由决定选择,有权提出消费意见。以后逐渐为世界各国消费者组织所公认,并作为最基本的工作目标。甘肃省按照这个规则,每年 3 月 15 日"国际消费者权益日"都开展活动。

1986 年以来,工商部门和消费者协会每年 3 月 15 日都要开展"3·15 国际消费者权益日"活动,围绕每一年消费维权主题,组织有关部门进行大型宣传咨询、受理投诉、媒体曝光、识别假货、焚烧假冒伪劣产品、专题文艺演出等丰富多彩的活动。

1988年3月15日,省工商局、省消费者协会组织省、市有关部门和企业在兰州东方红广场、南关什字等处设点,进行首次纪念"3·15国际消费者权益日"宣传咨询、维修服务活动。

1989年3月15日,省消费者协会向全省各地消费者协会发文,要求在开展活动中,宣传国家的经济方针和政策;宣传保护消费者合法权益条例、法规和消费者权益;介绍"国际消费者权益日"的由来和我国消费者组织及其性质、宗旨和任务;组织商业企业开展优质服务和咨询,现场受理消费者投诉。省、市、城关区消协上街现场咨询服务,接待消费者1.2万人,散发宣传材料2.5万余份,现场受理消费者投诉60多件。在兰州东方红广场,省、市消协组织长风机器厂、甘肃电视机厂、省医疗器械修理厂等企业,向消费者解答电冰箱、电视机、洗衣机等高档家电的商品知识、购货要领,登记维修63件。兰州百货大楼、民百大楼、兰山商场等大型商店和铁路新村、永昌路等集贸市场也开展了多种为消费者服务的活动。

1990年3月15日,"3·15国际消费者权益日"之际,省人大常委会副主任李文辉发表电视讲话,要求生产经营单位认真贯彻《甘肃省保护消费者合法权益条例》,依法生产经营,信守职业道德,不搞弄虚作假,不损害消费者合法权益,接受消费者的监督。在兰州东方红广场,省消协组织了20多家生产和商贸企业,14、15日向消费者宣传咨询;50多名个体户修锁配匙、钉掌修鞋,向路人优惠服务。省人大、省政协的领导和省工商局、质量检验局的负责人到广场和消费者交谈。长风电气、万宝电器的销售服务队,边维修边介绍有关知识。省、市百货公司的服务点优惠销售。全省39个县区开展了多种形式的宣传咨询活动。

1991年3月15日,"3·15国际消费者权益日"活动在兰州东方红广场拉开帷幕,当年是"质量、品种、效益年",全省各级消费者协会出面组织,有工商、质检等部门和1000多家企业参加活动,在城市集镇持续一周。在东方红广场,参加服务的工商企业有60多家。长风机器厂派出4台维修车,现场咨询,上门维修服务,维修家用电器98台(件)。全省各地受理消费者投诉600多件,10人次接受了各类优惠服务,全省设立咨询服务点200多个,发放各类宣传材料

11 万份。省人大常委会副主任李文辉及有关部门领导参加了东方红广场的咨询服务。

1992 年 3 月 15 日,"3·15 国际消费者权益日",由兰州市政府组织的"打击假冒伪劣商品保护消费者权益"活动,在东方红广场举行,广场鼓乐齐鸣,万人云集。柯茂盛市长发表讲话,强调生产企业要坚决贯彻国务院颁发的《工业产品质量责任条例》《标准化法》,严格产品质量标准,提高产品质量;国营、集体、个体商业要严把进货关,杜绝假冒伪劣食品进入销售渠道;工商、技术监督等执法部门要密切配合,齐抓共管,综合治理。各级消协要扩大投诉辐射面,截流堵源,为消费者解除后顾之忧。省、市消协、市工商局市管站、检查站、市技术监督站、烟草专卖局、卫生防疫站等部门印制的 25 万份传单散发一空。长风机器厂、华兴电子机器厂、青岛电冰箱总厂、民百大楼等生产厂家和经销单位,向用户推荐了 392 个品种的优质商品。下午两点,广场上浓烟滚滚,火光冲天,30 多种假冒伪劣名烟、名酒、磁带和商标标识等化为灰烬。

第八章 消费者权益保护

1993 年 3 月 15 日,"3·15 国际消费者权益日",全省各地消费者协会举行了大规模宣传咨询服务活动。兰州东方红广场上由省消费者协会主办、省打假办协办的宣传咨询活动吸引大批观众。省人大办公厅、省人大财经委、省质量局、省物价委员会等部门的负责人当场听取消费者的投诉,宣传保护消费者权益的有关法规。模特队手持横幅绕场宣传,咨询投诉台水泄不通。兰州市消协和各区消协同时在工贸大厦、民百大楼、南百大楼、七里河区的建兰饭店、安宁区的培黎广场、西固区的福利区副食商场设了 6 个分会场,50 多个企业参加了这一活动。全省 14 个地(州、市)的县以上 60 个消协都在这一天举办了形式多样的纪念宣传活动。

1994 年《中华人民共和国消费者权益保护法》颁布施行后的第一次"3·15 国际消费者权益日",省消费者协会等部门举行了大型活动。参加活动的企业带来了消协的推荐产品。长风股份有限公司、华兴电子机器厂、陇南春酒厂等企业展出了获得甘肃省首届著名商标的名优产品。10 家私营企业也将自己的新产品向消费者自我推荐。与往年不同的是,在全国有影响的厂家也视"3·15"纪念活动为展销良机。小鸭圣吉澳洗衣机厂、利渤海尔电冰箱厂,"长岭"、

"长虹""中意""熊猫""宋河"等 10 多个产品生产企业，散发了大量的宣传材料，开展了广泛的公关活动，让甘肃的消费者对名牌印象深刻。甘肃电视台、兰州电视台和消费者协会还在现场受理消费者投诉。

1995 年"3·15 国际消费者权益日"活动由省、市、区三级消费者协会举办，省、市工商局、技术监督部门、质量管理部门及 60 多家企业参加这一活动。全省各地(州、市)，县(市、区)都举行了宣传咨询活动，省城兰州共设 21 个宣传点。活动与往年不同的是，一是 60 多家企业纷纷主动要求参加，当年参加的 60 多家企业都是主动报名经消协挑选认可后入选的，而 1988 年只请到 13 家企业参加。二是参加群众越来越多，发放的材料也越来越多。三是投诉多。下午四点已受理 200 多件，内容也由以前的质量方面转向价格和服务领域。

1996 年"3·15 国际消费者权益日"活动由省、市、区三级工商行政管理局和消费者协会联合举行，现场宣传和投诉吸引了数十万消费者。省、市有关部门及省上近 80 家大型企业参与了活动，中央电视台、中央人民广播电台及在兰近 30 家新闻单位采访报道了活动盛况。兰州市物价委设立了 4 个现场咨询举报台，城关工商分局及消协现场展示假冒伪劣商品 10 个大类 80 余个品种。现场投诉的除了兰州市区及郊区群众，还有皋兰、永登、白银、通渭等外县市消费者。省人大常委会副主任王金堂、省工商局、省技术监督局、商检局、卫生厅、物价委等有关部门的负责人参加咨询活动，并现场接受了群众投诉。

1997 年"3·15 国际消费者权益日"由省、市工商局和省、市消费者协会在东方红广场举行声势浩大的宣传活动，副省长崔正华、省消协顾问李福盛，省政府、省工商局、省进出口商品检验局、卫生厅、物价局、烟草专卖局等部门的负责人现场宣传法律法规，回答咨询。副省长崔正华接受记者采访时指出，"近年来，我省消费者权益保护工作取得明显进步，保护消费者权益的社会风气正在形成，社会监督网络初具规模。今后要不断加强和扩大各部门之间的协作配合，分工负责，齐抓共管。工商行政管理部门要更好地发挥消费者权益保护的组织者和先锋队职责。消费者权益保护工作是一项经常性工作，任重道远，永无止境，我们要团结协作，真抓实干，让消费者天天都过'3·15'"。200 家各类企业也举行了宣传咨询服务，大打"服务牌""公关牌"。投诉台前人潮涌动、水泄不通。许多人大声问道:消费者协会的人在哪里?我们要找消费者协会。家住兰州市一只船南街省供销社高层住宅楼103室的李华一家扶老携幼含泪给省消协递上投诉书:煤气公司严重失职,在试通气前未认真检查,致使主管道破裂,煤气泄漏造成李家一死三伤,恳请省消协主持公道。兰州市工商局七里河分局全体职工放弃休息日,除在黄金大厦主会场进行纪念活动,同时在各大集贸市场设立11个点,由各工商所开展"3·15国际消费者权益日"咨询宣传及现场受理投诉活动。

1998年初,省消费者协会组织全省各级消费者协会围绕"为了农村消费者"的年主题,把宣传活动深入到了农村。在这一年的"3·15国际消费者权益日"期间,全省各级消费者协会举办了声势浩大、形式多样的大型宣传活动,并组织企业参与活动,接受消费者咨询,活动遍及陇原城乡。省、市工商局和省消费者协会在兰州市东方红广场举办了大型的宣传咨询活动,副省长崔正华、原省政协副主席应中逸、兰州市常务副市长等领导参加了活动。140多家企业和商家到场与消费者见面,接受消费者的咨询与投诉。许多消费者为了能有一个讨回合法权益的机会,拿着各种票据、证明来到投诉现场,诉说自己遇到的不幸。此后,3·15活动的规模一年比一年大,效果一年比一年好。活动既突出了重点,又充分利用了公众的认知度,不断扩大和深化相关法律、法规的宣传,向社会公众提供消费知识、法律咨询、消费领域的侵权新动向等信息。

1999年"3·15国际消费者权益日",省、市、区工商局和省消费者协会在兰州市东方红广场举办了大型的宣传咨询活动,省政府办公厅、省技术监督、物价等部门的领导带领工作人员,在广场设立投诉台、曝光台、咨询服务台,现场受理投诉,开展咨询宣传。在两天的咨询投诉中,康佳兰州经营部派人守在投诉台前,恭候消费者投诉。民百、亚欧、黄金、五泉、夏新、万利达等上百个厂家,现场销售名优产品,向消费者承诺售后服务,树立企业形象。天水、白银、金昌、嘉峪关等地都举办了大规模的宣传、咨询、投诉活动。

2003 年全省各地"3·15"活动情况统计表

表 8-2

指标名称			单位	合计	地(州、市)	县(市、区)
党政领导参加情况			人次	1217	36	1181
宣传咨询服务活动	城市	活动	次	1491	19	1472
		设点	个	420	20	400
	农村	活动	次	602	3	599
		设点	个	358	3	355
行业专家提供咨询			人次	7558	103	7455
志愿者参加情况			人次	6404	37	6367
通过媒体揭露、批评损害消费者权益案件			件	223	98	125
参与市场监督检查			次	928	40	888
发布消费警示信息			条	666	36	630
发放宣传材料			万份	238.4	60	178.4
召开座谈会			次	119	15	104
举办新闻发布会			次	20	4	16
举办文艺演出、专题晚会			场次	10	3	7
举办专题讲座			次	30	3	27
组织"消保"知识竞赛			次	12	3	9
有关宣传报道	电视	专题节目	期	175	25	150
		播出时间	小时	205.9	9.9	196
	广播	专题节目	期	148	12	136
		播出时间	小时	253.8	3.5	250.3
	报刊	开设专栏	个	80	10	70
		发表文章	篇	325	119	206
受理消费者申诉、投诉			件	2043	599	1444
已调解处理申诉、投诉			件	1546	363	1183
为消费者挽回直接经济损失			万元	99.27	27.9	71.37
查处侵害消费者权益案件			件	206	16	190
查处制假售假案件			件	234	–	234
挖窝点			个	55	5	50
销毁假冒伪劣商品标值			万元	1354.3	602.2	752.1

2004年"3·15国际消费者权益日"期间,省工商局、省消费者协会以"诚信·维权"为主题,以12315维权信息网为打假维权的平台与载体,举行了声势浩大的维权活动。3月14日—15日,全省乡镇以上单位及大中型市场、商场就地设点,开展了隆重的纪念活动。在兰州,省、市人大、政府、政协及有关部门的负责人参加了省城的纪念活动。省工商局领导在参加中心会场活动的同时,还巡回指导城关、七里河、西固、安宁四区分会场的纪念活动。据统计,全省在3月14~15日共设投诉举报受理台788个,现场受理投诉举报2167件,当即调解处理1992件,督办中央电视台"3·15"晚会现场转办的8件,涉案金额450万元,为消费者挽回经济损失255万元,接待消费者咨询55.4万人次;全省设假冒伪劣产品曝光台87个,曝光假冒伪劣产品50个大类450个品种;统一集中销毁假冒伪劣商品45个大类310个品种,总标值1309万元。全省14个市、州和86个县(市、区)的12315专线实行互联,在活动现场受理投诉的同时,还利用12315专线受理投诉和举报。全省各级12315专线坚持24小时值班制,为消费者投诉举报提供了快捷方便的服务。据不完全统计,全省各级12315专线14日、15日两天共受理投诉、举报、咨询1570件,对事关消费者人身安全健康的投诉和坑农害农的投诉,从先从快进行处理。该年3月份,全省通过现场和12315网络共受理消费投诉和举报2700件,案值510万元。

2005年"3·15国际消费者权益日"期间,省工商局和省消费者协会共同举办了全省首次"3·15消费者权益保护知识竞赛",在省广播电视中心录制了3·15专题晚会。3月14日、15日两天,省消费者协会会同省、兰州市工商部门和消费者协会在兰州市东方红广场和各区、县重点区域设立宣传咨询点40多个,开展宣传咨询活动,仅在东方红广场宣传点就散发各种宣传材料15万多份,接受消费者咨询上万人次,现场受理投诉500多件。3·15期间,全省各级消费者协会结合"健康·维权"年主题和"红盾护农"行动,将宣传重心向农村地区倾斜,在设立的799个宣传咨询点当中,设在农村地区的就有433个。省消费者协会还首次组织了以汽车消费为主题的2005年3·15"健康·维权"汽车宣传咨询服务活动。各地还有组织地开展送法进社区、进村镇、进市场的活动,累计发放宣传材料232万多份。

1998年到2005年的7年中,全省各级消费者协会共在3·15大型活动期间,举办文艺宣传演出186场次,在城乡开展宣传法律法规知识竞赛274场

次,向公众发放宣传资料 1400 万份,接受咨询 1700 万人次。"3·15 国际消费者权益日"已经深入人心,真正成了广大消费者的节日。

2006 年的"3·15 国际消费者权益日"纪念宣传活动,首次由省文明办牵头组织,省工商局、省消费者协会主办,省直各有关厅、局共同参与。3 月 14—15 日,在兰州市东方红广场举行了 3·15 大型纪念宣传咨询服务活动,省人大常委会副主任杨作林、省政协副主席蔚振忠为"甘肃消费纠纷仲裁庭"揭牌,各有关部门现场受理调解处理消费者投诉举报。全省各级工商部门、消费者协会及有关部门共设立咨询服务点 3000 多个,散发宣传材料 20 余万份,受理消费者投诉、举报 1679 件,现场调解 1045 件,为消费者挽回经济损失 222.67 万元(数据包括工商、质检、物价、食药监部门)。在以"共同的心声"为主题的 3·15 专题电视文艺晚会现场,省消费者协会对 3 起典型投诉案例进行了曝光,省内 9 家房地产企业负责人联合在现场向社会发布诚信宣言,社会反响强烈。

2007 年,"3·15 国际消费者权益日"大型宣传咨询活动由省精神文明办和省工商局、省消费者协会联合兰州市工商局、兰州市消费者协会在兰州市东方红广场共同举办。全省各级工商部门、消费者协会都在同一时间内组织开展了有规模、有组织、有重点的宣传咨询活动,在全省产生了广泛的社会影响,使"3·15 国际消费者权益日"更加深入人心。这年,省精神文明办、省工商局、省消费者协会在全省服务行业内首次评选出了"2006 年甘肃省十佳 3·15 诚信服务明星""2006 年甘肃省 3·15 诚信服务企业"和"2006 年甘肃省十佳 3·15 诚信服务明星企业"。

2008 年,"3·15 国际消费者权益日"大型宣传咨询活动由省委宣传部、省精神文明办、省工商局、省消费者协会、省联通公司 5 个部门共同组织,围绕"消费与责任"年主题开展了 5 项活动。一是召开 3·15 宣传活动新闻发布会。二是举办 3·15 主题文艺晚会,先后在甘肃电视台的卫视、经济、公共频道播出。三是举行"消费与责任"年主题论坛,8 名消费者、企业代表及专家学者围绕年主题发表了各自的见解和主张,70 余家企业代表参加了会议。四是举办"消费与责任"消费知识有奖竞赛,共收到 4326 份问卷及短信答题和 120 多封消费者来信,并在晚会现场进行了抽奖。五是在兰州市东方红广场举行宣传咨询服务活动，全省共设立咨询服务点 2.1 万多个，散发宣传材料 200 多万份,发布消费警示 870 余条,受理消费者投诉、举报 3000 余件,为消费者挽回直接经济损失 120 余万元，现场参加咨询投诉的群众达 100 余万人次，共有 1.2 万多名志愿者参加了宣传活动。

1997 年—2008 年消费维权主题

表 8-3

年份	主题内容	年份	主题内容
1997 年	讲诚信,反欺诈	2003 年	营造放心消费环境
1998 年	为了农村消费者	2004 年	诚信·维权
1999 年	安全、健康、消费	2005 年	健康·维权
2000 年	明明白白消费	2006 年	消费与环境
2001 年	绿色消费	2007 年	消费和谐
2002 年	科学消费	2008 年	消费与责任

第二节 12315 行政执法体系建设

甘肃省地域高度分散，消费者与工商部门的沟通处在一个比较落后的状态,群众参与市场监管和维护自己的权益存在着很大的局限性。党的十六届三中全会提出"建立和完善行政执法、行业自律、舆论监督、群众参与的市场监督体系"。面对迅速发展的市场经济,迫切需要甘肃工商系统从甘肃省情出发,在先进理念的引领和先进技术的支撑下，建立起全省统一的 12315 消费者申诉举报中心。

全省工商系统的 12315 消费者维权信息网的建设发展大致经历了三个阶段:

1998 年至 2004 年为建立阶段,全省各地以统一专用电话为基础的 12315 消费者申诉举报网络逐渐形成,该阶段属分散式受理模式。

2005 年至 2006 年为发展阶段,12315 全省大集中受理模式逐步形成,当时是全国首家省级大集中受理模式,被国家工商总局誉为"甘肃模式",以现代化网络为基础的 12315 网络,全面提升了 12315 消费维权效能。

2007 年至 2008 年为拓展阶段,全省工商系统建立了 12315 绿色通道,引导企业经营者自律,通过创新机制、扩大功能、理顺关系、完善网络等措施,构建起以行政执法、经营者自律、社会监督为一体的 12315 行政体系。

一、12315 消费者维权信息网的建立

1999 年 7 月,省工商局转发了国家工商局《关于统一全国消费者投诉服务专用电话号码的通知》和中国消费者协会《关于建立全国消费者协会系统消费信息网的通知》。国家工商局在通知中阐述了建立全国专用消费投诉电话即"12315"信息网的目的意义,就是要进一步做好消费者权益保护工作,方便广大消费者投诉、举报,严厉打击各种侵害消费者权益行为,加大工商部门的行政执法力度,维护市场经济秩序。通知要求各级工商部门积极主动地与当地电信部门联系,于该年 8 月底完成 12315"特服"电话的开通任务,逐步将专用电话网络工作纳入制度化、规范化的发展轨道。于是,在全国产生深远历史影响的保护消费者合法权益的专用电话 "12315 服务网络"在全省发展起来。但12315 开设之初,由于没有实现全省网络化,机构设置不统一,硬件设施落后不到位,与广大消费者的沟通和工作方式仍处在一个比较落后的状态中,群众参与监管市场存在着较大的局限性,从宏观与微观全方位、高层次开展消费维权服务存在着局限性。

2000 年,省工商局为贯彻落实国家工商局《关于统一全国消费者投诉服务专用电话号码的通知》和中国消费者协会《关于建立全国消费者协会系统消费信息网的通知》精神,组织各级工商部门和消费者协会加快组建 12315 网络。截至 2000 年 10 月底,有 8 个地(州、市)及 43 个县(市、区)开通了 12315投诉专用电话。12315 专用电话的开通,是各级政府的"民心工程"和全省工商系统、消费者协会打击假冒伪劣、保护消费者合法权益的形象工程,是切实把为人民服务落实到群众当中的一项重要举措。12315 投诉举报网络的主要功

能是:集投诉、举报、咨询、查处制售假冒伪劣商品、信息发布为一体,以服务消费者、维护企业权益为宗旨,接受消费者投诉、举报、咨询,及时为广大消费者排忧解难,会同企业共同打击假冒伪劣商品,并通过该网络宣传名优产品,曝光典型案例,为广大消费者创造一个安全、健康、满意、放心的消费环境。

2000 年 3 月 15 日,国家工商局在信息产业部的大力支持下,在全国统一开通了 12315 消费者申诉举报专用电话,甘肃省也初步形成了遍布城乡、覆盖

全省 12315 特服电话开通情况

表 8-4

2000 年 10 月 31 日前开通	2000 年 12 月 31 日前开通
地(州、市):白银市、金昌市、嘉峪关市、酒泉地区、定西地区、陇南地区、甘南州、临夏州(共 8 个) 县(市、区):永登县、白银区、靖远县、平川区、会宁县、景泰县、永昌县、酒泉市、玉门市、敦煌市、金塔县、安西县、肃北县、阿克塞县、天祝县、民勤县、古浪县、张掖市、定西县、陇西县、临洮县、通渭县、渭源县、漳县、岷县、平凉市、西峰市、合水县、正宁县、镇原县、庆阳县、成县、武都县、文县、康县、宕昌县、西和县、礼县、徽县、两当县、玛曲县、卓尼县、碌曲县 (共 43 个)	地(州、市):兰州市、天水市、武威地区、平凉地区、庆阳地区、张掖地区(共 6 个) 县(市、区):城关区、七里河区、西固区、安宁区、红古区、皋兰县、榆中县、秦城区、北道区、秦安县、武山县、甘谷县、清水县、张家川县、武威市、山丹县、民乐县、临泽县、高台县、肃南县、华池县、宁县、环县、崇信县、华亭县、泾川县、灵台县、静宁县、庄浪县、合作市、舟曲县、临潭县、迭部县、夏河县、临夏市、积石山县、临夏县、和政县、永靖县、广河县、康乐县、东乡县 (共 42 个)

全省的 12315 消费者申诉举报专用电话。省工商局对 12315 申诉举报网络的建设非常重视,多方筹措资金购置了 20 辆执法专用车配发到基层,这是省工商局首次批量向基层配备执法专用车辆。通过开通 12315 消费者申诉举报专用电话和配备 12315 消费者举报专用车,推动了工商部门的消费者权益保护工作。在一年多时间里,全省共处理消费者申诉案件 4235 件,查处侵害消费者权益案件 3463 件,为消费者挽回经济损失 206 万元,保护消费者权益工作取得了显著的成效。

12315 消费者申诉举报电话自 2000 年开通至 2002 年,全省各级工商部门结合本地实际,不断健全 12315 申诉举报制度,完善 12315 申诉举报网络,

第八章　消费者权益保护

并通过及时解决消费纠纷,查处经济违法违章案件,为广大消费者创造称心满意的消费环境,有效地维护了消费者和经营者的合法权益,赢得了广大消费者的认可和信任。从2002年上半年投诉的情况看,消费者投诉较多的商品及服务是移动电话质量、售后服务投诉,主要问题集中在移动电话信号差、易掉线、通话杂音大、按键不灵、屏幕不能正常显示、不能正常充电、假劣电池多、经营者未能完全履行手机"三包"规定、售后服务质量差。同时商品房投诉增多,商品房市场存在的主要问题是证、照不全,非法售房,交付使用的商品房迟迟办不到房产证,售房不开发票;虚假宣传,欺骗、误导消费者;房屋面积缩水,如公摊面积不详、计算公式不公平、不提供国家检测机构的测量报告等;房屋质量无保证,消费者提心吊胆。再有农资商品投诉多。主要表现在:一些不法商贩虚构合同主体与农民签订合同,将不合格的种子、小尾寒羊等高价销售给农民;农用车质量差;"三无"商品多,一些不法分子将假冒商品披上"合法"外衣后推向市场。还有对中介机构投诉较多。无论是"黑中介"还是取得合法手续的中介机构,都不同程度地存在骗取中介费的情况。从当时消费者投诉情况看,消费者自我保护合法权益的意识不断增强,投诉涉及的范围不断扩大。这些,为工商部门打击不法行为,维护消费者权益提供了前提条件。

二、12315 指挥中心及大集中式受理网络的建设

2004年,全省工商系统12315申诉举报电话在全省各地设立近4年的时间里,在受理消费者申诉、接受消费者对经营者违法违规举报等方面发挥了一定的作用,取得了较好的成效。2004年5月省工商局开始筹建12315消费者申诉举报指挥中心(2006年正式更名为12315指挥中心),省工商局从省人才市场招聘30名素质比较全面的优秀大学生,并向省政府申请单列编制,使机构建设实现了系统化和队伍建设规范化。省工商局从2004年起用3年左右时间,在全省工商系统培养了10名计算机网络高级管理人才、100名计算机网络中级人才、1000名计算机操作骨干,为12315指挥调度系统正常运行提供技术保障,举报中心当年8月建成并开始试运行。该中心主要承担全省广大消费者投诉、举报、消费信息收集整理,分析工商行政执法"关口"前移的具体工

作。全省任何一个地方的消费者拨打12315电话,都直接由省工商局12315指挥中心受理、调度分派,使各级工商部门快速反应,及时得到处理。从2004年起,省工商局对全省14个市州工商局、86个县区局、5个专业分局以及所属的658个工商所进行了网络互联,建成了覆盖甘肃全省的12315计算机网络。其次,建立了一个全省集中的12315消费者申诉举报指挥调度系统,所有市州、县区工商局和工商所都通过网络远程访问省局中心服务器来实现信息的登录和使用。另外,与电信部门协商后,实现了消费者在甘肃境内任何地方拨打12315电话,都直接拨打到省局12315指挥中心,且只收取当地的市话费的功能。

2004年7月—8月,省工商局分两期在兰州大学举办了12315网络工作人员培训班,各市、州工商局和各县(市、区)工商局1名较为熟悉12315网络业务的人员及省工商局机关及各相关业务单位1人参加了培训。

从2004年开始,省工商局12315指挥中心先后制定了10余项规章制度,坚持用制度加强管理,使12315指挥中心工作有规可依。2004年9月,省工商局印发了《12315消费者申诉举报中心工作职责及有关制度的规定》。12315消费者申诉举报指挥中心的工作准则共7条:(1)树立全心全意为人民服务的思想,热心、诚心、细心、耐心地为消费者提供服务,发挥政府联系人民群众的桥梁、纽带作用。(2)受理申(投)诉,坚持无偿为消费者服务的原则,满腔热情地做好消保维权工作,竭诚为消费者排忧解难。(3)讲求务实高效的工作作风,做到咨询解答快、申诉受理快、查处经济违法案件快、信息反馈快,迅速快捷地做好每项工作。(4)严格依法行政,调解申诉、查处举报案件做到事实清楚、证据确凿、定性准确、处罚恰当、程序合法。(5)坚持廉洁执法,严禁以权谋私;坚持公正执法,严禁徇私枉法;坚持文明执法,严禁野蛮粗暴。(6)严格遵守保密制度与保密纪律,不得向无关人员泄露申诉、举报等有关内容。(7)发扬团结协作精神,密切系统内外关系,各负其责,相互配合,共同做好消费者权益保护工作。

2004年8月中旬12315申诉举报网络陆续开通试运行至10月中旬的2个多月时间内,即受理消费者咨询8175件、申诉646件、举报387件,且咨询、申诉、举报量不断增长。在接受咨询中有效咨询率达80%以上,申诉结案533

件,举报结案 343 件,产生了良好的社会效益。通过对消费者的咨询、申诉和举报进行综合分析，当时集中反映出来的问题有：一是餐饮业食品质量与卫生令人担忧,侵害消费者安全健康的行为时有发生;二是非法传销有所抬头;三是中介服务的欺诈行为较为突出;四是一些个体摊贩无照经营的行为较多;五是服务消费领域申诉、举报问题较广,尤其是手机"三包"规定和售后服务难以落实;六是设"连环购物陷阱"误导消费行为较为普遍。由于 12315 申诉举报网络获取了大量的市场信息,为有效地进行市场监管、依法行政,整顿规范经济秩序,保护消费者合法权益提供了可靠依据。

2004 年 10 月 11 日,全省工商系统 12315 消费者申诉举报网络全面建成并正式开通。这个网络包括两大中心:即 12315 指挥中心(人员机构)、申诉举报的信息数据分析中心(网络系统)。这两个中心统称为"12315 消费者申诉举报网络"。这个网络是在 2000 年全省工商系统开通 12315 申诉举报电话的基础上逐步建立起来的。全省 14 个市、州工商局及 86 个县(市、区)工商局、5 个专业分局和 658 个工商所的 12315 网络全面开通运行使用。

12315 指挥系统的大致框架是:以省工商局为核心、各地为支撑点的高度集中统一的 12315 申诉举报指挥中心和信息数据分析中心,由"三大系统""五大机制""三级调度""两级信息分类处置"构成基本的框架。"三大系统"即 12315 指挥系统、数据分析系统、CIS 辖区管理定位系统。"五大机制":咨询、申诉、举报受理机制,申诉与举报的指挥调度机制,申诉与举报调处机制,信息分析整合机制,网络系统管理机制。"三级调度":一级调度是由省工商局 12315 指挥中心接受申诉、举报,按分类直接调度分派给省工商局的相关业务处室、执法大队及市、州工商局中心,由其负责调处办理;二级调度是由市、州工商局中心接到省工商局中心指令后, 由市、州工商局中心按分类分别调度分派给市、州工商局相关业务处(科)室、执法大队及区、县工商局中心,由其分别负责调处办理;三级调度是由区、县工商局中心按市、州工商局中心的指令,分别调度分派给相关的业务科室、执法大队及所属工商所负责办理。在"三级调度"的工作流程中,涉及政府其他相关部门办理的,按级进行移送,提请相关部门办理或由各级工商局协助配合办理。"三级调度"的有序运转,达到纵向到底、横

甘肃省志 工商行政管理志

向到边,实现纵横联动、上下互动,调度分派的案件限期完成,限期向上反馈结果。"两级信息分类处置",即通过网络,将已获取的信息分类设定为 A、B 两级信息。将重大、紧急、突发事件举报信息和大规模的消费者群访申诉信息、工商干部违纪行为的举报信息、涉及市场的专项整治、快速执法等重要举报信息设定为 A 级信息。A 级信息可由省工商局指挥中心越级直接分派给具体的承办单位办理,同时告知承办单位的上级,以便掌握情况进行督办;消费者群体申诉和消费者一般性申诉与举报设定为 B 级信息,省工商局指挥中心可按工作流程逐级分派、督办处理。

甘肃省工商局 12315 指挥中心流程图

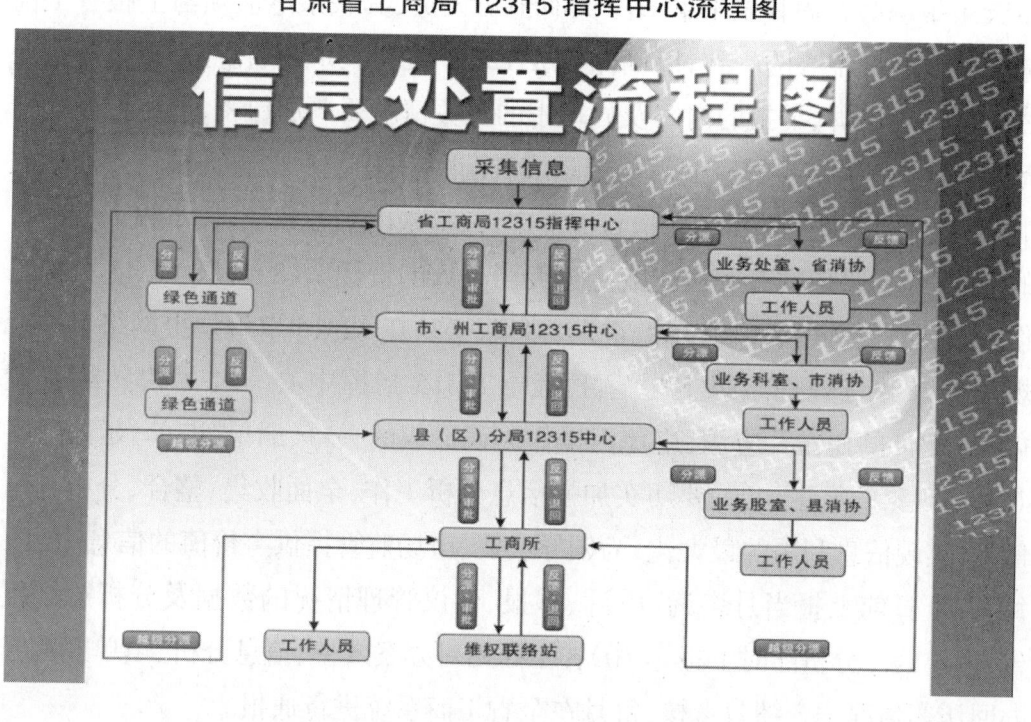

12315 指挥中心的工作制度化、规范化、科学化,及时处理各类申诉举报,快速查处经济违法案件。2004 年 11 月,省工商局下发了《关于全省 12315 消费者申诉举报工作有关问题的通知》。《通知》按照《甘肃省工商行政管理局 12315 消费者申诉举报工作若干规定》的要求,结合实际情况,对全省 12315 申诉举报有关问题做出 10 条规定:(1)办结反馈时限。申诉:普通案件 9 个工作日,重大群体性案件5个工作日。举报:普通案件7个工作日,重大群体性案件3个工作日。申诉、举报转立案的,立案后60日内办结。(2)督办时限。申诉:普通案件9个工作日,重大案件5个工作日。举报:普通案件7个工作日,重大案件3个工作日。(3)对下派的申诉和举报单必须认真调查取证,详细填写调查处理单,反馈的结果不得有"查不属实""不属我方查处"等不清楚、不明确的文字。(4)填写处理单要使用规范用语,语句要简洁通顺,不得出现填错单、错字、漏字、不加注标点符号、填写不符合规定的现象。(5)办案人员不得无故拖延办案日期,要及时调查、处理,按时上报反馈处理结果。有复杂疑难案件需延期的,应及时报主管局长批准并告知省工商局指挥中心。(6)工商所必须保证每天中午、周六、周日及节假日全天有值班人员,其联系电话须与上报省工商局12315指挥中心的一致,以确保各级12315机构联系畅通。(7)严格实行保密制度。对申诉、举报的内容及处理中的有关情况要严加保密,严格控制知情范围。非经办人员不得查阅有关记录或者询问有关情况,经办人员不得向他人泄漏,确保举报人的安全。对擅自泄漏申诉、举报内容导致申诉、举报人受损害的,省工商局将依据有关法纪规定追究当事人的责任。(8)各级12315机构工作人员自行受理的咨询、申诉、举报、建议,必须在12315申诉举报网络上进行规范登录并将处理结果上报省工商局12315指挥中心。要尽快熟练掌握12315软件的操作及应用,避免因操作失误造成的丢单、漏单、卡单、延误办案时限等现象的发生。(9)要切实加强信息分析工作,全面收集、整合、分析利用信息,实现信息利用的最大化,为领导决策、市场监管提供有价值的信息。要求每月20日前上报当月咨询、申诉、举报、建议管理情况的数据及分析总结报告,重要信息分析随时上报。(10)省工商局对办案效率、信息分析、填单规范督办回访等情况记入绩效考核,每月在全省工商系统进行通报。

全省12315消费者申诉举报网络建成开通之后,省工商局非常重视该指挥中心的制度建设,尤其是加强了值班工作,每逢节假日或者不定期地对该中心的值班情况进行检查和抽查,敦促工作人员热情为消费者服务,树立工商行政管理依法行政和为民服务的新形象。全省14个市、州工商局在节假日都安排了12315值班人员,并设立了值班电话。大部分市、州工商局12315机构工作人员都能坚守岗位,及时接听值班电话,遇到重大申诉举报时,能够快速反应,迅速处理。

三、12315行政执法体系推进

省工商局12315指挥中心根据国家工商总局《关于大力推进12315行政执法体系建设工作的意见》的通知,与企业、商场之间开辟了"绿色通道",建立了互通互联互动的网络平台。当时开辟"绿色通道"的企业有14个,这些企业均设立了专门的机构,配备了可上互联网的专用电脑、电话等办公设备,并配备了兼职人员,能迅速与12315指挥中心取得联系,及时化解消费纠纷。对省工商局12315指挥中心下派的案件,"绿色通道"企业均能在规定的时限内依据相关法律、法规及政策,对消费者的申诉正确处理,并及时向12315指挥中心反馈。这些"绿色通道"的成员单位在年内共受理申诉261件,及时办结反馈231件,办结反馈率为88.51%,调解成功率为93%,经抽查回访,消费者的满意度为80%。数据显示,通过"绿色通道"调解速度快,成功率高,信息反馈及时。省工商局12315指挥中心还建立了消费者申诉回访制度。各市(州)、县(市、区)12315中心对处理的重要的申诉案件及时回访,并尽快给消费者做出答复,每月定期对省工商局下派或自行登记受理的消费者申诉案件进行跟踪回访,将回访结果上报省工商局。如果消费者不满意的,重新处理上报。同时,省工商局对全省范围内消费者申诉的处理情况进行不定期的回访抽查,并对回访抽查情况进行通报。12315维权网运行开始一段时间,12315平台人工受理的时间为8点30分至17点30分,但还有很多消费者在人工受理时间以外拨打12315电话,针对这种情况,省工商局12315指挥中心将受理时间延长至20点,从而更加方便了消费者维权。

2006年,省工商局12315指挥中心共接受咨询8.03万件、建议377件,受理消费者的申诉9141件、举报5571件,共9.5万件。对这些申诉、举报,12315指挥中心都认真迅速地处理。这一年,申诉办结8894件,办结率为97.3%,举报办结5484件,办结率为98.4%,经查属实的2715件,没收违法所得26万余元,罚款153万余元。

省工商局在做好 12315 受理工作的基础上，又开始了智能化分析中心的建设，有效利用 12315 指挥调度系统在实际运行中获取和存储全省的消费者申诉举报信息数据。12315 数据分析中心利用智能化的信息服务系统，对全省消费问题的咨询、流通领域商品质量以及不正当竞争、虚假广告、制假售假、商业欺诈等违法违规行为的申诉举报信息，进行定量定性分析，能够及时掌握某一时期、某一区域的消费趋向、消费层次、消费结构、商品的申诉举报排行、申诉举报热点问题、消费安全情况、违法主体类型及市场监管的薄弱地区和薄弱环节等，最大限度地发挥 12315 信息数据的作用。

2006 年 4 月，国家工商总局召开了全国工商系统 12315 行政执法体系建设工作会议。省工商局以《统一规划建设，相对集中受理，切实保障 12315 高效运转》为题，在会上介绍了经验。

2007 年，省工商局 12315 指挥中心从该年 8 月 1 日起，在全省各市、州工商局及县（市、区）工商局开展了对消费者申诉及举报案件处理情况的回访工作。通过回访，强化了监督，提高了执法人员的责任意识、效率意识，提高了服务质量和执法效能，对申诉举报案件真正实现了受理快捷、调处得当、反馈及时。同时组织人员赴各市、州进行调研，以便更好地开展 12315 网络工作。该年 8 月初，省工商局派出工作组对全省 14 个市、州工商局及 14 个县（市、区）工商局、18 个工商所的 12315 建设与运行情况进行了为期一个月的全面调研，对基层 12315 工作进行了指导，收集了各地好的经验、做法和建议，并写出了调研报告。同时，根据调研中发现基层存在的实际困难，省工商局多次向国家工商总局提出申请，要求在兰州、天水市已建立 12315 直报点的基础上，再增 12315 直报单位，以解决基层缺少设备的实际困难。国家工商总局确定临夏回族自治州工商局为新的直报点，并配发所需设备 10 余台（件）。省工商局 12315 指挥中心十分重视新闻媒体的监督和宣传引导作用，与甘肃电视台卫视、公共频道及《甘肃法制报》建立了合作关系，开设了《走进生活——周末3·15》《12315 在行动》《消费警示》《每周瞭望》《以案说法》等专栏，发表稿件 140 余篇，广泛宣传了消费者权益保护的法律法规、政策及消费维权知识，引导消费者科学合理消费，维护自己的合法权益。为了宣传"甘肃模式"的 12315

和 12315 行政执法体系的建设情况,省工商局精心制作了介绍 12315 理念、服务宗旨、网络构成和工作流程的 DV 宣传片,扩大 12315 的社会影响。除此之外，还制作了 800 块 12315 标志宣传牌及 4 万多张 12315 宣传画，配发给各市、州工商局,将这些宣传品在"一会两站"及市(商)场、超市、酒店、车站、学校、社区、农村乡镇等消费者相对集中的场所悬挂张贴,让 12315 深入人心,家喻户晓。

2007 年 9 月 17 日,省工商局 12315 指挥中心开展了首次"12315 对外开放日"活动,邀请部分人大代表、政协委员、消费者代表、新闻媒体参观、指导,并对 12315 工作和未来建设提出意见与建议。这一年,省工商局 12315 指挥中心还先后接受了国家工商总局局长周伯华、副局长钟攸平、纪检组长石见元等领导及中央直属机关工委考察团的检查指导,同时还接待了湖北、湖南、深圳等 17 个省、市工商局共 200 余人次前来学习、参观、交流。

2008 年,省工商局 12315 指挥中心按照国家工商总局关于 12315 实行制度化、规范化、程序化、法治化的建设要求,继续推行维权"绿色通道",大力支持有条件的超市、商场、专业市场开辟维权的"绿色通道",使企业增强自律意识,减少执法成本。当年新增加 54 个"绿色通道"成员单位,已建立"绿色通道"的成员有 20 多个企业集团,覆盖全省的 475 个单位。同时,加大了对消费者申诉案件的督办回访工作力度。通过督办回访工作,使执法人员增强了责任意识、效率意识和服务意识,使消费者的满意率由最初的 50% 上升到了 90% 以上。当年 12315 指挥中心共受理干部违纪行为的举报 42 件,均及时进行了分流转办。在加强省工商局 12315 指挥中心自身队伍建设的同时,还加大了对全省工商系统 12315 执法体系特别是基层工作的指导力度,构建起以行政执法、经营者自律、社会监督为一体的 12315 行政执法体系。

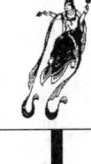

2004 年 8 月至 2008 年 12315 指挥中心受理投诉举报情况

表 8-5

时间	咨询	升降幅度	申诉	升降幅度	举报	升降幅度	建议	升降幅度	合计	升降幅度
2004.8-12	22585	-	1792	-	947	-	27	-	25351	-
2005	79718	↑253%	8171	↑	3679	↑288%	217	↑704%	91785	↑
2006	101606	↑27.5%	10888	↑	7206	↑95.9%	408	↑88%	120108	↑
2007	114181	↑12.4%	12636	↑	8980	↑24.6%	906	↑122%	136703	↑
2008	132969	↑16.5%	11017	↓	7978	↓11.2%	840	↓7.3%	152804	↑
2004.8-2008	451059	-	44504	-	28790	-	2398	-	526751	-
备注	2008 年:罚没款 223.8 万元,为消费者挽回经济损失 180 万元 2004 年 8 月至 2008 年:罚没 1177.9 万元,为消费者挽回经济损失 2243.7 万元									

12315 指挥中心消费维权案例选

案例 1:手机出现假冒 商家"假一赔一"

2004 年 8 月 11 日,省工商局 12315 申诉举报指挥中心接到消费者刘某申诉:在兰州市城关区一家电子通讯技术有限公司购买的索尼爱立信 T238 手机无法充电,送爱立信维修点维修时,维修人员鉴别后称此手机进货渠道不明,三包卡明显为假,消费者找销售者要求退货,遭到销售者的无理拒绝。

城关工商分局酒泉路工商所接到指令后,立即到该公司进行了调查。在调查处理中,由于索尼爱立信西北区售后服务部无法确认其真伪,便将手机寄往生产厂家进行鉴定。

2004 年 8 月 25 日,酒泉路工商所收到生产厂家回寄的鉴定报告,报告认定消费者购买的索尼爱立信 T238 手机为假冒产品。根据《消费者权益保护法》第 49 条规定,"经营者提供商品或者服务有欺诈行为的,应当按照消费者的要求赔偿其受到的损失,增加赔偿的金额为消费者购买商品的价款或者接受服务的费用的一倍"。因此,由销售者向消费者刘某退还购货款 980 元,并加倍赔偿 920 元。对此处理结果,消费者非常满意。

在此基础上,酒泉路工商所对销售者销售假冒手机的违法行为立案查处。

案例 2:执法队快速执法迅速端掉黑窝点

2004 年 8 月 24 日,省工商局 12315 申诉举报指挥中心接到群众举报,在兰州市西固区十一街区有人私自生产加工质量不合格的腊肉,并在大坝早市设有固定店面(名为"四川腊肉店")进行销售。同时,该经营者还将大量劣质腊肉送往西固各大酒店、饭馆、市场出售。

接到举报后,省工商局 12315 指挥中心的人员马上与西固工商分局先锋路工商所取得联系,工商所人员立即赶往现场调查,发现该腊肉加工点位于西固小坪山根一户农村院落内,无《卫生许可证》《营业执照》等相关证照,卫生条件极其恶劣。根据有关法律法规的规定,先锋路工商所查处、取缔了大坝早市的"四川腊肉店",捣毁其生产加工窝点,并处以 500 元的罚款。

此案涉及面广,对人身健康、社会危害严重。省工商局 12315 指挥中心反应快速、工商所人员执法迅速,充分体现了网络信息化为执法带来的高效率。

第三节　流通领域商品质量监管

一、开展"百城万店无假货"等活动

由中宣部、全国文明办、商务部、国家工商局等部门发起的"百城万店无假货"活动,始于 1995 年底。到 2000 年的 5 年间,每年都要开展这一活动,渐成规模,产生了广泛的社会影响。省工商局与有关部门密切配合,针对甘肃省实际,把"百城万店无假货"活动与创建文明城市、文明行业、文明企业和文明班组等结合起来,按照"巩固成果、加大力度、搞好延伸、稳步推进"的原则,不断将这一活动提高到新的水平。大力推广全国、全省开展"百城万店无假货"活动的先进经验,坚持教育与管理并重,实现创建促文明、文明促繁荣、繁荣出效益的良性循环。全省各级工商部门开展了形式多样的创建示范活动,诸如开展"打假维权、消费者满意街(区)"和"购物放心一条街"等活动,并积极申报全国"百城万店无假货"活动示范街,扩大了"百城万店无假货"活动示范店的范围。各示范门店加强内部管理,完善内部质量监督管理机制,认真履行质量服务承诺,坚持送货上门、无障碍退货、跟踪回访、质量咨询等优质服务措施。他们还完善了具体措施,加强沟通配合,做好售后服务工作。各地符合条件的示范店积极申报全国"百城万店无假货"示范店。积极做好"百城万店无假货"活动在各类批发市场中的延伸工作,认真抓好烟酒、食品、饮料和家用电器等与人民生活关系密切的商品质量的治理整顿。各级工商部门集中力量抓好重点商品、重点区域、重点市场的打假工作,严厉惩治制售假冒伪劣商品的违法行为。同时,引导企业做好不制售假冒伪劣商品责任书的签订工作,该曝光的曝光,该宣传的宣传。各商业服务企业严格执行国家的技术质量标准和操作服务规程,自觉做到不使用过期变质的原辅料,不在商品中掺杂、掺假、以假充真、以次充好,严格价格管理,杜绝不合理收费。以示范店、示范街为骨干,积极发展连锁、代理、配送等新的营销方式,组织货源下乡,向农民提供货真价实的日用消费品和农用物资,介绍识假、防假、打假知识。

2000 年春节前后,各地工商部门组织送货下乡、送法下乡的活动;在"3·15国际消费者权益日"期间,集中开展各种形式识假、拒假、揭假、打假宣传咨询活动。组织各示范店、示范街对照示范标准经常性地开展自查活动。省工商局等 6部门组织了复查和命名工作,按照示范街的六条标准和示范店的五条标准进行了检查验收,对不合格的限期整改。省上对各地成绩突出的示范店、示范街、示范市场推荐参加了全国"百城万店无假货"活动经验交流会,进行了表彰。

2000 年 4 月 5 月,省工商局向国家工商局上报了关于创建"打假维权、消费者满意街(区)"的工作情况。在省委、省政府的领导和支持下,省工商局经过调查摸底,统筹规划,选择确定了创建街(区),于 3 月 15 日向社会公布了创建一条街(区)名称并挂牌。有的工商部门和一条街(区)辖内的国有、集体企业及个体业主签订了不经销假冒伪劣商品责任书以及服务承诺书,有的利用新闻媒体向社会发布倡议书,有的成立了协调领导班子,使这一活动已在全省各地开展。全省共确立了兰州市城关区永昌路一条街等创建打假维权、消费者满意街(区)36 条(个)。有兰州市城关区永昌路一条街、酒泉路一条街、西津东路(东段)一条街、西固中街一条街、安宁东路(西段)一条街、白银铜城商厦(区)、白银百货大楼(区)、敦煌市鸣山路一条街、酒泉市西大街一条街、酒泉市

甘肃省志 工商行政管理志

五交化有限责任公司鑫利商城（区）、酒泉巨龙供销集团供销商场（区）、酒泉东方集团副食商场（区）、张掖市县府街一条街、高台县人民东西路一条街、山丹县南街一条街、民乐县东大街中心什字至民乐大厦什字一条街、金昌市新华西路商业区、武威市西大街一条街、定西县商业一条街、岷县新民街一条街、临洮县粮食市街一条街、陇西县万寿街一条街、秦城区民主路一条街、平凉市中山一条街、西峰市北大街一条街、和政县龙泉广场正街以西至林家沟广场一条街、临夏县土桥镇市场一条街、康乐县新沿街一条街、广河县滨河市场一条街、积石山县利民街一条街、永靖县小川中路一条街、东乡县锁南镇东西一条街、临夏市团结路北口至南口一条街、合作镇东二路市场（区）、武都县食品公司综合商场（区）、武都县百货公司大楼（区）。

2001年3月2日，省工商局做出了《关于命名授牌全省"打假维权消费者满意街（区）"的决定》。省工商局在各级严格检查评比推荐的基础上，经过认真复核、综合评审，决定命名授牌表彰2000年度创建成绩显著的兰州市酒泉路等17条街（区），并将其中的兰州市永昌路等4条街（区）向国家工商总局推荐表彰。这年6月27日，国家工商总局做出了《关于命名"打假维权消费者满意街（区）"的决定》，对北京市东城区王府井大街等152条街予以命名表彰，其中有甘肃省的4条街，它们是：兰州市永昌路、敦煌市鸣山路、武威市西大街、平凉市新世纪商厦（区）。

表8-6

序号	街(区)名称	序号	街(区)名称
1	兰州市永昌路一条街	2	敦煌市鸣山路一条街
3	武威市西大街一条街	4	平凉市新世纪商厦(区)
5	兰州市酒泉路一条街	6	兰州市西津东路一条街
7	兰州市西固中街一条街	8	天水市秦城区民主路一条街
9	天水市北道区商埠路商场(区)	10	定西县商业一条街
11	岷县城关新民街一条街	12	白银市公园路市场(区)
13	武威市西凉市场(区)	14	西峰市北大街一条街
15	酒泉市西大街一条街	16	张掖市县府街一条街
17	甘南州羚城大市场(区)		

2001年9月14日,省委宣传部、省贸易经济合作厅、省工商局、质量技术监督局联合做出了《关于命名"百城万店无假货"活动省级示范单位的决定》,命名兰州市张掖路等42个单位为"百城万店无假货"活动省级示范单位。

全省"百城万店无假货"活动示范街:兰州市张掖路、西峰市北大街、平凉市新民路、武威市西大街、酒泉市西大街、天水市秦城区民主路、张掖市县府街。

全省"百城万店无假货"活动示范市场:兰州雁滩精品家具市场、西峰市南亚超级服装城、嘉峪关市人民商城、武威凉州市场、酒泉市肃州市场、敦煌市沙州市场、定西县永定市场、天水市北道区商埠路商场。

全省"百城万店无假货"活动示范店:兰州民百(集团)股份有限公司亚欧商厦、兰州民百(集团)股份有限公司兰百大楼、兰州民百(集团)股份有限公司民百大楼、兰州工贸(集团)股份有限公司工贸商场、兰州天乐商城、兰州锦华商贸公司锦华商厦、兰州国芳百盛购物广场有限公司、甘肃金运实业发展有限公司、庆阳百货(集团)有限公司、环县百货公司、平凉市新世纪商厦、嘉峪关市万汇园商场、武威糖酒副食大楼、金昌市镍都商厦、金昌市金龙商场、酒泉市鑫利商城、酒泉市百货大楼、白银市百货大楼、景泰县百货公司、天水市百货大楼有限公司、天水市天水商厦、甘南州家用电器经销中心、临夏市民贸大厦、武都县食品公司综合商场、西和县糖酒公司、张掖市国茂大厦、临泽县益民副食商场。

"青少年维权岗"活动是1997年中共十五大之后开展的一项重要活动,其目的是为了贯彻落实中共十五大提出的依法治国、建设社会主义法治国家的治国方略,实施有关青少年权益保护的法律法规,切实维护青少年合法权益,预防和减少青少年犯罪,营造有利于青少年健康成长的良好社会环境。

2000年2月3日,共青团中央、国家工商局做出了《关于命名全国工商行政管理系统优秀"青少年维权岗"的决定》,并联合在全国工商系统中开展了创建"青少年维权岗"活动。创建活动开展以来,全国工商系统基层单位涌现出一批履行法律职责,在加强市场秩序管理注重维护青少年合法权益做出突出贡献的先进典型。为鼓励先进,积极推进工商系统创建优秀"青少年维权岗"活动的开展,更好地发挥各系统在维护青少年健康成长方面的积极作用,共青团中央、国家工商局决定,授予北京市工商局西城分局消费者权益保护科等27家基层单位全国工商系统优秀"青少年维权岗"称号,兰州市工商局公平交易分局名列其中。

二、查处损害消费者权益的违法行为

2001年,全省各级工商部门设置了消费者权益保护机构。从实际情况看,有了专门的消费者权益保护机构,对保护消费者权益和经营者权益工作起到了重大的促进作用。

2001年12月,省工商局提出了《全省工商系统关于加强对流通领域商品质量进行监督管理的意见》。要求各级消费者权益保护机构要充分运用12315这个平台,切实承担起维护人民群众消费安全,依法保护生产经营企业和广大消费者合法权益,维护市场经济秩序的重任。提出6项措施:(1)强化日常监管,建立流通领域商品质量监督巡查制。各地要充分运用多年来市场巡查制在市场日常监管中取得的成功经验,将巡查制用于对流通领域商品质量的日常监督工作，定期或不定期对集中交易的市场和主要商业街区及各类超市进行重点巡查，及时查处销售假冒伪劣商品、欺诈消费者等违法行为。(2)依托基层工商所，建立流通领域商品质量监督管辖区域责任制。基层工商所要对本辖区内流通领域商品质量承担日常监管责任。(3)完善监管方式，实施商品监督抽查制。抽查的重点是：涉及消费者人身、财产安全的商品以及消费者申诉举报比较集中的商品。(4)建立商品质量监督奖惩激励机制，实行商品质量监督奖励制和责任追究制。(5)加大监管力度，建立经营信誉监督制度。要从严格控制规范市场主体经营行为入手，指导、督促各类市场主体增强信誉意识，诚实经营，守法经营。同时，要加大监管力度，对市场主体违法违规行为全面登记建档，建立市场主体经营信誉警示体系，对违法行为处罚实行公示制度，有关查处结果要在适当的交易场所和范围予以公布。(6) 逐步完善和健全 12315 网络。以 12315 为依托，建立流通领域商品质量社会监督举报机制。在兰州市、白银市、天水市、武威市等条件较好的城市建立完善 12315"一个中心、三级执法"的消费者权益保护执法网络，把 12315 申诉举报点扩展和延伸到各大中型市场、主要商业街区、城市社区，广泛建立起社会消费义务监督员和举报信息员联系网络，畅通社会监督举报渠道，使 12315 成为群众参与商品质量、服务质量监督的重要途径。其他各地(州、市)要积极创造条件，尽早健全 12315 消费者投诉网络，营造全省打假维权的良好氛围。

2002 年 1—8 月，全省工商部门在消费者权益保护工作中，开展了广泛深入的打假维权活动。各地把与广大人民群众生活、健康、娱乐息息相关的消费品市场的经营秩序、商品质量、售后服务作为一项首要的长期的"民心工程"来抓，开展了打假保农业、打假保安居、打假保安全、打假保健康、打假保名优、打假保信用的"六打六保"行动。各地坚持把打假与专项治理相结合，工商部门打假与企业联手打假相结合，打假与惩治犯罪相结合，执法机关打假与群众举报相结合，面上查与端窝点相结合；对关系人民群众身心健康的食品、药品等生活消费品随时查、天天查、节假日突出查，对重点区域、重点市场、重点商品反复查。

2002 年 7 月 16 日，省工商局召开了全省工商系统消费者权益保护工作会议，这是全省工商系统设立消费者权益保护机构之后召开的第一次工作会议。会议总结回顾了上年冬季至当年春季消费者保护工作情况。年底，全省工商系统开展了"确保消费者安全过冬、安全过节"打假专项执法行动。在两节期间，全省工商系统开展了"双安"打假专项执法行动。全省工商系统共出动执法人员3.28万人次、车辆3804台次，检查各类商场、经营门店7.66万户、综合集贸市场905个；查获黑心棉被和网套1850床（条）、黑心棉衣服3802件（套），没收和查处黑心棉原料7538公斤、民用劣质煤120吨、注水肉3.45万公斤、劣质假冒面粉和大米7000公斤、饮料1.93万瓶、劣质过期食品2.99万公斤、各种酒9.73万瓶、劣质大包服装7150件（套）、不合格计量器具1484台、假冒边销茶30吨、烟花爆竹1154箱；没收非法印刷品广告3.8万份、包装用品6.26万件、包装标识17.52万个、废车钢铁80吨、劣质体育文化用品2550件；端掉制假窝点85个；查处案件3413件，罚没款75万元，移送司法机关2件，取缔无照经营420户；受理消费者申诉1333件，为消费者挽回直接经济损失32万元。开展了流通领域农机、农资、种子商品质量打假治劣保安全生产专项执法行动，确保了春耕生产的顺利进行。各地严格农资市场主体准入制度，坚决打击农机、农资产品制假售假的违法行为，维护农民的合法权益。开展了打击假冒伪劣装饰材料，确保消费者身心健康的红盾执法专项行动。根据国家工商总局统一部署，全省工商系统对全省装饰材料中危及人身健康、财产安全的假劣、含有毒有害及有放射性物质和仿冒、以次充好建筑材料进行了全面整顿检查。

2002年10月至2003年初，全省工商系统按照国家工商总局关于消费者权益保护的年度工作安排，在全省开展了查处汽车、摩托车假冒伪劣配件，确保行车安全的专项执法行动。在各新闻媒体广泛宣传汽车、摩托车配件打假的重要性、目的及意义，动员社会广泛参与举报，教育经营者加强自律，搞好防范，严把进货关。《西部商报》《兰州晨报》《鑫报》和电台、电视台等新闻媒体做了宣传报道，共刊登、播出稿件15篇（次）。各地（州、市）、县（市、区）工商局也在当地媒体进行了广泛宣传，为专项治理创造了良好的社会执法环境。省工商局同时向专家请教，请省汽车、摩托车质量监督检验中心的专家座谈，听取专家对汽车、摩托车配件市场的反映及假冒配件的规格、品种、识别方法,在此基础上,有针对性地向全省工商系统做出安排部署。酒泉市工商局在检查之前,举办培训班,请专家上课,使执法人员掌握检查的基本知识,为执法行动奠定了良好的基础。

2004年,全省工商系统按照国家工商总局关于消费者权益保护的工作安排,对流通领域经销的部分副食品、农机具配件、农药化肥进行了抽检。省工商局认为,兰州市的各大副食品批发市场、超市是全省的批发、零售集散地,把兰州的批发源头抓住了,全省各地的零售就好抓了。因此,本次副食品抽检任务全部下达了兰州市工商局。另外,把农机配件抽检的重点放在平凉市、陇南市,因为这两个地区农机配件是前几年抽检的薄弱地区;农药化肥除金昌市、嘉峪关市、甘南州外,在11个市、州全部组织了抽查。这次抽检的结果是:农机配件,共抽检221个批次,其中合格136个批次,合格率为61.5%,不合格85个批次,不合格率为38.5%。副食品,共抽查经销企业78家,合格52家,合格率为66.7%;共抽检商品216批次,合格177批次,合格率为81.9%,不合格39个批次,不合格率为18.1%。农药化肥,共抽检化肥264个批次,合格245个批次,合格率为92.8%,不合格19个批次,不合格率为7.2%;共抽检农药63个批次,合格45个批次,合格率为71%,不合格18个批次,不合格率为29%。

2005年初,省工商局向省政府上报了《关于建立省政府保护消费者合法权益联席会议制度的请示》。建议建立由省政府召集的保护消费者合法权益联席会议制度,带动全省各级政府和有关部门共同做好消费者合法权益保护工作。联席会议定期由省政府召集,部署安排、总结交流、协调落实各个阶段的消费维权工作。联席会议由省工商局具体负责组织工作,省质检、卫生、食药监、公安、粮食、商务、农牧、进出口、检验检疫、旅游、物价、文化、教育、建设、通信、烟草、盐业、宗教、消费者协会等单位作为成员单位,并邀请省高级人民法院参加。省政府批准了省工商局的请示,省直部门保护消费者权益联席会议制度于当年正式建立。这个制度的建立,使全省消费者权益保护工作进一步加强。

2005年上半年,全省工商系统深入开展了"维权反欺诈"行动。各地把此项行动作为消保维权的重要途径,以提升服务质量为突破口,推行服务领域商品质量准入制度，加大监管力度，取得了较好成效。省工商局制定了《全省2005年消费者权益保护工作安排》，与各市、州工商局签订了目标责任书。各地针对餐饮、美容美发、修理、销售移动电话等行业无证无照经营以及超范围经营较为突出的情况，加强市场检查的力度；对所有从事餐饮的经营者按《食品经营者信用分类监管制度》进行信用等级分类，实行分类检查，对问题较多的C、D级的经营者进行重点检查，集中整治，取缔无证、照的违法主体，把不合格的经营者拒之市场之外。各地积极整合执法力量，重点检查餐饮、美容美发店、修理店、通信经营店(部)商品的质量，看是否销售或者使用假冒伪劣、过期变质及"三无"商品；重点检查电信行业、通信经营部的店堂牌匾、广告宣传，看是否有虚假的宣传和欺诈消费者行为；开展"诚信兴商"宣传活动，对电信行业不公平、不合法的格式合同进行点评。形成了监管合力。在电信市场、食品安全整治中，加强了工商部门内部职能机构的分工协作，发挥基层工商所的作用，做到上下联动，推动整治工作深入开展。发挥人大、政协的监督作用，与卫生、质监等部门密切配合，相互协调，联合行动，增强执法力度，提高了执法效力和效率。当年全省工商系统在服务领域消费维权执法行动中共查处无照经营户2989户，吊销营业执照48户；发现餐饮行业存在问题的571户，美容美发行业存在问题的475户，销售移动电话行业存在问题的436户；查处侵害消费者权益案件1592件，为消费者挽回经济损失217.58万元。

2005年下半年，省工商局按照国家工商总局有关流通领域商品质量的监测办法和规定，制定了本省的《2005年流通领域商品质量监测工作计划》，并组织兰州、定西、平凉、武威、酒泉5个市工商局和有关检验机构，对流通领域的辣椒制品、豆制品、饮料、水发水产品、腌熏制品、儿童食品(婴幼儿奶粉)6大类食品进行了抽样检测。本次抽检，除超市、商场、批发市场之外，把重点放在了城乡接合部的商品集贸市场和零售商店。在检查中，工商执法人员对经营者的主体资格、食品外在包装标识，以及建立并执行进货检查验收制度情况进行了检查，对检查中发现的一些经营门点销售过期食品、"三无"食品及提前标注饮料生产日期等违法行为，由辖区工商所现场进行了处理。在检查的基础上，对122家企业的251组食品进行了监督抽查，综合判定合格企业72家，占

受检企业的59.02%，不合格企业50家，占受检企业的40.98%；共抽检样品251个批次，合格168个批次，合格率为66.93%，不合格商品为83个批次，不合格率达33.07%。

2006年，全省工商部门进一步抓了消费维权执法体系的建立与完善，在努力提高食品安全监管执法效能的基础上，重点强化业务培训和对市场商品的科学检测。省工商局按照每周一个专题、每月一部法律的原则，结合实际制定了培训计划，建立和完善了学习制度，指导全省消费者权益保护工作人员学习了《消费者权益保护法》《产品质量法》等法律法规。继续加强了省工商局12315人员的业务和技能培训，指导市、州工商局对"一会两站"和12315工作人员的培训，提高消费者权益保护工作人员依法行政的能力。省工商局还围绕消费者权益保护执法中的具体问题，组织执法调研，开展理论研讨，形成了浓厚的学习氛围，从理论和实践的结合上推进了消费者权益保护事业的创新和发展。这年的第三季度，省工商局组织省食品检验站、吉林大学等单位的技术人员，对工商系统车载仪器监测工作人员集中进行了培训，对1000名食品安全检测工作人员分片进行了培训；并在国庆节之际，在兰州东方红广场举行了全省工商系统"2005式"工商制服换装暨食品安全检测装备配发仪式，展示了工商新形象。对市场商品的科学检测方面，这年的二、三、四季度，先后完成了国家工商总局赋予甘肃省润滑油、饮料、白糖、糕点的检测任务。检测结果：润滑油合格率为94%、饮料合格率为84%。春节期间，省工商局利用15天时间，组织力量集中对兰州市各商场、超市经销的粮、肉、蔬菜、酱油、食醋、饮料、糕点、水产品、酒类和儿童食品、营养品、液态奶等节日食品进行了监督抽检，重点对城乡接合部、农村食品批发市场、集贸市场、批发企业、专营门店以及小食品店、小作坊、小集市的罐头食品、酱油醋等商品进行了监督抽查，经综合评定，检测合格率为75%。该年10月，全省各地工商部门借助配备的检测设备，对辖区社会反映强烈、影响人民群众身体健康和生命安全及消费者申诉举报相对集中的问题食品，及时开展抽查检测工作，共计抽检61种2.3万组食品，合格率为97.62%，提高了食品安全监管的科学水平，推动了全省食品安全监管工作上了新的层次。

2007年，全省工商系统加大了服务领域的消费维权执法力度，促使服务行业不断规范经营行为。一是严格退市商品监管。各地工商部门把不合格商品退市作为市场监管的重要环节，建立健全行政监管强制退市和经营者主动退市、协议退市相结合的管理机制，对市场巡查、质量监测、快速检测中发现和消费者申诉举报经依法确认的不合格商品，区别不同情况，依法采取责令经营者停止销售、退回供货方、追回或销毁等措施，并及时向不合格商品涉及范围内的工商部门通报。这年的上半年，全省累计退出市场的商品达4.7万公斤，人民群众满意，社会反映良好。二是实施重点行业整治。围绕与群众日常生活密切相关的、消费者申诉比较集中的重点服务行业，突出抓好电信、餐饮、旅游等行业的监管，有针对性地开展专项执法检查，加大案件查办力度，依法规范服务行业经营行为，引导服务行业面向市场平等竞争，通过市场上的公平竞争为消费者提供价廉物美、健康安全的服务。根据国家工商总局关于统一查处假冒伪劣手机的通知，全省各级工商部门迅速行动，先后两次组织执法力量，对各自辖区内手机批发和零售市场进行了彻底清查。在查处国家工商总局所列6款假冒伪劣手机专项执法行动中，共检查手机经营门店2137户，检查各类品牌手机52类，查获名单所列不合格手机62部。在查处国家工商总局所列12款假冒伪劣手机专项行动中，共检查手机经营门店2334户，检查手机批发市场39个，取缔无照经营户8户，查处制售假冒手机案件34件，案值4.68万元，没收假冒伪劣手机151部，罚没款2.1万元，为消费者挽回经济损失0.73万元。同时，积极协助相关部门开展了快递市场的专项执法检查，有效地规范了服务行业的经营行为。三是积极营造消费维权执法的舆论氛围。各地通过报纸宣传、电视、电台专题访谈、印发宣传材料、街道宣传栏、悬挂宣传横幅、假日广场宣传、解答消费者疑问等形式多样、内容丰富的宣传活动，营造浓厚的舆论氛围，为市场监管和维权执法奠定了广泛的群众基础，广大群众的消费维权意识、识假辨伪能力及监督、举报假冒商品的意识不断增强。同时，省、市、县三级工商部门、消费者协会积极参加由省纪委、监察厅、纠风办和交通广播电台举办的"关注食品安全（政风·行风热线）"接听活动，现场受理解答群众投诉、举报。这一年，全省工商系统在各地共设立宣传咨询服务活动点1.4万个

第八章 消费者权益保护

（其中农村 1.2 万个），邀请行业专家提供咨询 367 万人次，发放宣传材料 1300 余万份，设立宣传橱窗 1.15 万个；通过新闻媒体揭露批评损害消费者权益案件 1187 件，发布消费警示 1.71 万条，举办新闻发布会 256 次，播出广播、电视专题节目 2631 期；举办专题文艺晚会 100 余场次，专题讲座 1443 次。同时，许多市、县工商局借助新闻媒体的宣传和监督作用，对重大食品案件进行曝光和跟踪报道；充分利用红盾信息网，及时公布本辖区商品消费警示，对市场监管和震慑违法犯罪分子发挥了重要作用。

2008 年，是全省工商系统消费维权执法工作取得明显成效的一年。(1)不断加大资金投入，市场商品检测的科技手段有了明显加强。省工商局在 2006 年配备检测设备的基础上，又利用国家工商总局的经费支持，为全省系统购置配备食品安全检测车 2 台、食品安全快速检测箱 233 个，为 14 个市、州食品检测室配备了 1 部多参数检测仪，并在全省广大城乡建立固定食品检测室 14 个、流动检测室 20 个、监测站(点)733 个；开发了食品安全监控软件，建起了科学的食品安全监测系统，全省达到了全覆盖，实现了省、市、县、所四级联通，省工商局能够及时全面掌握全省范围食品安全态势和具体检测数据，并对各地检测工作实施有效的监控和管理。该年 10 月，省工商局分三期举办了全省工商系统食品安全检测培训班，参训人员 500 余人。(2)全面构建 12315 行政执法体系，调动全社会力量参与市场商品监督的机制得到健全完善。省政府转发了省工商局、省消费者协会《关于进一步加强全省消费者协会基层分会和红盾护农服务站及 12315 维权联络站建设的意见》，形成了"政府主导支持、工商消协牵头、多方联动配合、群众监督参与"的农村消费维权工作机制，建立了以 12315 申诉举报网络为依托，工商所、经营企业、"一会两站"、食品安全义务监督员等协同合作的消费维权体系，开辟了"绿色通道"，架起了政府和企业、消费者之间联系沟通的桥梁，拓展了消费维权工作的新领域，化解了农民消费纠纷，改善了农村市场环境。(3)严把商品准入关口。全省各地工商部门在监督落实商品经营者各项自律制度的同时，按照国家工商总局要求，开展流通领域 10 大类商品质量专项执法检查，建立健全商品质量市场准入体系，突出抓好家用电器、儿童玩具、劳动防护用品、汽车配件、低压电器、建筑钢材、人造板、扣件、电线电缆、燃气具等重点商品质量的市场准入环节。工商部门还主动配合有关部门开展"百城万店无假货"和"青少年维权岗"等创建活动,多形式、多途径完善商品市场准入体系,充分发挥示范户的带动效应,做到规范一家,示范一片,带动一批,真正把不合格商品堵在市场之外。(4)开展了对重点行业的整治。全省工商系统围绕与群众日常生活密切相关的、消费者申(投)诉比较集中的重点服务行业,突出抓好电信、餐饮、旅游等行业的监管,有针对性地开展专项执法检查,加大了案件的查办力度,依法规范服务行业经营行为,引导服务行业面向市场平等竞争,通过市场的公平竞争为消费者提供价廉物美、健康安全的服务。同时,根据国家工商总局要求,全省各级工商部门配合相关部门开展了兴奋剂生产经营及蛋白同化制剂、肽类激素专项执法检查,饮水机市场专项检查和童鞋、童车的专项清查,努力为消费者营造安全和谐的消费环境。

部分年份全省查处侵害消费者权益案件基本情况

表 8-7

单位:件、万元

年　份	案件总数	案　值	没收金额	罚款金额
2002 年	7008	128	-	18
2003 年	10360	4356	70	457
2005 年	10145	2920	79	473
2006 年	9662	1828	49	435
2008 年	2504	649	17	1134

2002 年全省工商系统消费维权案例选

案例 1:2002 年初,民勤县工商局接到群众举报,称薛百乡长城村有人大量推销孜然、美葵种子。民勤县西坝工商所执法人员立即赶赴现场,经现场检查,当事人顾某、陶某无营业执照,无种子经营许可证和种子质量检验合格证,从事孜然、美葵种子销售。报经主管局长批准后,遂查扣待售剩余美葵种子 13公斤、孜然种子 131.75 公斤;登记保管用于联系种子销售活动的摩托罗拉8088 型手机 1 部,孜然栽培 VCD 光盘 1 张,已签订的美葵、孜然种植合同 33

份,空白合同 30 份,孜然、美葵销售花名册 104 份,孜然、美葵种植技术资料 50 份。民勤县工商局随即立案调查取证。次日,薛百乡上新村、大坝乡六沟村购种农户纷纷到该局投诉,称找不到销售孜然、美葵合同签约单位,怀疑上当受骗,要求工商局依法给予答复。民勤县工商局受理后,考虑到涉案金额大,且售种款已被当事人转移,为确保受害农民赔偿到位,将该案所有证据材料及当事人依据《行政执法机关移送涉嫌案件的规定》移送县公安局经侦队。24 小时后,该队经调查核实因不够刑事处罚标准又将该案移送民勤县工商局处理。经初步调查证实,当事人顾某、陶某等于 2001 年秋从酒泉地区购进美葵 (当事人称其为 DK116)和孜然籽种,并签订了合同,合同甲方"民勤县瓜类综合研究所"已于 2000 年 8 月 31 日被依法吊销营业执照,经查询美国孟山都上海办事处及省农作物监督检验站,DK 系列在中国市场根本不存在"DK116"品种。至案发之日,以美葵 90 元/公斤、孜然 80 元/公斤的价格销售美葵(DK116)种子 292.8 公斤、孜然籽种 1500 公斤,签订种植合同 35 份,其中顾某代表甲方签订的 15 份、陶某代表甲方签订的 20 份,涉案金额达 14.64 万元;在受害农民的大力支持和配合下,民勤县工商局责令当事人退还投诉农户购种款 1.64 万元。由于该案发现早,查处快,避免了广大农民的直接和间接损失 20.5 万元。

案例 2:2002 年 4 月 16 日,消费者王世瑶投诉天祝县农机公司,称他在天祝县农机公司购买了一辆时风牌农用三轮车,在使用不到 4 个月时,车发生了刹车卡死故障,险些造成翻车事故,后认真检查故障原因,原来是制动盘一铁片掉落卡死刹车鼓,使刹车鼓严重损坏,险些造成严重事故。事发后,他曾到农机公司要求更换以上零件,该公司以种种理由推托,不予修理,并且不承认车的质量问题。百般无奈下,投诉到华藏寺工商所,希望消协给他一个公道的说法,并要求更换零件,赔偿经济损失 100 元。接到投诉后,华藏寺工商所工作人员立即到农机公司对此事进行了调查,查明该车是山东时风农用车厂在天祝农机公司设点销售的,时风农用车制造厂只派一名业务员在此办业务,该业务员称他做不了主,对此事推托。工商所工作人员在车辆保修单上查明了该厂销售科的电话号码,并与该厂联系,向他们说明了该厂应尽的义务和消费者享有的权利,促使该厂同意更换以上零件,消费者王世瑶也不再要求经济赔偿,使这件事得到了圆满解决。

案例3:消费者祝某系兰州市某小学学生,他在其母亲陪同下到某化妆品商品购物时,该商店负责人所养的一条宠物狗(未拴)将祝某左胳膊咬伤。其母亲当场要求该商店负责人给予治疗但遭拒绝。而后祝某拿治疗费用单据找该商店负责人协商解决未果,又找到街道办事处调解未果,最后向市消费者协会、市工商局消保科投诉申诉。消费者协会、消保科工作人员调查了解,组织双方当事人进行申诉调解,经调解该商店负责人一次性为祝某支付医疗费、交通费、误工费等费用170元。此事圆满解决,双方都表示接受。

案例4:消费者姜某因车祸在兰州市某医院住院治疗,出院后姜某拿医院出具的发票找市人寿保险公司索赔。保险公司发现发票是用微机打印的,打印时打错了姓名和项目位置,并以此理由不予赔偿,要求消费者出具有效的发票。姜某多次找到医院要求更换有效发票但遭拒绝,随后向市工商局进行申诉。市工商局派员进行申诉调解,医院为消费者出具了有效的发票,保险公司按规定对消费者进行了赔付,申诉解决。

第四节　食品安全监管

从全省工商部门的实际情况看,在20世纪90年代就开始了流通领域食品市场的集中整治,进入21世纪后力度加大。

1996年5月—6月,全省工商系统对食品、饮料市场进行了集中整治,重点对食品、饮料生产加工企业和经营门点、摊点进行了全面检查整顿。此次专项治理共出动检查人员4800余人次、车辆700余台,检查生产加工企业1358户、经营门店和摊点1.25万户,端掉制假窝点32个,停业整顿35户,取缔"三无"加工及经营摊点17个,立案查处57件,即时处罚683件,罚没金额18.05万元,查获假冒伪劣商品总标值104.7万元。

1996年6月—8月,全省工商系统开展了保健食品市场的专项整治。据统计,此项整治共出动检查人员6000余人次,检查经营点1.2万户,罚没款18

万余元,查获假冒伪劣保健食品标值达 100 多万元,并没收了一批制假工具。

2001 年 8 月,全省工商系统根据国家工商总局《关于立即开展肉食品市场专项整治的紧急通知》,集中一个多月时间进行了肉食品市场的专项整治,对全省的肉食品生产、加工和经销企业进行了一次全面的清理整顿。检查生产、加工和经销企业 3274 户,检查各类肉食品市场 668 个,检查经营户 7000 余户,取缔非法屠宰户 225 户,查处销售病害肉、注水肉和私宰肉 9.3 万多公斤,查处大要案件 30 件,查处未经检疫、检验肉 4000 多公斤。

2001 年 9 月,省工商局对兰州市粮油市场存在增白剂超标面粉的问题,责成兰州市工商局进行查处。兰州市工商局配合兰州市技术监督局用近 2 个月时间,对兰州市 3 个粮油批发市场涉嫌增白剂超标的 54 个品牌的面粉进行了抽查,确定其中 25 个品牌的面粉不合格。兰州市政府新闻通报会公布了这 25 种不合格面粉的名单。此事在《互联网信息摘要》特刊第 306 期披露并被新闻媒体曝光后,引起国务院领导、省委和省政府领导的高度重视,分别做了重要批示;国家工商总局领导也作了指示,并派员前来甘肃督察。省工商局紧急向各地(州、市)工商局传达了国务院和省委、省政府领导的重要批示,通报了兰州市粮油市场出现的问题。全省各级工商部门对粮油市场的检查于 10 月 22 日全面展开。10 月 28 日,国家工商总局督察组向省工商局、兰州市工商局领导传达了国务委员吴仪和国家工商总局副局长甘国屏的批示。督察组在听取了省、市工商局的情况汇报后,对阶段性的查处工作表示满意,予以肯定。

兰州市工商局在追缴增白剂超标不合格面粉的同时,对 3 个粮油市场经销的其他品牌的面粉作了进一步检查:对不能提供合法、有效合格证及质检报告的 114 户经营户的 173 个品牌的面粉,责成其送检;对 2010.5 吨涉嫌不合格的面粉做出暂停销售的处理;对曾涉嫌不合格经市防疫站检查合格的 80 个品牌、1032.25 吨面粉准许销售。

2002 年元旦、春节期间,全省工商系统重点开展了打击假冒肉类、粮油、水产品及其制品、豆类制品、饮料、糕点等食品的执法行动。检查的重点场所是综合性专业性批发市场、农贸市场和节日食品集散地等。检查的重点内容是:(1)经销无生产许可证、无经营许可证、无质量合格证、不符合安全使用标准商品的行为;(2)经销没有检验检疫证的或检验检疫不合格、以次充好、掺杂掺假、变质失效商品的行为;(3)在食品中添加"吊白块",利用工业矿物油、"地沟油"加工制作粮油及其制品,销售病害肉、注水肉等商品的行为;(4)利用广告或其他手段对商品质量、功效和运用范围等作引人误解的虚假宣传以及商标侵权假冒违法行为。这次执法行动,取得了明显的成效,保证了元旦、春节期间的市场供应安全。这年8月至2003年2月,全省工商系统遵照国务院关于开展食品市场专项整治的通知精神和8部委制定的实施方案及省政府、国家工商总局的总体部署,对全省食品市场分三个阶段展开了大规模的专项治理,取得了阶段性效果。一是创造一个干净、卫生、安全、放心的食品消费环境,从严重审食品经营者的主体资格,把好市场主体准入关。全省工商系统共出动执法人员4.5万人次、车辆4800台次,检查食品专业市场31个,超市、店铺470个次,清理无照经营1030户,清理见利忘义、制售假冒伪劣食品、损害群众身心健康而屡教不改的"经营户"970户。二是强制性建立食品出厂、入场、销售台账和索证索票制度,堵源截流,严把食品入场销售关。共检查食品50个大类、700多个品种,查处案值15万元以下的案件920件,罚没款15万元;取缔制假窝点58个。三是实行目标责任制,层层抓落实。为了保证效果,辖区工商所与市场主办单位、经营者之间,经营者与厂家、批发商之间都签订了质量责任保证书,纳入了目标管理。

2003年《国务院办公厅关于开展食品药品放心工程的通知》将食品安全作为各级工商部门的重点监管内容,加强食品安全的监管,成为工商部门的重要职责之一。全省工商系统认真贯彻《国务院办公厅关于开展食品药品放心工程的通知》和国家工商总局等8部委局下发的《食品药品放心工程实施方案》,从8月10日至12月15日,在全省范围内开展了食品药品专项整治。这次整治分三个阶段进行,第一阶段为调查摸底阶段,第二阶段为集中整治阶段,第三阶段为检查验收阶段。在整治工作中,各地工商部门坚持"标本兼治、着力治本、打防结合"的工作方针,从源头上查窝端点,把好市场准入关,各职能部门密切配合,落实整改责任制,努力为人民群众营造放心安全的消费环境。据统计, 全省工商系统仅在第一阶段的整治工作中就出动执法人员8921人次、执

法车辆 2137 台次,检查市场 604 个,取缔无照经营 491 个,检查食品经营主体 1.59 万户,查处案值 15 万元以下案件 336 件,罚没款 10.78 万元,吊销营业执照 4 户,取缔非法窝点 24 个,严厉打击了制售假劣食品的违法经营活动。查处主要违法商品有:粮食制品 2432.1 公斤,调料 1007 公斤,乳制品 1924 公斤,碳酸饮料 2641.2 升,茶饮料 1416 升,果汁饮料 2903.8 升,小食品 5950 公斤,其他食品 5569 公斤,中药材 2278 公斤。2003 年底,省工商局作出部署,重点查处食品企业的违法违章行为。全省工商系统共查处和清理无证照经营 2790 户,限期补办营业执照 1457 户,依法取缔 1373 户,捣毁非法加工食品窝点 27 处,查处"三无"产品案件 578 起,查获不合格食品 24.9 万多袋(瓶)、饮料近 2 万瓶、酱醋 2800 多公斤、散装过期食品 6000 多公斤,收缴未经检疫、不合格肉食品 22.4 吨,有效地保证了当时防治"非典"用品市场的稳定和人民群众的食品消费安全。

2004 年,国务院办公厅做出了《关于进一步加强食品安全工作的决定》。自此之后,食品安全工作成为各级工商部门市场监管的重中之重,成为维护消费者权益的一项重要内容。省工商局把食品安全专项整治作为全年度整顿和规范市场经济秩序的重点,制定下发了《食品安全专项整治实施方案》。各地工商部门按照省工商局的统一部署,集中力量,精心组织,迅速行动,分阶段开展了几次大的整治活动,收到了较好效果。一是摸清情况。全省共有各类市场 1711 个,其中食品专业批发市场 31 个,超市(商场)470 个,食品生产经营企业 26.41 万户,其中从事食品经营的 20.73 万户、餐饮经营的 5.08 万户、食品生产加工的 5652 户。全省上市的食品种类 50 多个大类、700 多个品种,整治后全部纳入监管。按照"标本兼治,着力治本"的方针,各级工商部门把好市场准入关,建立食品市场监管机制,强化市场开办方、食品生产者和食品经营者为食品安全第一责任人的意识。各级工商部门与经营食品的企业和个体经营户签订了《食品安全承诺书》,推行监管关口前移,保证了食品安全责任制的落实。二是对重点区域、重点商品、重点市场、重点路段集中开展了专项整治。全省工商系统共检查经营门店 7.26 万户,查处取缔无照食品经营户 1527 户,捣毁制假窝点 77 个,立案查处食品违法案件 1868 件,案件罚没款 146.6 万元,对一大批食品违法案件公开曝光。通过食品安全专项集中整治,全省城市蔬菜农药残留平均超标率有了明显下降,城市畜产品"瘦肉精"平均检出率为零,地产奶制品合格率达100%,商场(超市)的散装食品经营行为得到规范,城市大型市场、商场食品进货索票索证率达到100%,全省食品市场经营中存在的假冒伪劣问题得到有效遏制,广大消费者的放心和满意程度有所提高。三是食品安全长效监管机制初步建立,一些大型市场、超市和餐饮业主,主动配合工商部门开展食品监督检查,还按要求设立专门食品质量监管员,建立了责任制,使索证索票、进销货台账和不合格商品退市召回制度得到了完善和落实。

2004年4月下旬,安徽省阜阳市发生了有毒劣质奶粉致使13名婴幼儿死亡、多名婴幼儿发育出现畸形的事件。省工商局立即作出指示,从4月24日起,在全省范围内对奶粉进行大规模的清查。国家工商总局关于迅速查处有毒劣质奶粉的通知下发后,省工商局先后4次以明传电报的形式向全省做了安排部署。全省各级工商部门高度重视,紧急行动,以查处省工商局公示的37个品牌劣质奶粉为重点,结合商品准入制度、索证索票制度,重点对不合格奶粉、来源不明奶粉、"三无"奶粉等进行了彻底清查。

2004年9月21日,省工商局在兰州市工商局召开了食品安全专项整治现场观摩会。省、市领导和相关部门的领导参加了观摩会。会上介绍了4个单位的经验,并现场进行了观摩学习,有力地指导了食品安全的专项整治工作。

2005年,全省工商系统认真贯彻《国务院关于进一步加强食品安全工作的决定》、省政府《关于进一步加强食品安全工作的意见》和国家工商总局《2005年流通环节食品安全专项整治工作方案》精神,围绕"突出重点,强化监管,完善制度,提升维权,执法为民,促进发展"的总体要求,建立健全"工商监管,经营者自律,社会监督"三位一体的流通环节食品安全监管机制,集中开展了流通环节食品安全监管执法行动。全省工商系统充分利用12315消费者申诉举报网络的优势,将社会反映强烈、群众投诉举报较多、问题性质严重、涉案数额较大、涉及消费者人身健康和生命安全的案件作为推动食品安全监管工作的有效手段,发动群众广泛参与,充分发挥专门办案部门和其他部门联合执法的作用,查源头、端窝点、打惯犯、堵漏洞,依法从重从快查处了一批食品违

法经营大要案件;对在市场检查中发现的假冒伪劣食品,不但查清其进货渠道和销售场所,而且做到追根溯源,彻底清除隐患。如武威市工商局凉州分局查处的中毒羊肉案、古浪县工商局查处的中毒牛肉案、天水市工商局麦积分局查处的3000余件超前标示生产日期的"夏进"牌牛奶案、兰州市工商局安宁分局查处的两起假盐案、兰州市工商局七里河分局查处的假冒伪劣饮料案等大要案件,消除了危害人民群众身体健康和生命安全的重大隐患。全年共查处无证照经营2555户,责令停业整顿119户,吊销营业执照64户,捣毁制假窝点181个;查处有问题的企业和个体经营户1295户、制售假冒伪劣食品案件5415件(其中立案754件),移送公安机关12件,查获假冒伪劣食品标值总计4219.73万元,罚没款579.45万元,打击了违法犯罪分子,形成了强大的震慑力。通过整治,全省食品市场的假冒伪劣问题得到了有效遏制,广大消费者的放心程度和满意程度有所提高。

2005年10月,省工商局印发了《甘肃省工商行政管理系统预防和处理流通环节重大食品安全问题的应急预案》。《预案》分为"总则""案情分级""预防确认和报告""预案和组织指挥""调查和处理""预案终止""附则"共7章25条。各级工商部门根据国家工商总局及省工商局的相关规定,建立、健全食品安全问题报告制度,确保信息传递及时畅通。对掌握的食品安全问题信息,立即组织初步调查核实;对涉嫌安全问题的食品,在适当范围内采取必要的控制措施;对不属于工商行政管理职责管辖范围内的事项,及时向有关单位通报情况、移交线索,或告知申诉举报人向有管辖权的机关申诉举报。对初步判定并报经分管领导审核、由局长确认的食品安全问题信息,按以下规定上报:(1)县(市、区)工商局(分局)在2小时内,同时向市、州工商局及地方党委、政府书面报告。(2)市、州工商局在获知信息2小时内,同时向省工商局及市、州党委、政府书面报告。(3)各级工商部门对处置过程中查处的大案、要案,按照省工商局相关规定,在立案后24小时内和案件结案后3日内,分2次以信息专报的方式逐级上报省工商局。食品安全信息上报内容包括:信息来源、事件经过、评估结果、预防或处置措施、责任单位及责任、报告单位、报告时间等要素。系统内任何单位和个人对辖区内发生的食品安全问题不得隐瞒、缓报、谎报或者授意他人隐瞒、缓报、谎报。各级工商部门对外发布涉及有可能对社会经济活动和消费者利益造成较大影响的食品安全问题的相关信息，报经上级工商部门和地方政府批准，对所发布信息的准确性、合法性负责；未经上级工商局批准，系统内任何单位和个人不得擅自发布本部门食品安全问题应急处理方面的相关信息。

2007年，国家工商总局决定在全国开展"农村食品市场整顿年"活动，并下发了《关于深入开展"农村食品市场整顿年"工作的通知》。按照国家工商总局的通知精神，省工商局做出了周密的安排部署，全省工商系统积极行动，投入到"农村食品市场整顿年"工作中。（1）采取多种形式搞好宣传，增强广大农民群众自我保护和自我防范意识。全省工商部门以"3·15消费者权益保护日"为契机，大张旗鼓地开展了"农村食品市场整顿年"宣传活动。各地除充分发挥电视、广播、报纸等媒体的作用外，还采取办培训班、散发宣传材料、悬挂标语等形式，广泛宣传开展"农村食品整顿年"工作的重大意义。白银市工商局根据农民文盲多的实际，选准学校作为宣传突破口，使食品安全常识教育进入课堂，创造了"教会一个学生，带动两位家长，影响三个家庭"的宣传形式。通过广泛深入的宣传，为整顿工作的开展打下了良好的基础。（2）截源堵流，着力规范农村食品流通秩序。根据甘肃农村大部分地处山区，农民居住分散，交通不便，经济相对落后，农民文化程度低，食品经营户分布零散，大部分经营者和消费者缺乏食品安全常识，假冒伪劣食品很有市场等特点，各地采取有力措施，在日常巡查中加大对农村食品经营户的监管力度。农村工商所努力做到"四清"（经营者经营的食品来源清，销售网点、销售路线清，经营的食品品种、质量、数量清，经营者仓储地点清）。各地有效提高农村食品质量，从源头抓起，牢牢抓住批发户，要求批发户严格落实经营者5项自律制度，坚持索票索证，建立购销货台账；要求凡是厂场挂钩、厂家直销、代理经销等形式的销售活动，批发户要主动同厂家、经销商签订厂场（地）挂钩协议和直销、代销协议，并到工商部门登记备案，这就使进入农村的食品来路清、销路明。全省还开展了农村食品经营主体的清理清查工作。按照先清理后规范的原则，各地结合建立经济户口、企业年检、个体工商户验照，对农村食品经营主体进行了彻底的清查。到年

底,全省共清查农村食品经营户18.82万户次,取缔无照经营户2446户,吊销营业执照257户,捣毁制售假劣食品窝点83个。(3)突出重点,严厉查处制售假冒伪劣食品损害农民利益的行为。各地把农村集镇、乡村举办的食品交易会、集市以及各类食品批发市场、集贸市场、个体商贩、小作坊、小商店、小食品店、小餐馆、小摊点等作为工作重点,加大执法力度,着力规范食品经营行为;把与农民日常生活消费、节日消费关系密切的食品品种作为检查重点,突出抓了农村日常销售的粮、油、肉、菜及糕点、糖制品等的检查,切实保障广大农民的生活消费安全。在整顿中,各地以季节性食品为重点,抓好食品保质期限、添加剂使用、储藏条件、食品卫生、药物残留、掺杂使假等问题;以节日市场为切入点,加强了对儿童食品、保健食品、酒类的检查,重点检查过度包装、搭售商品、虚假宣传及欺诈消费者等行为;在旅游旺季,对城市周边的"农家乐"经营户加强规范管理。另外,全省还狠抓了食品违法案件的查处,加大要案的查办力度。各地严厉查处无照生产经营食品,制售不合格食品、过期变质食品、有毒有害食品、假冒伪劣食品,以及在食品中使用非食品添加剂、经销病死畜禽肉制品等违法行为;重点打击在农村印制食品假包装、假标识等违法行为,以及以"送货下乡""厂家直销"等名义向农民兜售各种假冒伪劣食品的行为。全省共查处农村食品案件2387件,案值达360.86万元。(4)着眼长远,重在规范,建立和完善农村食品市场监管长效机制。省工商局在全省农村大力推行了"农村食品经营者七项制度"(《农村个体户信用分类监管制度》《农村食品安全监管责任制和责任追究制度》《流通领域食品准入制度》《食品经营主体准入制度》《不合格食品退市制度》《食品市场巡查制度》《食品安全信息公示制度》),实行"两证两书三账两档一卡"制度(《食品生产许可证》《食品卫生许可证》《经营户不制售假冒伪劣商品责任书》《"农村食品市场整顿年"工作目标责任书》,食品进、销货台账,索证索票档案,购销合同档案,合格食品经营信誉卡)。

　　2007年春,全国生猪及猪肉价格出现较大幅度的上涨,全省猪肉市场的肉价也不同程度地上涨,直接影响了人民群众的生活。为了维护消费者的切身利益,规范猪肉市场的交易秩序,杜绝病害及注水肉流入市场,省工商局及时进行安排部署,加强对全省肉食品市场的监管。一是要求各级工商部门紧紧抓住重点市场、超市、集贸点和肉食品经营户,切实加大对猪肉、禽蛋类产品交易的监管力度,增加市场巡查的密度和频率,及时防范、查处借价格上涨之机,经营注水猪肉、病死猪肉和禽类、未检疫或不合格猪肉及禽类的不法行为。二是全省工商系统从下至上建立了严格的信息上报制度,各市、州工商局每周一向省工商局上报猪肉、禽类等副食品的市场监管情况。三是制定了"三防(防注水猪肉、病死猪肉、不合格猪肉)三打"监管措施,打击销售注水猪肉、短斤少两、以次充好等违法违规行为,打击将病死猪肉、不合格猪肉充当合格猪肉出售的不法行为,打击将不合格猪肉卤腊加工出售的行为。同时,严格每日巡查制度,查来源、查渠道、查有无借机哄抬肉价的行为等,每日检查不少于两次,并认真做好检查记录;对整个生猪屠宰过程进行全程监督,确保了猪肉产品的质量。四是全面落实监管制度,确保市场供需两旺。为保障猪肉、禽蛋等副食品市场供应质量安全,全省各级工商部门在市场监管中,积极鼓励猪肉和禽蛋交易市场、大中型超市、经营户与猪肉和禽蛋生产基地建立直接购销关系,实施"场厂挂钩""场地挂钩""协议准入"制度,从制度上保障猪肉、禽蛋质量安全。截至当年 10 月底,全省开展的肉类、禽蛋市场检查,各级工商部门共出动执法人员6350 人次、车辆 1350 台次,检查各类食品市场 280 个,超市、商场 350 家,猪肉、禽蛋经营门店 3180 处;收缴病死猪肉 110 公斤,查处未检疫猪肉 515 公斤,同时取缔 9 家非法屠宰畜禽经营户,责令 9 家票证不全的经营户限期改正。通过这次整治,全省猪肉及副食品市场经营秩序进一步规范,有力地维护了人民群众的利益。

　　2007 年,全省工商系统下大力抓好国务院《关于加强食品等产品安全监督管理特别规定》的贯彻落实,努力完成各项硬指标、硬任务,扎实推进食品监管工作向纵深发展。国务院、省政府产品质量和食品安全专项整治工作电视电话会议结束之后,省工商局就贯彻落实会议精神、国务院《特别规定》和国家工商总局《流通环节产品质量和食品安全专项整治行动工作方案》进行了专题研究,提出了全省流通环节开展产品质量和食品安全专项整治行动的总体要求和目标。全省各级工商部门有针对性地制定了各自的整治行动方案,使专项整

治工作目标明确、重点突出、措施可行、有序推进。这年9月,省工商局组织了4个督察组,对全省12个市、州工商局进行了第一阶段的重点督察。10月,省工商局又组织了6个督察组,对全省14个市、州工商局进行了第二阶段的分片督察。11月,省工商局再次组织了5个督察组,对全省14个市、州工商局进行了第三阶段的督察验收。9月和12月,兰州、天水两市的专项整治工作还接受了国家工商总局的检查验收。

2007年,通过食品领域的专项整治基本做到了:(1)商品进货的索证索票制度、食品进销货的台账制度两个100%的目标如期完成。全省县城以上城市的1.55万个批发市场、集贸市场、超市,100%建立了进货索证索票制度;全省6.35万户乡镇、街道食杂店,100%建立了食品进货台账制度。(2)"一个彻底解决"基本实现。甘肃作为欠发达的农业省份,地域广阔,农村辖区面积大,点多、线长、面广,特别是食品小摊点占有相当比例,而且经营者大多是下岗职工或进城务工的农民以及生活困难的弱势群体,工作难度大、政策性强,且涉及面广,工作不能简单化。省工商局重点对食品小摊点无照经营问题开展了专题调研,并向省政府提出建议,以省政府产品质量和食品安全领导小组的名义,正式出台了《关于整治和规范食品小摊点、食品生产小作坊和乡镇屠宰点的意见》等政策性文件。全省以县(市、区)为单位,对政府明确由工商部门牵头承担清理规范和查处取缔食品小摊点无证照经营工作的,各级工商部门积极配合政府制定具体的食品小摊点监管办法,并在当地政府的统一领导下,协调相关部门联合开展整治和规范工作。这年,全省全面完成了乡镇政府所在地及县城以上城市小食杂店、小摊点无照经营问题的目标任务。(3)专项执法检查取得了明显成效。根据国务院确定的工作任务和工作目标,全省各级工商部门紧紧围绕重点品种、重点市场、重点区域,周密部署,迅速行动,采取积极有效措施,加大监管执法力度,集中开展了清理和规范食品生产经营主体资格的专项执法检查,集中开展了对经营者履行进货检查验收等法定责任和义务情况的专项执法检查,集中开展了农产品、食品、猪肉、清真食品等重点产品质量安全的整治。到年底,共清理规范食品经营主体9.28万户(其中食品企业5283户、个体工商户8.74万户),变更登记658户,注销登记215户,吊销93户,取缔无照经营 5979 户（其中乡镇政府所在地及县城以上城市无照经营食品的小商店、小食杂店、小摊点 3667 户）。共检查经营企业和个体工商户 39.18 万户次，检查批发市场 3604 个、集贸市场 7202 个、商场 2100 个、超市 1384 个、乡镇食品经营店铺 2.63 万个、街道食品经营店铺 2.72 万个、社区食品经营店铺 9462 个，整治重点区域 5600 处，捣毁制假售假窝点 79 个；立案查处制售假冒伪劣食品案件 876 件，罚没款 188 万余元，查处标值 877 万元的不合格食品和 1.99 万公斤假冒伪劣产品，退市不合格食品和假冒伪劣食品 2.04 万公斤，销毁不合格食品和假冒伪劣食品 1.43 万公斤。

2008 年，是全省工商系统食品安全监管工作深入推进的一年。这一年，全省工商系统以维护群众利益、保障食品安全、优化消费环境为重点，切实履行职责，严格依法行政，加大工作力度，取得了显著成效。

按照国家工商总局《规范食品索证索票制度和进货台账制度的指导意见》和省工商局制发的台账文本格式，各地工商部门紧紧围绕严格食品市场准入和确保可追溯这一要求，对商场、超市重点监督其从内部连锁配送到自行采购的所有食品都要建立健全"两项制度"，做到票证齐全，台账规范，经营的食品供货商主体资格合法，检验报告有效，食品质量合格。并引导商场、超市提高"两项制度"的电子化水平，不断扩大"两项制度"的覆盖面，逐步由城市和县城扩大到广大农村，由大中城市的商场、超市、批发市场、集贸市场扩大到监管县城以下各类市场以及乡村食杂店，有力地推进了食品安全监管工作的制度化、规范化、程序化、法制化建设进程。

"5·12"地震发生后，国家工商总局下发了《关于支持地震灾区恢复生产、搞活市场、重建家园的若干意见》等文件，省工商局下发了《关于进一步做好抗震救灾工作的通知》，要求各级工商部门尤其是地震灾区工商部门要积极依法履行监管职责，努力维护抗震救灾期间的食品市场秩序，切实加强流通环节食品安全监管工作。灾情发生后，由于公路中断，运力不足，货源紧张，个别不法商贩趁机哄抬物价，造成受灾群众心理恐慌。省工商局积极指导陇南、甘南、天水、平凉、庆阳、定西等灾区各级工商部门加强与物价、公安等部门的沟通协调，形成联合执法机制，重点对饮用水、方便食品、奶及奶制品、米、面、油、肉及肉制品等重要食品的供应情况进行全程监控,对食品质量、价格波动、非正常经营情况实行日报制,对抗震救灾相关商品实行最高限价销售,向社会公布投诉举报电话。灾区工商所与经营者签订抗震救灾期间食品安全责任书,严厉查处囤积居奇、欺行霸市、哄抬物价、缺斤少两、以次充好等损害消费者权益、扰乱市场秩序的行为。陇南、天水、甘南等地的工商部门深入经营户中,教育引导经营者要诚信经营,讲求职业道德,不发不义之财。灾区各级工商部门在灾区流通领域食品安全监管中,还突出了三个重点:突出重点品种,强化对桶装水、瓶装水、方便食品、米、面、牛奶及奶制品、肉及肉制品等食品的监管,确保人民群众消费安全;突出重点对象,强化对向学校、医院、机关、团体、企业等集体单位供应食品的经营户的监管,确保群体消费安全;突出重点环节,强化对食品批发市场、集贸市场、大型超市商场等场所的监管,确保食品经营者认真落实食品安全第一责任人的责任,并与辖区食品经营户签订《抗震救灾期间食品安全责任书》,工商监管人员始终坚守岗位,做到城区市场巡查每日四次不间断,乡镇市场巡查一次,对商品交易市场和安全进行全天候的监管。

2008年9月8日,河北省石家庄"三鹿问题奶粉"首先在甘肃发现,"三鹿问题奶粉"造成婴儿肾结石,"三鹿奶粉"作为毒奶粉的始作俑者,被新华网曝光,社会哗然。同时7名患儿的父母联名写下了申请书,上书甘肃省卫生厅,要求彻查病因。此后,三鹿集团发布消息,此事件是由于不法奶农为获取更多的利润向鲜牛奶中掺入三聚氰胺,造成婴儿患肾结石,不法奶农是这次事件的真凶,并立即上报,而且通过卫生部发布召回婴幼儿奶粉的声明。"三聚氰胺"公之于众,引起全国重视。事件发生后,全省各级工商部门坚决贯彻中共中央、省委、省政府和国家工商总局的指示要求,积极行动,采取措施,集中力量,全力以赴,有力、有序、有效展开清查活动。及时启动预案,严密组织开展问题奶制品清查活动。构建预警防范应急机制,"奶粉事件"处置工作深入扎实。

2008年9月11日晚上,中央新闻媒体报道了"问题奶粉"事件后,省工商局及时启动工商系统预防和处理流通环节重大食品安全问题应急预案,迅速成立了由局长任组长,主管局长任副组长,消保、市场、企业、个体、外资、公平交易等职能部门为成员单位的"问题奶粉"应急处置领导小组,办公室设在消保处,全面负责全省系统"问题奶粉"清查工作的统一指挥、协调沟通、信息汇总、情况报告等事宜,实施全天候值班。各级工商部门迅速成立了"问题奶粉"应急处置领导小组,统一协调指挥。省工商局先后10多次向全省工商系统下发清查三鹿婴幼儿奶粉的紧急通知和补充通知,并制定下发了《关于进一步做好婴幼儿奶粉事件处置和开展流通环节奶制品市场专项整治工作的实施意见》;及时召开全省工商局长座谈会,及时掌握各地清查"问题奶粉"进展情况,研究解决所遇到问题,安排部署开展清查"问题奶粉"的具体工作。9月18日,省工商局召开了全省工商系统清查"问题奶粉"工作视频会议,通报工作进展情况,明确相关政策要求,进一步靠实责任。全省工商系统停止节日休假,紧急部署清查任务,层层落实工作责任,并派出工作组加强指导检查。按照"分级管理、分层负责"的原则,市、州以下各级工商部门在当地党委、政府的统一领导下,建立健全属地监管领导责任制、机关指导监督责任制和岗位工作责任制,一级抓一级,层层抓落实。加大了清查力度,确保问题奶制品停售下架工作扎实到位。全省各级工商部门突出重点地区、重点环节、重点部位,在地域上,由城市向乡村延伸,特别是对城乡接合部、农村集镇和边远地区,集中力量开展地毯式、拉网式全面清查。对国家有关职能部门通报和发现的问题奶制品,采取有效措施,立即责令经营者全部停售下架;对下架退市的不合格和问题奶制品一律严格封存,造册登记,落实监管责任人,实行专人专责跟踪全程监管;对企业自行下架封存的问题奶制品跟踪监管,防止不法分子转移、销售。加大奶制品市场日常巡查力度,严把奶制品市场主体准入关,逐户检查奶制品经营者索证索票和购销台账制度的建立和落实情况,严厉打击销售假冒伪劣奶制品违法行为。各级工商局、辖区工商所借助经营者建立的索证索票和进销货台账,逐户逐店对食品经销、批发企业、超市、商场、经营门店进行卷地毯式彻查,不留死角。凡是市场上销售的三鹿牌婴幼儿配方奶粉一律下架、封存,并追根溯源,查清三鹿牌婴幼儿配方奶粉的来源、去向,对2008年8月6日以前生产的三鹿牌婴幼儿配方奶粉,责令批发商迅速召回。截止9月16日,全省系统共出动执法人员18783人(次),检查食品经营户64094户次,退市"问题奶粉"151609公斤,受理和处理有关三鹿牌婴幼儿配方奶粉的消费者咨询、申诉和

第八章 消费者权益保护

举报 3264 件,为消费者退换"问题奶粉"6489 公斤。全省清查退市"问题奶粉"总量中,兰州 6744 公斤、白银 13814.9 公斤、嘉峪关 1745 公斤、酒泉 8569.8 公斤、张掖 7295.9 公斤、金昌 4438 公斤、武威 37120 公斤、天水 15315.9 公斤、陇南 10805 公斤、定西 7174.9 公斤、平凉 21247 公斤、庆阳 15780 公斤、临夏 1194.2 公斤、甘南 365 公斤,在不到半年时间内,全省工商系统累计下架查封不合格奶制品 263.6 吨。各级工商部门采取有效措施,积极稳妥地做好问题奶制品清退和召回工作,进一步扩大信息发布范围,充分利用消费预警机制,及时发布消费警示。按照国务院的规定,凡消费者要求退货的,销售企业要负责按原销售价格予以退货,并监督经营者如实登记。积极引导有购货凭证(票据)的消费者直接到经销商处退货(包括已打开包装的问题奶制品),并保存好证据。对于消费者在购买问题奶制品时没有索取或遗失购货凭证(票据)的,当地工商部门和消费者协会要向消费者做好说服工作,积极协调当地代理(批发)商和经营者为消费者办理退换货,销售者须向消费者提供退换货证明。监督当地代理(批发)商、经营者做好对已售出问题奶制品的召回、登记工作,依照有关规定仔细做好代理商向经营者、代销商和工商部门出具"召回产品"相关凭证手续的备案工作。工商部门还主动向经营者提供法律援助,对经营者由于退换货受到的经济损失,引导其根据《消费者权益保护法》和《产品质量法》有关规定,直接要求生产者进行赔偿,将损失减少到最低程度。全省累计为消费者退问题奶粉 3.69 万公斤,退问题液态奶 1113 公斤。省工商局还针对全省查封的不合格奶制品数量较大、封存地域分散的特点,要求各地认真按照国家工商总局等部门联合下发的紧急通知要求,迅速敦促不合格奶制品经销商与三鹿集团等 10 家不合格奶制品生产企业联系,由生产企业指派专人与不合格奶制品封存所在地工商局一起,认真做好不合格奶制品的退货退款、召回和销毁工作,切实做到账物登记清楚、资金结算清楚、备案手续清楚。全省各级工商部门还在当地政府的统一领导下,组织商务、质检、卫生、食药监、环保、公安等部门及厂家代表联合开展不合格奶制品销毁工作,年内全省累计下架查封的 263.6 吨不合格奶制品全部采取高温焚烧、深度淹埋的方式予以销毁。

2005 年流通环节食品违法典型案例选

案例 1：天水市工商局麦积分局查处标识不真实生产日期牛奶案

2005 年 6 月 12 日 21 时，天水市工商局麦积分局接到电话举报，称有人在麦积区仿古街对面销售超前打印生产日期的牛奶。执法人员立即赶赴现场，在现场发现一辆装有 3090 件宁夏新华百货夏进乳业集团股份有限公司生产的牛奶及含乳饮料的康明斯汽车。

经查证：宁夏新华百货夏进乳业集团股份有限公司于 2005 年 6 月 11 日雇货运司机王某，将当事人生产的 3090 件夏进牌牛奶和含乳饮料于 6 月 12 日拉运到麦积区桥南仿古街对面，准备向该产品的天水代理商交货。3090 件产品中有百利包纯鲜牛奶 2200 件，生产日期标示为 2005 年 6 月 13 日的 750 件、6 月 14 日的 750 件、6 月 16 日的 700 件；酸酸奶含乳饮料 350 件，生产日期标示为 2005 年 6 月 13 日的 200 件、6 月 15 日的 150 件；原味酸酸奶含乳饮料 50 件，生产日期标示为 2005 年 6 月 13 日；草莓酸酸奶含乳饮料 50 件，生产日期标示为 2005 年 6 月 13 日；有利乐枕纯鲜牛奶 240 件，生产日期标示为 2005 年 6 月 13 日；酸酸乳草莓味含乳饮料 200 件，生产日期标示为 2005 年 6 月 13 日的 100 件、6 月 15 日的 100 件。上述产品共计货值金额 53165.00 元。

天水市工商局麦积分局对其标示不真实的生产日期行为依法做出如下处罚：责令停止销售，并处销售产品货值金额 5.3 万元 30% 的罚款即 1.6 万元。

在对宁夏新华百货夏进乳业集团股份有限公司的违法行为做出处罚后，麦积分局根据国家食品安全管理召回制度的规定，责令该公司将涉案的 3090 件牛奶及含乳饮料召回。同时致函宁夏吴忠市工商局，提请该局依法监督该产品的召回及改正过程。2005 年 6 月 17 日，吴忠市工商局回函，已对这批牛奶及含乳饮料实施监管。

案例 2：天祝县工商局查处经销伪造产地白酒案

2005 年 10 月 22 日，根据群众举报，天祝县工商局经检分局执法人员在天祝县金圆酒业有限责任公司库房门口，对该公司进购的一车"雪山风情"牌系列白酒进行了检查，发现该公司进购的这批"雪山风情"牌系列白酒外包装

所标注的商品产地与实际产地不符，涉嫌销售伪造产地。执法人员当场对上述商品进行了封存，并于 2005 年 10 月 24 日报请县工商局予以立案查处。

经查：当事人天祝县金圆酒业有限责任公司于 2005 年 4 月 2 日曾委托甘肃五松圆食品工业有限公司为其生产"雪山金樽"系列白酒。2005 年 10 月 22 日工商执法人员对金圆酒业有限公司购进准备入库的一车（东风康明斯车，号为甘 N-05328，车主李永海）"雪山风情"牌"雪山金樽"四个品种的系列白酒（共 1431 件，总金额 56253 元）进行检查时发现，上述商品外包装标注的生产厂家均为"甘肃五松圆食品工业有限公司"，厂址均为"甘肃张掖环城西路 120 号"，而负责承运该批货物的车主李某某提供的发货单和四川省成都市公路运输货物配载服务合同书上所注明的发货地点为四川省崇州市道明镇，发货厂家为四川省崇州市川洲酒业有限公司，另有天祝县金圆酒业有限责任公司法定代表人吉某某的陈述及所提供的证据均证明该批酒的实际产地为四川省崇州市道明镇，与该批酒外包装所注明的产地不符，属伪造产地的商品。该批白酒在入库前被当场查获，尚未售出，未取得违法所得。

当事人的上述行为，违反了《甘肃省查处生产、销售假冒伪劣商品行为条例》第八条第五项之规定，已构成违法行为。根据《甘肃省查处生产、销售假冒伪劣商品行为条例》第二十三条之规定，责令公开更正上述违法行为，并处以罚款 11000 元。

案例 3：张掖市工商局甘州分局查处改变主要登记项目、利用工业化学品加工销售不符合保障人体健康食品案

2005 年 1 月 13 日，张掖市工商局甘州分局执法人员依法查获王峰擅自改变主要登记项目、利用工业化学品加工销售不符合保障人体健康的食品案件。

经查：当事人王某于 2004 年 10 月 18 日经张掖市工商局甘州分局核准登记为个体工商户，经营范围及方式：食品（水产品）、调味品零售（涉及许可证项目的是，凭有效许可证经营）。王某未经工商部门核准变更登记，擅自从兰州购进水产品干货，从甘州区西关一化学工业品经营部购进工业用烧碱、工业用过氧化氢，租用张掖市科学技术局十号、十一号房屋（现场有添加的工业用烧碱

3袋、工业用过氧化氢25公斤,卫生条件术差,工业化学品味很浓)加工毛肚、海参、鱿鱼等水产品,然后销售给张掖市各县(区)酒家、火锅店,非法经营额达70800元,从中牟取非法所得10800元。

王某擅自改变主要登记项目、利用工业化学品加工销售不符合保障人体健康的食品,其行为违反了《城乡个体工商户管理暂行条例》第九条第一款之规定,构成擅自改变主要登记项目经营行为;同时,王峰利用工业用烧碱、工业用过氧化氢加工销售不符合保障人体健康的食品,其行为违反了《甘肃省查处生产、销售假冒伪劣商品行为条例》第八条第三项之规定,构成生产销售假冒伪劣商品行为。依据《城乡个体工商户管理暂行条例》第二十二条第一款及《城乡个体工商户管理暂行条例实施细则》第十六条第一款规定和《甘肃省查处生产、销售假冒伪劣商品行为条例》第二十二条规定,对王某做出如下处理决定: 1.责令立即停止生产、销售利用工业化学品加工的水产品,2.依法没收用工业化学品加工的水产品75公斤,3.依法没收违法所得1.08万元,4.依法处以违法所得1.08万元一倍的罚款1.08万元,5. 对超经营方式经营行为依法处以1000元的罚款。

案例4:庆阳市工商局查处销售非B瓶装"凉爽"雪花啤酒案

2005年5月,根据群众举报,庆阳市工商局执法人员对当事人李某代销的"凉爽"雪花啤酒进行了统一检查,发现在其经销的5700箱啤酒中,有部分啤酒瓶使用的是不符合国家标准的非B瓶。经过进一步立案调查,在其经销的5700箱"凉爽"雪花啤酒中,共有3800瓶采用的是非B瓶,除库存的584瓶外,其余已全部销售。对此,市工商局对当事人不符合标准的非B瓶装"凉爽"雪花啤酒584瓶予以没收,并处罚款2.1万元。

第八章 消费者权益保护

第九章 执法监督管理

工商行政管理执法监督是工商部门开展各项业务工作的基础和保障。工商行政管理工作的过程,就是工商行政管理法规的实施过程,工商部门的各项工作必须依法进行。进入新时期以来,全省工商系统按照监督管理社会主义大市场的要求,把法制工作作为重中之重,大力抓好执法监督,保障了各项业务工作的顺利开展。

第一节 参与地方立法

参与地方立法工作是工商部门的重要职责。通过参与论证、起草、制定地方性法规、政府规章,以及参与国家工商局等国家机关和上级、平级部门规章及规范性文件的修改、会签等工作,有利于确立工商部门在社会主义市场经济中的法律地位和职能权限,可以为行政执法提供执法依据,弥补一些法律的不足,使工商行政管理法制更加完善。

省工商局参与地方立法,大致经历了 3 个阶段:一是改革开放最初几年,法制建设还很不完善,工商行政管理法制还十分薄弱。1987 年之后,党和国家确立了依法治国的方针,工商行政管理法制也开始引起各级人大和政府的高度重视。甘肃省地方立法工作也加快了步伐,涉及工商行政管理的地方立法不仅加快了进度,而且加大了数量,仅 1987 年就有 7 件。二是从 1995 年到 2000年, 社会主义市场经济监管向纵深发展, 从中央到地方都加快了市场法制建设,作为担负市场监管执法的工商部门,参与地方立法的主要内容是建立健全市场监管方面的法规、规章,如集市贸易管理、经纪人管理、广告监督管理、合同监督管理、查处假冒伪劣商品等方面的法规、规章,填补一些市场监管执法方面的立法空白。三是进入 21 世纪之后,省工商局除了继续参与市场监管方面的立法外,还重点参与了有关依法行政方面的立法立规工作,并重点参与了各类法律、法规、规章的清理和修改工作。省工商局参与地方立法工作中:(1)根据本系统工作实际需要,向省人大常委会报送每年的地方立法计划,并根据省人大常委会的工作安排,组织、协调地方立法的起草、上报、论证工作。(2)按照国务院《全面推进依法行政实施纲要》和省政府、国家工商局的工作安排,组织和协调全省工商系统的依法行政工作。(3)按照《国务院办公厅关于推行行政执法责任制的若干意见》和省政府、国家工商局的工作安排,组织和协调全省工商系统的行政执法责任制工作。(4)对省人大、省政府及相关部门的地方立法、政府规章、规范性文件草案组织修改。(5)按照《甘肃省行政执法证件管理办法》规定,对全省工商系统行政执法机构、行政执法人员和行政执法监督人员的资格、证件负责审查、制发和管理。通过开展以上工作,使适用工商部门执法的法律法规更加充实完善,市场监管执法体系更加符合市场经济的实际,为工商部门更好地履行职能提供了法律保障。

1987 年至 1991 年的 5 年间,省工商局共完成了省人大常委会、省政府下达的 20 件法规、规章的起草任务。这些法规、规章均为市场监管执法方面的内容,先后被省人大常委会、省政府通过并颁布施行。

1993 年 1 月,省工商局印发了《甘肃省工商行政管理局起草工商行政管理地方行政法规、规章和制定、清理规范性文件的工作规则》。《规则》主要内容:(1)起草地方法规、地方规章工作,包括拟订计划、论证起草、协调审查、局务会议审议、上报省政府等程序。制定规范性文件,包括起草、协调审查、局务会议审议、发布等程序。(2)省工商局地方法规、地方规章计划(简称立法计划)由法制处(筹)负责编制,提交局务会议讨论审定,再由法制处(筹)代局拟文上报省政府法制局。省工商局各职能处室于每年 11 月底前将需制定的地方法规、地方规章的理由及上报时间送交法制处(筹),经法制处(筹)汇总后,拟订立法计划草案,提交局务会议审定。(3)起草的地方法规、规章内容应包括:起草制定的宗旨、依据、适用范围、执行机关、具体规范、法律责任、施行时间、解释权等内容。(4)有关称谓的含义。所称"地方性法规",是指以省人大名义或省人大常委会议审议通过批准发布的命令、规定;所称"地方规章",是指以省人民政府名义发布的命令、规定;所称"规范性文件",是指以省工商局名义以及省工商局与其他有关执法机关名义共同发布的对管理相对人具有约束力的规定、措施。

1993年,省工商局先后制定了《甘肃省工商行政管理机关行政复议程序规定(试行)》《甘肃省工商行政管理局实施〈工商行政管理所条例〉的具体办法》《甘肃省工商行政管理局案件复议委员会议事规则》。同时还参与起草和审议了106件与工商行政管理有关的或参与执行的法规和地方规章,如《甘肃省公共场所治安管理办法》《甘肃省质量监督管理条例》等。这些法规、规章及规范性文件的相继颁布实施,为全省工商系统依法行政创造了条件,提供了依据。

1993年至1995年,省人大常委会确定了6个有关工商行政管理的地方法规立法项目:《甘肃省经纪人管理暂行条例》《甘肃省拍卖暂行条例》《甘肃省城乡集市贸易管理办法》《甘肃省查处生产、销售假冒伪劣商品行为条例》《甘肃省生产资料管理办法》《甘肃省〈消费者权益保护法〉实施办法》;两个拟由政府发布的规章:《甘肃省〈经济合同法〉实施办法(修订)》《甘肃省户外广告管理办法》。省工商局经过调研、论证,完成了这些法规、规章的起草任务。1995年6月,《甘肃省经纪人管理暂行条例》、《甘肃省拍卖暂行条例》、《甘肃省城乡集市贸易管理办法》、《甘肃省查处生产、销售假冒伪劣商品行为条例》被省人大常委会通过,先后颁布实施。《甘肃省生产资料管理办法》、《甘肃省〈消费者权益保护法〉实施办法》初稿提交省人大常委会审议。至此,主要由工商部门执行的甘肃省地方立法,已颁布实施的达6部。各级工商部门依照这6部地方立法,严格依法行政,监管领域逐步拓宽到位,监管力度不断加大。基层普遍反映,地方立法针对性强,易于操作,确实起到了对法律、行政法规细化、具体化的作用,对保障全省工商行政管理执法到位,提高执法人员执法水平,有着十分重要的作用。

省工商局除做好地方立法立规工作之外，还承担了其他有关部门提交的立法草案的论证、修改工作。在20世纪90年代初的几年间，参与修改的草案有40余件(次)。各地(州、市)工商局在完善市场规则方面也积极开展工作，向地(州、市)人大、政府及时提交适合当地情况的规范性文件。天水市政府、庆阳地区行署、平凉地区行署发布的由当地工商部门调研起草的《房地产管理办法》《技术市场管理办法》等，确定了地方工商部门在这类要素市场管理中的地位；兰州市人大常委会授权市工商局起草了《兰州市市场管理办法》《兰州市市区街管市场、交易点监督管理暂行办法》《兰州市户外广告管理办法》，先后被颁布实施。地方政府以发布规范性文件方式，确立工商部门在一些新领域的工作职责，是1995年全省工商行政管理法制工作的一个特点。

1996年3月，《行政处罚法》颁布之后，省政府要求清理与该法不同或相抵触的地方性法规、规章、规范性文件。这年9月，省工商局做出了关于清理地方法规、规章、规范性文件的安排。清理范围：省人大及其常委会通过和批准的现行有效的地方法规、法规性决议，1996年7月30日前由省政府发布或批准由省工商局发布并执行的涉及行政处罚的规章，1996年8月30日前由省工商局以及省工商局与其他部门联合发布的、现行有效的、对相对人具有约束力并有行政处罚规定的规范性文件。清理后提出3种意见：继续保留执行的、应当修改的、予以废止的，最后报省政府核审。这年10月，省工商局向省人大常委会法工委专题上报了《关于清理〈甘肃省拍卖暂行条例〉等7部地方法规审查意见的报告》。审查和清理的7部地方法规是：《甘肃省拍卖暂行条例》《甘肃省城乡集市贸易管理办法》《甘肃省生产资料市场管理办法》《甘肃省查处生产、销售假冒伪劣商品行为条例》《甘肃省实施〈中华人民共和国消费者权益保护法〉办法》《甘肃省广告监督管理条例》《经济合同管理办法》，这7部法规是由省工商局起草并由各级工商部门执行的法规。通过清理，省工商局对这7部法规分别提出了修改意见。

1997年6月，省工商局按照《甘肃省人民政府办公厅关于认真做好规章和规范性文件清理工作的通知》精神，省工商局对本局1988年1月至1996年12

月制定的规范性文件进行了认真清理。共清理9年期间的规范性文件173件，清理结果有3种情况：（1）继续有效的119件，（2）拟修改的9件，（3）废止的36件。

1997年12月，省工商局按照国家工商局《工商行政管理机关行政处罚案件听证暂行规则》，制定了《甘肃省行政处罚听证程序暂行规定》，主要对行政执法中的罚款数额标准作出了具体规定，使规范执法有了法规依据。

2000年，省工商局在法制工作中开展了3项工作：（1）积极参与了省人大常委会、省政府地方立法草案征求意见工作，对涉及工商行政管理职能的法律法规46件（次），依据上位法、同位法及工作实践提出了可行的修改意见150条，绝大多数被采纳。（2）对省工商局制定的《甘肃省格式合同管理办法》进行了修改，规范了格式合同的主要内容、适用范围等。（3）根据省政府的要求，对省工商局1996~2000年制定下发、转发的402件规范性文件进行了清理：不属于省工商局清理范围的转发国家工商局规范性文件215件；省工商局下发工作安排、专项治理等文件180件，过期自动失效；属于省工商局清理范围内的规范性文件共7件，其中现行有效的6件，部分需修改的1件。

2001年，按照省人大常委会、省政府立法工作安排，省工商局重点开展了以下工作：（1）完成了《甘肃省经济合同管理条例》的修订工作。该《条例》经省九届人大常委会第二十二次会议审议，2001年6月修订为《甘肃省合同监督管理条例》，并予发布，使全省各级工商部门履行合同监督管理职责的执法依据更加完备，更具可操作性。（2）组织清理了由工商部门主要负责实施的《甘肃省经纪人管理暂行条例》《甘肃省拍卖条例》《甘肃省实施〈消费者权益保护法〉办法》《甘肃省广告监督管理条例》《甘肃省查处生产、销售假冒伪劣商品行为条例》《甘肃省城乡集市贸易管理办法》《甘肃省生产资料市场管理办法》等9部地方性法规，同时对《甘肃省个体运输业管理办法》等3件省政府规章及30件省政府规范性文件进行了清理。12月，向省人大常委会和省政府上报了清理意见。（3）对省人大常委会、省政府、国家工商总局交办的各类行政的、经济的法律、法规、规章草案征求意见稿51件（次）提出了修改意见，修改　意见达400余条，大多数被有关机关采纳。

2002年,省工商局按照省人大常委会要求,组织全省各级工商部门开展地方立法调研工作,要求各级机关不断研究法制新动态,积极探索工商行政管理新理论,并结合工作实践,向省政府提出了2003年—2007年地方立法项目的建议。天水市、白银市、武威市、平凉市等地工商局及其所属县、区工商局、工商所也提出了《甘肃省实施反不正当竞争法》《甘肃省查处无照经营条例》《甘肃省营利性医疗机构登记管理条例》《甘肃省营利性教育机构登记管理条例》《甘肃省企业社会信用管理公示办法》等立项建议共计25项,同时提出了较为具体的立法意见,具有一定的立法研究价值。省工商局还将修改《甘肃省实施〈中华人民共和国消费者权益保护法〉办法》列为2003年立法计划的重要内容上报省人大常委会。这一年,省工商局还对省人大常委会、省政府、国家工商总局交办的各类法律、法规、规章草案征求意见稿52件次提出修改意见400余条,大多数被立法机关采纳。

2004年5月,省工商局向省人大常委会上报了《甘肃省合同监督管理条例》《甘肃省城乡集市贸易管理办法》《甘肃省经纪人管理暂行条例》《甘肃省广告监督管理条例》4部地方性法规的修改意见。在修改中把握的原则和做法是:按照《中华人民共和国行政许可法》(简称《行政许可法》)有关行政许可设定规定,结合本省实际,对涉及行政许可设定及相应法律责任条款逐一进行了相应的修订;对与上位法规定不一致的或者增设内容、条件的条款内容提出了修改、取消的修改意见;对所属部门规章设定依据而制定的条款,分别按与国家工商总局沟通后的清理意见提出修改、取消的意见。

这年10月,省工商局按照省人大常委会办公厅《关于做好地方立法研究工作有关问题的通知》要求,认真做好地方立法的调研工作,研究选定了4个调研题目:(1)地方立法与执政能力建设。(2)地方立法存在的主要问题及对策。(3)社会、公共服务、弱势群体的地方立法问题。(4)地方法规的效益评估及实施监督。省工商局围绕这4个题目,组织人员深入基层进行了1个多月的调查研究,向省人大常委会上报了调研报告。

2005年至2008年,省工商局在参与地方立法立规方面开展工作:(1)每年通过调研和广泛征求意见,确定立法立规的项目和计划,向省人大常委会、省政府上报,这已成为工商行政管理法制建设的常态性工作。(2)继续参与了地方性法规、规章和规范性文件的清理工作。这4年间共参与清理了114部地方行政法规及法规性文件、25件地方法规和75件部门规章及规定,还对国家工商总局等国家部门转来征求意见的30余件法规文件提出意见100余条。(3)根据省政府《关于贯彻实施〈中华人民共和国行政许可法〉的通知》要求,组织全省系统开展了行政许可规定和实施机构的清理工作,对清理工作内容、限时提出了具体意见和要求。在组织全省系统和各业务处对行政许可规定自行清理的基础上,根据《行政许可法》的行政许可设定原则和实施机构的实施原则,对省工商局及全省工商系统依照法律、行政法规、地方性法规、部门规章等规定依据所实施的行政许可规定项目和内容,从执行依据、设定依据、许可程序、许可期限、许可收费、许可年检等方面进行了清理、审核、汇总工作。同时,对全省工商系统的行政许可实施机构(实施机关)主体资格进行了清理,提出了清理意见,对由工商部门承担的38项行政许可、18项行政征收、704项行政处罚、275项行政强制措施和221项其他具体行政行为做出了清理确定,并向社会作了公布。

1987年—2008年省工商局参与地方立法工作情况

表9-1

年份	内 容	备 注
1987年	参与起草《甘肃省保护城市个体户合法权益暂行条例》 参与起草《甘肃省城乡集市贸易管理办法》 参与起草《甘肃省工商企业登记管理暂行办法》 参与起草《甘肃省个体运输业管理办法》 参与起草《甘肃省个体工商业户管理办法》 参与起草《甘肃省生产资料市场管理暂行办法》 参与起草《甘肃省城市集体所有制工业企业不生产倒闭处理暂行规定》	根据甘政办发〔1987〕5—8号《关于印发甘肃省1987年拟定地方性法规、规章目录的通知》

甘肃省志

工商行政管理志

年份	内　容	备　注
1988 至 1989 年	参与起草《甘肃省经济合同管理暂行办法》 参与起草《甘肃省贯彻国务院〈城乡个体工商户管理暂行条例〉实施办法》 参与起草《甘肃省贯彻国务院〈广告管理条例〉实施办法》	根据甘政办发〔1988〕21 号《关于印发甘肃省 1988 年拟定地方性法规、规章计划的通知》
1990 年	参与起草《甘肃省"重合同、守信用"企业的有关规定》 参与起草《甘肃省承包租赁合同管理办法》 参与起草《甘肃省经济合同仲裁简易办案办法》	根据甘政办发〔1990〕26 号《甘肃省人民政府办公厅关于印发甘肃省人民政府 1990 立法计划的通知》
1991 年	参与起草《甘肃省广告管理暂行办法》 参与起草《基层经济合同仲裁委员会派出仲裁庭办案试行办法》 参与起草《甘肃省机动车交易市场管理办法》 参与起草《甘肃省企业经营承包租赁合同管理办法》 参与起草《甘肃省建筑安装合同统一鉴证管理办法》 参与起草《甘肃省城乡集贸市场管理实施办法》 参与起草《全省企业"重合同、守信用"活动命名办法》	
1992 年	参与起草《关于确认无效合同办法的实施细则》 参与起草《甘肃省商标印制管理规定》	
1993 年	参与起草《甘肃省经纪人管理条例》 参与起草《甘肃省财物拍卖条例》 参与起草《甘肃省城乡集贸市场管理办法》 参与起草《甘肃省机动车交易管理办法》 参与起草《甘肃省打击假冒伪劣商品条例》 参与起草《甘肃省股份合作制经济登记管理办法》 参与修改《甘肃省消费者权益保护条例》 参与国家立法、地方规章征求意见:《商标法修正案(草案)》《反不正当竞争法(草案)》《公司法(草案)》《甘肃省社会治安综合治理条例》《甘肃省质量监督管理条例》等	

续表

年份	内　容	备　注
1994 年	参与起草《甘肃省外商投资企业管理条例》 参与起草《甘肃省城乡集市贸易管理办法》 参与起草《甘肃省查处制售假冒伪劣商品的决定》 参与起草《甘肃省机动车辆交易市场管理办法》 参与起草《甘肃省房地产市场管理条例》	
1995 年	参与起草《甘肃省生产资料市场管理办法》 参与起草《甘肃省查处生产销售假冒伪劣行为条例》 参与起草《甘肃省实施〈消费者权益保护法〉办法》 参与起草《甘肃省户外广告管理办法》	
1996 年	参与起草《甘肃省广告监督管理条例》 参与起草《甘肃省实施〈中华人民共和国反不正当竞争法〉办法》 立法调研项目:《甘肃省企业清算条例》《甘肃省租赁柜台管理规定》《甘肃省汽车市场管理规定》《甘肃省运输市场管理规定》	
1997 年	参与修改《甘肃省拍卖暂行条例》(修正案草稿) 参与修改《甘肃省城乡集市贸易管理办法》(修正案草稿) 参与修改《甘肃省经纪人管理暂行条例》(修正案草稿) 参与清理《甘肃省木材市场管理办法》等 17 件政府规章 参与《甘肃省人民政府关于加强商业和市场用度量衡器管理的通告》等 16 件政府规章提交了废止意见 参与修改《甘肃省查处生产销售假冒伪劣商品行为条例》(草案修改稿) 参与修改《甘肃省生产资料市场管理办法》(草案修改稿) 参与修改《甘肃省广告监督管理条例》(草案修改稿) 参与修改《甘肃省实施〈中华人民共和国消费者权益保护法〉办法》(草案修改稿)	
1998 至 1999 年	参与修改和会签上级法制部门和其他相关部门提交的与工商行政管理有关的法律、法规、规章和规范性文件 49 件(次) 参与清理地方法规 17 件、地方规章 13 件、部门规章 76 件,参与清理国家法规 66 件,共计 172 件	

年份	内　容	备　注
2000年	参与修改《甘肃省格式合同管理办法》 参与省人大、省政府地方立法草案征求意见46件（次），提出修改意见150余条	
2001年	参与修订《甘肃省经济合同管理条例》 参与清理《甘肃省个体运输业管理办法》《甘肃木材市场管理暂行办法》《甘肃省考评"重合同、守信用"企业办法》3件省政府规章及30件省政府规范性文件 清理《甘肃省经纪人管理暂行条例》等 参与完成省人大、省政府、国家工商总局交办的各类行政的、经济的法律、法规、规章草案征求意见稿51件次，提出修改意见400余条 参与政府部门之间的规范性文件会签23件次 参与清理省政府规章性政策措施文件30件 参与清理《甘肃省拍卖条例》等8部地方性法规	
2002年	提出地方立法建议与参与立法调研等25项:《甘肃省实施反不正当竞争法》《甘肃省查处无照经营条例》《甘肃省营利性医疗机构登记管理条例》《甘肃省营利性教育机构登记管理条例》《甘肃省企业社会信用管理公示办法》等 参与省人大、省政府、国家工商总局交办的各类法律、法规、规章草案征求意见稿52件次，提出修改意见400余条	
2003年	参与修改《甘肃省消费者权益保护条例》，进行了反复调研和征求意见，当年即被省政府常务会、省人大常委会先后通过 参与完成50件省政府及各部门规章、规范性文件的会签工作	
2004年	参与清理省政府规范性文件15件:《省政府办公厅转交省工商局关于甘肃省市场登记管理实施意见的报告的通知》《省政府批转省工商局关于整顿木材流通秩序加强木材市场管理工作意见的通知》《省政府关于加强畜产品市场管理的通知》等	

续表

年份	内　容	备　注
2004 年	参与《甘肃省消费者权益保护条例》的修改和征求意见工作,并参加了甘肃首次立法听证会 参与省人大、省政府法制办、国家工商总局以及相关部门转来的《企业破产法》《甘肃省招标投标条例》《甘肃省人才市场管理条例》《行政复议法实施条例》等共 50余件法律、法规、规章和规范性文件,提出了具有立法意义的意见、建议 200 余条次 按照《行政许可法》,参与清理修改了 4 部地方性法规:《甘肃省合同监督管理条例》《甘肃省城乡集市贸易管理办法》《甘肃省经纪人管理暂行条例》《甘肃省广告监督管理条例》 经多次调研,广泛征求意见,参与修改了《甘肃省消费者权益保护法条例》 参与完成了 50 件省政府及各部门规章、规范性文件的会签工作	
2005 年	参与修改调研《中华人民共和国广告法》《中华人民共和国行政复议法实施条例（草案)》《行政强制法（草案)》《合伙企业法》 向省政府报送了 2006 年地方立法计划 参与省人大、省政府法制办、国家工商总局以及相关部门关于《畜牧法》《融资租赁法》《合伙企业法》《甘肃省安全生产条例》《甘肃省供用电条例》《甘肃省文物保护条例》《甘肃省物业管理条例》等 18 件法律、法规、规章和规范性文件的修改和会签工作,提出意见和建议 100余条次	
2006 年	参与起草调研《甘肃省著名商标认定和保护办法（草案)》,并配合省政府对该办法进行了第一次修改 参与修改《甘肃省广告监督管理条例》 参与省人大、省政府法制办、国家工商总局以及相关部门转来的《行政强制法》《食品安全法》《合伙企业法》《反垄断法》《甘肃省草原条例》《甘肃省旅游管理条例》《市场违法行为处罚办法》等共计 38 件法律、法规、规章和规范性文件,提出了具有立法意义的意见、建议200 余条次	

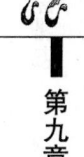

第九章　执法监督管理

年份	内　容	备　注
2007年	完成了2007年的地方立法计划。参与草拟并向省人大上报了《甘肃省著名商标认定和保护办法》，该年颁布实施参与省人大、省政府法制办、国家工商总局以及相关部门转来的《中小企业促进法》《行政复议实施条例》《流通领域商品质量监督管理条例》《甘肃省厂务公开条例》《甘肃省旅游管理条例》《市场违法行为处罚办法》等48件法律、法规、规章和规范性文件的修改，提交了具有立法意义的合理建议200余条次	
2008年	参与省人大、省政府法制办、国家工商总局以及相关部门转来的《甘肃省收入管理条例》《甘肃省农产品质量安全条例》等共45件法律、法规、规章和规范性文件的修改，提交了具有立法意义的建议210余条次	对这些地方性法规、规章还制定了具体的实施办法或实施细则

第二节　法律法规宣传与培训

　　开展法律法规的宣传与培训，是工商行政管理法制工作的一项重要职责。工商部门的法律法规宣传与培训，包括两个方面：一是对工商系统内行政执法人员的宣传与培训，二是对管理相对人即管理对象的宣传与培训。

　　从1986年到2008年，全省工商系统经历了从"一五"普法到"五五"普法。省工商局作为甘肃省依法治省工作领导小组成员单位，发挥了核心领导作用。从"一五"普法到"五五"普法，省工商局都成立了普法领导小组，下设普法办公室。普法领导小组及普法办公室的主要职责有3项：(1)根据中共中央、国务院每5年一次制定的普法规划，制定全省工商系统的普法规划实施方案。(2)按照全省工商系统法制宣传教育规划实施方案，组织实施普法的各项工作。(3)对每年发布的法律、法规、规章，结合系统实际，组织学习、宣传和培训工作。通过多年努力，省工商局在全员普法方面取得了显著成绩，获得了上级部门的认可，获得了"二五""三五""四五""五五"(中期)普法省级先进单位的荣誉。

　　2005年至2008年，全省工商系统行政处罚案件总数呈逐年下降趋势，

2006 年比 2005 年下降 10%,2007 年比 2006 年下降 18.8%。从案件总数逐年下降的情况分析,法律宣传的普及,管理相对人的法律意识和守法经营的观念不断增强,是行政处罚案发率下降的主因之一。与此同时,通过大规模干部法律培训,全省工商系统干部的法律素质有了较大的提高。

《行政诉讼法》于 1989 年 4 月 4 日颁布,1990 年 10 月 1 日起施行。《行政诉讼法》的制定和施行,是中国社会主义法制建设的一件大事。国务院于 1990 年 2 月 6 日下发了关于贯彻实施《行政诉讼法》的通知。1990 年 2 月 6 日,省政府下发了《关于认真贯彻实施〈中华人民共和国行政诉讼法〉的通知》。省工商局及时做出了安排部署,全省工商系统通过举办学习班和召开各种会议,对贯彻实施《行政诉讼法》进行了宣传教育。到 6 月底,省工商局机关干部普遍学习了《行政诉讼法》,并派人到北京参加学习培训。省工商局还与省政府法制局合办了一期《行政诉讼法》培训班,为各级工商部门培训师资 34 人。在几个月内,全省工商系统举办了各类《行政诉讼法》学习班共 10 期,参加人员 1300 余人。

1990 年 12 月 13 日,中共中央、国务院下发了《中共中央国务院关于批转〈中央宣传部、司法部关于在公民中开展法制宣传教育的第二个五年规划〉的通知》(简称"二五"普法)。1991 年 7 月,省计委、工商局等 6 部门联合举办全省第二期法律法规培训班。培训的对象为:全省工商企业和经济管理部门的人员,即国营、集体和乡镇骨干企业的厂长、经理、经济师、会计师、财会供销负责人和经济管理部门的人员。

1991 年 8 月,省工商局下发了《关于开展法制教育的通知》,要求学好《社会主义法制建设若干问题讲话》《中华人民共和国宪法讲话》。一般干部和职工除学好《中华人民共和国宪法》(简称《宪法》)和基础法律、法规外,要努力掌握与工商行政管理密切相关的法律知识,正确运用法律手段,自觉依法办事。教育对象是全省工商系统的干部、职工,重点是县级工商局以上各级领导干部。对个体劳动者的法制教育,各基层工商局、工商所配合当地政府、街道办事处组织实施,并充分发挥个体劳动者协会的作用,利用各种宣传工具,采取多种教育形式,进行生动具体和有针对性的法制宣传教育。教育的主要内容,以

《宪法》为核心，以专业法为重点，普及《行政诉讼法》《全国人大常委会关于禁毒的决定》《全国人大常委会关于惩治走私、制作贩卖、传播淫秽物品的犯罪分子的决定》和新颁布的法律法规，认真学习《中华人民共和国全民所有制工业企业法》。各级工商部门有计划、有步骤地重点熟悉、掌握本岗位所涉及的以工商行政管理为内容的有关法律、法规，使各级干部能够正确运用法律知识做好自己的本职工作。

1992年2月，省工商局普法领导小组制定了《甘肃省工商系统"二五"普法规划》，有针对性地学习国家基本法律常识，有计划、有组织、有步骤、分层次地学习专业法律知识，贯彻理论联系实际、学法用法紧密结合的原则，努力提高干部、职工学法用法的意识和水平，强化执法工作，为实现甘肃省国民经济和社会发展"八五"计划的奋斗目标创造良好的法制环境。

1992年3月，省工商局向全省工商系统发出了《关于开展〈行政诉讼法〉和〈行政复议条例〉宣传月活动的通知》。要求各地工商部门要结合本地区的工作实际，针对干部群众中存在的怕当被告、怕败诉、怕失尊严的"三怕"思想，重点宣传《行政诉讼法》和《行政复议条例》的立法宗旨、基本原则、受案范围、申请与受理的条件和办案程序等基本内容，建立行政诉讼和行政复议制度的重大意义，行政诉讼和行政复议制度与加强行政管理和深化改革的密切关系等。在对内宣传上，要运用本地区的行政案件，以案讲法，采取召开汇报会、研讨会、报告会等形式，有组织、分层次地学习《行政诉讼法》和《行政复议条例》，讨论分析典型案例，熟悉掌握"一法一条例"的基本内容，提高依法行政意识，促进监督管理工作。在对外宣传上，各地工商部门根据当地政府的安排，印发宣传材料、建立宣传画廊、出动宣传车、利用电台报刊等舆论工具搞好宣传；上街开展"一法一条例"咨询、服务活动，认真向群众讲解"一法一条例"，并虚心听取群众对工商部门的意见和建议，使宣传月活动既有声势，又取得扎实的成效。

从1992年底到1993年上半年，全省各级工商部门以邓小平南方讲话和中共十四大精神为指针，紧密结合工商行政管理的实际，重点抓了工商行政管理专业法的学习培训，并将专业法的学习与全省工商系统的岗位职务培训结合起来,把法制教育作为一门必修课列入岗位培训教学计划。岗位培训在学习共同法的同时,重点学习了以工商行政管理内容为主体的各项专业法律法规,比如,企业登记管理部门重点学好《企业法人登记管理条例》和《全民所有制工业企业转换经营机制条例》,经济合同管理部门重点学好《经济合同法》,商标广告管理部门重点学好《商标法》等。在一年多的时间内,全省工商系统共举办各级各类法律法规培训班36期,参加培训的人员近2000人。省工商局还与省计委、税务局、省广播电台联合举办了"甘肃省经济法律法规培训班"广播讲座,有2万多人次参加了学习。

1993年11月,省工商局举办了全省工商系统《反不正当竞争法》培训研讨会,全省各地(州、市)工商局主管经检、法制工作的局长、科长共70余人参加了培训。同时,省工商局转发了国家工商局《关于认真开展〈中华人民共和国反不正当竞争法〉学习宣传培训工作的通知》,并与省司法厅、省普法办联合转发了国家工商局、司法部、全国普法办《关于在"二五"普法中组织学习和宣传〈中华人民共和国反不正当竞争法〉的通知》,就该法的宣传、培训等作了部署安排。全省各地工商部门均举办了不同形式的培训,共举办培训班20期,培训人员670人,并面向社会举办了8期短期培训,培训人员670人。11月—12月,全省工商系统在社会上大张旗鼓地宣传《反不正当竞争法》,取得了较好的效果。

1994年至1995年的两年间,国家颁布的市场经济法律法规有150余件,其中规范市场主体和规范交易行为的法律法规,与工商行政管理工作紧密相关。省工商局在1994年组织市场经济法律法规培训教育的基础上,1995年与省司法厅、省法制教育办公室共同开展了《公司法》《反不正当竞争法》《消费者权益保护法》《劳动法》等10多部法律法规的培训教育工作。全省共培训企业管理人员、营销人员1.6万多人,配发培训教材8万余册,制作教育资料磁带1000余盘。通过培训和考核,大部分参训人员都取得了结业证。全省各级工商部门还在"3·15消费者权益保护日""打假曝光台",通过开展法律咨询、张贴宣传品、印发传单、出动宣传车、利用广播电视等多种形式,宣传工商行政管理法律法规,对净化经济环境,增强经营者和消费者的法律意识产生了积极影

响。不少工商局获得全省"二五"普法先进单位称号,省工商局法制处和人教处1名干部分别被评为"二五"普法教育先进单位和先进个人。省工商局与省司法厅、省法制宣传办公室联合对工商系统法制宣传培训成绩突出的36个先进单位和58名先进个人进行了通报表彰。

1995年5月,省工商局印发了《1995年市场经济法律法规培训班报名计划》。培训方式以函授教育为主,面授辅导为辅。各教学班或培训办根据学员的具体情况,分期分批组织面授、辅导或答疑。通过培训学习,使广大学员熟悉和掌握与建立社会主义市场经济体制有关的基本法律知识,学会运用法律规范企业行为,自觉依法经营,参与市场竞争,依法维护自身的合法权益,保障市场经济健康有序地发展。考核试卷由省培训办统一命题、印制。凡考核合格者,由教学班或培训办发给省培训办统一印制的由省司法厅和省工商局共同验印的结业证书。结业证书可作为认定企业法定代表人资格和办理企业年检的依据之一,单位参学率、考核合格率同时作为普法主管部门检查验收普法教育的重要内容。

1995年11月13日,省工商局、省法制宣教办、省司法厅联合发文做出了《关于通报表彰全省市场经济法律法规培训工作先进单位、先进个人的决定》,对兰州市工商局法制处等36个先进单位和李英成等157名先进个人予以通报表彰。

1996年5月2日,省工商局发出了《关于认真学习〈中华人民共和国行政处罚法〉的通知》,决定5月15日至6月15日在全省工商系统开展学习《行政处罚法》的活动。主要学习内容为:(1)《行政处罚法》的指导思想和基本原则,(2)行政处罚的种类、设定权限的划分,(3)行政处罚的管辖和适用,(4)行政处罚的决定程序,(5)行政处罚的执行程序,(6)行政处罚的听证程序,(7)关于罚收分开制度的操作办法,(8)贯彻《行政处罚法》中的有关问题。《通知》要求各级领导干部带头学习,各业务部门积极参加,以自学为主,各单位在适当时间组织考核验收。

1997年5月,省工商局按照省政府《关于贯彻实施〈中华人民共和国行政处罚法〉的通知》精神,向全省系统下发了关于认真学习《行政处罚法》的通知。

6月上旬,省工商局又召开了全省地(州、市)工商局主管法制工作的局长、科长参加的《行政处罚法》学习研讨会,传达了全国工商系统法制工作会议精神,对全省工商系统的学习贯彻做出了安排。省工商局还组织各地(州、市)工商局的法制工作骨干赴外地参加学习培训,提高业务水平,以适应新形势的要求。省工商局还下发了《关于在全省工商行政管理系统开展〈中华人民共和国行政处罚法〉考试的通知》,要求全省工商系统工作人员(除工勤人员)全部参加由省工商局统一命题的考试。9月18日,全省工商系统进行了闭卷考试,各级领导积极组织,带头参加,并对成绩优秀者予以奖励,取得了较好的成效。

1996年至2000年,"三五"普法阶段。1996年,省委、省政府批转了省委宣传部、省司法厅《关于在全省公民中开展法制宣传教育的第三个五年计划》和省人大常委会《关于继续深入开展法制宣传教育的决议》。省工商局根据上述文件精神,成立了普法领导小组,设立了办公室,组织领导全省工商系统的普法工作。普法办公室根据领导小组的部署,制定了普法工作规划,提出"三五"普法的任务:(1) 深入学习邓小平同志关于社会主义民主与法制建设的理论;(2)在继续开展《宪法》、基本法学习的同时,着重抓好社会主义市场经济法律法规的普及,提高各级干部运用法律手段调节各种经济关系的能力;(3)坚持学用结合,加大行政执法力度,在系统内进一步推广、完善执法责任制,提高依法行政的水平。在学习内容上要求既要抓好具有普遍意义的基本法的学习,更要注意"干什么、用什么、学什么"的原则,分层次有重点地学习与工商行政管理业务有关的法律法规。教育涉及面包括辖区企业法定代表人、管理人员、经销人员、私营企业主和个体工商户。规划的制定为全省系统全面开展"三五"普法工作奠定了基础。

"三五"普法期间,全省工商系统重点抓了执法人员的法制培训。组织执法人员1万多人次分批参加各种不同类型的培训班。开展持证培训,省工商局将此项工作与普法宣传教育相结合,使全体执法人员都参加专业法和综合法的培训。全省共举办各类行政执法人员培训班300余期,接受综合法和专业法培训取得资格证书的人数达7428名。省工商局还组织人员编写了《工商行政管理法律教材》《工商行政管理行政处罚实用手册》《法律法规汇编》等,既为培训

提供了教材,也为执法人员依法行政提供了准确、方便、快捷的工具书。自下而上开展竞赛,普法教育全面深入。

2000 年 4 月 25 日,国家工商局和司法部联合举办了"全国工商行政管理法律知识竞赛",省工商局对竞赛工作作了全面部署。经过广泛宣传、认真组织、学习培训、层层选拔,全省从工商人员、企业经营管理人员、个体工商户中选出的选手参加了甘肃赛区的比赛,天水市代表队获得第一名,庆阳、武威地区分列二、三名,甘肃电视台播放了决赛的实况。4 月底,甘肃组成代表队参加了全国的竞赛,取得了优秀组织奖。这次活动参加人数多,涉及面宽,宣传教育深入,对整个普法教育是一次推动和检验。

1999 年至 2000 年,全省工商系统在法制宣传培训中,重点加强对社会法制宣传的培训力度。各级工商部门一方面坚持面向社会广泛宣传法律法规,一方面重点培训企业人员和个体经营者。省工商局先后与省司法厅、省政府法制局等共同举办了各种不同形式的法制宣传教育培训班,培训人员 4.5 万人次,印发各种配套教材 22 万余册,并与省消费者协会、省广播电视台举办了有 50 万人参加的《消费者权益保护法》知识竞赛。除此之外,省工商局还在全省范围内组织开展了以企业法定代表人、个体工商户、私营企业主为主要培训对象的市场经济法律法规教育培训工作。这一活动的开展,使企业法定代表人、私营企业主,个体户强化了依法经营的意识,改善了执法者与执法对象之间的关系。

2000 年上半年,全省工商系统组织涉密人员认真学习保密法规,增强保密意识,开展了保密法制教育。省工商局机关结合"三五"普法教育,采取多种形式组织干部认真学习《保密法》《中共中央关于加强新形势下保密工作的决定》等法规文件。省工商局保密领导小组还制定完善了保密制度,对保密工作做出了 11 条具体规定;结合本局实际,制定了《保密工作责任制实施办法》,就保密工作领导小组的职责做出了 9 条具体规定,并纳入了干部考核内容,使本局保密工作从上到下形成了齐抓共管的格局。

在 2000 年上半年开展持证培训的基础上,按照省政府法制局的要求,抓了甘肃省行政执法证换发前的培训工作。各地工商部门根据自身实际,采取分散学习、集中考试或集中授课、集中考试的方式进行培训,保证了每位学员的学习时间都在 60 个课时以上。培训期间，省工商局、省政府法制局利用 10 天时间，联合组织人员分赴各地巡视并监督考试(带试卷)。各地严密组织了集中闭卷考试，考试合格者取得了持证资格。据统计，全省工商系统参加培训 3266人，其中参加专业法培训 1973 人，参加综合法培训 1293 人。

2000 年全省工商系统行政执法人员持证培训情况

表 9-2

单位	培训人数		培训班别		培训时间	备注
	综合法	专业法	综合法	专业法		
省工商局	7	—	—	—	7月1—10日	一期培训班，综合法一期
兰州市	92	—	1	—		
定西地区	77	411	1	4	7月1—20日	五期培训班，综合法一期，专业法四期
白银市	11	86	—	1	7月1—10日	一期培训班，综合、专业法办一个班
平凉地区	111	710	1	7	7月1—25日	八期培训班，综合法一期，专业法七期
陇南地区	213	82	2	1	7月1—15日	三期培训班，综合法二期，专业法一期
甘南州	10	—	—	—	7月1—15日	参加临夏州考试
临夏州	271	49	3	1	7月1—15日	四期培训班，综合法三期，专业法一期
庆阳地区	198	616	2	6	7月1—25日	八期培训班，综合法二期，专业法六期
天水市	259	—	2	—	7月1—15日	二期培训班，综合法二期

单位	培训人数		培训班别		培训时间	备注
	综合法	专业法	综合法	专业法		
张掖地区	32	13	1	–	7月1—10日	张掖、酒泉地区、东风场区、矿区集中张掖地区培训,办一期培训班
东风场区	6	–	–	–	–	–
矿区	2	–	–	–	–	–
酒泉地区	4	6	–	–	–	–
小计	1293	1973	13	20	–	共培训3266人

2000年下半年,全省工商系统接受了省上"三五"普法工作总结验收。由于全省工商系统"三五"普法工作做得扎实,顺利通过了验收。安西县工商局被评为"三五"普法工作先进单位,甘南州工商局局长被评为"三五"普法工作先进个人。

2001年,是"三五"普法教育总结表彰和"四五"普法教育启动展开的一年。省工商局被评为全省"三五"普法先进单位,受到了表彰。全省工商系统的甘南州工商局、天水市工商局秦城分局等5个工商局受到了表彰。按照省委、省政府的安排部署,省工商局及时向全省系统下发了"四五"普法工作要点。

2001年10月,省工商局转发了省委宣传部、省人事厅、司法厅《关于印发〈甘肃省国家公务员学法用法活动和进行依法行政培训工作实施方案〉的通知》,以中宣部、人事部、司法部组织编写的全国统编教材《公务员依法行政读本》为主,主要学习《公司法》《消费者权益保护法》《反不正当竞争法》《合同法》《商标法》《广告法》《私营企业法》《合伙企业法》《个人独资企业法》等专门法律以及与工商行政管理业务相关的法律法规。省工商局要求各级工商部门按照省上的部署,尽快制定切实可行的实施方案,采取多种形式,开展宣传教育和学习活动,使每个干部都能深刻认识到学法用法和依法行政的重要性和必要性,在全省工商系统形成一种人人学法、用法、懂法和依法行政的良好氛围。

2002年,全省工商系统全面开展了"四五"普法宣传教育工作。各级通过举办讲座、组织培训、专题辅导、案例分析等形式进行法律法规宣传和学习,在举办培训的同时,还组织了形式多样的法律知识考核、业务知识竞赛活动。各级工商干部通过对《宪法》《行政复议法》等基本法律和世贸组织规则等知识的重点学习,进一步增强了法律意识和法制观念,增强了依法行政的自觉性。同时广泛开展面向社会的法制宣传教育工作。各地采取办专栏、印发宣传材料、张贴大幅标语、设立宣传咨询服务台、举办打假成果展览等丰富多彩的形式,面向全社会开展了声势浩大的法制宣传活动。据统计,全省工商系统共印发各类宣传材料50余万份,组织市场法规咨询活动200余场(次)。省工商局组织各业务处室骨干力量参加省依法治省办公室统一组织的全省"12·4"法制宣传日普法宣传活动,向社会宣讲法律、解答咨询、分发法律宣传材料。通过宣传活动,增强了公民的依法维权意识,营造了良好的法制氛围,产生了较好的社会效果。

2004年初,省工商局结合《甘肃省行政处罚实施资格证》《行政执法证》《行政执法监督检查证》的换发工作,组织编写了《工商行政管理知识读本》和《工商行政管理法律法规汇编》,按人手一册配发到每个执法人员。对全省工商系统9800名行政执法人员进行了培训和考试,对考试合格的逐个核对审查换发行政执法证;对全省工商系统970个行政处罚主体核发了行政处罚主体资格证,确保了行政执法主体的合法性。对持证上岗、亮证执法情况进行了专项检查,严格规范了全省系统行政执法主体资格和行政执法行为,保证了依法行政工作的顺利进行。

2004年7月1日,《行政许可法》正式施行。这是一部规范政府及其各部门包括工商部门依法行政的重要法律。同年3月,国务院发布了《全面推进依法行政实施纲要》。6月28日,国务院召开了全国依法行政工作电视电话会议,对贯彻落实《纲要》和《行政许可法》做出全面部署。省工商局把2004年作为《行政许可法》贯彻年,下大力抓好对这部法律的学习贯彻。全省工商系统广泛开展了《行政许可法》的学习活动,引导全省工商执法人员充分认识实施《行政许可法》和《全面推进依法行政实施纲要》的重大意义,认真做好实施这部法律的准备。省工商局向全省系统发出了深入学习《行政许可法》的通知,各级工商部门对《行政许可法》进行了广泛的学习宣传,分期、分批举办了培训班。省工商局对全省系统市、县工商局的局长、科长进行了为期6天的培训,各级工商局在3月至5月进行了全员培训。这一年全省工商系统共举办300多期培训班,近1万名执法人员接受了培训。省工商局还购买了2000多套《行政许可法释义》和《行政许可法百题问答》等书籍,并将《行政许可法》及其有关制度汇编成册下发全省工商系统。《行政许可法》实施后,省工商局又举办了《行政许可法》与企业登记管理培训班,取得了显著的成效。在加强自身学习、培训的基础上,全省工商系统加大了对社会宣传的力度,为《行政许可法》的实施营造良好的社会氛围。省工商局将《行政许可法》纳入"四五"普法计划,作为后3年普法工作的重点,通过报刊、广播、互联网等媒介广泛宣传。省工商局和兰州市工商局积极参加了省政府组织的《行政许可法》大型宣传周活动,采用多种形式,做好向全社会的宣传工作,使广大公民、企业经营者了解这部法律,依法维护自身的合法利益。

2005年,按照中共中央《关于在全国公务员中开展学法用法活动和进行依法行政培训的意见》和省委宣传部、省人事厅、司法厅联合下发的《关于组织全省国家公务员参加依法培训考试的通知》要求,省工商局决定,这一年的8月与省人事厅共同组织对全省工商系统公务员进行一次依法行政培训考试。考试的对象是全省工商系统处级以下国家公务员,考试内容分通用法律知识和专门法律知识两部分。培训考试的成绩,在公务员的《国家公务员培训证书》上进行记载,作为当年公务员考核的一个重要条件和"四五"普法考核验收公务员学法用法的一项重要内容;考试不合格的进行补考,补考仍不合格的,年度考核不能评为称职及以上等次。由于全省工商系统各级领导高度重视,广大工商干部认真学法和严格参加考试,全省工商系统没有出现考试不合格的人员。

2005年,是"四五"普法的最后一年。这年9月,省工商局召开全省工商系统"四五"普法工作总结验收会,各市、州工商局"一把手"参加。验收采取"条块结合,以块为主"的方法,充分尊重地方党委和政府的验收意见。从验收的情况看,全省工商系统的"四五"普法工作较好地完成了确定的各项任务,取得了比较明显的成效,14 个市、州工商局在地方党委、政府的验收中均被评为优秀,金昌市、白银市工商局还被推荐为省级优秀单位。

2006 年初,省工商局对"四五"普法工作进行总结并安排部署"五五"普法工作。这年 1 月—4 月,在全省工商系统开展了评选法制宣传工作先进集体和先进个人的工作,并分别向省委、省政府、国家工商总局作了推荐。9 月,省工商局按照省法制宣传工作会议和全国工商系统法制宣传工作会议精神,结合"五五"普法规划,制定下发了《全省工商行政管理系统法制宣传教育第五个五年规划的实施意见》。10 月,省工商局召开了全省工商系统普法工作视频会议,对全省工商系统"四五"普法工作进行总结,并对 2006—2010 年的法制宣传教育工作进行安排部署,同时对全省工商系统在"四五"普法工作中取得优异成绩的 31 个集体和表现突出的 33 名个人进行了表彰。省工商局法规处因工作成绩突出,被省政府评为全省法制工作先进单位。临夏州、白银市工商局2 个集体和省工商局局长朱同心、天水市工商局麦积分局法规科科长宋秀梅 2名个人受到了国家工商总局表彰;省工商局、白银市工商局、临夏市工商局、甘谷县工商局、泾川县工商局、东乡县工商局、合作市工商局 7 个集体和金昌市工商局法规科副科长王卉、静宁县工商局局长张烈统 2 名个人受到省委、省政府的表彰。

2007 年,是全省工商系统全面推进依法行政的一年,各级工商部门始终把开展法律的宣传培训作为推进依法行政的重中之重。这一年,省工商局坚持以国务院《全面推进依法行政实施纲要》(简称《纲要》)为指导,认真开展了"五五"普法和干部法律法规培训工作,使干部队伍的依法行政能力和行政相对人的法律素质有了较大提高,为全面推进依法行政打下了坚实基础。①开展了法律"四进"工作。省工商局制定了《全省工商行政管理系统法制宣传教育第五个五年规划的实施意见》,以增强法律素质和依法行政能力为目标,大力推进法制宣传教育进单位、进社区、进农村、进机关的工作。特别是发挥工商所点多面广,和社区联系密切的优势,开展法律进社区的活动,把消费维权、商标维权等活动推进社区,促进管理有序、文明祥和的新型社区建设,为创建"民主法治社区"做好服务。②加大了执法人员的培训力度。按照国务院《纲要》的要求,省工

商局结合系统实际,大力开展了干部法律培训和增强执法能力建设工作,使干部队伍的政治思想素质、岗位履职能力和依法行政能力有了较大提高,为全面推进依法行政打下了坚实的基础。对新颁布的《中华人民共和国物权法》(简称《物权法》)《行政复议法实施条例》等法律法规,特别邀请了国家工商总局法规司和兰州大学法学院的领导,利用视频会议等方式向全省工商系统干部进行了讲授。金昌市、武威市工商局还举办了"一月一法一考"活动,对执法人员实行经常性的法律培训。为保证培训工作落到实处,全省各级工商部门普遍实行了法制工作责任制,使法制培训工作制度化、常态化。③利用各种形式开展普法活动。全省工商系统先后组织参加了"知识产权宣传月""依法行政宣传周"和"12·4全国法制宣传日"等法制宣传活动,对依法行政工作、新颁布的《物权法》和《甘肃省著名商标认定和保护办法》等进行了宣传。省工商局编印了《工商行政管理法律法规规章新编(三)》下发全省系统,还组织机关全体干部职工参加了民族法律知识竞赛活动。通过这些工作的开展,为行政执法营造了良好的法制环境。

2008年,全省工商系统在工商法律法规的学习、宣传、培训等方面,按照省工商局的安排,省工商局机关组织开展了局机关市场监管和行政执法专题辅导讲座活动,制定了"一月一法一学"的制度,每月以不同的主题为内容,聘请省内外法学界学者和有关部门从事法律事务的专家,为全局机关干部进行法律辅导讲座。这一年共进行了5次讲座,分别请专家、教授讲解了《中华人民共和国反垄断法》(简称《反垄断法》)、商标制度、公司登记法规。组织开展了全省工商系统法制机构工作人员和工商所法制员的培训工作。省工商局组织了以证据规则和案件核审为主要内容的法律培训班,预计用两年时间对全省系统近800名法制工作人员进行一次轮训,当年组织了4期,共培训400余人。在此基础上,还进行了专业法的培训,主要内容有《中国法制建设白皮书》《反垄断法》《政府信息公开条例》《工商行政管理机关行政处罚程序规定》《工商行政机关行政处罚案件听证规则》等。在培训中,各级工商部门注意结合执法的实际和"五五"普法的要求,以"领导干部懂法理、执法人员熟法条"为目标,对各级领导干部开展以法学理论和行政学原理为主要内容的培训和学习,力求达到具备法制理念,有较高的法制理论水平,具备能够依法决策、依法管理各种事务的能力。对执法人员以实践交流、知识竞赛等方式搞好学习,提高自觉依法行政,熟练运用法律规定,依法管理、依法办事、依法执法的能力。按照省委宣传部、省司法厅、省依法治省办《关于印发〈全省"五五"普法中期督察方案〉的通知》,省工商局认真开展了全省工商系统"五五"普法自查工作。通过自查,全省工商系统两年多来的"五五"普法工作较好地完成了确定的各项任务,中期工作取得了明显的成效,达到了提高队伍素质、加强基层组织、服务人民群众、促进各项工作的目的。这年10月,省工商局的"五五"普法工作接受了省委、省政府督察组和国务院检查组的检查,工作得到了肯定,被评为全省"五五"普法中期工作先进单位。经过多年普法,全省工商系统干部队伍已经具备了较好的法律素质,执法队伍熟练运用法律依法行政的能力有了较大提高,并从中培养、选拔和建立了一支工商系统内的法律培训讲师骨干队伍,为普法培训奠定了组织和人才基础,使其成为承担系统内执法培训和交流工作的一支重要力量。

第三节　行政执法监督

行政执法监督是规范工商部门执法行为的内部监督制约机制,是工商部门依法行政的重要保证。执法监督工作主要通过两个途径实现:一是规范依法行政,二是监督依法行政。主要内容包括:推行行政执法责任制、案件核审、法制工作检查、办案交流评析、实施行政审批制度改革(规范行政审批)、清理行政许可事项(规范行政许可)等。

一、执法检查与案件核审

1991年至1994年,省工商局每年都要组织开展执法检查。在此4年间,全省工商系统按照省人大常委会、省政府的要求,先后对20余件由工商部门执行的法律、法规和规章的贯彻执行情况进行了检查。通过执法检查,提高了工商系统各级领导干部和执法人员对行政执法和行政执法监督重要性的认识,增强了依法行政和接受执法监督的自觉性和主动性。各级工商部门在检查中以群众反映强烈、社会普遍关注的热点、难点问题为重点，认真查处了执法中存在的问题，促进了纠正行业不正之风和内部行政执法监督机制的建立与完善。

1993年，省工商局按照省人大常委会《关于1993年执法检查工作的安排意见》和省政府《关于1993年政府系统开展行政执法检查工作的通知》，成立了行政执法监察领导小组，年初下发了《关于1993年工商行政管理系统开展行政执法检查工作的通知》。主要检查《产品质量法》施行的准备情况，检查打击假冒伪劣商品方面存在的问题，《企业法》《全民所有制工业企业转换经营机制条例》的贯彻实施情况，《中外合资经营企业法》的贯彻实施情况；《药品管理法》《矿产资源法》的贯彻实施情况。检查从5月开始至9月结束，分3个阶段进行。第一阶段（5月初至6月底），以县级工商局为单位进行学习动员、宣传教育，发动群众，自查自纠。第二阶段（7月初至8月底），以地（州、市）工商局为单位，对所辖各县（区）前一阶段工作及自查自纠情况组织重点抽查，尤其是对群众反映强烈、社会普遍关注的问题，列为抽查的重点，发现执法不严不力或制售假冒伪劣商品活动猖獗、屡禁不止的地方，分析原因，提出切实可行的措施，限期改进。第三阶段（9月），集中力量对前阶段发现的问题进行督促检查，并在此基础上进行全面总结，建章立制，巩固成果，推动全省工商系统行政执法监督检查工作向经常化、制度化、规范化的方向发展。

1995年，全省工商系统加大了执法监督检查的力度。5月30日，省工商局下发了《关于1995年工商行政系统开展行政执法检查的通知》。提出了检查的重点，检查基层工商所（队）的具体行政行为。检查国家工商总局《工商行政管理机关行政处罚程序规定（试行）》和《工商行政管理所条例》以及省工商局制定的《实施〈工商行政管理所条例〉具体办法》的贯彻执行情况，看是否按照规定的职权范围和办案程序规范自己的具体行政行为，行政处罚的程序是否合法，滥用市管费代替行政处罚的现象是否从根本上得以纠正。检查《甘肃省拍卖暂行条例》《甘肃省经纪人管理暂行条例》《甘肃省城乡集市贸易管理办法》和《甘肃省查处生产、销售假冒伪劣商品行为条例》的学习、贯彻执行情况。检查执法人员是否认真学习,是否面向社会进行宣传,是否严格执法,有具体的执法资料案例。检查有关工商行政管理法律法规的学习、宣传、培训和执行情况。继续检查《反不正当竞争法》《消费者权益保护法》《广告法》《国家赔偿法》的学习、宣传情况和执法情况,看各级工商部门是否将新法的学习宣传作为当年法制宣传工作的重点,系统内的学习和面向社会的宣传采取了哪些方式,收到了什么效果。

　　1997年5月—10月,省工商局按照《甘肃省人民政府关于开展全省政府系统行政执法检查工作的通知》精神,用近半年时间开展了执法检查,重点检查了《行政处罚法》《消费者权益保护法》《产品质量法》《甘肃省产品质量监督管理条例》《甘肃省查处生产、销售假冒伪劣商品行为条例》等法律法规的贯彻执行情况。这次执法检查,因地制宜,不设条条框框,如兰州市工商局针对群众关心的热点问题,以检查《消费者权益保护法》的执行情况为主;永登县工商局因群众申诉购买假农膜、假化肥、假种子问题较多,以检查《产品质量法》《甘肃省查处生产、销售假冒伪劣商品行为条例》的执行情况为主。县、区工商局检查以工商所为主。检查在办案过程中,是否严格依法办案、依程序办案,各种法律文书的使用是否合法、规范。检查工商所的具体行政行为,抽查简易程序的现场处罚案卷。是否将行政执法检查工作列入各级工商部门的目标任务,作为考核工作的重要内容。检查将行政执法同建章立制结合起来,完善内部制约机制,保证行政处罚案件的质量。省工商局还专门行文,要求各地在自查自纠阶段统一安排,采取上下结合、内外结合、自查自纠与重点抽查结合、边查边改与推行部门执法责任制结合的方法进行,并拟定了执法评分表,由各地参照执行。从检查结果看,全省系统未发现有超范围实施行政处罚及执法违法等行为,办案程序、处罚依据以及核审内容等基本合法。

　　1998年6月—10月,全省工商系统组织开展了执法监督检查。将执法监督检查的内容全方位化,凡属工商行政管理行政行为的,不论是抽象行政行为还是具体行政行为,作为还是不作为,都列入了执法监督检查范围。各级工商部门强化了案件同级核审工作,在核审中严把程序关、事实关、证据关、定性关和自由裁量关,要求适用法律法规准确。核审意见由法制部门提出,作为领导

第九章　执法监督管理

决策和定案的重要依据。当年,全省工商系统行政处罚案件核审率达100%,案件正确率达95%以上。对应当组织听证的行政处罚案件,严格按照《工商行政管理机关行政处罚案件听证暂行规则》和《甘肃省行政处罚听证程序暂行规则》规定的程序、数额、听证范围的要求,认真做好听证的组织工作。有些地方还组织了行政处罚案件模拟听证会,为今后可能会发生的听证案件做好准备。通过组织听证工作,增强了工商部门和社会各界对听证工作重要性的认识,使法制工作人员学习和了解了组织听证工作的程序和方法。各级工商部门认真学习和贯彻《甘肃省工商行政管理局实施〈工商行政管理所条例〉行政处罚办法》,尤其基层工商局和工商所的行政执法人员通过学习,做到了学懂弄通,依照规定,严格按程序办案。依照《广告法》《广告管理条例》《店堂广告管理暂行办法》等法律法规,对广告市场监管情况进行了专项执法检查。

2000年,全省各级工商部门加大了执法监督力度,对所有适用一般程序处罚的案件6988起全部进行了核审,核审率达100%。以兰州市工商局城关分局为例,1998年至2001年,每年核审案件达1000余起,2000年核审案件1413起,对其中52%的案件提出了1400多条退卷补正和修改意见,较好地发挥了案件核审的作用,保证了行政处罚工作符合法定原则,案件核审退卷率呈逐年下降趋势,维护了工商部门的执法形象和执法权威。同时,通过案件核审工作,引导基层工商所全面履行职能,提高了执法人员的业务素质和行政执法水平。

从案件核审的情况看,全省工商系统办案质量有很大的提高,从立案、调查到结案基本上做到了比较规范。同时也发现,具体行政处罚案件中还存在着不少具有普遍性的问题:(1)办案程序不严格,如履行告知程序不是先采取直接送达,而直接采取邮寄或公告送达。(2)取证方面,不注重直接证物的调取和保存,使案件事实没有重要证据的支持;所取的书证往往没有按要求粘贴在证据复制提取单上,没有证据出处、取证时间,没有当事人或证据提供人的签字和公章,使证据缺乏证明力。(3)在适用法律法规定性处罚中,能同时适用法律和法规、规章的,不适用效力更高的法律,而适用法规或规章。(4)在法律文书上还存在不够认真严谨的问题,如处罚决定书中诉权告诉不明确,容易产生歧义,且引发诉讼。在案件核审中,各级工商部门的法制机构对案件有针对性地提出了补充、纠正意见和建议,及时纠正了部分案件程序不规范、定性不准、适用法律不当等问题,大大提高了办案质量。兰州市工商局城关分局针对不同的案件,进行了认真的分类剖析,总结出办案中应注意的 10 个问题,这些问题都很典型,对以后的办案很有借鉴作用。

　　2002 年,全省工商系统重点注重办案过程中的案件同级核审,发挥法制机构的内部同级监督职能作用。法制机构在对各类行政处罚案件核审工作中,基本上做到了严把程序关、证据关、定性关和自由裁量关,按照法律、法规及规章的规定,对于案件的证据、事实、定性、程序及适用法律等环节不符合要求之处,都能积极与办案机构共同研究探讨,及时交流和沟通,形成共识,退回办案机构重新补证。全省工商系统各级法制机构对适用一般程序的 1.78 万件行政处罚案件进行了严格核审,核审率为 95% 以上。全省工商系统各级法制机构依法负责办理行政复议、诉讼、听证、赔偿案件,既保证了当事人维护合法利益的救济途径的顺畅,同时又在保障行政机关依法行政的基础上,对具体执法行为起到了监督作用。据统计,在各类行政处罚案件中,属听证范围的案件达 4634 件,对于当事人要求听证的 9 件处罚案件,法制机构认真组织召开听证会,经办案机构与当事人陈述、申辩、质证等程序,维持 7 件,变更 2 件,确保了办案质量。当年全省工商系统共发生行政复议案 38 件,其中不予受理 3 件,申请人撤回申请 11 件,办结 8 件;受理的 16 件,维持原处罚决定 7 件,案件维持率为 44%,变更原处罚决定 3 件,撤销原处罚决定 3 件,其他类 3 件。全省工商系统共发生行政诉讼案 7 件,除原告撤诉 1 件外,在法院开庭审理的 6 件中,维持 5 件,撤销 1 件,胜诉率为 83%。省工商局办理了 1 件行政赔偿案件,兰州市工商局公平交易分局在行政执法中程序违法,采取行政强制措施不当而给当事人造成经济损失,省工商局为赔偿义务机关,申请拨付了 1.38 万元的国家赔偿款,使被侵权人及时获赔。各地还加强行政执法证件管理,严格组织全省工商系统"三证"年审工作。按照《甘肃省行政执法证件管理办法》的规定和省政府法制办的统一安排和授权,省工商局对全省工商系统处罚实施机构的资格证件、行政执法证件和行政执法监督证件进行了严格的年审。经过年审,全省

系统具备行政实施机构资格的行政处罚主体总数为962个，通过年审的行政执法人员为9824人，行政执法监督人员为605人，因其他原因予以注销或吊销的146人。通过对执法证件的日常管理、集中年审和对持证上岗、亮证执法情况进行专项检查等工作，严格规范了全省系统行政执法主体资格和行政执法行为，确保了依法行政工作的顺利进行。

2005年，制定了《全省工商行政管理系统关于贯彻落实〈全面推进依法行政实施纲要〉的实施意见》，提出了"以制度建设为基础，以规范行为为重点，以加强监督为保障，以提升素质为关键"的工作思路。同时，制定下发了《甘肃省工商行政管理机关规范性文件备案审查办法》，建立健全了规范性文件备案审查的工作制度。6月，省政府召开了全省贯彻依法行政《实施纲要》和《国务院全面推进依法行政实施纲要五年规划(2004—2008年)》电视电话会议，同时省政府办公厅下发了《关于贯彻落实甘肃省人民政府全面推进依法行政五年规划的通知》。省工商局据此制定下发了《甘肃省工商行政管理局关于贯彻依法行政〈纲要〉和〈五年规划〉的意见》，对依法行政工作尤其是全面推行执法责任制作了安排。这一年，省工商局还制定了《甘肃省工商行政管理系统规范性文件备案审查办法》《甘肃省工商行政管理系统行政认可过错责任追究办法》，特别是建立健全和严格执行了行政执法责任制度、领导责任追究制度和错案追究制度，强化了对行政执法行为的规范和监督，形成了按制度办事、靠制度管人的工作机制。全省各级工商部门按照省工商局的统一安排，加强执法监督检查，重点检查执法程序是否正确、执法行为是否合法、执法权限是否到位。

同时，认真搞好案件质量评查，评查的内容有法律文书的规范使用、证据的有效性、程序的合法性、应用法律法规的正确性以及案卷的装订等。通过评查，评选出优秀案卷、较差案卷和办案能手，予以通报。通过努力，各级办案机构的执法水平和办案质量较之往年有了明显的提高，基本达到了"所所都立案，人人能办案"的水平。在案件质量评查中，各县、市、区工商局(分局)还选拔政治立场坚定、业务素质过硬、具有一定能力和水平的干部到工商所担任法制员，对以工商所名义做出的处罚案件进行核审把关，并通过他们开展各项法制宣传教育培训工作。到年底，全省工商系统建立了基层工商所法制员工作制度。

2006 年，全省工商系统重点抓了以"四性"为内容的复议案件和行政处罚案件评查工作。在评查的方法上，改变了以往仅就案件本身的事实、程序等是否合法进行评查的方式，提出了评查"四性"内容，即："严格合法性、提高合理性、增强说理性、体现和谐性。"同时制定了违法事实、证据收集、案件定性、适用法律法规、处罚内容、办案程序、文书制作、案卷归档 7 个方面的案件评查标准。案件评查工作从年初开始，到年底全部完成。省工商局对兰州、武威、张掖市工商局以及兰州市工商局城关分局、张掖市工商局甘州分局进行了抽查。从抽查的情况看，复议案件、行政处罚案件质量明显提高，尤其是规范了依法行政行为，全面推进了执法责任制的贯彻落实，具体表现在依法对执法依据进行了界定，设定了执法岗位，严格规范了执法程序，完善了考核机制，达到了执法权限法定化、执法责任明晰化、执法行为规范化、执法程序公开化、执法监督制度化、执法效能考评化的"六化"标准。同时行政执法案件管理的网络系统全面推广。行政执法案件管理系统以全面推进依法行政、建立健全惩治和预防腐败体系为目的，将执法队伍管理、案源管理、立销案件管理、行政处罚程序、处罚案件执行、行政救济管理、业务指导、数据统计集于一体，有效地解决了规范行政执法的问题，提升了工商行政法制化管理水平。到年底，该系统已实现在市、州工商局，县（市、区）工商局（分局），工商所的三级应用。为把握好复议审查和案件评查中的合法性审查和适当性审查的关系，防止行政争议、维护社会稳定，力争把行政争议化解在基层、化解在初发阶段、化解在行政程序中，省工商局加强了对案件合法性、合理性、和谐性的评查。截至 11 月底，全省共办理一般程序案件 2.14 万件，共评查案件 1.5 万件，占案件总数的 70%；共办理复议案件 19 件，检查了 19 件。从 2004 年至 2006 年，全省工商系统复议和诉讼案件数量均有不同程度的下降，说明全省工商系统解决行政争议的能力不断提高。

2008 年，省工商局加强了对全省系统依法行政情况的调查研究，更有效地开展执法监督检查。对全省系统的行政处罚案件情况进行了调查研究。省工商局调研组经过近一个月的情况汇总和数据分析，并深入兰州市工商局公平

交易分局实地调查，对全省系统行政处罚状况和市场监管工作水平形成了调查报告。全省系统执法办案设施情况的调查工作,保障了执法办案工作的正常开展,为有针对性地加强执法办案的基础设施建设提供了依据。建立和完善了行政执法办案机制。在对全省系统进行调研的基础上，省工商局起草制定了《甘肃省工商行政管理机关行政处罚案件评查办法(试行)》和《行政处罚案件评查标准》,设计了通过案卷评查,对各级工商局的案件质量好坏、大要案查处力度、罚没款的决定数额与实际入库数的比例高低3个主要考量指标做出评价的制度,为建立行政处罚综合评价体系、行之有效的激励机制,调动执法办案积极性打牢了基础。

案件核审典型案例选

案例1:2000年,兰州市工商局城关分局某工商所查处了一起以自然人为主体的无照经营案件，在调查及处理意见中发生了对违法行为主体认定的错误。自然人王某投资在某地点开设了一家具有一定规模的餐馆,未经核准登记于2000年4月28日擅自开业,同年6月15日被该局执法人员在日常监督检查中查获。在检查现场,当事人出于不落案底的动机和畏避心理,让其从业人员张某出面接受调查处理。由于该案调查人员未对张萍进行必要的身份核查和对诸如投资情况、租房协议等相关情况进行询问和取证,办案机构仅仅以被调查人的口述为事实认定证据,发生了违法行为主体认定上的错误,以张某为违法行为主体写出了调查终结报告,草拟了行政处罚决定建议书移送核审。法规处在核审中发现该案调查不够,事实不清,缺乏核实当事人基本情况的相关材料等事实证据,营业场地租赁时间及开业时间等许多细节未经核实,据此,做出了退卷补正的核审意见。该案经5次退卷补充调查,对违法行为主体王某做出立即停止非法经营活动,罚款1000元的行政处罚并顺利执行完毕。当事人没有提出申辩、复议和行政诉讼。

评析:该案是较为典型的经过法制机构核审后纠正办案机构因事实不清、证据不足而产生的认定违法行为主体错误的案件。从该案案情中反映出,该案之所以发生违法行为主体的认定错误,除当事人有意规避的原因外,案件调查人员先入为主,不全面细致地调查提取事实的充分证据是主要原因。在无照经营案件中,当事人经营时间长短是准确裁量处罚幅度的重要依据,营业场地的租赁协议是认定事实的重要证据之一,假如该案调查人员对此情况予以关注,收集相关证据,就会发现场地承租人与接受调查人不一致,进而发现矛盾,排除矛盾,就不会出现行为主体认定的错误,这是该案产生违法行为主体认定错误的原因之一。对案件当事人的身份认定,就当查验其身份证明,当事人不能提供身份证明的,也应当进行必要的核实和收集一些旁证材料,而该案调查人员却没有对当事人的身份证明等基本情况进行必要的调查核实, 这是该案产生违法行为主体认定错误的原因之二。当事人经营规模和赢利情况是准确裁量处罚幅度和选择处罚种类的重要依据,有非法所得的应当予以没收,该案当事人投资较多,无照经营具有一定规模且长达 56 天,期间已发生了一定数额的非法经营额,如果该案调查人员对此情况能够调查取证,就会发现实际的投资人,就不会发生违法行为主体认定的错误,这是该案产生违法行为主体认定错误的原因之三。假如该案在核审中不能及时发现上述错误,将会产生以下后果:(1)行政处罚决定无法执行,(2)导致该案的处罚决定的撤销,(3)被错误认定的违法行为主体提起行政复议或者行政诉讼而导致产生上述两种情况。法制机构严谨的案件核审,保证了该行政处罚的准确性和合法性。

案例 2:2000 年 8 月,兰州市工商局城关分局某工商所查处了一起无照经营面粉加工兑换的案件。当事人于 2000 年 3 月 15 日开始营业,2000 年 8 月 10 日被查获,期间当事人获取了一定的非法所得。但是,该案调查人员规避了非法所得的认定及处理, 在处罚建议中对非法所得没有认定也未提出相应的处罚意见。法规科在核审中发现了这一问题,提出了核审意见,建议对当事人的非法所得予以认定并没收,该案经 4 次退卷纠正,做出认定当事人在无照经营期间获取非法所得 870 元,并予以没收的行政处罚。

评析:该案是典型的通过核审纠正了处罚不恰当问题的案件。该案之所以产生规避非法所得的认定及处理的问题, 主要是由于办案机构认为当时对非法所得计算的相关解释不够完整, 国家工商局 336 号文件中的直接成本在本案中的界定难以理解和把握, 该案当事人从事的面粉加工兑换业务属登记注

册中服务业类别,服务业的直接成本在现有的解释中尚未明确,缺乏能够直接认定的依据,直接借用会计核算方法与国家工商局 336 号文件的精神又不相符,因而在实际操作中产生了一些困惑,使办案人员心中无数,从而在案件的调查处理中有意回避了非法所得的认定及处理问题。核审机构认为非法所得是当事人违反国家法律法规从事经营活动而产生的非法利益,国家付出了被违法行为干扰和破坏正常的社会经济秩序的代价。所以对违法当事人的处罚既包括对其非法所得的收缴,也包括以货币形式对其非法获取的经济利益的剥夺或者说强行占有其部分既得非法经济利益,即法规规定的没收非法所得和罚款。如果对当事人以干扰和破坏正常的社会经济秩序的非法利益不予收缴而仅仅是处以罚款,从经济利益上讲,如果当事人的非法所得大于罚款数额,就会出现违法有利可图的情况,就不能达到处罚的目的。如果把合法经营必须缴纳的税收考虑进去,甚至会出现以合法的方法纵容、鼓励违法经营的结果。依法核审本案,避免了上述问题的出现,使行政处罚决定做到了处罚准确,维护了执法工作的严肃性,同时也从一个侧面印证了案件核审工作的重要性和必要性。

二、推行行政执法责任制

随着社会主义民主法制建设和依法治国方略的推进,国家和社会的监督制约机制的日益完善,行政相对人法律意识和维权意识的增强,对行政执法机关及其执法人员的法律素质和执法水平的要求也越来越高。

从 1996 年开始,行政执法责任制在全省工商系统逐渐推行开来。进入新世纪以后,随着全省工商系统实行省以下垂直管理,统一执法已成为改革的趋势。在这种形势下,实行执法责任制已成为依法行政的重点工作之一,开始在全省工商系统大张旗鼓地推行。到 2008 年,行政执法责任制已相当成熟与完善,并在全省工商系统不断推进。

1998 年 10 月,省工商局贯彻落实省委《关于加强依法治省工作的决定》和省人大常委会《关于依法治省的决议》,按照省政府的《甘肃省依法行政工作实施方案》,下发了《关于成立全省工商系统推行执法责任制领导小组的通知》。省工商局推行执法责任制领导小组负责领导、组织全省工商系统推行执法责任制工作,办事机构设在省工商局法制处。

1998 年 12 月 24 日,省工商局局务会议研究决定,在全省系统推行行政执法责任制度。早先下发的《关于推行〈甘肃省工商行政执法责任制〉通知》。强调了三个方面的工作要求,一是提高认识,统一思想。二是统一领导,分级负责。三是各级工商行政管理机关要在认真执行《甘肃省工商行政管理机关行政执法责任制暂行规定》《甘肃省工商行政执法过错责任追究办法》等 10 项制度的同时,及时反映执行中存在的问题和执行情况,以便省工商局对行政执法责任制度进一步修改完善。

2000 年下半年,省工商局对全省工商系统尤其是基层贯彻落实执法责任制情况进行了全面检查,包括规范使用办案文书情况、工商所执法情况等。检查后认为,在工商所职能转变过程中,不办案的工商所逐步减少,基层行政执法人员执法水平不断提高, 从人人会办案发展到案案都规范。为提高办案质量,许多区、县工商局在建章立制的基础上,还设立了法制员,从人员上保证了办案质量。

2001 年下半年,省工商局组织全省工商系统认真开展了落实执法责任制的监督检查工作。各地工商部门按照省工商局安排,从 8 月份开始陆续对本地区推行执法责任制情况进行了专项检查, 省工商局派员多次分赴各地进行检查。从检查的情况看,大多数地区执法责任制工作落实到位,已贯彻至工商所。全省相当数量的基层工商所的工作职能已发生转变,由原来侧重收费,逐渐转变成为履行工商行政管理各项监管职能。表现突出的是兰州市七里河区和城关区的工商所。这两个区地处省会城市的繁华地带,经济较为发达,其经营者的违法经营活动也较为突出。这两个区的工商所强化办案职能,办案数量大为增加,2001 年两区办案数量占兰州市工商局全局办案数量的 80%以上。从监督检查的情况看,不少地方把推行执法责任制与年终考核结合起来进行,取得了很好的效果。

2003 年至 2004 年,全省工商系统抓了落实执法责任制的监督检查。省工商局多次对各市、州工商局进行了实地检查,特别对 20 多个基层工商所设定执法岗位和执法责任的情况进行了调查研究。结合工商部门机构改革后的机

第九章 执法监督管理

构设置,对行政执法责任制的各项制度规定进行了修改、完善。全省工商系统制定了行政执法责任制度、规定共 12 项,修改了 11 项,新制定 1 项。按照省政府的要求,组织全省工商系统开展了以《行政许可法》《国务院全面推进依法行政实施纲要》和《甘肃省规章规范性文件备案审查办法》的贯彻落实情况和以执法责任制为主要内容的专项检查活动,促进了这些法律、法规和规范性文件的贯彻执行。

2005 年 11 月,省工商局向全省工商系统下发了《甘肃省工商行政管理局推行行政执法责任制工作方案》。这是省工商局为贯彻落实国务院《全面推进依法行政实施纲要》和《省政府推行行政执法责任制工作方案》,推进全省工商部门依法行政而制定的。总体目标和任务是以宪法、法律、法规、规章为依据,以推进依法行政进程、建设法治政府、构建社会主义和谐社会为目标,通过确定合法、有效的执法依据,制定科学、透明的执法程序,设定公开、公平的执法标准,完善奖惩分明的考核机制,达到执法权限法定化、执法责任明晰化、执法行为规范化、执法程序公开化、执法监督制度化,使工商部门和执法人员行政执法的方法有明显改进,行政执法的水平有明显提高,行政机关的作风有明显转变,人民群众满意度有明显提升。

2006 年 3 月,省工商局召开了全省工商系统推行行政执法责任制第二阶段工作视频会议,安排布置了全省工商系统推行行政执法责任制工作,并细化了省工商局机关、内设机构和各市、州工商局推行行政执法责任制的工作职责、期限、目标等,做到各司其职,责任明确。4 月—9 月,省工商局组织全省工商系统对行政执法依据(包括规范性文件)进行了清理,并经省政府办公会议审查通过后在政府法制信息网等媒体向社会公布。

2007 年至 2008 年,全省工商系统继续大力抓好落实执法责任制的工作,以此来推行依法行政、完善执法机制和规范执法行为。在此期间,省工商局继续开展了执法依据的梳理和进一步科学编制执法流程工作,使全省工商系统较全面地建立起了以规范行政许可、行政处罚、行政征收和行政强制等行为为主要内容的工商部门行政执法监督体系,基本建立起了权责明确、行为规范、监督有效、保障有力的行政执法体系。特别是结合具体职责权限、执法程序和各部门承担的执法任务,采用流程图与文字说明相结合的方式,制定出了 106 项工作流程,确定了近 2000 个不同岗位行政执法人员的具体执法责任。

2008 年 3 月,省工商局按照"有权必有责,用权受监督"的原则和纵向到底、横向到边的要求,按照省政府依法确认公布的省工商局行政执法依据,逐岗分解落实具体执法责任,明确界定各个执法岗位的职责,逐项认领行政执法项目,制定了行政执法流程。省工商局针对具有执法权限的 7 个业务处室不同的执法岗位,共列出具体的执法流程 94 个,其中个体私营经济监督管理处行政执法流程 30 个,企业注册管理处行政执法流程 11 个,外资企业注册处行政执法流程 10 个,商标广告监督管理处行政执法流程 20 个,市场监督管理处行政执法流程 14 个,消费者权益保护处行政执法流程 3 个,公平交易处行政执法流程 6 个。这些行政执法流程主要包括行政许可和行政处罚及行政强制措施等内容。在每个执法流程中分别包括执法内容、执法程序、执法依据、执法范围及权限义务、岗位职责说明、岗位职责法律责任等内容,属行政许可行为的,还包括该项许可的时限和需要审查的内容。通过制定行政执法流程,分解执法项目,确定了不同岗位行政执法人员的具体执法责任,明确了承担责任的种类和内容。这些行政执法流程的完成,进一步完善了省工商局落实行政执法责任的相关制度,为推动全省工商系统行政执法人员依法行政提供制度保障。

第九章　执法监督管理

个体私营经济监督管理行政执法流程之一：名称预先核准流程

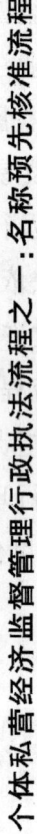

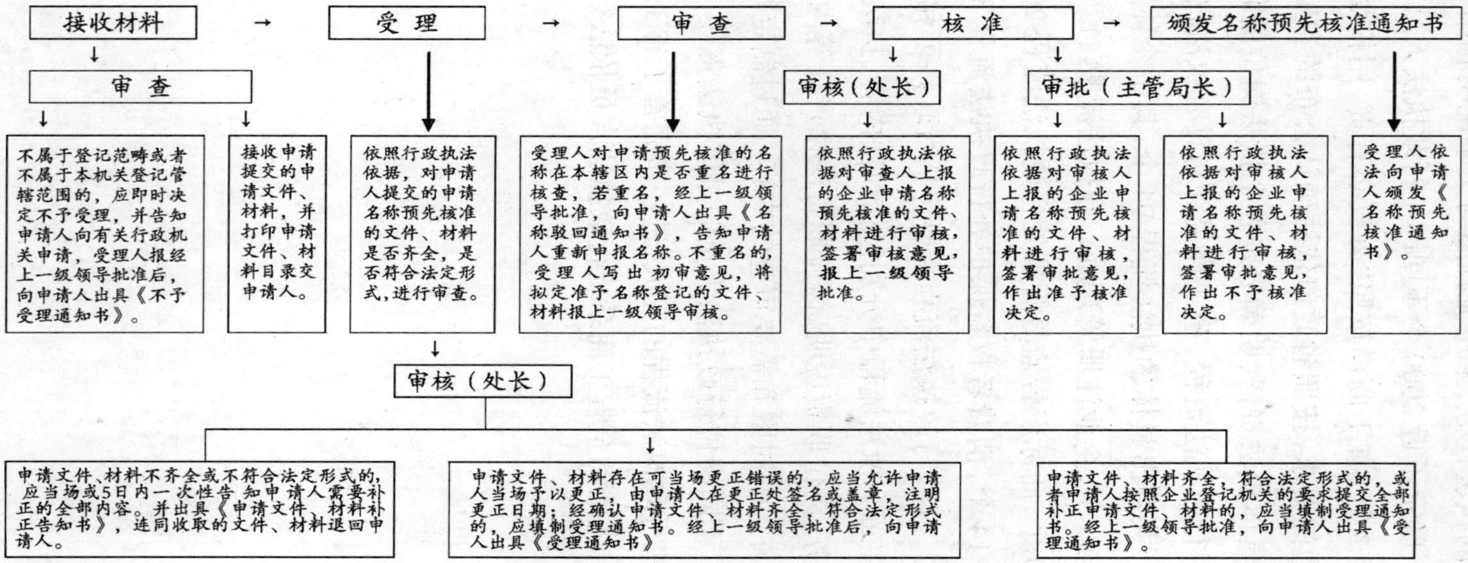

接收材料 → 受理 → 审查 → 核准 → 颁发名称预先核准通知书

接收材料
- 审查

接收申请报送文件、材料。

不属于登记范畴或者不属于本机关登记管辖范围的，应即时告知申请人不予受理决定，并告知申请人向有关机关申请，受理人根据上一级领导批准后，向申请人出具《不予受理通知书》。

受理

依照行政执法人依据，对申请人提交文件、材料，并打印申请文件目录交申请人。是否齐全，是否符合法定形式，进行审查。

审查

受理人对申请的名称进行核查，在本辖区内是否重名，若重名，经上一级领导批准，向申请人发《名称预先核准通知书》，告知申请人重名的，不予核准。受理人写出初审意见，将受理核定文件名称登记的文件、材料报上一级领导审查。

核准
- 审核（处长）
- 审批（主管局长）

审核（处长）：依照行政执法人依据对审查上报的企业名称预先核准的文件、材料进行审核，签署审核意见，报上一级批准。

审批（主管局长）：依照行政执法人审查企业申请的名称预先核准的文件、材料进行审核，签署审批意见，作出准予核准不予核准决定。

颁发名称预先核准通知书

受理人依据核发，向申请人颁发《名称预先核准通知书》。

审核（处长）：

申请文件、材料存在可以当场更正错误的，应当允许申请人当场更正，申请人应对更正内容签字或者盖章确认。经审查符合法定形式，材料齐全的，受理人出具《受理通知书》。

申请文件、材料不齐全或者不符合法定形式的，应当场或者在5日内一次性告知申请人需要补正的全部内容，并出具《告知补正通知书》，连同收取的文件、材料退回申请人。

申请文件、材料齐全，符合法定形式的，或者申请人按照要求提交全部补正申请材料的，应当受理申请，向申请人出具《受理通知书》。

三、行政审批制度改革

2001 年初,省工商局按照省政府的安排,着手进行行政审批制度改革的各项准备工作。省工商局作为行政审批承担机构,主要承担依据市场主体法律、法规、规章和市场交易法律、法规、规章进行审批的经济管理业务。其承担核准事项的业务机构共计 4 个:企业注册处、个体私营经济监督管理处、商标广告监督管理处、市场监督管理处。企业注册处、个体私营经济监督管理处主要办理:内资企业、外商投资企业、自然人投资设立的公司、私营企业、合伙企业、个人独资企业的登记注册。商标广告监督管理处主要办理广告经营资质及临时广告、户外广告等特殊广告发布登记核准业务。市场监督管理处主要办理市场登记、合同监督管理、经纪人资格核准等业务。从 2001 年 3 月至年底,省工商局先后进行了两批行政审批事项的自我清理。第一批清理的审批项目 84 项,核准事项 60 项,审批事项 5 项,备案事项 19 项,与审批有关的收费项目 24 项。第二批清理审批项目 87 项,核准事项 61 项,审核事项 7 项,备案事项 19 项,与审批有关的收费项目 23 项。后经省政府核准,公布了以下 4 种情况:(1)省政府该年 7 月 4 日第一批公布核准取消 1 项(自制合同文本),下放 1 项,取消审核 1 项(市场年检),合计减少 3 项。(2)第二批清理的审批项目 87 项,清理后应当保留核准事项 27 项,减少 33 项,取消 1 项,转移给粮食行政部门 1 项,转移给省商标协会 1 项,转备案 1 项,转移到省广告协会 1 项;合并企业、外商投资企业设立、变更、注销登记等核准事项,减少 20 项,转入正常管理工作 28 项,取消 1 项,保留 7 项,审核事项 6 项,转移到省广告协会 1 项,取消 5 项;备案管理事项应当保留 16 项,合并公司、外商投资企业董事、监事、经理成员变动情况备案 2 项为 1 项,取消 2 项,合计减少 3 项。(3)第一批清理和第二批清理的总项目审批项目 87 项,核准项目 61 项,保留 27 项,减少 34 项。其中事项合并减少 20 项,转移 3 项,转备案 1 项,取消 2 项,下放地、州、市 1 项,转正常管理工作中 8 项,取消 1 项,保留 7 项;审核管理事项 7 项,转移 1 项,取消 6 项;备案管理事项保留 16 项,事项合并 2 项为 1 项,取消 2 项;合计、审核、备案管理减少合计 44 项,剔除正常管理工作事项 8 项,减少项

目 36 项,占审批总项目的 45.56%,达到省政府要求的 40%以上。(4)与审批有关的收费事项 23 项保留 19 项,事项合并减少 3 项,取消 1 项。

2002 年 1 月 14 日,省政府发出通知,公布了省级政府部门审批制度改革第一批、第二批予以取消、下放、转移、转备案的审批、核准等事项。在省政府公布的第一批改革事项中,省工商局取消核准事项 1 项:自制合同文本。下放核准事项 1 项:获准优质烈性酒发布广告。取消审核事项 1 项:市场年检。省政府的第二批改革事项中, 省工商局取消核准事项 1 项: 关于企业商标权投资审查。取消审核事项 5 项:商标评估机构资格证书(国家工商局已废止),汽车交易盖章(由公安部门管理),外商投资企业成为股东、发起人资格意见(国家工商局已废止),商标注册证验证,进口照相机备案审核(国家工商局已废止),取消备案事项 2 项:商标评估报告,商标评估机构有关事项变更或终止。核准转备案事项 1 项:关于商品展销会登记证 1 项。核准事项转移给中介机构或协会管理 3 项:广告审查员证(转省广告协会),商标印制人员资格证转省商标协会,广告从业人员技术岗位资格证(转省广告协会)。

2002 年 7 月 19 日, 省工商局向省政府行政审批制度改革工作领导小组报告了第三批行政审批项目的清理情况,提出如下清理意见:(一)保留事项:保留的 43 项,其设定都具有法律、法规、规章等法律依据。其中,以法律为设定依据的 4 项,以行政法规为设定依据的 17 项,以地方性法规为设定依据的 6 项 (其中一部地方性法规经省人大常委会 2002 年 3 月 30 日第二十七次会议修订),以部门规章为设定依据的 15 项,以规范性文件为设定依据的 1 项(该规范性文件由国家工商总局根据实际需要制定)。上述法定依据均为现行有效。(二)建议减少事项:(1)备案事项中可以合并减少 1 项。外商投资企业缴付出资的备案事项与外商投资企业的外国投资者要求延期出资的备案事项,因此 2 项备案事项内容、性质相近,可合并为 1 项即外商投资企业缴付出资与外资企业的外国投资者要求延期出资的备案。(2)核准事项转移 1 项。粮食收购资格证转移到粮食行政管理部门。

2002 年 12 月,省工商局向省政府行政审批制度改革工作领导小组报告了第四批行政审批减少项目目录的报告。按照《国务院关于取消第一批行政审批项目的决定》取消的国家工商总局的 13 项行政审批项目内容,对涉及省工商局行政审批职能的项目,省工商局经逐项讨论、研究,提出了削减事项的意见:第一,已上报省政府列入行政审批清理目录项目中,建议取消的有 5 项(合同鉴证,商标印制业务管理人员资格核准,白酒 39° 以上广告审批,卫星电视广播地面接收设施定点销售审批,设置广告显示屏审批)。第二,未列入省政府行政审批清理目录项目中,建议取消的有 4 项(进口汽车销售备案,"重合同、守信用"企业核准,执照复印件加盖原登记主管机关公章的审批,"打假维权消费者满意街"命名)。

2003 年,省工商局在前三次清理的基础上,向省政府上报了第四批行政审批事项清理结果,共清理行政审批事项 114 项,保留 40 项,取消 19 项,合并 21 项,转正常工作 7 项,转移 3 项,转备案 1 项,共减少 44 项。省工商局还结合《行政许可法》的颁布,组织完成了工商行政管理行政许可事项的清理汇总工作。

2004 年 3 月,省工商局向省政府行政审批制度改革工作领导小组报告了第五批行政审批的清理事项。省工商局制定了行政审批制度的清理方案,利用 3 个多月时间对本局执行的法定行政审批事项进行了全面清理,并按照《行政许可法》的法定许可设定原则和甘政办发〔2003〕118 号文件规定的清理原则,对清理出的全部审批事项逐项进行了审查;同时结合《国务院关于取消第二批行政审批项目和改变一批行政审批项目管理方式的决定》中取消的国家工商总局审批事项内容,对不符合《行政许可法》规定的事项,实际工作不需许可的审批事项提出了取消意见和建议,对一些下属部门规章设定,实际工作又需要的许可审批项目内容,积极主动与国家工商总局联系,听取上级部门对其部门规章的清理意见,提出清理意见和建议。

2004 年 7 月,省工商局向全省工商系统下发了《关于公示停止执行已取消的行政审批项目目录的通知》。按照《甘肃省人民政府办公厅关于分类处理现行行政审批项目的通知》和省政府关于公布取消的一、二、三、四、五批行政审批项目的决定,以及《行政许可法》的有关规定,将国务院及省政府取消的行政审批项目作了公示,共计 41 项。

2004 年省工商局公示取消的行政审批项目目录

表 9-3

序号	取消项目名称
1	小轿车一次性经营审批
2	进口汽车销售备案
3	合同鉴证
4	"重合同、某守信用"企业核准
5	执照复印件加盖原登记主管机关公章的审批
6	白酒类(39°以上)广告审批
7	商标印制业务管理人员资格标准
8	"打假维权消费者满意街"命名
9	卫星电视广播地面接收设施定点销售审批
10	设置广告显示屏审批
11	民用航空器设计、生产、维修企业审批
12	没收走私汽车、摩托车证明书核发
13	印制商标单位审批
14	广告审查员资格核准
15	企业登记代理人员资格考核、年检
16	广告专业技术岗位资格证书
17	经纪从业人员资格核准
18	商标代理人资格核准
19	店堂牌匾广告登记
20	店堂广告登记
21	因私出入境中介活动广告审批
22	自费出国留学中介服务广告审批
23	临时性广告经营资格审批
24	境外就业中介服务广告审批
25	轿车生产企业销售网点核准

序号	取 消 项 目 名 称
26	自制合同文本核准
27	《市场登记证》年检
28	企业商标权投资审查核准
29	商标评估机构资格证书审核
30	汽车交易验证盖章审核
31	外商投资企业成为股东、发起人资格意见审核
32	《商标注册证》验证审核
33	进口照相机备案审核
34	商标评估报告备案
35	商标评估机构有关事项变更或终止备案
36	《市场登记证》(设立、变更、注销)核准
37	由卫生、医药、农业等行政主管部门审批广告审查文件备案
38	商标代理机构申请书备案
39	商标代理机构批准备案
40	格式条款合同备案
41	总代理、总经销、专营、厂家直销等特约标记备案

2005年,省工商局对全省工商系统执行的101项行政审批项目进行了清理,保留了38项,并进行了公示。

四、贯彻实施《行政许可法》

2003年8月27日,第十届全国人大常委会第四次会议通过了《行政许可法》。2004年,省工商局结合贯彻实施《行政许可法》,按照国务院关于《全面推进依法行政实施纲要》的规定,成立了清理行政许可事项和行政许可实施机构的"双清"小组,组织全省工商系统对涉及工商行政管理的行政许可事项和行政许可实施机构进行全面的清理。省工商局按照甘肃省行政审批改革领导小组要求,结合行政审批事项的清理以及《行政许可法》的规定,对本系统执行的101项行政审批事项和许可项目, 提出保留有上位法依据和国务院决定的项目 64 项,取消无法定依据的项目 37 项的意见,其中有法律、行政法规依据的行政许可事项 16 项,取消的部分项目经省政府公布。对全省工商系统 104 个许可实施机构及其许可事项、依据、收费进行了清理,提出了保留 102 个许可实施机构的意见。省政府审定公布后,省工商局根据工商部门的职能,对行政许可的事项、依据、条件、程序、期限、实施主体等,通过报纸、电视、甘肃红盾网等媒介依法向社会公示,对已取消的行政许可事项在全省工商系统办公场所进行了公示。

2005 年,国务院办公厅又下发了《关于推行行政执法责任制的若干意见》。省工商局对省政府批准的全省工商系统 102 个行政许可实施机构的名称、性质、设定依据及其实施的行政许可项目进行了清理和公示。

2007 年至 2008 年,省工商局继续对工商行政管理许可范围进行了清理和完善。2007 年,省工商局主要开展了两项工作:一是清理和明确了全省工商系统的行政许可实施机构的名称、性质、设定依据及其实施的项目;二是通过梳理执法依据,分解执法职权,确定并分解了工商部门承担的行政许可 22 项。到 2008 年底,省工商局通过清理和规范涉及工商行政管理的行政许可,实际保留事项有 38 项,有效地规范了工商部门的行政行为。

第四节　行政复议与行政诉讼

1989 年 3 月,省工商局处理第一宗行政复议案件——1989 年 3 月 22 日的宁夏中宁县鸣沙电石厂秦某申诉鸣沙电石厂购买木材案。1988 年 12 月 29 日,宁夏中宁县鸣沙电石厂秦某就该厂购买木材案向省工商局提出了申诉。该案的起因是:1988 年 10 月 16 日,兰州市工商局市场管理站对市区光辉停车场等处的木材黑市交易进行了突击清理,查获了部分进行黑市交易的木材,其中有鸣沙电石厂非法购买的木材共计 8.39 立方米。对此,兰州市工商局市场管理站以工商检字〔1998〕105 号文件决定将这批木材予以没收处理。该电石厂不服而提出申诉。省工商局经复议认为,光辉停车场等处的木材黑市交易应坚决取缔,对进行木材黑市交易的双方和停车场进行查处是正确的。按照《甘肃省木材管理暂行办法》第十二条第一款中关于"在场外非法购买木材的,所购木材全部没收"的规定,将该电石厂购买的木材予以没收的处理也是正确的,应予维持。省工商局做出两项复议决定:(1)兰州市工商局兰工商检字〔1998〕105号文件中所引用的执法条款不当,应予撤销。(2)对申诉书中所涉及的卖主马某某的问题,责成兰州市工商局调查属实后,另案处理。

1990年10月1日,《行政诉讼法》施行。同年12月,国务院颁布《行政复议条例》,并于1991年1月1日施行。

1991年7月,省工商局向全省工商系统印发了《甘肃省工商行政管理局案件复议委员会议事规划(试行)》《甘肃省工商行政管理机关行政复议程序规定(试行)》。1993年9月,省工商局组织召开了全省工商系统1991年以来的行政复议和行政诉讼案件评议会,评议全省工商系统行政复议案件59件、行政诉讼案件16件,从办案程序是否合法、定性是否准确、适用法律法规是否正确以及文书格式是否规范等方面一一进行了评议。当年全省工商系统共发生行政诉讼案2件,胜诉1件、原告撤诉1件;行政复议案12件,维持4件、撤销2件、变更1件、责令重新作出决定和补证3件、撤诉2件。这一年,发生了一起不服外商投资企业登记管理行政诉讼案,这是《行政诉讼法》实施以来,全省工商系统发生的第一起以省工商局为被告的行政诉讼案。对应诉工作,省工商局领导高度重视并进行了全面的指导。经法庭审理,省工商局胜诉。另外,省工商局对2起行政复议案,都按照法定程序进行了全面细致的调查,并予补证。本着严格依法行政和有利于改革开放的精神,对武威地区工商局的1起复议案做出撤销原处理决定并重新做出具体行政行为的复议决定。原告对原处理机关的第二次处理决定不服,再次提出复议申请,省工商局又重新对案件进行了全面调查研究,做出了维持的复议决定。

1995年,全省各级工商部门认真贯彻执行国家工商局《工商行政管理机关行政处罚程序规定(试行)》,认真做好案件的行政复议、行政诉讼工作。省工商局在年初起草了《甘肃省工商行政管理机关行政处罚案件审核规程》,在征求意见的同时,边依照办理边修订,不断完善。这一年,省工商局法制机构审核企业登记、经济检查、外商投资企业登记、经济合同、商标广告案件24件。在审

核中,法制机构主动协调、主动汇报、主动请示,解决难点、疑点问题,与各业务部门取得共识;对可能发生诉讼或者争议较大正在准备诉讼的案件,注意在审核中及时发现,采取相应措施,有的案件补足证据,做好诉前准备,有的案件积极采取措施避免诉讼。当年全省工商系统共发生行政复议案件 28 起,维持原决定的 9 起,撤销原决定的 2 起,变更原决定的 5 起,责令重新做出具体行政行为的 2 起,不予受理的 4 起,尚未审结的 6 起;共发生行政诉讼案 4 起,胜诉的 2 起,判决撤销原行政行为的 1 起,未审结 1 起。这年,行政复议和行政诉讼案较 1994 年有明显上升, 案件多为不服工商部门登记注册方面的行政行为。为此,省工商局加强对各级工商部门发生诉讼案件的指导,针对下级工商部门参加行政诉讼缺乏经验,派员给予具体指导和帮助,增强了参诉人员的信心。在加强行政诉讼工作的同时, 省工商局法制机构还积极承办涉及工商部门的法律事务,受局领导委托参加有关民事诉讼案件,充任有关诉讼代理人。这年 6 月,召开了全省工商系统法制工作会议,省工商局总结了全省工商系统开展复议、应诉工作,推行内部横向审核制度的情况。

2000 年,全省工商部门共办理 26 起行政复议案件,其中维持原处罚决定的 9 起,撤销原处罚决定的 7 起,申请人撤回申请的 6 起,不予受理的 1 起,未结及其他 2 起。通过办理行政复议案件,既维护了当事人的合法权益,又大大减少了行政诉讼案件的发生。这年,全省工商系统发生行政赔偿案 2 起,赔偿金额共计 9.45 万元,这是《中华人民共和国行政赔偿法》颁布后全省工商系统发生赔偿案最多的一年,反映出基层执法部门在行政执法中存在着一些问题。这年,全省各级工商局法制机构还积极依法受理听证案件,为提高案件质量、减少诉讼发生提供了有力保证。全年共发生行政听证案件 8 起,维持原处罚决定的 6 起,变更及撤销原处罚决定的各 1 件。

行政复议典型案例选

案例:甘肃圣达工贸有限责任公司因核准登记兰州圣达工贸有限公司申请复议案

案由:申请人不服被申请人于 2000 年 3 月 2 日核准登记"兰州圣达工贸

有限公司"的具体行政行为。

请求事项:申请人请求撤销兰州圣达工贸公司的登记注册,吊销其营业执照,赔偿经济损失 50 万元。

申请人提出的事实和理由:(1)甘肃圣达公司已于 1999 年 4 月 27 日经省工商局核准登记注册,公司住所为兰州市城关区金昌路 6 号,徐某某为执行董事,法定代表人任某某为三股东之一,公司监事,被委派为公司经理,负责兰州业务。(2)2000 年 3 月 2 日,被申请人根据任根有提供的虚假证明文件登记注册了与申请人同名字号、同经营场所的兰州圣达工贸有限公司,违反《公司登记管理条例》和《企业名称管理规定》的有关规定。(3)第三人摘掉申请人经营铺面标牌,挂起自己的牌子,给申请人造成巨大的不可挽回的经济损失。

被申请人答辩:(1)在受理第三人名称预先核准时,经微机检索在其辖区内无相同或近似的企业名称,故通过审核。(2)在受理第三人公司设立申请时,对提交的各种材料依法进行了审查,认为符合公司登记管理条例第 17 条第二款规定的登记条件,在法定期限内经批准为其办理了设立登记。(3)现行登记法律法规实行分级登记、分级管理、分级保护的原则,被申请人在法定期限内审检企业名称,只能依法在本登记辖区内进行审核,不可能越权向省局及至国家局检索。

第三人辩称:(1)第三人名称中的行政区划是兰州,兰州和甘肃是不同的,因此不存在企业名称相同或者近似的情况。(2)关于金昌路 6 号是甘肃圣达公司的营业场所确实是事实,由于甘肃圣达公司擅自转租,省前卫招待所终止了和徐某某的房屋租赁合同,任某某和省前卫招待所重新签订了租房合同,将金昌路 6 号作为兰州圣达营业场所是完全合法的。(3)申请人因现无合法的营业场所,应予以注销。

复议查明:甘肃圣达工贸有限责任公司于 1999 年 4 月 27 日经省工商局核准登记,住所为兰州市城关区金昌路 6 号,法定代理人徐某某,注册资本 50 万元,股东为三人,徐某某出资 30 万元,任某某出资 10 万元,徐某某出资 10 万元。经营范围:电子产品、通信器材、五金交电、机电产品、化工产品、化学试剂、日用百货的批发零售。经营期限:1999 年 4 月 27 日—2009 年 4 月 27 日。

任某某受托办理有关登记手续,领取营业执照,任公司监事。法定代表人、执行董事徐某某在外出办理其他地方的经营事务期间,委托任某某负责处理甘肃圣达工贸有限公司的经营业务。

2000年2月22日,任某某以其本人和陶某某为股东向兰州市工商局城关分局提交公司名称预先核准申请书,经呈报市局检索查询无重名,于2月24日以兰工商核字173号通知核定名称为"兰州圣达工贸有限公司"。兰州圣达公司于2000年3月2日经核准登记,3月6日领取了法人营业执照。公司住所为兰州市城关区金昌路6号,法定代表人任某某,注册资本50万元,股东任某某出资35万,陶某某出资15万。经营范围与省圣达公司比较仅少一项化工产品和无括号限制性注明。任某某在其法定代表人履历表中的简历称:1986—1999年12月在西安轻工机械设计研究所工作,工人;2000年1月—2000年2月在甘肃省前卫招待所工作,工人;2000年2月至今外出办公司。没有真实反映在甘肃圣达公司任职的情况,反而签字盖章承诺:谨此确认,本表所填内容不含虚假成分。任某某申办兰州圣达公司提供的住所是金昌路6号,而此处房屋已于1999年4月1日起租赁给徐某某作为甘肃圣达公司住所,租期从1999年4月1日至2001年3月31日。2000年2月任某某向省前卫招待所提出重新签订租赁协议,原协议中各项条款均不变,承租方签字的是任某某,任以此作为兰州圣达公司住所向公司登记机关申请注册,并于2000年3月2日获核准登记。甘肃圣达公司法定代表人徐某某获悉此情后,赶来兰州找到省前卫招待所交涉,甘肃省前卫招待所于2000年3月15日向兰州市工商局城关分局出证:"现根据乙方法定代表人徐某某的要求,终止任某某所签协议,本所同意,特此证明"。

复议认为:被申请人在受理第三人申请设立公司的整个过程中,无论是公司名称预先核准,还是公司设立登记,均无违反法定程序的行为。指控被申请人违反法规,非法登记注册了兰州圣达工贸有限公司是不能成立的,要求给予经济赔偿于法无据,亦不能支持。但第三人兰州圣达公司及其法定代表人任某某在申请设立企业登记的过程中确实存在着故意隐瞒真实情况,非法侵害他人的违法行为,概括起来违反了以下法律法规:违反《民法通则》有关规定,违背诚实信用原则,以合法形式掩盖非法目的,采用欺诈手段故意损害他人合法权益;违反《反不正当竞争法》原则,缺乏公认的商业道德,仿冒他人的企业名称,损害其他经营者合法权益;违反《企业名称登记管理规定》及其《实施办法》的规定精神,实属恶意登记行为;违反《公司法》第59条规定及违背公司章程的约束,损害原公司利益,隐瞒重要事实,提供虚假证明文件,骗取公司登记。依据《公司法》第206条,《公司登记管理条例》第59条的规定,应撤销公司登记,吊销营业执照。

复议结论和决定:被申请人在第三人核准登记上,尽管程序合法,手续完备,适用法律并无不当,但由于第三人提供虚假证明文件的原因,造成主要事实不清,根据《中华人民共和国行政复议法》第28条一款三项之规定决定:

1.撤销申请人于2000年3月2日做出的核准登记兰州圣达工贸有限公司的具体行政行为。

2.由被申请人依据有关法律法规及本复议决定,撤销兰州圣达工贸有限公司的公司登记,吊销其营业执照。

3.驳回申请人赔偿经济损失的请求。

行政复议决定书送达后,第三人兰州圣达公司不服,在法定期限内向人民法院提起行政诉讼。法院依法受理,作为被告的复议机关做出答辩并做好了应诉的准备,后来原告申请撤诉,诉讼终止。

评析:这是一起典型的非具体行政行为当事人以有利害关系的第三人身份提起行政争议的行政复议案件。争议的具体行政行为并非行政强制措施或行政处罚,而是行政核准注册登记行为。争议的事项涉及企业名称、经营场所公司住所、公司股东、法定代表人、经营范围和经营方式等。

有争议的公司注册登记行为,经审查,被申请人在受理该公司的申请设立的整个过程,无论是企业名称预先核准,还是注册登记,都是严格依照《公司法》《公司登记管理条例》的有关规定审查核准的,是符合法定程序的。指控被申请人"违反法律法规规定,非法登记注册了兰州圣达公司"显然不能成立;要求给予经济赔偿也是于法无据,不能支持。但纵观兰州圣达公司的设立登记确确实实存在着违法不当的问题。(正如复议机关所认为的)属恶意登记行为,但

在处理时法律适用上颇为费事,权衡再三,认定为"隐瞒重要事实,提供虚假证明文件,骗取公司登记",依据有关规定应撤销公司登记,吊销营业执照。

正是由于存在上述情节,认定被申请人的具体行政行为由于当事人的过错,造成主要事实不清,根据《行政复议法》第28条一款三项之规定,做出撤销的复议决定。

2001年,全省工商系统加强案件核审工作,履行内部同级监督行政执法行为职能,有效地提高了行政复议、行政诉讼案件的质量。当年全省系统适用一般程序实施的行政处罚案件共9435件,均依程序规定经法制机构进行了同级核审,案件核审率达100%。通过案件核审工作,有效地促进了全省行政处罚案件办案质量的提高,起到了法制机构监督、把关的作用。该年全省工商系统共发生行政诉讼案件24起,经法院审理,胜诉17起,败诉1起,当事人撤诉6起,胜诉率达90%以上,比上年同期77%提高了13个百分点,其中省工商局为被告的行政诉讼案14起,包括当事人上诉案件9起,省工商局上诉案件 1件,通过一、二审法院审理,胜诉12起,败诉1起,当事人撤诉1起。共发生行政复议案件36起,其中维持11起,撤销9起,不予受理2起,当事人撤回复议申请14起,复议案件维持案件率为55%,比上年同期49%提高了6个百分点,表明全省系统执法水平有了新的提高。这年5月,省工商局召开了省工商局机关各业务处、各地(州、市)分管法制工作的局长、法制科长及部分县(市、区)工商局法制、办案单位参加的行政诉讼、行政复议案件评析会,共收集整理了近50件行政复议和行政诉讼案件进行集中评析。大家结合自身实践,评析案情,查找原因,总结经验,使与会人员深受启发和教育。继省工商局召开案件评析会后,各地(州、市)工商局也开展了各种案件评查活动。

2002 年全省工商系统处罚、复议、诉讼、赔偿及听证案件情况

表 9-4

地　区	行政处罚案件(件)	行政复议案件(件)	行政诉讼案件(件)	行政赔偿案件(件)	属听证范围的案件(件)
全省总计	18713	38	7	1	4634
省工商局	1100	5	1		1048
兰州市	4559	19	1	1	1580
嘉峪关市	49	—	—	—	188
金昌市	286	—	—	—	139
白银市	661	2	—	—	33
天水市	776	—	—	—	149
酒泉市	1603	3	—	—	78
张掖市	585	2	—	—	138
武威市	638	1	—	—	208
定西地区	1270	2	—	—	850
陇南地区	3915	—	1	—	89
平凉市	746	1	3	—	75
庆阳市	889	3	—	—	29
临夏州	1388	—	1	—	30
甘南州	248	—	—	—	—
矿区	—	—	—	—	—

第九章

执法监督管理

　　2004 年,全省工商系统共发生行政复议案件 56 起,维持 18 起,撤销 7 起,变更 2 起,申请人主动撤回 20 起,未办结 6 起,不予受理 3 起。其中省工商局承办的行政复议案件 9 起,维持 2 起,撤销 1 起,申请人主动撤回 6 起。省工商局还作为被申请人对申请人不服本局行政处罚决定向国家工商总局提出的行政复议进行了答复。全省工商系统共发生行政诉讼案件 20 起,维持 13 起,撤销 1 起,未办结 6 起。省工商局行政诉讼案件共 3 起,一审胜诉 1 起,二审胜诉 1 起。

2008 年，全省工商系统在行政复议工作中，以体现"救济"为重点，切实维护申请人的行政救济权，以推行行政复议和解制度为手段，化解矛盾，维护和谐稳定，以公正合理、高效便民为准则，努力实现"复议为民"的目标。这一年省工商局共受理行政复议案件 5 起，其中维持 2 起，驳回申请 1 起，当事人撤回申请 1 起，未办结 1 起。全年应对诉讼案件 5 起，胜诉 1 起，当事人申请调解 1 起，当事人撤诉 2 起，未办结 1 起。

部分年份全省工商系统行政诉讼、行政复议案件情况

表 9-5

年 份	数 量 及 办 理 情 况
1991—1994	共发生行政复议案 87 件，其中维持原决定 51 件，撤销原决定 10 件、不予受理 4 件、当事人自行撤诉 8 件、变更 12 件、其他 2 件。 全系统发生应诉案件 22 件，其中胜诉 10 件、法院驳回起诉 2 件、撤诉 4 件、败诉 4 件、其他 2 件。
1995	共发生行政复议案 28 件，维持原决定 9 件、撤销原决定 2 件、变更原决定 5 件、责令重新做出具体行政行为 2 件、不予受理 4 件、其他 6 件。 发生行政诉讼案 4 件，其中胜诉 2 件、撤销原行政行为 1 件、未审结 1 件。
1998	共发生行政复议案 26 件、行政诉讼案 54 件，均按不同情况作了依法处理。
2000	共发生行政复议案 26 件，其中维持原处罚决定 9 件、撤销原处罚决定 7 件、申请人撤回申请 6 件、不予受理 1 件、其他 2 件。 在发生的行政诉讼案 26 件中，其中省工商局办理 12 件，是历年省工商局法制机构承办行政诉讼案最多的一年。 该年共发生行政赔偿案 2 件，赔偿金额共计 9.45 万元。共召开行政听证会 8 次，其中维持原处罚决定 6 件、变更及撤销原处罚决定各 1 件。
2001	共发生行政诉讼案 24 件，其中胜诉 17 件、败诉 1 件、当事人撤诉 6 件。 共发生行政复议案 36 件，其中维持原决定 11 件、撤销 9 件、不予受理 2 件、当事人撤回复议申请 14 件。
2002—2003	共发生行政处罚案件 1.87 万件、行政复议案 38 件、行政诉讼案 7 件、行政赔偿案 1 件，查处属于听证范围的案件 4634 件。均作了依法处理。
2004	共发生行政复议案 56 件（省局承办 9 件），其中维持原决定 18 件、撤销 7 件、变更 2 件、申请人主动撤回 20 件、未办结 6 件、不予受理 3 件。 共发生行政诉讼案 20 件（省局承办 3 件），其中维持 13 件、撤销 1 件、未结 6 件。

续表

年 份	数 量 及 办 理 情 况
2005	共发生行政复议案25件,其中维持9件、撤销5件、责令重新做出决定1件、不予受理2件、当事人撤回申请5件、未结3件。 共发生行政诉讼案24件,其中胜诉19件、被撤销2件、被限期履行职责1件、撤诉1件、未结1件。
2006	共发生行政复议案21件,其中维持8件、撤销5件、当事人撤回申诉3件、不予受理1件、未结4件。 共发生行政诉讼案18件,其中胜诉9件、被撤销1件、撤诉2件、其他1件、未结5件。
2007	共发生行政复议案件21件,其中维持10件、撤销5件、当事人撤回申请4件、未结2件。省工商局承办了行政复议案件7件,其中维持2件、当事人主动撤回2件。 全系统应对行政诉讼案件18件,其中胜诉9件、被撤销1件、撤诉2件、其他1件、当年未结5件。其中省局应对4件,指导和支持各市、州积极应对诉讼,依法维护自身的合法权益。
2008	省工商局受理行政复议案件5件,其中维持2件、驳回申请1件、当事人撤回申请1件、未结1件。 省工商局法制机构应对行政诉讼案5件,其中胜诉1件、当事人申请调解1件、当事人撤诉2件,未结1件。

1990 年省工商局清理规范性文件目录

一、修改后可继续执行的规范性文件

1.甘工商〔86〕102 号(与省高级人民法院、省检察院、省公安厅联合发文)《关于处理投机倒把和诈骗案件的暂行规定》的通知。

2.甘工商〔1998〕014 号《关于查处投机违法案件立案标准的暂行规定》。

3.甘工商发〔1989〕046 号《关于加强黄金市场管理几个问题的通知》。

二、应予废止的规范性文件

1.甘工商〔80〕84 号《关于打击走私、投机倒把活动的通知》。

2.甘工商〔80〕91 号《关于倒卖人民币问题的通知》。

3.甘工商〔81〕042 号《关于重大案件有关问题的通知》。

4.〔81〕甘工商字第 54 号、〔81〕甘农银拨 158 号《关于查处企事业单位投机违法案件有关问题的通知》(联合发文)。

5.甘工商发〔1982〕9 号《关于进一步加强打击投机倒把、制止商品流通中不正之风工作的通知》。

6.甘工商发〔1983〕62 号《关于经查缉破案有功人员奖励问题的复函》。

7.甘工商发〔1986〕024 号《关于试行〈查处经济违法活动的暂行规定〉的通知》及《暂行规定》。

8.甘工商发〔1986〕039 号(五行一局联合发文)《关于冻结、划拨投机违法单位和个人在银行存款问题的通知》。

9.甘工商〔86〕076 号印发《关于检查处理投机违法案件工作程序的暂行规定》的通知。

10.甘工商发〔88〕035 号印发《关于公开审查投机倒把案件试行办法》的通知。

11.甘工商发〔89〕022 号《关于对投机倒把单位、个人托运物资扣留问题的联合通知》。

12.甘工商发〔89〕023 号《关于对投机违法单位、个人邮寄物品暂停邮寄或领取问题的联合通知》。

13.甘工商发〔1989〕098 号《关于一九八九年十月以前统营电解镍问题处理办法的通知》。

1991 年省工商局清理规范性文件目录

一、现行有效的规范性文件

(一)企业登记管理

1.中国人民银行甘肃分行、省工商局甘工商发〔1986〕第 060 号《关于对专业银行、保险企业及其他金融企业登记注册核发营业执照的通知》。

2.省工商局甘工商发〔1986〕第 068 号《关于经济联合组织登记管理暂行办法》实施意见的通知。

3.省工商局甘工商发〔1985〕第 066 号《关于加强特种行业管理工作的通知》。

4.省计委、省工商局甘工商发〔1989〕第 033 号《贯彻国家工商局、国家计委〈关于核发彩色电视机专营许可证有关事项的通知〉的安排意见》。

5.省工商局甘工商发〔1989〕第 077 号《关于核定企业经营范围的意见的通知》。

6.省工商局甘工商发〔1989〕第 076 号《关于各类企业年检、换照条件审核问题的通知》。

7.省工商局甘工商发〔1989〕第 107 号《转发国家工商局、国家计委〈关于适当增加彩电专营单位的通知〉的通告》。

8.省工商局甘工商发〔1989〕第 115 号《转发国家工商局〈关于企业年检、换照、重新审核登记和公司重新登记注册中执行收费标准的通知〉的通知》。

9.省工商局甘工商发〔1989〕第 177 号《转发〈关于贯彻落实国务院关于当前产业政策要点的决定的意见〉的意见》。

10.省工商局甘工商发〔1989〕第 199 号《转发国家工商局、解放军总后勤部〈关于军办公司年检和重新登记注册的通知〉的通知》。

11.省工商局甘工商发〔1987〕第 035 号《关于纠正三个文件中失误之处的通知》。

12.省工商局甘工商发〔1989〕第 074 号《关于企业法人分级登记管理暂行规定的通知》。

13.省工商局甘工商发〔1989〕第 075 号《关于清理整顿公司实施"撤、并、改"几点意见的通知》。

14.省工商局甘工商发〔1989〕第 078 号《关于印发〈甘肃省企业档案管理暂行规定〉的通知》。

15.省工商局甘工商发〔1989〕第 182 号《关于企业登记工作程序问题的通知》。

16.省工商局甘工商发〔1988〕第 098 号《关于对企业登记注册加强验资工作的通知》。

17.省工商局甘工商发〔1987〕第 054 号《印发〈关于核发企业法定代表人证书的暂行规定〉的通知》。

18.省卫生厅、省工商局、省供销社,甘供销〔1986〕第 284 号《对省人民政

府办公厅甘政办发〔1986〕第 125 号文件的解释》。

（二）市场管理

1.省工商局甘工商发〔1988〕第 120 号《转发国家工商局、公安部〈关于进一步加强汽车市场管理的通知〉的通知》。

2.省物资局、省工商局甘工商发〔1989〕第 042 号《关于清理整顿钢材经营单位的通知》。

3.省工商局甘工商发〔1989〕第 043 号《关于贯彻省政府〈关于严格控制物价、稳定市场的决定〉的通知》。

4.省工商局甘工商发〔1989〕第 161 号《印发〈关于管好搞活集贸市场有效控制集市价格的意见〉的通知》。

5.省工商局甘工商发〔1989〕第 164 号《关于加强文化市场管理的通知》。

6.省工商局甘工商发〔1990〕第 003 号《转发国家工商局〈关于立即制止乱设卡、滥罚款、滥收费〉的通知》。

（三）合同管理

1.省工商局甘工商发〔1983〕第 074 号《关于执行〈经济合同仲裁条例〉几项工作的通知》。

2.省工商局甘工商发〔1984〕第 033 号《关于建筑安装工作承包合同实行备案制度的通知》。

3.省高级人民法院、省工商局甘工商发〔1985〕第 108 号、法经字〔1985〕第 013 号《关于处理经济合同纠纷案件几个问题的通知》。

4.省工商局甘工商发〔1987〕第 053 号《印发〈甘肃省经济合同签发证的若干具体规定〉的通知》。

5.省工商局甘工商发〔1989〕第 174 号《关于对个人之间经济合同纠纷和经济合同鉴证问题的答复》。

（四）个体私营管理

1.省工商局、省乡镇企业管理局甘乡镇安〔1988〕第 127 号《关于印发〈甘肃省乡镇集体、个体、私营煤矿管理实施细则〉的通知》。

2.省工商局甘工商发〔1989〕第 036 号《关于认真执行〈中华人民共和国私

营企业暂行条例施行办法〉的通知》。

3.省工商局甘工商发〔1989〕第 165 号《关于私营企业登记中有关问题的通知》。

4.省工商局甘工商发〔1985〕第 084 号《关于〈个体工商户管理费收支的暂行规定〉的补充规定》。

5.省工商局甘工商发〔1985〕第 070 号《关于对个体交通客运收取工商行政管理费的通知》。

6.省工商局甘工商发〔1989〕第 081 号《关于私营企业登记费收取标准的补充规定》。

（五）商标广告管理

1.省工商局甘工商发〔1987〕第 014 号《关于改进核转注册商标中几个问题的通知》。

2.省工商局甘工商发〔1987〕第 036 号《关于下发〈甘肃省注册商标档案管理制度（试行）〉的通知》。

3.省工商局甘工商发〔1987〕第 123 号《关于转发〈关于对广告经营单位实行年检注册〉的通知》。

4.省审计局、省税务局、省工商局甘工商发〔1987〕第 085 号《关于加强广告宣传管理的通告》。

5.省工商局甘工商发〔1988〕第 121 号《关于执行国家工商局〈关于实行商标注册用商品国际分类的通知〉的通知》。

6.省工商局甘工商发〔1988〕第 149 号《转发国家工商局〈关于重申禁止刊播有奖销售广告的通知〉的通知》。

7.省工商局甘工商发〔1988〕第 088 号《关于贯彻〈商标法〉及其实施细则的有关规定》。

8.省工商局甘工商发〔1988〕第 091 号《关于印发〈查处商标违法案件工作程序（试行）〉的通知》。

9.省工商局甘工商发〔1988〕第 089 号《关于广告管理费的收取和使用问题的通知》。

10.省工商局甘工商发〔1989〕第 084 号《转发国家工商局广告司〈关于印发广告经营许可证填发规范试行〉的通知》。

11.省工商局甘工商发〔1989〕第 088 号《关于实行广告业务员证制度有关问题的通知》。

（六）财务管理

1、省工商局甘工商发〔1989〕第 001 号《关于印发〈甘肃省工商行政管理收费项目和标准〉的通知》。

二、部分有效的规范性文件

1.省工商局甘工商发〔1988〕第 018 号《关于加强化肥市场管理的紧急通知》。

2.省工商局甘工商发〔1988〕第 143 号《关于切实加强粮食市场管理的通知》。

3.省工商局甘工商发〔1989〕第 080 号《关于严禁化肥、农药、农膜非法交易的通知》。

三、自行失效和应予废止的规范性文件

（一）企业管理

1.省工商局甘工商发〔1980〕第 020 号《印发〈工商企业登记管理试行办法〉、〈城乡市场管理暂行规定〉、〈工商、农商经济合同管理试点试行草案〉的通知》。

2.省工商局甘工商发〔1980〕第 056 号《关于贯彻省委、省政府〈关于发展城镇集体所有制经济的若干规定试行草案〉的通知》。

3.省工商局甘工商发〔1981〕第 037 号《关于新营业执照的发放办法和收取塑料封面工本费的通知》。

4.省工商局甘工商发〔1981〕第 027 号《关于生产、修理度量衡企业核发营业执照的通知》。

5.省建设银行、省建委、省工商局甘工商发〔1981〕第 101 号《关于施工企业颁发营业执照的通知》。

6.省工商局甘工商发〔1982〕第 063 号《关于省属进出口或有对外业务的

企业办理登记的通知》。

7.省工商局甘工商发〔1983〕第 063 号《关于确定企业名称的通知》。

8.省工商局甘工商发〔1983〕第 100 号《关于全国性公司的分公司、省属总公司、省属进口或者对外业务办理登记核发营业执照的通知》。

9.省工商局甘工商发〔1983〕第 006 号《关于收取营业证照工本费的通知》。

10.省工商局甘工商发〔1983〕第 014 号《关于对体制改革有关几个问题处理意见的通知》。

11.省商业厅、省轻工厅、省卫生厅、省酒类专卖事业局、省工商局甘工商发〔1984〕第 023 号《关于整顿国营酒厂做好登记发证工作的通知》。

12.省工商局甘工商发〔1986〕第 003 号《关于在清理整顿公司(中心)工作中应注意的几个问题》。

13.省工商局甘工商发〔1986〕第 013 号《关于试行〈工商企业登记管理暂行办法〉的通知》。

14.省工商局甘工商发〔1985〕第 066 号《关于对企业发展多种经营进行登记管理问题的通知》。

15.省工商局甘工商发〔1985〕第 087 号《关于合作经营组织不能申请成立公司的通知》。

16.省商业厅、省工商局甘工商发〔1985〕第 101 号《关于对三类小型商业重新进行工商注册等问题的通知》。

17.省工商局甘工商发〔1986〕第 059 号《关于对铁路系统集体企业能否经营管理重要生产资料批发业务的批复》。

18.省城乡环境厅、省建委、省工商局甘建发〔1986〕第 061 号《关于对跨省施工队伍加强管理的通知》。

19.省经委、省工商局甘工商发〔1986〕第 021 号《批转〈关于技协工作有偿服务暂行办法〉的补充规定》。

20.省委统战部、省财政厅、省工商局甘工商发〔1987〕第 014 号《关于民主党派设立咨询服务专门业务机构的通知》。

21.省工商局甘工商发〔1987〕第 031 号《关于印发〈企业生产经营范围核定规范〉的通知》。

22.省建委、工商局甘工商发〔1980〕第 013 号《关于印发〈甘肃省建筑企业技术资格审查批准名册〉的通知》。

23.省工商局甘工商发〔1987〕第 065 号《关于补办图书报刊经营许可证的通知》。

24.省工商局甘工商发〔1988〕第 061《关于印发〈甘肃省企业法人登记管理具体实施办法（初稿）〉的通知》。

25.省工商局甘工商发〔1982〕第 008 号《关于认真贯彻〈通告〉的通知》。

（二）市场管理

1.省工商局甘工商发〔1980〕第 031 号《关于贩卖和长途运销发菜问题的批复》。

2.省工商局甘工商发〔1980〕第 107 号《关于木材市场管理问题的通知》。

3.省工商局甘工商发〔1981〕第 052 号《关于工商所、集市贸易设置登记的通知》。

4.省工商局甘工商发〔1981〕第 053 号《关于印发〈张家川县皮张情况的调查〉的通知》。

5.省工商局甘工商发〔1981〕第 055 号《关于发布加强畜产品市场管理的布告的通知》。

6.省工商局甘工商发〔1982〕第 034 号《关于颁发〈甘肃省工业品生产资料市场管理实施办法〉的通知》。

7.省商业局、省工商局甘工商发〔1982〕第 028 号《关于对宕昌县工商局在贯彻制止违反棉布统购统销政策中遇到问题的请示报告的批复》。

8.省工商局甘工商发〔1983〕第 002 号《颁发〈甘肃省市场管理费收支管理办法〉的通知》。

9.省工商局甘工商发〔1983〕第 018 号《关于国营牧场经营商业免收市场管理费的通知》。

10.省工商局甘工商发〔1983〕第 066 号《转发〈关于制止计划外从外省购

进棉布的紧急通知〉》。

11.省工商局甘工商发〔1983〕第051号《关于加强城市集市食品卫生管理的通知》。

12.省工商局甘工商发〔1984〕第041号《关于对乡镇建筑维修企业收取市场管理费的补充通知》。

13.省工商局甘工商发〔1985〕第016号《关于收取市场管理费有关问题的通知》。

14.省工商局甘工商发〔1985〕第082号《关于进一步加强医药市场管理工作的通知》。

15.省卫生厅、省工商局甘工商发〔1987〕第013号《关于对违反控制社会集团购买力有关规定处理办法的通知》。

16.省经委、省工商局甘工商发〔1987〕第024号《关于颁发〈甘肃省汽车维修行业管理暂行办法实施细则〉的通知》。

17.省工商局甘工商发〔1987〕第087号《关于我省整顿市场秩序加强物价管理的通知》。

18.省畜牧厅、省工商局甘工商发〔1987〕第115号《关于对夏季肉品卫生检验及上市畜禽检疫工作进行检查的通知》。

19.省工商局甘工商发〔1983〕第046号《关于重申牛皮和化肥不准上市的通知》。

（三）合同管理

1.省工商局甘工商发〔1983〕第003号《关于一九八三年化肥产销合同问题报告》。

2.省工商局甘工商发〔1983〕第045号《关于印发〈甘肃省农垦系统经济合同管理（试行制度）〉的通知》。

（四）个体私营管理

1.省工商局甘工商发〔1983〕第036号《关于认真贯彻省人民政府〈关于农民个人购置汽车的暂行办法〉的通知》。

2.省卫生厅、省工商局、省医药局甘医医字〔1983〕第105号《关于贯彻执行两局一部〈关于集体和个体经营医药商品的意见〉的通知》。

3.省财政厅、省工商局甘工商发〔1983〕第 082 号《转发国家工商局、财政部〈关于个体工商业户管理费收支的暂行规定〉的通知》。

（注：国家工商局、财政部的规定继续有效）

4.省工商局甘工商发〔1987〕第 132 号《关于个体营业用章问题的通知》。

5.省工商局甘工商发〔1988〕第 012 号《关于个体经济管理中几个问题的通知》。

6.省工商局甘工商发〔1988〕第 044 号《关于鼓励发展私营企业有关问题的意见》。

7.省工商局甘工商发〔1988〕第 025 号《关于党政机关离退休专业技术人员可否从事个体经营问题的通知》。

8.省工商局甘工商发〔1989〕第 116 号《关于对个体工商户和私营企业进行清理整顿检查的通知》。

（五）商标广告管理

1.省轻工厅、省工商局甘工商发〔1980〕第 039 号《关于加强轻纺产品商标管理和包装设计工作的通告》。

2.省经委、省农业厅、省工商局甘工商发〔1980〕第 055 号《关于恢复使用商标加强商标管理的通知》。

3.省出版局、省工商局甘工商发〔1982〕第 022 号《关于加强商标印制和装潢管理的通知》。

4.省工商局甘工商发〔1982〕第 053 号《关于核发广告经营单位〈营业执照〉和〈许可证〉的通知》。

5.省工商局甘工商发〔1983〕第 049 号《关于贯彻省委、省政府〈关于发展城镇集体所有制经济的若干规定（试行草案）〉的通知》。

6.省工商局甘工商发〔1985〕第 019 号《关于印发〈贯彻执行〈商标法〉及〈商标法实施细则〉的具体规定〉的通知》。

7.省工商局甘工商发〔1985〕第 103 号《关于印制广告挂历审批问题的通知》。

8.省工商局甘工商发〔1987〕第 015 号《关于广告经营单位审批程序的通知》。

9.省工商局甘工商发〔1987〕第 046 号《关于实施〈甘肃优质产品管理办法〉有关问题的通知》。

10.省工商局甘工商发〔1988〕第 032 号《关于清理检查商标印制单位加强商标印制管理的通知》。

11.省工商局甘工商发〔1988〕第 063 号《关于颁发〈商标印制许可证〉有关问题的通知》。

12.省工商局甘工商发〔1988〕第 090 号《关于印发〈甘肃省实施〈广告管理条例〉试行办法〉的通知》。

13.省工商局甘工商发〔1989〕第 010 号《关于清理整顿广告宣传经营活动的通知》。

14.省工商局甘工商发〔1989〕第 085 号《转发天水市北道区人民政府〈关于城区户外广告管理的暂行制度〉的通知》。

15.省工商局甘工商发〔1987〕第 095 号《关于实行广告业务员证制度有关问题的通知》。

(六)财务管理

1.省工商局甘工商发〔1986〕第 071 号《印发〈甘肃省工商行政管理系统各项收费管理试行办法〉的通知》。

2.省工商局甘工商发〔1986〕第 093 号《印发〈甘肃省工商行政管理系统收费项目和标准办法〉的通知》。

1986 年—2008 年省工商局制定的部分规范性文件目录及清理情况

表 9-6

年份	文 件 名 称
1986 年	制定： 《关于试行〈查处经济违法活动的暂行规定〉通知》 《印发〈关于检查处理投机违法案件工作程序的暂行规定〉的通知》 《印发〈关于经济联合组织登记管理暂行办法〉实施意见的通知》 《关于在清理整顿公司（中心）工作中应注意的几个问题》 《关于试行〈工商企业登记管理暂行办法〉的通知》 《关于对铁路系统集体企业能否经营重要生产资料批发业务的批复》 《印发〈甘肃省工商行政管理系统各项收费管理试行办法〉的通知》
1987 年	制定： 《印发〈关于核发企业法定代表人证书的暂行规定〉的通知》 《印发〈甘肃省经济合同签发证的若干具体规定〉的通知》 《转发〈关于对广告经营单位实行年检注册〉的通知》 《关于印发〈企业生产经营范围核定规范〉的通知》 《关于补办图书报刊经营许可证的通知》 《关于我省整顿市场秩序加强物价管理的通知》 《关于广告经营单位审批程序的通知》 《关于实施〈甘肃省优质产品管理办法〉有关问题的通知》 《关于实行广告业务员证制度有关问题的通知》
1988 年	制定： 《关于查处投机违法案件立案标准的暂行规定》 《印发〈关于公开审查投机倒把案件试行办法〉的通知》 《关于对企业登记注册加强验资工作的通知》 《转发国家工商局、公安部〈关于进一步加强汽车市场管理〉的通知》 《关于执行国家工商局〈实行商标注册用商品国际分类〉的通知》 《转发国家工商局〈关于重申禁止刊播有奖销售广告〉的通知》 《关于贯彻〈商标法〉及其实施细则的有关规定》 《关于印发〈查处商标违法案件工作程序（试行）〉的通知》 《关于广告管理费的收取和使用问题的通知》 《关于加强化肥市场管理的紧急通知》 《关于切实加强粮食市场管理的通知》 《关于严禁化肥、农药、农膜非法交易的通知》 《关于个体经济管理中几个问题的通知》 《关于鼓励发展私营企业有关问题的通知》 《关于清理检查商标印制单位加强商标印制管理的通知》 《关于印发〈甘肃省实施广告管理条例试行办法〉的通知

年份	文 件 名 称
1989 年	制定： 《关于加强黄金市场管理几个问题的通知》 《关于 1989 年 10 月以前统营电解镍问题处理办法的通知》 《关于核定企业经营范围的意见的通知》 《转发国家工商局、国家计委〈关于适当增加彩电专营单位〉的通知》 《转发〈关于贯彻落实国务院关于当前产业政策要点的决定的意见〉的通知》 《关于企业法人分级登记管理暂行规定的通知》 《关于清理整顿公司实施"撤、并、改"几点意见的通知》 《关于印发〈甘肃省企业档案管理暂行规定〉的通知》 《关于企业登记工作程序问题的通知》 《关于贯彻省政府〈严格控制物价, 稳定市场的决定〉的通知》 《关于切实加强文化市场管理的通知》 《关于对个人之间经济合同纠纷和经济合同签证问题的答复的通知》 《关于认真执行〈中华人民共和国私营企业暂行条例施行办法〉的通知》 《关于私营企业登记中有关问题的通知》 《关于实行广告业务员证制度有关问题的通知》 《关于印发〈甘肃省工商行政管理收费项目和标准〉的通知》 《关于对个体工商户和私营企业进行清理整顿检查的通知》 《关于清理整顿广告经营活动的通知》
1990 年	制定： 《关于贯彻国务院、省政府实施〈中华人民共和国行政诉讼法〉通知的意见》 《印发〈关于加强商业企业出租柜台登记管理暂行规定〉的通知》 《关于不要刊播"致富信息"广告等问题的通知》 《关于制止自行评选优质产品进行广告宣传的通知》 《关于加强酒类商标使用管理若干规定的通知》 《关于整顿药品商标的通知》 《关于继续开展"扫黄"斗争的通知》 《印发〈关于市场管理费、个体工商户管理费和私营企业管理费定额包干管理试行办法〉的通知》 《印发〈关于企业登记审核若干问题的意见〉的通知》

年份	文 件 名 称
1991 年	制定: 《关于审批企业申请"一次性经营"问题的通知》 《关于企业名称采用"甘肃"、"甘肃省"省名问题的通知》 《关于全面整顿废旧金属收购行业的紧急通知》 《印发〈甘肃省企业法人年度检验制度实施(试行)〉的通知》 《关于认真贯彻国务院〈关于打破地区间市场封锁进一步搞活分流的通知〉的通知》 《关于加强集贸市场食品卫生管理的通知》 《关于矿产品市场管理有关问题的通知》 《关于非法人私营企业能否成立分支机构和登记费收取标准的答复》 《关于印发〈甘肃省工商行政管理专用票证管理暂行办法〉的通知》 《关于印发〈甘肃省工商行政管理系统固定资产管理办法〉的通知》 《关于加强国营企业指令性计划合同管理的通知》 《关于加强经济合同管理积极清理"三角债"工作的通知》 《关于对建筑安装工程承包实行统一监证管理的通知》 《关于成立省工商局案件复议委员会的通知》 《关于做好全省第二轮法律法规培训班报名千作的的通知》 《关于印发〈甘肃省工商行政管理局案件复议委员会议事规则(试行)〉和〈甘肃省下商行政管理机关行政复议规定(试行)〉的通知》 《关于"八五"期间开展法制教育的通知》 《关于 1991 年拟定地方性规章计划的报告》 《关于 1991 年执法监督检查工作具体实施意见》 《关于 1991 年执法监督检查工作安排》
1992 年	制定: 《关于 1992 年拟定地方性法规规章计划的报告》 《关于清理我省地方性法规规章的通知》 《甘肃省工商行政管理系统"二五"普法规划》 《关于开展〈行政诉讼法〉和〈行政复议条例〉宣传月活动的通知》 《关于公布 1979 年至 1991 年 12 月甘肃省工商局转发国家工商局文件及省局制定规范性文件清理结果的通知》
1993 年	制定: 《甘肃省工商局实施〈工商行政管理所条例〉具体办法》 《关于 1993 年工商行政管理系统开展行政执法检查工作的通知》 《全省学习宣传〈反不正当竞争法〉活动情况通报》 《关于印发〈甘肃省工商局起草地方行政法规、规章和规定,清理规范性文件的工作规划〉的通知》 《甘肃省工商行政管理机关行政复议程序规定(试行)》 《甘肃省工商局案件复议委员会议事规则》

续表

年份	文 件 名 称
1994 年	制定： 《省工商局关于 1994 年全省工商系统开展执法检查工作的通知》 《关于成立全省〈消费者权益保护法〉知识竞赛组委会的通知》
1995 年	制定： 《甘肃省工商行政管理机关行政处罚案件审核规程》 《关于通报表彰全省市场经济法律法规培训工作先进单位、先进个人的决定》 《关于 1995 年工商行政管理系统开展行政执法检查的通知》 《关于下发〈1995 年市场经济法律法规培训教学计划〉的通知》 《关于对"二五"普法教育进行总结验收的通知》
1996 年	制定： 《1996 年甘肃省工商行政管理法制工作要点》 《关于甘肃省实施〈中华人民共和国消费者权益保护法〉办法〈草案〉的说明》 《关于下发甘肃省工商行政管理局实施〈工商行政管理所条例〉的具体办法（修改稿）征求意见的通知》 《关于认真学习〈中华人民共和国行政处罚法〉的通知》 《关于清理地方法规、规章、规范性文件的工作安排》 《关于清理〈甘肃省拍卖暂行条例〉等 7 部地方法规审查意见的报告》
1997 年	制定： 《关于开展持证培训工作的通知》 《关于报送〈甘肃省查处生产销售假冒伪劣商品行为条例修正案（草案修改稿）〉等 4 件法规修改稿的报告》 《关于执行〈甘肃省行政处罚听证程序暂行规定〉的通知》 《关于上报 1997 年全省工商系统开展行政执法检查总结的报告》 《关于实施〈行政处罚法〉工作情况汇报》 《关于 1997 年执法监察工作的安排意见》 《关于〈甘肃省木材市场管理办法〉等 17 件行政规章清理意见的报告》 《关于下发〈1995 年市场经济法律法规培训教学计划〉的通知》 清理： 《甘肃省工商行政管理收费项目和标准》（更正） 《甘肃省工商系统固定资产管理办法》（更正） 《关于〈商品交易市场登记管理办法〉的通知》（更正） 《甘肃省城乡集市贸易市场管理基本规范》（补充） 《关于"文明集贸市场"评比竞赛活动的通知》（修改）

第九章　执法监督管理

年份	文 件 名 称
1998 年	制定： 《关于全省工商系统持证培训工作情况的通报》 《关于印发〈甘肃省工商局罚缴分离执行程序〉的通知》 《关于公布〈甘肃省工商局实施工商局罚缴分离执行程序〉的通知》 《关于公布〈甘肃省工商局实施工商行政管理所条例行政处罚办法〉的通知》 《甘肃省工商行政管理机关行政复议程序规定》 《甘肃省工商行政管理机关行政执法过错责任追究办法（试行）》 《甘肃省工商局起草地方法规、规章（草案）和制定工商行政管理规范性文件工作规则》 《甘肃省工商行政管理机关行政执法责任暂行规定》 《甘肃省工商行政管理机关责任追究制度及各业务处室执法公示制（试行）》 《甘肃省工商行政管理机关案件核审办法》 《甘肃省工商行政管理机关执法督查办法》
1999— 2000 年	清理： 1996—2000 年的规范性文件 402 件。 （1）不属于省工商局清理范围的转发国家工商局规范性文件 215 件； （2）省工商局下发的工作安排，专项治理等文件 180 件，过期自动失效； （3）属于省工商局清理范围内的规范性文件 7 件，其中现行继续有效的 6 件，部分需修改的 1 件。 在清理总数中，现行继续有效文件： 《关于禁止在电视节目中插播、叠加字幕广告的紧急通知》》（甘工商广字〔1998〕053 号） 《关于印发〈甘肃省股份合作制企业登记管理办法（试行）〉的通知》（甘工商企字〔1999〕159 号） 《下发〈甘肃省工商行政管理局抵押物登记工作程序〉的通知》（甘工商同字〔1997〕295 号） 《关于对建筑安装、农业种子合同加强监督管理的通知》（甘工商同字〔1996〕146 号） 《关于执行〈进口照相机销售管理暂行办法〉的通知》（甘干商公字〔1996〕007 号） 需要部分修改文件 1 件： 《关于印发〈甘肃省著名商标订立和管理暂行办法〉的通知》（甘工商标字〔1997〕216 号）

续表

年份	文 件 名 称
2001 年	制定： 《甘肃省工商行政管理执法责任制考核办法》 《甘肃省工商行政管理系统基层法制员工作规定》 《印发甘肃省国家公务员学法用法活动和进行依法行政培训工作实施方案的通知》 修订： 《甘肃省工商行政管理机关行政复议程序规定(试行)》 《甘肃省工商行政管理机关案件复议委员会议事规则(试行)》 上报省政府《关于省工商局审批制度改革方案》 清理省工商局制定的规范性文件 169 件
2002 年	清理省工商局自成立(1980)以来制定的规范性文件 1691 件。 制定： 《甘肃省关于省辖市工商局与其所属辖区分局、县局事权划分的规定》
2003 年	制定： 《2003—2007 年全省工商系统干部培训计划》 《全省工商系统贯彻实施〈六项禁令〉的意见》
2004 年	制定： 《关于贯彻〈行政许可法〉和〈甘肃省行政许可规定和实施机构清理工作方案〉的具体工作方案》 《关于推行和实施工商行政管理限时办结试点工作制度》 《甘肃省工商行政管理系统限时办结试点工作实施暂行办法》 《甘肃省工商行政管理机关行政许可过错追究办法》 《省工商局关于公示停止执行已取消的行政审批项目目录的通知》 《甘肃省工商系统关于贯彻落实〈全面促进依法行政实施纲要〉的实施意见》 《关于做好 2004 年农资打假工作的意见》 《甘肃省工商行政管理系统规范性文件备案审查办法》
2005 年	制定： 《甘肃省工商局推行行政执法责任制工作方案》 《限时办结制》 《为企业"一站式"服务制度》 《公开承诺制度》 《依法行政内部监督制约机制》 《行政执法与刑事执法相衔接的工作机制》 《纪检监察机关与司法机关、行政执法机关案件移送规定》 《全省工商系统科级以下干部培训教育大纲(试行)》 《全省系统行政许可过错责任追究办法》 《关于查处"劣质奶粉"的通知》 《关于开展"红盾护农执法周"活动的通知》 《关于严厉打击"黑网吧"的通知》

年份	文 件 名 称
2005 年	《关于开展防治"非典"工作加大市场检查力度的通知》 《关于开展"红盾护农、送法下乡"活动的通知》 《甘肃省企业信用信息记录办法》 《甘肃省企业信用信息披露办法》 《关于开展"诚信行业建设示范点"工作的通知》 《全省工商系统开展保护注册商标专用权工作实施方案》 省工商局、公安厅等 7 部门联合下发了《关于在全省举办大型会展和招商引资活动中开展知识产权监督管理工作意见的通知》 《甘肃省 12315 申诉、举报工作若干规定》 《甘肃省 12315 消费者申诉举报中心受理投诉举报暂行办法》和各级职责共 14 项制度 《下发〈关于开展"五项清理",全面整顿队伍作风〉的通知》 《关于促进个体私营等非公有制经济发展的实施办法(试行)》
2006 年	制定: 《甘肃省工商系统依法行政监督办法》 《甘肃省工商系统行政执法过错责任追究办法》
2007 年	制定: 《全省工商系统法制宣传教育第五个五年计划的实施意见》 《甘肃省工商局关于开展编制政务公开目录推进行政权力公开透明运行工作的实施方案》 《工商行政管理法律法规规章新编(三)》 《工商系统法制员工作职权和管理制度、行政执法评议考核制度》 修改: 《实施〈工商行政管理所条例〉实施办法》 《甘肃省著名商标认定和保护办法》 《甘肃省工商系统行政处罚案件核审办法》 《甘肃省工商系统实施〈工商所条例〉实施办法》
2008 年	修改: 学习制度、案件核审规划、行政执法证件管理制度 完善: 调研制度、复议程序规定及应诉、赔偿制度 建立: 案卷程序、调研制度、交协办工作规则等计 14 项制度 制定: 《甘肃省工商行政管理机关行政处罚案件评查办法(试行)》 《甘肃省工商行政管理机关行政处罚案件评查标准》 《甘肃省工商行政管理机关行政处罚自由裁量权实施规则》 《企业注册登记"一审一核制"实施办法》 《关于支持地震灾区恢复生产搞好市场重建的意见》等 19 件规范性文件

第十章 信息化建设

全省工商系统的信息化建设,经历了计算机单机使用、建立局域网、建设全省系统四级网络的过程。信息化建设的发展,使全省工商管理工作上了台阶。

第一节　计算机的应用与网络建设

1990年初,省工商局开始使用计算机打印营业执照。1997年以后,全省工商系统的各项业务工作开始使用计算机。

1990年8月,国家工商局向全国工商系统下发了《关于全面建立企业法人登记数据库的通知》。《通知》重点提出了4个方面的工作要求:(1)建立企业法人数据库,各级工商局建立企业法人登记数据库的准备工作,并组织力量集中时间将资料输入计算机。(2)按照企业法人分级登记管理的规定,企业法人登记数据谁核准登记由谁建库。各级工商局负责完成本局企业法人数据库的建立。(3)暂没配备计算机的市、县、区工商局,其企业法人登记数据库由所在省、自治区、直辖市、计划单列市工商局负责组织建库。(4)各级工商局建立企业法人登记数据库统一使用国家工商局组织编制的《中国企业法人登记计算机管理系统》。

1991年3月,国家工商局印发了《全国工商行政管理系统经济信息工程三年实施计划》。国家工商局局长刘敏学提出:"利用3年时间把运用计算机管理的基础搞好,搞扎实,为我们经济监督和行政执法工作的科学化管理创造条件。"国家工商局提出的全国工商系统经济信息工作 3 年实施计划的目标信息工程由以下 7 个子工程组成:(1)计算机系统,(2)网络工程,(3)软件开发,(4)数据库建设,(5)情报网系统,(6)统计体系,(7)决策系统。

1991 年 8 月,省工商局制定了《甘肃省工商行政管理系统经济信息工程三年实施计划》。还印发了《甘肃省工商行政管理系统经济信息工程 1991 年实施计划》。目标是:(1)建立省工商局内微机系统;(2)省工商局内统计汇总工作计算机化,并实现统计报表软盘统一上报国家工商局;(3)利用计算机开展省工商局内、外资企业登记的部分业务管理工作,建立并完善企业档案数据库;(4)实现省工商局内部局部事务处理自动化,加强计算机系统建设。省工商局配备 2 台长城 386 微型机、1 台长城 0520EM+微型机、2 台 AR3240 中文打印机及其他重要外部设备,配置应有的空调机等机房设备,建立专门的微机室,制定机房管理制度,制定机房管理制度。

1992 年 3 月,省工商局下发了《关于组织购买微机有关事项的通知》。按照《甘肃省工商系统经济信息工程三年规划》,各地(州、市)工商局初步建立计算机单机运行系统。在年初召开的全省工商行政管理工作会议上,部分地(州、市)工商局提出由省工商局统一组织购置微机的建议。省工商局决定按国家工商局的统一要求,机型选用"长城"系列,为下一步联网打下基础,有关购机手续由省工商局代为办理。

1993 年 6 月,省工商局下发了《关于企业登记管理配备计算机等设备的通知》。企业登记管理工作配备微机等必要的办公设备,尽快结束手工操作的落后状况。各地(州、市)和条件较好的县(市、区)工商局未配备计算机的,尽快配备,以提高企业登记管理工作的办事效率,并逐步实现与国家工商局和省工商局的联网。从当时的实际情况看,有些市、县工商局领导比较重视,已为企业登记管理配备了四通打字机、微型计算机、复印机等办公设备。

1995 年 5 月,省工商局转发了国家工商局《关于县级以上工商局实行企业登记计算机管理的通知》。

1998 年 7 月,国家工商局向全国工商系统下发了《关于建立工商行政管理信息网暨红盾信息网的通知》。在各级局域网络和数据中心的基础上,利用国家公共通信网,采用因特网技术,建立一套使用和管理分层、技术体制统一的国家工商局、省工商局和市工商局,最终联至县工商局和工商所计算机互联网络。

2000年,全省工商系统以业务网络建设为标志的信息化建设为起点,制定了网络建设方案,购置硬件,开发软件,初步建立了有关数据库。

2002年7月下旬,省工商局组织开展了全省工商系统内部业务网络系统第一期试点单位的前期准备工作。首期试点单位是兰州市、白银市、天水市、酒泉地区、张掖地区工商局及所辖县、区工商局。首先是人员准备,试点单位分别指派1~2名熟悉并热爱此项工作的网络管理人员。其次是基本完成综合布线工作,省工商局统一进行设备和软件采购,具体实施办公楼综合布线和机房装修工作。

2002年下半年开始,省工商局按照国家工商总局和省政府关于加快信息化建设的部署,开展工商系统内部业务网建设。省工商局是网络中的主节点,各地(州、市)工商局是网络中的一级节点,各县(市、区)工商局是网络的二级节点,各县(市、区)工商局所辖工商所是网络的三级节点。主节点与一级节点、一级节点与二级节点之间采用中国电信DDN专线连接。在省工商局与各地(州、市)工商局之间建立计算机通信骨干网。分期逐步建立支持工商行政管理业务处理工作的网络化信息服务系统,为全面监管各类市场提供技术支持手段。建立网络管理、网络安全、信息交换体系。省工商局负责地(州、市)工商局以及所辖县、区(二级网络)工商局和省工商局主节点的网络建设(一级网络),各地(州、市)工商局负责本局及所辖县、区工商所三级网络建设。建设分三步进行:第一阶段,从2002年6月至10月为试点建设阶段,主要完成试点地(州、市)工商局节点(5个)及所辖区、县工商局节点(33个)的线路、设备、软件系统安装。第二阶段,从2003年1月至10月,为全面铺开建设阶段。第三阶段,从2003年11月至2004年6月,为收尾、完善、试运行、验收阶段。

2004年之后,主要是业务专网的运行维护和更新升级,并广泛开发有关业务软件,培训人才,坚持边建设边培训,循序渐进,以适应信息化建设的需

第十章 信息化建设

要。

2004年3月,省工商局下发通知,明确提出该年度网络建设的主要任务:完成省工商局与14个市、州工商局之间的骨干网络建设工作,在基础建设已经比较好的市、州工商局完善局域网建设;在基础建设还没有竣工的市、州工商局搭建简易、小规模的网络,实现企业登记资料的整理、录入、上传工作。在省工商局建设12315指挥中心、调度中心和数据分析中心,在各市、州工商局设立12315指挥分中心,在信息化建设条件比较好的县(市、区)工商局设立二级调度指挥平台,工商所设立12315受理工作台,实现电话申诉集中受理,两度调度,四级处理,来人、来函的多级、多点受理,实现立体、交叉的12315消费者申诉举报网络系统。建设省工商局网站和甘肃工商信息网站,向社会提供企业注册、企业年检、消费者投诉、案件举报等工商行政管理业务的在线服务、受理、审核、反馈等,进一步促进工商行政管理政务公开。省工商局要求为避免重复建设,各市、州工商局及县(市、区)工商局(分局)在信息化建设方面,只需把现有的网络、设备维护好,不得设立新的建设项目,不得在互联网上再自行建立本单位业务网。信息网络建设由省工商局统一规划、统一设计、统一配置、统一施工、统一管理,使用经费由省工商局统一安排。8月底,省工商局开展了局机关计算机网络软件测试工作。省工商局于11月初与省电信公司签订了《全省工商系统组网项目合作框架协议》。按照协议规定,电信公司为工商部门提供和建立了电子邮件系统及工商信息查询平台,实现了内外网邮件互发,并方便了全省工商系统的查询工作。

2004年9—10月,省工商局在兰州市工商局开展了工商业务信息系统软件试点工作。试点结束时,省工商局在兰州市工商局召开了工商业务信息系统软件试点工作检查验收现场会,并就下一步信息化建设提出了要求。到9月,全省工商系统实现了全省14个市、州工商局及86个县(市、区)工商局和656个工商所的网络互联,并完成了全省范围的消费者申诉举报网络系统建设。省工商局与县工商局以上单位采用SDH技术(光纤传输—专线技术,带宽为4M)互联,与各工商所之间采用VPN技术(虚拟专用网技术),利用"ADSL(宽带)+网关"的方式进行了网络互联。与此同时,省工商局信息中心还与国家工商总局采用专线互联。

2005年5月,省工商局再次筹集资金集中采购了1180台计算机,配备全省各地基层工商局(所)。甘肃地域条件特殊,大多数基层工商局(所)相对偏远,基层人员计算机应用水平也参差不齐,计算机网络设备管理维护非常困难。经与清华同方计算机公司协商,为全省工商系统免费提供了同方易网管理软件,对全省工商系统计算机进行远程维护和远程诊断,以及安装或卸载各种软件,实现了对全省工商系统计算机的统一部署、统一维护,提高了管理效益。2005年6月1日—3日,在国家工商总局召开的全国部分省市企业信用分类监管联网应用工作座谈会上,省工商局被国家工商总局列为第二批全国联网应用的试点单位。

2005年,全省工商系统信息化建设在2004年基本实现全省系统联网的基础上,又有了实质性的进展。到2005年11月,省工商局已建成了对上连接国家工商总局,对下连接市、州工商局、县(市、区)工商局(分局)、工商所,包含105个局域网的广域网——甘肃省工商行政管理网。该网的建成,为全系统之间数据快速、高效、安全、稳定地传输提供了保证;同时,也为即将开展的全省企业基础信息共享工作奠定了坚实的网络基础。国家工商总局主办的《工商行政管理》半月刊2005年第18期刊发了省工商局题为《立足省情,精心筹划,大力加强信息化建设》的文章。甘肃省地域狭长,市县分散,经济欠发达,信息化相关技术力量薄弱,若采用分散建设模式,势必增加资金投入,且受信息网络维护人员技术制约,增加维护难度。为此,省工商局采用集中建设模式,扬长避短,坚持求真务实,因地制宜,建设集中统一的工商行政管理信息管理系统。一是从制度上保证集中统一的工商行政管理信息系统。为了实现信息化建设的"统一规划、统一设计、统一建设、统一采购、统一实施"原则,省工商局确定了信息化建设所有经费统一筹措,各类软件系统、办公楼综合布线、机房装修、工商网站都统一由省工商局负责建设,各市(州)、县(市、区)工商局(分局)不得以任何名义开展信息化建设项目,尤其是软件开发项目。二是从技术上实现集中统一的工商行政管理信息系统。当时全省工商系统在省工商局集中建设数据中心,即各市、州工商局及县(市、区)工商局(分局)的所有信息全部存放在

第十章　信息化建设

省工商局,市(州)、县(市、区)工商局(分局)全部以专线方式接入省工商局数据中心,进行信息远程访问。市、州工商局及县(市、区)工商局(分局)不再配置服务器,只保证线路畅通和客户端计算机的良好运行。市、州工商局及县(市、区)工商局(分局)和工商所的用户基本上感觉不到是远程访问省工商局中心数据,没有迟滞感,程序设计达到了预期目标,减少了中间环节,降低了系统维护难度和维护成本。同时立足实际,坚持节约经费支出,积极稳妥推进集中统一的工商行政管理信息管理系统建设。省工商局针对本省企业和个体工商户相对较少,各级普遍缺少信息网络技术人才的现状,从一次建设投资少、日常维护开支小的原则出发, 将全省系统信息网络建设由两级中心调整为一级中心,即在省工商局建设全省系统数据中心,包括全省各类企业登记数据库、经济户口、案件数据库、12315 消费者申诉举报数据库、企业分类监管数据库等,以及邮件服务器、反病毒服务器、SUS 服务器、工商行政管理政务网站等。12315 系统建设方案由两级中心调整为一级中心,建设经费由 1000 多万元降到 340 万元,维护经费由每年 200 万元降为 40 万元。工商行政管理政务网站由分散建设 100 个网站调整为集中存放在省工商局中心的模式后, 每年的维护经费由 1000 万元降到 20 万元。信息网络建设规划确定后,省工商局及时与电信、联通、网通、移动 4 大网络运营商进行了协调沟通,重点就全省系统信息网络的建设规模、覆盖范围和各种信息资源增值业务等进行了协商,并充分了解各公司的资费标准、优惠政策、线路特点,以及其他厅、局、委、办所享受的优惠政策,采用多次报价、询价的方式,确定意向单位。同时采取技术交流,提出各种需求如网络设备租用、12315 呼叫平台租用等方式,多次谈判、商议,由网络运营商进行各种投资预算和回收投资分析,逐步压低网络租费。甘肃省除国税系统外,其他政府部门的网络都处在设计阶段,网络和计算机设备需求量比较大。在全面分析甘肃省网络建设现状后,省工商局向各网络和计算机设备供应商广泛宣传工商行政管理工作接触面广的优势和使用设备的示范性, 希望他们减少费用报价。以全省 8 万多户企业和 30 万户个体工商户计算,省工商局使用的计算机品牌的受众为每年约 960 万人次,广告作用非常明显。通过宣传,达到低价购买设备的目的。作为全省工商系统信息工程统一建设,每次购买的设备价值少则几百万元,多则几千万元,有许多生产厂商、经销商的业务员上门推销产品,并且同型号、不同厂家的设备价格差别非常大。为了做到价廉物美,采购时通常是货比三家,在性能差别不大的情况下首选国内著名品牌。确定了设备型号和厂家后,通过向全社会公开招标,尽可能以最低的价格得到最好的设备。

2005 年 4 月,省工商局下发了《关于加强全省工商系统信息网络维护工作的通知》,全省工商系统信息网络已于 2004 年 9 月建成并运行,网络运行状况良好。但也出现了一些问题,如个别单位的计算机设备出现故障,个别工商所的人员私自更改网络配置上互联网,造成网络故障等。这些都影响了全网的有效运行和信息数据的上下互通,妨碍了日常工作的顺利开展。因此,提出了各级网络维护人员要加强责任心,熟悉本单位内网络设备的配置和性能,做好经常性的检查维护工作,保证本级网络的时时畅通。禁止在计算机上安装非业务软件(如游戏、动画等)。禁止工商所更改网络线路上互联网。发生网络故障后有关网络维护人员检查辨明故障发生原因。对由硬件设备原因和电信线路问题造成的故障,立即报省工商局信息中心备案,按联系方式给当地设备售后服务部门和电信指定人员迅速反映;故障排除后,立即将情况报省工商局信息中心备案。省工商局信息中心通过网关软件,时时监控全网的运行情况,对发生故障不及时上报和处理的,对私自更改网络造成网络故障的,以及网络畅通情况定期在全省范围进行通报。

2006 年,省工商局进一步加快了网络使用软件的开发,使信息化建设与工商行政管理的业务建设结合起来,并加强了基础设施的改进与完善,不仅保障了全省工商系统网络的畅通,而且在应用软件开发、内外网络技术支撑、开辟新的业务领域等方面取得了可喜的成绩。这一年,建设并完善了全省工商视频会议系统,使信息化建设水平迈上了新台阶。全省系统从省工商局到 14 个市、州工商局的工商视频会议系统于该年 2 月份建成并开始正常使用,当年共保障了视频会议 40 余次。从使用情况看,实际效果好,利用率高,运行稳定,既节约了大量的建设投资,又节省了人员精力投入,达到了投资低、效率高的目的。省工商局还全力做好国家工商总局"金信工程"甘肃试点项目。当时国家工商总局将省工商局机关,3个市、6个县工商局及67个工商所列为国家"金信工程"一期工程试点区域。为做好这项工作,提升省级信息部门业务水平,在国家工商总局信息中心专家的指导下,省工商局组织人员完成了《甘肃省企业信用监管一期工程可行性研究报告》,这不仅为金信工程甘肃试点区项目的顺利实施打下了良好的基础,也为全省在未来的其他信息化项目建设方面积累了经验。为巩固信息化建设的成果,省工商局积极做好数据库的日常维护工作,保证业务工作的正常进行。为保证全省网络的可靠运行,对全省网络线路及相关设备按照要求坚持了每年的年维护、季维护30余次,并于当年派出30多人次深入基层处理网络故障20次,设备维修36次。按照基层网络建设发展需求,对兰州市工商局城关分局内部网络进行了技术改造,实现了45个工商所窄带改宽带;完成了白银市工商局、玉门市工商局、榆中县工商局新建办公楼的综合布线工程。当年,省工商局信息部门对局机关的计算机及相关配件维修30台次,软件系统恢复100余次,安装及维修电话40余部。利用大厅电子大屏幕发布各类信息150多条。为提高工作效率,还自主革新实现了省工商局一楼大厅电子触摸屏的自动控制及省工商局电子阅览室计算机系统的自动恢复。

2007年,严谨细致地抓好全省网络系统的维护和故障排除,保证全省工商系统网络的可靠运行,省工商局信息部门一年内对全省网络线路及相关设备按照要求进行维护15次,深入基层处理网络故障10次,设备维修18次,使全省工商系统网站能够稳定运行。一是抓好省工商局机关计算机设备的日常维护。省工商局购置了防火墙、杀毒软件,及时修复网络设备。一年中,除对局机关网络、计算机终端及电话线路进行日常性维护外,还对各类线路故障维护110余次,排除计算机软、硬件故障220余次。二是建立完善了各项信息管理制度。三是加强了网络的安全管理,定期和不定期进行检查,及时处理各类故障,做到人员到位、制度到位、管理到位、监督到位,有效防止了火灾、网上泄密、设施损毁等意外事故的发生,使信息化管理工作做到有规可依,有章可循,有条不紊。加强组织协调和督促检查,坚持抓服务、保质量,制定了《计算机网络安全管理规定》。

2008年,实施了工商所线路改造和省工商局中心机房改造。解决基层工商所带宽不足、网络不畅的问题,将基层工商所原来的电信 ADSL+VPN 接入方式改造成为专线接入模块。工程完工后,工商所网络通信速率和稳定性得到大幅度提升,整个网络的安全性能也得到显著改善。另外,省工商局扩充了一个新的中心机房作为远程网络核心区域和备份区域,改善了机房条件,保证了设施安全和网络畅通。

2008年,省工商局按照《甘肃省国民经济和社会发展第十一个五年规划纲要》和国家工商总局《信息化"十一五"规划纲要》的建设要求,制定并下发了《甘肃省工商行政管理局信息化建设五年规划》和《关于加强信息化建设工作实施意见》。《五年规划》在对近几年来工商行政管理信息化建设进行全面总结的基础上,对下一步全省系统信息化建设进行了总体规划,考虑到了信息化建设的综合性、系统性、配套性,充分体现了信息技术与业务的进一步融合,是信息化建设从个别突破发展到整体推进的纲领性文件,有利于全省工商系统信息化建设健康持续发展。《实施意见》主要围绕五年规划建设目标,从提高认识,增强做好工商信息化建设工作的责任感和紧迫感;理清思路,明确加强工商信息化建设的指导思想、工作原则与总体目标;突出重点,加快实施"金信工程"建设;结合实际,加大工商系统业务的开发、完善和应用;创新思路,推进工商行政管理信息化建设的改革与发展;强化培训,抓紧抓好工商行政管理信息化人才队伍建设这一关键环节;加强防护,保障整个网络系统可靠、安全、高效运行;采取措施,确保工商行政管理信息化各项工作落到实处8个方面提出了相关意见和要求,对全省系统未来5年的信息化建设具有指导作用。

第二节　业务系统的推广应用

工商信息系统,即业务网络的建设,其根本目的在于应用,在于更加有效地提高办事效率,进一步提升工商行政管理工作水平,以适应监管社会主义大市场职能的需要。

一、坚持边建设边应用

从 2000 年到 2005 年的几年间，省工商局加快了全省企业基础信息共享平台建设。针对本省地域狭长、市县分散、建设资金紧缺、信息化人才极其匮乏的不利因素，省工商局坚持从省情出发，打破了省、市、县层层建设的传统思路，采取"集中建设"的模式，坚持"统一规划、统一设计、统一开发、统一部署"的四统一原则，充分利用信息技术高速发展所带来的后发优势，整合资源，建设高度集中统一的工商行政管理信息系统。在省工商局建立起了相应的数据中心和应用中心，既满足了现有的业务需求，又节省了建设资金，还解决了信息化人才匮乏的矛盾，使甘肃工商系统的信息化建设改变了传统的落后面貌。全省工商系统充分利用信息技术调整发展所带来的后发优势，进行全省集中建设的模式得到了国家工商总局的肯定。

2004 年 1 月，省国家税务局、地方税务局、工商局联合转发了国家税务总局、国家工商总局《关于工商登记信息和税务登记信息交换与共享问题的通知》。各级工商部门向国税、地税传递的信息主要是设立登记、变更登记、注销登记、吊销营业执照、年检验照等信息，各级国税、地税机关向工商部门传递的信息主要是注销税务登记、提请吊销营业执照、非正常户等信息。在信息交换的原则及对象上，工商与国税、地税互换信息遵循同级交换、内部清分传递的原则。即各级工商部门将有关信息分别向同级国税、地税机关交换，由同级国税、地税机关按照管辖范围向有关国税、地税机关清分传递；各国税、地税机关将有关信息分别向同级工商部门交换，由同级工商部门按营业执照办理机关清分传递。在信息交换的手段及流程上，国税、地税系统内部利用现有广域网络或其他方式进行有关信息的清分传递，利用互联网络或软盘等介质向同级工商部门传递有关信息。工商系统内部利用现有网络或其他方式进行有关信息的清分传递，利用互联网络或软盘等介质向同级国税、地税机关传递有关信息。工商与国税、地税在互换电子信息的同时提供纸质资料。

2005 年，省工商局在全省范围已推广应用的软件系统有工商行政管理综合业务系统（包括经济户口、案件管理、广告管理等）、邮件系统、办公 OA 系统、政务网站系统、12315消费者申诉举报系统和数据分析系统等。通过各类应用软件的开发与推广,实现了企业注册的联网受理,适时入库,网上企业信息查询、网上年检、网上监管,提高了办事、办公效率,加大了市场监管力度,提升了工商行政管理执法水平。各地依据企业基础数据库,开展了企业信用分类监管工作,建立了全省企业诚信体系,为进一步实现市场科学监管、规范监管提供了可靠的依据和有利的手段。

2005年8月下旬,中国西部五区三省(广西、西藏、内蒙古、新疆、宁夏、陕西、甘肃、青海)工商局长工作研讨会在兰州举行。省工商局领导重点作了《立足实际,着眼发展,强力打造信息网络综合执法平台》的发言,全面介绍了2001年至2005年全省工商系统信息网络建设情况,特别是2004年以来12315申诉举报网络建设的情况,受到国家工商总局领导和与会代表的肯定。

二、业务软件的开发和应用

2004年至2005年,省工商局以工商行政管理综合业务系统为重点,大力加强各类应用软件系统的开发和推广。2004年之前,全省工商系统已实现省、市、县工商局和工商所四级联网,已经建成全省工商系统信息化公路。省工商局在加快业务软件开发应用的同时,加快了办公自动化软件的应用,充分利用现有网络资源,努力实现网上公文流转、上下文传递,做到网络互联、信息互通、资源共享,提高办事效率和应变能力,从而推进网上办公,提高工作效率,降低行政成本,增强工作的透明度。从本地化应用到集成化应用再到网络流程化应用,这是工商信息化发展的"三部曲"。省工商局在加快应用系统的开发时,充分考虑业务发展变化方向,整合各项业务软件功能,在规范工作流程、改进管理方式、实现信息共享、促进监管到位上下功夫,拓展了信息网络化应用空间,逐步形成了一个以12315消费者投诉举报系统为中心的统一、高效的行政执法网络平台。2004年下半年,省工商局把信息网络建设与工商业务管理系统软件推广工作更加紧密地结合起来,为提升工商业务建设的水平奠定了扎实的基础。在总的指导思想上,省工商局根据国家工商总局建立一个统一、高效、信息共享的行政执法综合网络的总体要求,统筹规划本省工商系统的信

息化建设,既坚持高起点和超前意识,又根据本省实际,坚持整合利用资源、扩大功能的原则,在现有基础上,进一步拓展和完善本省网络建设。

2004年12月,省工商局发出了《关于在全省推广工商业务管理系统软件的通知》。按照全省工商系统信息化工作"统一规划、统一开发、统一建设、统一标准"的原则,省工商局委托北京佳软信息技术有限公司开发了工商业务管理系统软件,该软件基本涵盖了工商行政管理各项业务,包括企业名称预核准子系统、内资企业登记子系统、外商投资企业登记子系统、私营企业登记子系统、个体工商户登记子系统、经济户口管理子系统、个体和市场收费管理子系统。这些业务在横向上涉及省工商局各业务处室、信息中心、财务管理等部门,在纵向上涉及省、市(州)、县(市、区)工商局(分局)以及工商所。该套业务软件采取的是流程式管理,相关业务的每一个环节、每一个人都要通过计算机来完成,与每个人的业务工作能力密切相关。全省工商系统积极做好软件推广的准备工作,省工商局制定了较详细的实施步骤及时间安排。2005年1月18日,省工商局召开了全省工商业务管理系统软件推广会议。省工商局领导作了动员讲话,安排部署工商业务管理系统软件的推广方案;北京佳软公司的领导和技术人员作了演示;与会人员参观了省工商局信息中心和电子档案扫描流程。

2005年12月,省工商局下发了《关于在全省工商系统推广案件管理软件的通知》。这时,甘肃省工商业务综合信息系统软件的登记模块已在全省工商系统得到了全面的应用,并由此建成了全省企业基础信息数据库,个体工商户数据库的建设工作也在这一年完成。这些为甘肃省工商业务综合信息系统其他管理模块的应用打下了应用及数据基础。省工商局决定,在全省工商系统推广应用甘肃省工商业务综合信息系统中的案件管理子系统。

2006年,省工商局进一步加强了业务软件的开发利用,有力地推进了各级工商部门业务建设。这一年,省工商局先后完成了企业信用分类监管系统、案件管理系统、广告监测系统、食品网络监测系统软件的开发和在全省的推广应用,并培训业务骨干200多人次,促进了全省工商系统市场监管及行政执法工作。是年11月,省工商局派人对全省14个市、州工商局的软件应用进行了现场指导,对广告监测系统和食品网络监测系统及时做好服务器等相关设备的安装调试,并多次深入各市、州工商局进行安装和调试,保障了广告监测系统和食品网络监测系统软件推广的顺利进行。这一年,全省 16.9 万户企业(包括已吊销企业)全部按 2004 年以来的信用信息分为 A、B、C、D 共 4 类,98%以上的市场主体被管辖的工商所认领,不仅完善了企业数据库的内容,而且也为企业的分类监管工作提供了支持和保障。

2007 年,在加强电子政务建设方面,省工商局开发了内部办公系统,该系统便于局领导随时掌握各部门的工作动态,大大提高了领导决策的科学性。这一年,省工商局还实现了网上年检,促进了政务公开。省工商局信息部门还配合各业务处室就软件的使用进行了选项试点,组织了软件应用培训。

三、信息系统的更新与完善

2004 年,省工商局建成了覆盖全省范围的 12315 申诉举报网络和甘肃省工商行政管理信息网。网站的建成在强化市场监管、保护消费者权益、加大宏观调控力度、提升政府公共服务能力等方面起到了推动作用。在这期间,省工商局重点开展了网络系统的设计更新,组织开发了 12315 申诉举报系统、E6工商管理系统、OA 办公自动化系统、档案信息系统等专业软件,建设了甘肃省工商行政管理政务信息网站。省工商局与省发展与改革委员会等部门联系,求得资金等各方面的支持,不但对工商系统内部现有的软件进行整合、调试,而且在各级政府、税务、海关、银行、质量技术监督、建设、劳动和社会保障、司法等部门实现网络互联。随着全省诚信体系建设的进一步深入,各类信用数据的价值越来越高,政府各部门、企事业单位对信用数据和网络的依赖性也越来越强,因此对网络系统的安全性要求越来越高,维护网络的成本和运营成本都越来越高。当时,省工商局运行该网络每月需向线路提供商(中国电信股份有限公司甘肃分公司)支付 20 万元的线路租用费。为此,省工商局筹集资金,有计划、分步骤努力完善诚信网络,使其更好地为诚信建设服务。

2004 年,全省工商系统建成开通了 12315 申诉举报网络系统,标志着工商信息化工作上了一个新台阶,基本实现了统一、高效、信息共享的行政执法综合网络。随着工商信息网络的基本建成,全省工商系统不断加强信息网络的应用，实现了网络系统与工商行政管理业务的紧密结合。省工商局按照整合资源、扩大功能的原则，在12315消费者申诉举报网络的基础上，对分散的专项执法网络进行资源整合，逐步建立了由消费者咨询、申诉举报、消费安全预警、查办案件、广告监测、经济户口管理、企业信用分类监管等专项网络组成的12315行政执法综合网络，建立了相对集中受理、统一指挥调度、分工协作办理的运行机制，提高了市场监管执法的现代化水平。

2006年，省工商局注重对网站的安全检查及内容更新，发挥网站的平台作用和效能。年初，省工商局对WEB服务器软硬件进行了升级，更换了新型高性能服务器，操作系统由Windows 2000升级为Windows 2003，对原有的数据库进行了优化改造，提高了运行效率。同时，根据需要新增了"专项整治""工商文化"两个版块，对"党风廉政"栏目进行了改版，按政务公开的要求，开发了全省工商所网页维护系统，完成了全省市、州工商局二级域名的划分，实现了省工商局、市(州)工商局、县(市、区)工商局(分局)及工商所四级网站的部署。同时，省工商局信息部门工作人员坚持每日检查制度，对全省系统各网站发布的信息进行核查，对外来的网络攻击进行实时的监控。全年共协助局办公室发布政务信息1389条，省工商局政务网站访问量突破158万人次，在政府部门网站中名列前茅。这一年，省工商局以构建和谐社会、打造服务型工商为目标，以全省互联网门户网站为平台，发挥12315"绿色通道"网络优势，使行政执法手段更加科学化、合法化，并实现了快速高效执法。省工商局在互联网上开通了工商部门12315系统与企业商户之间的"绿色通道"系统，实现了内外网数据库的同步更新。"绿色通道"成员单位可通过网络时时接受消费者投诉数据，及时化解消费纠纷，并将处理结果通过网络反馈到12315中心数据库，从而减轻基层工商所的工作压力，为实现从"对立执法"向"和谐监管"的转变创造了条件，有效地解决了群众最关心、最直接、最现实的利益问题。集中统一的12315行政执法网络和这些系统协调有序的运行，为下一步整合资源、扩大功能、打造行政执法综合网络奠定了坚实的基础。

2007年，在改进E6软件系统功能的过程中，省工商局信息部门加强了与业务部门的协调配合，省工商局信息部门合理分工，强化了目标管理责任，在网络维护、设备维护等服务保障工作中,信息管理人员做到快速、及时、准确,遇到问题,落实相关责任,提高了服务质量。

2008 年,是全省工商系统进一步充实和创新提高网络系统,不断提升信息服务的一年。这一年,省工商局在"信息型工商""服务型工商"思想的指导下,努力打造老百姓满意的工商信息服务平台,全方位地向各类企业、个体工商户、广大消费者以及工商系统内部及时、快捷地提供全面、真实、准确的各类工商信息,切实给百姓消费提供指南,给企业经营提供便利,给监管职能部门提供科学依据。按照国家工商总局提出的"一个延伸、三个转变"(监管领域由低端向高端延伸;监管方式由粗放向精细转变,监管方法由突击性、专项性整治向日常规范监管转变,监管手段由传统向现代化转变)的要求,省工商局将服务型工商行政管理理念与甘肃市场环境实际结合起来,探索出了工商信息服务保障创新发展的新路子。采取与中国电信"联姻"的方式,以丰富的工商信息为核心,以扩大服务范围、丰富服务内容、提高服务水平为建设目标,建立工商信息服务平台;利用中国电信 118114 号码百事通、短信等作为承载手段,将省工商局政务信息资源,如登记信息、监管信息、消费维权信息等,通过信息服务的方式向社会公众发布。这年的 9 月到年底,省工商局完成了全省 10.18 万户企业和 41.59 万户个体工商户信息、广告监测信息、食品检测信息数据库的建立工作,并接入了号码百事通搜索引擎平台。到翌年初,省工商局顺利进行了信息一期工程的试运行。这项工程实现了企业信息搜索和语音平台发布,进一步建立起信息安全机制和管理机制,确立了面向社会的工商行政管理信息化服务的运营模式,基本满足了社会的需求。满足消费者、经营者及社会公众对工商政务信息的需求。如提供对工商企业注册信息的查询、工商办事指南、知名商品特许经销商推荐等。实现了工商行政管理服务方式的多样化、个性化,寓监管于服务之中。如通过提供年检提醒、登记业务跟踪服务、营业期限到期提醒、商标变更、续展提醒等,督促企业、个体工商户依法及时进行各项事务处理,保护企业的合法权益不受损害。推进准确监管,通过工商信息服务平台,可以从经营者和广大消费者中间获取大量的反馈信息,帮助执法人员准确了解和掌握辖区内市场主体信息及行业动态,针对消费热点、难点问题,有的放

矢地开展监管。省工商局认为,工商信息服务平台为提高工商政务信息公开的现代化水平、提高行政监管的工作效率、提高政府精确化服务能力、健全社会监督机制发挥了重要的作用,有利于消除政府和群众之间的数字鸿沟,在老百姓中间进一步树立了阳光工商、数字工商的良好形象。

2008年,省工商局本着创建服务型工商的需要,在现有网络建设的基础上,重点在网络管理上上水平,突出抓好软件、硬件的更新改造,努力促进监管与服务职能到位。下大力抓了12315系统的升级改造,扩大12315系统应用功能,增强全省消费者权益保护工作的现代化水平,更好地维护市场经济秩序,打牢12315行政执法体系的建设基础。通过前期的调研论证工作,省工商局制定了12315技术可行性方案和规划草案。扩大12315系统的社会公众服务范围,增加重要商品质量信息发布和查询以及消费预警信息发布等应用功能,促进12315消费者维权进社区、进农村、进市场、进企业、进商场。完善12315争议调解与和解机制,在现有"绿色通道"的基础上,扩充数据服务内容和展现形式。完善行政执法案件功能,依照12315行政执法体系框架,把原有应用系统中的案件模块重新构造,优化案件线索、立案、办案、结案、协查、通报等流程,进一步提高行政监管能力并促进行业自律。以与E6软件整合为突破口,实现12315与广告监测和食品安全监测等系统的整合,大力提升12315系统的整体功能,形成监管和执法的合力。尝试引进消息分发和接收机制,执法维权人员通过短消息接收指令,彻底打破值守电脑的模式,使监管力量得到合理分配。按照方案,年底进行了试运行。逐步推广和完善业务应用系统。开发了个体工商户信用分类监管系统。推动全省个体工商户信用分类监管工作,根据国家工商总局对个体工商户信用分类监管的总体要求,结合全省工商系统实际需求,开发了个体工商户信用分类监管软件。该系统于当年5月正式投入使用,为个体工商户的信用分类监管工作提供了信息化的手段。改进E6软件服务功能,将全省2.1万多条商标档案数据与企业基本信息数据库进行了对接,大大丰富了企业档案的内容;同时改进软件服务功能,在必要的环节上,设置了商标到期续展、商标变更、许可证、营业期限到期自动提示,既方便了企业及时办理相关业务,又便于工商部门对企业的监管。保障网上年检工作的落实。

在这一年的企业年检工作中，省工商局信息管理部门除对年检系统进行了全面的检查和维护外，工作重点放在对省内黑牌企业监管的联网应用上。这一年，还进一步加强了视频会议系统建设。5 月，省工商局对机关多功能厅进行了视频会议室改造。同时，按照国家工商总局的要求，完成了与国家工商总局视频会议系统的对接和调试，实现了从国家工商总局，省工商局，市、州工商局及县(市、区)工商局(分局)的四级视频会议系统。全年共保障省工商局视频会议 40 余次，各市、州工商局视频会议 100 余次。建设完善了重要市场、商场的工商信息发布电子显示屏系统。为提高食品安全工作的时效性、针对性和有效性，省工商局确定了 25 个重要市场和商场，开展了工商信息发布电子显示屏系统的建设安装工作。通过电子显示大屏及时发布食品安全的相关信息，宣传工商法律法规，提醒消费者保护自己的合法权益，警示经营者合法经营，构建良好的市场环境。

2008 年，省工商局创新建设模式，在创建两个平台(工商信息服务平台、全省企业基础信息共享平台)的同时，采取了信息服务对外承包(简称外包)的模式。采用整体服务外包建设方法，可以使信息化项目得到专业化的支持和保障，利用合作方雄厚的技术与管理实力，共同进行项目规划、论证，把好技术方案选择等环节，尽量避免重复和低效建设，降低运行维护成本。同时，可以显著提高服务质量。整体外包的技术保障服务具有综合性和连续性的特点，外包服务商通过提前介入、长远谋划等方法，可以在人员、技术、资金上给本系统以长期的支持，更快捷、高效地做好信息系统的建设与服务工作。可以有效降低总体建设费用，往后每年将会比分项建设方式节省 50 万~80 万元。整体外包还可以吸引本地大型企业共同参与建设，灵活筹措资金，缓解本系统信息化建设资金压力，更好地实现信息化的可持续发展。完全本地化的整体外包有利于促进甘肃信息服务产业的公平竞争与发展，符合工业强省的战略要求。这一建设模式创新的思路，得到了省政府的充分肯定。由于信息服务外包方式在甘肃是第一家，省政府采购办公室专门召开了专家论证会，总的认为省工商局在信息化建设方面思路超前，省工商局应对信息化趋势做出了决策。这一年，在国家工商总局召开的金信工程一期协调会上，对省工商局采用的信息服务外包模

式进行了介绍,得到了国家工商总局和与会代表的肯定,认为符合国家发展和改革委员会关于进一步加强国家电子政务工程建设项目管理工作的有关要求,同时也符合国家工商总局倡导的信息化建设采用服务外包方式,以及政务发展的未来建设模式,为"甘肃模式"增添了新的内涵。紧接着,省工商局与甘肃万维信息技术有限责任公司进行合作,对全省工商网络和硬件系统进行梳理,对网络核心设备进行全方位诊断,摸清了底数,为网络的安全升级和科学管理打下了基础。研究设计出了科学合理的数据中心数据库架构。研究部署了单点登录管理系统,以此为起点及时启动业务系统的全面整合。

四、数据库建设

全省工商系统的各项业务工作开始使用计算机以后,有关数据存储在单机上,只能分散调用。

1996年8月,省工商局转发了国家工商局《关于〈企业登记数据库管理系统网络版软件〉的通知》,要求全省工商系统按照国家工商局的通知精神,积极做好企业登记软件的应用工作,尽快建立企业登记数据库。

从2000年开始,各地通过工商业务管理系统软件的推广,逐步建立自己的市场主体基本信息数据库,各地及时组织力量,完成数据库建设。各地尽快组织力量,克服困难,使用该软件建立健全市场主体登记数据库,及时将本局登记的企业和个体工商户历史档案通过该软件的"期初数据管理"模块录入数据库中。历史档案的录入工作严格按省工商局的统一要求进行,特别是把好数据质量关,由专人负责数据录入工作,严格检查录入数据的真实性和准确性。从2002年下半年开始,建立省级与地(州、市)级数据处理中心,为全省工商系统提供及时、准确、全面的信息汇总、分析、决策支持服务。全省工商系统统一制定数据标准,配发《红盾工商行政管理业务软件》,各地按标准整理转换数据,建立起了数据库和维护系统。

2002年开始,省工商局以全省企业综合信息数据库的建设为基础,大力推进各类应用数据库的建设,为实现全省跨系统之间的企业信息共享打下坚实的数据基础。经过3年多的努力,2005年,省工商局集中力量完成了企业历史数据的入库工作。全省保存10.08万户各类企业、9.3万户已注(吊)销企业、33.96万户现存个体工商户的基本数据均入库。在已建成的企业综合信息数据库中,数据结构合理规范,采集的数据项目与国家信息交换的要求完全一致;提供了开放的应用接口(API)和基于JDBC的通用数据库访问服务,具有较强的可扩展性。此外,为适应不同部门、不同职能、不同服务的需要,在企业综合信息数据库的基础上,专门建立完善了企业信用数据库、黑牌企业数据库等各类应用数据库,为各类业务软件的开发与应用提供了可靠的数据平台。在数据库建设之初,为便于将来可能跨部门(如工商、国税、地税、银行)的数据共享,在数据库的实现上采取了"物理集中、逻辑分散"的模式,为实现"集中管理、分散交换"提供了技术上的保障。在此基础上,省工商局以工商行政管理综合业务系统为重点,大力加强各类应用软件系统的开发和推广,为实现全省跨系统之间的企业信息共享打下了坚实的应用基础。

　　2005年6月20日,省工商局向全省系统发出了《关于加快基础信息数据库建设有关问题的通知》。当时全省系统的基本情况是,部分市、州工商局已经开始或积极筹备应用软件进行历史企业基础信息的入库工作,逐步建立企业基础信息数据库。但是由于种种原因,在实际工作中还存在一些问题:有的工商局对这项工作认识不到位,没有把这项工作摆到应有的位置,缺乏主动性和积极性,缺乏统筹规划、统一管理;有的工商局缺少相应的领导机构和办事机构,有的虽有机构却未能发挥应有的作用,组织协调不到位,导致相关部门工作任务不清,责任不明;有的工商局对这项工作流于形式,没有真正将软件的推广应用与日常登记监督管理结合起来,更谈不上历史数据库的建设。因此,强化工作力度,加快速度,保质保量完成基础信息数据库特别是历史企业基础信息数据库建设任务,已成为当时全省工商系统的一项重要工作。省工商局要求,各市、州工商局务必在2005年9月15日之前完成本地的各类企业数据库建设任务,同时在12月31日之前完成本地个体工商户基本数据全部入库。规定了数据库建设的范围,各地历年来登记的各类企业的登记数据,包括所有现存的企业和历年注销、吊销企业(特别是2000年以来注销、吊销的企业),各地历年来登记的处于开业状态的个体工商户登记数据以及2000年以来注销、吊销的个体工商户数据。同时还提出了数据库的建设标准,企业和个体工商户数据库要依托已在全省推广的《甘肃省工商业务综合信息系统》软件来建设,该软件提供的数据库标准为全省统一的数据库标准。要使用该软件完成新设立企业的入库工作,同时还要使用软件完成历史企业档案的入库工作。严格按照该软件规范操作,形成全省统一规范的数据库。省工商局为适应不同职能、不同服务的需要,在企业综合信息数据库的基础上,专门建立完善了企业信用数据库、黑牌企业数据库等各类应用数据库,为各类业务软件的开发与应用提供了可靠的数据平台。是年8月初,省工商局检查了兰州市工商局数据库建设情况。兰州市工商局在软件应用和数据库建设中取得了成绩,在全省工商行政管理业务软件推广和企业数据库建设中发挥了作用。

2005年8月,省工商局下发了《关于进一步加强基础信息数据库质量的通知》要求,各级要加强领导,一鼓作气,在前期数据录入完成的基础上迅速转入数据复核纠错阶段,狠抓数据库质量建设。进一步加强领导,克服厌战情绪,发扬敬业精神,将这项工作一抓到底。周密组织,合理安排,将原集中用于数据录入的机器设备及人员继续用于数据录入和纠错等工作,注重各个环节的科学安排和管理,确保复核纠错工作的高效运行。抽调业务骨干,在数据复核完成后采取自查、互查等多种形式,积极发现问题并及时处理。在复核自查等工作结束后,各级对本地数据库建设完成情况进行认真总结,省工商局对好的做法和经验将及时予以推广。

2006年,完成了企业基础信息数据共享方案,为打造数字工商、服务工商奠定了基础。为使本省工商行政管理信息化建设融入社会经济发展的大环境之中,积极抓好国家和省级信息建设项目,提高工商行政管理监管工作效率,创造了良好的社会效益。为贯彻落实国家信息办《关于开展企业基础信息交换试点的通知》精神,省工商局积极努力,多方协调,完成了《甘肃省国税局、地税局、质监局、工商局企业基础数据共享可行性方案》的制定,得到了省政府的认可,省政府将全省企业基础数据交换中心建设的任务交给了省工商局。这项工程不仅对全省的信用体系建设有十分重要的意义,还可以更好地为地方电子政务系统建设提供基础数据服务,同时提高了全省信息化建设的整体水平。从

2006 年 12 月至 2007 年底,省工商局经过一年多时间的积极努力,建起了本省工商、国税、地税、质监 4 部门企业基础信息共享平台。这一平台的建成,是贯彻落实国家信息办《关于开展企业基础信息交换试点的通知》的一项重要举措,是甘肃政务第一个跨部门的数据共享平台。在平台建设期间,省政府高度重视,省工商局积极实施,工程于 2008 年 7 月初通过了省政府的检查验收。甘肃省"企业基础信息共享试点工程项目"应用系统实现了以工商部门的企业登记信息为基准,以组织机构代码为唯一标识的企业基础信息库,实现了 4 部门企业数据的共享和交换应用。半年时间内,该系统获得 4 部门基础数据总计 55 万条。该试点项目的建成使用,较好地解决了工商、国税、地税、质监 4 部门之间的数据"孤岛"现象,各部门的基础数据能够互相交换和引用,有效解决了困扰税务部门的税源不准、税基不明的监控问题,为提高政府部门市场监管和行政执法的整体能力提供了基础条件,为甘肃省经济快速、可持续发展起到了推动作用。

随着业务软件进一步开发和推广应用,数据库的维护工作量也越来越繁重。在数据库的日常维护与管理工作中,省工商局信息化管理部门注重数据库建设质量的提高,定期检查、及时完善恢复数据,确保了数据库的安全运行和各项业务工作的顺利开展。

2007 年,省工商局创新研发了多个软件系统,如网上年检软件、全省企业信用分类监管数据质量检测软件以及在原有 E6 软件、办公 OA 上增加了多项功能。特别是结合当时国家工商总局对全国企业信用分类监管联网应用和数据质量建设工作的检查,利用自主开发的全省企业信用分类监管数据质量检测软件,对全省数据质量进行了及时检测,并定期在全省工商系统内网发布检测结果和错误数据的明细,既有助于各地及时更正错误数据,又极大地促进了全省数据质量建设,收到了明显成效。同时,省工商局还加强了企业信用分类监管数据全国的联网应用,在软件中实现了对全国黑牌企业和一人有限公司的查询和限制。

2007 年,省工商局在信息网络维护管理方面,着重抓了贯彻国家标准,加强质量管理。贯彻执行国家工商总局发布的《中华人民共和国工商行政管理行业管理标准》，认真学习和领会《标准》，并将标准中相关的数据项、代码及指标规范与 E6 等现行软件中的相关内容逐一进行了比对。结合国家工商总局《工商行政管理注册号编制规则》的实施，针对新标准的执行对软件带来的重大的结构性的改变进行研究，确定了软件修改方案，组织人员进行测试，保证了本省的业务软件使用的标准与国家工商总局的规范一致，顺利完成了数据按国家工商总局标准转换的工作。同时，结合国家工商总局对全国企业信用分类数据质量大检查，配合业务处室部署数据项的补录工作，对促进数据质量建设发挥了重要作用。这年，制定了《甘肃省工商行政管理局与全国工商行政管理网企业信用分类监管数据传输更新制度》《数据备份与恢复程序及系统应急预案》等制度。

2008 年，首次在全省使用了全国黑牌企业数据库，实现了全国范围内跨区域的联网应用。省工商局在程序中依照法律法规的要求设定了对黑牌企业及其法定代表人的相关限制和警示，通过这些限制和警示，极大地促进了对黑牌企业的监管，增强了企业树立合法经营和依法退出市场的意识，促进了黑牌企业有序退出市场。配合国家工商总局完成了业务数据汇总工作。省工商局按照国家工商总局《关于在全国工商系统实施数据汇总工作的通知》要求，及时进行了安排部署，明确了数据汇总工作相关人员的职责和任务，按时完成了数据汇总工作必备文档，《甘肃省工商局数据结构文档》《甘肃省工商局数据代码集文档》《甘肃省工商局数据结构说明文档》等。同时，建立了数据汇总工作机制、问题数据纠错机制等数据管理长效机制，高质量完成了国家工商总局下达的数据汇总任务。

第三节　信息网络人才培训

从 2000 年到 2008 年，省工商局把信息网络人才的培训工作贯穿于信息化建设的始终。建设网络容易，充分利用网络资源、提高网络效能却很难。要解决这个问题，最根本的途径是加强信息网络人才的培养。

2000 年初的几年间，全省工商系统信息化建设发展缓慢，工作推动较为困难,究其原因,在于从省工商局到全省系统,信息网络人才极为匮乏,成为制约工商信息化建设的"瓶颈"。主要表现在:工商干部的计算机应用水平普遍偏低,"计算机盲"占总人数的80%以上;信息化专业技术人才缺乏,既懂工商业务又掌握信息技术的复合型人才很少。省工商局立足于当时的实际,积极采取措施,多方努力,强化培训,以改变人才缺乏的窘境。一是高标准培养信息网络人才。省工商局从全省工商系统挑选了部分业务熟悉、经验丰富的执法人员,并招聘了30名大学生,按照执法人员的要求进行培养,以确保准确指挥、快速反应、技术熟练、全面发展。二是实施信息网络"十百千"人才工作建设。2004年开始用3年时间,在全省工商系统培养了10名计算机网络高级管理人才,100名计算机网络中级管理人才,1000名计算机操作骨干。2004年,省工商局依托兰州商学院信息工程学院进行培训,当年就培训计算机中级管理人才56名,培训计算机操作骨干396名。三是加大对消费者权益保护人员的培训力度。分期分批对全省工商系统的消费者权益保护人员进行12315系统软件的使用操作培训,使其达到"三会两能",即:会操作、会分流督办、会数据信息分析,能正确录入登载、能正确处置紧急预警信息,并依托他们对基层工商所工作人员进行培训指导,以充分发挥专业技术骨干的作用。四是强化对省工商局12315指挥中心工作人员的培训。省工商局先后聘请甘肃地方院校的专家学者、北京工商局12315指挥中心的人员和北京普天科技公司的技术人员授课指导,并通过赴北京参观、组织模拟学习等,全面提高适应12315指挥中心工作人员的素质和技能,为保障信息网络正常高效运行,奠定了坚实的人才基础。五是提高省工商局信息中心工作人员的业务技能和维护能力。省工商局还从中国科学院计算技术研究所引进了一名博士后,负责信息化建设工作。采取请进来、走出去的方法,对省工商局信息中心的技术人员进行强化训练,先后聘请当地的专家学者和华为公司的工程师授课指导,并通过参观学习、组织模拟学习等,开阔眼界,增长知识,积累经验,全面提高信息中心工作人员的素质和技能。六是健全考核体系,促进全员使用。全省各级工商部门将信息网络建设作为自身建设的重要组成部分,纳入了目标管理责任制考核范围,使全省系统信息网络建设进入全面发展的快车道。同年,省工商局制定了

《大力推进信息化软件应用的实施意见》,做到责任单位明确、工作职责明确、应用要求明确、奖惩办法明确,实行了一月一检查、一季一通报,对领导重视不够、工作措施不力、工作成效不明显的,采取诫勉谈话、待岗培训等措施,调动了全省系统推广应用信息化技术的积极性,提高了使用效能。通过边学习边实践,使工商干部对信息化技术的掌握不断取得进步。当年,全省系统50%以上干部能熟练运用计算机进行监管。

部分年份信息化建设人员培训情况

表 10-1

年份	培训单位	参训人员	时间	培训内容
1996 年	兰州大学电子技术开发应用	全省系统	7 月—9 月（3 期）	计算机的组成,主要部件的工作原理,硬件、软件和有关性能指标等概念;DOS 操作系统、WINDOWS 操作系统、FOXBASE 数据库软件,WPS 文字处理软件的操作命令及编辑功能的应用。
1997	甘肃省计算机培训中心	全省系统120 人	10 月 15 日—11 月 15 日	计算机的基本原理、DOS 操作系统、五笔字型、WPS 文字处理软件、CCED 制表软件、企业登记管理软件、市场管理、市场统计的运用等。

年份	培训单位	参训人员	时间	培训内容
2000 年	国家工商局	省工商局机关2 人	10 月 15 日—12 月 15 日	第一期网络节点技术培训:计算机网络基础知识,国家工商局内部业务网系统构成,网络地址规划和分配,CISCO 路由器与交换机的安装、高度、使用,网络安全产品的使用。
2002 年	省工商局	兰州、白银、天水、酒泉、张掖市工商局网络骨干	7 月—8 月	第一期试点单位培训:本单位办公楼综合布线和机房装修方面的技术知识。
2003 年	省工商局	全省系统		开展信息网络"十百千"人才工程:用 3 年左右时间,在全省工商系统培养选拔 10 名计算机网络高级管理人才、100 名计算机网络中级管理人才、1000 名计算机操作业务骨干。
2004 年	省工商局	省工商局机关全体干部	8 月 15 日—22 日	机关 OA 办公软件的培训:邮件管理、日程管理、通讯簿和公共信息等功能模块的应用。培训对象是省局机关各处室及直属局、队的在职人员。之后全机关便正式使用 OA 办公软件。
2005 年	省工商局	各市、州工商局和县工商局的 100 名业务骨干	2 月 21 日—25 日、2 月 28 日—3 月 4 日、3 月 7—11 日。(3 期)	工商业务管理系统软件的应用及维护。使信息网络建设更加紧密地与各项业务工作结合起来,使培训人员相对稳定地成为各单位的业务骨干,即业务软件系统的管理员,并负责本级及下级部门的软件培训使用工作。

第十章 信息化建设

年份	培训单位	参训人员	时间	培训内容
2005年	省工商局	各市、州工商局的法规科科长、副科长和软件系统管理员共40人	12月下旬	全系统案件管理软件培训班:全面推广《甘肃省工商业务综合信息系统》中的案件管理子系统。涉及案件管理子系统的应用及维护。培训的同时将对该软件案件管理子系统进行应用测试和压力测试。
2006年	国家工商总局信息中心	省工商局2人	6月	在兰州举办了全国信息化标准培训班,省工商局协办:(1)工商信息化标准的构建思路和主要内涵;(2)工商数据标准的整体架构,包括定位、构成、描述方法和应用要求;(3)有关数据规范,包括市场准入与退出的数据规范、市场监管数据、行政执法数据规范、12315消费者权益保护数据规范;(4)数据元标准及代码集标准;(5)工商注册编制规则、信息标准化管理办法;(6)工商管理安全技术规范、工商信用服务系统建设规范;(7)工商公共服务系统建设规范、工商网络建设规范以及标准动态维护系统的相关知识介绍。
2007年	兰州大学信息工程学院	全省系统62名计算机专业人员	4月—9月	信息化人才的整体专业知识,53人取得了计算机等级二级证书,1人取得了计算机三级证书。另外,还配合省工商局相关处室对全省信息化人员和业务骨干进行培训200多人次。

2008 年 6 月—9 月，全省工商系统在强化信息知识普及上认真贯彻落实国家工商总局培训方案，提高了全员信息化应用水平。是年，国家工商总局在全国工商系统举行信息化知识竞赛。全省工商系统开展岗位大练兵活动，狠抓信息化知识竞赛工作的各个环节，将其作为提高全省系统人员信息化工作技能和应用水平的重要活动，取得了很好的成效。省工商局党组对这次信息化知识竞赛高度重视，在人力、物力和财力方面给予了大力支持。局党组多次召开专题会议进行研究部署，制定了《甘肃省工商局信息化知识竞赛实施方案》，下发了信息化知识竞赛的通知，从省工商局到各市、州工商局都分别成立了信息化知识竞赛领导小组。省工商局督促各市、州工商局和县(市、区)工商局组织好本地现场竞赛，全省系统信息化知识竞赛领导小组专门开发了《信息化知识竞赛网上答题模拟系统》，同时下发了《关于使用网上在线答题模拟系统进行信息化知识竞赛大练兵的通知》，对参与人数和成绩提出了具体要求。为了进一步鼓励广大干部比赛学、比赛练，省工商局还对各地的模拟练习情况在网上实时公布。由于措施得力，在短短 3 个半月的时间内，参加网上模拟答题考试的就达 8100 人，参与率达到了 86%，答题正确率 85%，推动了岗位大练兵活动的开展。省工商局认真把好现场竞赛的每一个环节，并充分发挥信息技术的优势，自主开发了现场答题计分系统、抢答计时系统等。9 月 17 日—19 日，省工商局专门举办了一次大型的全省信息化知识竞赛，来自各市、州工商局 14 支代表队的 42 名选手参加了比赛，比赛实况通过全省视频会议系统在全省范围内进行了现场直播，还利用政务专网、办公 OA 系统进行了广泛宣传。通过这次竞赛，选拔了表现出色的 10 位优秀选手作为参加国家工商总局竞赛的预备选手，参加国家工商总局的信息化知识网上竞赛。按照国家工商总局的统一部署和要求，11 月 4 日—17 日，省工商局组织全省工商干部参加了国家工商总局组织的信息化知识竞赛在线网上答题活动，共有 9458 人参加了竞赛，参与率达 98%，平均成绩 91 分。通过全省系统全员学习应用计算机知识，参加信息化知识竞赛在线网上答题，提高了工商干部的计算机技术水平和现代化信息技术应用的水平。

第十一章 工商行政管理机构

1986 年以来,随着工商行政管理事业的发展,全省工商行政管理机构有了较大的发展变化。1987 年 10 月至 1995 年 9 月,甘肃省工商行政管理局为甘肃省人民政府的组成部门。从 1995 年 9 月至 2008 年 12 月,甘肃省工商行政管理局为甘肃省人民政府主管市场监督管理和行政执法的职能部门。

第一节　省工商局

一、省工商局机构的调整

1986 年至 1993 年,随着形势和任务的需要,省工商局机关的内设处室有所增减,其职能也作了相应调整。

1986 年 11 月,省机构编制委员会(简称"省编委")发出关于省工商局增设机构的通知(甘编〔1986〕101 号)文件,批准设立省工商局经济检查处。其主要职责是:查处投机违法大案、要案;掌握全省经济检查工作情况,督促检查各地(州、市)查处投机违法大案、要案的工作。

1987 年 2 月,省工商局随着全省外商投资企业逐年增加的情况,向省政府呈送报告,请求设立外商投资企业登记管理机构并增加人员编制。1988 年 3月 21 日, 省编委下发关于成立省工商局外资企业登记管理处的通知（甘编〔1988〕015 号)文件,同意成立省工商局外资企业登记管理处,人员编制在局机关现有行政编制中调剂解决。1987 年 2 月,国家工商局授权部分省、市工商局直接核准登记外商投资企业。1988年5月,省工商局上报请求国家工商局授权核准外商投资企业的申请报告。1988年11月26日,国家工商局授权甘肃省工商局登记管理外商投资企业。

1988年7月18日,省编委下发《关于省工商局基层工作处更名的通知》(甘编〔1988〕093号)文件,同意省工商局撤销基层工作处,改称人事教育处。其主要职责是:负责局机关和直属单位的人事制度、机构设置、人员编制、劳动工资等方面的管理工作;负责局机关和直属单位干部职工调配、考核、任免、奖惩、专业技术职称评聘和机关离退休干部职工的服务管理;负责全省工商系统干部职工的教育、培训和引进国外智力及出国人员政审工作;负责基层工商所的建设和全省系统先进评选、表彰及人员、机构统计和因公评残工作;协助局党组会同地方党委、组织部门,对地级局领导班子行使双重管理职责;指导全省系统基层体制改革、组织建设和专业技术职务的评聘工作。

1988年9月,省工商局按照《中华人民共和国私营企业暂行条例》的规定,为加强对私营企业的监督管理,参照国家工商局的编制(将个体经济司改为个体私营经济司),向省编委呈送报告,建议将省工商局的个体经济处改为个体私营经济处。省编委于该年12月批复同意。

1989年9月18日,省人民政府(简称"省政府")办公厅下发甘政办发〔1989〕95号文件,同意将"甘肃省经济合同仲裁委员会"更名为"甘肃省工商行政管理局经济合同仲裁委员会"。各地原以各级政府名义成立的经济合同仲裁委员会,均改名为"工商行政管理局经济合同仲裁委员会"。1995年9月1日实施的《中华人民共和国仲裁法》(简称《仲裁法》)第14条规定:仲裁委员会独立于行政机关,与行政机关没有隶属关系。同年10月,按照《仲裁法》的规定,工商部门终止经济合同的仲裁工作,省工商局经济合同仲裁委员会撤销。

1990年5月,省工商局向省编委呈送报告,请求成立法制处。理由是:《中华人民共和国行政诉讼法》(简称《行政诉讼法》)正式实施,工商行政管理机关作为经济监督综合部门和行政执法机关,担负着繁重的维护经济秩序和行政执法的任务,工商行政管理活动的各个方面和各种行政管理手段涉及许多法律、行政法规和地方性法规,需要一个专门的法制机构来承担案件审核、应诉

甘肃省志 工商行政管理志

等工作。在省编委未批准成立法制机构之前,省工商局配备了专职的法制工作人员,并以法制处(筹)的名义开展了工作。1991年4月,国家工商局召开了全国工商行政管理法制工作会议,要求各地以设立法制机构为突破口,建立一支专门从事法制工作的队伍,以推动工商部门各项行政管理和执法工作规范化,促进依法行政。同年,省工商局又向省政府呈报了关于请求成立省工商局法制机构的报告,省政府同意先筹建后审批。1993年,国家工商局制定了《工商行政管理机关行政处罚程序规定(试行)》,法制机构增加了行政处罚案件审核工作;1994年,《行政处罚法》)施行,法制机构增加了行政处罚案件听证工作。随着法律法规的逐步健全,工商法制机构的基本职能也逐步确立。1995年9月,省政府下发了《甘肃省工商行政管理局职能配置、内设机构和人员编制方案》。《方案》确定省工商局成立法制处,省工商局法制机构正式成立。

1990年7月,按照《甘肃省人民政府关于在省政府有关部门设置派驻监察机构和配备监察员的通知》(甘政发〔1989〕78号)文件精神,甘肃省监察厅驻省工商局监察室正式成立。其主要职责是:检查监察对象贯彻执行国家政策和法律、法规的情况;监督处理监察对象违反国家政策、法律、法规和违反政纪的行为;受理对监察对象违反国家政策和法律、法规以及政纪行为的检举、控告;按照行政序列分别审议对监察对象的纪律处分;受理监察对象不服政纪处分的申诉;向主管部门总结推荐为政清廉的典型范例,并提供监察工作信息;参加或列席所在单位研究讨论有关监察业务的常务会议(办公会议),业务部门的重要会议及其他有关会议;承办上级监察机关和所在单位领导交办的有关业务。

1990年11月10日,中共甘肃省直属机关工作委员会省直工组发〔1990〕70号文件批复:同意中共甘肃省工商局机关总支委员会改为中共甘肃省工商局直属机关委员会(简称直属机关党委)。

1991年5月,按照中共中央关于中共组织机构改革的精神,中共甘肃省委(简称省委)下发通知(甘任字〔1991〕98号),成立中共甘肃省工商局党组。

1992年7月10日,省编委发出关于在省工商局经济检查处加挂甘肃省工商局经济检查分局牌子的批复(甘机编〔1992〕055号)文件,同意在省工商

局经济检查处加挂"甘肃省工商行政管理局经济检查分局"牌子。

1986 年—1993 年省工商局机关机构增减情况

表 11-1

年 份	1986 年	1988 年	1989 年	1990 年	1993 年
现有机构	办公室 企业登记管理处 市场管理处 个体经济处 商标广告管理处 合同管理处 经济检查处 基层工作处 经济政策研究处	办公室 企业登记管理处 市场管理处 个体经济处 商标广告管理处 合同管理处 经济检查处 基层工作处 经济政策研究处	办公室 企业登记管理处 市场管理处 外资企业登记管理处 个体私营经济处 商标广告管理处 合同管理处 经济检查处 经济政策研究处	办公室 企业登记管理处 市场管理处 外资企业登记管理处 个体私营经济处 商标广告管理处 合同管理处 经济检查处 人事教育处 经济政策研究处	办公室 企业登记管理处 市场管理处 外资企业登记管理处 个体私营经济处 商标广告管理处 合同管理处 经济检查处 人事教育处 监察室 经济政策研究处
增加机构		外资企业登记管理处	人事教育处	监察室	机关党委
减少机构			基层工作处		
合 计	9	10	10	11	12
备 注	1987 年 9 月 7 日,成立工商志办公室,到 1991 年 10 月撤销;统计截至 1993 年 7 月。				

二、省工商局机构的改革

1995 年,全省政府机关进行了机构改革。是年 9 月 14 日,省政府办公厅下发了《甘肃省工商行政管理局职能配置、内设机构和人员编制方案》(甘政办发〔1995〕81 号)文件。该《方案》按照《中共中央关于建立社会主义市场经济体制若干问题的决定》中关于"改善和加强对市场的管理和监督""建立权威的市场执法和监督机构"的要求,明确了省工商局从四个方面实现职能转变:一是改革企业登记管理制度, 将现行的审批设立制度逐步过渡为工商行政管理机关依法核准登记制度。二是拓宽监督管理的范围,从过去侧重于监督管理集贸市场和工业品市场转变为监督管理和参与监督管理各类市场。三是调整行政执法对象,从重点查处投机倒把活动转变为依法规范市场交易行为,参与市场价格管理,制止垄断和不正当交易行为,保护公平竞争,维护经济秩序。四是提高管理层次,从侧重于具体业务管理转变为运用法律和行政手段进行宏观监督管理。

该《方案》明确了省工商局是省政府主管市场监督管理和行政执法的职能部门。主要职责是:(1)指导、协调全省工商行政管理工作。(2)研究制定全省工商行政管理的方针、政策及拟定相关的制度和规定。(3)主管全省工商企业和从事生产、经营的事业单位、社会团体及公民个人的登记注册工作,核发有关证照,依法确认其企业法人资格或合法经营地位,依法监督检查登记注册单位的登记注册行为。(4)监督管理清查各类集贸市场、生产资料市场,参与监督管理金融、房地产、劳务、技术、信息等生产要素市场和期货市场。参与论证、规划全省市场布局和市场体系的培育、发展,开展各类交易市场登记及统计工作。(5)依法监督检查全省市场主体的交易活动。打击制售假冒伪劣产(商)品、走私贩私违法活动,查处垄断和不正当竞争、侵犯消费者权益和其他市场交易违法违章案件。依法或经省政府授权,组织开展全省性的市场监督与执法活动。(6)负责全省商标管理工作,查处商标侵权行为,保护注册商标专用权。认可商标代理机构并指导其工作,依法对商标评审案件做出终级决定或裁定。(7)依法监督管理广告发布与广告经营活动,指导广告业发展。(8)依法监督管理经济合同,指导合同仲裁机构的工作。(9)依法监督管理个体工商户、个人合伙和私营企业,规范其经营活动,引导个体、私营经济健康发展。(10)指导省消费者协会、省个体劳动者协会、省私营企业协会、省广告协会和省工商行政管理学会等社会团体的工作。(11)完成省委、省政府交办的其他工作。该《方案》规定省工商局机关设置10个职能处(室)和机关党委。(1)办公室:组织协调局机关的政务工作,负责局机关重要文件的起草和文秘、档案、信访、机要、保密、财务、房产、信息等行政管理工作,负责全省工商系统统计、财务指导、物资装备及直属单位审计监督工作,办理局领导交办的其他工作。(2)人事教育处:负责

局机关和直属单位的人事、机构设置、人员编制、劳动工资等方面的管理工作，负责局机关离退休干部职工的服务管理，负责全系统干部职工的教育、培训等工作，协调全系统专业技术职务的评聘工作，负责本系统引进国外智力工作，指导基层体制改革、组织建设和队伍建设工作，负责全系统评选表彰工作。(3)企业注册管理处：管理全省工商企业和其他从事生产经营活动的事业单位、社会团体的登记注册工作；参与制订企业登记管理规章；依法核发管辖范围内企业和其他经营单位的证、照，对其登记注册行为进行监督检查；指导本系统的企业登记注册及监督管理工作；负责查处违反企业登记管理法规案件的复议工作，管理企业登记注册档案资料。(4)外资企业注册管理处：根据国家工商局的授权，指导全省外商投资企业、外国(地区)企业常驻代表机构、外国承包商的登记注册和监督管理工作，并直接受理中央在甘、省属和未授权地区的外商投资企业、外国(地区)企业常驻代表机构、外国承包商核准登记注册及核发有关证照和监督管理；调查研究全省外商投资企业登记管理工作情况，指导全系统查处外商投资企业违法违章行为和案件复议工作。(5)市场监督管理处：调查研究全省各类市场发展和管理情况，制订市场交易规则，规范市场交易行为；监督管理各类消费品市场、生产资料市场；参与监督管理生产要素市场和期货、文化等市场；制订或参与制订有关市场管理的法规、规章；参与论证规划全省市场布局，组织开展对各类交易市场的登记及统计工作；参与各类市场的培育建设，指导本系统对各类市场的监督管理。(6)个体私营经济监督管理处：调查研究全省个体、私营经济发展与管理情况，参与制订个体、私营经济发展规划、政策法规和监督管理办法；指导本系统对个体工商户和私营企业的登记注册以及监督管理工作；指导个体劳动者协会和私营企业协会的工作。(7)商标广告监督管理处：主管全省商标注册工作和商标管理工作；指导商标代理机构的工作；调查研究全省商标广告发展与管理情况；制订全省广告业的发展规划；依法查处商标侵权和广告违法案件，会同有关部门办理商标侵权和广告违法案件行政复议工作；组织全省著名商标评选认定和推荐全国驰名商标工作；依法审批省属广告经营单位和临时性广告经营活动；指导本系统广告管理工作和广告行业管理工作。(8)经济合同监督管理处：依法监督管理全省经济合同,复议下级工商行政管理机关处理的违法合同案件;组织全省开展"重合同、守信用"活动;推行经济合同示范文本制度;推行签订经济合同委托制度和颁发委托证书;指导全省经济合同鉴证,负责省属企业经济合同的监督管理;负责对全省经纪人的培训、管理、颁发资格证和对经纪活动的指导、服务和监督管理;负责对全省范围内的拍卖活动进行指导、监督检查、颁发资格证;负责对全省经济合同管理人员进行培训,指导合同仲裁工作。(9)公平交易处:监督检查市场主体的交易行为,制止垄断和不正当竞争;依法或根据授权查处走私、贩私等违法行为;依法保护消费者权益,查处严重损害消费者权益的行为;指导、协调、监督本系统市场交易中违法案件的查处工作;会同法制处承担地(州、市)工商行政管理机关查处案件的复议工作;会同办公室做好办案经费的使用管理和罚没款上缴及办案装备工作。(10)法制处:参与有关立法、立规及规范性文件的起草、修改、论证;负责工商行政管理法规的宣传、培训和普法工作,组织开展全省系统及省局机关的行政执法监督检查;指导、承担和参与行政复议和行政应诉工作;承担规范性文件的备案、清理、汇编及法律文书的审核工作;负责受理按《国家赔偿法》提起的赔偿案件;指导全系统的法制工作。(11)机关党委:负责局机关党务工作,指导局机关青年、妇女工作。监察室仍作为省纪检和监察部门派出机构而设置。

根据新的机构改革方案,省工商局于1995年11月完成机构改革任务。这次机构改革,省工商局机关的内设机构有3处变化:(1)撤销了经济政策研究处、经济合同仲裁委员会,(2)经济检查处(挂经济检查分局牌子)改为公平交易处(对外称公平交易局),(3)正式成立法制处。另外,一些内设机构的名称也有变化:企业登记管理处改为企业注册管理处,外资企业登记管理处改为外资企业注册管理处,市场管理处改为市场监督管理处,个体私营经济管理处改为个体私营经济监督管理处,商标广告管理处改为商标广告监督管理处,经济合同管理处改为经济合同监督管理处。

纪检与监察合署,一个机构两块牌子,4名编制在行政总编制之内单列。

成立机关后勤服务中心,县级事业单位,核定后勤服务事业编制12名,其中正、副主任各1名。

1995年省工商局机构改革前后内设机构、人员编制情况

表 11-2

机构改革前				机构改革后			
序号	内设机构	行政编制	处级编制	内设机构	行政编制	处级编制	
1	办公室		3	办公室		3	
2	人事教育处		2	人事教育处		3	
3	企业登记管理处		3	企业注册管理处		3	
4	外资企业登记管理处		2	外资企业注册管理处		2	
5	市场管理处		3	市场监督管理处		3	
6	个体私营经济管理处		2	个体私营经济监督管理处		2	
7	商标广告管理处		3	商标广告监督管理处		3	
8	经济合同管理处		2	经济合同监督管理处		2	
9	经济检查处		3	公平交易处		3	
10	政策研究处		2	法制处		2	
11	机关党委		1	机关党委		1	
12	监察室		1	监察室		2	
13	经济合同仲裁委员会		2				
合计	13	138	29	12	136	29	

省工商局从1980年1月独立设置后，一直是省政府的组成部门。1995年机构改革后，省工商局变为省政府直属机构。

1996年11月19日，省委决定成立中共甘肃省纪委驻省工商行政管理局纪律检查组。

1997年10月17日，甘肃省机构编制委员会办公室（简称"省编办"）发出关于加挂"市场监督管理分局和公平交易局"牌子的通知（甘机编办发〔1997〕062号）文件，同意在省工商局市场监督管理处加挂"市场监督管理分局"的牌

子,在公平交易处加挂"公平交易局"的牌子。

从2000年开始,全省进行了新一轮政府机构改革。2001年2月,省政府办公厅下发了《关于印发省工商局职能配置、内设机构和人员编制规定的通知》(甘政办发〔2001〕34号)文件。这个通知对省工商局职能的配置作了调整:将指导广告业务发展的职能交给省经济贸易委员会。取消市场培育建设、全省市场布局规划职能。把引导个体、私营经济发展的职能交给个体劳动者协会和私营企业协会。对地、县工商局的管理从业务指导转变为直接领导。组织保护消费者合法权益,查处侵犯消费者权益的案件。

新的编制规定:省工商局共设10个职能处(室):办公室、企业注册处(加挂外资企业注册处牌子)、市场监督管理处(加挂合同监督管理处牌子)、个体私营经济监管处、商标广告监管处、公平交易处、法规处、消费者权益保护处、财务处、人事教育处。继续设置机关党委、监察室。根据有关规定,单列编制1名。核定离退休职工管理工作人员编制2名。原核定的机关后勤服务中心12名事业编制和2名处级领导职数保留。

省工商局直属单位:

1.甘肃省工商行政管理局公平交易局。主要职责是:依据国家有关法律法规,组织查处重大、复杂的垄断、不正当竞争、侵害消费者合法权益、假冒伪劣及走私、贩私等经济违法违章案件。

2.甘肃省工商行政管理局市场监督管理局。主要职责是:负责监督管理省属企业单位开办的各类集贸市场、生产资料市场(包括汽车市场)、生产要素市场及文化市场的监督管理;查处市场管理中违法违章经营活动,规范交易行为和秩序。

3.甘肃省工商行政管理局商标广告稽查大队。主要职责是:依法在全省范围内查处商标广告违法案件;监督管理广告市场秩序,建立健全广告监测网络,对辖区内广告发布情况跟踪监测;向社会提供商标、广告法律咨询服务。

公平交易局、市场监督管理局、商标广告稽查大队编制问题另作研究。

2002年11月,省工商局机关实施新编制工作顺利完成。

这次机构改革撤销了外资企业注册管理处,将其职能归入企业注册处;撤

销经济合同监督管理处,将其职能归入市场监督管理处;增设消费者权益保护处和财务处。增设机构的主要职责是:

消费者权益保护处:研究拟定消费者权益保护规章制度及具体措施、办法并组织实施,组织查处侵犯消费者合法权益案件,组织查处市场管理中发现的经销掺假及假冒产品行为, 指导全省消费者权益保护工作和消费者投诉服务机构的工作。

财务处:研究拟定财务监督管理的规章制度及措施;编制全省系统财务预算及审查决算方案;拟定全省系统行政性收费项目和收费标准,监督指导本系统行政性收费项目、罚没收入纳入财政预算和上缴财政工作;负责全省系统收费票据的发放、使用和监督管理工作;承担本系统的审计和"收支两条线"的贯彻落实工作;负责全省系统国有资产和装备管理的财务监督工作。

另外,这次机构改革部分内设机构的名称有了变化:企业注册管理处改为企业注册处,个体私营经济监督管理处改为个体私营经济监管处,商标广告监督管理处改为商标广告监管处,法制处改为法规处。

2003年3月,省工商局向省编委请示, 建议将加挂在企业注册处的外资企业注册处单独设置,成立外商投资企业注册处。同年10月10日,省工商局再次向省编委提出申请,12月26日,省编委批准单设外商投资企业注册处。

2005年9月7日,省工商局向省编办申请设置信息处。理由是:全省工商系统自1999年实行省以下垂直管理后,根据国家工商总局和省委、省政府有关加强信息化建设的要求,省工商局投资数千万元建成了全省工商网络系统,网络直接链接14个市、州工商局,86个县(市、区)工商局及656个基层工商所。网络为集中建设模式,全省14个市、州工商局的服务器及数据等都存放在省工商局,已形成了覆盖面宽、区域广、工作容量大的网络系统,大批的工商行政管理业务迁移到网络平台上来。为此,省工商局亟需强有力的信息化网络机构和人才队伍, 以保证全省系统工商行政管理业务的网上开展和网络系统的安全、日常维修、各类软件的修订完善等工作。

2006年4月20日,省编办发出关于增加内设机构的通知(甘机编办通字〔2006〕40号)文件,批准省工商局设立信息处。

信息处的职责是：负责全省工商系统信息化建设的总体规划和相关技术保障,指导全省系统信息化建设工作;担负全省系统信息化项目的立项、组织、建设等工作;负责本系统信息网络安全运行及维护;开发和利用已有的信息数据,向社会提供工商信息数据的增值服务;负责全省系统信息化人才的培训工作。

省工商局于2008年6月向省委组织部上报了《关于申请将省委非公有制企业党的工作委员会挂靠在省工商行政管理局的请示》。《请示》强调:省工商局负责非公有制企业党建工作具有感情优势、体制优势、队伍优势、职能优势,省工商局负责非公有制企业党建工作具有健全的机构和工作经验丰富的专业队伍,省工商局负责非公有制企业党建工作,工作指导力度大,贯彻力强。这个《请示》得到了省委组织部的肯定。省委于6月21日下发了《中共甘肃省委关于加强和改进非公有制企业党的建设工作的意见》(省委发〔2008〕38号)文件,决定将省委非公有制企业党的工作委员会挂靠在省工商局。2008年初,中国共产党甘肃省非公有制企业工作委员会开始筹建。9月5日,省工商局成立了中国共产党甘肃省非公有制企业工作委员会(正式称谓),下设办公室(筹)并开展工作。

三、省工商局机关人员编制

1986年,省工商局机关及直属单位人员定编共82人,其中行政编制60人,事业编制22人。机关实有行政人员63人,其中副处级干部19人,正处级干部8人。

1987年,省工商局机关行政及事业编制102人,其中行政编制60人,事业编制42人。

1993年,省工商局机关行政编制131人,事业编制81人,事业自费编制24人,超编24人,实有人数260人。

1994年,省工商局机关行政编制134人,实有135人,其中地级干部7人,处级干部42人,科级以下干部86人。

1995年,省政府办公厅《甘肃省工商行政管理局职能配置、内设机构和人员编制方案》规定,省工商局行政编制115名,其中局长1名,副局长3名,纪检组长1名,处级干部26名(含机关党委、纪检监察)。

截止1998年12月,省工商局机关编制125名,实有145人,有下属事业单位和社团组织10个,干部职工151人。

2001年,省工商局机关行政编制69名,其中局长1名,副局长3名,纪检组长1名,处级领导职数28名(含机关党委、纪检监察处级职数)。

2005年,省工商局机关行政编制145人,实有人数143人。

2008年,省工商局机关及直属单位人员定编共323人,其中行政编制212人,事业编制111人。机关实有行政人员207人,其中局长1名,副局长6名,副巡视员2人,正处级干部12人,副处级干部23人,科级以下干部163人。

1986年—2008年省工商局领导成员名录(按任职先后顺序)

表11-3

姓　名	职务	任职时间	备注
段开盛	党组书记	1983年4月至1989年9月	甘政发〔1989〕168号文件撤销局长职务
	局长	1983年5月至1989年9月	
马序泉	副局长	1981年9月至1988年5月	
石作峰	副局长	1983年9月至1993年6月	
路玉明	副局长	1980年8月至1983年4月	
李成林	副局长	1985年8月至1991年4月	
杨振民	副局长	1986年5月至1991年4月	
陈景兴	副局长	1985年5月至1992年5月	党组成员
惠树人	党组书记、局长	1989年9月至1996年4月	党组书记至1996年3月
孙望尘	副局长	1991年4月至2005年6月	2000年5月任党组副书记
刘崇渊	副局长	1991年4月至1994年11月	党组成员至1994年10月
王治民	副局长	1992年6月至1999年5月	党组成员
朱文兴	副局长	1993年6月至1998年12月	党组成员至1998年7月
孙田民	党组书记	1996年3月至2003年1月	
	局长	1996年4月至2003年2月	

续表

姓 名	职务	任职时间	备注
王廷德	纪检组长	1996年11月至2002年7月	党组成员,1998年6月兼任局机关党委书记
	副局长	1998年11月至	
张汉文	副局长	2000年5月至2006年12月	党组成员
黄共卫	纪检组长	2002年7月至	党组成员、兼任局机关党委书记
朱同心	党组书记	2003年1月至2008年6月	2003年1月至2月任副局长
	局长	2003年2月至2008年6月	
张 辉	副局长	2004年2月至	党组成员,保留正师级待遇
陈其寿	副局长	2006年3月至	党组成员
张绪胜	党组书记	2008年6月至	
	局长	2008年6月至	
苏文辉	副局长	2008年11月至	

1992年—2008年省工商局非领导职务成员名录

表11-4

姓 名	职务	任职时间	备注
路玉明	顾问(副地级)	1983年月4至1991年1月	
段开盛	副地级调研员	1993年4月至1994年11月	组任字〔1993〕73号任省工商局副地级调研员
刘崇渊	副地级调研员	1994年11月至1995年5月	1994年11月免去副局长职务
高 真	助理巡视员	1992年4月至2002年11月	享受正地级待遇提前退休
刘耀英	助理巡视员	1997年11月至2000年1月	
王兴祥	助理巡视员	2005年7月至2008年12月	
乔方玺	助理巡视员	2005年7月至2008年12月	
付湘林	局长助理	2004年12月至	协助局长主管信息化建设

1986 年—2008 年省工商局机关各处室领导(正职)名录

(以机构成立先后为序)

表 11-5

部门	职务	姓名	任职时间	备注
办公室	主任	刘耀英	1984 年 12 月至 1987 年 8 月	
		高　真	1987 年 10 月至 1992 年 12 月	
		李国柱	1992 年 12 月至 2001 年 9 月	
		刘养民	2001 年 9 月至 2004 年 5 月	
		王锡湖	2004 年 5 月至	
人事教育处(基层工作处)	处长	崔凤鸣	1984 年 11 月至 1987 年 8 月	1988 年 7 月省编委发文同意将基层工作处改为人事教育处
		刘崇渊	1989 年 5 月至 1991 年 5 月	
		王廷德	1992 年 7 月至 1997 年 7 月	
		郭怀芳	1997 年 7 月至 2001 年 9 月	
		陈其寿	2001 年 9 月至 2006 年 9 月	
		秦　玮	2006 年 9 月至	
企业注册处	处长	赵新军	1984 年 11 月至 1988 年 8 月	宋金圣 2006 年 6 月至 2008 年 6 月到成县代职锻炼
		周星文	1988 年 8 月至 1994 年 4 月	
		黄振海	1994 年 4 月至 1997 年 10 月	
		赵长寿	1997 年 10 月至 2001 年 9 月	
		宋金圣	2001 年 9 月至	
外商投资企业注册处	处长	杨旭辉	1992 年至 2001 年 9 月	1990 年 10 月设立 2001 年 10 月外资处合并于企业注册处,2003 年 12 月外资企业注册处单设
		申四美	2004 年 5 月至 2009 年 10 月	
市场监督管理处	处长	钟万奎	1989 年 6 月至 2001 年 8 月	
		李建军	2001 年 11 月至 2009 年 3 月	
个体私营经济监督管理处	处长	王浚原	1984 年 11 月至 1991 年 8 月	
		陈必玉	1991 年 8 月至 1997 年 10 月	
		黄振海	1997 年 10 月至 2001 年 9 月	
		沈　军	2001 年 9 月至	

续表

部门	职务	姓名	任职时间	备注
商标广告监督管理处	处长	崔凤鸣	1987年8月至1991年8月	
		赵　新	1991年8月至2001年9月	
		张初林	2001年9月至	
经济合同监督管理处	处长	温履芳	1984年11月至1987年8月	2001年10月,合同处合并于市场监督管理处
		李奎山	1989年5月至1989年9月	
		张企平	1990年5月至2001年8月	
公平交易处(经济检查处)	处长	杨　滨	1989年5月至1991年2月	1995年9月由经济检查处改为公平交易处
		刘兴斌	1996年2月至2001年9月	
		刘显明	2001年9月至	
法规处	处长	赵新军	1996年2月至2004年5月	1991年至1995年为法制处(筹) 1995年9月设立
		张玉光	2004年5月至	
经济政策研究处	处长	杨柏林	1984年11月至1987年8月	刘耀英1989年1月兼甘肃工商报社总编,1995年11月经济政策研究处撤销
		刘耀英	1987年8月至1991年1月	
		简启荣	1991年1月至1995年11月	
机关党委	专职副书记	王华胜	1992年5月至2001年8月	1990年11月设立(正处级)
		李兰梅	2001年9月至	
监察室	主任	郭怀芳	1992年8月至1997年10月	1990年7月设立
		陈其寿	1997年10月至2001年9月	
		郭怀芳	2001年9月至2009年2月	
消费者权益保护处	处长	刘兴斌	2001年9月至2004年5月	2002年11月设立
		孟葆林	2004年5月至	
财务处	处长	张福才	2001年9月至	2002年11月设立
信息处	负责人	张衡山	2006年4月至	2006年4月设立

第十一章　工商行政管理机构

685

第二节　省工商局直属机构

　　1992年8月,省工商局成立市场管理办公室(未经省编委审批)。其职责主要是:总结推广市场监督管理中的经验,带动全省市场管理工作走向规范。先后管理的市场有兰州体育馆市场、小西湖糖酒副食市场等12个。2001年11月,省工商局撤销该机构,将监管的市场全部移交给兰州市工商局城关分局和七里河分局。

　　1998年7月4日,省工商局商标广告稽查大队经省编办批准成立,属事业单位。其主要职责是依法对虚假广告、假冒商标、商标侵权等违法案件进行查处。1999年4月9日,省人大常委会发文同意该大队行政处罚主体资格。1999年5月5日,省政府给该大队颁发《甘肃省行政处罚实施机构资格证》,依法履行商标广告行政稽查职能。2000年4月10日,省工商局向省人事厅递交报告,申请将商标广告稽查大队列入实施国家公务员制度范围。之后,该大队被省人事厅列入国家公务员序列。

　　2001年2月,省政府办公厅印发的《甘肃省工商行政管理局职能配置、内设机构和人员编制》规定,省工商局设立3个直属机构:公平交易局、市场监督管理局和商标广告稽查大队。

　　公平交易局职责是:按照国家有关法律法规,组织查处重大、复杂的垄断、不正当竞争、侵害消费者合法权益、制售假冒伪劣产品及走私、贩私等经济违法违章案件。

　　市场监督管理局职责是:负责监督管理省属企业单位开办的各类集贸市场、生产资料市场(包括汽车市场)、生产要素市场及文化市场;查处市场中违法违章经营活动,规范交易行为和秩序。

　　商标广告稽查大队职责是:依法在全省范围内查处商标广告违法案件;监督管理广告市场秩序,建立健全广告监测网络,对辖区内广告发布情况跟踪监测;向社会提供商标、广告法律咨询服务。

　　2001年4月16日,省编办发出关于核定甘肃省工商行政管理局直属机构编制的通知(甘机编办通字〔2001〕24号)文件,核定了省工商局3个直属机构的人员编制:公平交易局行政编制20名,处级领导职数3名;市场监督管理局行政编制 15 名,处级领导职数 3 名;商标广告稽查大队行政编制 15 名,处级领导职数 3 名。

2008 年 12 月 18 日,省编办发出关于调整内设机构的通知(甘机编办通字〔2008〕36 号)文件,撤销省工商局市场监督管理局,将其职能并入公平交易局。成立政策研究室,编制和领导职数在局机关现有行政编制和领导职数中调剂解决。

省工商局直属机构领导(正职)名录

表 11–6

部门	职务	姓名	任职时间	备注
公平交易局	局长	曲永波	2001 年 9 月至 2004 年 5 月	正处级
		曲连弟	200 年 5 月至 2009 年 5 月	
市场监督管理局	局长	马占英	2001 年 9 月至 2008 年 12 月	正处级
商标广告稽查大队	大队长	李海鹏	2001 年 9 月至 2007 年 4 月	正处级
		李红钦	2007 年 4 月至	

第三节　省工商局直属事业单位和社会团体

一、事业单位

(一)省工商行政管理学校

省工商行政管理学校是隶属于省工商局,受省教育厅业务指导的一所普通应用型中等专业学校。1985 年 2 月 13 日,经省计划委员会、省教育厅批准成立。该校 1986 年 3 月开始筹建,1989 年 7 月开始招生,招收高中毕业中专 2 个班 95 名学生,开设工商行政管理专业,学制两年。同年,举办了 3 期县工商局长岗位职务培训班。

1992 年,学校以更新工商干部知识为重点,对全省工商系统干部实行了分级分类培训,到 2002 年的 10 年间,共举办各类培训 21 期,参训 1306 人。

1993 年 4 月,省工商局同意学校设置 11 个内设机构:办公室、教务处、总务处、学生处、干部培训中心(副县级)、专业课教研室、基础课教研室、专业基

础课教研室、生活处、保卫处、劳动服务公司。

1993 年、1995 年,在兰州大学开办两届大专班,在甘肃政法学院开办政法大专班。

1997 年,该校进行了体制改革,实行全员聘任制。同年 6 月,和西北民族学院联合办学,创办了自考大专班,招收学生 153 名。

2002 年,该校与兰州大学联合开办了工商行政管理和法律 2 个专业的研究生班。

2003 年,学校干部培训中心更名为省工商局干部培训办公室(编制仍在省工商学校),配合省工商局人事教育处开展干部培训工作。按照省工商局的部署,干部培训办公室主要承担了新录用公务员及军队转业干部的工商行政管理基础知识培训、岗位专业知识与技能培训。2003 年到 2005 年,共举办各类培训班 13 期,参训 631 人。

2004 年,学校停止招生,承担全省工商系统干部培训任务。

2005 年 5 月,学校内部实施了机构、人事改革,将原有的 13 个处室整合为3 个部、室(教学部、后勤保障部、办公室)。

2005 年—2007 年,学校举办了全省工商系统科级干部培训班,每年举办4 期,3000 多名科级干部参加了培训。

1988 年—2008 年省工商行政管理学校主要领导名录

表 11-7

姓　名	职　务	任职时间	备　注
王　平　陈栓才	副校长	1988 年 3 月至 1988 年 7 月	
王　平	校长兼党支部书记	1988 年 7 月至 1991 年 7 月	
陈栓才	校长	1991 年 2 月至 2008 年 12 月	
付永祖	党委书记	1991 年 2 月至 2001 年 5 月	1991 年 2 月成立党委
陈栓才	校长兼党委书记	2001 年 5 月至 2001 年 12 月	
马玉森	党委书记	2001 年 12 月至 2002 年 4 月	
李居智	党委书记	2002 年 4 月至 2003 年 7 月	
陈栓才	校长兼党委书记	2003 年 7 月至 2008 年 12 月	
郭玲巍	党委副书记	2004 年 7 月至	

（二）甘肃工商报社（个体户周报社）

经省委宣传部、省新闻出版局批准，《个体户周报》于1985年4月5日正式创刊。隶属于省工商行政管理局领导，受省委宣传部、省新闻出版局业务指导。该报主要面对个体工商户，宣传党的方针政策、法律法规、商业信息、致富技能等。

1988年1月，省工商局决定将《个体户周报》更名为《个体劳动者报》。当年8月25日，省工商局与省委宣传部、省新闻出版局商定，《个体劳动者报》改名为《甘肃工商报》，改四开四版为对开四版，编制增加到17人，隶属关系等不变。《甘肃工商报》于1989年1月1日正式出版，由甘肃日报社印刷厂代印，省邮局发行。

《甘肃工商报》的宗旨是：立足工商、面向社会、宣传法规、报道典型、弘扬先进、鞭挞违法、服务企业、引导消费。发行对象主要为全省工商系统和社会的企业、事业单位及个体工商户等，并保持原有特色，着力宣传工商行政管理的法律法规和规章，以及全省工商行政管理工作情况。此外，省工商局授权《甘肃工商报》刊登本省各级工商部门公开发布的《企业登记通告》《企业法人登记注册公告》《重合同、守信用企业命名公告》以及其他需在报纸上发布的公告。

1989年4月，省工商局决定在全省各地（州、市）工商局（处）和有正式职工150名以上的县（市、区）工商局成立《甘肃工商报》记者站。

1992年底，《甘肃工商报》发行量达到9万份，取得了突破性进展；1996年3月，发行量达13万份。

1998年1月2日，经省新闻出版局批复，《甘肃工商报》增刊成周2刊，每期版数按需要增加，年出版100期以上。

随着报纸发行、广告收入的增加，甘肃工商报社创办了印务中心（印刷厂），在全省行业报社中，率先实现了报纸电脑激光照排、机械印刷，同时承接省工商局及外单位的报纸、文件、证照、书稿等排印及装订发送。

2000年10月25日，根据省委办公厅、省政府办公厅《关于调整省地报刊结构的通知》，省编办发出关于撤销甘肃工商报社的通知（甘机编办通字〔2000〕025号）文件，撤销甘肃工商报社。该报于1999年12月31日停刊。

第十一章　工商行政管理机构

甘肃工商报社（个体户周报社）领导名录

表 11-8

姓　名	职　务	任职时间	备　注
白文清	副总编	1987 年 7 月至 1988 年 12 月	个体户周报社、个体劳动者报社
刘耀英	总　编	1989 年 1 月至 1999 年 12 月	甘肃工商报社（1991 年 7 月主任编辑、1996 年 12 月高级编辑）

（三）省工商局机关服务中心

1995 年 9 月 14 日,省政府办公厅印发的《甘肃省工商行政管理局职能配置、内设机构和人员编制方案》规定,成立省工商局机关服务中心,县级事业单位。1997 年,省工商局机关服务中心正式成立,核定事业编制 12 名,其中正、副主任各 1 名。2000 年 10 月,甘肃工商报社撤销时,划转给该中心 9 名事业编制,共有事业编制 21 名。机关服务中心下设部门有办公室、物业管理科、车辆管理科、保卫科、工商咨询中心、培训中心（招待所）、工商印务中心（印刷厂）,均为科级建制。该中心主要职能是:为省工商局机关提供后勤保障,负责全省系统车辆装备的统计申报、采购工作,负责省工商局机关公务用车的管理、使用、维护保养工作,负责省工商局机关办公楼及家属区的安全、保卫、消防、日常管理和维护等物业管理工作。

1995 年—2008 年省工商局机关服务中心领导名录

表 11-9

姓　名	职　务	任职时间	备　注
刘养民	主　任	1995 年 12 月至 2004 年 5 月	期间任省工商局办公室副主任、主任,兼机关服务中心主任
宝振国	副主任	2004 年 5 月至 2007 年 5 月	代理主任
宝振国	主　任	2007 年 5 月至	

（四）省工商局 12315 指挥中心

2004 年 8 月,省工商局 12315 消费者申诉举报中心开始运行,10 月 11 日正式开通。该中心的职责是:受理全省范围内消费者、经营者咨询、申诉和举报;根据申诉举报信息,快速向全省工商系统有关单位、部门下达核查指令,并督促落实;对流通领域商品质量实行动态监控,按规定和程序进行消费引导和警示;对消费者权益保护和市场秩序信息进行汇总分析,为省工商局整体工作决策和各级工商部门加强监管提供可靠依据;会同有关部门对消费安全事件做好应急处理和查处各种侵害消费者权益案件。

2006年12月12日,省编办发出关于成立甘肃省工商行政管理局12315指挥中心及核定编制的通知(甘机编办通字〔2006〕84号)文件,同意成立省工商局12315指挥中心,事业性质,县级建制,核定全额拨款事业编制5名,领导职数2名。2007年3月12日,省编办发出关于给甘肃省工商行政管理局12315指挥中心调剂事业编制的通知(甘机编办通字〔2007〕32号)文件,同意给省工商局12315指挥中心调剂全额拨款事业编制35名。编制调剂后,省工商局12315指挥中心事业编制总数为40名。

2007年4月,李双林任省工商局12315指挥中心主任。

2008年12月1日,省工商局党组下发了12315指挥中心设立内设机构的通知,规定该中心设综合科、受理调度科、信息分析科,均为科级建制。

(五)省工商局债务清理服务公司

1988年6月24日,省编委甘编〔1988〕076号文件批复,同意成立省工商局债务清理服务公司,县级事业单位,实行企业化管理。同年6月25日,省工商局以甘工商发〔1988〕075号文件向债务清理服务公司筹备小组批复:按有关规定办理登记注册手续,领取营业执照后开展业务。主要开展对企业间欠款和外省、区拖欠资金的清理业务。

1990年,省编委甘编〔1990〕001号文件批复,同意将甘肃省工商局债务清理公司更名为甘肃省工商局债务清理服务处,仍为事业编制,企业化管理。

1993年6月29日,省工商局根据中央精神,发出甘工商人字〔1993〕19号文,决定停止债务清理服务处的工作。根据政企分开的原则,省工商局与债务清理服务处脱钩。

(六)省广告审查中心(省工商局商标广告稽查大队)

1993年8月26日,省工商局党组以甘工商党字〔1993〕21号文向省编委上报了《关于成立甘肃省广告审查中心的报告》。9月1日,省编委甘机编

〔1993〕049号文批复,同意成立甘肃省广告审查中心,总编制为15名。其主要职责是:依照国家有关广告管理法规,在广告管理机关的监督、指导下,依照统一制定的标准,在广告发布前对广告进行审查。

1998年,省工商局以甘工商人字〔1998〕154号文向省编委提出申请:在甘肃省广告审查中心加挂"甘肃省工商行政管理局商标广告稽查大队"牌子。1998年7月14日,省编办发出关于在甘肃省广告审查中心加挂"甘肃省工商行政管理局商标广告稽查大队"牌子的通知(甘机编办发〔1998〕032号)文件,批复同意省工商局的申请。1999年3月3日,省政府下发甘肃省人民政府关于提请审议甘肃省工商行政管理局商标广告稽查大队行政处罚主体资格的议案(甘政函〔1999〕11号)文件,提请省人大常委会授权。1999年4月9日,省人大常委会下发甘人大常发〔1999〕23号文,复函省政府,授予省工商局商标广告稽查大队行政处罚主体资格。

1997年7月至2001年9月,李海鹏任省广告审查中心(商标广告稽查大队)主任(大队长)。

2001年4月16日,省编办发出关于核定甘肃省工商行政管理局直属机构编制的通知(甘机编办通字〔2001〕24号)文件,决定广告审查中心改名为省工商局商标广告稽查大队,并核定省工商局商标广告稽查大队为省工商局的直属行政机构。

为强化广告审查和广告监测力度,省广告审查中心投资建立了广告监测机构,对兰州地区广播、电视、报纸等新闻媒体实施广告发布监测。2006年3月13日,广告监测中心正式开通,该中心是利用信息网络对广告进行监测,有效地提高了广告监测工作。

(七)省商标设计研究所(省商标事务所)

1985年4月1日,省编委发出关于成立甘肃省商标设计研究所的通知(甘编〔1985〕27号)文件,同意成立甘肃省商标设计研究所。该所为县级事业单位,实行企业化管理,自负盈亏,编制7人。其主要业务是开展商标设计研究和为企业进行商标设计服务。1992年7月4日,省编委发出关于在省工商局省商标设计研究所加挂"甘肃省商标事务所"牌子(甘机编〔1992〕048号)的批复,同意省商标设计研究所加挂"甘肃省商标事务所"牌子,不增加领导职数,实行企业化管理,自负盈亏,财政不拨款。1992年7月10日,省工商局下发甘工商党字〔1992〕23号文,同意省商标事务所设置办公室、商标代理科、商标设计科等工作机构,均为科级规格。从1992年9月1日开始,全省所有企业、事业单位、个体工商业者申请商标注册等有关事宜,均由省商标事务所代理。

1993年10月27日,省编办以甘机编〔1993〕54号文批复,同意给省商标设计研究所增加自收自支事业编制5名,总编制达到19名。

在2002年工商行政管理体制和机构改革期间,省商标设计研究所转为企业,与省工商局脱钩。

2005年10月25日,省工商局发出《关于撤销"甘肃省商标研究所""甘肃省商标事务所"机构的报告》(甘工商发〔2005〕82号)文件,向省编委提出撤销省商标设计研究所。经省编委审批同意,省商标设计研究所于该年撤销。

1985年—2005年省商标设计研究所领导名录

表11-10

姓 名	职务	任职时间	备 注
张振中	所长	1985年4月至1995年1月	
白 熙	所长	1995年12月至2005年10月	

(八)省工商行政管理咨询事务所

1988年6月21日,省编委发出关于成立省工商行政管理咨询事务所的通知(甘编〔1988〕087号)文件,同意成立省工商行政管理咨询事务所。该所为县级事业单位,实行企业化管理,自负盈亏,核定编制10人。其主要业务是为社会及企业提供有关工商行政管理业务的咨询服务。

1992年3月6日,根据省政府关于清理整顿事业单位机构的精神,省编委发出关于撤销甘肃省工商咨询事务所的通知(甘编〔1992〕016号)文件,决定撤销省工商行政管理咨询事务所。

1989年6月至1992年6月,马华任省工商局咨询事务所副所长(正县级)。

(九)干部培训办公室

1992年,干部培训中心作为省工商行政管理学校的内设机构,以创建不久的工商学校为基地,以更新工商干部知识为重点,对全省工商系统干部实行了分级分类培训。2003年,省工商局将该培训中心更名为省工商局干部培训办公室,主要职能配合人事教育处,开展干部培训工作(编制仍在省工商学校)。省工商局干部培训办公室主任席辛。按照省局党组的部署,培训办主要承担了新录用公务员及军队转业干部工商基础知识培训,岗位专业知识与技能培训。

二、社会团体

(一)省个体劳动者协会(私营企业协会)

1984年12月,省个体劳动者协会经省委办发〔1984〕116号文、甘编〔1984〕165号文批准成立,隶属省工商局,建制为县级,全员事业编制14名。其主要社会功能是:教育引导个体工商业者依法经营;协助有关部门打击各种违规违法行为;指导个体私营业者依法登记注册,办理年检、变更等事项;引导和支持个体私营业者实现再就业;负责个体私营企业法律法规的宣传培训及有关职业培训等项工作。同时配合政府有关部门做好个体私营经济的发展引导工作,开展调查研究,提出政策建议,加强自身及下级协会的组织建设。

历届省个体劳动者协会会长、副会长、秘书长名录

表 11-11

姓 名	职 务	任职时间	备 注
段开盛	主任(会长)	1984年12月至1989年10月	
马序泉	副会长	1986年至1988年1月	第一届
王浚源	秘书长	1986年至1988年1月	
惠树人	会长	1989年10月至1991年2月	
马序泉	副会长	1988年1月至1991年2月	第二届
张企平	秘书长	1988年1月至1991年2月	

姓　名	职　务	任职时间	备　注
黎　中	名誉会长	1991年2月至1995年3月	第三届
石作峰	会长	1991年2月至1995年3月	
杨　滨　陈必玉	副会长	1991年2月至1993年4月	
杨　滨	秘书长	1991年2月至1993年4月	
柯茂盛　崔正华	名誉会长	1995年3月至1999年3月 1995年3月至1999年3月	第四届
朱文兴	会长	1995年3月至1999年3月	
马占英　陈必玉 张平田	副会长	1995年3月至1999年3月	
张平田	秘书长	199年3月至1995年3月	
孙望尘	会长	1999年3月至2002年2月	第五届
陈必玉	秘书长	1999年3月至2002年2月	
王廷德	会长	2002年2月至2008年12月	
延龄新	秘书长	2002年2月至2006年6月	
王　枫	秘书长	2006年7月至	

2002年6月28日,经省民政厅批准,省私营企业协会成立。该协会与省个体劳动者协会合并办公,履行各自的职责。

省私营企业协会其主要社会功能是:(1)教育并组织私营企业及其从业人员学习国家法律、法规、规章和政策,进行政治思想、法制和职业道德教育,开展文明经商,优质服务活动,促进私营经济健康发展。(2)协同有关部门和有关单位,加强舆论和社会监督,为私营经济的培育、发展提供服务。(3)维护私营企业的合法权益,反映私营企业及其从业人员的合理意见和要求,提供法律咨询与服务。(4)进行生产经营指导,提供信息服务,组织经验交流,帮助解决私营企业生产经营中的问题。(5)开展业务技术培训,协助政府有关部门做好私营企业及从业人员的技术职称评定和企业质量认证工作。(6)开展调查研究,举办研讨会, 总结发布调查结果, 向政府和有关部门反映私营经济发展的情况,提出政策和立法建议。(7)协助政府和有关部门做好对私营企业的管理工作,组织私营企业进行自我管理。(8)协助私营企业办理在生产经营中须由上级主管部门审批的有关事项。(9)兴办私营企业者的福利事业,开展健康的文化体育活动。(10)向社会宣传私营企业的先进典型、先进人物;表彰先进,推介代表人士;组织私营企业开展社会公益活动。(11)开展国际交往,加强与国外及台湾、香港、澳门地区有关组织和社团的联系与合作,并参加有关活动。(12)指导地区、县级私营企业协会工作。

省个体劳动者(私营企业)协会下设办公室、组织联络部、宣传教育部、会员服务部4个部室,均为科级建制。

第一届私营企业协会名誉会长、会长、副会长、秘书长名录

表 11-12

姓　名	职　务	任职时间
柯茂盛 崔正华 周宜兴	名誉会长	2002 年 6 月至 2010 年 12 月
王廷德	会长	2002 年 6 月至 2006 年 11 月
延龄新	常务副会长	2006 年 6 月至 2006 年 11 月
沈　军 王　枫 林文建	副会长	2006 年 6 月至 2010 年 12 月
延龄新	秘书长	2006 年 6 月至 2006 年 11 月
王　枫	秘书长	2007 年 5 月至

(二)省消费者协会

1987 年 9 月 9 日,省政府第十次常务会议决定成立省消费者协会筹备组。同年 11 月 20 日,省消费者协会经省政府批准正式成立,隶属省工商局,建制为县级。协会常设办事机构在省民政厅社团登记管理局登记注册,共有事业编制 10 人。协会实行理事会制,其主要社会功能是:向消费者提供消费信息和咨询服务;参与有关行政部门对商品和服务的监督、检查;就有关消费者合法权益的问题,向有关行政部门反映、查询、提出建议;受理消费者投诉,并对投诉事项进行调查、调解,投诉事项涉及商品和服务质量问题的,提请鉴定部门鉴定;就损害消费者合法权益的行为,支持受损害的消费者提起诉讼;对损害消费者合法权益的行为,通过大众传播媒介予以公告;对商品和服务的质量、价格、计量、安全、卫生、性能及用途等进行调查、比较、评价,并公布结果,发布消费警示,为消费者提供消费信息和消费咨询服务。

2004 年,省编办、工商局、国家税务局、地方税务局、质量技术监督局、食品药品监督管理局 6 部门联合下发的《关于工商等垂直部门事业单位法人登记管理有关问题的通知》规定,省消费者协会常设办事机构从省民政厅转入省人事厅事业单位登记管理局登记注册后,核定事业编制数为 10 人,内设办公室、投诉监督部、消费指导部、组织宣传部、消费指南编辑部 5 个部室,均为科级建制。2008 年,撤销消费指南编辑部。

历届省消费者协会名誉会长、会长、副会长、秘书长名录

表 11-13

姓　名	职　务	任职时间	备　注
许飞青	名誉会长	1987 年 11 月 20 日至 1993 年 5 月 4 日	第一届
宋静存　洛　林 张可夫　拓稼林	顾问	1987 年 11 月 20 日至 1993 年 5 月 4 日	
段开盛	会长	1987 年 11 月 20 日至 1993 年 5 月 4 日	
路玉明等 6 人	副会长	1987 年 11 月 20 日至 1993 年 5 月 4 日	
徐靖中	秘书长	1987 年 11 月 20 日至 1993 年 5 月 4 日	

续表

姓　名	职　务	任职时间	备　注
卢克俭	名誉会长	1993 年 5 月 4 日至 1999 年	
李福盛　崔正华 罗祖孝	顾问	1993 年 5 月 4 日至 1999 年	第二届
惠树人	会长	1990 年 7 月 20 日至 1999 年	
刘崇渊　徐靖中 等人	副会长	1993 年 5 月 4 日至 1999 年	
赵国文	秘书长	1993 年 5 月 4 日至 1999 年	
卢克俭　杨振杰 赵志宏　李子奇 崔正华	名誉会长	1999 年至 2005 年	
惠树人　罗祖孝	顾问	1999 年至 2005 年	第三届
孙田民	会长	1999 年至 2005 年	
孙望尘等 7 人	副会长	1999 年至 2005 年	
赵国文	秘书长	1999 年至 2005 年	
杨作林　孙小系 崔正华	名誉会长	2005 年至 2008 年	
朱同心	会长	2005 年至 2008 年	第四届
张辉等 7 人	副会长	2005 年至 2008 年	
刘兴斌	秘书长	2005 年至 2008 年	

（三）省广告协会

省广告协会于 1984 年正式成立，建制为县级，共有全额拨款事业编制 10 人。主要社会功能是：遵循"指导、协调、咨询、服务"的宗旨，认真执行党的各项方针、政策，宣传贯彻广告管理的法律法规，组织会员单位研究探讨广告理论，交流广告经营理念，大力弘扬社会主义精神文明。

省广告协会下设办公室、会员管理部、宣传教育部 3 个部室，均为科级建制。

历届省广告协会名誉会长、会长、副会长、秘书长名录

表 11-14

姓　名	职　务	任职时间	备　注
拓稼林	名誉会长	1986 年 12 月至 1990 年 9 月	第二届
王福曾等 7 人	顾问	1986 年 12 月至 1990 年 9 月	
石作峰	会长	1986 年 12 月至 1990 年 9 月	
孙广生等 9 人	副会长	1986 年 12 月至 1990 年 9 月	
孙广生	秘书长	1986 年 12 月至 1990 年 9 月	
李文辉	名誉会长	1990 年 9 月至 1996 年 5 月	第三届
王福曾　张振中　朱　冰	顾问	1990 年 9 月至 1996 年 5 月	
陈景兴	会长	1990 年 9 月至 1996 年 5 月	
赵　玺　孙广生等 10 人	副会长	1990 年 9 月至 1996 年 5 月	
孙广生	秘书长	1990 年 9 月至 1996 年 5 月	
许飞青	名誉会长	1996 年 5 月至 2002 年 12 月	第四届
惠树人　石作峰	顾问	1996 年 5 月至 2002 年 12 月	
王治民	会长	1996 年 5 月至 2002 年 12 月	
马思义　王　平等 7 人	副会长	1996 年 5 月至 2002 年 12 月	
赵　玺	秘书长	1996 年 5 月至 2002 年 12 月	
孙田民　李　文	顾问	2002 年 12 月至 2007 年 8 月	第五届
王廷德	会长	2002 年 12 月至 2007 年 8 月	
张初林等 9 人	副会长	2002 年 12 月至 2007 年 8 月	
张克丽	秘书长	2002 年 12 月至 2007 年 8 月	
朱同心　杨　魁	顾问	2007 年 8 月至	第六届
张　辉	会长	2007 年 8 月至	
严援朝　马凤莲等 12 人	副会长	2007 年 8 月至	
严援朝	秘书长	2007 年 8 月至	

第十一章　工商行政管理机构

（四）省商标协会

1996 年 10 月 21 日，省工商局党组下发甘工商党字〔1996〕第 11 号文，决定成立省商标协会。该协会实行企业化管理，自负盈亏，业务工作受省工商局领导，财务接受省工商局审计监督。

1997 年 3 月 3 日，省民政厅发出甘民社〔1997〕22 号文《关于甘肃省商标协会申请登记的批复》，批准成立省商标协会，并做出 4 条批复：(1)该协会是甘肃省商标管理部门以及商标持有人自愿组织的全省性社会团体，具备法人条件。(2)该协会的业务主管部门是省工商局。(3)同意该协会内设会员部、法律咨询部、商标权益保护部和秘书处，所需人员招聘解决。(4)要严格按照登记的章程开展活动。省商标协会建制为县级，共有全额拨款事业编制 10 人。其主要社会功能是：宣传贯彻国家有关商标法律、法规和政策；研究商标战略策略，指导企业正确使用商标；帮助企业培训商标管理业务人员；为企业争创著名商标和驰名商标提供咨询和服务，开展甘肃省著名商标认定工作；依法维护企业的商标权益；开展与省内外、国内外商标团体的交流活动等。

省商标协会下设办公室、会员管理部、宣传教育部 3 个部室，均为科级建制。

第一届省商标协会会长、副会长、秘书长名录

表 11-15

姓　名	职　务	任职时间	备　注
王治民	会长	1997 年 3 月至 2000 年 12 月	
王廷德	会长	2000 年 12 月至 2007 年 5 月	
张　辉	会长	2007 年 5 月至	
赵　新　杨金义 何光明　杨纪强	副会长	1997 年 3 月至 2000 年 11 月	第一届
张初林	副会长	2000 年 12 月至	
储亚玲	秘书长	1997 年 3 月至 2007 年 5 月	
李海鹏	秘书长	2007 年 5 月至	

（五）省工商行政管理学会

1991年2月5日,省工商局甘工商发〔1991〕030号文件提出成立省工商行政管理学会的审查意见。该年3月,省民政厅正式批准成立省工商行政管理学会。3月15日,省工商行政管理学会成立。学会为群众性学术团体,属省工商局领导。学会以《甘肃工商管理》为会刊和学术活动园地,开展政策法规研究和学术交流及业务咨询,为领导决策提供科学依据,促进工商行政管理向科学化、法制化、现代化方向发展,为全省经济发展服务。学会聘请9名省级党政机关的领导同志为顾问,共有理事57名,分别来自省、地(州、市)、县的工商部门和社会科学研究机构、大专院校和有关的学术团体。

省工商行政管理学会成立后,针对工商行政管理的新情况、新问题组织召开了两次全省理论研讨会,收到140多篇论文,对适应改革形势提出了许多建议。中共十四大召开后,围绕社会主义市场经济的理论研究举办了两期社会主义市场经济与工商行政管理理论研讨班。2004年,省工商行政管理学会挂靠在省工商局法制处。

省工商行政管理学会名誉会长、会长、秘书长名录

表11-16

姓　名	职　务	任职时间	备　注
许飞青	名誉会长	1991年至1995年2月	
杨振民	会长	1991年至1995年2月	
张义祥	副会长兼秘书长	1992年3月至1996年	
张义祥	秘书长	1991年至1995年2月	
郭多林	副秘书长	1996年至2004年4月	无秘书长

第四节 地(州、市)、甘肃矿区、东风场区工商行政管理机构

一、地(州、市)工商局(处)基本情况

1990年之前,全省有兰州、天水、白银、嘉峪关、金昌5个市工商局和临夏、甘南2个州工商局,平凉、庆阳、定西、陇南、武威、张掖、酒泉7个地区设工商处。地区工商处作为地区行署的内设机构,不具备工商行政管理的全部职能,如它无权登记注册企业,同时也无权纠正县(市)工商局在案件查处中的错误处理决定。因此,地区工商处不适应市场监督管理和行政执法的要求。1988年,省工商局向省编委呈送报告,请求将全省7个地区的工商行政管理处更名为工商行政管理局。1990年2月28日,省编委下发甘编〔1990〕037号文件,批准平凉、庆阳、定西、陇南、武威、张掖、酒泉7个地区的工商行政管理处更名为工商行政管理局,原机构级别、编制不变。

从2001年开始,甘肃7个地区陆续撤地改市,各地区工商局名称亦随之变更。

2001年5月9日,武威撤地改市后,武威地区工商局改称为武威市工商局。

2002年8月30日,平凉撤地改市后,平凉地区工商局改称为平凉市工商局。

2002年9月17日,酒泉撤地改市后,酒泉地区工商局改称为酒泉市工商局。

2002年12月6日,庆阳撤地改市后,庆阳地区工商局改称为庆阳市工商局。

2002年12月6日,张掖撤地改市后,张掖地区工商局改称为张掖市工商局。

2003年4月4日,定西撤地改市后,定西地区工商局改称为定西市工商局。

2004年1月,陇南撤地改市后,陇南地区工商局改称为陇南市工商局。

2004年7月8日,省工商局印发了《关于兰州市等14个市、州工商局主要职责、内设机构和人员编制的规定》。

(一)市、州工商局主要职责

全省各市、州工商局为省工商局的直属机构。其主要职责是:

1.领导全区工商行政管理工作。对全区工商行政管理系统业务、行政、人事、财务、纪检监察实行管理。

2.贯彻执行有关工商行政管理的方针、政策和法律、法规、规章。

3.组织管理各类企业、从事经营活动的单位、个人的注册,依法核定注册单位的名称,审定、批准、颁发有关证照,并对其实行监督管理。

4.组织实施各类市场经营秩序的规范管理和监督;组织检查市场竞争行为;查处垄断和不正当竞争案件,依照法律法规打击流通领域的走私贩私、传销和变相传销等经济违法行为。

5.组织保护消费者合法权益,组织查处侵犯消费者合法权益行为;负责流通领域商品质量的监督检查,查处流通领域中的假冒伪劣商品行为。

6.组织监督管理经纪人、经纪机构。

7.组织管理合同工作,查处合同违法行为;依法组织动产不动产抵押物登记,组织监管拍卖行为。

8.监督保护注册商标专用权,组织查处商标侵权行为,做好著名商标的推荐工作。

9.组织依法管理广告发布与广告经营活动,查处广告违法行为。

10.负责组织有关工商行政管理政策和法律、法规、规章的宣传和执法行为的监督。

11.领导所属事业单位和指导协会的工作。

12.承办上级主管部门交办的其他事项。

(二)市、州工商局内设机构和人员编制

兰州市工商局机关内设机构有办公室、人事教育处、财务审计处、法规处、企业登记注册监督管理处、外资企业登记注册监督管理处、个体私营经济登记注册监督管理处、公平交易处、消费者权益保护处、市场监督管理处、商标广告监督管理处、合同监督管理处、信息中心;下辖公平交易分局、市场管理一分局、市场管理二分局、高新技术开发区分局、经济技术开发区分局 5 个直属分局,5 个直接管理的区分局和 3 个县工商局。市工商局机关行政编制 60 人,事业编制 29 人,机关后勤事业编制 5 名,机关科级领导职数 38 名。

庆阳市工商局机关内设机构有办公室(含信息中心职能)、人事教育科、财务审计科、企业登记注册监督管理科、个体私营经济登记注册监督管理科、商标广告监督管理科、消费者权益保护科、市场监督管理(公平交易)科、法规科,

下辖 7 个县工商局和 1 个直接管理的区分局。市工商局机关行政编制 36 人，事业编制 22 人，机关后勤事业编制 2 名，机关科级领导职数 24 名。

陇南市工商局机关内设机构有办公室(含信息中心职能)、人事教育科、财务审计科、企业登记注册监督管理科、个体私营经济登记注册监督管理科、商标广告监督管理科、消费者权益保护科、市场监督管理(公平交易)科、法规科，下辖 8 个县工商局和 1 个直接管理的区分局。市工商局机关行政编制 23 人，事业编制 20 人，机关后勤事业编制 2 名，机关科级领导职数 24 名。

武威市工商局机关内设机构有办公室(含信息中心职能)、人事教育科、财务审计科、企业登记注册监督管理科、个体私营经济登记注册监督管理科、商标广告监督管理科、消费者权益保护科、市场监督管理(公平交易)科、法规科，下辖 3 个县工商局和 1 个直接管理的区分局。市工商局机关行政编制 28 人，事业编制 15 人，机关后勤事业编制 2 名，机关科级领导职数 24 名。

金昌市工商局机关内设机构有办公室(含人事教育、信息中心职能)、财务审计科、登记注册监督管理科(含企业、个体、商标广告监督职能)、市场监督管理(公平交易)科、消费者权益保护科、法规科，设机关服务中心(科级建制，事业单位)，下辖 1 个县工商局。市工商局机关行政编制 37 人，事业编制 7 人，机关后勤事业编制 14 名，机关科级领导职数 18 名。

张掖市工商局机关内设机构有办公室(含信息中心职能)、人事教育科、财务审计科、企业登记注册监督管理科、个体私营经济登记注册监督管理科、商标广告监督管理科、消费者权益保护科、市场监督管理(公平交易)科、法规科，下辖 5 个县工商局和 1 个直接管理的区分局。市工商局机关行政编制 34 人，事业编制 16 人，机关后勤事业编制 4 名，机关科级领导职数 26 名。

嘉峪关市工商局机关内设机构有办公室(含人事教育、信息中心职能)、财务审计科、登记注册监督管理科(含企业、个体、商标广告监督职能)、市场监督管理(公平交易)科、消费者权益保护科、法规科，设机关服务中心和培训中心(科级建制，事业单位)，下辖 6 个工商所。市工商局机关行政编制 22 人，事业编制 19 人，机关后勤事业编制 4 名，经济检查分局局长 1 名，副局长 1 名，机关科级领导职数 20 名。

酒泉市工商局机关内设机构有办公室(含信息中心职能)、人事教育科、财务审计科、企业登记注册监督管理科、个体私营经济登记注册监督管理科、商标广告监督管理科、消费者权益保护科、市场监督管理(公平交易)科、法规科,下辖2个市工商局、4个县工商局和1个直接管理的区分局。市工商局机关行政编制27人,事业编制11人,机关后勤事业编制2名,机关科级领导职数24名。

临夏州工商局机关内设机构有办公室(含信息中心职能)、人事教育科、财务审计科、企业登记注册监督管理科、个体私营经济登记注册监督管理科、商标广告监督管理科、消费者权益保护科、市场监督管理(公平交易)科、法规科;设机关服务中心(科级建制,事业单位);下辖1个市工商局、7个县工商局;保留市场管理分局为州工商局直属机构,科级建制。州工商局机关行政编制38人,事业编制55人,机关后勤事业编制3名,机关科级领导职数26名。

天水市工商局机关内设机构有办公室(含信息中心职能)、人事教育科、财务审计科、企业登记注册监督管理科、个体私营经济登记注册监督管理科、商标广告监督管理科、消费者权益保护科、市场监督管理(公平交易)科、法规科,设机关服务中心(科级建制,事业单位),下辖5个县工商局和2个直接管理的区分局。市工商局机关行政编制31人,事业编制34人,机关后勤事业编制2名,机关科级领导职数24名。

平凉市工商局机关内设机构有办公室(含信息中心职能)、人事教育科、财务审计科、企业登记注册监督管理科、个体私营经济登记注册监督管理科、商标广告监督管理科、消费者权益保护科、市场监督管理(公平交易)科、法规科,下辖6个县工商局和1个直接管理的区分局。市工商局机关行政编制35人,事业编制14人,机关后勤事业编制1名,机关科级领导职数24名。

甘南州工商局机关内设机构有办公室(含信息中心职能)、人事教育科、财务审计科、企业登记注册监督管理科、个体私营经济登记注册监督管理科、商标广告监督管理科、消费者权益保护科、市场监督管理(公平交易)科、法规科,下辖1个市工商局、7个县工商局。州工商局机关行政编制39人,事业编制5人,机关后勤事业编制5名,单列行政编制1名,机关科级领导职数23名。

白银市工商局机关内设机构有办公室(含信息中心职能)、人事教育科、财

务审计科、企业登记注册监督管理科、个体私营经济登记注册监督管理科、商标广告监督管理科、消费者权益保护科、市场监督管理(公平交易)科、法规科，设机关服务中心(科级建制，事业单位)，下辖3个县工商局和3个直接管理的区分局。市工商局机关行政编制33人，事业编制39人，机关后勤事业编制4名，机关科级领导职数24名。

定西市工商局机关内设机构有办公室(含信息中心职能)、人事教育科、财务审计科、企业登记注册监督管理科、个体私营经济登记注册监督管理科、商标广告监督管理科、消费者权益保护科、市场监督管理(公平交易)科、法规科，下辖6个县工商局和3个直接管理的分局。市工商局机关行政编制17人，事业编制31人，机关后勤事业编制2名，机关科级领导职数24名。

2004 年全省各市、州工商局人员编制情况

表 11-17

单 位	编制人员	单 位	编制人员
兰州市工商局	1610	武威市工商局	534
嘉峪关市工商局	121	平凉市工商局	762
金昌市工商局	159	庆阳市工商局	1105
天水市工商局	1055	陇南市工商局	981
白银市工商局	608	定西市工商局	849
酒泉市工商局	493	临夏州工商局	1049
张掖市工商局	558	甘南州工商局	397
省局机关、直属单位	268	合计	10549

甘肃矿区(中国核工业四〇四厂)工商局，是按照1981年8月3日省编委甘编〔1981〕46号文《关于成立甘肃矿区工商局的通知》成立的。1983年8月27日，省委办公厅下发省委办发〔1983〕132号文《关于甘肃矿区办事处内部机构设置的批复》，再次明确了甘肃矿区工商局这一机构。1981年8月至1987年底，甘肃矿区工商局人员编制由原3人增编到7人，设正副局长2名，工作人员5名(3名科级干部)，在综合办公室的基础上增设个体经济管理科和企

业登记管理科。2000 年 12 月,矿区工商局人员增加到 16 名。2005 年,矿区工商局在编人员 10 名,设局长 1 名,工作人员 9 名(4 名科级干部)。

矿区工商局的各项管理按省工商行政管理系统的规定执行,在业务上直接受省工商局的领导和考核,财务管理按收支两条线纳入矿区财政。

1989 年 11 月,矿区工商局核城市场工商所成立。1993 年 10 月,核城市场工商所更名为核城工商所。1997 年 7 月,矿区工商局市场监督管理科成立后,核城工商所与市场管理科合并办公。1996 年 8 月,矿区市场建设服务中心成立,该机构挂靠市场管理科,负责日常业务工作。

2005 年,矿区工商局设有办公室(人事、法制、财务)、企业登记管理科(企业、个体、商标、广告、合同)、市场监督管理科、经济检查科(消保)共 4 个科室及矿区消费者协会和个体劳动者协会。矿区工商局的 4 个职能科室中,一套机构既有主管专业也有兼管业务,有的一个科室两个名称,甚至挂 3 块牌子。

2006 年,矿区(中核四〇四有限公司)居民生活区搬迁至嘉峪关市,矿区办事处对行政执法机构进行职能调整,将矿区物价局、烟草专卖、盐务、酒类专卖、市容环卫管理、粮食执法职能等划归矿区工商局。一套机构,多块牌子,多项职能,综合执法。

东风场区(酒泉卫星发射基地)工商处成立于 1993 年 7 月,当时业务暂由内蒙古自治区额济纳旗工商局指导。由于额济纳旗工商局是科级局,对场区工商处指导力度不够。当时,东风场区还有劳动人事、公安等工作的业务指导问题要进一步明确。经中央军委与甘肃省政府协调,省编委根据中央军委《关于国防科工委体制编制调整精简实施方案问题》的批复,发出《关于设立东风场区有关机构和原设三个机构更名的通知》(甘机编〔1994〕073 号),同意设立东风场区工商行政管理局,业务上纳入甘肃省工商局的管理指导范围。

1994 年 8 月,在省工商局的指导下,东风场区工商处(对外称工商局)正式成立。东风场区工商处的主要职责是:负责东风场区市场的工商行政管理工作。

东风场区工商处编制 15 人,由现役军人和场区职工组成。按业务需要设立登记注册、公平交易、市场管理、财务等办公室,主要开展场区个体工商户登记、企业登记、监督管理、广告审核登记及公平交易和消费者权益保护工作,同

时进行个体劳动者协会、私营企业协会的组织领导工作。

2001年,东风场区社会服务部对工商处职能进行调整,市场实行管办脱钩,分别将市场交给商业处管理,13区外来人员居住区交给人事劳动处管理。工商处主要任务是场区工商行政管理和物价、印刷所、新华书店、环卫局管理工作。

2008年,维持2001年以来现状。

第五节　基层工商行政管理机构

一、县(市、区)工商局(分局)机构

1986年至1997年,全省共有县(市、区)工商局(分局)92个(含兰州市工商局下辖专业分局和白银市工商局下辖西区分局)。

2001年以前,县(市、区)工商局(分局)属县(市、区)党委、政府领导和管理。2001年,实行省以下工商行政管理机关垂直管理以后,县(市、区)工商局(分局)由地(州、市)工商局领导和管理。

2004年7月8日,省工商局印发了《关于兰州市等14个市、州工商局主要职责、内设机构和人员编制的规定》。《规定》对县(市、区)工商局(分局)主要职责、内设机构和人员编制进行了规定,《规定》是根据2003年省编办的规定而制定的。

县(市、区)工商局(分局)主要职责是:

1.领导全县(市、区)工商行政管理工作。对全县(市、区)工商行政管理系统业务、行政、人事、财务、纪检监察实行管理。

2.贯彻执行有关工商行政管理的方针、政策和法律、法规、规章。

3.县工商局依照有关法律、法规和规章组织管理各类企业和从事经营活动的单位、个人的登记注册,依法核定登记企业的名称,审定、批准、颁发有关证照,并对其实行监督管理。

市辖区工商分局依照有关法律、法规、规章组织管理各类企业和从事经营活动的单位、个人的登记注册(其中有限责任公司的登记注册应由地、州、市工商局委托),依法核定登记企业的名称,审定、批准、颁发有关证照,并对其实行

监督管理。

4.县工商局依照有关法律、法规和规章查处垄断和不正当竞争案件,查处走私贩私、传销和变相传销等经济违法违章行为;组织实施各类市场经营秩序的规范管理和监督;组织监督检查市场竞争行为。

市辖区工商分局依照有关法律、法规、规章查处走私贩私、传销和变相传销等经济违法违章行为;受地(州、市)工商局委托,对垄断和不正当竞争及违反公司登记法律、法规案件进行调查取证,提出处理建议;组织实施各类市场经营秩序的规范管理和监督;组织监督检查市场竞争行为。

5.组织保护消费者合法权益,组织查处侵犯消费者合法权益行为;负责商品的质量监督检查,查处经营假冒伪劣商品行为。

6.监督保护注册商标专用权,组织查处商标侵权行为,组织著名商标的推荐工作。

7.组织依法管理广告发布与广告经营活动,查处广告违法行为。

8.组织监督管理经纪人、经纪机构。

9.监督管理合同工作,查处合同违法行为;依法组织动产不动产抵押物登记,组织监管拍卖行为。

10.负责组织有关工商行政管理政策和法律、法规、规章的形成和政府行为的监督。

11.领导所属事业单位和指导协会的工作。

12.承办上级主管部门交办的其他事项。

县工商局机关内设机构为:办公室(含人事教育、信息中心职能)、财务审计股、登记注册股(含企业、个体、商标广告监管职能)、市场监督管理(公平交易)股、消费者权益保护股、法规股。

县级市(区)工商局(分局)机关内设机构为:办公室(含信息中心职能)、人事教育科、财务审计科、企业注册科、个体私营经济监管科、商标广告监管科、消费者权益保护科(含12315申诉举报指挥中心职能)、市场监督管理科(含公平交易、合同管理职能)、法规科。

县(市、区)工商局(分局)机关党的组织和纪检监察机构合署办公并按有

关规定设置。

县(市、区)工商局(分局)内设机构职责由县(市、区)工商局(分局)依据有关规定制定。

2004 年全省县(市、区)工商局(分局)人员编制和领导职数编制

表 11-18

单 位	县(市、区)工商局(分局)							经检分局（大队）	
	局长	副局长	纪检组长	行政编制	事业编制	后勤事业	科级领导职数	局长	副局长
秦城工商分局	1	3	1	16	36	1	10	1	1
北道工商分局	1	3	1	14	30	1	9	1	1
秦安县工商局	1	3	1	13	21	1	–	1	1
武山县工商局	1	2	1	9	10	1	–	1	1
甘谷县工商局	1	3	1	13	21	1	–	1	1
清水县工商局	1	2	1	9	10	1	–	1	1
张家川县工商局	1	3	1	9	10	1	–	1	1
泾川县工商局	1	3	1	12	17	1	–	1	1
灵台县工商局	1	3	1	5	14	1	–	1	1
华亭县工商局	1	3	1	7	12	1	–	1	1
崇信局工商局	1	3	1	4	9	1	–	1	1
庄浪县工商局	1	3	1	9	14	1	–	1	1
静宁县工商局	1	3	1	9	17	1	–	1	1
崆峒工商分局	1	3	1	23	29	1	9	1	1
合作市工商局	1	3	1	8	13	3	7	1	1

单　位	县(市、区)工商局(分局)							经检分局（大队）	
	局长	副局长	纪检组长	行政编制	事业编制	后勤事业	科级领导职数	局长	副局长
夏河县工商局	1	3	1	8	11	3	－	1	1
碌曲县工商局	1	2	1	7	8	2	－	1	1
玛曲县工商局	1	2	1	8	8	3	－	1	1
临潭县工商局	1	2	1	8	7	3	－	1	1
卓尼县工商局	1	2	1	8	8	2	－	1	1
迭部县工商局	1	2	1	8	8	2	－	1	1
舟曲县工商局	1	2	1	8	7	3	－	1	1
白银工商分局	1	3	1	13	30	1	8	1	1
平川工商分局	1	3	1	10	21	1	7	1	1
西区工商分局	1	2	1	2	7	－	4	1	1
会宁县工商局	1	3	1	12	9	1	－	1	1
靖远县工商局	1	3	1	10	37	1	－	1	1
景泰县工商局	1	3	1	12	20	1	－	1	1
安定工商分局	1	3	1	14	35	1	9	1	1
通渭县工商局	1	3	1	10	14	1	－	1	1
陇西县工商局	1	3	1	13	21	1	－	1	1
漳　县工商局	1	3	1	8	9	－	－	1	1
渭源县工商局	1	3	1	8	9	－	－	1	1
临洮县工商局	1	3	1	13	16	1	－	1	1
岷　县工商局	1	3	1	10	19	1	－	1	1
庆城县工商局	1	3	1	14	15	1	－	1	1
宁　县工商局	1	3	1	14	15	1	－	1	1
镇原县工商局	1	3	1	16	18	1	－	1	1
环　县工商局	1	3	1	18	11	1	－	1	1

第十一章　工商行政管理机构

单　位	县(市、区)工商局(分局)							经检分局（大队）	
	局长	副局长	纪检组长	行政编制	事业编制	后勤事业	科级领导职数	局长	副局长
华池县工商局	1	3	1	10	14	1	－	1	1
合水县工商局	1	3	1	10	14	1	－	1	1
正宁县工商局	1	3	1	14	10	1	－	1	1
西峰工商分局	1	3	1	17	32	1	10	1	1
武都工商分局	1	3	1	12	17	1	10	1	2
成　县工商局	1	3	1	10	14	1	－	1	1
两当县工商局	1	3	1	8	2	－	－	1	1
徽　县工商局	1	3	1	10	－	1	－	1	1
西和县工商局	1	3	1	12	13	－	－	1	1
礼　县工商局	1	3	1	12	12	1	－	1	1
康　县工商局	1	3	1	9	13	1	－	1	1
宕昌县工商局	1	3	1	9	13	1	－	1	1
文　县工商局	1	3	1	9	13	1	－	1	1
凉州工商分局	1	3	1	20	20	2	10	1	1
民勤县工商局	1	3	1	16	14	1	－	1	1
天祝县工商局	1	3	1	14	14	1	－	1	1
古浪县工商局	1	3	1	12	16	1	－	1	1
永昌县工商局	1	3	1	20	1	8	－	1	1
甘州工商分局	1	3	1	21	21	4	10	1	1
临泽县工商局	1	3	1	12	9	2	－	1	1
高台县工商局	1	3	1	13	9	3	－	1	1
山丹县工商局	1	3	1	12	7	3	－	1	1
民乐县工商局	1	3	1	13	8	3	－	1	1
肃南县工商局	1	3	1	11	10	2	－	1	1

续表

单 位	县(市、区)工商局(分局)							经检分局 (大队)	
	局长	副局长	纪检组长	行政编制	事业编制	后勤事业	科级领导职数	局长	副局长
玉门市工商局	1	3	1	13	16	1	—	1	1
敦煌市工商局	1	3	1	15	18	1	9	1	1
金塔县工商局	1	3	1	15	8	1	—	1	1
安西县工商局	1	3	1	11	8	1	—	1	1
肃北县工商局	1	2	1	7	6	1	—	1	1
阿克塞县工商局	1	2	1	6	7	1	—	1	1
肃州工商分局	1	3	1	16	23	1	9	1	1
临夏市工商局	1	3	1	22	48	4	10	1	1
临夏县工商局	1	3	1	14	17	4	—	1	1
广河县工商局	1	3	1	11	20	4	—	1	1
永靖县工商局	1	3	1	15	15	5	—	1	1
和政县工商局	1	3	1	10	10	5	—	1	1
康乐县工商局	1	3	1	14	17	4	—	1	1
东乡县工商局	1	3	1	11	8	6	—	1	1
积石山县工商局	1	3	1	10	19	6	—	1	1
城关工商分局	1	4	1	40	80	4	23	科职	3
七里河工商分局	1	4	1	26	49	1	20	科职	3
西固工商分局	1	3	1	20	36	1	20	科职	3
安宁工商分局	1	3	1	11	26	1	13	科职	3
红古工商分局	1	3	1	8	18	1	13	科职	3
永登县工商局	1	3	1	9	21	1	12	科职	3
皋兰县工商局	1	3	1	5	12	1	7	科职	3
榆中县工商局	1	3	1	9	19	1	—	科职	3

第十一章 工商行政管理机构

1987 年 8 月,敦煌县撤县设市(县级),原敦煌县工商局更名为敦煌市工商局。

1998 年 1 月,甘南州合作市成立。6 月,原直属甘南州工商局的合作工商分局更名为合作市工商局。

2001 年 5 月,武威撤地改市后,原武威市工商局更名为武威市工商局凉州分局。

2002 年 8 月,平凉撤地改市后,原平凉市工商局更名为平凉市工商局崆峒分局。

2002 年 9 月,酒泉撤地改市后,原酒泉市工商局更名为酒泉市工商局肃州分局。

2002 年 12 月,庆阳撤地改市后,原西峰市工商局更名为庆阳市工商局西峰分局,原庆阳县工商局更名为庆城县工商局。

2002 年 12 月,张掖撤地改市后,原张掖市工商局更名为张掖市工商局甘州分局。

2003 年 4 月,定西撤地改市后,原定西县工商局更名为定西市工商局安定分局。

2004 年 1 月,陇南撤地改市后,原武都县工商局更名为陇南市工商局武都分局。

2004 年,天水市秦城区更名为秦州区,北道区更名为麦积区,秦城工商分局更名为秦州工商分局,北道工商分局更名为麦积工商分局。

2006 年,酒泉市安西县改名瓜州县,安西县工商局更名为瓜州县工商局。

二、大中城市工商行政管理体制调整

1990 年,省工商局经省政府同意,进行了城市区工商局改分局的试点,将白银市的白银区、平川区工商局,天水市的秦城区、北道区工商局改为两市工商局的分局。试点证明,对工商行政管理体制进行改革,实行区局改分局,有利于打破条块分割和地区封锁,有利于集中力量统一执法,有利于促进城乡经济的发展,有利于稳定工商干部队伍。

1994 年 1 月开始,兰州市所属的 3 县 5 区工商局陆续移交由兰州市工商局垂直领导。

1994 年 5 月 23 日,国务院办公厅发出《关于调整大中城市工商行政管理体制的通知》。《通知》说,为适应建立社会主义市场经济体制的要求,改善和加强大中城市工商行政管理部门对市场的监督管理,建立有权威的、统一的执法机构,经中央机构编制委员会办公室审核并报国务院批准,全国大中城市(设区的市)区工商行政管理局,一律改为市工商行政管理局的分局,作为市工商局的派出机构,由市工商局统一领导、统一管理。

1994 年 7 月 9 日,省工商局向省政府呈报了调整全省大中城市工商行政管理体制的实施意见。调整的范围和内容是:(1)调整兰州、白银等市工商行政管理体制,改区工商局为市工商局的分局,其人、财、物由市工商局统一领导、统一管理。此后凡新设区的市均照此办理。(2)市辖区和经国务院批准设立的各类开发区,设立工商分局;不单设分局的,由市工商局直接领导;未经国务院批准的各类开发区不设分局,设立工商所。(3)市辖县的工商行政管理体制改革,与区局改分局同时进行,一步到位,实行市局对县局的直接领导。此次区局改分局工作,全省兰州、天水、白银、金昌、嘉峪关 5 市工商局于 1994 年底相继完成,此次调整共有 8 个城市区工商局改为工商分局,调整后的分局由市工商局直接领导。

2002 年 9 月 16 日,省委组织部对省工商局《关于市辖区工商行政管理分局党组织设置有关问题的请示》作了答复:市辖区工商局改分局后,党的关系仍然实行属地管理。市辖区工商分局设立党组,党组成员由所在区区委审批;工商分局设立党的总支部委员会,隶属所属区的直属机关党的工作委员会领导。

三、各类开发区工商分局

截至 2008 年,全省工商系统的开发区工商分局有兰州市工商局兰州高新技术产业开发区分局和兰州市工商局兰州经济技术开发区分局以及白银市工商局西区分局。

1992年6月,兰州市机构编制委员会批复:同意设立兰州市工商局兰州高新技术产业开发区分局,副县级建制,事业性质,编制10名。内设机构设企业登记管理科、经济合同管理科。经费来源:财政拨款的渠道不变。职责任务:负责开发区内各类工商企业的登记、监督,经济合同的鉴证、仲裁,商标、广告的管理,经济违法案件的查处。1993年5月,增加自收自支编制5名,内设机构增设办公室。

1993年6月,兰州市机构编制委员会批复:同意设立兰州市工商局兰州经济技术开发区分局,副县级建制,事业性质,编制6名。经费来源:自收自支。其职责与兰州高新技术产业开发区分局相同。

1997年4月,兰州市工商局根据省政府办公厅1996年《关于印发〈国家高新技术产业开发区管理暂行办法〉的通知》精神,决定高新技术产业开发区分局、经济技术开发区分局以市工商局名义核准登记经开发区管理委员会批准进区的有限责任公司和非公司企业法人(不含外商投资企业)。

2004年7月8日,省工商局下发了《关于印发兰州市工商局及直属分局、县(区)工商局工商所主要职责内部机构和人员编制规定的通知》。《通知》规定:兰州市工商局高新技术产业开发区分局内设机构3个,分别为办公室、登记注册监督管理科、市场监督管理科;分局设开发区、新建区、科技3个工商所;分局机关行政编制3名,事业编制10名,后勤事业编制1名,局长1名,副局长2名(正科级),机关科级领导职数6名。《通知》还规定:兰州市工商局兰州经济技术开发区分局内设机构2个,分别为综合科、监督管理科;分局设园区工商所;分局机关行政编制2名,事业编制4名,后勤事业编制1名,局长1名,副局长1名(正科级),机关科级领导职数2名,工商所科级领导职数2名。2004年9月,省工商局同意兰州市工商局安宁分局与兰州经济技术开发区工商分局合署办公,一套机构,两块牌子,保留兰州经济技术开发区工商分局的建制,其职能、人员编制并入安宁分局。

白银市西区是黄河上游多民族开发区甘肃段5个试验区之一。1992年11月24日,白银市委、市政府正式批准成立白银市工商局西区分局,科级建制,核定事业编制9名,机构领导职数2名。该分局于1993年9月开展工作,内设登记注册股、市场监督管理股和办公室。

四、各类专业分局

兰州市作为省会城市，由于工商行政管理业务的需要，1992年6月经兰州市政府批准，成立了3个专业分局。

（一）兰州市工商局经济检查分局

该分局前身是兰州市工商局检查站，县级建制，事业性质，编制80名。内设机构有办公室、政工科、一科、二科、三科、四科、五科分局领导职数4名。主要职责任务是：对兰州地区进行经济活动的企业、事业单位和个人进行监督检查；依法查处工商部门所辖市场外的违法违章经济案件和违法违章行为；查处走私贩私案件；查处制造、销售假冒伪劣商品的违法案件；按照政府和上级工商部门的部署，对经济活动中的一些重点问题进行专项整治。1995年7月，兰州市工商局经济检查分局更名为兰州市工商局公平交易分局，内设机构11个：办公室、党总支办公室、法规科、一科、二科、三科、四科、五科、六科、七科、八科。

（二）兰州市工商局市场管理一分局

该分局前身是兰州市工商局市场管理站，县级建制，事业性质，编制49名。内设机构有办公室、市场建设开发科、外地来兰登记管理科、东部市场管理科（与东部市场工商所一套机构两个牌子）、蔬菜管理科（与蔬菜市场管理所一套机构两块牌子）。分局领导职数4名。主要职责任务是：负责消费资料市场的建设和管理，对进入所辖市场的国营、集体、私营企业和个体工商户进行登记、管理、指导、服务，对发生在所辖市场内的违法违章经营行为进行查处，对全市蔬菜市场进行调查研究、指导和管理。1993年5月，兰州市机构编制委员会同意将兰州市工商局市场管理一分局内设机构调整为：办公室、财务科、市场建设开发科、市场登记管理科、副食品市场管理科（兰州市蔬菜市场管理所）、东部综合批发市场管理所、兰大批发市场管理所、东部第二批发市场管理所。增加编制21名，增编后分局共计编制70名。1995年7月，该分局内设机构调整为：办公室、财务科、登记管理科，下设张苏滩蔬菜瓜果批发市场管理所（含管

理张苏滩水产批发市场)、东贸大厦管理所(含管理兰州市第一屠宰场)、粮油批发市场管理所。

（三）兰州市工商局市场管理二分局

该分局为县级建制,事业性质,编制49名。内设机构有办公室、钢材建材市场管理科、机动车辆市场管理科、生产资料市场管理科、生产要素市场管理科、建筑市场管理科(与建筑市场管理所一套机构两块牌子)。分局领导职数4名。主要职责任务是:负责生产资料、生产要素市场的建设和管理;依法监督市场交易行为,审查交易单位的资格,核发营业执照;对有关部门和单位新办的生产资料和生产要素市场进行监督管理;对全市建筑市场进行管理,依法审查建筑活动当事人的经营资格, 核发非企业法人勘察设计和施工企业的营业执照;对"双生"市场和建筑市场的经济合同进行管理;查处各种违法违章经营行为。1993年7月,兰州市机构编制委员会同意将该分局内部机构调整为:办公室、工业品市场管理科、机动车辆市场管理科、生产资料市场管理科、生产要素市场管理科、建筑市场管理科(与建筑市场管理所一套机构两块牌子)、兰州建筑装饰材料批发市场管理所、兰州生产资料市场管理所、兰州机电产品市场管理所、兰州西固商贸城市场管理所。

1997年12月,兰州市机构编制委员会同意将兰州市工商局市场管理二分局内设机构调整为:办公室、登记管理科、机动车辆市场管理科、生产要素市场管理科、建筑市场管理科、大西北汽车商城工商所、金融市场工商所、客运市场工商所、货运市场工商所、旧车市场工商所、房地产产权市场工商所、兰州物资城工商所。

五、工商所

工商所是县(市、区)工商局(分局)的派出机构。1987年6月,省工商局制定了《工商行政管理所工作守则》,共6章、38条。《守则》规定,工商所的业务工作、人事调配、财务管理等,直接受所在县(市、区)工商局的领导。

1991年4月1日,经国务院批准,国家工商局6号令颁布了《工商行政管理所条例》。这是工商部门基层组织建设的重要法规。《条例》规定:工商所的人员编制、经费开支、干部管理和业务工作,由区、县工商局直接领导和管理。

截至 1993 年底,全省共有工商所(包括专业管理所、经济检查队、站)716个。按照中央机构编制委员会办公室和国家工商局对工商所人员的核定办法,全省应配备基层管理人员 7563 人,当时全省工商系统有 35%的工商所只有 2至 4 人。为保障工商所正常工作,经省政府同意,全省工商系统先后共聘用了1500 多名协管员协助管理市场。之后,省编委从工商行政管理工作的实际出发,适当增加了一些编制,使基层管理人员较少的矛盾得到缓解。

1995 年,中共中央、国务院关于体制改革总体方案中规定:工商行政管理机关作为必设机构予以保留,工商所人员编制由事业改为行政,统一纳入国家公务员序列。随着社会主义市场经济的发展,工商行政管理的任务越来越重,范围越来越广,而人员编制与实际需要的差距很大,任务重与人员少的矛盾日趋突出。为加强工商所队伍建设,促进全国工商所推行国家公务员制度的平衡实施,确保全国工商行政管理改革的顺利进行,2000 年 1 月 10 日,国家人事部、国家工商局下发〔2000〕5 号文件,下达给甘肃工商系统工商所专项增干指标 5345 人,即从现有工商所在公务员职位上工作的工人身份的人员中录用国家公务员,按照《国家公务员录用暂行规定》组织实施,4000 余名工人身份的工商行政管理人员转为公务员。

截至 2001 年,全省工商所的建制、编制、管辖范围保留不变。

2004 年 7 月 8 日,省工商局下发了《关于印发全省各市、州工商局及直属分局、县(区)工商局(分局)工商所主要职责、内部机构和人员编制规定的通知》。《通知》对全省工商所的主要职责和工商所的设置进行了规定。工商所为各县(市、区)工商局(分局)的派出机构,工商所均为科级建制,设所长 1 名,副所长 1~2 名。

工商所的主要职责是:

1.对辖区内各级工商局(分局)核准登记的各类企业和个体工商户及其生产经营活动进行监督管理,并对其建立经济户口和信用档案。

2.对辖区内各类市场主体和各类经营行为,实行市场巡查制,推行市场商品准入制,依法查处经济违法违章行为。

3.受理消费者申诉,依法保护消费者合法权益,查处侵犯消费者合法权益的行为;依法查处经营假冒伪劣商品行为。

4.监督检查辖区内合同订立及履行,依法查处合同违法行为,调解合同纠纷。

5.受理、初审、呈报辖区内个体工商户的开业、变更、歇业的申请事项。

6.指导辖区内企事业单位、个体工商户正确申请商标注册,对其使用商标进行监督管理,依法保护注册商标专用权。

7.对辖区内设置、张贴的广告进行登记和监督管理。

8.按规定收取、上缴各项工商行政性收费及罚没款物。

9.宣传工商行政管理法律、法规、规章和有关政策。

10.行使法律、法规、规章规定的其他工商行政管理职责。

11.承办上级主管部门委托和交办的其他事项。

2004 年,省工商局制定各市、州工商局"三定"方案,确定全省工商系统共设工商所(分局)658 个,其中分局 8 个。

2004 年全省工商所人员编制情况

表 11–19

单 位	工 商 所				
	行政编制	事业编制	后勤事业	总计	科级领导职数
秦城工商分局	176	28	5	209	54
北道工商分局	105	11	4	120	51
秦安县工商局	91	23	3	117	36
武山县工商局	45	11	2	58	27
甘谷县工商局	71	16	3	90	33
清水县工商局	46	9	2	57	18
张家川县工商局	53	14	2	69	18
泾川县工商局	72	17	3	93	33
灵台县工商局	41	5	3	49	21
华亭县工商局	42	9	3	54	21
崇信县工商局	25	3	3	31	15
庄浪县工商局	57	14	3	74	27

单 位	工 商 所				
	行政编制	事业编制	后勤事业	总计	科级领导职数
静宁县工商局	67	13	4	84	33
崆峒工商分局	112	22	5	139	36
合作市工商局	30	–	–	30	9
夏河县工商局	26	2	–	28	12
碌曲县工商局	17	–	–	17	6
玛曲县工商局	19	–	–	19	6
临潭县工商局	23	7	–	30	12
卓尼县工商局	20	2	–	22	9
迭部县工商局	17	–	–	17	6
舟曲县工商局	24	6	–	30	12
白银工商分局	72	–	4	76	24
平川工商分局	51	–	3	54	18
西区工商分局	20	–	5	25	6
会宁县工商局	64	–	2	66	24
靖远县工商局	68	–	2	70	24
景泰县工商局	51	–	2	53	18
安定工商分局	97	17	8	122	24
通渭县工商局	66	6	5	77	21
陇西县工商局	79	28	7	114	21
漳　县工商局	35	5	3	43	12
渭源县工商局	38	3	5	46	18
临洮县工商局	79	13	6	98	21
岷　县工商局	77	13	5	95	24
庆城县工商局	107	20	3	130	24
宁　县工商局	63	39	3	105	36
镇原县工商局	96	26	3	125	39

单 位	工 商 所				
	行政编制	事业编制	后勤事业	总计	科级领导职数
环 县工商局	52	16	2	70	21
华池县工商局	46	8	1	55	21
合水县工商局	55	8	2	65	21
正宁县工商局	49	12	1	62	18
西峰工商分局	135	21	4	160	36
武都工商分局	90	25	3	118	36
成 县工商局	70	17	3	90	27
两当县工商局	19	1	3	23	9
徽 县工商局	51	5	3	59	27
西和县工商局	93	32	3	128	24
礼 县工商局	87	26	3	116	36
康 县工商局	49	4	3	56	24
宕昌县工商局	51	5	3	59	15
文 县工商局	46	1	3	50	18
凉州工商分局	136	28	8	172	45
民勤县工商局	49	11	4	64	24
天祝县工商局	45	8	3	56	21
古浪县工商局	45	8	3	56	21
永昌县工商局	19	7	–	26	15
甘 州工商分局	122	46	–	168	30
临泽县工商局	27	–		27	15
高台县工商局	30	3	–	33	15
山丹县工商局	29	4	–	33	18
民乐县工商局	34	2	–	36	18
肃南县工商局	28	–		28	18
玉门市工商局	41	5	2	48	12

续表

单　位	工　商　所				
	行政编制	事业编制	后勤事业	总计	科级领导职数
敦煌市工商局	60	6	3	69	18
金塔县工商局	23	7	1	31	9
安西县工商局	24	7	1	32	12
肃北县工商局	7	–	1	8	3
阿克塞县工商局	7	–	1	8	3
肃州工商分局	93	7	4	104	27
临夏市工商局	121	64	6	191	24
临夏县工商局	88	18	4	110	24
广河县工商局	61	1	4	66	15
永靖县工商局	52	–	3	55	15
和政县工商局	55	–	3	58	15
康乐县工商局	67	6	4	77	18
东乡县工商局	55	–	2	57	18
积石山县工商局	48	–	2	50	15
城关工商分局	302	–	24	326	81
七里河工商分局	186	–	16	202	42
西固工商分局	115	–	13	128	33
安宁工商分局	46	–	8	54	18
红古工商分局	32	–	6	38	15
永登县工商局	36	–	7	43	18
皋兰县工商局	20	–	2	22	9
榆中县工商局	37	–	4	41	12
合　计	5275	801	288	6364	1878

备注：兰州市工商局的专业分局、嘉峪关市工商局和金昌市工商局的工商所人员编制未列入。

第十一章　工商行政管理机构

2004 年全省工商所(分局)设置情况

表 11-20

单 位	工商所数	分局数	工商所名称	分局名称
天水市工商局	78	1		
天水市工商局秦城分局	18		七里墩、东关、中城、自由路、大城、西关、天水郡、罗玉小区、关子、太京、石马坪、牡丹、皂郊、平南、西口、汪川、大门、综合批发市场	
天水市工商局北道分局	17		道北、道南第一、道南第二、开发区、桥南、马跑泉、夜市、社堂、甘泉、花牛、元龙、新阳、中滩、渭南、东岔、伯阳、景区	
秦安县工商局	12		兴国第一、兴国第二、兴国第三、兴国小商品、云山、千户、莲花、王甫、魏店、叶堡、郭加、陇城	
武山县工商局	8	1	城关、洛门第一、洛门第二、洛门蔬菜果品市场、鸳鸯、四门、滩歌、马力	洛门分局
甘谷县工商局	11		城关、姚庄、翼城商场、西关、磐安、金山、大石、礼辛、安远、六峰、渭阳	
清水县工商局	6		城关、西关、新化、白驼、山门、远门	
张家川县工商局	6		张川第一、张川第二、龙山、恭门、龙山毛皮市场、马鹿	
平凉市工商局	62			
泾川县工商局	11		城关、泾州、荔堡、丰台、玉都、党原、合道、王村、泾明、高平、窑店	
灵台县工商局	7		中台、邵寨、独店、西屯、什字、上良、朝那	
华亭县工商局	7		东华、西化、安口、神峪、马峡、策底、石堡子	
崇信县工商局	5		锦屏、新窑、柏树、木林、黄寨	
庄浪县工商局	9		水洛东关、水洛西关、南湖、朱店、韩店、阳川、通化、卧龙、永宁	

单　　位	工商所数	分局数	工商所名称	分局名称
静宁县工商局	11		城关、西综、八里、威戎、古城、雷大、李店、甘沟、红寺、界石铺、灵芝	
平凉市工商局崆峒分局	12		东街、中街、西街、西郊、四十里、白水、花所、崆峒、草峰、寨河、安国、大秦	
甘南州工商局	24			
合作市工商局	3		城南、城北、城郊（新设）	
夏河县工商局	4		拉卜楞、阿木去乎、王格尔塘、曲奥	
碌曲县工商局	2		城关、郎木寺	
玛曲县工商局	2		城关、阿万仓	
临潭县工商局	4		城关、新城、冶力关、王旗	
卓尼县工商局	3		城关、麻路、洮砚	
迭部县工商局	2		电尕、旺藏	
舟曲县工商局	4		城关、立节、插岗、大川	
白银市工商局	38			
白银市工商局白银分局	8		公园路、人民路、东山路、王岘、银光、南部、胜利路、水川	
白银市工商局平川分局	6		长征、兴平路、电力路、红会、王家山、旱平川	
白银市工商局西区分局	2		纺织东路、纺织西路	
会宁县工商局	8		桃花山、宴门川、郭城驿、河畔、甘沟驿、翟家所、刘家寨子、大沟	
靖远县工商局	8		城关、北城区、东湾、北湾、刘川、大芦、五合、北滩	
景泰县工商局	6		一条山、黄河路、南关、草窝滩、四个山、喜泉	
定西市工商局	46	1		
定西市工商局安定分局	8		永定、凤翔、峰口、内官、香泉、宁远、西巩、葛家岔	

单　位	工商所数	分局数	工商所名称	分局名称
通渭县工商局	7		平襄、马营、榜罗、李家店、鸡川、陇山、义岗	
陇西县工商局	6	1	巩昌、首阳、菜子、福星、云田、通安	文峰分局
漳县工商局	4		城关、三岔、新寺、四族	
渭源县工商局	6		清源、会川、莲峰、北寨、新寨、庆坪	
临洮县工商局	7		洮阳、西关、新添、衙下、巴下、康家崖、窑店	
岷县工商局	8		城关、西郊、清水、寺沟、梅川、中寨、蒲麻、闾井	
庆阳市工商局	72			
庆城县工商局	8		北街、南街、田城、马岭、三十铺、驿马、桐川、白马	
宁县工商局	12		东城、西城、早胜、平子、盘克、春荣、长庆桥、新庄、和盛、焦村、南义、湘乐	
镇原县工商局	13		城东、城西、平泉、孟坝、上肖、屯字、三岔、临泾、新集、庙渠、开边、太平、新城	
环县工商局	7		北关、南关、曲子、木钵、洪德、甜水、虎洞	
华池县工商局	7		南街、柔远、悦乐、林镇、五蛟、元城、城壕	
合水县工商局	7		北街、南街、老城、何家畔、店子、段家集、太白	
正宁县工商局	6		东关、西关、榆林子、宫河、永和、湫头	
庆阳市工商局西峰分局	12		东街、西街、南街、北街、中街、西环路、长庆路、九龙路、温泉、肖金、什社、董志	
陇南市工商局	70	1		
陇南市场工商局武都分局	12		城关、钟楼滩、滨河市场、东关、两水、马街、安化、佛崖、汉王、三河、洛塘	

单　　位	工商所数	分局数	工商所名称	分局名称
成县工商局	9		城关、河东经济开发区、农贸商场、黄渚、红川、小川、王磨、化垭、个体运输车辆管理	
西当县工商局	3		城关、西城、站儿巷	
徽县工商局	9		城关、综合商场、伏镇、泥阳、江洛、柳林、嘉陵、麻沿、个体运输车辆管理	
西和县工商局	8		城关、城北市场、长道、洛峪、何坝、大桥、石峡、生产资料	
礼县工商局	12		城关、盐官、永兴、崖城、洮坪、石桥、中坝、大滩、白河、永平、盐关骡马市场、个体运输车辆管理	
康县工商局	8		城关、长坝、碾坝、阳坝、云台、周家坝、大堡、白杨	
宕昌县工商局	5		城关、哈达铺、沙湾、南阳、临江铺	
文县工商局	5	1	城关、中寨、桥头、丹堡、临江	碧口分局
武威市工商局	37			
武威市工商局凉州分局	15		东城、西城、南城、北城、武南、黄羊、高坝、清源、西营、丰乐、永昌、双城、羊下坝、张义、客货运输车辆市场管理	
民勤县工商局	8		城关、环河、西坝、东坝、大滩、泉山、湖区、东郊	
天祝县工商局	7		华藏寺、打柴沟、炭山岭、哈溪、安远、松山、天堂寺	
古浪县工商局	7		古浪、大靖、土门、裴家营、海子滩、泗水、黄羊川	
金昌市工商局	10	1		
金昌市工商局	6		北京路、滨河路、建设路、广州路、新华路、双湾	
永昌县工商局	4	1	城关、清河、东河、西河	河西堡分局
张掖市工商局	39			
张掖市工商局	1		生产要素市场管理所	

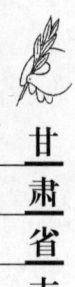

单　位	工商所数	分局数	工商所名称	分局名称
张掖市工商局甘州分局	10		城关、南关、甘州市场、西关、东北郊、火车站、大满、沙井、甘浚、生产要素市场管理	
临泽县工商局	5		城关、沙河、蓼泉、鸭暖、新华	
高台县工商局	5		城关、南华、宣化、城郊、黑泉	
山丹县工商局	6		城关、清泉、大马营、陈户、霍城、平波	
民乐县工商局	6		城关、西关、南古、新天、六坝、生产要素市场	
肃南县工商局	6		九条岭、红湾、马蹄寺、祁丰、皇城、康乐	
嘉峪关市工商局	6		北区、南区、郊区、中区、站前、新区	
酒泉市工商局	25	3		
玉门市工商局	2	2	新城、花海	玉门镇分局老市区分局
敦煌市工商局	5	1	西城、东城、党河、莫高、北郊	七里镇分局
金塔县工商局	3		城关、中东、鼎新	
安西县工商局	4		瓜州、新区、疏勒河、柳园	
肃北县工商局	1		党城工商所	
阿克塞县工商局	1		红柳湾工商所	
酒泉市工商局肃州分局	9		东城、西城、市郊、新城、北郊、总寨、三墩、清水、金佛寺	
临夏州工商局	48			
临夏市工商局	8		城东、城西、城南、城北、城中、红园、八坊、枹罕	
临夏县工商局	8		韩集、尹集、土桥、漫路、红台、马集、北塬、新集	
康乐县工商局	6		新治街、苏集、景古、流川、马集、莲花山	
广河县工商局	5		城关、三甲集、祁家集、买家巷、庄禾集	
永靖县工商局	5		刘家峡、盐锅峡、三塬、大沟、王台	

续表

单 位	工商所数	分局数	工商所名称	分局名称
和政县工商局	5		城关、马家堡、买家集、三合、松鸣岩	
东乡县工商局	6		锁南、达板、河滩、龙泉、那勒寺、百和	
积石山县工商局	5		吹麻滩、大河家、㿟藏、居集、肖红坪	
兰州市工商局	94			
兰州市工商局市场管理一分局	6		东部综合批发市场、兰新电器综合市场、西北电子商贸城、广武通讯市场、西北鞋类批发市场、东部品牌服饰广场	
兰州市工商局市场管理二分局	6		机动车辆市场、道路运输市场、建筑房地产市场、金融市场、物资流通市场、城区建材市场	
兰州市工商局高新技术产业开发区分局	3		开发区、新建区、科技	
兰州市工商局经济技术开发区分局	1		园区	
兰州市工商局城关分局	27		定西南路、皋兰路、东岗西路、张掖路、盐场路、酒泉路、火车站、拱星墩、会宁路、五泉、广武门、平凉路、九州开发区、雁滩家具市场、雁滩建材市场、拱星墩副食品综合市场、临夏路、雁滩、雁滩旧货市场、雁滩综合市场、张苏滩蔬菜瓜果批发市场、定点屠宰市场、粮油批发市场、永盛、渭源路、绿色食品市场、新东部市场	
兰州市工商局七里河分局	14		西津东路、西津西路、小西湖、西站、建工中路、建兰路、金港城、龚家湾、土门墩、八里窑、兰工坪、义乌商贸城、西部糖酒副食品批发市场、生产资料交易市场	
兰州市工商局西固分局	11		西固城、中心市场、福利路、山丹街、先锋路、牌坊路、钟家河、西部市场、新城、河口、陶瓷批发市场	
兰州市工商局安宁分局	6		沙井驿、西路、十里店、黄河市场、孔家崖、刘家堡	

第十一章　工商行政管理机构

单 位	工商所数	分局数	工商所名称	分局名称
兰州市工商局红古分局	5		窑街、跃进街、海石湾、花庄、红古	
永登县工商局	6		城关、中堡、红城、秦川、连城、河桥	
皋兰县工商局	3		城关、城北、城南	
榆中县工商局	6		城关、甘草店、夏官营、贡井、兴隆山景区、和平开发区	

注：表中的工商分局是从原工商所更名，建制、编制、管辖范围不变。

2008年底，省工商局对全省工商所进行整合，撤销工商所126个，原工商所改为分局的90个，新设立分局（大队、中心）11个，工商所更名13个。整合后，全省工商系统共有工商所（分局）543个，其中分局109个，较整合前的658个工商所减少了115个。

全省系统部分年份工商所

表11-21

年 份	数 量	人 数
1985年—1986年	552个	总人数5252人，其中工商所3283人
1989年	522个	总人数5039人，其中工商所4000人
1991年	642个	总人数8247人，其中干部5098人，职工3149人；工商所5000人
1992年	654个	总人数8926人，其中干部5408人，职工3518人

年　份	数　量	人　　数
1996 年	770个	总人数 10274 人,其中工商所 6000 人
1998 年	656个	总人数 11528 人,其中干部 10367,职工 1161 人;工商所 7426 人
2000 年	845个	总人数 11117 人,其中工商所 7389 人
2001 年	830个	总人数 12675 人,其中工商所人员 7694 人
2002 年	876个	总人数 11009 人,其中工商所 7078 人
2003 年	887个	总人数 10502 人,其中工商所 6975 人
2004 年	650个	总人数 11254 人,其中工商所 5665 人
2007 年—2008 年	658 个	总人数 10968 人,其中工商所 5334 人

第六节　工商行政管理机构省以下垂直

　　1998 年 11 月 24 日,国务院批转了国家工商局《工商行政管理体制改革方案》(国发〔1998〕41 号)文件。这次体制改革的中心任务是实行省以下工商行政管理机关垂直管理。这是在总结多年历史经验的基础上,面向建立社会主义市场经济体制,改革条块分割的现行工商行政管理体制所采取的一项重大措施。体制改革的基本原则是坚持精简、统一、效能的原则,通过改革,转变职能、强化监管、精简机构、提高效率,增强执法的统一性、权威性和有效性,逐步建立办事高效、运转协调、执法统一、与社会主义市场经济相适应的工商行政管理新体制。

　　1998 年 12 月,为贯彻落实好工商行政管理体制改革的决定,省工商局下发了《关于在全省工商行政管理体制改革期间严格执行纪律的通知》。在体制改革中违反规定、弄虚作假、突击进人、突击提干、突击花钱、乱支乱用、转移变卖或隐匿资产、以权谋私、贪污挪用公物的,要严肃查处。同时,为了全面了解和掌握全省工商系统人员、财务情况,保证全省系统体制改革顺利进行,省工商局于 12 月 10 日—11 日召开了全省工商行政管理体制改革工作座谈会。

1998 年 12 月,省委组织部、工商局、编制办、人事厅、财政厅五部门联合下发了《关于冻结全省工商系统机构编制和人员的通知》,并以内部特急传真电报直接发到县级有关部门。对全省工商系统机构编制、干部配备、人员调动、工资计划实行冻结。省工商局按照《甘肃省人民政府关于批转工商行政管理体制改革实施方案的通知》,制定了《甘肃省工商行政管理体制改革机构、编制、人员、经费等划转交接办法》,自 1999 年 3 月至 2001 年 10 月,圆满完成全省工商行政管理体制改革工作,全省工商系统实行了垂直管理。

一、省以下垂直管理前全省工商系统基本情况

自 1979 年 11 月 16 日工商部门单独设置至 2000 年,全省工商行政管理机关的体制实行的是属地管理,即“条块结合,以块为主”的管理体制,人、财、物由地方政府管理,全省工商行政管理业务工作由省工商局管理指导。

省以下垂直管理之前,全省工商行政管理系统机构、人员变化较大,核定编制与实有人数不相符。1993 年,全省工商行政管理系统核定 7588 人,实有人数 9203 人,超编 1615 人。1995 年 9 月,省委、省政府印发了《甘肃省党政机关机构改革方案实施意见》的通知,确定了省工商局职能配置、内设机构和人员编制方案。

1999 年底,全省工商行政管理系统共有机构数 1731 个,其中内设机构 723 个,分局 12 个,工商所 797 个,专业管理所 37 个,经检队 39 个,全省工商行政管理队伍在职人数 11446 人,其中干部 5934 人,职工 5305 人;全省工商行政管理系统编制数 11446 人,其中行政编制 2074 人,事业编制 9372 人;所属事业单位、社会团体及其他机构数 216 个,编制数 519 人,在职人数 408 人。

垂直管理前全省部分年份工商行政管理机构人员

表 11-22

项　目		1990年上半年	1991年上半年	1994年	1995年	1996年	1998年	1999年	2000年
机构数（个）		760	847	879	1546	1625	1765	1731	1787
其中：内设机构		－	－	－	646	674	673	723	749
分局		－	－	－	18	21	96	12	12
工商所		－	－	－	724	770	805	797	835
专业管理所		－	－	－	36	37	44	37	37
经检队、缉私队		－	－	－	31	39	22	39	40
编制数（人）		－	－	－	8442	8461	9567	11446	11746
其中：行政编制数		2135	2249	2053	2394	3249	2371	2074	2203
事业编制数		3442	5998	6317	6048	5212	7196	9372	9543
在职人数（人）		8033	8247	9381	9944	10274	12042	11239	11117
其中：干部		4976	5098	5348	5662	5772	6487	5934	9967
工人		3057	3148	4033	4282	4502	5555	5305	1150
临时工		1899	1894	－	－	－	－	－	－
所属事业单位、社会团体及其他	机构数	－	－	179	208	254	282	216	220
	编制数	－	－	298	308	778	1124	519	503
	在职人数	－	－	431	569	888	1094	408	411

<h2 style="text-align:center">1996年各地工商行政管理机构人员</h2>

表 11-23

地　区	机构数（个）		编制数（人）		在职人数（人）		下属事业团体及其他		
	小计	工商所	小计	行政编	小计	干部	机构数	编制数	在职数
全省总计	1625	770	8461	3249	10274	5772	254	778	888
省工商局	13	–	132	120	147	130	9	125	131
兰州市	129	95	1757	1501	1597	1267	19	158	187
嘉峪关市	13	6	103	31	103	72	3	18	18
金昌市	26	11	135	97	137	80	6	24	23
白银市	108	42	555	116	590	377	17	75	57
天水市	170	88	1051	141	1134	602	25	93	103
酒泉地区	102	37	474	165	452	321	22	29	36
张掖地区	91	39	482	199	551	286	21	35	38
威武地区	96	41	437	173	516	263	16	58	73
定西地区	138	66	138	65	875	438	22	65	62
陇南地区	192	95	953	145	1066	403	24	26	50
平凉地区	161	80	559	126	754	401	9	14	21
庆阳地区	172	83	960	128	1070	494	20	33	32
临夏州	131	55	329	95	877	376	21	–	47
甘南州	88	31	391	142	391	249	18	25	8
矿区	5	1	5	5	14	13	2	–	2

二、实行省以下工商行政管理机关垂直管理

1999 年 2 月 22 日，省政府以甘政发〔1999〕16 号文件批转了《甘肃省工商行政管理体制改革实施方案》。明确了三点：(1)省工商局为省人民政府的工作部门。主要职责是领导全省工商行政管理机关正确执行国家有关工商行政管理的法律法规和有关要求，履行法定职责规定的工商行政管理职能。(2)地、县两级工商局为上一级工商局的直属机构（市辖区工商分局为市工商局直接管理的分局）。主要职责是负责本行政辖区内的市场监管和行政执法工作。(3)工

商所为县(市、区)工商局(分局)的派出机构,按经济区域设置。主要职责是在《工商行政管理条例》规定的授权范围内,履行工商行政管理的综合职能。同时强调,省以下工商部门实行垂直管理以后,有关人员编制的管理权限上收省工商局和省编办统一管理。

1999年3月8日,省工商局召开了全省工商行政管理体制改革工作会议,对全省工商系统的体制改革工作进行了周密部署。会后,省工商局认真做好体制改革前的各项准备工作,派出工作组分赴各地(州、市)及部分县工商局调查摸底,采取有力措施冻结人、财、物,并多次下发通知,强调了体制改革中的各项纪律。同时,会同财政部门搞好工资拨付。在此期间,省工商局制定了有关交接办法。划转工作从1999年4月开始,按照"自下而上,逐级整体交接"的办法进行。在划转交接中,各级工商部门努力做到"五个结合",即体制改革与实现职能到位相结合,与提高队伍素质相结合,与推动市场办管脱钩相结合,与促进"收支两条线"管理相结合,与保持稳定相结合,保证了体制改革工作按计划、有步骤地实施,并初步显示了新体制的优越性。

1999年3月25日,省委组织部、省人事厅、编办、财政厅、国有资产管理局、工商局6部门以甘工商人字〔1999〕052号文印发了《甘肃省工商行政管理体制改革中机构、编制、人员、经费等划转交接办法》,明确了机构上划、编制上划、人员上划、财务经费上划、国有资产上划、工资和人事档案的移交及管理6项内容和具体措施。

1999年6月2日,省工商局领导及人事厅、财政厅和酒泉地、市有关部门的领导参加了酒泉地区工商行政管理体制改革划转交接仪式。经有关部门审定,酒泉地区工商系统机构、编制、人员、经费、资产上划到省工商局统一管理。酒泉地区工商局是全省第一个完成划转交接工作的地级工商局。之后,嘉峪关市工商局和张掖地区工商局也相继完成体制改革划转交接工作,当年第一批上划工作顺利完成。

1999年下半年,第二批划转交接的单位是:庆阳地区工商局、平凉地区工商局、武威地区工商局、金昌市工商局、定西地区工商局、陇南地区工商局。2000年上半年,白银市工商局、临夏州工商局、甘南州工商局完成上划工作。当年9月,天水市工商局完成划转交接。2001年10月,兰州市工商局完成划转交接。至此,全省14个地(州、市)工商局全部划转完毕,实现了全省工商系统垂直管理。

第十一章 工商行政管理机构

三、省以下垂直管理后全省工商系统基本情况

2001 年 10 月,实行省以下垂直管理后,全省工商系统共有各类机构 1778 个,其中地(州、市)工商局 14 个,县、市、区工商局(分局)85 个,工商所(队、站)911 个,内设机构 731 个,其他机构 36 个。共有干部职工 11528 人(干部 10367 人、职工 1161 人)。

全省工商系统编制、人员、经费上划统计表

表 11-24 单位:人、万元

单 位	上划总编制	其中:			实有人数		行政经费	事业经费	离退休经费	遗属生活费	合 计
		行政编制	事业编制	自收自支	在职人数	离退休人					
兰州市	1785	279	932	574	1785	208	390.6	1304.8	208	–	1903.40
嘉峪关市	114	28	76	10	118	5	42.20	102.2	6.90	0.30	151.60
白银市	716	106	604	6	639	37	88.34	396.56	27.7	2.30	487.95
金昌市	158	93	65	–	155	29	128.95	77.69	31.3	0.85	238.84
天水市	1318	142	1112	64	1181	134	800.72	–	102	5.85	909
酒泉市	614	134	414	66	492	67	341.89	690.21	64	1.70	1097.8
张掖市	665	150	474	41	622	104	140.72	303.93	93.1	3.04	540.85
武威市	631	112	496	23	548	62	72.92	274.88	46.7	2.32	396.83
定西地区	999	116	883	–	981	148	85.38	496	108	5.90	695.35
平凉地区	914	130	715	69	859	145	85.50	429.5	97.4	4.87	617.32
庆阳地区	1341	162	1179	–	1271	131	142.10	650.5	100	6.88	899.40
临夏州	1227	164	1063	–	1144	93	598.79	136	69.4	6.02	810.23
甘南州	461	129	332	–	429	54	145.50	182.7	50.2	1.60	380
陇南地区	1190	143	975	72	1122	127	104.69	553.77	93.3	7.58	759.40
合 计	12133	1888	9320	925	11346	1344	3168.3	5571.50	1099	49.1	9887.97

2000 年各地工商行政管理机构人员

表 11-25

地 区	机构数（个）		编制数（人）		在职人数（人）		下属事业团体及其他		
	小计	工商所	小计	行政编	小计	干部	机构数	编制数	在职数
全省总计	1787	805	11746	2203	11117	9967	220	503	411
省工商局	15	–	161	149	186	182	10	105	165
兰州市	208	85	1720	279	1734	1373	12	58	22
嘉峪关市	15	–	114	28	114	101	3	7	7
金昌市	29	5	147	142	147	137	6	8	8
白银市	109	46	621	164	590	557	18	59	44
天水市	195	91	1294	143	1132	1029	17	18	33
酒泉地区	100	39	578	134	462	431	15	36	15
张掖地区	102	42	639	150	585	538	15	22	20
威武地区	97	44	553	112	513	490	12	52	27
定西地区	138	71	972	116	932	828	16	27	21
陇南地区	214	122	1100	143	1076	946	23	22	22
平凉地区	158	84	909	130	835	776	17	24	22
庆阳地区	167	83	1322	162	1251	1122	18	19	3
临夏州	139	61	1183	164	1127	1036	19	44	–
甘南州	95	32	417	171	417	405	17	–	–
矿区	6	–	16	16	16	16	2	2	2

第十一章 工商行政管理机构

　　2001 年 2 月，省政府办公厅印发了《甘肃省工商行政管理局职能配置、内设机构和人员编制规定》，确定了省工商局职能配置、内设机构和人员编制方案。

　　2002 年，实行垂直管理及机构改革完成后，全省工商系统有 14 个地（州、市）工商局、88 个县级工商局（含城市区分局、开发区分局）、105 个专业工商分局（大队）、656 个工商所。各级工商局下属个体劳动者协会（私营企业协会）、消费者协会、广告协会、商标协会等 210 个。全省工商系统共有干部职工 11009人，其中县（处）级干部 270 人。

2004 年 7 月，省工商局印发了《关于兰州市等 14 个市、州工商局主要职责、内设机构和人员编制的规定》。明确了市州和县区工商局职能配置、机构、人员编制方案。

2005 年，全省工商系统公开招考公务员 220 名，实际录用 195 人。

2004 年全省工商系统考录公务员统计表

表 11-26

单　位	编制数		实有人数		实际空编制		申报招考人数		审 核 意 见		
	行政编制	参公事业编	行政编制	参公事业编	行政编制	参公事业编	行政编制	参公事业编	合计	行政编制	参公事业编
省局机关	145	–	143	–	2	–	2	–	2	2	–
兰州市局	1178	383	1084	383	94	–	42	–	30	30	–
嘉峪关局	80	29	75	29	5	–	5	12	2	2	–
酒泉市局	362	100	350	20	12	80	12	48	40	4	36
张掖市局	397	119	366	102	31	17	20	26	33	20	13
武威市局	373	97	370	73	3	24	–	60	8	–	8
金昌市局	114	19	114	16	–	3	–	3	1	–	1
白银市局	420	107	418	70	2	37	–	20	10	–	10
平凉市局	521	207	519	176	2	31	1	39	11	1	10
庆阳市局	753	274	751	255	2	19	1	7	8	1	7
定西市局	566	209	564	147	2	62	–	22	20	–	20
天水市局	737	307	654	233	83	74	15	20	35	15	20
陇南市局	670	270	651	248	19	22	19	63	13	6	7
甘南州局	279	92	274	84	5	8	4	7	5	2	3
临夏州局	692	244	665	226	27	18	27	18	15	9	6
合计	7287	2457	6998	2062	289	395	148	345	233	92	141

备注：表中编制数只反映"行政编制"和"参照公务员管理事业编制"，不包括"后勤事业编制"和"事业单位编制"。填表日期：2005 年 1 月 24 日。

1986年—2008年全省工商行政管理机构人员

表 11-27

年　份	机构数		人员编制数			在职人数	
	合计	其中：工商所	合计	行政编制	事业编制	合计	其中：工商所
1986~1987年	-	552	-	-	-	5252	-
1988年	740	-	5039	-	-	7650	-
1989年	-	522	-	-	-	7354	-
1990年	760	-	5576	2135	3442	8033	-
1991年	847	642	8244	2249	5998	8247	-
1992年	970	654	8926	5408	3518	8926	-
1993年	1003	-	7588	-	-	9203	-
1994年	1058	-	8370	2053	6317	9381	-
1995年	1556	724	8442	2394	6048	9944	-
1996年	1625	760	8461	3249	5212	10274	-
1997年	1663	-	8741	2152	6589	11060	-
1998年	1765	805	9567	2371	7196	12042	-
1999年	1731	797	11446	2074	9372	11239	-
2000年	1787	835	11746	2203	9543	11117	7389
2001年	1775	860	11646	2597	9049	11261	7477
2002年	1767	843	11702	2874	8828	11009	7078
2003年	1771	839	11734	2734	9000	10954	6975
2005年	1566	648	10762	10249	513	9667	5665
2006年	1559	642	10908	10388	520	9818	5847
2008年	1576	647	11263	10735	528	9935	5793

备注：2005年、2006年、2008年行政编制栏为公务员编制,事业编制栏为工勤编制;工商所栏含县(区)工商局(分局)所辖分局。

第十一章

工商行政管理机构

第十二章 基层工商所建设

GANSU SHENG ZHI GONGSHANG XINGZHENG GUANLI ZHI

　　基层工商所是工商行政管理工作的基础,各项业务工作都要通过工商所去落实。多年来,全省各级工商局把工商所建设作为一项重要工作来抓,保证了整个工商行政管理工作的开展。

第一节　工商所整顿

　　1989年以前,由于法规制度还不健全,全省工商所人员整体素质还不高,工商所的建设还存在诸多问题,还不能适应形势发展的要求。

一、加强领导,全面整顿工商所

　　1990年10月至1992年,按照省工商局的统一部署,全省工商系统对645个工商所进行了一次全面整顿。省工商局成立了整顿工商所领导小组。在半年时间内,多次派出工作组,深入300多个工商所了解情况;局领导和机关各处室分片包干指导整顿;全省系统各级领导带领工作组到工商所蹲点,制定整顿方案,面对面指导,解决实际问题。

　　省工商局先后组织了3个抽查验收小组,到全省10个地(州、市)和52个县(市、区)工商局及73个工商所,采取听汇报、察看现场、明察暗访、查阅资料、走访当地党委政府、召开被管理对象座谈会等形式进行抽查验收,收到了较好的效果。整顿的主要做法:所长向全所干部职工述职,谈自己的思想作风和工作情况,查找自身存在的问题。每个干部职工写出自查报告,向全体干部职工当面宣读。走访有关单位,发出"征求意见书",召开被管理对象座谈会,对征求到的意见进行梳理归纳。根据个人自查和了解到的情况,由全所干部进行民主评议。对揭露出的问题该查的查、该核实的核实、该走访的走访,一一落实,及时处理,不息事宁人,不迁就照顾。结合思想作风和工作中存在的各种问题,建立健全各项学习制度、工作制度、管理制度、内部制约制度和外部监督制度等。

历时一年零三个月的全省工商所整顿工作,工商所人员的精神面貌明显变化。整顿后,85%以上的工商所所长重视搞好思想政治工作,90%以上的工商所坚持经常学习时事政治,80%的工商所普遍开展谈心活动,及时发现和解决职工的思想问题,95%的工商所干部职工精神风貌明显变化,工作干劲比较大。所长素质明显提高。整顿中通过民主评议推荐,撤免调整了一批不称职的所长和能力较弱的所长,新选拔任用了一批思想作风好、工作能力强、德才兼备、群众威信较高(评议较好)的干部担任所长。整顿中,共撤换不称职所长16人,免去能力较弱的所长53人,调整不适合本所工作岗位的所长153人,新选拔任用所长205人。在新选拔的所长中,有176人在短期内工作起色明显,使一度比较落后的所在几个月里发生明显变化。所容所貌有了明显改观。各工商所在整顿中坚持边整边改,组织干部职工粉刷房屋、清扫垃圾、重新布置房间、整理门面、植树种花、美化环境,彻底改变了过去脏、乱、差的状况。有条件的工商所还积极改善工作生活条件,完善基础设施,购置电视机、收录机、洗衣机、摩托车,开办和兴建职工食堂,安装电话,配备对讲机等。85%的工商所基本达到了环境整洁、秩序井然,约有60%的工商所美化和改造了环境。据统计,整顿中共购置电视机、收录机176台,新建办公用房1.16万平方米,新建职工食堂141个。各项管理进一步规范。针对以往工作中的薄弱环节和存在的问题,各工商所建立健全了各项规章制度,努力做到工作有章、行为有范、办事有规,克服了过去无章可循或遵章不严的问题。一是明确了各类人员岗位责任制,做到各司其职,各负其责。二是完善了政治、业务学习制度,坚持开展经常性的思想政治工作。三是严格工作纪律,建立健全考勤制度、财务管理制度、票据管理制度、市场检查制度、证照初审制度、摊位安排制度、协管员管理制度。四是加强了各项廉政制度、奖惩制度。五是建立了所务会制度和好人好事登记讲评等制度。解决了一些长期影响工商所建设的问题。通过自查自纠，征求意见，深挖细查，使一些长期没有发现的问题得到揭露和查处，净化了队伍，遏制了歪风。据统计，整顿中共向社会各界和群众征求意见6540条，自查自纠各类问题1184件；查出有贪污受贿行为的27人，违纪金额6.25万元，查出有"吃、拿、卡、要、赊"的问题219人次，乱罚款的231人次，管理作风粗暴的238人次。对查出的人和事根据情节轻重进行了不同处理：追究刑事责任6人，给予党纪处分3人、纪律处分22人，开除公职5人，调换工作岗位67人，辞退解聘协管员428人。

二、争先创优，巩固整顿成果

1990年10月，省工商局向全省工商系统下发了《关于在全省系统继续深入开展"优秀工商行政管理人员"和"先进工商行政管理所"评比活动的通知》，评选优秀工商行政管理人员的条件是：(1)政治思想好。能认真学习马列主义、毛泽东思想，坚持四项基本原则，积极宣传和正确贯彻党的路线、方针、政策及各项工商行政管理法规。热爱本职工作，在政治上、思想上能自觉同党中央保持一致。(2)业务能力好。能刻苦学习和钻研业务，熟悉法规条例，工作能力强，能积极出主意、想办法解决工作中的疑难问题。注意调查研究，为搞好监督管理，促进经济发展提出合理化建议。(3)工作成绩好。能勤勤恳恳，踏踏实实地搞好本职工作，能高质高效地完成各项任务，表现突出，贡献大。(4)遵纪守法好。能模范遵守国家的法律、法令和各项工商法规，坚守岗位，遵守纪律，清正廉明，秉公执法，勤政为民。(5)坚持原则好。工作中原则性强，坚持依法管理，坚决同各种违法活动和歪风邪气做斗争。评选先进工商行政管理所的条件是：(1)所长表率作用好。能坚决贯彻党的路线、方针、政策，模范执行国家的法律、法规，以身作则，廉洁奉公，作风正派，办事公道，熟悉业务，有开拓创新精神，关心群众，团结同志，勇于开展批评与自我批评，善于做思想政治工作，能够调动全所人员的积极性，出色完成各项工作任务。(2)科学管理好。具有比较健全的规章制度和

科学管理程序,对辖区内的市场、个体工商户、企业的经营管理指导得力,并有相应的执行、监督、检查等内外制约措施,各项工作规范化、制度化。(3)人员素质好。全所人员具有坚定的无产阶级政治立场,坚持四项基本原则,热爱本职工作,事业心强,积极进取,熟练掌握工商行政管理的有关法律,法规和专业知识,秉公执法,忠于职守,文明管理,清正廉洁,党、团员能够发挥先锋模范作用。(4)所风所貌好。所容所貌整齐,卫生整洁,环境优美。工作人员着装风纪严整,仪表庄重,举止端正,语言文明,待人礼貌,严守纪律,自觉遵守职业道德。(5)完成任务好。全所人员能团结一致,尽职尽责,对辖区内的企业和市场的经营活动能够实施有效的监督管理,与人民群众保持密切联系。

1991年3月,省工商局下发了《关于表彰全省工商系统1989~1990年度先进工商所和优秀工商行政管理人员的决定》。表彰了兰州市城关区定西南路工商所等85个先进工商所和沈兆祥等123名优秀工商行政管理人员。

1991年上半年,省工商局组织机关干部下基层重点检查了工商所的整顿情况。从检查的情况看,全省有500多个工商所整顿完毕。这次整顿,各地都比较认真,普遍反映效果好,达到了预期的目的。通过组织干部下基层,推动了"争创先进工商所"和"争做优秀工商行政管理人员"活动的开展。

第二节 工商所规范化建设

多年来,全省工商系统把工商所规范化建设作为基层建设的重要抓手,持续抓建,使工商所各项工作日益正规。

一、贯彻实施《工商行政管理所条例》

1991年4月,《工商行政管理所条例》(简称《工商所条例》)颁布实施,工商所建设有法可依。5月,省工商局转发了国家工商局关于贯彻实施《工商所条例》的通知,提出了6项要求:(1)各级工商部门要组织全体干部职工认真学习国家工商局的通知和《工商所条例》,领会精神实质,认识贯彻实施《工商所条例》的重要意义。各基层工商所(包括专业所、站、队)全体工作人员,要集中一段时间,由主要领导负责组织学习、讨论。通过学习,使每个工作人员熟悉自身工作性质、任务、职能范围、行政行为规范等。县(市、区)工商局和县级职能分局及工商所(专业所、站、队)要制定出贯彻实施《工商所条例》的具体措施。(2)各级工商部门要积极地向当地党委、人大、政府汇报《工商所条例》的宣传贯彻意见,主动请示工作,争取领导支持。要按《工商所条例》规定把工商所工作全面纳入法制轨道。(3)全省各地、县工商局要组织开展一次《工商所条例》宣传周活动。在宣传周期间,要重点安排1~2个宣传日,要利用墙报、专栏、横幅、标语、传单、广播等在市场、企业和闹市区进行宣传咨询。《甘肃工商报》要组织文章和专版进行宣传。宣传要有一定声势,使全社会了解工商所的性质、任务、职能和作用。(4)结合整顿工商所工作,认真贯彻《工商所条例》精神。各县、市、区工商局和县级职能分局要按《工商所条例》规定,尽快建立健全各项规章制度。本年12月底以前,各县、市城区工商所和人员比较稠密的乡镇工商所要争取达到工作范围明确,行政行为符合《工商所条例》规范,各项规章制度健全。1992年底以前,全省所有工商所要全部达到以上标准。(5)要按照《工商行政管理系统基层管理所正、副所长岗位职务规范》的要求,在岗位职务培训中,首先安排培训现任的工商所长,在1992年6月底以前将全部正、副所长培训完,为1993年持证上岗打好基础。通过培训,使工商所长能够坚定地拥护和贯彻党的方针、政策,业务娴熟,勇于开拓,敢于创新,有比较强的组织领导能力。地(州、市)所在城区新任的工商所正、副所长要有大专以上文化程度,县以下城镇所必须有高中(中专)以上文化程度。(6)在学习贯彻《工商所条例》时,要抓好落实。对不符合《工商所条例》规定的,要及时纠正;对《工商所条例》规范不落实的,要尽快落实,不完善的要尽快充实和完善。

　　1993年2月,省工商局下发了《关于发布全省工商系统实施〈工商行政管理所条例〉的具体办法的通知》。该办法共26条,对工商所案件管辖范围、权限、程序等作了符合全省实际的规定,具有一定的规范性和可操作性。

　　1995年至1998年,全省工商系统全面贯彻落实《工商所条例》,措施得力,成效凸显。第一,理顺了管理体制。在当时尚未实行垂直管理的情况下,各地工商局依据《工商所条例》的要求,基本上落实了对工商所的管理职权,进一步明确了工商所是县、市工商局派出机构的性质。兰州、天水、嘉峪关等市工商局主动向当地党委、政府汇报有关情况,取得支持,解决了长期困扰的体制不顺问题。管理体制的理顺,为提高工商所人员素质和工作效率、打破地区保护主义、坚持公平执法提供了保证。同时,坚持按经济区域设立工商所原则,纠正了以乡镇设所的不合理做法,当时全省工商所的总数与乡镇、街道总数之比约为一比二。平凉、张掖、定西等地区工商部门加强了对工商所设置的管理,撤并了一批工商所,促进了工商所的合理布局。第二,规范了工商所作为执法主体的机构名称,进一步明确了工商所的各项职能。兰州、金昌、酒泉、武威等地、市工商局较大幅度地调整和改变了部分县以专项职能确定工商所名称的做法。各地依据《工商所条例》,普遍以文件形式明确了工商所的职责权限,促进了各项监管职能到位,改变了过去一些工商所单纯只管集贸市场或个体工商户的状况。第三,完善了内部管理和外部监督机制。各地普遍建立健全了内部管理制度,完善了业务管理制度和工作程序,对"两公开、一监督"(公开办事制度、公开办事结果,接受群众监督)制度的条文,基本上做到了统一制作、公开悬挂、广为宣传,增强了办事透明度。同时,通过设立投诉信箱和电话,聘请义务监督员等措施主动接受社会监督,完善内部监督机制,初步形成了工商所"人尽其责,职尽其效,管理规范,工作有序"的良好局面。庆阳、陇南、矿区工商部门在经济条件有限的情况下,侧重于加强制度完善和狠抓制度落实,有力地促进了工商所规范化建设。第四,提高了基层工作人员素质,规范了行政行为。各级工商部门采取有力措施,从坚持政治业务学习、注重专业知识和业务技能、广泛开展学历教育三个方面入手,狠抓教育培训工作,基层人员的素质有了较大提高,持证上岗率达到95%。

二、实施《工商行政管理所初级规范》

1992年7月,国家工商局下发了《关于实施〈工商行政管理所初级规范(试行)〉的通知》。(1)理顺隶属关系。统一工商所的名称,明确工商所的法律地位,坚持按经济区域设立的原则,纠正以任何形式将工商所下放到乡、镇、街道的做法,以利于行使行政执法和经济监督职能。(2)加强人员管理。调整、充实人员,保证队伍素质,逐步改变人员数量、素质与职责、任务不相适应的状况。(3)规范行政行为。明确职责权限和具体工作范围,解决职权不明的问题,使工商所以自己名义做出的具体行政行为符合《工商所条例》和有关法律、法规的规定,保证执法质量。(4)完善规章制度。本着切合实际、便于操作、行之有效的原则,对工商所现有的规章制度进行一次清理,进一步建立健全各项工作制度和工作程序,使工商所的工作有章可循,运行有序,提高办事效能。(5)改善办公条件。要从整顿所容所貌入手,在环境卫生、办公设施、装备、场所等方面,努力创造条件,积极采取措施,力争在原有的基础上有所改善。之后,国家工商局又下发了《关于〈工商所初级规范验收标准〉的通知》。

1994年,全省工商系统开展了工商所初级规范达标活动。各级工商部门把工商所初级规范达标工作作为加强基层建设的重要措施,下大力认真抓好。通过一年多的努力,全省工商所初级规范达标取得了明显的成效。省工商局先后组织3个抽查验收小组,深入10个地(州、市)的50多个县(市、区),对工商所初级规范达标工作进行了抽查验收,按照初级规范验收标准严格审核。省工商局经检查验收,给初级规范达标的兰州市城关区定西南路工商所等217个工商所(包括专业所)颁发了首批工商所初级规范合格证。

1995年,全省工商系统继续开展了工商所初级规范达标活动。省工商局组织4个抽查验收小组,深入14个地(州、市)的50多个县(市、区),对工商所初级规范达标进行了抽查验收。检查验收后,给兰州市工商局城关分局张掖路工商所等244个工商所(包括专业所)颁发了工商所初级规范合格证。

1996年5月,省工商局再次组织4个检查验收小组,深入14个地(州、市)的50多个县(市、区),对工商所初级规范达标进行了抽查验收。检查验收后,给兰州市工商局城关分局五泉工商所等336个工商所(包括专业所、经济检查队)颁发了工商所初级规范合格证。省工商局还发出通知,要求全省系统全面提高工商所整体素质和监督管理水平,加快基层工作规范化、制度化、科学化建设步伐,尽快把工商所建设成为有权威的执法部门。对已达标的工商所要巩固成果,重点在提高人员政治业务综合素质上下功夫,把工作的重点放在提高队伍素质、深化内部管理、强化人员培训、实现职能到位方面。条件较好的

县(市、区)工商局,要尽快研制开发工商所计算机网络系统,逐步实现办公自动化,交通、通讯设施现代化,提高工作质量和工作效能。对未达标的单位要求按期达标,确保工商所初级规范目标的实现。对个别基础条件差、工作水平较低的工商所,要求抓紧时机,突出重点,攻克难关;对确实达不到初级规范最基本要求的,将不予核编,进行合并或撤销。

三、工商所规范化建设

全省工商系统坚持把抓基层打基础,建设高质量的工商所作为加强工商行政管理工作的重中之重,不断深化工商所规范化建设,取得了明显成效。一是全省系统统一了对抓基层的思想认识,形成了抓基层的合力,确立了按照"小局大所"的要求建设基层的指导思想,各级工商局坚持"心往基层想、钱往基层投、人往基层去"。省工商局制定出台了《甘肃省工商行政管理局关于在全省工商系统开展工商所规范化建设活动的实施意见》《甘肃省工商行政管理系统工商所规范化建设达标考评办法(试行)》,进一步规范了基层工商所的工作职责、岗位职责、工作机制、内部管理等。二是开展"基层基础建设年"活动。2008年,全省系统深入落实科学发展观,服务全省经济社会发展大局,开展了"基层基础建设年"活动。省工商局提出"三年攻坚"目标(从2008年至2010年,用3年时间,高标准完成全省系统工商所规范化建设达标任务),全面推进工商所基础建设,夯实工商行政管理事业发展的基础。全省工商系统按照"三年攻坚"目标要求,下大力抓好基层保障工作,夯实工商队伍建设基础、硬件建设基础和机制制度建设基础,使全省500个以上的工商所在2009年底前达到规范化建设标准,实现工商行政管理事业可持续发展。三是实施工商所建设"双百工程",做好现有工商所调整整合工作。"双百工程"是指在全省系统建设100个示范工商所,调整整合100个工商所。一方面,根据市场监管执法形势和任务的需要,修订完善工商所规范化建设规范及其考评办法,至2009年底前,使全省80%以上的工商所达到规范化建设的要求。在此基础上,根据市、州工商局推荐,选择100个工商所,采取加大投入、加强建设等政策措施,整体推进。另一方面,根据职能变化和实际需要,将658个工商所调整整合到550个左右。省工商局进行了调查研究,摸清了情况。全省系统有 658 个工商所,平均每个工商所 9 名干部,但干部人数在 4 人以下的工商所就有 114 个;全省系统工商所平均监管服务市场主体 803 户,工商所干部人均监管服务市场主体 68 户,但监管服务区域内市场主体不到 150 户的工商所有 84 个,工商所干部人均监管服务的市场主体不到 30 户的工商所有 71 个,不到 50 户的工商所有 195 个;全省系统工商所平均服务区域在 700 平方公里以上,但监管服务区域在 10 平方公里以下的工商所有 102 个,有的地方两个工商所同楼办公,有的相距不过几十米;全省系统工商所监管服务区域的平均人口超过 4 万人,其中服务区域人口不到 5000 人的工商所有 46 个;全省系统工商所平均有办公房屋 323 平方米,干部人均 28 平方米,但还有 115 个工商所没有办公房屋,仅靠租房办公、借房办公。针对这些实际情况,按照国家工商总局提出的做到"四个统一"(监管与发展、服务、维权、执法相统一)、加强"四化建设"(制度化、规范化、程序化、法制化)、更新"四个理念"(监管、发展、维权、思想)、推进"四个转变"(监管领域、方式、方法、手段)、实现"四高目标"(建设高素质队伍、运用高科技手段、实现高效能的监管、达到高质量的服务)的总体思路和"小局大所"的工商所建设要求,省工商局提出调整整合 100 个工商所。通过精简整合,工商所呈现出三大变化:执法力量得到充实,人气旺了;设施设备得到整合,手段强了;办公环境得到改善,形象好了。四是改革工商所现有经费保障机制,真正做到心往基层想、人往基层走、钱往基层投。针对停征"两费"(个体工商户管理费、集贸市场管理费)后基层面临的实际困难,各级工商局努力抓好经费保障,确保基层工作正常运转。工商所财务管理实行"所账局管",经费纳入县(市、区)工商局财务预算管理。工商所经费收入预算按照"定员调剂""限额管理"两种方式核定,规定的财务项目必须严格执行,不得删减、增加或编制零经费预算,按照"总额包干、差额补助、择优补贴"的原则执行。改革前,有的工商所一年的公用经费不到 1 万元,改革后最小的工商所也有 4 万元,人员较多的工商所公用经费将近 10 万元,保障了工商所监管执法的基本需要,改善了工商所办公条件,做到了把有限的经费资源向基层需要倾斜、向执法需要倾斜、向民族地区倾斜,使基层基础建设整体水平有明显提高。全省系统为整合后的工商

所均配备了执法车辆,车辆的档次考虑了城乡差别、监管区域以及原有基础等因素,因地制宜,切合实际。同时,努力改善工商所办公条件,为工商所配备了电脑、打印机、摄像机、照相机等办公设备;农村地区工商所有条件的建起食堂、浴室等。五是在工商所建设中重视和依托基层协会开展工作。各地注重发挥好个体劳动者协会的作用,组织个体工商户开展学习培训,自觉承担社会责任。提高个体劳动者的组织化程度,着力为个体劳动者办实事、解难题。同时,加强"一会两站"建设,充分发挥消费者协会在保护消费者权益方面的重要作用。

四、落实《全国工商行政管理系统基层建设纲要(试行)》

1997 年 7 月,国家工商局在西安召开了全国工商系统基层队伍建设工作会议,总结交流了西安等地提高队伍素质的经验。会后,国家工商局研究制定了《全国工商行政管理系统基层建设纲要(试行)》(简称《基层建设纲要》),提出了一个时期基层建设的指导原则、标准及主要工作任务。1998 年初,省工商局制定了《关于贯彻〈全国工商行政管理系统基层建设纲要(试行)〉的实施意见》。强调了在基层工商所建设上要突出抓好 10 个方面的工作:(1)抓好政治思想教育,打好思想基础。(2)抓好党风廉政建设,造就一支廉洁为民的队伍。(3)抓好法制建设,提高依法行政的能力和水平。(4)抓好业务培训,提高队伍素质。(5)抓好工商所班子建设。(6)抓好制度建设,提高队伍约束机制。(7)抓好党支部建设,发挥战斗堡垒作用。(8)抓好精神文明建设,塑造行业新形象。(9)抓工商所设施建设,提高办公现代化水平。(10)巩固完善达标成果,提高规范化建设水平。省工商局的《实施意见》对全省工商系统贯彻落实《基层建设纲要》,全面推进工商所建设,具有很强的指导性。

1998 年 8 月,省工商局在泾川县召开了全省工商系统基层建设现场会,这是继 1995 年省工商局召开的基层建设会议之后又一个专门研究和部署基层工作的重要会议。这次会议的主要目的是,贯彻落实《基层建设纲要》和省局制定的《实施意见》,进一步促进《工商所条例》和《工商所初级规范》的全面落实。会上,各地(州、市)工商局长,部分县(市)工商局长,以及省工商局各处室、直属单位的负责同志,共同总结交流近几年基层工作的经验,探索推进基层改革,研究加强工商所建设工作。这次会议既是基层工作现场会、经验交流会,也是深化基层改革的研讨会。

2000 年 1 月,省工商局针对工商行政管理体制改革的实际,按照国家工商局《基层建设纲要》和甘肃省贯彻《基层建设纲要》实施意见的精神,制定了全省工商系统《关于深化自身改革,强化综合监管,充分发挥工商所职能作用的意见》。《意见》的制定和出台,对于全面加强基层工商所建设具有重要的指导作用,尤其对于适应当时社会经济发展的新形势、新要求,更加有效地履行工商行政管理职能,具有重要意义。《意见》从 4 个方面提出了工商所建设的目标和要求:第一,在工作指导思想上,努力实现三个转变,建立综合监管模式。即:在监管范围上由单一管理个体工商户和收管理费转变为全方位、综合性的监管;在监管手段上由驻场被动监管小市场转变为出击巡查监管大市场;在监管机制上由设置专管员模式转变为分片分组整体运作、上下联运模式,使工商所跳出"小市场"走向大市场,基本形成区域监管、综合执法、主动巡查、事权明晰、制度规范的综合监管机制,有效地提高工商所的综合监管能力,促进职能到位。第二,在工商所机构的设置上,由过去按行政区域设置改为按经济区域设置,并下放给工商所一些职责权限,以强化工商所的综合监管职能。按照加大属地管理职权的原则,依据《工商行政管理条例》,逐步下放给工商所三项权力:一是"经济户口"的监管权。实行工商所辖区经济管理责任制,加强对"经济户口"和市场秩序的管理。二是监督检查权。由工商所对辖区内的各类市场主体及交易行为进行全面、统一的监管。三是经济处罚权。工商所对辖区内发现和查实的经济违法违章行为,情节轻微的必要时予以当场处罚,情节严重的移交上级或登记机关查处。第三,注重改革,完善执法手段。在调整、理顺建制和职能的基础上,进一步改革工商所的监管方式和执法手段,形成三项管理职能既各负其责又相互配合,既相互促进又相互制约的运作模式。第四,改革上岗制度。为适应工商所改革和垂直管理的需要,一方面精简机关人员充实基层力量,另一方面把竞争机制引入工商所。按照"公开、公正、择优"的原则,实行全所工作人员竞争上岗,上岗后定期考核工作实绩,不称职的退下岗位,所空职

位再进行竞争上岗。

五、加强工商所党支部建设

2005年3月,省工商局党组向全省工商系统印发了《关于进一步加强基层党组织建设的意见》。重点强调了加强工商所党支部建设的目标和任务。明确指出,要认真落实"党支部建到所上"的要求,确保基层工商行政管理工作始终置于党组织的领导之下,为全省工商行政管理事业的健康发展提供坚强有力的组织保证。按照《中国共产党党章》要求,凡有3名以上正式党员的单位应建立党支部。全省工商系统经过机构改革,基层工商所有656个。为确保每个工商所都设立党支部,各级在调整工商所工作人员时,应充分考虑设立党支部的要求,保证每个所达到3名以上党员。以后在对基层工商所的考核中,要把是否建立健全党支部作为基本条件之一。基层工商所党支部建设,各级重点抓好3个方面的工作:一是选好配好工商所所长和党支部书记。一般情况党支部书记由所长兼任,因特殊原因,副所长可兼任党支部书记。二是充分发挥党支部的战斗堡垒作用。各基层党支部努力做到把党员队伍紧密地团结在支部周围,坚持"三会一课"(定期召开支部党员大会、支部委员会、党小组会,上好党课)制度,加强理论学习,全面提高干部党员的政治素质;坚持"以人为本",开展积极的政治思想工作,努力增强党员队伍的凝聚力和战斗力;积极开展争先创优活动,充分调动广大党员干部工作的积极性和创造性,把基层建设的各项工作任务落到实处;建立健全各项工作制度,将工商所的各项具体工作以责任制的形式分解到各个工作岗位,明确岗位分工、工作职责、工作规范和工作标准,并对工作人员的德、能、勤、绩、廉进行定期考核评定;加强形象建设,教育广大基层党员干部严格依法行政,真正树立起忠于职守、公平公正、清正廉洁、为民服务的良好形象。三是加强对党员的教育培训力度,努力建设高素质的党员干部队伍。结合系统公务员的初任培训、任职培训、专门业务培训、更新知识培训及其他各类培训,加强对党员的党性锻炼和政治理论、宗旨意识和法律法规方面的教育培训,真正使每个党员成为业务的骨干、学习的尖子、工作的楷模,在各自的工作岗位上充分体现党员的先进性。

六、提高工商所人员素质

（一）选配好工商所长

选配好工商所长,是加强工商所建设的关键。各级工商局坚持把那些政治坚定、业务过硬、吃苦能干、公道正派、清正廉洁、年富力强、学历在大专程度以上、群众拥护的同志选到基层工商所的领导岗位上。各地在选拔工商所长时严格政治标准,重视思想品德,注重文化素养,要求所长不仅要懂得工商行政管理专业知识,而且要熟悉马克思主义基础理论、邓小平理论和"三个代表"的重要思想,具有一定的市场经济和科技知识,熟悉微机操作。同时,要求工商所长求真务实,有开拓精神,能开创性地开展工作。一些工商所坚持每年年度的所长述职、民主评议制度,加强对所长的监督。在工商所内部建立竞争机制,推行所长竞争上岗,使其真正在学习上当标兵,在工作上挑重担,在执法中当法官,在廉洁自律上作表率,在团结协作上当模范。同时,实行所长任期负责制和离任审计制度。

（二）实行干部交流制度

定期对工商所长进行异地交流。为加大县、区工商局机关与工商所之间、不同工商所之间、同一工商所不同岗位之间的干部交流轮岗力度。2000年至2002年期间,省工商局对基层单位普遍实行了干部交流和岗位轮换制度,基层干部的交流和岗位轮换及调整达2000多人次,使基层人员的配备更趋合理。一是工商所的交流轮岗面达到了30%~40%。二是建立健全基层干部到机关挂职锻炼制度,选调10名左右优秀基层干部到省工商局机关挂职锻炼,市级工商局机关也选调优秀基层干部挂职锻炼。三是完善工商所干部职工激励机制,激发扎根基层的积极性和自觉性,逐步使县（市、区）工商局70%以上的人员在工商所工作。四是探索行政执法类公务员管理办法,拓展基层执法人员的职业发展空间,增强基层工作吸引力。

（三）开展学习培训

1996年,全省工商系统在基层单位的人才培训上,按照国家工商局《红盾人才计划》和省工商局《1996—2000年干部教育培训规划》的要求,树立"一流

管理需要一流人才,一流人才需要一流教育"的思想,采取多种形式深化教育培训工作,不断提高基层工商所人员的政治、业务素质。各级工商部门抓了三个方面的工作:一是抓好政治思想教育,提高政治素质。二是抓好学历教育。到2000年,全省工商所40%的人员达到大、中专以上学历,大中城市工商所60%的人员达到大、中专以上学历;凡年龄在45岁以下未达到大、中专以上学历的执法人员,各级采取选送院校学习、组织函授、鼓励自学等方法,使其逐步达到大、中专以上学历。三是抓知识更新培训。按照《全省工商行政管理系统干部知识更新培训实施方案》的要求,坚持"分级培训、分级负责"的原则。各县(市、区)工商局重点抓好工商所人员的培训,到2000年,全省工商所95%以上的人员接受了一次知识更新培训。培训内容以国家工商局统一编写的干部知识更新培训教材为主,并结合不同岗位,积极开展相关业务知识的培训,有力地提高了工商所人员的业务素质。同时,注重干部的实践锻炼,增强了履行岗位职责的能力,提高了执法监管水平。

1997年2月,国家工商局举办了全国工商系统先进工商所所长培训班。甘肃省工商系统被评为全国工商系统先进工商所的天水市秦安县工商局兴国小商品市场管理所、庆阳地区镇原县工商局屯字工商所、张掖地区张掖市工商局甘浚工商所、兰州市工商局城关分局张苏滩蔬菜瓜果批发市场工商所、金昌市永昌县工商局城关工商所、甘南州临潭县工商局城关工商所6个基层工商所的所长参加了全国工商系统先进工商所长培训。

2005年至2008年,省工商局用三年时间,每年投资200万元专项资金,对全省工商系统3000多名科级干部和工商所长分期、分批进行了每期40天的集中脱产培训,提高了工商所队伍素质。

(四)岗位练兵

2005—2008年,全省工商系统在工商所建设中,开展了岗位练兵活动,培养岗位能手和岗位标兵,建设"三个过硬"(政治、业务、作风过硬)的工商所干部队伍。各地以"岗位大练兵、岗位大比武、岗位成才、岗位建功"等形式为载体,扎实开展业务培训。当年全省系统人均教育培训不少于30天,共培养了1200名岗位能手和400名岗位标兵,为每个工商所培养了2~3名执法办案骨干,整体上提升了工商所的综合执法能力。

第三节　基础设施建设

　　1990年以前,工商系统实行的是"条块分割,以块为主"的管理体制,甘肃属经济欠发达地区,地方财政困难,加上工商部门对基层建设重视不够,没有统一的标准和系统的规范要求,因此,全省大部分工商所基础设施建设落后,而且发展缓慢。这种状况,直接影响着工商部门各项工作的开展,制约着工商行政管理事业的发展。1990年以后,全省各级工商局积极筹措资金,加大财力人力投入,加强工商所基础设施建设,使工商所办公、生活条件有了一定改善。2000年以后,随着全省经济的发展,特别是工商系统实行省以下垂直管理的新体制,全省工商所基础设施建设驶入了"快车道"。

　　1990年前后,全省有相当数量的县(市)工商局特别是基层工商所的办公条件十分简陋,生活条件很差。当时工商所的基本情况是:全省系统共有845个工商所,有办公用房的工商所只有356个,占总数42%;122个工商所的房屋属于1980年至1990年修建的土坯房,年久失修,需尽快改造维修,163个工商所的房屋已成危房,无维修价值,或因城市改造及道路拓宽等原因须拆迁重建;另外,无办公用房长期租用办公场所的工商所有204个,占总数25%。如定西地区工商局所属57个工商所中,有11个工商所租借房屋办公,9个工商所的办公用房属危房,1/3的工商所无交通、通讯工具,半数县工商局没有必要的办案设备。当时工商部门还担负建市场的职能,定西地区工商系统历年投入市场建设的资金就达2445万元,除少部分是财政拨款和社会集资外,大部分是工商部门自筹的管理费和贷款,该局贷款需偿还288万元,因此无能力解决基层基础设施问题。全省14个地(州、市)都存在此类情况。在这种情况下,全省各级工商局千方百计地筹措资金,努力搞好基层基础设施建设,尤其对条件差的工商所给予重点帮助,为其创造好的工作和生活条件,保证工商所有基本的办公设施和经费保障。(1)尽快改善办公用房。对一些工商所没有自己的办公用房,靠租借房办公的问题,省工商局和各地(州、市)工商局与当地党政部

门多方联系建房用地,各县工商局做好具体工作,部署工商所自有办公用房的建设任务。(2)努力改善工商所的交通、通讯条件。省工商局在《关于加强全省工商系统工商所基本建设实施意见》中,结合各地实际,提出了不同要求。当时有的工商所交通、通讯条件非常差,特别是边远地区的工商所,没有电话和车辆,靠自行车和长途步行工作。对这些工商所,各级工商局在资金、物力上予以倾斜,保证其基本的工作、生活需要。有条件的地方,在原有基础上尽力改善。(3)大力推进工商所办公现代化进程。有条件的工商所,工作人员开始使用计算机进行辅助管理,兰州市、天水市先行了一步,各级工商局结合各自情况,积极创造条件。

进入 2000 年以后,全省工商系统在基层工商所建设上,突出抓了工商所"硬件"的达标工作,尤其是注重改善基层的办公条件。省工商局在资金十分紧张的情况下,始终坚持先基层、后机关的原则,从不挤占、挪用基层建设经费,每年都要拿出一定的资金用于基层建设。经过多方努力,全省系统 800 多个工商所改善了工作、生活条件,"硬件"建设基本达到了规范化的标准。在之后的 5 年间,各级工商部门用于基层建设的经费达 9000 多万元。白银市工商局先后投入 150 多万元, 使 9 个乡镇工商所改变了落后面貌。从全省系统的情况看,大多数工商所都有了办公场所和交通、通讯等设施设备,条件差的工商所也配备了电话、自行车和办公用具,从根本上改变了过去办公无场地、到处"打游击"的状况。

2000 年 11 月, 国家工商局会同财政部拨给省工商局专项事业补助经费 295 万元(用于基层工商所基础设施建设补助 222.5 万元,用于工商业务经费补助 72.5 万元)。省工商局对这笔补助经费,按照专款专用的原则,对基层工商所基础设施建设的补助经费进行了科学分配,监督使用,缓解了基层基础设施建设资金短缺的困难。

2001 年,全省工商系统实现了省以下垂直管理,从这一年起,全省工商系统财政经费统一上划省财政厅。由于实行了财政的归口管理,有利于全省系统基础设施建设的统筹规划和分步管理。自此之后,省工商局把全省系统的基础设施建设纳入了工商行政管理工作的重要议事日程, 着力解决基层工商所办公和生活条件差的问题。甘南州工商局各县工商局和基层工商所的办公条件极其简陋，且环境恶劣。省工商局向该州工商系统先后投入建设资金2274万元，使其办公、生活条件有了好转。

　　2001年以后，省工商局在经费投入上注重加强基层基础设施建设。河西五地、市的工商所，经过几年的努力，初步达到了《基层建设纲要》的标准，即"小所有平房，大所有固定房，所所有车辆、食堂"。酒泉市工商局（现肃州工商分局）从2001年起，每年在基础设施建设方面着重确定一两个目标，集中人力财力物力解决一两个重点问题。到2004年，该局先后新建和改造了一批工商所用房；加强信息化建设，配备了电脑、打印机、复印机等办公自动化设备，完成了网络建设工程和业务软件开发推广应用工作；还为各工商所配备了执法车辆、数码照相机，还配备了健身娱乐器材、电冰箱、太阳能热水器、供暖锅炉等生活设施，工商所硬件设施有了较大改观。定西市71个工商所，属于危房办公的有12个，租房办公的有10个，垂直管理后3年多时间，全市工商系统新建机关办公楼3栋，新建工商所用房14处，建筑总面积达到2万多平方米，配备各类执法车辆46台、食品检测车1台，大大改善了执法与办公条件。白银市工商局筹措资金2000余万元，对市工商局、6个县（区）工商局和38个工商所用房进行新建和修缮；购置执法车20多辆、食品检测箱29个、计算机300多台，38个工商所全部配备了执法车辆、计算机、照相机和健身器材。张掖市工商局有4个县工商局、13个工商所兴建了办公楼，统一装备执法车42辆、食品安全检测车1台、食品检测箱30个，全市多数基层工商所初步实现了办公场所园林化、内务管理标准化、信息传输网络化、行政监管科学化、服务工作一体化。

　　2003年至2004年，全省工商系统的基础设施建设继续向前推进。至2003年底，全省投入基层工商所建设的专项资金达1000多万元，基层工商所办公条件不断改善。2004年，国家财政部、国家工商总局又分配给甘肃省工商行政管理事业补助费890万元。省工商局在分配和使用这笔经费时，抓好项目管理，从148个计划建议项目中选定12个县、区工商局办公楼和15个工商所建设项目作为2004年度专项经费补助对象。

2004 年度国家工商总局工商行政管理事业补助款分配表

表 12-1

单　位	用　途	金额（万元）
兰州工商局安宁分局	办公楼维修	30
兰州市榆中县工商局定远工商所	工商所修建	20
甘南州卓尼县工商局	办公楼修建	58
平凉市静宁县八里、威戎工商所	工商所维修	30
平凉市崇信县木林工商所	工商所修建	20
平凉市灵台县朝那等三个工商所	工商所修建	25
平凉市泾川县工商局高平工商所	工商所修建	20
平凉市工商局崆峒分局	办公楼改造维修	45
白银市工商局白银分局银光工商所	工商所修建	22
白银市工商局平川分局西路工商所	工商所修建	25
白银市靖远县工商局北滩工商所	工商所修建	25
白银市景泰县工商局草窝滩工商所	工商所修建	8
白银市会宁县工商局郭城工商所	工商所修建	22
临夏州东乡工商局	办公楼续建	50
临夏州工商局临夏市工商局	办公楼续建	50
临夏州东乡县工商局达板工商所	工商所建设	30
临夏县工商局尹集工商所	工商所建设	10
陇南市武都县工商局	办公楼续建	50
陇南市西和县工商局城关工商所	工商所修建	20
陇南市两当县工商局西坡工商所	工商所修建	15
陇南礼县工商局石桥工商所	工商所建设	15
定西市工商局办公楼	办公楼续建	50
庆阳市庆城县工商局办公楼	办公楼续建	50
庆阳市正宁县工商局	办公楼续建	50
庆阳市环县工商局	办公楼续建	50
庆阳市合水县工商局	办公楼续建	50
天水市秦安县工商局办公楼	办公楼续建	50
合　计		890

2005年至2006年，全省工商系统下大力抓好条件较差的196个工商所的基础设施建设。经过系统上下的不懈努力，较好地解决了这些工商所无房、危房、无车和缺计算机、打印机等问题，使基层干部职工的工作、生活条件得到了较大改善。如定西市工商局从2005年全面启动了工商所危房改造工程，先后投入2100多万元用于重建和改造14个工商所办公用房，建筑总面积达2万多平方米。全市系统基本实现了基层建设初级目标，新建后的工商所有办事服务厅、会议室、阅览室、活动室、职工宿舍等，设施功能较完备，并在省工商局的大力支持下，分期分批向工商所配发了执法车辆，配备了计算机、打印机、传真机、摄像机、照相机、食品检测箱，提高了基层执法装备和办公自动化水平。

2007年，全省工商系统在抓好基层单位住房建设的基础上，积极创造条件，努力改善市场巡查和监管执法的设施配备，不断增加其技术含量和强化其监管功能。为有效解决全省工商部门在流通环节食品安全监管工作中缺乏技术手段的问题，省工商局购置了1辆食品安全检测指挥车、17辆食品安全检测车、500套便携式食品安全快速检测箱，配备到全省14个市、州，86个县（市、区）工商局和414个重点基层工商所；一次性在全省广大城乡建立起了18个流动食品检测室和500个监测站点，彻底改变了工商部门以往用"眼睛看、鼻子闻、手工摸"和"人盯人、人管人"的传统食品安全监管方式，使全省工商系统初步建立起了以食品检测车、检测箱及监控软件为载体的方便快捷、反应灵敏、行动统一的食品安全网络监控系统，为加强食品安全监管执法工作提供了科学依据和技术保障。

2008年，"5·12"汶川地震发生后，全省陇南、天水、定西、甘南、平凉、庆阳6市、州的房屋受到不同程度损坏。省工商局成立三个抗震救灾督导小组，第一小组负责陇南市工商局灾后重建工作，第二组负责甘南州工商局、定西市工商局灾后重建工作，第三组负责天水、平凉与庆阳市工商局的灾后重建工作。省工商局划拨灾后重建资金，按每个城区工商所80万元，农村工商所50万元。预算标准不变，严禁超预算建设。

全省系统灾后重建及维修项目共138个，预算资金为5065.48万元。其中：恢复重建项目58个，预算资金约为4623.62万元；维修项目80个，预算资

金约为441.86万元。资金筹措情况为:缓建2008年安排的7个项目,暂缓资金为1160万元;压缩18个续建项目,资金为263.4万元;争取国家工商总局补助基层建设资金1000万元;省局节减经费206万元;省工商局接受捐款200万元,共筹资金约2829.4万元。

第十三章　队伍建设

进入新时期以来,全省工商系统为适应监管社会主义大市场的需要,着眼于培养、造就一支政治坚定、纪律严明、业务精通、为政清廉的干部队伍,不断加强自身建设,取得了明显的效果,有力地提升了工商队伍的整体素质。

第一节　干部管理

一、干部管理制度

1988年5月4日,国务院办公厅文件转发了《国家工商行政管理局关于加强工商行政管理几个问题的报告》。按此精神,省工商局于1989年8月下发了《关于地(州、市)工商行政管理局(处)正副局(处)长任免、调动协商程序的具体意见》。凡任免、调动地(州、市)工商局正副局(处)长,所在地党委组织部门提出后,先征求省工商局意见,再报送所在地党委或政府(行署)、人大讨论、任免。省工商局收到相关材料10日之内,将意见函告当地组织或人事部门。自此之后,全省工商系统凡任免、调动地(州、市)工商局(处)正副局(处)长,均按照协商程序予以办理,形成了制度。

1996年,省工商局按照国家工商局《关于检查总结1995年以来干部双重管理工作的通知》精神,对全省工商系统干部双重管理工作进行了检查和评比。省工商局党组认真督促各级工商部门执行有关干部双重管理的规定,要求各级工商部门积极主动地向地方党委、组织部门汇报工作,取得支持;对地方党组织的决定指示认真贯彻执行。因当时尚未实行垂直管理,省工商局积极参与下一级工商局领导干部的调整、任免、征求意见和考察、考核工作。1995年至1996年,全省15个地级工商局(含甘肃矿区工商局)调整、任免领导干部9人次,其中征求省局意见的4人,占调整人数的44.5%。各级工商局都能认真指导下一级工商局领导班子的思想作风建设。

1999年3月,全省工商行政管理体制改革后,省委组织部下发了《关于工商行政管理体制改革后干部管理有关问题的通知》,明确了干部管理的有关问题:(1)省工商局正、副局长仍按现行办法,实行双重管理,以省管为主,国家工商局党组协助管理。省工商局设党组,党组成员征求国家工商局意见后,由省委审批任免。(2)地(州、市)、县(市、区)工商局领导干部,以上一级工商局为主,地方党委协助管理。地(州、市)、县(市、区)工商局党组的设置,由所在地党委审批,其党组成员及纪检组长的任免,由上一级工商局党组征求地方党委意见后审批。(3)地(州、市)、县(市、区)工商局党的关系,实行属地化管理。

省以下工商部门实行垂直管理后,省工商局不断推进干部人事制度改革,严格执行《国家公务员考核暂行规定》《党政领导干部考核暂行规定》,并先后研究制定了全省工商系统《干部人事管理暂行办法》《劳动工资管理办法》《人员档案管理办法》《加强各级班子建设的意见》《系统干部岗位轮换暂行办法》《任前公示制度》等,规范了干部人事工作,使干部人事管理有章可循。2000年3月,省工商局党组印发了《甘肃省工商行政管理系统干部管理暂行办法》。有"总则""干部任免""干部调配""干部考核培训与奖惩""附则"5章,共40条。

2002年7月至2005年7月的3年中,由省工商局党组提拔任用的科处级干部共计76人,均经过了民主推荐、组织考察、党组讨论、任职公示等程序。

2002年11月,省工商局实施机构改革,机关人员定编、定岗双向选择,竞争上岗。人员定编、定岗的基本运作就是在"三定"的基础上,根据重新确定的职位和优化人员机构的要求,配备合适的一般人员任职。竞争上岗就是引入竞争机制,采取公开、平等、竞争、择优的办法产生拟定人选。具体选择办法和要求:(1)个人根据本人志愿和处室(单位)岗位需要,选择能够充分发挥自己特长的岗位,每个人最多只能填报机关3个处(室)和两个直属单位,填写完《申报职位志愿表》,交省局机构改革领导小组办公室。在确定定岗名单过程中,个人不得随意更改选择志愿。(2)各处室(单位)按照岗位设置、业务范围及人员任职资格条件,按照选人数额,经处室(单位)领导研究,从申报本处室(单位)的人员中等额申报人选,不得超出可选人员数额。(3)根据《各处室(单位)选择工作人员表》和《申报职位志愿表》的情况,按自愿顺序分步进行。(4)个人《申报职位志愿表》和《各处室(单位)选择工作人员表》交省局机构改革领导小组办公室汇总后统一公布。(5)落选人员调市、州、地工商局分配工作。不愿下市、州、地工商局工作的,根据省委文件精神对不服从组织安排,经批评教育仍无效的,予以辞退。双向选择后,定岗人员两天内办理完工作交接手续,在新的岗位上岗。

2006年,省工商局党组下大力抓了干部交流制度的贯彻落实。按照省委组织部关于干部交流的整体规划,修订完善了全省系统干部交流实施办法。该办法共16条,其中第8条明确规定:(1)各级工商部门要严格按此办法制定交流方案,任何个人不得以任何理由干预干部交流工作,必须坚决执行干部交流规定。被交流干部必须服从组织做出的安排和交流决定,如拒不执行组织决定,一律就地免职,一般不再考虑使用。(2)各级工商部门必须严格履行干部交流程序,集体研究交流对象,不准个人或少数人指定交流对象,不准借干部交流排斥异己和突击提拔干部。(3)调出单位的人事部门应负责向调入单位的人事部门提供被交流干部的有关材料,不准弄虚作假;调入单位的人事部门对有关材料应认真审核,并严格按组织程序办理。(4)干部接到交流通知后,须尽快办理工作交接手续,在限定的时间内到新的工作单位报到,并同时将行政关系、组织关系、工资关系转到新的工作单位,按新的工作岗位确定工资标准。调出单位应尽快按干部管理权限将交流干部的档案转到调入单位。(5)干部调离后,不准干预原单位的工作,不准从原单位携带交通工具、通信工具及其他公共物品。(6)对违反上述交流纪律的当事人和责任者,应根据《中国共产党纪律处分条例(试行)》和有关规定,视情节予以处理。

二、干部考核、目标责任制考核

（一）干部考核

1994年3月，国家人事部颁布了《国家公务员考核暂行规定》，这年，省委、省政府联合制定了《甘肃省党和国家机关工作人员年度考核试行办法》。全省普遍实行了党政机关工作人员年度考核工作。同年，省委组织部、省人事厅又联合发出了开展党政机关工作人员进行年度考核的通知。全省党政机关工作人员年度考核工作，从这一年的11月中旬开始，到第二年1月中旬结束。

1994年底，省工商局机关按照省委、省政府的统一部署，严格遵循《甘肃省党和国家机关工作人员年度考核试行办法》，开展了干部年度考核工作。这次考核是省工商局机关第一次对干部量化指标的全面考核。省工商局党组高度重视，成立了考核领导小组，在省委组织部和省人事厅的指导下，制定了《省局机关工作人员年度考核工作实施意见》，分6大项24条内容，明确了考核的目的、对象、内容、标准和程序，划分了考核对象的层次和考核结果的等次，规定了具体的考核要求，对德、能、勤、绩4个方面的考核内容按不同职务层次进行了层层分解；采用百分制与测评方式进行量化考核，制定了《处级干部民主测评表》《科级及以下干部民主测评表》，按每项内容所占比重计算分值，总分值与优秀、称职、不称职3个等次一一对应，使考核要求具体，项目细化，考核切合实际，难度小，易于打分，具有可操作性和科学性。这次年度考核，省工商局应参加考核对象125人，其中处级干部34人，科级及以下职务人员91人，实际参加考核处级干部34人，科级及以下职务90人。通过考核，处级干部优秀等次5人，称职29人，优秀等次占处级干部总人数的14.7%；科级及以下干部优秀等次13人，称职76人，不称职1人，优秀等次占科级及以下干部总人数的14.3%。

1995年7月，省工商局对局机关干部进行了公务员考试。此次考试成绩合格的干部，身份转换为国家公务员。

1996年9月，省工商局举办全省工商所推行国家公务员骨干培训班。培训班传达了国家工商局"江阴会议"精神及工商所推行公务员的具体操作方法,决定用两年时间对现有干部身份的人员进行过渡培训,对在工商所公务员职位上工作的"以工代干"人员进行考录前培训,通过考试、考核,择优录取。

1997年,省工商局对当年选拔任用干部的工作进行了一次全面考核和检查。这一年,省工商局机关选拔任用副处级干部39人,平均年龄46岁,大专以上文化程度29人,占处级干部总数的74%。在选拔任用干部工作中,坚持走群众路线,采取召开小型座谈会、个别谈话等方式,广泛听取各级领导、党内外干部和群众的意见。省工商局党组每年结合年度考核,推荐处级后备干部,对推荐的后备干部进行重点培养,在民意测验中,做到了尊重多数群众的意见,提拔的干部基本上都是得到多数人拥护的;坚持选拔干部由党组集体讨论决定,没有个人说了算或临时动议的情况,也没有利用职权通过各种不正当手段提拔任用不符合条件的亲属、亲友和拿职权送人情、搞交易等任人唯亲的问题;认真搞好干部的考察工作。人事部门按照干部"四化"标准,坚持对选拔对象从德、能、勤、绩四个方面进行认真的考察。在"德"的方面,注重有无坚定的共产主义信念,是否坚决拥护和正确执行党的各项路线、方针、政策,在政治上、思想上是否同党中央保持高度一致,品行端正,作风正派。在"能"的方面,注重是否具备一定的马列主义理论素养、政策水平和专业知识水平,是否具备一定的计划、组织协调能力。在"勤"的方面,注重考察是否热爱本职工作,是否全心全意为人民服务,是否具有组织纪律观念和勤奋敬业的精神。在"绩"的方面,注重考察工作实绩,完成工作的数量、质量和产生的效果。特别注意选拔有胆有识、勇于进取、具有创新精神的干部;严格按编制配备干部,没有擅自增设机构、增设处室,提高机构规格,增加编制人数的情况。各处室的领导干部,都是按照中央和省上的有关规定进行配备的,没有突破职权规定超职数配备干部的情况。

（二）目标责任制考核

1996年开始,省工商局把对干部的考核逐步延伸到对地、州工商局的考核。2000年,全省工商系统按《国家公务员考核暂行规定》《党政领导干部考核暂行规定》等有关文件精神,对公务员进行了全员考核。考核结果:称职等次占总人数98%,不称职等次26人,基本称职等次48人,大多数达到合格等次;对

第十三章 队伍建设

不称职人员辞退、开除 12 人,其中处级干部 1 名。

　　2004 年考核进一步完善,年初,省工商局同各市、州工商局长签订工作目标责任书,结合实际,制定措施,层层分解,责任到人。年底,省工商局组织对各市、州工商局执行落实的目标责任进行考核。以 2005 年目标责任项目为例:

2005 年全省工商行政管理工作目标责任项目分解表

表 13-1

项目	内　　容	分值	扣分	得分
主体资格准入 106 分	1.公司、非公司企业(包括外资企业)、个体工商户登记材料齐全、有效,程序合法,核准登记注册正确(48分)。变更登记7个工作日内发证、照(6分)。开业登记10个工作日内发证、照(6分)。注销登记7个工作日内办理完结(6分)。	66		
	2.对市场主办单位法人登记的市场资料完备,登记程序规范(12分)	12		
	3.对广告、经纪人等市场经营主体资格进行登记许可。登记材料齐全,核准登记正确,经营范围核定准确,户外广告登记达90%以上(16分)。法定时间内发证、照,证照资格检查年检率达90%以上(12分)。	28		
依法监督管理 494 分	1.企业信用体系建设,组织机构健全,有部署,有安排(15分)。企业信用信息记录办法、企业信用披露办法得到落实(10分)。企业信用分类监管措施得力有效,企业监督管理实现微机化管理(5分)。工商所在本辖区内全面建立综合监管的"经济户口"制度(10分)。对煤矿企业、非煤矿企业、农资企业、道路运输、加油站、文化娱乐等特种行业实行重点监督管理(15分)。实行监督有责任制、工作有安排、检查有记载、处理有结果(10分)。年检按时完成,年检率达95%以上(10分)。公司、非公司企业当年注册回访率达60%以上(10分)。企业监督管理中处罚正确率100%(5分)。不折不扣落实各项优惠政策(5分)。对协会工作指导、协调、支持(5分)。	100		

续表

项目	内 容	分值	扣分	得分
依法监督管理 494 分	2.省局部署的专项治理和督办案件,领导重视、措施得力、成效显著(20分)。办案文书、质量、程序符合办案规范标准(10分)。大案及交办案件上报备案及时,无有案不办等消极执法行为(18分)。案件办理正确率100%(20分)。	68		
	3.全面贯彻执行执法责任制,按职责岗位分解量化并进行年终考核(8分)。各种立案案件同级核审率达100%(5分)。行政复议案件、行政赔偿案件、依法受案率达100%,正确率100%(7分)。行政诉讼案件应诉率100%(7分)。对全系统行政执法监督面达100%(7分)。组织开展行政执法检查两次以上(7分)。处理举报、投诉行政行为违法问题,完成率100%(7分)。组织本机关行政处罚案件听证会准确率100%,承办本机关错案追究、系统行政赔偿案件准确率100%(5分)。《行政执法证》持证上岗的岗前培训率100%,系统执法机构、执法人员资格核审、证件管理正确率100%(10分)。对《全面推进依法行政实施纲要》要有实施意见,五年有规划,年年有计划(5分)。严格按照《甘肃省规章规范性文件备案审查办法》和省局的具体规定,制定、审查、公布规范性文件(2分)。	701		
	4.进一步完善市场巡查制,依法对辖区内各类市场主体、经营行为实施全面监督管理,及时对违法违章案件依法处理(20分)。市场巡查、"经济户口""12315"三种监管相互配合发挥作用(8分)。辖区内各类业主按规定亮照经营达98%(8分)。基层工商所办案程序合法、事实清楚、适用法律法规准确,办案文书规范(14分)。	50		
	5.组织实施查处市场交易中的垄断,不正当竞争,侵犯消费者权益,流通领域走私、贩私,打假及其他违法违章行为的专项治理(18分)。对传销行为查处有力(6分)。12315值班到位,对消费者申诉、举报及时受理、分流并协调、查处(20分)。积极开展"百城万店无假货"示范创建及"青少年维权岗"活动(3分)。实施商品准入,推行商品质量监管关口前移,在集贸市场和商店实行索证、索票,建立台账率达80%以上(15分)。对省局分配的商品抽查任务及时完成,并对抽查不合格商品及时清查(8分)。	70		

项目	内　　容	分值	扣分	得分
依法监督管理494分	6. 市场集中整治工作安排周密，落实到位，总结汇报达到要求(6分)。统计报表报送及时、准确(2分)。推行完善市场预警制(4分)。粮食收购市场监管达到要求（5分）。杜绝陈化粮流入口粮市场(3分)。集中商品交易市场管理规范，无安全事故(6分)。场内亮照率大于98%(4分)。对展销会管理规范、标识明显(3分)。对"双生"市场监管有新举措，效果明显(6分)。辖区小轿车销售单位准入规范(3分)。对文化市场管理工作力度大，社会反映好(3分)。对中介机构准入和日常监管规范，对欺诈行为依法打击得力(5分)。经纪人监管措施落实(3分)。	56		
	7.能认真开展"守合同、重信用"活动(6分)。拍卖备案率和违法拍卖行为查处率100%，现场监管达到50%以上(5分)。抵押登记工作规范(6分)。对招、投标监管到位(5分)。合同监管工作有新的举措和效果，工商所合同监管职能到位，案件查处保证完成一所一案，所办案件正确率100%(4分)。合同示范文本企业使用增长率达到70%(6分)。依照《甘肃省合同监督管理条例》第九条的规定，对该条所列合同进行一至二次专项监督检查。日常监督档案齐全，工作到位(4分)。积极开展合同法律事务咨询服务和企业资信调查等(4分)。	40		
	8.商标和广告监督管理工作有专人负责(16分)。能按要求完成"打虚假、树诚信"和"商标维权"等专项整治任务。各媒体广告违法率不得高于20%(10分)。广告发布定期监测(6分)。按要求完成商标广告年度培训任务(8分)。	40		
干部队伍和基层建设90分	1.制定了加强领导班子建设的具体措施，班子团结坚强，政治信念坚定，思想道德纯洁，贯彻上级指示坚决，自觉贯彻民主集中制原则，组织生活健全，工作运行规范畅通，领导核心作用好(4分)。政治理论学习年度有规划、有资料记载，周周有交流、每周有学习；领导作风过硬，率先垂范，求真务实，分级负责，工作效率高(3分)。	7		
	2.干部队伍政治责任心强，热爱工商事业，艰苦奋斗，行为规范，业务素质良好，工作成绩明显；人员思想稳定，纪律作风过硬，开展"争先创优"活动氛围浓厚(7分)。	7		

甘肃省志 工商行政管理志

续表

项目	内　　容	分值	扣分	得分
干部队伍和基层建设90分	3.能严格按照《党政领导干部选拔任用工作条例》规定程序进行干部选拔任用,全面执行任职公示制和试用期制度,党组研究干部问题实行票决制(7分)。	7		
	4.干部调配手续完备,能按《甘肃省工商行政管理系统干部管理暂行办法》的规定和程序办理,及时准确填报《甘肃省工商行政管理系统人员增减情况表》(4分)。能严格执行干部退休制度,按照"到龄即退"的规定及时办理退休手续(3分)。	7		
	5.能按《国家公务员考核暂行规定》和省局的要求进行干部考核工作,年度干部考核备案审批制度健全,按要求时间审核备案,全体干部按要求认真填写《平时考核手册》(5分)。	5		
	6.加强队伍建设,能按《国家公务员暂行条例》规定严格执行辞职、辞退、回避、轮岗等制度,对违法违纪行为能够及时进行处理(4分)。本单位干部岗位轮换年内达到20%以上(3分)。	7		
	7.按照"分级培训、分级管理"的原则,积极参加省局举办的各类培训,参选率达到95%以上(3分)。本地系统年内大专以上学历教育的人数较上年上升5%以上(2分)。按要求完成三分之一人员计算机初级培训任务(2分)。	7		
	8.完成"四五"普法安排的2005年法律法规培训任务(2分)。对社会宣传工商行政管理法律法规辖区法人企业户数达70%、个体私营企业户数达50%,举办法制宣传活动两次以上(5分)。	7		
	9.领导班子把基层建设列入一把手工程,主要领导亲自抓,有专人负责,有规划和安排(3分)。大力开展"基层建设年"活动,加大基层建设的投入,年内基层工商所的规范化建设达标任务完成40%(9分)。基层工商所法制员建设达到100%(2分)。	14		
	10.加强工资管理,有专人负责工资管理工作,工资档案及各类增资材料健全(4分)。能及时根据工作人员职务、级别等变动,按规定标准进行工资核定与调整,工资总额控制在下达的计划之内,按省局审核的工资标准发放(3分)。	7		
	11.加强人事档案管理工作,500卷以上的人事档案,必须配备专(兼)职人员保管(2分)。对所有人事档案要按照中组部《干部档案条例》和《甘肃省工商行政管理系统人事档案管理暂行办法》的要求整理装订成册(3分)。	5		

第十三章 队伍建设

项目		内　容	分值	扣分	得分
干部队伍和基层建设90分		12.能重视和关心老干部工作,抓好对老干部的管理和服务,认真做好老干部的思想工作,按照政策和有关规定的各项待遇能落到实处,做到人员无上访,工资和有关政策规定的待遇无拖欠(5分)。	5		
		13.能围绕经济工作大局,积极完成兰洽会参展参会的各项任务,并能服从当地党委、政府的领导,积极配合当地党委、政府的各项工作,主动抓好各项配合工作任务的落实,得到当地党委、政府的充分肯定(5分)。	5		
财务管理80分		1.各级工商行政管理机关必须建立健全财务核算、管理、稽核、内部审计、档案管理、财务监督和岗位责任制等财务监督管理制度(6分)。	6		
		2.各级工商行政管理机关要有明确的财务管理机构,按照《会计法》的要求配备足够的财会人员(5分)。会计、出纳工作不得由一人兼任,必须配备专(兼)职票证管理员,会计、出纳不得兼管票证(5分)。工商所必须实行报账制,其开支由县、市局(分局)统一安排。工商所无隐瞒、截留、挪用、坐支等直接开支现象发生(5分)。	15		
		3.认真落实收支两条线管理规定。按批准设立的项目、标准收费,无乱收费现象(3分)。各项收入按时足额上缴,不得隐瞒、截留、挪用、坐支(4分)。不准私设"小金库"、"账外账"(3分)。按规定设立银行账户(2分)。无代收代扣行为(2分)。专用资金无挪用、坐支等问题(3分)。有收支部门预算(3分)。	20		
		4.各种收费必须使用省财政厅印制的收费票据(5分)。制定和落实票据领取、发放、使用、结报、缴销等各项票据管理制度(3分)。	10		
		5.应将单位各项收入和支出全部纳入预算统一管理,按照收支平衡的原则,合理安排各项收支预算(6分)。及时将年度财务预决算情况按要求上报省局(4分)。	10		
		6.各级工商行政管理部门要加强国有资产管理,由资产管理部门统一登记、配置、管理,财务部门统一建账、核算,职责明确(4分)。一年至少进行一次全面清查盘点,保证账账相符、账实相符(3分)。	7		

续表

项目	内　容	分值	扣分	得分
财务管理80分	7.以内部审计为主要形式,对机关及所辖工商系统的财务进行监督检查(6分)。依法审计系统财务收支情况,依法处理审计中发现的违法违纪问题(6分)。	12		
机关管理50分	1.按照新管理体制的要求,及时建立、修订和完善各项管理制度(2分)。严格执行行政机关公文处理的有关规定,规范公文处理工作。公文处理无疏漏、失误和差错。办文、办会质量好,效率高(2分)。安全保密工作有制度、有人抓(1分)。各类档案管理规范达标(2分)。	7		
	2.信访和议案、提案办理工作有专人负责,信访受理登记100%,有查办、有结果、有回音(2分)。议案、提案按时认真办复(2分)。上级部门批转查办的问题查办率100%,回复率100%(2分)。	6		
	3.配备兼职信息人员从事政务信息工作,每月向省局报送6条以上政务信息,每月被国家工商总局或省委、省政府、省局采用1条以上;兰州、白银市局每两周向国家工商总局至少报送1条信息,每月被采取1条以上(9分)。	9		
	4.按时报送省局各处、室的统计报表,及时准确。及时上报省局各处室要求上报的各种材料(4分)。大力加强和推进管理信息化建设,完善信息网络工程建设任务(20分)。	24		
	5.加强安全保卫,及时上报节假日值班安排情况,及时上报突发事件情况,全年无重大安全事故(4分)。	4		
精神文明建设80分	1.创建为省级以上文明单位或行业得20分,创建为市、州级文明单位得15分,创建为县(市、区)级文明单位得10分(此项以获奖的最高等级加分,不累计)。	20		
	2. 工作机构健全（1分）。制定切实可行的实施方案或工作计划(1分)。保证了经费投入(2分)。年终上报精神文明建设工作总结及创建文明单位或行业的汇总报表(3分)。	7		
	3.政治理论学习有计划,有笔记(3分)。有交流即专题讨论会、辅导讲座、报告会、经验交流会、演讲会等(3分)。	6		

项目		内　容	分值	扣分	得分
精神文明建设80分		4.积极开展"三优一满意"、"双优一文明"等各类创建活动,认真落实《全国工商行政管理系统文明管理十条要求》,全面推行政务公开制度(3分)。着装规范、挂牌上岗、风纪严整(3分)。文明行政,礼貌待人,实行"首问制"和"文明服务忌语"(2分)。办公场所严禁使用不规范用字,并推广普通话(2分)。	10		
		5.广泛开展社会公德、职业道德、家庭美德教育,引导干部群众在社会上做文明公民,单位里做文明职工,家庭中做文明成员;积极参加社会公益活动;积极开展"双拥"工作。有记录,有图片(记录3分,图片2分)。	5		
		6.办公区或生活区建有文化体育活动场所(3分)。具有较完备的文化、体育设施(3分)。	6		
		7."三·八"、"五·四"、"七·一"、"十·一"等纪念日开展丰富多彩、健康向上的群众性文化活动(3分)。按照《全民健康计划纲要》,广泛开展群众性体育健身活动(2分)。	5		
		8.办公场所地面无垃圾、无污物(纸屑、烟头、果皮等)、无痰迹、无积水、无卫生死角(2分)。墙面完好,天花板无尘网,四壁无积尘,门窗洁净无尘土,无蚊蝇(2分)。办公桌面物品分门别类,摆放整齐,桌椅、箱柜井然有序,书报杂志归类摆置整齐,无用杂物及时清理(2分)。办公室内摆放盆花,注意养护,摆放美观(2分)。政务公示项目和内容公布张贴要完备,导向标志要醒目(2分)。	10		
		9.独立办公的单位要创造条件认真搞好楼院的绿化、美化工作,家属区卫生整洁,绿化达标,进行美化(4分)。在职工中开展"诚信家庭"、"文明(五好)家庭"、"文明单元"、"文明楼院"等(2分)。	6		
		10.计划生育建档立卡(1分)。领取独生子女证达100%(1分)。计划生育情况一览表上墙公布(2分)。计划生育结扎、放环率100%(1分)。	5		
党风廉政建设责	组织领导(10分)	1.各市、州局纪检组设组长1人、监察室有主任、干部各1人,各县、区局设纪检组长,具体工作有人抓(5分)。	5		
		2.每年至少召开两次领导班子会议,一次党风廉政建设工作会议,制定具体工作措施,并组织实施(5分)。	5		

项目		内　　容	分值	扣分	得分
党风廉政建设责任制100分	工作制度（25分）	3.结合本单位实际建立党风廉政建设责任制的考核制度、民主测评制度、工作报告制度、监督检查制度、责任追究制度、廉政档案制度等相关的廉政制度(6分)。	6		
		4.细化责任要求和考核标准，签订目标责任书，成立考核小组，年终进行考核，并将考核结果上报省局(3分)。	3		
		5. 每年组织一次对下一级领导班子和领导干部的民主测评(3分)。	3		
		6. 将领导班子和领导干部个人廉洁自律和落实党风廉政建设责任制的情况在年底前以书面形式上报省局(3分)。	3		
		7. 各单位主要领导和纪检组至少参加一次对下一级领导班子和领导干部党风廉政建设责任制执行情况的监督检查也可根据需要对存在的问题的单位组织专项监督检查(3分)。	3		
		8.加大责任追究力度,对违反责任制的行为依照规定追究责任,对有关责任人给予纪律处分或组织处理(3分)。	3		
		9.各市局建立科级干部廉政档案,并完善廉政档案内容(4分)。	4		
	廉洁自律（7分）	10.领导班子成员严格执行领导干部廉洁自律各项规定(5分)。	5		
		11.按要求召开领导班子民主生活会(2分)。	2		
	案件查处（15分）	12.建立、完善信访工作制度(2分)。	2		
		13.加强信访举报工作,受理的信访案件办结率达100%,办理省局转办的要结果的信件举报办结率达100%, 做到件件有着落(3分)。	3		
		14. 对署实名举报执法人员的案件处理情况要进行回访,回访率达100%(3分)。	3		
		15.严肃查处本单位的违纪违法案件(5分)。	5		
		16.做好信访案件的档案管理工作,信访举报的登记管理、案件初核等资料齐全,做到一案一档、登记造册、规范管理(2分)。	2		

第十三章　队伍建设

项目		内 容	分值	扣分	得分
党风廉政建设责任制100分	队伍行风建设（10分）	17.继续加强队伍教育和作风纪律整顿工作(5分)。	5		
		18.继续加强队伍的行风评议工作(5分)。	5		
	宣传教育（20分）	19.扎实开展保持共产党员先进性教育活动(5分)。	5		
		20.继续加强两个《条例》宣传教育(3分)。	3		
		21.继续加强国家工商总局"六项禁令"的宣传落实(4分)。	4		
		22.继续加强预防职务犯罪的教育,建立健全预防职务犯罪工作领导小组和工作制度(3分)。	3		
		23.结合本单位实际,建立党风廉政网页,利用局域网络平台加大党风廉政建设的宣传力度(5分)。	5		
	监督制约机制（7分）	24.全面实行政务公开,建立办证大厅、公开微机收费、完善政务公开各项制度(3分)。	3		
		25.聘请廉政监督员,每年召开一次座谈会,听取意见和建议,提出改进措施(2分)。	2		
		26.设立投诉箱,投诉电话(2分)。	2		
	其他工作（6分）	27.建立健全纪检监察各项工作资料(1分).	1		
		28.及时准确上报纪检监察工作年度报表(3分)。	3		
		29.及时向省局上报党风廉政建设工作信息(2分)。	2		

1996年各地(州、市)工商局紧紧围绕签订的工作目标责任书,结合实际,制定措施,层层分解,责任到人,做了大量扎实、有效的工作,经年终集中考核,省工商局反复研究决定,对执行1996年目标责任书好的单位予以表彰奖励。

1996年度目标责任书先进单位

白银市工商局　　　　　　　　天水市工商局

庆阳地区工商局　　　　　　　张掖地区工商局

兰州市工商局　　　　　　　　嘉峪关市工商局

金昌市工商局　　　　　　　　酒泉地区工商局

平凉地区工商局　　　　　　　　威武地区工商局

2002 年度目标责任先进单位

兰州市工商局　　　　　　　　　嘉峪关市工商局

酒泉市工商局　　　　　　　　　白银市工商局

庆阳市工商局

2002 年度目标责任合格单位

武威市工商局　　　　　　　　　张掖市工商局

金昌市工商局　　　　　　　　　天水市工商局

平凉市工商局　　　　　　　　　定西地区工商局

陇南地区工商局　　　　　　　　临夏州工商局

甘南州工商局

2004 年度目标责任书一等奖名单

兰州市工商局　　　　　　　　　白银市工商局

天水市工商局　　　　　　　　　嘉峪关市工商局

金昌市工商局　　　　　　　　　酒泉市工商局

张掖市工商局　　　　　　　　　武威市工商局

陇南市工商局　　　　　　　　　定西市工商局

平凉市工商局　　　　　　　　　庆阳市工商局

甘南州工商局　　　　　　　　　临夏州工商局

2005 年度目标责任书评奖名单

一等奖：

酒泉市工商局　　　　　　　　　张掖市工商局

二等奖：

兰州市工商局　　　　　　　　　庆阳市工商局

白银市工商局　　　　　　　　　天水市工商局

定西市工商局　　　　　　　　　金昌市工商局

临夏州工商局　　　　　　　　　平凉市工商局

武威市工商局　　　　　　　　　陇南市工商局

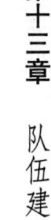

第十三章

队伍建设

甘南州工商局　　　　　　　　　嘉峪关市工商局

2007 年度目标责任书一等奖名单

兰州市工商局　　　　　　　　　白银市工商局

天水市工商局　　　　　　　　　嘉峪关市工商局

金昌市工商局　　　　　　　　　武威市工商局

张掖市工商局　　　　　　　　　酒泉市工商局

陇南市工商局　　　　　　　　　定西市工商局

平凉市工商局　　　　　　　　　庆阳市工商局

甘南州工商局　　　　　　　　　临夏州工商局

2008 年度,各市、州工商局共 17 个单位参加了年度考核,其中市、州工商局 14 个,正县级专业分局 3 个,决定对 9 个单位予以表彰:

一等奖:

白银市工商局

二等奖:

张掖市工商局　　　　　　　　　兰州市工商局

武威市工商局

三等奖:

陇南市工商局　　　　　　　　　平凉市工商局

酒泉市工商局　　　　　　　　　甘南州工商局

临夏州工商局

(三)领导班子、领导干部考核

2004 年度考核领导班子 17 个,考核结果评定为好的领导班子 10 个,占 58.82%,较好的 7 个,占 41.18%。

1.评定为好的领导班子:

兰州市工商局一分局　　　　　　甘南州工商局

定西市工商局　　　　　　　　　平凉市工商局

张掖市工商局　　　　　　　　　武威市工商局

天水市工商局　　　　　　　　　酒泉市工商局

| 庆阳市工商局 | | 临夏州工商局 |

2.评定为较好的领导班子

兰州市工商局	金昌市工商局
兰州市工商局公平交易分局	兰州市工商局二分局
陇南市工商局	白银市工商局

嘉峪关市工商局

2004年度,考核领导干部(县处级)152人,其中事业单位6人,考核结果评定为优秀等次的20人,占13.7%;评定为称职等次的125人,占85.62%,评定为基本称职等次的1人,事业单位县处级干部评定为良好等次的6人。

1.评定为优秀等次的领导干部

王兴凯	侯中甲	闫耀成	任 歆	刘养民	达 茂	赵新军
马 曦	杨凯铭	程书印	曲永波	杜庆武	王庆邦	柴永军
武汉江	梁 辉	许万勤	霍 民	付得永	李建辉	

2.评定为称职等次的领导干部

张宾贤	邰克全	王厚仁	刘应学	马秀莲	秦志勇	严 勇
稽道刚	赵贤桂	王立生	张保胥	赵万德	高建新	刘满年
杨文伟	杨学东	钱卫东	张新荣	曹征宁	吴维国	李明建
曹志润	段应宏	赵 平	景晓鹏	任会鸣	王经华	程康年
田 福	郭多林	姜 华	赵淑华	李德民	段宝增	程惠岗
孟廷贤	马海明	冯应军	宋 刚	宗家旗	田 龙	董巨才
马建平	谢彩莲	刘建平	朱全杰	张永平	高云琪	董柏林
李建军	左尚义	张志科	李发英	柴德义	尚治中	杜光华
马仲成	陈向平	李志斗	马仲华	马晓梅	赵 鹏	金福昌
党正清	薛在忠	孔德余	周尚智	达智文	马凤莲	杨小顺
杨宪明	冯兴国	邱世军	张秀山	彭 琪	张瑞华	张学雄
苏兴亚	张艳军	余国业	乔顺安	韩照通	廖继军	李运标
杨 秦	于恩孝	王惠敏	任治安	李德阳	杨兴礼	邓琰平
张一凡	李英成	谈存胜	吴新江	龙 冶	孔祥林	张永杰

樊建华	马来才	袁　淑	王红梅	孙向北	牛　兆	刘学文
柳　林	李善奎	白春鸣	孙晓明	杨义明	胡兴升	俄文岐
任文祥	杨如津	刘忠旭	第张新	白作明	何能贤	蒋国平
宿洋泉	徐兆鹏	高玉珍	胡云鸿	刘　军	王兴祥	

（未参加考核评定为称职等次）

3.评定为基本称职等次的领导干部(1人)

林俊海

4.评定为良好等次的事业单位县级领导干部(6人)

冯小峰　　裴永海　　王学海　　程浩贤　　张国荣　　陈国义

2005年度考核县级领导班子17个,其中,市、州工商局领导班子14个,正县级分局3个。考核结果,评定为好的领导班子15个,较好的1个,一般的1个。

1.好的领导班子

兰州市工商局	白银市工商局
天水市工商局	金昌市工商局
武威市工商局	张掖市工商局
酒泉市工商局	定西市工商局
平凉市工商局	庆阳市工商局
陇南市工商局	甘南州工商局
临夏州工商局	
兰州市工商局公平交易分局	兰州市工商局市场管理一分局

2.较好的班子

兰州市工商局市场管理二分局

3.一般的班子

嘉峪关市工商局

2005年度,考核县处级领导干部161人。考核结果,评定为优秀的16人,占9.9%;称职的人139,占86.3%;良好的6人,占3.8%。

1.评为优秀的领导干部

程书印	王庆邦	刘养民	赵新军	侯中甲	王兴凯	闫耀成
马曦	任歆	曲永波	杜庆武	达茂	杨凯铭	柴永军
彭琪	霍民					

2.评为称职的领导干部

达智文	马凤莲	杨小顺	杨宪明	余国业	孔祥林	冯兴国
邱世军	宗建平	李继军	邓琰平	张一凡	李英成	吴新江
龙冶	谈存胜	王金兰	杨秦	于恩孝	王惠敏	任治安
李德阳	杨兴礼	苏兴亚	张艳军	乔顺安	韩照通	谢志强
廖继军	李运标	张秀山	张瑞华	张学雄	林俊海	张永杰
白作明	何能贤	蒋国平	宿洋泉	徐兆鹏	张世明	马志周
耿国杰	高玉珍	胡云鸿	刘军	李德民	段宝增	程惠岗
孟廷贤	马海明	冯应军	宋刚	武汉江	尚治中	杜光华
马仲成	陈向平	李志斗	马仲华	马晓梅	赵鹏	金福昌
党正清	孔德余	薛在忠	周尚志	曹征宁	吴维国	李明建
曹志润	段应宏	赵平	景晓鹏	王经华	任会鸣	张宾贤
郜克全	王厚仁	刘应学	马秀莲	秦志勇	付德永	王瑾
赵万德	高建新	刘满年	杨文伟	杨学东	钱卫东	许万勤
张新荣	张永河	程康年	田福	郭多林	姜华	赵淑华
严勇	稽道刚	赵贤桂	王立生	张保胥	宗家旗	田龙
董巨才	马建平	谢彩莲	刘建平	李建辉	李玉进	曲鹏云
朱全杰	李善奎	白春鸣	孙晓明	杨义明	胡兴升	俄文岐
杨如津	刘忠旭	第张新	樊建华	马来才	袁淑	王红梅
牛兆	孙向北	柳林	刘学文	辛根瑞	张永平	高云琪
董柏林	李建军	左尚义	梁辉	张志科	柴德义	

3.事业单位县处级干部考核良好的干部

程浩贤	冯小峰	张国荣	陈国义	王学海	裴永海

2006年度共考核领导班子18个,其中市、州工商局领导班子14个,县级专业分局领导班子4个。评定为好的领导班子16个,较好的2个。

1.评定为好的领导班子

兰州市工商局　　　　　　　　　酒泉市工商局

定西市工商局　　　　　　　　　庆阳市工商局

甘南州工商局　　　　　　　　　临夏州工商局

武威市工商局　　　　　　　　　张掖市工商局

陇南市工商局　　　　　　　　　天水市工商局

平凉市工商局　　　　　　　　　白银市工商局

金昌市工商局　　　　　　　　　兰州市工商局市场管理一分局

兰州市工商局市场管理二分局　　兰州市工商局公平交易分局

2.评定为较好的领导班子

嘉峪关市工商局

兰州市工商局高新技术产业开发区分局

2006年度,共考核县级领导干部175人,其中事业单位6人。根据考核结果,评定为优秀等次的26人,占14.86%;评定为称职等次的143人,占81.71%。事业单位县(处)级干部评定为良好等次的6人。

1.评定为优秀等次的领导干部

程书印	王庆邦	刘养民	赵新军	侯中甲	王兴凯	闫耀成
马　曦	任　歆	曲永波	杜庆武	达　茂	杨凯铭	程康年
彭　琪	杨　秦	张学雄	武汉江	付德永	景晓鹏	柴永军
梁　辉	李建辉	许万勤	张永河	李玉进		

2.评定为称职等次的领导干部

达智文	马凤莲	杨小顺	杨宪明	余国业	孔祥林	冯兴国
邱世军	宗建平	李继军	贺志刚	尤锡武	张秀山	张瑞华
王金轩	张建华	张惠武	苏兴亚	张艳军	乔顺安	韩照通
谢志强	廖继军	李运标	容慧明	邓琰平	张一凡	李英成
龙　冶	吴新江	谈存胜	王金兰	葛祥玉	于恩孝	王惠敏
任治安	李德阳	杨兴礼	许珍梅	林俊海	张永杰	张录田
王克平	霍　明	白作明	蒋国平	宿洋泉	徐兆鹏	钱吉祥

张世明	耿国杰	马志周	刘 军	胡云鸿	李德民	段宝增
程惠岗	孟廷贤	马海明	冯应军	宗家旗	田 龙	董巨才
马建平	谢彩莲	朱全杰	刘建平	曲鹏云	贾福生	张永平
高云琪	董柏林	李建军	左尚义	张志科	尚治中	杜光华
马仲成	陈向平	李志斗	董怀荣	马仲华	马晓梅	赵 鹏
金福昌	党正清	孔德余	薛在忠	周尚智	刘居鹏	李善奎
白春鸣	孙晓明	杨义明	胡兴升	吴 愚	俄文岐	杨如津
刘忠旭	第张新	郝正文	樊建华	马来才	袁 淑	王红梅
牛 兆	孙向北	刘学文	柳 林	辛根瑞	张宾贤	邰克全
王厚仁	刘应学	马秀莲	秦志勇	王 瑾	严 勇	稽道刚
赵贤桂	王立生	张保胥	赵万德	高建新	杨文伟	刘满年
杨学东	钱卫东	栾明军	张新荣	曹征宁	吴维国	李明建
曹志润	段应宏	赵 平	石立虎	田 福	任会鸣	郭多林
姜 华	赵淑华	刘兴元				

3.评定为良好等次的事业单位县(处)级干部

程浩贤　　冯小峰　　张国荣　　陈国义　　王学海　　裴永海

2007年度,考核领导班子17个,其中市、州领导班子14个,兰州市县级专业分局班子3个,评定为好的班子17个,分别为:

兰州市工商局	嘉峪关市工商局
酒泉市工商局	张掖市工商局
武威市工商局	金昌市工商局
白银市工商局	平凉市工商局
庆阳市工商局	定西市工商局
天水市工商局	陇南市工商局
甘南州工商局	临夏州工商局
兰州市工商局公平交易分局	兰州市工商局市场管理一分局

兰州市工商局市场管理二分局

2007年度,考核县处级干部166人,其中领导干部93人,非领导职务干

部 68 人,事业单位县处级干部 5 人。评定为优秀等次的 32 人,占 19.27%;评定为称职等次的 129 人,占 77.71%。事业单位县处级评定为合格等次的 5 人。

1.评定为优秀等次的县处级干部

程书印	程康年	闫耀成	侯中甲	王兴凯	赵新军	王庆邦
曲永波	杜庆武	任 歆	刘养民	马 曦	达 茂	杨凯铭
柴永军	彭 琪	张瑞华	张秀山	景晓鹏	许万勤	付德永
张保胥	刘 军	柳 林	郝正文	武汉江	李建辉	李玉进
梁 辉	刘居鹏	尚治中	霍 民			

2.评定为称职等次的县处级干部

达智文	马凤莲	杨小顺	杨宪明	余国业	孔祥林	冯兴国
邱世军	宗建平	李继军	王金轩	张建华	张惠武	张学雄
苏兴亚	张艳军	乔顺安	韩照通	谢志强	廖继军	李运标
容慧明	贺志刚	邓琰平	张一凡	李英成	龙 冶	吴新江
葛祥玉	谈存胜	王金兰	杨 秦	于恩孝	王惠敏	任治安
李德阳	杨兴礼	尤锡武	许珍梅	林俊海	张永杰	张录田
王克平	白作明	蒋国平	宿洋泉	徐兆鹏	钱吉祥	张世明
耿国杰	马志周	胡云鸿	樊建华	马来才	袁 淑	王红梅
牛 兆	孙向北	辛根瑞	李善奎	孙晓明	杨义明	胡兴升
俄文岐	杨如津	刘忠旭	第张新	郜克全	王厚仁	刘应学
马秀莲	秦志勇	张宾贤	王 瑾	严 勇	稽道刚	赵贤桂
王立生	赵万德	刘满年	杨文伟	杨学东	栾明军	张永河
张新荣	曹征宁	曹志润	段应宏	石立虎	赵 平	任会鸣
田 福	姜 华	赵淑华	刘兴元	马仲华	马晓梅	马仲成
赵 鹏	金福昌	吴 愚	党正清	周尚智	薛在忠	李德民
程惠岗	孟廷贤	马海明	段宝增	冯应军	宗家旗	田 龙
董巨才	马建平	谢彩莲	刘建平	朱全杰	曲鹏云	贾福生
尹酒生	张永平	高云琪	董柏林	李建军	左尚义	杜光华
陈向平	李志斗	董怀荣				

2008 年度,县(处)级领导干部考核情况:各市、州工商局共有 165 名县(处)级领导干部参加了年度考核,其中,领导干部 91 人,非领导职务 69 人,事业单位 5 人。评定为优秀等次的 25 人,占 15.15%;称职等次的 134 人,占 81.21%;评定为不称职等次的 1 人。事业单位 5 名县(处)级干部均评定为合格等次。

1.评定为优秀等次的县(处)级干部(按综合得分高低排序)

侯中甲	曲永波	王兴凯	邸克全	李继军	杨宪明	王庆邦
孙晓明	程书印	白作明	马凤莲	杨义明	董怀荣	闫耀成
刘养民	余国业	曹征宁	李玉进	霍民	张保胥	马仲华
梁辉	杨凯铭	武汉江	姜华			

2.评定为称职等次的县(处)级干部(按姓氏笔画排序)

于恩孝	马曦	马仲成	马志周	马来才	马秀莲	马建平
马晓梅	马海明	孔祥林	尤锡武	尹酒生	牛兆	王瑾
王立生	王红梅	王克平	王金兰	王金轩	王厚仁	王惠敏
邓琰平	付德永	冯兴国	冯应军	左尚义	田福	田龙
石立虎	龙冶	乔顺安	任会鸣	任治安	刘军	刘兴元
刘应学	刘居鹏	刘建平	刘忠旭	刘满年	孙向北	曲鹏云
朱全杰	许万勤	许珍梅	达茂	严勇	吴愚	吴新江
张一凡	张世明	张永平	张永杰	张永河	张秀山	张学雄
张建华	张录田	张宾贤	张艳军	张惠武	张新荣	张瑞华
李志斗	李运标	李建军	李建辉	李英成	李善奎	李德民
李德阳	杜光华	杜庆武	杨秦	杨小顺	杨文伟	杨兴礼
杨如津	杨学东	苏兴亚	辛根瑞	邱世军	陈向平	周尚智
孟廷贤	宗建平	宗家旗	尚治中	林俊海	金福昌	俄文岐
柳林	段应宏	段宝增	胡云鸿	胡兴升	贺志刚	赵平
赵鹏	赵万德	赵贤桂	赵淑华	赵新军	郝正文	党正清
容慧明	徐兆鹏	柴永军	栾明军	秦志勇	耿国杰	袁淑
谈存胜	贾福生	钱吉祥	高云琪	宿洋泉	曹志润	第张新
稽道刚	彭琪	景晓鹏	程康年	程惠岗	葛祥玉	董巨才

董柏林　　蒋国平　　谢志强　　谢彩莲　　韩照通　　廖继军　　樊建华
薛在忠

3.评定为合格等次的事业单位县(处)级干部

冯小峰　　张国荣　　陈国义　　裴永海　　王学海

三、干部交流和挂职锻炼

从2001年开始,按照省委干部交流的有关规定和机构改革的需要,省工商局对全省工商系统34名县处级干部在全省范围内进行了纵向与横向交流任职。从省工商局机关下派到地(州、市)工商局任职的9人,地(州、市)工商局互相交流任职的3人,从地(州、市)工商局交流到省工商局机关任职的11人,其中有4人是2001年从省工商局机关下派到地(州、市)工商局任职又调回省工商局机关。

按照省委关于干部管理的规定和省委组织部的安排,从1992年开始,省工商局先后指派6名处级干部到地、县党委、政府挂职锻炼。

四、接收安置军队转业干部

实行省以下工商部门垂直管理之前,省上每年分配到工商部门的军队转业干部,主要安排在省工商局机关,地(州、市)工商局接收安置的军转干部,由当地政府分配指派。垂直管理之后,省上将军转干部统一分配到省工商局,由省工商局统一接收、统一培训,之后再酌情分配安置到全省工商系统。这个时期全省工商系统接收的军转干部较多,2004年接收军转干部49人,其中团职干部9人,分配到省工商局18人,市、州工商局31人。2005年接收军转干部53人,其中分配到省工商局11人,市、州工商局42人。2006年接收军转干部70人,其中省工商局30人,市、州40人。2007年接收军转干部57人,省工商局27人,市、州30人。2008年接收军转干部54人,全部分配到市、州工商局。

五、离退休干部管理

2001年省以下工商部门垂直管理之前,全省工商系统对离退休干部实行属地管理。省工商局对机关离退休干部的管理主要实行党组领导、部门主管、服务为主、人人参与的工作格局。

省以下工商部门实行垂直管理之后，全省工商系统紧紧围绕全省工商行政管理工作的总体思路和工作要求，在离退休干部管理工作中，为老有所养、老有所医、老有所教、老有所学、老有所乐、老有所为创造良好条件。一是加强离退休干部思想政治工作，加强离退休干部党支部建设。二是全面落实离退休干部的生活待遇。各级工商部门按照有关规定确保离退休费按时发放和医疗费及时报销，地级干部每年体检，处级以下每两年体检1次，对离退休时间较早、家庭收入偏低、长期患病等有困难的离退休干部和遗属进行帮扶；有条件的单位建立了离退休干部活动室，丰富离退休干部的文化生活。三是做好离退休干部的服务管理工作。各级工商部门努力做好日常服务管理工作，老同志生病住院，重大节日，各级领导上门慰问，及时解决他们的后顾之忧。

2003年，全省工商系统共有离退休干部2027人，其中离休干部200人，退休干部1827人。2008年，全省工商系统共有离退休干部2528人，其中地级26人，处级302人，科级1771人，其他429人。

2003 年全省工商系统离退休干部统计表

表 13–2

单　位	离　休	退　休	小　计
兰州市工商局	40	309	349
天水市工商局	9	218	227
白银市工商局	4	72	76
金昌市工商局	3	57	60
嘉峪关市工商局	3	4	7
庆阳市工商局	30	153	183
平凉市工商局	20	172	192
武威市工商局	8	97	105
张掖市工商局	11	133	144
酒泉市工商局	8	79	87
临夏州工商局	7	105	112
甘南州工商局	12	59	71
陇南地区工商局	16	160	176
定西地区工商局	21	171	192
省工商局	8	38	46
合计	200	1827	2027

2008年全省工商系统退休干部统计表

表 13-3

单 位	地级	县级	科级	其他	小计
兰州市工商局	2	69	318	17	406
天水市工商局	1	25	212	15	253
白银市工商局		12	108	40	160
金昌市工商局		7	19	13	39
嘉峪关市工商局		5	7	7	19
庆阳市工商局	1	30	177	98	306
平凉市工商局		21	150	25	196
武威市工商局		21	74	25	120
张掖市工商局		15	133	7	155
酒泉市工商局	1	12	106	16	135
临夏州工商局		8	89	91	188
甘南州工商局		2	58	31	91
陇南市工商局	2	24	148	22	196
定西市工商局	1	16	168	23	208
省工商局	18	35	4	9	57
合计	26	302	1771	429	2528

第十三章 队伍建设

第二节 业务培训

1986年至2008年,全省工商系统的干部业务培训工作经历了3个阶段。一是1986年到1995年,全省工商系统主要开展了干部的初级岗位培训。按照"分级培训,分级负责"的原则,多渠道、多形式开展了培训工作。据不完全统计,这期间全省系统共有8828人参加了培训,占应训人数的96.8%,培训内容仅涉及市场监管和市场准入的基本业务知识。二是1996年至2000年,工商行政管理职能开始从主要监管集贸市场向监管社会主义大市场转变。全省工商系统主要抓了干部的知识更新培训。省工商局制定了《1996—2000年干部教育培训规划》和《干部知识更新培训实施方案》。与此同时,各级工商部门鼓励和支持干部职工踊跃参加自学考试、夜大、电大、函授、驻兰大专院校和党校委托培训及各类学历教育。至1999年底,全省系统高中以上文化程度8901人,占总人数79.2%;大专以上文化程度3367人,占总人数30%;中专、高中文化程度达5534人。三是从2001年到2007年,是全省工商系统的业务培训工作较快发展的时期。依托省工商学校的教育培训基地进行培训,使全省工商系统公务员队伍的岗位培训向较高层次发展。这期间的培训内容不仅仅是一般性的业务知识,更多地涉及了依法行政、执法办案、WTO知识、市场经济管理、科学发展、公务员知识、网络信息化建设等综合性内容,使工商系统公务员队伍的综合素质明显提高。

1986年到1989年,省工商局在省工商学校共举办了7期工商行政管理干部岗位职务培训班,600余人参加了培训。培训对象主要是在职的各县(市、区)工商局正副局长及地(州、市)工商处(局)副科以上干部。培训内容包括工商行政管理概论、企业登记管理、商标广告管理、市场管理、个体私营经济管理、经济合同管理、经济检查、基层建设、现代行政管理知识等内容。

从1990年开始,省工商局根据国家人事部和国家工商局关于加强干部队伍岗位职务培训的通知精神,制定了《甘肃省工商行政管理局干部岗位培训实施方案》。为加强对此项工作的组织领导,省工商局成立了岗位职务培训领导小组,各地建立了培训中心、培训工作辅导站或干部培训学校16个,配备专职或兼职管理人员142人,从组织领导、人员机构上保证了培训工作的顺利进行。(1)全省统一教材、统一试题、统一阅卷、统一颁发岗位职务培训证书。省工商局建立了培训试题库,出标准化试题60套,统一印刷试卷5万余份,保证了考试的严肃性。(2)教学与老师面授、辅导相结合,吃透教材,理解消化。全面学习与重点掌握相结合,学员在全面学习的基础上,根据自己的业务,选择重点,使学习有针对性。理论知识与实践相结合,教学中努力贯彻理论联系实际的原则,达到学以致用的目的。(3)全省各级培训中心、辅导站都建立了各种教学管理制度,如:办班审批制度、考核验收制度、请假制度、考勤制度、教学规则、培训档案管理制度。(4)省工商局先后3次派人到甘南、天水等7个地区的12个培训中心、辅导站进行了检查指导,采取座谈、走访、监考、跟踪等方法,对培训工作进行全面了解,发现问题及时解决。调查的情况表明,全省工商行政管理干部岗位职务培训工作基本上做到了领导重视,认真扎实,取得了较好的效果。

1990年4月,省工商局向全省系统印发了《甘肃省工商行政管理岗位职务培训电化教学管理办法》。按照分级培训的原则组织教学,根据每门课的重点、难点及教学中的薄弱环节,结合不同学员实际,有针对性地搞好辅导,组织讨论,模拟教学,督促学员完成学习作业。参与监考、阅卷工作。参加师资培训和教研活动。电化教学采取电视授课、辅导面授、自学三结合的方式。电化教学设备,各地本着"厉行节约,自力更生"的精神,尽可能利用现有条件,挖掘内部潜力,逐步解决。

1990年11月,省工商局举办了全省工商系统岗位职务培训师资培训班,培训班由省工商学校持有国家工商局工商行政管理岗位职务培训教师资格证书的教师,主讲岗位职务培训各门课程的基本理论,教师、学员共同编写教案,课堂试讲,分析研究教学中的主要问题。培训内容有工商行政管理总论、市场管理、企业登记管理、经济合同管理、广告商标管理、个体经济管理等。通过培训,全体学员能够胜任全省工商行政管理岗位职务培训中的授课、辅导工作。60人参加培训并全部考试合格,省工商局给他们颁发了工商行政管理岗位职务培训教师资格证书,获得了授课资格。

1991年9月,省工商局制定了《干部教育培训管理制度》,并下发全省工商系统。《制度》分为"总则""教学管理""考核与奖惩""经费管理"共4章15条。其中"考核与奖惩"规定:干部不论采用何种方式学习指定的课程,按国家规定考核及格者,由国家考核及院校发证,承认其学历并汇入档案;岗位职务培训结业,要按要求考核,达到结业要求者,发给"培训证书",作为持证上岗的依据;鼓励学习优秀者,根据学习成绩和表现可给予一次性物质奖励,对不愿学习和不努力学习的干部,采取思想教育与制度约束相结合的措施,脱产培训,结业考试不合格者,调离原岗位或限期调出机关。当年,全省各地(州、市)

工商局培训中心、培训工作辅导站或干部培训学校共举办各类培训班 25 期, 1340 人参加培训,占应培训人员的 22.3%,考试及格率为 100%。

1992 年 9 月,省工商局对全省工商系统干部岗位培训情况进行了自我评估。经过对培训组织领导、培训规划部署、队伍建设、设施与经费、培训管理等 4 大类、11 项、42 条内容逐项严格考核打分,获 A 级的 33 个,B 级的 8 个,C 级的 1 个,自评部分为 93.3 分,其中 26 条必备条目 62.3 分,达到合格标准。

1993 年 4 月,省工商局向省教育委员会(简称省教委)申请省工商学校开设市场管理专业课程,为全省工商行政管理事业培养一批中等管理人才。省教委批准后,于这一年的秋季开学增设了市场管理专业,并制定了该专业的详细教学计划。为了培养德、智、体、美全面发展,适应我国社会主义市场经济需要,勇于开拓的应用型工商行政管理高级专门人才,这一年秋季,省工商局经过与兰州大学、西北师范大学协商,联合举办了工商行政管理专业的学历教育。全省工商系统的正式职工经各地工商部门推荐可报考。该学历教育全日制 2 年,函授两年半,毕业合格者可获大专文凭。兰州大学招收了全日制学员 100 名,西北师范大学招收了全日制学员 50 名,函授数额均不限。学业结束时,各种成绩合格者由省教委、兰州大学、西北师大发给了国家承认的学历或学业证书。

1993 年至 1995 年,省工商局委托甘肃政法学院为全省工商系统培养 250 名管理干部。专业:工商管理。学制两年。招生对象:工商系统在职人员。入学方式:通过全省成人高考,成绩合格者准予入学。学员学完教学计划的全部课程,成绩合格由甘肃政法学院发给正式毕业证书。经过两年的努力,250 名工商管理干部获得了大专文凭。

1995 年,省工商局举办干部岗位培训班 16 期,参训人员 800 多人,完成了"八五"干部岗位培训任务;还开办了全省工商系统首期工商所长培训班,培训工商所长 73 名。在开展培训工作同时,省工商局还组织全省工商系统 150 人参加了脱产大专班学习。

1996 年至 2000 年 5 年期间,全省工商系统共举办各级干部岗位培训班 278 期,累计培训 8826 人,占应培训总人数的 95%。省工商局还组织地(州、市)工商局正副局长、省工商局正副处长参加国家工商局举办的培训班 11 期,培训 84 人,占应培训人员的 95.2%;共举办县级工商局正副局长、地区工商局正副科长和省工商局一般干部培训班 11 期,培训 496 人,占应培训人员的 94.8%。各地(州、市)工商局共举办股、所长培训班 48 期,培训 1138 人,占应培训人员的 95.6%。各县(市、区)工商局共举办一般干部培训班 208 期,培训人员 7108 人,占应培训人员的 96.8%。同时,全省各级工商部门举办法律法规培训班 101 期,对 7680 名干部进行了培训。全省工商系统有 1500 多人参加了各种学历教育,使具有大专以上学历的人员比例由 1989 年的 7%提高到 2000 年的 17.8%。通过全方位、多渠道的岗位培训,全省工商干部队伍的政治素质、业务能力、管理水平、执法能力都有了明显提高,同时也积累了一些培训经验。

1997 年,省工商局按照国家工商局《关于印发全国工商行政管理系统处级干部知识更新培训实施方案的通知》要求,从 1997 年至 1999 年在全省工商系统开展处级干部知识更新的培训工作。为此,省工商局成立了工商行政管理干部知识更新培训甘肃工作站。在培训中,省工商局坚持"全面启动、全员参加、分组培训、分级管理、结合实际、注重效果"的原则,凡年龄在 55 周岁以下的干部职工均参加了培训。省工商局负责本局机关一般干部和地级局正副科长、县级局正副局长的培训,参训人数 650 余人。地级局负责本局一般干部和县级局股、所长的培训,参训人数 2500 余人。县级局负责本局和工商所一般干部职工的培训,参训人数约 6000 人。培训内容是,深入学习中共十五大精神及国家有关方针、政策,重点进行工商行政管理干部职业道德与行为规范、工商行政管理法律知识、现代管理科学知识与方法以及中外市场监督管理比较等内容的学习。

1997 年 8 月,省工商局专题向省教委申请工商行政管理专业成人大专学历教育的指标。特委托兰州大学为全省工商系统培养大专层次的工商管理、工商文秘专业共 400 人。通过委托性质的学历培训,力争从 1997 年至 2000 年,全省工商系统大专以上文化程度的干部达到 40%~50%,其中省工商局机关达到 95%,地(州、市)工商局达到 70%~80%,县级工商局不低于 40%。

1999 年,省工商局认真贯彻《中国教育改革和发展纲要》,全面落实国家工商局《关于九五干部教育发展规划》,分别委托兰州大学、西北师范大学、兰

州商学院、甘肃政法学院为全省工商系统举办教学班,每年招收学员 500 人,学制为一年或一年半,兰州、张掖、平凉、天水、临夏设 5 个教学点。教学班根据专业需要共设置 11 门课程:邓小平理论、工商概论、工商职业道德、大学语文、中外企业登记管理、中外市场监督管理、经济合同管理、商标注册监督管理、广告管理、经济检查、个体私营经济管理,选修《法学概论》。在近 2 年的时间里,有 2000 多人参加了专业班学习。学员学完教学计划规定的全部课程后,经考试成绩合格者,由省教委、人事厅与委托院校发给成人高等教育专业证书,有 90%的学员获得了该证书。

按照国家工商局《关于进行工商行政管理所国家公务员初任培训的通知》精神,省工商局加强了对考录人员的培训工作。培训对象是经省人事厅、工商局联合组织的全省统一考试合格后,录用到基层工商所的公务员。培训内容是国家公务员制度有关知识和工商行政管理专业知识,以《国家公务员暂行条例》和《工商行政管理业务培训大纲》为基本教材。全省系统于 2000 年底完成了培训。各地培训结束时,均组织了考试,凡考试合格的一律将成绩如实记入国家公务员培训证书,作为上岗的必备条件。1999 年至 2000 年,全省工商系统把当时在系统内工作的工人,经考录转入公务员身份。

2001 年 11 月,省工商局向全省工商系统印发了《2001—2005 年全省工商系统教育培训规划》。(1)加强各级领导干部的综合素质培训。(2)抓好基层执法人员的培训,推行岗位资格证书制度,实行持证上岗。(3)加快骨干型人才的培养。(4)继续开展学历教育。(5)切实抓好计算机和外语等方面的知识和技能的普及培训。(6)开展反腐倡廉教育、作风素质教育和依法行政培训。(7)认真抓好引进智力工作。

2002 年 5 月,省工商局向全省工商系统发出了《关于全省系统公务员 WTO 基础知识培训的通知》。在全省工商系统公务员中进行 WTO 基础知识培训。培训对象是全省工商系统处级及以下公务员。培训内容是学习全省公务员培训指定教材《世界贸易组织基础知识教程》《WTO 与工商行政管理》,以及"WTO 与中国经济""WTO 与政府职能""参与国际竞争""货物贸易和服务贸易的基本规则""TRIPS 对我国知识产权制度的影响""贸易法规评审机制与

DSB"及 WTO 与工商行政管理相关知识等专题。培训由省工商局统一组织安排，由省人事厅确定的省专业技术人员继续教育省委学校基地分层次分批承担具体教学任务。

2002 年 9 月，省工商局《2001—2005 年甘肃工商系统教育培训规划》，在兰州大学举办了一期研究生课程进修班。进修班共招生 60 人，招生对象为全省工商系统在职 50 岁以下，具有大学专科以上学历（国民教育学历），工作 5 年以上人员。专业为工商管理、经济法，学制两年，采取在职学习和集中时间授课的方式，开设 12 门课程。学员学完规定的课程，考试合格，取得规定的学分后，由兰州大学颁发了"研究生课程进修班结业证书"。

2003 年 8 月，省工商局印发了《2003—2007 年全省工商行政管理系统干部教育培训计划》。紧紧围绕实施西部大开发战略、全面建设小康社会的奋斗目标和我国加入 WTO 的需要，开展学法用法培训活动，提高公务员的法律意识和依法行政能力。继续抓好公务员的初任培训、任职培训、知识更新培训和专门业务培训。抓好学历教育，改善队伍的学历结构。完成 WTO 基础知识全员培训的补课任务，重点做好 WTO 知识的强化培训。

2003 年 12 月，按照《2003—2007 年全省工商系统干部教育培训计划》《甘肃省工商系统计算机网络人才"十百千"工程实施意见》和《关于进一步加强干部教育培训工作的意见》，省工商局举办了计算机网络 100 名中级骨干干部培训班、全省系统项目管理骨干培训班、甘肃省 12315 申诉举报指挥中心工作人员培训班、全省系统 12315 专职工作人员培训班，与北京航空航天大学合作举办了专升本学历教育班。同时，对各年度军转干部进行了培训。

2004 年初，省工商局对全省工商系统人才资源情况作了统计分析。全省系统在职干部 9070 人，其中研究生 9 名，占 0.09%，大学本科学历 1507 人，占 16.62%，大学专科学历 5175 人，占 57.06%，中专学历 816 人，占 8.99%；全省系统参加过各类培训的人员共计 5312 人，占全省系统总人数的 58.57%，参加专门业务知识培训的 3165 人，占全省系统总人数的 34.89%。从统计分析可以看出，全省工商系统高学历人员所占比例小，大部分人员为大学专科学历，且相当一部分本科、大专学历不是全日制教育学历，而是通过各类学历教育取得

的。培训班大多都是短期班,时间相对较长的业务知识培训还比较少,比较突出的是全省系统计算机网络管理和法律方面的专业人才十分短缺。针对此现状,省工商局制定了《2006—2010年全省工商行政管理系统人才队伍建设规划》,《规划》提出人才建设的主要目标是:(1)以能力建设为核心,努力提高执法水平;(2)以制度建设为基础,创建人才队伍建设新机制;(3)以全员培训为手段,确立终身教育机制;(4)以加强信息网络"十百千"人才和法律人才培训工作为重点,尽最大努力解决信息网络人才和法律人才短缺问题。

2004年8月,省工商局委托甘肃电大开放教育学院与甘肃电大甘肃建文学院分别为全省工商系统举办工商管理大专班与经济管理专升本教学班。大专班学制2~3年,不脱产,每年进行两次考试(半年、年终),每次考前学员在兰州集中10天时间听取辅导。试题由北京航空航天大学统一命题,由甘肃电大甘肃建文专修学院组织考试,北京航空航天大学统一评卷。

2005年3月,省工商局向省委组织部报送了关于人才培训规划的报告。培训规划的主要内容是:一是开展信息网络"十百千"人才工程,为全省系统信息化建设提供有力保障。二是注意引进国外智力,培养现代市场监管人才。三是采取多种形式,全面提高队伍整体素质。四是加强外语知识培训,有计划地培养外语人才。五是加强对复合型人才的培养,努力造就一专多能人才。六是完善选人、用人、留人机制,为各类新型市场监管提供人才保障,为工商行政管理事业的长远发展储备人才。

2005年,全省工商系统开始全面实施《"十一五"人才队伍建设规划》和《信息网络"十百千"人才工程规划》,形成了以全员培训为基础的分重点、分阶段的培训机制。这年5月开始,省工商局分期分批举办了3期基层干部培训班,参训人员来自14个市、州及省工商局机关、86个县(市、区)局长、科(股)长及工商所长,培训内容为军训、专业及综合业务、实地考察等,全省工商系统共有723名基层干部参加了培训。2005年至2008年三年间,对全系统3000多名科级干部分期分批进行了全面培训,提高了工商队伍素质。

1988 年—2005 年全省工商系统培训统计

表 13-4

年 份	名 称	培 训		参训人数
		期 数	每期天数	
1998	县局长、科级干部岗位培训班	2	40	93
	经济合同仲裁培训班	1	120	59
1989	县局长、科级干部岗位培训班	1	60	80
	《合同管理》培训班	1	60	80
	项目管理知识及务实培训班	1	30	45
1990	师资培训班	4	40	148
1991	县局长、科级干部岗位培训班	2	40	120
1992	县局长、科级干部岗位培训班	2	40	118
1993	县局长、科级干部岗位培训班	2	40	120
1994	县局长、科级干部岗位培训班	2	40	120
1995	县局长、科级干部岗位培训班	2	40	120
	计算机初级培训班	2	40	120
1996	计算机初级培训班	2	40	120
	县局长、科级干部岗位培训班	2	40	120
1997	县局长、科级干部岗位培训班	1	40	65
	计算机初级培训班	1	40	60
1998	县局长、科级干部岗位培训班	1	40	65
	计算机初级培训班	1	40	60
1999	计算机初级培训班	2	40	120
2000	计算机初级培训班	2	40	120
2002	县局长、科级干部岗位培训班	1	40	96
2003	转业干部及大学生调配岗前培训班	1	20	19
	处级干部"三个代表"理论培训班	2	6	89
	科级干部知识更新培训班	1	35	91
2004	转业干部及大学生调配岗前培训班	1	15	49
	《项目管理》师资培训班	1	6	58
	"12315"省局投诉举报操作人员培训班	1	30	30
	"12315"市、州局投诉举报操作人员培训班	2	3	44

第十三章　队伍建设

续表

年 份	名 称	培 训		参训人数
		期 数	每期天数	
2004	"十百千"计算机网络中高级人才培训班	1	150	55
	科级干部知识更新培训班	1	35	89
2005	转业干部及大学生调配岗前培训班	1	20	63

1993 年—2001 年全省工商系统在职干部学历教育统计

表 13-5

年份	学校	所学专业	学制	学历	人数
1993 年	兰州大学	工商管理	两年	大专	102
1994 年	甘肃政法学院	工商管理	两年	大专	400
1995 年	兰州大学	工商管理	两年	大专	120
	甘肃省教育学院	工商管理	两年	大专	480
	兰州大学	工商管理	两年	大专	112
	甘肃省教育学院	工商管理	两年	大专	46
1996 年	兰州大学	工商管理	两年	大专	63
	兰州大学	工商管理	两年	大专	74
1997 年	西北师范大学	工商管理	两年	大专	69
	西北师范大学	法学	两年半	专升本	93
1998 年	兰州商学院	广告设计	两年	大专	65
1999 年	兰州大学	经济管理	两年半	专升本	22
	西北师范大学	经济管理	两年半	专升本	93
	西北师范大学	法学	两年半	高升本	58
	兰州大学	岗位"专业证书"教学班	一年		1760
2000 年	西北师范大学	工商管理	两年	大专	67
2001 年	兰州大学	工商管理研究生课程进修班	两年	研究生	56
	兰州大学	经济法研究生课程进修班	两年	研究生	93
	北京航空航天大学	工商管理	两年半	大专	10
	北京航空航天大学	经济管理	三年	专升本	12

第三节　廉政建设

1986年至2008年,全省工商系统的廉政建设经历了3个阶段。第一阶段是1990年6月之前,省工商局没有专门的纪检监察机构,直接由省工商局人事处主抓廉政建设。这一阶段侧重于建立健全廉政的各项规章制度。第二阶段是1990年7月之后,甘肃省监察厅驻省工商局监察室正式成立。从此,全省工商系统的廉政建设有了专门的工作机构,这阶段侧重于廉政教育和查处违法违纪案件。第三阶段是1996年11月之后,省工商局设立中共甘肃省纪律检查委员会(简称省纪委)驻省工商局纪律检查组,并配备组长。这个阶段的廉政建设逐步建立了教育、制度、监督并重的惩治和预防腐败体系。

1988年5月,针对工商队伍中有一小部分人,利用查案、收费、发证、办照之机,吃、拿、卡、要,索受贿赂,贪污、拖欠、挪用公款,偷看淫秽录像,参与社会赌博等,省工商局向全省工商系统印发了《开展廉政建设的意见》,强调要抓好以下重点工作:一是加强社会监督,提高廉政工作的透明度。(1)各级工商部门要建立和发挥举报电话、举报信箱的监督作用,要指定专人定期开箱,专人负责处理,必要时可将举报情况的处理结果向举报者作出答复。(2)公开工商干部在执行政务时的各项规章制度、纪律、职业道德标准。(3)建立各级领导、业务部门和工商企业对话制度,直接听取企业的意见和询问,及时处理和纠正工作中出现的问题。市场管理人员和业务部门的其他管理人员要实行挂牌服务,以便接受群众监督。(4)建立局长接待日制度,倾听人民群众意见,处理工作中出现的问题。二是各级工商部门的领导干部在廉政建设中必须以身作则,做出表率,认真做到:(1)不搞权钱交易,不行贿受贿,不以权谋私。(2)不用公款向上级送礼,不接受下级部门的礼品。(3)对子女、亲属的招干、参军、提职、评定职称等,不走后门,不说情。(4)涉及子女、亲属违纪违法案件时,主动回避,不开脱,不袒护。(5)不借办案、发照、经济处罚之机索、拿、卡、要。(6)下基层工作,不接受迎送和宴请,就餐吃便饭,按规定付款。(7)不以独资、合资、入股和兼职取酬等任何形式经商办企业。(8)婚丧嫁娶、生日等,不大操大办,不借机收受财礼。

1989年8月,省工商局做出了《关于近期做好廉政建设几件事的决定》。提出省工商局机关要做好9件事:一是继续抓好清理整顿公司工作。在前一段清理整顿的基础上,重点抓好对公司的撤、改、并、降工作,切实解决流通领域混乱、公司过多的问题。二是抓好群众举报问题的查处工作。对已经掌握的案件和线索,要认真进行清理,抓紧查处。三是不受贿,不吃请,做到自身不贿赂,教育下级不请客送礼,做到不向上级送礼。机关各级干部到下级单位和基层工作,一律吃工作餐,并按规定交费,不得以任何名义或借口接受礼品或土特产品。四是干部要教育自己的家属、子女遵纪守法,严禁投机倒把,倒买倒卖,不得利用职权为子女、亲属所在企业、单位谋利益。五是处以上领导干部的配偶、子女不得与领导干部在同一单位工作,已经在同一单位工作的要进行调整。六是加强财务管理。对全省系统的财务必须按规定进行严格管理,定期检查,使系统财务走向规范化管理的轨道。要严格机关财务制度,自觉接受省财政、审计部门的监督和审计。各业务部门和直属单位,不得私设小钱柜,已经设立的,要尽快清算,上缴局财务。私人借款要积极归还,不得拖欠。加强对直属单位的财务管理,凡财务独立核算的直属单位,财务支出要严格按照规定执行,局办公室要定期对其进行财务审计,发现问题及时纠正处理。七是坚决纠正住房方面的不正之风。干部要严格执行关于住房标准的规定,对不符合规定占用的住房要进行清理。不用公款为局领导装修高标准住房。处以上领导干部不得建私房,不得为子女索要住房。八是严格用车制度,对局领导保证工作用车,处以下干部因公需要用车,视情况给予派车,私人用车一律按规定收费。九是大力提倡简朴、求实、节约的风尚,下决心精简会议和文件,可开可不开的会议坚决不开,可发可不发的文件坚决不发;能在基层解决的问题深入基层解决,积极为基层办实事。

1990年7月,省工商局设立纪检监察部门之后,注重从制度上加强社会监督。全省各级工商局、基层工商所都设立了举报电话和举报箱,全省系统在一年时间内接受和处理群众举报电话约130余次,信件200余件。

1990年11月,省工商局向全省工商系统印发了《关于加强和改进思想政治工作的意见》。这一年,省委、省政府和国家工商局相继发出了纠正行业不正之风的通知,对廉政建设的重点、措施等提出了更加明确的要求。省工商局提出抓好 6 个方面的工作:一是通过组织学习,反复进行教育,不断提高认识,要把廉政建设的着眼点放在提高队伍的整体素质上。二是结合工商行政管理的实际,突出廉政建设的重点,找准纠正不正之风的突破口。重点抓住"查案、收费、办证、发照、安排摊位"等容易产生权钱交易的环节,进一步采取对策,健全措施;在机构层次上,重点抓好工商所的建设;在人员上,重点抓好领导干部。三是完善工商部门内部自我约束机制,特别要强化权力运行制约。在办照上要逐步实行登记发照与监督管理相分离;在办案上要实行案件查处与案件审理相分离;在收费中要实行管理与收费相分离;对容易产生权钱交易的岗位,实行岗位轮换制;机关内部建立监察机构,各地、县工商局积极争取当地党政领导的支持,尽快设立有关监察机构,配备监察员。结合本单位实际,学习外地先进经验。如办理执照中要实行"三段式",把办理营业执照分解为受理初审、审核勘验、核准签发三段,每段按自己的职责和规定程序进行,各司其职、相互制约和监督。市场管理中可实行"三分离",即将核定、规费收缴进行分解,定者不收,收者不定,收管互控,管收分离。查处案件中可实行"三交叉",把办案过程分解为立案调查、审理定案、执行处理三个阶段。在立案调查阶段,主要体现职能交叉;在审理定案阶段,主要体现层次交叉;在执行处理阶段,主要体现查处与被查处交叉。四是完善外部制约机制。各级工商部门定期向各级党委和政府汇报廉政建设落实情况,接受党的领导和监督;向人大汇报工作,接受人大和人民代表的监督;接受监察机关和新闻舆论的监督,特别要注意接受人民群众的监督。各级工商局、工商所设立举报电话、举报箱。五是采取 6 项监测措施。(1)自我监测,每人每月对照廉政制度进行自我监测,经大家评议,做出廉政考评结论。(2)组织监测,单位建立廉政监督组,采取一季度、半年评比,年终总结和平时不定期抽查的办法,对单位廉政情况进行全面监测。(3)社会监测,定期和不定期地向社会征求意见,对单位和每个人的廉政情况进行监督和评议。(4)职能部门监测,欢迎监察、审计部门的监督。(5)上级领导机关监测。(6)建立廉政档案。

　　1991 年,省工商局按照省纪委、省监察厅关于严禁用公款吃喝送礼等有

第十三章 队伍建设

关规定,及时提出了贯彻落实的意见,并认真组织实施。各级工商部门开展了自查自纠,省工商局派人参加了省纪委的巡回检查组,对本系统的吃喝送礼等问题进行了严格检查。

1994年1月,省工商局下发了《关于省局机关处以上领导下基层和参加各类公务活动有关规定的通知》,对下基层干部做出8条廉洁规定:(1)省工商局领导在系统内进行公务活动,包括下基层调查研究,接待单位要严格控制陪同人员,一般只由分管领导陪同。(2)多名省工商局领导下基层参加同一活动时,要尽量安排集体乘车。(3)省工商局处以上领导干部到地(州、市)、县(市、区)工商部门检查指导工作、调查研究等,要按规定吃工作餐,不上价格昂贵的菜肴,不上白酒、香烟和高档饮料。严禁用公款宴请,接待单位领导不搞陪餐。就餐必须按规定交纳伙食费。(4)在地、县工商局进行公务活动需食宿的,要在规定的标准内住宿和交费。客房、会议室不得摆香烟、糖、瓜子、饮料和水果。(5)不准接受下级单位赠送的土特产品、试用品和样品。(6)省工商局领导要尽量减少各种开业典礼、奠基等应酬活动,处级干部确需参加的,要经分管局长批准。(7)各级工商部门不准为省工商局处以上领导干部安排高消费娱乐活动。(8)省工商局在地、县召开的系统工作会、座谈会等,要加强对会议经费的管理。不准在会议期间和会议结束后,用公款组织游览和与会议无关的参观活动,严禁在会议期间以任何借口发放纪念品。

1995年,全省工商系统重点开展了廉政监察防范工作,不断完善监督制约机制。一是开展了以《工商行政管理人员廉洁守则》为主要内容的廉政教育活动。按照省纪委《关于开展〈廉洁守则〉教育活动的通知》精神,省工商局成立了《廉洁守则》教育问答活动领导小组,将《廉洁守则》发到各处室、直属单位和党支部。二是开展了廉政监察防范工作达标检查评选工作。在1994年各地开展廉政监察防范工作的基础上,省工商局利用2个月时间,对全省地级工商局进行了检查验收,抽查了17个县级工商局和部分基层工商所,并走访了17个地方政府、人大、纪检监察部门,听取意见,了解情况,共同探讨加强工商系统廉政建设的途径和办法。经过检查评选,庆阳地区、兰州市工商局等7个地级工商局和兰州市工商局红古分局等45个县级工商局为全省工商系统廉政监察防范工作第一批达标单位。三是建立了外部监督网络。为了进一步搞好民主党派对工商部门廉政建设的外部监督，省工商局和省民主建国会联合下发了《关于民建组织参与工商行政管理机关廉政监督工作的通知》，省工商局还向全省系统下发了《关于聘请特邀廉政监督员和义务监督员的通知》。全省工商系统大部分地方聘请了廉政监督员，初步形成了由党政机关、政协、民主党派、企业事业单位和个体户代表参加的全省工商系统廉政建设外部监督网络。四是继续完善了有关制度。

1995年1月，省工商局下发了《关于建立工商行政管理系统纪检监察工作报告和联系制度的通知》，公布了4项制度，即纪检监察的统计报表制度、案件备案制度、工作及重大事项报告制度、简报及通报制度。其中案件备案制度规定：各级工商局与当地纪检监察机关主办的本系统处级以上干部和县工商局正、副局长的案件，性质严重、情节恶劣、造成严重后果的案件，在本地区、本部门造成重大影响的案件，具有典型性、代表性、倾向性的案件，移送司法机关处理和司法机关直接立案处理的各类违法案件，为备案的内容和项目。对本系统案件立、结情况要做到随清随报，案件立、结一月内，备案表报省工商局监察室。

1996年，省工商局提出了在廉政建设中"抓班子、带机关、抓机关、带系统"的指导思想，要求每个领导干部都要用好自己手中的权力，廉洁奉公，不谋私利，在具体工作中采取了以下几项措施。一是严格了党内生活，加强了班子内部的监督。省工商局党组每年两次的民主生活会都开得十分认真，会前准备充分，会上检查认真，会后措施具体。二是对县处级以上领导干部接受礼品、子女上学、参与经商办企业、出国出境、落实国家工商局"两个规定"（《关于工商行政管理人员不准接受可能对公正执行公务有影响的宴请的规定》《关于工商行政管理人员不准参加用公款支付的营业性场所的娱乐活动的规定》）、"一个办法"（《违反两个规定的处理办法》）的情况进行了认真的检查。三是抓了廉政制度建设。省工商局制定了"十条纪律""十不准"《廉政守则》《甘肃省工商行政管理人员廉洁细则》《甘肃省工商局处以上领导干部下基层和参加各类公务活动的八条规定》《省局机关接待工作暂行规定（补充规定）》等，使领导干部在廉洁自律上有了行为规范。四是建立了内外部监督制约机制。在外部,向社会公布了举报电话,设立了举报箱,并在社会上聘请了义务监督员,接受社会监督。在内部建立了领导负责、纪检监察人员参加的监督机构,形成了廉政建设监督网络,强化了内外部约束机制。

1996年6月,省工商局继前几年的有效做法,再一次做出了《关于聘请特邀廉政监督员的决定》,聘请了傅开鹏等5名同志为省工商局特邀廉政监督员,聘请杨重一等6名同志为省工商局义务廉政监督员。在查处案件的基础上,省工商局于该年11月份对全省系统的廉政监察防范工作进行了达标检查验收,评选出天水市工商局等8个地级工商局、环县工商局等41个县级工商局为第二批达标单位。各级纪检监察部门坚持以执法监察为重点,围绕"公平交易执法年",对公平交易执法人员查处经济案件情况开展执法监察;对广告监督管理部门及工作人员实施《广告法》的情况开展执法监察;结合"工商形象工程建设年",对工商所和市管员的执法行为开展执法监察。针对工商人员易发生的不廉洁行为,向全省系统执法人员宣布了7条纪律:(1)不准在工作对象单位报销费用;(2)不准侵占工作对象的财物;(3)不准以开会、培训等名义变相乱收费;(4)不准接受工作对象的礼品、礼金、宴请或应邀参加旅游和娱乐活动等;(5)不准担任工作对象单位的顾问,收取报酬;(6)不准以入股、顾问等形式参与企业的经营活动;(7)不准利用职务之便,私自代理审批业务。

1997年,全省工商系统开展了第二次廉政监察防范工作的达标检查评选。全省系统共受理信访举报184件次,立案查处20起。其中结案18起,给予党纪处分8人,行政处分11人,移送司法机关处理6人。

1998年,全省工商系统在廉政建设中重点开展了8项工作:第一,按照省委办公厅《关于印发甘肃省省直党政机关公费安装住宅公务电话和配置移动电话暂行规定的通知》精神,在省纪委的统一安排部署下,省工商局对公费安装电话和移动电话进行了全面清理。第二,严格控制举办各种庆典。按照省委办公厅印发《甘肃省关于严格控制党政机关举办各种庆典活动的暂行规定的通知》精神,省工商局对庆典活动进行了认真清理和检查。第三,严格执行接待标准。按照省委办公厅印发《甘肃省关于严格控制省内公务接待标准的暂行规定的通知》精神,省工商局对以前制定的有关接待制度进行了认真清理,进一步严格了审批制度。第四,开展了对执行"收支两条线"管理规定的检查。到年底,省工商局和地级工商局全部实行了"收支两条线"管理,绝大部分县(市、区)工商局(分局)也实行了"收支两条线"管理。第五,开展了执法监察,规范执法行为。全省各级工商局以公平交易、企业登记注册、市场管理、基层工商所等为重点,开展了执法监察。第六,开展了廉洁自律的检查。各级工商局认真贯彻江泽民同志关于发扬艰苦奋斗精神的重要讲话和中央《关于党政机关厉行节约制止奢侈浪费行为的若干规定》,把清理公费购置通信工具,执行党政机关各种会议不准赠送礼品、纪念品,严格执行接待标准等作为重点,认真进行了检查和纠正。第七,进一步强化监督制约机制。从人大、政协、纪检监察以及社会各界又聘请了一批廉政监督员,在全省系统形成一个比较广泛的社会监督网络。第八,严格执纪,狠抓案件查处。据统计,全省系统共立案17起、结案14起。其中给予政纪处分9人、党纪处分6人、移送司法机关1人。

1999年6月,省工商局党组印发了《甘肃省工商系统贯彻落实党风廉政建设责任制规定实施办法》。

2000年,全省工商系统重点加强了4个方面的工作。一是重视信访举报工作。通过信访举报,掌握党风、行风及工作人员执法执纪的情况;通过信访渠道,注意研究执法方面存在的问题及案件线索。这年全省系统共接到群众来信来访举报284件,核查后批评教育的94件,给予党纪政纪处分的12人,移交司法机关处理的4人。二是党风廉政建设责任制得到落实。各地(州、市)工商局根据《甘肃省工商行政管理系统贯彻落实党风廉政建设责任制规定实施办法》和《甘肃省工商行政管理系统党风廉政建设责任制考核暂行标准》的要求,分别结合当地实际制定了实施方案的具体措施,落实了责任追究制度,部分地区建立了廉政档案制度,省工商局及各地(州、市)工商局结合年度目标责任制考核,逐级对党风廉政建设责任制落实情况进行了考核。三是"收支两条线"工作进展顺利。继续加强和完善"收支两条线"管理,在支出管理上建立健全了经费结算制度及"一支笔"审批制度。同时把查处违法违纪案件作为推动"收支两条线"管理的重要手段,严肃执纪,惩治腐败。四是警示教育活动扎实有效。全

省工商系统深入开展了利用胡长清、成克杰等重大典型案件进行警示教育活动,使广大党员干部受到了教育。

2002年,全省工商系统从源头上预防和治理腐败,一是认真执行省纪委关于继续落实领导干部不准收受单位和个人的现金、有价证券以及领导干部配偶、子女从业、经商的有关规定,在全省工商系统对领导干部廉洁自律情况再次进行了检查。同时,全省工商系统继续落实省工商局关于公务活动接待标准的规定,统一实行了公务活动单独列项和定点接待制度,领导干部的廉洁自律意识得到增强。二是认真受理群众的信访举报。各级工商局把处理群众的信访举报作为一项重要工作来抓,充分发挥了群众信访举报的主渠道作用。三是建立了廉政档案制度。按照省纪委的要求,省工商局根据2001年下发的《关于在全省工商行政管理系统建立领导干部廉政档案的通知》精神,实行了"一簿五表"(《干部党风行风廉政建设写实簿》《干部党风行风廉政建设写实表》《个人重大事项申报表》《个人收入申报表》《礼品登记表》《交通、通信工具登记表》)档案管理制度。四是认真开展了反腐倡廉专题调研工作。按照省纪委、省监察厅《关于围绕反腐倡廉几个重要问题开展专题调研的通知》精神,结合全省工商系统党风廉政建设和反腐败斗争的特点,省工商局研究制定了详细的调研工作计划,确定了省工商局和各地(州、市)工商局的调研课题。五是成立了预防职务犯罪工作办公室。办公室人员由省工商局、省检察院干部充任。省工商局还下发了《关于发放〈预防职务犯罪,需要您的参与〉宣传挂图的通知》,给各地(州、市)工商局发放了宣传挂图。六是开展了权力观教育。按照省委、省纪委《牢固树立正确的权力观教育活动的通知》精神和省权力观教育活动办公室的部署和要求,省工商局成立了权力观教育活动领导小组,并制定下发了《关于在全省工商行政管理系统开展牢固树立正确的权力观教育活动的实施意见》。省工商局还组队参加了省直机关权力观教育党纪法规知识竞赛,并获得了"组织奖"。七是加大了责任追究力度。对个别影响面大、反响强烈的违纪行为及案件,省工商局党组一班人都亲自听取汇报,研究部署,责成有关部门及下级工商局进行查处。1998年至2002年,全省工商系统共对50名党员干部进行了责任追究,其中2001年有27名党员因工作不到位,严重失职、失察,受到了责任追究。

2003 年，省工商局建立和完善了一系列加强党风廉政建设的规章制度。其中包括：《甘肃省工商行政管理系统领导干部诫勉谈话制度》《甘肃省工商行政管理局人员违反廉洁自律规定的纪律处分实施办法》《甘肃省工商行政管理系统预防职务犯罪试行办法》和《甘肃省工商行政管理工作人员警示卡》《全省系统党风廉政建设责任制考核制度(试行)》《全省系统党风廉政建设责任制民主测评制度(试行)》《全省系统党风廉政建设责任制监督检查制度(试行)》《全省系统党风廉政建设责任制廉政档案制度(试行)》《全省系统党风廉政建设责任制报告制度(试行)》等。

省工商局研究制定了《双八规章》和《甘肃省工商行政管理人员违反廉洁自律规定的纪律处分实施办法》。《双八规章》规定了"八项坚决制止"和"八项严格要求"，以此作为全省工商系统执法人员的警示卡日常对照执行。"八项坚决制止"：(1)坚决制止在工作日中午喝酒或在任何时间、任何场合酗酒。(2)坚决制止在任何时间、任何场合以打麻将、打扑克等形式进行赌博。(3)坚决制止在执法过程中态度蛮横、粗暴管理。(4)坚决制止默许或授意配偶、子女及身边工作人员打着自己的旗号以权谋私。(5)坚决制止收受与其行政职权有关系的单位、个人现金、有价证券和支付凭证。(6)坚决制止以开会、考察、培训等名义变相公费旅游或在各类会议中赠送纪念品。(7)坚决制止参加用公款支付的高消费娱乐。(8)坚决制止接受可能对执行公务有影响的宴请。违反以上禁令，必须从严、从重、从快处理。"八项严格要求"：(1)文明管理、以理服人。(2)清正廉洁、不谋私利。(3)高效服务、勤政为民。(4)公开公正、办事规范。(5)方便群众、及时受理。(6)亮证检查、照章受理。(7)及时处理、按时反馈。(8)自尊自爱、慎重交友。《甘肃省工商行政管理人员违反廉洁自律规定的纪律处分实施办法》第三条做出了廉洁自律的 22 项规定：(1) 不准用公款或让管理对象报销应由个人支付的费用；(2)不准接受管理对象以各种名义送的礼金、有价证券、贵重物品和支付凭证；(3)不准借婚丧或其他喜庆之机收取管理对象及其他人员的财物；(4)不准赊欠管理对象的购物款或购物少付、不付款；(5)不准索取或借用管理对象的钱款、交通、通讯工具及其他物品；(6)不准以各种名义收取好处

费或回扣;(7)不准截留、挪用、私分管理费和其他规费以及罚没财物;(8)不准接受可能影响公正执行公务的宴请和参加用公款或由管理对象支付费用的高消费娱乐活动;(9)不准违反规定用公款、公车或管理对象的钱款、车辆学习驾驶技术;(10)不准违反规定参与经商、办企业或为配偶、子女和其他亲友经商、办企业提供便利和优惠条件;(11)不准违反规定在经济实体中兼职(包括名誉职务)、兼职领取报酬或从事有偿中介服务;(12)不准违反规定用公款为个人装修、购买住房,用公款公物建私房和多占住房;(13)不准违反有关法律、法规或超越职权乱扣物资、乱罚款、乱收费、乱摊派;(14)不准随意扣留、吊销营业执照;(15)不准以罚代法,以罚代处;(16)不准办人情证、照、案,收人情费;(17)不准为经济违法单位和个人出谋划策,通风报信,开脱责任,隐瞒实情,出具伪证;(18)不准包庇、纵容经济违法活动;(19)不准默许或授意配偶、子女、亲友以及身边工作人员打着自己的旗号谋取私利;(20)不准干扰、阻碍涉及配偶、子女和其他亲友违法经营案件的调查处理;(21)不准办事推诿、拖拉、扯皮、敷衍塞责或刁难、报复、打骂管理对象;(22)不准参与赌博、吸毒、色情、封建迷信和其他影响形象的活动。

2003年9月,省工商局做出了《关于表彰全省工商系统艰苦奋斗廉洁从政先进集体和先进个人的决定》。在各地(州、市)工商局推荐的基础上,经省工商局研究决定,对酒泉市工商局肃州分局等14个先进集体和王生明等14名先进个人予以表彰。

2004年,全省工商系统在国家工商总局的统一部署和领导下,开展了"五项清理"(行政执法案件的清理、行政性收费的清理、消费者申诉案件的清理、执法队伍的清理、举报执法人员案件的清理)工作,重点开展了执法案件的清理。全省各级工商部门共清理执法案件5.45万件,其中省工商局清理849件,市、州工商局清理2226件,县级工商局清理1.16万件,基层工商所清理3.98万件。在清理的5.45万起案件中,存在问题的468件,其中因处罚不当的39件,违反办案程序的121件。11月22日—28日,国家工商总局监察局副局长、整顿办副主任赵晓光率督察组来甘肃督察,省工商局领导全面汇报了全省系统开展队伍教育整顿和"五项清理"工作的情况。督察组还检查了3个市工商局、3 个工商分局、9 个工商所的队伍教育整顿和"五项清理"工作的情况。

2005 年,全省工商系统继续把开展"五项清理"作为开展队伍教育整顿的突破口,作为纪检监察工作的一项重要内容,扎扎实实地抓好。全省系统共清理 2003 年 1 月 1 日至 2004 年 6 月 30 日期间的行政执法案件 8.28 万件(其中一般程序 2.75 万件,简易程序 5.53 万件)。共查出存在"处罚不当""程序不合法""文书不规范"等问题的案件 917 件,并依法启动执法监督程序予以纠正。清理擅自设立收费项目、提高收费标准、扩大收费范围、坐支挪用、搭车收费、违反票据管理规定和私设小金库等违纪行为。清理规定期限内受理的消费者申诉 2.03 万起,办结申诉案件 1.98 万起,对清理出有问题的 55 起案件及时进行了纠正。对 8822 名工商人员进行了摸底、清理。通过清理,对 152 名具有公务员身份、无执法证的人员,进行了执法资格培训,并颁发了执法证;对 341 名不具备执法资格的人员从执法岗位上调整、清退。清理、复查举报执法人员线索 175 件,重点清理署名举报 78 件,查结 78 个,涉及处级干部 18 人、科级干部 64 人、一般干部和其他人员 93 人。对经核查属执法人员粗暴执法等问题,给予 4 人党纪处分,10 人政纪处分,19 人其他组织处理。

2005 年 7 月,省工商局向省纪委呈报了本系统《关于构建惩治和预防腐败体系的实施意见》。11 月,省工商局向全省系统印发了《关于落实教育、制度、监督并重的惩治和预防腐败体系(简称"惩防体系")的实施意见》。严格依法行政、依法办事,健全细化各项规章制度和分权制约机制,改革和规范"事权、财权、人事权",促进建立结构合理、配置科学、程序严密、制约有效的权力运行机制。一是建立健全反腐倡廉制度。二是完善干部选拔任用制度。三是严格财务管理制度,认真执行"收支两条线"规定。四是建立和完善行政执法工作制度。

2006 年,全省工商系统在党风廉政建设方面重点抓了 4 项工作:第一,狠抓了党风廉政工作的述职考核工作。对全省工商系统的 14 个市、州工商局,兰州市的 3 个专业工商分局的领导班子及 112 名班子成员执行党风廉政建设责任制、落实领导干部廉洁自律有关规定等情况进行了考核。第二,按照中纪委、省纪委关于建立健全"惩防体系"的要求,把反腐倡廉与学习贯彻党章主题教育活动结合起来，加强廉政教育，完善廉政制度，强化监督检查，有效地推动了全省工商系统党风廉政建设和反腐败工作深入开展。第三，在加强"惩防体系"建设中，除了抓好教育和制度建设外，还严肃党纪政纪，高度重视案件查处的治本功能，加大了查办违法违纪案件力度。这一年，省工商局共受理信访举报124件，其中上级转来50件，转办并要求报结果的64件，直接查办3件。第四，为进一步完善廉政教育机制，狠抓了全省系统的廉政文化建设。通过组织开展丰富多彩的工商廉政文化活动，引导全省系统干部职工树立正确的人生观、权力观和价值观。省工商局制定了3项宣传工作制度：一是宣传工作目标责任制，二是信息稿件的收集、整理、综合制度，三是发布信息报道要点制度。

2008年，全省工商系统突出抓了3个方面的工作：第一，全面开展了基层执法人员向监管服务对象述职述廉工作。《甘肃日报》《兰州日报》《兰州晨报》等媒体在第一时间对这一做法进行了宣传报道。省委常委、副省长刘永富对工商系统的这一做法高度重视，并做出批示："开展基层执法人员向监管服务对象述职述廉活动的做法很好，有利于接受监督和改进工作，是工商工作改革创新的新举措。望认真做好这项工作，促进全省工商行政管理系统依法行政、转变作风、改善服务，进一步提高执法水平、监管效能和服务质量，为开创工商行政管理工作新局面，促进全省经济社会又好又快发展做出新的更大的贡献。"第二，制定并积极推行《甘肃省工商行政管理人员廉政承诺》。工商人员向社会的廉政承诺是："忠于职守、依法行政，公正执法、不徇私情，维权监管、热情服务，诚实守信、维护形象，廉政勤政、接受监督。"12月中旬，省工商局在兰州市东方红广场举行干部大会，向全省工商系统进行了推广，向全社会做出了承诺。第三，推行公物仓管理，加大对行政罚没物资的管理力度。这年6月，省工商局决定建立对行政罚没物资由公物仓管理部门统一接收、保管、处置的运行机制，并在兰州市工商局进行试点。之后，省工商局对兰州市工商局公物仓管理试点工作进行了总结和推广。

全省工商系统在廉政建设中，还开展廉政文化建设，积极探索和创建"甘肃工商廉政文化模式"。一是组织举办了全省系统廉政文化作品展。通过省工商局及各市、州工商局层层筛选，共征集书法、绘画、摄影、剪纸、刺绣5大类

300余幅优秀作品。经过省书法、美术、摄影专家和评委认真评选,评出5大类103件作品予以表彰。参展的作品都是全省系统广大干部职工利用业余时间精心创作的,作者有80岁高龄的退休老领导、老同志,有奋战在工商战线上的"老工商",也有刚走进工商队伍的"新战士"。他们的作品集中反映了工商行政管理战线上广大干部职工努力学习、顽强拼搏、积极进取、锐意创新、廉洁执法、文明监管的诸多场面和精神风貌。二是建设文化环境,做到廉政文化进机关、上墙面。省工商局监察室按照局党组"催人奋进,努力学习,踏实做事,规矩办事"的要求,挑选了有代表性的格言警句,制作了43块工商文化宣传牌,在省工商局机关内部悬挂,做到了廉政文化进机关、上墙头。三是宣传基层工商廉政文化经验。省工商局纪检组、监察室以全省工商系统廉政文化作品展评选结果为基础,编印了《甘肃工商廉政文化集锦》,内容包括领导题词、活动剪影、获奖作品、廉政论文4个大类,下发至全省工商系统,使各单位的廉政文化精品能在全省系统范围内互相交流、互相学习、共同提高。四是进一步完善党风廉政网页,扩大网络宣传教育效果。省工商局对党风廉政网页进行了进一步补充和完善,在原有栏目的基础上,新增设了廉政文化建设和廉政警言栏目,以警示、提醒全省系统干部廉洁从政。2008年2月17日,《中国纪检监察报》专版刊登了《甘肃省工商系统贯彻落实惩防体系建设实施纲要》以及甘肃工商系统廉政文化建设、精神文明建设和12315申诉举报中心的成绩和经验。

第四节　政风行风建设

全省工商系统政风行风建设在实行省以下垂直管理前,以纠正行业不正之风、查纠乱收费为重点,实行垂直管理后,以依法行政、凸显服务功能为重点。

1986年,省工商局抓了纠正行业不正之风的工作。针对全省工商系统存在的不正之风,及时制定下发了《关于加强全省工商行政管理系统思想政治工作的意见》,要求全省工商系统工作人员认真遵守《甘肃省工商行政人员十条纪律》，并提出了"十不准"的规定。"十不准"是：一不准拿原则做交易，批人情照，办人情案；二不准私立章程，以罚代法，乱扣照，滥罚款，随意没收商品；三不准白吃白拿，赊欠生产经营者的商品；四不准请吃收礼，敲诈勒索，贪污受贿；五不准支持投机违法活动；六不准经商办企业或参与家属子女的个体经营活动；七不准动辄训人，打骂群众；八不准下基层工作时大吃大喝，铺张浪费；九不准利用职权买便宜货；十不准对提出批评的群众打击报复。

　　1987年至1989年，全省工商系统集中力量开展了全省公路设卡情况的检查整治。经过调查发现，一些地方部门在全省各关隘要道设立了不少卡子，即各种检查站。这些卡子大部分是当地政府决定设立的，参加的单位有公安、工商、公路管理、税务、林业、烟酒专卖、粮食等部门。经查实，全省共设卡81处，仅陇南地区先后设立的卡子就达26处。设这些卡子的主要目的是搞地区封锁，检查流通的羊毛、粮食、生猪、药材、木材等农副产品，还有烟草、酒等。这些卡子不但堵塞了本地区的商品流通渠道，而且外省进入甘肃省的农副产品及其他产品也要进行检查扣留，人为地造成商品流通的障碍，对发展甘肃省经济极其不利。对此，省工商局积极向政府建议，协同有关部门开展了以下工作：一是对全省公路沿线设立的81处检查站进行了一次全面整顿。由工商、公安、交通等部门组成检查整顿小组，对检查站进行了全面检查，对符合设立检查站条件的，经整顿给予保留，并办理审批手续，对没有必要设立的检查站，搞地区与地区、县与县封锁的，一律撤销。二是凡需要在公路沿线设立工商检查站的，由各地、县管理部门写出专题报告，报省工商局，由省工商局同公安、交通等部门协调，认为有必要设立时，上报省政府正式行文批准。未经省政府批准，各地、县一律不准在公路沿线设立检查站，工商部门均不派员参加。三是经省政府批准设立检查站的所在县（市、区）的工商部门，将检查站的情况及时报告给当地政府和省工商局，并将罚没款和变价款于次月全部上交给省工商局，由省工商局汇总上交省财政。经过检查整顿，至1988年底，全省经批准保留了25处检查站。

1987 年—1988 年全省工商系统公路设卡（参加检查）情况

表 13-6

地　区	设卡数	整顿后保留数
兰州市工商局	无	无
金昌市工商局	无	无
天水市工商局	无	无
嘉峪关市工商局	4	无
白银市工商局	9	9
酒泉地区工商局	5	5
张掖地区工商局	10	无
武威地区工商局	3	3
定西地区工商局	9	4
临夏州工商局	2	2
甘南州工商局	8	2
平凉地区工商局	无	无
庆阳地区工商局	5	无
陇南地区工商局	26	无
合　计	81	25

第十三章　队伍建设

　　1989 年至 1990 年，全省工商系统下大力加强政风行风建设，努力提高工商队伍履行职能的整体素质。省工商局在全省工商系统全面推行了政务公开与监督制度。(1)公开机构设置、工作人员姓名、职责分工。(2)公开工商行政管理的各项政策和法规。(3)公开办事程序。主要是公开办照程序，办理各类经济案件程序，经济合同鉴证与仲裁程序，商标注册和广告管理程序等。(4)公开经济违法案件的查处结果，公开经济合同案件的处理结果，公开违章处罚依据和结果。(5)公开发证条件和结果，公开市场摊位分配条件、分配结果。(6)公开各种规费的收费范围、收费标准、收费办法和收费结果。在政务公开的基础上，全省工商系统抓了内外制约监督机制的建立，各级工商部门都设立了举报箱和举报电话；经常广泛征求群众意见，召开工商企业、个体户座谈会，回访管理对象,印发征求意见书,建立局(所)长接待日等活动;对重要事项、改革措施、办事制度等企业和群众普遍关心的问题, 都尽可能地通过新闻媒介和有关会议加以公布或通报;接受新闻舆论的监督,通过报纸、电台、电视台等公开揭露不正之风,表扬好人好事。

1990 年,全省工商系统集中力量开展了减轻企业负担和纠正行业不正之风的工作。省工商局按照省委、省政府的统一部署,结合工商部门的工作特点,确定了以查处对企业乱收费、乱罚款、乱摊派的"三乱"问题为主要内容的自查重点,向全省各级工商部门发出了清查"三乱"的通知。省工商局成立了治"三乱"、纠行风领导小组,下设办公室。省工商局还抽调 10 余名机关干部,组成了两个检查组,由局领导带队,集中 20 多天时间,分赴定西、白银、平凉、庆阳、天水、兰州 6 个地市和 16 个县区,深入到近 100 户企业和 100 多户个体工商户中,调查了企业负担情况和政府部门的"三乱"问题。通过检查清理,主要问题有:(1)费种繁多,个个都有红头文件。工商部门有 5 种规费。个体工商户反映费出多门,要缴纳有关部门和当地政府规定的治安管理费、地皮管理费等 10 多种。(2)对国营大企业摊派较多。如银光公司一年就缴纳各种摊派款达 22.2 万元。(3)工商系统存在着行业不正之风,如利用职权和工作之便,吃、拿、卡、要,以管理者自居,目无法纪等。省工商局决心通过这次自查清理,进一步完善制度,纠正不正之风,坚决查处违法乱纪行为,接受社会监督。

1991 年,全省工商系统用 9 个月时间进行了治理"乱收费"工作,共清理收费罚款项目 109 项,计 205 个标准。

1990 年—1991 年全省工商系统治理"三乱"情况

表 13-7

项 目	清 理 情 况
省工商局机关收费	省工商局机关行政事业性收费项目共 31 项,计 97 个标准。其中按立项依据分,国家工商局、财政部、国家物价局联合发文批准的 11 项;国家工商局根据有关法律法规精神批准的 5 项,省工商局、物价委、财政厅等单位联合发文批准的 11 项,省政府办公厅发文批准的 2 项。省工商局发文批准的 2 项(其中一项是根据国家工商局的文件规定适当降低收费标准的)。

项　目	清　理　情　况
直属单位收费	收费项目共 7 项,计 21 个标准。事业单位经申报批准建立的自负盈亏单位的收费标准是经省局研究同意的。事业编制差额预算管理单位的收费标准是依据有关文件精神,比照同类单位的收费标准降低收取的,收费主要用于开展业务工作和报纸发行亏损、补贴等支出。
系统收费	系统的收费都是按照国家和省上有关文件规定的项目和标准收取。另外,各地根据本地的实际情况为加强市场管理,自行制定的收费项目 8 个,计 24 个标准。 1991 年 10 月 29 日,经省工商局局长办公会议研究,决定全系统取消了 3 个收费项目:即市场卫生费、个体户申办执照一次性卫生费、《开业登记申请表》费(全省系统共 11 项收费项目,其他 8 个收费项目继续或暂时保留)。 1991 年 12 月 13 日,根据省治理"三乱"办公室《关于第四批宣布取消的不合理收费、罚款、集资摊派项目的意见》的有关精神,省工商局以工商监字〔1991〕235 号文件做出了《关于对部分收费项目审核处理意见》。决定取消以下 15 项收费项目:(1)个体劳动者服务手册费,(2)经营费,(3)缴纳管理费登记证费,(4)菜农证费,(5)企业法定代表人证书工本费,(6)信誉袋、卡费,(7)合同鉴证书封皮费,(8)申报登记表费,(9)变更登记表费,(10)个体工商业户办理证照申请表费,(11)物资交流会会费,(12)办理个体工商业户外出经营证明信有偿服务费,(13)运输车辆办理单车劳动登记证明费,(14)国营、集体企业摊点管理费,(15)镜框费。
罚没款	全省工商系统罚没项目共 62 项,其中:按执法依据分,属全国人大发文批准的 1 项(商标法),国务院发文批准的 15 项,国务院办公厅发文批准的 10 项,国家工商局、国家物价局、商业部、国家计委、公安部、物资部、卫生部、经委、林业部等联合发文批准的 16 项,省政府发文批准的 10 项,省工商局、商业厅、财政厅、物价委员会等部门联合发文批准的 9 项,兰州市政府发文批准的 1 项。罚没收入属国家国库收入,全省工商系统按有关文件规定,1989~1990 年计罚没收入 971.6 万元,已上缴国库 927.9 万元,未缴 43.7 万元,当时未缴主要原因一是有些案件没有结案,二是有些罚没收入跨年度上缴。
集资	集资项目有 1 项,属本系统内由各级工商局集资,用于修建省工商学校,两次共集资 168 万元,是根据省计委、省教育厅批准而集资的(甘计商〔1985〕2045 号文件)

第十三章　队伍建设

1992 年,全省工商系统继续加大了行风建设工作的力度。省工商局转发了国家工商局《关于进一步纠正行业不正之风的通知》,设立了监督电话和举报箱,广泛接受群众的监督,对群众举报的问题,做到了有调查、有处理、有答复。一年中,全省工商系统共查出各类问题 100 多个,涉及违纪金额 39 万多元;受刑事处分 6 人,受党纪处分 20 多人、政纪处分 19 人;撤免和调整不称职的工商所长 70 多人,辞退协管员 330 人。

1993 年 9 月,省工商局建立举报中心,设立举报电话,并在《甘肃工商报》进行公告。监督举报的内容:全省工商干部在办理证(照)、安排摊位、查处案件、收取管理费等方面的违纪问题。

1996 年,全省工商系统在政风行风建设中,重点开展了"工商形象建设年"活动。省工商局在《甘肃工商报》开辟了《工商形象》专栏。各地工商部门从宣传教育入手,开展了"闪光在工商,奉献在岗位"的教育活动,狠抓了政容风纪,举办了各类人员的形象建设培训班,进行了作风纪律整顿,完善了内外部制约机制,收到了较好效果。金昌市工商局在形象建设中提出了"三查、三克服、一坚持、一保证",即查人生观、世界观、价值观,克服个人主义、享乐主义、拜金主义,坚持全心全意为人民服务的宗旨,保证工商人员过好人情关、权力关、金钱关。为搞好岗位文明服务,各级工商局印发了内容为"你好""有事请讲""欢迎再来""谢谢"等文明用语手册,要求工作人员在工作中使用,对来工商部门办事的人员,问一声好、让一个座、倒一杯茶、给一个满意的答复。为了树立严整的仪表形象,庆阳、平凉地区工商局请当地驻军或武警部队官兵,对全体工商干部进行了以队列和着装为内容的军事训练。通过抓仪表形象,男同志剃掉了胡须、摘掉了墨镜,女同志削短了头发、摘掉了耳环和项链,一些从来不戴帽子的县工商局局长,也戴上了大盖帽。天水市、张掖地区工商局采取 8 条措施抓形象建设,实行了全员挂牌上岗,并将各项工作向社会作了公开承诺。通过开展工商形象建设,忠于职守、公平公正的执法形象,甘为公仆、廉洁自律的廉政形象,勤政高效、文明礼貌的办事形象,着装整齐、仪表端庄的仪表形象,在全省工商系统初步树立。

1998 年,省工商局成立了行风评议和作风整顿领导小组,全省工商系统抽调 183 人参与行风评议工作,形成了"一把手"全面抓、分管领导直接抓、各部门具体抓的齐抓共管局面。第一,狠抓整顿,认真自评。各级工商局以办理"案、费、证、照"等窗口部门和基层工商所为重点,开展了以整顿工作纪律、整顿工作作风、整顿政容风纪为主要内容的集中整顿,从解决"吃、拿、卡、要"、以权谋私和乱收费、乱罚款、乱摊派以及粗暴管理等群众反映突出的问题入手,深入自查自纠,认真边整边改。全省系统对查出的问题,属于自身的,立即整改,一些牵涉其他部门的努力协商解决。与此同时,各级按照行风自评要求,从社会各界和企业、个体工商户中聘请行风评议代表2912人,授予评议代表调查、检查、建议和质询权。通过明察暗访、实地调查、发放问卷、召开座谈会等形式,掌握了大量的第一手情况。全省系统共召开各种行风评议座谈会326次,发放调查问卷11.69万份,走访有关部门和企事业单位675个,走访个体户875人。在狠抓整顿、认真整改的基础上,全省各级工商局召开民主自评行风大会,虚心听取评议代表的意见和建议,做到了以整顿促评议,以评议促整改,为省、地、县三级政府组织的民主评议行风创造了有利条件。第二,积极配合,搞好评议。全省各级政府聘请1450个评议代表,组成93个行风评议组,对工商系统行风进行了广泛调查。各级工商局积极配合,实事求是地向行风评议组介绍汇报本系统、本单位行风基本情况和存在的问题。评议代表对工商系统的行风给予充分肯定,也客观公正地提出存在的问题,有些问题在评议大会上当场提出质询,各级工商局领导当场作了解答。第三,务求实效,狠抓整改。全省工商系统对民主评议中提出的问题和建议进行认真分类梳理,归纳出自身存在的问题12个。针对这些问题,省工商局在征求省纠风办意见后,及时下发了《关于对民主评议行风中提出的问题进行认真整改的意见》,要求各级工商局对存在的问题责任到人,逐条落实,限期完成,做到四个不放过,即群众有意见的问题没有澄清不放过,管理权限问题没有查清不放过,违纪违法案件没有处理不放过,整改措施落实不到位不放过,要做到事事有着落、件件有答复,对于个别"害群之马"绝不心慈手软。这一年,全省系统共整改评议代表提出的问题388个,处理有关人员346人,其中处分7人,批评教育339人。

1999年,省工商局按照省政府《关于进一步治理乱收费乱罚款乱摊派减轻企业负担的通知》精神,按照国家工商局对治理"三乱"、减轻企业负担工作的部署和要求,把这项工作作为推进企业改革和发展、保持社会稳定、树立工商队伍良好形象的一件大事来抓。全省工商系统瞄准热点问题,狠抓易发部位,坚持边清理、边查处、边纠正。重点对全省系统各种收费项目进行了认真清理,采取各种有效措施,整治"三乱"顽症。经过努力,全省工商系统38个收费项目取消30个(国家宣布取消的7项,省上宣布取消的23项),涉及年收费金额1900多万元。为了治理公路"三乱",省工商局成立了治理公路"三乱"领导小组,并多次下发文件、电报,打电话,进行安排部署。省工商局明确规定:未经省政府批准,各级工商部门不得以任何理由在公路上设卡、收费和罚款,也不准参加联合检查站的工作,已经参加的,立即撤出工商人员,否则,一律按违纪处理。为了解决个别地方工商部门上路收费问题,省工商局还将有关地(州、市)、县工商局主要领导召集到兰州,当面指出存在的问题,重申省工商局坚决清理路卡的态度和决心,面对面地解决问题。省工商局领导先后 10 多次深入有关地、县进行检查指导,狠抓落实。经过治理,全省工商系统撤销了工商部门参加和自行设立的道路检查站(收费点)29 个,实现了在国道、省道基本无"三乱"的目标。为了防止"三乱"反弹,省工商局还通过突击检查、明察暗访等形式,及时发现存在的问题,有针对性地加以解决,有效地巩固了治理成果。

1999 年 4 月,省工商局发布了 9 项公示制度、两项公示制和违示追究制度,以便社会各界监督实施。这些制度是:《企业登记管理公示制度》《外资企业登记管理公示制度》《个体私营经济监督管理公示制度》《公平交易公示制度》《消费者权益保护公示制度》《市场监督管理公示制度》《经济合同监督管理公示制度》《广告监督管理公示制度》《商标监督管理公示制度》《甘肃省工商行政管理机关行政赔偿公示制》《甘肃省工商行政管理机关行政处罚案件听证公示制》《甘肃省工商行政管理机关违示追究制度》。

2000 年,省工商局按照省纠风办关于对民主评议行风回头检查的要求,下发了《关于认真做好民主评议行风"回头看"工作的通知》。为了做好"回头看"工作,省工商局会同省纠风办对部分县、市工商局整改情况进行了检查。针对回头检查中提出的问题,各地(州、市)工商局及时制定了整改措施。在全省2000 年民主评议行风回头检查讲评大会上,省政府聘请的民主评议代表对全省工商系统行风建设给予了客观中肯的讲评。群众对工商系统的满意率由1998 年的 83.2%提高到 2000 年的 90.2%,行风建设得到加强。

2001 年,全省工商系统在推进政风行风建设中,加大了政风行风监察的工作力度。一是严肃政风政纪,对各类违章违纪案件进行了认真查处,尤其对系统存在的违规收费、损害群众利益的问题敢于动真格,严格执行了责任追究制度。这一年,全省系统共有 32 人受到党纪、政纪处分。二是持续开展纠风工作,行业风气进一步好转。各地工商部门继续巩固治乱减负成果,在抓好对国道、省道治理的同时,将治理公路"三乱"向县乡道路延伸,取得明显成效。这一年,全省工商系统基本实现了在所有道路无"三乱"的治理目标。全省工商系统还认真落实减轻企业负担的各项规定,各级工商局对所有收费项目进行了认真清理,对市场管理费、个体工商户管理费减少20%收取的规定,以及国有企业改制过程中登记注册收费有关优惠政策都得到了较好落实。各地工商部门还注意把整顿规范市场经济秩序与整顿规范执法行为结合起来,完善制度,公开财务,加强监督,强化对窗口部位、关键部门、重要岗位的权力制约,从制度上、源头上防止和杜绝不正之风。

2003年9月,国家工商总局下发了《关于印发〈国家工商总局依法行政、文明执法六项禁令〉的通知》。10月13日,省工商局制定下发了《甘肃省工商系统贯彻"六项禁令"实施办法》。《办法》共14条,其中第5条要求:县级以上工商部门应成立实施"六项禁令"督查组,负责对本辖区"六项禁令"执行情况的监督检查。督查组由纪检监察、机关党委、办公室、人事、财务、法制等职能部门人员组成,在局贯彻落实"六项禁令"领导小组的领导下开展工作,其他业务部门按照"一岗双责"的要求各负其责,共同参与抓好"六项禁令"的落实工作。《办法》第6条规定,督查组在例行监督检查时可以行使下列职权:(1)要求被监督检查对象提供与检查内容有关的文件、资料,并就被检查内容做出说明;(2)暂予扣留、封存可以证明违反禁令的文件、资料、物品和非法所得;(3)责令被监督检查对象停止违反禁令的行为,要求其对所造成的危害采取必要的补救措施;(4)对违反禁令的人员和行为进行录音、录像、拍照等取证工作;(5)对监督检查中发现的违纪人员,向所在单位提出纪律处分和采取其他组织处理措施的建议。《办法》还明确提出了有关监督措施:(1)监督检查可以采取明查、暗访、问卷调查、走访监管服务对象、组织群众评议等方式,定期与不定期相结合,加强经常性的检查监督。(2)建立实施"六项禁令"监督检查通报制度,每次监督检查的结果都应公开通报,通报范围由通报单位根据情况自定。对违反禁令的典型案例经领导批准,必要时可公开曝光。(3)对违反"六项禁令"的人员必须严格按照禁令的相关规定予以追究,并向上一级工商行政管理机关备案。需要给予纪律处分的,由其职务任免机关或者监察机构按照规定权限和程序实施;需要追究单位和领导责任的,由人事部门在年度考核和实施奖惩时予以审核把关,提出具体处理意见。(4)县级以上工商部门都应对外公布监督举报电话,就实施"六项禁令"的情况接受社会监督。12315投诉举报中心纳入受理群众监督举报范围,其工作人员接到相关内容的监督举报应立即移送纪检监察等各有关部门处理,不得拒绝受理,或者压送、缓送。

2003 年，省工商局明确提出了"强化内部管理、规范办事程序、提高办事效率、方便人民群众、接受民主监督、促进廉洁从政"的政务公开的总体要求，并先后制定了企业登记管理、外商投资企业登记管理、个体私营经济管理、公平交易、消费者权益保护、市场监督管理、合同监督管理、商标广告监督管理、行政赔偿、行政处罚案件听证等政务公开制度，对各职能部门的法定职责权限、办事条件、办事内容、办事程序、办事时限、收费依据、收费标准、收费部门、受理投诉、申诉范围等做出了明确规定。全省工商系统 102 个机关及 887 个基层工商所统一制作了"政务公开栏""工作职责程序图""目标责任分解图""个人工作进度公示图"，使工商行政管理政务公开做到"一规范、二有、三挂、四上墙"，即建立规范的公开栏，有举报箱和举报电话，做到挂牌办公、挂牌上岗、挂牌收费，机构示意图上墙、行政处罚程序上墙、行政处罚依据和罚没收费标准上墙、行政处罚结果上墙。省工商局根据工商行政管理体制改革实际，制定下发了《甘肃省工商行政管理机关行政执法责任制度》等 11 项配套制度，使政务公开的内容涵盖了全省工商行政管理的所有执法领域和执法单位。同时，要求窗口部门和基层工商所一律实行着装、挂牌上岗制度，公开工作人员的身份和职责。这年，省工商局被省政府评为"持证执法先进单位"，还在省政府会议上介绍了政务公开的经验。

2004 年，全省工商系统继续下大力推进政务公开制度。一是省工商局机关"工商大厦"建成后设立了电子政务公示大屏和 4 台电子政务公开触摸屏。全省各级工商局"窗口"部门和基层工商所一律实行制式着装、挂牌上岗制度，公开工作人员的身份和职责。二是全力打造 12315 工作平台，全省市(州)、县(市、区)工商局以及 400 多个工商所与省工商局实现了微机网络联通，为实行微机收费、网上年检、财务网络、政务公开等创造了物质条件。这一年，全省工商系统有 5 个单位被评为省部级先进集体，两人被评为劳动模范和先进工作者;被国家工商总局表彰的先进工商所 9 个，优秀工商行政管理人员 10 人。当年，全省工商系统在制定和落实《首问责任制》《工商行政管理干部规范用语示例》《工商行政管理干部服务忌用语》等规章制度的基础上，狠抓了作风整顿，严肃工作纪律，坚决纠正不服从分配、迟到早退、溜岗串岗、传闲话、发牢骚等不良现象，有效遏制了"生、冷、硬"和"四难"(门难进、脸难看、话难听、事难办)现象，改进了工作作风，提高了办事效率。

2004 年 4 月，省工商局办公室转发了省政府办公厅《关于印发省属 10 部门限时办结项目的通知》。省工商局属于 10 部门之一，对限时办结，经省政府常务会议的项目讨论通过并批准执行。

省工商局承办限时办结项目

表 13-8

办理项目	办理部门	办理程序	办理时限
公司（企业）名称预先核准（包括中外合资、中外合作、外商投资经营企业）	省、市、县级工商局、企业（外资）处、个体处（科、股）	1.申请受理； 2.核查名称； 3.审查； 4.核准。	3 个工作日（法定时限 10 日内）
公司设立登记（核发企业法人营业执照或者营业执照）	省、市、县级工商局、企业（外资）处、个体处（科、股）	1.法人、其他经济组织、自然人向工商局申请； 2.公司名称预先核准； 3.受理（材料齐全）； 4.审查； 5.核准登记或不予登记； 6.发照。	10 个工作日（法定时限 30 日内）
公司变更登记 公司注销登记			7 个工作日（无法定时限）
非公司设立登记（核发企业法人营业执照或者营业执照）	省、市、县级工商局、企业（外资）处、个体处（科、股）	1.符合《企业法人登记管理条例施行细则》第九条的法人、其他经济组织、自然人向工商局申请； 2.受理（材料齐全）； 3.审查； 4.核准登记或不予登记； 5.发照； 6.公告； 7.缴纳登记费。	10 个工作日（法定时限 30 日内）
非公司变更登记 非公司注销登记			7 个工作日（法定时限 30 日内）
企业集团设立登记（核发营业执照）	省、市、县级工商局、企业（外资）处、个体处（科、股）	1. 企业法人（控股企业）向工商局申请； 2.受理（材料齐全）； 3.审查； 4.核准； 5.发证。	10 个工作日（无法定时限）
企业集团变更登记 企业集团注销登记			7 个工作日（无法定日限）

第十三章　队伍建设

办理项目	办理部门	办理程序	办理时限
企业筹建登记（核发企业筹建登记证）	企业（外资）处、个体处	1.申请； 2.核准； 3.发证。	7个工作日（无法定时限）
中外合资经营企业设立登记（核发企业法人营业执照）	企业（外资）处、个体处	1. 外国合营或中国合营者向省工商局申请； 2.公司名称预先核准； 3.受理（材料齐全）； 4.审查； 5.核准或者驳回； 6.发照； 7.公告； 8.缴纳登记费。	10个工作日（无法定时限）
中外合资经营企业变更登记 中外合资经营企业注销登记			7个工作日（法定时限30日内）
中外合作经营企业设立登记（核发企业法人营业执照或者营业执照）	企业（外资）处	1. 中外合作者向省工商局申请； 2.受理（材料齐全）； 3.审查； 4.核准； 5.缴纳登记费； 6.发照； 7.公告。	10个工作日（法定时限30日内）
中外合作经营企业变更登记 中外合作经营企业注销登记			7个工作日（法定时限30日内）
外资经营企业设立登记（核发企业法人营业执照或者营业执照）	企业（外资）处	1. 外国投资者向省工商局申请； 2.受理（材料齐全）； 3.审查； 4.核准； 5.缴纳登记费； 6.发照； 7.公告。	10个工作日（法定时限30日内）
外资经营企业变更登记 外资经营企业注销登记			7个工作日（法定时限30日内）

续表

办理项目	办理部门	办理程序	办理时限
外资经营企业分支机构、办事机构营业设立登记（核发营业执照或者外商投资企业办事机构注册证）	企业（外资）处	1. 中外合资、中外合作、外资企业向省工商局申请； 2.受理（材料齐全）； 3.审查； 4.核准； 5.缴纳登记费； 6.发照。	7个工作日（法定时限30日内）
外商投资企业分支机构、办事机构营业变更登记 外商投资企业分支机构、办事机构营业注销登记			5个工作日（法定时限30日内）
外国（地区）企业常驻代表机构设立登记（核发营业执照或者外商投资企业办事机构注册证）	企业（外资）处	1.外国（地区）企业向省工商局申请； 2.受理（材料齐全）； 3.审查； 4.核准； 5.缴纳登记费； 6.发证（照）。	7个工作日（法定时限30日内）
外国（地区）企业常驻代表机构变更登记 外国（地区）企业常驻代表机构注销登记			5个工作日（法定时限30日内）
外国（地区）企业在中国境内从事生产经营活动设立登记（核发营业执照）	企业（外资）处	1. 在中国境内从事生产经营活动的外国（地区）企业向省工商局申请； 2.受理（材料齐全）； 3.审查； 4.核准； 5.缴纳登记费； 6.发照。	7个工作日（法定时限30日内）
外国（地区）企业在中国境内从事生产经营活动变更登记 外国（地区）企业在中国境内从事生产经营活动注销登记			5个工作日（无法定时限）

办理项目	办理部门	办理程序	办理时限
个体工商户设立登记	各县(市、区)工商局(分局)	1.自然人向工商局申请; 2.审核; 3.登记;、 4.交费; 5.颁发营业执照。	7个工作日(法定时限30日内)
个体工商户变更登记 个体工商户注销登记			5个工作日(无法定时限)
私营企业设立登记	省、市、县级工商局个体处(科、股)	1. 法定的投资人向工商局申请; 2.受理(材料齐全); 3.审查; 4.核准或不予核准; 5.缴纳登记费; 6.颁发营业执照。	7个工作日(法定时限30日内)
私营企业变更登记 私营企业注销登记			5个工作日(法定时限15日内)
合伙企业设立登记(核发营业执照)	各级工商局个体科(不包括省级)	1.受理(材料齐全); 2.核准或不予核准; 3.缴纳登记费; 4.颁发营业执照。	7个工作日(法定时限30日内)
合伙企业变更登记 合伙企业注销登记			5个工作日(法定时限30日内)
个人独资企业设立登记	市、县级工商局个体科(不包括省级)	1.自然人向工商局申请; 2.受理(材料齐全); 3.审核; 4.核准或不予核准; 5.缴纳登记费; 6.颁发执照。	7个工作日(法定时限15日内)
个人独资企业变更登记 个人独资企业注销登记			5个工作日(法定时限15日内)
公司、非公司企业法人、经营单位(包括公司、企业法人及其分支机构、外商投资企业及其分支机构、合伙企业、个人独资企业、私营企业及其分支机构)	省、市、县级工商局企业(外资)处、个体科(科、股)	1.申领、报送验照申请书; 2.受理年检材料; 3.审核; 4.缴纳年检费; 5.加贴年检标识和加盖年检戳记; 6.发还营业执照。	7个工作日(无法定时限)
个体工商户验照(年度)	县级工商局个体科	1.申领、报送验照申请书; 2.受理; 3.审核; 4.加贴年检标识; 5.发还营业执照。	7个工作日(法定时限30日内)

续表

办理项目	办理部门	办理程序	办理时限
印刷品广告登记(包括固定形式印刷品广告、核发临时性广告经营许可证)	商标广告管理处	1.企业法人、其他经济组织或个人向工商局申请； 2.申请受理(材料齐全)； 3.审查； 4.核准或者驳回； 5.发证。	2个工作日(法定时限7日内)
户外广告登记(核发户外广告登记证)	省、市、县级工商局商标广告管理处(科、股)	1.法人、其他经济组织或个人向工商局申请； 2.申请受理(材料齐全)； 3.审查； 4.核准； 5.发证。	2个工作日(法定时限7日内)
烟草广告批准	商标广告管理处	1.法人、其他经济组织或个人向工商局申请； 2.申请受理(材料齐全)； 3.审查； 4.核准； 5.发证。	2个工作日(法定时限7日内)

　　2004年4月,省工商局向全省系统印发了《关于推行首问责任制实施意见》。首问责任制是指:凡生产者、经营者、消费者和人民群众到工商部门办事或电话咨询,包括申请办理各类登记注册、变更、注销、投诉以及办理相关事宜时,所接触的第一位行政工作人员,即为首问责任人,首问责任人必须热情耐心地解答办事人所提问题,积极处理或协助引导办事人提请有关部门处理。这一制度的具体内容是:(1)首问责任人必须主动热情,以礼待人,使用文明规范用语,仔细耐心地接受问询,不得以任何借口推诿、拒绝、搪塞办事人或拖延办理时间。(2)首问责任人对属于自己职责范围内的事宜,要立即准确地答复或协调办理;自己不能解决的,要及时向上级请示报告;因客观原因不能当即答复办理的,必须说明理由,并认真做好解释工作。不属于自己职责范围的,要向办事人或来访群众讲清楚,并按职能规定负责将其指引到有关部门受理。坚决防止态度生硬,含糊其辞,切不可以"不知道"或"我不管"打发了事。(3)首问责

任人答复办事人提出的问题时,既要实事求是,又要符合政策法规,答复要准确、清楚、有根有据。对于不清楚或掌握不准的问题,要及时请示领导或咨询有关部门后给予准确答复。对于确实无法解答和无法解决的问题,要向办事人说明情况,答复问题时,切忌模棱两可或信口开河。(4)首问责任人对接受咨询、答复办事人所提问题、办理投诉中的重要事项,以及办理和答复的详细情况,都要认真做好记录,并了解和记录办事人的基本情况、所提要求,以备查询。《实施意见》强调了各单位局长、机关各处室(科、股、队)的主要负责人分别是实施首问责任制的第一责任人,对落实这项制度负主要责任,班子其他成员和部门副职根据分工,对职责范围内首问责任制的落实工作负领导责任;首问责任人对首问事项负直接责任。《实施意见》还提出,为了确保首问责任制落到实处,各级要建立完善督促检查制度,采取定期检查、不定期抽查等方式,对首问责任制实施情况进行检查,发现问题,及时整改,并适时将检查情况予以通报。要严格执行责任追究制度。首问责任人对待办事人态度生硬粗暴、办理不及时、答复不明确、影响办事质量和效果的,因拒绝、推诿造成不良影响的,或办事人不满意而投诉的,查实后分别追究首问责任人、第一责任人和相关领导的责任,按有关规定进行处理。对办事人提出的问题由于处理不当,造成办事人上访或严重损害政府职能部门形象的,要严肃追究当事人及责任人的责任,给予政纪处分。各级要将首问责任制实施情况纳入年度工作目标责任制考评和公务员考核的内容。对在实施首问责任制过程中,出现违反规定或被投诉受到行政处分的个人及部门、单位,不得评为当年任何形式的先进个人和集体。

第五节　党的建设工作

20世纪80年代初,全省各级工商部门党的建设工作分别由当地党委直接管理或由指定的组织机构代管。1990年11月,省工商局机关党委成立后,专职担负省工商局直属机关党建工作。1991年5月之前,省工商局干部工作划入省计划委员会党组归口管理。

1989年6月开始,省工商局分别召开支部会议,认真传达学习讨论邓小平同志的重要讲话。继续坚决执行党的十一届三中全会以来的路线、方针和政策,继续坚定执行党的十三大确定的"一个中心、两个基本点"的基本路线,坚决反对资产阶级自由化。对"6·4"事件进行了深刻分析,搞清了坚持四项基本原则同改革开放、内政与外交、现在与未来等一系列重大问题及相关关系。

　　1993 年,全省工商系统着力推进作风建设。省工商局党组做出了《关于加强机关作风建设的决定》,并下发全省工商系统。各级党支部参与活动,解决党员队伍中存在的问题。1996 年 3 月,省工商局部署全省工商系统开展了"学理论、学英模、学业务,开展职业道德教育和'爱我工商'教育,树立工商新形象"(简称"三学两教一树")活动,各级党支部配合了这一活动。

　　1999 年 9 月至 2000 年 5 月,按照中共中央的统一部署,2000 年 9 月省工商局机关党委下发了《关于进一步深入开展创建"双优一文明"活动的安排意见》。9 月 28 日省工商局机关党委又下发了《关于转发〈省直机关创建"双优一文明"活动考核标准及评分办法〉的通知》。对开展这一活动的标准及评分标准,进一步作了细化,增强了考核评比的可操作性。

文明机关考核标准

表 13-9

项目	考核标准	评分办法
素质优秀30分	1.重视理论学习,支持并积极组织党员、干部职工学习现代科技知识、业务知识,机关干部队伍思想政治素质和业务素质高。 2.讲政治、讲正气,机关思想政治工作经常化,管理制度化、科学化,形成积极努力、奋发向上的良好氛围。 3.领导敢于管理、善于管理,职工主动参与民主管理,自觉坚持机关的各项规章制度,没有软弱涣散的处(室),没有违法乱纪的人和事。 4.积极参加集体活动,纪律严明,秩序良好,言谈举止文明礼貌,具有良好的文明形象。	综合评估 扣分标准:发生违法乱纪的人和事,每人次最低扣除 3 分,严重的本项分全部扣除。

续表

项目	考核标准	评分办法
服务优质30分	1.服务意识强,主动为经济建设服务,为基层服务,为群众服务。 2.单位制度健全,职责清楚,岗位分工明确,不推诿扯皮,工作程序化、规范化。 3.勤奋敬业,积极工作,态度热情,语言文明,办事周到,为群众提供方便。	综合评估 扣分标准: 服务意识不强,服务态度不好,服务质量差,群众不满意的,本项分全扣。
作风优良25分	1.坚持从实际出发,实事求是,说真话,办实事,不弄虚作假。 2.依法行政,严格按制度办事,不以权谋私,自觉克服和纠正行业不正之风。 3.深入实际,深入基层工作调查研究,求真务实,不搞形式主义,不做表面文章。 4.艰苦奋斗,勤俭节约,不讲排场,不搞攀比,不挥霍浪费。	综合评估 1.弄虚作假,一经查实,取消评选资格。 2.行风评议中,社会反映强烈,群众意见大的取消评选资格。
环境优美15分	1.办公室干净整洁。 2.办公场所秩序好、绿化好。 3.公共设施干净卫生,维护使用正常。 4.社会治安综合治理搞得好。	综合评估 扣分标准: 1.办公室卫生差,扣3分; 2.公共设施卫生状况不好的扣3分; 3.治安保卫制度不健全,措施不落实,治安状况差的,扣5分。

优秀共产党员考核标准

表13-10

项目	考核标准	评分办法
讲学习20分	1.努力学习马列主义、毛泽东思想和邓小平理论,具有较高的理论素质。 2.努力学习党的方针政策,具有较强的政策水平。 3.努力学习文化知识和现代科技,刻苦钻研业务,具有做好本职工作的能力。	综合评估 扣分标准: 1.无故不参加政治学习和培训的,每次扣5分。 2.无读书笔试、心得体会的扣5分。
讲奉献20分	1.牢固树立全心全意为人民服务的宗旨,时刻把党和人民的利益放在首位,不计较个人得失。 2.舍己为公,顾全大局,自觉服从组织安排。 3.不怕困难,不怕牺牲,无私奉献,任劳任怨,勇挑重担。 4.热爱本职工作,多做奉献,受到群众好评。	综合评估 工作不服从组织安排的,取消评选资格。

续表

项目	考核标准	评分办法
讲政治20分	1.有坚定的共产主义信念,坚定地走建设有中国特色社会主义道路。 2.热爱祖国,热爱人民,热爱中国共产党,在思想上、政治上、行动上与党中央保持高度一致。 3.坚持党的基本理论、基本路线,始终保持政治上的清醒。 4.模范遵守国家的法律、法规,自觉遵守党风党纪的有关规定。	综合评估 有违法乱纪行为的取消评选资格。
讲效率20分	1.思想解放,开拓进取,创造性地开展工作。 2.业务精通,工作勤。 3.善于总结工作经验,掌握工作规律。 4.工作效率高,质量好。	综合评估 完不成任务的取消评选资格。
讲正气20分	1.坚持原则,坚持真理,崇尚先进,弘扬正气,坚决同不良风气做斗争。 2.忠诚老实,光明磊落,作风正派,团结同志。 3.忠于职守,勤政为民,公正廉洁,克己奉公。 4. 加强党性锻炼,具有良好的社会公德和职业道德、伦理道德。	综合评估

优秀党组织考核标准

表 13-11

项目	考核标准	评分办法
学习带头25分	1.认识学习马列主义、毛泽东思想和邓小平理论,坚定不移地贯彻党的基本路线和十五大精神,坚定解放思想,实事求是的思想路线,讲学习、讲政治、讲正气,在思想上、政治上、行动上与党中央保持一致。 2.领导干部努力学习掌握市场经济知识、现代科技知识、管理知识、业务知识和法律知识,了解文学知识和历史知识。 3.中心学习组制度健全,有计划、有安排、有重点、有学习笔记,每月集中学习不少于两天;学习出勤率在90%以上,每人每年撰写1篇以上调研报告或论文。 4.党组织成员按计划参加理论培训,按时完成学习任务并考核合格。本部门本单位干部理论脱产培训任务完成较好,本部门本单位干部职工理论学习抓得较紧。	综合评估 扣分标准: 1.学习没有计划、安排工作的扣3分。 2.达不到学习次数扣2分,出勤率在50%以下的扣2分,超过50%不足规定的扣1分。 3.学习笔记、调研报告、论文达不到规定要求的扣1分。 4.按规定未完成培训任务,缺1人扣0.5分。
团结带头25分	1.民主集中制,重大决策由集体讨论决定并符合程序,符合国家和社会的整体利益。 2.班子成员团结协作,互相支持,互相谅解,不闹无原则纠纷。 3.严格遵守党内政治生活准则,按规定召开领导干部民主生活会,同时以普通党员身份参加所在党组织生活会。 4.领导班子成员之间经常交心谈心、互相帮助,领导班子内部政治生活正常,能认真开展批评与自我批评。	综合评估 扣分标准: 党员干部不参加双重组织生活会、领导班子不团结扣10分。
工作带头25分	1.以经济建设为中心,深化改革,勇于创新,全面完成本职工作任务。 2.顽强拼搏,克服困难,不断开创工作新局面。 3.坚持两手抓,两手都要硬的方针,不断推进机关精神文明建设。 4.牢记党的宗旨,密切联系群众,努力为基层和群众办实事。 5.切实转变工作作风,深入基层,调查研究,扎实工作,注重实效。 6.认真抓好机关党的工作和思想政治工作,本单位没有软弱涣散的基层党组织和严重违纪的党员。	综合评估 扣分标准: 1.在省委、省政府及有关部门开展的重要活动中,因组织不力,受到批评的扣5分。 2.无特殊理由,未完成工作任务的扣10分。 3.所属党组织软弱涣散受到上级点名批评的,每次扣3分。

项目	考核标准	评分办法
廉政带头25分	1.严格执行党的路线、方针、政策和国家的法律、法规,认真落实中央、省委有关党风廉政建设的规定和办法。认真贯彻党风廉政建设责任制。 2.认真执行党风廉政建设制度,班子成员无违法违纪行为,无以权谋私和腐败现象。 3.认真贯彻执行《党政领导干部选拔任用工作暂行条例》。 4.坚持原则,勇于同腐败现象做斗争。 5.密切联系群众,勤俭节约,艰苦奋斗,办事公正,党群干群关系正常。	综合评估 1.违反党风廉政建设责任制规定受到追究和查处的,取消评选资格。 2.领导成员中有严重违法违纪,受到党纪、政纪处分或被追究刑事责任的,取消评选资格。

2003年11月,省工商局机关党委印发了《省工商局基层党支部工作纲要(试行)》。《纲要》规定了党支部工作的10项制度,即党员大会制度、党支部委员会工作制度、组织生活制度、党课制度、党内监督制度、思想政治工作制度、民主评议党员制度、目标管理制度、报告工作制度、党支部工作手册记事制度。其中组织生活制度规定:(1)党支部要经常对党员进行参加党的组织生活会重要性的教育,定期讲评组织生活会的情况。(2)党支部每月过一次组织生活,每年召开一次民主生活会。(3)组织生活要加强思想性、政治性和原则性,认真开展批评与自我批评,及时表扬先进,敢于批评后进,防止和克服"好人主义"。(4)离退休干部党支部应根据实际情况,妥善安排好组织生活。(5)做好组织生活的考勤、记录。思想政治工作制度规定:(1)经常研究分析党员、群众的思想状况并提出做好工作的意见。(2)思想政治工作要围绕党的中心工作和本部门的业务工作,紧密结合新的形势、新的任务和党员群众思想实际进行,加强预见性、主动性,增强针对性、有效性。坚持实事求是、教育疏导的原则,帮助广大党员、群众解决学习、工作和生活上遇到的思想问题和实际问题,调动一切积极因素,增强凝聚力。(3)广泛开展谈心活动,做好一人一事的思想工作。(4)要注重寓教于乐,经常开展形式多样的学习教育活动和文体娱乐活动。

2005年1月—6月，全省工商系统用5个多月时间开展了保持共产党员先进性教育活动。全省工商系统598个党组织、6747名党员参加了这一教育活动。这次教育分为学习培训、分析评议、整改提高3个阶段进行。在整个教育活动中，省工商局加强了组织领导，各级均成立了教育活动领导小组，全省工商系统派出了109个督导组进行督促指导，各级都制定了领导干部联系点制度，建立了314个联系点。在教育活动中，省工商局机关在红盾网上刊载有关教育的信息报道654件（条），全省工商系统编印教育活动简报129期。省工商局党组在全省系统挑选了学习教育中表现优秀的15名党员组成巡回宣讲团进行宣讲，对学习教育起到了引路的作用。在分析评议阶段，全省工商系统共征求到各种意见和建议4090条，其中征求到对省工商局党组和机关的意见建议167条，经归纳梳理为73条。各级领导班子成员广泛开展了谈心活动，相互沟通，开展批评与自我批评，消除误会，化解矛盾，密切了干群关系，增强了凝聚力。为了使教育活动取得实效，全省工商系统进行了8个方面的整改：

1.围绕提高党员思想政治素质整改。省工商局制定了《省工商局中心组理论学习制度》《关于建立健全新形势下思想政治工作有关制度的意见》等制度和规定，进一步明确了党员理论学习的内容、要求和措施保证。各级工商局制定了把政治理论学习同业务知识学习结合起来的计划，以拓宽知识面和适应新形势下工商行政管理工作的需要；把学习理论同构建和谐社会、和谐机关结合起来，省工商局初步制定了建设和谐机关的具体标准和要求。

2.围绕加强各级领导班子建设整改。按照《省工商局党组关于加强全省工商行政管理系统各级领导班子建设的意见》，进一步规范了领导班子建设，健全了党组民主生活会制度，认真贯彻民主集中制原则；按照《省工商局党组选拔领导干部酝酿会议规程》《选拔任用领导干部工作规程》《选拔任用领导干部暨干部人事管理办法》《干部交流实施办法》《异地交流和任职干部有关事项暂行规定》等制度规定，进一步提高了干部管理工作水平。

3.围绕加强基层党组织建设整改。完善了《关于调整基层工商所机构设置和进一步加强基层建设的实施意见》，制定下发了《关于进一步加强基层党组织建设的意见》，开展了对软弱涣散的基层党组织的整改工作，按照党支部建在工商所的要求,健全了基层党组织。据不完全统计,全省工商系统在先进性教育活动期间,共调整健全了 212 个工商所党支部,新设立了 214 个工商所党支部。按照把基层党组织建设成为贯彻落实"三个代表"重要思想的组织者、推动者和实践者的标准,逐步加强工商所党支部的全面建设。

4.围绕建立党员受教育、群众得实惠的长效机制整改。初步制定了《甘肃省工商行政管理构建和谐机关的实施意见》,修订完善了《基层党支部工作制度》等,逐步推进党员的学习、教育、监督、管理的经常化和规范化。

5.围绕改进干部教育培训工作整改。进一步推进《2003~2007 年全省工商系统干部教育培训计划》等规定的落实。

6.围绕提高服务基层工作水平整改。省工商局制定下发了《关于省局机关干部开展下基层活动的安排意见》,这一年 6 月下旬开始,分期分批组织省工商局机关干部开展了下基层活动;制定了加大基层投入,改善基层办公、生活条件的措施,为基层人员更好工作提供条件。先进性教育活动期间,省工商局挤出资金,为基层增拨了 400 万元,用于改善基层条件。

7.围绕加强机关作风建设、提高办事效率整改。全省工商系统严格落实《省局机关及直属单位考勤制度》和《全省工商行政管理系统县处级领导干部请假暂行办法》,进行机关工作作风、工作纪律、政容风纪的集中整顿,切实解决"门难进、脸难看、话难听、事难办"和办事拖拉、互相推诿扯皮以及不给好处不办事、给了好处乱办事的问题;建立健全《首问责任制》《限时办结制》《政务公示制》等制度,并结合实际,抓紧完善办事程序和有关制度,进一步理顺业务关系,提高办事效率和办事质量。同时,实行了党员佩戴党徽活动,增强党员意识,自觉接受社会和群众监督。

8.围绕加强廉政建设整改。完成了建立健全教育、制度、监督并重的惩治和预防腐败体系有关制度的起草工作,进一步用制度规范从政行为,按制度管人办事;加强了对权力运行机制制约和监督工作的研究,把监督关口前移,保证权力用来为人民谋利益。

经过 5 个月的努力,全省工商系统保持共产党员先进性教育活动取得了明显成效。一是进一步健全了党组织。这一年,全省工商系统共新成立党支部

220个,基本上达到了支部建在所上的要求。二是针对群众提出的省工商局机关干部深入基层较少的意见,省工商局党组决定,省工商局机关处以下干部分期分批深入基层,接受锻炼,开展调查研究。当时有40名省工商局机关干部分赴全省系统各基层单位。三是提高了服务质量和水平。从"便民、利民"出发,各级工商部门认真落实《首问责任制》《限时办结制》《政务公示制》,在规定期限内办结有关证照,并将办理进度表、办理结果等内容及时在大屏幕和网上公示,便于群众了解查询。各基层工商局(所)定期组织现场办公、"一站式"审批、"一条龙"服务活动,使群众真切体会到先进性教育活动带来的显著变化。四是着眼长远发展,努力构建党员教育的长效机制。为确保党员长期受教育,省工商局制定完善了有关党员学习教育制度。为了强化党员意识并接受群众监督,省工商局党组做出统一规定,并统一定做下发党徽,要求全省工商系统党员佩戴党徽。为了进一步加强全省工商系统基层党的工作,提高党支部的凝聚力和战斗力,结合系统党支部工作实际,省工商局制定了《甘肃省工商行政管理局基层党支部工作制度》,对"党员大会制度""党支部委员会工作制度""组织生活制度""党课制度""党内监督制度""思想政治工作制度""民主评议党员制度""目标管理制度""报告工作制度""党支部工作手册记事制度"10项制度进行了修订完善。

2006年,全省工商系统把党的思想建设与组织建设紧密结合起来,抓好党的建设工作。省工商局起草上报了《甘肃省工商行政管理局关于选拔女干部女党员工作情况的报告》;表彰了一批先进典型,省工商局有2个基层党组织、1名党员受到省直工委的表彰,局机关党委还表彰奖励了3个优秀党支部和29名优秀党员;在省直工委的"践行职业道德"征文活动中,省工商局机关上报了6篇文章参加了征文比赛,其中《浅谈增强党员意识是新时期党的先进性建设的迫切需要》的文章获优秀奖。省工商局还贯彻落实省直机关工委下发的《关于加强党员经常性教育改进机关党建工作的意见》和本局制定的《全系统基层党支部工作制度》《省局党组中心组学习制度》《关于加强党员经常性教育的意见》4个保持共产党员先进性的制度,汇编了《机关各支部整改方案》《基层党支部党员岗位先进性标准》等。此外,省工商局各党支部都建立了各自的基层联系点,并为基层解决了一些实际困难。

2008年,全省工商系统一是加强了基层组织制度建设。省工商局机关党委进一步完善了《省工商行政管理局机关党建工作目标责任制实施办法》《省工商局机关党支部工作制度》《关于加强党员经常性教育工作实施办法》和《省工商局机关建立党建工作联系点制度》。同时,机关党支部与基层单位及服务对象建立了党建工作联系点,联系点覆盖面广、层次多,初步形成了机关党组织联系基层单位及服务对象,党组织、机关党员联系基层党员,互相帮学习、互相帮工作的"双联双帮"机制。二是及时理顺党组织关系,不断完善组织机构。三是认真落实党建责任制。省工商局机关党委按照《省工商行政管理局党建工作目标责任制实施办法》的要求,与各支部签订了《党建目标责任书》,并组织进行了考核。按照中共中央、省委、国家工商总局的统一部署和省直机关工委关于《省直机关开展"加强作风建设,创建和谐机关,促进科学发展"主题实践活动实施方案》要求,全省工商系统开展了以学习贯彻胡锦涛同志在中纪委七次全会上的重要讲话精神,加强领导干部5个方面的作风建设,开展以8个方面的良好风气为主要内容的"加强作风建设,创建和谐机关,促进科学发展"主题实践活动以及"贯彻党的十七大精神,落实科学发展观,工商机关怎么办"的学习讨论活动,党组织的创造力、凝聚力和战斗力明显增强。四是建立健全了党员信息库。机关党委按照省直机关工委的要求,建立健全了机关党组织和党员信息库建设,并搞好信息库的维护、管理、审核、汇总,按时上报。按照上级的要求进行了重新录入工作,使党员信息采集更加真实合理,反映了党组织和党员的最新状况,确保了省工商局机关党组织和党员信息库建设的全面落实。

第十三章 队伍建设

第六节　精神文明建设

从20世纪80年代初至90年代中期,全省工商系统的精神文明建设大多为自发性地开展一些活动,比如每年开展"学雷锋、做好事",打扫环境卫生,整治市场"脏、乱、差"等,对精神文明建设的深刻内涵学习理解还比较肤浅,活动开展也不经常。

1996 年 7 月,省工商局在兰州举办了"甘肃省首届红盾书画展"。这次书画展在全省工商系统尚属首次,在不足两个月的征稿时间内,省工商局共收到包括书法、绘画、剪纸、摄影等 560 件作品,从中选出了近 200 幅作品展出。省上老领导许飞青、黄罗斌、韩正卿、应中逸等观看展览并题词;甘肃省著名书画家及省市书画协会负责人作书、作画进行祝贺,并担任本展览评委。经评委反复评审,共评选出了一等奖 3 个、二等奖 3 个、三等奖 6 个、优秀作品奖 37 个、组织奖 1 个。省工商局对获奖作品的作者和单位予以奖励和通报表扬。在本省工商系统展评的基础上,省工商局还筛选出一部分作品参加了国家工商局在北京举办的"首届全国工商系统摄影书画展"。

1998 年 1 月,省工商局做出了《关于建立全省工商行政管理系统精神文明建设示范点的决定》。结合"做合格的工商行政管理干部,当人民满意的公务员"活动,讲求职业道德,规范执法行为,树立文明管理风尚,促进监督管理职能到位。确定了兰州市工商局七里河分局建兰路工商所等 15 个全省工商系统精神文明示范单位。

1998 年至 2002 年,省工商局统一规划、统一标准、统一组织,采取各种有效措施,使全省工商系统的精神文明创建活动由"盆景式"向"森林式"、由封闭性向开放性转变,创建成效也逐渐凸显出来。

1999 年,全省工商系统以全省实行垂直管理为契机,把精神文明创建活动与市场监管等职能紧密结合起来,努力推进全社会的精神文明建设。这年,各级工商部门在全省范围内集中开展了打击中小学校周边文化场所不良行为,尤其加强了对电子游戏机、变相赌博经营门店的专项查处,保护了青少年学生的健康成长,有效地净化了文化市场,促进了社会文明风尚的形成。4 月 16 日,省工商局与省精神文明建设指导委员会办公室(简称省文明办)联合发出了《关于表彰 1998 年公益广告优秀作品、先进单位的通报》。共评出获奖作品 12 件,先进单位 6 个。

2001 年 2 月,省工商局向全省系统印发了《关于加强精神文明建设的实施意见》。(1)树立"三个观念"。一是要树立监管大市场的观念,要切实履行市场监管和行政执法的基本职能,努力维护好市场秩序,保障社会主义市场经济的健康运行;二是要树立发展的观念,监管和执法的目的是促进发展,要坚持"三个有利于",严格依法行政,规范市场监管执法行为;三是要树立开放的观念,建立独立、统一、严格、公正的政法机制,努力营造有利于扩大国际经济交流与合作的社会主义统一大市场的良好市场环境。(2)做到"两个适应"。一是加强各级领导班子建设和干部队伍建设,适应实践"三个代表"重要思想的要求;二是加强对有关法律法规、市场经济知识、国际通用规则和现代科技等的学习,适应加入世贸组织,扩大对外开放新形势的要求。(3)要紧扣"八个标准"开展工作。一是领导班子坚强有力,二是业务工作实绩显著,三是精神文明活动扎实,四是思想道德风尚良好,五是文体活动健康活跃,六是遵纪守法安定团结,七是环境优美秩序良好,八是计划生育工作先进。把精神文明建设和业务工作统一纳入目标管理,坚持"四同步、五落实",坚决克服和纠正重视业务工作而忽视精神文明建设的倾向。"四同步":一是目标任务同步,在安排年度、季度、每月的业务工作时,把精神文明建设一并部署,同等要求,并对各项指标具体量化;二是工作指导同步,在指导、检查业务工作的同时,指导、检查精神文明建设;三是工作抓法同步,与业务工作同时签订责任书并同时兑现奖罚;四是干部考评同步,既考评干部在业务工作上的实绩,又考评在精神文明建设上的表现。"五落实",即计划落实、措施落实、责任落实、领导落实、经费落实。

第十三章　队伍建设

　　同年,省工商局成立全省工商系统精神文明建设领导小组及办公室,办公室设在省工商局机关党委。对全省各级工商部门的精神文明建设工作,全省工商系统精神文明建设领导小组及办公室认真指导和督促检查,及时了解工作进展情况,帮助解决存在问题,总结经验,发现典型,切实做到书记常抓、领导常议、机构常设,保证各项工作落到实处并收到实效。省工商局要求各地(州、市)、县(市、区)工商局也要成立精神文明建设领导小组及办公室,按照属地化管理的原则,积极参加、认真组织由各地开展的各项创建活动;结合各自实际,研究制定实施意见和方案,并监督考核本地区、本部门和本单位的贯彻执行。各地(州、市)工商局要将工作进展及主要做法、典型经验等情况及时定期上报全省系统精神文明建设领导小组及其办公室。全省工商系统的精神文明建设工作,实行省、地、县三级管理,条块结合的管理体系。

2001 年 3 月,省工商局制定并印发了《全省系统关于精神文明建设考评暂行标准》,对考评项目做出了详细规定。这一年,全省工商系统组织干部职工学习贯彻省工商局的《实施意见》和《考评标准》,由于组织得力、标准统一、要求严格,使精神文明创建活动取得了前所未有的明显成效。全省绝大多数地(州、市)工商局领导班子对精神文明建设认识明确,高度重视。对精神文明建设目标责任具体量化,措施落实到位。注重发挥示范效应,加强硬件设施建设,夯实精神文明建设的环境基础。有力地促进了工商行政管理的各项工作,受到了各级党委、政府的充分肯定和人民群众的好评。截至 2001 年底,全省系统被各级政府授予"文明单位"称号的工商局有 53 个、工商所 154 个,分别占总数的 54.6%、18.3%。

2002 年,全省工商系统开展精神文明创建工作,开展了以社会主义思想道德风尚为主要内容的创建活动。各级工商局利用当地的爱国主义教育基地,如八路军驻兰州办事处、兰州华林山烈士陵园、会宁红军会师塔、高台红军西路军烈士陵园、酒泉卫星发射基地等,组织干部职工参观学习,激发大家的爱国与报国热情,接受先进的思想道德文化的熏陶。通过教育和开展各类有益的活动,在全省系统涌现出了许多好人好事。地处偏远地区的积石山县工商局,为 40 户贫困群众捐款 4400 多元,为 10 名特困学生解决书费、学杂费 1000元。省工商学校的师生向受灾的陇南地区、定西地区捐款 1500 元,捐物 1100余件。天水市工商局为"希望工程""母亲水窖"、受灾个体工商户捐物折合人民币 22 万余元。省工商局机关及直属单位"爱心助残"捐款 1.73 万元。按照精神文明建设的目标,全省工商系统对行业风气进行了重点整治。各级工商局把它作为创行业新风、树立工商新形象的契机,对群众反映强烈的"吃、拿、卡、要"、以权谋私和乱收费、乱罚款、乱摊派以及粗暴管理等问题进行了严肃查处,从严处理了一批违纪人员。省工商局机关和兰州市工商局推行了"首办责任制",规范了行业行为,提高了服务质量。在省工商局的领导下,各级工商局全方位地开展了"三优一满意"(优质服务,优良作风,优美环境;争做人民满意公务员)活动,争创"文明示范窗口",大大提高了干部职工的服务意识。秦安县工商局兴国第一工商所工作人员到结对的兴丰工商所开展工作期间, 发生了一起严重暴力抗法事件,工商所人员文明理智,依法行政,打不还手,骂不还口,树立了良好的执法形象,得到群众和有关部门的高度评价,其事迹曾被《中国工商报》在头版进行了报道。省人大常委会对全省工商系统进行工作评议,认为工商行政管理工作做得好的和比较好的占到了95.46%,群众对工商系统行风的满意率逐年提高。天水市工商局在精神文明建设工作中,提出了"树典型,以点带面,全面推进,共同提高"的工作思路。10月4日,天水市工商局在秦安县召开了全市工商系统精神文明现场会,总结交流了加强精神文明建设的经验和做法,推广了秦安县工商局的经验,研究和探讨新形势下工商部门进一步加强精神文明建设的方法措施,查找在精神文明创建工作中存在的问题,进一步明确了创建工作的目标。对天水市工商局的做法,省工商局给予了肯定,并向全省工商系统下发了《关于印发天水市工商系统精神文明建设现场会典型经验的通知》,将其创建经验在全省工商系统推广。平凉市工商局对37个工商所的办公室进行了维护;张掖地区工商局投入196万元对4个基层工商所办公室进行了改建,投入20万元对一线窗口单位配备微机,实行了对企业、个体工商户的微机管理,强化了服务功能;秦安县工商局每年要用近3万元征订各种报刊资料,培养干部职工读书看报的兴趣。在"三八""五四""七一""十一"等纪念节日,各级工商部门都开展形式多样、健康向上的文化娱乐活动。武都县工商局每年都要组织秧歌队、龙狮队参加春节演出。全省工商系统干部职工还积极参与"全民健身"活动。秦安县兴国第二工商所每天坚持15分钟工间操活动;嘉峪关市工商局组织干部职工参加长跑比赛;临夏州工商局在州级机关组织的体育赛事中,获射击比赛女子团体第一名,男子篮球比赛第一名。

2003年9月,省工商局做出了《关于表彰奖励全省系统精神文明建设先进单位和先进工作者的决定》,对被评为区级以上(含区级)文明单位的地(州、市)工商局和被评为省级、国家级文明单位的地(州、市)工商局、县(市、区)工商局(分局),以及11个工商所予以表彰奖励;对在本系统精神文明建设中做出突出成绩的先进单位和先进工作者予以表彰奖励。获国家级精神文明单位称号的有:酒泉市工商局、敦煌市工商局。获省级精神文明单位称号的有:庆阳市工商局、天水市工商局秦城分局。获地级精神文明单位称号的有:临夏州工

商局、金昌市工商局、天水市工商局、嘉峪关市工商局;获县级精神文明单位称号的有武威市工商局等14个单位。获全省工商系统精神文明建设先进工作者称号的有:临夏市工商局马仲华等14人。

2003年10月中旬,全省工商系统精神文明建设经验交流会在酒泉市工商局召开,这是1980年以来全省工商系统召开的第一次精神文明建设工作会议。会上印发了11个单位和个人的事迹材料,对获国家级、省级文明单位称号的11个单位以及全省系统精神文明建设先进单位、先进个人进行了表彰奖励。省委副书记马西林在会上作了讲话,省工商局对今后的精神文明建设工作进行了安排部署。这次会议的召开表明,全省系统的精神文明建设工作在"抓班子,带队伍,树形象"整体工作思路指导下,已经扎扎实实地开展起来。这年,省工商局也跻身于市级文明单位的行列,正努力创建省级文明单位。

2004年12月,省工商局发出《关于创建"文明单位"情况的通报》。认为自2003年省工商局在酒泉市召开精神文明建设创建工作会议之后,全省工商系统各级对创建工作认识明确,高度重视,各地均加强了创建活动的组织领导,实行了"一把手"负责制。坚持以人为本,挖掘潜力。重在建设,全员投入,打破了束缚精神文明建设的瓶颈。

2005年2月,省工商局发出《关于对获得2004年度"文明单位"奖励的通报》。酒泉市工商局肃州分局等6个单位被省委、省政府命名为省级文明单位,张掖市工商局、武威市工商局分别被张掖市委、张掖市政府和武威市委、武威市政府命名为市级文明单位,白银市工商局被白银市委、白银市政府命名为市级文明单位。省工商局决定对以上单位给予奖励。

2006年,全省工商系统在精神文明建设中,按照"12345"(一个结合,两个围绕,三个重点,四个载体,五个到位。一个结合:条条抓与块块抓相结合。两个围绕:一是紧紧围绕工作的大局和中心找题目,二是要紧紧围绕市场监管和行政执法做文章。三个重点:突出党政部门关注的焦点,队伍建设存在的难点,人民群众关心的热点。四个载体:通过深入开展法治工商、诚信工商、信息工商、文明工商的建设活动,使之成为精神文明建设有力的支撑和重要内容,全力打造工商系统的崭新形象。五个到位:思想到位、领导到位、措施到位、投入到位、工作到位)的整体工作思路,着力抓了 5 项工作:一是注意结合行业特点,将精神文明建设融入法治工商、诚信工商、文明工商、信息工商的建设之中,使之成为精神文明在工商行政管理行业中的创建载体。二是注意上抓"牵头"(省工商局),以期上行下效,下抓典型,以期以点带面、整体推动,使创建工作形成自上而下完整的工作体系。当年,省工商局制定了《创建省级文明单位实施方案》,局机关职能部门也先后出台了政务公开制、行政执法责任制、过错追究制、首问责任制、工商行政管理示范用语等规章制度及创建文明单位的相应措施,使精神文明创建工作渗透在工商行政管理日常工作之中。经过省工商局机关各部门的努力,这一年省工商局机关通过了省级文明单位的验收。三是省工商局精神文明创建领导小组先后组织人员分赴金昌、白银、天水、平凉、陇南、临夏、甘南等地进行检查、督促,并向省文明办及部分市、州文明办做了大量的沟通、协调、争取工作,全省工商系统有 12 个单位通过了省级文明单位的验收。其中敦煌市工商局、酒泉市工商局、酒泉市工商局肃州分局、高台县工商局被中央精神文明建设指导委员会授予全国精神文明创建先进单位。四是为进一步落实《省直机关 2005—2007 年开展贫困地区学校教育对口支援工作实施方案》精神,省工商局组织机关干部 3 次对陇南市文县桥头乡进行捐款、捐物。五是利用"五一""七一"等节日,开展了一些纪念活动。中共建党 85 周年之际,省工商局在省委宣传部举办的《奉献之歌》大型合唱比赛中,获得了最佳组织奖、最佳表演奖、最佳阵容奖。为纪念红军长征胜利 70 周年,省工商局组织机关一批优秀党员赴全国爱国主义教育基地——宕昌县哈达铺红军纪念馆参观,进行革命传统教育。

2007 年 5 月 15 日,全国工商系统加强精神文明建设,推进社会治安综合治理工作会议在北京召开。省工商局贯彻这次会议精神,全省工商系统继续深化精神文明建设,各项创建活动扎实深入地开展。10 月 24 日,省工商局在临夏州召开了全省工商系统精神文明建设座谈会。这次会议是 2003 年酒泉会议的继续, 也是实施全省工商系统 2008~2012 年精神文明创建工作规划的动员会。省工商局编印了精神文明建设工作座谈会专刊,用于指导全省工商系统的创建工作。为落实《省直机关 2005—2007 年开展贫困地区学校教育支援工作

实施方案》,这年的 11 月,省工商局向陇南市文县桥头乡政府赠送了 8 台电脑和 2.2 万元的人畜饮水工程款,同时给桥头乡捐款 1.03 万元,捐衣 400 多件。桥头乡张家坝小学给省工商局赠送了写有"春催桃李"的锦旗一面。在省直机关开展的救助单亲特困母亲活动中,省工商局伸出援助之手,捐款 2 万元,《甘肃日报》发了消息。在兰州市城关区文明委组织开展的"百家文明单位结对帮扶百名贫困大学生"活动中,省工商局机关帮扶了 1 名贫困大学生,每年捐助 3000 元,共捐助 4 年。在省直机关第八届运动会上,省工商局参赛选手取得了较好的成绩。省工商局还积极开展迎奥运活动,在全省工商系统选拔了迎奥运火炬传递手 10 名。截至 12 月,全省工商系统被各级党委、政府授予"文明单位"称号的工商局 104 个、工商所 529 个,分别占总数的 100%、80.64%,同比增长 2.88%、4%;24 个单位被省委、省政府授予文明单位(文明行业),其中 3 个单位被中央文明委授予全国精神文明先进单位。

2008 年,全省工商系统精神文明建设结合实际更加紧密,收效更加明显。这一年,发生了"5·12"汶川大地震,陇南等地区受到了严重的地震灾害。省工商局党组和各级工商部门迅速成立了以主要领导为组长的抗震救灾工作领导小组,紧急启动应急机制和市场监管、食品安全监管应急预案,及时排查受灾情况,实行 24 小时领导值班制度和重大事项报告制度,确保信息准确畅通。及时调整工作重点,省工商局先后 7 次召开局长办公会议,研究部署灾后恢复重建工作,制定了《甘肃省工商行政管理局抗震救灾恢复重建实施意见》,确定了重建目标和任务;及时向受灾严重的地区派出 3 个灾后恢复重建工作督导组,指导受灾地区开展恢复重建工作。省工商局还组织开展了"一方有难,八方支援"的社会主义赈灾活动,广泛开展赈灾工作。按照省直机关工委和省工商局党组的统一部署,省工商局机关党委先后 3 次发动干部职工开展了向灾区人民献爱心活动,干部职工捐助现金 8.89 万元,党员缴纳特殊党费 8.06 万元,党费预留款 1.21 万元,财务拨款 2.34 万元,捐物 668 件。

这年,省工商局制定了《全省工商系统精神文明建设第二个五年(2008—2012)规划》。全省系统按照这个规划,进一步深化创建工作,丰富创建内容。省工商局机关开展了争创"道德模范先进单位""评议身边好人""祝福奥运网上签名""文明单位网上行"4项活动,把精神文明建设贯穿于工商行政管理各项职能当中,不断加强工商文化建设,丰富思想政治工作的内涵,为工商行政管理事业的全面发展提供精神动力和智力支持。这年7月,省工商局通过了省文明办对创建"全国精神文明建设工作先进单位"的初步验收。年底,全省系统被各级党委、政府授予"文明单位"称号的工商局104个、工商所542个,分别占总数的99%、82.64%;省级以上(含省级)文明单位22个,其中国家级文明单位4个(高台县工商局、酒泉市工商局、酒泉市工商局肃州分局、敦煌市工商局),另有3个省级文明单位(省工商局、白银市工商局、兰州市工商局城关分局)申报国家级精神文明建设工作先进单位并通过了初步验收;4个省级文明单位(金昌市工商局、临夏州工商局、天水市工商局、嘉峪关市工商局)争创省级文明标兵单位通过了验收。

2003年至2008年,是全省工商系统精神文明建设深入发展的阶段,一是开展创建活动已成各级领导班子的工作常态。全省各级工商部门把精神文明建设摆上重要议事日程,确立了"一把手"抓两手、"一班人"两手抓、一级抓一级、责任落到部门、任务靠到人的工作机制,并自上而下建立健全了精神文明建设组织机构,做到了机构常设、领导常议、工作常抓,保证各项创建工作落到实处。同时,各级工商部门按照省工商局制定的全省系统精神文明建设五年规划、实施意见和考评暂行标准,把精神文明建设纳入目标责任管理,对创建内容具体量化,层层签订责任书,坚持精神文明建设同业务工作一起安排部署、检查指导、统一考核打分、兑现奖罚。二是开展创建活动已成为加强队伍建设的有效载体。各级工商部门切实加强各级领导班子建设,落实党风廉政建设责任制,坚决纠正行业不正之风,有力地促进了队伍整体素质的提高。各地工商部门还坚持以人为本,做到尊重人、理解人、关心人。同时,还开展了"三优一满意""共产党员示范岗""巾帼建功岗""青年文明号"等争先创优活动,推行"文明服务用语""一厅式服务""首问首办责任制""服务承诺制""亲情化人性化服务"等,并普遍在办事大厅设置了擦鞋机、饮水机、阅报夹、便民资料夹、电子触摸屏等服务设施,营造了浓厚的精神文明建设氛围,使服务意识明显增强、工作作风明显转变、办事效率明显提高、队伍形象明显改善。三是开展创建活动

第十三章 队伍建设

注重夯实精神文明建设的物质基础。各级工商部门投入资金大力加强基础设施建设，改善基层的工作生活条件，并加强信息化建设，各项日常业务工作基本上实现微机化和无纸化办公，为精神文明建设提供了良好的物质基础，大大提高了工作效率，改善了精神文明创建环境。四是依法行政，执政为民，精神文明创建工作硕果累累。全省工商系统在促进经济发展的工作中，始终坚持了业务与创建活动紧密结合，使创建活动与各项业务工作相互促进。

第七节　理论研究

多年来，全省工商系统把开展工商行政管理理论研究作为提高队伍素质、搞好工作的重要措施，认真抓好并取得了一定的成绩。

1989年，庆祝纪念改革开放10周年和庆祝中华人民共和国成立40周年，省工商局开展了调研活动，并拟定了调研课题。局机关各处室都撰写了调研文章，并编辑成册，同时在《甘肃工商报》连续刊载。《甘肃工商报》还为此专门撰写了《与共和国脉搏一起跳动》的长篇回顾调研文章，配合这次调研。

1989年刊载的文章

1.我省集贸市场成为商品流通重要渠道

2.个体私营经济在发挥补充作用中恢复崛起

3.商标经济发展带来的企业新意识

4.企业改革开放中的新热潮

5.依法签约和履约的良好开端

6.保障改革开放事业健康发展

7.围绕改革的主旋律不断加强政策研究

8.适应经济发展顺应改革需要

1991年3月，根据国家工商局第十五次调研会议和全国工商局长会议精神，省工商局向全省系统下发了《关于今年全省工商行政管理调研课题的通知》。调研课题包括：集市贸易、生产资料市场、个体私营经济和集体经济等方面的内容。

1991年全省工商系统调研课题

(一)集市贸易

1.集贸市场的发展目标、方向和模式

2.集贸市场的现状及存在的问题

3.集贸市场在商品经济中的地位和作用

4.对现有的集贸市场的辐射功能和强化监督管理的意见

5.老、少、边、穷地区集贸市场的发展及其措施

6.建立农副产品批发市场、各类专业市场的意见和措施

7.稳定、发展、管理贩运队伍的意见

8.国营企业、集体企业参与集市贸易的前景

9.继续探索计划经济与市场调节相结合的经验

10.推进市场组织的发育,完善市场机制,发挥市场调节的优点和长处

11.市场的建设和监督管理

12.在管理好集贸市场的同时,探索管理大市场的措施、办法

(二)生产资料市场

1.生产资料市场的现状、类型及其经营范围

2.当前生产资料市场发展趋势和存在的问题

3.对各类生产资料市场如何进行监督管理,有效地发挥监控作用

4.如何推动资金、技术、信息、劳务、房地产等生产要素市场的发育,如何实施有效的监督管理

(三)个体私营经济

1.个体私营经济发展的现状和存在的问题

2.老、少、边、穷地区个体私营经济发展方向、发展的步伐及布局

3.继续稳定促使个体私营经济发展的途径

4.个体私营经济的补充作用

5.进一步发展个体私营经济的政策和措施

6.解决偷税漏费、高收入、资本积累和雇工等问题的对策

7.加强对个体私营企业的监督管理,个体劳动者协会如何协助政府部门做好工作。

(四)集体经济

1.集体经济的现状、类型和存在的问题

2.清理名为集体实为个体私营企业问题,资产归属划分等

3.核定集体企业经济性质应侧重注意的问题

4.注意扶持各类集体经济的发展,探索适合我国国情生产力水平的其他集体经济形式

5.集体经济的发展趋势,结合调整产品结构,扶持发展集体经济的途径

6.集体经济与个人合伙、股份制、合资、合营、联营企业的界限

7.发展集体经济的政策和措施

对以上调研课题省工商局提出了具体要求,并准备择时召开理论研讨会。

1992 年 4 月,省工商局召开了全省首届工商行政管理理论研讨会,参加这次会议的有各地(州、市)工商局分管政策研究工作的局长,省工商局机关处室负责人和部分论文作者。会议还邀请中国工商学会、省政府研究部门、兰州大学、兰州商学院、甘肃日报社的领导和理论工作者到会指导。这次理论研讨会收到的 140 多篇论文,从不同角度、不同层次对工商行政管理理论进行了探讨,重点集中在企业改革、发展多种经济成分、加快市场建设、维护市场经济秩序等几个方面。总体上讲,这些论文视野开阔,思想活跃,观点新颖,有创新精神和开拓的勇气。这次会议评选出《理顺体制、强化职能》《对经济不发达地区新建城乡集贸市场几个基本问题的哲学思考》《经济检查工作一定要为经济持续稳定协调发展服务》等 10 篇优秀论文,并进行了表彰。会后,这些论文被编辑汇集成书。《甘肃工商报》报道了这次会议并配发了《重视和加强调查研究》的评论员文章。

1993 年 4 月,省工商局向全省系统下发了《关于进一步加强调查研究工作的通知》,其目的是为了适应社会主义市场经济深入发展的需要,更好地发挥工商部门为经济建设保驾护航作用。这一年,省工商局确定了两个调研重

点,即重点调研培育和发展社会主义市场体系,重点研究个体私营经济问题。各级工商部门结合本地的实际,组织开展调研活动,对调研工作实行目标管理,指定专人,确定课题,规定时间,提出要求,保证了调研工作的开展。

为了全面贯彻落实中共十四大精神,加快社会主义市场经济和市场体系建设,1993 年 9 月 8 日,在全省工商系统充分准备的基础上,省工商局召开了第二次工商行政管理理论研讨会。这次研讨会专题研讨社会主义市场体系的培育和发展问题。研讨会得到了省委、省政府领导的关心和支持,省委书记顾金池、副省长崔正华出席了会议并分别做了重要讲话。全省各地政府的秘书长或办公室主任、工商局长参加了会议。会议对工商部门如何建设市场主体、市场体系,如何加强宏观调控等问题进行了研讨。会议对全省市场体系的建设起到了积极的作用,与会代表表示要努力学习钻研社会主义市场经济理论,使工商行政管理工作在社会主义市场经济理论的指导下,有一个新的提高和发展。会议共收到调研论文 89 篇,评选出了 15 篇优秀论文,部分优秀论文的作者在大会上宣读了论文。兰州市工商局、白银市工商局、定西地区工商局、天水市工商局、兰州市城关区工商局被评为调研工作先进集体受到奖励。

1993 年全省工商系统调研课题

(一)如何建立社会主义市场经济体制

1.如何发挥工商行政管理职能,促进社会主义市场体系的发育

2.如何适应当前经济形势的要求,加快我省各类专业市场的建设

3.什么是社会主义市场经济秩序

4.建立社会主义市场经济秩序的条件是什么

5.目前我国市场经济的发展和市场秩序问题

6.工商行政管理部门如何参与建立市场经济秩序

(二)如何建立有中国特色的工商行政管理体制

1.工商行政管理在社会主义市场中的地位和作用

2.有中国特色的工商行政管理体制的职能、机构、管理原则和管理方法

3.建立有中国特色的工商行政管理体制的途径和方法

4.建立有中国特色的工商行政管理体制的困难和问题

5.与工商行政管理有关的国际惯例有哪些、如何接轨

6.加强全省工商行政管理工作的措施、经验和问题

(三)大力发展个体私营经济问题

1.个体私营经济的现状和发展特点

2.如何确定个体私营经济的发展规模

3.如何进一步放宽政策,大力发展个体私营经济

4.大力发展个体私营经济的基本条件是什么

5.老、少、边、穷地区如何发展个体私营经济

(四)如何适应公有制经济新的实现形式和组织形式

1.公有制经济有哪些有效的实现形式和新的组织形式

2.工商行政管理部门如何适应公有制经济的实现形式和组织形式

3.工商行政管理如何促进所有权与经营权的分离

4.工商行政管理如何通过登记注册保护国有资产

5.工商行政管理如何建立宏观调控机制

1994年11月7日—8日,全省个体私营经济理论研讨会在兰州召开,省工商局领导及省委研究室、省政府研究室负责同志及各地(州、市)工商局局长、办公室主任和优秀论文的作者参加了会议。这次会议前全省工商系统对全省个体私营经济进行了广泛的调查研究,各地向省工商局报送了89篇理论文章,各级工商局局长撰写的论文占30%。经省工商局组织力量,认真审查评选,其中:兰州市工商局谢克勋的《兰州市个体私营经济的现状、问题及对策》,兰州市城关区工商局李丰文的《对个体私营经济的新认识》,天水市工商局辛治奎的《天水市个体私营经济发展现状及对策》,秦安县工商局刘生贵李久麟的《立足市场发展个体私营经济》,景泰县工商局王自省的《加强党和政府领导是发展个体私营经济的根本保证》,金昌市工商局曹秀山的《分析形势把握机遇放手发展》,定西地区工商局刘子敬、程惠岗、王卫华的《人到哪里去钱从哪里来》,临洮县工商局宋耀清、姚亚平、魏发学的《良性循环的效应》,定西县工商局段立永、郑波的《成绩问题发展》,敦煌市工商局王经华的《抓住机遇更新观

念理直气壮地大力发展个体私营经济》，高台县工商局尹学谦的《要平等看待个体私营经济》，临夏市工商局赵德雄的《试论临夏市商品集散地面临的困难及对策》，平凉地区工商局的《创造宽松环境积极扶持引导促进个体私营经济发展》，庆阳地区工商局的《大力发展农村个体私营经济是把老区农民引向市场的重要途径》，陇南地区工商局刘进海的《陇南个体私营经济发展中的问题及对策》15 篇文章被评为优秀论文。省工商局对优秀论文作者进行了奖励，并对大会选用的 74 篇论文的作者给予通报表扬，同时颁发了荣誉证书。

1994 年，省工商局局长惠树人、副局长孙望尘、政策研究处干部白春鸣承担了《甘肃个体私营经济发展的主攻方向》的调研课题。经过充分的调查研究，该课题于当年完成。调研论文从甘肃个体私营经济发展的历史演变、阻碍个体私营经济发展的历史原因和自然地理的制约、甘肃个体私营经济发展的现状、少数民族个体私营经济发展情况、甘肃个体私营经济发展的主攻方向五个方面进行了阐述。该课题在省委宣传部、省社会科学最高奖评奖委员会、省社会科学协会联合会举办的甘肃省社会科学最高奖第四次评奖中，荣获甘肃省社会科学最高奖三等奖；同时，该调研课题还在中国工商行政管理学会举办的全国工商系统第二次优秀论文评比中荣获一等奖。

2001 年，全省工商行政管理第六次理论研讨会召开，各地选送的理论研讨文章 82 篇。会议对论文进行了评审，评选出一等奖一名（刘满年），二等奖两名（张明福、卜元春），三等奖七名（刘鸿斌等）。

2005 年 2 月，省工商局、省工商管理学会向全省工商系统印发了 2005 年工商行政管理理论调研和学术交流课题。课题主要围绕深入研究探讨新时期工商行政管理工作，以树立科学发展观、提高工商行政管理队伍理论水平和依法行政能力为目的，以《12315 综合执法网建设与展望》为主题，展示了全省工商系统理论调研与工作实践的成果。

2005 年工商行政管理理论调研和学术交流课题

1.进一步深入贯彻行政许可法，研究该法与国务院全面推行依法行政实施纲要，对工商立法和行政执法带来的新情况、新问题

2.建立"12315"为基础的工商行政管理综合行政执法网络,进一步探讨网上维权问题

3.推行个体工商户分层分类登记管理,进一步推行基层工商所改革,提高基层队伍监管执法能力

4.加快企业信用分类监管改革步伐,建立健全企业的信用体系,努力实现对企业的动态管理

5.进一步完善商品准入制度和市场巡查制度,从建章立制上不断提高监管执法水平

6.加强对外商投资企业登记统计分析及注册后监管对策的研究,努力提高对外资企业的监管水平

7.推进农产品商标和地理标志保护工作,加大支持"三农"力度

8.纪念广告法实施十周年,总结探索广告长效监管机制

9.探讨新公司法颁布实施后的宣传和落实

10.党员先进性教育和党风廉政建设

11.以维护食品安全为重点,严厉打击制售假冒伪劣商品违法行为

12.以加大商标保护力度为重点,切实维护企业合法权益

13.以惩治虚假违法广告为重点,严厉打击商业欺诈行为

14.运用职能作用,努力改善投资环境,促进我省国有经济、非公有制经济的全面协调可持续发展

15.牢固树立为市场主体服务的思想,努力打造服务型工商

16.努力营造公平竞争的市场环境,进一步加强反不正当竞争执法工作

17.积极配合有关部门开展"扫黄""打非",开展互联网上网服务营业场所专项整治,消除不良文化,净化文化市场环境

18.探讨市场监管执法部门的相互配合、相互协作、加大综合执法力度的课题

19.深入开展队伍教育整顿,进一步推进工商系统的党风廉政建设

20.积极探索共产党员先进性教育活动如何与加强工商队伍素质建设紧密结合的课题,认真总结这方面的好经验、好做法

2008年10月,在学习实践科学发展观活动中。省工商局制定了《关于省局机关开展深入学习实践科学发展观活动的实施方案》,布置了省工商局领导班子成员及机关处室、直属单位主要负责人学习调研课题,调研课题按照"四个要求"(紧密结合工商行政管理职能任务,紧密结合各处室、直属单位的工作职责,紧密结合影响和制约工商行政管理事业发展的突出问题,紧密结合服务地方经济发展)确定。在调研活动中,建立了局党组成员学习实践科学发展观联系点制度,每个党组成员分别联系一个城区工商所和一个农村工商所完成调研课题,各处室主要负责人都结合各自工作实际确定了调研课题。全局紧密结合工商行政管理工作职能转变和面临的新形势、新任务、新情况、新问题,立足工商,服务大局,确定了29个调研题目,撰写出了调研文章,局党组成员带头进行了调研成果交流。这些学习实践科学发展观的理论研究成果,为全省工商行政管理工作全面可持续发展,提供了有力的指导。

2008年省工商局科学发展观学习实践活动调研课题

1.按照科学发展观要求,履行职能,更好地为全省经济社会发展大局服务

2.如何发挥工商行政管理职能,推进消保维权工作创新发展

3.如何发挥工商行政管理廉政承诺,探索进一步加强全省工商系统党风廉政建设的办法和途径

4.如何创新市场监管机制,提高监管水平,服务经济发展和服务"三农"

5.如何解决工作重心下移不够,指导基层工作不力,工作力量不强等问题,加强对基层工作的指导

工商部门行政收费

1986 年以来,工商部门行政收费的项目主要有:登记费、集贸市场管理费、个体工商户管理费、经济合同鉴证费、仲裁费等。所有这些收费项目,均由国家规定,纳入财政预算。

全省工商系统按照国家的规定,不同时期执行不同的收费政策。

一、1978 年至 1992 年 8 月的收费政策

1978 年 9 月 25 日,国家工商局恢复成立后,国家对各级工商部门的各项收费做出了明确规定。

（一）登记费

1981 年 2 月 16 日,国家工商局和财政部印发的《关于调整企业登记费标准及其使用范围的暂行规定》中明确规定,按照国家规定进行登记的企业,以厂（场）、店为单位,分别按不同情况收费:国营和集体大型企业 50 元;中型企业 40 元;小型企业 30 元;国营和集体小型企业中,50 人以下的企业 20 元。设在县区的分支机构,统一申请登记,分别发给营业执照,每份收费 5 元。国营和集体企业单位变更登记一律收费 5 元。个体工商户开业,每户收费 5 元,变更登记 2 元。企业登记,每隔五年换照收费一次。1988 年 11 月 22 日,国家工商

局、财政部、物价局印发的《关于企业法人登记收费标准及其使用范围的规定》,对收费的项目和收费的标准进行了调整。

（二）集贸市场管理费

集贸市场管理费自开始收费起,就本着就高不就低原则收取管理费,用于市场建设、服务性购置、工商所维修及临时工、合同工开支等。

1983年1月,省工商局颁发《甘肃省市场管理费收支使用管理办法》。对市场管理费的收取单位、收取对象、收费标准、收费起点等事项做出明确规定。2月5日,国务院发布的《城乡集市贸易管理办法》中规定:除国营商业、供销合作商业在集市上进行议购、议销业务外,对进入集市交易的商品由当地工商行政管理机关收取少量的市场管理费。工业品、大牲畜费率按成交额计算不得超过1%,其他商品不得超过2%,并规定合理的收费起点。

1988年1月1日起,省、地(州、市)从各县提取市场管理费的比例恢复到国家工商局统一标准。

（三）个体工商户管理费

1983年6月25日,国家工商局、财政部《关于个体工商户管理费收支的暂行规定》中规定:对从事购销活动的按营业额的0.5%~1.5%收取,对从事劳务活动的按收益额的2%~3%收取。同年8月12日,国家工商局《关于工商行政管理部门向个体工商户收费问题的通知》中,又补充规定:个体工商户在集市固定设摊经营的,个体工商户管理费与市场管理费合并征收,收费率最高不得超过成交额的2.5%;对从事劳务经营的,最高不得超过收益额的3%;个体工商户临时进入集市设摊经营的,市场管理部门可凭营业执照收取少量的摊位费。1987年8月5日,国务院发布的《城乡个体工商户管理暂行规定》中明确规定:个体工商户应当按照规定缴纳登记费和管理费,登记费和管理费的收费标准及管理办法,由国家工商局和财政部共同制定。

（四）私营企业管理费

1989年1月16日,国家工商行政管理局发布的《中华人民共和国私营企业暂行条例施行办法》中规定:私营企业应当按规定缴纳管理费。管理费收费标准暂按照个体工商户管理费标准执行,但月收额最多不得超过1000元。

（五）经济合同仲裁费、鉴证费

1984 年 1 月 18 日，国家工商局和财政部下发了《关于经济合同仲裁费和鉴证费收取标准及其使用范围的规定》。

仲裁费包括案件受理费和案件处理费。案件受理费的收费标准是：1.争议金额在 10 万元以下的，收取 5‰，最低不少于 20 元；2.争议金额在 10 万至 50 万元的，收取 500 元，并加收超过 10 万元部分的 4‰；3.争议金额在 50 万元以上的，收取 2000 元，并加收超过 50 万元部分的 3‰，但最高不得超过 1 万元。案件处理费，按实际开支收取。

合同鉴证费，由当事人双方各负担一半，购销、订货、建筑安装工程承包合同，收取价款或工程造价的万分之二；加工承揽、建设工程勘察设计、科技协作合同及其他经济合同，收取价款或酬金的千分之一。各类鉴证费，最高不得超过 3000 元，最低收取 2 元。

（六）商标注册费

1983 年 3 月 15 日，国家工商局《关于商标注册和办理其他事宜收费标准的规定》中规定：商标注册申请费每件 20 元，商标转让注册申请费每件 20 元，商标续展注册申请费每件 20 元，商标注册费每件 80 元，商标续展迟延费每件 80 元，延期申请费每件 50 元，补发商标注册证每件 20 元，申请发给各种证明每件 20 元。

1986 年 3 月 1 日起，国家工商局对商标业务收费项目及标准进行了调整。调整后的标准是：申请费（包括注册申请费、转让注册申请费、续展注册申请费）每件 60 元，注册费（包括转让注册费）每件 240 元，续展注册费每件 440 元，续展迟延费每件 100 元，评审费每件 100 元，延期申请费每件 100 元，变更费（指变更注册人名义费、变更注册人对证费、变更其他仲裁手续费）100 元，补发注册证费 300 元，证明费 50 元。

（七）广告登记费

1982 年 7 月 31 日，国家工商局下发的《关于广告经营单位登记费收费标准的通知》中规定：发给《许可证》的广告经营单位，可按大、中、小三类一次登记，分别收取 50 元、40 元、30 元的登记费。

二、1992年8月至2008年的收费政策

1999年10月20日,国家计委、财政部印发《关于第二批降低收费标准的通知》,对工商部门收取的各种规费进行了较大调整。调整后的标准是:

(一)集贸市场管理费

凡进入集贸市场进行商品交易的单位和个人,应向当地工商行政管理机关缴纳市场管理费。工业产品、大牲畜的市场管理费标准最高不得超过成交额的1%;其他商品最高不得超过成交额的2%。交易所已收取了交易手续费的,不得再收取市场管理费。工商行政管理机关和交易所出租设施的,可收取租赁费,已收取了租赁费的,市场管理费和交易费减半计收。国营商业、供销合作商业在市场上的议购、议销业务,工商行政管理机关不得收取市场管理费。在乡镇及乡镇以下从事农副产品经营的个体工商业户,缴纳管理费不能超过成交额的1%。农民进市场经营农副产品,免交市场管理费。

(二)个体工商户管理费

凡向工商部门领取了营业执照的个体工商户,应向当地工商部门缴纳管理费。从事购销活动的,按营业额的0.5%~1.5%收取;对从事劳务活动的按收益额的1%~2%收取。进入集贸市场经营的个体工商业户,已缴纳了市场管理费的,个体工商户管理费可减半收取。对边远贫困地区从事个体经营的,免收个体工商户管理费;对在乡镇及乡镇以下从事购销、劳务活动的个体工商业户,分别按营业额的0.5%和劳务收入的1%收取个体工商户管理费。

从1999年11月1日起,个体工商户管理费在现行收费标准基础上下调20%。

(三)开业、变更登记费

1.企业开业登记费:企业法人注册资金总额在1千万元(含1千万元)以下的,按注册资金总额的1‰收取;注册资金总额超过1千万元的,超过部分按0.5‰收取;注册资金总额超过1亿元(不含1亿元)的,超过部分不再收费;开业登记费最低款额为50元。分支机构开业登记费为300元。国家核拨部分经费的事业单位和科技性社会团体从事经营活动或者设立不具备法人条件的企

业,其开业登记费为100元,筹建企业登记费为50元。从1999年11月1日起,企业开业登记费在原收费标准基础上下调20%,即注册资金总额在1千万元(含1千万元)以下的,按注册资金总额的0.8‰收取;注册资金总额超过1千万元的,超过部分按注册资金总额的0.4‰收取。

2.企业变更登记费:企业法人及其不能承担民事责任的分支机构,不具备法人登记的企业变更登记每户收费100元;国家核拨部分经费的事业单位和科技性社会团体从事经营活动或者设立不具备法人条件的企业,其变更登记每户收费20元。企业法人变更登记增加注册资金,已收取了增加注册资金登记费的,不再收取变更登记费。

3.个体工商户开业登记费:个体工商户开业登记费20元,发放营业执照不另收费。每4年重新登记,核发营业执照一次,收费20元。自愿领取营业执照副本的,每本收取成本费3元。乡以下的农村居民申请从事个体经营,开业登记及以后每4年重新登记均收费18元;边远贫困地区从事个体经营的,暂不发照,不收个体工商户登记注册费。

4.个体工商户变更登记费:个体工商户变更登记,每户收费20元。因营业执照遗失、损坏等,需重新补(换)发营业执照的,每次收费10元。

(四)广告登记费

1.兼营广告业务的事业单位的注册登记费,按以下标准执行:国家级广告经营单位,每户200元;省级广告经营单位,每户150元;省辖市级广告经营单位,每户100元;县级广告经营单位,每户50元。

2.兼营广告业务的事业单位的变更登记费为每户20元。

3.兼营广告业务的企业,在变更登记时,每户应缴纳变更登记费50元。

4.工商部门收取登记费后,在发给广告经营许可证时,不再另行收费。

根据国家工商局1999年12月2日发布的《商标代理管理办法》的规定,商标的注册申请事项由代理机构办理。从2000年1月1日起,工商部门停止注册商标的核转工作,也不再收取商品注册的业务费用。

三、取消部分收费项目

从 1993 年开始,国家计委、财政部取消工商部门 7 个收费项目。即:各种年检咨询费、个体工商户营业执照押金、企业法人公告费、私营企业保证金、建筑市场管理费、私营企业汽车及钢材交易市场管理费。省政府通知取消工商部门 4 个收费项目,即:市场卫生费、企业开业登记申请表费、个体户申办执照一次性收取卫生费及验资收费、企业法定代表人证书镜框费。省财政厅、物价委通知取消工商部门 24 个收费项目。即:工商企业营业执照镜框费、查询企业档案手续费、商标印制登记费、工商企业合同鉴证书封皮费、向参加物资交流会的企业收取的会费、国有交通企业摊点管理费、工商企业和个体工商户变更登记费、起草文件服务费、个体户申请登记表费、个体户办理证照申请登记表费、个体户经营证费、个体劳动者服务手册费、个体户缴纳管理费登记证费、个体户信誉卡(袋)费、办理个体户外出经营证明信有偿服务费、运输车辆办理单车营运证证明费、市场毛驴车看管费、郊区菜农证费、省优产品市场管理费、营业执照过塑费、复印营业执照管理费、商标印制鉴证费、《中国企业登记年鉴甘肃分辑》登载宣传文字图片费、广告管理费。

2008 年 9 月 1 日,经国务院批准,工商部门取消集贸市场管理费和个体工商户管理费。

四、收费管理

1998 年以前,工商部门收取的市场管理费、企业登记注册费、个体工商户登记注册费、合同鉴证费、仲裁费等由各县(区)工商局按一定比例逐级提成,上缴地(州、市)工商局、省工商局和国家工商局。按财政部〔1982〕91 号文件规定,罚没款和物资变价款上缴当地财政。市场管理费、个体工商户管理费(简称"两费")主要用于市场建设、个体劳动者协会经费开支和补充各项业务经费。1995 年,工商部门与所办市场脱钩,推行"收支两条线"管理,工商行政管理收费作为财政收入纳入国家财政预算。

1999 年,工商行政管理体制改革后,国家实行严格的"收支两条线"管理制度,按照政策规定,工商行政管理收费一律纳入中央和省级财政预算管理,实行财政集中收付制度。

为加强和规范收费行为,省工商局先后制定了《财务管理制度》《财务内审制度》《票据管理制度》《财务增收节支办法》等工作制度,严格执行"收支两条线"管理规定,从"收、支、缴、管"四个环节入手,从省工商局到基层工商所,均建立了票据管理制度,确定专兼职票据管理人员,票据的领、缴、核、销,实行建册建账,票款相符,日清月结。

2005 年起,全省工商系统逐步推行个体工商户"上门收费、微机管理"制度,落实核费、收费、管理"三分离"措施,规范了收费行为,公开了收费标准,推行了政务公开。

全省工商系统财务情况统计

单位:万元、人

年度	收支情况			资产情况		人员情况		备注
	收入	支出	结余	资产总额	固定资产	在职人数	离退休人数	
1987 年	27.76	36.56	−8.8	–	–	–	–	省局机关数据
1988 年	3918.43	4089.33	−170.89	–	2002.23	8774	538	全省数据
1989 年	5849.7	6360.1	−510.4	–	3064.9	9289	402	全省数据
1990 年	7906.2	7611.9	294.3	–	5546.3	9589	462	全省数据
1991 年	8739.9	8329.8	555.9	–	7189.5	10196	551	全省数据
1992 年	10056.9	10116.4	−59.5	–	9505.9	10701	618	全省数据
1993 年	12599.9	14066.9	−1467	–	18054.6	10978	722	全省数据
1994 年	13562.7	14158	−595.3	–	24214	11974	820	全省数据
1997 年	1177	931	257	–	1045	171	3	省局机关数据
1998 年	25341.47	34187.4	−12920.78	73929.82	56965.75	11976	1299	全省数据
1999 年	26796.05	28344.08	−13215.98	88826.94	73609.45	11669	1375	全省数据
2000 年	31769.46	35248.15	−16666.13	94731.87	77623.53	11442	1482	全省数据
2001 年	40297.34	34622.77	−11181.17	92304.49	78622.78	11386	1533	全省数据
2002 年	40094.5	38337.03	−9423.7	60759.97	47311.17	11262	1589	全省数据
2003 年	41475.51	40813.59	−8761.78	58445.84	46603.9	11416	1654	全省数据
2005 年	49983.23	49915.51	−7490.46	70472.25	59555.67	9722	3233	全省数据
2007 年	62619.89	61125.5	7786.09	92682.46	70932.93	10039	3167	全省数据
2008 年	72024.4	67918.27	11828.6	103147.95	76989.33	10031	3144	全省数据

全省部分年份领导名录

1995 年全省各级工商局局长名录

省工商局

局　长	惠树尘	副局长	孙望尘	王治民	朱文兴

兰州市工商局

局　长	于名芳	副局长	程生清	申四美	张玉光		
单　位	局　长	单　位	局　长	单　位	局　长	单　位	局　长
一分局	张景成	二分局	张炳让	经检分局	张志顺	高新开发区	杨宝新
经济技术开发区	汪喜耀	城关分局	李丰文	七里河分局	孔祥林	西固分局	宿洋泉
安宁分局	韩照通	永登县	董珠莲	皋兰县	邱世军	榆中县	谈存胜
红古区	陶芝贤						

天水市工商局

局　长	辛治奎	副局长	李邦杰	田　龙	张福寿	纪委书记	王富润
单　位	局　长	单　位	局　长	单　位	局　长	单　位	局　长
秦城分局	赵晶刚	北道分局	高云琪	武山县	李建辉	秦安县	靳长庆
张家川县	摆国栋	清水县	党群才	甘谷县	朱全杰		

白银市工商局

局　长	陈　福	副局长	曲连第	王建勋	杜庆武		
单　位	局　长	单　位	局　长	单　位	局　长	单　位	局　长
白银分局	杜庆武	平川分局	周兆海	靖远县	王仲和	会宁县	周　环
景泰县	王自省	西区分局	金好国				

金昌市工商局

局　长	曹秀山	副局长	胡广先	马映义	
单　位	局　长				
永昌县	张盛廉				

嘉峪关市工商局

局　长	程康年	副局长	曹征宁

庆阳地区工商局

局　长	梁启明	副局长	席兆儒	任文祥	程书印		
单　位	局　长	单　位	局　长	单　位	局　长	单　位	局　长
西峰市	胡俊华	庆阳县	岳毓荷	宁　县	张金群	正宁县	吉祯祥
镇原县	张治禀	合水县	王延昌	环　县	常志乐	华池县	王生俭

平凉地区工商局

局　长	李邦伦	副局长	赵均科	刘学文			
单　位	局　长	单　位	局　长	单　位	局　长	单　位	局　长
平凉市	孙向北	泾川县	赵志英	灵台县	郭玉杰	崇信县	张可文
华亭县	任宏伟	庄浪县	郭宗明	静宁县	王星耀		

陇南地区工商局

局　长	马　曦	副局长	李炯锦	张志科	李树桃		
单　位	局　长	单　位	局　长	单　位	局　长	单　位	局　长
宕昌县	包世俊	武都县	周甫青	文　县	蔡庭华	康　县	瞿锦秀
成　县	孙继祖	徽　县	柴德义	两当县	孙永明	西和县	李步斗
礼　县	单福业						

定西地区工商局

局　长	刘子敬	王兴祥	副局长	高胜国	孟葆林		
单　位	局　长	单　位	局　长	单　位	局　长	单　位	局　长
定西县	段立永	通渭县	李宏杰	陇西县	毛俊德、朱白武		
渭源县	赵培祥	漳　县	郭爱民	岷　县	杨生春	临洮县	宋　刚

武威地区工商局

局　长	王兆生	副局长	陈伯林	严　勇			
单　位	局　长	单　位	局　长	单　位	局　长	单　位	局　长
武威市	蔡　林	民勤县	张宾贤	天祝县	崇发生	古浪县	徐国兴

张掖地区工商局

局　长	杨作义	副局长	李培鸿	钱卫东	王建国		

单 位	局 长	单 位	局 长	单 位	局 长	单 位	局 长
张掖市	曹祯德	临泽县	刘成金	高台县	殷学谦	肃南县	赵万德
山丹县	朱安信	民乐县	李兴水				

酒泉地区工商局

局 长	他维新	副局长	王寿承	赵相如			
单 位	局 长	单 位	局 长	单 位	局 长	单 位	局 长
酒泉市	杨恩玉	金塔县	李兴春	玉门市	董良元	安西县	姜继来
敦煌市	王经华	肃北县	达 哇	阿克塞县	可尔木汗		

临夏州工商局

局 长	杨凯铭	副局长	年虎赛	党正清	马维华		
单 位	局 长	单 位	局 长	单 位	局 长	单 位	局 长
临夏市	马 琼	临夏县	韩 英	积石山县	薛在忠	和政县	田生旺
康乐县	高连忠	广河县		东乡县	赵永福	永靖县	罗发茂

甘南州工商局

局 长	卓玛加	副局长	马新山	达 茂			
单 位	局 长	单 位	局 长	单 位	局 长	单 位	局 长
夏河县	王 维	合作分局	达 茂	玛曲县	大 虎	碌曲县	李含荣
卓尼县	杨麻尼九	临潭县	祁生财	迭部县	杨国俊	舟曲县	李耀林

矿区工商局

局 长	刘 彤	副局长	孙增家

东风场区工商局

局 长	王忠孝	副局长	梁欢喜

2000年全省各级工商局局长名录

省工商局

局　长	孙田民	副局长	孙望尘	王廷德	张汉文

兰州市工商局

局　长	王锡湖	副局长	申四美	张玉光	常学贵	孔祥林
纪检组长	苏树科					

单　位	局　长	单　位	局　长	单　位	局　长	单　位	局　长
一分局	张艳军	二分局	张炳让	公平交易分局	达智文	高新开发区	杨宝新
经济技术开发区	汪喜耀	城关分局	张双吉	七里河分局		西固分局	宿洋泉
安宁分局	杨小顺	永登县	董珠莲	皋兰县	邱世军	榆中县	谈存胜
红古区	曹海娃						

天水市工商局

局　长	辛治奎	副局长	李邦杰	田　龙	张福寿	宗家琪
纪检书记	王富润					

单　位	局　长	单　位	局　长	单　位	局　长	单　位	局　长
秦城分局	董巨才	北道分局	高云琪	武山县	李建辉	秦安县	贾福生
张家川县	马建平	清水县	党群才	甘谷县	朱全杰		

白银市工商局

局　长	陈　福	副局长	曲连第	王建勋	杜庆武	纪检组长	高玉珍
单　位	局　长	单　位	局　长	单　位	局　长	单　位	局　长
白银分局	杜庆武	平川分局	周兆海	靖远县	王仲和	会宁县	冯小峰
景泰县	耿国杰	西区分局	金好国				

金昌市工商局

局　长	邵明礼	副局长	胡广先	严　勇	纪检组长	嵇道刚
单　位	局　长					
永昌县	王立生					

嘉峪关市工商局

局　长	程康年	副局长	曹征宁	田　福

庆阳地区工商局

局 长	程书印	副局长	任文祥	俄文歧	纪检组长	徐恒凡		
单 位	局 长	单 位	局 长	单 位	局 长	单 位	局 长
西峰市	刘忠旭	庆阳县	岳毓荷	宁 县	张金群	正宁县	吉祯祥
镇原县	董建福	合水县	胡兴升	环 县	袁 淑	华池县	杨如津

平凉地区工商局

局 长	李邦伦	副局长	刘学文	樊建华	纪检组长	马来财		
单 位	局 长	单 位	局 长	单 位	局 长	单 位	局 长
平凉市	孙向北	泾川县	赵志英	灵台县	夏生利	崇信县	张可文
华亭县	陈凤梧	庄浪县	柳 琳	静宁县	杨统科		

陇南地区工商局

局 长	马 曦	副局长	李炯锦	张志科	李树桃	纪检组长	张永平
单 位	局 长	单 位	局 长	单 位	局 长	单 位	局 长
宕昌县	包世俊	武都县	梁 辉	文 县	左尚义	康 县	李建军
成 县	李发英	徽 县	柴德义	两当县	任永忠	西和县	王治峰
礼 县	王忠东						

定西地区工商局

局 长	王兴祥	副局长	孟葆林				
单 位	局 长	单 位	局 长	单 位	局 长	单 位	局 长
定西县	段宝增	通渭县	杨成烈	陇西县	张奋义	临洮县	宋 刚
渭源县	马海明	漳 县	王吉成	岷 县	孟廷贤		

武威地区工商局

局 长	王兆生	副局长	黄国明	张宾贤	邰克全	侯中甲	
纪检组长	杨宪民						
单 位	局 长	单 位	局 长	单 位	局 长	单 位	局 长
武威市	侯中甲	民勤县	丁生仁	天祝县	刘应学	古浪县	王 瑾

张掖地区工商局

局 长	杨作义	副局长	钱卫东	王建国	赵万德	王兴凯

张掖地区工商局

单　位	局　长	单　位	局　长	单　位	局　长	单　位	局　长
张掖市	刘满年	临泽县	杨学东	高台县	张新荣	肃南县	许万勤
山丹县	杨文伟	民乐县	张永河				

酒泉地区工商局

局　长	闫耀成	副局长	王寿承	王经华	王庆邦	纪检组长	李明建
单　位	局　长	单　位	局　长	单　位	局　长	单　位	局　长
酒泉市	张一凡	金塔县	李兴春	玉门市	马宏	安西县	裴永海
敦煌市	王经华	肃北县	达哇	阿克塞	周兴耀		

临夏州工商局

局　长	杨凯铭	副局长	党正清	马晓梅	马维华	纪检组长	马仲成
单　位	局　长	单　位	局　长	单　位	局　长	单　位	局　长
临夏市	马仲华	临夏县	韩英	积石山县	薛在忠	和政县	卞得荣
康乐县	高连忠	广河县	全福昌	东乡县	赵元福	永靖县	孔德余

甘南州工商局

局　长	达茂	副局长	尚治中				
单　位	局　长	单　位	局　长	单　位	局　长	单　位	局　长
夏河县	赵鹏	合作分局	董怀荣	玛曲县	靳永奎	碌曲县	曹五八
卓尼县	李志斗	临潭县	张仲良	迭部县	曹世波	舟曲县	郭永祥

矿区工商局

局　长	孙增家	副局长	朱明富

东风场区工商局

局　长	付之义	副局长	李爱虎

2005 年全省各级工商局局长名录

省工商局

局　长	朱同心	副局长	孙望尘	王廷德	张汉文	张　辉
纪检组长	黄共卫	局长助理	付湘林			

兰州市工商局

局　长	程书印	副局长	达智文	马凤莲	杨小顺	杨宪明
纪检组长	余国业					

单　位	局　长	单　位	局　长	单　位	局　长	单　位	局　长
一分局	柴永军	二分局	杨　秦	公平交易分局	苏兴亚	高新开发区	孔祥林
经济技术开发区	张瑞华	城关分局	彭　琪	七里河分局	张秀山	西固分局	霍　民
安宁分局	张瑞华	永登县	容慧明	皋兰县	任生东	榆中县	李　杰
红古区	张学雄						

天水市工商局

局　长	刘养民	副局长	宗家旗	田　龙	董巨才	马建平
纪检组长	谢彩莲					

单　位	局　长	单　位	局　长	单　位	局　长	单　位	局　长
秦州分局	李建辉	麦积分局	李玉进	武山县	聂惠仁	秦安县	曲鹏云
张家川县	尹世兴	清水县	王家才	甘谷县	贾福生		

白银市工商局

局　长	王庆邦	副局长	白作明	何能贤	蒋国平	宿洋泉
纪检组长	徐兆鹏					

单　位	局　长	单　位	局　长	单　位	局　长	单　位	局　长
白银分局	胡云鸿	平川分局	刘　军	靖远县	马青林	会宁县	孙存海
景泰县	曾　山	西区分局	石凤万				

金昌市工商局

局　长	赵新军	副局长	严　勇	稽道刚	赵贤桂	纪检组长	王立生
单　位	局　长						
永昌县	张保胥						

嘉峪关市工商局

| 局　长 | 程康年 | 副局长 | 田　福 | 郭多林 | 姜　华 | 纪检组长 | 赵淑华 |

庆阳市工商局

| 局　长 | 杜庆武 | 副局长 | 李善奎 | 白春鸣 | 孙晓明 | 杨义明 |
| 纪检组长 | 胡兴升 |

单　位	局　长	单　位	局　长	单　位	局　长	单　位	局　长
西峰区	郝正文	庆城县	徐孝忠	宁　县	何天祎	正宁县	惠天钰
镇原县	李立峰	合水县	许　波	环　县	赵　军	华池县	李满银

平凉市工商局

| 局　长 | 曲永波 | 副局长 | 樊建华 | 马来财 | 袁　淑 | 王红梅 |
| 纪检组长 | 牛　兆 |

单　位	局　长	单　位	局　长	单　位	局　长	单　位	局　长
崆峒区	柳　琳	泾川县	辛根瑞	灵台县	聂正平	崇信县	马　和
华亭县	付　瑜	庄浪县	张　伦	静宁县	张烈统		

陇南市工商局

| 局　长 | 马　曦 | 副局长 | 张永平 | 高云琪 | 董柏林 | 李建军 |
| 纪检组长 | 左尚义 |

单　位	局　长	单　位	局　长	单　位	局　长	单　位	局　长
宕昌县	范朱生	武都区	梁　辉	文　县	张学民	康　县	张生军
成　县	刘喜龙	徽　县	张　瑜	两当县	彭学勤	西和县	徐鹏虎
礼　县	张小红						

定西市工商局

| 局　长 | 任　歔 | 副局长 | 李德民 | 段宝增 | 程惠岗 | 孟廷贤 |
| 纪检组长 | 马海明 |

单　位	局　长	单　位	局　长	单　位	局　长	单　位	局　长
安定区	武汉江	通渭县	姚士勇	陇西县	姜　敏	临洮县	卢成刚
渭源县	陈正清	漳　县	汪换平	岷　县	李成军		

武威市工商局

| 局　长 | 王兴凯 | 副局长 | 张宾贤 | 邰克全 | 王厚仁 | 刘应学 |

武威市工商局

| 纪检组长 | 马秀莲 |

单　位	局　长	单　位	局　长	单　位	局　长	单　位	局　长
凉州区	付德永	民勤县	丁生仁	天祝县	王崇寿	古浪县	靳平生

张掖市工商局

局　长	侯中甲	副局长	赵万德	高建新	刘满年	杨文伟
纪检组长	杨学东

单　位	局　长	单　位	局　长	单　位	局　长	单　位	局　长
甘州区	许万勤	临泽县	毛　赞	高台县	张新荣	肃南县	王建新
山丹县	张佩生	民乐县	张永河				

酒泉市工商局

局　长	闫耀成	副局长	曹征宁	吴维国	李明建	曹志润
纪检组长	段应宏

单　位	局　长	单　位	局　长	单　位	局　长	单　位	局　长
肃州区	景晓鹏	金塔县	石静钧	玉门市	马　宏	安西县	王金龙
敦煌市	任会鸣	肃北县	白志雄	阿克塞	周兴耀		

临夏州工商局

局　长	杨凯铭	副局长	马仲华	马晓梅	赵　鹏	纪检组长	金福昌
单　位	局　长	单　位	局　长	单　位	局　长	单　位	局　长
临夏市	刘居鹏	临夏县	马东海	积石山县	马邦海	和政县	马学良
康乐县	马佩文	广河县	马希明	东乡县	冯学文	永靖县	杨国志

甘南州工商局

局　长	达　茂	副局长	尚治中	杜光华	马仲成	纪检组长	陈向平
单　位	局　长	单　位	局　长	单　位	局　长	单　位	局　长
夏河县	赵光明	合作市	董怀荣	玛曲县	安学礼	碌曲县	曹五八
卓尼县	雷　毅	临潭县	张仲良	迭部县	班　马	舟曲县	邢一兵

矿区工商局

| 局　长 | 孙永强 |

东风场区工商局

| 局　长 | 梁慎全 |

2008 年全省各级工商局局长名录

省工商局

局　　长	张绪胜	副局长	张　辉	苏文辉	纪检组长	黄共卫	
副局长	陈其寿	局长助理	付湘林				

兰州市工商局

局　　长	程书印	副局长	达智文	马凤莲	杨小顺	杨宪明	
纪检组长	余国业						

单　位	局　长	单　位	局　长	单　位	局　长	单　位	局　长
一分局	柴永军	二分局	杨　秦	公平交易分局	苏兴亚	高新开发区	李英成
经济技术开发区	张瑞华	城关分局	彭　琪	七里河分局	张秀山	西固分局	霍　民
安宁分局	张瑞华	永登县	刘　建	皋兰县	任生东	榆中县	李　杰
红古区	张学雄						

天水市工商局

局　　长	刘养民	副局长	宗家旗	田　龙	董巨才	马建平	
纪检组长	谢彩莲						

单　位	局　长	单　位	局　长	单　位	局　长	单　位	局　长
秦州分局	李建辉	麦积分局	李玉进	武山县	聂惠仁	秦安县	王国强
张家川县	尹世兴	清水县	王家才	甘谷县	马念平		

白银市工商局

局　　长	王庆邦	副局长	白作明	蒋国平	宿洋泉	钱吉祥	
纪检组长	徐兆鹏						

单　位	局　长	单　位	局　长	单　位	局　长	单　位	局　长
白银分局	胡云鸿	平川分局	刘　军	靖远县	马青林	会宁县	孙存海
景泰县	曾　山	西区分局	石凤万				

金昌市工商局

局　　长	赵新军	副局长	严　勇	稽道刚	赵贤桂	纪检组长	王立生
单　位	局　长						
永昌县	张保胥						

嘉峪关市工商局

局　长	程康年	副局长	田　福	姜　华	刘兴元	纪检组长	赵淑华

庆阳市工商局

局　长	杜庆武	副局长	李善奎	孙晓明	杨义明	纪检组长	胡兴升
单　位	局　长	单　位	局　长	单　位	局　长	单　位	局　长
西峰区	郝正文	庆城县	徐孝忠	宁　县	何天祎	正宁县	惠天钰
镇原县	李立峰	合水县	许　波	环　县	赵　军	华池县	李满银

平凉市工商局

局　长	曲永波	副局长	樊建华	马来财	袁　淑	王红梅	
纪检组长	牛　兆						
单　位	局　长	单　位	局　长	单　位	局　长	单　位	局　长
崆峒区	柳　琳	泾川县	辛根瑞	灵台县	尚东生	崇信县	王得世
华亭县	付　瑜	庄浪县	张　伦	静宁县	张烈统		

陇南市工商局

局　长	马　曦	副局长	张永平	高云琪	董柏林	李建军	
纪检组长	左尚义						
单　位	局　长	单　位	局　长	单　位	局　长	单　位	局　长
宕昌县	范朱生	武都区	梁　辉	文　县	张学民	康　县	张生军
成　县	刘喜龙	徽　县	张　瑜	两当县	彭学勤	西和县	徐鹏虎
礼　县	张小红						

定西市工商局

局　长	任　歆	副局长	李德民	程惠岗	孟廷贤	纪检组长	马海明
单　位	局　长	单　位	局　长	单　位	局　长	单　位	局　长
安定区	武汉江	通渭县	杨瑞文	陇西县	姜　敏	临洮县	卢成刚
渭源县	邢　琪	漳　县	王海鸿	岷　县	李成军		

武威市工商局

局　长	王兴凯	副局长	邰克全	王厚仁	刘应学	纪检组长	马秀莲
单　位	局　长	单　位	局　长	单　位	局　长	单　位	局　长
凉州区	付德永	民勤县	丁生仁	天祝县	王崇寿	古浪县	靳平生

张掖市工商局

局　长	侯中甲	副局长	赵万德	刘满年	杨文伟	栾明军	
纪检组长	杨学东						
单　位	局　长	单　位	局　长	单　位	局　长	单　位	局　长
甘州区	许万勤	临泽县	毛赟	高台县	张新荣	肃南县	王建新
山丹县	张佩生	民乐县	张永河				

酒泉市工商局

局　长	闫耀成	副局长	曹征宁	曹志润	石立虎	纪检组长	段应宏
单　位	局　长	单　位	局　长	单　位	局　长	单　位	局　长
肃州区	景晓鹏	金塔县	石静钧	玉门市	马宏	瓜州县	王金龙
敦煌市	任会鸣	肃北县	白志雄	阿克塞	周兴耀		

临夏州工商局

局　长	杨凯铭	副局长	马仲华	马晓梅	马仲成	赵　鹏	吴　愚
纪检组长	金福昌						
单　位	局　长	单　位	局　长	单　位	局　长	单　位	局　长
临夏市	刘居鹏	临夏县	马东海	积石山县	马邦海	和政县	马学良
康乐县	马佩文	广河县	马希明	东乡县	冯学文	永靖县	杨国志

甘南州工商局

局　长	达茂	副局长	尚治中	杜光华	马仲成	纪检组长	陈向平
单　位	局　长	单　位	局　长	单　位	局　长	单　位	局　长
夏河县	赵光明	合作市	董怀荣	玛曲县	安学礼	碌曲县	曹五八
卓尼县	雷毅	临潭县	张仲良	迭部县	班马	舟曲县	王国庆

矿区工商局

局　长	孙永强				

东风场区工商局

局　长	岳田仓	副局长	唐铁军		

1986 年—2008 年地(州、市)、甘肃矿区、东风场区工商局(处)领导(正职)名录

单　位	姓　名	职务	任职时间	备注
兰州市工商局	陈斌俊	局长	1986 年 5 月—1991 年 9 月	
	于名芳	局长	1991 年 9 月—1999 年 7 月	
	王锡湖	局长	1999 年 7 月—2004 年 5 月	
	程书印	局长	2004 年 5 月—	
白银市工商局	陈　福	局长	1985 年 12 月—2001 年 6 月	
	曲连弟	局长	2001 年 7 月—2004 年 5 月	
	王庆邦	局长	2004 年 5 月—	
天水市工商局	武中前	局长	1986 年 1 月—1996 年 5 月	
	辛治奎	局长	1996 年 5 月—2004 年 5 月	
	刘养民	局长	2004 年 5 月—2008 年 12 月	
嘉峪关市工商局	王培英	局长	1986 年 4 月—1994 年 2 月	
	程康年	局长	1994 年 9 月—	
金昌市工商局	黄志荣	局长	1983 年 5 月—1988 年 2 月	
	桑廷孝	局长	1988 年 2 月—1989 年 10 月	
	曹秀山	局长	1990 年—1996 年	
	邵明礼	局长	1997 年—2004 年 5 月	
	赵新军	局长	2004 年 5 月—2008 年 12 月	
武威地区(市)工商局(处)	徐积德	处长	1984 年 12 月—1991 年 10 月	
	王兆生	局长	1992 年 12 月—2004 年 5 月	
	王兴凯	局长	2004 年 5 月—	
张掖地区(市)工商局(处)	张金标	处长	1986 年 2 月—1988 年 7 月	
	魏吉生	局长	1988 年 8 月—1993 年 11 月	
	周克福	局长	1993 年 12 月—1994 年 5 月	
	杨作义	局长	1994 年 9 月—2004 年 5 月	
	侯中甲	局长	2004 年 5 月—	

附

录

871

单 位	姓 名	职务	任职时间	备注
酒泉地区(市)工商局(处)	成林虎	处长	1984年9月—1992年1月	
	他维新	局长	1992年2月—1998年10月	
	闫耀成	局长	1998年11月—2008年12月	
陇南地区(市)工商局(处)	杨志辉	处长	1983年10月—1995年5月	
	马 曦	局长	1995年5月—2008年12月	
定西市地区(市)工商局(处)	马万有	处长	1987年4月—1989年11月	任党组书记
	刘珍玉	处长	1987年4月—1987年6月	
	邱玉川	处长	1987年9月—1989年11月	
	刘子敬	局长	1989年11月—1995年9月	
	王兴祥	局长	1995年9月—2001年8月	
	孟葆林	局长	2001年8月—2003年12月	
	任 歆	局长	2004年5月—2008年8月	
平凉地区(市)工商局(处)	樊 欣	处长	1986年1月—1992年4月	
	李邦伦	局长	1992年4月—2001年7月	
	王兴祥	局长	2001年7月—2004年5月	
	曲永波	局长	2004年5月—	
庆阳地区(市)工商局(处)	贾 宾	处长	1986年—1988年3月	
	郝光祥	局长	1988年4月—1992年4月	
	梁启明	局长	1992年5月—1998年5月	
	程书印	局长	1998年6月—2004年4月	
	杜庆武	局长	2004年5月—	
甘南州工商局	史朝安	局长	1983年10月—1988年8月	
	桑 丹	局长	1988年8月—1991年9月	
	卓玛加	局长	1991年9月—1997年2月	
	达 茂	局长	1997年12月—	
临夏州工商局	马国亮	局长	1986年—1988年	
	马得海	局长	1988年—1991年	
	杨凯铭	局长	1991年—	

单　　位	姓　名	职务	任职时间	备注
甘肃矿区工商局	段根深	局长	1981 年 9 月—1991 年	
	刘　彤	局长	1993 年 9 月—1996 年 8 月	
	孙增家	局长	1997 年—2000 年 10 月	
	孙永强	局长	2001 年 6 月—	
东风场区工商局	王忠孝	局长	1993 年 7 月—1998 年	
	付之义	局长	1998 年—2002 年	
	梁慎全	局长	2002 年—2007 年	
	岳田仓	局长	2007 年—	

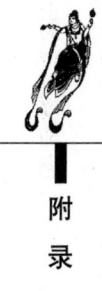

附
录

表 彰

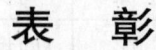
1986 年—2008 年全省县(市、区)以上工商局被授予文明单位(行业)

单　　　　位	级　别	时　间	授予单位	授予荣誉
省工商局	市级	2003 年 10 月	市委、市政府	文明单位
省工商局	省级	2006 年 12 月	省委、省政府	文明单位
兰州市工商局	县级	2002 年 12 月	区委、区政府	文明单位
兰州市工商局	省级	2008 年 12 月	省委、省政府	文明单位
兰州市工商局市管二分局	市级	2008 年 12 月	市委、市政府	文明单位
兰州市工商局高新分局	市级	2005 年 12 月	市委、市政府	文明单位
兰州市工商局城关分局	市级	1997 年 1 月	市委、市政府	文明单位
兰州市工商局七里河分局	县级	2003 年 1 月	区委、区政府	文明单位
兰州市工商局西固分局	市级	2004 年 12 月	市委、市政府	文明单位
兰州市工商局安宁分局	市级	2005 年 1 月	市委、市政府	文明单位
兰州市工商局高新分局	区级	2004 年 1 月	高新区管委会	文明单位
兰州市工商局高新分局	市级	2005 年 12 月	市委、市政府	文明单位
兰州市工商局红古分局	县级	2003 年 1 月	县委、县政府	文明单位
兰州市工商局红古分局	市级	2007 年 12 月	市委、市政府	文明单位
皋兰县工商局	县级	2003 年 1 月	县委、县政府	文明单位
皋兰县工商局	市级	2005 年 8 月	市委、市政府	文明单位
榆中县工商局	市级	2003 年 1 月	市委、市政府	文明单位
永登县工商局	县级	2003 年 1 月	县委、县政府	文明单位
永登县工商局	市级	2007 年 12 月	市委、市政府	文明单位
嘉峪关市工商局	市级	2002 年 1 月	市委、市政府	文明单位
嘉峪关市工商局雄关分局	市级	2006 年 1 月	市委、市政府	文明单位

单　　　位	级　别	时　间	授予单位	授予荣誉
嘉峪关市工商局长城分局	市级	2008 年 1 月	市委、市政府	文明单位
金昌市工商局	市级	2003 年 3 月	市委、市政府	文明单位
永昌县工商局	市级	1999 年 3 月	市委、市政府	文明单位
永昌县工商局河西堡分局	县级	2005 年 3 月	县委、县政府	文明单位
白银市工商局	市级	2004 年 5 月	市委、市政府	文明单位
白银市工商局工商分局	市级	2004 年 5 月	市委、市政府	文明单位
白银市工商局平川分局	区级	2003 年 5 月	区委、区政府	文明单位
白银市工商局平川分局	市级	2006 年	市委、市政府	文明单位
靖远县工商局	省级	2004 年 9 月	省委、省政府	文明单位
景泰县工商局	市级	2003 年 5 月	市委、市政府	文明单位
会宁县工商局	市级	2004 年 5 月	市委、市政府	文明单位
会宁县工商局	省级	2008 年 8 月	省委、省政府	文明单位
定西市工商局	区级	2004 年 2 月	区委、区政府	文明单位
定西市工商局	市级	2008 年 3 月	市委、市政府	文明单位
定西市工高局安定分局	市级	2004 年 2 月	市委、市政府	文明单位
通渭县工商局	县级	2005 年 1 月	县委、县政府	文明单位
陇西县工商局	县级	2005 年 1 月	县委、县政府	文明单位
漳县工商局	县级	2005 年 1 月	县委、县政府	文明单位
渭源县工商局	县级	1998 年 4 月	县委、县政府	文明单位
渭源县工商局	市级	2006 年 2 月	市委、市政府	文明单位
临洮县工商局	县级	1992 年 9 月	县委、县政府	文明单位
临洮县工商局	市级	2000 年 3 月	市委、市政府	文明单位
岷县工商局	县级	2004 年 3 月	县委、县政府	文明单位
岷县工商局	市级	2008 年 2 月	市委、市政府	文明单位

单　　位	级　别	时　间	授予单位	授予荣誉
合作市工商局	市级	2002 年 8 月	州委、州政府	文明单位
夏和县工商局	市级	2002 年 7 月	州委、州政府	文明单位
碌曲县工商局	县级	2004 年 5 月	县委、县政府	文明单位
碌曲县工商局	州级	2008 年 3 月	州委、州政府	文明单位
玛曲县工商局	县级	2003 年 3 月	县委、县政府	文明单位
玛曲县工商局	州级	2006 年 8 月	州委、州政府	文明单位
迭部县工商局	州级	2006 年 8 月	州委、州政府	文明单位
卓尼县工商局	州级	2006 年 8 月	州委、州政府	文明单位
临潭县工商局	州级	2004 年 7 月	州委、州政府	文明单位
舟曲县工商局	县级	2004 年 2 月	县委、县政府	文明单位
陇南市工商局	市级	2006 年 2 月	地委、行署	文明单位
陇南市武都分局	市级	2004 年 2 月	地委、行署	文明单位
成县工商局	县级	2004 年 4 月	县委、县政府	文明单位
两当县工商局	县级	2005 年 4 月	县委、县政府	文明单位
西和县工商局	县级	2005 年 4 月	县委、县政府	文明单位
礼县工商局	县级	2004 年 7 月	县委、县政府	文明单位
徽县工商局	县级	2003 年 3 月	县委、县政府	文明单位
徽县工商局	市级	2008 年 2 月	市委、市政府	文明单位
文县工商局	市级	2008 年 2 月	市委、市政府	文明单位
宕昌县工商局	县级	2000 年 12 月	县委、县政府	文明单位
酒泉市工商局	国家级	2002 年 10 月	中央文明委	创建文明行业先进单位
酒泉市工商局	国家级	2005 年 10 月	中央文明委	文明单位
敦煌市市工商局	国家级	1999 年 9 月	中央文明委	文明单位

单 位	级 别	时 间	授予单位	授予荣誉
金塔县工商局	市级	2000年1月	市委、市政府	文明单位
金塔县工商局	省级	2008年12月	省委、省政府	文明单位
阿克塞县工商局	县级	2003年10月	县委、县政府	文明单位
安西县工商局	乡级	2001年1月	镇委、镇政府	文明单位
肃北县工商局	市级	2005年9月	市委、市政府	文明单位
玉门市工商局	市级	2004年3月	市委、市政府	文明单位
酒泉市工商局肃州分局	国家级	2005年9月	中央文明委	文明单位
平凉市工商局	市级	2004年2月	市委、市政府	文明单位
平凉市工商局	省级	2008年12月	省委、省政府	文明单位
泾川县工商局	市级	1997年10月	原地委、行署	文明单位
庄浪县工商局	市级	2005年3月	市委、市政府	文明单位
灵台县工商局	市级	1996年12月	原地委、行署	文明单位
华亭县工商局	市级	2004年2月	市委、市政府	文明单位
崇信县工商局	县级	1986年3月	县委、县政府	文明单位
崇信县工商局	市级	2004年2月	市委、市政府	文明单位
静宁县工商局	县级	1992年3月	市委、市政府	文明单位
平凉市工商局崆峒分局	市级	2004年2月	市委、市政府	文明单位
平凉市工商局崆峒分局	省级	2006年12月	省委、省政府	文明单位
武威市工商局	市缀	2004年12月	市委、市政府	文明单位
武威市工商局	省级	2004年12月	省委、省政府	文明单位
民勤县工商局	市级	2005年3月	市委、市政府	文明单位
天祝县工商局	省级	2004年10月	省委、省政府	文明单位
古浪县工商局	市级	2005年3月	市委、市政府	文明单位
武威市工商局凉州分局	市级	1998年3月	市委、市政府	文明单位

单　　　位	级　别	时　间	授予单位	授予荣誉
临夏州工商局	市级	2002 年 5 月	州委、州政府	文明单位
临夏州工商局	省级	2008 年 12 月	省委、省政府	文明单位
临夏市工商局	省级	2004 年 9 月	省委、省政府	文明单位
广和县工商局	市级	2002 年 5 月	州委、州政府	文明单位
积石山县工商局	市级	1998 年 12 月	州委、州政府	文明单位
积石山县工商局	省级	2008 年 12 月	省委、省政府	文明单位
临夏县工商局	市级	2003 年 3 月	州委、州政府	文明单位
永靖县工商局	县级	2004 年 1 月	县委、县政府	文明单位
和政县工商局	县级	2004 年 5 月	县委、县政府	文明单位
康乐县工商局	县级	2003 年 1 月	县委、县政府	文明单位
东乡县工商局	市级	2002 年 5 月	州委、州政府	文明单位
天水市工商局	市级	1999 年 1 月	市委、市政府	文明单位
天水市工商局	省级	2008 年 12 月	省委、省政府	文明单位
天水市工商局秦城分局	省级	2003 年 1 月	省委、省政府	文明单位
天水市工商局秦城分局	省级	2002 年 12 月	省委、省政府	文明单位
天水市工商局麦积分局	县级	2003 年 1 月	区委、区政府	文明单位
天水市工商局麦积分局	省级	2006 年 12 月	省委、省政府	文明单位
甘谷县工商局	县级	1997 年 1 月	县委、县政府	文明单位
武山县工商局	县级	1992 年 1 月	县委、县政府	文明单位
清水县工商局	县级	1994 年 1 月	县委、县政府	文明单位
张川县工商局	市级	1998 年 1 月	市委、市政府	文明单位
秦安县工商局	市级	1995 年 1 月	市委、市政府	文明单位
秦安县工商局	省级	2008 年 12 月	省委、省政府	文明单位
张掖市工商局	市级	2004 年 1 月	市委、市政府	文明单位
张掖市工商局	省级	2006 年 9 月	省委、省政府	文明单位

单　　　　位	级　别	时　间	授予单位	授予荣誉
张掖市工商局甘州分局	省级	2004 年 9 月	省委、省政府	文明单位
高台县工商局	国家级	2005 年 9 月	中央文明委	文明单位
民乐县工商局	市级	2001 年 3 月	市委、市政府	文明单位
山丹县工商局	市级	2003 年 1 月	市委、市政府	文明单位
山丹县工商局	省级	2008 年 6 月	省委、省政府	文明单位
临泽县工商局	市级	2004 年 1 月	市委、市政府	文明单位
肃南县工商局	市级	2004 年 1 月	市委、市政府	文明单位
庆阳市工商局	省级	2003 年 1 月	省委、省政府	文明单位
庆阳市工商局西峰分局	市级	1994 年 3 月	原地委、行署	文明单位
镇原县工商局	市级	1997 年 1 月	原地委、行署	文明单位
宁县工商局	市级	1998 年 3 月	原地委、行署	文明单位
环县工商局	县级	1994 年 1 月	县委、县政府	文明单位
环县工商局	市级	2005 年 3 月	市委、市政府	文明单位
合水县工商局	县级	2004 年 12 月	县委、县政府	文明单位
庆城县工商局	县级	2004 年 3 月	县委、县政府	文明单位
庆城县工商局	市级	2008 年 3 月	市委、市政府	文明单位
正宁县工商局	县级	2004 年 3 月	县委、县政府	文明单位
正宁县工商局	市级	2006 年 2 月	市委、市政府	文明单位
华池县工商局	县级	2008 年 2 月	县委、县政府	文明单位

部分年份全省系统受省部级以上表彰的先进集体（工商所）

单　　　位	表彰荣誉	表彰时间	表彰机关	备　注
兰州市七里河区工商局西站工商所	先进工商所	1992年3月25日	国家工商局	
白银市工商局白银分局公园路市场管理所	先进工商所	1992年3月25日	国家工商局	
徽县工商局城关工商所	先进工商所	1992年3月25日	国家工商局	
泾川县工商局城关工商所	先进工商所	1992年3月25日	国家工商局	
夏河县工商局拉卜楞工商所	先进工商所	1992年3月25日	国家工商局	
临洮县工商局城关工商所	先进工商所	1992年3月25日	国家工商局	
天祝县工商局打柴沟工商所	先进工商所	1992年3月25日	国家工商局	
兰州市城关区工商局	先进集体	1992年3月24日	国家工商局、人事部	
安西县工商局	先进集体	1992年3月24日	国家工商局、人事部	
正宁县工商局	先进集体	1992年3月24日	国家工商局、人事部	
积石山县工商局	先进集体	1992年3月24日	国家工商局、人事部	
天水市工商局北道分局经济合同股	先进集体	1992年3月24日	国家工商局、人事部	
白银市工商局	先进集体	1996年12月3日	国家工商局、人事部	
高台县工商局	先进集体	1996年12月3日	国家工商局、人事部	
武威市工商局	先进集体	1996年12月3日	国家工商局、人宰部	
嘉峪关市工商局	先进集体	1996年12月3日	国家工商局、人事部	
华亭县工商局	先进集体	1996年12月3日	国家工商局、人事部	
秦安县工商局兴国小商品市场管理所	先进工商所	1996年12月3日	国家工商局、人事部	
镇原县工商局屯子工商所	先进工商所	1996年12月3日	国家工商局、人事部	
张掖市工商局甘浚工商所	先进工商所	1996年12月3日	国家工商局、人事部	
兰州市工商局城关分局	先进工商所	1996年12月3日	国家工商局、人事部	

单　位	表彰荣誉	表彰时间	表彰机关	备　注
永昌县工商局城关工商所	先进工商所	1996 年 12 月 3 日	国家工商局、人事部	
临潭县工商局城关工商所	先进工商所	1996 年 12 月 3 日	国家工商局、人事部	
省工商局	全国纠正行业不正之风先进集体	1996 年 6 月	全国纠风工作领导小组	
酒泉市工商局	先进集体	2004 年 11 月 2 日	人事部、国家工商总局	
天祝藏族自治县工商局	先进集体	2004 年 11 月 2 日	人事部、国家工商总局	
天水市工商局秦城分局	先进集体	2004 年 11 月 2 日	人事部、国家工商总局	
张掖市工商局甘州分局	先进集体	2004 年 11 月 2 日	人事部、国家工商总局	
兰州市工商局城关分局	先进集体	2004 年 11 月 2 日	人事部、国家工商总局	
高台县工商局城关工商所	先进工商所	2004 年 11 月 2 日	人事部、国家工商总局	
景泰县工商局一条山工商所	先进工商所	2004 年 11 月 2 日	人事部、国家工商总局	
临潭县工商局城关工商所	先进工商所	2004 年 11 月 2 日	人事部、国家工商总局	
武威市工商局凉州分局武南工商所	先进工商所	2004 年 11 月 2 日	人事部、国家工商总局	
积石山县工商局吹麻滩工商所	先进工商所	2004 年 11 月 2 日	人事部、国家工商总局	
康县工商局城关工商所	先进工商所	2004 年 11 月 2 日	人事部、国家工商总局	
金昌市工商局滨河路工商所	先进工商所	2004 年 11 月 2 日	人事部、国家工商总局	
庆阳市工商局西峰分局东街工商所	先进工商所	2004 年 11 月 2 日	人事部、国家工商总局	
定西市工商局安定分局永定工商所	先进工商所	2004 年 11 月 2 日	人事部、国家工商总局	
省工商局	第一次全国经济普查先进集体	2005 年 12 月 27 日	国务院第一次全国经济普查小组办公室	省工商局企业处
省工商局	社会帮扶工作先进单位	2005 年 1 月 12 日	省委、省政府	省工商局机关党委
省工商局	2004 年度省综治委先进成员单位	2005 年 1 月 24 日	省委、省政府	省工商局市场处

单　　位	表彰荣誉	表彰时间	表彰机关	备　注
省工商局	全国"红盾杯"千万家庭食品安全知识大赛优秀奖	2005 年12 月	国家工商总局	省工商局消保处、省消费者权益保护协会
省工商局	"2005 年中国商标节"组织奖	2005 年 12 月 9 日	国家工商总局、中国国际贸易促进委员会	省工商局商广处、省商标协会
省工商局	全省再就业工作先进集体	2005 年 1 月 10 日	省政府	
省工商局	完成人口与计划生育工作目标管理责任一等奖	2005 年 1 月	省政府	省工商局个体处
省工商局 12315 指挥中心	全国"保护消费者杯"先进单位	2005 年 12 月 12 日	中国保护消费者基金会	
兰州市工商局城关分局	先进集体	2008 年 9 月 19 日	人力资源和社会保障部、国家工商总局	
天水市工商局麦积分局	先进集体	2008 年 9 月 19 日	人力资源和社会保障部、国家工商总局	
张掖市工商局	先进集体	2008 年 9 月 19 日	人力资源和社会保障部、国家工商总局	
康县工商局	先进集体	2008 年 9 月 19 日	人力资源和社会保障部、国家工商总局	
省工商局个体私营经济监督处	先进集体	2008 年 9 月 19 日	人力资源和社会保障部、国家工商总局	
白银市工商局白银分局人民路工商所	先进工商所	2008 年 9 月 17 日	国家工商总局	
天水市工商局秦州分局中城工商所	先进工商所	2008 年 9 月	国家工商总局	
嘉峪关市工商局新区工商所	先进工商所	2008 年 9 月	国家工商总局	
金昌市工商局新华路工商所	先进工商所	2008 年 9 月	国家工商总局	

单　　位	表彰荣誉	表彰时间	表彰机关	备　注
玉门市工商局玉门镇分局	先进工商所	2008 年 9 月 17 日	国家工商总局	
泾川县工商局 高平工商所	先进工商所	2008 年 9 月 17 日	国家工商总局	
庆阳市工商局西峰分局 东街工商所	先进工商所	2008 年 9 月 17 日	国家工商总局	
临潭县工商局 冶力关工商所	先进工商所	2008 年 9 月 17 日	国家工商总局	
临夏市工商局 城东工商所	先进工商所	2008 年 9 月 17 日	国家工商总局	

附
录

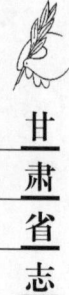

1986年—2008年在全省工商系统受到省部级以上表彰的先进个人

姓名	性别	民族	出生年月	政治面貌	所在单位	荣誉获得名称	获奖时间	表彰机关
					省 工 商 局			
陈栓才	男	汉	1947.11	中共党员	省工商行政管理学校	甘肃省邮政转业干部先进个人	1991年7月	省委、省政府
马占英	男	汉	1956.8	中共党员	省工商局市场监督管理局	在全省防治非典型肺炎工作中做出突出贡献	2003年1月	中共甘肃省委
任丽梅	女	汉	1968.6		省工商局办公室	全国电子企业现状调查先进个人	1996年3月	电子工业部、国家工商局
赵国文	男	汉	1953.11	中共党员	省工商局消保处	全国3·15荣誉奖章	2004年9月	国家工商总局
万晓兰	女	汉	1956.1	中共党员	省工商局消保处	在2002、2003年度创建优秀"青少年维权岗"先进个人	2004年1月	最高人民法院等11个单位
张汉文	男	汉	1947.1	中共党员	省工商局	红盾护农先进个人	2005年1月	国家工商总局
李建军	男	汉	1956	中共党员	省工商局市场规范管理处	红盾护农先进个人	2005年1月	国家工商总局
朱同心	男	汉	1949.1	中共党员	省工商局	四五普法全国先进个人	2006年1月	国家工商总局
侯文科	男	汉	1955.1	中共党员	省工商局人事处	全国拥军优属工作先进个人	2006年8月	省委、省政府、省军区
张玉光	男	汉	1954.1	中共党员	省工商局法规赴	五五普法中期先进个人	2008年1月	中宣部、司法部
黄国明	男	汉	1962.11	中共党员	省工商局企业处	整治违法排污企业保障群众健康环保专项行动先进个人	2008年1月	环境保护部、电监会、发展改革委、监察部、工商总局、司法部、安全监管总局

姓名	性别	民族	出生年月	政治面貌	所在单位	荣誉获得名称	获奖时间	表彰机关
					省工商局			
苏　静	女	汉	1958.6	中共党员	省工商局消保处	全国工商系统12315行政执法体系建设工作先进个人	2008年5月19日	国家工商总局
王　辛	女	汉	1981.1	群众	省工商局12315指挥中心	全国工商系统12315行政执法体系建设工作先进个人	2008年5月19日	国家工商总局
侯文科	男	汉	1955.1	中共党员	省工商局人事处	全国工商行政管理系统优秀工商行政管理人员	2008年9月	国家工商总局
李兰梅	女	汉	1959	中共党员	省工商局机关党委	第九批精神文明建设先进工作者	2008年1月	中共甘肃省委
袁　征	男	汉	1968.1	中共党员	省工商局人事处	北京奥运会火炬接力甘肃省火炬手	2008年5月	甘肃省政府
刘玉圣	男	汉	1964.2	中共党员	省工商局市场处	全国治理自行车被盗问题专项行动先进个人	2008年9月	公安部、工商总局
马维东	男	汉	1971.1	中共党员	省工商局消保处	2007年流通环节食品质量和食品安全专项整治工作先进个人	2008年2月	国家工商总局
					兰州市工商局			
李发喜	男	汉	1950.1	中共党员	兰州市工商局市场管理站	甘肃省军队转业干部先进个人	1991年7月	省委、省政府
李丰文	男	汉	1937.1	中共党员	兰州市城关区工商局	全国工商系统先进工作者	1992年3月	人事部、国家工商局
邓骏平	男	汉	1957.8	中共党员	兰州市西固区工商局	全国工商系统优秀工商行政人员	1992年3月	国家工商局
王秋生	男	汉	1950.1	中共党员	兰州市工商局市管一分局	全国工商系统优秀工商行政人员	1996年12月	国家工商局

姓名	性别	民族	出生年月	政治面貌	所在单位	荣誉获得名称	获奖时间	表彰机关
					兰州市工商局			
于名芳	男	汉	1944.9	中共党员	兰州市工商局	全国工商系统先进工作者	1996年12月	人事部、国家工商局
王平	男	汉	1959.1	中共党员	兰州市局高新分局	全国工商行政管理系统先进工作者	2000年1月	人事部、国家工商局
容慧明	男	汉	1955.12	中共党员	市工商局公平交易分局	全国工商系统优秀工商行政人员	2000年1月	国家工商局
金彦红	男	汉	1969.11	中共党员	兰州市工商局	全省拥军优属先进个人	2003年3月	甘肃省委、甘肃省政府等
赵维忠	男	汉	1956.1	中共党员	兰州市工商局城关分局	全省拥军优属先进个人	2003年	省委、省政府、省军区
苏幸平	男	汉	1961.1	中共党员	兰州市工商局城关分局	全国工商系统优秀工商行政人员	2004年12月	国家工商总局
岳宣举	男	汉	1960.10	中共党员	兰州市工商局安宁分局	红盾护农先进个人	2005年1月	国家工商总局
曹军	男	汉	1964.1	中共党员	兰州市工商局公平分局	全国工商系统机关治理商业贿赂工作先进个人	2008年1月	国家工商总局
于永福	男	汉	1960	中共党员	七里河分局金港城所长	全国工商系统先进工作者	2008年1月	人社部、国家工商总局
陈玉娟	女	汉	1960	中共党员	兰州市工商局七里河分局	全国工商系统12315行政执法体系建设工作先进个人	2008年5月	国家工商总局
王成斌	男	汉	1966.1	中共党员	兰州市工商局城关分局	全国工商系统12315行政执法体系建设工作先进个人	2008年5月	国家工商总局

姓　名	性别	民族	出生年月	政治面貌	所在单位	荣誉获得名称	获奖时间	表彰机关
					嘉峪关市工商局			
李成浩	男	汉	1947.1	中共党员	嘉峪关市工商局	全国工商系统先进个人	1987 年 4 月	国家工商局
田　福	男	汉	1963	中共党员	嘉峪关市工商局	全国打击假冒伪劣商品先进个人	1989 年 1 月	全国打假办
王培英	男	汉	1935.6	中共党员	嘉峪关市工商局	全国工商系统优秀工商行政人员	1992 年 3 月	国家工商局
李　晨	男	汉	1967.4	中共党员	嘉峪关市工商局长城分局	全国工商系统优秀工商行政人员	2004 年 12 月	国家工商总局
姚云峰	男	汉	1969.3	中共党员	嘉峪关市工商局经检分局	红盾护农先进个人	2005 年 12 月	国家工商总局
王琪玥	男	汉	1958.12	群众	嘉峪关市工商局经检分局	第二次全国农业普查先进个人	2008 年 4 月	国家统计局
王民立	男	汉	1954.12	中共党员	嘉峪关市工商局	北京奥运会火炬接力甘肃省火炬手	2008 年 5 月	甘肃省政府
					金昌市工商局			
侯　生	男	汉	1965.10	中共党员	金昌市局经检分局	全国集中打击生产和经销假冒伪劣商品违法行为活动中成绩显著	1995 年 1 月	国家工商局
陈永卫	男	汉	1969.9	中共党员	金昌市局办公室	全国工商系统优秀工商行政人员	2004 年 12 月	国家工商总局
胡小金	男	汉	1966.10	中共党员	金昌市工商局	全国工商系统红盾护农先进个人	2005 年 1 月	国家工商总局
崔常礼	男	汉	1966.2	中共党员	金昌市局消保科	全省拥军优属工作先进个人	2006 年 8 月	甘肃省委、省政府、省军区
赵新军	男	汉	1952.1	中共党员	金昌市工商局	五五普法中期先进个人	2008 年 1 月	中宣部、司法部
田玉霞	女	汉	1966.2	中共党员	金昌市工商局金川分局市管科	全国工商系统 12315 行政执法体系建设工作先进个人	2008 年 5 月	国家工商总局
尹建兵	男	汉	1965.10	中共党员	金昌市金川分局建设路工商所	全国 2007 年流通环节产品质量和食品安全专项整治工作先进个人	2008 年	国家工商总局

姓名	性别	民族	出生年月	政治面貌	所在单位	荣誉获得名称	获奖时间	表彰机关
张掖市工商局								
王克勤	男	汉	1949.11	中共党员	张掖市工商局西关工商所	甘肃省军队转业干部先进个人	1991年7月	省委、省政府
焦玉莲	女	汉	1951.3	中共党员	张掖市工商局甘州区工商所	全国工商系统优秀工商行政人员	1992年3月	国家工商局
毛赟	男	汉	1969.1	中共党员	张掖市局甘州分局	全国工商系统优秀工商所长	1997年1月	国家工商局
杨永伟	男	汉	1963.1	中共党员	临泽县工商局	全国工商百名新闻之星	1998年	国家工商局
杨文伟	男	汉	1959	中共党员	张掖市工商局	全国工商系统优秀工商行政人员	2000年1月	国家工商局
安学斌	男	裕固	1965.2	中共党员	肃南县工商局	全国工商系统优秀工商行政人员	2004年12月	国家工商总局
张新荣	男	汉	1956.8	中共党员	张掖市工商局	消费者权益保护先进个人	2005年1月	国家工商总局
许万勤	男	汉	1966.01	中共党员	张掖市工商局甘州分局	红盾护农先进个人	2005年12月	国家工商总局
武克新	男	汉	1962.7	中共党员	高台县工商局	全国工商系统优秀工商行政人员	2008年9月	国家工商总局
武威市工商局								
赵玉兰	女	汉	1941.3	中共党员	武威市工商局西凉综合批发市场管理所	全国五一劳动奖章	1991年5月	全国总工会
赵玉兰	女	汉	1941.3	中共党员	武威市工商局西凉综合批发市场管理所	全国工商系统先进工作者	1992年3月	国家工商局 人事部
靳平生	男	汉	1968.1	中共党员	武威市局凉州分局	全国打假先进工作者	1995年12月	国家工商局、经贸委、质监总局
张峗贤	男	汉	1952.1	中共党员	武威市工商局	全国工商系统优秀工商行政人员	1996年12月	国家工商局
靳平生	男	汉	1968.1	中共党员	武威市局凉州分局	全省打假先进个人	1996年12月	甘肃省人民政府
李能荣	男	汉	1969	中共党员	天祝县局华藏寺分局	全国商标管理工作先进个人	1998年3月	国家工商局
马秀莲	女	回	1962.1	中共党员	武威市工商局	全国工商系统优秀工商行政人员	2000年1月	国家工商局

姓名	性别	民族	出生年月	政治面貌	所在单位	荣誉获得名称	获奖时间	表彰机关
						武威市工商局		
侯中甲	男	汉	1962.10	中共党员	武威市工商局	在全省防治非典型肺炎工作中做出突出贡献	2003年6月	甘肃省委
刘银年	男	汉	1958.1	中共党员	武威市工商局凉州分局	全国工商系统优秀工商行政人员	2004年12月	国家工商总局
张作荣	男	汉	1963.12	中共党员	民勤县工商局	2005年红盾护农先进个人	2005年12月	国家工商总局
胡 勇	男	汉	1971	中共党员	武威市局工业园区分局	甘肃省优秀青年卫士	2007年1月	共青团甘肃省委等12个部门
王厚仁	男	汉	1958	中共党员	武威市工商局	全国工商系统12315行政执法体系建设先进个人	2008年1月	国家工商总局
付德永	男	汉	1965.1	中共党员	武威市工商局	全国工商系统先进工作者	2008年1月	人社部、国家工商总局
王明德	男	藏	1969.1	中共党员	武威市工商局经检分局	全国工商机关治理商业贿赂先进个人	2008年1月	国家工商总局
丁生仁	男	汉	1956.10	中共党员	民勤县工商局	全国工商系统优秀工商行政人员	2008年9月	国家工商总局
						白银市工商局		
高步德	男	汉	1956.5	中共党员	靖远县工商局经检股	甘肃省军队队转业干部先进个人	1991年7月	省委、省政府
陆立坤	男	汉	1939.3	中共党员	白银市工商局银分局	全国工商系统优秀工商人员	1992年3月	国家工商局
徐兆鹏	男	汉	1957.10	中共党员	白银市工商局	1996~1997年度全国商标管理工作先进个人	1998年	国家工商局
张吉平	男	汉	1966	中共党员	白银市局企业登记科	全国工商系统优秀工商人员	2000年1月	国家工商局
朱宗舜	男	汉	1954.1	中共党员	白银区个协	全国工商系统优秀工商人员	2000年1月	国家工商局
贠治文	男	汉	1968	中共党员	白银市工商局平川分局	"2005年红盾护农行动"先进个人	2005年1月	国家工商总局

姓 名	性别	民族	出生年月	政治面貌	所在单位	荣誉获得名称	获奖时间	表彰机关
					白银市工商局			
石凤万	男	汉	1961	中共党员	白银市工商局西区分局	全国工商系统优秀工商人员	2008年9月	国家工商总局
李建龙	男	汉	1973	中共党员	白银市工商局白银分局公园路工商所	全国工商系统12315行政执法体系建设工作先进个人	2008年5月	国家工商总局
					天水市工商局			
张新	男	汉	1951.9	中共党员	秦安县工商局兴国工商所	全国工商系统优秀工商人员	1992年3月	国家工商局
王国强	男	汉	1959.11	中共党员	天水市工商局秦城分局中城工商所	全国工商系统优秀工商行政人员	1996年12月	国家工商局
王国强	男	汉	1959.11	中共党员	天水市工商局秦城分局中城工商所	中国优秀青年卫士提名奖	1997年10月	共青团中央、国家工商局等12部委
朱全杰	男	汉	1948.1	中共党员	天水市工商局	全国工商系统先进工作者	2000年1月	人事部、国家工商局
亢建设	男	汉	1962.1	中共党员	天水市局景区分局	全国工商系统优秀工商行政人员	2000年1月	国家工商局
尹世兴	男	汉	1954.1	中共党员	秦安县工商局	全国工商系统优秀工商行政人员	2004年12月	国家工商总局
邵蓉	女	汉	1982.12	中共党员	天水市工商局	中国青年志愿服务银奖	2005年7月	共青团中央
宋秀梅	女	汉	1964	中共党员	麦积分局法规科	全国工商系统法制宣教先进个人	2006年1月	国家工商总局

定西市工商局

姓名	性别	民族	出生年月	政治面貌	所在单位	荣誉获得名称	获奖时间	表彰机关
胡绍海	男	汉	1939	中共党员	渭源县工商局	全国工商系统先进工作者	1987年	国家工商局
尹俊海	男	汉	1950.1	中共党员	定西县工商局城关工商所	甘肃省军队转业干部先进个人	1991年7月	省委、省政府
王聪	男	汉	1932.1	中共党员	陇西县工商局	甘肃省军队转业干部先进个人	1991年7月	省委、省政府
尹俊海	男	汉	1950.1	中共党员	定西县工商局城关工商所	全国工商系统优秀工商行政人员	1992年3月	国家工商局
姚亚平	男	汉	1967.10	中共党员	临洮县工商局	全国工商系统优秀工商行政人员	1996年12月	国家工商局
杨建勋	男	汉	1963.1	中共党员	安定分局凤翔工商所	全国工商系统优秀工商行政人员	2000年1月	国家工商局
杨瑞文	男	汉	1965.10	中共党员	陇西县工商局	全国工商系统优秀工商人员	2004年12月	国家工商总局
姜敏	男	汉	1965	中共党员	定西市工商局	2005年红盾护农先进个人	2005年1月	国家工商总局
张飞燕	女	汉	1969.1	中共党员	定西市局安定分局	全国巾帼建功标兵荣誉称号	2007年	全国妇联、全国妇女巾帼建功活动小组等
武汉江	男	汉	1968	中共党员	定西市工商局安定分局	全国工商系统优秀工商行政人员	2008年1月	国家工商总局

平凉市工商局

姓名	性别	民族	出生年月	政治面貌	所在单位	荣誉获得名称	获奖时间	表彰机关
赵福社	男	汉	1961.9	中共党员	静宁县局八里分局	国家级第三产业普查先进工作者	1994年3月	国务院第三产业
赵志英	男	汉	1943.4	中共党员	泾川县工商局	全国工商系统优秀工商行政人员	1996年12月	国家工商局
王伯瓒	男	汉	1968.7	中共党员	平凉市工商局局前科	1998-1999商标管理工作先进个人	2000年1月	国家工商局
柳琳	男	汉	1952.1	中共党员	平凉市工商局	甘肃省先进工作者	2003年4月	甘肃省政府
梁文学	男	汉	1968.3	中共党员	平凉市工商局市管科	红盾护农先进个人	2004年10月	甘肃省政府
付瑜	男	汉	1965.11	中共党员	平凉市工商局工业园区分局	全国工商系统优秀工商行政人员	2004年11月	国家工商总局
辛根瑞	男	汉	1960.1	中共党员	平凉市工商局	全国工商系统先进工作者	2004年12月	国家工商总局
张文革	男	汉	1966.1	中共党员	静宁县工商局	在红盾护农先进个人	2005年1月	国家工商总局
刘玉惠	女	汉	1962.3	中共党员	静宁县工商局八里分局	国家级先进个人	2005年	全国第一次经济普查领导小组

姓 名	性别	民族	出生年月	政治面貌	所在单位	荣誉获得名称	获奖时间	表彰机关
					平凉市工商局			
李宏义	男	汉	1963.12	中共党员	庄浪县工商局经检分局	全国个协私协先进工作者	2006年10月	国家工商总局
张烈统	男	汉	1960.2	中共党员	平凉市工商局	全省法制宣传教育先进人	2006年12月	甘肃省委、甘肃省政府
王新义	男	汉	1970.9	中共党员	庄浪县工商局	2007年流通环节产品质量和食品安全专项整治工作先进个人	2008年1月	国家工商总局
温 泉	男	汉	1970	中共党员	平凉市工商局食品监管科	全国工商系统12315行政执法体系建设工作先进个人	2008年5月	国家工商总局
牛辛勤	男	汉	1954.1	中共党员	市局非公办组织科	全国工商系统优秀工商行政人员	2008年9月	国家工商总局
					庆阳市工商局			
王一兵	男	汉	1966.09	中共党员	庆阳市宁县工商局	国家级全国第三产业普查先进工作者	1994年3月	国务院全国第三产业普查协调小组
朱卫星	男	汉	1958.09	中共党员	庆阳市工商局南区分局	全国集中打击生产和销售假冒伪劣商品违法行为成绩显著奖	1995年1月	国家经贸委、工商局、国家质检局
杨崇玉	男	汉	1961.05	中共党员	正宁工商局	全国工商系统优秀工商行政人员	1996年12月	国家工商局
杨亚林	男	汉	1964.3	中共党员	西峰市工商局温泉工商所	全国工商系统优秀工商行政人员	2000年1月	国家工商局
郭祥生	男	汉	1965.11	中共党员	庆阳市工商局西峰分局	甘肃省先进工作者	2005年4月	甘肃省委、省政府
郝京仓	男	汉	1958.07	中共党员	庆阳市工商局西峰分局	2005年红盾护农先进个人	2005年12月	国家工商总局
张登富	男	汉	1962.04	中共党员	环县工商局	2005年红盾护农先进个人	2005年12月	国家工商总局
薛向琛	男	汉	1972.1	中共党员	镇原县工商局临泾工商所	全国工商系统12315行政执法体系建设工作先进个人	2008年5月	国家工商总局
樊 倡	男	汉	1976.09	中共党员	正宁县局市场监督股	全国工商系统优秀工商行政人员	2008年9月	国家工商总局

姓 名	性别	民族	出生年月	政治面貌	所在单位	荣誉获得名称	获奖时间	表彰机关
					陇南市工商局			
杨万红	男	汉	1961	中共党员	武都分局城关工商所	全国工商系统优秀工商行政人员	1996年1月	国家工商局
杨清贵	男	汉	1966.1	中共党员	宕昌县工商局监察室	全国工商系统优秀工商行政人员	2000年1月	国家工商局
宋文辉	男	汉	1966.1	中共党员	成县工商局法规股	全国工商行政管理系统先进工作者	2004年12月	国家工商总局
刘波	男	汉	1964.1	中共党员	文县工商局	甘肃省"扫黄打非"先进个人	2004年1月	甘肃省委、省政府
王宁军	男	汉	1973.1	中共党员	宕昌县工商局市管股	全国红盾护农先进个人	2005年1月	国家工商总局
刘海涛	男	汉	1965.1	中共党员	成县工商局消保股	全国红盾护农先进个人	2005年1月	国家工商总局
韩正刚	男	汉	1962	中共党员	宕昌县工商局	全国第三批先进性教育驻村指导先进个人	2006年	甘肃省委
邓旺春	男	汉	1959.10	中共党员	成县工商局	食品安全和产品质量专项整治先进个人	2007年1月	国家工商总局
冯文波	男	汉	1968.1	中共党员	陇南市成县工商局	全国工商系统抗震救灾先进个人	2008年6月30日	国家工商总局
梁辉	男	汉	1964.1	中共党员	陇南市武都分局	全国工商行政管理系统先进工作者	2008年9月19日	人社部、国家工商总局
张建林	男	汉	1974	中共党员	陇南市工商局碧口分局	全国工商系统抗震救灾先进个人	2008年6月30日	国家工商总局
汤兴平	男	汉	1966	中共党员	文县工商局	全国工商系统抗震救灾先进个人	2008年6月30日	国家工商总局
张生军	男	汉	1965.1	中共党员	康county工商局	全国工商系统抗震救灾先进个人	2008年6月30日	国家工商总局
邓旺春	男	汉	1959.10	中共党员	成县工商局	全国红盾护农先进个人	2008年	国家工商总局
					甘南州工商局			
张仲良	男	回	1956.2	中共党员	临潭县工商局	国务院第四次全国人口普查先进个人	1990年1月	国务院第四次全国人口普查领导小组
马新山	男	汉	1942.12	中共党员	甘南州工商局	甘肃省军队转业干部先进个人	1991年7月	省委、省政府
苏文学	男	回	1939.12	中共党员	临潭县工商局	全国工商系统优秀工商行政人员	1992年3月	国家工商局
安学礼	男	藏	1959.2	中共党员	玛曲县工商局	先进物价工作者	1997年1月	国家计划委

姓名	性别	民族	出生年月	政治面貌	所在单位	荣誉获得名称	获奖时间	表彰机关
甘南州工商局								
达茂	男	藏	1954.1	中共党员	甘南州工商局	全省民族团结先进个人	2006年1月	甘肃省委、省政府
白永寿	男	藏	1975.11	中共党员	卓尼县工商局城关分局	2007年流通环节产品质量和视频安全专项整治工作先进个人	2008年1月	国家工商总局
王国庆	男	藏	1971.10	中共党员	舟曲县工商局	全国工商系统优秀工商行政人员	2008年9月	国家工商总局
临夏州工商局								
马进成	男	东乡	1954	中共党员	临夏州东乡县工商局经检分局	全国集中打击生产和经销假冒伪劣商品违法行为先进个人	1995年1月	国家经贸委、工商局、技术监督总局
刘居鹏	男	汉	1956.5	中共党员	永靖县工商局	全国工商系统优秀工商行政人员	1996年12月	国家工商局
杨凯铭	男	回	1961	中共党员	临夏州工商局	全国工商系统优秀工商行政人员	2004年12月	国家工商总局
陕文海	男	回	1972	中共党员	临夏市工商局	2005年红盾护农先进个人	2005年1月	国家工商总局
王建军	男	汉	1969.1	中共党员	临夏市工商局	2005年红盾护农先进个人	2005年1月	国家工商总局
马希明	男	回	1965.1	中共党员	临夏州局市场分局	全国农资打假及毒鼠强专项整顿工作先进个人		国家工商总局
杨凯铭	男	回	1961	中共党员	天水市工商局	全省民族团结进步模范个人	2006年1月	甘肃省委、省政府
杨伊宁	男	东乡	1969.1	中共党员	临夏州工商局南广科	全国公益广告先进个人	2007年1月	国家工商总局、中央精神文明委员会
马仲华	男	回	1962.10	中共党员	临夏州工商局	全国工商系统12315行政执法体系建设工作先进个人	2008年8月	国家工商总局
冯学文	男	东乡	1967	中共党员	临夏市工商局	全国工商系统优秀工商行政人员	2008年9月	国家工商总局
罗贞玲	女	汉	1967.1	中共党员	永靖县工商局	全国流通环节产品质量和食品安全专项整治工作先进个人	2008年	国家工商总局
宋正君	男	汉	1971.1	中共党员	临夏市工商局城东工商所	2007年流通环节产品质量和食品安全专项整治工作先进个人	2008年	国家工商总局

1986年度省工商局表彰的先进工商所（32个）

兰州市城关区定西南路工商所	兰州市七里河区西站工商所
兰州市西固区钟家河工商所	天水市北道区马跑泉工商所
天水市秦城区自由路工商所	甘谷县姚庄工商所
景泰县一条山工商所	永昌县城关工商所
嘉峪关市富强路工商所	正宁县榆林子工商所
宁县春荣工商所	镇原县屯字工商所
泾川县城关工商所	灵台县邵寨工商所
静宁县城关工商所	徽县城关工商所
礼县盐官工商所	武都县两水工商所
文县城关工商所	定西县李家堡工商所
陇西县文峰工商所	临洮县城关工商所
武威市武南工商所	民勤县东坝工商所
张掖市城关工商所	高台县城关工商所
酒泉市总寨工商所	安西县城关工商所
敦煌县城关工商所	临夏县土桥工商所
永靖县小川工商所	临夏县城关工商所

附录

1986年度省工商局表彰的优秀工商行政管理人员（127名）

姓名	单位及职务	姓名	单位及职务
张永杰	兰州市工商局合同处副处长	马金城	兰州市工商局检查站二科副科长
王克平	兰州市工商局检查站三科副科长	张重阳	兰州市工商局检查站干部
李丰文	兰州市城关区工商局局长	李桂英	兰州市城关区工商局广告科副科长
陈九泉	兰州市城关区定西南路工商所所长	董玉英	兰州市城关区永昌路工商所所长
杨小顺	兰州市城关区铁路新村工商所副所长	孔祥林	兰州市七里河区小西湖工商所所长
岳仲芳	兰州市七里河区西站工商所市管员	尤锡武	兰州市安宁区工商局企业股股长
冯瑞璋	兰州市西固区西固工商所所长	陈举说	兰州市西固区工商局干部
彭开连	兰州市红古区跃进街工商所所长	王佩录	榆中县夏官营工商所所长
张明茹	皋兰县工商局干部	惠天锡	永登县工商局个体股股长
张宏智	永登县城关工商所市管员	张守裕	榆中县工商局局长
成耀一	天水市秦城区工商局局长	吉存喜	天水市秦城区中城工商所所长
张永珍	天水市秦城区汪川工商所干部	高云琪	天水市北道区工商局副局长
李嘉庆	天水市北道区道北工商所所长	杨志杰	天水市北道区马跑泉工商所所长
曹忠新	清水县新化工商所所长	杨天录	秦安县城关工商所所长

姓　名	单　位　及　职　务	姓　名	单　位　及　职　务
杨耀忠	秦安县工商局统计员	王德文	甘谷县城关工商所所长
席忠全	甘谷县新城商场工商所干部	康　仁	武山县洛门工商所干部
刘志祥	张家川县恭门工商所所长	陆立坤	白银市白银区公园路工商所所长
赵仲祥	白银市平川区宝积工商所所长	柴炳祯	白银市平川区工商局市管股股长
王耀义	白银市白银区人民路工商所所长	胡进辉	会宁县刘家寨子工商所干部
白启林	会宁县工商局干部	樊家生	靖远县川口工商所所长
仇文新	靖远县城关工商所市管员	贺德俊	景泰县芦阳工商所副所长
尚可全	景泰县一条山工商所所长	委保祥	永昌县西和工商所所长
曹征宁	嘉峪关市工商局干部	李成浩	嘉峪关市富强路工商所干部
孙立武	西峰市工商局市管股股长	付树章	西峰市南街工商所市管员
李自通	正宁县工商局企业股股长	李万钦	华池县上里原工商所所长
吴生瑛	合水县何家畔工商所所长	郭维玉	宁县长庆桥工商所所长
卢　云	宁县盘克工商所会计	晋德荣	庆阳县驿马工商所所长
张正杰	镇原县工商局局长	张怀明	镇原县太平工商所所长
李　芳	环县环城工商所市管员	吴宗信	平凉市工商局检查股干部
胡文喜	泾川县窑店工商所副所长	赵宗杰	泾川县工商局局长
尚志荣	灵台县邵寨工商所所长	冯　屏	灵台县中台工商所干部
黄德明	崇信县锦屏工商所所长	李　喜	华亭县东华工商所副所长
索维平	庄浪县水洛工商所干部	赵维帮	静宁县高界工商所所长
杜振吉	静宁县工商局企业股股长	者存义	陇南地区工商处副处长
唐越森	成县城关工商所所长	张树鑫	成县工商局局长
梁国选	成县黄渚工商所所长	周　全	两当县工商局合同股股长
张敬贤	徽县泥阳工商所所长	马跃杰	徽县城关工商所所长
马耀崇	西和县石峡工商所副所长	杨思忠	礼县永坪工商所干部
康志英	礼县盐官工商所市管员	王义钧	康县长坝工商所副所长
王涛波	武都县城关工商所所长	张佩荣	武都县工商局局长
唐小平	文县丹堡工商所副所长	李映槐	宕昌县工商局局长
李　极	定西县李家堡工商所所长	马国柱	定西县香泉工商所所长
牛喜林	通渭县城关工商所副所长	苏建国	通渭县榜罗工商所副所长
胡　林	陇西县城关工商所副所长	汪含璋	漳县三岔工商所副所长
胡绍海	渭源县大安工商所副所长	夏中山	临洮县巴下工商所所长
白郁文	临洮县站滩工商所所长	王建成	岷县梅川工商所副所长

姓　名	单位及职务	姓　名	单位及职务
王育才	岷县城关工商所市管员	赵玉兰	武威市城关工商所干部
杨天才	武威市城关工商所市管员	刘剑锋	武威市张义工商所市管员
黄志强	武威市四十里铺工商所市管员	王丽勇	武威市工商局干部
许爱萍	古浪县城关工商所市管员	唐培苗	民勤县西渠工商所所长
王秀珠	天祝县哈溪工商所所长	张长乾	张掖市城关工商所所长
王立刚	张掖市火车站工商所所长	焦玉莲	张掖市南关工商所所长
陆登光	张掖市西关工商所干部	刘希辉	山丹县李桥工商所所长
冒小龙	山丹县城关工商所所长	常永有	高台县黑泉工商所所长
杨文亭	民乐县城关工商所所长	杨恩玉	酒泉市工商局局长
罗红颜	玉门市玉门镇工商所市管员	马正清	安西县工商局局长
龚天成	敦煌县七里镇工商所所长	王　鉴	金塔县鼎新工商所所长
马翠花	临夏市工商局局长	罗发茂	永靖县工商局局长
赵　义	积石山县居集工商所副所长	文育才	临夏县尹集工商所市管员
刘云兰	和政县城关工商所市管员	马玫华	广河县工商局秘书
马进成	东乡县达板工商所所长	马克明	康乐县新冶街工商所所长
付作栋	舟曲县插岗工商所所长	张志龙	临潭县工商局合同股股长
加　老	夏河县拉卜楞工商所市管员	吴国良	碌曲县城关工商所所长
高　玉	甘肃矿区工商局干部		

1988 年省局表彰的先进工商所及优秀工商行政管理人员

先进工商行政管理所(82 个)：

兰州市城关区工商局铁路新村工商所　　　清水县工商局远门工商所

兰州市城关区工商局张掖路工商所　　　张家川回族自治县工商局张川工商所

兰州市城关区工商局定西南路工商所　　　武山县工商局洛门工商所

兰州市七里河区工商局西站工商所　　　秦安县工商局云山工商所

兰州市安宁区工商局十里店工商所　　　甘谷县工商局姚庄工商所

皋兰县工商局水阜工商所　　　天水市北道区工商局马跑泉工商所

榆中县工商局城关工商所　　　天水市秦城区工商局东关工商所

嘉峪关市工商局人民商场工商所　　　天水市秦城区工商局大城工商所

嘉峪关市工商局富强路工商所　　　白银市白银区工商局人民路工商所

永昌县工商局城关工商所　　　　临夏市工商局三道桥工商所

金昌市工商局北京路工商所　　　和政县工商局买家集工商所

西峰市工商局西街工商所　　　　白银市平川区工商局宝积工商所

镇原县工商局屯子工商所　　　　景泰县工商局喜泉工商所

宁县工商局春荣工商所　　　　　会宁县工商局党家岘工商所

正宁县工商局宫河工商所　　　　灵台县工商局邵寨工商所

合水县工商局西华池工商所　　　泾川县工商局城关工商所

环县工商局合道工商所　　　　　静宁县工商局城关工商所

庆阳县工商局驿马工商所　　　　华亭县工商局东华工商所

定西县工商局李家堡工商所　　　平凉市工商局中街工商所

通渭县工商局城关工商所　　　　文县工商局城关工商所

岷县工商局城关工商所　　　　　文县工商局碧口工商所

临洮县工商局城关工商所　　　　徽县工商局城关工商所

渭源县工商局大安工商所　　　　徽县工商局江洛工商所

陇西县工商局通安工商所　　　　武都县工商局城关工商所

武威市工商局金羊工商所　　　　武都县工商局暗花工商所

武威市工商局城关工商所　　　　康县工商局城关工商所

民勤县工商局西坝工商所　　　　康县工商局阳坝工商所

天祝藏族自治县打柴沟工商所　　礼县工商局盐关工商所

古浪县工商局大靖工商所　　　　礼县工商局石桥工商所

张掖市工商局城关工商所　　　　成县工商局小川工商所

张掖市工商局南关工商所　　　　宕昌县工商局城关工商所

临泽县工商局城关工商所　　　　西和县工商局城关工商所

高台县工商局城关工商所　　　　两当县工商局城关工商所

临夏县工商局漫路工商所　　　　酒泉市工商局城镇市场管理所

临夏县工商局土桥工商所　　　　酒泉市工商局银达工商所

广河县工商局三甲集工商所　　　玉门市工商局市区工商所

积石山县工商局居集工商所　　　玉门市工商局玉门镇工商所

敦煌市工商局沙洲镇工商所　康乐县工商局苏集工商所
敦煌市工商局七里镇工商所　玛曲县工商局城关工商所
安西县工商局三道沟工商所　金塔县工商局城关工商所
安西县工商局城关工商所　　卓尼县工商局城关工商所

先进工商行政管理人员（230 名）：

兰州市（23 名）：

李丰文	杨小顺	陈九泉	董玉英	冯瑞章	何新生
彭开连	沈兆祥	张守裕	张林远	朱智祖	姚祥贵
杨堂铭	张晋萍	石庆福	姜 涛	孙盛宽	张建华
孙芝兰	秦国均	陈志福	马培功	黄汉德	

天水市（21 名）：

杨志杰	李嘉庆	温志民	曹文海	刘惠芳	马振喜
王国强	黄林生	杨德明	安有胜	张新献	杨耀宗
尹世兴	张 新	宋肯堂	刘宏生	李富仓	康 仁
陈全德	周长安	刘志祥（回族）			

白银市（9 名）：

| 陆立坤 | 王耀义 | 杜庆武 | 张治忠 | 滕 刚 | 高俊吉 |
| 胡进辉 | 周发顺 | 孙建福（回族） | | | |

金昌市（6 名）：

| 王兴吉 | 尹建兵 | 陈永国 | 许永科 | 唐兴仁 | 委保祥 |

嘉峪关市（3 名）：

| 田 福 | 杨正林 | 胡晓庆 |

庆阳地区（19 名）：

李王军	傅树章	田树玉	张守成	胡耀军	卢 云
郭维玉	吉祯祥	李占奎	杨等宁	张正杰	杨正州
孙万德	张 怀	吴生英	刘俊英	蒲元梓	田庆宏
陈玉璋					

平凉地区（6 名）：

李　喜　　安效儒　　赵宗杰　　马奋刚　　朱忠贞　　刘维连

陇南地区（35名）：

张佩荣　　王涛波　　杨汉章（回族）　　　张贞祥　　吕　忠
鱼长生　　杨宝生　　马耀宗　　王翠贤　　张双林　　梁　琨
陶必昌　　周　全　　汪忠全　　申文山　　孙俊科　　高虎生
姜修琪　　巩克俊　　梁　焕　　张争学　　何治新　　杨思忠
马小亮　　石登魁　　李　荣　　王永丰　　张树鑫　　杨来全
宋文辉　　杨国明　　马跃杰　　杨建成　　石凤洲　　苏　毅

定西地区（29名）：

傅建杰　　蒋淑琴　　牛德仓　　焦海清　　李春林　　胡绍海
刘义平　　马世彪　　白郁文　　杨广清　　牟建忠　　王新荣
袁　伟　　王映兰　　李　极　　王福祥　　孔令伟　　牛喜林
苏建国　　袁宝生　　阎银九　　王效仁　　王育才　　王应卯
白凤义　　罗远明　　孙耀武　　卢雁飞　　张登林

武威地区（22名）：

赵玉兰　　杨天才　　徐义生　　贾启鲁　　徐　元　　唐培荣
唐卫东　　陈守桐　　周永生　　王　勇　　王世雄　　张作荣
王光军　　李建军　　蔺国久　　李占有　　卜元春　　徐国兴
孙兆龙　　马　玺　　李光武　　李宗桂

张掖地区（13名）：

王国杰　　张长乾　　焦玉莲　　杨兴德　　雷　成　　王立刚
陈建民　　李菊香　　黄聚才　　赵俊峰　　巨桂兰　　何同善
张　羽

酒泉地区（25名）：

杨恩玉　　苏学忠　　韩志保　　张东跃　　张　勤　　李玉生
周永福　　黄占华　　王成荣　　吴天祥　　王志军　　马正清
黄建新　　王平山　　陈国有　　杜占俊　　任会鸣　　王洪刚
李奉春　　刘庭成　　成林虎　　田泽儒　　王学海　　陈瑞珠

周爱林

临夏回族自治州(12名)：

马奉民(回族)　　　　马占奎(回族)　　　　马　先(回族)

马得仓(回族)　　　　马成虎(回族)　　　　马国义(东乡族)

邱润歆　　王　惠　　曾向前　　孟　森　　段临平　　马学信

甘南藏族自治州(6名)：

赵殿银　　孙　奎　　乔杏红　　薛会明　　傅作栋

卓玛草(藏族)

矿区(1名)：

侯永祥

1989 年—1990 年度全省"先进工商所"和"优秀工商行政管理人员"

先进工商所(84个)：

兰州市城关区定西南路工商所	兰州市城关区张掖路工商所
兰州市七里河区西站工商所	兰州市安宁区西路工商所
兰州市西固区西固城工商所	永登县城关工商所
兰州市红古区跃进街工商所	榆中县城关工商所
皋兰县城关工商所	嘉峪关市富强路工商所
天水市秦城分局自由路工商所	天水市秦城分局东关工商所
天水市北道分局马跑泉工商所	天水市北道分局商场工商所
秦安县云山工商所	甘谷县姚庄工商所
武山县城关工商所	张家川县龙山工商所
清水县新化工商所	金昌市北京路工商所
永昌县城关工商所	白银市白银分局公园路市场管理所
白银市平川分局宝积工商所	会宁县党家岘工商所
会宁县甘沟驿工商所	景泰县喜泉工商所
定西县城关工商所	陇西县文峰工商所

临洮县城关工商所　　通渭县城关工商所
渭源县城关工商所　　岷县城关工商所
庆阳县三十里铺工商所　　西峰市南街工商所
环县曲子工商所　　华池县柔远工商所
合水县西华池工商所　　正宁县山河工商所
镇原县孟坝工商所　　宁县春荣工商所
平凉市西街工商所　　灵台县邵寨工商所
灵台县朝那工商所　　静宁县城关工商所
庄浪县水洛工商所　　崇信县锦屏工商所
华亭县神峪工商所　　泾川县合道工商所
华亭县东华工商所　　泾川县城关工商所
徽县城关工商所　　康县岸门口工商所
武都县城关工商所　　武都县安化工商所
宕昌县城关工商所　　西和县集贸市场工商所
文县城关工商所　　文县碧口工商所
礼县盐关工商所　　两当县城关工商所
张掖市甘州工商所　　山丹县霍城工商所
临泽县城关工商所　　高台县城关工商所
武威市城关工商所　　天祝县打柴沟工商所
武威市金羊工商所　　古浪县大靖工商所
民勤县城关工商所　　酒泉市城镇市场管理所
玉门市玉门镇工商所　　安西县城关工商所
敦煌市沙州镇工商所　　临潭县城关工商所
玛曲县城关工商所　　夏河县拉卜楞工商所
临夏市河滩工商所　　广河县买家巷工商所
康乐县莲芦工商所　　和政县买家集工商所
临夏县尹集工商所　　永靖县小川工商所
积石山县吹麻滩工商所　　成县城关工商所

甘肃省志　工商行政管理志

优秀工商行政管理人员（123名）：

沈洮祥	纪荔波	张瑞华	刘双平	陈九泉	张学雄
李复胜	张继辉	党兴华	贺德俊	李成义	成守义
任渭平	李世俊	马国柱	尹俊海	安学源	马世彪
薛向东	胡绍海	季旭升	王育才	冯正岐	高文义
张丽芳	苟心定	徐世华	傅学礼	孟占伦	苏向明
赵兴吉	薛在军	姚祥贵	杨振霖	梁春献	吴书恒
王国强	马满荣	周宝林	杨志杰	程五星	高云琪
杜桢	张新	张新献	董广田	张凡喜	刘志祥
周继红	张保胥	王志祥	杨虎	金好国	陆立坤
王耀义	肤刚	许波	祁彦贤	孙万德	黄宗瀛
李治忠	李占奎	杨等宁	郑雪琴	马汉杰	郭玉亭
马汉杰	郭维玉	王廷高	张宗柱	赵维邦	尚志荣
李喜	冯兴荣	马俊海	索维平	赵宗杰	史正显
杨来泉	马跃杰	巩克俊	张佩云	王涛波	高虎生
曹英	陶必昌	张双林	马读明	石建军	孟生祖
杨文伟	焦玉莲	陈金仙	王克勤	安新年	郝显文
陈定天	贾栋儒	韦敏	王光军	李广武	蔺国久
徐义生	唐培荣	赵玉兰	苏学忠	陈国有	黄占华
马正清	谭正荣	王庆邦	白风翔	王维	张仲德
宋建明	拉毛加	卓玛草	王有禄	唐文伟	马明华
罗发茂	杨世增	赵义			

附 录

1990 年思想政治工作先进集体、先进个人

思想政治工作先进集体(46 个):

兰州市工商局市场管理站　　　　　　兰州市城关区工商局

榆中县工商局　　　　　　　　　　　兰州市城关区工商局定西南路工商所

天水市秦城区工商局大城工商所　　　嘉峪关市工商局党支部

秦安县工商局兴国工商所　　　　　　天水市北道区工商局马跑泉工商所

永昌县工商局　　　　　　　　　　　武山县工商局城关工商所

白银市工商局平川分局宝积工商所　　白银市工商局白银分局

定西县工商局　　　　　　　　　　　会宁县工商局

陇西县工商局文峰工商所　　　　　　临洮县工商局

庆阳县工商局庆城南街工商所　　　　渭源县工商局城关工商所

镇原县工商局上肖工商所　　　　　　正宁县工商局

平凉市工商局　　　　　　　　　　　宁县工商局和盛工商所

泾川县工商局城关工商所　　　　　　华亭县工商局

成县工商局　　　　　　　　　　　　静宁县工商局城关工商所

徽县工商局城关工商所　　　　　　　康县工商局

张掖市工商局　　　　　　　　　　　文县工商局碧口工商所

临泽县工商局城关工商所　　　　　　张掖市工商局南关工商所

武威市工商局　　　　　　　　　　　高台县工商局城关工商所

天祝县工商局打柴沟工商所　　　　　民勤县工商局

敦煌市工商局　　　　　　　　　　　酒泉市工商局

甘南州工商局合作分局　　　　　　　安西县工商局

永靖县工商局　　　　　　　　　　　夏河县工局

康乐县工商局苏集工商所　　　　　　临夏县工商局红台工商所

甘肃矿区工商局个体私营经济管理科　积石山县工商局

思想政治工作先进个人(36 名):

汪希耀　兰州市工商局合同处处长　　　　　杨生华　永登县工商局办公室主任

沈兆祥　七里河区工商局西站工商所所长

赵昌殿　嘉峪关市人民商场工商所所长

李成浩　嘉峪关市个体私营经济管理科科长

王耀义　白银分局公园路工商所所长

滕　刚　平川分局旱平川工商所所长

杜庆武　白银市工商局经济检查队队长　张发义　金昌市工商局干部

程五星　北道区工商局人秘股股长

李长计　甘谷县工商局商场工商所所长　山　岗　天水市工商局副局长

孙怀巍　崇信县工商局局长　　　　　　乔森林　灵台县工商局局长

赵宗杰　泾川县工商局局长　　　　　　张正杰　镇原县工商局局长

王延昌　合水县工商局局长　　　　　　陈秉权　环县工商局甜水工商所所长

王国杰　张掖市工商局局长　　　　　　陈定天　临泽县工商局局长

杨文伟　山丹县工商局马营工商所所长　马正清　安西县工商局局长

徐积德　武威地区工商局局长　　　　　王光军　民勤县工商局西坝工商所所长

胡春荣　武威市个体劳动者协会会长　　牟建忠　临洮县工商局城关工商所所长

张登林　岷县工商局局长　　　　　　　尹俊海　定西县工商局城关工商所所长

巩克俊　康县工商局局长　　　　　　　鱼长生　西和县工商局城关所所长

陈致岐　成县工商局教导员　　　　　　加　老　夏河县拉卜楞工商所副所长

苏文学　临潭县工商局局长　　　　　　曾向前　积石山工商局乢藏工商所所长

马仲德　康乐县工商局苏集工商所所长　马　先　和政县工商局买家集工商所所长

附录

1993年度全省系统先进集体和先进工作者名单

先进集体(49个)：

兰州市城关区工商局　　　　　　　兰州市七里河区建兰路市场管理所

兰州市西固区工商局　　　　　　　兰州市红古区跃进街工商所

兰州市榆中街工商所　　　　　　　兰州市榆中县城关工商所

兰州市永登县工商局个体私营经济管理科

天水市工商局秦城分局自由路工商所

秦安县兴国小商品市场工商所　　武山县城关工商所

张家川回族自治县工商局　　白银市工商局白银分局公园路市场管理所

会宁县工商局翟家所工商所　　景泰县工商局

金昌市工商局广州路工商所　　嘉峪市工商局郊区工商所

华池县柔远工商所　　环县木钵工商所

正宁县山河工商所　　镇原县屯字工商所

临洮县工商局　　定西县城关工商所

渭源县会川工商所　　酒泉市西城关工商所

金塔县城关工商所　　安西县城关工商所

敦煌市沙州镇第二工商所　　张掖市甘州工商所

高台县城关工商所　　山丹县城关工商所

武威市东城区工商所　　天祝藏族自治县打柴沟工商所

临夏市工商局　　永靖县工商局

积石山县工商所　　玛曲县工商局

迭部县工商局　　临潭县城关工商所舟曲县城关工商所

平凉市四十里铺工商所　　庄浪县水洛工商所

华亭县安口工商所　　泾川县工商局

礼县盐关工商所　　成县工商局

文县碧口工商所　　西和县大桥工商所

徽县城关工商所　　陇西县工商局

先进工作者(58人):

李丰文　兰州市城关区工商局局长　　刘坦荣　兰州市城关区雁滩工商所所长

孔祥林　兰州市七里河区工商局局长　　王　强　兰州市安宁区十里店工商所所长

邓琰平　兰州市西固区工商局局长　　李彦平(女)　皋兰县工商局干部

赖云贵　天水市工商局干部　　程五星　天水市北道分局办公室主任

刘小明　清水县城关工商所所长　　刘正兴　甘谷县商场工商所干部

王耀义　白银市工商局白银分局公园路市场管理所所长

王文学　白银市工商局平川分局宝积镇工商所所长

高步德　靖远县城关工商所所长　　　侯　生　金昌市工商局经检分局干部

张全才　永昌县河西堡工商所所长　　曹征宁　嘉峪关市工商局企业科副科长

闫玉文　宁县工商局局长　　　　　　王生俭　华池县工商局局长

王长贵　庆阳县工商局局长　　　　　王富成　合水县工商局企业股股长

杨崇玉　正宁县山河工商所所长　　　张荣锋　西峰市什社工商所所长

贺　赟　平凉地区工商局企业科干部　赵维邦　静宁县高界工商所所长

韩山虎　灵台县独店工商所市管员　　张晓峰　崇信县木林工商所所长

唐越森　成县工商局副局长　　　　　单富业　礼县工商局局长

马跃杰　徽县工商局市场管理股股长　李永禄　文县城关工商所所长

李建荣（女）两当县城关工商所所长　张守国　定西县内官工商所所长

王育才　岷县城关工商所所长　　　　成守义　漳县工商局局长

毛俊德　陇西县工商局局长　　　　　肖学俊　酒泉市西城关工商所所长

黄占华　玉门市工商局玉门镇分局局长

王凯程　敦煌市沙州镇第一工商所所长

马　兴　阿克塞哈萨克族自治县工商局干部

达　哇　肃北蒙古族自治县工商局局长

曹祯德　张掖市工商局局长　　　　　张维宏　民乐县南古工商所所长

付作兴　临泽县沙河工商所所长

赵吉录　肃南裕固族自治县皇城工商所所长

陈伯林　武威地区工商局副局长兼武威市工商局局长

赵玉兰　武威西凉综合批发市场管理所所长

徐国兴　古浪县工商局局长　　　　　王光军　民勤县西坝工商所所长

马希明　临夏自治州工商局市管副科长

缐明程　康乐县工商局企业股股长

马进成　东乡族自治县工商局经检股长

马仲华　广河县工商局局长　　　　　卢仲华　和政县城关工商所所长

吴兴平　夏河县阿木去乎工商所所长

附
录

姜宏珠　合作工商分局城北工商所所长　娄旭东　舟曲县立节工商所所长

杨麻尼九　卓尼县工商局局长　　　　　旦　增　碌曲县郎木工商所所长

1997 年全省系统先进集体、先进工作者

先进集体(29 个)：

白银市工商局	高台县工商局
武威地区武威市工商局	嘉峪关市工商局
华亭县工商局	秦安县工商局兴国小商品市场管理所
镇原县工商局屯字工商所	张掖地区张掖市工商局甘浚工商所

兰州市工商局城关分局张苏滩蔬菜瓜果批发市场工商所

永昌县工商局城关工商所	天祝县工商局华藏寺工商所
临潭县工商局城关工商所	兰州市工商局城关分局
天水市工商局北道分局	金昌市工商局经济检查科
金塔县工商局	徽县工商局
积石山县工商局	陇西县工商局文峰分局
甘南州工商局经济检查科	华池县工商局柔远工商所

兰州市工商局七里河分局建兰路工商所

张家川县工商局龙山皮毛市场管理所

白银市工商局白银分局公园路市场管理所

酒泉地区玉门市工商局北坪工商所	平凉地区平凉市工商局东街工商所
成县工商局城关工商所	临洮县工商局城关工商所

临夏州临夏市工商局河滩关工商所

先进工作者(27 名)：

于名芳　兰州市工商局	王经华　敦煌市工商局
赵志英　泾川县工商局	张宾贤　民勤县工商局
张一凡　酒泉市工商局	刘居鹏　永靖县工商局
杨崇玉　正宁县工商局	姚亚平　临洮县工商局办公室

王国强　天水市工商局秦城分局中城工商所

杨万红　武都县工商局两水工商所

王秋生　兰州市工商局一分局东部市场工商所

朱全杰　甘谷县工商局

高步德　靖远县工商局城关工商所　　　　曹祯德　张掖市工商局

马秀莲　武威市工商局西凉市场工商所　　杨东明　宁县工商局经济检查股

张晓峰　崇信县工商局新窑工商所　　　　张双有　礼县工商局盐官工商所

王海鸿　渭源县工商局城关工商所　　　　马东新　临夏市工商局市场股

杨麻尼九　卓尼县工商局　　　　　　　　梁志兵　矿区工商局核城工商所

陶芝贤　兰州市工商局红古分局　　　　　李建辉　武山县工商局

宋忠杰　白银市工商局白银分局人民路工商所

梁群利　嘉峪关市工商局郊区工商所　　　周卫国　山丹县工商局城关工商所

2000 年全省工商系统先进集体和先进工作者名单

先进集体(28 个)：

嘉峪关市工商局　　　　　　　　　　　　民勤县工商局

平凉市工商局　　　　　　　　　　　　　夏河县工商局

秦安县工商局兴国小商品市场工商所

兰州市工商局一分局东部综合批发市场工商所　张掖市工商局甘浚工商所

金昌市工商局广州路工商所　　　　　　　临洮县工商局城关工商所

正宁县工商局宫河工商所　　　　　　　　金塔县工商局

兰州市工商局七里河区分局企业注册管理科　积石山县工商局

西和县工商局长道工商所　　　　　　　　临夏市工商局河滩关工商所

嘉峪关市工商局人民商场工商所　　　　　武威市工商局东城工商所

庄浪县工商局南湖工商所　　　　　　　　临潭县工商局冶力关工商所

天水市工商局北道分局道南工商所　　　　高台县工商局南华工商所

永昌县工商局河西堡工商所　　　　　　　定西县工商局永定工商所

西峰市工商局东街工商所　　　　　　　成县工商局城关工商所
武都县工商局钟楼滩工商所　　　　　　白银市工商局白银分局
景泰县工商局一条山工商所

先进工作者(28人):

朱全杰　甘谷县工商局局长

王　平　兰州市工商局城关分局经济检查大队队长

马秀莲　武威市工商局西凉综合批发市场管理所所长

闫耀成　酒泉地区工商局局长

张吉平　白银市工商局企业登记科干部

杨亚林　西峰市工商局温泉工商所所长

白学林　酒泉市工商局公平交易分局局长

容慧明　兰州市工商局消费品市场监督管理处处长

杨清贵　宕昌市工商局官亭工商所所长

朱宗舜　白银市工商局白银分局东山路工商所所长

杨建勋　定西县工商局经济检查股股长

杨文伟　山丹县工商局局长

亢建设　天水市工商局秦城分局中城工商所所长

王光军　民勤县工商局经济检查大队队长

杜林泉　合作市工商局办公室主任

张兰林　环县工商局南关工商所所长

马学英　临夏市工商局河滩关工商所所长

梁群利　嘉峪关市工商局干部

赵铮丁　金昌市工商局经检科科长

杨瑞文　陇西县工商局城关工商所所长

郭玉鸿　永靖县工商局小川工商所所长

张红兵　嘉峪关市工商局干部

王立生　永昌县工商局局长

田　锋　张掖市工商局甘州工商所副所长

柴德义　徽县工商局局长

王得世　灵台县工商局中台工商所所长

班玛交　迭部县工商局邮储所所长

朱明富　甘肃矿区局副局长

2005年省人事厅、省工商局表彰的全省系统先进集体、先进工作者名单

先进集体（9个）：

定西市工商局

甘南州合作市工商局

陇南市工商局武都分局

金昌市永昌县工商局河西堡分局

庆阳市庆城县工商局桐川工商所

嘉峪关市工商局

平凉市工商局崆峒分局

兰州市工商局市场管理一分局

白银市靖远县工商局

附录

先进工作者（11人）：

闫耀成　酒泉市工商局局长

达　茂　甘南州工商局局长

王国强　天水市工商局秦城分局副局长

张永河　张掖市民乐县工商局局长

邱世军　兰州市皋兰县工商局原局长

周菊生　兰州市工商局市场管理二分局金融工商所原所长

祁彦贤　庆阳市镇原县工商局科员

王庆邦　白银市工商局局长

姜　华　嘉峪关市工商局副局长

李成军　定西市临洮县工商局原副局长

丁生仁　武威市民勤县工商局局长

先进工商所（6个）：

平凉市华亭县工商局东华工商所

酒泉市工商局肃州工商分局总寨工商所

嘉峪关市工商局北区工商所

兰州市工商局七里河分局小西湖工商所

兰州市工商局西固分局陶瓷工商所

天水市秦安县工商局兴国第二工商所

优秀工商行政管理人员（5人）：

郭仁春　兰州市榆中县工商局定远工商所所长

胡　淼　白银市工商局白银分局南部工商所所长

仁　青　甘南州玛曲县工商局城关工商所所长

师　峰　陇南市西和县工商局城关工商所所长

张安宁　庆阳市宁县工商局城关工商所所长

2005 年全省工商系统优秀共产党员名单

部　　门	姓　名	工　作　单　位	职　　务
省工商局机关	钱吉祥	省工商局办公室	主任科员
	袁　征	省工商局人事教育处	主任科员
	万晓兰	省工商局消保处	主任科员
	王可为	省商标协会	干部
兰州市工商局	史国胜	城关分局火车站工商所	科员
	马贞毅	七里河分局办公室	副主任
	霍　民	西固分局	党组书记、局长
	张煜生	安宁分局办公室	副主任
	张学雄	红古分局	党组书记、局长
	何连生	永登县工商局	党组成员、副局长
	马建平	榆中县工商局办公室	副主任
	顾彩玲	皋兰县工商局办公室	副主任
	邓琰平	市管一分局	副书记、副局长
	马宗义	市管二分局建筑房地产工商所	主任科员
	苏兴亚	公平交易分局	副书记、局长
	张明钰	高新分局新建区工商所	副所长
	杨宪明	市工商局	党组成员、纪检组长
	石庆福	市工商局人事教育处	主任科员
嘉峪关工商局	晏永风	市工商局西区工商所	副所长
酒泉市工商局	赵　平	市工商局人事教育科	科长
	景晓鹏	肃州分局	党组书记、局长
	龚天成	敦煌市工商局企业注册科	主任
	张德文	玉门市工商局玉门镇分局	副局长
	刘　冰	金塔县工商局	驾驶员
	王金龙	安西县工商局	党组书记、局长
	白志雄	肃北县工商局	党组书记、局长
	李文兰	阿克塞县工商局办公室	科员
	王　军	肃州分局	党组成员、副局长

附录

913

部　门	姓　名	工　作　单　位	职　务
张掖市工商局	赵万德	市工商局	党组副书记、副局长
	许万勤	甘州分局	党组书记、局长
	张新荣	高台县工商局	党组书记、局长
	毛　赟	临泽县工商局	党组书记、局长
	张永河	民乐县工商局	党组书记、局长
	周卫国	山丹县工商局经检分局	局长
	安学斌	肃南县工商局九条岭工商所	所长
	赖晓文	甘州分局注册大厅	科员
武威市工商局	李成锦	市工商局人事教育科	副科长
	付德永	凉州分局	党组书记、局长
	丁生仁	民勤县工商局	党组书记、局长
	李能荣	天祝县工商局打柴沟工商所	所长
	王　瑾	古浪县工商局	党组书记、局长
金昌市工商局	崔常礼	市工商局建设路工商所	所长
	尉云珍	永昌县工商局城关工商所	副所长
白银市工商局	裴明珠	市工商局监察室	主任
	胡云鸿	白银分局	党组书记、局长
	刘　军	平川分局	党组书记、局长
	石凤万	西区分局	党组书记、局长
	曾　山	景泰县工商局	党组副书记、局长
	苏　彪	靖远县工商局市管科	科长
	邵统斌	会宁县工商局宴门川工商所	所长
	高守业	会宁县工商局桃花山工商所	干部
平凉市工商局	牛　兆	市工商局	党组成员、纪检组长
	窦晓鹏	崆峒分局中街工商所	所长
	辛根瑞	泾川县工商局	党组书记、局长
	杜金堂	灵台县工商局办公室	主任
	仇　政	华亭县工商局安口工商所	所长
	马　和	崇信县工商局	党组书记、局长
	张　伦	庄浪县工商局	党组书记、局长
	聂春军	静宁县工商局办公室	主任

部　　门	姓　名	工　作　单　位	职　　务
庆阳市工商局	包建军	市局办公室	主任
	赵　军	环县工商局	党组书记、局长
	郭银祥	正宁县工商局宫河工商所	所长
	张　彤	宁县工商局办公室	副主任
	李占海	华池县工商局城壕工商所	所长
	李向龙	镇原县工商局	纪检专干
	许　波	合水县工商局	党组书记、局长
	胡艳芬	西峰分局西环路工商所	市管员
	谭振军	庆阳县工商局	党组副书记、副局长
	苏生辉	西峰分局	
定西市工商局	李彦庆	安定分局凤翔工商所	所长
	魏玉霞	临洮县工商局	党总支副书记
	姚国忠	通渭县工商局	党组成员、纪检组长
	王应卯	岷县工商局闾井工商所	所长
	魏海东	陇西县工商局福星工商所	所长
	张建平	渭源县工商局办公室	副主任
	苏　平	漳县工商局城关工商所	科员
	王吉成	市工商局人事教育科	科长
天水市工商局	刘养民	市工商局	党组书记、局长
	李建辉	秦州分局	党组书记、局长
	李玉进	麦积分局	党组副书记、局长
	曲鹏云	秦安县工商局	党组书记、局长
	王家才	清水县工商局	党组书记、局长
	尹世兴	张家川回族自治县工商局	党组书记、局长
	马虎平	甘谷县工商局西关工商所	所长
	赵旺生	武山县工商局监察室	主任
陇南市工商局	范朱生	宕昌县工商局	党组书记、局长
	张　瑜	徽县工商局	党组书记、局长
	剡勤学	西和县工商局	党组书记、副局长
	张小红	礼县工商局	党组副书记、局长
	樊义军	成县工商局商场工商所	所长
	张争学	康县工商局注册股	股长

部　　门	姓　名	工　作　单　位	职　　务
陇南市工商局	王晓洲	文县工商局法规股	股长
	管福荣	武都分局滨河工商所	所长
	彭学勤	两当县工商局	党组书记、局长
	马　曦	市工商局	党组书记、局长
甘南州工商局	杜林泉	州工商局办公室	副主任
	董怀荣	合作市工商局	党组书记、局长
	孙夏侃	夏河县工商局	党组成员、纪检组长
	曹五八	碌曲县工商局	党组成员、局长
	安学礼	玛曲县工商局	党组书记、局长
	张仲良	临潭县工商局	党组书记、局长
	雷　毅	卓尼县工商局	党组书记、局长
	李海宏	迭部县工商局电尕工商所	副所长
	罗恒荣	舟曲县工商局市场监管股	科员
	唐为民	临潭工商局	党组成员、纪检组长
临夏州工商局	丁　云	州工商局监察室	主任
	谢绍斌	临夏县工商局土桥工商所	所长
	马　俊	广河县工商局办公室	科员
	马佩文	康乐县工商局	党组书记、局长
	杨国志	永靖县工商局	党组书记、局长
	冯学文	东乡县工商局	党组书记、局长
	马翠芳	临夏市工商局	党组成员、纪检组长
	仙玉海	积石山县工商局	党组成员、副局长
	田玉骏	和政县工商局	党组成员、纪检组长
	陕秀兰	临夏市工商局商标广告科	科长

甘肃省志

工商行政管理志

全省工商系统 1995 年基层建设先进单位

兰州市工商局七里河分局建兰路工商所　　秦安县工商局

白银市工商局白银分局　　　　　　　　　泾川县工商局

矿区工商局核城工商所　　　　　　　　　临夏市工商局

武威市工商局　　　　　　　　　　　　　永昌县工商局城关工商所

临洮县工商局　　　　　　　　　　　　　西峰市工商局

夏河县工商局　　　　　　　　　　　　　徽县工商局江洛工商所

酒泉市工商局　　　　　　　　　　　　　高台县工商局

1995 年干部培训先进单位、先进个人

先进单位：

兰州市工商局城关分局　　　　　　　　　天水市工商局干部培训学校

景泰县工商局　　　　　　　　　　　　　金昌市工商局

嘉峪关市工商局办公室　　　　　　　　　民勤县工商局

平凉地区工商局　　　　　　　　　　　　积石山县工商局

定西地区工商局　　　　　　　　　　　　宁县工商局

甘南州工商局　　　　　　　　　　　　　宕昌县工商局

酒泉地区工商局　　　　　　　　　　　　民乐县工商局

省工商行政管理学校

先进个人：

王彦峰　　天水市工商局经检队队长兼教员

崇发生　　天祝县工商局局长

李善奎　　平凉地区工商局人秘科副科长

刘　彤　　矿区工商局局长

卢　琳　　临夏州工商局人秘科副科长

附
录

宋成德	定西县工商局支部书记、副局长
郭可华	庆阳地区工商局人秘科干部
李含荣	碌曲县工商局局长
唐 启	成县工商局局长
李兴春	金塔县工商局局长
黄国明	金昌市工商局办公室主任
曹祯德	张掖市工商局局长
顾秉全	兰州市工商局政治处干部
刘 军	白银市工商局办公室副主任
席 辛	省工商学校培训中心主任

国家工商局 1999 年粮食市场管理工作先进单位及先进个人

先进单位：

省工商局市场处	酒泉地区工商局
天水市工商局北道分局	金昌市工商局市场管理科
玉门市工商局	临泽县工商局
民勤县工商局	临洮县工商局
平凉市工商局市场巡查大队	镇原县工商局

先进个人：

省 局	钟万奎	于京生	
兰州市	于永平	李 杰	
酒泉市	王寿承	李兴春	段应宏
嘉峪关	张宏兵		
张掖市	张越平	王建国	
金昌市	侯 生	张德明	
武威市	周多年	高国山	胡 鹏
定西市	赵 琏		
白银市	刘森泉	冯小峰	

庆阳市	杨永忠	尚国庆	赵鲁山	
平凉市	牛喜林	夏生俐	马爱刚	
天水市	李玉进	王国强	王彦峰	高尚梓
陇南市	杨国强	黄秉武	雷道学	
临夏州	马希明	陕文海	冯学文	
矿　区	王金泉			

大 事 记

1986 年

1月21日—22日　全省工商行政管理局长会议暨1985年度"文明市场"表彰大会在兰州召开。省委、省政府、省人大、省顾委、省政协的领导出席会议，省长贾志杰、副省长张吾乐在会上做了重要讲话。

2月　省政府同意省工商局促进企业发展的建议，表彰了全省"六好企业"。

6月4日　省计委、省教育厅批准开始建设省工商学校，规模为在校生600名，建设1.08万平方米的校舍，总投资300万元，基建任务分3年完成。

7月　省工商局在通渭县召开了有关地、县工商部门关于查处倒买倒卖石油成品油座谈会。

8月　省工商局分片召开了全省经济检查工作座谈会。各地、县工商局经济检查科（股长）参加了座谈会。

10月10日　陕西、河南、河北、山西、甘肃、青海、宁夏、新疆8省、自治区联合签订了《八省区工商行政管理机关关于对跨省区经济案件查处的协定》。

1987 年

3月　省委副书记侯宗宾到省工商局检查指导工作。

3月　省经委与省工商局联合发出通知，在全省企业中普遍开展"重合同、守信用"活动。

6月23日—27日　全省工商局长会议暨1986年度"文明市场""优秀工商行政管理人员"表彰大会在兰州召开。会议对全省93个文明市场、33个先进工商所、127名优秀工商行政管理人员进行了表彰。

7月21日—25日　全国个体劳动者法制、职业道德教育经验交流会在兰州召开。国家工商局副局长、中国个体劳动者协会副会长费开龙,国家工商局个体经济司司长、中国个体劳动者协会副会长王忠明参加了会议并讲话。

8月7日 国家工商局副局长田树千到省工商局检查指导工作,并视察兰州部分市场发展情况。

8月30日 全省工商行政管理工作会议在嘉峪关市召开。

11月20日 经省政府批准,省消费者协会正式成立。12月,省消费者协会召开成立大会,中国消费者协会发来贺信,对甘肃省消费者协会的成立表示热烈祝贺。省人大常委会副主任许飞青、副省长阎海旺分别在大会上讲话。中国消费者协会会长和省上领导为省消费者协会成立题词。

1988 年

1月8日 省工商局、省广告协会做出决定,从119件广告作品中选出38件优秀作品,评选出一等奖5件、二等奖9件、三等奖24件。

3月15日 省工商局、省消费者协会组织省、市有关部门和企业在兰州市东方红广场、南关什字等处设点,进行首次纪念"3·15国际消费者权益日"宣传咨询、维修服务活动。

4月21日—27日 全省工商系统在陇南召开了全省城乡集贸市场建设经验交流会。大会交流了各地、市、县建设市场的经验,并总结回顾了1985年至1987年全省集贸市场的发展情况。

5月11日—13日 全省个体劳动者第二次代表大会暨先进个体劳动者表彰大会在兰州召开。省委书记李子奇在会上作重要讲话,省长贾志杰、省委副书记卢克俭、省政协主席葛士英等领导出席大会。

5月 省工商局向全省工商系统发出通知,明确提出了划分私营企业的标准和核准登记办法。划分私营企业的标准是:(1)资产归私人所有,常年雇工8人以上的经济实体;(2)有与生产经营和服务规模相适应的资金;(3)有固定的经营场所和必要的设施;(4)符合国家法律、法规和政策规定的经营范围;(5)经营者必须不是国家法律、法规明文禁止的人员。

11月2日 国家工商局正式授权省工商局对外商投资企业进行登记管

理。当年,全省登记注册外商投资企业22户。

11月5日—20日 省工商局和兰州市工商局及市消费者协会,用半个月时间,在省博物馆联合举办了一次规模较大的"打击假冒行为,保护名优商品"展览。共展出酒类、卷烟、日用百货、食品饮料、药品、家用电器、农业生产资料、金融、文物、计量衡器等9大部分14767件假冒伪劣样品,并以图片、文字、实物等形式展示了77起假冒伪劣典型案例,参观的观众达5万余人次。

12月17日—20日 省工商局、省个体劳动者协会在兰州市举办了全省个体劳动者文艺调演。

12月 省工商局在兰州、白银、酒泉、武威、临夏、陇南等地(州、市)设8个考场,组织全省420名合同仲裁员进行第一次统一考试,全省考试平均成绩82.4分。

1989年

1月1日 《甘肃省城乡个体工商户、个人合伙登记管理办法》施行,《办法》共27条。

1月18日—22日 全省工商行政管理局长会议在兰州召开,会议部署当年工作重点是:清理整顿公司、查处大案要案、打击制售假冒伪劣商品。会议还对全省1300个市场中评选出的97个文明集贸市场进行了表彰。

1月 省工商局、省广告协会举办了全省第三届优秀广告评选活动,评出一等奖5件、二等奖13件、三等奖19件。

3月14日—15日 省工商局、省消费者协会会同兰州市城关区消费者协会及有关部门和相关企业在兰州市东方红广场举行纪念"3·15国际消费者权益日"宣传咨询服务活动。

4月18日 省个体劳动者协会在兰州召开二届二次会议,中国个体劳动者协会副秘书长蒋杰卿到会讲话。

5月4日 省八届人大常委会第八次会议通过了《甘肃省保护消费者合法权益条例》。

5月 省工商局召开了全省工商行政管理工作经验交流会议,重点交流了

甘肃省志 工商行政管理志

经检办案的经验,全省 14 个地(州、市)工商局分别介绍了经验。

7 月 14 日　省工商局召开新闻发布会,通报全省清理整顿公司和查处投机违法大案要案情况。

7 月 15 日—20 日　全省工商行政管理工作会议在兰州召开,省委书记李子奇作重要讲话,副省长王占昌、张吾乐,省人大常委会副主任王道义出席会议并为全省 82 个先进工商所和 320 名优秀工商行政管理人员颁发奖状。

8 月 19 日—24 日　全国北方 10 省、自治区经济检查工作协作会在酒泉召开。省工商局组织筹备了这次会议,河北、河南、山西、陕西、青海、黑龙江、新疆、宁夏、内蒙古等省、自治区工商局经济检查处的负责人参加了会议。

8 月　省个体劳动者协会组织全省个体工商户向北京亚运会捐款 30 万元。

9 月 27 日　省七届人大常委会第十次会议审议决定,撤销段开盛的省工商局局长职务。

同日　省工商行政管理学校举行首届开学典礼,招收 85 名学生,开设 24 门课程。

9 月 28 日　省政府任命惠树人为省工商局局长。

12 月 16 日　省工商局制定了《贯彻落实〈中共中央关于进一步治理整顿和深化改革的决定〉加强全省工商行政管理工作的 8 条意见》。

1990 年

1 月 16 日　兰州市中级人民法院审判庭对原省工商局干部李奎山、陈建烈和原省工商局局长段开盛 3 人贿赂案做出一审判决:判处李奎山受贿、行贿罪有期徒刑 3 年;判处陈建烈受贿、行贿罪有期徒刑 4 年;判处段开盛受贿罪有期徒刑 1 年,缓刑 1 年。

2 月 28 日　省编委下发甘编〔1990〕037 号文件,批准平凉、庆阳、定西、陇南、武威、张掖、酒泉 7 个地区的工商行政管理处,更名为工商行政管理局,原机构级别、编制不变。

3 月 14 日—15 日　省工商局、省消协联合在兰州市中心广场组织开展了纪念"3·15国际消费者权益日"宣传咨询服务活动。在"3·15"期间，兰州、天水、白银、嘉峪关、武威、张掖、陇南、甘南、临夏等地消协都在各自辖区开展了宣传咨询服务活动。

4月11日　省工商局召开全省各地(州、市)、矿区工商局(处)长及县(市、区)工商局长会议。

8月31日　省工商局召开全省生产资料市场监督管理工作会议，会议明确了工商部门对生产资料市场监督管理的职能范围。

9月23日—26日　全省工商行政管理系统政治工作会议在兰州举行，省委副书记卢克俭到会讲话，省人大常委会副主任李福盛、省政协副主席严树棠、省纪委副书记窦昌出席了会议，46个先进集体和36个先进个人受到表彰。

10月17日　临夏市人民法院对省工商局复议执行的临夏州工商局处罚和政县粮食局倒卖粮食一案进行了判决，全省工商系统法制部门的干部现场观摩了法庭判决。经过一天激烈的法庭申诉、辩论，最后临夏州工商局败诉。这是《行政诉讼法》施行后，全省工商部门第一起败诉的案件。

11月　全省工商系统开展对全省林区木材市场进行全面整治工作。

1991年

1月15日　省工商局召开了部分国有大中型企业厂长、经理商标法规座谈会，听取了企业决策人的意见和建议，有针对性地帮助企业建立健全了有关商标工作管理制度。

3月11日　省工商局、省消费者协会在兰州市东方红广场开展"宣传咨询服务周"活动，向广大消费者宣传相关法律，介绍商品知识和消费知识，举办假冒伪劣商品展览。

3月12日　全省工商行政管理工作会议在兰州召开，副省长李萍出席会议作重要讲话。会上，省工商局对85个工商所和123名先进个人进行了表彰。

4月4日　国家工商局副局长曹天玷到甘肃省视察工作。8日，曹天玷向省工商局、兰州市工商局及兰州市各区工商局的干部作了《工商行政管理系统在改革开放十二年来取得的主要成绩和"八五"时期的工作重点》的报告。

4月22日　省工商局、省个体劳动者协会举行出席全国个体劳动者第二次代表大会暨全国先进个体劳动者表彰大会代表欢迎大会。省长贾志杰会见了代表,省顾问委员会副主任吴坚、省人大副主任李文辉、省政协副主任马祖灵等领导出席了大会,副省长李萍到会并讲话。

5月11日　中共甘肃省委下发通知(甘任字〔1991〕98号),成立中共甘肃省工商局党组,并任命了党组书记、副书记、党组成员。

5月　省工商局按照国家工商局《关于进一步对协管员进行整顿的通知》,对全省工商系统的协管员进行了一次全面清理整顿。

7月24日—27日　省工商局在临夏召开全省工商局长座谈会。会上,交流了上半年工商行政管理各项工作的进展和经验,并就搞活企业、集贸市场建设展开了讨论。

8月7日　哈尔滨、青岛、三亚等全国19城区第十三次工商局长座谈会在兰州召开。

8月8日　全国工商系统部分省、市纠正行业不正之风工作会议在兰州召开。国家工商局直属机关党委书记,人教司司长李长久、副司长郭志斌出席会议并讲话。

11月　全省企业重新登记换照工作结束,实有企业65685户,公司减少了1708户。

1992年

2月21日　全省工商行政管理工作会议在兰州召开,省政府副秘书长韩福俊代表省政府出席会议并讲话。

3月15日　全省工商系统和消费者协会纪念"3·15国际消费者权益日",围绕"质量与消费者"主题,组织举办了大规模、多形式、多内容的宣传、咨询、服务活动,共发放宣传材料100万份,接受消费咨询30多万人次,展出假冒伪劣商品2万多件。

4月15日　全省工商系统5个单位和7名工商干部受到国家工商局和人

事部的表彰。

4月16日　全省首届工商行政管理理论研讨会在兰州召开，参加会议的有各地(州、市)工商局分管政策研究工作的局长，省工商局机关处室负责人和部分论文作者。会议还邀请中国工商行政管理学会、省政府研究部门、兰州大学、兰州商学院、甘肃日报社的领导和理论工作者到会指导。会上对10篇优秀论文进行了表彰。

4月　经省新闻出版局批准，由省工商局、省工商行政管理学会主办的《甘肃工商管理》季刊，正式创刊发行。

5月　省工商局组织部分地(州、市)工商局有关人员赴沿海省、市考察学习个体私营经济发展的先进经验。(下半年省工商局组织了个体、私营经营者考察团，赴泰国、新加坡进行商贸考察。)

7月　省政府就市场建设专门召开了地(州、市)和省直有关部门领导参加的座谈会。

7月12日—8月1日　省工商局组织部分地、县工商局长赴内蒙古自治区的二连浩特、满洲里，黑龙江省的黑河和新疆维吾尔自治区的阿拉山口等地，考察了边境市场，促进了甘肃省马鬃山口岸市场的建设。

8月5日　全国部分省、市私营企业协会第三次协作会在兰州召开，来自上海等12个省、市的私营企业协会负责人参加了会议。

8月6日　西北五省、区个体劳动者协会第三次协作会议在兰州召开，共商发展老、少、边、穷地区个体经济大计。

8月14日　省工商局召开推行商标代理制新闻发布会。省商标事务所开始代理全省商标注册、续展、变更、转让等业务事宜。

9月12日　省委、省政府下发《关于加快发展个体、私营经济的决定》。

9月25日　由省工商局主办、省消费者协会和省质量管理局协办的全省首届著名商标评选活动正式开始。

10月　省工商局机关、甘肃工商报社迁至省政府统办三号楼办公，省消费者协会、省个体劳动者协会、省广告协会、省工商行政管理学会迁至省政府统办一号楼办公。

11月9日　省工商局、省个体劳动者协会、省工商联召开了兰州地区千人参加的学习中共十四大精神加快发展个体私营经济动员大会，省上有关领导出席大会，副省长路明做了讲话。

11月　省委书记顾金池考察张家川回族自治县龙山皮毛市场，对皮毛市场的发展提出了要求。

1993 年

1月5日　全省工商行政管理工作会议在兰州召开。会议表彰了1991~1992年度100个全省文明市场，并首次向获得省级"重合同、守信用"称号的企业单位颁发了牌匾。

1月13日　首届甘肃省著名商标评选活动组委会在省政府礼堂宣布全省首次评出的25件著名商标。许飞青、葛士英、王秉祥、王金堂、李福盛、李文辉、马玉海、刘毓汉、王占昌、敬延年、张吾乐、李萍等省上领导到会祝贺。

2月　省工商局下发了《关于发布全省工商系统实施〈工商行政管理所条例〉的具体办法的通知》。

3月15日　省、兰州市、区工商局和消费者协会在东方红广场举行"3·15国际消费者权益日"宣传咨询服务活动，现场受理投诉104件，接待咨询210人次，兰州市、区消费者协会接待咨询35281人次，受理投诉85件。全省参加纪念活动的人数达1.44万人，参加单位1500多个，接待消费者咨询11.9万人次，受理投诉2892件，印发各种宣传材料52万份。

4月19日　省委组织部通知：经省委研究，同意段开盛同志任甘肃省工商行政管理局副地级调研员。

5月4日　省消费者协会召开二届一次理事会，聘请省人大常委会主任卢克俭为省消费者协会名誉会长。

5月5日　省个体劳动者协会第三次代表大会暨表彰先进大会在兰州召开，省委书记顾金池、省人大常委会主任卢克俭、省长阎海旺、省政协主席申效曾和副主席黎中到会祝贺并为先进个人和集体颁奖，副省长崔正华作重要讲话。

8月10日　全省工商行政管理工作座谈会在天水市召开，会议就加强市场监督、强化管理职能进行了讨论。

9月8日　省工商局召开了第二次工商行政管理理论研讨会。省委书记顾金池出席会议并做了《社会主义市场经济体制是科学系统工程》的重要讲话，副省长崔正华做了《培养建设市场体系极为重要》的讲话。全省各地（州、市）政府的秘书长或办公室主任、工商局长参加了会议。大会评选出优秀论文15篇。

9月18日　为把中央和省委的反腐败斗争工作部署落到实处，把全省工商系统反腐败斗争和纠正行业不正之风工作做好，省工商局建立举报中心，设立举报电话，并在《甘肃工商报》进行了公告。

1994 年

1月25日　全省工商行政管理工作会议在兰州召开，副省长崔正华出席会议并做了《解放思想、深化改革、开拓进取、服务经济》的重要讲话。大会表彰了全省工商系统49个先进集体和58名先进工作者。

3月13日　全省工商系统和消费者协会开展了纪念"3·15国际消费者权益日"宣传活动，利用电视、广播和报刊宣传《消费者权益保护法》，当天发放宣传材料6万份，接受消费咨询3.5万人次，当天受理投诉320件，当场解决的达50%。

4月27日　国家工商局授权兰州市工商局登记外商投资企业，同年5月1日起执行。

4月28日　全省工商系统廉政建设工作会议在兰州召开，省工商局党组书记、局长惠树人到会讲话，对廉政建设提出了7点要求。

5月13日　共青团甘肃省委、省工商局、省个体劳动者协会发出通知，表彰了全省先进青年个体劳动者。

7月6日　省工商局组织的全省工商部门企业登记注册管理干部学习《公司登记管理条例》培训班开班，副省长崔正华到会作重要讲话。

7月21日—23日　全省工商行政管理工作座谈会在金昌市召开，会议就监督管理社会大市场进行了讨论。

8月13日　东风场区(酒泉卫星发射基地)工商行政管理局成立。

8月28日　省工商局委托天水、白银、金昌、嘉峪关市和酒泉地区工商局受理外商投资企业登记初审工作。

9月12日　中国工商行政管理学会"社会主义市场经济与个体私营经济发展"专题研讨会在酒泉召开,中国工商行政管理学会副秘书长乔丹林主持会议。

9月26日　省八届人大常委会第十一次会议通过并颁布《甘肃省城乡集市贸易管理办法》。

10月8日　省政府印发了省工商局代政府起草的《甘肃省人民政府关于进一步加快个体、私营经济的若干政策规定》。

10月27日　省工商局首次给经纪人颁发资格证书。

11月7日　全省个体私营经济理论研讨会在兰州召开,省委书记阎海旺、副省长崔正华出席会议,会议从89篇理论研究文章中评出15篇优秀论文。

11月9日—11日　省政府在兰州召开了全省个体私营经济工作座谈会。参加会议的有各地(州、市)政府的主管领导、经贸委(经济处)主任、工商局局长、省上各有关部门的负责同志以及部分县(市、区)政府的领导和私营企业的代表,共100余人。省委书记阎海旺、省人大常委会主任卢克俭、省长张吾乐等领导出席了会议,省委副书记杨振杰、副省长崔正华就加快甘肃个体私营经济发展作了讲话。

12月　省工商局机关按照省委、省政府的统一部署,严格遵循《甘肃省党和国家机关工作人员年度考核试行办法》,开展了干部年度考核工作。这是省工商局机关第一次对干部进行量化的全面考核。

1995年

1月20日—21日　全省工商行政管理工作会议在兰州召开,副省长崔正华出席会议作重要讲话。会议还表彰了1993~1994年度全省100个文明集贸市场。

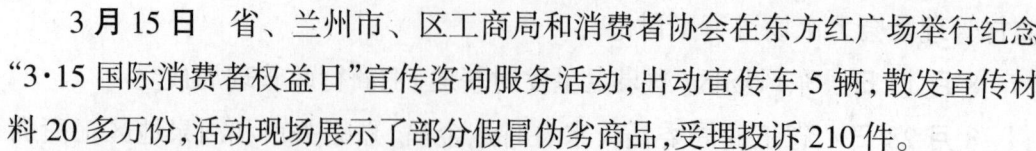

3月15日　省、兰州市、区工商局和消费者协会在东方红广场举行纪念"3·15国际消费者权益日"宣传咨询服务活动,出动宣传车5辆,散发宣传材料20多万份,活动现场展示了部分假冒伪劣商品,受理投诉210件。

5月8日　国家工商局在兰州召开西北五省、区工商部门和企业领导参加的商标理论研讨会。

5月10日　省工商局向各地(州、市)、甘肃矿区、东风场区工商局发出《关于认真贯彻落实李鹏总理批示做好市场办管分离工作的通知》,提出全省市场办管分离工作分三个阶段进行,全省年底前全部完成办管分离工作。

5月16日　国家工商局副局长白大华到省工商局进行工作调研,调研期间与省工商局领导进行座谈,就落实市场管办脱钩工作交流了情况,副省长崔正华参加座谈会并讲话。

5月26日　省八届人大常委会第十五次会议通过《甘肃省查处生产、销售假冒伪劣商品行为条例》。省工商局负责人就贯彻《条例》答记者问,提出了全省工商系统对贯彻《条例》的措施。

6月　省工商局召开了兰州、白银、天水、金昌、嘉峪关5城市工商局长座谈会,专题研究实现工商行政管理职能到位问题。

6月　省工商局组织全省各地(州、市)工商局市场管理科长对山东、广东、广州、青岛等省、市市场办管脱钩的经验和做法进行了实地考察和学习。

7月27日—28日　省工商局在白银市召开全省工商行政管理工作座谈会,着重研究全省市场办管脱钩、实现职能到位的问题。

8月1日—2日　全国生产资料、生产要素市场工商行政管理学会第三次年会在兰州召开,国家工商局副局长曹天玷到会做了重要讲话。1日下午,曹天玷在省工商局处级以上干部会上听取省工商局领导汇报并做了讲话。

8月16日　省工商局召开由省人大常委会副主任姚文仓主持的全体职工大会,听取省工商局局长惠树人的述职报告。这次述职是根据省人大常委会关于对省政府各厅、局一把手进行考核评议的决定进行的,省工商局是全省第一家。28日,省工商局召开处级以上干部大会,进行民主评议和测评,省人大常委会主任卢克俭、副主任姚文仓出席大会。经考核评议,惠树人被评为优秀干

甘肃省志　工商行政管理志

部。

8月　国家工商局副局长甘国屏到甘肃视察工作。

9月1日　根据《仲裁法》的规定,经济合同纠纷仲裁业务职能从工商部门划出。

9月12日　中共中央政治局委员、国务院副总理李岚清在省市领导陪同下,视察兰州东部市场,并与工商干部亲切交谈。

10月15日—16日　省工商局在兰州召开全省工商系统干部培训、基层建设总结表彰大会。

11月5日—25日　省工商局局长惠树人任团长的"甘肃省工商行政管理市场经济研修团"赴日本进行了为期21天的考察研修。这次研修的主要目的是了解和借鉴日本发展市场经济、监督管理市场和行政执法方面的做法,探索工商行政管理的路子,加快与国际经济接轨的步伐。这是省工商局在历史上第一次组织的出国学习研讨活动。

11月13日　省工商局、省法制宣教办、省司法厅联合发文做出了《关于通报表彰全省市场经济法律法规培训工作先进单位、先进个人的决定》,对兰州市工商局法制处等36个先进单位和李英成等157名先进个人予以通报表彰。

12月15日　国家工商局公平交易局在兰州召开西北五省、区工商局公平交易局负责人会议。

12月29日　省广告协会第四届会员代表大会在兰州召开,会议选举产生了新一届领导成员。理事会聘请原省人大常委会主任许飞青为名誉会长。

1996年

1月17日—18日　全省工商行政管理工作会议在兰州召开,会议的主要任务是贯彻党的十四届五中全会、中央经济工作会议和省委八届三次(扩大)会议、全省经济工作会议以及全国工商行政管理工作会议精神。副省长崔正华出席会议并讲话。

1月30日　省工商局在兰州市东方红广场举行"工商红盾陇原行"兰州地区春节市场治理动员会,副省长崔正华、省政府副秘书长石作峰、省工商局领导及省市经贸、技术监督、公安、商务、物价、卫生等部门的负责人参加了动员会。之后,由省工商局牵头组织《甘肃日报》等5家新闻单位参加的"96工商红盾陇原行"采访报道团,历时一个月,行程一万里,对全省14个地(州、市)开展"两年"(公平交易执法年、工商形象建设年)活动的情况进行了集中的宣传报道,引起了各级党政领导的重视和全社会的关注。

3月11日　国家工商局派出的检查组在省工商局听取了工商系统管办脱钩和公平交易执法年和工商形象建设年"两年建设"活动的进展情况、存在问题、取得的经验等。

3月15日　省、兰州市、区工商局和消费者协会纪念"3·15国际消费者权益日"宣传和现场投诉活动在兰州市东方红广场举行。活动现场共接待20万人次,接受消费者投诉近千件,当场处理一半以上,发放法规宣传材料25万份。省人大常委会副主任王金堂、省人大法工委主任石怀川、省工商局和省技术监督局、商检局、卫生厅、物价委等部门负责人参加了宣传咨询活动。

3月29日　省委决定孙田民任省工商局党组书记,免去惠树人省工商局党组书记职务。

4月15日　省政府任命孙田民为省工商局局长,免去惠树人省工商局局长职务。

5月6日　省委副书记孙英、副省长崔正华、省委组织部长杨利民到省工商局宣布局长任免决定。孙英在省工商局处以上干部会议上作重要讲话,杨利民宣布了省委、省政府关于惠树人、孙田民职务任免的决定。

6月8日　省委、省政府对省工商局等10个"二五"普法先进单位和于名芳等5名"二五"普法先进个人予以表彰。

6月　全省工商部门所办的有固定设施和一定规模的302处市场完成了办管脱钩工作,其他以工商部门为主办单位进行登记的市场,也全部交给相应的市场服务机构(市场建设中心、市场建设服务处)管理,并变更了市场登记证。

7月29日　省工商局在兰州召开全省工商行政管理工作会议,副省长崔正华出席会议并讲话。

7月　省工商局在兰州举办了"甘肃省首届红盾书画展"。省上老领导许飞青、黄罗斌、韩正卿、应中逸等观看展览并题词；甘肃省著名书画家及省、市书画协会负责人作书作画进行祝贺，并担任本届展览评委。

8月9日　全国工商行政管理学校第十二次协作会议在敦煌市召开。

8月25日　全国二十城区工商局长工作研讨会在兰州召开，120名代表参加了会议。对如何"树立工商形象、立法权威"和"职能到位"进行了研讨、交流。

9月2日　第十次"三北"地区经济合同监管工作协作会议在兰州召开，214名代表参加，会议代表由工商行政管理人员扩大到企业代表、法学专家。

10月1日　省工商局决定即日起禁止经营户使用杆秤，流动摊贩于1997年1月1日起禁止使用杆秤。

10月9日　全国十七省、区工商局执法监察工作会议在兰州召开，国家工商局纪检组副组长、监察局局长靳云平出席会议并作重要讲话。

11月5日—23日　由省工商局局长孙田民任团长的"市场经济与监督管理培训团"赴美国进行为期22天的培训考察。成员有省工商局有关业务处室及部分地（州、市）工商局的负责同志，共16人。

11月19日　中共甘肃省纪委驻省工商局纪律检查组设立。

12月　兰州市工商局局长于名芳、华亭县工商局被评为全国工商系统先进工作者和先进集体，受到国家人事部和国家工商局的联合表彰；酒泉市工商局局长张一凡、秦安县小商品市场工商所被评为全国工商系统优秀工商行政管理人员和先进工商所，受到国家工商局的表彰。10日，这些先进人物和先进单位的代表在北京参加了国家人事部和国家工商局联合召开的表彰大会；11日，这些代表在人民大会堂受到了国务院总理李鹏的接见。

12月27日　全省工商系统举行的"红盾颂"文艺调演圆满结束，省上领导柯茂盛、崔国权观看演出并为获奖者颁奖。

1997年

1月17日　全省工商行政管理工作暨"双先"表彰会议在兰州召开，省人大常委会副主任王金堂、省政协副主席应中逸出席会议,副省长崔正华作重要讲话。省工商局和省人事厅在会议上联合表彰了白银市工商局等 29 个先进集体和于名芳等 27 名先进个人,省工商局还对全省 110 个文明集贸市场予以表彰。

2 月　天水市秦安县工商局兴国小商品市场工商所、庆阳地区镇原县工商局屯字工商所、张掖地区张掖市工商局甘浚工商所、兰州市工商局城关分局张苏滩蔬菜瓜果批发市场工商所、金昌市永昌县工商局城关工商所、甘南州临潭县工商局城关工商所被评为全国工商系统先进工商所, 这 6 个基层工商所的所长参加了全国工商系统先进工商所所长培训。

3 月 15 日　省、兰州市工商局和消费者协会组织纪念"3·15 国际消费者权益日"宣传咨询活动,物价、商检、卫生等部门及 180 余家省内外工商企业在活动中设立咨询点,向消费者征求意见,当天现场受理投诉 5000 多件。副省长崔正华、省消费者协会顾问李福盛等领导在活动现场向消费者宣传法律法规。

3 月 28 日　甘肃省商标协会召开成立大会,有关部门负责人及各界人士 200 多人聚会祝贺。省委副书记赵志宏、副省长陈绮玲等出席了成立大会。

4 月 25 日　全省市场监督管理和市场建设服务处主任联席会议在兰州召开,讨论了管办脱钩后市场运作问题。

4 月　省工商局、省消费者协会联合做出了《关于表彰保护消费者权益先进集体和先进工作者的决定》。

5 月 29 日　省打假领导小组会议在兰州召开,省打假领导小组组长、副省长崔正华作重要讲话。

5 月　省工商局被国务院评为全国纠正行业不正之风工作先进集体。

6 月 5 日　省工商局召开下岗职工再就业工作座谈会,副省长崔正华作重要讲话。

6 月 11 日　全省个体私营者"光彩事业"报告会在兰州举行,省人大常委会主任卢克俭,省委常委、统战部部长牟本理等省上领导和省工商局领导出席会议。

6 月　在全国纠风工作会议上,省工商局监察室被评为"全国纠正行业不正之风先进集体"。

7月31日　省八届人大常委会第二十八次会议通过了关于修改《甘肃省实施〈中华人民共和国消费者权益保护法〉办法》的决定,修订后的实施办法共38条。

8月28日　中国个体劳动者协会在兰州召开个体劳动者协会联系点会议,来自全国31个省、市、自治区的84个地(州、市)、县个体劳动者协会的代表参加了会议。

9月27日—28日　全省工商系统执法监察现场经验交流会在西峰市召开。会议主要内容是推动执法监察,促进依法行政。

9月　省经贸委、计委、财政厅、工商局、劳动厅等15个省直部门联合下发了贯彻落实省政府《关于进一步加快发展个体私营经济若干政策规定》的实施意见。

10月29日　省工商局、省商标协会、省电视台联合举办全省首届"黄河杯"商标知识大奖赛,有27个代表队参加复赛(工商系统6个队,企业21个队),11月14日大赛结束。

11月25日　省八届人大常委会第三十次会议通过并发布了由省工商局起草的《甘肃省经济合同管理条例》。《条例》第三条明确规定:县以上工商局组织开展"重合同、守信用"活动。

1998 年

1月17日　全省工商行政管理工作会议在兰州召开,会议认真学习领会国务院副总理李岚清重要指示和全国工商行政管理工作会议精神,安排部署了全年的工作。

1月21日　全省第二届著名商标认定揭晓,全省共有51件商标被认定为甘肃省著名商标。

1月　省消费者协会组织全省各级消费者协会围绕"为了农村消费者"的年主题,把宣传活动深入到了农村。

3月7日　省工商局、省消费者协会在兰州军区体育馆举办了"3·15"情系消费者大型专题文艺晚会。14日,省、兰州市工商局和消费者协会联合在兰州东方红广场举办纪念"3·15国际消费者权益日"宣传咨询活动,宣传相关法律法规和"为了农村消费者"年主题及名优产品和企业,提高企业自律意识,增强消费者自我保护意识。副省长崔正华等领导和省工商局领导在活动现场接受消费者的咨询、投诉。

4月16日　省工商局、省精神文明建设指导委员会办公室联合发出了《关于表彰98公益广告活动优秀作品、先进单位的通报》。此次公益广告评选活动后,省工商局向中央文明办、国家工商局作了推荐。

5月4日　全省工商系统实施财务收支两条线工作会议在兰州召开,会议对实施财务收支两条线工作进行了安排。

5月11日　省工商局发布了《甘肃省集贸市场基本规范》。

5月13日　省工商局召开禁止传销经营活动会议。

5月19日　全省个体私营经济监督管理工作会议在白银市召开,会议表彰了兰州市工商局城关分局等20个实施《甘肃省城乡个体私营经济管理基本规范》先进单位。

6月19日　全省第四次个体劳动者代表大会暨先进表彰大会在兰州召开,省委书记孙英、省人大常委会主任卢克俭、代省长宋照肃、省政协主席杨振杰、省人大常委会副主任柯茂盛出席大会,副省长崔正华作重要讲话。会上,省工商局、省个体劳动者协会对240名先进个体劳动者、60个先进个体劳动者协会、5个先进私营企业协会、100户先进私营企业进行了表彰。

6月　省消费者协会召开了第三届理事会,省委原书记李子奇担任了省消费者协会的名誉会长。

7月24日　省消费者协会咨询服务中心开通了16096315咨询信息网络电话,这一网络的主要功能是受理消费者投诉,为消费者提供消费信息和咨询服务。

7月30日—8月1日　省工商局在泾川县召开了全省工商行政管理工作暨基层建设现场会议。各地(州、市)及矿区、东风场区工商局局长、副局长、科长共计131人参加了会议,与会人员现场参观了泾川县工商局所属工商所。

9 月　省工商局举办"鉴别盗版出版物"培训班,来自全省各地(州、市)、县(市、区)的 100 多名监管文化市场的工商干部参加了学习。

11 月 12 日　省纠风领导小组召开了首次工商系统行风评议大会。

12 月 9 日　为了贯彻国务院批转的国家工商局《工商行政管理体制改革方案》,省政府召开全省相关部门和各级工商部门参加的工商行政管理体制改革动员会议,部署了工商系统省以下垂直管理上划组织工作。

12 月 10 日—11 日　省工商局在兰州召开各地(州、市)及矿区、东风场区工商局长和主管人事、编制的人秘(事)科长参加的全省工商行政管理体制改革工作座谈会。

1999 年

1 月 24 日　省工商局召开全省整治虚假广告专项行动联席会。

1 月　省工商局开展以"三讲"(讲学习、讲政治、讲正气)为主要内容的党性党风教育。

同月　敦煌市工商局局长王经华被授予 1998 年"甘肃省优秀公务员"。

2 月 22 日　省政府以甘政发〔1999〕16 号文件批转了《甘肃省工商行政管理体制改革实施方案》,方案规定:省以下工商行政管理机关实行垂直管理。

3 月 8 日　省工商局、省消费者协会、省电视台联合举办"安全、健康、消费"专题文艺晚会,省政府领导和有关部门领导出席。3 月 13 日—14 日,省工商局、省消费者协会在兰州东方红广场举行了"3·15 国际消费者权益日"宣传咨询服务活动。全省县级以上消费者协会在"3·15"期间共开展宣传咨询服务活动 681 场次,现场受理投诉 2592 件,发表评论文章 148 篇,散发宣传材料155 万份。

3 月 8 日—9 日　省工商局召开了全省工商行政管理体制改革暨工作会议,国家工商局代表、省政府有关部门和全省各地(州、市)工商局局长和有关部门负责人参加,会议对全省工商系统的体制改革工作进行了周密部署。省委副书记陆浩、副省长崔正华、省政协副主席喇敏智出席会议,崔正华作重要讲话。

3 月 25 日　省委组织部、省人事厅、编办、财政厅、国有资产管理局、工商局 6 部门以甘工商人字〔1999〕052 号文件印发《甘肃省工商行政管理体制改革中机构、编制、人员、经费等划转交接办法》,明确了机构上划、编制上划、人员上划、工资和人事档案的移交及管理、财务经费上划、国有资产上划 6 项内容和具体措施。

5 月 13 日　全省工商系统廉政建设工作会议在兰州召开。

7 月 9 日　省工商局、省个体劳动者协会、甘肃工商报社共同举办全省个体私营者法律知识竞赛。

9 月 23 日　省工商局召开领导班子和领导干部"三讲"教育动员大会,省委派驻省工商局"三讲"教育巡视组成员参加会议,巡视组组长陈树杰作了重要讲话。

10 月　国家工商局副局长李建中到甘肃视察工作。

12 月 30 日　敦煌市工商局被中央文明办评为第一批"创建文明行业工作先进单位"。这是全省工商系统第一个受到中央文明办表彰的单位。

2000 年

1 月 13 日　全省工商行政管理工作会议在兰州召开,各地(州、市)、甘肃矿区、东风场区工商局长和办公室主任及省工商局机关各处室负责人参加会议。

1 月 27 日　省政府办公厅转发了省工商局《关于改进企业登记管理工作,支持国有企业改革和发展的意见》。

1 月　国家人事部、国家工商局下达给省工商局专项增干指标 5345 人,从工商所公务员岗位上工作的工人身份中录用国家公务员。

3 月 14 日　省工商局、省消费者协会、省物价局、省出入境检验检疫局等单位和企业,在兰州东方红广场举办了纪念"3·15 国际消费者权益日"宣传咨询活动。

3 月 28 日　省工商局印发了《甘肃省工商行政管理系统干部人事管理暂行办法》。《办法》共 5 章 40 条。

3 月　全省初步形成了遍布城乡、覆盖全省的 12315 消费者申诉举报专用电话。

4 月 24 日—25 日　国家工商局在兰州召开了查禁传销和变相传销活动会议,会议对各地工商部门打击传销和变相传销行为的专项斗争统一了思想,部署了作战方案。

4 月 25 日　"全国工商行政管理法律知识竞赛"甘肃赛区的比赛揭晓,天水市代表队获得第一名,庆阳、武威地区分列二、三名。甘肃电视台播放了决赛的实况。

4 月　省工商局制定了全省工商系统《关于服务西部大开发战略的意见》。

7 月　国家工商局副局长韩新民到甘肃视察工作。

8 月 31 日—9 月 20 日　省工商局局长孙田民为团长的赴澳大利亚考察团一行 18 人,在澳大利亚进行了为期 21 天的培训考察。

9 月　国家工商局局长王众孚到甘肃视察工作。

11 月 8 日　甘肃省有 27 条街被列为全国工商部门创建"打假维权、消费者满意街"。

12 月 15 日　省工商局、省商标协会表彰了兰州市工商局等 5 个单位为甘肃省商标工作先进集体,金昌化工(集团)有限责任公司等 10 户企业为商标工作先进会员企业。

2001 年

1 月 15 日—17 日　全省工商行政管理工作暨"双先"(先进集体、先进工作者)表彰会议在兰州召开,各地、州、市工商局的主要领导和"双先"代表等 100 多人参加了会议,副省长崔正华到会祝贺并作重要讲话。

3 月 2 日　省工商局做出了《关于命名授牌全省"打假维权消费者满意街(区)"的决定》,命名授牌表彰 2000 年度创建成绩显著的兰州市酒泉路等 17 条街(区),并将其中的兰州市永昌路等 4 条街(区)向国家工商局作了推荐。

3 月 13 日　省工商局、省消费者协会在东方红广场、百盛广场举行了 2001 年"3·15 国际消费者权益日"纪念活动,活动突出"绿色、健康、生命"主题。

全省各级消费者协会也在同日举行了纪念活动,共发放宣传材料154.9万份。

6月27日　国家工商总局做出了《关于命名"打假维权消费者满意街(区)"的决定》,甘肃省被命名的4条街是:兰州市永昌路、敦煌市鸣山路、武威市西大街、平凉市新世纪商厦(区)。

6月　省工商局召开全省整顿和规范市场经济秩序总结表彰大会,对整顿和规范市场经济秩序以及"打假"联合行动中表现突出的兰州市工商局等20个先进单位和孔祥林等10名先进个人进行了表彰奖励。

7月　省工商局召开扶持特困下岗职工再就业工作座谈会,副省长崔正华作重要讲话。

8月21日—22日　全省工商行政管理局长座谈会在兰州召开。会议研究了全省工商系统加强领导班子建设、机关建设、基层建设、党风廉政建设的问题。

9月14日　省委宣传部、省贸易经济合作厅、工商局、质量技术监督局联合做出了《关于命名"百城万店无假货"活动省级示范单位的决定》,命名兰州市张掖路等42个单位为"百城万店无假货"活动省级示范单位。

10月11日　全省整顿和规范市场经济秩序工作电视电话会议在兰州召开,副省长崔正华在会议上对全省整顿和规范市场经济秩序工作进行了总结,对第四季度的工作作了具体部署。

10月　全省14个地(州、市)工商局完成了划转交接工作,全省工商系统实现了省以下垂直管理。从这一年起,全省工商系统财政经费统一上划省财政厅。

11月15日—16日　省工商局召开全省工商局长会议,安排部署了工商系统限期与所办市场彻底脱钩工作。

12月29日　省人事厅、省工商局联合做出了《关于表彰全省工商行政管理系统先进集体和先进工作者的决定》,对嘉峪关市工商局等28个先进单位予以表彰。

12月　"兰州百合"获准证明商标注册,这是甘肃省第一件证明商标。

12月　全省工商系统完成了市场办管脱钩工作,全省共向市场所在地的政府或指定的部门移交市场 444 个,移交市场资产总额 3.97 亿元,移交市场建设服务机构 62 个,移交市场建设服务人员 774 人,移交市场建设和运行中的债务 1.29 亿元。

2002 年

1 月 23 日—24 日 全省工商行政管理工作会议在兰州召开,副省长崔正华作重要讲话并向"人民满意公务员"颁发荣誉证书。

3 月 14 日 省、兰州市工商局,消费者协会在兰州东方红广场举办纪念"3·15 国际消费者权益日"宣传咨询活动,省、市工商,物价,商检等单位参加了纪念活动,活动中宣传了"科学消费"年主题,受理消费者投诉、咨询。当晚还举办了"3·15"晚会,省上有关领导出席。

6 月 25 日 省工商局和兰州大学联办工商行政管理专业、法制专业研究生进修班,进修班为期两年,半脱产学习,130 多人参加了进修班学习。

6 月 28 日 经省民政厅批准,省私营企业协会成立。省私营企业协会是全省性社会团体,业务主管单位为省工商局,省私营企业协会与省个体劳动者协会合署办公。

7 月 16 日 省工商局召开全省工商系统消费者权益保护工作会议,这是全省工商系统设立消费者权益保护机构之后召开的第一次工作会议。

8 月 20 日 省工商局召开全省商标工作座谈会,省委、省人大、省政协的领导和省直各有关部门的主要负责同志及全省 27 家著名企业的代表共 110 人参加了座谈会。座谈会就如何打造甘肃名牌、实施商标战略、促进甘肃经济发展进行了深入讨论。

9 月 4 日 国务院 7 部委局集贸市场专项整治联合督查组到兰州、白银,对全省集贸市场的专项整治进行了检查指导。

9 月 16 日 省人事厅以甘人事〔2002〕2 号文件做出了《关于表彰全省人民满意公务员和人民满意的公务员集体的决定》,兰州市工商局城关分局经济检查大队原大队长王平被评为人民满意公务员。省工商局做出向王平同志学习的决定。

10 月 省工商局被中央精神文明指导委员会评为创建文明行业工作先进单位。

12 月 省工商局被省委宣传部、省政法委等部门评为"扫黄打非"工作先进集体。

<h2 style="text-align:center">2003 年</h2>

1 月 8 日 朱同心调任省工商局党组书记、副局长,孙田民不再担任省工商局党组书记职务。

1 月 21 日—22 日,全省工商行政管理工作会议在兰州召开,全省各地(州、市)、甘肃矿区、东风场区工商局长和省工商局机关各处室、直属单位负责人参加了会议。

1 月 省工商局首次对全省地(州、市)工商局领导班子进行落实党风廉政建设责任制考核。

2 月 28 日 省工商局召开纪念《商标法》实施二十周年座谈会。省委、省人大、省政府、省政协的领导以及省直机关有关部门的领导,27 家著名商标企业及新闻媒体代表 110 人参加了座谈会。

2 月 19 日 朱同心任省工商局局长,孙田民不再担任省工商局局长职务。

同月 省工商局被省委、省政府评为社会综合治理工作先进成员单位。

3 月 13 日 省工商局、省消费者协会在兰州百盛广场举办了"营造放心消费环境"3·15 专题文艺演出。3 月 15 日,省消费者协会以"诚实守信、营造放心消费环境"为主题,在兰州东方红广场举行了"3·15 国际消费者权益日"纪念宣传活动。全省各级消费者协会也分别在各自的辖区和农村设点进行宣传咨询服务活动。

5 月 省工商局向全省工商系统下发了包括 11 项制度在内的集贸市场抗击非典工作方案,方案规定了各地工商部门与辖区各类市场签订责任书、建立健全防非领导小组、引导经营户合法经营等措施。

6 月 省工商局邀请省政府信访办、省直机关纪工委、省纪委、省纠风办、省检察院的领导召开党风廉政建设座谈会。

6月—8月　全省工商系统开展了以"两个务必"（务必继续保持谦虚谨慎、不骄不躁的作风,务必继续保持艰苦奋斗的作风）为主要内容的作风教育活动。

7月2日　副省长孙小系一行到省工商局进行工作督查和调研。

7月　省工商局被省政府评为防治"非典"工作先进集体。

8月21日—23日　省工商局在甘南州夏河县召开规范市场秩序工作会议。

8月　省工商局被省委、省政府、省军区评为拥军优属工作先进单位。

9月　省工商局主办了西北五省区（陕西、甘肃、青海、宁夏、新疆）工商行政管理执法培训班。

同月　省工商局做出了《关于表彰奖励全省系统精神文明建设先进单位和先进工作者的决定》,对被评为区级以上（含区级）文明单位的地（州、市）工商局和被评为省级、国家级文明单位的地（州、市）工商局,县、（市、区）工商局（分局）,以及11个工商所予以表彰奖励。

9月22日　省工商局党组决定,对酒泉市工商局肃州分局等14个"全省工商行政管理系统艰苦奋斗廉洁从政先进集体"和王生明等14名"全省工商行政管理系统艰苦奋斗廉洁从政先进个人"分别给予物质奖励。

10月16日　省工商局在酒泉市工商局召开了全省工商系统精神文明建设经验交流座谈会。这是全省工商部门1980年恢复建制后召开的第一次精神文明建设专题会议。

10月20日—11月5日　省工商局分两期对全省工商系统副处级以上领导干部进行了"三个代表"重要思想的轮训。

10月28日　省工商局、省消费者协会联合召开了纪念《消费者权益保护法》颁布10周年座谈会。

同月　省工商局机关、机关服务中心、省个体劳动者协会（省私营企业协会）、省商标协会迁至兰州市金昌南路279号（工商大厦）办公。

同月　甘南州工商局干部德吉草获国家工商总局现代科技理论成果优秀论文一等奖。

12月4日　在全国法制宣传日之际,省、兰州市工商局在兰州东方红广场宣传工商行政管理法规知识。

12月　省工商局被省直机关工委评为创建"双优一文明"活动文明机关。

2004年

1月15日　全省工商行政管理工作会议在兰州召开。

省委副书记、省长陆浩在批示中说:工商行政管理部门作为政府主管市场监管和行政执法的职能部门,承担着规范、监管和维护市场秩序的任务,使命神圣,责任重大。过去的一年,全省工商行政管理系统在省委、省政府的领导下,紧紧围绕全省的工作中心,大力整顿和规范市场秩序,努力树立工商文明执法新形象,为全省国民经济的快速健康发展和社会的全面进步做出了贡献。

1月　为贯彻国务院关于实施"食品放心工程"的部署,维护粮食流通秩序,保护消费者和经营者的合法权益,省粮食、工商、质检、卫生、物价部门首次授予兰州市方鑫粮店天水路分店等44家粮店"放心粮店"的称号。

2月2日　省工商局印发了《市、县工商行政管理机关机构改革人员分流安排实施办法》的通知。《办法》对人员分流安排的指导思想和基本原则、主要途径和政策、组织领导和工作要求等作了详细规定。

2月6日　在省工商局登记注册的企业实现了网上年检。

3月14日—15日　省、兰州市、区工商局、消费者协会和物价、卫生、药监、质检、商检、酒类管理局以及部分行业协会、新闻单位在兰州东方红广场举行了以宣传"诚信·维权"为主题纪念"3·15国际消费者权益日"宣传咨询服务活动。两天共提供咨询服务2648起,受理投诉108件,现场解决85件。在"3·15"期间,省消费者协会创作了"3·15之歌"和"消费者协会会歌";与省电视台联合编辑历年"3·15"专题节目精品,并于3月8日在省电视台录制了2004年"3·15"专题文艺晚会。

4月　省工商局针对安徽阜阳发生的毒奶粉事件,召开会议进行紧急部署,将阜阳公布的32种品牌的不合格奶粉连同本省查出的"龙珠"牌等5种品牌的劣质奶粉,以"黑名单"形式印发各地,对照排查。

同月　省工商局实施省政府制定的限时办结制度。

5月13日　省委副书记、省长陆浩和副省长孙小系到省工商局检查指导工作。

7月9日—10日　全省工商局长会议在兰州召开,各市、州、甘肃矿区、东风场区工商局长、纪检组长和省工商局机关各处室、直属单位负责人参加了会议。

7月21日　省工商局、兰州市工商局在瑞德摩尔超市就食品安全专项整治工作召开现场观摩会。

7月30日　省工商局召开全省工商系统政务信息暨宣传报道工作会议。

8月26日—29日　省委、省政府举办了第十二届中国兰州投资贸易洽谈会。

省工商局、省私营企业协会第一次直接参与了该会的承办,并分别组织了78户省内私营企业和18户省外私营企业参加了产品展示,产品零售总额511.7万元,签订正式合同10份,金额1040万元。

8月　内蒙古自治区工商局主持召开了北方7省区(陕西、甘肃、宁夏、青海、新疆、内蒙古、北京)市场监管经验交流会。省工商局副局长张汉文带团参加,并在会上作了《结合甘肃省实际,探索市场监管方式改革制度》的发言。

同月　全省工商系统信息化建设的骨干网络建成,上联国家工商总局,中联省工商局各部门以及省委、省政府有关部门,下联14个市、州工商局,91个县(市、区)工商局(分局),以及658个城乡工商所,实现了五级联网。

9月21日—22日　省工商局召开全省市、州工商局长参加的"两整顿"工作座谈会。会议期间,与会人员还参加了兰州市工商局举办的食品安全市场准入制度落实情况现场观摩会,企业界代表、新闻界人士200多人参加了现场观摩,并听取了瑞德摩尔和张苏滩两个市场的经验介绍。

9月29日　省工商局、省个体劳动者协会、省私营企业协会联合举办的全省"安利杯"个体工商户和私营企业法律知识竞赛圆满结束。

9月　省工商局按照"小局大所"的思路,全面进行了工商所整合,将原来的852个工商所精简到656个。

10月11日　全省工商系统12315消费者申诉举报网络全面建成并正式开通,省长徐守盛、省政协副主席李宇鸿、有关部门领导以及新闻界人士莅临省工商局,参加12315指挥中心开通仪式。

10月16日　省工商局、省商标协会联合省新闻单位举办甘肃省"红鹭·白银"杯商标知识电视大奖赛。来自全省各地的30支企业代表队和10支工商系统代表队参加了大奖赛。省委、省人大、省政府、省政协的有关领导为获奖者颁奖。

10月　国务院食品安全督查组到兰州检查工作,听取了省工商局对食品安全监管工作的汇报。

12月26日　获得人事部、国家工商局表彰的先进集体和先进个人代表闫耀成、辛根瑞、王建中、苏季平进京领奖。

12月　省工商局制定并出台了3项制度:《公开承诺制度》《内部监督制约制度》《为企业"一站式"服务制度》,要求全省工商系统认真贯彻落实。

2005 年

1月14日—15日　全省工商行政管理工作暨"双先"(先进集体、先进工作者)表彰会议在兰州召开。

1月　省消费者协会召开第四届理事会,聘请省人大常委会副主任杨作林、副省长孙小系、省政协副主席崔正华为省消费者协会第四届理事会名誉会长。

2月　省工商局组织全省工商系统开展"红盾护农送法下乡"活动,省工商局在兰州组织召开了红盾护农送法下乡动员大会,先后在兰州市和嘉峪关市举行了红盾护农授旗仪式,还编印了《红盾护农、送法下乡简明读本》35万册。

3月3日　省工商局向社会公布了全省356户企业《守合同、重信用》的公告。

3月14日—15日　省工商局、省消费者协会同兰州市、区工商局,在兰州市东方红广场纪念"3·15国际消费者权益日"宣传咨询活动,散发各种宣传材料15万多份,接受消费者咨询上万人次,现场受理投诉500多件。"3·15"期间,省工商局和省消协共同举办了全省首次"3·15消费者权益保护知识竞赛",还在省广电中心录制了"3·15"专题晚会。

4月13日　国家工商总局在兰州市东方红广场举行2005年红盾护农授旗仪式。

4月26日　省工商局在全省开展了"保护知识产权、促进创新发展"为主题的知识产权宣传周活动。

5月18日　省工商局制定了《关于促进个体私营和非公有制经济发展的实施办法(试行)》。

5月30日　省工商局在省工商学校举办全省工商系统"红盾书画展"。

7月5日　国家工商总局副局长刘凡到甘肃视察工作,并参加第十三届兰洽会。

7月6日—9日　第十三届兰洽会在兰州举办。省工商局继参与第十二届兰洽会之后,第二次组织中小企业和私营企业参会参展。根据省政府的部署和要求,省工商局承办了该届兰洽会非公企业项目签约、甘肃经济发展论坛、私营企业商品展销3项活动。

7月7日　副省长孙小系莅临省工商局,参加第十三届兰洽会非公企业项目签约仪式。

7月8日　国家工商总局副局长刘凡在省工商局机关干部大会上发表了重要讲话。

7月23日　全省工商行政管理工作座谈会在兰州召开。

8月29日　中国西部五区三省(广西、西藏、内蒙古、新疆、宁夏、陕西、甘肃、青海)工商局长工作研讨会在兰州举行。

9月1日—30日　省工商局、省消费者协会联合在甘肃电视台卫视频道每日两次播出《倡导诚信兴商,共建和谐社会》的公益广告。

9月1日—2日　省工商局在兰州东方红广场举办以"倡导诚信兴商、共建和谐社会"为主题的大型宣传活动,现场开展工商行政管理法律法规宣传、咨询服务活动并发放法律法规宣传材料3万余册。

9月5日　省工商局在秦安县召开了"一会两站"(消费者协会基层分会、12315维权联络站、红盾护农服务站)建设现场会,天水市委、市政府和秦安县委、县政府领导出席现场会。

9月　省工商局与省委宣传部等10部门建立了整治虚假违法广告协调机制。

10月15日　省工商局领导班子和机关处室负责人及兰州市工商局领导参加甘肃交通广播电台政务行风直播节目，接听群众电话，解答问题。

11月11日　省工商局在兰州黄河集团举办了送法律进企业活动启动仪式，为企业送去《企业常用工商行政管理法律法规知识问答》，省工商局有关领导和该企业高中层管理人员200多人参加了启动仪式，在社会上引起了积极的反响。

11月24日　省工商局、省消费者协会在兰铁电视台举办了"全国千万家庭食品安全知识大赛（甘肃赛区）"活动。

11月25日　省工商局在白银市召开全省工商系统推行行政执法责任制工作会议，各市、州工商局主管局长、法制科长及部分工商所所长和法制员等120人参加了会议。

12月9日　省工商局参加了由中华商标协会和深圳市人民政府主办、博鳌亚洲论坛协办的首届中国商标节，全省33家企业的知名商标在商标节展出。

12月23日　省工商局召开全省工商系统打击侵权仿冒、维护知识产权现场会。

12月　全省工商系统对全省4.8万户企业实行了信用分类监管。

2006 年

1月9日—10日　全省工商行政管理工作会议在兰州召开。会议传达了全国工商行政管理工作会议精神，学习了吴仪副总理的重要批示，回顾总结了2005年的工作，安排部署了2006年的工作任务。

3月11日　省工商局召开全省工商系统党风廉政工作会议。

3月13日　省工商局广告监测中心正式开通，这是全国首家在省会城市建立的远程广告监测系统。该系统能对全省14个市、州的46个电视频道、89

份报刊和兰州辖区 8 套广播的广告进行语言、图像分析识别。

同日 省工商局以省政府名义召开了整治虚假违法广告专项行动联席会议,省政府有关部门、省整顿和规范市场经济秩序领导小组办公室、省广播电视总台、省报业集团的领导和有关人员参加了会议。

3 月 15 日 省工商局、省消费者协会在兰州东方红广场举行纪念"3·15国际消费者权益日"现场咨询服务活动,省人大副主任杨作林、省政协副主席蔚振忠出席并为"甘肃消费纠纷仲裁庭"揭牌。

3 月 21 日 省工商局按照国家工商总局的安排和要求,派遣省工商局12315 申诉举报指挥中心 6 名工作人员参加了 2006 年中央电视台"3·15"晚会的 12315 热线受理工作。国家工商总局消费者权益保护局发来感谢信。

3 月 27 日 省工商局召开大会,表彰 2005 年度全省公平交易(经检)系统先进单位。

4 月 19 日 省委巡视组在省工商局召开巡视省工商局机关工作反馈意见大会。

5 月 23 日 中国消费者协会、西北 5 省(区)消费者协会秘书长研讨会在兰州召开。

5 月 24 日 省直机关工委领导到省工商局检查指导工作。

5 月 30 日 全国广告协会(南片)秘书长会议在兰州召开。

6 月 20 日—24 日 全国工商信息化标准培训班在兰州举办,全国 46 个省、市自治区及国家工商总局近 100 人参加了培训。

6 月 省工商局决定:委托金昌市、酒泉市、张掖市、武威市、白银市、定西市、平凉市、庆阳市、甘南州、临夏州工商局进行外商投资企业登记初审工作。

7 月 11 日 全国十一省区农产品商标和地理标志工作座谈会在省工商局召开,国家工商总局副局长李东生参加会议并视察了省工商局 12315 指挥中心。

7 月 18 日 省工商局在天祝县召开全省工商系统贯彻落实《建立健全教育、制度、监督并重的惩治和预防腐败体系实施纲要》工作座谈会。

7 月 31 日 省工商局、省消费者协会召开全省工商系统"一会两站"建设表彰大会。

8月　省工商局机关顺利通过了省级文明单位的验收工作,跻身于省级文明单位的行列。

8月5日—7日　全省工商局长会议在白银市召开。

8月12日　国家工商总局副局长王东峰到甘肃视察工作。

8月18日　省工商局决定:委托天水市、嘉峪关市、陇南市工商局进行外商投资企业登记初审工作。

9月19日　全国二十城区工商局长工作研讨会第三届四次会议在兰州召开,来自全国23个成员单位、14个特邀工商局的144名代表参加了会议。

9月30日　省工商局召开全省工商系统流通领域食品安全检测工作会议,各市、州的主管局长、消保科(处)长及食品检测人员参加了会议。

10月1日　省工商局在兰州东方红广场举行全省工商系统换装暨食品检测装备配发仪式。省人大常委会副主任苏志希、省政协副主席李宇鸿、省长助理程正明及省工商局领导参加了仪式。

10月10日　省工商局在陇南召开扶贫助残工作座谈会。

10月　省工商局开发的工商行政执法案件管理软件系统正式在全省工商系统推广。

12月4日　省工商局、省委宣传部等部门在兰州东方红广场进行落实"五五"普法宣传咨询活动。

12月5日　省工商局召开全省打击传销专项行动动员大会。

12月30日　省工商局举办全省工商系统廉政文化作品展,省直机关工委领导参加了开幕式。

2007 年

1月11日　国家8部委食品放心工程综合评价组一行到兰州市工商局城关分局进行食品放心工程综合检查评价。

1月23日—24日　全省工商行政管理工作会议在兰州召开。会议主要传达全国工商行政管理工作会议精神,总结2006年度工作,安排部署2007年的工作。

1月27日—2月1日　以国家工商总局外商投资企业注册局副局长刘伟为组长的全国外资登记管理专项执法检查组一行6人，到省工商局检查验收外资登记执法情况。这是甘肃省组建外资机构以来，国家工商总局首次对甘肃省外资登记工作进行检查。

1月　截至当月，省工商局在全省15724个行政村建立"两站"12156个、维权联络点2570个，84%的农村地区实现了千人以上行政村建立"两站"、千人以下行政村建立联络点的目标。

2月4日—7日　国家工商总局特派国家工商总局公平交易局副局长姜瑞斌、反垄断处处长桑林、经济检查处调研员邹克强、直销监管局直销监管处处长吴雁等人组成的检查慰问组，分别到天水、白银、陇南、庆阳、临夏、嘉峪关等市、州工商局检查指导工作并看望基层工商干部。

2月12日　省工商局在全省工商系统开展了"百城万店督察"大行动。

3月9日　由省文明办、省工商局、省食品药品监督管理局、省出入境检验检疫局、省广播电影电视总台主办，中国联通甘肃分公司承办的2007甘肃"3·15"电视文艺晚会在省广电中心录制完成。10日，省、兰州市工商局以及消费者协会在兰州东方红广场开展纪念"3·15国际消费者权益日"现场咨询和投诉活动，活动以"消费和谐"为主题。15日，省工商局12315指挥中心共接到电话2372个，其中咨询1954件，申诉298件，举报96件，建议24件。当日晚10时30分，省工商局局长朱同心、副局长张辉到省工商局12315指挥中心现场接受消费者投诉并慰问了全体工作人员。

3月12日　全省工商系统党风廉政工作会议在兰州召开，省纪委常委张德茂和省直工委、纪工委书记潘喜成以及省工商局领导出席会议，各市、州、甘肃矿区、东风场区工商局局长、纪检组长、监察室主任参加会议。

3月　省、兰州市工商局在兰州东方红广场举行工商干部廉政承诺大会。

6月2日　澳大利亚前总理霍克一行到省工商局商谈工作，感谢省工商局对外商投资企业的支持。

6月12日　由省工商局牵头，联合省委宣传部、省整顿和规范市场经济秩序领导小组办公室召开了省直新闻媒体整治虚假违法广告座谈会。

6月18日　全省工商系统市场监管创新暨服务新农村建设经验交流会在张掖召开，国家工商总局市场规范管理司副司长黎晓宽、省政府副秘书长朱宏、张掖市委书记田宝忠、市长何振中、省工商局副局长陈其寿出席会议。

7月4日—7日　国家工商总局局长周伯华一行到甘肃参加了7月6日举办的第十四届兰洽会开幕式。4日，周伯华一行和副省长孙小系出席了第十四届兰洽会非公企业项目签约仪式。6日，周伯华到省工商局机关看望了干部职工并发表重要讲话，还与省工商局处级以上干部和各市、州工商局局长合影留念。

7月29日　中央国家机关工委领导到省工商局检查指导工作。

同日　全省工商局长座谈会在兰州召开，会议研究了贯彻执行《农民专业合作社法》《合伙企业法（修订案）》的措施。

8月9日—13日　国家工商总局副局长钟攸平一行到省工商局检查指导工作。11日，钟攸平一行到临夏工商局开展工作调研。12日，视察了省工商局12315指挥中心、广告监测中心以及信息中心。

8月14日　全国22城市第22次工商局长座谈会在兰州召开，来自天津、重庆等城市的19个成员局代表近50人参加会议，省、兰州市工商局领导出席座谈会。

8月　全省各市、州工商局与当地各大企业、商场、市场开辟"绿色通道"，建立互通互联互动的网络平台。

同月　共青团甘肃省委、甘肃省社会治安综合治理委员会办公室等13个部门联合开展的第二届"甘肃省杰出（优秀）青年卫士"评选活动中，全省工商系统6人获得表彰。获得"甘肃省杰出青年卫士"称号的是：白银市工商局党组书记、局长王庆邦。获得"甘肃省优秀青年卫士"称号的是：兰州市工商局西固分局中心市场工商所副所长牛建、武威市工商局凉州分局武南工商所所长胡勇、临泽县工商局局长毛赟、张掖市工商局甘州分局局长许万勤、兰州市工商局城关分局经济检查大队副大队长沈毅。

9月12日　省工商局召开全省工商基层执法人员向监管服务对象代表述

职述廉试点工作座谈会。

9月17日　省工商局向社会首次开展"12315对外开放日"活动,架起政府和群众沟通的桥梁。

9月28日—29日　全省工商系统基层建设与人才工作现场会在陇南召开,会议总结了近年全省工商系统基层建设和人才工作的基本情况,对今后全省工商系统基层建设和人才工作的思路、目标、重点等方面进行了部署。

9月　全省工商、质检、国税、地税4部门之间的企业基础信息交换与共享工程完工。

同月　省工商局局长朱同心率团赴北欧5国进行市场监管与知识产权保护的考察培训。市、州及处室负责人20余人同时考察。

10月24日　省工商局在临夏州召开全省工商系统精神文明建设座谈会。

11月6日　国家工商总局流通环节产品质量和食品安全专项整治工作情况(西北片)汇报会在兰州召开,国家工商总局纪检组长石见元出席会议,并传达了国务院副总理吴仪在全国产品质量和食品安全专项整治第二次现场会上的重要讲话精神。副省长孙小系出席会议并致词。甘肃、陕西、青海、西藏及西安等6省(市、区)工商局领导分别发言,交流了各地在产品质量和食品安全专项整治工作中的经验和成果。国家工商总局纪检副组长、监察局局长许爱婷主持会议,省政府副秘书长朱宏以及省工商局局长朱同心和副局长张辉出席会议。石见元一行先后参观视察了省工商局12315指挥中心以及兰州市工商局城关分局皋兰路工商所、张苏滩粮油批发市场工商所、铁路局市场、华联超市红星店、兰州民生早餐有限公司等基层工商所和经营单位。

11月7日　国家工商总局纪检组长石见元在省工商局领导陪同下,到兰州市工商局城关分局,视察了分局党风廉政工作和基层述职述廉工作。

11月8日　国家工商总局纪检组长石见元一行到武威市工商局,参观了市局机关图书阅览室、荣誉室、活动室及工商廉政文化作品展等。9日,石见元一行到张掖市工商局甘州分局,视察指导分局的廉政文化、基层执法人员向监管服务对象代表述职述廉、信息化建设、食品安全专项整治等。10日,石见元一行到嘉峪关市工商局,督察流通环节产品质量和食品安全专项整治工作。

11月19日　中国消费者协会秘书长母建华到省工商局指导工作。

2008 年

1月9日　省长徐守盛对全省工商行政管理工作作了批示,肯定了工商部门的成绩,强调要进一步加强食品安全监管工作。

1月15日　省委书记陆浩对全省工商行政管理工作做出批示:履行职能落实十七大精神,促进经济发展。

1月28日　全省工商行政管理工作会议在兰州召开。

2月27日　省工商局召开全省工商系统流通环节质量和食品安全专项整治工作会议。

3月7日　省工商局召开全省工商系统党风廉政工作会议,会上省工商局领导与各市、州工商局局长签订了目标责任书。

3月14日　甘南州发生了打、砸、抢、烧的严重犯罪事件,给当地的个体私营经济造成了很大的破坏。为了恢复生产,省工商局紧急出台了受损个体工商户及私营企业恢复生产的几条措施:对新登记注册的、补办相关手续的个体工商户和私营企业免收工商登记费和工本费,对受损工商户免收个体工商户管理费、市场管理费及年检、验照费和变更登记费,对受损严重的企业年检、个体工商户验照截止时间适当延长。这些措施有效保护了受损个体工商户和私营企业的经济利益。

3月15日　省委宣传部、省文明办、省工商局、省消费者协会、联通公司5个部门在兰州东方红广场共同举行纪念"3·15消费者权益日"大型宣传咨询活动,副省长刘永富作重要讲话,省、兰州市工商局、消费者协会开展了咨询服务。

5月12日　四川汶川特大地震发生后,省工商局党组在第一时间做出快速反应。一是了解甘肃灾区工商系统受灾情况,责令各级领导迅速奔赴灾情严重地区查看职工住宅楼、办公楼、基层工商所房屋受损情况,疏散人员,稳定情绪。二是启动应急措施,做好精神、物资应急准备,严阵以待,预防余震。这次地震涉及全省3个市、州工商局,13个县(区)工商局和90个工商所,造成直接经济损失 3453 万元。

5 月 13 日　省工商局党组召开专门会议,传达了中央、国务院、省委、省政府关于抗震救灾的指示精神,进一步安排部署全省工商系统的抗震救灾工作。

5 月 14 日　省工商局局长朱同心、副局长张辉率领 9 名机关干部,赶赴徽县、成县、康县、武都、文县、西和及礼县等到 7 个县工商局和 8 个基层工商所实地查看灾情,慰问基层干部职工,指导抗震救灾工作。

5 月 15 日　全省工商系统开展向陇南地震灾区捐款活动。

5 月　省工商局先后 3 次发动干部职工开展了向地震灾区献爱心活动,干部职工捐助现金 8.89 万元,党员缴纳特殊党费 8.06 万元,党费预留款 1.21 万元,财务拨款 2.34 万元,捐物 668 件。

5 月 28 日　省委、省政府任命张绪胜任省工商局党组书记、局长,朱同心不再担任省工商局党组书记、局长职务。

6 月 11　国家工商总局副局长钟攸平带领个体司、公平交易局、办公厅及中国工商报社的负责人一行 9 人,在省工商局局长张绪胜、副局长陈其寿等局领导的陪同下,慰问了陇南市工商局、成县工商局、武都安化工商所、武都分局、文县碧口分局的干部职工,并指导灾后恢复重建工作。

6 月 12 日　省工商局向全省工商系统下发了《关于加强财务管理厉行节约,支持抗震救灾工作的紧急通知》。

6 月 21 日　省委下发《中共甘肃省委关于加强和改进非公有制企业党的建设工作的意见》(省委发〔2008〕38 号),决定将省委非公有制企业党的工作委员会挂靠在省工商局。

6 月 25 日　省工商局召开全省著名商标认定专家评审工作会议。

7 月 16 日　省工商局召开全省工商系统 12315 行政执法体系建设工作会议。

7 月 28 日—29 日　全省工商局长座谈会在兰州召开。

7 月　省工商局建立并推行了巡回督导制度并派出督导组,分赴 14 个市、州和 86 个县(市、区)工商局及 500 多个工商所,进行阶段性巡回督导,逐步形成了"全面督导、点面结合,实地察看、重点督导,座谈访问、征求意见,综合评价、及时反馈"的工作模式。

同月 副省长刘永富到省工商局为省、市、州工商局颁发行政执法主体资格证。

8月19日 省工商局召开全省工商系统领导班子和领导干部"遵章守纪、重塑形象"专题教育动员大会。

8月28日 省工商局召开强化责任、狠抓落实、切实做好停收"两费"(2008年9月1日执行)各项工作视频会议。

9月5日 中国共产党甘肃省非公有制企业工作委员会在省工商局正式成立,委员会下设办公室(筹)并开展工作。

9月26日 省工商局召开直销市场检查情况通报会。

9月28日 省工商局召开纪念改革开放30年和工商行政管理机关恢复建制30年暨"双先"表彰大会。

9月 全省工商系统开展"三鹿问题奶粉"清查、退市专项行动。

10月1日 国家工商总局公平交易局副局长李国庆率第三督查组在兰州、武威等地,对"问题奶粉"清查工作进行督查。

10月3日 国家工商总局副局长钟攸平到甘肃视察工作。

10月9日 省工商局机关举行"深入学习实践科学发展观"活动动员大会。24日,省工商局举办深入学习实践科学发展观活动培训班,300多人参加了培训。

11月4日—17日 省工商局组织全省工商系统干部参加了国家工商总局组织的信息化知识竞赛在线网上答题活动。

12月1日 省工商局印发了《关于省个体劳动者(私营企业)协会、省消费者协会、省广告协会、省商标协会、12315指挥中心、省工商局机关服务中心设立内设机构的通知》,确立了"四会两中心"内部机构的具体职责。

12月 省工商局开展公务员科级职位竞争上岗工作。

同月 省工商局完成了全省工商系统10063名在职人员的工资套改工作。

同月 地震灾区工商部门在重建工作中,维修加固项目85个全部竣工,灾后重建项目54个。

甘肃省地方史志编纂委员会文件

甘志委发〔2017〕6号

甘肃省地方史志编纂委员会
关于《甘肃省志·工商行政管理志
(1986-2008)》出版的批复

省工商行政管理局：

你局 2015 年 6 月 30 日《关于送审〈甘肃省志·工商行政管理志〉（1986-2008）的报告》及志稿收悉。经省地方史志编纂委员会 2015 年 12 月 23 日主任会议终审，批准该志出版，公开发行。

此复。

甘肃省地方史志编纂委员会
2017 年 6 月 29 日

甘肃省地方史志办公室　　　　　　2017 年 6 月 29 日印

后 记

《甘肃省志·工商行政管理志（1986—2008)》是《甘肃省志》的重要组成部分，是在甘肃省地方史志编纂委员会办公室的指导下，经过省工商局史志办同志的艰辛努力完成的。

2006年1月，省工商局下发了《关于组织编写〈工商志〉有关事项的通知》，并成立了编委会，抽调彭学文、胡春艳两人担负该项工作。2010年初，为了加强编写力量，省工商局决定成立史志办公室，并抽调白春鸣同志负责修志工作，同时增加了陈广宏、赵长寿（退休干部）两名编写人员。在编纂过程中，编写人员始终恪守这样一条原则：资料是编志的基础，史料的真实性是志书的生命，力求做到凡书必有据，无据无证不志。因此，编写人员把搜集资料作为编纂工作的重中之重，下大力气做好。2006年至2007年间，修志重点放在了搜集资料上。共查阅省工商局文书档案1300余卷，从这些原始卷中进行"海选"，复印、誉抄、整理有用的资料1.5万余份，并将搜集到的资料按章节进行了归类。

同时，向机关各处室及直属单位印发了提供资料的提纲，要求他们予以支持和配合。另外还从有关的书籍、报刊和内部刊物中多方搜集资料，从调出机关的干部和离退休干部中广泛搜集有关文字、图片资料。通过多途径、多方式搜集资料，为志书的编写打下了扎实的基础。

本志在编写中注意把握这样几个问题：第一，在编写的形式、章节的安排、涉及的内容上，尽量与前一轮保持大体相近，以体现志书的承接性。第二，努力展示时代特点。这轮修志的时间跨度为改革开放以后的时间段，其内容丰富多彩，在编写中注意展示这一时期工商行政管理的新情况、新特点；同时，对与工商部门的职能有关的内容，都力求收入志中，以展现工商行政管理事业发展的轨迹。第三，博采众长，认真学习和汲取兄弟省市区工商部门的修志经验。第四，反复修改，确保志书的质量，初稿完成后，修志人员先后进行了十多次认真修改，力求拾遗补阙完善内容。

本志的编纂工作历时八年多，经历了三任省工商局领导班子，历任领导都非常重视本志的编纂工作。原局党组书记、局长朱同心同志专门召开修志工作会议，对此项工作做出具体安排部署。原局党组书记、局长张绪胜同志对修志工作非常关心与支持，适时增加修志力量，并亲自审定编纂大纲。2011 年 9 月，局党组书记、局长郭承录同志到任后，对修志工作也很重视，适时做出重要指示，并在百忙中挤出时间对志书初稿进行了审阅；省工商局党组副书记、副局长、省非公企业工委书记刘为民也对修志予以指导，保证了修志工作的顺利进行。

在本志的整个编纂过程中，还得到了甘肃省地方史志编纂委员会办公室的领导和相关同志的大力支持与帮助，适时提供文件、书籍、资料等，并对编写人员进行业务培训，对编写工作给予了具体指导。此外，我们还得到了本局离退休老干部，省局机关处室领导，以及部分市、州工商局领导的大力支持。在此，一并表示衷心感谢！

2015年12月23日，甘肃省副省长、甘肃省地方史志编纂委员会主任夏红民主持召开省地方史志编纂委员会主任会议，省委副秘书长、办公厅主任、省地方史志编纂委员会副主任陈田贵，省政府副秘书长张正锋，省政协副秘书长、办公厅主任、省地方史志编纂委员会副主任王忠民，省地方史志编纂委员会副主任、省地方史志办公室主任李虎，省地方史志办公室副主任车安宁、钱旭、李振宇、孙奇明出席会议。会议原则通过本志终审，要求按照复审、终审意见认真修改完善，报省地方史志办公室审核、批复后出版。2016年1月18日，省工商局史志办按照省地方史志办公室《甘肃省志·工商行政管理志（1986—2008)》的终审意见和编委会会议的要求，提出具体修改意见，并对志稿的章、节、目进行核实、修改、删补，形成终审修改稿。2017 年 6 月 29 日，省地方史志编纂委员会批准本志出版，公开发行。

由于本志时间跨度较大，内容涉及工商行政管理事业的方方面面，且机构人员几经调整变动，加之编纂人员经验欠缺，水平有限，难免有疏漏甚至错讹，敬请予以指正和谅解。

编　者

2017 年 6 月